南京教育史

启功 题

南京教育史

第 2 版

徐传德 / 主编

商务印书馆
2012·北京

图书在版编目(CIP)数据

南京教育史/徐传德主编. —2版. —北京：商务印书馆,2012
ISBN 978-7-100-09002-5

Ⅰ.①南… Ⅱ.①徐… Ⅲ.①教育史-南京市 Ⅳ.①G527.531

中国版本图书馆 CIP 数据核字(2012)第050057号

所有权利保留。
未经许可,不得以任何方式使用。

NANJĪNG JIÀOYÙSHĬ
南 京 教 育 史
(第2版)
徐传德　主编

商 务 印 书 馆 出 版
(北京王府井大街36号　邮政编码100710)
商 务 印 书 馆 发 行
南京爱德印刷有限公司印刷
ISBN 978-7-100-09002-5

2012年8月第2版	开本 635×965 1/16
2012年8月南京第1次印刷	印张 59
插页 2	
定价：120.00元	

《南京教育史》
（第2版）

编纂委员会

主　任　徐传德
委　员　吴晓茅　周文海　洪　伟　陈舒泛　张　生　夏　莹
　　　　潘东标　张利明　孙建新　王云霞　任晓明　黄　辉
　　　　杨林国

编纂人员

主　编　徐传德
副主编　周新国　周文海　张　生
编　委　（以姓氏笔划为序）
　　　　刘永和　沈曙虹　徐步伟　徐承德　虞朝东
编纂者　（以姓氏笔划为序）
　　　　丁慧超　王能龙　孙显军　华国梁　刘永和　许卫平
　　　　朱季康　朱小琥　陈景春　谷　力　沈曙虹　汪大年
　　　　张　生　张连生　张学文　张继格　金鱼为　罗　瑛
　　　　周新国　姚　慧　钟小燕　徐承德　章　宏　谢洁菱
　　　　谢颂和　虞朝东等

审订专家

汤世雄　宋恩荣　郭福昌　赵宝琪　王炳照　熊贤君
（以下以姓氏笔划为序）
万克德　马征里　邓洪波　王　悦　冯荣光　孙文松
安永新　毕　诚　刘　茗　刘良业　陈乃林　宋良文
张　驰　张　彬　张凤民　杨进发　杨秀华　周慧梅
赵关忠　高小方　徐智德　符康荣　储朝晖　魏天纬
魏所康

在历史与未来的交汇点上

（代 序）

徐传德

一

如果你从事教育工作,那就必须了解一点教育的历史;如果你想了解中国教育的历史,那你一定不能忽略南京。

南京是这样一座城市:35 万年前有了"南京猿人"的足迹,2500 年前开始筑石建城,638 年前成为全国的首都,100 多年前成为"洋务运动"的重镇,57 年前成为"百万雄师过大江"的胜利前沿。今天的南京,古都风貌与江滨特色、传统文化与现代文明、山水城林与和谐人文有机融合,正在朝着"长江国际航运物流中心、长江三角洲先进制造业中心、全省现代服务业中心、全国重要科教中心和东部城市绿化中心"的目标迈进。岁月峥嵘,从六朝兴废,到洪武纪元,到天京问鼎,到民国春秋,到侵略者蹂躏下的不屈抗争,从百万雄师过大江,到大桥飞架南北,到长江二桥、三桥、奥体中心雄姿英发,哪一种历史大气象南京不曾拥有,哪一种沧桑巨变南京不曾经历?

南京的教育又是怎样的情形呢? 据史料记载,东汉时期的南京已有了学校教育;三国时期的南京已经成为江南教育中心、官学重地;宋元以来夫子庙、江南贡院等教育场所就闻名全国,至今仍有遗存;明清两朝,南京的江南贡院成为全国最大的科举考场,吴承恩、唐伯虎、郑板桥、吴敬梓、翁同龢、张謇等都在这里考取功名而后独步天下;20世纪初,南京成为中国现代教育的重要发源地,经过民国时期的进一步发展,逐步成为堪与北京比肩的教育中心;新中国成立后特别是改革开放以来,南京教育在曲折中前进,取得令人瞩目之成就,直至今日繁荣兴旺,基本建立现代国民教育体系和终身教育体系,成为享誉全国并在国际上具有重要影响的教育之都。古往今来,南京办太学、兴私学,建书院、设贡院,从科考盛极一时,到清代派遣第一批赴美留学生,从洋务运动后新式教育的迅速崛起,到"五四"时期教育思想的空前活跃,从20世纪50年代的"红专"之争,到真理标准大讨论,到今天的素质教育可圈可点、蔚为大观,南京教育当仁不让,引领风尚。鲁迅、巴金、胡风等泰斗以及一大批院士、名流,走出南京的新式学堂,走上世界的舞台中央;还有陶行知、陈鹤琴、吴贻芳、匡亚明、斯霞等,成为立足南京、影响全国、流芳久远的教育翘楚。"天下文枢"、"东南第一学",南京名副其实,当之无愧。

然而,南京却缺少一部像样的"教育史"。这委实有些令人遗憾。

二

编写一部《南京教育史》的想法,在我心中已存了一段时间。前几年在做"千年回眸"、"世纪回望"时,我不由惊叹于南京教育的丰富和博大,提出了"学在南京"的主张。2005年,曾经在南京工作过的江苏省委书记李源潮同志提出,要把南京建设成为像美国波士顿那样的"学习的城市"、"教育的城市"。此后,南京市委市政府经过调研论证,确立了把南京建成"全国教育名城"的目标。南京市委罗志军书记还特别指出,"教育名城"的主要内涵就是"历史积淀深厚,质量水平一流,名校名师众多,风格特色鲜明"。在这样的形势和机遇下,编写《南京教育史》的使命感令我满怀激动。

于是,数年酝酿,一载攻坚,几易其稿,这部饱含了众多教育史专家与文字工作者心血的《南京教育史》终于能够与读者见面了。"十月怀胎,一朝分娩",我作为编修这部《南京教育史》的倡导者和直接参与者,心中的欢喜和快慰自不待言。

在历史与未来的交汇点上(代序)

编修《教育史》有什么用?教育历史与现代教育究竟有什么关系?一些人的疑惑也正是我常常对自己的追问。

直接地说,"述往"是为了"思来"。经世致用,启发来者,垂训后人,是编写这部《南京教育史》的基本宗旨。修史未必要"成一家之言",但"究天人之际,通古今之变"却是一个应当努力达到的目标。纵观千百年来的教育活动,诸多成败得失,必有因果关联,其中的一些共同规律或原则,则是南京教育后继者宝贵的参考。现实总是对历史的承续。今天南京教育诸方面的繁荣,无一不是由过去积累和演变而来的,甚至我们教育工作者本身的许多思想、情怀、习惯,也是教育历史的产物。如果我们不能了解南京教育的过去,就不能透彻了解它的现在,也就不能很好地促进它在未来的发展;如果我们认识了南京教育历史演进的程序,则多少可以洞察它未来的趋向。

克罗齐说过,"一切历史都是当代史。"这是不是史学之普遍规律,不敢断言。但这的确是我们审视历史时可以借鉴的一种态度。我们一方面要努力通达历史的客观形态,一方面也要敢于用今天的知识和价值来诠释和丰富历史。我们编写《南京教育史》,绝不是历史材料的简单堆积或机械复写,而是融入了现代的教育理念,通过现实视角的观照,力图"唤醒"南京教育历史的价值,以期引起读者对现实的思索,激发读者对未来的兴趣。换言之,无论是编写还是阅读使用《南京教育史》,只有和当下的教育世界、教育事件,和南京的教育工作者的精神生活融贯一气,它的价值才可以说是获得了展现。记载过去,启迪现在,昭示未来,这是《南京教育史》的基本追求。

其实,英国哲人培根早就说过"读史使人明智"的话。撇开经世致用的意图,历史对丰富一个人的生命内涵、提升人的素质是非常重要的。譬如面对一件远古青铜器,你所看到的绝不仅限于金属成色、冶炼技术等,你还会感受到某种时代精神的脉动,感受到某种穿越时空的艺术灵感,正激荡着你的想象和创思,激励着你在现实生活中有所作为;而就在你的想象、创思和作为中,这件青铜器就获得了现时的生命。同样,面对南京教育的历史,我们应该以虔敬的姿态与之对话。只要用心,我们在对话的过程中就能够获得某种理性的感悟,从而使自己的认识和实践达到一个新的层次。从这个意义上说,历史是现代人生存和发展不可缺少的内容;教育历史也是现代教育工作者树立正确教育观、人生观的重要参照。开卷有益。相信这部《南京教育史》能够缩短现代教育工作者与教育历史的距离,为现代教育工作者丰富教育体验、开启人生睿智产生积极的作用。

三

南京教育史虽然丰富而深邃,但其经络却也颇为分明。粗略说来,南京建城以来绵长的教育历史,从教育思想的嬗变看,我认为可以大致划分为五段。

一是"建业定都"以来以"政治教化"为正统要求的古代教育。中华民族有兴学重教的深厚传统,所谓"建国君民,教学为先","化民成俗,其必由学",既表明了古代教育极高的地位,也揭示了这种地位和政治及道德的密切关系。南京作为中国的"六朝古都"、"十朝都城",自古就有尊重人才、重师重教的文化氛围,产生过比较丰富的教育活动,在农耕、军事、法律、算学、史学等诸多领域都有相应的教育实践。不过从正统的要求来看,学校教育的主要目的还是在于为社会政治秩序服务。例如明太祖朱元璋在定都南京后提出:治国之要,教化为先;教化之道,学校为本。这与"君民"、"化民"的要旨完全是一脉相承的。在这样的目的追求下,古代教育经过漫长的积淀,形成了一些基本的教育价值取向,例如重道德而轻实利、重政务而轻经济、重整体而轻个体、重和谐而轻竞争、重"天理"而轻"人欲"、重人文而轻科学、重价值探讨而轻本体追问、重科考功名而轻生产劳动等等。这当中的一些价值观具有超稳定的文化力量,在经历了一次又一次的社会变革或转型后,似乎以一种"集体无意识"的方式存留了下来,不易察觉地影响着我们今天的教育生活。值得一提的是,中国在先秦时就诞生了"有教无类"的伟大思想,虽然中国和其他世界文明古国一样,其传统教育有极强的阶级性,但却不完全为贵族所垄断。以南京为例,从早先东晋时的私家办学到后来明清时的科考繁荣,都为底层贫寒之士的上升敞开了一条重要的通道。当然,这种"上升"在根本上还是为治国固邦服务的。

二是"洋务运动"以来以"中体西用"为进步潮流的近代教育。以洋务运动为肇始,中国教育进入了从传统走向现代、从封闭走向开放的时代。在这个时代,东方与西方、人文与科学、专制与民主等方面的矛盾与碰撞异常激烈,而在固守传统与全盘西化这两种极端的取向之间,"中体西用"这样一种理念整合由于具有较大的伸缩空间和回旋余地,逐渐成为当时教育思想的主流,这在当时是有巨大的进步意义的。在"中体西用"、"师夷长技以制夷"等观念的引领下,南京的教育制度和教育内容、形式等方面都有了重要的突破。在"废科举、兴学堂"的历史潮流中,南京得风气之先,有过改良私塾等进步运动;书院讲学风貌也为之一变,采西学、制洋器、图富强,成为一些书院的办学宗旨;这时期魏源、龚自珍、冯桂芬都曾在南京教育界活跃过。同时,值得注意的是,当时教会办学开始成为不可忽视的力量,培养了很多新式知识分子,客观上推动了教育的进步,今天的金陵中学、中华中学、人民中学、石鼓路小学等,也都在那时诞生。洋务教育兴起后,南京又有派员留学、创办洋务军事工业技术学校和新式军事学堂等积极举措。至20世纪初,南京又兴起改革书院、创办新式学堂的热潮,当时的各类学堂已初显现代教育从初等到高等并包括社会、成人教育的体系雏形。可以说,在教育由传统向现代过渡的过程中,南京教育始终走在变革的前面。

三是"五四运动"以来以"民主科学"为核心理念的现代教育。五四以来,南京教育在动荡中前行。这时期,进步的教育理念应运而生,例如,与科学、民主的现代文明价值观相呼应,教育的全民性和民主性得到了推重;受西方杜威等思想家的影响,教育本身的价值、教育对个体幸福的关注和对个性的尊重等得到了肯定,学校与社会、教育与职业、书本与实践的联系也得到了加强。此时的南京,可称教育学术重镇,诞生了我国教育史上举足轻重的现代教育理论,如陶行知的"生活教育"、陈鹤琴的"活教育"等等。作为南京教育史上最为重要的教育家,陶行知继承发扬了孔子那样的平民教育精神,"脱下西装草履,穿上布衣草鞋","捧着一颗心来,不带半根草去";同时又吸收了西方进步的教育思想,改造了杜威的教育理论,创建了"生活教育"这一新式教育体系。他的学术和事业成就是传统精神与西方思想碰撞交融的范例,他的人格是当时南京乃至全国整整一代教育工作者良知的生动写照。

四是新中国建立后以"学习苏联"为主要方向的当代教育。1949年12月,新中国召开第一次全国教育工作会议,提出了"新民主主义教育",并提出"借助苏联经验"。之后不久,随着"社会主义教育"取代"新民主主义教育",对苏联教育的借鉴力度也进一步加大。这时期的南京教育也就充分体现出正规化、知识化、革命化的特点。由于教育领导权掌握在人民手中,党委政府对教育工作高度重视,新中国前十七年的南京教育取得了很大的成就。人民群众尤其是原底层群众受教育的机会显著增加,各级各类教育迅速发展,为社会主义建设培养了大批人才。这时期的教育思想正式确立了以马克思主义为指导的学术研究原则,以马克思主义辩证法为教育研究的科学方法,分析教育现象、解释教育规律、指导教育实践,这是当时教育理论的重要进展。但当时的南京教育理论界运用马克思主义思想武器批判西方教育思想和传统教育思想(如对杜威、陶行知、陈鹤琴的批判)是武断和偏颇的。再者,对苏联著名教育理论家凯洛夫的《教育学》,当时也缺少必要的改造。凯洛夫的教育思想在国家行政领导和学校的关系上,忽视学校的自主性;在学校和教师的关系上,忽视教师的自主性;在教师与学生的关系上,忽视学生的自主性,这些负面影响,至今仍残留在教育文化的深处。但总的来说,这十七年的南京教育取得了巨大的进步,开创了良好的局面,但随后发生的"文革",中断了这种局面的进一步发展。

五是改革开放以来以构建"特色体系"为追求的新时期教育。十一届三中全会后,南京和全国一样,教育走向复苏和觉醒。各级各类教育迅速恢复或重建,百废俱兴。南京在全国较早普及义务教育和探索素质教育,较早启动教育管理体制改革、办学体制改革、教育教学改革、教育人事制度改革等。进入21世纪后,全市教育事业实现了有史以来最快最好的发展,基本普及十二年基础教育,高等教育也迈过了普及化的门槛,党的十六大提出的今后二十年的奋斗目标——建立现代国民教育体系和终身教育体系,在南京已经初步形成。从教育思想的深层结构看,这时期的南京教育已经不仅仅是追求对建国初十七年教育的恢复和发展,也不仅仅是对某种外来教育范式的模仿,而是博采众长,以促进人的全面发展、促进社会和谐发展为主旨,自我主导,自主创新,致力于构建有中国特色（以及南京特色）的社会主义教育体系。在坚持贯彻党的教育方针、坚持实施素质教育、努力吸收国外先进理论为我所用、重新发现传统教育生命力和价值等方面都有重要的成绩。可以说，南京从此进入了一个"教育自觉"的时代。

四

在上述的一个基本的脉络框架内，我们可以进一步梳理出对当前和今后教育发展有深刻启示的要义和规律来，在这里不妨作一些初步的列举和描述，以期对读者有所启发。

一是教育的功能定位。"为了什么"，这是教育的基本问题。一部南京教育史，引导着我们从社会和谐与个体幸福两个方向来思考教育的终极目的。传统教育的主流是社会本位，主张"克己复礼"；但晚近又有了"全力发展儿童本位之教育"一说，教育中的人本身的价值开始觉醒和彰显。审视整部教育史，我们能够清醒认识到，对两种取向执其任一端的教育，都是窄化的教育、缺失的教育，我们应该致力于寻求两者的有机结合，促进人和社会的和谐发展。20世纪80年代中期开始，南京积极推行素质教育，追求和探索的正是民族振兴和个体幸福的高度统一。"教育促进人与社会的和谐发展"，已经成为一种教育从历史走向未来的根本定位。

二是教育的民族性与世界性。纵观南京教育史，千百年的自我积淀，百余年的学习效仿以及近几十年的自我构建，这当中有成功也有失败。今天南京自主构建的现代教育体系，必须在固有文化和世界潮流面前寻求一个适合的切入点。我们都生活在历史的延长线上，教育传统是我们每一位教育工作者的文化根基。一味否定传统必然导致教育走向虚无，而一味固守传统又必然导致教育的僵化和衰微。例如，南京历朝书院重个体探究的学习方式，至今看来仍是先进的，值得深入开掘和继承；但若追慕南京在明清两代的科考繁荣而大兴"应试教育"，则是一种不合时宜的荒唐想法；"文革"十年南京教育的巨大倒退则是"全盘否定传统"的惨痛教训。我们今天生活在一个全球化的时代，正所谓"世界潮流，浩浩荡荡，顺之则昌，逆之则亡"。抚今追昔，可以设想,若没有近现代"采习西学"、"中体西用"等关键几步,南京教育的境界又怎会有今天这样的阔大?若没有新时期在世界范围内合理借鉴和吸收"建构主义"、"多元智能"、"小班化教育"、"研究性学习"等理念和模式,又怎会有当前素质教育的丰富实践?但在对待民族传统和国外的教育思想上,我们应该认真甄别,充分论证其是否契合历史发展的走向,是否适合南京的文化土壤,切忌"食洋不化"和"食古不化"。

  三是教育发展的机遇意识。一个社会提供给教育发展的资源往往有限,影响教育发展的内外部环境和条件也是变动不居的,机遇总是稍纵即逝。教育不能坐等社会支持,而要主动争取更多的资源和机会,而争取的结果如何,则在很大程度上又取决于对历史机遇的把握程度。南京教育发展史上的若干个高点,莫不是在一次次看准时机、抢抓机遇、主动发展的过程中实现的。例如南京历朝书院随政治动荡几度兴衰,每次兴起都是因为有识之士看准了历史趋势,把握社会需要,不畏风险,虽折不挠;正是因为这种关键时刻的见识和勇力,书院文化才成为南京教育史上一道亮丽的风景。至于说洋务运动以来南京教育体制、教育内容和培养目标的不同程度革新以及五四以来南京教育学术的繁盛,更是体现了几代教育有识之士审时度势的智慧和敢为人先的勇气。回顾这些赢得重大突破的事件,我们发现在每一次教育事业从量变到质变、积聚到腾飞之间,都存在着一个关键的历史时刻,不妨称之为教育发展的"节点"。由于教育内、外部条件的高度耦合,在这个节点上付出的主观努力会得到巨大回报;而这种耦合的瞬时性和不可重复性,则体现为在"节点"以外的任何主观努力都很难达到预期的效果。可以说,抓住"节点","节点"就是起点,迎来的就是教育发展的黄金期;错过"节点","节点"成了盲点,换来的就是教育发展的停滞期。古人说,天予不取,反受其咎,时至不迎,反受其殃,揭示的也是这个道理。回顾近年来南京教育的发展,正是抓住了师范生就业形势变化的"节点",才及早推出了"凡进必考"制度;正是抓住了加快城市化进程的"节点",才迅速实现了三所名校的放大;正是抓住了省市教育工作会议的"节点",才使免费义务教育的目标得以提前实现。当前,南京教育工作者肩负创建"全国教育名城"的重要使命,更需要把准"节点"、抢抓机遇的洞见和谋略,需要赶超时代潮流敢于在风口浪尖拼搏的勇气和智慧。

四是兴办教育的两支重要力量。关于南京教育史上的教育机构,有几个比较重要的概念,例如"国学"、"官学"、"国子监"、"私学"、"书院"、"私塾"等。不难发现,它们实际上代表着两支重要的办学力量,一是朝廷(官府)的力量,一是民间的力量。南京是六朝古都、十朝都城,官学繁荣自在情理之中;但官学的繁荣并没有挤压民间办学的空间,而且事实上在古代的大部分时间,民间办学一直是南京教育不可忽视的力量,并形成了比官学更为鲜明的特色。可以说,倡导办学主体的多元化,鼓励民办教育,并不始于今日,而是有着悠久的传统。20世纪80年代教育体制改革以来,南京民办教育得到迅速发展,成为市民不可或缺的教育资源,这既是对改革开放的呼应,也是对南京民间兴学传统的继承与发展。

五是教育探索的多样化。封建朝廷对通过教育实现稳固统治的高度重视,并没有造成官学一统天下的格局,客观上是社会需要使然。对社会需要的顺应,同样也促成了五四以后南京教育思想的空前繁荣。陶行知的农村教育实验、黄炎培的农村职业教育研究、陈鹤琴的幼儿教育研究,虽然各行其道,各成一家,但都是紧紧地把握了社会发展需要。陶行知说过,不运用社会的力量,便是无能的教育;不了解社会的需要,便是盲目的教育。我们今天的教育明确承担着"造就数以亿计的高素质劳动者、数以千万计的专门人才和一大批拔尖创新人才"的艰巨任务,也必须走多样化的教育发展之路,必须在教育途径、载体、手段、方式、方法上实现多元、多样、灵活、开放,从而满足社会多样化的人才要求,家庭多样化的教育需求,学生多样化的人生追求。

五

不了解历史的人永远是个孩子;不了解教育历史的教育者永远不会成为成熟的教育者。当一个人在面对"我是谁"、"从哪里来"、"向何处去"这样的根本性追问感到困惑与茫然时,他总是把目光投向历史来寻求某种启示,从而发现生命的根基在哪里,奋斗的目标在哪里;同样,一个国家或者一个城市的教育,也总是在历史中认识自己的独特价值,认识本身的规律和目的;从而也获得对现实的深刻洞见,获得对未来的使命和信心。

因此,在历史面前我们感到敬畏也感到自信,我们充满激情也充满理性;我们真切感受到千百年、亿万人的智慧和心血,真切感受到我们担当的责任和肩负的使命;我们对教育的热爱变得更加纯洁和坚定,我们对未来的憧憬变得更加广阔和澄明。

当下,南京教育史已翻开崭新的一页。

站在历史与未来的交汇点上,我们继承了前人的事业,也面对着前人所没有经历过的新难题:在素质教育的框架下该如何应对考试升学?在教育大众化的条件下该如何培养精英人才?在教育均衡化要求下该如何建设名校?在统一性的教育目标下该如何实现多样化的发展?如何把握教育本土化与国际化的关系?如何把握教育的公益性追求和市场化取向的关系?如何解决教育需求与教育投入的矛盾?如何解决学校有限责任和无限责任的矛盾?如何在公众的高度关注下开展工作?如何满足人民群众多样化的受教育需求和不断上升的成才渴望?这些问题,我们都没有现成的答案。但是,我们在继承历史,也在创造历史。我们有责任有信心在实践中破解难题,在破解难题中推动教育历史的进步。

置身浩瀚历史,前可见古人,后可见来者;立足教育岗位,我们深感责任之压力,深感使命之激励。于是,一种书写新历史的渴望在心中益发强烈。

我们身逢盛世,有理由创造出更为辉煌的未来。

2006 年 10 月

第 2 版序

徐传德

所谓历史,通常有两种写法,一种用笔,一种用实践。用笔写,是记录历史;用实践写,是创造历史。能够进行"双重书写"的人,无疑是幸运的。

《南京教育史》(第 1 版)于 2006 年由商务印书馆出版后,我曾以为自己对"南京教育史"的"书写"也已走进历史,未料,我的"实践书写"竟然延续至今,也就使我有了对第 1 版《南京教育史》进行修订的机会。尽管"书写"的使命颇让我殚精竭虑,却也令我心生宽慰——毕竟,这样的人生体验非常难得,弥足珍惜。

南京的教育历史极其厚重,要把上下 2000 多年的教育风云浓缩于一部书中,实非易事。在重新审订书稿的过程中,我常常发出喟叹和感慨。喟叹的是,有些史料需要花费很大的力气去翻检淘漉,也未必能有所发现,什么原因使它们渐渐沉入了历史的深处,不复为后人所记忆?感慨的是,又有一些重大的历史事件、重量的历史人物、重要的文明成果,犹如黑夜里的星辰、草原上的大树,由不得你的好恶,兀自散发光亮、傲然挺立,什么原因使它们彪炳史册,让后人凝目正视? 由此又想到,我们已经、正在以及将要做的事情,哪些可能只是流星划过,哪些又将传之久远、成为历史大幕上夺目的风景呢? 如果"书写者"能够更多一些"历史意识",更多一份历史使命感、历史方位感,"历史"会不会更少一些遗憾、更多一些精彩呢?

"新世纪以来的南京教育",是本次修订中新调整增加的内容,既体现了修史之初确定的"写到当下"的原则,也是本人对这一段教育实践的"敝帚自珍"。21世纪的头十年,我是南京教育改革发展的亲历者、参与者、见证者。那些激情燃烧的岁月,那些深深浅浅的足迹,那些曾经的成功或者挫折、荣光或者沮丧,都令我感慨无限。回望这十年南京教育的历程,我可以无愧地说,所有的重大事件,我们都在现场;所有的重大变革,我们都没有缺位;所有的重大进步,我们都付出了智慧和汗水。因此,本次修订《南京教育史》,我们特意留出一些篇幅呈现这十年南京教育改革发展的风貌,以此向那些与我一起奋斗的同事同仁、向全市广大教育工作者致谢和致敬。

一个人的精力和生命是有限的,"南京教育史"的接力"书写"总要交棒于后人。在《南京教育史》(第2版)即将刊行之际,我想借一副对联表明心迹:"天地生人,有一人应有一人之业;人生在世,在一日当尽一日之勤"(录自话剧《立秋》)。同时,我也寄望接力"书写"者能够时时意识到,今天的实践其实就是在"书写"历史。如果按照每五年修订一次《南京教育史》的计划,我们今天的所作所为很快就会面临"史册"的取舍。究竟是成为历史的"主角"抑或成为历史的"过客",很大程度上就在于今天的把握和努力。我希望正在用实践"写史"的人们越"写"越精彩,并能够经得住光阴的洗涤、人民的评判和良心的叩问。

培根说,读史使人明智。何为"明"何为"智"? 我认为"明"当"明"在看清历史发展的脉络,"智"当"智"在画好自身的历史轨迹。希望这部新版《南京教育史》能够对读者尤其是教育工作者有所裨益,真正发挥开"明"启"智"之功。

2012 年 5 月

目 录

在历史与未来的交汇点上(代序) ·· 1
第 2 版序 ·· 11
绪 论 ·· 1

第一章　先秦至三国时期的南京教育

第一节　古代南京地区的教育萌芽 ··· 16
　一、原始社会时期南京地区的人类活动与教育的产生 ··············· 16
　二、春秋时期南京地区金属冶炼技术的传授 ····························· 17
第二节　秦汉时期的南京教育 ·· 19
第三节　三国时期的南京教育 ·· 21
　一、以贵族子弟为主要对象的官学教育 ···································· 21
　二、以学习历史与兵法为主的军队教育 ···································· 24
　三、以大族家庭教育为主的私家教育 ······································· 25

第二章　两晋至五代十国时期的南京教育

第一节　东晋南朝官办学校制度的演变 ·· 27
　一、东晋时期太学与国学的重建 ··· 28
　二、刘宋时期四学并立的盛况 ·· 30
　三、南齐时期国学的大起大落 ·· 31

四、梁朝时期学校教育的繁荣 …………………………………… 32
　　五、陈朝时期国学的衰微 ……………………………………… 34
第二节　东晋南朝私学教育的发展 …………………………………… 35
　　一、私学教师多元化 …………………………………………… 35
　　二、私学条件得到改善 ………………………………………… 36
　　三、私学生源多样化 …………………………………………… 37
　　四、教学内容丰富多彩 ………………………………………… 38
第三节　东晋南朝家族教育的兴盛 …………………………………… 39
　　一、长辈广泛参与子弟教育 …………………………………… 39
　　二、个人刻苦自学 ……………………………………………… 40
　　三、少儿教育与妇女教育受到重视 …………………………… 41
　　四、言教、身教与文教并重 …………………………………… 44
　　五、教育内容十分丰富 ………………………………………… 45
第四节　东晋南朝贵族教育的缺陷 …………………………………… 52
　　一、缺少良好教养，皇族子弟暴虐荒淫 ……………………… 52
　　二、偏重文化知识，忽视德行教育 …………………………… 55
　　三、重文轻武，普遍缺少忧患意识 …………………………… 57
　　四、轻视实务，丧失治国和处世能力 ………………………… 59
第五节　隋朝时期的南京教育 ………………………………………… 60
第六节　唐朝时期的南京教育 ………………………………………… 62
第七节　五代十国时期的南京教育 …………………………………… 64

第三章　宋元时期的南京教育

第一节　官学再度繁荣 ………………………………………………… 69
　　一、府学有所发展 ……………………………………………… 69
　　二、县学始具规模 ……………………………………………… 73
　　三、官学的经费和管理 ………………………………………… 74
第二节　理学书院的兴盛 ……………………………………………… 77
　　一、书院发展概况 ……………………………………………… 77

二、政府对书院的影响和控制…………………………… 79
　　三、书院的组织和管理…………………………………… 80
　　四、书院的教学…………………………………………… 81
　　五、书院的职能…………………………………………… 82
第三节　私学继续发展……………………………………… 83
　　一、乡党之学的普及……………………………………… 84
　　二、家学的繁盛…………………………………………… 85
　　三、为中央官学举荐贤才………………………………… 86
第四节　科举的发展及其对教育的影响…………………… 87
　　一、兴建贡院，完善地方贡士制度……………………… 87
　　二、条陈议案，争取名额………………………………… 88
　　三、积极参与，大量人才及第…………………………… 89

第四章　明朝时期的南京教育

第一节　文教政策的确立与教育管理体制的形成………… 91
　　一、文教政策的确立……………………………………… 91
　　二、教育管理体制的形成………………………………… 94
第二节　官学学制系统的形成……………………………… 98
　　一、中央官学的新发展…………………………………… 98
　　二、地方官学的空前发展………………………………… 108
第三节　民间私学的发展…………………………………… 115
第四节　留学生教育的兴盛………………………………… 116
第五节　书院的曲折发展…………………………………… 118
　　一、书院的兴衰…………………………………………… 118
　　二、书院的性质与教学…………………………………… 122
第六节　"应试教育"的强化……………………………… 123
　　一、科举考试及选士制度的加强………………………… 123
　　二、应天府乡试与南京会试……………………………… 125
　　三、明代南京地区科举中式状况………………………… 127

第五章 清代(鸦片战争前)的南京教育

第一节 文化教育政策与教育管理体制 …… 129
    一、文化教育政策举措 …… 130
    二、教育管理体制和学校系统 …… 131

第二节 完备的地方官学体系 …… 132
    一、地方官学的建制 …… 132
    二、地方官学的管理与制度 …… 133
    三、地方官学的学田与学租 …… 138

第三节 兴盛的书院教育 …… 139
    一、书院的官学化 …… 139
    二、书院的内部管理 …… 141
    三、江宁府府县书院的教学特点 …… 142
    四、江宁府府县书院的藏书与刻书 …… 144

第四节 形式多样的蒙学教育 …… 145
    一、社学 …… 145
    二、义学 …… 146
    三、私塾 …… 147

第五节 科举考试的昌盛 …… 148
    一、举足轻重的江南乡试 …… 148
    二、值得称道的科举成就 …… 152

第六章 古代南京教育家的思想与实践

第一节 王安石、程颢、湛若水、焦竑的教育思想与实践 …… 155
    一、王安石的教育思想与实践 …… 155
    二、程颢的教育思想与实践 …… 157
    三、湛若水的教育思想与实践 …… 158
    四、焦竑的教育思想与实践 …… 159

第二节　古代南京教育家传略 ………………………… 159
　　雷次宗(159)　　刘瓛(160)　　严植之(161)　　真德秀(162)
　　张　塈(162)　　宋　濂(162)　　宋　讷(163)　　方孝孺(164)
　　吕　柟(164)　　卢文弨(165)　　袁　枚(165)　　钱大昕(165)
　　姚　鼐(166)　　王贞仪(166)

第七章　清代(鸦片战争后)的南京教育

第一节　"经世致用"教育思潮与西方教育的进入 ……… 167
　　一、封建传统教育渐趋解体 ………………………………… 167
　　二、"经世致用"思潮在南京 ………………………………… 171
　　三、西方文化教育在南京的传播 …………………………… 173
第二节　中体西用的洋务教育 ……………………………… 175
　　一、洋务教育在中国兴起 …………………………………… 175
　　二、南京洋务军事工业技术学校和新式军事学堂 ………… 176
第三节　清末南京的新式教育 ……………………………… 179
　　一、维新运动的改良教育 …………………………………… 179
　　二、清末新学制与南京近代教育体系的形成 ……………… 181
第四节　太平天国时期的南京教育 ………………………… 189
　　一、太平天国时期南京教育的基本政策 …………………… 190
　　二、太平天国时期南京教育的基本形式和内容 …………… 194
　　三、太平天国时期南京教育的特点 ………………………… 196

第八章　民国前期的南京教育

第一节　"五四运动"前的南京教育 ………………………… 200
　　一、资产阶级教育理念的初步熏陶 ………………………… 200
　　二、教育改革与"壬子·癸丑学制" ………………………… 203
　　三、南京原有教育的蜕变与新生 …………………………… 205
　　四、烽火之中的南京教育 …………………………………… 213
第二节　"五四运动"至国民政府成立前的南京教育 …… 214

一、南京教育行政机构的变动 …………………………………… 214
　　二、教育新思潮的涌动 ……………………………………………… 220
　　三、新文化运动与南京教育改革 ………………………………… 227
　　四、师生爱国民主运动与学潮 …………………………………… 233
　　五、各类教育逐步发展 ……………………………………………… 236

第九章　南京国民政府时期的南京教育

第一节　政府对教育的管理与控制 …………………………… 247
　　一、三民主义教育宗旨及其实施方针的确定 ………………… 247
　　二、新学制的厘定 …………………………………………………… 248
　　三、教育行政机构的设置 ………………………………………… 252
　　四、控制学校教育的措施 ………………………………………… 253

第二节　抗战前南京教育的发展 ……………………………… 257
　　一、幼儿教育 ………………………………………………………… 258
　　二、小学教育 ………………………………………………………… 261
　　三、普通中学教育 …………………………………………………… 263
　　四、中等职业技术教育 ……………………………………………… 267
　　五、中等师范教育 …………………………………………………… 269
　　六、高等教育 ………………………………………………………… 272
　　七、社会教育 ………………………………………………………… 277
　　八、军事院校 ………………………………………………………… 280

第三节　抗战初期南京学校的流亡 …………………………… 281
　　一、普通中学的迁徙流亡 ………………………………………… 282
　　二、中等专业学校的内迁 ………………………………………… 282
　　三、高等学校的流亡办学 ………………………………………… 283
　　四、军事院校的西迁 ……………………………………………… 285

第四节　沦陷时期的南京教育 ………………………………… 286
　　一、日伪统治下的"奴化"与"伪化"教育 …………………… 286
　　二、南京教育界的反侵略斗争 …………………………………… 292

第五节　抗战胜利后南京教育的起落 ························· 295
一、复员时期的教育政策与措施 ····························· 296
二、南京教育的复员与发展 ································· 298
三、国民政府败逃前夕的南京教育界 ························· 304

第六节　南京学界的爱国民主运动 ·························· 305
一、抗战前南京师生的爱国民主运动 ························· 305
二、解放战争时期南京师生的爱国民主运动 ··················· 307

第十章　近、现代南京教育家的思想与实践

第一节　陶行知、陈鹤琴、吴贻芳的教育思想与实践 ·········· 311
一、陶行知的教育思想与实践 ······························· 311
二、陈鹤琴的教育思想与实践 ······························· 320
三、吴贻芳的教育思想与实践 ······························· 324

第二节　近、现代南京教育家传略 ·························· 328

缪荃孙(328)　　李瑞清(330)　　蔡元培(332)　　仇　垞(333)
江　谦(333)　　黄炎培(335)　　郭秉文(337)　　柳诒徵(339)
马客谈(340)　　俞子夷(340)　　胡小石(342)　　吴蕴瑞(343)
廖世承(343)　　晏阳初(345)　　陈裕光(346)　　张乃燕(347)
徐悲鸿(347)　　俞剑华(348)　　刘海粟(349)　　黄质夫(350)
邰爽秋(352)　　茅以升(353)　　罗炳之(354)　　高觉敷(355)
刘敦桢(356)　　潘　菽(357)　　罗家伦(357)　　陈　章(358)
杨廷宝(358)　　唐圭璋(359)　　李方训(359)　　范存忠(360)
曾远荣(360)　　傅抱石(361)

第十一章　中华人民共和国建立初期的南京教育(1949—1956)

第一节　对旧教育的接管、接收和接办 ······················ 362
一、全面接管公立学校 ····································· 363
二、稳妥接收外国津贴学校 ································· 365
三、积极接办私立学校 ····································· 366

第二节 对教师的团结、教育和改造 ········ 367
一、教师的政治理论学习和思想改造 ········ 367
二、教师的业务培训 ········ 370
三、确立知识分子在社会主义建设中的重要地位 ········ 372

第三节 对学生的思想政治教育 ········ 376
一、建立学生团、队组织 ········ 376
二、开设政治课 ········ 378
三、开展经常性思想政治教育 ········ 379

第四节 建立工农教育制度 ········ 382
一、冬学、民校与农民扫盲识字运动 ········ 383
二、开展职工、干部业余文化教育 ········ 384
三、创办工农速成中学 ········ 389

第五节 学习苏联教育经验 ········ 390
一、中小学热情引进苏联教学方法 ········ 390
二、高等学校全面借鉴苏联教育模式 ········ 392
三、对学习苏联教育经验的评价 ········ 393

第六节 高等院校院系调整 ········ 394
一、院系调整的方针和步骤 ········ 394
二、南京高等学校的院系调整 ········ 395
三、院系调整的得与失 ········ 397

第七节 中小学、幼儿园、职业技术学校的改建与发展 ········ 398
一、迅速扩建幼儿园 ········ 398
二、基本普及小学教育 ········ 399
三、有效整顿普通中学 ········ 400
四、积极创办中等职业技术学校 ········ 400

第十二章 社会主义道路探索初期的南京教育(1957—1965)

第一节 加强党对教育的领导 ········ 403
一、加强党对教育工作的组织领导 ········ 404

二、加强党对学校思想政治教育的领导 …………………… 404
　　三、加强党对学校课程教学改革的领导 …………………… 405
第二节　教育界的整风运动和反右派斗争 …………………… 406
　　一、整风运动的开展 ………………………………………… 406
　　二、反右派斗争的开展 ……………………………………… 407
　　三、反右派斗争的深刻教训 ………………………………… 408
第三节　教育方针的实施 ……………………………………… 409
　　一、中小学的教育革命 ……………………………………… 410
　　二、高等院校的教育革命 …………………………………… 414
　　三、教育革命的失误 ………………………………………… 418
第四节　教育大跃进 …………………………………………… 420
第五节　各类教育全面调整提高 ……………………………… 422
　　一、贯彻实施"八字方针",教育事业全面调整 …………… 422
　　二、制定和实施"三个条例",促进各类教育规范化 ……… 424
　　三、试行半工(农)半读教育制度 …………………………… 431

第十三章　"文化大革命"时期的南京教育(1966—1976)

第一节　"文化大革命"初期的大动乱 ………………………… 434
　　一、教育界知名人士首当其冲遭批斗 ……………………… 435
　　二、红卫兵"破四旧"与师生"革命大串联" ………………… 436
　　三、批判"资产阶级反动路线" ……………………………… 437
　　四、学校造反派的夺权与武斗 ……………………………… 438
　　五、"复课闹革命"与知识青年上山下乡 …………………… 439
第二节　破坏性极大的"教育革命" …………………………… 441
　　一、工宣队进驻学校 ………………………………………… 441
　　二、"开门办学"以干代学 …………………………………… 442
　　三、建立"无产阶级革命教师队伍" ………………………… 443
　　四、学校撤并、下放 ………………………………………… 444
　　五、创办"社会主义新大学" ………………………………… 445

六、高等学校招生试点 …………………………………… 446
第三节　广大师生对极"左"路线的抵制与斗争 ………… 449
　　一、广大师生日益觉醒,奋起抗争 ……………………… 449
　　二、震撼全国的"南京事件" …………………………… 450
第四节　"文化大革命"对南京教育事业的破坏 …………… 451
　　一、各级党组织对教育工作的领导陷于瘫痪 ………… 452
　　二、教师队伍受到严重摧残 ……………………………… 453
　　三、学校的教育教学遭到全面破坏 ……………………… 453
　　四、严重干扰一代青少年学生的正常成长 …………… 455

第十四章　拨乱反正时期的南京教育(1977—1978)

第一节　教育战线的拨乱反正 ………………………………… 457
　　一、批判"四人帮"的极左路线 ………………………… 457
　　二、推倒"四人帮"的"两个估计" …………………… 458
　　三、开展真理标准问题的讨论 …………………………… 459
　　四、平反冤假错案与落实知识分子政策 ………………… 462
第二节　教育事业的全面恢复 ………………………………… 463
　　一、恢复高校统一招生制度 ……………………………… 463
　　二、幼儿教育开始恢复提高 ……………………………… 464
　　三、小学教育开始调整发展 ……………………………… 465
　　四、中学教育开始调整改革 ……………………………… 466
　　五、中等职业技术教育开始恢复发展 …………………… 467
　　六、高等教育的恢复和重建 ……………………………… 469

第十五章　改革开放时期的南京教育(1979—2000)

第一节　教育改革全面推进 …………………………………… 471
　　一、教育管理体制改革 …………………………………… 471
　　二、办学体制改革 ………………………………………… 474

三、教育投入机制改革 ·················· 475
　　四、教育督导制度改革 ·················· 478
　　五、加强教育法制建设 ·················· 480
第二节　各类教育蓬勃发展 ·················· 482
　　一、学前教育的发展 ···················· 482
　　二、基础教育的发展 ···················· 485
　　三、特殊教育的发展 ···················· 496
　　四、中等职业技术教育的发展 ············ 500
　　五、普通高等教育的发展 ················ 506
　　六、师范教育的发展 ···················· 515
　　七、成人教育、终身教育的发展 ·········· 518
　　八、民办教育的兴起与发展 ·············· 527
　　九、教育国际交流与合作的拓展 ·········· 530
第三节　素质教育初显成效 ·················· 536
　　一、80年代中期至1993年：素质教育在探索中启动 ·········· 537
　　二、1993年至2000年：素质教育在实践中发展 ·············· 541
第四节　教师队伍整体素质和社会地位显著提高 ·········· 545
　　一、教师的录用与管理 ·················· 545
　　二、中小学教师的培训与管理 ············ 547
　　三、提高教师的社会地位和生活待遇 ······ 551

第十六章　进入21世纪的南京教育（2001—2010）

第一节　基础教育率先基本实现教育现代化 ·············· 559
　　一、15年基础教育全面普及 ·············· 559
　　二、优质教育高位均衡发展 ·············· 562
　　三、教育质量水平全面提升 ·············· 565
　　四、率先实施免费义务教育 ·············· 569
　　五、推进教育公平发展 ·················· 571
　　六、全面实现教育信息化 ················ 577

七、区县全部达到省颁教育现代化标准 ………………………… 578
第二节　职业技术教育快速发展 ……………………………………… 580
　　一、推进职业教育继续发展 …………………………………… 580
　　二、实施职业教育"双十工程" ………………………………… 585
　　三、建设职业教育协调、研究、评估、服务组织机构 ………… 591
第三节　普通高等教育稳步发展 ……………………………………… 594
　　一、普通高等教育资源有效整合 ……………………………… 594
　　二、普通高等教育办学规模合理扩大 ………………………… 595
　　三、普通高等教育科研蓬勃发展 ……………………………… 597
第四节　民办教育发展与规范 ………………………………………… 601
　　一、民办教育发展总体情况与特点 …………………………… 601
　　二、民办教育的规范发展 ……………………………………… 605
第五节　终身教育体系的发展和完善 ………………………………… 608
　　一、成人教育健康发展 ………………………………………… 609
　　二、教育富民工程不断推进 …………………………………… 612
　　三、社区教育迎来新的发展 …………………………………… 613
　　四、终身教育体系的建设与完善 ……………………………… 613
第六节　素质教育成效显著 …………………………………………… 615
　　一、素质教育在创新中深化 …………………………………… 615
　　二、"南京高考之痛"及相关论争 ……………………………… 628
　　三、南京市素质教育实践的启示 ……………………………… 636
第七节　教育教学研究繁荣发展 ……………………………………… 639
　　一、教育科研改革创新 ………………………………………… 639
　　二、教学研究高位运行 ………………………………………… 643
第八节　教师队伍建设成效显著 ……………………………………… 649
　　一、创新新教师录用机制 ……………………………………… 650
　　二、促进教师专业化发展 ……………………………………… 651
　　三、创新师德建设 ……………………………………………… 658
　　四、构建教师人才高地 ………………………………………… 661
第九节　教育国际交流与合作高速发展 ……………………………… 665

一、基础教育国际化水平日益提高 …………………… 665
　　二、融入世界的南京高等教育 ………………………… 677
第十节　深化教育改革 ……………………………………… 683
　　一、教育管理体制改革不断深化 ……………………… 683
　　二、教育经费投入机制不断完善 ……………………… 687
　　三、学校管理体制不断创新 …………………………… 691

第十七章　当代南京教育家的思想与实践

第一节　匡亚明、斯霞的教育思想与实践 ………………… 697
　　一、匡亚明的教育思想与实践 ………………………… 697
　　二、斯霞的教育思想与实践 …………………………… 704
第二节　当代南京教育家传略 ……………………………… 710
　　　孙叔平(710)　杨景才(710)　纵翰民(711)　陈　嘉(711)
　　　陈邦杰(712)　黄显之(712)　蒋孟引(713)　黄友葵(713)
　　　陈白尘(714)　顾兆勋(714)　吴天石(715)　陈大羽(715)
　　　甘　涛(715)　施祥林(716)　孙　望(716)　程千帆(717)
　　　冯秀藻(717)　朱启銮(718)　由　崑(718)　叶子铭(718)
第三节　在宁高校中的院士简介 …………………………… 719
　　一、中国科学院院士 …………………………………… 719
　　　戴安邦(719)　高济宇(719)　徐克勤(720)　钱钟韩(720)
　　　徐芝纶(721)　时　钧(721)　严　恺(722)　任美锷(722)
　　　郭令智(723)　魏荣爵(723)　徐国钧(724)　冯　端(724)
　　　胡宏纹(725)　王业宁(725)　王德滋(726)　程镕时(726)
　　　冯纯伯(727)　江元生(727)　薛禹群(728)　齐　康(728)
　　　陆　埮(729)　龚昌德(729)　陈　懿(729)　都有为(730)
　　　伍荣生(730)　游效曾(731)　王　颖(731)　曲钦岳(732)
　　　闵乃本(732)　张淑仪(733)　郑有炓(734)　陶宝祺(734)
　　　孙义燧(734)　孙钟秀(735)　陈洪渊(735)　方　成(736)
　　　赵淳生(736)　吴培亨(737)　邢定钰(737)　祝世宁(737)
　　　胡海岩(738)

二、中国工程院院士 ·················· 738

严　恺(738)　彭司勋(739)　陈太一(739)　黎介寿(740)
黎磊石(740)　刘大钧(741)　唐明述(741)　钟训正(742)
王明麻(742)　孙　伟(743)　王泽山(743)　孙忠良(744)
盖钧镒(744)　吕志涛(745)　李鸿志(745)　张全兴(745)
吴中如(746)　张齐生(746)　顾冠群(747)　刘怡昕(747)
王景全(748)　欧阳平凯(748)　刘志红(748)　徐南平(749)
黄　卫(749)

第四节　当代南京基础教育专家简介 ·················· 750

一、首届南京基础教育专家 ·················· 750

朱　刚(750)　恽宗瀛(751)　罗炳权(752)　李夜光(752)
王　兰(753)　曹　琬(753)　胡百良(754)　袁　浩(755)
岳燕宁(756)　陈国强(757)　钱逸瑞(757)　孙丽谷(758)
王栋生(758)　董正璟(759)　孙双金(759)　杨瑞清(760)

二、第二届南京基础教育专家 ·················· 761

钱铁锋(761)　丁　强(762)　陈履伟(762)　杨　昭(763)
朱建廉(764)　闫　勤(765)　邹　正(765)　陈康金(766)
崔利玲(767)　贾宗萍(767)　潘东标(768)　魏　洁(768)

附录一　南京教育大事年表 ·················· 770
附录二　民国以来至2010年南京各级各类学校教育事业统计表
·················· 861
附录三　1927—2010年南京市主要教育行政负责人 ·················· 875
附录四　当代南京教育人物名录 ·················· 880
后　记 ·················· 913
第2版后记 ·················· 915

绪　论

一

南京,曾名金陵、秣陵、建业、建邺、建康、白下、蒋州、昇州、江宁、上元、集庆、应天、天京等,是中国享誉海内外的历史文化名城。

南京地处长江下游宁镇丘陵地区,东临长江三角洲,西靠皖中沿江平原与丘陵,东南连富饶的太湖水网,北接江淮平原。"黄金水道"长江穿越境城,江宽水深,万吨巨轮终年可以通航。境内山地、河流、平原交错,城东有钟山屏障,若长龙盘绕;城西石头山,似猛虎雄踞,故有"钟山龙蟠,石城虎踞"之说。秦淮、金川两河蜿蜒城南城北,玄武、莫愁两湖依偎东西山水间,紫金山、牛首山、幕府山、栖霞山、汤山、青龙山、黄龙山、方山、祖堂山、云台山、老山、灵岩山、茅山等,群山环抱四周;富贵山、九华山、北极阁、清凉山、狮子山等散于市内,山水相映成趣,气势雄浑而景色秀美。

截至2009年,南京全市土地总面积为6 600平方千米,其中市区4 730平方千米,户籍总人口629.77万,其中市区户籍人口545.97万。现辖11区、2县,即玄武、白下、秦淮、建邺、鼓楼、下关、浦口、六合、栖霞、雨花台、江宁区及溧水县和高淳县。

南京属北亚热带季风气候区,四季分明,雨水充沛,年均温度15.3℃,年均降水量1 106毫米。境内自然资源丰富,已探明矿藏有40多种。地下水资源丰富,水质优良,江宁的汤山温泉,浦口的汤泉、珍珠泉尤为闻名。

南京是我国古代文明的发祥地之一。考古发现,早在35万年前就有"南京猿人"的足迹。在南京东郊汤山石灰溶洞发现的一个与北京猿人相似的头盖骨和股骨化石,是南京境内最久远的古人遗迹,表明南京是古人类聚居之地。大约在6 000年前,南京城市中心的鼓楼一带就有原始居民居住,考古工作者曾在今北阴阳营发现有约11万平方米的原始村落遗址。到了三四千年前,南京大江两岸已出现了村落,其中江宁湖熟一带最为密集,称为"湖熟文化"。

公元前472年,越王勾践在雨花台下(今中华门西南长干里一带)筑城,史称"越城",这是南京建城的最早记录。公元前333年楚威王灭越,置"金陵邑"(今石头城处),为南京行政建制之始,金陵之称由此而来。

公元212年,东吴孙权在金陵邑故址利用西麓的天然石修筑了石头城。石头城周长3千米左右,临江控淮,恃要凭险,可在此贮兵粮藏兵械,是东吴水军江防要塞和城防据点。公元229年孙权在武昌称帝,并在同年迁都于此,始创"建业"城。城内外人工河与自然江河纵横相接,实现了与苏南地区及浙江的吴兴、会稽、吴郡等地的沟通,甚至可远航台湾、海南和朝鲜、日本等地。公元317年,琅琊王司马睿以东吴旧都为中心,建东晋政权,称作"建康"。此后南朝的宋、齐、梁、陈相继定都南京。南京作为数朝都城,其农业、手工业和商业贸易等都有了进一步发展,城内外大小商市上百,经济相当繁荣,以至"天下大计仰于东南"。

经历了六朝繁华之后,统治者惧怕金陵再出现割据政权,至唐代时,金陵已被降为一般的州县,城阙宫殿相继损毁,直到唐末五代十国时期,金陵再次作为南唐国都,部分恢复了昔日东南重镇地位。李昪、李璟和后主李煜等奖励耕桑,发展工商业,重视文化,并将城池南迁到以秦淮廿四航为中心的位置,改变了六朝的建康都城,将政治区与工商业区和居民区分离。

"南京"的名称始于明代。公元1368年朱元璋登上皇帝宝座,国号大明,下令以应天府为"南京"。1378年改南京为京师。朱元璋在称帝前两年即下令新建宫城和修筑应天府城,历时21年,筑成号称96里,实则为35.276千米的砖城。明初建都南京,历洪武、建文、永乐三帝,前后53年之久。1421年,明成祖朱棣迁都北京,以南京为蓝图,建北京皇宫,并以南京为留都。

南京在明朝时期,尤其是明初的53年,经济文化发展很快,成为全国最大的城市。当时城内有100多家工商行业,其中与丝织有关的达20多家,官营的丝织业以织造高级的锦缎、素缎和绫罗纱绢为主,尤以织金锦和金银线彩色花缎为精工,单是织锦工匠集中的地点就有3个坊。与此同时,官营的建筑业、造船业规模巨大,雕版印刷业闻名全国。

　　清代南京虽经明清两代更替的战争摧残,南京城仍然保持了东南重镇的地位。清政府在江宁(今南京)设立了两江总督衙门,管辖江苏、安徽和江西三省。清代前朝南京经济有所发展,特别是丝绸业发展到鼎盛时期,清政府设江宁织造署管理丝织业。《红楼梦》作者曹雪芹祖上曾先后任江宁织造。

　　太平天国时期,南京称为天京。后清军洗劫天王府,使金陵惨遭焚劫,包括明故宫在内均被纵火焚毁。此后南京仍被清廷作为统治东南的中心。1912年中华民国建立,孙中山先生定都南京。此后南京经历了北洋军阀统治、国民政府统治以及汪伪统治,其中1927年国民政府定都南京后,对南京作了规划,使当时的首都在城市现代化上有了一定改观。至此南京有"十朝都城"之称,并与北京、安阳、西安、开封、洛阳、杭州并称为中国历史上的七大文化古都。

　　南京不仅是历史文化名城,而且是长江三角洲地区的商埠重镇,有着发展商品经济的悠久历史。

　　六朝时期,都城内外大小商市100多个,秦淮河两岸"贾使商旅方舟万计","通衢过道、货辐九州岛"。明清时期,南京是全国最大城市之一。明代著名航海家郑和曾以南京为基地七下西洋,与东南亚各国建立了密切的经贸关系,在世界航运史上有着重要地位。进入近代以来,由于西方殖民者的入侵和中国专制政府的压迫,直到1949年新中国成立前,南京工业发展缓慢,全市只有38家官行资本企业,且多数是从事依靠国外提供原料和零件的装配生产,企业规模很小;私营工业全市不足300家,其中30人以上使用动力的工厂只有36家。南京这座100万人以上的城市,年工业产值仅4 000多万元,成为一个畸形的消费城市。

　　新中国建立后,经过60多年的奋斗,现在的南京不仅是江苏省政治经济文化中心,而且已成为一座具有相当经济实力和科技水平的现代化城市,成为中国东南地区综合型工业基地、中国东部地区最重要的交通枢纽和通讯中心、全国10大科研教育中心城市之一,是长三角洲地区仅次于上海的国际性商埠。

　　南京现已建立以电子信息、石油化工、汽车机械、生物制药、食品饮料、仪器仪表等为主导,拥有6个工业行业、2 000多个工业门类、200多个大类的综合工业体系。其中电子行业生产规模居全国第二位,主要产品有雷达通讯、广播电视、计算机、电子组件、光纤通讯、微型计算机、打印机、电真空器件和集成电路等,并成功地与日本富士通、荷兰飞利浦、德国西门子等跨国公司进行了全方位合作,生产具有国际先进水平的高科技产品。南京作为我国最大的轻型汽车生产基地,生产多种型号汽车,其中包括依维柯轻型汽车等。南京石化工业拥有我国最大的乙烯、芳烃、硫酸、烷基苯等生产装置,综合生产规模居全国第二位,其中烷基苯产量占全国总量90%。目前南京基础化工、石油化工、精细化工、生物化工等在以大规模发展高附加值产品和配套生产与综合利用方面享有很高的国际声誉。在全国城市综合实力50强中,南京名列前10位,并被列为全国率先实现小康的城市之一。

与经济发达相适应,南京的科学文化在全国也有着重要地位,历来享有"人文荟萃"的美称。南京历史上产生过许多政治家、军事家、教育家、艺术家等杰出人物,如思想家范缜,文学家郭璞、沈约和谢灵运,文学评论家刘勰、萧统和钟嵘,史学家范晔、裴松之和萧子显,科学家葛洪、陶弘景,数学家和天文学家虞喜、祖冲之祖暅父子,书法家王羲之王献之父子,戴逵戴勃戴颙父子、顾恺之以及翻译家法显、宝佛伏跋佗罗等。他们都在中国科学文化史上产生了重要而深远的影响。

二

南京教育历史悠久,传统深厚,并形成了自己鲜明的地方特色。在古代和近现代时期,南京教育有以下几个特点:

1. 屡仆屡起,几度兴衰

早在远古时期,先人们便开始在南京的土地上劳动、生产、繁衍并开始了早期教育活动。"有巢氏构木为巢,以避群害",即反映了古代东南一带先人生产、生活的情况。"禹祖入裸国",则反映了夏禹来东南一带传承教化的活动。春秋战国时期,"楚头吴尾"的地理位置使南京长期处于诸侯争夺之地,文化的交流与碰撞频繁,教育活动也随之兴盛。三国时期,南京成为吴国的政治中心,后经东晋、南朝的宋、齐、梁、陈,南京一直是江南的政治、经济文化中心,也是江南的教育中心。

唐王朝建立,南京地区历经300年的"六朝豪华"已风景不再。直至南唐,南京再次成为国都,部分地区恢复了昔日东南重镇的地位。南唐统治者在其39年的统治期间,奖励耕桑,发展工商业,并重视文化艺术事业,为北宋教育的兴盛奠定了基础。宋末元初,由于战事影响,南京教育再次步入低谷。直至明初,南京作为明王朝首都,是当时政治经济文化中心,此后虽迁都北京,南京仍作为留都,继续保持全国重镇的地位,教育再度兴盛。清代南京作为两江总督衙门所在地,人文荟萃,在乾隆年间已位居世界10座50万人口的大城市之列,其经济与文化的繁荣为教育的发展提供了良好的条件,南京遂成为全国教育最发达的城市之一。这种屡仆屡起、几度兴衰的教育历史,与南京的政治变迁及文化传统、民俗民风关系密切,因而南京的教育在长期的历史熏陶中形成了"重教崇文"的优良风气,成为南京人民的一笔宝贵精神财富。

2. 官学的发展成为古代南京教育的一大亮点

由于长期处于全国或地区性政治中心的地位,在规模与档次上,古代和近现代的南京官学的发展较其他城市有很大的不同。

南朝时,晋设太学、宋设国学、梁设国子学、陈设国学与太学。其中以宋、梁的官学较有成效。公元438年(宋元嘉十五年),宋文帝在建康(今南京)开设4个单科学馆,即儒学馆、史学馆、文学馆、玄学馆,实行分科讲授。此举开创了我国古代教育分科的先河。梁朝时,设五经博士,广开学馆,发展官学,并用考试选拔人才,成为隋唐科举的先声。梁武帝指派周兴嗣等人编写《千字文》作为启蒙教材,该书成为我国古代也是世界上公认的流传最久且影响最大的国学识字课本。

宋太宗时期,南京地方官学重盛,庆历、熙宁和南宋的高宗时期又掀起三次大规模兴学运动。南京地区设江宁府学,辖有上元县学、江宁县学、句容县学、溧水县学、高淳县学、江浦县学、六合县学等。

明朝,南京设国子监,为全国最高学府,设立了宗学、武学等教育机构,同时南京还有应天府学以及高淳、江浦等县学。南京在明初曾是乡试、会试所在地。在乡试中,南京国子监及南直隶应天府试录取额甚至高于北京国子监,为全国第一。明代时期,南京共获状元1名、榜眼6名、探花4名、进士291名,名列全国城市前茅。

清代南京除江宁府学外,还有上元县学、江宁县学、句容县学、溧水县学、高淳县学、江浦县学、六合县学,构成了完整的官学体系。由于人才辈出,南京官学屡次获得增加学额的奖励。南京为江南乡试考场"江南贡院"所在地,其规模为全国第一。科举考试中南京各科考取举人、进士者列全国前茅。

3. 私学在全国城市教育中有相当地位

在南京地区重视文化学习的社会风气下,私学相当风行。

私学在南京有悠久的传统。在隋朝"以策试取士"、首开中国科举制度后,南京地区的私学开始了第一次兴盛。宋代,书院异军突起,成为一时之盛,私人讲学、传播程朱理学之风大起,其时南京明道书院成为全国著名的六大书院之一。宋末元初,南京书院败废很多,至元至顺年间陆续恢复。元代在中国教育史上有重要影响的举措,就是在广大农村兴办社学,南京地区也不例外,它与此时的书院等构成了这一时期南京教育的特色。明初,南京私学再度发展,江干书院、新泉书院、崇正书院、文昌书院、石洞书院、新江书院、白马书院、高淳书院、三友书院、南轩书院、正心书院、华阳书院、三贤书院等相继成立,直至"东林党祸"后方显颓势。清朝,南京重新恢复私学,康熙年间钟山书院、惜阴书院等名闻四海,先后在南京钟山书院任山长的有卢文弨、钱大昕、姚鼐、缪荃孙等著名学者,南京书院成为与官学相颉颃的教育力量。私学的发展,为皖派、金陵八大家学术流派的形成奠定了基础。陶湘等私学教育家更是名闻遐迩。

4. 近现代南京教育执全国教育牛耳

鸦片战争后,尤其是中英《南京条约》签订后,伴随着西方列强的武装侵略,大批传教士进入南京,他们设教堂,办学堂,传播西学。西方教会学校在南京的出现,极大地刺激了南京本土教育向近代的转型。清政府为了维护自身统治,将开办新学与军事现代化相联系,一批封疆大吏和一批办新学的教育家结合起来,形成了南京教育向近代转型的"官绅"推动力。江南学堂、农务学堂等一批近代学堂以及江苏教育会等的创立,使南京教育焕发了生机。尤其是民国的建立和"癸卯学制"的公布与实施,加速了南京教育的发展,为民国时期南京教育的辉煌奠定了基础。具体表现为:

第一,新的教育思想深入社会。该时期,各类近现代教育思潮伴随着三民主义、改良主义、实用主义等思想,在南京这个大舞台上激荡澎湃。南京临时政府成立后,确立了"注重道德教育,以实利教育、军国民教育辅之,更以美感教育完成其道德"的教育宗旨。"五四运动"后,西方教育思想大量进入中国,南京也成为其重要的"集散地",杜威实用主义教育思想等曾风靡南京教育界。南京国民政府成立后,确定了以三民主义为中心的新的教育宗旨,即"以充实人民生活、扶植社会生存、发展国民生计、延续民族生命为目的;务期民族独立、民权普遍、民生发展,以促进世界大同"。这些教育宗旨虽有种种局限,但是相对来说,对教育事业的发展仍起到了一定的作用。

第二,教育规模扩大,名校奠基。从南京临时政府开始,直到抗战爆发,南京教育整体规模逐渐扩大,发展势头迅速。南京对城内数千家私塾进行了改良或裁汰,使其初步与社会进步程度相适应。以南京鼓楼幼稚园为代表的一批新型幼儿园、托儿所的出现,拉开了南京乃至中国学前教育向现代转型的序幕。众多中小学的广泛布点,初步形成了南京基础教育网络,南京学龄少儿入学比例不断增加,在全国领先。社会教育事业也颇有起色,一大批平民教育学校在南京生根开花,许多民众教育馆、农民教育馆、农艺教育馆、图书馆等文化教育设施在南京涌现。东南大学、南京高等师范学校、金陵大学、河海工程专门学校等公私立高等学府的创建与发展,使南京成为东南地区高等教育重镇,其中东南大学成为我国继北京大学之后成立的第二所国立综合性大学,此后合并发展成为第四中山大学,再变更为中央大学,成为当时中国院系最全、规模最大的高校。众多高等学府为南京现代教育的发展起到了先锋队的作用,成为南京现代教育的一大特色。国立、省立、市立、县立、乡立学校建设体制的出现,使南京教育经费来源有了一定的保障。尽管这种保障还很薄弱,但却是很大的进步。该时期,南京各学校不仅数量增加,而且学校规模与学生数量都有了很大的提高。

第三,教育大家辈出,群星灿烂。以陶行知为例,其"生活即教育"、"社会即学校"、"教学做合一"的教育理论,强调教师身体力行,学生动手动脑,提倡"小先生"制,培养学生的自治能力。他创办的晓庄学校彻底改造了乡村教育的实践,影响遍及全省,为中外教育界所瞩目。其他如陈鹤琴、吴贻芳、朱其慧、晏阳初、郭秉文、柳诒徵、廖世承、黄质夫等人,皆在教育领域有极大的建树。这些教育大家的努力,使南京成为当时中国教育思想与实践最活跃的地区之一。

第四,教育成果显著,全国领先。一批近代教育会社的出现为南京教育增添了新的动力。中华职业教育社在推进南京乃至全国职业教育方面都发挥了巨大的作用。南京平民教育促进会由于颇有特色,其经验获得全省推广,并扩大为江苏平民教育促进会,显示了南京在平民教育上的领先地位。南京乡村教育运动更是为全国所瞩目,晓庄学校的实践至今仍具有旺盛的生命力。南京教育会等也发挥着自己的作用。这些教育会社汇聚了大批教育精英,成为南京一股清新的、蓬勃的改造社会的力量。从幼儿园到高校,南京各校积极开展了各种教学实验活动。南京鼓楼幼稚园、晓庄师范、南京高师附小等学校的实验教育都收到了很好的效果。陈鹤琴总结的中国幼稚园理论与经验15条,影响遍及全国。道尔顿制在东南大学附属中学及省立第六中学初中部的试行虽然没有收到预期效果,但是这些教学实验的进行彰显了南京教育当时盛行的改革风气。同时南京一些学校还进行了其他一些教育改革,在班级、学科设置上都有突破性的创造。南京各大学的科研更是取得了前所未有的成就,出现了一批领先全国的成果。此时,南京义务教育的实行也走在全国的前列。

抗战期间,南京沦陷,大批教育机构及学校向西部的大后方迁移。重庆、贵州、四川等地都活跃着南京教育人的身影。这些西迁学校为大后方教育带去了蓬勃生机,也为中国现代教育保留了火种与希望。而留在南京的学校和教育机构惨遭毁坏,南京教育受到严重摧残。抗战胜利后,一批西迁学校陆续迁回南京,恢复建校。

三

1949年4月23日,南京解放。1949年10月1日,中华人民共和国成立,中国进入了社会主义建设阶段,南京教育也进入了一个崭新的历史时期。

伴随着中国新民主主义革命向社会主义革命的过渡,南京市军事管制委员会成立了文教接管委员会,根据中央"维持现状,逐步改造"的方针,开始对解放前的各类学校进行有计划有步骤的接管、接收、接办和改造,使之成为培养新中国建设者的摇篮。"文化大革命"前的南京教育在探索中曲折发展,取得了一定的成就,但是也因"左"倾错误而使发展深受影响。"文化大革命"期间,南京教育损失惨重,教训深刻。"文革"后,经过拨乱反正、教育体制改革、率先推进教育现代化等发展进程,南京教育快速发展,成就巨大。这也是南京历史上教育发展最快、成就最突出、最辉煌的时期。具体表现在:

1. 教育家群英荟萃,教育思想不断更新

南京当代教育家群英荟萃,匡亚明、斯霞、胡百良、杨瑞清、吴邵萍等人的教育思想与实践成为南京的宝贵财富,不断引领着南京教育紧追时代潮流。南京市教育局也在其中极尽组织与推动作用,大批先进教育思想由此得以广泛实践。市教育局还不断创新,努力将教育与社会经济文化的发展结合起来,为社会进步服务,为人民服务。如21世纪初,南京教育局提出了教育"慧民"、"富民"、"惠民"的主张,就是一个创举。

2. 教育改革不断深入，教育质量明显提升

1985年，中共中央《关于教育体制改革的决定》颁布后，南京市结合普及、实施义务教育和全面开展教育改革，进行素质教育的探索和实践，全面贯彻党的教育方针，从偏重升学教育转向发展素质教育。1999年，南京市深入贯彻《中共中央国务院关于深化教育改革全面推进素质教育的决定》精神，市委市政府颁发了贯彻《决定》的意见，进一步明确实施素质教育的目标和任务。21世纪以来，南京市素质教育向纵深推进，在转变教育观念、更新课程内容、改进教育方法、改革考试评价制度等方面取得新进展，在促进学生德智体美等全面发展方面取得显著成效。

2002年秋季开始，南京全市加入课程改革实验区，全市新一轮课程改革启动比全省提前两年，比全国提前3年。

特殊教育取得新的突破。1986年，南京成为全国普及盲童教育的先进城市。2005年，南京有盲人学校1所，聋人学校3所，兼收听障儿童的特殊教育学校3所，培智学校6所，在校生共1 538人。南京高级中学以上的盲聋人教育走在全国前列。至2010年，特殊教育在校人数增至2 262人。

南京职业技术教育全省领先。1986年，南京提前4年实现了省教委"至1990年职业教育与普通高中招生数大体相当"的目标。近年来，又步入寻求职业技术教育大力发展阶段。"十五"、"十一五"期间，南京职业教育在政策的引导下继续做大做强，通过调整布局、整合资源、加大投入、提档升级等方式，使办学内涵得到进一步提升，教育教学质量得到进一步提高。至2010年，全市共有独立设置中等职业学校28所，办学层次有3年制中专、初中起点5年一贯制高职；普职比48∶52，保持了普职比大体相当，在校生总数91 980人。

南京高等教育发展全国瞩目，是全国率先将高等教育由精英型向大众化转变的典型城市。1990年南京开始大学城建设，浦口、江宁、仙林三处大学城总面积达70多平方千米，进驻高校20多所。到2010年，南京全市拥有各类普通高校42所，拥有100多个国家、部、省级重点实验室，30多个博士后科研流动站。到2010年，全市拥有中国科学院、中国工程院院士66人，高等院校招生人数和在校生规模及整体科研实力都位居全国城市前列。南京大学、东南大学等一批名牌大学构建了南京乃至全国的科教高地。

3. 教育成就突出，部分领域走在全国前列

1994年，南京全面实施了九年制义务教育。义务教育人口覆盖率达100%，基本扫除青壮年文盲，分别提前7年和3年实现了国家和江苏省的目标。1997年，江宁县被国家教委评为"两基"（普及九年制义务教育和扫除青壮年文盲）工作先进县。江宁县、雨花台区和鼓楼区被省政府授予"义务教育先进县（区）"称号。1998年，南京启动"江苏省实施教育现代化工程先进乡镇"的创建工作，到2005年，有64个乡镇通过了验收，占全市乡镇建制总数的96%。1999年9月南京教育信息网工程正式立项，随后开始实施"校校通"工程，校园信息化工程也取得了巨大的成果。南京幼儿教育取得了全国瞩目的成就。1979年，中国教育学会幼儿教育研究会与江苏省幼儿教育研究会在南京成立，极大地促进了南京幼儿教育研究的发展。南京依托高等院校，积极参加全国和全省的幼教研究、结合南京实际进行课题研究，从而获得了与北京、上海等并称为全国六大幼教基地的荣誉。中小学教育再上台阶。1997年南京有12所学校（其中小学7所，初中1所）被授予"江苏省模范学校"，成为江苏省实施素质教育、推进教育现代化的排头兵。至2005年，全市共有省市级实验小学183所，省级示范初中106所，四星级普通高中19所，三星级普通高中17所，二星级普通高中12所。至2010年，全市共有市现代化小学303所，推进素质教育示范初中10所，四星级普通高中25所，三星级普通高中19所。1996年，南京8所大学通过"211工程"预审并正式立项，成为国家建设的重点大学，其数量在全国居领先地位。"211工程"建设和重点学科建设使南京高等教育走在了全国前列。之后，南京大学和东南大学又分别于1999年和2001年加入"985工程"行列。

4. 教育经费持续增长

1985年，南京开始征集教育基金。1986年，南京市委、市政府明确提出教育拨款的增长要高于财政经常性收入的增长等要求。此后的实践也达到了这一要求。1999年，南京教育系统全面推行合同制，形成新的竞争、激励的用人机制，保障了教师队伍素质的稳步提高。2002年，南京贯彻国务院有关精神，由县级财政统一发放农村教师工资，从根本上解决了农村教师的后顾之忧。南京大学苏富特软件公司在境外的成功上市，使南京成为继北京、上海后的第三座拥有校办上市公司的城市。2005年，南京市财政拨付教育经费（不包括部属与省属学校的拨款）为

32.5亿之多,加上多渠道的办学资金来源,南京教育经费得到了持续增长。"十一五"期间,南京市基础教育地方教育经费总投入326.85亿元,其中预算内教育经费投入为175.95亿元。

"十五"期间,南京市高举教育优先发展、教育现代化、特色教育三面旗帜,加快教育现代化步伐,努力建设全国教育名城。依靠行政力量、市场力量和社会力量,大力营造加快发展教育的良好的社会氛围,大力实施科教兴市和人才强市战略,南京教育的发展实现了"两个提升"、"三个翻番"、"四个百分之百",步入了跨越式发展轨道。其中"两个提升"是:素质教育、职业教育水平提升。近年来南京市中小学生在国际和全国各类竞赛中获金牌896枚、国家科技创造发明产品专利44项。南京市职业教育与普通高中招生比例率先达到1∶1,已建成各级重点中等职业学校23所、国家级技能型人才培训基地4个、省中等职业教育示范专业40个。"三个翻番"是:农村教育综合投入翻番,高中毕业生升入高校人数翻番,优质教育资源增长翻番;"四个百分之百"是:九年制义务教育覆盖率达100%,残疾儿童接受免费教育达100%,城乡"低保"家庭子女义务教育享受政府助学达100%,中小学信息技术"校校通"达100%。在中等教育全面普及和提升的同时,高等教育毛入学率达到52%,高出全省平均水平23个百分点。全市教育发展水平居于全国城市前列。教育成为南京加快发展的最大品牌之一,成为人民群众得益最多的领域之一。

四

"十一五"时期是南京教育全面贯彻科学发展观,实现"两个率先"和构建和谐社会的关键时期。在市委、市政府的正确领导下,全市教育系统围绕建设"全国重要科教中心"、"教育名城"工作重心,坚持解放思想,科学发展,坚持改革创新,深化素质教育,全面完成"十一五"规划制定的各项指标,"教育名城"框架体系基本形成,"基石工程"有了重大突破。主要表现在:

1. 事业发展水平实现了崭新跨越

全市基本普及15年基础教育,基本实现了从相对单一的教育供给转变为丰富多样的教育服务,从注重教育的规模扩张转变为突出教育的内涵发展,从"全面普及、全面合格"转向"全面优质、全面满足"。学前三年教育毛入园率达97.5%。义务教育普及率、巩固率保持在99%以上,高中阶段教育毛入学率达100%。高考录取率稳定在85%,高等教育毛入学率达61%,新增劳动力人均受教育年限达15.1年。教育普及水平已基本达到世界中等发达国家同期指标,并已通过省教育现代化评估。

2."教育名城"得到了进一步彰显

编纂出版《南京教育史》,建成南京教育史馆,印制《南京教育图录》,"一书一馆一图"展现了南京深厚的教育积淀,在全国开创先河。"百年名校推新","小班化"教育,汉语国际推广基地建设,孔子课堂开设,多个国际化教育论坛的举办,南京学生走进维也纳金色大厅,一大批学生被世界知名高校录取,南京教育与国际教育的联系与融合更加紧密。最具教育幸福感城市、最具教育发展力城市殊荣的获得,凸现南京教育名城的魅力。

3.素质教育创造了有益全国的标本意义

坚持以德育为核心全面推进素质教育,建立起全面实施素质教育的督导评价制度,教学质量监控体系逐步完善。未成年人思想道德建设不断加强,"陶老师"工作站已经达到全国乃至亚洲一流水平。努力用实践为素质教育求解,创造了一大批鲜活、丰富的素质教育实践经验,素质教育理论和实践有了新的拓展。高效推进基础教育课程改革,加强中小学生"学习力"研究,深入实施"星光计划",加强与实施新课程相适应的制度建设、教育教学运行机制和管理模式构建,初步形成具有南京特色的现代课程体系。中小学心理健康教育、体育、美育、科技及安全教育、国防教育不断加强。职业教育努力适应社会需求,"双十工程"顺利完成,结构调整取得瞩目成效,毕业生就业形势良好。素质教育的推进已构建起"双轨、多元、互通、开放"的现代教育和人才成长"立交桥","创造了有益全国的标本意义"。

4.教师队伍能力建设有效提升

践行教师誓词,树立"感动南京的人民教师"先进典型,师德建设成效突出。建设优质"师源"基地,加快教师专业化成长,加快培养和集聚优秀教师人才,积极推动"教育家办学"。坚持改革教师录用方式,进一步完善教师聘任制度,多种形式加强在职教师培训工作。完善义务教育绩效工资后的教师奖励机制、职称评审机制、培训教育机制,把绩效工资的实施转化为教师勤教乐教的动力,转化为教书育人的业绩,全面提高教育教学质量。

5. 城乡教育一体化进程明显加快

全面落实《南京市2008—2010"学有优教"行动计划》,强化实施《南京市中小学校园用地控制规划》,实施《教育跨江发展"双十"工程》、《中小学办学条件标准化建设工程》、《农村特殊教育发展三年行动计划》、《农村幼儿园教育扶持计划》、《农村幼儿园提升工程》、《现代化学校创建工程》和区域教育现代化创建工作等,大大提升了农村中小学办学水平。"十一五"期间,市级财政共计对区县转移支付10亿元。

6. 教育服务功能不断延伸

加强职业教育专业结构调整,不断拓展专业群和专业链,开设了18个专业大类127个专业,满足我市社会经济发展对基础性人才的需求;拓展学生国外就业渠道,将职业学校学生输送到澳大利亚等国家与地区就业,实现了我市职业学校学生国外就业"零突破";建立"升学有门、就业有路"的立交桥,为学生的成人成才搭建平台;根据农村经济结构、"三农"经济发展和全市主导产业、特色产业、新兴行业的实际需求,开展实用技术、劳动力转移、失地农民和下岗职工再就业培训。构建起覆盖15年基础教育全过程的政府助学体系。"十一五"期间,全市为各级各类学生免除各项费用达5.5亿元,完成各类培训500余万人次。

7. 教育国际化发展驶上高速路

在国际范围内吸引各类优质教育资源来宁办学,努力培养国际化优秀人才,加大中外合作办学力度,积极引进国际先进课程资源,进行课程创新,加强实验研究,为我市普通高中课程改革提供有益的经验;搭建更为广泛和频繁的中外合作交流平台,多次成功举办"中国南京——新加坡中小学校长教育论坛"、"中外知名高中校长南京论坛"和"宁港澳台四地小班化教育论坛"等会议;积极参加国际教育组织活动,在澳大利亚率先开办孔子课堂、海外文化交流中心,不断拓宽国际交流渠道,弘扬中华文化。

8. 终身教育体系基本形成

教育功能上,成人教育的地位和作用更加突出,社区教育、职工教育、老年教育等各类成人教育百花齐放;教育网络上,初步构建了市级社区学院、区(县)社会培训学院、街道居民学习点三级教育培训网络,为终身教育体系的建设奠定了良好基础;教育手段上,搭建了便捷高效现代化的网络学习平台,南京市民"学习在线"业已建成,为全体市民的终身学习提供强有力的教育资源保障;教育成果上,涌现了一批令人欣喜的典型经验。13个区县全部创建成为省级社区教育实验区,其中有两个国家级社区教育示范区,4个国家级社区教育实验区。

南京教育历史悠久,南京教育积淀深厚,南京教育引领全国。南京教育史是一部令人深思、令人警醒、令人振奋的历史,南京教育史是中国教育史中一颗璀璨的明珠。

南京地区名称演变一览表

公元	朝代	名称	说明
前333年	春秋楚	金陵邑	公元前333年楚威王灭越后在今清凉山上设置金陵邑，南京谓金陵之名始于此。
前210年	秦朝	秣陵县	秦始皇将金陵改为秣陵。
公元229年	三国吴	建业	212年，东吴孙权改秣陵为建业。229年孙权在武昌称帝并迁都至建业。这是古代封建王朝在南京建都的开始。
282年	西晋	建邺 建康	282年，晋武帝司马炎改建业为建邺，建邺下设江宁等三县，南京历史上第一次出现了江宁名称。西晋末(313年)改建邺为建康。
317年	东晋南朝	建康	317年，司马睿在建康即帝位，史称东晋，立都建康。东晋之后，宋、齐、梁、陈各朝在此立都，直至隋朝初期，南京都叫"建康"。
589年始	隋朝	蒋州、丹阳郡	蒋州与丹阳(郡)为同州郡的先后名称。
620年始	唐朝	曾用归化、金陵、白下、江宁、上元、昇州等名称	前五个名称为同县的先后名称，昇州为郡一级。
902年始	五代十国南唐	昇州府、金陵府、江宁府	昇州与金陵府为杨吴时先后设置，937年李昇在金陵即帝位，国号唐，史称南唐，改金陵府为江宁府，并以为都。
975年始	北宋	昇州 江宁府	975年末灭南唐，降江宁府为昇州，1018年又改昇州为江宁府。
1129年	南宋	建康府	1129年改江宁府为建康府。
1277年始	元朝	建康路 集庆路	1277年立建康路，1329年改建康路为集庆路，建康路与集庆路为府一级的名称。
1356年	元末	应天府	元末朱元璋攻占集庆路，改集庆路为"应天府"。
1368年	明朝	南京、京师	用南京名称的开始。南京也是第一次成为全国性统一政权的都城。1378年改南京为京师，1421年明成祖迁都北京，改京师为南京。
1645年	清朝	江宁府	1645年，清军占领南京后，改应天府为江宁府，并在这里设置了管辖江苏、安徽、江西三省的"两江总督"。
1853年	太平天国	天京	1853年，太平军攻占南京后定都南京，改名天京，太平天国失败以后又恢复旧称江宁府。
1912年始	中华民国	曾用南京府、金陵道、南京市、南京特别市、首都特别市、南京直辖市	1912年，中华民国定都南京，改江宁府为南京府，1914—1927年设置江宁县，1927年国民政府奠都南京，改江宁县为南京市。同年改为南京特别市，1929年改为首都特别市，1930年改称南京直辖市。
1949年	中华人民共和国	南京	南京市在中国人民共和国成立后为中央直辖市，1952年改为江苏省省辖市。

【第一章】
先秦至三国时期的南京教育

第一节 古代南京地区的教育萌芽

一、原始社会时期南京地区的人类活动与教育的产生

在南京这块土地上，早在大约 35 万年以前，就已有原始人类在生活和劳动。他们用自己的智慧和双手，创造了旧石器时代的文化。江宁区汤山镇西南侧的雷公山北坡葫芦洞内，曾经发现两具较为完整的古人类头骨化石，并出土了 2 000 余件动物化石和一枚猿人牙齿化石。这些古人类头骨化石，被定名为"南京猿人"。根据人类演化阶段的生产力水平，这个时期人类已经掌握了用火与制造生产工具的技能，也有了传授这些技能的初步教育活动。在溧水县神仙洞内也曾发现有距今约 1 万年以前的木炭屑，这是当时人用火的遗迹。

大约在距今五六千年以前，在现在的南京市区鼓楼岗和五台山一带，已经出现了原始人类的早期聚落，这就是 1955 年发现的北阴阳营新石器时代遗址。当时南京地区的早期居民已经能够

南京猿人复原像。

制造精美的石器,例如斧、刀、锛、铲等,能够烧制红陶器,还会用兽骨制造箭头,从事渔猎和原始农业生产。后来,这里还生活过一些懂得冶炼技术、会用转轮制造黑陶器的部落。由于原始人群已经从事农业、手工业生产劳动,需要制造和使用各种工具,人们也需要教会后代或者其他人劳动技能,于是劳动技能教育随着生产力的发展而发展。

中国古代文献中保存着许多上古时期人们生活状况的传说,其中一些实际上反映的是包括南京在内的南方地区古代教育产生的资料,例如有巢氏"构木为巢,以避群害",[1]伏羲氏"作结绳而为网罟,以佃以渔",[2]因为"民食果蓏蚌蛤,腥臊恶臭,而伤腹胃",所以遂人氏"钻燧出火,教人熟食,铸金作刃"[3]等。由于南方学会用火的时间早,所以刀耕火种的原始农业先兴起于南方,即所谓神农氏"制耒耜,教民农作"。[4]另外南方金属冶炼技术也发展得比较快,有关南方部落首领"蚩尤作兵",[5]以及"蚩尤以金作兵器"[6]的传说证明了这一点。这些都说明,今天的南方地区是中国古代文明最早的发源地之一,也是我国古代劳动技能教育最先萌发的地区之一。南京地区的教育活动实际上在原始社会时期就已经出现了。

据文献记载,我国早在奴隶制时期就已经有了专门的教育机构——学校。夏商周时期的学校都是官办的,还有"国学"与"乡学"的区分,而有关这一时期南京教育的详细情况还有待进一步挖掘。

二、春秋时期南京地区金属冶炼技术的传授

春秋时期,周天子的王权逐渐衰落,各诸侯国不断进行改革和兼并战争,文化教育由"学在官府"变成"学在四夷",教育逐渐走向民间。在北方,孔子兴办私学,招收大批弟子。孔子的弟子澹台灭明曾经带一批弟子到江南来传播儒学。春秋时期南京地区生产技术的传授活动是普遍的,当时这里有规模较大的金属冶炼作坊,冶炼技术传授的规模相当大。

---

[1] 《韩非子》卷一九《五蠹篇》。
[2] 《易经》卷六《系辞下》。
[3] 《太平御览》卷五〇《皇王部》引《古史考》。
[4] 《白虎通》卷二《三皇五帝》。
[5] 《吕氏春秋》卷七《荡兵》。
[6] 《世本·作篇》。

春秋时期，南京地区曾先后属于吴国和越国的统治范围。公元前495年，吴王夫差在今天的南京朝天宫一带设置过"冶城"，在此铸造兵器。公元前473年越王勾践灭吴国以后，第二年即命令范蠡筑城于今雨花台下秦淮河口的长干，称之为"越城"，这是南京建城的开始。公元前333年，楚威王灭越国，在石头山（今清凉山）设置金陵邑，从此南京有了"金陵"这一名称。

吴王夫差修筑冶城，设置为冶炼金属的作坊。《景定建康志》卷二〇《城关志》记载："金陵有古冶城，本吴冶炼之地。《世说叙录》云：丹阳冶城，去宫三里。今天庆宫即其地。"天庆宫即今天的朝天宫。当时，南京西南的铜井一带有铜矿，还有锡矿和铅矿。吴国曾利用这些天然的资源冶炼过青铜，制作过兵器，并在这里传授青铜冶炼技术。春秋时期，吴越之人好勇轻死，剑已成为人们必不可少的防身武器。当时吴国兵器制造业规模很大，产量很多。据《越绝书·外传记吴地传》记载，在吴王阖庐墓里就有"扁诸之剑三千，方圆之口三千，时耗、鱼肠之剑在焉。"仅仅在一个坟墓之中就有几千把剑，可见吴国冶炼作坊的规模不小，冶金工匠的人数也很多。南京地区的冶城，是生产这些剑的重要基地。

吴冶城遗址。

春秋晚期，吴越地区冶铁技术已相当发达，炼制剑的材料一般是铜锡合金，有时也有钢铁。当时曾出现了冶炼钢铁宝剑的名匠干将和欧冶子。干将是吴人，欧冶子是越人，二人"同师"，"俱能为剑"。吴王阖庐曾派干将和其妻莫邪共同制作宝剑，他们炼成的两把宝剑分别命名为

"干将"与"莫邪"。楚国知道干将、莫邪是著名的剑匠,派人到吴国"请此二人作铁剑",于是他们炼取铁英,造成龙渊、泰阿、工布3把宝剑。据载,干将、莫邪的炼剑作坊中曾

南京六合程桥出土的春秋时期铁农具,其制作早于欧洲1900年。

经使用"童男童女三百人鼓橐装炭",①这300名年轻男女,既是作坊中的劳动力,也是干将、莫邪的徒弟,因为古代的冶炼技术是师徒相传的。这种传授冶炼技术的方式,同样存在于南京的冶城之中。

第二节　秦汉时期的南京教育

　　秦朝在地方实行郡、县两级行政区划制度,将今天的南京地区分别划归鄣郡、会稽郡、九江郡管辖。当时这里的江南地区设置了秣陵县(由楚国的金陵邑改名而来),隶属于鄣郡;还有江乘县、丹阳县(史书中又写作"丹杨")、溧阳县,同隶属于会稽郡;而在江北地区则有棠邑县(即现在的六合区),隶属于九江郡。

　　秦始皇于公元前210年东巡时,先经过丹阳(即今南京江宁区小丹阳)到钱唐(今杭州市)、临浙江(今钱塘江),上会稽山(在今绍兴市)。回程时,他又经过江乘县渡江北上。江乘县的所在地,一说在今句容市北60里,一说在今六合区的瓜埠镇(古名瓜步)。历史记载,当时有人对秦始皇说"五百年后金陵有天子气",因此秦始皇派人凿断了钟山地脉,开凿了秦淮河,以破坏这里的"王气",同时将原来的金陵邑改名为秣陵县。秦王朝实行"以吏为师,以法为教"的文化政策,焚书坑儒,禁止学习儒家文化和诸子百家著作,以学习法令代替文化教育。其政策在今南京地区的执行情况,与全国的情形一样。

　　汉朝也在地方实行郡、县两级行政区划制度,但是在郡一级行政区划之上还有一个监察区划——州。西汉武帝时期,将鄣郡改名为丹阳

---

① 《吴越春秋》卷四《阖庐内传》。

郡，隶属于扬州监察区；又在南京地区的东南设置胡孰县，与丹阳县、秣陵县、江乘县、溧阳县等17个县，都属于丹阳郡管辖。当时丹阳郡的治所设在宛陵(今安徽宣城)。

汉代教育事业有一个渐进的过程。汉初高祖刘邦本来不重视文化教育，后来在楚人陆贾等人的劝导下，才认识到文化教育事业的重要性。他叫陆贾为他写书总结历史经验教训，又注意为太子选择师傅。但汉高祖仍未重视地方教育事业。汉景帝时蜀郡太守文翁最早着手兴办地方官学于成都，汉武帝在中央建立了太学，并号召天下郡国建立学校，但当时地方官学仍不普遍。到汉平帝时，政府开始提出建立一套从郡国到县、乡、聚的地方教育系统的方案，但仍未见付诸实施。到东汉时期全国各地的地方官学才比较普遍地建立起来。

相对于全国而言，汉代南京地区的官办教育事业得到一些地方官员的重视，因而有所发展。如《汉书》卷八六《何武传》记载，西汉成帝时蜀郡人何武担任过扬州刺史，他作为扬州监察区的官员在检查郡国工作时"行部必先即学官见诸生，试其诵论，问以得失，然后入传舍，出记问垦田顷亩，五谷美恶，已乃见二千石，以为常。"他这种先到地方"学官"即校舍里去检查教育工作，然后去检查经济工作，最后才与二千石的郡太守会面的工作程序，当然对地方官学的发展有一定促进作用。何武当过5年扬州刺史，南京地区在他管辖范围内。他与各地儒生关系非常融洽，也有利于兴办地方官学。另外如东汉初的光武帝时期，李忠曾经担任丹阳郡太守，"以丹阳越俗，不好学，嫁娶礼仪，衰于中国，乃为起学校，习礼容，春秋乡饮，选用明经，郡中向慕之"。① 南京地区当时正属于丹阳郡的管辖范围。这是史书中首次出现有关南京教育活动的记载。

另外，南宋时期在溧水县出土的东汉灵帝光和四年《汉溧阳长潘乾校官之碑》，也证实了东汉时期南京地区存在官学教育活动的情况。碑文中说，东汉溧阳校官潘乾曾经在这里兴修学校，用贤人做教

东汉溧阳校官潘乾。

---

① 《后汉书》卷二一《李忠传》。

师,宣传教化与礼乐,精心培育青少年,因此得到民众的爱戴。南宋人洪适在《隶释》中也提到《校官碑》:"绍兴十三年,溧水尉喻仲远得之固城湖中,碑今在溧水县。潘君名乾,自曲阿尉来宰溧阳,兴学宫,讲宾射,碑颂所由作也。"固城湖在今南京市高淳境内。这些碑文和释文都证明,东汉时期南京地区确实有过规模较大的教育活动。

汉代南京地区的官学教育内容和其他地区一样,以演习礼乐,讲授经书、文学等方面知识为主,地方官学的教师是郡国文学掾史,有时简称"文学卒史"、"郡文学"、"文学"等,

《校官之碑》拓片。

地方官学的学生称为"诸生",如丹阳人陶谦曾"少好学,为诸生,举茂才"。① "诸生"们在地方官学学习以后,有的被推举为茂才、孝廉,有的在地方上担任郡吏、县吏,开始走上仕途。

汉代南京地区的私家教育由于资料缺乏而无法说明。

第三节 三国时期的南京教育

三国两晋南北朝时期,都是实行州、郡、县三级行政区划制度。公元211年,孙权将政治中心从京口(今江苏镇江市)迁到秣陵(即南京),并且将"秣陵"改名为"建业"。公元229年,孙权正式建立吴国,并且从武昌还都建业。这是古代封建王朝在南京地区建都的开始。同时孙权还在建业的东南方修建了一座丹阳城,作为丹阳郡地方行政长官的驻地。由于南京地区成为东吴政权的都城,城市的政治、经济和文化都得到迅速发展,教育事业也获得很好的发展机会。

一、以贵族子弟为主要对象的官学教育

孙策在占领江东以后,尚未顾及兴办教育。孙权接管江东政权,前

---

① 《三国志》卷八《陶谦传》。

后执政长达53年。他定都于建业以后,在这里对宗室子弟加强教育。

孙权在建业称帝后,于黄龙二年(229)下令设立"都讲祭酒"官职,任务是"教学诸子"。这是南京地区有国家高等教育的开端。孙权早在称吴王之初,就立长子孙登为太子,并挑选了一批才学之士作为太子的师友,对太子进行文学、武艺、历史等多方面的教育。据《三国志》卷五九《孙登传》记载:"魏黄初二年,以孙权为吴王,……是岁,立孙登为太子,选置师傅,铨简秀士,以为宾友,于是诸葛恪、张休、顾谭、陈表等以选入,侍讲《诗》、《书》,出从骑射。权欲登读《汉书》,习知近代之事,以张昭有师法,重烦劳之,乃令(张)休从昭受读,还以授登。"张休的讲课也是很认真的,既讲文辞,又讲史事,很有条理。《三国志》卷五二《张昭传》注引《吴书》说:"(张)休进授,指摘文义,分别事物,并有章条。"

除了以上4人以外,程秉也曾经担任过太子孙登的老师。程秉是一位博通五经的名儒,孙权闻知之后,礼聘他为太子太傅。当孙权为孙登娶周瑜女为妻时,程秉就利用这个机会,对孙登进行伦理教育:"婚姻,人伦之始,王教之基,是以圣王重之,所以率先众庶,风化天下,故《诗》美《关雎》,以为称首。愿太子尊礼教于闺房,存《周南》之所咏,道化隆于上,颂声作于下矣。"孙登笑着回答:"将顺其美,匡救其恶,诚所赖于傅君也。"①孙登在诸多师友的教诲之下,成为一名德才兼备的储君。

孙登死后,其弟孙和继立为太子。孙权对他的教育也十分重视,"年十四,为置宫卫,使中书令阚泽教以书艺。好学下士,甚见称述。赤乌五年,立为太子,时年十九。阚泽为太傅,薛综为少傅,而蔡颖、张纯、封浦、严维等皆从容侍从。"②阚泽于赤乌五年(224)担任太子太傅,为太子讲授礼经,并编写简明礼学教材。《三国志》卷五三《阚泽传》说:"泽以经传文多,难得尽用,以斟酌诸家,刊约《礼》文及诸注说以授二宫,为制行出入及见宾仪。"薛综于赤乌五年拜为"太子少傅",孙权对他说:"太子年少,涉道日浅,君当博之以文,约之以礼,茅土之封,非君而谁?"③当时薛综以名儒身份既居师傅之位,又兼选举之官,受到非常优厚的待遇。孙和自身也是一个尊师好学、学以致用的年轻人。他"好文学,善骑射,承师涉学,精识聪敏,尊敬师傅,爱好人物。(蔡)颖等每朝见进贺,和常降意,欢以待之。讲校经义,综察是非,及访谘朝臣,考绩行

---

① 《三国志》卷五三《程秉传》。
② 《三国志》卷五九《吴主五子传》。
③ 《三国志》卷五三《薛综传》注引《吴书》。

能,以知优劣,各有条贯。"由此可见,孙和学习的内容也十分广泛,既有文学、骑射、经义,还有对官吏评价与考核方面的知识。孙和还对当时官员中不爱学习而喜欢博弈的风气提出批评,认为"当世士人宜讲修术学,校习射御,以固世务,而但交游博弈以妨事业,非进取之谓",并说:"夫人情犹不能无嬉戏,嬉娱之好,亦在于饮宴琴书射御之间,何必博弈,然后为欢?"①可见孙和也是十分有教养的。但不久,孙和却因其弟孙霸觊觎太子之位,而孙权又偏宠孙霸,结果遭受陷害而被废黜。

在孙登当太子时,是仪、陆逊、谢景等人也曾经辅导过太子及其他公子,如是仪曾奉命"教诸公子书学"。② 陆逊还坚持要讲儒家的仁义思想,反对谢景用"先刑后礼"的理论教导太子。《三国志·吴志·陆逊传》说:"南阳谢景善刘廙'先刑后礼'之论,逊呵景曰:'礼之长于刑久矣,廙以细辩而诡先圣之教,皆非也。君今侍东宫,宜遵仁义以彰德音,若彼之谈,不须讲也。'"陆逊在辅导太子的同时,也注意教育其他公子勤奋学习经典、严肃处理军务,不允许他们沉溺于游戏之中,如孙和的弟弟建昌侯孙虑曾经"于堂前作斗鸭栏,颇施小巧,逊正色曰:'君侯宜勤览经典以自新益,用此何为?'虑即时毁彻之。射声校尉(孙)松于公子中最亲,戏兵不整,逊对之髡其职吏"。陆逊用惩处孙松属下吏员的方法,对孙松"戏兵不整"表示警告,也是当时的一种教育形式。

孙权死后,幼子孙亮即位,不久被权臣孙琳所废,孙权第六子孙休被立为帝,是为景帝。孙休小时候也受到良好的教育,"年十三,从中书郎射慈、郎中盛冲受学。"孙休即帝位后,仍爱好学习,"锐意于典籍,欲毕览百家之言",还打算把博士祭酒韦昭、博士盛冲放在身边讲学,后因权臣反对而止。孙休还打算兴办学校,设立学官,培养文武官员的子弟,定期进行考试,奖励学习成绩优秀者,在社会上营造良好的学习风气。永安元年(258),他下诏设立学官,立五经博士,选拔将吏子弟入学。其诏书中说:"古者建国,教学为先,所以道世治性,为时养器也。自建兴以来,时事多故,吏民颇以目前趋务,去本就末,不循古道。夫所尚不惇,则伤化败俗。其案古置学官,立五经博士,核取应选,加其宠禄;科见吏之中及将吏子弟有志好者,各令就业。一岁课试,差其品第,加以位赏。使见之者乐其荣,闻之者羡其誉。以敦王化,以隆风俗。"③由此看来,景

---

① 《三国志》卷四八《三嗣主传》。
② 《三国志》卷六二《是仪传》。
③ 《三国志》卷四八《三嗣主传》。

帝孙休在吴国统治集团中是相当重视教育事业的君主,可惜他执政不及6年,仅30岁就死去,其诏令贯彻实施情况也无从得知。

孙吴的官学体制,大体上与曹魏、刘蜀相似,也有祭酒、博士,除了孙权曾经设立都讲祭酒之外,吴景帝孙休曾"欲与博士祭酒韦昭、博士盛冲讲论道艺"。① 当时东吴的官学里教授的科目主要是"五经",并以郑玄的注释作为教材使用,例如学者虞翻曾为《易经》作注并奏报孙权,同时指出郑玄等人注释"五经"中的若干条错误,其中说到"玄所注'五经',违义尤甚者百六十七事,不可不正。行乎学校,传乎将来,臣窃耻之"。又说:"于此数事,误莫大焉,宜命学官,定此三事。"②

东吴时期,南京地区的一般官学教育情况在宫廷、贵族中是明显的,而在其所辖的郡、县兴办学校的情况,则有待史料的进一步发掘。

二、以学习历史与兵法为主的军队教育

孙权本人受过良好的教育,读过《诗》、《书》、《礼记》、《左传》、《国语》及各种史书和兵书,也曾被举为孝廉、茂才。他掌管东吴政权,建都建业以后,仍然注重学习,不过此时他学习的重点不在文字词章方面,而在管理国家及军队的经验教训方面。当时魏文帝曹丕曾问吴国使者赵咨:"吴王颇知学乎?"赵咨回答:"吴王浮江万艘,带甲百万,任贤使能,志存经略,虽有余闲,博览书传历史,藉采奇异,不效诸生寻章摘句而已。"③赵咨虽然话中有为吴王辩解并暗中讽刺曹丕的意思,但他所说的孙权博览书传历史、采其精华,却是符合事实的。例如孙权曾经问阚泽,书传文章中以哪一篇最美。阚泽为了让他更透彻地理解治乱之道,就推荐了贾谊的《过秦论》,孙权也认真地读了一番。又如上文所述,孙权特别强调让太子孙登好好读《汉书》,也可以看出他对学习历史的重视。

孙权十分注意引导军队将领多多学习知识,增长才干。最典型的就是劝吕蒙等人读书的事例。《三国志》卷五四《吕蒙传》裴注引《江表传》记载说:"初,权谓吕蒙及蒋钦曰:'卿今并涂掌事,宜学问以自开益。'蒙曰:'在军中常苦多务,恐不容复读书。'权曰:'孤岂欲卿治经为博士邪?但当涉猎见往事耳。卿言多务孰若孤?孤少时历《诗》、《书》、《礼记》、

---

① 《三国志》卷四八《三嗣主传》。
② 《三国志》卷五七《虞翻传》注引《虞翻别传》。
③ 《三国志》卷四七《吴主传》注引《吴书》。

孙权教育将领学习《孙子兵法》、《左传》等。

《左传》、《国语》,惟不读《易》。自统事以来,省三史、诸家兵法,自以为大有所益。如卿二人,意性朗悟,学必得之,岂当不为乎?宜急读《孙子》、《六韬》、《左传》、《国语》及三史。孔子言:终日不食,终夜不寝以思,无益,不如学也。光武当兵马之务,手不释卷。孟德亦自谓老而好学。卿何独不自勉勖邪?'蒙始就学,笃志不倦,其所览见,旧儒不胜。"由于吕蒙认真读书,鲁肃后来和他争论问题时也常被他的意见所说服,所以敬佩地说:"吾谓大弟但有武略耳,至于今者,学识英博,非复吴下阿蒙。"而孙权也称赞说:"人长而进益,如吕蒙、蒋钦,盖不可及也。富贵荣显,更能折节好学,耽悦书传,轻财尚义,所行可迹,并作国士,不亦休乎!"由此可见,孙权鼓励众将学习的目的是明确的,他并不要求武将们学习经书去当博士,而是要求他们"涉猎往事",熟悉历史,通晓兵书,以解决当时面临的重大政治军事问题,所以他开出的急读书目是有关兵法的《孙子》和《六韬》,有关历史与政治的《左传》、《国语》及《史记》、《汉书》、《东观汉纪》等"三史",吕蒙、蒋钦等人学习之后也确实大有长进。

除了孙权鼓励军队将领认真学习以外,有些将领自身也很注意在部队中开展教育活动,例如孙权的族弟孙瑜,任奋威将军,领丹杨郡(治所在今南京市)太守。他的部队曾驻守在溧阳(包括今溧水、溧阳在内)一带,他听说济阴人马普笃学好古,于是"厚礼之,使二府将吏子弟数百人就受业,遂立学官,临飨讲肄。是时诸将皆以军务为事,而瑜好乐坟典,虽在戎旅,诵声不绝"。① 孙权和吕蒙等人还很注重对已故将领的后代进行教育,如猛将凌统死后,留下二子凌列、凌封,孙权收养他们在内宫,"及八九岁,令葛光教其读书,十月一令乘马。"②而吕蒙在成当、宋定、徐顾3名将领死后,也曾为他们的子弟选择老师,加强教育。

三、以大族家庭教育为主的私家教育

三国时期南京地区私家教育发展较快,出现私人讲学之风,如丹杨

---

① 《三国志》卷五一《孙瑜传》。
② 《三国志》卷五五《凌统传》。

人唐固"修身积学,称为儒者,著《国语》、《公羊》、《穀梁传》注,讲授常数十人"。①后孙权任命他为议郎,陆逊、张温、骆统等名臣都向他下拜求教。淮阴学者步骘在当上东吴的丞相以后,仍然"诲育门生,手不释书,被服居处有如儒生"。②

南京地区的贵族官僚大多重视家庭教育,其中除了重视经学、文学、史学等专门学问以外,还十分重视家庭与社交礼仪的教育,例如吴县人顾雍虽任丞相,平时"不饮酒,寡言语,举动时当,(孙)权尝叹曰:'顾君不言,言必有中。'至饮宴欢乐之际,左右恐有酒失而雍必见之,是以不敢肆情。权亦曰'顾公在坐,使人不乐'。"有一次孙权的侄女出嫁,顾雍的孙子选曹尚书顾谭在宴会上"醉酒,三起舞,舞不知止。雍内怒之。明日召谭,诃责之曰:'君王以含垢为德,臣下以恭谨为节。昔萧何、吴汉并有大功,何每见高帝,似不能言;汉奉光武,亦信恪勤。汝之于国,宁有汗马之劳、可书之事邪?但阶门户之资,遂见宠任耳,何有舞不复知止?虽为酒后,亦由恃恩忘敬,谦虚不足。损吾家者必尔也。'因背向壁卧,谭立过一时,乃见遣。"③身为选曹尚书的顾谭仅仅是酒后失态,就受到祖父的严厉批评,可见顾氏家族中对子孙礼仪教育的严格,由此也可见东吴时期南京地区贵族家庭教育之一斑。

东吴选曹尚书顾谭酒后失态,受到时任丞相的祖父顾雍严厉批评。

三国时期,南京地区教育事业尽管受战争的影响没有得到很大发展,但是孙权注重子弟教育和军事将领的学习,孙休重视学校建设、鼓励就学,都在南京教育史上具有重要的意义;而南京地区以大族家庭教育为主的私家教育比较发达,为东吴乃至以后的西晋政权提供了很多优秀的人才,也为江南经济、文化与士族门阀势力的发展奠定了基础。

---

① 《三国志》卷五三《阚泽传》。
② 《三国志》卷五二《步骘传》。
③ 《三国志》卷五二《顾雍传》注引《江表传》。

【第二章】
两晋至五代十国时期的南京教育

公元280年西晋灭吴,三国时代结束,中国重归一统。但西晋统一的时间不长,公元300年爆发的"八王之乱",使北方重新陷入混战之中,接踵而来的"五胡乱华",摧毁了西晋政权。公元317年,司马睿在建康(今南京市)建立了东晋政权,从此中国历史又进入南北分裂割据时期,直到公元589年隋统一南北方为止。这一历史时期的南京属于东晋、南朝管辖。由于有长江作屏障,所以南京地区社会环境相对安定,教育活动能够正常进行,加上东晋、宋、齐、梁、陈5个王朝都以建康为都城,国家教育机构也设置在这里,而国家教育机构往往也行使了地方教育机构的职能,因此国家级的教育活动也包含了南京地方的教育活动在内。

西晋灭吴以后,公元281年,先分建业为建邺和秣陵二县,后又从秣陵县分出临江县,又改临江县为江宁县。后为避晋愍帝司马邺的讳,公元313年改建邺为建康。此后东晋、宋、齐、梁、陈各朝,南京都叫"建康"。它既是二级行政区丹阳郡的治所,也是一级行政区扬州的治所。

第一节　东晋南朝官办学校制度的演变

西晋统一全国以后,曾经在太学之中设立国子学。"国子学"又称"国学",是当时的一种贵族学校。它仍然隶属于太学,但只有贵族子弟才能入内学习。东晋建立以后,南京地区也有了太学和国学,南朝时期将太学与国学合而为一。

一、东晋时期太学与国学的重建

东晋王朝是北方大族在国破家亡、仓促南渡的情况下建立起来的。最高统治集团面临着稳定政权、抵御北方少数民族南侵等多项紧迫任务,对兴办教育无力顾及;但东晋又是门阀士族共同控制的政权,门阀大族一般都有较深厚的文化素养和家学渊源,他们为维持自身的特殊地位,又要强调文化教育的重要性,所以东晋的教育往往处于时起时伏的状态,都城建康的学校也是时兴时废。

东晋时期首先提出兴办学校的是南下士族琅琊王氏的代表人物王导。王导在晋元帝即位后不久即上书主张"建明学校,阐扬六艺,以训后生","兴复教道,择朝之子弟并入于学,……选明博修礼之士而为之师",[1]并把教育作为北伐统一的基础工作看待。接着,散骑常侍戴邈也上表要求兴学,戴邈还批驳一些人不想办学校的言论说:"今或以天下未壹,非兴礼学之时,此言似是而非。夫儒道深奥,不可仓卒而成,古之俊乂,必三年而通一经,比须寇贼清夷,天下平泰,然后修之,则功成事完,谁与制礼作乐者哉!"[2]他们的建议被晋元帝采纳,建武元年(317)开始"置史官,立太学"。[3] 大兴二年(319)又置博士员5人,并让皇太子于太学讲经,行释奠礼。不久,由于苏峻、祖约之乱,太学被毁。晋成帝咸康三年(337)重建太学。国子祭酒袁瓌、太常冯怀上书,请求立国子学,袁瓌期望成帝"留心经籍,阐明学义","给其宅地,备其学徒,博士僚属精有其官"。成帝听从了他的建议,于当年在建康重建国子学,并征集生徒。史官称"国学之兴,自瓌始也"。[4]至穆帝永和八年(352),又因殷浩北伐而废止国子学。

晋孝武帝宁康元年(373)举行释奠祭祀孔子时,需要120名学生参加仪式。而当时只有太学,没有国学,于是在太学生中选取60名,而国子生只好在大臣子孙中临时选取60人,仪礼结束后仍各归各位。到太元八年(383)淝水之战以后,东晋获得暂时安宁的局面,谢安的弟弟谢

---

[1] 《宋书》卷一四《礼志一》。
[2] 同上书。
[3] 《晋书》卷六《元帝纪》。
[4] 《晋书》卷八三《袁瓌传》。

石为尚书令,又上书请求"兴复国学,以训胄子"。① 晋孝武帝采纳了他的建议,于太元九年(384)增置太学生百人,增造房舍155间,选公卿二千石子弟为学生。第二年又正式建立国学,著名学者臧焘被谢玄推荐为国学助教。东晋国家级学校名称虽有"国学"和"太学"之分,实际上就是一所学校,它们共有一套教学班子,在一个地点办学。

东晋时期建康的太学或国学的教学仍采取博士教学的方式。晋元帝初定太学博士为5人,后定为9人,元帝末增加到16人,在博士下设助教以教生徒,课程设置主要仍是儒家的经典。据《宋书》卷一四《礼志一》记载,东晋初期博士9人的职掌分别是:王氏《周易》、郑氏《尚书》、孔氏《古文尚书》、郑氏《毛诗》、郑氏《周官》、郑氏《礼记》、郑氏《论语》、郑氏《孝经》、杜氏服氏《春秋左传》,每一学派各置博士1人。后来又增加了郑氏《仪礼》、董氏《春秋公羊传》、郑氏《周易》的博士各1人。

东晋时期建康学校有所恢复,但教育的成果并不显著,其原因是多方面的。首先,由于频繁的内乱与战争,学校时存时废;其次,西晋以来的玄学与玄风,影响了东晋建康学校中儒学教育的实施,例如成帝时"设立国学,征集生徒,而世尚庄、老,莫肯用心儒训"。②《晋书》卷九一《儒林传序》也说:"有晋始自中朝,迄于江左,莫不崇饰华竞,祖述虚玄;摈阙里之典籍,习正始之余论;指礼法为流俗,目纵诞以清高;遂使宪章弛废,名教颓毁。"第三,入学生徒的动机不纯,使学校教学名存实亡。在东晋士族门阀政治之下,一些士族高门的子弟本来就无需由求学而入仕,而有一些庶族子弟是为了逃避赋役来学校的,内心并不想学习,有的人甚至假托一些亲属关系来学校混取名声,因此贵族子弟不屑与这些人为伍,不愿到学校来读书。正如当时的国子祭酒殷茂所说:"自大晋中兴,肇基江左,崇明学校,修建庠序,公卿子弟,并入国学。寻值多故,训业不终。陛下以圣德玄一,思隆前美,顺通居方,导达物性,兴复儒肆,金与后生。自学建弥年,而功无可名。惮业避役,就存者无几,或假托亲疾,真伪难知,声实浑乱,莫此之甚。臣闻旧制,国学生皆冠族华胄,比列皇储。而中者混杂兰艾,遂令人情耻之。……臣谓群臣内外,清官子侄,普应入学,制以程课。今者见生,或年在扦搭,方圆殊趣,宜听其去就,各从所安。"③殷茂的意见是一方面要让高级官员子弟统一入学,按规定课

---

① 《宋书》卷一四《礼志一》。
② 同上书。
③ 同上书。

程学习,另一方面要把那些混进学校又没有学习兴趣的生徒从国学中清理出去。这从提高国学的教学质量来说,是有一定道理的。但在门阀制度之下,大多数官僚贵族子弟根本不愿意到学校去受读书之苦,所以孝武帝一方面表扬殷茂的建议,另一方面又不真正施行他的主张,结果使"朝廷及草莱之人有志于学者,莫不发愤叹息"。①

由于东晋时期的国学"有育才之名,无收贤之实",所以范宁曾上书要求督励国学。他在《国学宜加督励启》中说:"国学开建,弥历年载,讲诵之音廑闻,考课之绩不著。良由达道之训未弘,钻仰之心弗至。陵替文源,宜见整正,谓应断假,精加督励,严其师训,举善黜违。"②

总而言之,东晋时期南京地区的学校教育有所恢复,历史作用是不言而喻的。

二、刘宋时期四学并立的盛况

南朝的学校教育以宋、梁两朝比较重视,并有新创设的制度;齐、陈两朝的学校教育稍逊一筹。

宋武帝在即位后的第三年即下诏筹建国学,并任命范泰为国子祭酒,裴松之为国子博士。范泰还着手制定了具体的奖励学习办法,但由于武帝很快去世,未能付诸实行。到宋文帝元嘉十九年(442)再次下诏建国学,第二年国子学正式开学。著名学者何承天任国子博士。以后宋文帝多次亲临国学祭祀先圣,策试诸生,奖赏师生。如元嘉二十三年(446)九月,文帝"车驾幸国子学,策试诸生,答问凡五十九人",③十月又下诏奖励教师、诸生。宋文帝为使国学兴盛,聘请了不少著名学者,有些寒门出身的学者亦被延请,如苏宝"本寒门,有文义之美。元嘉中立国子学,为《毛诗》助教。"④但不久因宋魏战争,国子学于元嘉二十七年(450)停办。到宋孝武帝大明五年(461)才又下诏修复国学,此后国学教育始终未能继续发展。

刘宋学校教育的一大特色是在都城建康创建了一批专科学校。专科教育开始于宋文帝时期。元嘉十五年(438)文帝针对当时官学荒废已久、国子学一时兴复不易的状况,聘请名师,在鸡笼山开设了4个单科

---

① 《宋书》卷一四《礼志一》。
② 《太平御览》卷六三四。
③ 《宋书》卷五《文帝纪》。
④ 《宋书》卷七五《王僧达传》。

性质的学馆,其中包括雷次宗主持的儒学馆、何承天主持的史学馆、谢元主持的文学馆、何尚之主持的玄学馆。当时四学并建,4个学馆各就本专业聚徒教授,共有生徒数百人,实际上开了唐代设置律学、书学、算学

公元470年,南朝(宋)设总明观于朝天宫。

等专科学校的先例。正由于宋文帝重视教育,所以史学家沈约称赞元嘉兴学是"一代之盛"。① 后来宋明帝泰始六年(470)设立总明观,又称"东观"。这虽然主要是一个藏书和研究机构,但有时也有讲学活动。总明观亦分儒、玄、文、史四科,继续沿用了宋文帝时期的分科制度。

三、南齐时期国学的大起大落

南齐政权的建立者是齐高帝萧道成。萧道成本人少年时曾经就学于雷次宗的儒学馆,向他学习《礼》及《左氏春秋》。齐高帝即位后,建元二年(480)著作郎王浚之上表要求立学,四年(482)正月,齐高帝下诏建立国学,置学生150人,以王浚之为国子博士。但当年三月高帝死,九月即"以国哀故,罢国学"。齐武帝永明三年(485)正月,又下诏立学,"创立堂宇,召公卿子弟及员外郎之胤,凡置生二百人,其年中秋悉集",②并任命王俭为国学祭酒、陆澄为国子博士。王俭、陆澄都是精通儒学的官员,王俭"发言吐论,造次必于儒教",陆澄则主张"若不大弘儒风,则无所立学"。当时国学的课程设置有郑氏王氏《易》、杜氏服氏《春秋》、何氏《公羊》、麋氏《穀梁》、郑氏《孝经》。齐武帝对国子学十分关注,多次至国子学讲学、策试,赏赐教师,如永明四年(486)三月,他亲临国子学讲《孝经》,并"赐国学祭酒、博士、助教绢各有差"。③ 齐武帝的文惠太子也负责"监国学,亲监策试诸生"。④ 南齐国子学的师生教书或学习都很认真,如何佟之在刘宋时曾经任总明观学士,"仕齐,初为国学助教,为诸生讲《丧服》,结草为经,屈手巾为冠,诸生有未晓者,委曲诱诲,都下

① 《宋书》卷五五《傅隆传》论。
② 《南齐书》卷九《礼志上》。
③ 《南齐书》卷三《武帝纪》。
④ 《南齐书》卷二一《文惠太子传》。

称其醇儒。"①又如谢灵运的曾孙谢幾卿号为"神童",12岁被召补为国子学生。齐文惠太子来到国子学检查教学,王俭"承旨发问,幾卿随事辩对,辞无滞者,文惠大称赏焉"。②经过齐武帝父子、王俭等人的努力,国子学的工作始有起色。

齐武帝死后,齐明帝即位,国学又因内乱而停顿。至建武四年(497)方下诏立学,但明帝不久死去。东昏侯萧宝卷即位,又以国丧废学。国学助教曹思文上书反对废国学,但未被接受,以后国学便停止。

南齐一朝尽管在齐武帝年间国学有所恢复,有人甚至称赞说"由是衣冠翕然,并尚经学,儒教由此大兴",③但总的说来成就并不大,正如《南史》卷七一《儒林传序》所说:"逮江左草创,日不暇给,以迄宋齐,国学时或开置,而劝课未博,建之不能十年,盖取文具而已。是时乡里莫或开馆,公卿罕通经术,朝廷大儒,独学而弗肯养众,后生孤陋,拥经而无所讲习。"这大体反映了宋齐两朝都城建康地区学校教育的状况。

四、梁朝时期学校教育的繁荣

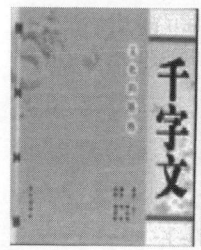

梁朝武帝时期可谓东晋南朝教育最发达的时期。梁武帝早年就博通众学,洞达儒玄,尤其擅长文学。梁武帝指派文学侍从周兴嗣编写的《千字文》,成为我国封建社会启蒙教育的必读教材,现在已被公认为世界教育史上流传最久、影响最大的识字课本。梁武帝对教育事业的贡献主要有两方面:

周兴嗣编写的《千字文》。

1. 重建国学,热心教育

推翻南齐、建立梁朝以后,梁武帝即筹办国子学,至天监七年(508)正式恢复国子学。梁武帝对国子学十分重视,如天监九年(510)曾两次

---

① 《南齐书》卷七一《何佟之传》。
② 《梁书》卷五〇《谢幾卿传》。
③ 《南史》卷二二《王俭传》。

亲临国学,或讲课,或策试学子,赏赐学官,并且命皇太子及王侯之子,够上年龄的皆入学受业。昭明太子萧统也曾亲自释奠于国学。

梁朝国学的教学内容也是以儒家经典为核心,但由于受到玄学的影响,往往比较看重《周易》。除了传统的儒家经典之外,梁武帝本人的不少解经著作也被列于学官讲授,如他的《五经义》、《孔子正言章句》、《孝经义》等都曾在国学讲授,甚至作为考试材料。国子祭酒到溉等曾上书要求增加正言博士1人,位同国子博士,并置助教2人。中大通四年(532),还应国学博士萧子显的要求,设置《孝经》助教1人,国子生10人,专通梁武帝所释的《孝经义》。梁代的国学制度,对入学者的资格要求不甚严,但毕业任官一般都要经过严格的考试。这从梁代许多国学生入仕都要经过"明经"、"射策"这一关即可看出。而"明经"一科,已开隋唐科举制之先河。总之,在梁武帝的提倡下,建康地区国子学呈现出繁荣的局面。

2. 广开学馆,召集生徒

梁武帝早在国子学尚未办成之前,就已着手在建康地区兴办一些学馆,以普及儒学教育。天监四年(505),梁武帝下诏曰:"二汉登贤,莫非经术,服膺雅道,名立行成。魏晋浮荡,儒教沦歇,风节罔树,抑此之由。朕日昃罢朝,思闻俊异,收士得人,实惟酬奖。可置五经博士各一人,广开馆宇,招纳后进。"①当年正月,他在京师开设五馆,每馆置"五经"博士各1人,以平原人明山宾、吴郡人陆琏、吴兴人沈峻、建平人严植之、会稽人贺玚为博士,各主一馆。二月,又置胄子律博士。天监五年,他又设置集雅馆,以招徕远方学者。

梁武帝兴办五馆时,采取了一系列措施,吸引学生。一是"给其饩廪",为学生提供优厚的经济条件,解决后顾之忧;二是"射策通明者,即除为吏",选拔学习成绩优秀者,充当官吏,给学生展示前途;三是精选了一批学养深厚的著名学者当"五经"博士,保证教学质量。这些有效措施,吸引了大批生徒到京城来读书。

梁武帝的五馆与国子学的性质不同,不是专门的贵族学校。梁武帝天监八年(509)在选拔优秀学生的诏书中说:"其有能通一经,始末无倦者,策实之后,选可量加叙录。虽复牛监、羊肆、寒品、后门,并随才试吏,勿有遗隔。"②这说明如果是确有一定学问的学生,不管出身如何低微,

---

① 《梁书》卷四八《儒林传序》。
② 《梁书》卷二《武帝纪中》。

只要通过考试,就可以任命一定的官职。因此当时的五馆"皆引寒门俊才,不限人数"。①

梁代各个学馆教学的内容主要限于儒家的"五经",不如宋文帝四馆之广泛,但五馆主持人皆为名流,各有专长,也曾掀起一番儒学热潮,如贺玚"于《礼》尤精,馆中生徒常百数,弟子明经对策至数十人";②明山宾七岁能言明理,十三岁博通经传,梁武帝初置五经博士时"山宾首膺其选,……甚有训导之益";③沈峻"博通'五经',尤长'三礼'",其开馆时群儒执经下坐,"听者常数百人";④严植之"馆在潮沟,生徒常百数,讲说有区段次第,析理分明。每当登讲,五馆生毕至,听者千余人"。⑤

大同七年(541),梁武帝又于建康宫城西建士林馆。士林馆是一个讲学兼研究的场所,不少学者曾在此讲学。国学博士周弘正到士林馆讲课时,听者倾朝野。朱异与贺琛曾在此讲梁武帝的《礼记中庸义》。

梁武帝时期,建康地区学校教育呈现一片兴旺景象,京都建康城成为全国教育和学术研究的中心,史称"十数年间,怀经负笈者云会京师"。⑥ 后由于爆发侯景之乱,建康失陷,梁朝的教育事业遭到沉重打击。

五、陈朝时期国学的衰微

陈霸先、王僧辩等人平定侯景之乱后,陈霸先建立了陈朝,是为陈武帝。陈文帝天嘉元年(560)嘉德殿学士沈不害上书请兴学校,选公卿子弟入学,使助教、博士朝夕教授,以阐儒教。文帝立即下诏"依事施行"。

陈朝的最高学府一般也称为"国学",有时亦称作"太学"。陈朝的学官也分为祭酒、博士、助教三级。博士均由著名学者担任,如沈不害、郑灼、沈文阿、沈德威等著名学者均担任过太学或国学博士。有的助教的学问水平也很高,敢于与高级教官争论,如张讥虽为国学助教,却经常与国学祭酒周弘正辩论。周弘正对人说:"吾每登座,见张讥在席,使人懔然。"⑦陈宣帝、陈后主对官学也都比较重视,经常由本人或派太子参

---

① 《隋书》卷二六《百官志上》。
② 《梁书》卷四八《贺玚传》。
③ 《梁书》卷二七《明山宾传》。
④ 《梁书》卷四八《沈峻传》。
⑤ 《南史》卷七一《严植之传》。
⑥ 《梁书》卷四八《儒林传序》。
⑦ 《陈书》卷三三《张讥传》。

加太学的祭礼或讲学活动。不过总的说来,陈朝在梁末大乱之后,国土日蹙,国力衰弱,著名学者亡故甚多,学校教育成效甚微,"虽博延生徒,成业盖寡,其所采掇,盖亦梁之遗儒。"①

总体看来,东晋南朝南京地区的官学处于断断续续的状态之中。由于最高统治者比较重视的国学(或称太学)设在都城建康,加上南朝时期建康兴办了许多学馆,所以南京地区的官学教育曾数度出现历史上前所未有的兴盛局面。大批学子得到更多的就学机会,许多外地学子也纷纷到建康来求学,涌现出一批学有成就的人才。

第二节　东晋南朝私学教育的发展

尽管东晋南朝时期南京地区的官学教育时起时伏,但私学教育却比较稳定。当时南京地区的私学教育在从教师资、生徒来源、教学内容和施教地域等方面都比官学教育的覆盖面更为广泛。

一、私学教师多元化

东晋南朝时期南京地区从事私学教育活动的人多为一些隐士,如刘宋时刘瓛住在建康不肯当官,"兄弟三人共处蓬室一间,为风所倒,无以葺之。恰然自乐,习业不废。聚徒教授,常有数十。"②此外,也有不少在职官员从事私学教育活动,如刘宋时何尚之任丹阳尹,"立宅南郭外,立学聚生徒。东海徐秀、庐江何昙、黄回、颍川荀子华、太原孙宗昌、王延秀、鲁郡孔惠宣,并慕道来游,谓之南学。"③南齐时何胤在郁林王时"为中书令,领临海、巴陵王师。胤虽贵显,常怀止足。建武初,已筑室郊外,恒与学徒游处其内"。④著名学者伏曼容在齐明帝时任中散大夫,"时明帝不重儒术,曼容宅在瓦官寺东,施高坐于听事,有宾客,辄升高座为讲说,生徒常数十百人。"伏曼容的孙子伏挺在梁武帝时任中军参事,"居宅

---

① 《南史》卷七一《儒林传序》。
② 《南史》卷五〇《刘瓛传》。
③ 《南史》卷三〇《何尚之传》。
④ 《南史》卷三〇《何胤传》。

在潮沟,于宅讲《论语》,听者倾朝。挺三世同时聚徒教授,罕有其比。"①

当时南京地区一些学者虽然在国立学校中担任教职,但从学校回家后仍然继续从事私学教育活动,如沈德威,"天嘉元年,征出都,后为国学助教。每自学还私室讲授,道俗受业数百人,率常如此。"②又如陈后主时期的国学博士、东宫学士张讥,也经常在居宅中讲学,"所居宅营山池,植花果,讲《周易》、《老》、《庄》而教授焉。"③

二、私学条件得到改善

东晋南朝时南京地区私学的条件总体上是比较简陋的,一些学者却甘于清贫,孜孜不倦地从事教育活动,他们有时也会得到一些有见识的贵族官员的赞赏与资助。例如刘瓛在建康"住在檀桥,瓦屋数间,上皆穿漏。学徒敬慕,不敢指斥,呼为青溪焉。竟陵王子良亲往修谒。七年,表世祖为瓛立馆,以扬烈桥故主第给之,生徒皆贺,瓛曰:'室美为人灾,此华宇岂吾宅邪?幸可诏作讲堂,犹恐见害也。'"④又如吴苞,"宋泰始中过江,聚徒教学。冠黄葛巾,竹麈尾,蔬食二十余年。与刘瓛于褚彦回宅讲授。瓛讲《礼》,苞讲《论语》、《孝经》,诸生朝听瓛,晚听苞也。齐隆昌元年,征为太学博士,不就。始安王(萧)遥光及江祐、徐孝嗣共为立馆于钟山下教授,朝士多到门焉,当时称其儒者。"⑤

当时南京地区有些隐士甚至得到帝王的敬佩,专门为他们修治学馆,供他们讲学使用。如东晋末年至宋初时,号称"寻阳三隐"之一的周续之,因为学识渊博,曾得到刘裕的很高礼遇。刘裕尚未称帝时,就曾派使者迎请他出山讲学;刘裕称帝后,又把他请出庐山到京师开馆办学,"上为开馆东郊外,招集生徒,乘舆降幸,并见诸生。问续之《礼记》'傲不可长'、'与我九龄'、'射于矍圃'之义,辨析精奥,称为名通。续之素患风痹,不复堪讲,乃移病钟山。"⑥宋文帝时也曾把庐山隐士雷次宗请到京城来开儒学馆,但雷次宗不愿久在公门任职,后来回到庐山。宋文帝于是"为筑室于钟山西岩下,谓之招隐馆,使为皇太子、诸王讲《丧服

---

① 《南史》卷七一《伏曼容传》。
② 《南史》卷七一《沈德威传》。
③ 《陈书》卷三三《张讥传》。
④ 《南齐书》卷三九《刘瓛传》。
⑤ 《南史》卷七六《吴苞传》。
⑥ 《南史》卷七五《周续之传》。

经》。次宗不入公门,乃使自华林东门入延贤堂就业"。①

三、私学生源多样化

东晋南朝南京地区私学的学生中既有许多官僚贵族子弟,也有不少寒门平民。与国学教育不同的是,这些学生都是为了学习知识而来就学的,并非为逃避徭役。如齐高帝萧道成年轻时与其兄萧道度曾受学于雷次宗,其父向雷次宗了解二子学业,次宗回答说:"其兄外朗,其弟内润,皆良璞也。"②又如刘瓛"姿状纤小,儒学冠于当时,京师士子贵游莫不下席受业"。③刘瓛的学生范缜则是寒门子弟中的佼佼者,史称范缜"年未弱冠,从沛国刘瓛学,瓛甚奇之,亲为之冠。在瓛门下积年,恒芒屩布衣,徒行于路。瓛门下多车马贵游,缜在其间,聊无耻愧。及长,博通经术,尤精'三礼'"。④范缜后来成为著名的思想家。

当时私学的学生中还有不少是在朝的官员,如吴苞在钟山下立馆讲授时,"朝士多到门焉"。这些"朝士"即指朝官。伏挺在家讲《论语》时,"听者倾朝",也是指朝官们都去听讲。戚衮在担任扬州祭酒从事以后,还私下向国学博士宋怀方学习《仪礼》。宋怀方从北方带来的《仪礼》和《礼记》疏,从不传人,临死前嘱咐家人:"吾死后,戚生若赴,便以《仪礼》、《礼记义》本付之,若其不来,即随尸而殡。"⑤可见戚衮是博士宋怀方的得意门生。

东晋南朝时,由于都城建康有许多著名的学者和优越的阅读条件,所以许多外地求学者到建康来游学,并取得卓越的成就。如吴郡盐官人顾越"弱冠游学都下,通儒硕学,必造门质疑,讨论无倦。至于微言玄旨,《九章》七曜,音律图纬,咸尽其精微"。⑥陈郡人周兴嗣"世居姑熟。年十三,游学京师,积十余载,遂博通记传,善属文"。⑦吴郡盐官人戚衮"少聪慧,游学京都,受'三礼'于国子助教刘文绍。一二年中,大义略备"。⑧吴兴武

---

① 《南史》卷七五《雷次宗传》。
② 《南史》卷四一《齐宗室传》。
③ 《南齐书》卷三九《刘瓛传》。
④ 《南史》卷五七《范缜传》。
⑤ 《南史》卷七一《戚衮传》。
⑥ 《南史》卷七一《顾越传》。
⑦ 《梁书》卷四九《周兴嗣传》。
⑧ 《陈书》卷三三《戚衮传》。

康人沈麟士"尝苦无书,因游都下,历观四部毕,乃叹曰:'古人亦何人哉'"。① 后来成为博学的奇士,回乡隐居教授大批弟子。吴兴武康人姚察,其父姚僧垣任梁朝太医正,"精医术,知名梁代,二宫所得供赐皆回给(姚)察兄弟,为游学之资。察并用聚蓄图书,由是闻见日博。"人沈麟士"尝苦无书,因游都下,历观四部毕,乃叹曰:'古人亦何人哉'"。② 正是由于在建康游学和阅读了大量图书,姚察后来才成为远近知名的学者。

四、教学内容丰富多彩

东晋南朝南京地区私学教育的科目很多,不管是儒家经典,还是玄学、佛老、文史、天文算术、音乐书法,都可在私学教授的内容中看到。许多学者是学有专长并教有专长,如吴苞善于讲《论语》、《孝经》,刘瓛、崔灵恩、张崖、陆诩等人均善讲"三礼";何尚之办的"南学"是专门教授玄学的,所以王球说"尚之西河之风不坠",而何尚之也说:"(王)球正始之风尚在。"③王智深"少从陈郡谢超宗学属文";陈朝大将吴明彻曾经"就汝南周弘正学天文、孤虚、遁甲,略通其妙";刘宋人嵇元荣、羊盖从戴安道那里学会弹琴艺术,而柳恽又向他们学习,并且"特穷其妙"。

当时南京地区许多私学的教师知识渊博,往往儒玄兼通,佛老并习,能同时给僧、道、俗各界人士讲学。如吴苞不仅善于讲《论语》、《孝经》,而且也擅长讲"三礼"及《老》、《庄》。张讥一方面在陈朝宫廷中讲授《孝经》,另一方面又在住宅中讲《周易》、《老》、《庄》,"吴郡陆元朗、朱孟博,一乘寺沙门法才,法云寺沙门慧拔,至真观道士姚绥,皆传其业。"刘瓛不仅向学生传授《礼记》、《毛诗》、《易经》,还讲阴阳律数之学,有一次讲完《月令》以后对学生严植之说:"江左以来,阴阳律数之学废矣。吾今讲此,曾不得其仿佛。"④伏曼容既懂儒学,又善《老》、《易》,能言玄理,还"多伎术,善音律、射驭、风角、医算,莫不闲了,为《周易》、《毛诗》、《丧服》集解,《老》、《庄》、《论语》义"。⑤ 由此可见,当时南京地区私学教育的内容,远远超出官学教育儒、玄、文、史的范围。

---

① 《南史》卷七六《沈麟士传》。
② 《南史》卷七〇《姚察传》。
③ 《南史》卷三〇《何尚之传》。
④ 《南史》卷五〇《刘瓛传》。
⑤ 《南史》卷七一《伏曼容传》。

第三节　东晋南朝家族教育的兴盛

东晋南朝时期的家族教育是私学教育的一种补充形式。虽然其时有不少人在南京地区兴办私学,但由于经济条件和地理交通等原因,许多人还是不能外出求学,因而不得不依赖于家庭内部的教育。加上世家大族出于"自保其家世"的目的,十分看重自己的家学渊源,所以当时的士族门阀更加重视家庭教育。

一、长辈广泛参与子弟教育

当时在建康的家族教育活动中,施教者一般都是家族中的长辈,其中有父母,也有叔父、伯父、舅父、姑父、祖父、外祖父,有时还有族中兄弟。其中父母教育子女的如:到沆五岁时,其父"于屏风抄古诗,沆请教读一遍,便能讽诵"。①阮孝绪"七岁出继从伯(阮)胤之,……年十三,遍通'五经'。十五冠而见其父彦之。彦之诫之曰:'三加弥尊,人伦之始,宜思自勖,以庇尔躬。'"②可见养父与生父都十分重视对阮孝绪的文化教育与人伦教育。何承天"母徐广姊也,聪明博学,故承天幼渐训义"。③谢安的九世孙谢贞8岁时"母王氏授贞《论语》、《孝经》,读讫便诵"。④其他长辈教育家族后代的如:谢尚"好衣刺文袴,诸父责之,因而自改,遂知名"。⑤刘瓛"年五岁,闻舅孔熙先读《管宁传》,欣然欲读,舅更为说之,精意听复,曰:'此可及也。'"⑥本族兄弟之间进行教诲的如:"炯年

家庭子女教育。

---

① 《梁书》卷四九《到沆传》。
② 《梁书》卷五一《阮孝绪传》。
③ 《宋书》卷六四《何承天传》。
④ 《陈书》卷三二《谢贞传》。
⑤ 《晋书》卷七九《谢尚传》。
⑥ 《南史》卷五〇《刘瓛传》。

十五,从胤受业,一期并通五经章句。"①这里所称的(何)炯便是(何)胤的从弟;张嵊本人"方雅有志操",他的弟弟张淮"言气不伦,嵊垂泣训诱"。②

有时一些官僚家庭也会聘请专人来家中教授子弟,或带子弟外出听老师讲学,如《梁书》卷三三《王僧孺传》说:"僧孺年五岁,读《孝经》,问授者此书所载述,曰:'论忠孝二事。'"看来,给王僧孺讲授《孝经》的并非其亲属,而是私家聘请的教师。又如梁朝的学者到洽"弱年听伏曼容讲,未尝傍膝,伏深叹之"。看来,到洽是随长辈去伏曼容的宅中听课,且注意力高度集中,从而赢得老师的赞叹的。此外,齐武帝还曾专门派宫人到骁骑将军胡谐之家去进行语音教育。

二、个人刻苦自学

东晋南朝时期南京的家族教育往往是和个人的努力学习联系在一起的。当时不少人认真刻苦地自学,取得了优秀的成绩。例如徐邈之弟徐广,"家世好学,至广尤精。百家数术,无不研览。家贫,未尝以产业为意,妻中山刘谧之女忿之,数以相让,广终不改。如此十数年,家道日弊,遂与广离。后晋孝武帝以广博学,除为秘书郎。"③张率"十二能属文,常日限为诗一篇,或数日不作,则追补之,稍进作赋颂,至年十六,向作二千余首",后来又尽读好友陆少玄家藏万余卷书,成为著名才子,被沈约称为"南金"。④陆倕"少勤学,善属文。于宅内起两茅屋,杜绝往来,昼夜读书,如此者数载。所读一遍,必诵于口。尝借人《汉书》,失《五行志》四卷,乃暗写还之,略无遗脱"。⑤后来被齐竟陵王萧子良聘往西邸讲学。

当时,有一些武将的子孙后代也勤奋好学。例如:沈演之家族"世为将,而演之折节好学,读《老子》百遍,以义理业尚知名"。⑥任孝恭的祖先曾经"并任将帅。孝恭幼孤,事母以孝闻。精力勤学,家贫无书,常崎岖从人假借,每读一篇,讽诵略无所遗。……(梁武)帝闻其有才学,

---

① 《南史》卷三〇《何炯传》。
② 《南史》卷三一《张嵊传》。
③ 《南史》卷三三《徐广传》。
④ 《南史》卷三一《张率传》。
⑤ 《梁书》卷二七《陆倕传》。
⑥ 《南史》卷三六《沈演之传》。

召入西省撰史"。① 柳世隆"幼孤,挺然自立,不与众同。虽门势子弟,独修布衣之业。及长,好读书,折节弹琴,涉猎文史,音吐温润。叔父(柳)元景爱赏,异于诸子"。② 柳世隆后来成为文武双全的名将。韦爱也是"性清介,不妄交游,而笃志好学。每虚室独坐,游心坟素,而埃尘满席寂若无人。年十二,尝游京师,值天子出游南苑,邑里喧哗,老幼争观,爱独端坐读书,手不释卷,宗族见者,莫不异焉。及长,博学有文才,尤善《周易》及《左氏春秋》义"。③

东晋南朝南京地区有一些官员甚至年老退休以后也仍然好学不倦。如柳世隆担任高官以后,仍然"性爱涉猎,启高帝借秘阁书,上给二千卷","性清廉,唯盛事坟典。"而名将韦叡年老以后,不但自己学习,还督促晚辈学习,不受世俗佞佛风气的影响。《梁书》卷一二《韦叡传》记载他"居家无事,慕万石、陆贾之为人,因画之于壁以自玩。时虽老,暇日犹课诸儿以学。第三子(韦)棱,尤明经史,世称其洽闻,叡每坐棱使说书,其所发摘,棱犹弗之逮也"。

梁朝王筠也是一辈子好学的典型。他在其自编文集的自序中说:"余少好书,老而弥笃,虽偶见瞥观,皆即疏记,后重省览,欢兴弥深,习与性成,不觉笔倦。自年十三四,齐建武二年乙亥,至梁大同六年,四十六载矣。幼年读'五经'皆七八十遍。爱《左氏春秋》,吟讽常为口实,广略去取,凡三过五抄。余经及《周官》、《仪礼》、《国语》、《尔雅》、《山海经》、《本草》并再抄。子史诸集皆一遍。未尝请人假手,并躬自抄录,大小百余卷。不足传之好事,盖以备遗忘而已。"④王筠这种老而好学的精神也被时人引为美谈。

三、少儿教育与妇女教育受到重视

东晋南朝时期南京地区许多家族都十分重视对晚辈的启蒙教育。北齐颜之推的《颜氏家训》,不仅总结了北方教育子弟的经验教训,而且总结了南朝家庭教育的成败得失,其中既讲到古代圣王的"胎教之法",也讲到南北朝时期的民间俗谚如"教妇初来,教儿婴孩"等等。他所指出的"人生小幼,精神专利;长成已后,思虑散逸:固须早教,勿失机也",

---

① 《南史》卷七二《任孝恭传》。
② 《南史》卷三八《柳世隆传》。
③ 《梁书》卷一二《韦爱传》。
④ 《梁书》卷三三《王筠传》。

是时人对幼儿教育重要性的理性认识；他所说的当时"士大夫子弟,数岁以上,莫不被教,多者或至《礼》、《传》,少者不失《诗》、《论》。及至冠婚,体性稍定,因此天机,倍须训诱。有志尚者,遂能磨砺,以就素业",①也是对当时青少年教育的经验总结。

东晋南朝时期南京地区许多家族的青少年教育都是从幼儿抓起的,如任昉"幼而聪敏,早称神悟,四岁诵诗数十篇,八岁能属文,自制《月仪》,辞义甚美"。②刘瓛五岁时就能听懂舅父为他读的《管宁传》；陆琼"六岁为五言诗,颇有词采。"③刘歊"六岁诵《论语》、《毛诗》,意所不解,便能问难。十二岁读《庄子·逍遥篇》曰：'此可解耳。'"④陆云公"五岁诵《论语》、《毛诗》,九岁读《汉书》,略能记忆"；⑤范云六岁就跟着其姑夫袁叔明读《毛诗》,日诵九纸。

更为重要的是,当时家庭内外的长辈们,对孩子品性与学业的进步,都能给予充分的肯定和表扬,有利于晚辈的成人、成才。如江革"幼而聪敏,早有才思,六岁便解属文。(父)柔之深加赏器,曰：'此儿必兴吾门。'"⑥蔡兴宗"幼儿为父(蔡)廓所重,与亲故书曰：'小儿四岁,神气似可,不入非类室,不与小人游。'故以兴宗为之名,以兴宗为之字"。⑦王景文对谢朏的父亲谢庄说："贤子足称神童,复为后来特达。"谢庄抚着谢朏的背说："真吾家千金。"⑧任昉八岁能属文,"褚彦回尝谓(任)遥曰：'闻卿有令子,相为喜之。所谓百不为多,一不为少。'由是闻声藉甚。年十二,从叔(任)晷有知人之量,见而称其小名曰：'阿堆,吾家千里驹也。'"⑨谢蔺五岁便知孝道,读经史过目不忘,舅父阮孝绪常常称赞说他是"吾家阳元也",并说："此儿在家则曾子之流,事君则蔺生之匹",因此命名为"蔺";⑩谢弘微"童幼时精神端审,时然后言。所继叔父(谢)混名知人,见而异之,谓(父谢)思曰：'此儿深中夙敏,方成佳器,有

---

① 《颜氏家训》卷三《勉学》。
② 《南史》卷五九《任昉传》。
③ 《陈书》卷三〇《陆琼传》。
④ 《梁书》卷五一《刘歊传》。
⑤ 《梁书》卷五〇《陆云公传》。
⑥ 《梁书》卷三六《江革传》。
⑦ 《南史》卷二九《蔡兴宗传》。
⑧ 《梁书》卷一五《谢朏传》。
⑨ 《南史》卷五九《任昉传》。
⑩ 《梁书》卷四七《谢蔺传》。

子如此足矣。'"①张缅"少勤学,自课读书,手不辍卷",外祖刘仲德称赞说:"此儿非常器,非止为张氏宝,方为海内令名也。"②打开史书,我们可以看到像这一类家长赞许自家儿孙、亲朋称道别人子弟的事例比比皆是,被称为"神童"、"千里驹"、"明珠"、"良璞"、"佳器"者甚众。有的青少年即使在同辈之中文才并不突出,长辈也能充分肯定他在其他方面的才干,增强其自信,如名将韦叡少年时"内兄王憕、姨弟杜恽并有乡里盛名,(伯父)祖征谓叡曰:'汝自谓何如憕、恽?'叡谦不敢对。祖征曰:'汝文章或小减,学识当过之。然而干国家,成功业,皆莫汝逮也。'"③后来韦叡果然以清廉、干练名闻天下,为梁朝屡建奇功。对这些评价我们不能简单地看成是自我吹嘘或者相互奉承,而是对少年儿童的充分肯定和鼓励,与今天"赏识教育"的理念是一致的。

　　东晋南朝南京的家族中,女子也能和男子一样接受教育,所以当时南京地区许多女子都有较高的文化水平,例如萧衍的原配妻子郗氏"幼明慧,善隶书,读史传,女工之事,无不闲习"。梁简文帝的王皇后"幼而柔明,叔父(王)俭见之曰:'吾家女师也。'"陈武帝的章皇后"善书计,能诵《诗》及《楚辞》"。④ 许多家庭的妇女还承担了教育子女的重任,如前文所述何承天、谢贞都从母亲那里接受了启蒙教育。有些女子的学问水平还超过男子,如谢安的侄女谢道蕴"聪识有才辩",曾在家中与谢安讨论《毛诗》何句最佳;又与众兄弟吟雪诗,有"未若柳絮因风起"名句,得到谢安高度评价。

　　东晋南朝帝王宫廷中的妇女也得到一定的教育,如"妇人吴郡韩兰英有文辞,宋孝武时献《中兴赋》,被赏入宫;宋明帝时用为宫中职僚;及(梁)武帝以为博士,教六宫书学。以其年老多识,呼为韩公"。⑤ 梁朝天监中,张率也曾奉命"抄乙部,又使撰古妇人事。使工书人琅琊王琛、吴郡范怀约等写给后宫"。⑥ 可见当时宫中女子也可以接受文学、书法和历史教育。

---

① 《宋书》卷五八《谢弘微传》。
② 《南史》卷五六《张缅传》。
③ 《梁书》卷一二《韦叡传》。
④ 《南史》卷一二《后妃下》。
⑤ 《南史》卷一一《后妃上》。
⑥ 《南史》卷三一《张率传》。

四、言教、身教与文教并重

东晋南朝南京地区家族教育的形式也是多种多样的。长辈们直接用讲授的方式向晚辈传授各种经典著作,指出做人处事的准则,这是最常见的方式,前文所提到的诸多史例便是如此。又如谢混利用谢氏子弟的"乌衣之会"来教育子侄,逐一评论谢灵运、谢瞻、谢晦、谢曜、谢弘微等人的优缺点,指出应该努力的方向,是典型的家教盛会。

此外,用实际行动给后人作示范,发挥榜样的作用,也是当时南京地区著名家族教育后代的一种模式。如刘宋时的宰相王弘"明敏有思致,既以民望所宗,造次必存礼法,凡动止施为,及书翰仪体,后人皆依仿之,谓之王太保家法。虽历任藩辅,不营财利,薨亡之后,家无余业"。[1] 谢安也是常用行动来教诲后代的典型。《世说新语·德行》记载:"谢公夫人教儿,问太傅:'那得初不见君教儿?'答曰:'我常自教儿。'"所谓"自教儿",即自己身体力行,作为榜样给子孙仿效。名将柳世隆为官清廉,爱好读书,张绪问他:"观君举措,当以清名遗子孙邪?"答曰:"一身之外,亦复何须? 子孙不才,将为争府;如其才也,不如一经。"柳世隆还十分尊重乡里贤人韦祖征,见面总是要行下拜礼,有人劝韦祖征阻止他行此大礼,韦祖征说:"司马公所为,后生效法,吾岂能止之哉!"[2]柳世隆注意以身作则,其教育后代的用意十分明显。

除了用言传、身教的方法教育子女以外,东晋南朝时南京地区写诫子书也成为十分流行的家族教育形式。中国古代早有"家训"、"家诫"问世,东晋南朝时,更是在数量和质量上有较大的发展。世家大族要保证自己门第族望的高贵与优越,更好地教育子女继承家业,便将自己的思想观点、为人处世之道等整理成文字,通过书信、文集的形式告诫后世子孙。此时著名的家诫、家训,有刘宋时王僧虔的《诫子书》、齐代张融的《门律》、梁朝徐勉的《诫子崧书》、王筠的《与诸儿书论家门集》、王褒的《幼训》、任昉的《家诫》、由南朝到北方去的颜之推的《颜氏家训》等。这些书信、著作,有的讲家世门风,有的讲家产处置,有的讲人生哲学,有的讲学习方法,有的全面讲述家庭教育、社会教育的各种道理与亲身体会。这些家诫、家训的作者都曾在建康一带生活过较长时

---

[1] 《宋书》卷四二《王弘传》。
[2] 《南史》卷三八《柳世隆传》。

间,反映出当时南京地区确以这类文字著作作为家族教育的一种重要形式。

五、教育内容十分丰富

东晋南朝时期南京地区家族教育的内容十分广泛,既有学术文化,又有实用知识;既有科技艺术,又有道德门风。

1. 儒学教育是家族教育的主导方面

尽管自魏晋以来士族崇尚清谈,倾慕玄风,但儒学在稳定社会秩序方面的功能是玄学所不能代替的,所以当时建康的许多大家族仍把学习儒经作为安身立命之本。如徐勉在《诫子崧书》中仍重复"遗子黄金满籝,不如一经"的古训,并强调"详求此言,信非徒语"。① 许多家族都把"五经"、"三礼"作为青少年教育的基本教材,如王规"年十二,略通'五经'大义",②阮孝绪"年十三,遍通'五经'",③司马筠少年时期"孤贫好学,……及长,博通经术,尤明'三礼'",其子司马寿也是"传父业,明'三礼'",④杜之伟"家世儒学,以'三礼'专门",⑤明僧绍"明经有儒术",他的三个儿子"并传家业,明山宾最知名"。⑥

2. 玄学与佛学教育占有重要的地位

西晋以来,以讲《周易》、《老子》、《庄子》为主的玄学逐渐成为一种社会风尚。由于玄学内容深奥玄远,具有哲学思辨的色彩,它往往通过清谈的形式,相互辩论,娱心悦耳,给人在精神上以很大的满足感,因而在知识分子中广为流行。与此同时,由于佛教的中国化,佛教徒通过借用儒学、玄学改造佛学,使佛学渗透到儒、玄之中,容易为广大群众所接受,因此东晋南朝南京地区许多家族中都有玄学与佛学教育活动。如伏曼容的家中,他本人"少笃学,善《老》、《易》",其子伏暅"幼传父业,能

---

① 《梁书》卷二五《徐勉传》。
② 《南史》卷二二《王规传》。
③ 《梁书》卷五一《阮孝绪传》。
④ 《梁书》卷四八《司马筠传》。
⑤ 《陈书》卷三四《杜之伟传》。
⑥ 《南史》卷五〇《明山宾传》。

言玄理",①王承"七岁通《周易》",②刘昭"幼清警,七岁通《老》、《庄》义",③周弘正"年十岁,通《老子》、《周易》"。④ 东晋南朝时青少年兼习玄儒,甚至兼学佛理,已成为一种时尚。梁朝王褒所著的《幼训》中说:"吾始乎幼学,及于知命,既崇周、孔之教,兼循老、释之谈,江左以来,斯业不坠,汝能修之,吾之志也。"⑤这正是儒玄佛学兼修的风尚的体现。

3. 文史教育也是世家大族家庭教育的重点

南朝时期文学成为独立的重要学科,也成为选拔人才的重要考察内容,即所谓"二汉求贤,率先经术;近世取人,多由文史"。⑥ 从帝王、宗室到士族、寒门,文学之士都受到特别的厚爱。齐竟陵王萧子良、梁昭明太子萧统、梁武帝萧衍都非常爱好文学,萧衍本人就曾是萧子良的西邸八友之一。当时的贵族子弟、著名文人常有文会,如"乌衣之会"、"兰台之聚"等。

在这种风气下,南京地区许多家族都非常注重对后代的文学才能的培养,许多青少年也刻苦学习诗文。南齐张融曾向后代讲述自己写文章的体会:"吾文章之体,多为世人所惊,汝可师耳以心,不可使耳为心师也。夫文岂有常体,但以有体为常,政当有其体。丈夫当删《诗》、《书》,制礼乐,何至因循寄人篱下。"⑦齐高帝萧道成也曾为儿子们指点学习五言诗的门径,当时他的第五子萧晔"与诸王共作短句诗,学谢灵运体,以呈高帝。帝报曰:'见汝二十字,诸儿作中,最为优者。但康乐放荡,作体不辨有首尾,安仁、士衡深可宗尚,颜延之抑其次也。'"⑧当时许多家族都涌现大批文学之士,如萧子恪兄弟16人在梁朝做官,其中有5个是著名的文士。谢氏家族出了谢混、谢灵运、谢瞻、谢惠连等许多诗人。琅玡王导的后人王筠在《与诸儿书论家门集》中说:"史传称安平崔氏及汝南应氏并累叶有文才,所以范蔚宗云崔氏雕龙。然不过父子两三世耳,

---

① 《南史》卷七一《伏曼容传》。
② 《梁书》卷四一《王承传》。
③ 《梁书》卷四九《刘昭传》。
④ 《陈书》卷二四《周弘正传》。
⑤ 《梁书》卷四一《王褒传》。
⑥ 《梁书》卷一四《任昉传》。
⑦ 《南史》卷三二《张融传》。
⑧ 《南史》卷四三《齐高帝诸子传下》。

非有七叶之中,名德重光,爵位相继,人人有集,如吾门者也。沈少傅常语人云:'吾少好百家之言,身为四代之史。自开辟以来未有爵位蝉联、文才相继如王氏之盛也。'汝等仰观堂构,各思努力。"①王筠的这段话,可以说得意之情,溢于言表。由此,既可看出琅邪王氏自东晋南朝以来家族势力之强盛,也可知道王氏家门对文学教育之重视。

除了文学之外,史学也已形成单独的一门学科和入仕的"必修课"。南京地区不少家庭对史学知识的传授也十分重视,如韦载"年十二,随叔父棱见沛国刘显,显问《汉书》十事,载随问应答,曾无疑滞。及长,博涉文史,沉敏有器局"。②臧严"孤贫勤学,行止书卷不离手","于学多所谙记,尤精《汉书》,讽诵略皆上口。"③以史学传家的裴松之家族更为典型,裴松之本人为陈寿《三国志》作注,又著《晋纪》,其子裴骃为司马迁《史记》作注。裴骃之子裴昭明"少传儒史之业",其子裴子野"常欲继承先业","撰为《宋略》二十卷"。裴子野熟悉西北边疆的历史,为朝廷考证新进贡的白题国、滑国的由来,"时人服其博识"。又抄录后汉资料40余卷,著《方国使图》1卷,他还打算撰《齐梁春秋》,未能完成而去世。④

在熟悉历史的基础上,当时南京地区世家大族中还形成了一些特殊的学问,并在家族内部进行传授,如王准之家族中的"青箱学"就是一种。《宋书》卷二六《王准之传》记载:"高祖彬,尚书仆射;曾祖彪之,尚书令;祖临之、父讷之,并御史中丞。彪之博闻多识,练悉朝仪。自是家世相传,并谙江左旧事,缄之青箱,世人谓之王氏青箱学。准之兼明礼传,赡于文辞……究识旧仪,问无不对。"王准之自己后来也担任御史中丞,一家四代担任最高监察官。可能是由于执法严明,所以史书说他"性峭急,颇失缙绅之望","为僚友所惮"。而主持政务的彭城王刘义康却说:"何须高论玄虚,正得如王准之两三人,天下便治矣。"可见王氏的"青箱学"是一门有关政务礼仪的特殊学问。王准之所撰的《仪注》,从刘宋一直到梁代还在继续遵用它,可知这门家学的实用性也很强。

此外,东晋、南朝贾氏家传的谱学也是一门很受世家大族重视的学问。谱学即士族的族谱和家谱,它是士族历史的记录,也是区别士庶的重要工具。每一个士族家庭对本门的家谱、族谱都应该非常熟悉,却不

---

① 《梁书》卷三三《王筠传》。
② 《陈书》卷一八《韦载传》。
③ 《梁书》卷五〇《臧严传》。
④ 《南史》卷三三《裴松之传》。

一定对全国各地的士族家谱都了解,这样谱学就成为一种专门学问。《南史》卷七二《贾希镜传》记载:贾希镜"祖弼之,晋员外郎。父匪之,骠骑参军。家传谱学。""先是,谱学未有名家,希镜祖弼之广集百氏谱记,专心习业。晋太元中,朝廷给弼之令史、书吏,撰定缮写,藏秘阁及左户曹。希镜三世传学,凡十八州士族谱,合百帙,七百余卷,该究精悉,皆如贯珠,当时莫比。"宋孝武帝时,贾希镜曾用谱学知识帮助鉴定古冢墓主,受到孝武帝赏识,南齐高帝也赞赏他的家学。后来梁武帝又令王僧孺在此基础上改定为《百家谱》。

4. 艺术教育占有重要的位置

书法在东晋南朝时已成为一种高雅的艺术,南京地区许多世家大族同时也是书法世家。如琅玡王氏是南方一流高门,书法上也世代相继,人才辈出,著名的书法家王羲之、王献之父子均出自此族。王献之的书法曾得到父亲的指点,"七八岁时学书,羲之密从后掣其笔不得,叹曰:'此儿后当有大名。'尝书壁为方丈大字,羲之甚以为能,观者数百人。"[①]此后王氏家中擅长书法艺术成为代代相传的风气,如王融少时由母亲教书学,王微工于书法,王僧祐工于草隶,王僧虔善于写隶书和飞白书。齐高帝有一次与王僧虔赌书法,写完以后问僧虔:"谁为第一?"僧虔说"臣书第一,陛下亦第一"。[②] 王僧虔在书法理论上也有一定研究。王僧虔之子王慈也自幼在家练书法,"少与从弟俭共学书"。有一次谢凤的儿子谢超宗去看王慈,"慈正学书,未即放笔,超宗曰:'卿书何如虔公?'慈曰:'慈书比大人,如鸡之比凤。'超宗狼狈而退。"[③]

王羲之

位于南京夫子庙乌衣巷的王羲之故宅槛晋楼。

---

① 《晋书》卷八〇《王献之传》。
② 《南齐书》卷三三《王僧虔传》。
③ 《南史》卷二二《王慈传》。

王慈的弟弟王志"善草隶,当时以为楷法",①王志的弟弟王彬"好文章,习篆隶,与志齐名。时人为之语曰:'三真六草,为天下宝。'"②齐高帝萧道成家中也很重视书法教育。他在未当皇帝以前"虽为方伯,而居住甚贫,诸子学书无纸笔,(第五子)晔常以指画空中及画掌学字,遂工篆法"。萧道成的十二子萧宣颖学书最有成就,四岁避祸藏在张氏家,"张家无纸札,乃倚井栏为书,书满则洗之,已复更书,如此者累月。又晨兴不肯拂窗尘,而先画尘上,学为书字。五岁,高帝使学凤尾诺,一学即工,高帝大悦。"另外南郡王萧昭业亦工书法,被齐高帝评为萧宣颖第一,萧昭业第二。③刘孝绰也曾跟父亲刘绘学书法,长大以后"兼善草隶,自以书似父,乃变别体"。④

东晋南朝南京地区的士人中,学习音乐也是一种时尚,不少家庭里也有音乐教育,如陈郡谢氏家族擅长音乐的人很多,谢尚"善音乐,博综众艺",能作《鸲鹆舞》,谢安"性好音乐",喜欢弹琴。⑤谢氏后代中的谢孺子"多艺能,尤善音律",曾与表弟王彧参加宴会,谢孺子吹笙,王彧起舞,十分尽兴。⑥而谢庄能"作《舞马歌》,令乐府歌之"。⑦齐梁时的柳世隆家也是一个音乐之家。柳世隆虽为名将,却善于弹琴,自称"马稍第一,清谈第二,弹琴第三",平时"垂帘鼓琴,风韵清远,甚获世誉"。其子柳惔也是"尤晓音律"、"性爱音乐"。柳惔的弟弟柳恽除了家学以外,还向著名琴师戴安道的弟子嵇元荣、羊盖学琴,因此"特穷其妙"。有一次齐竟陵王萧子良置酒后园,"有晋太傅谢安鸣琴在侧,援以授恽,恽弹为雅弄",萧子良听后赞不绝口。柳恽的琴艺与柳世隆的传教是分不开的。史称"初,恽父世隆弹琴,为士流第一,恽每奏其父曲,常感思,复变体备写古曲"。柳恽多才多艺,还和他父亲一样懂得占卜,所以梁武帝称赞说:"吾闻君子不可求备,至如柳恽,可谓具美。分其才艺,足了十人。"⑧

---

① 《梁书》卷二一《王志传》。
② 《南史》卷二二《王彬传》。
③ 《南史》卷四三《齐高帝诸子传下》。
④ 《南史》卷三九《刘孝绰传》。
⑤ 《晋书》卷七九《谢尚传》及《谢安传》。
⑥ 《南史》卷一九《谢孺子传》。
⑦ 《宋书》卷八五《谢庄传》。
⑧ 《南史》卷三八《柳世隆传》。

5. 科技教育也有一席之地

在东晋南朝的南京地区,有的家庭是以天文、历算知识传家的,如著名的大数学家、天文学家祖冲之的家族就有深厚的家学渊源,其祖父祖昌是刘宋王朝主管建筑工程的大匠卿。祖冲之本人博学多才,善于制造机械,造过千里船,改造过指南车,"又特善算",著有数学专著《九章注》,编制了当时最准确的历法《大明历》。他在数学上第一次把圆周率的数值精确到小数点7位之后,早于其他国家1 000多年。其子祖暅之"少传家业,究极精微,亦有巧思"。祖冲之的孙子祖皓,也是"少传家业,善算历"。①

祖冲之发明制造的指南车、记里鼓车模型。

6. 家族门风教育是一项重要内容

当时士族门阀往往标榜自家门风高尚,待人敦厚谦让,一方面表明自家子弟品行很高,另一方面也是为了使本家族内部人际关系和睦,减少矛盾纠纷。

琅玡王氏家庭在教育子孙时,强调要待人宽厚,不要盛气凌人,不要得罪别人。如王羲之与谢万书中说:"虽植德无殊邈,犹欲教养子孙以敦厚退让。"②王微说:"持盈畏满,自是家门旧风。"③《梁书》卷二一《王志传》说:王志担任中书令以后,"常谓诸子侄曰:'谢庄在宋孝武世,位止中书令,吾自视岂可以过之?'因多谢病,简通宾客。""(王)志家世居建康禁中里马蕃巷,父僧虔以来,门风多宽恕,志尤惇厚。所历职,不以罪咎劾人。门下客尝盗脱志车卖之,志知而不问,待之如初。宾客游其门者,专覆其过而称其善。兄弟子侄皆笃实谦和,时人号马蕃诸王为长者。"至于王昙首,在兄弟分财物时"唯取图书而已"。世家大族在家族内部往往强调和睦相处,接济贫弱家庭。如谢氏家族的谢幾卿"虽不持

---

① 《南史》卷七二《祖冲之传》。
② 《晋书》卷八〇《王羲之传》。
③ 《宋书》卷六二《王微传》。

检操,然于家门笃睦。兄才卿早卒,其子藻幼孤,幾卿抚养甚至。及藻成立,历清官公府祭酒主簿,皆幾卿奖训之力也"。① 又如韦氏家族中名将韦叡"有旷世之度,莅人以爱惠为本",不与他人争功。其子韦放当官时,"在郡和理,为吏人所称",在家里则"弘厚笃实,轻财好施"。② 士族门风教育中还强调家庭成员遵守礼节,秩序井然。如庾氏家族中庾亮"风格峻整,动由礼节,闺门之内,不肃而成"。他同时还用礼仪规范教育兄弟,"诸弟相率莫不好礼,为世论所重。"③又如谢氏家族,谢安经常诫约子侄遵守礼法,其后人谢弘微也是"性严正,举止必循礼度,事继亲之党,恭谨过常。伯叔二母,归宗两姑,晨夕赡奉,尽其诚敬。内外或传语讯,辄正其衣冠。婢仆之前,不妄言笑。由是尊卑大小,敬之若神。时有蔡湛者,及见谢安兄弟,谓人曰:'弘微貌类中郎(谢尚),而性似文靖(谢安的谥号)。'"④士族家庭的妇女仪范也是门风教育的一项内容,如诸葛恢家本是江南望族,他的小女儿先嫁给羊氏,后改嫁至谢氏,"王右军往谢家看新妇,犹有(诸葛)恢之遗法,威仪端详,容服光整,王叹曰:'我在遣女裁得尔耳?'"⑤当时诸葛氏已经衰落,但女子改嫁时仍保留高门遗风,令王羲之感叹不已。

此外,南京地区有些家庭给予子弟的则是军事教育。如陈将周文育之子周宝安"年十余岁,便习骑射"。⑥ 梁将陈庆之第五子陈昕"七岁能骑射,十二随父入洛,遇疾还都,诣鸿胪卿朱异。异访北间事,昕聚土画城,指麾分别,异甚奇之"。⑦ 刚12岁的孩子就能对北方军事形势了如指掌,当然是长期受长辈教育、熏陶的结果。有些武将家庭则是以武学传家的,如宋齐之际的垣氏为武将世家,垣崇祖的父亲垣询之、伯父垣护之、叔父垣谅之,都是刘宋的勇将。垣崇祖本人"年十四,有干略",后成为南齐名将,大破魏军。不过,在重文轻武的社会潮流中,坚持学习武艺的只是少数人,不足以影响大局。

总的说来,东晋南朝时期的南京教育,以官学、私学、家学三位一体,

---

① 《梁书》卷五〇《谢幾卿传》。
② 《南史》卷五八《韦叡传》。
③ 《晋书》卷七三《庾亮传》。
④ 《南史》卷二〇《谢弘微传》。
⑤ 《世说新语》卷中《方正》。
⑥ 《陈书》卷八《周文育传》。
⑦ 《梁书》卷三二《陈庆之传》。

互相支持、互相补充,构成这一时期南京地方教育体系。这一教育体系对继承和发展传统文化,提高思想与学术水平,培养各种人才等,都发挥了重要作用;特别是在人才培养方面,不仅为当时培育了一大批政治家、思想家、教育家、文学家、史学家、科学家等,而且为后来的隋王朝输送了一批杰出人才。

第四节 东晋南朝贵族教育的缺陷

东晋南朝时期是南京地区教育迅速发展的时期,特别是宋文帝和梁武帝在教育制度的创新、教育规模的扩大等方面都做出了重要的贡献。然而,尽管帝王们都希望自己创立的基业能够千秋万代、永传子孙,尽管世家大族都希望自己门第兴旺、永占高枝,但由于有些统治者忽视了对子弟的严格教育,或由于教育思想与方法的失误,或者在教育内容方面有所偏废,加上士族门阀制度下用人体制的弊端,因而出现许多严重的社会问题。

一、缺少良好教养,皇族子弟暴虐荒淫

在东晋时期的门阀政治之下,由于世族高门与皇室共同掌握政权,皇族子弟的地位受到很大的限制,因此他们的教育问题并不突出。而到南朝时期,皇权重新加强,皇族子弟的教育问题变得严重起来。南朝宋、齐两代,在继承皇位的青少年中不断出现一些暴虐荒淫之主,这是与当时皇族子弟缺乏良好教育密切相关的。

宋武帝刘裕通过军功树立了威望,建立了刘宋政权。但刘裕和他的家族对家庭教育都不够重视,没有给皇子皇孙选派一些德才兼备的师傅进行教诲,只是依靠他们的母亲加以管教或者派一些官员进行监督,所以在刘宋王朝的八个帝王中,仅宋文帝刘义隆还有所作为,其他则基本都是昏暴之君,其中有三人是在位被废的。第一位是宋武帝的长子宋少帝刘义符,因不守孝道,不务正业,滥兴建造,广征徭役,殴打无辜,而被大臣们所废;第二位是宋孝武帝的长子前废帝刘子业,他即位后因为痛恨父亲生前对他的管教,骂父为奴,欲掘父陵,母后生病也拒不看望,并且滥杀大臣宗室,弄得人心惶惶,结果被近臣所杀;第三位是宋明帝的长

子后废帝刘昱,他性格暴戾,游玩无度,随意杀人,手段残暴,无恶不作,最后也被臣下所杀。三人之中,要算后废帝刘昱最具有代表性,他由于缺少师长的良好教育与引导,因而性格乖戾,成为典型的虐待狂。《宋书》卷九《后废帝纪》记载说:"初,昱在东宫,年五六岁时,始就书学,而惰性好嬉戏,主帅不能禁。……年渐长,喜怒乖节,左右有失旨者,辄手加扑打,徒跣蹲踞,以此为常。主帅以白太宗,上辄敕昱所生,严加捶训。及嗣位,内畏太后,外惮诸大臣,犹未得肆志。自加元服,变态转兴,内外稍无以制。三年秋冬间,便好出游行,太妃每乘青篾车,随相检摄。昱渐自放恣,太妃不复能禁。……自京城克定,意志转骄,于是无日不出。……从者并执铤矛,行人男女及犬马牛驴,值无免者。民间忧惧,昼日不敢开门,道上行人殆绝。常着小袴褶,未尝服衣冠。或有忤意,辄加以虐刑,有白棓数十枚,各有名号,针椎凿锯之徒,不离左右。尝以铁椎椎人阴破,左右人见之有敛眉者,昱大怒,令此人袒胛正立,以矛刺胛洞过。……天性好杀,以此为欢,一日无事,辄惨惨不乐。内外百司,人不自保,殿省忧遑,夕不及旦。"三人之外,还有一个是弑父夺位的元凶,即宋文帝的长子刘劭,后来被其他宗室武装联合击败杀死。此外,还有宋孝武帝与宋明帝,这两位也是在刘宋王室骨肉相残的斗争中取得皇位的。他们获得皇位后仍然继续残杀兄弟,造成连年战争、民荒财竭、疆土日蹙的局面。

尽管封建社会中暴君并不罕见,上层统治集团内部自相残杀的现象也很多,并不一定都是由于缺乏教育,但是对刘宋王朝而言,宗室子弟不读书、缺乏文化教养的现象确实是比较典型的。例如刘裕的弟弟长沙王刘道怜"素无才能,言音甚楚,举止多诸鄙拙,畜聚常若不足,去镇日,府库为空"。刘道怜的儿子都很平庸,其中如刘义綦"封营道县侯,凡鄙无识";孙子刘韫"人才凡鄙"、刘述"亦甚庸劣"、刘袭"性庸鄙,为郢州刺史,暑月露裈上听事"。刘裕的儿子们虽读了一些书,但并不多,其中刘义真"爱文义,而轻动无德业","德轻于才";刘义恭"涉猎文艺,而骄奢不节";刘义宣"生而舌短,涩于言论","人才素短","不识大体";刘义季"素拙书,上听使人书启事,唯自署名而已"。

南齐王朝的创业者齐高帝萧道成,在南朝帝王中应该还算是重视子弟教育的。他的子孙也多有才学,但他的皇位继承人中,却仅有齐武帝萧赜有一定成就,齐恭帝萧昭文、齐和帝萧宝融只是傀儡,而齐废帝萧昭业和东昏侯萧宝卷又是著名的昏君。他们从小接受的教育也是不健全的。萧昭业是齐武帝之孙、齐文惠太子萧长懋的儿子,人很聪明,"进退音吐,甚有令誉"。文惠太子对他管束很严,"每禁其起居,节其用度",他曾经对豫章王妃庾氏说:"佛法言有福生帝王家,今见作天王,便是大罪,左右主帅,动见拘执,不如市边屠酤富儿百倍。"在这种片面的严厉管制环境中,他却学会了善于伪装的两面手法,"矫情饰诈,阴怀鄙慝"。① 文惠太子早逝,他伪装悲痛欲绝,获得武帝称赞,被立为皇太孙。齐武帝病重时,他装得非常孝顺。齐武帝以为他必能继承大业,临死前,还再三叮嘱他"若忆翁,当好作",却不知他早就派女巫祷告,让武帝快死,自己早登皇位。当齐武帝病危时,他就开始大书"喜"字。武帝死后,他立即大张旗鼓地奏音乐、玩犬马,把武帝的内殿拆毁作为跑马场。他大肆挥霍浪费,在一年不到的时间内,就把武帝多年积聚的数百亿国库钱财消耗一空,每见到钱就说:"我昔思汝一个不得,今日得用汝未?"②萧昭业最后被他的伯父萧鸾杀死,夺去皇位。

如果说南齐文惠太子萧长懋对儿子过于严厉的管束,造成了齐废帝萧昭业当面一套、背后一套的两面派行为,而齐明帝萧鸾对儿子的误导,则又制造出一个著名暴君东昏侯萧宝卷。萧鸾先是杀死萧昭业,立萧昭文为帝,后又杀萧昭文而自立为帝,即齐明帝。齐明帝虽为萧道成之侄,却"不重学",多阴谋猜忌。他在位五年,大肆杀戮南齐宗室,齐高帝的19子、齐武帝的23子几乎被他杀尽。齐明帝死后,其子萧宝卷即位,宝卷在当太子时就"不喜书学",明帝"亦不以为非",不但未加教育,反而告诫他"作事不可在人后"。③ 而当权的宗室大臣萧遥光又别有用心地反对萧宝卷学习文化和礼制,《南史》卷四一《齐宗室传》说:"太子不悦学,唯曼游是好,朝议令蔡仲熊为太子讲礼,未半,遥光从容曰:'文义之事,此是士大夫以为伎艺,欲求官耳。皇太子何用讲为?'上以为然,乃停讲。"

由于萧宝卷从来没有接受过良好的教育,加上他的父亲齐明帝的误导以及大肆屠杀宗室的示范作用,所以萧宝卷即位后委任群小,诛杀大臣,毫不手软。他平时日夜出游,任意驱赶百姓,随便杀人害命,穷奢极侈,肆行掠夺,使得工商废业,人民无法生活。他的倒行逆施先后激起大将陈显达、崔慧景、萧衍等人的反抗,最后在萧衍起兵时,被手下人杀死。

清代学者赵翼在《廿二史札记·宋齐多荒主》中说:"古来荒乱之

---

① 《南史》卷五《齐废帝郁林王纪》。
② 《南齐书》卷四《郁林王纪》。
③ 《南齐书》卷七《东昏侯纪》。

君,何代蔑有？然未如江左宋、齐两朝之多者。宋武以雄桀得天下,仅三年而即有义符。文帝元嘉三十年,号称治平,而末有元凶劭之悖逆。孝武仅八年而有子业。明帝仅八年而有昱。齐高、武父子仅十五年而有昭业。明帝五年而有宝卷。统计八九十年中,童昏狂暴,接踵继出,……此固气运使然也。"赵翼在这里虽然看到了暴君屡现的现象,但他把原因仅仅归结为"气运",是不正确的。而撰写《宋书》的史臣则正确地把这些暴君的出现归结为"无保傅之严","隆家之道不足",①《南史》史臣也认为是"顾有慈颜,前无严训",②他们都认为是由于缺少良好的教育而造成的,这才指出了真正的原因所在。

宋、齐两朝还多次出现帝王家庭私生活混乱的现象,从宋孝武帝刘骏,到宋前废帝刘子业,以及齐废帝萧昭业、东昏侯萧宝卷等,都有在本家族内部严重乱伦的荒淫行为。帝王家庭中的女性私生活也很混乱,《南史》卷六〇《殷钧传》说:"自宋齐以来,公主多骄淫无行。"宋山阴公主、齐郁林王母王太后都有"置面首左右三十人"的事。赵翼《廿二史札记·宋世闺门无礼》中说:"宋武起自乡豪,以诈力得天下,其于家庭之教,固未暇及也,是以宫闱之乱,无复伦理。"确实,与东晋南朝那些文化素质较高、重视门风的士族高门相比,宋、齐两朝帝王家庭的文化教育和门风教育实在相差甚远。

二、偏重文化知识,忽视德行教育

南朝时期的齐、梁、陈三朝,大多数贵族子弟的文化层次都比较高,但不少人的德行却很差,这是和最高统治者的教育思想与方针政策分不开的。例如梁武帝萧衍是南朝时期最重视文化教育的帝王,他的宗室子弟大多都受到良好的教育,具有较高的文化水平。但他大力提倡佛学,放弃对宗室子弟的严格管理和思想教育,对宗室子弟的行为一味宽容、放纵,无论他们如何贪婪、违法,甚至造成国家重大损失,只要不是公开造反都可以容忍,因此一些贵族子弟在个人私欲方面胃口越来越大,个人行为越来越放肆,有些人不仅目无法纪,甚至敢于搞阴谋活动,以至叛国投敌。

例如梁武帝的弟弟临川王萧宏肆意搜刮民财,他的上百间仓库中堆

---

① 《宋书》卷五、卷八《史臣曰》。
② 《南史》卷一《宋本纪上·史臣论》。

满物资,梁武帝怀疑他私藏武器谋反,假装酒醉坚持要去参观,结果发现并非武器,而是财货,遂不但未对萧宏作任何责备,反而称赞他会过日子。梁武帝曾叫萧宏统率大军去北伐,萧宏贪生怕死,畏怯不前,后来擅自弃军逃回建康,造成"百万之师,一旦崩溃"的巨大损失,却未受任何处分。萧宏还和梁武帝的女儿、自己的侄女永兴公主私通,甚至有谋杀梁武帝的企图,梁武帝也秘而不宣,让萧宏轻易过关。

又如梁武帝的侄子萧正德、萧正则和官僚子弟董暹、夏侯洪等,时常纠集恶少年在黄昏时公开在京城地区杀人抢劫,梁武帝也不严肃处理和教育。这四凶之中,其他三人后来因为其他罪行而受到惩罚,而萧正德"淫虐不革",照样当上给事黄门侍郎的美职。萧正德因为曾一度过继给梁武帝为子,所以一心想继承皇位,在达不到目的时,便叛投到北魏,后来因为得不到礼遇,又从北魏逃归。梁武帝对此只不过是"泣而诲之,特复本封"。萧正德后来在侯景之乱中,又不惜出卖梁武帝,出卖国家利益,与叛将侯景勾结,用船只接应叛军渡江,攻打建康台城,后来又为叛军打开城门,导致都城失陷,梁武帝饿死,简文帝被杀。侯景叛军一开始假意称萧正德为天子,萧正德就以侯景为丞相,并且约定:"平城之日,不得全二宫。"就是说一定要把梁武帝和太子萧纲置于死地。同时他"又令畿内王侯三日不出者,诛之"。后来"及台城开,正德率众挥刀欲入,贼先使其徒守门,故正德不果"。① 萧正德的悖逆凶残,丧心病狂,完全是由于梁武帝的一味纵容、不加管教所造成的。

另外,像梁武帝的儿子湘东王萧绎、邵陵王萧纶、武陵王萧纪等人,文化水平都很高,但个人品质却很坏。当都城被围之时,他们并不急于派兵救援,却拥兵观望,希望都城陷落,父兄被杀,自己可以做皇帝。当台城岌岌可危时,邵陵王萧纶与大将柳仲礼率领的几十万援军在城外闭营不战,梁武帝急找柳仲礼的父亲柳津商量对策,柳津无可奈何地说:"陛下有邵陵,臣有仲礼,不忠不孝,贼何由可平?"②许多援军因此逐渐散去。当台城失陷以后,萧绎为取得皇位,先联合西魏消灭其兄萧纶,再出兵消灭八弟萧纪,然后才派兵打败侯景,充分暴露其自私、丑恶的嘴脸。萧绎自己虽然在江陵当上皇帝,史称梁元帝,后来也被他的侄子萧察勾结西魏军队打败并杀死。

史臣评论说:梁元帝原为梁朝的重要诸侯王,身负国家赋予的地方

---

① 《南史》卷五一《梁宗室传上》。
② 《南史》卷三八《柳津传》。

重任,但是在父皇遭难之际,作为各路援军的首领,不能痛心疾首,手握武器,卧薪尝胆,身先士卒,拼命作战,反而拥兵自重,另怀企图,坐观灾祸,自以为有好运气;不赶紧去剿灭叛逆,却先去屠杀自己的弟兄;且猜忌冷酷,行事无礼,仗着善辩而文过饰非,为发泄私愤而残害民众。他熟读文章,只取其中的浮华文辞,丢弃其中的忠诚与信义;用兵果断,却先消灭自己的骨肉。口头熟读儒家"六经",胸中藏有百家学术,既有孔子的学问,又有周公的才能,却只能增加他的骄横和祸患,既不能解救金陵的失陷,也不能避免江陵的灭亡。① 这些评论是完全正确的。清代思想家王夫之也认为,梁武帝的子孙大多数并不是像商臣、刘劭那样坏的,有时候也会良心发现,也有一点羞耻之感,如果教育得法,严格管理,正确引导,他们可能都是王室之辅;但是由于梁武帝慈爱无节,宠爱过度,不加教育,使他们欲望无穷,反而造成了他们的怨恨和罪恶。② 正是由于梁武帝平时只顾皇子的文化教育,忽视对他们的德行教育,因而造就了一批道德败坏的皇族子弟,也造成了梁王朝的灭亡。

三、重文轻武,普遍缺少忧患意识

在东晋南朝门阀士族制度之下,士族高门多看重清流美职,鄙薄武事,自己不愿担任武职,又反对家族子弟当武官、学习武艺,甚至认为这是败坏风门、破灭门户的行为。如齐武帝时,丘灵鞠曾经担任文职官员东观祭酒,后来让他当武官骁骑将军,"灵鞠不乐武位,谓人曰:'我应还东掘顾荣冢。江南地方数千里,士子风流皆出此中。顾荣忽引诸伧渡,妨我辈涂辙,死有余罪。'"③丘灵鞠对失去文官职位非常痛心,而对骁骑将军一职根本不愿干,所以就恨透了当初支持北方士族的南方士族首领顾荣。门阀士族家庭对后代中有志于军功的子弟是看不起的,并且时常给予警告。如"(宋)明帝即位,四方叛逆,(琅玡王氏后人王蕴)欲以将领自奋,每抚刀曰:'龙泉、太阿,汝知我者。'叔父景文常诫之曰:'阿答,汝灭我门户。'"④又如刘宋元嘉年间,"时天下无事,士人并以文义为业",宗悫的兄弟们都是"爱好坟典,而悫任气好武,故不为乡曲所知"。其叔父问宗悫有何志向,宗悫说:"愿乘长风破万里浪",叔父却说:"汝

---

① 《南史》卷八《梁本纪下》。
② 王夫之《读通鉴论》卷一七《梁武帝》。
③ 《南齐书》卷五二《丘灵鞠传》。
④ 《南史》卷二三《王蕴传》。

若不富贵,必破我门户。"①在当时的士族子弟的心目中,武官是既低人一等又极其危险的职业,所以大家都不愿意去从事武职。

由于当时社会上形成一种轻视武人的风气,所以许多武将都想转职为文官,有的甚至听到别人称赞自己有军事才能都引为耻辱。例如南齐将领沈文季和司徒褚渊参加宴会时,褚渊说:"陈显达、沈文季当今将略,足委边事。"而沈文季"讳称将门,因是发怒"。② 当武将的子弟弃武从文以后,也矢口否认自己有任何武艺,如武将张兴世的儿子张欣泰"少有志节,不以武业自居,好隶书,读子史。年十余,诣吏部尚书褚渊,渊问之曰:'张郎弓马多少?'答曰:'性怯畏马,无力牵弓。'"梁武帝即位后仍然让张欣泰担任武官。张欣泰内心根本不想当武官,于是广泛交结文人,穿着都是文人装束,结果却惹得梁武帝发火。史称"欣泰通涉雅俗,交结多是名素,下值辄着鹿皮冠,衲衣锡杖,挟素琴。有以启武帝,帝曰:'将家儿,何敢作此举止?'"后来梁武帝总算理解了张欣泰,对他说:"卿不乐武职,当处卿清贵。"③结果让张欣泰当了文官。可见其时重文轻武的社会风气非常之盛。

贵族子弟们鄙视武艺,于是把儒家教育中原来具有军事训练和防身意义的射箭活动,完全变成了一种单纯的礼仪活动。《颜氏家训·杂艺篇》说:"弧矢之利,以威天下,先王所以观听择贤,亦济身之急务也。江南谓世之常射,以为兵射,冠冕儒生,多不习此。别有博射,弱弓长箭,施于准的,揖让升降,以行礼焉;防御寇难,了无所益。"

贵族子弟不会用强弓硬弩,只能用弱弓长箭,做做样子,打起仗来,毫无用处。他们平时养尊处优,悠闲自得,连骑马也被看作有失身份,甚至遭到别人的批评。有的人看见马的嘶鸣都感到十分害怕,所以他们一遇到紧急事情,往往连逃命的本领都没有。《颜氏家训·涉务篇》说:"梁世士大夫,皆尚褒衣博带,大冠高履,出则车舆,入则扶侍,郊郭之内,无乘马者。周弘正为宣城王所爱,给一果下马,常服御之,举朝以为放达。至乃尚书郎乘马,则纠劾之。及侯景之乱,肤脆骨柔,不堪行步,体羸气弱,不耐寒暑,坐死仓猝者,往往而然。建康令王复性既儒雅,未尝乘骑,见马嘶喷陆梁,莫不震慑,乃谓人曰:'正是虎,何故名为马乎?'其风俗至此。"

---

① 《南史》卷三七《宗悫传》。
② 《南齐书》卷七四《沈文季传》。
③ 《南齐书》卷五一《张欣泰传》。

贵族官僚不但自己养尊处优,对于那些安不忘危,在危险到来之前组织青少年锻炼身体的人,还加以嘲笑,使他们的孩子都感到难堪。如《南史·褚彦回传》说:"彦回幼有清誉。宋元嘉末,魏军逼瓜步,百姓咸负担而立。时父(褚)湛之为丹阳尹,使其弟并着芒屩,于斋前习行。或讥之,湛之曰:'安不忘危也。'彦回时年十余,甚有惭色。"在北魏军队威胁到眼前时,褚湛之教育子弟学穿草鞋,练习跑步,还受到别人讥笑,可见当时的一般官僚贵族毫无忧患意识。等到战乱发生时,他们体格虚弱,不堪行步,不耐寒暑,当然只好坐等死亡。

南朝时期重文轻武风气的危险,早在刘宋时就已经有人指出。《南齐书》卷二八《垣荣祖传》记载,垣荣祖少时学骑马及射箭,有人对他说:"武事可畏,何不学书?"荣祖曰:"昔曹操、曹丕上马横槊,下马谈论,此于天下可不负饮食矣。君辈无自全之伎,何异犬羊乎?"垣荣祖的话不幸而言中,那些鄙薄武事的贵族子弟在侯景之乱中无法自全,大多成了任人宰割的犬羊。

四、轻视实务,丧失治国和处世能力

东晋南朝,许多贵族子弟仍然继续热衷于西晋以来的玄学、玄风,一味空谈玄虚,不做实事,却自以为得意,有时甚至还被世人所赞赏。如东晋时王徽之"为大司马桓温参军,蓬首散带,不综府事。又为车骑桓冲骑兵参军,冲问:'卿署何曹?'对曰:'似是马曹。'又问:'管几马?'曰:'不知马,何由知数?'又问:'马比死多少?'曰:'未知生,焉知死!'"①此人真可谓一问三不知,但当时人却认为王徽之回答得玄妙,有水平。又如刘宋孝武帝时,任命张绪为尚书仓部郎,"都令史谘详郡县米事,(张)绪萧然直视,不以经怀。宋明帝每见绪,辄叹其清淡。"②后来吏部尚书袁粲还认为张绪有"正始遗风",把他调到太子东宫去任职。在这种情况下,门阀士族子弟的行政管理能力愈来愈低下。由于士族子弟只有文学知识,不懂政治、军事、经济等方面的具体事务,即使他们犯了一些错误,朝廷又不能严加惩处,于是只好让他们做一些高贵而又清闲的官职。梁武帝无法用这样的贵族子弟治理国家,不能让他们去处理大量的行政事务,当然只有起用寒门子弟,让这些"小人"去当台阁令史、主

---

① 《晋书》卷八〇《王徽之传》。
② 《南齐书》卷三三《张绪传》。

书、监帅、诸王典签等从事行政事务工作的官职,实际上使寒门子弟逐渐掌握了实权。

更为糟糕的是,由于东晋南朝时期,高门士族具有很多的特权,其子弟十几岁就可以入朝当官,而且"凭流进取,坐至公卿",升迁很快,所以有些人根本不思进取,连一般的诗文、经书也不好好学习。他们平时只知梳妆打扮,涂脂抹粉,讲究车马、穿着和器玩;考试时,便采取作弊手段,雇人答卷;参加宴会时,就请人代做诗赋,应付场面,因而完全丧失了生存能力。一旦遇到了战乱时期或者改朝换代,他们失去亲友的庇护和原先的政治靠山,就既不能谋生,也不能保命,丧魂失魄,坐以待毙。

正是由于门阀制度的腐朽,这批贵族子弟才堕落成为只知打扮享受、毫无真实本领的蠢材。当侯景之乱时,叛军包围了梁朝都城建康的政治中心——台城,当时台城里的贵族官僚个个都束手无策,幸好还有从北方来投奔梁朝的名将羊侃留在城里,他独力承当守城重任,安排人马,部署防御措施,把一切处理得井井有条,这才屡屡挫败叛军的猛烈攻势。但是羊侃坚守台城一百多天以后,突然因急病去世,城内立刻就无人能够指挥防御作战,台城很快被叛军攻占。在叛军的疯狂掠夺和屠杀之下,建康城内大批贵族子弟或是成为俘虏、奴隶,或是在战争和饥饿中死亡,门阀士族遭到毁灭性的打击。《魏书》卷九八《岛夷萧衍传》中说:"初,(建康)城中男女十余万人,及陷,存者才二三千人。……始(侯)景渡江及陷城之后,江南之民及(萧)衍王侯妃主、世胄子弟,为(侯)景军人所掠,或自相卖鬻,漂流入国者盖以数十万口,加以饥馑死亡,所在涂地,江左遂为丘墟矣。"台城的沦陷,大批王侯与世胄子弟的悲惨下场,充分证明梁朝京城里贵族官僚子弟的无能,也从一个侧面说明当时教育的失误产生了严重的后果。魏晋以来的士族门阀制度,至此也快走到尽头了。

第五节 隋朝时期的南京教育

隋唐时期实行州、县或郡、县两级行政区划制度。公元581年隋文帝杨坚建立隋朝,589年出兵消灭南方陈朝,建立了统一的隋帝国。占领江南地区以后,隋文帝为了消除建康的政治影响,下令将建康的城池宫殿全部荡平,作为耕地;把扬州的治所移到江都;又废除丹阳郡,另外在石头城设置"蒋州",下辖江宁(秣陵、建康均并入江宁)、当涂、溧水

（隋朝分溧阳县西部置溧水县，后又并溧阳入溧水）等几个县。因为江南地区屡有反叛活动，隋文帝派晋王杨广为扬州总管，驻守江都（今扬州市），兼镇抚江南地区。607年隋炀帝改州为郡，改蒋州名为丹阳郡。隋炀帝末年一度曾经打算从江都郡渡江，迁都丹阳郡。

隋文帝称帝之初很重视学校教育，在中央设有国子学、太学、四门学、书学、算学和律学，在地方上设置州县学。开皇三年（583）隋文帝下令劝学，强调设学施教是立国为政的首要任务，进行礼义教育是学校教育的主要内容。589年全国统一以后，隋文帝又命令所有的学校都要勤训导、严考课。他还给中央到地方州县的学校规定了开学、散学典礼和考试放假制度，要求天下各州县都要设置博士，学习礼教。

隋文帝后期笃信佛教，同时又对教育急功近利，认为学校并没有立刻培养出国家急需的人才，主要原因是学校多而不精，不见成效，应该缩减。所以在仁寿元年（601）下令撤销太学、四门学及州县学校，只保留京城的国子学一处，学生名额仅72人。这种随意废置学校的做法过于草率，也对隋代教育事业产生了不良影响。

隋炀帝即位以后，曾一度复兴学校教育，并给各地学官一定俸禄，即"诸郡置学官，及流外给廪"。①《隋书》卷七五《儒林传》说："炀帝即位，复开庠序，国子、郡县之学，盛于开皇之初。"炀帝还下令严肃整顿学校教学秩序，制定考试办法，督促学生努力学习。但由于炀帝热衷于扩张疆土，征战不息，社会矛盾迅速激化，结果全国各地盗贼四起，师生流散，学校教育空有虚名，教学活动无法实施，大量书籍也焚于兵火之中。

隋唐科举考试图。

隋文帝和炀帝在地方州（郡）、县都曾经兴办过学校，但此时地方官的主要任务是稳定社会秩序，故有关兴办学校、发展教育事业的史料记载甚少。

---

① 《隋书》卷七五《刘炫传》。

第六节　唐朝时期的南京教育

唐朝继续执行隋朝的削弱南京地区政治经济地位的政策。当时南京地区的大部分属县都划归润州管辖，江宁县曾经先后改名归化、金陵、白下、上元等名称，唐朝后期曾在南京地区单独设置了昇州，下辖上元、句容、溧水、溧阳4县。

唐朝是中国封建社会的鼎盛时期，教育事业也得到较快的发展。唐前期几个有作为的帝王都十分重视教育，把兴学视为经邦治国之本。唐高祖李渊曾要求各地"州县及乡里，并令置学"。① 唐太宗即位后，以国子监作为中央教育机构，加强对学校的领导；又大力兴办各级各类学校，如国子学、太学、四门学、书学、算学、律学等。当时在地方上也设有州学、县学、医学、玄学等官学机构。唐初学校最兴盛的时候，入学人数相当多，《新唐书》曾记载："诸馆及州县学六万三千七十人。"②唐朝初期南京地区的教育是和全国同步的。

唐高宗至睿宗时期，全国教育事业逐渐衰落。唐玄宗时又重新振兴学校教育，并对各级各类学校的体制作了较系统的法律规定，开元年间修成的《唐六典》规定了各州学、县学生员的名额，其中京都学生80人，大、中都督府和上州各60人，下都督府、中州各50人，下州40人，京县50人，畿县、上县各40人，中县、中下县各35人，下县20人。各州的长史统一领导州、县学的教育工作。但天宝年间的安史之乱给唐朝的政治、经济、文化造成了极大的破坏，学校教育也饱受摧残。此后不仅中央官学每况愈下，地方官学也往往有名无实。

整个唐代后期，全国地方官学的大致情况是"虽设博士、弟子，或役于有司，名存实亡，失其所业"。③ 不仅边远地区没有什么学校，连一些原本文化发达的地区，也将近50年处于"不知礼教"的境地，未曾"立学讲经"。④

---

① 《唐大诏令集》卷一〇五《崇儒》。
② 《新唐书》卷四五《选举志下》。
③ 《韩昌黎集》卷三一《处州孔子庙碑》。
④ 《旧唐书》卷一六二《曹华传》。

第二章　两晋至五代十国时期的南京教育

总的看来，唐代南京地区的一些政绩显著的地方大员在任职期间往往仅注重地方的政治、经济，甚至也重视地方文化，却并不十分致力于地方教育事业，如韩滉曾经担任镇海军节度使、润州刺史多年，安抚百姓，平均租税，境内称治；李德裕在润州担任过8年浙西观察使，曾经大力减轻赋税，整顿民风，罢毁淫祠，政声显著。这些掌握了地方实权并曾经为地方政治、经济、文化做出许多贡献的官员，在地方教育事业方面却没有更多业绩可言。这可以证明，当时朝廷考核官员时，地方官是否兴办学校、重视教育，并不是考查政绩的主要依据。

当然，唐代南京地区也有一些官员热心于地方教育事业，取得较为显著的成绩。例如肃宗、代宗时期，工部侍郎李栖筠曾经被宰相元载排挤为常州刺史，李栖筠在常州曾经发展教育，大起学校，民众曾经为他刻石颂德。后来调任昇州，"又增学庐，表宿儒河南褚冲、吴何员等，超拜学官为之师，身执经问义，远迩趋慕，至徒数百人。"[①]李栖筠在昇州地区发展地方教育，增盖校舍，表彰名儒，聘请名师，亲自执经问学，形成较好的学风，招收学生达数百人，但像这样重视教育的地方官员，在当时的南京地区屈指可数。

另外，宋《景定建康志》卷一六《儒学志三·置县学》记载说："溧水县学，唐武德六年建至圣文宣王（即孔子）庙，在县东三十步。"光绪《六合县志》卷三《建置志》记载说："六合学宫，唐咸通（860—873）中在东门街北，光化（898—901）中徙河南牛市街。"这些记载均反映出唐代南京地区有县学和官学教育活动。

六合县六合学宫旧址。

---

① 《新唐书》卷一四六《李栖筠传》。

第七节　五代十国时期的南京教育

五代十国时期,今南京地区曾先后属于杨吴和南唐政权管辖。杨吴年代,南京地区称为金陵,设置昇州与金陵府,建大都督府,是杨吴政权的江南重镇。南唐烈祖李昇(原名徐知诰)曾经担任杨吴的昇州刺史,公元937年他夺取杨吴政权,正式建立南唐,迁都金陵,改金陵府为江宁府。金陵作为南唐的都城,教育事业获得良好发展。

李昇早在杨吴年代就曾在昇州建礼贤院,积聚大批图书,大力招揽贤才;建立南唐以后,更是放手招贤,使金陵地区成为各地士人聚集的一个中心。南唐政权重视文化教育事业,大力培育人才,在五代十国政权中是十分突出的。

南唐时期以科举考试作为选拔官吏的一个重要途径。烈祖李昇时期已经开始科举取士,其后元宗李璟、后主李煜都十分注重从科举中选拔人才,利用科举制度笼络知识分子。后主甚至在金陵被宋军包围的危急时刻,还录取进士36人,因此南唐的知识分子多热衷于科举,许多农家子弟也释耒就学,有的多次赴金陵考试,虽反复落榜也不灰心,坚持攻读不辍。

南唐的官学和私学教育都比较发达,各地官府和私人都有兴学活动,中央则有政府兴办的国学。南唐的国学有两处,一处在南京秦淮河畔,是国家教育管理机构国子监的所在地,也称"国学";另一处在江西庐山,又称"庐山国学"。这两处国学的学生都达到数百人。关于南唐金陵城中国子监的地址,宋《景定建康志》卷一六《疆域志二·街巷》记载说:"国子监巷,今镇淮桥北,御街东,旧比较务,即其地。考证:南唐跨有江淮,鸠集故典,特置学官,滨秦淮开国子监,里俗呼为国子监巷。"可见南宋时期人们对南唐国子监的位置还是很清楚的。

南唐国子监的教官有国子祭酒、国子司业、国子助教、国子博士等,在史书中可以查知姓名的南唐教官如:元宗李璟时,袁州人何溥曾被提拔为国子祭酒[①];九江人江梦孙,因热心教育事业,死后被元宗追赠为国

---

① 吴任臣《十国春秋》卷二九。

子司业；①大臣陈觉，曾经被贬为国子博士；②鄱阳隐士周惟简，曾被后主召至金陵，任命为国子博士，集贤殿侍讲。③

南唐的学校制度基本沿袭唐朝的模式，以国子监作为中央教育机构，下有国子学、太学、四门学、算学等官办学校。其中太学早在烈祖李昪昇元二年(938)就已经兴办，陆游《南唐书》卷一《烈祖本纪》记载说："(升元二年)冬十一月丙子，立太学，命删定礼乐。"这些官学的教师分别是国子博士、太学博士、四门博士等，其教学对象和学生入学资格都有一定的规定。例如《全唐文》卷八七三陈致雍《卫匡适(嫡)男入学议》中说："今之国子博士，掌教文武官三品已上及国公子孙、从三品已上曾孙为国子监生者。太学博士，教文武五品已上及郡县公子孙、从三品曾孙为太学生者。四门博士，教文武七品已上及侯伯子男为四门学生及庶人子升俊士为之也。国子监，大学也；四门，小学也。今太学、四门学、算学，皆国子监领焉。"当时寿州都院官卫匡作为普通官员，想将自己的嫡子送到国学去读书，需经过专门的讨论和批准，而议者陈致雍认为"其卫匡适(嫡)男，既无品荫，即合应乡举，拔其秀异。或未登礼部试，即入四门学"。可见普通官员子弟必须经过乡举，成绩优异者才能进入国学，一般只能进入四门学学习。

当时国学中的学生，不仅攻读儒家经典和辞赋，还要学习写作策试论文，否则就难以中举。例如建阳儒生江为"独能于篇什词赋，策试一辞不措，屡为有司黜"。④有的学子还多才多艺，膂力过人，遇到武夫凌辱时，能够奋力自卫，如南唐进士卢郢就是其一。马令《南唐书》卷二三《归明传下》记载说："卢郢，金陵人也。好学有才艺，而膂力过人，善吹铁笛。乾德中，后主以韩德霸为都城烽火使，常督无赖辈旦夕巡警。诸科士人微犯禁，往往罹鞭扑。会德霸出，郢调笛不辍。使数卒捕郢，郢奋肱搏之，卒不能逼，郢遂去。后与黄梦锡等自国学出，遇德霸，不避其呵导。德霸驻骑诟曰：'汝等乞索辈，不知宪制，敢无礼耶？'因叱左右收之。郢等投瓦石，击走其导从，殴德霸，伤面。德霸诣后主诉之。后主曰：'国子监，先帝教育贤才之地。孤亦赖此辈，与之共治。汝斗监前，是必越分凌辱士人。'遂罢德霸职。"韩德霸仗势欺负士子，反被士子所

---

① 龙衮《江南野史》卷八。
② 马令《南唐书》卷一九。
③ 吴任臣《十国春秋》卷三〇。
④ 龙衮《江南野史》卷八。

伤，又遭后主痛斥，可见国学的学生是受到南唐国家尊重和保护的。

南唐金陵的国学中藏有大量的图书，史称"江南藏书之盛，天下之冠"。这些书是由朝廷下令从全国各地搜集而来的。马令《南唐书》卷一八《廉隅传》记载了一个当时办学搜书的事例："鲁崇范，庐陵人也，灶薪不属而读书自若。烈祖初建学校，丁乱世，典籍多阙，旁求诸郡。崇范虽窭，九经子史，世藏于家。刺史贾皓，就取进之。荐其名，不报。皓以己缗偿其直。崇范笑曰：'坟典，天下公器，世乱藏于家，世治藏于国，其实一也。吾非书肆，何估直以偿耶？'却之。皓谢曰：'俗吏浼浊，以遗先生羞。不然，何以见高义？'会皓赴阙，与崇范俱至金陵，表荐之，召试东宫，授太子洗马。"看来，南唐政府搜求图书的手段，还是比较文明的。朝廷不仅搜集了一批图书，还搜罗了一些人才。

当时金陵城中所藏图书不仅数量多，而且经过徐锴等著名学者的精心校对整理，质量也很高，许多善本后来都成为北宋国子监的藏书。马令《南唐书》卷二三《归明传下》说："皇朝（北宋）初离五代之后，诏学官训校《九经》，而祭酒孔维、检讨杜镐，苦于讹舛。及得金陵藏书十余万卷，分布三馆及学士舍人院，其书多雠校精审，编秩完具，与诸国本不类。"其实，这十余万卷图书还远非金陵藏书的全部，还有许多已经毁于北宋灭南唐时围攻金陵的战火。

由于政府重视，南唐教育文化事业比较发达。南唐帝王都喜欢读书学习，如烈祖李昪喜欢搜集遗书，元宗李璟"多才艺，好读书"，①后主李煜更是痴迷于文学。其他宗室子弟也多好学有文采，如烈祖李昪诸子中，李景迁"幼警悟，读书一览则不忘"，李景遏"专以六经名教为事"，元宗李璟诸子中，李从益"警敏有文"，李从谦"喜为律诗"，后主李煜之子李仲宣"三岁读《孝经》若成诵"。②

李昪、李璟都重用文士，李煜即位以后更是大力提倡文化教育，他曾经劝告近臣说："卿辈从公之暇，莫若为学为文；为学为文，莫若讨论六籍，游先王之道义。"③所以南唐将相大臣也多好学，以吟诗作文为能事；有的人由于自己文化水平不高而受到同僚的轻视，因此注意加强对子孙的教育。如宰相严续就是一例，"初，续以不学，见轻同列，遂力教子弟，

---

① 陆游《南唐书》卷二《元宗本纪》。
② 马令《南唐书》卷三《宗室传》。
③ 《全唐文》卷八八一徐铉《御制杂说序》。

诸子及孙举进士者十余人。"①李璟曾说:"自古及今,江北文人不及江南才子多。"②此言证明了当时南唐的人才荟萃盛况。

史家还指出,南唐时期政治比较稳定,统治阶级内部矛盾比较缓和,没有出现暴君与逆臣,这与南唐的文化教育发达有关。马令《南唐书》卷二三《归明传下》议论说:"方是时,废君如吴越弑主,如南汉叛亲,如闽楚乱臣贼子,无国无之;唯南唐兄弟辑睦,君臣典位,监于他国,最为无事——此亦好儒之效也。"

北宋初期,南唐后主李煜在开封去世以后,金陵的一些民众十分悲伤。陆游《南唐书》卷三《后主本纪》说:后主"天资纯孝","专以爱民为急,蠲赋息役,以裕民力","殂问至江南,父老有巷哭者。……故仁爱足以感其遗民,而卒不能保社稷云。"李煜在历史上虽然算不上什么好皇帝,但是大力提倡教育,"专以爱民为急",也是南唐帝王重视子弟教育的一项成果。

---

① 陆游《南唐书》卷一三《严续传》。
② 郑文宝《江表志》卷二。

【第三章】
宋元时期的南京教育

北宋设江宁府属江南东路,南宋设建康府属江东路,元代属浙东道,基本都辖上元、江宁、句容、溧水、溧阳5县。

宋元时期的江宁,商船往来,工商业发达,市场繁荣。张昇《离亭燕》描绘这里"江山如画"的繁华景况,称"天际客帆高挂,门外酒旗低迓";周邦彦《西河·金陵怀古》也说这里"酒旗戏鼓甚处市"。店铺、酒肆遍布,街市热闹的景象,可谓近在眼前。及至南宋,江宁更有"陪京"之称,当时建康府曾重修秦淮河上镇淮、饮虹二桥,于是"游民行商,分屯之旅,假道之宾客,杂沓旁午,肩摩毂击,穷日夜不止",可谓桥上"车马如云",桥下"千艘鳞鳞"。

当时江宁的集市、镇市很兴盛。其四周有淳化、金陵等14个镇市和汤泉、栖霞等33个集市,建康府南门外原来的草市则发展为城南厢,成为江宁县城厢的一部分。城市的发展,市镇的繁荣,工商业的发达,刺激了地方政府财政收入的增加。北宋时的城市商税额才4.5万余贯,至南宋高宗绍兴初年(1131),建康府城市税务监当官沈敦一任所收商税即增至46万余贯,而到孝宗乾道时,建康榷货务所立茶、盐、矾(印染媒剂)钱,岁额就为1 200万贯。①

宋元之际,既是民族矛盾激化的时期,同时也是民族大融合的重要时期。由于南京地处南北要冲,常为兵家必争,兵锋所及,往往被其灾

---

① 江苏社会科学院《江苏史纲》课题组《江苏史纲·古代卷》,江苏古籍出版社1993年版,第501页。

誉。但南京一度作为南宋留都,军政方面自然有一定的优势,而且由于交通便利,因而也最易成为南北士民寓居之地。如淳祐时期建康府学就一度将资助范围扩大至流寓之士,①说明当时南京由于地缘优势,人口较之以往实有增益。

城市经济的发展,地方政府收入的增多,人口的增益,为地方教育事业的发展提供了基本的支撑。

第一节 官学再度繁荣

宋代是中国封建社会次地方官学的又一繁荣时期。《宋史·选举一》称:"自仁宗命郡县建学,而熙宁以来,其法浸备,学校之设遍天下。"②在国家崇尚文治政策的推动下,宋代的地方官学从北宋中期开始初步形成规模,以后在历次兴学中不断增扩。范仲淹任参知政事时,就希望通过改革科举制度,促进学校的发展。中央政府不仅下诏令州县立学,而且强行规定"士须在学三百日"。③ 在各方面的激励下,宋代地方官学至崇观年间达到鼎盛。进入南宋以后,地方府、州、县学得到持续的发展,学校内部的体制也日趋完备、成熟。就学校数量、学生人数、教育普及程度及其影响而言,宋代地方官学在整个国家学校教育体制中占有最大的比重,实际构成了宋代教育事业发展的主体,同时也为此后元、明、清历朝地方教育的发展奠定了良好的历史基础,因此在整个中国古代教育发展史上占有重要的地位。④

宋代南京地方官学分为府、县两级。县学的发展相对滞后于府学,府学财力雄厚,规模较大,设施也更完备。

一、府学有所发展

府学的建立和发展,一是源于朝廷的号令,二是出于府州官守对发

---

① (宋)周应合《景定建康志》卷二八。
② 《宋史》卷一五五《选举一》,中华书局1985年版,第3 604页。
③ 同上书,第3 613页。
④ 乔卫平《中国考试制度通史》第3卷《宋辽金元》,山东教育出版社2000年版,第196页。

展地方教育的热心。宋代不同时期地方官学的建设,都是在朝廷政策法令的直接推动下开展起来的。景德三年(1006)根据王钦若建议颁定的《中书牒文》和仁宗朝景祐四年(1037)颁定的《藩镇立学令》,推动了早期州县学校的建设和发展。此后又历经了三次大规模兴学运动,朝廷分别于庆历四年(1044)、熙宁四年(1071)和崇宁元年(1102)颁布了兴学令,更使全国的地方教育大规模发展起来。地方长官一方面出于地方文化建设、行政治理、社会风尚的需要,即所谓"学校固义理之所从出,而斯文之所先也",①"学校之事,固不若威强制禁,可以旦暮见效。然三纲明则奸宄知畏,五教修则良心日生";②另一方面也出于对科举制度的反思,有感于"国家敦崇学校过于汉唐,所以寿斯文之脉者,养士力也。上不得不以科第取士,士不当止以科第自期,自士之溺意于进取,而道学废;自进取不在郡学而乡校衰",③所以往往大力兴学。

宋代府学于今可考者,始于宋仁宗天圣中。南宋后期,周应合撰《景定建康志》,追叙府学的源头时就说:"雍熙中有文宣王庙在府西北三里冶城故基,天圣七年丞相张公士孙出为太守,奏徙庙于浮桥东北,建府学,给田十顷,赐书一监。"其后,"景祐中,陈公执中又徙于府治之东南,即今学基"。

公元1034年北宋建江宁府学于夫子庙,是南京府级官学之始。

但当时南京地处南北要冲,常为兵家所争。"大兵之后,必有凶年",由于战争的直接破坏,学校教育几乎被完全摧毁,只有个别学校在十分差的条件下断断续续进行一些教育活动。江宁府学亦于"建炎兵毁","城廓鞠为丘墟,独学宫岿然,仅存颓垣败壁,毁压相藉,生徒奔散,博士倚席不讲"。④

南宋偏安江左,南京作为"留都",军政方面自然受到很大重视,虽然仍常受兵扰,但由于此后历任长官多有兴创府学者,教育倒是逐渐兴

---

① (宋)周应合《景定建康志》卷二八叶梦得《府学记》。
② (宋)周应合《景定建康志》卷二八游九言《御书阁记》。
③ (宋)周应合《景定建康志》卷二八黄黼、章汝梅《修学记》。
④ (宋)周应合《景定建康志》卷二八叶梦得《府学记》。

盛起来。而绍兴十一年(1141)宋金议和,高宗为粉饰太平,大张旗鼓地重建战争期间遭到严重破坏的学校,更给了地方官学教育一个大发展的机会。重振府学最早的是著名学者叶梦得。绍兴二年(1132),叶梦得"始以安抚大使分镇,时自淮以北裂为盗区,蜂屯豕突,鼙鼓相闻,盖欲葺而未暇"。① "于大兵之后,营理学校,延集诸生,得军赋全缗六百万以授学宫,使刊六经于学"。②绍兴八年(1138),"梦得以公府趱到羡钱二百万缗售经史诸书,建绅书阁以藏之,而著其籍于有司"。③ 叶梦得自己也说:"后七年,大驾还钱塘,诏以建康为留都,蒙恩复居守。视事之明年,辑宁荒残,流亡稍复,民益安业。于是喟然曰:可以有事于学矣。乃命其属,因旧址尽撤而新之……凡五朋,为屋百二十有五间,南向以面秦淮,斥讲肆,列置斋庐,高明爽垲,固有加于前,不侈不随,下及苞茵,罔不毕具。"值得一提的是,叶梦得在振兴府学之余,还增设了小学,"既又作小学于大门之东,复命有司诹典礼簿,正祭器,作新冕黼,皆中程序"。④ 并且"援西京例,奏增置教官一员"。⑤

绍兴三十二年(1162)高宗退位,孝宗即位。孝宗当朝共 27 年,是南宋政治最清明的时期,社会比较安定,经济形势也很好。教师学生获得了比较自由的教学环境,学校风气大为好转。教学的物质条件也普遍得到改善,残破的校舍得到修整,停废的学校也得到

南宋时期东南地区最高学府"学宫"所在地。

恢复。宋朝的学校在高宗时期重建,到孝宗时期才真正得到恢复和发展。据史载,南宋名臣周必大就曾做过府学教授。⑥ 淳熙二年(1175)八月,刘珙担任知府,"重修府学,立明道先生祠,朱熹记文"。府学得到全

---

① (宋)周应合《景定建康志》卷二八叶梦得《府学记》。
② (宋)周应合《景定建康志》卷一四。
③ 同上书。
④ (宋)周应合《景定建康志》卷二八叶梦得《府学记》。
⑤ (宋)周应合《景定建康志》卷一四。
⑥ 《宋史》卷三九一《列传第一百五十》,中华书局1985年版,第11 965页。

面修整,学校面目一新。此后继任者亦多有创发。绍熙四年(1193),郑侨知府事,"建府学御书阁、议道堂,稍重释奠礼仪,储典籍,增既廪,文风大振。"嘉泰元年(1201),"府学置房廊"。① 此后,别之杰、赵以夫、马光祖等均相继增广修葺。

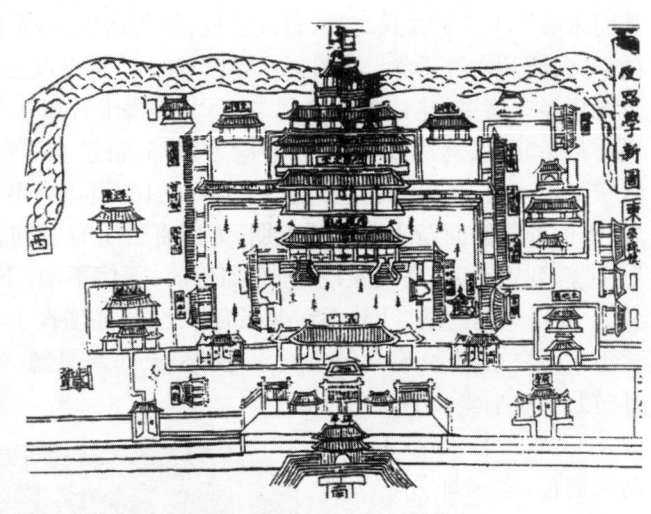

元代统治者推行"汉化",对地方儒学也十分重视。元太宗初定中原,"即议建学,设科取士",②惜乎战事频仍,建立学校之议无法施行。元世祖即位后,国家统一,社会逐渐走向安定,遂下诏兴学。"元设集庆路学于宋学故地,行台御史杨演有记。"③又"必实温沙班,东平人,泰定三年为建康路总管,有政绩,暇日于儒学明德堂集士民,各以本业所当为者劝谕。贫民子不能从师,代备束脩与行礼"。④ 作为入主中原的外族,蒙古统治者也十分注重推行自己的文字、文化。"至元六年秋七月,置诸路蒙古字学。十二月,中书省定学制颁行之,命诸路府官子弟入学……"⑤

元代火灾后重建的建康府学图

元代诸路官学还有一些新的特色,如"世祖中统二年夏五月……乃遣使王安仁授以金牌,往诸路设立医学";"世祖至元二十八年夏六月,始置诸路阴阳学"。⑥ 惜乎史阙有间,这些官学教育举措在地方的实绩已难以考定。

---

① (宋)周应合《景定建康志》卷一四。
② 《元史》卷八一《选举一》,中华书局1976年版,第2 032页。
③ (清)陈栻《道光上元县志》卷九《学校》。
④ (清)汪士铎等《同治上江两县志》卷二一《名宦》。
⑤ 《元史》卷八一《选举一》,中华书局1976年版,第2 028页。
⑥ 同上书,第2 033、2 034页。

二、县学始具规模

宋元时期县一级学校也很发达。史称:"崇宁元年,宰臣请天下州县并置学,……县亦置小学","县学生选考升诸州学"。① 南京属县学校的设立较之府学,时间要晚得多,规模也小得多。

上元县原来并没有单独设立学校教育本地子弟,而是依附临近郡县官学,不过由地方政府出具一定的费用而已。景定二年(1261),知县钟蜚英"独慨今之学者,月有试,旬有课,大抵不过务记览,工词章,钓声利",遂建上元县学,"在县治西"。②

江宁县学"在县治北,景定四年王知县铠创建"。③ "王铠,番阳人,景定初知江宁县,旧无学,铠甫下车,毅然以兴学为任。适朝命置学官,铠曰:育师无学非所以称上旨。即建学于廨北,置田以停备廪饩焉。"④此前江宁县的历任县丞并不是没有建学的热情,甚至在中央政府的倡导下时时感到建学的迫切性,"天开我宋……建国君民,教学为先,建隆三年诏修学,乾兴元年兖州立学,皇祐四年藩镇立学,庆历四年州县皆立学",但苦于财力限制,所谓"群居而教岂可无养也,官无公田不可经久也",⑤所以县学创立稍慢。由此我们也可以看出教育发展与社会政治、经济、文化发展相互之间的关系。

溧水县学历史悠久,史称"唐武德元年建",因为基础较好,所以北宋神宗时期即得以恢复,"熙宁二年,知县吴杞迁于通济桥之东南,建为学。"南宋时期,由于中央政府的提倡、地方县丞的努力,也由于当时经济的支撑,县学代有增建:绍兴八年(1138),知县李朝正重修大成殿,并建讲堂斋舍;绍兴三十年(1160),知县唐锡重修;隆兴二年(1164),知县李衡扩大招生名额;淳熙十三年(1186)冬,知县房仲总重建讲堂;淳熙十四年(1187)夏,知县李泳重修两庑;绍定二年(1229),知县史弥巩增建尊道堂于命教堂之后。⑥ 尤其值得注意的是,当时溧水县学还附设有小学。史载:嘉祐四年(1059),知县王俦建小学于戟门之右。当然小学

---

① 《宋史》卷一五七《选举三》,中华书局1985年版,第3 662页。
② (宋)周应合《景定建康志》卷三〇梁椅《建学前记》。
③ 同上书。
④ (清)汪士铎等《同治上江两县志》卷二一《名宦》。
⑤ (宋)周应合《景定建康志》卷三〇杨巽《建学记》。
⑥ (宋)周应合《景定建康志》卷三〇郑刚中《重建学记》。

的规模较小,就读学生很少。"成童而下聚而教者二十人为率,赋诗属对,随力所进,课试有程,教导有师,表劝有式,弦诵相属"。① 小学的经费则有其单独的来源,"会永宁乡新筑之圩租入七十石可以毕小学之供"。② 学校事业的发展,促进了溧水文化的发达,"前后县大夫皆以兴学为务,故溧水文风最盛,贡举为多"。③

溧阳学校设立很早,所谓汉唐即有学,所以尽管"国初县学未设",但恢复较之溧水更早:宋太宗淳化五年(994),县令夏侯戬建宣圣庙于县西门外;宋仁宗皇祐四年(1052),知县查宗闵移学于县城东南隅;宋徽宗崇宁中,知县李世再次对县学进行了扩建。但北宋末年,由于宋金对峙,学校发展受到很大影响,"建炎末,溃兵撤屋为堂,唯余大成殿"。④ 此后,也是在南宋兴学政策的引导下始得以恢复和发展:绍兴十八年(1148),知县施佑因旧基兴创,当时还受到地方热心教育事业的绅士的襄助,"时有寓公尚书郎彦昭率里豪醵金助经费"。⑤ 绍兴二十年(1150),知县周淙重加葺治;嘉定初,知县李大原、王棠皆尝整葺,又建学长、学谕、直学、教谕等位及直舍会食所。

三、官学的经费和管理

经费是地方官学教育创立的前提条件,也是官学教育得以发展的重要保证。所谓"长民者将聚而教,则必饮食之,宫室之,而官无公田又必委曲于经常之外,故其事视古人为难";⑥所谓"教官之不修,岂累政皆无是心哉?困于财计之督责,安有余力兴滞补弊?"⑦为了激励地方官员办学的热情,北宋在历次兴学的过程中,逐步确定了稳定的教育经费制度,主要有助学钱和学田。助学钱由朝廷或地方政府直接拨给学校,资助的形式有钱、粮两种,按人头分配。学田也由朝廷划拨。北宋由朝廷赐拨州府学田始于仁宗乾兴元年(1022),景祐年间又先后向数十个州府赐拨学田,以充经费。熙宁四年(1071)中央政府曾发布诏令规定:诸路置

---

① (宋)周应合《景定建康志》卷三〇王遂《建小学记》。
② 同上书。
③ (宋)周应合《景定建康志》卷三〇。
④ 同上书。
⑤ 同上书。
⑥ (宋)周应合《景定建康志》卷三〇梁椅《建学前记》。
⑦ (宋)周应合《景定建康志》卷三〇《庆元重修学记》。

学官,州给学田10顷为学粮,原有学田不及者益之,多者听如故。① 从此确立了宋代教育经费的基本形式。崇宁兴学期间,为了进一步充实教育经费,又从常平及系省田宅的收入中拨充教育经费,作为学田之外的补充性经费来源。除了朝廷统一规定的学田数额之外,各州府学也可自筹经费。自筹的形式有个人集资义捐、官员自出俸钱、拨充州县闲置官田、占用寺观庙院宅产等。

府学于天圣七年(1029)始建之际,朝廷给田10顷,其后续有增拨,"至靖康间增至三十八顷五十七亩,房廊七十一间,及酒坊三处,岁收钱一千八百四十二贯有奇。至绍兴二十八年,以泰申王所送钱一千八百二十四贯续置到田一千八百九十亩;其后本府又有增拨,至景定田地之所隶者具九千三百八十亩一角六十步,坊场之所隶者三岁入钱二万四千余贯。芦场之所隶者二岁入钱四千三百余贯。通而计之,岁入米三千八百八十余石,菽麦四百石,钱四万一千余贯,柴薪丝麻之入不与焉。"②此后,随着经费的充裕,府学又创立义庄。史载:"义庄创于淳祐辛亥,退庵吴公守建康时也。是年四月,府有牒报学,其略曰:当使昨见四明府学有义庄一所,每年仅到租课……建康府士子贫窭者多,或遇吉凶,多阙支用,尤可悯念。今用钱五十万贯回买到制司后湖田七千二百七十八亩三角二十八步,岁收四千三百余石,市斗米麦相半,发下本学置簿存管……见在学行供职事生员,或有吉凶,请具状经学,保明申止,给米八石、麦七石,米每石折钱三十六贯,麦每石折钱二十五贯,本年发粜。"③最初的动议是希望给本地士子求学以一定的资助,但随即就将资助的范围扩大到了寓居之士:"自今月二十六日为始,如是他处游学士人见在本学行供,或在本府寓居,虽非土著,如有吉凶,并与一例支给……今专委西厅通判提督,如有陈乞之人,即请本学契勘诣实保明,具申提督厅支给。"④

府县之学经费的管理也很规范。所谓"会计有籍,记载有碑,皆掌于学提督。钱粮则通判,东厅之职也"。⑤ 特别是义庄的经费,还订有详尽的规矩,时有规程八条:欲就本学空闲地假置仓收存米麦;欲就学库旁令夹截一库收存钱会;欲专及土著不及游学之人;欲将到殿入学、赴任人委系

---

① 《长编》卷二二一,熙宁四年三月庚寅。
② (宋)周应合《景定建康志》卷二八。
③ 同上书。
④ 同上书。
⑤ 同上书。

贫窭者照吉事例并与周给;欲立凶礼支助之例,惟祖父母自身亲兄弟妻子等事故者当给,不许以疏为亲,以无为有,妄陈苟得;欲请教授同正录直学五员亲到仓库同收同支授,又亲书交领,置簿登载,岁终有会;欲将田亩籍册及义庄始末并刻于石,以垂永久;欲置租课总簿催销,学终有会。①

府县学校的教学内容与太学大体相同,内容的取舍及侧重概随科举或太学舍试的内容而定。但由于宋元是我国历史上学术争论较激烈的时期,其间汉唐之学与王学的争论、王学与理学的争论、陆王心学与理学的争论等,此起彼伏,影响波及全国。尤其对王学的态度,对各地学校教学内容的取舍影响至大。"郑侠,字介夫……荆公入参大政,公数具书谏荆公,极言新法之为民害。"②"段缝,字约之,上元人,居青溪,与王安石游,而意不相与。"③

府县学校的学官,宋初有讲书、说书、教授、讲授诸称,至庆历四年(1044)后统称为教授。徐松《宋会要辑稿·崇儒》载庆历四年兴学诏云:"仍委转运司及长吏于幕职、州县官内荐教授,以三年为一任。"教授之职以经术行义、训导诸生、主持课试、监督执行学规,同时兼领祭祀圣先师的典礼、主持管理孔庙及图书、礼器和学校财务。除教授外,州学依次还设有讲书、学正、学录、堂长、学谕、曲客、学计、直学、经谕和教谕等教学及辅助人员和杂务职事。宋初地方学官多请名儒担任,聘自民间,并由地方官辟差。南宋以后及有元一代,对学官概不要求出身。当时南京府县学有名的教授如:"周必大,字子充,庐陵人,绍兴中任建康教授,为文温厚典雅,殚力兴学,士论宗之。""王信,字诚之,丽水人,绍兴中为建康教授,有文学,引诱诸生,循循不倦。""元明善,字复初,清河人,为建康教授,精习诸经,皆有师法,而尤深于春秋,以文自豪,出入秦汉间。在金陵,每与虞集相切磨,遂渐精诣。升翰林学士。"④州学教授一般一名,天圣初建时,置教授一员。绍兴九年(1139),叶梦得重建建康府学,就"援西京例,奏增置教官一员",⑤"分东西厅。东厅在学之左,西厅在学之右。其初东西题名合为一,后析为二"。⑥

---

① (宋)周应合《景定建康志》卷二八。
② (宋)周应合《景定建康志》卷二一。
③ (清)汪士铎等《同治上江两县志》卷二四上《耆旧》。
④ (清)汪士铎等《同治上江两县志》卷二一《名宦》。
⑤ (宋)周应合《景定建康志》卷一四。
⑥ (宋)周应合《景定建康志》卷二八。

第二节 理学书院的兴盛

书院以私人创办和主持为主,将图书的收藏和校对、教学与研究合为一体,是相对独立于官学之外的民间学术研究和教育机构,是中国古代特有的教育组织形式。书院以其丰富的教学经验和灵活多变的办学形式弥补了封建官学的不足。

书院肇始于唐,兴起于宋代,大盛于元。北宋初期,乱世渐平,社会安定,朝廷虽多褒奖文事,州县学校虽时有所兴,但因人因地而异,或兴衰无常,或不免具文,书院因此进入兴盛阶段。书院的兴起,一方面满足了广大士子读书求学的愿望,另一方面也缓解了朝廷崇尚文治与财力不足的矛盾。北宋经过三次大规模的兴学运动后,府州县学普遍得到发展,因此百余年间,书院有所衰落。南宋开始,尤其在理宗皇帝大倡书院之后,书院教育逐步恢复,并进而发展至鼎盛。据《续文献通考·学校考·书院》的统计,南宋初创的书院约为167家,主要集中在今江苏、安徽、浙江、江西、湖广、福建等地。元代开国之初,书院虽然遭到一时的冷落,但很快得到复兴和发展。至元二十八年(1291),元世祖在关于江南诸路学及各县学内设立小学的诏书中明文规定:"先儒过化之地,名贤经行之所,与好事之家出钱粟赡学者,并立为书院。"①而蒙古以外族入主中原,人分四等,汉蒙矛盾加剧,不少汉族的儒家学者,既不愿出仕到元朝各级政府部门,又不愿任教元朝各级路府县学,甚至不许子弟就读这些官方学校,因而往往退而自立书院,招收生徒讲学。一方面是朝廷鼓励提倡,一方面是民间自觉自愿,于是乎书院在元代便更加兴盛起来。

然而宋元之际南京书院之盛,却几乎是理学发展的必然。当时南京之地有书院数所,即明道书院、南轩书院、昭文书院、江东书院。其中明道书院最为有名,几与当时的白鹿洞书院、岳麓书院、石彭书院比肩。

一、书院发展概况

明道书院最初为纪念理学大师程颢(号明道先生)而设。周应合

---

① 《元史》卷八一《选举志一·学校》。

《景定建康志》卷二九载其事甚详："明道先生程子师濂溪先生周子,慨然有求道之志,穷性命之理,率性会道,体道成德,自孟子没,圣人之学不传,先生千四百年之后得不传之学于遗经志……尝为上元主簿且摄县事。政教在人,至今思之。因人心之所思,而明先生之教,此书院所由建也。先是淳熙初,忠肃刘公珙祠程子于学宫,朱文公为之记。绍熙间主簿赵君师秀来居其官,即所事西偏绘像祠之。嘉定乙亥,主簿危君和复请于太守刘公榘,乃于簿廨之东得钤辖旧廨之地,改筑新祠,部使者西山真公捐金三十万粟二千斛以助之。未几,李公玨来继刘公,咸相其役。前护重门,中俨祠像,匾其堂曰春风,上为楼,旁二塾,曰主敬,曰行恕,名其泉曰泽物,表其坊曰尊贤。既成,率郡博士及诸生行舍菜之礼。自是春秋中丁,率为彝典。置堂长及职事员,延至好修之士,西山尝记其事,刻诸石。"文中所谓"西山"即真德秀。真德秀,"建宁人也,少年中进士第,寻加试博学宏词……捐金粟,建明道书院,设教一本于程子,由是士知讲学"。①而游九言对设祠祀程子言之甚切:"学者无所矜式,各是其私,务济所欲,则倡言宗孔孟足矣,何必他求?呜呼,由汉以来,诸儒继起,曷尝不宗孔孟,而功业卑陋,终莫能复帝王之盛烈,甚则讳谈释老而心实慕信,耻从管商而事实施行,流于术数,借于捡回,无世无之,儒者岂容尽逭其责哉!"学者"论说徒多,践履益薄,终日读六经未必不疑六经也"。②由此可见,明道书院设立的目的有三:一为祭祀理学大师,二为传播理学思想,三为改正科举之弊。而明道书院所以能够顺利创设,主要得力于官家的热心,另外还有当时士林的襄助。

明道书院创立之后,迭遭灾变。但幸运的是,历任官守都很重视书院的建设和发展,因而书院能够得以恢复、增修。如:淳祐五年(1245),"赵以夫知府事",次年"以夫修府学,更命教堂名曰明德,辟大成殿两廊以安从祀";九年(1249)"吴渊知府事",次年"更创之,广斋序,增廪稍,程讲课,士趋者众";宝祐元年(1253)马光祖知府事,"景定四年,修府学,修明道书院,立纯公后","咸淳元年,增明道书院养士钱月五百仟"。③明道书院的发展还得到当时最高统治者的关注,"圣天子闻而嘉之,亲撝明道书院四大字赐为额,与四书院等。"④

---

① (宋)周应合《景定建康志》卷四七。
② (宋)周应合《景定建康志》卷二九游九言《祠堂记序》。
③ (宋)周应合《景定建康志》卷一四。
④ (宋)周应合《景定建康志》卷二九。

宋元交会之际，天下大乱，明道书院的发展受到影响，但由于地方士子的保护，方得幸免。史载："古之学，金陵人。平章阿术占居明道书院，军士踩蹦书院，之学等诣丞相淮安王前告给榜文，还复书院，招安秀才，由是诸学弦诵不废。"①

其他书院的创建和发展也与理学的发展有关，同时

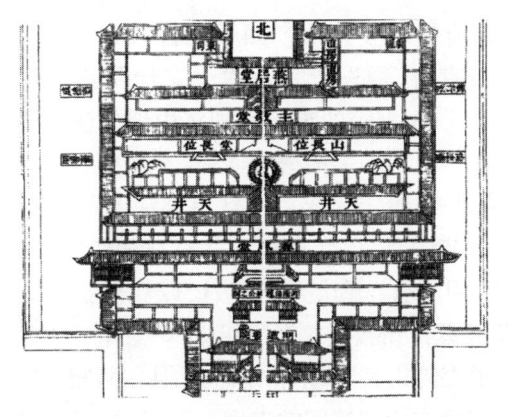

南宋淳祐十年(1250)重建的明道书院。

也印证了书院在元代官学化的发展轨迹。南轩书院，"旧在天禧寺方丈后，本宋张宣公讲习之地，真西山先生建祠祀焉。至元中移于城东。大德元年重建"。昭文书院"在湖熟镇，即太子台。宋咸淳中方拱辰匾曰昭文精舍，至元中改书院额"。② 又有江东书院，为宋时王进德等人所创。"王进德，字仁甫，其先自汴来金陵，勤苦生殖，家道日裕。……郡庠毁，进德构讲堂，并陈设器，费七万余缗。买宅一区，割田九百亩，创建江东书院。"③王进德的女婿就在江东书院学习，史称："戚光，字子云，江宁人，集庆路学训导，为王进德之婿，肄业江东书院，为吴文正所知见。"④

二、政府对书院的影响和控制

宋元统治者一直通过赐田以掌握书院经济，通过赐书以掌握书院的教育内容，通过选派山长、教师以掌握书院的领导权，这一方面应该说支持了初期书院的发展，另一方面也压抑了书院个性的形成，并最终淡化了民间创建书院的兴趣。最典型的如南宋，一方面，理学家希望借助书院宣扬自己的思想，因此自觉地规范书院组织设施、教学内容；另一方面，最高统治者发现，只要加强对书院的引导，便可"变塾而为庠"，使书院最终发展成为官学的附庸。由此，书院在南宋大大兴盛起来。如：建

---

① （清）汪士铎等《同治上江两县志》卷二四上《耆旧》。
② （清）陈弢《道光上元县志》卷九《书院》。
③ （清）陈弢《道光上元县志》卷一九《义行》。
④ （清）汪士铎等《同治上江两县志》卷一六《古今人》。

康府明道书院,景定年间,其"帅府累政拨到田产四千九百八亩三角三十步,岁入米一千二百六十九石有奇,稻三千六百六十二斤";南轩书院,咸淳间"又拨田四十亩入焉"。① 而书院的组织管理多由地方政府的官员充任、兼任。史称明道书院"置山长一员,教养之事皆隶焉。自建书院以来,阃府于诸幕官中选请兼充,景定元年以后从吏部注差"。② 而所载历任山长中,吴坚"淳祐十二年二月,以江东抚干兼充";胡崇"淳祐十一年六月,以江东抚干兼充";周应合"开庆元年四月,以江东抚干兼充";张显"开庆元年闰十二月以添差江州教授权充";胡立本"景定元年准吏部差正任迪功郎充建康府明道书院山长";翁泳"以上元县尉暂权"。③

元代统治者对书院则采取直接支持和过问的态度。可以说,书院发展到元代已经"官学化"了。首先,申办书院须获得政府的批准。其次,政府对书院的师资任用、组织管理乃至经费供给等都加以控制。书院的山长和官学的学正、学禄、教谕一样,须经礼部、行省或宣慰司任命,至少须在朝廷备案。书院的经费亦由政府划拨官田供给,即便私人资助,亦由官府掌管。书院的学生,政府给予出路。

三、书院的组织和管理

在政府控制之下,在学者自觉规范之下,宋元时期南京书院内部组织日趋完备,管理制度也日益明细。明道书院是宋代府级书院中全国知名的书院,以此为例,即可见其大概。

明道书院的创立纯粹是为了弘扬理学。程颢是宋代理学大师,早年曾任上元县(今南京市)主簿,淳熙初年,知府刘珙建祠于学宫祀之。绍熙年间,主簿赵师秀移祠于主簿厅。嘉定八年(1215),主簿范和改建,更名明道书堂。至淳祐元年(1241)始改名书院,九年理宗赐御书"明道书院"匾额以祀程颢。其后多有修葺,规模日大,计有程颢祠、御书阁、春风堂、主敬堂、燕居堂,尚志、明善、敏行、成德、省身、养心六斋,米廒、钱库、直房、后土祠、大门、中门等建筑。设置山长、堂长、堂录、讲书、堂宾、直学、讲宾、钱粮官、司计、掌书、掌祠、斋长、医谕共13种职位。各设有专门的办公场所,分别叫做"山长位"、"堂长位"、"堂录位"、"讲书

---

① (宋)周应合《景定建康志》卷二九《儒学二·建明道书院》。
② 同上书。
③ 同上书。

位",分处主敬、春风左右二堂。另有"职事位"二所,居处其他职事生员。山长以下各有月俸、日供,由"钱粮官掌其出纳"。月俸为钱、米,日供为造食钱、贴食钱、灯油钱、木炭,其中灯油、木炭只供给宿斋者,木炭自十月供至次年正月底。山长、钱粮官并不常年住院,故不供米。从中也可以看出,山长、堂长同居首要,山长主持教务,堂长住院则躬领日常院务。掌祠掌管院中祭祀的香火、祭器、供品的备办与管理事宜,与由受祀者后裔专任的"主奉"、"主祠"不同,得选举士绅或院中诸生担任,其地位往往高于斋长。钱粮官主管书院田产钱粮,明道书院南宋时有田产"四千九百零八亩多,岁入米、稻、菽、麦等一千三百七十九石又三千六百六十二斤,又有折租钱、白地房廊钱、赡士遣支钱五千一百一十贯七百文",皆由钱粮官"掌其出纳,所支供俸有差,岁终有会";院中置有"食簿"、宿斋簿,师生每日必须亲书其簿,才能领取贴食钱、造食钱、灯油钱。钱粮官下设"司计"一职为其助手。

四、书院的教学

关于教学组织与管理情况,明道书院当年制订的《规程》十分清楚:①

一、春秋释菜、朔望谒祠礼仪,皆仿白鹿书院。

一、士之有志于学者,不拘远近,诣山长入状帘,引疑义一篇,文理通明者,请入书院,以杜其泛。

一、每旬山长入堂,会集职事生员,授讲、签讲、复讲如规。三八讲经,一六讲史,并书于讲簿。

一、每月三课,上旬经疑,中旬史疑,下旬举业(以孟、仲、季分本经、论、策三场),文理优者,传斋书德业簿。

一、诸生德业修否,置簿书之,掌于直学,参考黜陟。

一、职事生员出入,并用深衣。

一、请假有簿,出不书簿者罚。一应书院士友,不许出外请谒投献,违者议罚。有讼在官者给假,事毕日参。

一、请假逾三月者,职事差替,生员不复再参。

一、凡职事生员犯规矩而出者,不许再参。

由此可见,书院对学生不像私学那样放任自流,它有一套严密的考

---

① (宋)周应合《景定建康志》卷二九《儒学二·建明道书院》。

核制度,考试制度是其中的核心部分。书院考试包括学业考课、德业考课以及招生入学考试。以上所引明道书院《规程》,涉及考试者即有3条:"士之有志于学者,不拘远近,诣山长入状帘,引疑义一篇,文理通明者,请入书院,以杜其泛。"这就是说,学生入院前要进行考试,合格者才许入学。"每月三课,上旬经疑,中旬史疑,下旬举业。文理优者,传斋书德业簿。"这是学业考试的规定,规定一个月要进行三次考试,而每次考试的内容也不一样,通过评选记录在册,并予以保存。涉及考试第三方面的规定是属于德行道义的,即"诸生德业修否,置簿书之,掌于直学,参考黜陟",对学生的德行进行评定,以作奖惩的重要根据之一。

五、书院的职能

宋元时期,书院的职能有三:一是讲学,二是藏书、刻书,三是祭祀。南京书院的职能也不例外。

关于讲学。宋元时期的书院多为宣传、扩大理学的影响而建立,因此主要以讲授理学为主,讲学之人多为当时的理学名家或其弟子。例如,"开庆己亥,马公再建大间,视事之始,与部使者率僚属会讲于春风堂,听讲之士数百。"[①]

关于藏书、刻书。书院的本义是用一个院子将很多书围起来,宋人王应麟编《玉海》即谓:"院者,取名周垣也。"而书院于唐肇始之初,其主要职能即是藏书。及至宋元时期,书院的藏书事业开始进入繁荣昌盛的阶段。明道书院原本有书阁藏书,淳祐九年(1249),阁毁于雷电之灾。后重建,并请得理宗皇帝御书"明道书院"四字为额,书阁遂改御书阁名。阁广八丈,深四丈,共五间,内中"环列经籍",以供师生研习。[②] 书院藏书楼、藏经阁的建立则又使得藏书成为书院的一种事业而被肯定、固化,它们和讲堂、祠堂一起成为书院讲学、藏书和祭祀的三大事业标志。而为了突出藏书的重要性,书院建设过程中也会有意无意地将其位置突出出来,因此一般藏书楼多建在中轴线上,并以楼阁的独有形式凸显在书院建筑群中。明道书院在宋开庆元年(1259)重建后,即形成由悬挂御书匾额的大门、供奉程颢塑像的祠堂、会讲的春风堂、藏书的御书阁、会食会茶的主敬堂、供奉孔子及先贤神位的燕居堂等先后相接的一

---

① (宋)周应合《景定建康志》卷二九《儒学二·建明道书院》。
② 同上书。

条中轴线,而山长位、堂长位、堂录位、讲书位、职事位及尚志斋、明善斋、敏行斋、成德斋、公厨、米廒、钱库、道房、后土祠等则以此中轴线为准,分列两侧。元代书院藏书事业更盛于宋。书院藏书楼、藏经阁或增广,或新创,屡屡见于记载。很多有条件的书院出于各自不同的原因还从事刻书事业,目的基本上都是为了整理前贤遗著,弘扬道学,如宋开庆元年(1259),马光祖与"部使者"率僚属会讲于明道书院春风堂,"乃属山长修程子书,刻梓以授诸生"。所刻即是程氏遗书,马光祖著《程子序》叙其刻书缘由甚详。元代刻书事业在宋代基础上又有了发展,一方面所刻书籍的范围扩大,另一方面书院的刻书事业获得了其他部门的支持,如明道书院在大德年间刻印《释音》25 卷。此书卷一二到卷二五末皆附记"建康路明道书院、建康路溧水州儒学监造,本学教授朱佑之、李君实、明道书院山长张坦等人监造"字样。这与元代中央政府加强对书院的控制是有一定联系的。

关于祭祀。书院的祭祀对象主要是祖先、乡贤、名宦或曾在本地讲学的知名学者,后期一些书院曾对以上人物不加分别,一并祭祀。如明道书院之祭程子,南轩书院之祭张栻。祭祀而外,书院承担了一定的社会责任,如明道书院就承担着教养先贤裔嗣的任务。宋代理学大师程颢曾任上元县主簿并摄邑事。淳熙元年(1174),建康知府刘珙祀于学宫。嘉定间,真德秀立明道书堂祀之。淳祐间,知府吴渊扩建,理宗皇帝赐额明道书院,招生徒肄业其中。除了教学授受之外,书院还为程颢立后,以继其哲嗣。不幸的是所立之人两年而亡,又多方寻访,择一幼童教养,供其衣廪,月给日供,所费不菲。①

第三节 私学继续发展

宋元时期尽管建立了较为完备的官学制度,尤其地方官学、官学化书院空前发展,但是私学教育始终占有重要的地位,并在这一时期获得了充分的发展。这主要由三个方面的原因促成:第一,随着中下层地主阶级政治、经济地位的提高,教育的对象空前扩大,要求受教育的人数大量增加,但地方官学或官学化书院容量有限。第二,宋元之际,南京多兵

---

① (宋)周应合《景定建康志》卷二九《儒学二·建明道书院》。

事,官学或书院时兴时废,不利于士子持续学业;而其兴盛之时又多集中于州县官衙所在地,偏僻之地士子入学颇有不便,远不及私学可以因时、因地、因人而设,具有更大的适应性,能够满足求学者各种不同的要求。第三,宋元之际是理学兴起的时期,学者出于各种目的多愿意致力于私学教育,如有的学者与当权者政治主张或学术见解不同,不愿与当权者合作,或者遭到当权者的排挤,不得为官,亦无法在官学任教,遂以"退隐"为名开馆授徒;有的学者素以学行自尚,无意卷入复杂的政治斗争、党派斗争,于仕途毫无兴趣,遂兴办私学;更有一些名宦巨儒,希望能够光大学术,甚至开宗立派,遂利用自身的学识、品德、政治地位的影响,一面做官或在官学任教,一面又从事私人讲学活动。有此数端,宋元之际的私学教育不但没有因为地方官学、书院的大发展而削弱,反而在教学形式、教学内容、教学方法诸方面均有了超乎前代的发展。

宋元之际南京的私学教育形式主要有乡校、家学或自学等几种。

一、乡党之学的普及

宋元之际南京私学最常见的形式是所谓"乡党之学"。《文献通考·学校考》称:"盖州县之学,有司奉诏旨所建也,故或作或辍,不免具文。乡党之学,贤士大夫留意斯文者所建也,故前规后随,皆务兴起。"这样的乡党之学在宋元之际的南京境内是很多的,一般为民间"留意斯文"热心教育人士所筹办,"萧规曹随",历久不衰,而宋代各级政府对乡校的组织设施、教学管理均无直接的干涉,因此基本上处于自发自为状态。地方文献记载如:"陈已,字九成,豫章武宁人也,自幼能属文,通《周礼》及《书》、《春秋》,亦工于词赋。壮游金陵,从学者众,因家于镇淮桥西之竹街,受其业者与计偕登上第,皆有闻于时。晚年厌科举,潜心义理之学,吟诗著书以自适。"[①]"荣天和,元祐间客金陵,僦居清化市为学馆。"[②]"李化清,建业人……教授乡里,从者翕然。"[③]张孝祥早年即从"乡先生"学,据其《湖集汪藻墓志铭》云:"余年十八,居建康,从乡先生蔡君清宇为学。"[④]最为突出的是当王安石新学鼎盛的时期,四方来学之士辐辏,王门私学遂倡。"郑侠……随父赴江宁府监税,得清凉寺一小

---

① (宋)周应合《景定建康志》卷四九。
② (清)汪士铎等《同治上江两县志》卷一六《古今人》。
③ (清)陈栻《道光上元县志》卷一九《义行》。
④ (清)汪士铎等《同治上江两县志》卷一六《古今人》。

室,闭户读书。时王安石以中书舍人持服寓江宁,公携所业往见,蒙安石称许。"①"吴恕字长吉,临川人,后徙建康。早从王荆公……乡人举其孝廉,以礼津置赴行在,贡于太学,未几,托疾告归。"②而王氏为倡其新学,往往也"好为人师",主动教诲,乃至受到反对派的抵制。吴炯《五总志》云:"陈辅之少从介甫游,介甫授以经旨,辅之曰:天生相公辅亦读书,天不生相公辅亦读书,愿自见也。"③

元代政府为了巩固自己的统治,全面介入各级各类教育,甚至连乡里之私学也不例外。但由政府控制民间私学的情况并不普遍,因而给一些不愿意与统治者合作的汉族知识分子兴办私学留下了足够的空间。元代由于民族矛盾加剧,一些汉族地主阶级文人不愿出仕,也不愿到受官府诸多控制的书院任教,遂于乡里立学。如:"丁复,字仲容,隐君子也,拓落不偶,以诗名,晚岁盘桓于冶城、护龙之间,灌园自乐,四方之士多载酒法求诗……子婿饶介衷得百余篇,名《桧亭诗稿》。"④"王显,号溪渔子,有雄才,往来江淮间,所交多大侠异人。一日尽悔所为,买书数千卷读之,为文章奇伟伉健,然耻以自名。尝曰:汉无儒者,惟贾生诸葛孔明耳。唐陆贽粗有识,然不足以几王道。所贵乎学,将以辅天地所不及耳。不然,多读书何为。"⑤"梁栋,字隆吉,其先相州人……宋亡,与弟柱入茅山后,卜居建康。时往来山中,江东人士从学甚众。"⑥

二、家学的繁盛

家学或自学是私学中最普遍、最方便的教学形式,在中国古时历朝历代都比较繁盛,宋元之际南京境内亦然。

家学最典型的是名家巨室、儒学父子相继,传之久远。如:"陈坤文,字献子。自蜀适金陵,幼嗜学,识高论正,于家传易学尤邃。三以进士贡礼部。晚长慈湖书院,就老于家,每旦必焚香读《易》。子琦、瑛、琛、琚。琦为江宁县学官。"⑦"金陵王勋,字成之,世为儒学门族,其母甚

---

① (宋)周应合《景定建康志》卷四七。
② (清)汪士铎等《同治上江两县志》卷一六《古今人》。
③ 同上书。
④ (清)陈栻《道光上元县志》卷二〇《隐逸》。
⑤ 同上书。
⑥ (清)陈栻《道光上元县志》卷二〇《寓贤》。
⑦ (清)汪士铎等《同治上江两县志》卷二四上《耆旧》。

贤，令读书。"①"王云起，字霖仲，安石弟安上八世孙，治春秋学，为元澧路儒学教授……所著有《定林漫稿》，胡长孺序之，称其文有荆国平甫之风焉。"②而《同治上江两县志》所载进士中，王良耜、董烈、赵崇回、杨公溥、谢克己等均"宋末故家子孙，相继以科第儒术仕进，显荣其家"。③ 王良耜为王安石之后，董烈则为丞相董槐之后。

也有一些人因为个人志趣所趋而选择筑室自学或居家自学。如张栻"尝游城南天禧寺竹间，爱其清邃，扫室读书，名曰南轩，后人因建寺焉"。④ "崔敦礼与敦诗，本通州静海人，登绍兴庚辰第，爱溧阳山水，买田卜居，傍舍凿池，池上有读书之堂，匾曰双桂于湖。"⑤

三、为中央官学举荐贤才

历代官学制度表明，地方郡国之学，除为本地培养人才、陶冶士风以外，还有一个重要的任务，就是将一些学养优长的士子保送给上级学校，从而实现为国家培养人才的目的。宋代王安石熙宁兴学、蔡京崇宁兴学之时，推行三舍法，更使这一制度得到了切实的实施。见之于史传的例子甚多，兹举数端："潘祺，字长吉，溧阳人，好学问，尚气节，游太学，知名。""钱戬，溧阳人，其子时敏，字端修，早颖悟，读书一览即成诵，属文敏速，气岸轩豁，勇于为义，年十八，县以明经上于郡庠，贡辟雍，擢上舍第。"又"王端朝，字季羔，本澶渊人，过江，爱溧阳风土，因家焉。少以该洽闻，年十八，举建康第一，后荐太学，又为第一，登第，中博学宏辞"。⑥

但是，由于太学学风往往流于轻浮，所以好学之士多有不满，故亦有虽登太学而拒不就者。如："吴恝字长吉，临川人，后徙建康。早从王荆公……乡人举其孝廉，以礼津置赴行在，贡于太学，未几，托疾告归。"⑦"王复元，其先由大名徙金陵，宝祐开庆间，以诗鸣于时，由乡贡入太学，弃去，放浪江湖间。"⑧

---

① （清）汪士铎等《同治上江两县志》卷一六《古今人》。
② （清）汪士铎等《同治上江两县志》卷二四上《耆旧》。
③ （清）汪士铎等《同治上江两县志》卷一六《古今人》。
④ （宋）周应合《景定建康志》卷四七。
⑤ （宋）周应合《景定建康志》卷四九。
⑥ 同上书。
⑦ （清）汪士铎等《同治上江两县志》卷一六《古今人》。
⑧ （清）汪士铎等《同治上江两县志》卷二四上《耆旧》。

第四节　科举的发展及其对教育的影响

科举考试制度是隋唐以来中国封建社会选拔各级官吏和治术人才的主要途径。宋代科举制度基本上沿袭唐代，但"宋承唐制，抑又甚焉"，具体表现为科举取士名额增大、录取后待遇提高、考试规程进一步完善、殿试成为定制等。宋代科举科目有进士、诸科、武举、制科、童子科等，进士、诸科、武举为"常科"，制科和童子科则为"特科"。常科中的诸科又分为九经、五经、开元礼、三史、三礼、三传、学究、明经、明法九科。常科以进士最为得人，诸科则以九经、五经、明经最盛。宋初几乎每年都要举行科举考试，至仁宗时改为两年一举、三年一举，此后，三年一举遂为定制。考试最初分两步，后来分三步进行：第一步由本道于秋季主持，称秋试或解试；第二步由礼部于正月主持，称省试；第三步由皇帝主持于三月复试礼部进士，称殿试。宋代科举考试的内容，仁宗以前多同唐制，范仲淹实施庆历新政、王安石实行变法更化后，则出现了诸多变化，对科举考试多少有些影响，其中王安石实行的三舍法影响尤大。宋南渡后，经义、诗赋二科取士制最终确定。

元代科举制度与辽、金二朝一脉相承，在吸取当时和前代汉族政权科举制优点的同时，更注重总结前代少数民族政权施行科举制的经验和教训。其特点有二：一是分蒙古、色目人科和汉人、南人为两科两榜；二是用朱熹《四书集注》出题使理学教育与科举考试结合起来。但元代毕竟国祚不长，前后只举行过七次进士考试，录取名额也很有限。

宋元时期南京境内科举情况可以概括为以下几个方面：

一、兴建贡院，完善地方贡士制度

在中国历代科举考试发展史上，省试一级的管理机构一向是最为完善和成型的，宋代的情况也是如此。而由于宋代科举出身对未来仕途的影响至大，故各州郡特重科举。史称："徽宗设辟雍于国郊，以待士之升贡者……然州郡犹以科举取士，不专学校。"[①]宋元时期南京的情况也是

---

① 《宋史》卷一五五《选举一》，中华书局 1985 年版，第 3 623 页。

如此。宋代上承五代旧制,仍以礼部为省试的主管部门,礼部下设贡院,作为省试的常设管理机构。

南京地处要冲,为兵家必争,战火所及,贡院亦难幸免。但多数地方长官从养育人才、稳定一方的政治角度出发,往往于贡院之修葺多有谋划。史书屡有记载:乾道三年(1167)九月,史正志知府事兼提举学事,次年"正志以蔡宽夫宅基创贡院";绍熙二年(1191),余端礼知府事,"以贡院湫隘,修而广之";嘉定九年

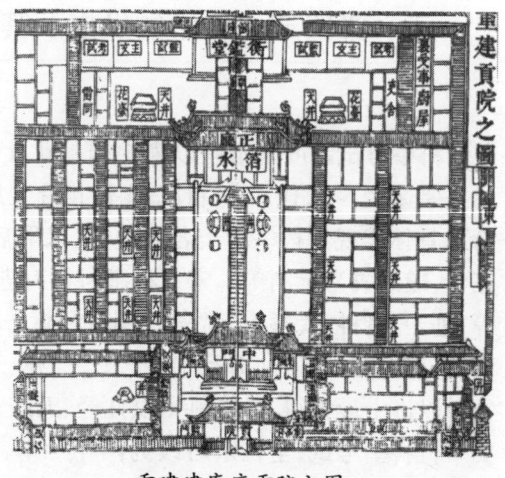

重建建康府贡院之图。

(1216),"漕司贡院旧皆寓试僧寺,副使真德秀始创贡院于青溪之西";嘉定十六年(1223),贡院倾圮,余嵘"撮而新之,凡屋二百一十二楹";嘉熙元年(1237),"府学置房廊,始立贡士库";淳祐三年(1243),杜杲知府事,"增府学养士田,置贡士庄,并及进士阁"。① 其中余端礼、余嵘父子相继增修贡院。

二、条陈议案,争取名额

宋代始设提举学事,管理地方教育,同时兼管地方贡士事宜。"国朝之制,诸路置使按察各有职掌。转运使最先置,所掌最多。提举学事既省,又兼掌学校贡举事。间三岁,诏诸州各试其士,升之礼部。士……试于转运司。"②

北宋时期,江宁府与全国其他诸府州一样,解额只有10名;但宋南渡后,改江宁府为建康府,视为"留都",规格上自然应有所提高。于是地方官守上书朝廷,希望增加贡士名额,获得批准。史载:"宋中兴初年,建康府解额十名,端平元年守臣奏建康行阙之重,特增二名,共以十二名为额。"③这自然为地方士人增加了出仕机会。

---

① (宋)周应合《景定建康志》卷一四。
② (宋)周应合《景定建康志》卷三二李道传《初建贡院记》。
③ (清)陈栻《道光上元县志》卷一〇《举人》。

三、积极参与，大量人才及第

地方官员的重视，教育设施的完备，使得士子读书热情增加，参加科考并由此走上仕途、实现宿志的自然也不在少数。如钱周材"七岁能属文，乡试第一登第"。① 李之仪《姑溪集》中也有记载："善应轩者，金陵成君德余之药肆也。其先人学荆公，以名闻，遂官天医，尝手写所藏得用方畀之。德余先从进士践场屋，游庠序，晚乃世其家，以所得于义理从容出入，虽名者未见先后也。"② 又如："侍其瑀，江宁人，崇宁癸未进士，监司荐瑀经明行修，为乡里所推，诏乘驿赴阙。"③ "范同，由进士再中鸿词科。"④

一些人荣登科甲后，还对当时的教育改革做出了一定的贡献。如王纶"幼颖悟，十岁能属文"，"登绍兴五年进士第"，"历镇江府、婺州、临安府教授，权国子正"，"时初建太学，亡旧规，凭吏省记，吏缘为奸。纶厘正之，其弊稍革"。⑤ 更多的则是一些世家大族，文脉流传，经久不衰，故而族中登第者前后相继。如前文所举王氏、董氏后人即是。

当然也有对科举制度失望的士子，专事学问，高标自许。文献记载如金陵人陈克"不事科举，博学专以资为诗"。⑥

---

① （宋）周应合《景定建康志》卷四九。
② （清）汪士铎等《同治上江两县志》卷一六《古今人》。
③ （清）汪士铎等《同治上江两县志》卷二四上《耆旧》。
④ （清）陈栻《道光上元县志》卷一〇《荐辟》。
⑤ 《宋史》卷三七二《列传第一百三十一》，中华书局1985年版，第11 535页。
⑥ （宋）周应合《景定建康志》卷四九。

【第四章】
明朝时期的南京教育

在元末农民大起义的风暴中,朱元璋率领的起义军于至正十六年(1356)三月攻占集庆路,更名为应天府,仍集庆路旧属,领上元、江宁、句容3县及溧水、溧阳2州。旋置江南行中书省,以应天府属之,治于应天府,自封吴国公。朱元璋以此为根据地分兵四路发展,并于至正二十四年(1364)称吴王,置百官,建立封建统治机构,随后灭元。1368年正月,朱元璋正式称帝,建国号为明,年号洪武。随后诏以金陵为南京,以应天府直隶中书省。次年改溧水、溧阳2州为县。九年(1376)置江浦县于长江北岸,隶应天府。十一年(1378)罢大梁北京,升南京为京师。二十二年(1389)又将扬州府属六合县划归应天府。明成祖永乐十九年(1421)元月,朱棣迁都北京,南京称"留都",又称"南都",应天府隶于南京六部,仍为京府。明孝宗弘治四年(1491),析溧水西南境置高淳县,仍属应天府,应天府至此领有8县。在整个明代,南京地区都处于特殊重要的地位。

明统治者在建国之初,为了巩固和加强封建集权统治,在政治、军事方面进行了诸多改革。在经济方面,推行了一系列有利于发展生产的政策,推动了农业、手工业的恢复发展,促进了商业和城市经济的繁荣。与此同时,将教育置于非常重要的地位,采取一系列政策措施,大力发展各类性质、各样形式、各种层次的教育。

第一节　文教政策的确立与教育管理体制的形成

明王朝开国皇帝朱元璋出身贫苦,没有受过什么文化教育,但他从历史的经验教训和亲身实践中,深刻地认识到文化教育对于治理国家的重大作用,早在其建国之前便非常重视兴教办学事业。吴元年(1364)十月,他曾对臣下强调:"治天下当先其重且急者,而后及其轻且缓者。今天下初定,所急者衣食,所重者教化。衣食给而民生遂,教化行而习俗美。足衣食者在于劝农桑,明教化者在于兴学校。学校兴,则君子务德;农桑举,则小人务本。如是为治,则不劳而政举焉。"①在其占据统治的应天府之地设立官学,设置教官,制定学官制度。在明王朝立国之初,更将教育之业置于国家最重要的地位,通过颁行一系列诏谕,确立了国家的文教政策和教育管理制度。有关政策和制度不但左右着整个明王朝教育事业的发展,而且对明代以后教育事业的发展产生着深刻的影响。

朱元璋

一、文教政策的确立

明王朝建都南京后,朱元璋为维护和加强封建集权统治,培养忠君的官僚和守道的民众,在从先前的统治者那里继承、调整并发展为其封建政权服务的文化教育中,进一步确立了本朝的文教政策。

1. 兴学重教,以教化为治国之先

明王朝建国后,面临着由"取天下"转向"治天下"的形势和任务。对如何确定治国之策,明太祖朱元璋于洪武元年(1368)下诏有司曰:"上世帝王创业之际,用武以安天下;守成之时,讲武以威天下。而经纶

---

① 《明太祖宝训》卷一,(台湾)1962年影印本。

抚治之寄,则属文臣。"①确立用武以安天下、讲文以治天下的基本国策。朱元璋还指出,治世不仅要重用文臣,而且要用贤才,"贤才,国之宝也"。②他把培养选用治理国家的"贤才"作为大政来抓,并制定了为治国选用和培养人才的多种方法,主要有:"学校以教育之,科目以登进之,荐举以旁招之,铨选以布列之。"③上述这些方法中,学校教育首当其冲。而对元末以来的学校之教,朱元璋于洪武二年(1369)谕中书省臣曰:"学校之设,名存实亡,况兵变以来,人习于战斗,惟知干戈,莫识俎豆。朕恒谓治国之要,教化为先;教化之道,学校为本。"④从而确立了"治国以教化为先,教化以学校为本"的文教政策。明王朝始终以这一总的文教政策作指导,发展教育事业。

学校图

2. 尊经崇儒,以程朱理学为教化之宗

明王朝建立后亦把尊经崇儒作为国策。明太祖朱元璋屡次下诏或遣使向全国访求贤才,招纳明经儒士,给以高官厚禄。洪武元年下诏曰:"天下甫定,朕愿与诸儒讲明治道。有能辅朕济民者,有司礼遣。"随后,"命儒臣纂礼书","诏儒士更直午门,为武臣讲经史"⑤等。明代在尊经崇儒上特别推崇程朱理学,历朝皇帝曾多次表彰和封授程朱后裔及其门人。明统治者尊程朱理学为正学,将其灌注和渗透到社会与学校的教化中去。有关记载说:"(明太祖)一宗朱子之学,令学者非'五经'、孔孟之书不读,非濂、洛、关、闽之学不讲。成祖文皇帝益光而大之,令儒臣辑'五经'、'四书'及《性理大全》颁天下。"⑥明中叶后,虽陆王心学一度兴起,但终究未能取代其位。典籍记载云:"洎乎明代,弘治以前,则朱胜陆。久而患朱学之拘,正德以后,则朱陆争诟。隆庆以后,则陆竟胜朱。

---

① 《明大政纂要》。
② 《明史》卷七一《选举三》。
③ 《明史》卷六九《选举一》。
④ 《明太祖实录》卷四六。
⑤ 《明史》卷二《太祖纪二》。
⑥ 陈鼎《东林列传》卷二。

又久而厌陆学之放,则仍伸朱而绌陆。"①这种状况,使得明代的文化教育中以程朱理学为宗之政策亦几乎贯彻始终。

3. 强化文教专制,以维护君主统治为育人之本

明统治者重教兴学,为的是培养忠于君主、维护君主专制之士,因此进一步加强文化教育中的专制制度,把文教专制主义推上了新的高峰。从明初开始,采取了多种方法与手段加强文化专制:

其一是进行精神、思想上的禁锢。加强以程朱理学为正宗的思想统治,把纲常道德作为统一思想的武器和进行教育的圣经宝典,强调纲常之道"载于经","学主性理而明伦",要求必须把纲常道德教育渗透于教学之中。洪武二年(1369)朱元璋就规定:"国家取士,说经者以宋儒传注为宗。"②他亲自主持制定了《御制大诰》,颁布以行。《大诰》书中全是告诫臣民恪守法令、履行封建义务一类的说教。其后又有《大诰续编》、《大诰三编》颁行。它们被作为南京国子监生首先必读的功课内容,并推往南京地区各类教育机构中。政府并规定科举、岁贡人员,都要对此出题试之。此外,教学中施用的还有《御制为善阴骘》、《孝顺事实》和《五伦书》等诸多对生员精神、思想禁锢之书,强制生员学习儒学经典中有助于君主专制集权的内容,尤其推崇孔子的忠君、尽孝和大一统等主张。对有碍于专制统治的思想学说,则采取排斥的态度,虽儒家圣贤亦不能免。如明太祖认为《孟子》中的一些论述不利于君主专制统治,曾下令撤走配享孔庙的孟子神位,并成立删检机构,对《孟子》进行审查和删削,将其中具有民主思想的章句,如"民为贵,社稷次之,君为轻"、"君之视臣如草芥,则臣视君如寇仇"、"君有大过则谏,反复之而不听则易位"等85处,尽行删除,并规定,凡是删除的内容,"课士不以命题,科举不以取士"。经删节后的书称《孟子节文》,刻版颁行全国学校。

其二是施用严刑峻法以镇制。明王朝制定了一系列法令、制度和惩处条例,对各级学校和学生施行严格的控制与管理。南京国子监设有"绳愆厅",由监丞负责,凡师生"有过及廪膳不洁",则书之于集愆簿,并依据情节加以惩罚,严重者则"发遣安置"。国子监还屡次更定学规,严格管束监生的言论、行动,禁止学生"议论他人长短",规定各堂之间不

---

① 《四库全书总目》"子部·儒家类"存目三,(清)朱泽沄《朱子圣学考略》提要。

② 《松下杂钞》卷下。

准"往来相引","交结为非"。如有违者,则由绳愆厅纠察,严加治罪,甚至法外用刑。如洪武二十七年(1394),监生赵麟因不堪虐待,张贴揭帖以示抗议。事发后,学校当局认为是犯了毁辱师长罪。按照学规,当是杖一百而后充军,但为了杀一儆百,竟将其处以极刑,并在国子监前竖立长竿,悬首示众。朱元璋还对南京国子监的监生们以赵麟枭首为例作了杀气腾腾的训示:"今后学规紧严,若无籍之徒,敢有以前贴没头帖子诽谤师长,许诸人出首,或绑缚将来,赏大银两个。若先前贴了帖子,有知道的,或出首,或绑缚将来,也一般赏他大银两个。将那犯人凌迟了,枭令在监前,全家抄没,发往烟瘴地面。"①这根长竿一直竖了126年,直至明武宗正德十四年(1519)才给撤掉。

对地方各级学校,明王朝统一颁发禁令,镌立卧碑,置于学校明伦堂之左,不遵者以违制论。如洪武十五年(1382)颁发《学校禁例十二条》,规定郡县生员要为皇权服务,不得乱议政事,在民间替朝廷清除"非为"等。

其三是采用文字之狱以震慑。明初,凡逢元旦、万寿圣节、上皇室尊号等仪节,文武官员必进表敬贺。其间文字冤案屡兴。据清学者赵翼《廿二史札记·明初文字之祸》记载,浙江府学教授林元亮为海门卫作《谢增俸表》,以表内书"作则垂宪"见诛;常州府学训导蒋镇为本府作《正旦贺表》,以书"睿性生知"见诛;怀庆府学训导吕睿为本府作《谢赐马表》,以书"遥瞻帝扉"见诛;尉氏县教谕许元为本府作《万寿贺表》,以书"体干法坤"、"藻饰太平"见诛;德安府学训导吴宪为本府作《贺立太孙表》,以书"天下有道"见诛。凡此皆因文字起祸,因"作则"音同"作贼"、"生"音同"僧"、"帝扉"音同"帝非"、"法坤"音同"发髡"、"藻饰"音同"早失"、"有道"音同"有盗",皆为朱元璋忌讳。杭州教授徐一夔贺表中有:"光天之下,天生圣人,为世作则"之句,朱元璋看了大怒,说:"'生'者,僧也,以我为僧也。'光'则薙发也,'则'字音近贼也。"朱元璋早年曾削发为僧,认为这是影射他,遂亦杀徐头。通过制造诸多文字冤案,枉杀无辜,制造恐怖气氛,使学校师生慑于淫威而俯首帖耳任其统治。

二、教育管理体制的形成

明代统治者在兴办学校发展教育的过程中,注意吸取历代办学兴教

---

① 黄佐《南雍志》卷一〇《谟训考下》。

的经验教训,并着力改进与创建,承先启后,构建成了比较系统的教育管理体制,使我国古代教育管理体制进一步完善起来。

1. 教育管理机构的设立

明初开始在南京设立国子监为国学。南京国子监不仅是全国最高学府,同时又是全国最高的教育管理机构。国子监设立的负责人祭酒与司业,以及下设的各类别的教官,均列入国家行政官吏之列。

明代开始设置独立的教育行政管理机构——督学机构,对地方儒学进行控制。明初曾首设儒学提举司统管教育,后由巡按御史、布政司官、按察司官以及府或州、县的官员共同管理,由此形成"政教合一",影响生员学业。明英宗正统元年(1436)采纳南京户部尚书黄福之议,明中央政府决定设置专门提督学政的官员,南京、北京两直隶添设御史充任,称"提学御史";各布政司(省)添设按察司副使、佥事充任,称"督学",专管各地儒学行政事务,规定其职权范围在于"专督学校,不理刑名",①任期为3年。同时规定:"督、抚、巡按及布、按二司,亦不许侵提学职事。"②从而使地方教育行政管理机构从政府的行政系统中独立出来,使之与其他行政机构处于平级地位,独立行使教育管理职能。正统元年还颁布敕谕15条,对提学官的职责进行了比较详细的规定,以便提学官根据这些明确的规定,对各学校进行统一的管理、监督、指导。天顺六年(1462)重颁提学官敕谕18条,其规定更加具体,并增加了诸如巡视学校、岁贡和督理社学等条文。万历三年(1575)对天顺提学官敕谕作了重大修订后重新颁发,其规定更加严密,便于督学机构与提学官的施行。

建立专门的教育主管机构,实行统一依据的教育监督管理,这是明代南京教育管理体制的一个新特点,也是对我国传统教育管理体制的一项重要创新和重大贡献。

2. 教育管理制度的加强

明代统治者在加强从中央到地方各类官学设置的同时,注重各种教育管理制度的建立,从明初开始,通过建立和执行各种规章制度,来加强对教育的管理与控制。

(1)学规学制的制定。明代统治者注重加强学校的管理与控制,从

---

① 《明会典》卷七八《学校》。
② 《明史》卷六九《选举一》。

明初开始,便对从中央到地方的各类学校设立了多种学规学制。在南京的中央官学国子监设立有"监规",对地方府、州、县各级儒学,颁发了学规禁例,并令将其刻石做成"卧碑",置于学堂中,以便永远遵守。这些学规学制经历朝皇帝的增列,条款愈益明细,要求愈益森严,其中有对学官举止言行的规范,而更多的则是对学生言论行为的限制。明代的社学在对学生的教育与教学中也形成一套规范守则,如明人吕坤的《社学要略》中所作的归纳介绍,基本上反映了其时学校教育中的行为规范。这些学规学制使明代南京各类学校在教育管理中有了统一的规范,也成为南京地区学校管理的一个特点。

(2)课程教材的规范。明代南京地区的各类学校,按照封建朝廷的要求,设置统一的课目,学校的教材施用统编的教科书,统一规范各地的教学。洪武二年(1369)下诏规定学校生员"专治一经,以礼、乐、射、御、书、数设科分教"。洪武二十五年(1392)又按新的规定重新调整课程,分学科为礼、射、书、数四门。统治者对礼课尤为重视,要求"朝廷颁行经、史、律、诰、礼仪等书,生员务要熟读精通,以备科贡考试"。①礼课中突出了法律教育,在洪武十九年(1386)明王朝《御制大诰》编成后,随即"颁赐国子监生及天下府、州、县学生",②在其后《大明律》、《御制大诰》及其《续编》、《三编》编成后,皆颁学官以课士,里置塾师教之,其目的在于"仿古为治,明礼以导民,定律以绳顽,刊布中外,令天下知所遵守",即以法律为准绳进行学校教育管理,使政府的法律思想渗透到学生的思想意识与行为之中。射课规定:"遇朔、望,习射于射圃。树鹄置射位,初三十步,加至九十步,每耦二人,各挟四矢,以次相继,长官主射。射毕,中的饮三爵,中采二爵。"书课是练习书法,规定"依名人法帖,日五百字以上"。数课要求"精通《九章》之法"。③明永乐十五年(1417)南京国子监及南京各地郡县学校又颁行"五经"、"四书"和《性理大全》。课程的规范划一,有利于贯彻政府的文教精神,按照封建国家的标准要求来培养和选拔人才。

(3)教学考核与奖惩制度的完善。明政府对学校的教师采用了严格的考核管理制度,教师实行"九年任满"制度。教师在任满之后,要进行业务考核和升学率考核,"教官考满,兼核其岁贡生员之数。后以岁

---

① 《明会典》卷七八《学校》。
② 《古今图书集成》卷一五。
③ 上见《明会典》卷七八《学校》。

贡为学校常例"。对教师通文理者评优等；若文理欠佳但能通经者则评中等；如果文理和经义二者都不通则评为末等。洪武二十六年(1393)，还专门制定颁发了《学官考课法》，按学生科举的成绩和升学率作为教师升迁的标准。"九年任满，核其中式举人，府九人，州六人，县三人者为最。其教官又考通经，即与升迁。举人少者为平等，即考通经亦不迁。举人至少及全无者为殿，又考不通经，则黜降。"①平时，对教官要进行考核和监督，所采取的方法，一种是由地方官员对在校生员进行"月考"，若发现生员在3个月内毫无长进，地方官有权对任职的教官进行处分，扣发薪俸，即"罚米"；另一种方法是由巡抚御使或者按察使对府、州、县学的生员实行"岁考"，岁考后若发现府学有12人以上、州学有8人以上、县学有6人以上学生成绩无长进，主管学官有权对府、州、县学的地方官和所属的教师进行"训导"，并施以"罚俸"处分。如发现府学有24人以上、州学有16人以上、县学有12人以上成绩毫无长进的生员，巡按御使、按察使则可以对该府、州、县中的所有教师实行"罢黜"处分，并且连主管该府、州、县的地方官，也要受到笞刑制裁。

明朝对学校的学生实行严格的奖惩考核法。教官每月对学生所学的课程进行一次考试。此外，所有的考试全部由提学官主持，提学官"在任三岁，两试诸生"。首先，以"岁考"试生员，据考试成绩优劣，划分为六等予以奖惩："一等前列者，视廪膳生有缺，依次补充；其次补增广生。一、二等皆给赏，三等如常，四等挞责，五等则廪、增递降一等，附生降为青衣，六等罢革。"其次，以"科考"试生员，方法是取岁考的一、二等生员为科举生员，参加乡试，其充补廪、增给赏与岁考相同，仍然分为六等，不过，大抵多置三等。这样，使得府、州、县学的生员有机会升入中央官学，对成绩不佳者则给予一定的处分。通过严格的奖惩考核，以加强学校的教育管理，保障教育目的的实现。

3. 学田经费的统一规定

明政府为保证各地官学的办学经费，于洪武十五年(1382)明令："凡府、州、县学田租入官者，悉归于学，俾供祭祀及师生俸廪"。② 为避免以往各地学田经费多寡不一的现象，而诏定凡分三等：府学一千石，州学八百石，县学六百石。应天府学为一千六百石。并各设吏一人，专门

---

① 《明史》卷六九《选举一》。
② 《明太祖实录》卷一四四。

管理学田收支。这一规定使各地官学的办学经费有了比较稳定的保障。

第二节　官学学制系统的形成

明王朝在其基本国策和文教政策的指导之下，在全国上下大兴办学，使全国各地形成了各种学校网络，促进明代教育事业空前普及发展。明代的南京地区，就官学而言，上有中央设立的南京国子监学，中有地方设立的应天府学及应天府辖8县的县学，下有各市镇乡村设立的社学，由上而下形成覆盖南京地区各处的官学网络。由于明政府在学规学制中规定，凡社学中"俊秀向学者，许补儒学生员"，并有院试的考试制度，童生可升入府、州、县学；府、州、县学的生员亦可通过贡监之制等途径进入国子监肄业，从而又在南京地区形成了从社学到府、州、县学到国子监学三级相衔接的学制系统。

一、中央官学的新发展

1. 南京国子监

明代开国皇帝朱元璋十分重视中央官学培养人才的作用，强调"太学，天下贤关，礼义所由出，人材所由兴"。① 早在夺取政权的过程中，朱元璋在应天府称吴王后，便命吴彤为国子博士，魏观、吴琳为国子助教。元至正二十五年（1365）下令改元集庆路学（今南京夫子庙）为中央国子学，设博士、助教、学正、学录、典乐、典书、典膳等官，两年后定《国子学官制》。

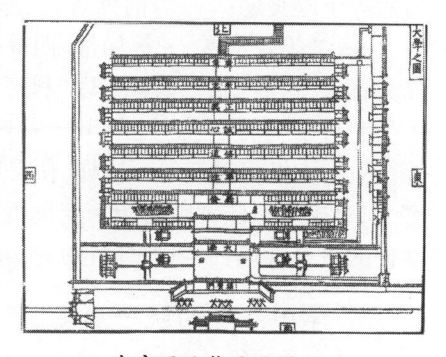

南京国子监平面图。

在明王朝刚刚建立的洪武元年正月，便将南京应天府国子学改为大明国子学。洪武十四年（1381），鉴于国子学"规模结构仅足容一郡俊髦"，地方狭窄，遂改址扩建于鸡笼山下（今南京市北京东路成贤街一带），次年落

---

① 《明史》卷七三《职官二》。

成,并改称国子学为国子监,史上对南京国子监亦称"南雍"。新建的国子监,东至小教场,西至英灵坊,北至城坡土山,南至珍珠桥。左为龙舟山(即覆舟山,今称九华山),右为钦天山(明改鸡笼山为钦天山,设钦天监于山上,今鸡鸣寺北极阁气象台所在处)。这一带原是南朝宫苑台城遗址,长期荒废,是远避尘嚣清幽宜人的藏修息游之处所,甚利于读书习艺。初建时生员达数千人。洪武二十六年(1393)明王朝又将设在安徽凤阳府的"中都国子监"并入南京国子监,生员达到8 124人。明成祖永乐二十年(1422),监生激增至9 972人,是国子监最繁盛的时期,除本国学生外,还招收日本、高丽等外国留学生。

南京国子监在建立之初和其后的发展中,逐渐建立起一整套学规学制和教育管理制度。

(1)规模建置及职掌。明初设立的南京国子监是全国最高学府,规模宏大,有"延袤十里,灯火相辉"之谓。监内主体建筑有供教学用的正堂、支堂计105间。正堂称"彝伦堂",共15间,"左列鼓架,右建钟楼,堂前树石晷甚巨";支堂在正堂之后,分为率性堂、修道堂、诚心堂、正义堂、崇志堂、广业堂6堂,"每堂各一十五间,中五间设师座,左右各五间,设大凳桌,为弟子肄业所。庭前各树以杉桧。"①监内有藏书楼14间,设有孔庙。此外有学生号房(宿舍)约2 000间,并有光哲堂15间,系外国留学生的专用宿舍。辅之以射圃、仓库、酱醋房、水磨房、晒麦场、菜圃和休养所等建筑。洪武十七年(1384)四月,由于入学者日益增多,又在集贤门外增建500间"外号房"。南京国子监"规制之备,人文之盛,自有成均,未之尝闻也"。②

南京国子监内设绳愆厅、博士厅、典籍厅、典簿厅、掌馔厅5厅,作为职能部门,分管国子监教学、行政和后勤各方面事务。绳愆厅亦称东厅,主要职责是协助祭酒、司业管理监务,内设监丞(又称太学司直)1人,"凡教官怠于师训,生员有戾规矩,并课业不精,廪膳不洁,并从纠举惩治。"③监丞置立"集愆册"一本,如各堂生员有不遵守学规者,加以惩治并附记于册,以凭通考。初犯记录,再犯决竹篦5下,三犯决竹篦10下,四犯发遣安置。博士厅亦称西厅,负责国子监的教学工作。内置博士、助教、学正、学录等员。博士专讲"五经"中的一经,兼讲"四书";助教、

---

① 黄佐《南雍志》卷七《规制考上》。
② 同上书。
③ 《明会典》卷二二〇《国子监》。

学正、学录分于6堂,具体负责6堂的教学,为本堂监生讲解经义文字。掌馔厅负责国子监的后勤事务,内置掌馔2人,对师生供给廪食,对监生饮食管理,制定饮食卫生、食物分量、味道佐料、伙食账目等规定。典簿厅负责国子监的教务文案及财务方面的事务,内设典簿1人,"凡一应学务,并支销钱粮,季报课业文册等项,皆须明白稽考"。① 典籍厅负责掌管国子监图书资料、文献档案方面事务,内置典籍1人。

南京国子监有学官教官44人,学官教官被任以官秩,明确职责,各司其职。国子监设祭酒与司业各1人,皆为国子监的负责人,"掌国学诸生训导之政令"。② 其中祭酒从四品掌管全监;司业正六品,提调6堂,讲授经艺。此外,设监丞1人,正八品;博士5人,从八品;助教15人,从八品;典簿1人,从八品;学正10人,正九品;学录7人,从九品;典籍1人,从九品;掌馔2人,未入流。

(2)生源及待遇。明代以前的中央官学的学生有着严格的身份限制,如唐代国子监所属太学严格按父辈的官品等级入学,太学生必须是文武官五品以上及郡县公子孙;宋代太学的入学条件虽稍放宽,但是,仍限定于七品官以上的子弟入考。明代太学取消了入学身份的限制,广开入学渠道。

明代南京国子监的学生其来源主要有两大类:一类是官生,一类是民生。官生是出身于官家的子弟,由皇帝准许指派而免试入监。官生的来源有荫监与恩监。荫监系品官荫子入监,如规定文官三品以上者,可荫一子入监;恩监是由皇帝特准入监,如对文武官有功人员或死难者,可特准一子入监。洪武二年(1369)四月,朱元璋谕功臣子弟入学曰:"朕诸子将有天下国家之责,功臣子弟将有职任之寄,教之之道,当以正心为本,心正则万事皆理矣。苟导之不以其正,为众欲所攻,其害不可胜言。"③此外,对一些少数民族以及外国君长之子,也予以照顾恩准入监。《天府广记》有记载道:"边徼属裔以及海外君长,遣子入学,附之官生。"民生是出身于普通民众的学生。民生的来源,一类是贡监。贡监又有岁贡、选贡、恩贡与纳贡之别。岁贡为常贡,由府、州、县学按定额保送国子监学习。洪武初年规定,凡天下府、州、县每年贡生员1人。据《洪武二十年十二月实录》记载,当年府、州、县保送参加国子监试的"岁贡生员"

---

① 《明会典》卷二二〇《国子监》。
② 《明史》卷七三《职官二》。
③ 《明太祖实录》卷四一。

达到1 200人。后岁贡生员数屡有变更。如永乐八年(1410)令,凡州、县户不及五里者,州一年、县二年各贡1人;十九年又令,府学一年、州学二年、县学三年各贡1人。贡生的条件规定为"性资纯厚,学业有成,年二十以上"者。正统六年(1441)令,府学一年贡1人,州学三年贡2人,县学二年贡1人。成化间还规定卫学二年贡1人。嘉靖以后,又令府学每年贡举2人,州学每二年贡举3人,县学一年贡举1人,等等。选贡是考选各地生员品学兼优者充贡入监。选贡的做法,实际上在永乐初已创行。弘治年间,南京国子监祭酒章懋奏请于常贡之外,令提学行选贡之法。具体做法是,"不分廪膳、增广生员,通行考选,务求学行兼优、年富力强、累试优等者,乃以充贡",而"三五年一行"。① 准行后,由于扩大了人才的选择范围,收到一定的积极效果。但由于选贡生入监后,课试辄居上等,故而大大地影响了岁贡生的前途和入学积极性,至万历年间下令废止。恩贡是指逢国家有庆典或登极诏书,以当年的岁贡充当恩贡,而另选生员为岁贡。纳贡指通过出资入监为生员。民人纳资入监,称为例监,景泰元年(1450)令天下纳粟、纳马者入监读书,限止千人,例监由此始,后捐钱亦可入监学习;另一类是举监,指从会试落第的举人中择优者入监肄业,永乐七年(1409)规定,下第举人再试送国子监进学。

南京国子监学生,不论是官生还是民生,享受着比较优厚的生活待遇。监生及所属家庭除可享有监生本身免除杂泛差徭、免其家两丁差徭的基本待遇外,监生读书期间还享有物质待遇,包括廪粮津贴、灯油课纸、衣被以及庆典年节时的赏赐等,并享有诸如省亲、侍亲、婚丧、事假以及学校法定假日等待遇。

(3)学规要求。明初在南京建立中央官学后,明太祖朱元璋十分注重学规要求,尤其注重学官的师表作用。对国子监祭酒、司业之职,要求"务选天下学明、行修、望重,海内所向慕,士大夫所依归,足以师表一代,名盖一时者",②并亲自挑选著名学者宋讷任南京国子监第一任祭酒。宋讷执掌国子监期间,"为严学规,终日端坐,讲解无虚晷,夜恒止学舍",③病危时仍忠于职守,其子求他离监回家养病,亦被其呵斥拒绝,等祭礼完毕抬回家就死了。朱元璋强调:"未闻物不一于规矩而如式,

---

① 《明史》卷六九《选举一》。
② 全祖望《鲒埼亭集》外编卷二二《明初学校贡举事宜记》。
③ 《明史》卷六九《选举一》。

人不律师教而良能","人之循理,物之如式,必规矩而教之者矣!"①并于洪武十五年(1382)三月钦定学规9条颁行之,内中对国子监各种学官的主要工作职责逐一加以明确规范,明示违者依律责罚。对生员严明师训规矩,违者痛治,还对一个月中每日背讲书的方式、假期等作了详细规定。是年五月,又令礼部条成学规12条,对生员的学习要求、伦理规范和日常生活的行为及处罚进一步明细规定,对学官的言行要求进一步加以规范,对国子监的管理制度增加了一些新举措,如要求"各堂教官,每班选重厚勤敏生员一名,以充斋长,表率诸生。每日各斋通输斋长四名于彝伦堂值日,整点礼仪,序立班次及催督各斋工课。不许仍设掌仪专总事务,有妨本名肄业"。②将这12条款合前9条并行,以敕师生。洪武十六年(1383)正月,又为定拟学规8条,主要是"严立学规",进一步规定生员学习要求,严格学习考勤和请假制度。生员坐堂,各堂置"勘合文簿";生员日讲,置"讲诵簿";生员请假,"须至祭酒处呈禀批限"。规定生员升率性堂后,施行"积分之法"。洪武三十年(1397)七月,署祭酒事太常寺丞张显宗、署司业事翰林院修撰韩克忠等与礼部会同增定学规,明太祖亲为裁定成27条,主要内容除对生员的言行举止、仪表穿着、礼节饮食以及宿歇、假务的管理律施等方面进行明细规定外,尤其在学习要求上严加规罚,如规定:"三日一次背书,每次须读《大诰》一百字、本经一百字、'四书'一百字,不但熟记文词,务要通晓义理。若背诵讲解全不通者,痛决十下。"通前累计学规凡56款,同为国子监监规。

明洪武朝之后亦偶有增定学规之举,如嘉靖二十二年(1543),为使南京国子监"遵成宪,明彝伦,以兴教化事",防止生员"急于富贵,不安义命",而制定南京国子监"五品条约",分列"君臣之伦"、"父子之伦"、"长幼之伦"、"夫妇之伦"、"朋友之伦"凡五方面,规诫每方面要求,规定惩罚方式条例,"遵照旧规,置集愆册,分初犯,再犯,三犯,发绳愆厅扑罚记录","每遇拨历,查册以犯之多寡为先后,拨毕榜示,用彰惩劝"。③总之,明代南京国子监的学规,尤其是明太祖确立的学规,以后亦成为北京国子监及天下府、州、县儒学的学规教条。

(4)教学制度。南京国子监在教学方面,既有对明代以前中央官学的继承,更有发展创新,使得教学制度进一步系统和完善起来。在教学

---

① 黄佐《南雍志》卷一〇《谟训考下》。
② 黄佐《南雍志》卷九《谟训考上》。
③ 黄佐《南雍志》卷一六《储养考下》。

内容上,总体要求是:"入监者,课以明体达用之学,以孝悌、礼义、忠信、廉耻为之本,以六经、诸史为之业",学生要熟读"四书"、"五经","凡经,以《易》、《诗》、《春秋》、《礼记》,人专一经,《大学》、《中庸》、《论语》、《孟子》兼习之",①此外,还要求学习法令等,以《大明律》、《御制大诰》为学习内容。永乐年间,编撰了《四书五经大全》,作为国子监的主要教科书,后又编印《性理大全》,要求学生兼习。

《诗》、《书》、《易》、《礼》、《春秋》五经线装本书影。

在教学计划上,亦有比较详细的规定安排。每月除朔、望两日休假外,每天皆有课业。授课分早、午两次。早上课由祭酒、司业领属官全体出席,祭酒主讲,司业坐于堂上,监丞、博士、助教、学正等依次序立,生员拱立静听。午后课主要进行会讲、复讲、背书、论课等。规定学生每三日一次背书,每次背《大诰》、"五经"、"四书"各100字,必须熟记文词,通晓文理;学生每月作课6道,含本经义2道,四书义2道,诏诰、表章、策论、判语、内科2道。博士

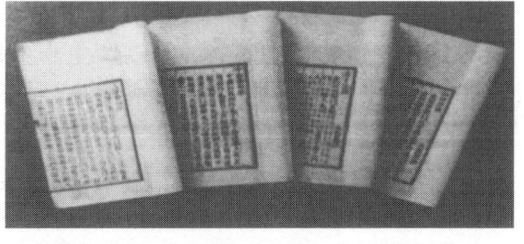

古籍《论语》、《孟子》、《大学》、《中庸》书影。

厅还详细规定了每月讲书、背书的日期,每月背书14页,讲书14页(含会讲、复讲)。此外还规定了一些课外作业,如每日习书200余字,等等。

南京国子监在教学制度方面的发展创新,比较突出的有以下一些规制做法:一是分级授课制。南京国子监分为六堂三级,六堂为率性、修道、诚心、正义、崇志、广业。入正义、崇志、广业三堂,为学习的一级阶段;一年半之后,经考试合格,升入修道、诚心二堂,是为学习的二级阶段;再经一年半学习,若达到"经史兼通,文理俱优"的水平,即可进入率性堂学习,是为学习的三级阶段。二是积分法。国子监对学生各科学习考试成绩,累积评定决定其升留级。这种方法在元代的国子学中使用过,但南京国子监将其进一步完善,作为检查和考核学生学业的一种重要方式,在学生进入率性堂开始三级阶段学习后即予实施。具体做法

---

① 《明史》卷七三《职官二》。

是:"孟月试本经义一道;仲月试论一道,诏、诰、表、内科一道;季月试经、史策一道,判语二条。每试,文理俱优者与一分;理优文劣者与半分;纰缪者无分。岁内积八分者及格,与出身;不及格者仍坐堂肄业。如有才学超异者,奏请上裁。"①三是监生历事制度。这是南京国子监教学中的一个重要环节。国子监学生在率性堂学习积分达到要求以后,进行"监生历事",其目的在于让学生在正式担任官职以前进行一定的实际工作的锻炼,并借以了解学生的实际吏治才能。这项制度于洪武五年(1372)开始实施,具体做法是,将历事监生分拨到京城各衙门历练政事,"昼则趋事于各司,夕则归宿于斋舍"。学生除在京历事,有时也被派遣到州、县进行清理粮田、督修水利等政务的习练。监生历事考核的时间不等,有的三个月、半年,有的则长达一年,甚至更长时间。明建文帝时期(1399—1402)确定考核及处置办法:监生历事期满经考核,分为上、中、下三等,上等者送吏部铨选授官,中、下等者续历一年再行考核。考核的最后结果,上等者依上等用;中等者不拘品级、随才任用;下等者回监读书。此举可谓是中国最早的教育实习制度。该制度的创立,对其后乃至中国近现代教育实习制度产生积极影响。不过,就明代的情况看,由于后来官吏选拔主要通过科举途径,而且国子监本身监生日增,历事冗滥而流于形式,失去了积极意义。

(5)学术研究和学术传播。南京国子监的学官从校长到普通教员都参与课堂教学与学术研究工作。历任国子祭酒及其他学官,在从事各类教育管理工作的同时,坚持教学和著书立说。国子祭酒吕柟,除亲自给学生上课外,还撰写了《易说翼》、《春秋说志》等13部书,作为学生学习的补充材料和参考书。罗钦顺在任南京国子监司业期间,边教学、边研究儒学和佛学,写成《困知记》等书,在讲学中还向学生讲述自己的研究成果和治学体会。

南京国子监为保存中国古代文化典籍、促进学术传播做出了重要贡献。南京国子监成立伊始,便将元代西湖书院及南京九路儒学的许多图籍、旧版移监收藏。洪武十五年(1382)明太祖曾下令南京国子监负责考补典籍旧版,由工部督导工匠修治。永乐二年(1404)再经修补。嘉靖七年(1528),南京国子监祭酒张邦奇、司业江汝璧受命着手校刊二十一史,并从顺天府收贮变卖庵寺的银钱中支取700两作为南监补刊之用,陆续修补了《史记》、前后《汉书》的书版,并重新刊行。他们还从吴

---

① 《明史》卷六九《选举一》。

地购得善本《辽史》、《金史》,复行刊刻。张邦奇的继任者祭酒林文俊更是率诸生夜以继日地从事修补工作,抢救了一批史书,深得朝廷赞赏。明世宗每到文华殿观览史书,常常向随臣示曰:"此祭酒林文俊所刊书也!"①明末天启年间,南京国子监祭酒黄儒炳、司业叶灿、学录葛大同等人还对二十一史藏版进行订正纰缪、修补残蚀,将缺版者购求善本修补,以成全璧。南京国子监采取利用旧版重印、汇编刊刻等方法印行了许多书,如:史籍方面有《通鉴》、《南唐书》等,书法方面有虞世南、欧阳询、赵孟頫书写的《百家姓》、《千字文》等书法帖9种,以供监生临摹学习,还印有农书、医书、天文、历算等方面的书籍,凡9大类200余种。据嘉靖年间南京国子监助教梅鷟所编书目可知,时南京国子监藏有:制书19种89卷,经类61卷,史类54种2 840卷,子类25种256卷,文集类24种964卷,类书类9种1 036卷,韵书类9种1 124卷,杂书类74种610卷。内中不少书籍系自身刻印。

明代南京国子监在明代中央官学的发展中占有重要的历史地位,尤其是在明代前期,对明王朝高等人才的培养起着至关重要的作用。永乐十九年(1421)明王朝迁都北京,在北京设立了京师国子监,亦即北监。南京成为留都,一切建置虽予保留,但因政治、经济、文化中心北移,昔日京都

北京国子监门前的成贤街牌楼,完全仿照南京国子监而建。

繁华之景况逐渐消失,南京国子监也日趋衰落。至正统期间,监内建筑已很破败。以后历朝虽有修葺,但都是因陋就简,且工程草率,国子监昔日盛况不再。但是,尽管如此,南监无论在规模、学规方面,还是在教学质量方面,都明显高于北监。正统五年(1440)六月,明英宗敕谕北京国子监祭酒、司业等学官,谓北监"为师能勤讲授,为弟子能勤问学,大率计之,什不一二"。②

---

① 黄儒炳《续南雍志经籍考》卷二。
② 《明英宗实录》卷六八。

2. 南京的中央专科学校

明王朝在南京还设立了一些专科性的学校,这些学校实质上是专门施行某一方面教学的教育机构,用以培养有关方面的专门人才。

(1)宗学。宗学是明代专为教育宗室子弟而设立的贵胄学校。宗学设于各王府,接受王府的管理。明太祖朱元璋非常注重对子孙的教育,他在建都南京后曾在宫中建造大本堂,贮藏图书,征聘四方名儒,对太子和诸王进行教育,并挑选青年才俊为伴读。时各藩王府也设有伴读、教授数人,郡王府及镇国将军府也设教授1人,负责宗室子弟的教育。正德十四年(1519),各王府世子、长子、众子、将军中尉等年未弱冠者,悉令入学。宗学教师由吏部于各王府长史、纪善、伴读、教授中择选学行优长、堪为师范者担任,开始将王府教育转向规范教育的轨道。嘉靖年间,宗学正式设置。万历年间,政府对宗学进行规范,并制订了《宗藩要例》,对学生入学年限、学制、教师选拔、学生管理等方面做了规定,如要求凡宗室子弟,年10岁以上者俱入宗学;其师从本府学官中选取学行俱优者充任,等等。宗学的学习内容,一类是《皇明祖训》、《孝顺事实》、《为善阴骘》诸书,另一类是"四书"、"五经"、史鉴、性理等书。要求相兼讲读。宗生每年由提学官组织考试,学习好的,待5年学习期满,可享受全禄。后允许宗学诸生参加科举考试。至明后期,宗室受教者在接受教育与科举上已经和儒学学生没有太大的差异了。

(2)武学。明代通过设立中央武学来进行专门的军事教育,培养军事人才。据《明史·职官一》记载,建文四年(1402)始设京卫武学,但不久便在永乐年间被废。正统六年(1441),又设京卫武学,置教授1员,训导6员,教习勋王子弟,以兵部司官提调。次年又在南京设立京卫武学,通常称为南京京卫武学,训育将兵之才。武学生员包括两大部分:一是在职军官,二是武官子弟。武学的教学方面,最初主要偏重于传授军事战术和武艺,后加强了军事理论的学习。武学生所读之书包括两部分:一是在《小学》、《论语》、《孟子》、《大学》中任选1本,一是在《武经七书》、《百将传》中任选1本。并由教授和训导讲解《武臣大诰》、《历代臣鉴》等。后曾颁行"五经"、"四书"、《性理》三部大全学习。幼官生还需学习书法,武艺的操演也是必修的内容。武学的学生亦可以参加科举乡试。武举法实行后,武学生还可以参加武举,每三年开一科。武举分等,据等级加署不同的职级。

3. 南京的中央专业性教育机构

明王朝在南京还曾设立了一些专业性的教育机构,这些机构除施行朝廷专门的职责之外,还从事一些教学活动,承担对从事这些专门职责的专业人才的培养教育工作。

(1)钦天监。明代严禁私习天文,中央政府设专门机构,掌管有关事务并进行世业传学。该机构初名太史监,后改为太史院,设院使、同知、院判、五官正、典簿、雨旸司、时序郎、纪候郎。再改为钦天监,又置回回司天监,设监令、少监、监丞,余如故。后改监令为正仪大夫,少监为分朔大夫,五官正为司元大夫。再定为监正1人(正五品)、监副2人(正六品),其属主簿1人(正八品),春、夏、中、秋、冬为五官各1人,五官正(正六品)1人,五官灵台郎4人(从七品),五官保章正2人(正八品),五官挈壶正1人(从八品),五官监候2人(正九品),五官司历2人(正九品),五官司晨2人(从九品),漏刻博士2人(从九品)。钦天监的官员由皇帝直接任命。监正掌历数、天文、星纪之事,由监副辅助,率所属负责日月星辰、风云气色变异的占候之事。同时,对所选官民子弟习业者进行培养教育,设天文、漏刻、回回、历4科,进行专门的教学。规定:"自五官正下至天文生、阴阳人,各分科肄业。……监官毋得改他官,子孙毋得徙他业。乏人,则移礼部访取而试用焉。"①洪武二十年(1387)十一月,曾命礼部选出阴阳官子孙年龄在12岁以上、25岁以下,"质美而读书者",至京都南京,"司天文推步之术"。②天文生"昼夜观候,冬月露坐",学习艰苦。明政府对钦天监的管理亦较严格,明太祖朱元璋曾命令:"钦天监人员别习他业不学天文历数者,俱发海南充军。"③钦天监学员不允许应试科举。增加学员,需报钦天监奏陈礼部批准。

(2)太医院。明初时设医学提举司,后改为太医监,不久改为太医院。内设院使1人(正五品)、院判2人(正六品)、吏目1人(正九品)、御医18人(正八品)。太医院的官员通常也不由吏部铨选,其中院使、院判和御医常奉特旨升补。院使总医疗之法,院判辅助之。医术治疗分为大方脉、小方脉、妇人、疮疡、针灸、眼目、口齿、接骨、伤寒、咽喉、金镞、按摩、祝由凡十三科。医官、医士、医生,世传科习其业。学生均从医家

---

① 《明史》卷七四《职官三》。
② 《明太祖实录》卷一八七。
③ 《礼部志稿》卷八九。

子弟中择而教之,其特点是在工作的同时从事学习。习医业者不许营求科举,免生二心。医学考试定为三年一考,五年三考,由太医院堂上官1名,择取医官2名,率子弟赴礼部共同出题考试。通医业者,准充医士,不行者,发回太医院听习一年再试,三试而不中者,则黜退回家。

二、地方官学的空前发展

明太祖朱元璋把人才的教育培养作为治国之道,建国之初便强调:"惟致治在善俗,善俗在教化",视学校为"育贤之地,所以兴礼乐,明教化,贤人君子之所出"的重要机构。① 洪武二年(1369)发布兴学令,令称:"京师虽有太学,而天下学校未兴。宜令郡县皆立学校,延师儒,授生徒,讲论圣道,使人日渐月化,以复先王之旧。"②大力倡行兴教办学。加之明政府规定:"科举必由学校,而学校起家可不由科举","府、州、县学诸生入国学者,乃可得官,不入者不能得也"。③ 因此,全国各府、州、县大力兴建学校。《明史》记载当时有关情形:"盖无地而不设之学,无人而不纳之教。庠声序音,重规叠矩,无间于下邑荒徼、山陬海涯。此明代学校之盛,唐、宋以来所不及也。"④虽不免有夸张之嫌,亦可见明代的地方学校确实兴盛。明代,南京地区的地方教育网络业已形成。

1. 南京地区的府、县儒学

明代的地方官学主要是在各行政区域府、州、县和边疆的边、卫等特殊地方所设立的学校,分别为府学、州学、县学和卫学等,这些学校又通称儒学。此外,尚有一类在一些地方行政机构所在地设立的学校,如洪武年间创设的都司儒学、卫儒学、行都司儒学、都转运司儒学、宣慰司儒学、按抚司儒学和诸土司儒学等。明代南京地区的地方官学主要是应天府学及应天府所辖八县之县学。

(1)府、县儒学的勃兴。明初兴起绵延至明中期以后的官方大办地方儒学之风,使地处要区的南京深受其浸染,府、县儒学勃然兴盛。明代南京地区府、县儒学的兴建变迁状况如下:

应天府学。明洪武十五年(1382),南京鸡鸣山国子监新校建成并

---

① 《古今图书集成》卷一四。
② 《明史》卷六九《选举一》。
③ 同上书。
④ 《明太祖实录》卷一三三。

迁址后,将原国子学(地址在今南京夫子庙)改为应天府学,并将上元、江宁两县学并入,后历朝有毁有建。永乐间灾毁,宣德间重建;成化间复毁又重建,并建棂星门;嘉靖间重建尊经阁,增建敬一亭,增置射圃、观德亭;至万历十四年(1586)建青云楼,并于府学前建"天下文枢"坊、聚星亭。应天府学建置益增,形成全盛格局。

上元县学、江宁县学。南宋景定年间,上元县在县治西建立县学,江宁县在县治北创建县学。元袭宋制。明洪武十五年(1382)改建应天府学后,"省并其生徒于府学"。① 上元、江宁两县并入府学。

溧水县学。明洪武元年知州邓鉴重建学宫。嘉靖间曾迁于京兆馆东旧香山观址,后于大西门内旧朝元观原址重建。万历间重修县学。

溧阳县学。明洪武初知州林庆重建县学。永乐、正统、景泰数朝继有增修。天顺间遭火灾,成化元年(1465)倡捐修建。弘治至崇祯间历朝对县学各建置屡有增建、重修、扩建。

句容县学。明洪武十二年(1379)知县韩思孝就元代县学修殿庑,置斋室。永乐、正统、景泰几朝间皆有修建。成化十四年(1478)知县徐广重建大成殿两庑戟门,规模宏大,超过以往。嘉庆十六年(1537)知县周仕重建县学。此后有所增修,并屡圮屡修。

江浦县学。明洪武十年(1377)知县刘进建。二十五年知县仇存仁徙县治于旷口山之南,遂迁学于县城东。宣德、景泰、天顺、成化、弘治历朝间各有增修。特别是嘉靖、万历间增修之处众多。

六合县学。明洪武五年(1372)知县陆梅在城西高冈旧址重建学宫。正统、成化间相继扩修。正德九年(1514)知县万廷埕重建学宫,规制大备。嘉靖至崇祯间,历朝皆有增修,建置多备。

高淳县学。明弘治五年(1492)始创建县学。十一年应天府丞冀绮、知县刘杰于县之东通贤门外的魁山建文庙、设学宫,邑人孔宏璋等捐建殿庑堂斋,规制具备。正德、嘉靖、万历、崇祯历朝之间,皆予增修。

南京地区的府、县儒学,除高淳县学因设县较晚之故外,都曾于明初有所兴建,其后历朝修扩不辍,规制益备,直至明末。明代成为南京之地有史以来地方官办儒学最兴盛的时期。

(2)府、县儒学的教育管理。明代南京地区的府、县儒学按照明王朝制定的地方官学的相关规制,施行严格的教育管理。

生员的规定及待遇。府学生员一般是来自府属各州、县学的优异

————————

① 《(正德)江宁县志》卷四《学校》。

者,经考核选拔入学。但应天府与其他府学略有区别。洪武十四年(1381),朝廷采纳江宁知县张允昭之言,在南京建应天府学以教江宁、上元二县子弟,其他州、县学生不得入应天府学。童生必须经过童试,才能进入府、县儒学学习。这种考试由南京及省的提学官主持,定期在京都及各府、州、县举行,称为"院试"。录取的学生通称生员,亦称诸生,俗称秀才。生员分廪膳生员(简称廪生)、增广生员(简称增生)、附学生员(简称附生)三类。增广生员因入学者增多而增招;附学生员系额外增取的生员,附于诸生之末,需经过岁、科两试,成绩优秀者,才能依次递补为增广生、廪膳生。府、州、县学生员学额有限额,明初规定:在京府学60人,在外府学40人,州学30人,县学20人。京城所在地应天府学定生员60人。初,增广生不限人数,宣德年间亦作限额。附学生无限额。各类生员享受的待遇亦有差别:在学期间,廪膳生享受国家免费提供的食廪,包括廪米及鱼肉盐油等,且免其家中差徭二丁。亲老无人侍养者,可休学回家侍奉,侍亲老告终后再复学。累科不第而年龄较大者,愿归家的政府亦"给与冠带荣身,仍免本身杂泛差徭"。① 增广生虽无廪膳,但被免除差徭,并可考选补充廪膳生之缺额。此外,生员参加选贡或科举另有一些特殊的待遇,各地各级学校做法不一。

教官的任用及考核奖惩。明王朝对府、州、县学教官的设置上有统一规范,一般设有教授、学正、教谕、训导等职。他们大部分不属于有官品的官员,其人数据行政区域级别的差异而有所不同。洪武二年(1369)设立儒学的命令规定:府设教授1人(从九品),训导4人;州设学正1人,训导3人;县设教谕1人,训导2人。不过,应天府学例外,如洪武十五年(1382),因应天府生员人数多,明政府同意其增设训导2人。教授、学正、教谕和训导既是学官,又是儒学教师,主管府、州、县的学务,在职责分工上,教授、学正、教谕掌教诲所属生员,训导佐之。明王朝对府、州、县学教官的选用十分重视德、才要求,不仅要博学通经,还必须"体先贤之道,竭忠教训,以导愚蒙,勤考其课,抚善惩恶,毋致懈惰"。② 洪武二年立学格式中规定:教授、学正、教谕负责儒学中最重要的课程——经史的教学,系选择有才德、学问并通晓时务的儒士担任。训导则负责各科的教学,其教习礼、律、写字的,从有学行、通晓律令、谙习古今典礼、会书法的儒士中选取;教习乐、数、射的,从知音律、会射弓

---

① 《明会典》卷七八《学校》。
② 同上书。

弩、懂算法的儒士中选取。洪武十四年(1381),又命郡县访求明经老成儒士为儒学训导。教官的来源,主要有三方面:一是选用会试下第举人,如万历初规定,按举人会试成绩录用,名次在前者授学正、教谕,名次在后者授作训导;二是选用国子监贡生。洪武二十六年(1393)规定:"以监生年三十以上、能文章者授教谕等官。"①景泰元年(1450)进一步严格起来,规定贡生需经翰林院考选,择优录用为学正、教谕、训导。嘉靖十年(1531)又令:"岁贡生员愿就教职,送翰林院考试,文学优长居上等者量授学正、教谕,其余仍除训导。"②明初,教职深受重视,对上述两类任教者有优惠政策:"举人,凡国家推选坊局、纂修典籍、会试校文必与焉。其经保荐及九载处优考者,类得授翰林院科道部曹官,于陟升无等。故廷臣荐士,以起家学官为美谈。"③此外,尚有以二、三甲进士充任教官。不过,以进士担任地方学官的情况较少,明王朝亦在政策上予以鼓励,如明初规定,进士任府学教授,3 年之后,"原系二甲者,升各部主事;查果称职,原来三甲者,升推官知县。其三甲进士,有愿久任教职,以终作人之效者,许于就选之日,具呈案候,待其六年,径升各部主事。三年者,升国子监博士等官。"④明王朝还规定对府、州、县学教官要进行考核及奖惩。其要求:一是考核其德才情况。"先须察其德行,考其文学。果所行所学皆善,须礼待之。若一次考验学问疏浅,及怠于训诲者,姑诫励之,令其进学改过。若再考无进不改,送吏部别用。"如果是"贪淫不肖,实迹彰闻",则不必考其文学,即予处理。⑤ 二是考核其业绩情况。以 9 年之内科考中举生员数作为升降标准。规定学官在 9 年任期中,所教生员考中举人数额分别达到:县学教谕 3 名,州学学正 6 名,府学教授 9 名。人数达标,本人考核又通经者,列为称职;如中举人数达标,但本人考核不通经者,列入平常;中举人数不达标,又不通经者,列入不称职。三是通过考核生员的平时学业情况进行课罚。各学校置文簿记载生员学业状况,若 1 月之中,生员某科学业无长进,则记载于文簿。连续 3 月无长进,则罚此科训导半月的廪米;府学生员中若有 12 人学业无长进,则罚教授及该科训导 1 月的俸钱;若有 20 人学业无长进,则黜退府学教

---

① 《明会典》卷五。
② 《春明梦余录》卷五五。
③ 《明会典》卷五。
④ 同上书。
⑤ 《明会典》卷七八。

授及该科训导。州学生员中若有8人学业无长进,则罚学正及该科训导1月的俸钱;16人学业无长进,则黜退学正及该科训导。县学生员中有6人学业无长进,则罚教谕及该科训导1月的俸钱;12人学业无长进,则黜退教谕及该科训导。如果9年之中,"有造就人才,修明教化,三年以上升司务博士、知州。九年考满,起送到部者,升各部主事、大理寺评事、府同知。"对贡士教官,"查有称职者,除春秋两季照常序转学职外,其双月大选,遇该推升之时,亦查其年力精壮,考语特优者,与一体推升有司,九年考满,起送到部,而若有前项功绩者,升知州、助教"。①

教学的要求及管理。各府、县学有比较完备的教学制度。在教学内容上,包括经史、律诰、礼仪等主体,还有射箭、书法、算学等。明代儒学教学的内容虽不断有变化,但其主体内容一直保存,并呈加强之势。在教学方法上,实行选官分科教授法。生员每人专治一经,以礼、乐、射、御、书、数设科分教,后在科类上有并合调整。在课程安排上,上午主要是讲习经史、学律,饭后学书、礼、乐、数,并学射、御。府、县学对学生施行严格的考试制度,考试分月考、岁考与科考三种,月考由学校举行,岁考、科考由提学官主持。岁考考试结果据成绩分为六等,一、二等予以奖赏,并获得参加科考的资格;三等如常;四等挞责;五等廪生、增生递降一等,附生降为青衣;六等除名。科考成绩大抵多分为三等,一等取得乡试资格;二等给予奖赏,增生可补为廪生,附生可补为增生;三等不得应乡试。廪膳生员入学十年而学无所成以及有大过者,则送部充吏,并追还廪米。

2. 南京地区的专门学业教育

明代,南京地区还设置了一些专门的学业教育机构,这些机构所进行的学业教育亦成为官学教育的补充部分。

(1)阴阳学。洪武十七年(1384)六月,明太祖诏天下设置府、州、县阴阳学,作为钦天监的下属机构。并置学官:府阴阳学设阴阳正术1人,秩从九品;州阴阳学设阴阳典术1人;县阴阳学设阴阳训术1人,均为杂职。阴阳学的主要职责并不是教学,而是辨定吉凶、辨别时序以及报明时间。这些阴阳官都不属于教师,但也领阴阳生学习阴阳诸书,传授阴阳之术,推测阴阳,以授民事,以及看守铜壶刻漏,报定昏晓之时。阴阳学官以本人精通阴阳者担任,不支俸禄。后可由阴阳生纳粮纳银补充

---

① 《明会典》卷五。

之。阴阳学官的考核,除吏部评定业绩外,还需由钦天监进行考试。

(2)医学。遵照洪武十七年(1384)六月明太祖的诏令,府、州、县设置了医学,并按规定设置学官:府置医学正科1人,秩从九品;州置医学典科1人;县置医学训科1人。这些学官的职责是领医学生习读医书,修合药饵,医治官吏及一应军民狱囚人等疾病。医官以本学通达医道者为之,不支俸禄,其业绩由太医院组织考核。

上述这些专门的教育,在一定程度上弥补了南京之地国学和地方儒学教育的不足,这些教育形式的存在,使明代南京地区的教育形式更加多样化,并为以后南京地区一些专门教育学校的产生打下了一定的基础。

3. 南京地区社学的由兴而衰

社学创办于元代至元二十三年(1286),其后初步形成一些规制。明王朝建立后,明太祖朱元璋认为:"昔成周之世,家有塾,党有庠,故民无不知学,是以教化行而风俗美。今京师及郡县皆有学,而乡社之民未睹教化,宜令有司更置社学,延师儒以教民间子弟,庶可导民善俗也。"①乃于洪武八年(1375)诏命天下立社学。于是,全国各地社学纷建。南京地区的社学亦由此而大兴,并且在继承元代社学的基础上有了进一步发展。如在社学的分布区域上,不但于乡村地区设置,而且于城镇坊厢也有设置。

上元、江宁两县社学,在洪武中每坊厢各建一区,后渐废。嘉靖中学使杨宜兴建社学,并检选诸生中堪为教习者为社学教师,后又废。万历中巡抚朱大器修复社学。此后再无是举者。溧水县社学,计建11所,分布于崇儒坊、唐桥巷、南门内、北门外、邰村东巷、邰村仓西、邰村仓后、柘塘市、蒲塘街、洪蓝埠、孔镇等各处。溧阳县社学,为成化间知县靳璋在县治东南隅跃龙关左修建。句容县在洪武、永乐间,16乡皆立社学。在句容城东、南、西、北四大街立"笃信"、"居仁"、"执礼"、"由义"、"沉智"五学,这五学为句容各社学之首。隆庆四年(1570)知县张道冲改修"南轩书院"为养蒙社学,后废。江浦县社学,弘治中知县萧育在县治右建1所,后额名"养正"。六合县社学曾在明初建立,后因邑令不重视而废。成化五年(1469)复立社学,教学颇有成绩。正德十四年(1519)于县城四门各建1所社学,门楼堂舍俱备,各社学有教读1人。高淳县社学,建立于宾阳门外五显祠左。上述情况大致反映了明代南京地区城镇的社

---

① 《明太祖实录》卷九六。

学状况。①

其时设于乡村的社学更是为数众多。据统计,明代包括南京地区的南直隶,历朝(除建文、洪熙、泰昌几朝外)小学(包括社学、家塾、私塾、蒙馆、义学等)的兴建(包括重建、改建、增建)数如下:②

年代	洪武	永乐	宣德	正统	景泰	天顺	成化	弘治	正德	嘉靖	隆庆	万历	天启	崇祯	不详	合计
兴建小学数	2 919		2	151	2	69	76	43	229	165	4	120	13	2	365	4 402

上述数字包括了各式各样的小学,其中社学之数当是十分可观的,反映出当时政府和民间社会对社学的兴建是很积极的,亦可见当时乡村教育已有相当的规模。

社学学生的入学年龄有明确的规定:"民间幼童十五以下者。"入学时不需要考试,招生数额亦无限制,凡是愿读书者,都必须接受入学。有些地区对儿童入学甚至采取强制性的方法,如规定:"民间子弟八岁不就学者,罚其父兄。"③学生入学后一切费用自理。在学习内容上,儿童进入社学,先学习《三字经》、《百家姓》、《千字文》等,然后学习经、史、历、算等知识,还要兼习《御制大诰》、明朝律令以及冠、婚、丧、祭之礼。

社学的社师大都由官方出面从民间延请有学行的长者担任,学生尊称为"师训",而官方则通称为"秀才"。明政府对社师不授以官衔。官办社学经费由官府出资。明政府与社学之间只存在监督关系,地方官员只需把教师"所统子弟之数"和"勤惰"表现报行省备案即可,④政府对社学师生亦不进行任何考核。明代的社学在对学生的教学要求方面已形成一套规范定制。社学学生经学习后,通过升学考试,许补儒学生员,可进入府、州、县学学习,否则,便听其就所业。

明初在全国大办社学之后,曾发生了不少"有司扰民"的问题。明代文献记载有关弊况曰:"社学之设,本以导民为善,乐天之乐。奈何府、州、县官不才酷吏,害民无厌。社学一设,官吏以为营生。有愿读书

---

① 见嘉庆《新修江宁府志》卷一六《学校》。
② 据李国钧、王炳照总主编《中国教育制度通史》第4卷,山东教育出版社2000年版,第272页。
③ 上见《明史》卷六九《选举一》。
④ 全祖望《鲒埼亭集》外编卷二二《明初学校贡举事宜记》。

者无钱不许入学,有三丁四丁不愿读书者受财卖放,纵其愚顽,不令读书。有父子二人,或农或商,本无读书之暇,却仍逼令入学,有钱者又纵之,无钱者虽不暇读书,亦不肯放。将此凑生员之数,欺诳朝廷。"①明太祖朱元璋在盛怒之下,曾下令将社学停办了一段时期。至洪武十六年(1383)十月,朱元璋又诏令:"民间自立社学,延师儒以教子弟,有司不得干预。"②故其后社学由"有司设社学"转变成"民间自立社学",南京地区社学的性质亦多由官办而成为民办。民办社学的经费由社会、社田出资,或由地方绅民捐资。明中叶以后,政府虽多次明令复兴社学,但是各地官吏大都不闻不问,任民间自发消长。其间的江宁县志就记载:"社学洪武中每坊厢各建一区,……比闾族党相诵读相闻。其后,俊秀者送入郡学,乡饮、酒礼既举于郡学,每坊即社学为会饮之地,以礼一方高年,行礼读法如仪。今各坊基地多方僧、道之庐,间有居民侵占,礼亦渐废矣。"③江宁的状况只是一个缩影,其间南京各地的社学都在逐渐衰落。

第三节 民间私学的发展

明代南京地区还存在由民间兴办的各种私学,这些私学根据教育对象可以归分为两类。一类是初级私学,主要是进行儿童启蒙教育性质的机构;一类是高级私学,主要是给成人讲授经书或指导练习科举文字的程度较高的学习教育机构。

明代南京民间的初级私学主要有义学和塾学等。然义学很少,各地比较广泛设立塾学等私学。

义学,又名义塾,它们由私人捐建或由宗族捐建,是免收学课(费)的学校。义学为启蒙教育机构,主要以儿童为教育对象,教学一般从识字、写字开始,从习文识字、读书背诵到粗通文义,读物有《三字经》《百家姓》《千字文》《千家诗》《龙文鞭影》《幼学琼林》等,继及经史历算。义学教师大都为科试落榜者或者是寒儒士、穷秀才等,他们地位低,

---

① 朱元璋《御制大诰·社学第四十四》。
② 《明太祖实录》卷一五七。
③ 《(正德)江宁县志》卷四《学校》。

收入少。义学经费大多依靠义庄、义田或为地方公产、公款,或靠富户捐资、捐田、捐屋来维持。

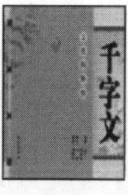

《三字经》、《百家姓》、《千字文》、《幼学琼林》。

塾学,又称私塾,其主要类型:一是塾师在自己家里或借用祠堂、庙宇开馆设学,招收童蒙上门教授,学生需向塾师交纳一定学费入学就读,生员多为家庭经济较差的平民子弟;二是社会上一些有身份、有地位的人家,以资聘请塾师登门入户,前来教授自己和亲友的子弟。塾师多为落第秀才,才学水平良莠不一。塾师一人执教,学生数人至数十人多少不等。其学习内容,系采用蒙养教材,进行文字文章、伦理道德、诗歌童谣、各类常识等方面的启蒙教育。初级私学的教学方法以个别教授为主,重注入,不重启发;重背诵,不重理解;重训练,不重兴趣。

高级私学可分为结庐授徒、收徒讲学和官余教学三种形式。结庐授徒,主要是博学淹贯之士招收民间学有所成者结庐授教;收徒讲学,多由致仕或乞归离职之士居家主持讲学授徒;官余教学,系为官期间边从政边为前来请业者讲学,如湛若水、王守仁等皆在官所主持过讲席。明代南京之地的高级私学中,官余教学形式比较突出。高级私学的教学内容与教材,主要是儒家经籍,不过,在施教与受业中,明代前半期是以"程朱理学"为宗,而明代后半期是以"陆王心学"为宗。所学内容尽管也受到科举考试内容的制约,但是相对于官学而言,总体上学习的东西较为广博。在教学方法上亦比较注重答问与讨论,显得稍许灵活一些。

各种民间私学成为明代南京地区官学教育体系、教育网络与教育功能的补充。在分担和支撑社会的启蒙教育及成人教育方面发挥了很大的作用。

第四节 留学生教育的兴盛

明王朝在发展教育中采取了积极的开放政策,对周边国家前来学习的留学生不但热情接纳,而且还在财物上予以奖励支持。从明初的开国皇帝朱元璋至其后的历朝皇帝,对国外派遣人员前来读书习业给予倡行与支持,促使明代南京之地的留学生教育兴盛起来。明代南京国子监及其他中央官学曾接纳和安置了国外许多前来学习的留学生,在留学生教育方面得到很大的发展。

明初,由于国子监和其他中央官学设置于南京,南京之地便有外国留学生频繁来往。据《南雍志》记载:明代来南京的外国留学生,开始于高丽国派遣金涛等4人入南京国子学读书。洪武四年(1371),金涛考中进士,授其县丞官而不就,结果与其他3人皆遣返回国。日本国在洪武二十三年(1390)曾派遣官生入南京国子监学习。其时来南京国子监学习的留学生最多的国家,当数琉球国。据《明太祖实录》记载:洪武二十年(1387)十一月,明太祖朱元璋因啰啰生阿累等3人久在南京国子监学习,命曰:"蛮夷鲜知礼义,能遣子来学,是慕义也。今阿累等久居监中,宜令归省。教之孝弟,所以使知礼义也。"①予以厚赐遣之归省;洪武二十六年(1393)四月,琉球国中山王察度派遣其寨官子段志海入南京国子监读书;洪武二十九年(1396)十一月,琉球国中山王世子武宁派遣其寨官之子麻奢理、诚志鲁2人入南京国子监学习。其时,山南王之侄三五郎亹于前已入国子监学习三年归省回国,又复请再入监学习,获许,并被赐衣巾靴袜。洪武三十一年(1398)三月,琉球国因曾派遣女官生姑鲁妹在南京读书,而遣使贡物谢恩。据《明太宗实录》记载:永乐三年(1405)五月,琉球国山南王汪应祖派遣寨官子李杰赴南京国子监学习,受赐夏衣一袭;永乐四年(1406)三月,琉球国中山王武宁遣送寨官子石达鲁等6人入南京国子监学习,被赐钞30锭、罗衣裳一袭并夏衣等物;永乐八年(1410)六月,琉球国官生模都古等2人入南京国子监学习,受赐巾衣、靴绦、衾褥、帐具;永乐九年(1411)二月,琉球国中山王思绍派遣王湘之子怀得、寨官子祖鲁古入国子监学习,等等。其间至明王朝国都南京读书学习的国外留学生确实是往来频繁,盛况空前。

南京国子监等官学对外国留学生的接受,到明代中后期似乎仍是方兴未艾。如,明宪宗成化十八年(1482)四月,琉球国中山王尚真请求接受其陪臣之子蔡宾等5人至南京国子监读书,明宪宗"令蔡宾等于南监肄业,有司岁给衣服廪馔";②明武宗正德五年(1510)正月,琉球国中山王尚真请求接受蔡进等5人入国子监读书,武宗"诏许送南监,仍给衣廪

---

① 《明太祖实录》卷一八七。
② 《明宪宗实录》卷二二六。

等物如例"。① 明嘉靖二十二年(1543)十一月,琉球国官生梁炫等 4 人因在南京国子监学习逾 7 年,国王尚清请让归国婚娶,明世宗"诏给咨粮驿骑,遣人护归";②万历八年(1580)十一月琉球国派遣陪臣子郑周、郑迪、蔡常 3 人"入太学读书习礼",明神宗"命送国子监肄业,如例给与衣粮"。③ 一直到万历十五年(1587)十一月,明廷才差通事官伴送郑周等 3 人回国任用。④

第五节　书院的曲折发展

书院在唐代产生以后,经过宋、元时期的发展,至明代已经历了几百年,无论在数量和规模上,还是在其内部建置和发展完善上,都有了相当的基础。明代书院的发展处于一个相当高的起点上,但由于明统治者施行一系列政策造成的社会影响,尤其是直接施加于书院的人为因素,明代的书院在全国整体的发展状态呈现曲折多变的局面。这种状况不可避免地波及明代南京地区书院的发展,加之有些祸事原本就起自南京及其临近之地,使得南京的书院在风风雨雨的颠簸中,曲曲折折地发展。

一、书院的兴衰

明代南京地区的书院,经历了下述几个曲折发展阶段。

1. 明初的沉寂

明初,大力发展官学成为一种社会导向,政府又十分注重科举,一般士子也因官学待遇优厚、科举前程荣崇而热衷于入官学习业,以为追逐功名利禄,从而使得书院萧寂冷落。洪武元年明太祖亦曾下令重立洙泗、尼山二书院,并各设山长 1 人,但只是将它们专门用以祭祀孔子。同年,朱元璋还下令:"改天下山长为训导,书院田皆令入官",实质上是将书院改造为官办的教育机构。洪武五年(1372),朱元璋再令革罢书院

---

① 《明武宗实录》卷五九。
② 《明世宗实录》卷二八〇。
③ 《明神宗实录》卷一〇六。
④ 《明神宗实录》卷一九二。

训导,"弟子员归于邑学",①则是将书院的位置予以取代。在这样的社会形势下,明代前期南京地区书院的发展陷于萧条。尤其是明初至天顺末年的百年之间,南京地区的书院沉寂不兴。查阅有关文献记载,自洪武年至明中期的一百几十年中,整个南京地区仅在正统二年(1437)才有巡抚周忱在句容县城西建立了句曲书院。其间书院之萧条的程度可想而知。

2. 明中叶后的书院兴盛

至明中叶以后,明王朝统治者衰败,内部矛盾激化,尤其是宦官专权,排斥异己,打击反对派。于是,在野士大夫投志书院,讲学之余,讽议朝政,裁量人物。由于科举腐败,教育空疏,官学成为科举附庸,士子多心存侥幸,沽名钓誉不肯读书,因此贿买钻营、割卷传递、顶名冒籍等弊端百出,相演成风。于是,士大夫中的一批有识之士便纷纷复兴或创建书院,授徒课业,倡导讲学之风。加之其间出现理学大师诸如王守仁、湛若水等人,他们继承和发扬了南宋时期书院讲学之风气,发展了书院的"讲会"制度,产生了重大的社会影响。王、湛等人在此期间曾于南京之地讲学,对南京书院的复兴与发展产生了促进作用。

成化年间(1465—1487),南京地区的书院渐渐兴起;弘治、正德年间(1488—1521),南京地区书院的兴建始见起色;至嘉靖年间(1522—1566),南京地区书院的发展达到极盛。令人难以置信的是,这种发展竟然是伴随着嘉靖王朝对书院进行禁毁的厄难而进行的。其间,明王朝统治者出于政治斗争的需要,对书院进行粗暴干涉,使得书院的发展命运多舛。明政府在历史上曾进行过四次比较著名的封闭、禁毁书院的行动,其中在嘉靖前半期曾连续进行过两次:第一次是嘉靖十六年(1537)四月,御史游居敬上疏斥南京吏部尚书湛若水:"倡其邪学,广收无赖,私创书院",并连带提及王阳明,而"乞戒谕以正人心"。结果嘉靖帝下令处置:"(湛)若水留用。书院不奉明旨,私自创建,令有司改毁"。②湛若水的官位被保住了,然而南京等地的书院遭到了毁灭之灾。第二次是嘉靖十七年(1538)五月,吏部尚书许瓒上奏朝廷:"近来抚按两司及知府等官,多将朝廷学校废坏不修,别起书院,功费万金。征取各属师儒赴

---

① 转引自白新良《中国古代书院发展史》,天津大学出版社1995年版,第56页。

② 《续文献通考》卷五〇。

位于今清凉山公园内的明代崇正书院。

院会讲,初发则一邑制装,及舍,供亿科扰尤甚。日者南畿各处,已经御史游居敬奉行拆毁,人心称快。而诸未及,宜尽查算。如仍有建者,许抚按据奏参劾。"①嘉靖帝诏从其奏,下令禁毁这类书院。

这两次禁毁虽然对书院产生了破坏,但是由于为政者对书院的态度是与政治目的相联系的,因此其态度会随时发生变化,加之当时书院影响大,声望高,结果实际上是禁归禁,办归办,而且官方越禁,民间越办,反而使得嘉靖年间的书院兴盛起来。南京地区于嘉靖年间建成的书院星罗棋布。如:上元、江宁之地有御史卢焕在镇淮桥东北改建的明道书院、礼部侍郎湛若水在南京长安街建立的新泉书院、提学前御史耿定向在清凉寺东建立的崇正书院;江浦县有湛若水在县城南建立的新江书院;句容县有知县周仕在县察院西建立的三友书院;高淳县有知县刘启东建立的高淳书院,②等等。这些书院中有相当一部分是在两次禁毁书院之后,甚至是禁毁书院期间兴办的。这种书院在厄难中兴盛的现象,居然还持续至明代晚期的万历年间。

万历七年(1579),执政的权臣张居正害怕书院"徒侣众盛,异趋为事","摇撼朝廷,爽乱名实",遂以常州知府施观民"科敛民财"、"私创书院"为借口,请毁书院。结果,"诏毁天下书院。……尽改各省书院为公

---

① 《续文献通考》卷五〇。
② 见嘉庆《新修江宁府志》卷一六《学校》。

廨,凡先后毁应天等府六十四处。"①此为明王朝第三次禁毁书院。它比前两次对书院禁毁的规模要大,措施要严厉。南京地区首当其冲的是应天府的书院,如嘉靖间湛若水所建立并且讲学的新泉书院等被禁毁。此外,祸之所及,一些县的书院亦在劫难免。所幸这次大规模禁毁书院持续时间不长,随着万历十年(1582)张居正死去,书院的禁毁也就停止了。反对者们并以此作为张的罪状之一上陈,建议修复全国各地书院。此后各地书院陆续复兴,甚至回光返照般地出现颇为兴盛的局面。其间,南京地区便兴建了为数不少的书院,如:应天府在成贤街旧国子监文昌阁旧址创建文昌书院,句容县于万历二十三年(1595)创建华阳书院,溧水县于万历二十七年(1599)创建图南书院,江浦县于万历四十年(1612)创建江干书院,等等。南京地区在万历年间修建的书院,其数量在整个明代仅次于嘉靖年间,居于第二位。南京地区嘉靖、万历间书院的这种发展状况,与其间全国书院发展变化的整体形势是相应合的。

3. 晚明书院难以振作

晚明时期,南京地区的书院兴建之事似乎余热尚存,如天启初年,应天府兴建首善书院等。但是,旋而又起的禁毁书院的暴风骤雨,终于使其余温散尽。天启五年(1625),明熹宗的当权太监魏忠贤炮制了明代第四次禁毁书院的浩劫。魏忠贤为在政治上剪除异己,制造了"东林党祸"。为了"绝党根",把主要矛头指向无锡东林书院,首先禁毁东林书院,进而殃及天下书院,"遂毁京师首善书院,而天下书院俱毁矣"。② 魏忠贤等怀疑所有书院都与东林为同党,严令拆毁天下书院。崇祯帝即位后,阉党势力遭惩治,东林党人得以昭雪。崇祯二年(1629)诏令修复天下书院。不过,尽管在此形势之下其他地区书院的兴建颇有起色,然而南京的书院直至明终朝却一蹶不振,鲜有兴举书院之事。整个崇祯年间仅有溧水县崇贤乡(今柘塘乡)以乡民储谷之惠民仓改建三贤书院。

上述四次明政府对书院的禁毁,就有三次祸起南京地区及其邻府之地。接二连三的冲击,确实使之再难振作。

---

① 《明通鉴》卷六七。
② 《续文献通考》卷一五。

二、书院的性质与教学

明代南京地区的书院主要有会讲式与考课式。会讲式书院往往由一些著名的学者主持,比较注重学术讲说。由于明代前期理学大师湛若水、王守仁等曾在南京书院讲学和进行学辩,后期又受东林书院讲学风气的深重影响,故会讲式书院在南京地区的影响较久、较大,并且具有较高的学术文化地位。考课式书院主要由明政府各级官员倡导或主持建立,它们更多地在于适应当时的教育导向与需求,弥补各级儒学教育的不足,并在很大程度上受到科举的束缚与影响。到了明代后期,由于科举的社会地位日崇,诸多书院甚至已不再以讲学为主,竟然与地方儒学合作,组织学生学习举业。两类书院中,考课式书院占绝大部分,据《中国书院辞典》所附《中国书院名录》统计,明代兴建、重修的书院,可以确知建立人身份的有1 064所,其中由政府各级官员兴建、重修的书院多达977所,占其总数的91.8%强;而纯属士民等私人建立的书院仅为87所,所占比例不及9%。上述两类书院,尽管在办学主体上不同,在书院的讲学形式和要求上不一,但是它们最终所发挥的作用却是一致的,即如理学家王守仁所说,乃是"匡翼夫学校之不逮",为明王朝培养符合国家教育和道德理想的真正有用的人才。

明代南京地区书院的教学内容,同国学与府、县地方儒学一样,主要是儒家经典和某些史书。《小学》、"四书"、"五经"、《御制大诰》等是必修之书,而诸如史书、《通鉴》之类的书籍,则是随本人的能力而选读。书院教学方式在不同的书院中并不完全相同,大多数书院采用得比较多的是会讲的方式。所谓"会讲",是指以聚会的形式而组织的教学或讲学。书院的会讲方式主要又分为每日必行的会讲和定期举行的会讲两种。每日必行的会讲,具体由教官主讲、学生复讲和质疑答问构成,这种方法与国学和地方儒学的教法相似;定期会讲是书院中比较常见的一种组织教学的方式,不同的书院对会讲的期限、规模及组织安排也不尽相同。在教学活动比较规范的书院中,会讲不可以取代日常教学。

书院中教学的安排还是比较紧的,尤其是一些著名学者主持的书院,每日的课程安排严紧苛刻,以至于达到极限。如湛若水的大科书堂在教学上是这样安排与要求的:

> 诸生进德修业,须分定程限,日以为常。每日鸡鸣而起,以寅、卯、辰三时诵书,以巳、午时看书,以未时作文,申、酉二时默坐思索,

戌、亥二时温书。然此等大抵不可失了本领,通是涵养体认之意。如此循常,当月异而岁不同。朔、望升堂,先生讲书一章或二章,务以发明此心此学。诸生不可作场说话,听过亦必虚心听受,使神意一时相授,乃有大益。①

在这个安排与要求中,每天12个时辰(即24个小时)除子、丑两个时辰外,其余10个时辰都必须"进德修业",其中"修业"(包括"诵书"、"看书"、"作文"、"温书")竟达8个时辰(即16个小时),足见湛若水对书本的注重。而教师的讲授每月是安排朔、望两日,又可见在书院的教学活动中,学生的自学占据了主导地位。

考试是书院教学的一个构成部分。明代对书院学生进行考试的做法,至迟在明代中期之初的成化年间即已实行了。书院中的考试往往由提学官、地方政府官员来主持。书院的考试方式主要有会文与会考两种,会文是定期将学生集中进行文章写作;会考是将书院的全体学生进行集中的统一考试,以检测学生阶段性学习的成绩。而到了明晚期的万历年间,规定了书院的考课制度,书院实行月课月考,考课内容服从应举的需要,书院的教学基本上跟着科举考试转,原先确立的书院制度变得名存实亡了。而当书院一旦成为完全服务于科举应试的场所,其生存发展也会受到影响,这也成为晚明以后南京地区书院衰落的另一因素。

第六节 "应试教育"的强化

明王朝的科举同学校教育之间的关系极为密切。"科举必由校",②明代只有经过学校教育、具备出身条件的学子,才有资格参加科举考试,接受学校教育的直接目的是为了参加科举考试。科举以学校教育为基础,学校教育以科举考试为目的,两者密切结合,共同服务于明王朝的政治统治。因此,在明代的学校教育中,"应试教育"被大大地强化了。

一、科举考试及选士制度的加强

自隋开科考试取士制度以来,历代帝王对此都格外推崇奉行。明王

---

① 湛若水《甘泉文集》卷六。
② 《明史》卷六九《选举一》。

朝在总结前代成法的基础上,给予了更加紧密的控制,并在行政组织措施上,确立了全国范围内的4级考试制度,大大提高了科举考试的地位。

早在明太祖自封吴王之初,便"欲上稽古制,设文、武二科,以广求天下之贤"。拟行科试要求是:"其应文举者,察其言行以观其德,考之经术以观其业,试之书算骑射以观其能,策以经史时务以观政事;应武举者,先之以谋略,次之以武艺。俱求实效,不尚虚文。"①明王朝建立后,洪武三年(1370)诏令特设科举,明示:对其中选者,明太祖"将亲策于庭,观其学识,品其高下,而任之以官。果有材学出众者,待以显擢。使中行文武,皆由科举而选,非科举,毋得与官。"②并且颁行科举条格诏,条列乡试、会试文字程序、出身、乡试、会试额取数、开试日期、有关规定等等,明定三年一次开试。但由于明王朝天下初定,官多缺员,因而令行省连试三年,举人免除会试,赴京直接授官。后因"所取多后生少年,能以所学措诸行事者寡"之故,自洪武六年(1373)起罢科举,直至十五年(1382)才恢复科举,两年后命礼部颁行科举成式。

洪武四年进士登科录。

科考分小考、乡试、会试及殿试四级。小考在郡举行,先是由本地长官主考,正统元年(1436)明中央朝廷任命专管一省的教育和考选的"提调学校官"(又称"学院"),由其主持这类考试,称为"院试",录取者为生员。乡试比院试高一级,在各省城举行,中式者为举人。乡试之上的考试为会试,在京城举行,中式者称进士。多次参加会试不中的举人,可以去考官,其列前茅者可被分派当县的长官,后列者也可充当县的学官。会试取中后参加殿试,殿试由皇帝亲试并在殿廷举行。中式者分一、二、三甲,一甲3人即状元、榜眼、探花,称进士及第;二甲17人,称进士出身;三甲80名,称同进士出身。考试内容规定,分别考"四书"、"五经"之"义"各若干道,"论"、"判"、"诏诰"和"表"一类的官场应用文字以及"经"、"史"、"时务策"一类的政论文字。明王朝尤其重视阐述"经义"的那篇文章,其文略仿宋经义,代古人语气为之,体用排偶,谓之"八股

---

① 《明太祖实录》卷二二。
② 《弇山堂别集》卷八三《科试考一》。

文"。此后"八股"之害泛滥,不仅独擅明、清两朝科场至500年之久,而且殃及教育领域至为深远。

洪武十八年(1385)施行选庶吉士,即点翰林之制。将殿试中一些"文词华赡、书法优长"的进士观政于翰林院、承敕监等衙门,称之为"庶吉士"。永乐初,规定庶吉士专属翰林院。3年学成,经散馆考试,优者留翰林院为编修、检讨,其余则出为给事中、御史、州县官等。明代中叶后,翰林院出身的进士地位日见优崇,以致"非进士不入翰林,非翰林不入内阁,南、北礼部尚书、侍郎及吏部右侍郎,非翰林不任","通计明一代宰辅一百七十余人,由翰林者十九"。形成"翰林之盛,则前代所绝无"的状况。① 在这种形势之下,学校教育自然不得不成为科举的附庸。明统治者在发展社区、乡村教育方面虽甚有成就,但在教育的发展方向上,却将其导入应试教育的狭窄的死胡同。明代南京之地教育发展的命运,亦必不可免地走向这样的归宿。

二、应天府乡试与南京会试

明代的南京既是京都,又是应天府所在地,故而成为明代前期科举考试的中心,直至明成祖迁都北京之前,南京地区要主持乡试、会试、殿试几大科试。

1. 应天府乡试

应天府在明代科举乡试中处于重要地位。明初的科举成式与条格明确规定,乡试在各直省及京师举行,"直隶府、州、县则于应天府(乡试)"。应天府按明制,每三年举行一次乡试。因开试时期在秋季,故又称"秋闱"。应天乡试共有三场:第一场于八月初九日举行,试"四书"义3道,每道200字以上;经义4道,每道300字以上;上述不能完成者允许各减1道。其标准:"四书"以朱熹《四书集注》为主;诸经中,《诗》以朱熹集传为主,《易》以程朱传义为主,《书》以蔡沈传及古注疏为主,《春秋》以左氏、公羊、穀梁等传为主,《礼记》以古注疏为主。第二场于八月十二举行,试论1道,300字以上;判语5条;诏、诰、章、表、内科1道。第三场于八月十五举行,试经、史、策论5道,不能完成者允许减两道,每道300字以上。

---

① 《明史》卷七〇《选举二》。

考试官都是由官府提前以币帛敦聘的明经公正之士,设主考官2人,同考官4人,提调1人。并挑选居官清正谨慎者充任各类考务、管理之职掌。每场考试考生一般在前一晚经严格搜检后入场,次日考一整天,至晚交卷;未完成者,给蜡烛3支,继续答至蜡尽为止。

应天府因其特殊地位,往往得到特别的关照。如洪武三年(1370)颁行的科举条诏中,规定乡试选额,其他各省多者40名,少者25名,而应天府因系"在京乡试直隶州"而得100名。

即使在明王朝迁都北京后,至洪熙元年(1425),礼部奏定乡试取士之额,北京国子监及北直隶顺天府共50人,而南京国子监及南直隶应天府解额为80人。宣德七年(1432)二月,诏令顺天府乡试解额与南京应天府同为80人。正统五年(1440)复定乡试解额,顺天府仍为80人,而应天府为100人。次年,方又增顺天府乡试解额20人。景泰四年(1453年),复定乡试解额,南北直隶各增35名,遂为定额。

2. 南京会试

明代迁都前的会试在南京由礼部主持,故称"礼闱"。会试按明制三年一次,在乡试的次年举行,因时逢春季,故又称"春闱"。参加会试者必须是乡试中式的举人。

会试亦考三场:第一场在二月初九日,第二场在二月十二,第三场在二月十五。所考文字与乡试同,只是难度更大、要求更高。会试时的考官一般由朝廷高级官吏或内阁大学士担任,并且在人数上比乡试略有增加,如同考官为8人,并且提调官由礼部内官担任。考试之日,举人于黎明时分入场,每人由军卒1人看守,至晚交卷。未毕者亦给蜡烛3支,烛尽而试毕。

在南京举行的历次会试中,由于未规定录取名额,名额数"皆临期奏请定夺",[①]多寡甚殊,如最少的一次在洪武二十四年(1391)只有31人,而最多的一次在永乐三年(1405)竟达472人。至成化十一年(1475)以后,才有定额,一般为300人,遇特殊情况,另外增加。洪武三十年(1397),南京曾发生"南北榜事件"。是年会试,主考官录取的52名进士全是南方人,北方举子怒而上告,明太祖怒所取之偏,虽复查无弊,仍诛罚诸考官,并亲自阅卷录取61人,尽为北方人氏。此事影响到以后的北京会试,致使在明仁宗洪熙元年(1425)采取"分地而取"的原

---

① 《明史》卷七〇《选举二》。

则。明中叶后还实行"南北卷制度"。然而,其间至明朝终,徇私增减名额比例之事仍有发生。

会试中式者,随后于三月初一(成化时改作三月十五)前往皇廷参加皇帝亲自主持的殿试。殿试中式者便步入官途。

三、明代南京地区科举中式状况

明代南京地区教育比较发达,重视科举风气蔚然,学士热衷应试为官之途,又因人才济济,故不乏会试、殿试中式之人。据不完全统计,明王朝自明太祖洪武三年(1370)开科考试始,至终朝明思宗崇祯十七年(1644)的270余年间,南京地区科举中式一甲,获进士及第者情况如下:

永乐十六年(1418)戊戌科江宁刘江中式榜眼。

正统十三年(1448)戊辰科江宁陈鉴中式榜眼。

天顺八年(1464)甲申科上元倪谦中式探花。

正德三年(1508)戊辰科上元景旸中式榜眼。

万历二年(1574)甲戌科江宁余孟麟中式榜眼。

明代放榜图。

万历十七年(1589)己丑科江宁焦竑中式状元。

万历二十六年(1598)戊戌科江宁顾起元中式探花。

万历四十七年(1619)己未科句容孙贞运中式榜眼。

崇祯十六年(1643)癸未科溧阳宋之绳中式榜眼、溧阳陈名夏中式探花。

其间,南京地区各府、县之人考中进士者凡385人,分布情况如下:应天府南京卫计86人;上元县计85人;江宁县计71人;江浦县计12人;六合县计12人;高淳县计11人;溧水县计14人;句容县计46人;溧阳县计48人。①

明代一些重大的教育政策和发展教育的重要举措,都是在明初南京作为国都时确立的,其后虽然首都北迁,但南京仍然是"南都"。因此,

---

① 据《江苏教育志》,江苏古籍出版社2000年版,第92页。

明代文教举措的实施与推行，南京之地首当其冲，从而对南京地区文化教育事业产生很大的促进作用。明代中叶以后，南京地区城市经济和商品经济增长，一些新的经济因素出现，对教育的发展和教育思想观念的变化亦产生着影响。同时应当看到，其间的一些教育名人在南京之地的教育实践和教育思想理论，对该地区教育的发展产生了积极的影响与推动作用。这些社会背景和历史条件，促使明代南京地区的教育在继承宋代以来教育成果的基础之上，取得进一步的发展，并有着诸多的新创。在此期间，官学学制系统得以形成，私学有了较大的发展，多种补充正规教育的教育形式与教育专业出现，书院教育在曲折中发展，科举教育地位进一步提高。凡此种种，使得明代的南京地区形成了比较完备的教育网络、教育体系，社会教育获得较大的普及。明代南京地区的教育成为南京古代教育发展历程中光彩炫耀的重要篇章，并对此后教育事业的发展产生较为深远的影响。但是，明代南京地区的教育囿于特定的历史条件，在其发展中亦产生着一些偏弊，如：学校教育成为封建王权加强政治统治的工具，教育专制举措被发展到登峰造极的境地，严重钳制和摧残了受教者乃至施教者的思想、精神；八股取士科举制度的大肆倡行，使学校教育沦为科举考试的附庸，加重了应试教育的风气，等等。这些对社会与历史亦产生着较大的消极作用，甚至产生深远的恶劣影响，反映出明代南京地区的教育在发展中亦有着较大的局限性。

【第五章】
清代（鸦片战争前）的南京教育

清顺治二年(1645)置江南省，设布政使司，改明南京为江宁府；又置两江总督驻江宁，辖江南、江西两省，并设江宁巡抚。顺治十八年，分设安庆、徽州、宁国、池州、太平、卢州、凤阳、淮安、扬州9府以及徐州、滁州、和州、广德4直隶州，隶属安徽，归江南左布政使管辖。康熙元年(1662)，安徽设巡抚。三年，分江北按察使往治。五年，扬州、淮安、徐州又复隶属于江南省。六年，江南省改称江苏省。并改江南左布政使为安徽布政使司，驻江宁；江南右布政使为江苏布政使司，治所在苏州，辖江宁、苏州、常州、松江、镇江、扬州、淮安7府并徐州直隶州。雍正二年(1724)，升太仓、邳州、海州、通州为直隶州。十一年，徐州升为府。乾隆二十五年(1760)，移安徽布政使司于安庆，增设江宁布政使司，析江宁、淮安、徐州、扬州4府及通州、海州2直隶州归其管辖，并与江苏布政使司对治。三十二年，增设海门直隶厅，属江宁布政使司。

顺治初年，清因明制，江宁府属县有8个：上元县、江宁县、句容县、溧水县、江浦县、六合县、高淳县、溧阳县。雍正八年，改溧阳县属镇江。

第一节 文化教育政策与教育管理体制

在清王朝维护全国统一、争取长治久安的统治中，文化教育有着重要地位。清统治者刚定都北京，就立即修复明北监为国子监。在战火未熄的顺治时期就宣布:"今天下渐定,朕将兴文教,崇经术,以开太平。"①清朝前期历代皇帝也都高度重视文教。

一、文化教育政策举措

1."稽古右文,崇儒兴学"

为巩固和加强专制统治,清朝皇帝竭力吸取并利用汉族和其他民族的思想文化,以服从于自己的统治需要。入关以后,为凝聚人心,笼络士子,消减满汉对立,实现大一统,清初统治者继历代之统,尊孔崇儒,以确定其政教规范。一方面,大力提倡尊孔读经;另一方面,崇朱学抑王学推崇者。清朝统治者把程朱理学作为统治思想,以此统一全国的思想道德规范,更在于抑制王学自明以来大办书院、兴讲会、议朝政的风气,以加强思想专制。

2.恩威并用,笼络汉族士子

清统治者要巩固其地位,必然要先控制住士子阶层。清初统治者即开科取士,给予天下士子参与政治的途径。科举考试一直是清朝笼络士子的主要手段。清代仿照明制,对各级官学的生员实施优惠照顾。士子一旦获取生员资格,便可一食廪,二免丁粮,三有地方官以礼相待。另外,清政府还规定,官学生员犯罪,地方官不得视同平民治罪。在入学期间给予优厚待遇。规定官学生员的生活费用基本由国家包下来。尤其是国子监生员还享受官费医疗,可谓照顾周全。清统治者在大力笼络士子的同时又残酷推行文字狱等政策,望文生义,罗织罪名,用血腥屠杀来压服士子。

3.重科举,轻学校

清代统治者把学校完全纳入科举选才的轨道,"古者天子命教然后为学"。学校教育完全是所谓的"精英教育"。学校变成科举的附庸,培养人才的教育变为训练应试技能的教育。从童试入学考试到走上科举考场,县试、府试、入学后的季考、月课、岁试、科试,层层考,循环考。上

---

① (清)赵尔巽等《清史稿·选举一》,校点本,中华书局1976年版,第3 114页。

至最高学府国子监,下至蒙学的作文阶段,整个国家的教育几乎都成了应科举考试的教育。教育过程成了周而复始的考课过程。学校有考课而无教学。学校的教育功能丧失,教育制度随之腐朽,士子埋头八股,弃道德、学问于不顾。

4. 重兴官学,调控私学

统治者为加强专制统治,还以官学的导向作用调控非官办学校。清沿明制,提高官学地位的最根本措施是朝廷给予它垄断输送科举考生的特权。"科举必由学校,而学校起家可不由科举。"①要参加科举考试,必须先入官学,官学为科举必经的阶梯;然而官学起家者却可不经科举而得官。科举必由官学,赋予官学以特殊的地位。官学在各类学校中,发挥着领导或样板作用,其教育和考试具有某种导向的意义。其他各类学校的教育和考试向官学看齐,与官学接轨。如不然,其学生就没有出路,学校就办不下去。

二、教育管理体制和学校系统

按清制,礼部掌礼仪、祭祀、学校、科举事务,是全国最高的教育行政机构。礼部中主管教育和科举的是仪制清吏司。该司设"郎中满二人、汉一人,员外郎满三人、汉一人,主事满、汉各一人,掌嘉礼、军礼,学校、贡举并隶焉"。

清代国子监自顺治十五年(1658)始改由国子监自行办理,由皇帝特派的管理监事大臣主管,直接向皇帝负责。但有关招生和学生出路的事务由礼部管理。教育皇亲贵族的特殊学校也由办学部门独立管理。

礼部管理国子监和特殊官学以外的全国学校事务,主要是地方学校和科举考试事务。而对地方教育的管理,主要通过朝廷派出的学政来实现。学政,每省一名,主管一省的学务。学政直接管理所属的府州县学,巡回主持童试和岁科考试,考核教官。对不属国家学制范围的书院、社学、义学,虽没有考试诸生的任务,但仍有监督之责。

清承明制,官学设置分为中央与地方两级。中央官学主要为国子监,地方官学为府、州、县学。此外,在地方基层还设有未列入学制的机构,明代为社学,清代先是社学,后为义学。官学主要是儒学。整个官学

---

① 《明史·选举一》。

教育的学校门类和学科种类单一。学校网点分布极广,国家教育辐射到全国各地。学校的生员涵盖了社会各阶层的人士。此外,清代另设有教育皇亲贵族子弟的官学。①

第二节 完备的地方官学体系

以府、州、县学为主的清代地方官学体系完备,是整个封建教化体系的主要支撑。江宁府作为省会,加上前明代都城南京的教育基础,其府、州、县学建制备受重视,体系更显完备。

一、地方官学的建制

按清制,学政是督察各府、州、县儒学的最高长官,全称"提督学政",每省一人,其地位比同巡抚而列布政司、按察司之前。江苏省(江南省)设提督学政一名。

在府、州、县分设各级学官。一般情况下,府学设教授(正七品)1名,训导1名;州学设学正(正八品)1名,训导1名;县学设教谕(正八品)1名,训导1名。训导(从八品)为教官之副职。各级教官由朝廷委派,听命于学政。②

1. 清代江宁府地方官学设置

顺治九年(1652),两江总督马国柱将明国子监改为江宁府学,重修圣殿,是为省会府学。顺治十三年、康熙二年(1663)、三十四年重修,雍正十三年(1735),总督赵弘恩再修,并立重修江宁府学碑。嘉庆二十四年(1819)毁于火,后重置,太平军攻占南京又毁。江宁府

江宁府学(今南京市政协大院内)。

---

① 以上部分内容参考李国钧、王炳照主编《中国教育制度通史》第5卷,山东教育出版社2000年版,第13—28页。
② 《中国教育制度通史》第5卷,山东教育出版社2000年版,第129页。

学开志道、据德、依仁、游艺四斋,设教授1人、训导1人(康熙三年裁,十六年复设)。

上元县学和江宁县学在江宁府治东南之秦淮上。清初将原明之应天府学改为上元县学和江宁县学。上元县学设教谕1人、训导1人;江宁县学设教谕1人、训导1人;另有句容县学、江浦县学、溧水县学、六合县学,依例均设教谕1人、训导1人,而高淳县学设教谕1人、训导2人。

2. 府、州、县学的学额

清代府、州、县学的学额都由朝廷直接确定和控制,主要体现在对每次入学额、廪生增生额和贡于国子监的人数、出贡间隔年份的规定上。总的来看,有定例,又有变化。清初,各地官学分为大学、中学、小学,其招生数也不同。其中按乾隆年间定例,江南、浙江府学均25人,而大州县视同府学,其次州县大学20人,中学16人,小学12人。① 后各地地方官学升格,生额增加。上元、江宁、句容等县向系大学,照府学额,各取进25名;溧水、高淳等县向系中学,改为大学,各取进20名;江浦、六合等县向系小学,改为中学,各取进16名。② 所以,清代江宁府地方官学学额比清初多有变化,以高淳县为例:清顺治五年(1648)高淳以中学名额入学25名,十五年入学额为12名;康熙二十八年(1689)入学额为16名。雍正四年(1726)改中学为大学名额,入学文生员20名,武学12名。

二、地方官学的管理与制度

1. 官学教官

学政是朝廷派驻各直省督察各府、州、县儒学的最高长官,代表朝廷主持地方的岁科考试,并检查地方官学情况,考核教官。

各级地方官学教官是官学教育的实施者。教官的具体任务有以下几项:其一,朔望宣讲。每逢朔望,传集诸生于明伦堂,诵圣祖仁皇帝御制《训饬士子文》、御制万言《广训》、世宗宪皇帝御制《朋党论》及卧碑各条。令诸生恭听悉遵。遇督抚到任及学政按临、抵谒先师之日,该教官亦率诸生宣读如仪。其二,遇节庆日带诸生行礼。凡遇"万寿"、元旦、

---

① 《钦定大清会典》卷三二《学校》。
② 《清文献通考》卷七〇《学校八》。

冬至、丁祭之期,传令优等生员分班陪列行礼。其三,季考、月课。其四,讲解刑律。季考月课之次日,教官将律内开载刑名钱谷、关系紧要者,与诸生详为讲解。其五,学政前来主持岁考时,举报优生、劣生。其六,发放学租给廪生和贫士。① 同时,为了确保各级教官能够真正履行职责,其资格是严格限定的。按清制,教官必须是正途出身者,捐纳者也必须是生员。教官任用前其学识、品行等必须通过督抚的考试;任期之中,每逢学政按临,又须接受考核与考试。②

2. 生员

生员是学政和各级地方官学教官的教育对象,更是其管理对象。清朝地方官学实行的是以考代教,而各类考试又与科举考试相衔接。一方面,生员资格是通过考试而取得和维持;另一方面,生员接受严格的科举考试训练。

童试是地方官学的入学考试。未取得生员资格的士子,无论年龄大小,统称童生或儒童。童生要入学,须参加童试。童试包括县试、府试和院试三级考试,层层筛选,每一级考试又包括正考和复试。县试和府试的复试称作"招复",各州县一二次不等。院试则复试一次。童生得逐级通过知县主持的县试和知府主持的府试,最后由学政进行岁科考试,即院试。被学政录取者,就成为地方官学生员。参加童试者的身份有一定的限制,娼、优、隶、卒和曾经犯罪受提审、革职者等人,被排除在报考者即未来的生员之外。

生员在取得资格以后,正途是科举进阶。地方官学对生员的管理主要在于以科举为导向规范,对生员的考课和考试进行管理。这种导向规范首先体现在朝廷对地方官学生员学习内容的严格规定上。

3. 学习内容

顺治九年(1652)首次规定了各地官学的学习内容:今后直省学政,将"四书"、"五经"、《性理大全》、《资治通鉴纲目》、《大学衍义》、《历代名臣奏议》、《文章正宗》等书,责成提调、教官,课令生儒诵习讲解。坊

---

① 《钦定礼部则例》卷五六《仪制清吏司·教官事例》。
② 参考李国钧、王炳照主编《中国教育制度通史》第5卷,山东教育出版社2000年版,第142—147页。

间书贾，只许刊行理学政治有益文业诸书，其他琐语淫辞，通行严禁。①康熙四十五年(1706)，又规定《御制古文渊鉴》、《资治通鉴纲目》等书为士子必读之书向各直省颁发。此后，清朝陆续不断地向直省官学、书院颁发书籍。所发的书，多为"御制"、"御定"、"御纂"书籍。就内容而言，多为清帝的文集及"谕旨"、经书讲解和集注、《十三经》、《二十一史》、《三通》及其他常用的文史类图书，如《御定全唐诗》、《御定子史精华》，和常用的工具书，如《康熙字典》等。

4. 考课考试制度

按月月课，四季季考，是地方官学的日常考试。考课内容最初为《四书文》一篇。雍正六年(1728)后于《四书文》外，兼试策论。

岁科考试，是由学政主持的地方官学最高级考试。定例学政3年中，须巡回所属各校，分别进行一次岁试和一次科试。岁试和科试对于童生来说，是入学考试；至于生员，岁试是升降级考试，而科试则是科举前的资格考试。所以，岁试和科试对于生童都意义重大，其规制也最严格。

生员岁试，成绩分六等，称"六等黜法"。生员的地位有廪生、增生、附生、青衣和发社生员5种。入学起点为附生，学校内最高为廪生，最低为发社，最严厉的处罚为黜革。各人的地位都不固定，以岁试成绩而定。只有考上或保持廪生、增生地位者，才可获得朝廷的廪米。考列四等者，就要受体罚(扑责)，考列五、六等者，则要降级或黜革。但道光以后，评定等第的规制松弛，一般只有三等，四等者很少。

科试是乡试前的选拔考试。凡考取第一、二等及三等的前数名(大省前10名、小省前5名)者，即取得了参加科举考试资格。学政按照本省的乡试定额，酌量定一、二等名数，即录送乡试的人数。顺治二年(1645)首次定，直省乡试，每举人1名，取应试生儒30名。乾隆七年(1742)确定为："生监科举，直省由学政录取，每中式举人一名，大省(江南、浙江、江西、福建、湖广)录科八十名，中省(顺天、山东、山西、河南、陕西、四川、广东)六十名，小省(广西、云南、贵州)五十名。"②清朝录送乡试的数目至此确定下来。其中，江南省上江中45名，应取科举3 600名；下江中69名，应取科举5 520名。

---

① 《清会典事例》卷三八八《学校》。
② 《钦定礼部则例》卷八五《生监科举乡试》。

考生进入号舍图。

拔贡与优贡的考试。拔贡考试,每12年举行一次,由国子监题请下旨,行各省学政考选。府学2名,县学1名。经学政考选后,送礼部,参加朝考。考取一、二等者,在保和殿复试。再考取一、二等者,或以七品小京官分部学习,或以知县分发试用,其余以教职或佐贰等官用。复试未经入选及原考列三等者,送国子监肄业。文理荒谬者斥革。优贡,为地方官学所举报的优生,送国子监肄业,以示鼓励。拔贡与优贡的考选,成为科举考试以外地方官学人才的又一输出口,是培养官僚的另一重要形式。

武生童的考试。清朝除文生员外,还有武生员。武生没有武学,附属各地儒学。学额如文生童之例,分大中小学,自20名递减至7—8名。课程除骑射外,教以《武经七书》、《百将传》、"四书"、《孝经》。学政三年一考,考试分内外两场,先外场考骑射,后内场考策论。岁试列一、二等者,准作科举。武生童的考试内容,康熙四十四年(1705)定为先考策论,后较骑射。康熙四十九年圣祖谕:"考试武生童,用论二篇,第一篇出《论语》、《孟子》题,第二篇出《孙子》、《吴子》、《司马法》题。"①至嘉庆十二年(1807),根据武科举的变化,武生童考试也发生改变。所有殿试及各省乡试,并学政考试,原试策论,俱改为默写《武经》。

5. 学规和禁令

对地方官学生员的管理除了以科举为导向的考课考试以外,还体现在朝廷制定的生员学规和禁令上。

清代的卧碑和《朋党论》,是确定生员行为规则的基本依据。顺治九年(1652),清朝以明朝对生员的卧碑文为基础,稍作修改,形成清朝的卧碑,颁布全国各官学,作为统一的学规。卧碑的重点是限制生员的言行自由。其内容如下:

朝廷建立学校,选取生员,免其丁粮,厚以廪膳,设学院、学道、

---

① 《钦定学政全书》卷二一《考试题目》。

学官以教之,各衙门官以礼相待,全要养成贤才,以供朝廷之用。诸生皆当上报国恩,下立人品。所有教条,开列于后:

一、生员之家,父母贤智者,子当受教;父母愚鲁,或有非为者,子既读书明理,当再三恳告,使父母不陷于危亡。

一、生员立志,当学为忠臣清官。书史所载忠清事迹,务须互相讲究。凡利国爱民之事,更宜留心。

一、生员居心忠厚正直,读书方有实用,出仕必做良吏。若心术邪刻,读书必无成就,为官必取祸患。行害人之事者,往往自杀其身。常宜思省。

一、生员不可干求官长,交接势要,希图进身。若果心善德全,上天知之,必加以福。

一、生员当爱身忍性,凡有司官衙门,不可轻入。即有切己之事,只许家人代告。不许干预他人词讼,他人亦不许牵连生员作证。

一、为学当尊敬先生,若讲说皆须诚心听受。如有未明,从容再问,毋妄行辩难。为师亦当尽心教训,勿致怠惰。

一、军民一切利病,不许生员上书陈言。如有一言建白,以违制论黜革治罪。

一、生员不许纠党多人,立盟结社,把持官府,武断乡曲。所作文字,不许妄行刊刻。违者听提调官治罪。①

为了进一步限制生员的思想自由,雍正三年(1725)还曾颁行御制《朋党论》。

6. 举报优劣之制

为了有效地实行上述学规和各项禁令,奖优罚劣,清朝推行教官学政举报优劣制度。顺治九年(1652)规定教官举报生员优劣,"务将确实事迹填注申报,以凭督抚、学臣秉公查核。督抚、学臣仍亲加访察,以杜欺诳。凡学臣报满之日,将核定优劣贡监、生员,榜视通衢,使之荣辱攸分。"②至乾隆时期,举报优劣定型为,学政岁考时,行令州县教官,查报生员优劣,各开事迹,封送学政。学政三年任满时,将优生会同督抚验看具题,择其行谊卓著者,升入太学,大省不超过5—6名。由部汇题复核,令其赴部朝考。由廪、增生报优者作贡生;附生报优者准作监生,赴监肄

---

① 《钦定学政全书》卷四《学校条规》。
② 《钦定学政全书》卷三三《举报优劣》。

业。其余次者准作优生,学政量给奖赏。劣生褫革。如有改过自新者,声明免予黜革。

7. 生员的优厚待遇

为显示对生员阶层的特殊照顾,统治者为他们建立与百姓不同的组织管理系统,给予他们百姓所没有的优厚待遇。生员只受教官和学政的约束,地方官可以监督但无权责罚生员。生员如有过错,地方官应向教官汇报,会同官学教官及学政发落,不得擅自惩治。如犯重大罪行,须先报学政革去其生员资格,然后依法治罪。

清代在正规生员以外,还有大批捐纳贡监生。他们同属生员范围,但实际上则只是名义上的贡监。对这批人,采取归地方管理,同时按生员方式惩治。

除了免受官员随意打骂,生员还享受朝廷的其他4项精神和物质上的优遇:有自己的法定服装,得到生活费即廪膳,优免丁粮,优免差役。地方官学没有肄业年限,除非生员中举、中进士或因过错而遭黜革,否则他们可以在官学中待30年或待到70岁,然后告给衣顶,成为名誉生员,所以大多数生员的优遇是终身性的。①

三、地方官学的学田与学租

地方官学的学田,属府州县官田的一部分,其中很多是继承了前代府州县学的遗产,也有一部分是清朝地方添置的。学田由州县征租,主要归学政支配、檄发。学田不用于发放教职人员的薪金和学生的膏火,因为地方官学作为国家办的学校,其教官都有品级,都有同级官员的俸禄,而官学的廪生、增生则享有国家按月发放的廪膳。

江宁府学的学田与学租情况,以乾隆十八年(1753)为例:"开垦上元县清化乡学田一百三十一亩,地十八亩,荒地三亩四分,房基场地三亩,每年纳学租银七两四钱六分七厘四毫。""置官房评事街行口佃房三间六披,每年纳学租银七十两八分八厘。""清出社学房地内常平仓河滩地一块,木匠坊基地二间又沟披二间,技艺坊社学地一块,通济门外学房一间地一块,广艺街学房四间披二间,下街口学房一间地一块,府军衙二

---

① 以上参考李国钧、王炳照主编《中国教育制度通史》第5卷,山东教育出版社2000年版,第148—179页。

铺学房三间地一块,梳子廊学房三间,正西一厢学房三间,马府隔壁学房六间,城中临字铺学地一块",共15处房地,每年共给租银19两2钱6分。以上三项田房每年共计交纳学租银96两8钱1分5厘4毫。每年末俱解赴学道衙门支销。其收入还包括,顺治十六年(1659)清廷发银300两,并被存入典铺,以二分取息,岁计60两。以上学田与学租收支分账,主要用于资助办学和赈济贫生。

其他县邑学田与学租情况:

江宁县学:城南伎艺厢、城南铖巷生员居、正南新厢,新廊地方居民佃住;正西旧、厢常平仓左等多处田产,皆佃种。

上元县学:有织锦坊五图、伎艺坊二图、南北塌坊、江东二厢、三山门外莫愁湖、生员居6处田产;又有聚宝门外涧子桥、马路街、通济门外大街、英府对廊、广艺街等多处房产。

句容县学:学田130亩,店10间。

江浦县学:学田10多顷。明知县王之纲以绝户余田入学租360石,又按院宋荦赎银50两置田塘24亩多,租30石,督学徐鉴官银100两置田塘22亩多,租33石,银58两多。

高淳县学:学基地28亩多,居民赁地纳租。学田共279亩多。另有张大有捐田15亩,吴经第捐田3亩以及孙周六捐孙氏办粮以给祭胙,捐学山4亩。

溧水县学:学田250亩多。

六合县学:嘉靖间御史郑光琬入房税银23两4钱多,知县、教谕置田24亩,又置田地76亩,又置丈量多余田地79亩,每年额租以供本学给贫生之用,租银44两8钱多。

第三节 兴盛的书院教育

清代的书院不列入国家学制,有别于地方官学,但官学化又是全国书院的一个基本特点。南京地区历来人文荟萃,江宁府各府县书院尤其兴盛,而且具有特色。

一、书院的官学化

清初统治者对书院采取了抑制政策。顺治九年(1652),清政府命令各提学官督率教官、生儒务将平日所习经书义理，着实讲求，躬行实践。不许别创书院，群聚徒党及号召他方游食无行之徒，空谈废业。

清代书院的真正发展是在君主专制统治秩序巩固以后。清雍正十一年(1733)，朝廷"赐帑金，敕各直省建书院"。① 各省即以新建或前代旧有之一二大书院为省会书院，拆帑金大力兴办；各府州县亦"或绅士捐资倡立，或地方官拨公款经理"。各地书院不论省会还是府州县都一并奉旨拨官款赡给师生膏火。② 钟山书院是江苏省会书院。雍正元年(1723)，两江总督查弼纳于府城内旧钱厂地创建钟山书院，雍正十年，颁旨赐帑金1 000两复加修治。而六合县两所书院六峰书院和养正书院是由该县知县严森捐俸于乾隆九年(1744)和十一年创建的。

朝廷兴办书院的目的在于"兴贤育才"，但同时强调"黜浮华，崇实学"，把程朱理学作为统治思想。在钟山书院创建的第二年，雍正皇帝即御书"敦崇实学"四字匾额赐之，作为对书院的进一步控制。朝廷又规定，书院师长"由督抚学臣不分本省邻省已仕未仕、择经明行修、足为多士模范者，以礼聘请"。"书院生徒，由驻省道员专司稽察，各州县秉公选择，布政使会同该道再加考验，果系材堪造就者，方准留院肄业。"各省书院师长，"实有教术可观，人材奋起，六年之后著有成效者，准督抚学臣请旨酌量议叙"。"诸生中材器尤异者，亦令举荐一二，以示鼓舞。"各府州县书院，"俱申报该管官查核"。③

朝廷或地方官对书院的创办、书院教育的内容、师长的选聘、学生的录取选用等各个环节都进行干预和控制，强化书院与科举考试的联系，使之尽量向地方官学靠拢。所以，大部分书院与官学一样，都以科举考试为导向。比如，钟山书院"数年来，书院诸生或以乡会举，或以实学优行举，以及学使岁科、节使采风，大都得之书院者为多"。④

但书院毕竟不是地方官学，书院教育毕竟不同于科举考试。其经费来源仍多为半官半民，地方士绅对书院建设有一定的发言权，书院自身也有一定的人事决定权、教学自主权。同时，书院始终没有被正式纳入国家教育系统，其绝大多数学生也没能享受地方官学学生的升贡、授补铨选地方官职的权利。在占书院多数的考课式书院中，仍有一部分继承

---

① 《青溪文集》卷八。
② 《钦定大清会典事例》卷三三《礼部》。
③ 同上书。
④ 杨绳武《钟山书院碑记》，《上元县志》卷二三。

历代书院传统,除了考八股文之外,不同程度地进行德、智各方面教育,与专课时文的府州县学有所不同,因而在较长时期里仍具有补官学之不足的作用。"儒学浸衰,教官不举其职,所赖以造士者,独在书院。其裨益育才,非浅鲜也。"①而诸如钟山书院这样的省会大书院在培养人才、昌明学术方面更不是无关宏旨。"夫以皇上养士之恩如此其厚,教士之法如此其备,加以制府诸公宣布德意,鼓舞振作,又如此其至,而书院诸生有不奋自刻励,以仰副乐育之盛心、作人之雅化,岂情也哉!是故,上则开来继往,为圣贤不朽之业;次则砥节励行,为豪杰有用之才;即等而下之,而仅仅以科举之学自奋,亦必经明行修,文章尔雅,不愧为读书种子,而后可不愧为书院之士。"②

二、书院的内部管理

1. 书院的组织结构

清代书院的教职员一般有两类:一是负责教学的山长(或称为院长、掌教),二是负责书院日常事务的人员,如监院、首事(或称为首士等)。此外,还有少量事务人员,如书办、伙夫、门役等。

2. 山长的选聘与待遇

山长不仅是书院的领导人,而且还是教师,为书院的核心人物,所以书院历来重视山长的选择。选择山长的标准,大多要求德才兼备,有一定的学识和资格。有的明确要求,必须是举人、进士。清代书院山长的选任,有官府决定或推荐、公举聘请两种方法。按照清朝的规定,省会书院的山长须由官府聘用,而府州县书院则根据其投资兴办者的不同,或官府决定或士民公举。一般地说,雍、乾时期,朝廷书院政策初定,抓得较紧,山长多由官定;嘉庆以后,官定山长的弊端日益暴露,逐渐变为乡绅公举。

3. 书院的学生管理

清代书院对学生的管理制度,包括每年的甄别和日常管理规则,重点是对住院生的学业和生活管理。

---

① 《清史稿·选举一》,中华书局1976年版,第3 119页。
② 杨绳武《钟山书院碑记》,《上元县志》卷二三。

清代书院的学生,主要为官学学生,称为"监生"和"童生",也就是已入官学的生员、监生和未入官学的童生。清代地方官学没有教学,只剩下考课活动,且没有住读的条件,而书院比官学有更多的读书条件和研究学问的氛围,许多考课式书院也能为学生提供更多的训练考课和学习机会,所以地方官学生员往往一面在官学应考,一面在书院学习或自修,书院恰好起到官学的补充作用。清代书院一般通过调取或甄别考试的方式吸收学生。少数省会大书院,由本省各书院、官学中保送高材生入学。而大多数书院则通过每年的甄别考试,确定本年度或下年度的学生。甄别考试一般在二月、三月或十二月举行。有的只进行一次甄别考试,有的则要进行复试。有的在甄别考试前还须通过德行方面的考察。

书院的正课生,一般每月有1两左右的膏火银,省会书院稍高一些,比如钟山书院"膏火银内课每月二两四钱,外课减半,附课不给"。[①]清代书院的膏火银多与考课紧密联系,少参加一次考试即扣一部分膏火银。有的书院还把膏火银的发放与学生的考试成绩挂钩,实行膏火浮动制。此外,书院考课后,成绩前数名的学生例有奖赏银。有的除奖赏银外,还有官府发给的花红。这些都是书院把养士与学业相联系,提高考试成绩的重要措施。书院作为不列入学制的学校,其学生大部分无法享受升贡、当地方官学教官等待遇,他们的出路唯有参加科举考试一条途径。因此,他们的肄业期限长短不一,往往要到科举中式为止。[②]

三、江宁府府县书院的教学特点

1. 以博习经史词章为主的省级书院

钟山书院作为省级书院具有这样几个特点:第一,规模大。不仅院舍宏大,全省首屈一指,而且招生人数也是最多的,雄踞各道、府、县、厅书院之首。雍正元年(1723)创办之初,便征召"通省士子,肄业其中"。嘉庆年间,钟山书院设内课50名,外课70名,驻防生5名,共125名。第二,频受皇帝的关顾。乾隆十三年(1748),皇帝亲临书院视察,并与院中师生论学作诗。第三,师资水平高。钟山书院所聘山长多为一代名

[①] 南京市地方志编纂委员会、南京教育志编纂委员会编《南京教育志》,方志出版社1998年版,第59页。

[②] 以上参考李国钧、王炳照主编《中国教育制度通史》第5卷,山东教育出版社2000年版,第233—242页。

流。乾隆时期钟山书院由钱大昕、卢文弨、姚鼐等经学家、古文学家为山长,故书院教学以经训、古文为主。特别是姚鼐主讲钟山16年之久,其弟子梅曾亮、管同、方东树都以古文著名,为桐城派大家。

与其他省会书院比较,钟山书院更显其以博习经史词章为主的显著特色。它不讲或少讲性理,不学科举之文,以钻研经史、训诂、词章为主。它完全是针对一般书院空谈心性专习八股的积弊,反其道而行之,是对书院理学教育的大胆挑战和改革。

这种新的书院办学模式,在清代教育史上有其重要的意义。它破除理学书院的空疏学风,把实事求是的风气注入书院,无疑是教育的进步。它最早在实践中把八股文排除在外,将应试教育变为知识教育,动摇了科举在学校的地位。当然,作为考据学派兴办的书院,教学有其先天的不足,即一味强调厚古薄今,以为越古就越真,引导学生向后看而不向前看,在故纸堆中做繁琐考证,结果使学生脱离了社会实际,缺乏实际办事能力。

清代中后期,省级书院又有新的发展,除原有省会书院之外,在很多省会城市又增设了一些在全省或两省范围之内招生的省级书院。江苏省增设的三所书院中除正谊书院在苏州外,其余惜阴书院(书舍)、文正书院都在江宁(今南京)。这批新兴省级书院的设立,主要目的就是以经史实学去补救书院堕落为科举附庸的流弊,意在返回传统,推古求新,重振书院事业。这中间,惜阴书院在道光十九年(1839)开设之初就是仿当初钟山书院博习经史词章的特色。

2. 其他考课式书院

考课式书院,是指主要以考课为教学形式,以训练写八股文、参加科举考试为办学目的的书院。清代府州县级书院,多为这类考课式书院。

清代江宁府所辖各县书院主要情况如下:

上元县和江宁县设有尊经书院、凤池书院、明道书院、昭文书院、崇正书院、文昌书院、鸡鸣书院(嘉庆十年由布政使康基田建立,两年后并入凤池书院)、虹桥书院。

句容县设有句曲书院、三友书院、江左书院、华阳书院。

江浦县设有新江书院、白马书院、同文书院、珠江书院、英华书院、江干书院。

高淳县设有崇文书院、学山书院、高淳书院。

溧水县设有中山书院、图南书院、三贤书院、赵公书院、高平书院。

六合县设有六峰书院、养正书院。

这类书院最大特点是：以训练作八股文、准备参加科举考试为目的。其考试制度较严格，或采用开卷考试，或模仿科举考试，用闭门而试之法，在一天内交卷，不许给烛。其书院制度完全是围绕着提高考试成绩而设，对学生设立多种级别身份，有严格的升降制，成绩与待遇紧密挂钩等，刺激学生的考试积极性。

考课式书院虽然以考课为主或以科举考试为目的，但还有某些教学活动。书院的教学，包括掌教的讲书、抽查提问和学生自习、问疑、讲文多个环节。这类书院都很重视学生的回讲，即听讲后对知识的消化整理和复述，以培养钻研学问的能力。在教学内容方面，这类书院不囿于八股文，往往根据山长的学术倾向，把范围扩大到经史、诗词等。

这类书院往往拥有学术水平较高、热心教育事业的山长掌教，形成重视文化知识教育的优良传统。

四、江宁府府县书院的藏书与刻书

藏书和讲学、祭祀一起号称为书院的三大事业，也有人将图书和师长、膏火一起视为书院缺一不可的三个要素。

江宁府府县大小书院藏书丰富。例如，钟山书院藏书颇多，虽咸丰年间历经兵火，还存32种。惜阴书院更为丰富，为了便于图书管理，书院还专门制定《借书局章程》，涉及人员设置、图书保管、借阅规则等。如规定除文武官员外，江苏"本籍士子无书者得诣书院借读"，借书局成为全省读书人的公共图书馆。

书院藏书兴盛的原因主要有：第一，皇帝赐书。乾隆十六年（1751）三月初一日发布上谕，赐给钟山、紫阳、敷文等书院经史之书，"朕时巡所至，若江宁之钟山书院、苏州之紫阳书院、杭州之敷文书院，各赐武英殿所刊之《十三经》、《二十一史》一部，资髦士稽古之用。"①皇帝赐书虽少，但意在鼓励提倡，具有推动整个事业发展的社会效应。第二，中央政府的提倡。如乾隆元年（1736）三月十日礼部复准："各省会城设有书院，亦一省人材聚集之地，宜多贮书籍，于造就之道有裨。令各省督抚动用存公银两，购买《十三经》、《二十一史》，发教官接管收贮，令士子熟读讲贯。"乾隆九年又议复："各省学宫陆续颁到圣祖仁皇帝钦定《易》、《书》、《诗传说汇纂》及《性理精义》、《通鉴纲目》、御纂'三礼'诸书，各

---

① 王昶《天下书院总志》卷首。

书院山长自可恭请讲解,至《三通》等书未经备办者,饬督抚行令司道各员,于公用内酌量置办,以资诸生诵读。"①第三,地方政府官员对藏书的关顾。惜阴书院在同治年间,取湖北、浙江、苏州、江宁官书局所刊图书116种,每种书皆备4部,合计464部,存于院中书楼,以作"劝学官书",供江苏一省士子无书者借读。第四,书院师生、政府官吏和地方士绅的捐助,使得清代的藏书事业获得了广泛而持久的支持。

书院中还有更为高级的教学方式,即在藏书、读书、教学之外,加上刻书,形成"藏—读—著"良性循环的教学模式。书院刻书,早在宋代就存在。宋元书院刻本以其精于校雠、反映最新学术成果而闻名于世。清代书院就是在这一优良传统的基础上发展的。但在清初,由于书院的沉寂,刻书也处于低潮。直至嘉、道时期,阮元在诂经精舍、学海堂刻书,才带动清代书院刻书走向高潮。

清代南京书院刻印的书籍主要有这样几类:第一,为书院教学、研究、管理等方面服务的书院文献。例如,钟山书院雍正年间刊刻汤椿年纂《钟山书院志》十六卷(卷首一卷)。第二,反映书院学术成就的课艺、文集、试牍等名目的书籍。例如,尊经书院同治九年(1870)刊刻薛时雨辑《尊经书院课艺五刻》。第三,出版总结一代学术的大部头著作。例如,汉学大师卢文弨乾隆年间主讲钟山书院时,曾刊刻其著作和校勘之作《声音发源图解》、《续汉书律历志补注》、《逸周书》、《荀子》、《群书拾补》、《西京杂记》、《钟山杂记》等书。②

第四节 形式多样的蒙学教育

"蒙以养正。"蒙学是我国古代的初等教育。清代的蒙学,主要有三种形式:社学、义学与私塾。江宁府的蒙学教育形式多样。

一、社学

社学是地方学校,始于元代。元代以50家为一社,每社立学校一所,

---

① 转引自刘伯骥《广东书院制度》,台北《中华丛书》本,第321—322页。
② 以上部分内容参考李国钧、王炳照主编《中国教育制度通史》第5卷,山东教育出版社2000年版,第259—272页。

农闲时令子弟入学读书;明初各府州县皆立社学,教育15岁以下的儿童,体现统治者加强对儿童封建礼仪教化的用意,但明中叶后社学逐渐废弛。

清初顺治年间沿袭前代制度,朝廷也曾一度令各直省府州县设置社学,要求每乡立社学一所,并且将其列入国家的地方官学系统。"社师"由官府提供生活费,受提学的管理。雍正年间更强调乡村设置社学,作为对整个官学体系的进一步完善,以乡村社学来补府州县地方官学一般都设在城镇而远离乡村的不足。乾隆年间则又力图在边远少数民族地区兴办社学。总的来看,清初社学的兴办也未见成效。清中期以后,随着义学的普遍发展,社学逐更趋衰落。

清代江宁府所属各州县所办社学情况:溧水县在清代前期曾设有社学,分布在崇儒坊、唐桥巷、南门内、北门外、邰村东巷、邰村仓西、邰村仓后、柘塘市、蒲塘街、洪蓝埠、孔镇11处乡镇;六合县县城四门在明初就曾各建有一处社学,但到清雍正年间都已荒废。

二、义学

义学原是民间教育场所。最早始自北宋范仲淹为其族人设置的"义学",主要是在宗族范围内教育穷苦子弟读书而设。清初康熙年间先是为督促旗人子弟和边远各府州县的土司子弟就近读书而设,后逐渐推广到京畿乡村。乾隆朝以后,内地也广泛设立义学,直至清末,义学一直是清代蒙学的重要组成部分。

清代义学有官立和民办两类,包括地方官用官款或捐俸建立的大量义学以及各地乡绅、百姓集资兴办的义学,主要以教育"孤寒子弟"为主。官办的义学,其教师一般为本地品学兼优生员、贡监,经地方官考核后正式聘请,俸银多由官款开支。官办义学的学生免费上学,有的地方还被给予官学生员的待遇。义学每年都将师生姓名造册上报学政,学生成绩好的,可参加乡试。

江宁府各地的义学设置较早。康熙四十五年(1706),两江总督阿山捐俸400两,在江宁府城建立大小两所义学。乾隆年间上元县监生高宫佑获准并出资,将原附设于府学内的义学迁于夫子庙文德桥旁,又于丁公祠增设义学一所。道光十九年(1839)后,江宁布政使唐鉴晓谕民间兴立义学,并邀集好友在江宁府城"筹设义塾八处",以作表率。

除在府城外,六合县多任知县前后相继,具有兴办义学的良好传统。康熙年间知县喻宏林捐俸首先在六合县设立义学;雍正三年(1725)知县万世良在六合再设义学;雍正六年知县苏作赓捐俸,继办义学,教贫寒子弟读书。乾隆年间,知县严森在县城后街又建义学,每月由积善堂支付大钱3 000文,作为教师的薪金。另外,康熙二十一年(1682)高淳县知县李斯倡设官办义塾一所,设有童蒙、经义二馆。

三、私塾

民间私人设馆讲学,中国古有传统,清代也一度极为兴盛,既有讲究理学的私学,也有高举反对宋明理学大旗、以"实学、实习、实用"教授生徒的颜(元)李(塨)学派,更有以经史训诂教授生徒的乾嘉考据学派。这种较高层次的私人设馆讲学之风后来随书院讲学的兴盛而消退。

清代南京私塾课堂。

在南京,这种私人设馆讲学的形式也曾兴盛。乾嘉时期,袁枚辞官回到江宁定居,在小仓山建随园,遂有各方士人拜门问学者。袁枚开门收徒,而且其中不乏女弟子。也在这一时期,另有江宁本地自号"江宁女史"的王贞仪,居家收男徒授诗,不随流俗,力倡男女平等。

私学低级阶段的蒙童教育,一般称为私塾。私塾一般按其设立情况可分三种:塾师在自己家里,或借祠堂、庙宇,或租借他人房屋设馆招收附近学童就读,称为"门馆"、"家塾";由一族一村延请塾师择址建馆教育其子弟读书的,称"村塾"、"族塾";由富裕人家独自一家聘请教师在家设馆,专教自家子弟及亲友子弟,称"坐馆"、"教馆"。[①] 私塾学生的入学年龄没有定规。塾师大多是下层士子。私塾的教学形式是个别授课,即一个塾师在一间屋子里教授,十几个或几十个年龄不同、程度不等的学生同窗读书。讲授内容均为《三字经》、《百家姓》、《千字文》、《千家诗》、《幼学琼林》等启蒙读物及"四书"、"五经"之类,无学年限制。

江宁府各地的私塾也有多种形式。

---

① 毛礼锐、沈灌群主编《中国教育通史》第3卷,山东教育出版社1987年版,第448页。

第五节 科举考试的昌盛

科举考试,是清朝社会生活中的一件大事,清廷的开科取士,选拔了大批国家需要的各层面管理人才。清廷严厉的科场纪律,大致保证了取士的公平、公正性。江宁府江南贡院是全国科举乡试规模最大、取士最多、颇有影响的场所。

一、举足轻重的江南乡试

1644 年,清王朝建立之后,开国宰辅、文臣领袖范文程建议采用明王朝科举取士的制度。他在奏疏中说:"治天下在得民心。士为秀民,士心得,则民心得矣。请再行乡、会试,广其登进。"他的建议被满清统治者所采纳。决定于顺治二年(1645 年)秋八月举行乡试,顺治三年(1646 年)春二月举行会试,并且规定:"嗣后以子、卯、午、酉年乡试,丑、辰、未、戌年会试。奉特旨开科,则随时定期。"清代的科举考试从此开始。

科举考试对于加强满汉联合、笼络收买汉族知识阶层以充实官僚队伍、巩固满汉统治基础起着巨大的作用,因此,清朝统治者对科举考试高度重视。他们在仿照明朝科举制度的基础上,作了许多创新,力求使科举考试更加严密、客观、公正,以期做到崇实黜虚、选拔真才。其一,考试考官制。考官不仅要有"出身"和一定的官位,在任命前还要经过考试,以保其知识水平。其二,会试分省录取制。康熙五十一年(1712)规定:会试一律分省录取,按应试人数多寡,钦定中额。其三,复试之制。顺治、康熙、乾隆、嘉庆时,根据考试情况由皇上临时降旨,对乡试、会试榜后进行复试,以防舞弊,提高考试的公正性。其四,官民分卷制。即达官世族子弟与普通百姓分卷应试。其五,考官子弟回避制。规定乡、会试考官、房考、监临、提调之子孙、宗族,例应回避。后有规定考官子弟一律不得参加考试。其六,磨勘之制。指乡试、会试考卷派翰林官员复核。磨勘的实施,起到监督考官阅卷的公平与否和出题是否符合规定等作用。①

---

① 马镛《中国教育制度通史》第 5 卷《清代》(上),第 344—346 页。

清代的科举基本沿袭明代的制度,在行政组织措施上,亦实行全国范围内的三级考试制度。第一级为小试,或称为童试,即考秀才。第二级为乡试。乡试三年一科,遇有皇上登极、万寿等庆典特诏举行的考试,称为"恩科"。乡试考中者称为"举人",第一名称"解元"。第三级为会试和殿试。会试也是三年一次,分正科和恩科,由礼部主持,各省乡试中试的举人参加。会试中式者称"贡士",第一名称"会元"。殿试是最高层次的科举考试,由皇上主持,殿试中式者一般只排名次,而不黜落。第一名至第三名称"一甲三名",分别为状元、榜眼、探花,第四至第十名称"二甲",余为"三甲"。第一甲赐进士及第,第二甲赐进士出身,第三甲赐同进士出身。

1. 乡试场所——江南贡院

江南乡试场所称江南贡院,清代的乡试沿用明制,苏、皖两省的举子都齐聚南京参加"江南乡试",南京的乡试考场便沿称为"江南贡院"。

江南贡院位于南京城的东南隅(今夫子庙),它东接桃叶渡,南抵秦淮河,西邻状元境,北对建康路,为古之"风水宝地"。据《南窗纪谈》所载:建康(南京)贡院始建于南宋孝宗乾道四年(1168),由知府史正志创建,起初为县府学考试场所。占地不大,应考人数亦不多。若遇考生增多时,则借用僧寺举行考试。公元1368年,明太祖朱元璋定都南京后,集乡试、会试于南京举行。贡院规模得到较大发展。后经明、清两代的不断扩建,至清光绪年间,江南贡院已形成一座拥有考试号舍20 644间,另有主考、监临、监试、巡察以及同考、提调执事等官员的官房千余间,再加上膳食、仓库、杂役、禁卫等用房,更有水池、花园、桥梁、通道、岗楼的用地,规模之大、占地之广、房舍之多为全国考场之冠。

在江南贡院这座科举城中,占地最广、建筑最多的还要算"号舍"。号舍为昔日考生们白天考试,夜晚住宿的场所。号舍以千字文编列,其中除天、玄、帝、皇、圣人名讳以及数目文字和凶煞诸字不能使用外,其余皆可列号。每一字号里面的号舍,多的近百间,少的也有五六十间,称为"号巷"。号巷门口设有水缸和号灯,可供考生夜间行路、白天饮水之用。号舍屋顶盖瓦,每间隔一砖墙,不装号门,一律南向排列。举子按号入座,自备油布充作门帘,以防风雨。考试期间伙食自备,每号对面的墙壁上留有小龛,可以放置小炉以热茶水。因为乡试时间较长,加上天气闷热,自带的饭菜很快就会霉变,所以考生一般都只带干粮充饥。每间号舍高六尺、深四尺、宽三尺。号舍内左右两壁的砖墙,在离开地面一、

江南贡院鸟瞰。

二尺之间,砌出上、下两道砖托,以便在上面放置上、下层木板。白天考试,上层木板代替桌案,下层木板为坐凳。夜晚休息,取出上层木板并入下层,便可作床安眠。每闱三场,每场三昼夜,共计九天七夜,考生食宿作文均要在这鸽笼一般大小的号舍中进行,其艰苦是可想而知的。

2. 乡试的内容

清代的乡试共分三场,每场试卷内容不一样。顺治二年颁布《科场条例》,规定乡试的首场考试为"四书"三题、"五经"各四题,考生可以任意选考其中一经。所考"四书"文必须以宋代儒学大师朱熹注释的《集注》为准,《易》则以另一位儒学大师程颐的《传本》和朱熹的《本义》为准,《书》主要依据蔡沈的《传》本,《诗》依据朱熹的《集传》,而《春秋》依据胡安国的《传》本,《礼记》为陈皓的《集说》。后来又重新规定《春秋》不再用胡安国的《传》,而采用《左传》,并参用《公羊》和《穀梁》二书。如果考试中发现有考生不按所规定的集注和传本作文,则被视为离经叛道,不予录取。第二场考试为论一篇、判五道,诏、诰、表则由考生选作一道。第三场考试为经史、时务、策五道。首场所考"四书"文与"五经"文均需采用八股文体。

八股文是明、清两代用于科举考试的一种特殊文体。称为制义,又称时文、八比文。这种文体,"专取'四书'及《易》、《书》、《诗》、《春秋》、《礼记》五经命题。"由于题目的来源不同,分别被称为"四书"文和"五经"文。它的出现虽然是在明代,但其形成却经历了一个漫长的阶段。

3. 乡试的场规

乡试按例于农历秋八月举行,称作"秋闱"。第一场为八月九日至十一日;第二场为八月十二日至十四日;第三场为八月十五至十八日。乡试期间,考场周围戒备森严。据《钦定礼部则例·乡会试场规》所载:"乡会试届期,凡举场附近居民有遥点竹竿、连放爆竹及纵放鸽鹞、抛掷砖瓦等弊,即严行拿究。并豫先出示严禁,仍交步军统领衙门选派诚实妥干番役、会同五城……,密访窝留枪手之家,查拿治罪。其直省乡试,责成监临一体严密查办。"不仅如此,对入场考生也有着严格的检查制度。如顺治二年(1645),朝廷就明确规定:"生儒入场,细加搜检。如有怀挟片纸只字者,先于考前枷号一个月,问罪发落。如有请人代试者,代与受代之人一体枷号问罪。搜检员役知情容隐者同罪"。① 康熙五十三年(1714)又规定,考生入场,"皆穿拆缝衣服、单层鞋袜,止带篮筐、小凳、食物、笔砚等项"。②

4. 乡试的录取

乡试录取的名额,根据该省文风高下,人口数量,丁赋的轻重来决定。清初时规定录取的名额比较宽松,顺天168名,江南163名,江西113名,浙江107名,湖广106名,福建105名,河南、山东、广东、四川、山西、陕西、广西、云南自90名起递降至贵州40名。此后,各直省的乡试中额有分有合,有增有减。顺治七年(1650),裁南京国子监,将南京国子监的中额数量并入北京国子监。江南乡试的中额,上下两江按一定的比例分配,即上江(安徽)中额为江南的十分之四,下江(江苏)为江南的十分之六。对江南乡试解元(第一名)的分配,则规定由江苏、安徽轮流产生。乾隆九年(1744),因顺天乡试中舞弊现象严重,乾隆皇帝诏令削减直省中额人数的十分之一。这时江南乡试上江(安徽)取额45名,下江(江苏)取额69名,共计114名。到了咸丰、同治年间,由于太平天国起义,各省所捐输的军饷,动辄数百万,此时朝廷规定,各省每多捐10万两白银,便可增加一名一次性的中试名额,如果达到30万两白银便可获得一名永久性名额。各省由于多捐军饷,所得到的永久性名额为:四川

---

① 《清朝文献通考·选举一》。
② 《钦定大清会典事例·礼部·贡举·整肃场规》。

20名,江苏18名,广东14名,福建、浙江、湖南、湖北、江西、山西、安徽、甘肃、云南、贵州各10名,陕西9名,河南、广西各8名,直隶、山东各2名,加上原来规定的中额人数全部约1 300余名。

放榜日期,清初规定:大省于九月五日前,中、小省于八月末。后因考试人数增加,试卷太多,为了不使遗珠,康熙五十年(1711),将各省乡试放榜日期改为大省九月十五日以内,中省九月初十日内,小省九月初五日内。光绪十三年(1887年),更放宽江南于九月二十五日内放榜。因发榜日期多定在寅日或辰日,而寅属虎,辰属龙,于是人们便称之为"龙虎榜"。

清代的乡试有正副榜之分,按规定名额录取的称为正榜。正榜之外超额录取的称为副榜。取中正榜者称为举人,正榜第一名称为解元(意即地方选送给朝廷的第一名人才),第二名称亚元,第三、四、五名称经魁,第六名称亚魁,其余的称为文魁,而取中副榜的则称为副贡。

清代科举考试程序图

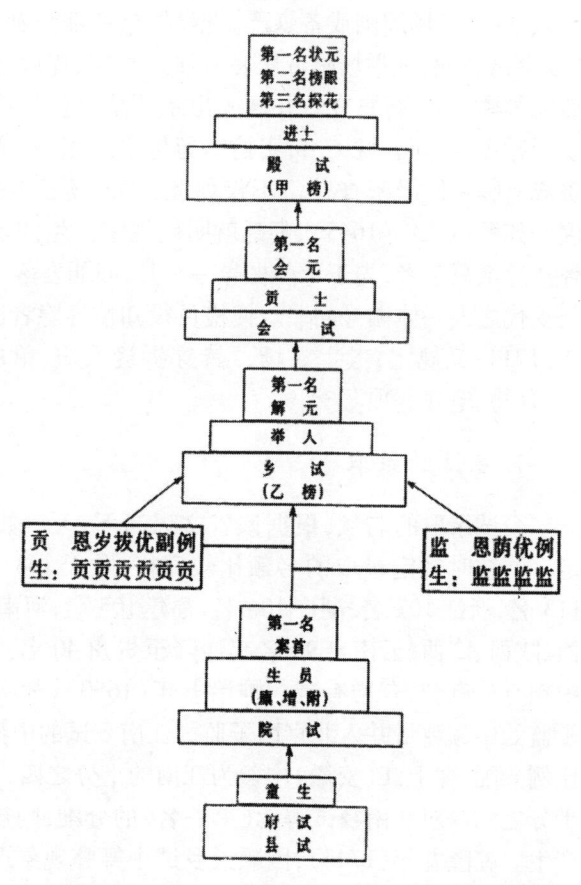

```
            第一名状元
            第二名榜眼
            第三名探花
               进士
              ┌──┐
              │殿试│
              │(甲榜)│
              └──┘
              第一名
               会元
               贡士
              ┌──┐
              │会试│
              └──┘
              第一名
               解元
               举人
              ┌──┐
              │乡试│
              │(乙榜)│
              └──┘
贡  恩岁拔优副例         监  恩荫优例
生: 贡贡贡贡贡           生: 监监监监
              第一名
               案首
               生员
              (廪、增、附)
              ┌──┐
              │院试│
              └──┘
               童生
              ┌──┐
              │府试│
              │县试│
              └──┘
```

二、值得称道的科举成就

清代以科举为国家造才大典,朝野皆以科名相高,追求中举及第成为士子和社会的普遍风尚。中举及第率的高低成为地区学报炫耀的资本,也是衡量封建社会一个地区文化教育水平高低的最重要而客观的评价标准。

据史料记载,从清顺治二年(1645),到光绪三十年(1904)江南贡院共举108次乡试[其中咸丰五年(1855)、八年(1858)、十一年(1860)、同治元年(1861)江南乡试停科],共产生解元108名,其中江苏75名(含南京8名,见下表),安徽33名。

姓名	籍贯	中式时间
胡任舆	上元(今南京)	康熙二十年(1681)辛酉科中式解元
朱士履	上元(今南京)	康熙三十五年(1696)丙子科中式解元
陶绍景	上元(今南京)	乾隆三年(1738)戊午科中式解元
陈洪绪	六合(今南京)	乾隆五十七年(1792)壬子科中式解元
林 瑞	上元(今南京)	嘉庆二十一年(1816)丙子科中式解元
吴家楣	江浦(今南京)	道光十五年(1835)乙未科中式解元
汪达元	江宁(今南京)	咸丰元年(1851)辛亥科中式解元
杨炎昌	江宁(今南京)	光绪二十三年(1897)丁酉科中式解元

江南贡院是中国科举制度的伴生物,经过800多年的发展成为中国古代最大的科举考场。从这里走出过唐伯虎、郑板桥、吴承恩、吴敬梓、方苞、翁同龢、张謇、黄炎培、陈独秀等一大批中国历史上的著名人物。江南贡院考区考中状元者在全国独占鳌头。在清王朝267年中,全国科举考试共112次,产生114名状元[其中清顺治九年壬辰科(1652)、十二年乙未科(1655)实行满汉分榜,每科产生两名状元],江南贡院考区独占鳌头,其考生考中状元者就达58名,其中江苏49名(含南京4人,见下表)、安徽9名之多,占整个清代状元总数的一半以上。江南贡院历经多个朝代更迭而不断发展,它的历史地位和影响是毋庸置疑的。

姓名	籍贯	中式时间
胡任舆	上元（今南京）	清康熙三十三年（1694）甲戌科中式状元
秦大士	江宁（今南京）	清乾隆十七年（1752）壬申科中式状元
黄思永	江宁（今南京）	清光绪六年（1880）庚辰科中式状元

附：傅善祥（女），金陵（今南京）人。太平天国三年［清咸丰三年（1853）］，女试状元（中国科举中式的唯一女状元），仕至丞相。

清光绪二十九年（1903），满清统治已是内忧外患，风雨飘摇。正在此时，时任湖广总督张之洞上了一份奏折，说："科举一日不废，即学校一日不能兴，士子永远无实在之学问，国家永无救时之人才，中国永远不能富强，即永远不能争衡各国"。这年的江南贡院于9月28日举行了它最后一科，光绪二十九年癸卯科的江南乡试。

光绪三十一年八月初四（1905年9月2日），慈禧太后根据张之洞、刘坤一等人的建议，下诏停止科举。其诏曰：方今时局多艰，储才为急，朝廷以近日科举每习空文，屡降明诏，饬令各省督抚，广设学堂，将俾全国之人，咸趋实学，以备任使，用意为深厚。前因管学大臣等议奏，已准将乡、会试中额分三科递减。兹据该督等奏称，科举不停，民间相率观望，欲推广学堂，必先停科举等语，所陈不为规。著即自丙午科（光绪三十二年，1906年）为始，所有乡、会试一律停止；各省岁、科考亦即停止。其以前举、贡、生员，分别量予出路，及其余各条，均著照所请办理。[①]

这份诏书结束了中国长达1 300年的科举制度，同时也使得江南贡院失去了它原有的作用。

---

① 《清德宗实录》。

【第六章】
古代南京教育家的思想与实践

第一节 王安石、程颢、湛若水、焦竑的教育思想与实践

一、王安石的教育思想与实践

王安石(1021—1086),字介甫,一作介父,号半山,江西抚州临川人,人称临川先生。晚年封号荆国公,又称王荆公。17岁时,随父王益迁居江宁。22岁中进士,入仕途。晚岁定居江宁。故其教育思想的形成和发展及其教育理念的贯彻、实践与南京实有相当密切的联系。

王安石认为,人性不仅指人作为生物所具有的感性心理机能,而且包含人作为万物之灵所特有的理性心理机能。所谓喜、怒、哀、乐、爱、恶、欲七情未发于外而存于心,就是性;七情

王安石像

发于外而见于行,就是情,亦即性的表现。因此性无所谓善亦无所谓恶。人之善恶主要就在于性发为情后能否"当于理"。当于理,就是善;不当于理,便是恶。故尔通过制礼作乐方才使人性与兽性真正区别开来。要使人性发为情而"当于理",要使礼乐教化深入人心,则必须靠教育的力量。

在王安石看来，"天下之患，不患材之不众，患上之人不欲其众；不患士之不欲为，患上之人不使其为也"。故人才"未尝不自人主陶冶而成之"。王安石还对这个"陶冶"人才的具体做法提出了四点建议，即所谓"教之、养之、取之、任之"。

王安石还从变法图强的观点出发，提出国家兴办学校的根本目的在于培养实用人才，使"学士所观而习者，皆先王之法言德行治天下之意，其材亦可以为天下国家之用"。他特别强调学校教育要文武结合，"士之所学者，文武之道也"，而教育上"兼学文武"，就是要达到培养理财富国、整军强兵的人才之目的。总之，王安石要培养的实用人才的规格是既有"经术"理论知识，又有解决当时社会纷乱事务的能力，即不仅能够"经世务"，通晓"朝廷礼乐刑政之事"，又懂得"武事"，是通经致用、兼习文武的知识分子。

王安石南京半山园故居遗址。

教育内容是为教育目的服务的。为了实现上述教育目的，王安石认为学生读经是必要的，但对传统的儒经不必一齐撮来都读，应有所选择。如《春秋》为"断烂朝报"，即可"不使列于学官"。王安石还认为，把学生关在学校里只读儒家死书是不行的，学生必须博学多能。"百家之书，至于《难经》、《素问》、《本草》、诸小说，无所不读"，还要"习世事"，对"农夫女工，无所不问"，提倡读书要"断以己意"，有自己的独到见解，做到古为今用，批判地读。

作为一个有魄力的教育改革家，王安石改革了北宋的科举制度和教育，整顿和发展了官学，对北宋的教育发展产生了深刻的影响，其功绩彪炳青史。其中最有影响的是三大改革举措：其一，改革学校制度。在太学创立"三舍法"，根据成绩把学生分为外舍、内舍、上舍三等，经过考试，依次升迁。兴建了武学、医学、律学等专科学校。其二，改革教育内容。设经义局，训释《诗》、《书》、《周礼》，编《三经新义》，颁布全国，立为法定教材。编写的一部文字训诂著作《字说》，亦经宋王朝颁之于学馆，成为全国教学的必修课目。其三，改革科举制度。主张废除史经诸科，取消帖经、墨义两种考试方法。

王安石对北宋教育的贡献主要有:第一,扩展了太学,创办了专科学校,为宋王朝培养了一批变法改革人才和其他专门人才。这些人才活跃于当时的社会大舞台,或从政,或教书,或著书立说,为推行新法和实现教育为政治经济服务起到了积极的推动作用。第二,重视和发展地方教育,改进了地方教育的管理状况,使学校教育和人才的培养有了更为广阔的社会基础,对于当时社会形成尊师重教的风气起到了良好的作用。第三,积累了教育经验,发展了教育理论,对沿袭下来的重文轻武、重文辞而少实学、重记诵而不求义理的社会积习进行了一次有力的扫荡,从而推动了中国古代教育事业的发展。

王安石的教育理论与实践对南京地方教育事业的发展也产生了深刻的影响,特别当王学鼎盛之际,四方来学之士辐辏,王门私学遂倡。文集今有《王文公文集》、《临川先生文集》两种,后人辑有《周官新义》、《诗义钩沉》等。

二、程颢的教育思想与实践

程　颢(1032—1085),字伯淳,号明道,人称明道先生,洛阳(今属河南)人。是北宋哲学家、教育家。嘉祐进士。神宗时为太子中允监察御史。曾和弟程颐学于周敦颐,同为北宋理学奠基者,世称"二程"。

曾任上元县(今南京)主簿,一度摄县令事。据程颐所作《行状》,任职期间,程颢平均田税,修整陂塘,构画舟卒留营,破除乡民迷信,对转变乡风民俗,多有贡献。明道书院之建,即为纪念他在南京的政绩学行。

程颢像

他对为政者疲于省览文案、无暇兼及治道很是忧心,故凡所历任,都非常重视地方教育,"诸乡皆有校。暇时亲至,召父老而与之语;儿童所读书,亲为正句读;教者不善,则为易之";"择子弟之秀者,聚而教之"。他与弟程颐长期在洛阳讲学,门庭兴盛,高弟云集。创立洛学,奠定北宋理学的基本形态。其对教育思想史的贡献集中在两个方面,一是人性论,一是修身工夫论。人性论方面,程颢提出"生之谓性"说,力图调和先秦以来各家各派所论特别是孟、荀人性论方面的对立,注重从人的气禀等自然本性的角度来论证人性,注重从气质和仁义礼智的德性两个方面来考察、分析人性,从而引导出中国学术思想史上最重要的命题之一"性即是理",将人的本性与外在超越的宇宙本体通而为一,从而将儒家的超越本体、形上信仰建立在"天理"的基础上,统一了最高主宰与价值的本原,为"天""道"合一、"穷理尽性"提供了重要的理论支撑。宋儒多崇"工夫"。程颢讲工夫有两端,一谓调节情感、融通内外的"定性"工夫,一谓直切宇宙本体、体悟"理一"、"本我"的"识仁"工夫。定性,就是破除个体感情的执著,使人的内心归于平静与安宁;识仁,就是对自我内心的体悟和察识,对作为"天地万物为一体"的本体存在与最高境界的"仁"的皈依。他的教育思想中对个体心性的关注,影响了后来的心学派。程颢、程颐的著作,后来被合编为《二程集》。

三、湛若水的教育思想与实践

湛若水(1466—1560),字元明,号甘泉,学者称甘泉先生,明代增城(今属广东省)人。早年从学于广东新会陈献章(学者称白沙先生),后入南京国子监学习。明弘治十八年(1505)取进士,选庶吉士,授翰林院编修。为替亡母守丧回家乡居七八年,筑西樵讲舍讲学,往学者甚众。嘉靖二年(1523)任南京国子监祭酒,旋拜礼部侍郎,后历任南京吏、礼、兵三部尚书。作《心性图说》、《格物通》等以教士。除在官所讲学外,喜建书院讲学,一生于所到之处,必建书院以祀白沙先生。在南京及邻近之地所建著名书院如:南京新泉书院、江浦新江书院、扬州甘泉书院等,听学受业者遍天下。

湛若水像

湛若水与王守仁讲学授业交谊深厚,然教学宗旨有别,提出不同于王守仁"致良知"的"随处体认天理"之说,明言:"阳明与吾心不同。阳明所谓心,指方寸而言;吾之所谓心,体万物而不遗者也。"以致形成明中叶间的王、湛两大学派。其诸多论述亦反映了他丰富的教育思想。如他强调立志知本,"学以立志为先,以知本为要。不知本而能立志者,未之有也;立志而不知本者有之矣,非真志也。志立而知本焉,其于圣学知过半矣。夫学问思辨,所以知本也,知本则志立,志立则心不放,心不放则性可复,性复则分定。"强调学养并存,"涵养致知,一时并存,乃为善学",认为敬德修业,修养与学业都具备,这才是最好的学习;强调知行统一,"夫学不过知行,知行不可离,又不可混,……自古圣贤之学,皆以天理为头脑,以知行为工夫","随处体认天理而涵养之,则知行并进矣","以静为言者,皆禅也"。湛若水在教学方法上亦有独特之处,对从学士子,必须先习礼三天方可听讲。其讲学时,令学生先静坐收心,待注意力集中了才开口讲课。在教学中注重课本,同时亦注意学生自学的主动作用。其弟子中人才辈出。著有《春秋正传》、《古乐经传》、《甘泉新论》、《甘泉集》、《心性图说》等。

四、焦竑的教育思想与实践

焦　竑(1540—1620),字弱侯,号漪园,又号澹园,明代江宁(今南京)人。初从南京督理学政耿定向,就学于耿创设的崇正书院,复就学于泰州学派代表人物罗汝芳。曾举乡试落第,时耿定向选十四府名士,就读于清凉山崇正书院,因垂其学识,推焦竑为崇正书院山长。明万历十七年(1589)考中状元,授翰林院修撰,旋任东宫讲官。万历二十三年(1595),大学士陈于陛推荐其领衔修国史。其后皇长子出阁,焦竑为讲官,所讲之课深得皇子称赞。后任南京国子监司业。因对时事多有议论,为执政者忌,年70辞官,在江宁著述和讲学。

其于教育提倡经世之学,赞成学优则仕,而仕优则学,强调成材必由学。不尚空谈,反对求内遗外的学风和追求举业的诵习之学,认为教育应当将仁义与功利统一起来,反对义利分途的道德教育观。泰昌元年(1620)卒,终年81岁。著述很多,有《易鉴》、《老子翼》、《庄子翼》、《禹贡律》、《逊国忠臣录》、《焦弱侯问答》、《献征录》、《国史经籍志》、《澹园录》、《焦氏笔乘》等。

第二节　古代南京教育家传略

雷次宗(386—448),字仲伦,豫章南昌(今江西南昌)人。少年时入庐山,拜沙门释慧远为师,笃志好学,尤明"三礼"、《毛诗》,后隐居在山上读书养生，不交世务。本州长官曾多次聘请他下山就职，都未答应。南朝宋文帝即位以后，国子学仍未恢复，为了提倡教育，元嘉十五年（438）打算先建立儒学、玄学、文学、史学4个专科学校，于是派人请雷次宗出山，在京师建康鸡笼山下开办儒学馆，聚徒教授，招生100余人。政府还派出朱膺之、庾蔚之等人以儒学学官身份，进行督学活动。另外还派丹阳尹何尚之立玄学，太子率更令何承天立史学，司徒参军谢元立文学，当时出现四学并立的局面。宋文帝还多次率领群臣来到雷次宗的学馆参观教学活动，并给予大力资助，如元嘉十九年（442）三月，文帝亲临儒学，雷次宗从早到晚都以普通儒者的身份接待王公卿士，文帝赏赐学生大批丝绸物品。① 宋文帝多次授予雷次宗给事中、散骑侍郎等官职，他都不肯接受。后来又专门为他在钟山西岩下盖了学馆，称为"招隐馆"。宋文帝曾经请雷次宗到皇宫里去为皇太子诸王讲《丧服》经，雷次宗坚持自己以隐士的身份教学，不愿意进入公门，宋文帝尊重他的意愿，于是就让他从华林园的东门到延贤堂去进行讲学。② 南朝齐高帝萧道成年轻时曾经与其兄萧道度受学于雷次宗。萧道成的父亲萧承之曾经向他了解二子学业情况，雷次宗回答说兄弟两人一个外向，一个内向，都是优秀人才。他们后来果然都有所成就。元嘉二十五年（448），雷次宗卒于钟山，时年63岁。其子雷肃之仍然继承他的教育事业。

刘　瓛（434—489），字子圭，祖籍原为沛国相县（今安徽濉溪县），六世祖刘惔为东晋丹阳尹。祖父刘弘之、父刘惠都在南朝建康任官。

刘瓛年少笃学，博通"五经"。刘宋大明四年（460）被推举为秀才，朝廷和高官多次聘请他出来任职，他却没有从政的志趣，屡次放弃了接近帝王、飞黄腾达的机会，他甚至也拒绝担任国子学博士、总明观祭酒等令人羡慕的官学美职，一心在建康举办私学。他和刘琎等兄弟3人共处一所陋室，聚徒教授，循循善诱，门下常有弟子数十人。有时房屋被风吹坏，仍怡然自乐，继续教学活动。丹阳尹袁粲曾盛赞他具有高风清德。他虽然身材瘦小，却以深通儒学闻名于世，当时人称他为"关西孔子"，史官称赞他"承马、郑之后，一时学徒以为师范"。③

刘瓛的学馆既讲儒家的《周易》、《毛诗》及"三礼"等，也讲玄学、阴阳律数之学。《隋书·经籍志》记载了刘瓛的一些著作，如《周易乾坤

---

① 许嵩《建康实录》卷一二《宋太祖文帝》。
② 《宋书》卷九三《雷次宗传》。
③ 《南齐书》卷三九《刘瓛传》。

义》1卷,《周易四德例》1卷,《周易系辞义疏》2卷,《毛诗序义疏》1卷,《毛诗篇次义》1卷,《丧服经传义疏》1卷等,都是他讲课的文稿。

刘瓛的学馆在当时的建康影响很大。他所教育的学生,既有下层平民,也有上层官员,京城里许多贵族子弟都到他这里受业,南齐竟陵王萧子良曾经亲自上门请教。齐高帝萧道成曾经派第五子武陵王萧晔为会稽太守,又想让萧晔好好学习儒家文化,于是专门请刘瓛以会稽郡丞的名义去为萧晔讲"五经",于是一大批学生也跟随他去了会稽郡。

刘瓛生性谦虚谨慎,生活简朴,不以名高自居。他去看望朋友时,只让一个门生拿一只胡床跟随其后,不等主人行礼,便坐下谈话。他家在檀桥,有瓦屋数间,屋顶漏雨,也不加修理,学生敬慕他,不敢说漏雨,就称为"青溪"。

刘瓛的私人办学曾经得到一些官僚贵族的支持,《艺文类聚》卷三八有任昉《求为刘瓛立馆启》,其中赞扬刘瓛的品德学问,陈述他的办学困境,要求政府拨给一块闲地,帮助建立学馆;竟陵王萧子良也上表给齐武帝,要求为刘瓛修建学馆。永明七年(489),朝廷将扬烈桥一处比较好的房屋拨给刘瓛,生徒都来祝贺他。他却说:"房屋太美就会带来灾难,这种华宇难道适合做住宅吗?幸好只是作为讲堂使用,即使如此,我还担心会有什么祸害呢!"

刘瓛的私学培养了一批著名人物,如学者司马筠、何胤,思想家范缜,梁武帝萧衍等。司马筠孤贫好学,刻苦专精,深为刘瓛所器重。后来博通经术,尤其精通"三礼"。范缜少年孤贫,听说刘瓛聚众讲学,就去他的门下学习,他卓越不群而勤奋好学,刘瓛非常看重他,亲为他举办冠礼。范缜后来成为著名的思想家。

刘瓛逝世于南齐武帝永明七年(489),从事私学教育活动近30年。梁武帝于天监元年(502)下诏为刘瓛立碑,定谥号为"贞简先生"。

严植之(457—508),字孝源,建平秭归(今属湖北省)人。少年时就喜欢《庄子》、《老子》,精通《丧服》、《孝经》、《论语》。成人以后,遍习《郑氏礼》、《周易》、《毛诗》、《左氏春秋》等。他生性厚道谦逊,不喜欢以自己的学问炫耀于人。南朝梁武帝即位以后,为了标榜正统,大力提倡儒学。天监二年(503),下诏寻求通儒修纂"五礼",有关官员推荐严植之主持《凶礼》的编写工作。撰有《凶礼仪注》479卷传世。天监四年,梁武帝见国学一时难以重建,于是在京师建康地区兴办5大学馆,每馆任命著名学者一人担任"五经"博士,主持学馆的教学工作,以推广儒学。当时被选中的有严植之和平原人明山宾、吴郡人陆琏、吴兴人沈峻、会稽人贺玚5人,每人各主一馆。严植之的学馆在潮沟附近,馆中正常就学的生徒就有数百人。他讲说儒家经典时有区段次第,析理分明,所以每当他登台讲授时,5馆的学生往往全部赶来听课,听众常有1 000多人。后来他虽然担任中抚记室参军的官职,仍然兼任"五经"博士,最后也是因病卒于学馆之中。严植之对于自己和家人都要求甚严,在地方当官时,以清白廉洁著称,自从生病后便不肯接受国家的俸禄,以致妻子儿女都生活困难。死后,棺材无处寄放,幸亏学生们筹款替他家买了一处房屋,才勉强办成丧事。严植之生性仁慈,好行阴德,经常救助生病困难的穷人,而且从来不求名誉和报答,是一位学问渊博而又品德高尚的学者。

真德秀(1178—1235),字景元,后改希元,世称西山先生,建宁浦城(今属福建)人。南宋大臣、学者。学术继承朱熹,程朱理学在南宋复盛多赖其力。南宋庆元五年(1199)为进士,嘉定八年(1215)曾出任江南转运副使;除简放外任外,先后在京任校书郎、起居舍人、太常少卿、中书舍人、户部尚书,晚年拜参知政事,寻卒。著有《四书集编》、《大学衍义》、《西山读书记》、《文章正宗》、《西山文集》、《心经》等。

其学术与魏了翁齐名,而对理学复兴,功绩独钜,即史所谓"慨然以斯文自任,讲习而服行之"。他不仅躬行实践程朱理学,而且对以发挥程朱理学为宗旨的书院创建予以大力支持。建康府明道书院创建过程中,他即"捐金三十万,粟二千斛以助之",并亲为撰文,极力推介、宣扬程朱"上继尧舜孔孟之统绪,而下开万世学者之准的"的"天理"。于理学亦有创获,如于"理"外又提出"器",倡言"天下未尝有无理之器,无器之理","若舍器而求理,未有不蹈于空虚之见";又撰《心经》,专解先儒有关"心"的论说,对心学的发展亦有影响。

张　翌(1236—1302),字达善,蜀郡导江(今四川灌县)人,学者称"导江先生"。受业于王柏,非常敬佩朱子之学,刻苦钻研《六经》、《论语》、《孟子》传注,兼及周敦颐、二程、张载之书。早年侨寓江左。元世祖至元中讲授于江宁学宫凡十年,学者闻风师从者甚众,士大夫也多遣其子弟入学,或延请其到私塾讲学。此后寓居淮扬地区讲学,求学问道者更多。声闻朝廷,遂授为孔、颜、孟三氏教授,北方朱子之学自此始得真传。讲学声音洪亮,说解精详。著有《经说》、《文集》等。

宋　濂(1310—1381),字景濂,号潜溪,明代浦江(今浙江省浦江县)人。早年受业于元代古文学家吴莱、柳贯、黄溍,通"五经",被荐为元王朝翰林院编修而不就,隐居青罗山中著书。曾被宁越府知府任命为

"五经"教师,为开办的郡学讲习。元末,应朱元璋之召至应天府,拜授江南儒学提举,为太子师。其教育方法与德行甚得明太祖褒奖:"先生教吾子以严是不佞也,用时言讲解圣人之意以教之是不固也,以忠直立心,以节俭制行是得体也。"①明太祖洪武二年(1369)奉命任总裁官修成《元史》,被拜授翰林院学士。后任国子监司业、礼部主事、赞善大夫,继迁侍讲学士,进学士,主管制诰。明初所立规章制度、礼仪交往重要文书,多出其手笔。被朝野上下公推为"开国文臣之首"。明王朝建立后,明太祖征集四方儒生数十人为翰林院编修,集中于文华堂受业,宋濂又曾受命任讲习施教。

宋濂的教育活动主要在官所。他非常注重教育的地位和作用,认为:"古之为治者,其法虽详,然不越乎养与教而已。养失其道则民贫,教失其道则民暴。贫则流而为盗,暴则去而为邪。二者皆乱之始也,是以先王重之。""以礼义诏心,则邪说不入;以学校诏民,则祸乱不兴。刑罚非所先也。"强调安邦定国,教育为先。在教学中推崇理学,主张突出自我的独立性,认为学问是自我的开悟,自我的思考,反对对经典的泥古与盲从。其注重自我理性批判的论说与主张,成为后来心学教学思想的先声。洪武十三年(1380)宋濂因长孙宋慎坐胡惟庸案而被株连,几至于死,多亏皇太子力救得免,命居于茂州(今四川省茂县)。次年五月行至夔州(治所在今四川奉节县)而卒,终年72岁。著有《潜溪集》、《罗山集》、《龙门子》、《浦阳人物记》、《翰苑集》、《归田集》等,今有《宋学士文集》行世。

宋　讷(1311—1390),字仲敏,号西隐,明代滑县(今河南汲县东南)人。名家之子,元至正间进士,曾任盐山县(今属河北省)县令,元末世乱而隐居求志。明太祖洪武二年(1369)应诏前往编写《礼》、《乐》诸书,事竣不仕,归乡治学。洪武十三年被荐授国子助教,讲说经书深受学者推崇,超拜翰林院学士,旋改授文渊阁学士,继转朝列大夫、国子监祭酒。宋讷在执掌国子监期间,勤勉兢业,"为严立学规,终日端坐,讲解无虚晷,夜恒止学舍"。② 国子监学业日显。洪武十八年复开进士科,共取进士470余名,太学生竟占其三分之二。即使在病重之时,仍然坚持职守,其子恳请他回家养病,遭其训斥,坚持丁社祭祀,等祭祀完毕抬回家即去世了。明太祖亲写祭文遣官前往致祭。

---

① 黄佐《南雍志》卷二一《列传三》。
② 《明史·宋讷传》。

宋讷重视地方教育,其论道:"人材多由庠序而出,国家之设,不过公卿大夫之子弟,非养天下之士也。""由是大而一郡,小而一县,近而一党、一乡,冠带济济者有焉,弦诵洋洋者有焉,蔼然三代庠序之风也,久而不废。为师者日严于教,为弟子者日相淬厉,则鸢飞鱼跃之下,人材出而视古无愧。"①在教学中,强调行成于思。卒年80岁。著有《西隐文稿》等。

方孝孺(1357—1402),字希直,又字希古,号逊志,明代宁海(今属浙江省)人。早年师从宋濂,甚得其赏识,居其门下4年。洪武二十五年(1392)荐任将仕郎、汉中教授,被藩王蜀献王聘为世子师,以治学严谨认真显声,时人称为"正学先生"。明建文间先后任翰林院侍讲、侍讲学士、文学博士等。其学识渊博,文作纵横豪放,论见精警犀利,学说多有建树。

他推崇教育,认为教育是治国之本,应当与礼、乐、刑、政并重。"国之立学,所以养才","为治者不患乎无才,而患乎聚天下之才而不能教,用天下之才而不能择"。②他认为教育的目的在于"明伦",化民必自家始,为孝在学,爱子在教。善教者是让学生明于礼义而不尚文词章句。他提出,教学的内容包括礼、乐、刑、政诸方面,为学的次序应当是:"先之《大学》以正其本,次之孟轲之书以振其气,则之《论语》以观其中,约之《中庸》以逢其源,然后六经有所措矣。博之诸子以睹其辨,索之《史记》以质其效,归之伊、洛、关、闽之说以定其是非。"他明确了教师的责任:"非学者之愚,教之者无其术也。"③他对受教学习有诸多论述,如《学箴》篇中分别论述"择好"、"辨疑"、"虚受"、"知要",《家人箴》篇中分别论述"务学"、"笃行"、"自省"、"谨习",等等。其教育思想及论说在当时颇有影响,从学者甚众,被后人誉为"明之学祖"。燕王朱棣"靖难"起兵,其佐建文帝檄文诏讨。燕王兵入京师,因不肯为燕王起草登极诏书而被杀,并祸及十族,死者达870余人。著有多种文集,留存下来的唯《逊志斋集》24卷。

吕　柟(1479—1542),字仲木,号泾野,明代高陵(今属陕西省)人。早年曾讲学于寺宇。明武宗正德三年(1508)取进士第一,授翰林院编修,曾上书劝学。因得罪宦官,后称病辞职。复官后又遭贬。嘉靖初,荐

---

① 宋讷《西隐文稿》卷五。
② 方孝孺《逊志斋集》卷三《明教》。
③ 方孝孺《逊志斋集》卷三《学辨》。

升南京宗人府经历,历官尚书司卿,后迁南京太仆寺少卿、北京国子监祭酒、南京礼部右侍郎,署吏部事。凡兼官事教30多年。其在南京官所9年中,与湛若水、邹守益共主讲席,东南学者尽出其门。

吕柟在教育中以"正心"、"修身"、"忠君"、"孝亲"为宗旨。在教学内容上以"四书"、"五经"为教材。在学习方法上,一是注重学习与实践的结合,认为求学就是做事,做事就是求学,只有从做事中去学习,才能学到真才实学,要不耻下问,不尚空谈,不好高骛远,从切身生活做起,从言谈、思想、举止上去检验;二是继承孔子教育之法,提倡因材施教,认为人的资质有高低,学识有深浅,能力有大小,因此教无定法,要因人而异。他认为王守仁的"良知"说教和单行的"诚意正心"之法都是误人子弟。他热爱学生,严格管教,身体力行,为学生所敬重。卒年64岁。著有《四书因问》、《诗说序》、《书说要》、《礼问内外篇》、《易说翼》、《春秋说志》、《小学释》、《寒暑图经解》、《宋四子抄释》、《泾野诗文集》等。

卢文弨(1717—1795),字弨弓、绍弓,号檠斋,浙江杭州人。有家学渊源,早年以中举人考选内阁中书,校勘过《昭明文选》等抄本。1752年取进士,授翰林院编修,入值上书房,升翰林院侍读学士。曾任广东乡试正考官以及湖南学政。1769年罢官归里。从此开始讲学生涯,先后在南京"钟山书院"、杭州"崇文书院"、"紫阳书院"、山西太原"三立书院"、江苏太仓"娄东书院"及江苏常州"龙城书院"等多所书院执教,传道授业,主讲校勘,有20多年。当时的许多知名学者,均出其门下。他一边教学,一边校勘经史,所校之书,亦多为讲学所用之教材。经其校勘后刊行的古籍有11种。著有《群书补遗》39卷、《仪礼注疏详校》、《钟山札记》、《龙城札记》、《抱经堂文集》34卷、《广雅注》2卷。后世将其17种著作及冯景的著作合称《抱经堂丛书》。

袁 枚(1716—1797),字子才,号简斋,别号随园老人,钱塘(今浙江杭州)人。12岁为县学生员。乾隆年间取进士,选为翰林院庶吉士。历任溧水、江浦、沭阳、江宁等县县令。1752年分发陕西任县令,不久托病辞官,回江宁定居。在小仓山建随园,广集天下诗文、经卷,以著述为乐。其间多有各方士人,拜门问学。开门授徒,学生中不乏女弟子。著有《子不语》、《随园诗话》、《小仓山房全集》。

钱大昕(1728—1804),字晓徵,号辛楣,晚号竹汀,嘉定(今上海嘉定)人。早年从师于长洲沈德潜,攻辞章之学,1754年取进士,选翰林院庶吉士。散馆后历任山东、湖南、浙江、河南等地乡试考官、正考官。1769年入直上书房,为太子师;旋迁詹事府少詹事。1774年提督广东学政。次年卸职回乡,主讲于钟山、娄东、紫阳等书院,前后凡30年。门下弟子不下两千人。治经博洽,教学范围甚广,凡经史、文艺、音韵、训诂、历代典章制度、官职、氏族、地理、金石、辽金语言以及中西历算之法,都能剖析入微,并以此课授学生。著有《潜研堂文集》、《十驾斋养新录》、《廿二史考异》、《潜研堂金石文跋尾》、《恒言录》等。

姚　鼐(1731—1815),字姬传,一字梦毂,轩名惜抱,人称惜抱先生,安徽桐城人。早年从伯父翰林院编修姚范学经史,从方译学理学,从刘大櫆习古文。清高宗乾隆二十八年(1763)取进士,选翰林院庶吉士。1773年"四库馆"开,被荐为纂修。一年后,托病辞归故里。辞官后的40年中,往返于桐城、南京一带,历主江南梅花、敬敷、紫阳、钟山等书院讲席,讲授古文、经学。四方文士前来受学者不少,培养了一大批门生子弟,其中尤以方东树、梅曾亮、管同、姚莹、刘开等最为有名;此外,鲁仕骥、泽德旋、陈四光、李兆洛、姚椿、方绩、秦流亦均及门受业,成为桐城派的重要代表,继方苞、刘大櫆之后,成了一代文宗。毕生倡导古文传统,主张"明道义,维风俗",用文学的形象教育人。学术思想旨在兼陈程朱、韩欧、许(慎)郑(玄)之长,提出文章要义理、考据、词章三者统一,而以义理为干。著有诗集、书录、法帖题跋、笔记以及《九经说》、《三传补注》等,合编为《惜抱轩文集》。

王贞仪(1768—1797),女,字德卿,自号江宁女史,江宁(今南京市)人。幼承家学,研习经史,博览诗文,兼通天文历算。婚后,居家收男徒授诗,不随流俗,不顾非议。倡男女平享教育权。著有《女蒙拾颂》、《历算简存》、《西洋筹算增删》,并有《德风亭集》。

【第七章】
清代（鸦片战争后）的南京教育

1840年鸦片战争后，中国开始由封建社会逐步沦为半殖民地半封建社会，开始了痛苦而无奈的近代化历程。南京地区的传统封建教育也在各种综合因素的推动下渐趋解体，新的教育模式和教育内容悄然出现。

第一节 "经世致用"教育思潮与西方教育的进入

一、封建传统教育渐趋解体

晚清时期南京地区有1府7县：江宁府及江宁县、上元县、句容县、溧水县、高淳县、六合县、江浦县（其中江宁、上元2县同驻今南京市区）。原有的教育形式主要有三：官学、私塾、书院。这三种形式在近代农民起义的冲击、西方文化的渗透和中国统治阶级的自我调整下都在发生变化。

1. 官学

清末南京的官学有江宁府府学及下属各县县学。

江宁府学在咸丰三年（1853）毁于太平天国农民起义，城北旧址成为废墟。清同治五年（1866）署理两江总督李鸿章命于明朝天宫故址

（也就是宋代张士逊所建的江宁府学旧址）重建。朝天宫经历了太平天国战争后仅存殿堂及飞霞阁、水府行宫而已。经过李鸿章5年的积极修建，终于在同治十年（1871）竣工，恢复了原先那殿宇雄壮的建筑群面貌，东为江宁府学，西

1866年李鸿章迁江宁府学至朝天宫。

为孔庙。府学门内有庭，东西有堂，坐北南向的正堂叫明伦堂，堂后有阁，叫尊经阁，即藏经处。庭之东西各有门、过门。直向北，有教授署与训导署。新建的府学也堪称宏敞。后随着科举制度废除，府学也告废止。

江宁府下属各县均设县学。县学与文庙学宫连为一体，提供生员们祭拜孔子圣贤和潜心学习儒家文化的有利场所。其结构、设施虽有朝向、质量等差别，但各县学宫的布局和功能大体相似。以六合县学为例：

学宫在县城西高岗，南至滁河沿，北至原西大街，东与现六合区中医院掺界，西至先师巷。跨前街，南是泮池，半月形，围以石栏。池南是宫墙，左、右为"德参天地"、"道冠古今"两座过街坊。两池外侧各竖一石碑，碑高约1丈，碑文曰"文武官员至此下马"。学宫门墙上3道门，进门后一广场，左、右围墙上各有一耳门，一曰"礼门"，一曰"义路"。广场北沿石阶上为棂星门，棂星门是一座巨大的石坊，雕石玲珑、嵌鉴相望。棂星门后是戟门，戟门3间由3副朱红大门分隔成前后两半，中门上悬一竖匾，楷书"戟门"两字。戟门左为"名宦祠"，内祀康公、韩世忠、岳飞、欧阳德基、唐诏、何宏、茅宰、沈公、于成龙、傅腊塔、许汝霖、邵嗣尧、张榕端、张元臣、张泰交、余正健、云茂琦共17人。戟门右为"乡贤祠"，内祀黄宏、袁架、张瓒、张约之、郭渊、杨能、王宏、汪元哲、马纯仁、李云鹏共10人。两祠左右为文武官厅。戟门向北用条石铺成一条神路直达大成殿，大成殿系宫殿式建筑，5间2层，是学宫的主体建筑。斗拱、龙脊、檐牙高喙，规模十分宏敞。殿前面铺路台，围以雕花石栏。殿内正中高龛内放置孔子牌位，文曰"大成至圣先师成宣王孔子之位"。龛内两侧供台上放置"四配"牌位，"四配"是复圣颜子、述圣子思、宗圣曾子、亚圣孟子。大殿两侧供台上列着"先哲"牌位。他们是闵子骞、冉伯牛、仲弓、

子张、宰我、予贡、冉求、子路、子游、子夏。神路两侧东西各有9间一列的两庑,放置七十二贤的牌位,神路与西庑间有一专供焚烧字纸的燎炉。大成殿北,是1排5间崇圣殿,殿东西各有3间斋房。崇圣殿西南是文昌阁,阁高两层。崇圣殿后是明伦堂1排5间,建筑庄严雄伟,堂壁上也仿江宁府学例嵌一晓示生员的卧碑。

太平天国农民起义军占领南京期间,各县县学在十年中全部被毁,无一幸免。同治八年(1869)起,江宁府先后复建了高淳县学、上元县学、江宁县学、六合县学等。

2. 私塾

南京从古代起就有私塾,在学校教育不普及的情况下,南京私塾遍及城乡各地,这种教育形式构成了封建社会教育的基础。至清末、民国初年,虽实行新的学制,但私塾仍然林立,且又延续了四五十年,可见其旺盛的生命力。

清同治、光绪年间,南京设塾馆授徒著称者,一为高柳溪,一为叶宇观,有南高北叶之称。高柳溪住城内丝市口(今长乐路西口),叶宇观家住明瓦廊北。学生到高、叶两家读书,只塾读一年就可考取县立学堂,所以南京人称高、叶两先生门下无"白丁之

清代的南京私塾。

徒"。于是前来要求受业者门庭若市。这两位位先生也就选择可教者而教之。高先生弟子陈光宇、叶先生弟子仇继恒(曾任江苏省立第四师范学校校长仇埰之父),都是光绪年间当朝翰林。

清末废科举、兴学堂以后,在新学的影响下,私塾开始改良。光绪三十一年(1905)初,江苏成立私塾改良会,发起人至府属各地演讲,痛陈私塾的腐败。其后开明的塾师增加了相关应用科学的教学内容。晚清政府对私塾的政策是引导,希望私塾改为小学。到宣统元年,苏属地区共有新式小学校800余所,而私塾则有7 000余所。

3. 书院

江宁府的书院远远多于他处,至同治、光绪年间,共有20所。延续至鸦片战争之后的书院有钟山书院、文昌书院、虹桥书院、尊经书院、鸡鸣(奎光)书院、凤池书院、惜阴书院、江浦埤乘东山书院、大新书院等。清朝末年,封建统治已摇摇欲坠,内忧外患,矛盾重重。江宁府的著名书院在太平天国战争中也多化作废墟,仅咸丰三年(1853)到咸丰十年,钟山书院、尊经书院、惜阴书院、奎光书院等均先后遭到灭顶之灾。清政府镇压太平天国农民起义后,强化儒家伦理教化,曾国藩、李鸿章任江苏督抚时,恢复和整顿封建教育秩序,"复书院,以教士"。以当时南京最大的钟山书院为例:该院于清雍正二年(1724)由两江总督查弼纳创建,位于江宁府城钱厂街(今南京市太平路),有房屋百余间,为当时全国重点书院之一,后毁于太平天国战火。同治三年(1864),经两江总督曾国藩等人申请,先后聘请前大理寺卿李联琇、前山西布政司林寿图轮流任主讲席。因经费有限,仅在城南挑选几间房,略作修缮,作为讲习之所。光绪初年,两江总督刘坤一在旧址建房屋一百多间,修复书院。

晚清书院教育变为科举的准备场所,生徒以科举功名为目的,整日埋头于空洞无用的制义,与往昔书院倡导自由讲学和繁荣学术研究的传统大相径庭。鸦片战争后,清政府更加腐败,传统教育空疏无用的弊端日益严重。书院制度已经到了强弩之末,或有名无实,或空谈训诂,或溺志词章,更有专慕八股文章者,皆于实学无裨。

尽管从总体上看书院制度日渐颓败,但是南京又因较早成为通商口岸,文化教育得西方新教育风气之先,所以有些书院的教学内容增进了一些新学科,在原有的经学、史学外,加上算学、舆地。如格致书院等还增进了光学、电学、化学、汽学、物理等自然科学内容。又因南京书院有一批著名学者主持,热心讲学,这些书院在一定程度上保持和发扬了书院的许多优良传统。如道光年间,俞正燮、冯桂芬曾在江宁惜阴书院讲学;光绪年间,黄体芳、张謇主讲江宁正谊书院。这些都是当时学有专长的著名学者。其中冯桂芬、缪荃孙等对南京书院影响更为显著。

冯桂芬,道光进士,苏州人,翰林院编修,提出"采西学"、"制洋器","以中国之伦常名教为原本,辅以诸国富强之术。"他的思想对洋务派影响很大,被资产阶级改良派奉为先导,先后主讲惜阴、正谊各书院,造就很多知名之士。

缪荃孙,江阴人,光绪进士。历主南菁书院、钟山书院讲席。创办江南图书馆、京师图书馆。长于金石、目录之学。恪守乾嘉学派,治经以汉学为归。讲学授徒之暇,一意刻书、校勘丛书。钟山书院改为高等学堂后任总教习,亲赴日本考察学务。回国后,酌情订定课程,编辑课本。

二、"经世致用"思潮在南京

鸦片战争前后,清廷积威日弛,内乱外患日增,人民生活更加贫困。中国的封建专制主义制度走向衰微。西方文化的传入,又使中国国内外矛盾更加激烈,各种危机迫在眉睫。在这种空前的危机面前,封建地主阶级内部出现了改革派。改革派以龚自珍、魏源等一部分比较开明的知识分子为代表,他们有感于资本主义侵入所引起的社会矛盾的加剧,对清末教育的腐朽提出尖锐的批评,主张改革教育,学习西学,强调"经世致用",注重研究"经济"之学。这种"经世致用"的思想对当时的学风起到了巨大的改良作用,而且一直影响到19世纪末的资产阶级维新派。梁启超曾说,"初读龚自珍《定庵文集》,若受电然。"

"经世致用"思潮起源于常州今文学派。龚自珍、魏源都曾从常州今文学派刘逢禄学习。今文学派的创始人为庄存与(1718—1788),专求经文的"微言大义"而为现实的政治斗争服务,不为名物训诂考证,其精神与正统派(朴学)之为经学而治经学者不同。今文经学于是成了资产阶级改良主义变法主张的重要理论根据。

龚自珍出身官宦世家,祖孙三代俱是进士出身。其父署江苏按察使,母段驯,是著名文字学家南京金坛人段玉裁之女。龚自珍从小聪慧过人,外祖父对他很疼爱,希望他能成为朴学大师,但他不为家风和当时学风所囿,接受了今文经学《春秋》公羊学派的影响,从刘逢禄学习。他主张经世致用,主张研究有价值的学问,反对科举制度,反对教育脱离实际,倡导学术要为现实政治服务。龚自珍"经世致用"主张的内容有二:其一,求人才,变革科举。鸦片战争之前,中国社会显现出的种种弊端和腐败,已表明清王朝进入"衰世"境地。可是统治阶层的守旧者们不思改革,仍在袭成法、守祖训,整个国家机器沿其惰性在艰难运转。为了改变现状、救亡图存,龚自珍一面对当时社会戕害人才现象进行猛烈抨击,一面主张大力变革取士制度,"不拘一格降人才",以便培养出济世之才。"自古及今,法无不改,势无不积,事例无不变迁,风气无不移易",是故"变古愈尽,便民愈甚",否则大乱即起,到时候连改的机会都不可得,尤其现实社会种种弊患已出,"与其赠来者以勃改革,孰若自改革"。

其二，寻真知，讲求实学。在龚自珍等人看来，晚清的教育内容不过是一些"无用之雕虫"和"无益之画饼"的"俗学"。怀此俗学"的"人才"，对于社会治理和进步毫无用处。要想造就出经世致用的真才，就必须用真知实学去培养，诚所谓"一代之治，即一代之学也"。

魏源，道光进士，长期生活在江宁，也曾从刘逢禄学习。鸦片战争前，受江苏布政使贺长龄之聘，辑《皇朝经世文编》，并助两江总督陶澍筹办漕运、水利诸事，对社会实际问题颇多了解。鸦片战争爆发后，1841年入两江总督裕谦幕，直接参加浙江抗英斗争。又受林则徐委托，据《四洲志》及中外文资料，编成《海国图志》，主张"师夷长技以制夷"，提倡学习自然科学，创办民用工业。1845年，魏源考中进士，先后担任东台、兴化知县及高邮知州。魏源亲历

魏源

科举仕途，深知其危害。他批判科举考试的八股词章、帖括只讲求文字华丽，排比形式，从不触及国计民生，完全脱离了社会现实。这样的科举取士制度，只能产生醉心功名利禄，不关心民众疾苦，只知舞文弄墨，不懂国计民生的酷吏劣僚。经过鸦片战争，魏源更清楚地看到清政府的失败是因为制度落后，人才匮乏，所以在提出改革和学习西方的同时，提出了初步改革教育的设想。魏源提倡人才应该有"经世致用"的学识，即掌握新式科学知识并善于实践。他主张要培养造就能发愤图强、忧国忧民、以天下为己任、敢为天下先的先进知识分子。他认为即使是凡夫俗人，只要勤勤勉勉，专心致志，技艺也可达到得心应手、巧夺天工的境地，同样可以认识客观规律，掌握与创造自己的命运。人们的知识水平、能力结构参差不齐，学习可以使自己不断求知，获得进步。魏源提出了"亲自实践"的观点，认为只有通过实践，拓宽知识领域，加深对知识的理解，获取真知灼见。他更提出要培养掌握先进军事技术的新型人才。要抵御外强入侵，强国富民，除了直接"师夷长技"，学习西方先进军事技术，养兵练兵外，更重要的是造就善于运用先进技术制造先进武备的人才，有了这样的人才，则进能攻，退可守，国强民壮，战无不胜。

正是由于龚自珍、魏源的疾呼呐喊，南京在其"经世致用"思想影响下，出现了一大批专门习经史、旁及舆论、算术等实用之学的书院。如前面提到的南京惜阴书院，就出现了一批关心时务的知识分子如冯桂芬、薛福成、马建忠等。

三、西方文化教育在南京的传播

鸦片战争后,资本主义列强在对华进行军事、政治、经济侵略的同时,也掠夺文化教育特权。南京作为《南京条约》的签约地,又邻近当时最早的五口通商港埠之一的上海,因而西方教育较早地进入南京。1846年2月,道光皇帝下诏,解除了100多年的"教禁",外国传教士大量进入中国,首先在5个开埠港口开办教会学校,如1847年美国基督教怀恩堂在上海设立怀恩中学。很快南京成为资金充足、注重教育的外国教会的目标。第二次鸦片战争以后,列强又取得了在内地传教的权利。他们纷纷闯入内地兴办学校,先后在江宁府及各县办小学、中学等。

清光绪元年(1875),法籍传教士倪怀纶(译名)在南京石鼓路天主教堂始创小学。光绪十年(1884),美国基督教北美长老会传教士李满夫人在汉西门四根杆子(现莫愁路)创办明德女子小学,后由小学、初中发展为完全中学。

明德书院(今南京市女子中专学校前身)。

光绪十三年(1887),美国基督教卫理公会女传教士沙德纳(译名)在估衣廊创办小学,最初仅6名学生,由沙德纳亲自执教,时人又称之为"沙小姐学堂",后改为女布道学堂。

南京中学教育也发端于教会学校。光绪十四年(1888),美国基督教美以美会的傅雷·福开森于干河沿举办私立汇文书院(现金陵中学),任院长,学制4年。光绪十八年(1892)分为大学堂、高等学堂、中学堂、小学堂4级,学制均为4年,专收男生。宣统二年(1910)汇文书院与宏育书院合并为金陵大学(校址在原汇文书院内),改中学堂为附中,简称金大附中、金陵中学。附中隶属大学,只设主任,校长由大学堂校长兼任。1917年,校董会调整体制,决定中学设校长,威

金陵中学建于1889年的钟楼。

汇文女子中学（今南京市人民中学）。

尔逊（美籍）为首任校长。光绪二十五年（1899），沙德纳小姐创办的私立女布道学堂添设初中部，光绪二十八年（1902）定名为私立汇文女子中学（现人民中学），光绪三十一年有初中8个班、高中6个班。光绪二十五年美国传教士马林于花市大街（今中华路）创办私立基督明育中学堂（今中华中学）。

教会学堂比较讲求实用，把"西学"付诸实践，在办学目标、招生、学习年限、考试、毕业、就业及学校管理等方面都有了新的举措。这些新式学堂与腐朽的书院形成了鲜明的对比，它们是资本主义教育制度在中国实施的先声，无疑给中国传统教育带来了强烈的冲击。教会学校除宗教课程外，开设了"西文"、"西艺"等系列课程，在学校教学体制、课程设置、教学方法、考试管理等各方面都具有了近代教育的特征。教会学校的办学目的并非为了中国的现代化，而是希望通过办学的方式，将西方的价值观和教育理念渗透中国社会，影响中国人民，最终实现中国的基督化。1877年，美国传教士狄考文在《教会与教育的关系》中说："教会的目的，不仅仅是要尽可能多的使个别信徒皈依，而且要征服整个国家，使其用从基督，摧毁异教的堡垒，破坏支持它的信仰。"教会学校的目的，则在"教育中国学生"，使他们变成上帝手里的"有效代理人"。但是，教会一旦进入教育领域并通过科学技术的传播来弘扬上帝的学说，教会学校便身不由己地"充当了历史的不自觉的工具"。教会学校采用了西方完整的学校制度、课程设置、办学标准、教学方法、学校管理、教育思想，它在客观上向中国人介绍了许多西方的新思想和新文化科学知识，培育了一批新式的中国知识分子，在各个方面影响或推进了南京及至中国教育近代化的历史步伐。

基督明育（女子部）中学堂（今南京市中华中学）。

第二节 中体西用的洋务教育

一、洋务教育在中国兴起

第二次鸦片战争后,西方列强在北京设立使馆,派驻公使,清政府也设立了相应的外交机构——总理各国事务衙门。清朝统治阶级中一部分高级官员开始认识到西方资本主义的优势,特别是"船坚炮利"等军事技术的优势。他们为了挽救清朝垂危统治,开始推行"求富求强"的学习西方先进科学技术的洋务工业运动。伴随着洋务工业运动而来的是对新型人才的迫切需要,特别是翻译和科技人才,这是传统的封建教育所无法提供的。于是从19世纪60年代开始,洋务派为适应洋务运动需要而开始举办洋务教育事业。他们兴西学,提倡"新教育",创办新式学堂和派遣留学生到国外留学。

清政府最先创办的新式学堂是京师同文馆,主要是培养翻译人才。当时,清政府在外国殖民主义的炮舰政策下被迫开展外交。由于缺乏翻译人才,故不得不将外交上的大事委之于通事(翻译)。"通事"一职,在鸦片战争前就已出现,主要是由于广州一带对外贸易等活动以及澳门一带同洋人接触和传教士的活动等需要而自发地形成。但通事人数有限,质量不高,不能适应开放形势和国家正式外交的需求,并且这些通事大多与洋人关系密切,清政府对他们并不信任。李鸿章对通事办理外交事务更是不满,他认为过去那些从事通事工作者,多系社会无赖游民。这些人多为外国侵略者培养出来的,是为侵略者服务的,反而对中国的事情起坏作用。鉴于这种情况,就非培养自己的翻译人才不可。同治二年(1863)六月,京师同文馆在北京设立。上海广方言馆和广东广方言馆也先后建立。光绪三十三年(1907),两江总督端方奏准在江宁府建立南洋方言学堂,培养涉外和翻译人才。

洋务派在培养翻译人才的同时,也注意培养军事、科技人才,他们在方言学堂及兵工、造船和制造机器的工厂内,分别附办了一些专馆或西艺学堂,还在天津、上海、南京、武昌和广州等地,专设了电报、工艺、铁路、农务等各种西艺学堂以及水陆师学堂。

即将赴美的留学生。

当时,洋务派除在国内开办学堂培养洋务人员外,还派遣贵族和成批选拔幼童,到英、法、德、美、日等国学习军事、技术和自然科学,首开我国公费留学的先河。如:1872 年开始的 120 名幼童留美;1875 年闽浙总督沈葆桢派遣福建船政学堂学生 5 人前往法国学习船政;1877 年李鸿章与沈葆桢合奏派福建船厂制造学生 14 名、制造艺徒 4 名前往法国学习制造,派遣驾驶学生 12 名赴英国学习驾驶,所派学生都是船政学堂的优等生;1876 年李鸿章派武弁 7 人赴德国学兵技;1881 年,李鸿章又奏派船政学堂学生 10 名分别赴美、德学习等等。

二、南京洋务军事工业技术学校和新式军事学堂

随着洋务派创办军事工业的发轫,近代教育也发生了变化,南京境内开始出现新式学堂。先是洋务军事工业企业里大都附有工业技术学校,当时江南制造总局就附设机器学堂(即兵工学馆)。两江总督马新贻在建立该学馆时就表明了其性质与任务。他说:"查外国造船行船及制各种利器,皆有专门之学。上年局中觅度洋人翻译制造诸书,正欲先明其理与数之所以然,使门径既辟,得以循渐进。"制造局办学馆,是"挑选聪颖子弟分门学习,以期日起有功"。两江总督曾国藩幕僚容闳称这个学馆"造就无数机械工程师"。

光绪十六年(1890),两江总督兼南洋大臣曾国荃奏请创立江南水师学堂。他说:"方今振兴海军必以培养水师人材为先务,而训练之方成推英国为最精,今者江南奉旨创办水师学堂,参仿北洋章程并照英国训练水师办法,分列驾驶、管轮两门。"①这里所说的"北洋章程"即是指李鸿章创办天津水师学堂的先例。曾国荃病逝后,1891 年,署理两江总督沈秉成(安徽巡抚)在江宁鱼雷学堂的基础上创设江南水师学堂(又

---

① 《曾忠襄公全集》书札卷二十一。

名南洋水师学堂、江宁水师学堂)。校址在南京下关仪凤门内,主要为南洋水师输送人才。江南水师学堂初开办时,以道员桂芗亭为总办(校长),同知沈仲礼为提调。学堂制度参照天津水师学堂,分驾驶、管轮两科,每科又分头、二、三班,前后分作三段,称为三班,每三年升一级,由二班以至头班。每班派一教员专课。课程分堂课、船课。学生入学后进入三班,专门学习英语等基础知识,升入头班后方才教习专业知识,包括天文、海道、御风、布阵、修造、汽机、演放水雷等。每隔若干年,由海军提镇率学生乘练船下外洋实习,途中对学生进行考核,分记等第。全程学习共6—7年,毕业生择优送英国留学。该校原定学生为120名,但学堂成立后,因缺乏练船,不能满足学生实习需要,遂逐年裁减学生名额。直至光绪二十五年(1899),两江总督刘坤一遵旨恢复原定名额,并添设"寰泰"练船一艘,以供学生出洋实习。

江南水师学堂在其章程中对学生的来源、考选、劝惩制度等方面,基本上沿用天津水师学堂先例。不同之处是对学生的英文能力要求较高,"必先试以英文、翻译、地理、算学,四门皆有可观方能中选"。① 由于在学者学宿费全免,每月

江南水师学堂旧址。

另可得津贴"赡银"二两,同时西学影响渐大,因此报考学生不虑其少。于是,江南水师学堂对于学生的功课和训练要求更加严格。如其简明章程就规定:"各学生中西文武功课兼营并习,刻无暇晷,至升桅泅水,习风涛施放枪炮鱼雷,不独功课繁重,且须登高履险,如有他虞,各听天命;倘若藉众滋事或畏难逃学,除该生革除外,仍将悬提其家属,追缴历领赡银,以儆效尤。"

继任两江总督刘坤一认识到培养洋务人才的重要性。他在给丁汝昌的信中说:"当今所亟宜绸缪者,惟在洋务……办理洋务者,必须得人。"②主张设立西学馆传播西方的先进科学技术,培养洋务人才。1892

---

① 朱有瓛主编《中国近代学制史料》第一辑上册,华东师范大学出版社1983年版,第524页。

② 刘坤一《刘坤一遗集》(一),中华书局1959年版,第430页。

年,刘坤一复任两江总督,特地从上海请洋人傅兰雅到学堂,对学生进行考核。这次考核以文化课为主,内容包括行船法、天文学、汽机学、画图学、数学、代数学、几何学、地志学、英文翻译,并按照考试分数排列名次。刘坤一亲自主持了该学堂的军事技能考核。对于学生出色的成绩,刘坤一表示赞赏说:"该堂学生健备他日干城之选。"乃分给花红奖赏有差。①江南水师学堂在刘坤一的重视下,办理颇为积极,毕业生或送往日本留学,或往英国军舰实习,造就人才颇多。至清朝覆灭,江南水师学堂共毕业驾驶班7届107人、管轮班6届91人、鱼雷班(由江南鱼雷学堂并入)5届13人。毕业生中著名人物有林建章、杜锡圭、陈季良、陈绍宽、赵声等。

鲁迅(周树人)18岁时,即戊戌变法的那年,往南京就学江南水师学堂。他的二弟周作人在1901年也进入这所洋务学堂学习。鲁迅在自叙传略里说:"因为没有钱,就得寻不用学费的学校,于是去到南京,住了大半年,考进了水师学堂。"鲁迅在《呐喊》"自序"里记载,这所学堂里有"所谓格致,算学,地理,历史,绘图和体操"之类新课程。不过1898年的江南水师学堂早已腐败、破落不堪了。由于鲁迅看到学堂里管理松弛,"乌烟瘴气",同时水师学堂系用英文教授,需要9年才得毕业,在管轮班学轮机,"那就上不了舱面了,便走出,另考进了矿路学堂,在那里毕业,被送往日本留学。"周作人在《知堂回想录》中回忆:"各班学生除膳宿、衣靴、书籍仪器,悉由公家供给外,每月各给津贴,称为赡银。副额是起码的一级,月给银一两,照例折发银洋一圆加制钱三百六十一文。我自(阴历)九月初一日进堂上课,至十二月十三挂牌准补

鲁迅在矿务铁路学堂的毕业执照。

副额,凡十二人,遂成为正式学生。洋汉功课照常进行,兵操打靶等,则等到了次年壬寅(1902)年三月,发下操衣马靴来,这才开始。我这里说'洋汉功课',用的系是原来的术语。因为那里的学科,总分为洋文汉文

---

① 朱有瓛主编《中国近代学制史料》第一辑上册,华东师范大学出版社1983年版,第529页。

两大类,一星期中五天上洋文课,一天上汉文课。洋文中间包括英语,数学,物理,化学等中学课程,以至驾驶管轮各该专门知识,因为都用的是英文,所以总名如此。各班由一个教习专任,从早上八时到午后四时,接连五天。汉文则另行分班,也由各教习专教一班,不过每周只有一天,就要省力得多了。"

光绪三十一年(1905)因两洋海军合一,学堂直属海军总理事务衙门;宣统三年(1911)改称南洋海军学堂并附设鱼雷班。至1925年停办。

光绪二十一年(1895),两江总督张之洞在南洋编练自强军,为造就自强军的新式军官,奏请在江宁府和会街创办了江南陆师学堂。这是中国最早的陆军学校之一,由钱德培任总办,选择13—20岁的聪颖子弟150人入学,内分马队、步队、炮队、工程队和炮台多科,专门学习和研究兵法、行阵、地利、测量、绘图、算术、营垒、桥路各种学问,操练马、步、炮各种阵法以及德语等。毕业年限以3年为期。江南陆师学堂中还附设铁路专门学堂。

次年二月,新任两江总督兼南洋大臣刘坤一奏请,在江宁府建立3年制的侍卫学堂以及为造就医护人员而设立的医师普通科。为提高旗营、绿营官弁素质,刘坤一在光绪二十五年(1899)三月还奏准建立江宁练将学堂,由南洋营务处道员陶森甲任总办,聘请日本军官为总教习和教习,从旗营、绿营官兵及候补都、守、千、把、世职中选调年富力强、志趣端正者如堂深造,学生240人,学制2年。

两江总督曾国荃、张之洞、刘坤一等封疆大吏大多是洋务运动的积极倡导者和推动者,他们在南京积极创办新式学堂,为南京近代教育的发展打下了基础。南京洋务新式学堂的创办,打开了向西方学习先进文化科技知识的窗口,成为南京教育由传统型向近现代型过渡的转折点。这些新式学堂与守旧的官学、书院、私塾教育体制形成了鲜明的对比。在新式学堂的冲击下,中国传统的价值观念开始转变。

第三节 清末南京的新式教育

一、维新运动的改良教育

19世纪90年代后期的维新改良运动使近代中国教育进入真正意

义上的改革阶段。维新派思想家、教育家积极要求改变封建专制政体，实行君主立宪，兴办新型工业，发展商品经济。他们批判洋务派的修补活动，认为不触动旧的封建教育体系、仅靠兴办一些专业技术学校来作为补充和点缀显然是不行的，应由资产阶级自上而下进行改良和变法，放手学习和引进西方近代科学文化。所以，教育改革成为变法维新的中心内容之一。

1898年6月23日，光绪皇帝下诏改革科举制度："着自下科为始，乡会试及生童岁科各试，向用'四书'文者，一律改试策论。"这里所说的"四书"文即八股文。八股废除后，人们不得不寻求新的学问，因而促进了西学的传播。7月23日，光绪皇帝下诏催立经济特科，以选拔维新人才。经济特科区别于明清的进士科，分为内政、外交、理财、经武、格物、考工6项，并强调科举考试要以实学实政为主，不讲求楷法。科举和现实的联系紧密了。百日维新失败后，虽然恢复了八股考试制度，罢经济特科，但人们开始向往富有朝气的新式教育。

维新改良运动讲求西学以建立新式学堂为突破口。光绪皇帝在《明定国是诏》中宣示：从今以后，王公大臣、士子以及庶民百姓，都要兼习中、西学问，"以圣贤义理之学，植其根本，又须博采西学之切于时务者，实力讲求，以救空疏迂谬之弊"。嗣后，光绪皇帝又令各省督抚督饬地方官将各省府厅州县的大小书院一律改为兼习中学、西学的新式学堂。以省会大书院为高等学堂，郡城书院为中学堂，州县书院为小学堂，地方自行捐资办理的社学、义学等也要一律中西学兼习，凡民间祠庙不在祀典者，也一律改为学堂，并鼓励绅民捐资兴学。中、小学所用课本由官设书局统一编译印行。势在造成一种"人无不学，学无不实"的局面。

戊戌变法期间，面对帝后两党的争斗，两江总督刘坤一以"中体西用"为原则，以"勿过纷更，勿涉急遽"的行事态度执行了变法措施中关于军事改革、兴学育才、振兴农工商业等方面的内容。他指出，练洋操、设学堂实为当务之急，"学堂之设，为自强根本要图"，默认维新变法中兴学育才的措施，并制定了江南"设省府县各学堂以植其本，另设农工商等学堂以造其精"的办学目标。于是筹设各等学堂。在江宁，将文正书院改设小学堂，招上元、江宁两县人士，"习初级浅近之学"；将钟山书院改为中学堂，招收江宁府学生，"习普通之学"；此外考虑到有些举人、贡生、生员、童生的年龄已超过规定，不能入学，因此将尊经书院、凤池书院改为校士馆，让他们肄业其间，"按月课试策论、经义，膏奖悉仍其旧，以示体恤。"百日维新期间，还计划设立铁路、农务、茶务、蚕桑等实业学堂,广派人员出国游学游历,设立译书局和编译学堂,奖励开设报馆,开放言论,书籍、报纸免税等。鉴于筹设高等学堂经费不足,刘坤一将"专习洋文"的江南储才学堂改为"培养鉴通之士"的江南高等学堂,并扩大学生名额,多聘教习,对旧有学生严加考核,分别去留。同时下令各级官员自筹经费,按照京师大学堂章程将各书院一律改为学堂。百日维新中的教育改革措施,反映了资产阶级维新派的主张和愿望,对封建传统教育产生了强大冲击。

1898年9月,慈禧太后囚禁了变法的光绪帝,戊戌变法失败。守旧派群起攻击西学,慈禧同意礼部奏章,下令停罢学堂,照旧办理书院。此时的刘坤一已经对新式教育有了一定认识,他大胆上书慈禧:"书院不必改,学堂不必停,兼收并蓄,以广造就而育真才。"拜请太后饬令抓紧筹办京师大学堂,以之为范本,并饬各省分设中学堂、小学堂,多译中西政事有用之书,以期渐开风气。1899年,守旧派刚毅奉西太后令南下巡视,以节省经费为由,令刘坤一停办江南高等学堂。刘坤一仅将其改名为格致书院,但仍循学堂规制,使这一维新成果被变相地保存下来。

为扩充军事力量,提高军队素质,刘坤一加强了军事教育。一方面,在江宁设立练将学堂,抽调绿营、勇营各级在职军官入学堂受训,聘请洋人教官讲习马步枪炮、工程等课程及操练;另外,还在各学堂中挑选了20名学生,派赴日本成城学堂学习近代军事知识。

刘坤一积极倡办新式教育,是晚清南京近代教育能够走在全国前列的重要因素。

二、清末新学制与南京近代教育体系的形成

1. 清政府的教育立法

庚子战败之后,清朝统治者宣布自1901年起推行"新政","世有万古不易之常经,无一成不变之治法"。《饬内外臣工条陈变法》中说:惟是"有治法尤贵有治人,苟得其人,弊法无难与补救,苟失其人,徒法不能自行。"在此种思想指导下,教育方面进行了全面的立法,这一时期朝廷颁布的有关教育的法律、诏令约达120余件,从而建立了中国近代有系统的学制,重新确定充实了教育宗旨,建立了新的教育行政体制,对旧的教育制度进行了逐步改废。

(1)《钦定学堂章程》与"壬寅学制"。清末较系统的立法,始于1902年的《钦定学堂章程》,由张百熙奉旨拟定。同年8月15日,清帝

谕准颁行全国。该章程主要参考当时日本的教育制度而制定，内容共6件：《京师大学堂章程》、《考选入学章程》、《高等学堂章程》、《中学堂章程》、《小学堂章程》、《蒙学堂章程》。① 这些章程初步规定了各级各类学堂的设学宗旨、设置处所、建置、分科课目、学习年限、学生入学、出学、出身、教习选任、仪节、奖惩、堂规、舍规等各种规则。《钦定学堂章程》的制定，使中国有了较系统的教育体系，较系统的学制。《清史稿·选举志》言："周以前选举、学校合而为一，汉以后专重选举，及隋设进士科以来，士皆殚精神于诗、赋、策论，所谓学校名存而已。《钦定学堂章程》，教育之有系统自此始。"

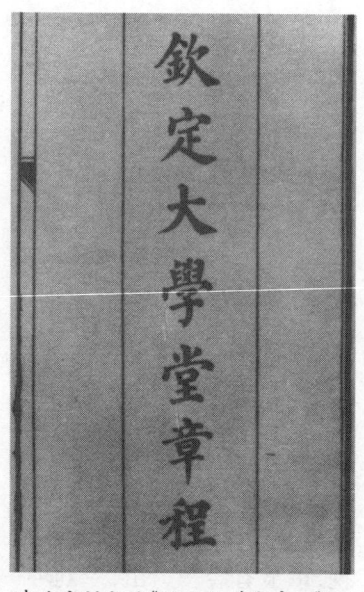

清政府制定的《钦定大学堂章程》。

1902年是旧历壬寅年，《钦定学堂章程》所建立的学制，史称"壬寅学制"。这个学制有以下几个主要特点：第一，以纵向的初等、中等、高等学堂为主，以横向的实业学堂、师范学堂为辅，将整个教育有系统地联成一体，整个教育为20学年；第二，特别注重修身、伦理和经学教育；第三，开始注意国民义务教育，一变过去人才教育的观念；第四，开始注意实业教育和师范教育；第五，女子教育仍毫无地位；第六，教学机关与教育行政机关合而为一。规定京师大学堂有统辖全国教育的职权，各级学堂也依等级负有教育行政的职责。然《钦定学堂章程》颁行未及两年，即被清政府废止。

(2)《奏定学堂章程》与"癸卯学制"。因为《钦定学堂章程》的"壬寅学制"自身有许多不完备不成熟的地方，不能很好地适应当时教育的发展，故很快被废止。1903年7月，清政府调素负海内重望、于教育上颇著业绩的地方封疆大吏张之洞入京，会同张百熙、荣庆掌管大学堂一切事宜。张之洞入京后，立即会同张百熙、荣庆着手新学堂章程的制定，着重参考日本的教育制度和教育法律，在半年之内，先后七易其稿。1904年1月13日，由张之洞主稿的《奏定学堂章程》，经清帝谕准，颁行全国，一体遵行。

---

① 除《考选入学章程》不详外，余见舒新城编《中国近代教育史资料》中册。

《奏定学堂章程》共有 22 件各类章程、通则,①是清末教育立法中内容最丰富的一件综合性法律文件,是清末教育立法最壮观的盛举。该章程内容可分作两种:一是对各级各类学堂的一般规定,一是对各级各类学堂的具体规定。

其中《学务纲要》是全国各类学堂和教育行政机关举办教育的总纲,共 56 条。其主要内容、特点是:第一,规定全国学堂总的教育宗旨。"均应钦遵谕旨,以端正趋向,造成通才为宗旨","以忠孝为敷教之本,以礼法为训俗之方,以练习艺能为致用治生之具。"第二,规定各类学堂各自设学的具体宗旨。如第二条规定:"家庭教育、蒙养院、初等小学堂,意在使全国之民,无论贫富贵贱,皆能淑性知礼,化为良善。高等小学堂、普通中学堂,意在使入此学者,通晓四民皆应必知之要端,仕进者有进学之阶梯,改业者有谋生之智能。"第三,规定《奏定学堂章程》的统率效力。第四,规定教育行政机构的建置。"于京师设立总理学务大臣,统辖全国学务。……于省城各设学务处一所,由督抚选派通晓教育一员,总理全省学务,并派讲求教育之正绅,参议学务。"此外还有有关注重师范教育、实业教育、普及小学教育、中小学经学教育等方面的规定。

在《蒙养院及家庭教育法章程》、《初等小学堂章程》、《高等小学堂章程》、《中学堂章程》、《高等学堂章程》、《大学堂章程》、《进仕馆章程》、《译学馆章程》、《初级师范学堂章程》、《优级师范学堂章程》、《实业教员讲习所章程》、《实业补习普通学堂章程》、《艺徒学堂章程》、《初等农工商实业学堂章程》、《中等农工商实业学堂章程》、《高等农工商实业学堂章程》中,各级各类学堂均有具体规定。这些规定在章节要目上有一些相同之处,可概括为如下几个主要方面:第一,设学宗旨。是对《学务纲要》中"设学宗旨"的具体化。第二,学堂设置。主要规定了初、中、高等学堂和师范学堂的设置处所,应设数目。如规定:初等小学堂每百家以上之村设一所;僻乡贫户,儿童数少者,合数乡村之资力,公设一所;所有府厅州县之各城镇,应广设:小县城必设二所,大县城必设三所。第三,学堂种类分科。如初等、高等小学堂和中学堂,依资金来源均分为三种:官立(官费)、公立(地方集资)和私立(个人出资)。高等学堂学科分为三类:第一类为预备入大学经学科、政法科、文学科、商科者治之;第二类为预备入大学格致科、工科、农科者治之;第三类为预备入大学医科

---

① 《各学堂管理通则》、《各学堂考试章程》、《各学堂奖励章程》,见《大清法规大全·教育部》卷二一、二二,其余见舒新城编《中国近代教育史资料》上、中册。

者治之。大学堂分八种分科大学：经学科、政法科、文学科、医科、格致科、农科、工科、商科。第四，入学资格、学习年限。如初等小学堂，七岁入学，五年毕业。中学堂为高等小学堂毕业者入学，五年毕业。第五，学科程度。详细规定了各学堂的教授科目、学年程度及每星期授课时间等。如高等小学堂教授科目凡九种：修身、读经讲经、中国文学、算术、中国历史、地理、格致、图画、体操。每科还规定学年程度、每星期授课时间等。又如大学堂，除分为八种分科大学外，每分科大学又分若干门。如经科大学分十一门：周易学门、尚书学门、毛诗学门、春秋左传学门、春秋三传学门、周礼学门、仪礼学门、礼记学门、论语学门、孟子学门。农科大学分四门：农学门、农艺化学门、林学门、兽医学门。对每个分科大学的每个学门都规定了学年程度、每星期授课时等等。如政法大学法律学门第一年开设课程及每星期授课时间是：主课为法律原理学（2 点钟）、大清律例要义（4 点钟）、中国历代刑法考（1 点钟）、中国古今历代法制考（3 点钟）、东西各国法制比较（2 点钟）、各国宪法（1 点钟）、各国民法及民事诉讼法（2 点钟）、各国刑法及刑事诉讼法（2 点钟）、各国商法（3 点钟）、交涉法（2 点钟）、泰西各国法（1 点钟），补助课为各国行政机关学（1 点钟）。第二、三、四学年主课同第一学年，补助课换为全国人民财用学和国家财政学，各门课每星期授课时间较第一学年略有增减。各级各类实业学堂章程，只规定了学堂的分科科目，未规定学年程度和授课时间。另外，还规定了各学堂教员、管理员的设置及其职责、学堂场屋、图书、器具的建置、配置等内容。

《奏定学堂章程》的制定，建立了较"壬寅学制"更为完备的新学制。因 1904 年 1 月是旧历癸卯年 11 月，故这个新学制史称"癸卯学制"。《奏定学堂章程》成为各地实施新教育的基本法则，结束了全国各地举办教育、进行教育立法方面各自为政的混乱局面，并一直沿用到清朝灭亡，对清末教育改革、教育发展产生了极大影响。

《奏定学堂章程》实施过程中，因时势和教育发展的需要，清政府对该章程内容作了一些修改、增补，使之更趋完善。其中最重要的是有关女子教育。1907 年 3 月 8 日，学部拟定、奏请清帝御准颁行《女子小学堂章程》、《女子师范学堂章程》，女子教育开始从家庭教育中独立出来，取得合法地位。中国数千年的封建社会，一直奉行重男轻女的政策，体现在教育上，就是规定女子教育只能在家庭中进行而不能在学校进行，并且女子家庭教育是一种极其粗浅的教育。1907 年颁行的这两个女子教育章程，初步改变了这种落后状况，在教育史上具有划时代的意义。

但这两个章程仍有一些不足之处,主要是:女子教育与男子教育分开实施,男女不可同校受教;女子小学和女子师范学习年限均比相应的男子学堂少一年;女子中学无规定,女子教育只到师范为止;强调女子教育的宗旨仍然为传统的女德,即封建礼教所倡导的为女、为妇、为母之道。

(3)其他的教育章程。在晚清教育改革、教育立法全盛时期,政府除了为普及、规范新式学堂、建立新的学制,先后制定颁布了《钦定学堂章程》、《奏定学堂章程》外,还就留学教育、教育行政管理体制、改革旧的教育制度等方面进行了一系列立法。

在清末教育改革前,清政府没有专门的教育行政管理机构。直到1905年设立学部后,中央才有了专门的教育行政管理机构。1906年先后颁布了《学部官制职守章程》、《各省学务详细官制及办事权限章程》、《劝学所章程》,逐步建立起从中央到地方有系统的教育行政管理机构和体制。1903年清廷将管学大臣改为学务大臣,专管全国教育,另设总监管一职管理京师大学堂。1905年又将学务大臣改为学部,以荣庆为尚书,熙瑛、严修为侍郎。撤各省学政,改设提学使,下设学务公所,主管全省教育,并宣布自1906年开始一律停止乡试和各省岁科考试。并在各省设立教育总会,府州县设立分会,还设立学务所,从而使各地新式学堂迅速兴起。

2. 南京近代教育体系的形成

20世纪初年,在清末新政的推动下,南京和全国其他地方一样,改革书院,创办学堂。在1901年至1911年,南京先后创办了大、中、小学、农工商各实业学堂、师范学堂、传习所、半日学堂等各类新式学校100余所,逐步形成了近代教育体系。

(1)全力推广小学教育。当时教育运动的倡导者们认为:小学教育是最基本的教育,具有"普及"和"国民教育"的性质;小学教育发达,教育质量提高,就能为中、高等学校提供高质量的生源,有利于中、高等教育质量的提高,带动教育事业的发展,所以当时南京各属县均设小学。1902年,江宁府创办了江宁第四模范小学堂(现大行宫小学)、上元高等小学堂、北区第十二小学堂(现天妃宫小学),这是南京官办小学之始。次年,柳诒徵等从日本留学归国,创立思益小学。思益小学在学制、课程、教材上均仿效日本,物理、化学、算术等学科的仪器标本、图书多购自外洋。在教法上也有所改进,当时即为邵阳督宪魏光焘、两江总督张之洞及端方所赏识,曾召思益诸生面试,学业优良,遂按月拨款资学。是年,还建立养正小学堂、谦益小学堂。1904年,官府还创办了第二模范学堂。次年建立江宁县立第四高等学堂(现珠江路小学)和初等小学堂(现考棚小学)。1905年,创办私立启悟小学(现邓府巷小学)。1906年,端方任两江总督,见江宁、上元两县官办小学甚少,提出将江宁府城划为东南西北四区,每区设初等小学10所,共40所,由官府筹款兴建。但这一计划并未完全实现。该年,创办了江宁振淑实业女学(现马道街小学)、上元树声学堂、同仁小学、第二模范小学(现秣陵路小学)、义学(现小西湖小学)、私立津逮学堂(现长乐路小学)。1907年创办崇文小学(现府西街小学)、江宁公学(现夫子庙小学)。至此共有小学20所。之后思益小学与崇文小学合并,改称两等小学堂。养正、谦益两所小学停办。

江宁府所辖各县也建立、健全了小学教育网。1903年9月,江浦县令邝兆雷依据《钦定小学堂章程》,改珠江书院为高等小学堂,招生30名,后改名高、初两等小学堂,并于县城昌帝祠和南门大街设两所蒙养小学堂,于浦镇东门吴公祠、陡岗窦家洼各创办私立小学堂一所。1902年,六合县邑绅孙锡恩禀准,将六峰书院改为学堂,原书院全部拆除,按学校教室规格重建,因工程较大,不能及时交付使用,次年借东门育婴堂招收学生正、副各20人,开学上课,是为六合县成立学堂之始。1904年,将蒙养学堂改为官小学堂,并增办官小学堂4所。此外,乡区也陆续于竹镇集、瓜埠、葛塘集、樊集、大营集、烟墩集等地开办初等小学。1905年,高淳县将清道光八年(1828)创设的学山书院改为高淳县学堂,1912年改称高淳县立第一高等小学校。1905年,溧水县高平书院改为县立高等小学堂,学制3年。同时在县城的东区和西区各创办初等小学堂1所,学制4年。

两江总督张之洞

(2)率先开办师范教育。1902年4月,两江总督刘坤一邀请东南名流张謇、缪荃孙和罗振玉等商议筹办学堂事宜,随即向清廷上奏《筹办学堂折》,呈请在督署江宁办师范学堂。不久刘坤一病逝。张之洞署理两江总督,继续大兴教育,于1903年2月上奏《创建三江师范学堂折》,开宗明义,重申了"师范学堂为教育造端之地,关系尤为重要"的观点,强调兴办教育必须"扼要探源",把握先后次序,"唯有专力大举,先办一大师范学堂,以为学务全局之纲领,则目前之致力甚约而日后之发生甚广。"并奏"兹于江宁省城北极阁前,勘定地址,创建三江师范学堂一所,凡江苏、安徽、江西三省人士皆得入堂受学。"①同年获准。三江师范学堂仿北洋例,延日本教习12人,选本省贡廪出身之中国教员50人,互相讲习,先练教员。预定学额900名……""前三年先招速成科、本科,以应各州县小学教员之需,第四

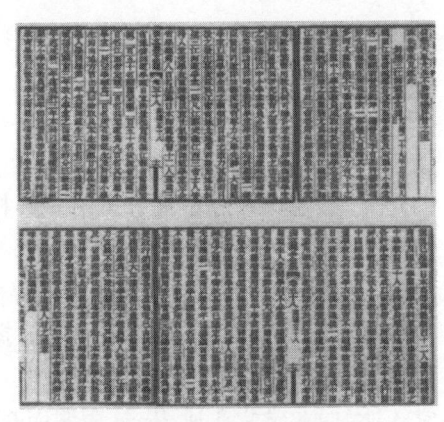

张之洞《创建三江师范学堂奏折》。

年招收高等师范本科,精教育学理",以备中学教员之选。学堂由翰林院编修缪荃孙任总稽查,进行筹建。1903年9月三江师范学堂挂牌,堂址设在北极阁前明代国子监遗址。1904年10月正式招生。江苏候补道杨觐圭为首任监督(校长)。这是中国近代最早建立的高等师范学堂之一。1905年继任两江总督周馥,因总督之称两江,遂将学校名称改为两江优级师范学堂。先后由江苏候补道徐乃昌、江宁提学使李瑞清担任监督。李瑞清以"视教育若生命,学校若家庭,学生若子弟"自勉,曾亲自书写校训"嚼得菜根,做得大事"。李瑞清主持两江师范期间,悉心兴学育才,学校规模日益扩大,最多时有在校生千余人,教学成绩卓著,为江南各高等学堂之冠。1911年辛亥革命爆发,学堂于次年停办。学堂历时近十年,先后有毕业生2 000余人,为江南三省培养了第一批优秀师资。著名科学家秉志、国学大师胡小石、国画大师张大千等均为该学堂早期的学生。

(3)大力兴办农工商实业学堂。农工商实业教育的发展有利于国家科学技术的发展和提高,是国家近代化发展的重要标志。1898年,两江总督刘坤一奏准将1896年建立的诸材学堂改为官立江南高等学堂,设政经、文商、医、理化、工农5科,堂址在三牌楼。1899年改为格致书院。1902年,江宁钟山书院山长缪荃荪改钟山书院为江南高等学堂,次年开学。校址在门帘桥。1904年,两江总督魏光焘将格致书院改办为江南农工格致学堂,后易名江南农工商矿实业学堂,后又定名为江南高等实业学堂。堂址在三牌楼和会街。1906年,建江南高中两等商业学堂(初为江南中等商业学堂,后设江南高等商业学堂,合并后改为江南

---

① 张之洞《创建三江师范学堂折》,《张文襄公全集》五十八卷,第15—16页。

高中两等商业学堂),堂址在复成桥商务局内。同年,由蚕桑树艺公司改办为江南蚕桑学堂,堂址在中正街。1906年创立江宁法政学堂,1908年又创办两江法政学堂,正科培养学生,别科培训官吏士绅。这是江苏最早的两所官办法律学校,由陶保晋等7人创议,并获得张謇等赞同协助建立,又经两江总督端方拨给娃娃桥官房作教学处所。1907年,端方奏准在江宁府建立南洋方言学堂,培养涉外和翻译人才,堂址在八府塘。1908年,端方又在江宁创办南洋高等商业学堂,办有银行、税则保险、商业应用等科,培养了一批金融人才。据统计,从1907年到1909年,江宁所属实业学堂由4所增加到8所,其中农业实业学堂2所,工业实业学堂3所,商业学堂3所。① 这表明南京的实业教育的着眼点已从农业转向更能促进经济发展的工业和商业方面。

(4)关注女子教育和学前教育。女子教育开展的程度,是教育近代化的重要标志,时任两江总督的端方认为,女学是家庭教育之本,且欧美诸国中"小学教员概系女子,中学男女教员参用",②因此发展女子教育对解决师资匮乏的现状大有裨益。1908年,端方在南京设立粹敏第一女学,先招收200名学生,此后逐渐扩充。在端方的推动下,女学得到很大发展,到1909年,南京就有女子学校12所,其中官办9所,学生598人;私立3所,学生154人。③ 端方也曾派出多批女子赴欧日学习。清末有识之士认为"学前教育为国民教育之基础,不可不亟为求"。④ 端方对此也极为重视,1908年在粹敏第一女学中附设一所幼稚园。

(5)大力发展军事学校。1902年,新任两江总督魏光焘奏请,在江宁府昭忠祠创办江宁武备学堂,另在小营建立新堂舍,以陶森甲为总办,招收旗营、绿营官弁,每期学生240名,学制1年,使用日本陆军士官学校的教材,所学课程主要有军制、地形、测绘、战术、兵器、筑城、算学、日文、卫生、兵棋、野外要务等。学成以后,酌量委用,以期将才。装备有士乃德、马亨利步枪、钢炮等,以备学生练习时用。1905年,两江总督周馥

---

① 1909年教育统计表,《中国近代教育史资料汇编·实业教育》,上海教育出版社1994年版,第52—62页。

② 《端忠敏公奏稿·改办女学及幼稚园折》,台湾文海出版社1967年版,第1 471页。

③ 陈学恂《中国现代教育大事记》,上海教育出版社1981年版,第201页。

④ 朱有瓛主编《中国近代学制史料》第二辑下册,华东师范大学出版社1989年版,第772页。

奏请在江宁府太平门内,建立江宁陆军小学堂,根据练兵处的章程,招生300名,由学堂总办按照规定,招考本省各高等小学堂学生及本省驻防子弟,学制3年,授以普通课及军事初级学,要求所有教学都以忠君爱国为本原,德育体育为基础,振尚武精神。学成以后,送往陆军中学堂或者陆军预备学堂深造。周馥还为解决江苏陆军第九镇缺乏骑兵、炮兵、工程兵及辎重兵等人才,在江宁府建有短训性质的马队速成学堂、炮队速成学堂、工程速成学堂、辎重速成学堂,招收各省武备学堂毕业学生,另从新征兵士中挑选文理通顺、资质敏捷者送入学堂,授以专门应用的浅近学术,经数月之后,将各项功课教授完毕,原武备学堂毕业学生派往各标营充任将校,原兵士则派充弁目(指管杂务的武职人员)。1907年,江宁京口(即南京和镇江)将军诚勋与两江总督端方会奏,在江宁府太平门内,建立江宁陆军中学堂(亦称江宁陆军第四中学堂),陈道琪、万廷献先后任总办,下设监督、提调、收支、庶务委员,招考南洋各省陆军小学堂毕业生,学生定额940名。第一年选考学生470名,第二年又选考470名,学制2年。头班学生毕业后,第二班学生升为头班,逐年招收,逐年递升,学生分别编入步队、马队、炮队、工程队、辎重队,各队辖3至4个排,每排40至50人。是年5月,端方又奏请在江宁府昭忠祠建立江南陆军讲武堂,以督练公所会办总参议舒清阿为总办,以为各将校讨论兵学观摩切磋之地,兼为续练城镇各级军官之准备,仿照北洋办法,分设研究所、补习所和教导队3部,每期3个月,以期速成。此外,江苏巡抚也在江宁府建立过随营学堂。

南京地区一方面得沿江交通的便利,一方面因其为两江总督驻所、苏皖政治中心,更由于南京地区经济发展水平在当时处于全国的富庶之列,所以20世纪之初的南京教育事业无论在办学层次还是学校类型上,都遥遥领先于全国其他省会地区。蒙养院、初等小学、高等小学、中学堂、高等学堂、大学堂,层层递进;师范教育、实业教育、军事教育、女子教育,各得其所;官立、公立、私立,多方办学;经学科、政法科、文学科、商科、格致科、工科、农科、医科,无所不包,实已具备了现代教育的雏形。

第四节 太平天国时期的南京教育

太平天国革命是中国历史上一次规模空前的农民革命运动,它于

1853年以南京(建都后改称天京)为中心建立了与清王朝对峙的农民革命政权。它不仅猛烈冲击了清王朝的封建政治和经济秩序,也在文化教育领域引起了强烈的震撼。太平天国的教育采取了反儒方针加变异改造的政策,基本特征是把教育与政治、宗教一体化,利用中国化的基督教教义——"拜上帝"中的某些平等思想和宗教信仰以及仪式,以期实现"信奉上帝独一真神"加朴素的农民平均主义的宗旨。太平天国定都南京后,在其管辖范围内特别是南京地区,实行了具有自己特色的新式教育。

一、太平天国时期南京教育的基本政策

1. 教育的平等和普及

太平天国农民革命试图用中国历代农民起义"替天行道"的思想传统来融合西方基督教义"在上帝面前人人平等"的思想,在南京"小天堂"中推行"有田同耕、有饭同食、有衣同穿、有钱同使、无处不均匀、无人不饱暖"的理想社会,并在文化教育方面推行平等教育和普及教育。

(1)实行平等、灵活的儿童教育政策。太平天国在南京刊行了《天朝田亩制度》这一纲领性文件,其中规定:"凡二十五家中,设国库一,礼拜堂一,两司马居之。……其二十五家中童子俱日至礼拜堂,两司马教读《旧遗诏圣书》、《新遗诏圣书》及《真命诏旨书》焉。凡礼拜日,伍长各率男妇至礼拜堂,分别男行女行,讲听道理。"[①]为了普及学龄儿童的初等教育,太平天国建立起诸如育才馆、育才书院等新型教育机构。据涤浮道人《金陵杂记》载:"将真贼之子侄辈并虏得各省孩童,名曰娃崽,令其自行送入此馆,令通文理者教习读该逆所撰妖书。"[②]这些育才馆、育才书院收容民间儿童及太平天国官员的子弟,给以衣食和教育,并颁发《旧遗诏圣书》、《新遗诏圣书》、《御制千字诏》、《三字经》、《幼学诗》等作为启蒙教材。这些儿童教育读本在采用了中国古代传统蒙学教材形式的基础上,着眼点在向儿童灌输反对清朝、"敬耶稣"、"顺内亲"等知识,以从小培养他们"敬上帝"、"战胜妖"、敢于反抗封建传统、立志推翻清王朝的思想。

---

① 《天朝田亩制度》,《太平天国印书》(上),江苏人民出版社1979年版,第410页。

② 《太平天国》(四),上海人民出版社2000年版,第6 211页。

太平天国的儿童教育有着自己一套行之有效的方式方法，表现在：其一，在京城天京设育才书院，专门教育未成年的儿童。除天京外，当时在太平天国控制的一些地方，也有类似"育才书院"的教育机构。

太平天国的儿童在"育才馆"中聆听女教师授课。

其二，在各地开办"义学"。据《枭林小史》记载，太平军在上海等地设有供平民子弟入学的"义学"。"义学"聘请识字的文化人做老师，分班进行教学。尽管当时战乱不断，但太平天国的"义学"在对民间子弟的教育方面取得了一定的效果。其三，在太平天国各级官员中推行一种"带徒弟"的教育措施，即让各级官员对随从身边的儿童进行经常性的实践教育。按这种"带徒弟"的方法，当时太平军官员随从身边的童子少则几个，多至数十人，他们"行则背负刀剑，住则环侍左右"，在行军打仗和日常的生活中，在各级官员的言传身教下，学习武艺，学习上帝教教义。

由于缺乏和平的生活环境及足够的师资，太平天国不可能实现系统的儿童教育，但由于采取了比较切合实际的教育政策，特别是推行"带徒弟"教育措施，因而太平天国的儿童教育取得了较大的成绩。据清人张德坚《贼情汇纂》记载：太平天国的儿童"皆不畏死，临阵勇敢直前，似无不一以当十"。面对太平军的儿童教育，张德坚发出了"贼之移换人心，果操何术以至此也"的喟叹。① 甚至部分清朝官员也认为，消灭太平天国后，捕杀太平军的儿童也是一个不可忽视的问题。这说明太平天国的儿童教育确实收到了成效。

(2)实行平等的妇女教育政策。《天朝田亩制度》中明文规定：凡是天国内的妇女，在礼拜日时，必须与男子一道到礼拜堂内"讲听道理"和"听讲圣书"，并可与男子平等地排列在一行。这样，妇女的教育平等权得到了承认。据张德坚记载：太平天国内除一般妇女有平等的教育权利之外，还在妇女中挑选通文化、懂上帝教义的优秀人才做群众的老师。

---

① 中国史学会《太平天国(资料丛刊)》(三)，上海人民出版社2000年版，第307页。

清人马寿龄在记载太平天国的妇女教育状况时说:"听者已倦讲未已,男子命退女子,女子痴憨笑相语",说明女子都乐于参加天国"讲道理"的活动。①

(3)把民房、村落作为"讲道理"的"礼拜堂",让民众的文化教育普及、易行。马寿龄在

太平天国的妇女同男子一起听讲教义。

记载太平天国"讲道理"的情况时,曾这样描述:"锣敲四声麾令旗,听讲道理鸡鸣时,桌有围,椅有披,五更鹄立拱候之。日午一骑红袍驰,戈矛簇拥箫管吹,从容下马严威仪。"据当时曾目击太平天国"讲道理"的人说,太平军每到一处,不论在城市还是乡村,均"动辄鸣锣传集贼众百姓,于何日何时齐集何处听讲道理"。② 这种不分地点、不分场所的教育形式,自然使得太平天国的文化教育简单易行,使平等教育的政策能够得到真正的实施。在太平天国内,受教育的对象是全民性的,凡天国平民,不论男女,不分年龄,不分民族,都享有平等的受教育权利。虽然太平天国的平等教育缺乏系统性,粗糙而不完善,但它却富于民主和革命的精神,充分反映了广大农民反对封建特权、追求平等平均的愿望。

2. 从反儒到容儒

太平天国革命用以发动和组织农民的思想武器是洪秀全、冯云山等创立的"拜上帝"教义,它将中国古代儒家的大同思想、历代农民起义的均平思想、基督教的平等思想三者合一,认为只有上帝(又称皇上帝)是唯一的真神,其他一切权威和偶像如孔子、菩萨、阎罗、皇帝等都是"邪神",都必须打倒。故从广西起义到定都天京,沿途逢孔庙必毁,逢孔子塑像必砸,逢儒家经典必烧。曾国藩等惊呼:"粤匪窃外夷之绪,崇天主

---

① 中国史学会《太平天国(资料丛刊)》第三册,北京神州国光社1952年版,第266页。

② 中国史学会《太平天国(资料丛刊)》(四),上海人民出版社2000年版,第736页。

之教。自其伪君伪相,下逮兵卒贱役,皆以兄弟称也,谓惟天可称父,此外凡民之父皆兄弟也,凡民之母皆姊妹也。农不能自耕以纳赋,而谓田皆天王之田;商不能自贾以取息,而谓货皆天王之货;士不能诵孔子之经,而别有所谓耶稣之说、《新约》之书,举中国数千年礼义人伦诗书典则,一旦扫地荡尽。"①

定都天京后不久,太平天国即改变了对儒家文化的政策。1854年,成立了"删书衙",对儒家经典进行删改后印行,准民间阅读。诏令将"四书"、"五经"中的"一切鬼话、妖怪话、妖语、邪语,一概删除净尽,只留真话、正话"。如将《论语》中的"夫子"改为"孔某"、"子曰"改为"孔某曰",删除其他书中涉及鬼神丧祭的文字;《周易》则全废不用等。1861年颁布《钦定士阶条例》,在所附《劝戒士子文》中声称:"天父前降有圣旨云:孔孟之书不必废,其中合于天情道理亦多。"②并让士子们"诵习书史,博览篇章"。这实质上已经将包括儒学在内的中国传统文化纳入了教育内容。

3. 对文字、文风与科举制度的改革

太平天国革命的主体是贫苦农民和手工业者,他们的文化程度普遍不高。对文字、文风的通俗化改革,目的是为了有利于广大群众掌握文化,理解和接受革命道理,有利于发动和组织群众参加革命。这些改革无疑有利于文化教育的平民化发展。

太平天国吸纳人才的方式主要有两种,即出榜招贤和科举考试。前者用于招收各行各业的能工巧匠和有某方面实用技能的人才,范围至广,包括木、瓦、铜、铁各种匠人,吹鼓手、书手、医生和熟知拳技、兵法、地理、天文星象、算学等方面的人才。科举考试分文武两科,文科用以选拔有一定文化程度的知识分子。从定都天京起,太平天国即利用科举的形式网罗人才。为了广泛吸引和组织知识分子参加考试,除发给应试者路费伙食银两外,对于拒不应考的士子,还采取一定的处罚措施。考试的程序基本沿用明清旧制,分为县试、省试、京试3级,分别录取秀才、举人、进士,但改为每年举行一次,从1853年至1862年共举行了10次京

---

① 曾国藩《讨粤匪檄》,《曾文正公全集·文集》第八卷,光绪二年传忠书局刻本。
② 《劝戒士子文》,《太平天国印书》(下),江苏人民出版社1979年版,第746页。

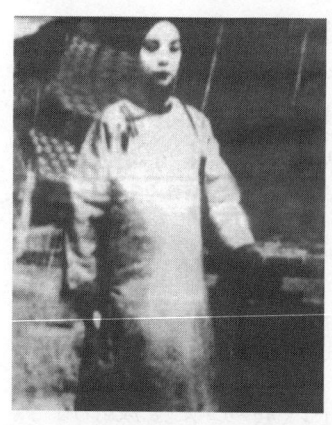

太平天国南京籍女状元傅善祥。

试。考试方法也沿用了八股文和试诗文策论等形式。但在考试内容上，废除从"四书"、"五经"出题，而根据太平天国所颁发的《旧遗诏圣书》、《新遗诏圣书》和《真命诏旨书》，并突出"策论"，以选择能经邦济世的人才。在考试对象上，废除了门第、出身、籍贯等方面的限制，"无虑布衣、绅士、倡优、隶卒"，均准应考。特别是1853年还曾开设女科，专门选拔女子人才，突破了中国古代科举考试对女性的限制。录取标准也大大放宽了，"稍知文理，皆抡首选"。1861年颁布的《钦定士阶条例》，对考试程序、日期、场次、科名及对应试者的要求等都作了更加具体严格的规定，如将秀才改为秀士、补廪改为俊士、拔贡改为杰士、举人改为博士（约士）、进士改为达士、翰林改为国士等，是太平天国科举制度完备化的标志。但此时已接近太平天国革命的后期了。

二、太平天国时期南京教育的基本形式和内容

1. 教育的组织形式

太平天国没有建立起统一的全国政权，在天京政权存在的10余年间，又忙于战事，管辖区域不定，因此也没有建立起完整的教育制度。太平天国规定或实行的教育形式主要有：

（1）教堂即课堂。1853年定都天京后，颁布《天朝田亩制度》，其内容之一就是在农村地区建立一套军事、政治、宗教合一的地方政权体系。规定凡25家的儿童每天都要到礼拜堂去听两司马教读《旧遗诏圣书》、《新遗诏圣书》和《真命诏旨书》等宗教性读物。成年人在礼拜天也要由各伍的伍长带领来礼拜堂。可见，"两司马"实际上是一个集军政头领、教师、教士等角色于一身的人物。据称每个"两"设一礼拜堂的规定基本未实施，因此，有关儿童教育的规定也就无法贯彻落实，但它至少反映了太平天国希望普及儿童教育的理想。

（2）育才书院、育才馆和义学。在天京城区，太平天国"设有育才书院，延师教各官子弟读"，其教师称育才官，有正、副之分；各官子弟包括他们的子侄和义子义弟等。可见"育才书院"应是一种比较正规并主要面向

将官子弟的学校。太平军所到城市,也常设立育才馆和义学,由育才官主持对儿童实施教育。此外,各王府也设有担任"教读"的人员,未能入育才书院和育才馆的各官子弟和义子义弟也常延师教读。不难看出,就城市地区和将官子弟来说,太平天国并未因战争环境而放弃对儿童教育的努力。另外,太平军官兵还通过收养认领儿童(包括民间儿童和在战争中失去父母兄长的太平军将士子弟)作为义子义弟的方式来培养新战士。自丞相至卒长士兵,"均准携带",让儿童在与太平军朝夕相处中,接受政治思想和宗教道德的熏陶,培养对太平天国革命运动的感情,学习战争技能和一定的文化知识。这些儿童大多成为勇敢的战士。

2. 教育的基本内容

教育内容主要是在"拜上帝教"的名义下,以宗教教义的形式组织起来的,把政治思想、道德教育融会到宗教教育与宣传之中,同时也可达到初步读写和文化知识教育的目的。其基本材料主要有以下三类。

(1)群众性的宗教、政治思想教育读物。主要有《天条书》、《旧遗诏圣书》、《新遗诏圣书》、《真命诏旨书》等。其中《天条书》是1847年洪秀全、冯云山亲自制定的拜上帝会的宗教仪式和公众的10条行为准则,即崇拜皇上帝、不好拜邪神、不好妄题皇上帝之名、七日礼拜颂赞皇上帝恩德、孝顺父母、不好杀人害人、不好奸邪淫乱、不好偷窃抢劫、不好讲谎话、不好起贪心。《旧遗诏圣书》和《新遗诏圣书》是基督教《旧约圣经》和《新约圣经》的编译本,但对其中不符合太平天国革命利益的部分进行了修改与删订。《真命诏旨书》是1853年以前所谓"天父、天兄下凡诏旨"和"天王诏旨"的汇集。这些都是普及性的读物,无论军民、成人或儿童都要求认真习读。洪秀全早期写的文章如《原道救世歌》、《原道醒世训》、《原道觉世训》以及在起义中形成的著名文告、檄文等,都作为一般宗教和政治思想教育的读物广为流传。它们在阐述拜上帝教教义的同时,着力揭露清朝统治的腐朽,展示未来太平天国的美好前景,激发人们献身革命的热情。

(2)儿童启蒙性读物。主要有太平天国自己编订的《幼学诗》(1852)、《三字经》(1853)、《御制千字诏》(1854)等。《幼学诗》共集五言诗34首,每首4句,各诗题目分别为:敬上帝(3首)、敬耶稣(3首)、敬肉亲(2首)、朝廷、君道、臣道、家道、父道、母道、子道、媳道、兄道、弟道、姊道、妹道、夫道、妻道、嫂道、婶道、男道、女道、亲戚、心箴、目箴、耳箴、口箴、手箴、足箴、天堂。这类读物整体上也以宣传拜上帝教教义和太平天国的政治、伦理思想为主,但模仿中国传统启蒙教材,采用韵语形式,重视识字教育,更适合儿童诵读,就体裁而言可自成一类。《三字经》共1 056字,三字一句,其内容大致可分为4部分:第一部分介绍基督教发展史;第二部分以中国古代文献中的"上帝"附会基督教中的上帝,叙述"上帝"在中国的遭遇;第三部分介绍上帝遣子下凡中国逐灭妖魔、建立天国的过程;第四部分告诫儿童要"拜上帝,守天条"及应该遵守的行为准则。《御制千字诏》共1 104字,四字一句,基本无重字,其内容大致分两部分:第一部分本着上帝创造万物的意思介绍了有关天文气象、地形地貌、动物植物、食用感觉、人体各部等自然知识;第二部分结合基督教和太平天国运动发展的历史阐明拜上帝教教义,并介绍一些社会知识。

(3)实用类读物。1859年,熟悉西学的洪仁玕从香港辗转来到天京,被封为干王,总理朝政,并任主持文教工作的文衡正总裁。他大力提倡学习西方科技知识,认为"火船、火车、钟表、电火表、寒暑表、风雨表、日晷表、千里镜、量天尺、连环枪、天球、地球等物,皆有夺造化之巧,足以广闻见之精,此正正堂堂之技",主张凡外国人技艺精巧者,只要不干涉天国的内政,都准其"教导我民",表现出对西学的开放态度。太平天国许多领袖的子女对西学有相当的了解,精于地理、机械等方面的知识。在1854年设立"删书衙"以后,经过删改的儒家经典也准阅读。在军事教育方面,普遍采用的教材有《太平条规》、《行军总要》、《武略》、《真圣主诏明大小兵法水旱战法》和《兵法四则》等,对官兵进行战争技术和军队纪律的教育,并在科举考试中设立武科以招收高层军事人才。

三、太平天国时期南京教育的特点

1. 教育的平等性

太平天国的政治纲领《天朝田亩制度》,除在政治上要建立一个"处处平均,人人饱暖"的理想社会外,还在文化教育方面提出了平等政策,规定"凡礼拜日,伍长各率男妇至礼堂,分别男行女行,讲听道理……凡内外诸官及民,每礼拜日听讲圣书,虔诚祭奠,礼拜颂赞天父上主皇上帝焉。每七七四十九礼拜日,师帅、旅帅、卒长更番至其所统属两司马礼拜堂讲书教化民"这种人人都必须参加的"讲听道理"、"听讲圣书"的平民化教育,说明太平天国力图建立的是一种平等的、普及性的民众教育。

2. 教育的传统性

太平天国的教育改革是在继承了中国古代文化传统的基础上进行

的,因而也具有传统性的特点。这种传统性主要表现在:第一,在历法改革方面,太平天国新历采用的节气,如立春、清明、芒种、立秋、寒露、大雪、春分、小满、大暑、秋分、小雪、大寒等,基本上仍是中国传统的节气称谓;第二,在蒙学教材的编写上,采用了中国传统的蒙学教材形式,最典型的是太平天国编写的《三字经》、《御制千字诏》,基本上沿袭了中国传统的《三字经》、《千字文》的旧形式;第三,在文化书籍的内容上,仍然沿用中国传统的"四书"、"五经"等儒家经典,但根据自己的政治需要对其进行了删改;第四,在科举考试中,考试的名称、文体基本上仍沿用过去的旧方式,京都试院的设计一如明清时期的南京贡院,考场管理和试卷的磨勘,一甲、二甲、三甲的名次及对应的官阶,也与前朝大同小异。

3. 教育的创造性

太平天国在部分继承了中国古代文化传统的基础上,对封建陋习进行了大规模的扫荡,同时进行了一定程度的创新。

在教育制度方面,一是要求男女儿童每天都到礼拜堂,由"两司马"教读教义;二是要求各伍长每礼拜日率领本伍的男女到礼拜堂,听"两司马"讲道理,颂赞祭奠上帝,分别赏罚力农和惰农;三是要求内外所有官民,每礼拜日都要到礼拜堂,听讲圣书,颂赞祭奠上帝。

在教育形式方面,太平天国的主体是农民群众,而农民群众因长期遭受地主的压迫和剥削,处于极端贫困落后没文化的状态。要在短时间内有效地教育农民群众了解革命道理,支持革命活动

太平天国教材。

和参加革命队伍,就不能光靠学校教育的形式,而要采取一种农民群众喜闻乐见、行之有效的简单方式进行。首先,太平天国从公文经籍中大量采用人们乐于使用的简体文字,并改变古书不加标点的传统,在太平天国的文书上一律加上标点,便于阅读;其次,他们编印了不少群众性读物,如《天条书》、《赞美经》、《三字经》、《幼学诗》、《天历》等,对农民群众进行革命道理教育;最重要的是太平天国创造了许多宣传教育的形式,如歌谣、揭帖、檄文、诏书、规约、"讲道理"、宗教教义、标语、口号等,

其中歌谣和"讲道理"是极富创意的教育形式。这些教育形式因时制宜、因人制宜、灵活多样，十分有效，起到了宣传革命道理、团结人民群众、打击敌人的目的，对建立和巩固太平天国政权起过十分重要的作用。

4. 教育的宗教性

自1847年洪秀全、冯云山等人在广西桂平紫荆山区建立"拜上帝会"后，太平天国的领导人一直都把上帝教的教义作为宣传和发动农民起义的思想武器。在南京建立革命政权之后，在文化教育中，太平天国利用上帝教教义来教育民众的做法就更为突出。太平天国的教育表现出了浓厚的宗教性。具体表现在以下三个方面：

第一，太平天国编写了一整套较为系统的阐释上帝教教义的书籍，其代表作有《真天命诏书》、《旧遗诏圣书》和《新遗诏圣书》。

第二，在"讲道理"中，向民众灌输拜上帝教的宗教思想。在日常的"讲道理"中，常有"尔辈生逢太平日，举足便上天堂梯……妖魔扫尽享天福，自有天父天兄为提携"之类的套语。① 这种"讲道理"，大部分内容与太平天国的新旧《圣书》有关。凡礼拜日，太平天国的地方官"两司马"必须向民众宣读《旧遗诏圣书》和《新遗诏圣书》。除礼拜日外，"讲道理的活动亦十分普遍"。《贼情汇纂》说，太平天国每事必"讲道理"："刑人必讲道理，掳人必讲道理"，"选妇女为伪嫔妃必讲道理"，"逼人贡献必讲道理"，总之，太平军的"讲道理"时时可见，处处进行。

第三，在太平天国新历中，贯穿着"独一真神为上帝"的思想。冯云山于道光二十七年(1847)在广西桂平县监狱中创造出了一种新历法，该历法于太平天国壬子二年(1852)正月颁布实行。在太平天国新历法中，随处可见"天父上主皇上帝"、"太平主"、"太平天日"、"天父"等宗教术语，通篇散布着"独一真神为上帝"的思想。据清人胡长龄《俭德斋随笔》记载，太平军凡攻克一地，便立刻推行新历法，甚至规定民间契券必须采用太平天国日历，以天历记年月。太平天国新历的推行，是从历法的角度对民众进行宗教宣传，换言之，是利用群众日常生活须臾离不开的历法，灌输上帝教的思想。

5. 教育改革的落后性

由于受当时政治、经济条件的局限，加上农民阶级所固有的狭隘性，

---

① 中国史学会《太平天国(资料丛刊)》(四)，上海人民出版社2000年版，第736页。

太平天国的教育改革表现出了较大的落后性。

首先,太平天国盲目地把西方基督教的"上帝"套在中国传统的文化上。洪秀全、冯云山等人在组织和发动农民起义之初,主要是把经过改造的西方基督教即上帝教作为从事革命活动的思想武器。利用宗教发动和组织农民起义,虽然在宣传和动员农民方面具有积极的作用,但太平天国崇拜西方的"上帝",表现出了极大的盲目性,特别是把"上帝"等字眼生硬地套用到中国传统的儒家经典上,更反映出了太平天国领导人的无知、落后。这具体表现在:一是盲目套用"皇上帝"文字,把"四书"、"五经"中所有"上帝"字眼皆改为"皇上帝",例如把《孟子》中"则可祀上帝"改为"则可祀皇上帝",《诗经》中的"荡荡上帝"、"上帝扳扳"则改为"荡荡皇上帝"、"皇上帝扳扳";二是在蒙学教材《三字经》、《御制千字诏》中,向儿童灌输"皇上帝"和"上帝创造了物"的思想,例如《三字经》开篇便是"皇上帝,造天地,造山海"的文字,在全文中,仅"皇上帝"三个字就重复了20余遍;三是在太平天国印行的日历、史书、兵书等书籍中,一律套用"皇上帝"的文字,灌输上帝教的思想。太平天国这种胡乱套用西方"上帝"字眼、盲目崇拜基督教的做法,造成了太平天国思想上的混乱,并为太平天国在思想上、军事上的失败埋下了祸根。

其次,在对待中国传统的儒家文化上,太平天国早期不加分析地盲目排斥,并对孔子塑像和儒家经书采取了一概捣毁、烧毁的做法。太平天国明文规定:凡一切孔孟诸子百家属妖书邪说者尽行焚除,皆不准买卖藏读,否则问罪。洪秀全甚至下令:凡一切妖书如有敢念诵教习者,皆斩。

再次,太平天国在文字上盲目地使用代用字、新造字和隐语,表现了起义农民在文化知识上的愚昧和落后。太平天国常用的代用字有"皇上帝"、"耶稣"、"天王"、"圣"、"神"等字。太平天国还沿袭了历代皇帝的避讳方法,采用了避火、洪、秀、全、福、清、贵、山等的代用字。

【第八章】

民国前期的南京教育

1912年，中华民国建立。1912年至1927年这16年间，南京教育在社会转型的大潮中艰难前进，从新旧教育体制的转变到不同学制的更替，从各级学校的建立到各种教育思潮的澎湃，给人以缤纷万象之感。

第一节 "五四运动"前的南京教育

一、资产阶级教育理念的初步熏陶

1. 教育行政机关的改变

蔡元培

民国肇始，由中央到地方，各级官制出现较大改变，教育行政机构也不例外。

（1）中央设教育部。1912年1月3日，临时大总统孙中山在南京组织临时政府，由蔡元培出任教育总长，景曜月任教育次长。1月9日教育部成立。蔡元培不仅是一位资产阶级革命家，而且是一位出身翰林、具备很深国学功底且曾留学德、法等国的学者。由他总掌教育大权，实属众望所归。蔡于南京觅得碑亭巷内务司楼上三间房屋作为教育部办公室,开始挂牌办公。2月,南北统一,北京政府仍以蔡元培为教育总长。根据1914年7月公布的《教育部官制》,教育部"直隶于大总统,管理教育、学艺及历象事务"。下设普通教育司、专门教育司、社会教育司及参事室、视学处等机构。① 教育部的建制具有突破性的历史意义。

民国时期的教育部大楼。

社会教育司(专门监管成人教育)、普通教育司第四科(专门监管职业教育)的设立,体现了对我国成人教育、社会文化体育等事业的关注。教育总长地位与权限的提高以及近代教育行政视导机构的建立等,都是我国教育行政机构建制的重大突破。

(2)省设教育司、厅机构。1912年5月10日,教育部电饬各省"所有主管全省之教育长官,无论名称是否相符,均应一律遵照",改称教育司。② 1913年1月8日,大总统《划一现行各省地方行政官厅组织令》中规定在各省行政公署下设教育司。1913年9月,国务院又"以财政受困,非实行减政不足以维持",将各省教育、实业两司归并内务司,而湖北、广东、江苏、直隶等省仍旧。③ 1915年教育部又在各省设立教育厅计划。1916年,第二届全国教育联合大会议决速设各省区教育厅。延至"六年(1917)九月,公布教育厅暂时条例,各省始有教育厅之组织"。④ 1917年12月,江苏省教育厅在南京设立。教育厅成立前,省署所设的教育科后改为第三科,并未取消。因省长享有节制教育厅之权,故很多省的教育实权依然操于省署之手。

就江苏省来看,"纪元四月,设省视学六人"。⑤ "民国三年,添设金陵、苏常、沪海、维扬、徐海五道。每道置一道尹,有监督道属各县行政之权。故县教育行政,道尹亦得处理之。""并设道视学,以视察各县教育

---

① 朱有瓛主编《中国近代学制史料》第三辑上册,华东师范大学出版社1990年版,第81—82页。
② 《教育杂志》(1912)第4卷,第4号,记事,第23页。
③ 《东方杂志》第10卷,第12期,中国大事记,第2页。
④ 蒋维乔讲述《江苏教育行政概况》,上海商务印书馆民国13年版,第6页。
⑤ 同上书,第7页。

状况。"①

（3）裁撤和重设县劝学所。民国初年，县一级教育机构的设置较混乱。1912年2月，南京临时政府下令裁撤各县劝学所，要求"于县公署设第三科专管全县教育事宜"。② 次年7月，教育部又通令各省暂留劝学所并于1915年12月15日公布了新的劝学所章程。

1913年，南京在县公署下设第三科，管理教育事宜，设视学员2—3人。1915年教育部《地方学事通则》及《劝学所规程》规定，劝学所辅佐县知事办理教育事宜。

2. 教育宗旨的讨论与教育法令的颁布

蔡元培执掌教育部，对旧教育体制采取了一系列改革措施。1912年2月，蔡元培发表《对于新教育之意见》（后改为《对于教育方针之意见》）一文，提出了"军国民教育"、"实利主义教育"、"公民道德教育"、"世界观教育"、"美感教育"等"五育"教育理念，指出这五者"皆今日之教育所不可偏废者也"。③ 此文在教育界引起了广泛关注并引发了对民国教育方针的大讨论。1912年9月2日，"五育"教育理念经全国临时教育会议热烈讨论，由教育部列为民国教育宗旨："注重道德教育，以实利教育、军国民教育辅之，更以美感教育完成其道德。"④该教育宗旨适应了资产阶级培养新人的要求，对于以往的封建教育思想是一次巨大突破。12月18日，教育部通令全国各校注重军国民教育，"处兹外患交迫，非大多数国民具尚武精神，决不足以争存而图强也"。⑤ 这实质上也是一种爱国主义教育思想。

袁世凯上台后，一度更改教育宗旨，以所谓"爱国"、"尚武"、"崇实"、"法孔孟"、"重自治"、"戒贪争"、"戒躁进"等作为教育要旨充填其中，以冠冕堂皇的字眼逞其"帝王专制愚民之术，未尝不可为天下雄"的野心，公然为其愚民专制教育政策张目。他恐吓民众"冀我国民勿造次以将事，勿因循而失机。度德而处，勿强不知以为知。量力而行，勿强不

---

① 蒋维乔讲述《江苏教育行政概况》，上海商务印书馆民国13年版，第12页。
② 丁致聘《中国近七十年来教育纪事》，商务印书馆1935年版，第35页。
③ 《蔡元培全集》（第二卷），中华书局1984年版，第135页。
④ 朱有瓛《中国近代学制史料》第三辑上册，华东师范大学出版社1990年版，第90页。
⑤ 《教育杂志》（1912）第4卷，第11号，记事，第73页。

能以为能。莘莘学子,四民表率,尤宜同履法度"。① 这种对新教育宗旨的反动很快被历史所唾弃。

此后,教育宗旨不断为学术界、政界所关注,展开了长时间的争论。1919年,《教育宗旨研究案》(教育调查会)和《请废止教育宗旨宣布教育本义案》(全国教育联合会呈教育部)提出以"养成健全人格,发展共和精神"为宗旨,这是与资本主义国家培养共和国民要求相适应的教育宗旨。

在教育宗旨大讨论的前后,南京临时政府和北京政府陆续颁行了一些教育法令。为改变当时各省教育各自为政的局面,1912年1月19日,《普通教育暂行办法》14条和《普通教育暂行课程标准》11条颁布,初步建立起全国统一的教育规范。《普通教育暂行办法》规定:各级各类学堂一律改称学校;监督、堂长一律改称校长;初等小学可以男女同校;各种教科书必须符合共和民国宗旨,清学部颁行的教科书一律禁止使用;小学读经科一律废止;中学为普通教育,文实不必分科;中学和初级师范学校均改为4年制等。这些具体而重要的规定为民国的普通教育规范奠定了基础。《普通教育暂行课程标准》规定了小学、中学、师范学校开设的课程和统一的课程表,奠定了民国初年中小学和师范学校课程设置的基础。教育部并呼吁占驻学校的军队一律撤出,各级地方要修复校舍,完善学校设备,为全国教育的大规模进行创造条件。

在一系列教育法令出台前后,中国的政治社会生态也发生着深刻的变化。尽管辛亥革命并没有完成彻底的社会变革,但是由此加速了中国近代社会的大转型过程,整个教育环境也随之而变。随着以孙中山为代表的资产阶级革命派的教育理念宣传以及国外教育思潮的冲击,加之社会各阶层对于教育事业的普遍理解与同情,教育事业已作为社会结构的一个重要组成部分与社会进步的主要动力源之一而受到朝野各派的重视。内战不断的中国无法为教育发展提供一个适宜的环境,但只要有机会,有识之士们就不会放弃希望,近代教育事业因此而逐步壮大。这也是当时处于风口浪尖的南京城教育事业的大致背景。

二、教育改革与"壬子·癸丑学制"

教育部成立后,蔡元培感到"前清所定学校章程,多不适用,急应改

---

① 《大总统颁定教育要旨》,见朱有瓛主编《中国近代学制史料》第三辑上册,华东师范大学出版社1990年版,第97、105—106页。

订新制,期合共和政体。"①于是召集全国教育专家,进行新学制的讨论并由此引发中国近代教育改革之说。

1912年7月10日,民国第一次全国性教育会议——全国临时教育会议在北京召开。蔡元培评价此次会议为"全国教育改革的起点"。②在这次会议上,已经被广泛讨论的新学制经审订出台,并于1912年(旧历壬子)至1913年(癸丑)由教育部陆续公布,史称"壬子·癸丑学制"。先后公布《小学校令》(1912年9月)、《中学校令》(1912年9月)、《专门学校令》(1912年10月)、《大学令》(1912年10月)、《小学校教程及课程表》(1912年11月)、《私立专门学校章程》(1912年11月)、《中学校令施行细则》(1912年12月)、《大学规程》(1913年1月)、《私立大学章程》(1913年1月)、《中学校课程标准》(1913年3月)等大批教育法令,对当时各类学校的运行做了规范,使得全国的教育工作走上了制度化的轨道。

壬子·癸丑学制规定总修业年限为17或18年。纵向分3段4级:初等教育段分2级,初等小学(4年)为义务教育,高等小学(3年);中等教育段1级(4—5年),师范学校5年;高等教育段1级,分预科、本科(6—7年)。大学之上还设有大学院(不设年限)。另设学前的蒙养园(不计年限)。横向分3个系统,除普通教育系统外,还有师范教育和实业教育两个系统。师范教育分师范学校和高等师范学校2级,相当于中等和高等教育阶段。实业教育分乙种实业学校和甲种实业学校两种,相当于高等小学和中等教育阶段。另外,还设有补习科、专修科和小学教员讲习科等,作为3个系统的特设和旁支。女学不另设系统,只是与男学相比增减具体学科。小学男女同校,中学男女分校。壬子·癸丑学制对各级各类学校的教育宗旨、入学资格、课程及授课时数等都作了相应的规范。

袁世凯执政时,曾将读经尊孔列入学校教学科目之中。袁世凯死后,其所做修改一并作废,《国民学校令》和《高等小学校令》则由教育部重新修订。

壬子·癸丑学制是中国历史上第一个向外国学习的较完善的学制。

---

① 陶惠英《蔡元培年谱》上册,台湾"中央研究院"近代史研究所1976年版,第323页。

② 朱有瓛主编《中国近代学制史料》第三辑上册,华东师范大学出版社1990年版,第7页。

它缩短了修学年限,中学文实不分科,取消了清末文实分科的一些流弊;取消高等学堂,改设大学预科;特设专门学校,与大学平行,为国家培养专门职业技术人才开辟了新的途径;重视师范教育,将清末的省立优级师范学堂改为国立高等师范学校,府立初级师范学堂改为省立师范学校,制定了较完备的师范教育规范;明确了男女共享的教育权利,从制度上消除了男女受教育权的性别差异;废除了读经讲经等封建教育内容,以审定教科书通行全国。这些都为"五四"新文化运动打下了一定基础,极大地促进了近代教育的发展。

由于欧美留学归国人员中较少专研教育的人才,对欧美学制缺少深刻理解,因而本着"拟遍采欧美各国之长,衡以本国情形,成一最完全之学制"原则制定的壬子·癸丑学制,在实际采用中出现不少矛盾。后又夹杂进了日本的学制因素,以期改良,但效果并不理想。

三、南京原有教育的蜕变与新生

1. 私塾教育

私塾作为中国古代教育的基本载体,在民间有着强大的生命力,至民国末期,南京私塾依然大量存在。但由于私塾教育与近代资产阶级教育的要求不相适应,故民国成立前,即有私塾改良的议论与行动。1912年,江苏高等学堂教习沈亮启呈送《私塾改良会章程》,提出改良私塾的方案,云:"窃念一邑中,自城厢内外以及乡镇村集各处,私家小塾何止千百所,大率墨守旧法,教育未善,惟以背诵为事,不以讲学为重。往往于四子书尚不能通大义,语以中外历史、地理及泰西各种科学更茫然,不知将来欲求。"有感于此,他建议南京乃至江苏仿行上海川沙各乡镇做法,"各教习照常各自收徒教授,馆室照旧,修金照旧,惟教授悉用新法重讲解,不重背诵……每日功课按头班分讲书作问答译文(以俗语译文字)、作小论、画地圆、习笔算六课按期轮流讲习。二班分讲书、默书、译文、作句、拼字、习珠算六课。三班分讲书、抄书、讲字义、口答问语、珠算、加减法五课。头班讲中国历史外国历史教科书、中国地理外国地理教科书、修身卫生等教科书及国民读本、普通新知识读本等书。二班讲中国历史、中国地理、修身卫生等书蒙学二编三编。三班讲国文教科书第一第二两集、蒙学课本初编字课图说。每班以其余力学习体操仍兼读经一首(论语、孟子白文)。惟教生书必强合数生为一班,令同读数行并为略讲大义。"并按时会课,"请地方官帮筹常年经费并请每半年亲临会课处查课一次,论其优劣,其等差或捐廉酌给教习之酬金及学生之花红",①以达到将私塾改良成蒙小学堂的目的。这种方式也是以后南京私塾改良的主要途径。

南京教育当局成立后即开始对全市范围内的私塾进行改良,但情况并不乐观。"自民元以来,前江宁县市倡议改良本市私塾。至五年始由该县举行塾师检定办法许可状。六年复设江宁私塾研究会,此后则无人过问。"②在初等教育远未能普及的情况下,私塾教育具有拾遗补缺的作用。传统思想的影响加之学费便宜及学制灵活等原因,使私塾一直受到中等收入以下家庭的青睐。1917 年,南京调查私塾情况,全市有私塾 690 所,私塾教师 710 人,其中"内未进学校者三百四十八人,占百分之四十九强;受高等教育者六十人,占百分之八五强;受中等教育者二百人,占百分之二十八强;受小学教育者六十一人,占百分之八七强,其他各种学校者三十一人,占百分之四四强。"③这种教育载体遍及城乡而缺少先进因素,是当时南京教育的主体,但不是南京教育发展的主流。南京私塾从 20 世纪 30 年代开始逐步衰亡。

2. 初等教育

南京小学受辛亥革命潮流的推动,略有进展,校数亦与年俱增。据南京地区 5 县学务统计表统计,1916 年,南京 5 县公私立国民学校及小学校共有 288 所,其中公立 218 所,私立 70 所;学生数 13 058 人,其中男生 11 219 人,女生 1 839 人,公立学生 10 898 人,私立学生 1 160 人。平均每所公立学校有学生约 50 人,每所私立学校有学生 16.5 人。这些数据与私塾相比,还有很大的差距。当时教育部金庚绪等视察江苏省中小学教育的报告,比较详细地记录了其时南京一些初等学校的情况。④兹分类摘录部分资料如下:

关于经费及人员俸禄:初等学校经费有限,但因教职工较少,一般每

---

① 《江苏高等学堂教习沈亮启送私塾改良会章程》,中国第二历史档案馆藏,卷宗号:1057(419)。
② 《第一次中国教育年鉴》丙编,第 477 页。
③ 钱希乃《南京特别市私塾概况》,《教育月刊》,1917 年第 2 期,7 页。
④ 《江苏江宁县立第一高等小学校》、《江苏江宁城立第四高等小、二十七国民学校》、《江宁第一区区立第一高等小学校》、《江苏江宁区立第二高等小学校》等,中国第二历史档案馆藏,卷宗号:1057(2)61。

校在 2 至 10 人。经费的差异对校与校之间的竞争有很大的影响,江宁第一区区立高等小学校长陈学仁坦言:"县立学校经费既足,规模亦整齐,是以招生甚踊跃。本地人民对于区立学校不甚满意,但区立各学校经费既少,设备上不能求完全,而一切课程则与县立学校无异。"南京教员每月俸禄基本上在 20 元左右,校长略高,而国民学校教员略低。如:江宁县立第一高等小学校(简称"江宁县一小",下同)"级任教员共九人……月俸平均在二十五元上下。"

关于校舍:南京各学校基本都有自己独立的校舍。有的借用公共场所,如大行宫等;有的借用民房。由于一般规模不大,故面积也不求甚大。学校除教室外,还有宿舍、办公室、操场等设施。如:江宁县一小有"普通教室五,特别教室二,均洁净也。他如学生寝室、盥洗室、教员预备室等亦均整齐"。

关于编制与规模:南京各初等学校学生数一般在十数人至二三百人之间,班级编制也各不相同。江宁县一小"共五班,计一年一班,二年一班,三年二班,补修科一班。学生都一百七十余"。相比公立学校,私立学校学生较少,仅有十几名学生的学校不在少数。

关于教学:各学校都有一些通用的教学方法。国文教授时,先让学生预习,再反复讲解。根据教员的个人偏好与习惯,也有一些不同的教学方法。如江宁四小"教授国文读法分三时,第一时预习讲解生字,令学生用小字典预先查出,教师任择数人,注写于板上,并说明字义。第二时授本文,先令学生讲述,然后教师复讲,以促其注意。第三时应用或就课文深究其内容或依其虚字详论其文法,务使学生于文之构造段落洞悉无遗"。作文时,规定"作法所用抄本计分三种,一原稿本;二改本;三誊清本。原稿本经教师加以种种符号(如应添应改应删及文不对题、语气不接等字),令学生自行改正,誊入改本,然后教师再为修改之"。算术教学时,"抄录算题自行演算"或"各持圆厚纸片十数枚,按珠算式演算之。教师问明答数后,复令取石板以笔算法证明之"。

关于课外教育:各校都安排有定期的训育活动,另有一定数量的课外实践活动。如江宁县一小"每周星期一上午有朝会,行团体训练。平日为单独训练,不在公众面前而在训练室劝戒之。……每日上午课前各班学生分日练习拳术半小时,每日下午课后有游艺会"。江宁区立第一国民学校"售卖图书文具由学生经理。室中悬挂现时物价一览表……俾学生得随时增进商业知识。……每周添课拳术一次,……每周课余必集合一级或二级学生练习柔软体操一次"。

关于卒毕业:学生毕业时一般须经教育局的考核,及格者才能毕业。毕业生以入中等学校为多,但从事工商业乃至农业者也不在少数,回乡务农者亦不少见。

以上检查报告虽难免藻饰之意,但总体来看,南京初等学校较清末的进步是明显的。学校数量及学生入学数、教学质量在全国也名列前茅。1914年,江宁第一高等小学、师范附属小学、江宁城内第一高等小学及江宁城内第二高等小学等学校受到了教育部的特别赞许。

3. 中学教育

1912年,南京存有前清官办、私办中学堂10所左右。官办为:江宁府中学堂、两江师范学堂附属中学堂、暨南学堂;私立为:崇文中学堂、明德女子书院、汇文女子中学、金陵大学附属中学、爱群中学、明育女中、钟英中学、江南上江中学。南京的私立中学比重远远高于全国平均水平。[①]

"五四运动"前,南京中学校明显增多,自省立至私立,都有一定程度的发展。"民元增设求实中学,民二、江苏省立第一中学,民三、成美中学,民五、南京中学,民六、东南大学附属中学。"[②]1913年,南京中学堂奉令改称为中学校,省立一中是由原江宁府中学堂改立的,崇文中学堂改为江宁县立初级中学,私立基督女书院改为基督女子中学。

4. 师范教育

民国初年,教育部规定初级师范学堂改称师范学校。江苏省行政公署教育司于1913年6月14日颁布了《江苏省立师范学校学则》,规定省立师范学校学生定额以100人为限,除设预科本科外须设讲习所,规定了本科、预科、讲习所开设的课程及授课时数,学生修业、毕业、入学、退学以及惩戒等具体事项。南京全市在这一阶段,计设有省立师范学校1所——省立第四师范学校,省立女子师范1所——省立第一女子师范学校。省立第四师范学校于1912年2月在原高等学堂旧址创办,设本科及预科,共有在校生154人,教职员27名,首任校长仇埰。其在校生规模在省内次于省立第一师范学校(苏州)、第五师范学校(扬州)、代用师

---

① 王伦信《清末民国时期中学教育研究》,华东师范大学出版社2002年版,第215页。

② 《第一次中国教育年鉴》丙编,第296页。

范学校（南通）三校。第一女子师范学校系原宁垣属女子师范学堂,辛亥革命时期一度停办,1912年5月复办,改定此名。设本科及预科,在校生121人,教职员24名,首任校长吕惠如（女）。另截止1913年7月已设有县立甲种师范讲习所2所（江宁、六合）、乙种师范讲习所2所（溧水、高淳）。

5. 实业教育

南京所处的长江三角洲地区,在近代以来有着发展实业教育的旺盛需求与客观条件,一直是商品经济发达、实业运动领先全国的区域之一。1912年,时任江苏省教育司司长、江苏省教育会副会长的黄炎培大力推行实业教育。加之民国初肇,百业待兴,民间投资实业的热情日益高涨,为南京乃至江苏的实业教育开辟了道路。1912年,张謇在南通创办了通州纺织学校和产科传习所,对省城教育界有很大的触动。北伐后,为解决南京女子北伐队队员的复员问题,安徽省都督柏文蔚在南京设立了崇实学校,由杨步伟（女）任校长,收录南京女子北伐队全部500余名队员,学习文化、机器缝纫、纺织、刺绣等专业知识,这是南京近代实业教育的滥觞。

1913年,教育部公布《实业学校令》,将实业学校并分甲、乙两种。这时江苏省已办起甲、乙两种实业学校37所,共有学生2 699名,教职员424名。其中南京有省立实业学校2所:江苏省立第一工业学校（甲种）、江苏省立第一农业学校（甲种）。前者1912年成立于南京复成桥,校长陈有,学生80人,教职员16人,初期设机械、电机两科,获"任事得人,进行必速"之誉;后者成立于南京三牌楼,校长过探先,学生61人,职员22人,时人评价:"择地甚良,规模亦阔。"①另南京还有一所女子工艺学校,资料不详。

此时的南京实业教育,已有基础,但谈其作为则为时尚早。其学生数仅占全省总数的7%不到,教职员也仅为全省总数的一成。不仅不如相邻的上海,即与省内的苏州、南通相比,也有一定差距。该阶段南京的实业教育还处于襁褓阶段。

---

① 《视察第三区（皖、苏、浙）学务总报告(1914)》,舒新城编《中国近代教育史资料》上册,人民教育出版社1981年版,第319页。

6. 高等教育

辛亥革命的爆发,打断了南京高等教育的脚步。除几所教会大学外,其余高等学堂全部停办。民国成立后,新学制的出台和一系列教育政策的颁布,稳定了教育秩序,加上国家对私立大学采取承认态度,从而激发了民间投资创办大学的热情,民初的南京高等教育有了较大的发展。民初8年间南京新设立高等学校5所:

私立金陵大学。该校为南京大学的前身,由美国基督教美以美会、基督会、长老会合办,由汇文、宏育两书院合并而成。1888年美以美会办汇文书院,1906年基督会、长老会办的宏育书院并入汇文书院,1911年浸礼会加入合作,1917年南长老会也参加该校医院教育事业。由于当时中国教育机关尚未有大学授予学位的规定,故该校暂在美国纽约州立案。初仅设文科,而以数理化等科附属。后次第增设国语科、医科、农林科(农科、林科合并,为当时国内最早设立农林科之大学),1917年成立蚕桑系。该校学制4年,授学士学位。医学本科5年,预科2年,7年直接授医学博士学位。1917年,遵教育部规定,本科、预科分别改为3年和2年,废除附属高等学校和师范科。采用学分制、主辅系制、登记记分法、学点制等方法管理教学。

金陵大学堂校门。

国立南京高等师范学校。该校为我国最早的高等师范学校之一。1912年7月至8月的全国临时教育会议上通过的《划分高等师范学区案》规定在全国划分6个高等师范学区,以北京、南京、武昌、广州、成都、沈阳为本部,各设高等师范学

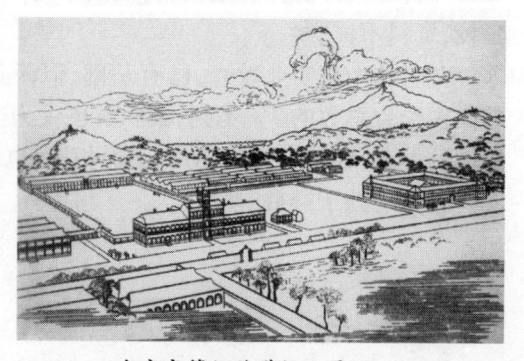

南京高等师范学校全景图。

校一所。① 此后,江苏教育界开始筹备高等师范学校。由于战争影响,直到1914年8月30日,江苏巡按使韩国钧批复定校名为"南京高等师范学校"并正式开始筹办。曾任江苏教育司长的江谦被委任为第一任校长。南高师开办时,以原两江师范为校舍,由省分批拨给开办经费5万元。1915年8月第一次招生时,教职员仅有30人左右,招收国文、理化两部预科各一班,国文专修科一班。"招考之时,各省学生报名共有534人,最多者为江苏,其次则安徽、浙江、江西,其次则广东、四川、贵州等省,与考录取者共计126人,现实到110人。"②学校实行3个学期制,元月1日至3月31日为一学期,4月1日至7月31日为一学期,8月1日至12月31日为一学期。经过3年的发展,到1918年10月,南高师教职员已经有了很大的增加,各种职员(包括校长)共41人,教员共53人,合计94人(其中美籍3人)。教员中有32人毕业或肄业于外国专门大学,有18人毕业或肄业于本国专门高等学校。③首届庚款留美博士胡刚复、张子高、王琎等皆在该校任职。学生也较开办之初增长了几倍,总数凡357人。其规模为当时南京各高校之冠,在华东地区也列前茅。

国立河海工程专门学校。为培养水利技术人才,北京政府农商总长张謇在南京创立河海工程专门学校,校址暂设城北丁家桥省议院,校长许肇南。1915年3月15日正式招生开学。李仪祉任教务长,并教授水力学、水文测

河海工程专门学校大门(1917年摄)。

验(当时称"水事测量")等课程。该校是我国历史上第一所培养高级水利技术人才的高等学府,是我国近代水利教育事业的先驱。

私立金陵女子大学。1911年至1912年间,8个美国教会组织人员在上海召开会议,决定在长江流域组建一所女子联合学院。该决定得到

---

① 《临时教育会议日记》,舒新城编《中国近代教育史资料》上册,人民教育出版社1979年版,第309页。
② 《江谦关于南京高等师范学校开办状况报告书(1915年8月)》,南大百年实录编辑组编《南大百年实录》上册,南京大学出版社2002年版,第46页。
③ 王德滋《南京大学百年史》,南京大学出版社2002年版,第49页。

了北美浸礼会、基督教友会、南北美洲美以美会及北美长老会的资助,每个教会都提供了1万美元,另有数千美元捐助。1913年,各个教会选出3名成员,组成管理委员会并于11月13日在南京选举德本康夫人为金陵女子大学的首任校长。学校选址于城东,即今天的明故宫附近。1915年9月17日,8个学生和6个教师参加了学校的开学。第一年仅有13个注册学生,学生的平均年龄为24岁。初期课程设有中文、英国文学、修辞学、宗教、基督生活、卫生学和绘画,甚至还有哲学、化学和数学。除了中国古典文学外,所有的课程都用英语教学。随着学校逐渐走上正轨,师资也开始逐渐加强。学校还先后建立起了生物系、历史系、宗教系等系科。

江苏公立法政学校。该校建于1912年,校址定于常府街,首任校长钟福庆。

7. 幼儿教育

壬子·癸丑学制规定在小学教育前有一段蒙养园教育。1915年7月公布的《国民学校施令施行细则》第6章《蒙养园及类于国民学校之各种学校》中也明确规定:蒙养园以保育满3周岁至入国民学校年龄之幼儿为目的。

该时期,南京兴办了一批具有近代性质的学前儿童蒙养园,如1918年7月成立的南京高等师范附属小学校的幼稚园,至1919年共有儿童17人,年龄从3岁到6岁不等。教员有3位,全部是女性,主任1名,助教2名,另有女工1名。3个教室:作业室、音乐游戏室、运动室,均与另一所小学的低年级学生共享。教室内有钢琴、长方桌、小椅、滑梯、各类游戏器具等设备。① 老师对儿童进行音乐修身、自然研究、社会生活、体育卫生、国语文学等教育。这个幼稚园本身还带有实验和模范的性质,是当时南京最出色的幼稚园之一。

在兴办幼稚园的同时,南京还兴办了培养幼稚园师资的幼稚师范科教育。1917年冬,江苏省立第一女子师范学校开设保姆传习所。第二年,学校附设了蒙养园,作为保姆传习所的实习场所。保姆传习所教授学生公民训育、国文附习字、教育、算术、理科、图画、手技、体操游戏法、谈话法、

---

① 中国学前教育史编写组《中国学前教育史》,人民教育出版社1989年版,第265—273页。

保育法、音乐、幼儿教育、家事等课程。① 这是南京幼儿师范教育的先声。

8. 社会教育

该阶段,南京乃至整个江苏省的社会教育在全国处于领先地位。

贫儿教育:南京设有江宁贫儿院,"类皆组织工场,于斯教养,工作之外兼课以普通学科,以浚其智识,练其技能"。江宁忠裔院"专造就忠裔之贫者,教养周至,规画整齐"。②

通俗教育:江宁作为省会首府,设有通俗教育图书编辑所及教育品制造所,而其他活动,尚在组织之中。

教育会:南京教育会虽还未有影响大的活动,但已章程粗备。

图书馆:设于南京龙蟠里惜阴书院旧址的江苏省立国学图书馆是当时全国23所省级图书馆之佼佼者。"规模宏阔,储藏甚丰,兼多善本"。③

除教育界外,其余各界人士也有用力教育的举动。如杨仁山居士在南京金陵刻经处设立的"祗洹精舍",招收僧俗学生,在进行宗教教育的同时也掺杂必需的文化教育。丹霞和谛闲1910年在南京三藏殿开办的江苏师范学堂在该阶段也有了一定的发展。

南京最早的学生图书馆(原惜阴书院)。

四、烽火之中的南京教育

民国之初,政局动荡,在摸索中前进的南京教育,既有初尝收获成果的喜悦,也承受着接连不断的挫折与失败。

近代教育草创之际,许多学堂被炮火摧毁,余者多被军队占用,损毁严重。如原两江师范学堂"适当城南北之要冲,军队屯集,炮弹纷飞,校

---

① 中国学前教育史编写组《中国学前教育史》,人民教育出版社1989年版,第321—322页。

② 《视察第三区(皖、苏、浙)学务总报告(1914)》,舒新城编《中国近代教育史资料》上册,人民教育出版社1981年版,第320页。

③ 同上书,第321页。

具之移置,校舍之破坏,一日数起。委员惟有出入弹雨之间,冒死防护,以十余之夫役,御数千之营队,艰险备尝,如卵投石。……从此士兵日日往来,络绎不绝,乱兵土匪混杂其间,无由辨识,所有全堂校具顿成瓦砾,见封锁之室,即横加捣撬,纷纷攘夺,户限几穿,未及三朝,抢毁殆尽。……斋夫夏得祥、陈升、王容等均受重伤,更夫葛成,年近六旬,受伤尤重,半日殒命,惨不胜言。"[①]根据后来南京高等师范学校首任校长江谦的统计,原来号称"东南学校翘楚"的两江师范"自遭两次兵事后,戎马所经,标本仪器荡然无存,书籍尚留一二,……全校校舍除焚毁洋楼192间外,余皆户牖毁灭尽,不蔽风雨"。[②] 损失约在40万金之上。

这仅是南京众多学校遭受浩劫之缩影。南京教育在民初的损失难以估计。

第二节 "五四运动"至国民政府成立前的南京教育

"五四运动"如一声春雷,澎湃着民主与进步的潮流。南京教育也与这浩荡潮流一起激昂起来,一股兴办教育的小高潮随之来到。

一、南京教育行政机构的变动

1. 国家教育的新措施

已运行了七、八年的壬子·癸丑学制属于急促上马的产物,随着时间的推移,各界对其诟病越来越多。早在1915年的全国教育会第一届大会上,湖南省教育会即提出了改革学校系统案件,要求进行学制改革。这是中国近代民族工业的发展在大量中高级专门人才的需求和新文化运动的强力推动下对旧学制的反动。时代要求处于旧民主主义革命向新民主主义革命转折时期的中国教育必须与时俱进。1919年,顾树森

---

① 《李承颐呈报兵劫学堂文》,南大百年实录编辑组《南大百年实录》上册,南京大学出版社2002年版,第37页。
② 《江谦关于南京高等师范学校开办状况报告书(1915年8月)》,南大百年实录编辑组《南大百年实录》上册,南京大学出版社2002年版,第45页。

在《对于改革现行学制之意见》①中列举了壬子·癸丑学制过重划一、多仿效他国、实施普通教育的学校重复太多、正系学校多而旁系学校少、高等小学校与中学校毕业生去向存在危机、缺乏培养共和国民之精神等不足。朱叔源的批评就更直接:"制度太单一,太不活动,不管社会的需要,不管地方的情形,也不管学生的个性,……学校生活与社会生活,每不相适应。……中等学校之毕业生,谋生既系不易,升学又感困难,我国九年来所施的教育,其结果只有如是,能不令人怃然?"②全国教育会历届年会都将改革学制作为重点进行讨论,提出了"学制系统草案"。教育部遂于1922年正式颁布新学制,即"壬戌学制"。

壬戌学制遵循"适应社会进化之需要、发挥平民教育精神、谋个性之发展、注意国民经济力、注意生活教育、使教育易于普及、多留各地方伸缩余地"的原则,较旧制更适合我国国情。该学制舍弃了模仿日本的军国民教育精神,而改为模仿美国的民主教育精神。这也是在第一次世界大战美、英为首的协约国胜利而引发的世界性民主改革浪潮下,中国教育者对改良中国学制、学习美国等国经验的现实成果之一。杜威与孟禄的来华则是美国教育影响中国教育的最直接的推动方式。壬戌学制是在多种因素下产生的,标志着中国教育开始了向美国学习的新时期。

壬戌学制相对旧学制的改动主要有以下几点:

第一,学制各阶段安排留有余地。我国政治经济文化发展的不平衡,导致教育的不平衡,以往的旧制搞一刀切,新制则在学制的各个阶段都做了灵活的规定,如小学修业年限为六年,但"依地方情况得暂展长一年",四年义务教育,也可"依地方各适当时期得延长之"。③ 甚至在设置年级、设置职业教育、规定各级学生入学年龄等时,也同样可由各地教育部门自主定夺。

第二,按照年龄划分教育阶段。壬戌学制是我国教育史上第一次将学龄儿童的年龄作为划分受教育阶段的标准的学制。这样做就照顾到了儿童心理生理的客观差异并以法律形式加以规定,保证了教育的稳定

---

① 引自钱曼清、金林祥主编《中国近代学制比较研究》,广东教育出版社1996年版,第220页。

② 朱叔源《改良现行学制之意见》,引自钱曼清、金林祥主编《中国近代学制比较研究》,广东教育出版社1996年版,第220页。

③ 朱有瓛主编《中国近代学制史料》第三辑下册,华东师范大学出版社1992年版,第805页。

与学生的健康发展。

第三,中等学制改革有很大变化。中等学校修业年限由 4 年增加到 6 年,并分为初中与高中两级,中等教育还增加了职业教育的比重,重视学生毕业后的出路问题。采用选科制,给予学生较大的学习自由。

该学制也存在一些不足,如高中阶段课程设置过于繁琐、不切实际等,尤其是职业科与普通科的课程设置大相径庭。职业学校由于师资、设备等方面的欠缺,培养合格毕业生较为困难,导致毕业生就业困难且无法与普通科学生竞争升学之路,客观上形成了双轨制。

2. 南京教育机构的调整

1923 年 5 月,教育部以大总统令的形式,公布了《县教育局章程》及《特别市教育局章程》,规定县设教育局为教育行政机关,以董事会为参议机构。随后,江苏教育厅行文各地,"限文到一月内,(各地)县教育局,一律成立,并应由县知事督令(各地)劝学所长妥速办理移交,以清界限云"。① 根据江苏省教育厅的规定,县教育局的机构设置由 3 个主要人员组成:局长、县视学、事务员。

南京地区各县教育局下设各学务委员改为教育委员,直接隶属于教育局,受局长任命及使用,负责本学区的教育事项。

3. 教育经费的严重短缺

江苏省各县教育经费来源,主要为"附税(忙漕、屯滩、牙契、附税)、屠宰税、中贽税、各项杂捐、特捐、滞纳罚金、征收费盈余、款产租息、学费收入等项;其多寡各县不等"。② 教育经费问题一直是社会各界关注的焦点。据 1914 年调查,南京教育经费并不充裕。由于江宁一县近在省城,故"县教育费尚未与省行政费划清,现由省教育费中每年暂行补助一万四千元,此外杂捐约二万四千元,合得三万八千余元"。此数字与当时同属一省的上海县相比,不到其三分之一,即与吴县、无锡相比,亦不多。时人叹曰:"以此有限学款欲谋(教育)普及,相差甚远。"③ 南京教

---

① 《申报》,民国 12 年 5 月 27 日,"南京快信"。
② 蒋维乔讲述《江苏教育行政概况》,上海商务印书馆民国 13 年版,第 20—21 页。
③ 《视察第三区(皖、苏、浙)学务总报告(1914)》,舒新城编《中国近代教育史资料》上册,人民教育出版社 1981 年版,第 319 页。

育经费短缺的状况持续了整个民国阶段,各级学校无一幸免。

1924年左右,江苏"以筹办义务教育,又有征收亩捐之议",方法是"或随粮带征,或按亩抽收;捐数既有多寡,办法亦不一律,然尚未能一致实行也。"而"上述各县教育经费,仅指用于学校教育者而言;其社会教育经费,当别论之"。① 南京高等教育的经费也由地方负担。"南京东南大学开办,所需经费,曾经该校校长郭秉文博士,拟就预算,呈由教育部咨行财政部提出国务会议通过,惟因时局关系,未能依靠需要,尽量扩充。……是以开办之初,除由筹备处职员会摊请社会重要分子十五人组织校董事会外,更与美国洛士基金中国医药部及哈佛大学麻省理工大学三团体,有所浃洽。"② "至国立学校:如东南大学、南京高等师范学校……其经费并不由中央拨发,而以本省国款支给之。又河海工程专门学校,虽由全国水利局直辖;而以直鲁苏浙四省合设,本省(江苏省)应摊其四分之一经费。"③

客观地评价,1923年前,整个南京乃至江苏全省的教育经费虽不甚理想,但尚能勉强维持。从全国来看,江苏省的教育经费为最多,"(江苏省)教育经费,向颇宽裕,惟经几次战争后,国立省立学校经费,均减成发给,积欠数目,亦未清理完竣"。④ 教育经费问题在1923年开始浮出水面,开始成为严重的社会问题。"江苏教育经费向无问题,但自十三年来亦渐有积欠,十四年教育经费以漕粮附税、屠税、牙税为本,已渐独立,但因战事影响收入不旺,积欠亦达三个月,不过预算之数目(在全国各省)最大,每年有二百五十万元。"⑤1924年的江浙大战给江苏带来的直接经济损失达62 324 820元,⑥大量军政费的开支也直接影响到了教育经费的拨发。

1923年,江苏议会决定大规模削减教育预算。消息传来,"各教育机关起而反对,时称"议(会)教(育)风潮"。引起社会各界极大震动,社

---

① 蒋维乔讲述《江苏教育行政概况》,上海商务印书馆民国13年版,第20、21、24页。

② 《申报》,民国10年10月24日,"纪东南大学欢迎会"。

③ 蒋维乔讲述《江苏教育行政概况》,上海商务印书馆民国13年版,第24—25页。

④ 舒新城《民国十五年:中国教育指南》,商务印书馆民国17年版,第7页。

⑤ 同上书,第12页。

⑥ 见刘正伟《督抚与士绅:江苏教育近代化研究》,河北教育出版社2001年版,第202页。

会舆论也群起哗之。

　　此时,南京教育与全省一样,大批经费被陆续削减。如"省会于二十七日开会时,议决取消本年度预算案中,教育厅检定小学教员经费一项云云,则教育厅检定小学教员一事,从此根本取消矣"。① 该年,东南大学和南京高等师范学校、河海工程专门学校3校的临时、经常费合计为643 571元,而省整理财政委员会议直接就扣除了6万元,②剩余的钱也并不能保证全部到位。

　　1925年,江苏财政紊乱已极,天灾人祸也频频出现,如江浦县,两经奉军溃败骚扰,"至敝县经费,全恃地方附税为大宗,本年旱灾奇重,收入锐减,加以军事兴起,所有教育带征各款,已被县署挪用罄尽,各校经费,自九月份至今,已三月未发矣"。③

　　在这样的情况下,南京各校不得不东挪西借以维持正常运转,罢课罢学事件层出不穷。各省立校长不断呼吁政府保证对于教育的投入。他们对军阀政府无视人民教育的极端做法进行鞭笞,"本省两遭兵灾,所糜军费,何止千万,竭苏民之膏血,供军阀之挥霍。聚敛罗掘,不遗余力,独于教育经费,则一筹莫展"。④ 1925年2月17日傍晚,为了"国家命脉"大计,各省立学校校长"见省长谈二小时,于各校请求发半个月经费,俾补足十二月分五成,至一月分费。(省长)云有某项公款不久可以收入,一俟款到即发放。校长等以为省长既有办法,遂打消辞意"。⑤ 3月9日,南京城的各公立、市立小学一律罢课,各校职员110余人在夫子庙江宁县教育局集会,宣读《江宁公市立各小学校教员宣言书》,向江宁教育当局提出:"一、索薪;二、索薪不得,即彻查经济。总之单纯目的在索以前旧欠,及以后经费,须有明确办法。又去年八个月加薪,连今年两个月,合计十个月加薪费,分文无着,均须彻底清理。经众讨论,最后结果,请行政人员,会商切实办法,尽明日答复。"⑥最终也被政府敷衍了之。

---

① 《申报》,民国12年6月19日,"省会取消检定小学教员经费"。
② 蒋维乔讲述《江苏教育行政概况》,上海商务印书馆民国13年版,第25页。
③ 《申报》,民国14年12月6日,"苏江浦县兵事后之教育现状"。
④ 《申报》,民国14年2月6日,"省校校长呈请省长拨款开学"。
⑤ 《申报》,民国14年2月21日,"教育消息·要闻"。
⑥ 《申报》,民国14年3月11日,"教育消息·苏江宁县城市小学全体罢课记"。

1926年之后,省教育厅成立了教育经费管理处,一定程度上缓解了教育经费的紧张。

该时期,南京公立学校经费政府拨款不足有制度与社会生态等多方面的因素。

制度上,北洋政府时期,西方列强控制主要税收与地方割据的现实,使中央政府未形成统一的财税体系。1913年,财政部开始执行中央和地方经费收入划分各自税源的草案。由中央负责教育部直辖机关及国立专门以上学校的经费,其余由省、县两级财政负责。袁世凯上台后,恢复中央统收统支的旧财政体系。1916年,又恢复国地税法案,采取"专款制度":专门教育经费(高等学校、派遣留学、含有专门教育性质的社会教育等)取给国家税,或以国有财产为基本金;普通教育经费取给地方税,或以地方公有财产为基本金。这种制度看似财责分明,但操作中流弊甚多:一是省财政自主权过大,在地方割据的情况下,省统兼国地两税的管理及或大或小的国税使用权,不向中央财政负责,截留国税成为常例,使中央教费预算无充分保障;二是无权力单位的制约与协调,教费责任成为一纸空文。如河海专门学校、南高师、东大等国立高校,无法对不履行其经费责任的浙江等省施加压力,郭秉文曾为经费问题致信浙省,对方置若罔闻,中央也无可奈何。县教育局无法对省级立法机构施加影响,也无法对县署的挪用进行丝毫反抗。而美好愿望下的"教育基金独立运动",其客观效果与希冀相差甚远。

社会生态上,民初草安,军政问题是主要矛盾,教育等社会经济文化事业依旧是从属地位。从中央到地方,教育都没被作为战略问题而加以考虑。从财力上看,关税受条约所限不能提高,且作为外债抵押不能自由支配,厘金和内地税便成为中央的重要财源,地方所能支配的税源则更加紧张,从根本上决定了公立学校教费的缺乏。教费来源紧张也存在客观因素,财政枯竭是主因,官僚渎职是次因。从民初南京的教育长官素质来看,大部分是具有较高文化素养的中青年人,他们有志于教育事业,主观上不愿意拖欠公立学校的教费,然即使是郭秉文主东南大学,也苦于无米之炊,呼号无门。教费有税难收,不仅是有法难依的问题,更是经济凋敝、民穷国弱的社会生态造成的。在总经费无法满足需求的情况下,即使是部分中下层官吏尚被拖欠薪金,更何况当时被视为无利可图的教育事业呢?民初南京公立学校,尤其是公立高校的发展适度超前,于教育本身是可喜的,但也超出了当时财政所能承受的极限。我们在肯定南京公立学校成绩的同时,也要看到部分公立学校,尤其是公立高等学校中存在着一定的浪费现象。这些也加剧了南京公立学校经费的紧张状况。

北洋政府时期,南京公立学校经费严重短绌,经济领域的教费问题,逐渐演化为一个复杂的政治社会问题。教育界努力争取国家长久未来保障,而执政者则急功近利,捞取最大利益。这不仅是南京公立学校的悲哀,更是那个时代的悲哀。

二、教育新思潮的涌动

1. 杜威实用主义教育思想的传播

曾有人评价:"中国教育所受到外国学者影响之广泛和深远,以杜威为第一人。杜威所给予外国教育影响之巨大,也以中国为第一国。"① 作为世界级教育家,杜威当时确实以其实用主义教育理论深刻地影响了中国教育界,乃至一时风靡了南京教育界。

从蔡元培的《对于新教育之意见》、黄炎培的《学校采用实用主义之商榷》直到1916年至1918年《教育杂志》连续刊载实用主义介绍文章,中国迅速掀起了一个学习与实践杜威实用主义的浪潮。这股浪潮随着杜威的来华而愈加高涨。

1919年初,南京高等师范学校、江苏教育会联合北京大学、浙江教育会和尚志学会共同向杜威发出了邀请。4月28日,杜威踏上上海的土地。从上海到北京、南京、镇江、扬州、常州、徐州、苏州、无锡、长沙、汉口、福州、广州、济南等地,累计演讲逾200次,时间长达两年多,

陶行知(后排右二)陪同来南京高等师范学校的美国教育家杜威(前排右一),并任翻译。

这阵旋风几乎刮了半个中国。杜威在中国的演讲涉及现代科学、民主、教育及其相互之间的密切联系,其中以教育最多。1920年10月17日,

---

① 引自单中惠《现代教育的探索——杜威实用主义教育思想》,人民教育出版社2002年版,第479页。

第八章　民国前期的南京教育　221

南高师附小校内建设的小杜威院。

在北京大学授予其名誉博士学位的典礼上,蔡元培毫不吝啬地以"西方的孔子"相冠,足证其理论对当时中国教育界的震动。作为邀请杜威来中国讲学的发起者之一,南京高等师范学校成了当时受杜威影响的中心之一。1922年,一位南高师的教授如此说:"有一些拒绝政治仕途的知名人士,他们把自己的整个精力转向学术界和教育界。就在那时,杜威博士来到我国宣传他的理论,告诉我们新教育是什么以及新教育应该采取什么方法,于是,整个国家的教育思想经历了一种变化,这就是新教育运动。"①

2. 平民教育在南京

1919年12月,一份宣传用教育改造社会的"教育救国论"刊物《少年社会》出现在南京,其创办者是南京高师的学生。这个刊物认为要实现理想的"德谟克拉西社会",唯一的途径就是推行平民教育。

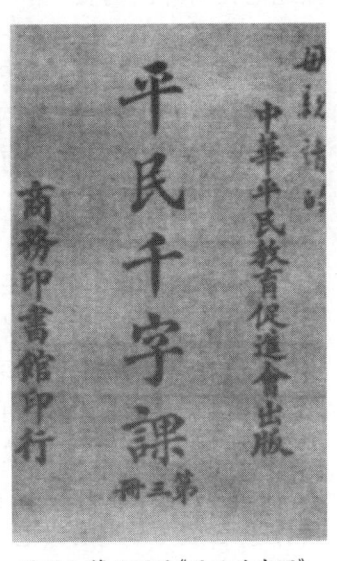

提到南京乃至中国的平民教育,就必然要讲到陶行知。1917年8月,陶行知从美国哥伦比亚大学师范学院回到南京高等师范大学任教育科主任。"当杜威访问南京时,陶行知作为主人和翻译,这或许是陶行知同杜威理论最持久的一次直接正式接触……"②陶此后一生高举平民教育大旗,以南京为基地,奔波于冀、察、苏、浙、皖、赣、豫、鄂等地,干出了一番轰轰烈烈的事业。

陶行知等编写的《平民千字课》。

---

① 引自单中惠《现代教育的探索——杜威实用主义教育思想》,人民教育出版社2002年版,第514页。

② 同上书,第498页。

陶行知批判传统的学校教育，呼吁教育要到平民中去。1920年，他就开始积极提倡平民教育。南京高师办第一次暑期学校，陶与胡适、王伯秋、任鸿隽、陈衡哲等人在公园月亮地上聚会时，抒发了自己投身平民教育的理想："我要用四通八达的教育，来创造一个四通八达的社会。我这几年的事业，如开办暑期学校、提倡教员学生之互助、提倡男女同学、服务中华教育改进社，都是实行这个目的。但是大规模的实行无过于平民教育。我深信平民教育一来，这个四通八达的社会不久要降临了。"①

1923年，他与朱其慧、晏阳初等发起平民教育运动。他检讨道："我本来是一个中国的平民。无奈十几年的学校生活，渐渐地把我向外国的贵族的方向转移。……经过一番觉悟，我就

南京平民教育动员大会会场（1923年6月20日）。

像黄河决了堤，向那中国的平民的路上又奔流回来了。"② 6月20日，在陶行知、朱其慧的倡导下，南京平民教育促进会成立，并于不久后召开了"平民教育宣传动员大会"。8月，中华平民教育促进会总会成立于北京。

平民教育的组织分平民学校、平民读书处、平民问字处三种，其中平民问字处为南京平民教育促进会总务董事王伯秋所创。其做法是：愿意承担教字任务的店铺、家庭或机关，都可以成为平民问字处，想认识字的人随时可以去咨询。1924年，还在南京的府东大街和北京羊市大街分别开始试办一条街的平民教育。

南京的平民教育运动，进行了广泛的社会动员，全社会各阶层都被吸引进入，成为全国的典范。各界捐助巨款支持南京平民教育的实验。民政长官中最先提倡平民教育的是江苏省长韩国钧。南京警官亲自教平民学生，警士热心帮助劝学。"南京有五十几位说书人，在说书的时候，把读书的好处，夹在说书中劝导听者。他们还在逢三、六、九的日子，

---

① 董宝良主编《陶行知教育论著选》，人民教育出版社1991年版，第127页。
② 同上书，第126页。

到四城演讲读书的重要。他们还编道情(Folk Lore or Popular Songs)唱给人民听,劝他们读书。这些说书人明白平民心理,真是最好的平民教师。"①从军政长官到平民百姓,无不为之动容,可见南京平民教育运动影响民间之深。

3. 乡村教育在南京

陶行知从中国的国情出发,认为"中国的教育大计"是发展乡村教育。对于传统的乡村教育,他强烈批判道:"中国乡村教育走错了路!他教人离开乡下向城里跑,他教人吃饭不种稻,穿衣不种棉,做房子不造林。他教人羡慕奢华,看不起务农。他教人分利不生利。他教农夫子弟变成书呆子。他教富的变劣,穷的变得格外穷;他教强的变弱,弱的变得格外弱。"②他主张进行"活的教育","自然社会里的生活产生活的中心学校;活的中心学校产生活的师范学校;活的师范学校产生活的教师;活的都是有生活力的国民"。

1921年12月,新教育共进社、《新教育》杂志社、实际教育调查社合并,成立中华教育改进社,陶行知任主任干事。该社以"调查教育实况,研究教育学说,力谋教育改进"为宗旨,在南京设立了3个中心小学,③一个是燕子矶小学,这个学校是该社与江宁县教育局特约第一试验乡村学校,有六级,是一所单式编制的完全小学;第二个是在尧化门,也是特约的,采用复式编制;第三个是自办的晓庄小学,单级,全校仅一个老师。这几个学校与其他学校不同之处在于:他们对于教育与人生的共同理想是以乡村生活为学校生活的中心,以学校为改造乡村的中心,并为小的村庄与大的世界的中心。在方法上,他们共同的信条

燕子矶小学校门。

---

① 董宝良主编《陶行知教育论著选》,人民教育出版社1991年版,第153页。
② 《陶行知教育思想理论和实践》,安徽教育出版社1991年版,第1页。
③ 所谓中心小学,陶行知的解释是:"平常师范学校的小学叫做附属小学,我们要打破附属品的观念,所以称他为中心小学。"

是"在劳力上劳心","手到心到"。他们以工具作为教育的要素,把书籍看作人生工具的一种而不是全部。这些学校比起其他学校在经费上节省很多。

1926年,陶行知参观燕子矶小学,亲见该校师生"整理燕子矶公园,建筑通俗图书馆,组织新农村"、"同化别的学校"、"联合志同道合的学校从事课程的研究"、"与尧化门小学和江宁县立师范学校共谋乡村师资之改进",①深为赞叹。

1927年3月,陶行知亲创的乡村师范学校——南京晓庄师范学校开学。时值北伐军进攻南京,南京周围战事紧急,而同学们冒着危险,自上海、镇江、安徽、浙江、江西相继前来,学校遂得于枪林弹雨中如期开学。在晓庄师范学校里,学生和指导员都以农人的形象出现,经常赤脚穿草鞋,学习做农事。学生与指导员之间采用艺友制②进行教学做的实践,"会做的教人,不会做的跟人学"。

对于师资,他们的总要求是:"健康的体魄;有农人的身手;科学的头脑;艺术的兴味;改造社会的精神。"③初级中等学校、高级中等学校、专门大学校后一年半的学生和在职教职员中有相等程度者构成了乡村师范的主要师资。入学考试主要为家事或土木工操作、智能测验、常识测验、国文作文及演讲。学习年限暂为一年半,但并不固定。乡村师范的课程主要有以下5部分:

第一,中心小学活动教学做。这部分教学时间为全部时值的一半。分为国语算术、公民、卫生、自然、园艺、游戏娱乐6组,每组有研究指导员负责。每个师范生选择一组或两组做研究指导员的助手。

第二,分任院务教学做。全校的文书、会计、杂务、卫生等工作,全部由学生在指导员指导下完成,甚至烧饭、炒菜也是自己动手。

第三,征服自然环境教学做。包括农业、造林、基本手工、卫生以及其他相关技能。

第四,改造社会环境教学做。包括村自治、民众教育、合作组织、乡村调查、农民娱乐等。

---

① 《燕子矶小学序》,董宝良主编《陶行知教育论著选》,人民教育出版社1991年版,第186页。

② 所谓艺友制,陶行知有过解释:"艺是艺术,友就是朋友;凡是用朋友之道教人学做艺术或手艺便是艺友制。"

③ 《陶行知研究》,湖南教育出版社1987年版,第9页。

第五，学生自动的教学做。这部分由学生自己规划与决定。

南京的乡村教育尽管有种种不足，但其理念的精髓直到今天仍具有指导意义。

4. "道尔顿实验计划"在南京

实用主义教育把儿童作为教育的主体。杜威认为教育的最大毛病是把学科看作教育的中心，而他改革教育就是把教育的中心搬到儿童身上。虽然这种理论有其局限性，但是在当时还是有相当的价值的。以实用主义教育思想"儿童中心主义"为理论基础的"自学辅导法"、"设计教学法"和"道尔顿制"对中国中小学影响很大。

道尔顿制，全名"道尔顿实验计划"，是1920年美国柏克赫斯特女士在道尔顿城道尔顿中学开创的一种教学制度。柏克赫斯特加强了学校的职业预备训练，使学生的学习不仅仅为升学做准备。学校内设社会学科、自然学科、音乐科、劳作科等各种实验室（作业室），室内陈列参考书、实验仪器、标本模型、教学设备、实习用具等，定时开放。每科教师预先制定学习计划，即"工约"或"月约"，实际就是一个月的学习作业，每月初由教师布置学生功课范围，指导学生自由学习。每月结束后，教师进行测验并评定成绩。但是，并不是全部的课程都这样教学，比如法文等课程依然采用班级制。在道尔顿制试验达到高潮的时候，全国约有近百所学校试行这种制度。

廖世承在东南大学附中开展道尔顿制实验。

在南京，道尔顿制一度风靡。最具代表性的是廖世承在东南大学附中的实践。1925年，廖世承的《东大附中道尔顿制实验报告》出台，详细介绍了实验的方法与过程，并对该制进行了评价。他认为："道尔顿制的特色，在自由与合作"，但是对于合作，以往的"班级教学，分团教学，设计教学，社会化教学"等，都很注意，"道尔顿制对于此层，无特殊贡献。"而自由，在道尔顿制中则表现为"打破班级教学的制度，各个儿童得随自己的量进行，不受同班的牵制"，并"在功课指定的范围以内，儿童得自动的研究"。他还指出"如指形式的自动,道尔顿制固远胜班级制。如指精神的自动,两制优劣,殊难断言。"而且总结出了诸如"做同样的功课,时间要比非道尔顿班费得多。"由此,他将那些把道尔顿制看作绝对优于班级制的观点,比作"皮相之论"。①该报告显示该校1923年冬测验中,实验班成绩不如普通班,从而结束了全国鼓噪一时的道尔顿实验热潮。

5. 义务教育在南京

受教育在当时的中国并不是一件普通的事。民国建立后,兴办义务教育的呼声一直没有中断。壬子·癸丑学制中第一次明确规定:"初等小学四年,为义务教育。"

教育部于1919年规定全国各地分期筹办义务教育。同年,江苏颁布了《义务教育施行程序》,又通过了《义务教育法草案》,1920年规定了各县的施行年限,预计用8年时间在全省完成义务教育。这一时间安排后来被证明是过于乐观地估计了江苏教育财政状况。1921年7月28日江苏义务教育期成会在南京讲演厅成立并通过总则,公举袁观澜为会长,黄任之、张孝若为副会长。该会宣言:"江苏创办教育几二十几年,义务教育,至今尚未观厥成,江苏人之耻也。义务教育何以未能观厥成,政潮之起伏也,兵事之盗弄也,皆足以影响吾苏之财政,而阻滞其进行……试问当此兵连祸结靡有宁日之国家,复安能为人民尽义务?国家不能为人民尽义务,试问吾苏三百五十万之儿童,更安有就学之一日?"②

义务教育在南京乃至全省的推行,面临的最大困扰依然是经费问题。迫于财政压力,江苏省无力对南京的义务教育增添新的财政支持。就在讨论义务教育经费问题的省教育行政会议上,省长无奈地承认:"开会以来,已阅四次,检阅历来议案,以筹划经费最居多数,顾议案虽多,而实行者少,非不行也,时变未定。民国未苏,社会有怨咨之声,经济多竭蹶之象,环境所限,进行遂难,此固不独同堂诸君所叹息抱憾者也。"对于义务教育,他也坦言:"扩张有待将来",而以"规画宜先现在"③聊以自慰。果然,加

---

① 《东大附中道尔顿制实验报告》,见董远骞《中国教学史论》,人民教育出版社1998年版,第214—215页。
② 《申报》,民国10年8月2日,"江苏义务教育期成会开会纪"。
③ 《申报》,民国10年7月21日,"国内要闻·苏教育行政会议开会纪(第五次)"。

上1920年的江苏全省水灾,义务教育不得不又推迟一年开始举办,而效果则不言尽知。南京的义务教育尝试以失败告终。

6. 工人教育在南京

该阶段,中共地下组织在南京工人群众中开展活动,举办了一些职工夜校,对工人进行文化补习并秘密进行马克思主义宣传。1923年,南京团地委任命宛希俨负责组织东南大学推广平民教育实验委员会,侯耀负责南京平民教育促进会在工厂附近开设学校,进行工人补习工作。这些学校主要集中在南京郊区的浦口,那里是工人集中的社区。

1923年底,共产党员王荷波以在南京浦口浦镇机厂工作的身份为掩护,在浦口镇组织了津浦铁路工人俱乐部,开办夜校并进行党的活动。此后在南京陆续开办的工人夜校、补习学校如下表:①

学校名称	组织者	开办时间	地点
工人补习学校	—	1925年	浦镇
和记洋行工会工人补习学校	南京党团工人运动会	1925年9月	
南京五卅工人学校	"五卅"惨案后援会	1925年11月7日	下关
浦口职工夜校	赵文秀	1926年初	浦口
浦口工人学校	南京团地委委员杜文秀	1926年7月	浦口

中国共产党所办的这些工人夜校或补习学校与一般的学校有着很大的区别。这些学校的办学目的是在为工人阶级补习文化知识的同时,为共产党培养后备力量。学习基本安排在工人下班后的晚上,课程安排灵活。如南京五卅工人学校,是用南京"五卅"惨案后援会剩余的7 000元经费开办的,其模式有些类似安源路矿工人学校。教师来源广泛,不但有中共党员、团员、学校学生,还有来自安源的矿工。这些学校在南京共产党的发展壮大过程中起到了巨大的作用。

三、新文化运动与南京教育改革

新文化运动兴起于1915年,以陈独秀、李大钊、蔡元培、鲁迅等为代

---

① 资料来源见南京市地方志编纂委员会、南京教育志编纂委员会编《南京教育志》下册,方志出版社1998年版,第1 243—1 244页。

表,其基本内容是提倡"民主"与"科学",同时对以孔子和儒家学说为代表的维护封建专制制度的旧礼教、旧道德发动了猛烈的攻击。这项运动一直延续至"五四"以后。在新文化运动的影响下,教育界发生了重大的变革,很多我们今天习以为常的教育规范,即确定于那时。

1. 废除读经科

袁世凯复辟帝制失败以后,1917年宪法审议会议即将"国民教育以孔子之道为修身大本"的条文撤销。南京各学校也随之相继取消读经一科。

2. 实行国语教学

在新文化文字革命运动的推动下,国语教学已成必然趋势。1919年,注音字母公布全国。次年1月,教育部训令全国国民学校一、二年级国文改为语体文,4月训令国民学校教材1922年后全部改为语体文。

3. 平等男女受教育权

"五四"前,除了个别私立大学招收女生外,高等学校基本不同时招收男女学生,是为"女禁"。南京高等师范学校在教务主任陶行知的提议下首开全国高校男女同学之风。① 1919年12月7日召开的南高师第十次校务会议上,陶行知报告赴京与教育部接洽情况,谓"兼收女生问题宜注重三点:一、须规定女生入学资格以期程度相当;二、须备有宿舍使学生起居妥善;三、须有相当女职员负指导责任。如筹划妥当,暂行试办。"② 付表决,校长郭秉文、学监主任兼文史地部主任刘伯明、教育系主任陆志韦等极力支持,最终获得多数赞成,顺利通过《规定女子旁听法案》,并决定1920年暑期正式开始招收女生。"12月17日,陶行知提议本校各科遇有余额时,校内职教员、学生、毕业生经教务处之许可得旁听。查中国女子高等教育最不发达,中等学校毕业以后,女子几无上进之路。本校各科功课有宜于女子旁听者,可否通融办理,容其旁听,遂其

---

① 关于南高师和北京大学谁首倡男女同学的问题,学术界仍有争议,编者倾向南高师。

② 《南高师第十次校务委员会讨论招收女生案》,见南大百年实录编辑组编《南大百年实录》上册,南京大学出版社2002年版,第87页。

向学之志愿,未始非辅助女子教育进行之一法。"①南高师还联合北京大学,南北一致,共同开放"女禁",对旧观念形成了强大的冲击。

对此,南京守旧势力一片哗然,群起攻之。省议会议员公然攻击开放"女禁",南高师老校长江谦与著名实业家张謇也表态反对。当然,反对阵营中也不乏担忧社会风气与学校适应问题者,但固执地以"男女授受不亲"为道德准则来评价者占多数。支持者不为所动,时任江苏教育会会长的黄炎培的支持起到了很大的作用。顶住压力的南高师教育改革者们,终于如期招收了第一期女生。第一年投考南高师的女生约有百人,大半是在各省女中或师范多年任职的教师。正式录取的只有8人,其中7人是教会学校出身,另一人是南京一女师毕业。第一年还招收了50多位旁听生。这些女生被安排在不同的班级,与男生一起学习。这次招生是中国高等教育史上一个重要的开端。此后,全国各高校纷纷以南高师为榜样,开放"女禁"。后人评价:"东南学府,为国之光。男女同校,唯此首创。"

1920年春,南京高等师范学校首次招收8名女生。

1922年颁布新学制,取消男女中学差别,中学男女生也同等待遇。1922年江苏一中开始实行男女同学,东南大学附中也在补习生中实行男女同学,风气逐渐放开,而南京乃至江苏仍有少数人颇持异议。后由省长公署"准高中男女兼收","以省立中学校试办高级中学,男女兼收"。自此,南京中学校男女同校不再成为新闻。

4. 组建教育团体

江苏教育会原系1905年在上海成立的江苏学务总会,1906年改名为江苏教育总会,总部设在上海,南京设有事务所。1912年改名为"江苏省教育会"。该会活动频繁,成效显著,是南京乃至江苏地区的教育主导力量之一。该会下设各种研究会,如英文教授研究会、小学教育研

---

① 《陶行知提议规定女子旁听办法案》,见南大百年实录编辑组编《南大百年实录》上册,南京大学出版社2002年版,第85页。

究会、理科教授研究会、师范教育研究会、体育研究会、法政研究会、幼儿教育研究会、教育法令研究会、职业教育研究会、县视学研究会、美术研究会、中学教学研究会、通俗教育研究会、推行国语研究会等。

南京学术讲演会的成立是基于当时南京教育界的以下考虑:"南京素占吾国政治军事上重要位置,将来粤汉湘津浦沪宁各路接轨以后,交通日益发达。此时,必先有一团体以普及学术、传播文化、指导社会,为他日建设预备,方足以应将来发展之趋势。"河海工程学校校长许肇南、暨南学校校长赵厚生、高等师范学校教务主任陶行知、法政专门学校教务主任刘伯明等即发起南京学术讲演会。1919年10月5日,该会在门帘桥江苏教育会分事务所开第一次大会。11月8日,该会在城北大石桥高等师范学校内大讲堂召开第一次学术讲演大会,场面隆重,"特请黄任之君及美国卢贝博士演讲。城内各学校职教员及男女学生赴会听讲者千数百人,侧足重立,堂内几无隙地。来宾如教育厅长胡玉孙暨法美各国人士均先后来会以次入席。"陶行知在会上致辞,阐述办会宗旨,"略谓昔人讲学专限于少数人,今本会讲学在普及于一般人,无贵贱贫富男女之别。凡为人便须学,今日本会设立宗旨即在改旧时私授学术的方法为公开的变少数人专有的学术为多数人的云云。"①该会制订有定期讲演计划,在南京文化教育界影响较大。

通俗教育研究会为金坛人陈家凤发起成立。1921年1月5日午后3时,在国语讲学所召开成立会。"计到会者四十余人。公推陈君为临时主席,将会章逐条宣讲,经各会员详加讨论后,再用记名连记法投票选举职员。结果,陈家凤当选为主任,徐引恬当选为副主任……。"②该会对推动南京通俗教育运动有一定作用。

中华职业教育社为蔡元培、黄炎培、蒋梦麟、郭秉文等教育界大家联合实业界钱永铭、宋汉章等人士,为解决教育与社会需求之间不相适应的矛盾,推动职业教育的发展与研究,于1917年5月共同发起成立。该会主要活动为设立职业学校。1918年的中华职业学校、1922年的南京女子职业专修所、1927年的南京职业补习学校等都是该会的杰作。

此外,南京还有中华教育改进社、南京平民教育促进会等一批学术团体组织。它们在推进南京教育发展的进程中都起到了积极作用。

---

① 《申报》,民国8年11月24日,"南京学术讲演会之第一次"。
② 《申报》,民国10年1月10日,"地方通信·南京"。

5. 开展教学实验

民初,南京涌现出一批教育改革实践家。他们有激情、有能力,投身于教育事业之中,创造性地开展工作,在教学实验领域做出了自己的贡献。

儿童教育家陈鹤琴1923年开始创办南京鼓楼幼稚园,探索幼教中国化与科学化的道路。1927年,他与陶行知等人发起成立中国幼儿教育研究会,创办《幼儿教育》、《儿童教育》等刊物。他长期从事儿童教育的研究与实践,以第一手资料与外国学者的研究进行比较,提倡从中国实际出发,实行活教育。

陈鹤琴先生创办的南京鼓楼幼稚园,是我国近代学前教育的第一个试验幼稚园,也是我国近代学前教育中难得的一个亮点。

1923年秋,时任东南大学儿童心理学教授的陈鹤琴,本着"试验中国化的幼儿教育……供全国教育界之采用"的主旨①,得东大教育科辅助,以其住家一部分作为校舍,建立鼓楼幼稚园。陈自任园长,聘请讲师卢爱林女士为指导员,甘梦丹女士为教师,初期入学儿童12名。两年后,迁至位于鼓楼公园附近新村的新校舍,占地3亩,计6大间,又楼房4间,四围草场及运动场4亩有余,建筑费共4 000余金,定名为东南大学教育实验幼稚园。在张宗麟等人的协助下,陈鹤琴对幼稚园的课程、教材、教法、设备等方面进行了长期的研究,总结出怎样办中国化幼稚园的理论与经验15条,在全国产生很大的影响。

1923年建立的鼓楼幼稚园。

俞子夷在南京高等师范学校附小的设计教学法实验,是在借鉴杜威学生克伯屈"设计是自愿的活动"原则下进行变通的中国首次设计教学法实验。该实验在1921年至1923年达到高潮,为中国教学法的实践开创了一个新的思路。

1921年,时任南京高等师范学校附中主任的廖世承在学校中实行

---

① 《南京鼓楼幼稚园十周年纪念》1933年,见中国学前教育史编写组编《中国学前教育史》,人民教育出版社1989年版,第279页。

了分科选科制,并提出"三三"中学学制的主张。次年,南高附中全面实行了"三三"制,成为全国最早实行"三三"制的中学之一。南高附中一度成为教育改革走在全国前列的著名中学,成为当时全国最有影响的中学之一。①

前文所述廖世承的"道尔顿制"试验与"三三学制"改革以及陶行知在晓庄学校的"教学做"、陈鹤琴的幼儿教育实验等,都是敢为人先的教学实验。

6. 各类学校的改革

新文化运动及"五四运动"的推动,使南京各校改革成风,主要体现在学科设置和课程改革方面,如南京高师附属中学设有农、工、商及师范科,1920年,还实行了分科、选科制。1924年,南京正谊中学联合南京银行界,倡办高中商科专门研究,关于银行之一切学识,设立实识室,以备诸生实地练习;学校聘任的师资,也为"富于商学经验及中西两行重要职员"。②6月,全省中学校长会议上提出了中学三分之二课时用于必修课、三分之一用于选修课的方案,被教育部采用。

7. 推行壬戌学制

1922年(壬戌年)11月,《学校系统改革案》由全国教育联合会提出并经民国北洋政府以大总统令颁布,其中规定的学制系统又称新学制。

该改革案的宗旨在于:适应社会进化之需要,发挥平民教育精神,谋个性之发展,注意国民经济力,注意生活教育,使教育易于普及,多留各地方伸缩余地。

改革案对各级学校修业年限做了规定:初等教育6年。其中初级小学4年(可单设),高级小学2年。中等教育6年,分初高两级,各为3年。初级中学施行普通教育,可单设,亦可根据地方需要,兼设各种职业科;高级中学分为普通、农、工、商、师范、家事等科。师范学校修业年限为6年。高等教育3—6年,其中大学4—6年,专门学校3年以上。大学院为大学毕业及具有同等程度者研究之所,年限不定。

新学制课程标准起草委员会于1923年复订刊布了《新学制课程标

---

① 王信伦《清末民国时期中学教育研究》,华东师范大学出版社2002年版,第166页。按,另一所为北京高等师范学校附中。

② 《申报》,民国14年3月27日,"杂评·正谊中学商科近闻"。

准纲要》。

壬戌学制的主要特点是:缩短小学修业年限,延长中学修业年限。若干措施注意根据地方实际需要,不作硬性规定。重视学生的职业训练和补习教育。课程和教材内容侧重实用。实行选科制和分科教育,兼顾学生升学和就业两种准备。

四、师生爱国民主运动与学潮

民初的南京,各派政治势力斗争激烈,国事动荡。"国家兴亡,匹夫有责",作为当时中国掌握较先进文化知识和民主政治意识的群体,教育界人士与各级学校师生当然成为爱国政治运动的主力军。

1915年,日本强迫中国政府签订"二十一条",触发了民初南京教育界第一次爱国政治运动的总动员。6月初的南京,所有的学校都罢了课。充满热情的爱国学生与教师走上街头,开展了各类抗议活动。

1919年"五四运动"中,南京学界组织了更大规模的游行。5月9日,南京学界组织游行,后组织学界联合会,由金陵大学教员应尚德和陶行知任正、副会长统一领导学界的抗议活动。在北京学生罢课开始后,关于南京学界罢

参加"五四运动"的金陵女大学生,前排右二为校学生会主席吴贻芳。

课时间,学界联合会与各校学生发生了较大的争议。5月26日,南京学界联合会决定以6月1日作为罢课日期,然各校学生认为6月1日罢课,北京学生已无后援,将为政府压力所压服,最好能即日罢课,方足以壮北京学生之气。此后,各校学生自行组织,南高师、河海工程专门学校、金陵大学等皆于27日停课,学界联合会从此威信不再,会务也就此搁浅。后由金陵大学提议组织学生联合会,加入者20余校,并于28日一律罢课。

6月2日晨,南京各校学生赴南京公共体育场举行宣誓典礼,童子军升国旗,奏军乐,场内掌声如雷,向国旗三鞠躬。学生联合会长誓词

曰:"拥护国权,发扬民意,协力同心,生死以之。"①会后,学生列队游行,经中正街、内桥、府东大街至大工坊,沿途散发传单,并由各校代表向商会寻求扶助。"五四运动"中,南京学界还有组织地进行了抵制、焚烧日货的行动。

南京学界积极与工商界联系,促成了罢工、罢市。早在6月1日,江苏第一农业学校、南高师附中郑万钧、申以麟、韦增辉等学生就散发传单,鼓动工界罢工。在获悉北京学生被拘捕一千数百人后,南京学生联合会即开始积极与商会联系,以期动员商人罢市,扩大影响,向政府施加压力。在没有得到肯定答复的情况下,6月6日,金陵大学、南高师召开秘密会议,决定直接向各商铺接洽,动员罢市。经广泛动员,商人群起响应,不及两小时,全城商铺已经全部罢市。当时的南京行政当局,也采取了较克制的态度。南京警察厅长王桂林云:学生爱国,出于至诚,命沿街商民一律悬挂国旗,各岗警士衣新制服,表达对于学生的同情。

1921年12月,华盛顿会议召开,讨论太平洋及远东问题。中、美、英、法、日、意等国出席了会议。会上,中国代表再一次要求无条件收回青岛,日本则坚持中日间相互交涉。北洋政府在英美的诱迫和日本的压力下屈服,同日本直接交涉。消息传来,南京一片哗然。1921年12月9日午后,南京学生联合会召开国民大会于东南大学大操场,参加学校有东南大学、金陵大学、法政专门学校、南京一中、江苏第一工业学校、江苏第一农业学校、江苏第四师范学校、江苏第一女子师范学校、汇文中学、钟英中学、体育师范学校、南京中学、基督女学、明德女学等学校,另有商农工等各界群众。会上进行了慷慨激昂的演讲,会后进行游行,散发传单,内容为"反对直接交涉"、"还我青岛"、"保障国权"、"民气的表示"等。队伍途经鼓楼美国领事署,由涂羽卿、罗世真两先生递呈全体国民大会意见书,后全体向北,行进至英国领事署与英公使晤谈,至晚6点方散。②

1925年5月30日,上海的外国巡捕野蛮枪杀因反抗在沪日商暴力和压迫而上街示威的学生及市民10余人,酿成震惊中外的"五卅惨

---

① 《金陵大学、高等师范学生带头罢课声援北京学生的斗争》,南大百年实录编辑组编《南大百年实录》上册,南京大学出版社2002年版,第94页。
② 《东南大学学生参加反帝爱国游行并散发传单》,南大百年实录编辑组编《南大百年实录》上册,南京大学出版社2002年版,第97—98页。

案"。消息传到南京,引发了南京教育界的第二次大动员。

南京学界先后派代表赴上海慰问遇难者家属,致电责问政府,呼吁全国人民起来抗争。6月1日,南京学生联合会召开紧急会议,商讨各项声援活动安排。同日,东南大学学生上街游行。学界的中共党团组织也积极行动起来,在运动的发展过程中起到了中流砥柱的作用。6月3日,南京各大中学校、南京少年中国学会等47个团体,在公共体育场召开市民大会,会后进行了游行宣传。次日,南京学生及各界群众3万余人进行了大游行。全城公、私立学校教职员与学生代表召开联席会议,决定自5日开始,全城教职员、学生一律素食,节省款项,备爱国运动使用。6月10日晚,为调查英人枪杀华人案的六国(英、美、日、法、意、比)使团由北京赴上海途中,经过南京。南京各校数千名学生在浦口和下关码头聚集等候,高喊"国际平等"、"打倒强权"等口号。慑于学生声势,六国委员向学生们脱帽鞠躬。为了帮助罢工工人渡过经济难关,南京教育界积极组织募捐团,救济罢工工人。①

南京教育界专家学者纷纷挺身而出,发表评论并直接对政府进行抨击。仅以东南大学为例:1925年6月13日—27日,东大教授外交后援会邀请专家陆续作了《英日对于中国侵略之历史》、《英日此次交涉应采取之态度》、《对于沪案之感想》、《国民自卫问题》、《日本中国商业上之势力》、《英国在中国商业上之势力》、《甘地不合作主义》等7次演讲。演讲是针对学生及普通民众的,对于五卅惨案的前因后果进行了通俗的介绍与简单的分析,深受欢迎。东大全体教职员还致函上海各报馆,对暴行进行了强烈的谴责:"沪上日商残杀华工,激起学生爱国运动,英捕枪击学生市民,伤亡枕藉,惨不忍睹",警告国人"治外法权长此存在,国将不国"。呼吁国人"一致作政府后盾,严重交涉,以洗涤华族之奇耻,而挽回国家之主权"。②

除了爱国政治运动外,还有其他原因引发了多次"学潮",如1925年1月6日,教育部代理部长马叙伦发布解除郭秉文东南大学校长职务训令,引起了长达几个月的风波,史称"东大易校(长)风潮"。1月8日,东南大学学生发布全体学生宣言,其中谈到以往各校学潮澎湃"原因固甚复杂,而其大者盖以军阀视学府为隶属、政客以长校为奇货,一度政

---

① 赵子云《五卅运动在南京》,《金陵晚报》2005年5月30日。
② 《东大全体教职员声讨英日帝国主义惨杀国人致函上海各报馆文》,南大百年实录编辑组编《南大百年实录》上册,南京大学出版社2002年版,第179—180页。

变,校长随以更易,教职员及学生人数既多意见不一,因之留旧迎新,内部成相拒之势,呼号奔走血液掷乌有之乡,前瞻环顾诚可为痛哭而常叹息者也"。这段话也可作为当时学潮频发原因的部分注解。

五、各类教育逐步发展

这一时期,南京的各类教育总体上呈现逐步发展壮大的态势。

1. 小学教育

根据中央大学区公布的相关资料,试将1926年南京地区小学状况与全省作一比较。

比较项目	金陵道	江苏全省	金陵道与全省之比
总人口(人)	3 280 061	31 379 980	1:9.57
小学校数(所)	1 274	8 780	1:6.89
小学生数	48 317	522 700	1:10.81
每万人小学校数	3.88	2.8	1:0.72
每万人小学生数	147.3	166.6	1:1.13
每所小学校平均学生数	37.9	59.53	1:1.57

从上表来看,金陵道(即南京大市)小学教育规模与全省相比,并无特殊优势。虽然每万人中小学校数比全省平均水平略高,但每万人中小学生数低于全省平均数,全省每所小学校的平均学生数也为南京小学校的一倍半。

2. 中学教育

该阶段初期,南京的中学教育发展较快,先后兴办了一批中学,至1925年,南京市区共有公、私立中学32所。该阶段创办中学情况见表:

校　名	创办年代	简　况
女一师女子中学科	1920 年	张昭汉创办,校址马府街,全省最早的公立女子中学之一。
正谊中学	1920 年	杨匡创办,校址申家巷,一度停办。
女子师范专科女中	1921 年	校长陆自蘅,校址太仓园。
华中公学	1921 年	美国基督教美以美会创办,不久停办。
两江民立中学	1922 年	汪国尘创办,不久停办。
志成中学	1922 年	刘志威创办,不久停办。
东南大学附中	1923 年	由高等师范学校附中更名而来。
南京安徽公学	1923 年	校长陶行知,由江南上江中学更名而来。
金陵女子大学附中	1924 年	校址东洼市。
私立钟南中学	1924 年	校长乔一凡,校址石板桥。
震旦大学预科部	1925 年	天主教法国耶稣会创办,校址太仓园。
五卅公学	1925 年	盛永发创办。
成德中学	1925 年	李士荣创办。
旡山中学	1925 年	安徽旌德同乡会创办。
建邺中学	1925 年	户部街长老会创办。
湖南旅宁中学	1925 年	
劳山中学	1925 年	
平坦学团	1925 年	

除以上中学外,南京郊县也各自有一批中学创办,如 1923 年成立于东坝镇的高淳初级中学等。

1926 年冬,由于战事影响,一半中学停办。到 1927 年初,南京仅余公、私立中学 16 所,即国立东南大学附属中学、省立南京第一中学、省立南京女子中学、私立汇文女中、金陵大学附中、爱辉群中学、明育女中、基督女中、钟英中学、金陵女子大学实验学校、青年会中学、成美中学、钟南中学、东方中学、五卅公学、成德中学。

1922 年教育部新学制规定,中学校入学资格,必须为高等小学毕业或具有同等学力者,如招生超过规定限额时,须进行入学试验。由于当时外地来宁求读中学者甚多,加上本埠小学校毕业生数量众多,求学者人数为招生数的几倍乃至十倍,故而南京各中学校都采取了升学考试制度。但是各校自行招生,考试时间、内容、试题皆不统一。

震旦大学预科部校门(今南京市第九中学前身)。

中学考试与考查方式在"五四"后有较大的改进。学分制在一些学校被采用。如东南大学附中初中规定每学期28学分,成绩优良者可以多选3—6学分,同时严格执行留级制;金陵大学附中规定,凡是有12个学时(一学科每周开设的课时)课程不及格的学生即留级,少于12学时的则必须补考。

1919年前,所有中学的课程均为单科制,课程固定。"五四"后,开始增设选修科。1920年,南京高等师范学校附中在廖世承的努力下实行高中文、理分科。1923年后,南京开始全面推行高中文、理分科,课程设置为:修身(高三为伦理学)、国文、英文、历史、地理、算学、博物、生理卫生、物理、化学、法制、经济、书法、图画、音乐、手工、体操。高中文科,国文增加课时并增开逻辑与文法;高中理科,大代数增加课时并增开解析几何。各个学校自己还进行了一些改良,如金大附中将英文、国文、数学三科并重,将理科分为物理、化学两科,宗教作为选修科。

在教材上,南京各中学没有统一教材,除了国文、史地等课程外,很多学校都采用英文版教材。如安徽公学,从高中一年级起就要学习英文典大全、英文小说、英文诗歌朗诵和英文书信散文等,代数也采用英文版的范氏代数。

3. 高等教育

该阶段南京高等教育呈现出公立、私立与教会大学"交相辉映"的局面,高校数量与质量有了新的提升。这是一个办学理念多样化的生动向上的时期。这一时期南京新建了2所高校,升格了1所高校。

1920年成立的国立东南大学,是在南京高等师范学校工艺、体育、教育、农业、商业等专修科的基础上建立的,在上海与南京分别办学。其中,在南京开设文科、教育科、农科、工科等,在上海开设商科。该校是我国继北京大学后建立的又一所综合性大学。1923年,南京高等师范学校并入该校。

20世纪20年代的东南大学,由获得教育学硕士、哲学博士的著名教育家郭秉文主持。这是一位融贯中西、具有世界眼光的校长。在他的支持下,东南大学迅速由一所师范类高校成长为综合性大学,成为当时名震全国的著名高等学府。

东南大学大门(1920年摄)。

在办学理念上,除了坚持学者治校、学术自由、学生自治外,东南大学有许多成功创新。

学校实行校长领导下的"三会"(评议会、教授会、行政委员会)一体制,由评议会负责学校的大政方针,教授会负责教务事宜,行政委员会负责行政工作。1920年,东南大学在全国高校中开创了校董会这一机构,董事会成员有张謇、蔡元培、王正廷、荣宗敬、黄炎培等教育家、官员与实业人士。1924年,经过修改的董事会章程使其成为全校最高的立法和决策机构,地位与校长并列甚至更高。

东南大学借鉴郭秉文母校美国哥伦比亚大学"寓师范于大学"的理念,实行文理并重、学术并重的系科设置,以综合性大学教育使学生获得宽厚的基础知识和科学研究的精神及能力。全校设6科31系,其设科之全,专业之新,居全国之冠。[1]学校成为全国高校中唯一设有师范专业和教育科的高校。

在办学方针上,郭秉文为东南大学确立了"通才与专才、人才与科学、师资与设备、国际与国内,皆使平流并进,罔其轻重"的"四平衡"原则。建校伊始,郭秉文即在全国率先提出在大学设立研究院的发展目标,其远见为人所钦佩。东南大学不仅是"中国自然科学发展的基地",与北大齐名[2],而且还十分重视文史专业的建设,罗致了大批文史专家。

---

[1] 霍益萍《近代中国的高等教育》,华东师范大学出版社1999年版,第154页。
[2] 同上书,第159页。

1922年出版《学衡》杂志,以"翼学、邮思、崇文、培俗"为目标,为反思在当时新文化冲击下的中国传统文化做了大量工作。

师资与设备向国际接轨是东南大学向世界一流大学冲刺的举措,体现了东南大学以世界性眼光要求自身的气魄。该校拥有当时中国一流的师资队伍,如文科的刘伯明、汤用彤、柳诒徵、蒋竹庄,理科的胡刚复、竺可桢、吴有训、熊庆来、孙洪芬等;教育科有陶行知、廖世承、陈鹤琴、艾伟等;工科的茅以升等;农科秉志、胡先骕、钱崇澍、陈焕镛等;商科的胡明复、马寅初、潘序伦等,可谓名师云集,盛极一时。学校的科研实力与风气也较南高师时期有了极大的提高。在东南大学的师资中,留学归国者占极大的比重,其中又以留学美国者居多。这是当时东南大学的一大特色,也保证了学校办学理念的一致性,成为当时中国高等教育模仿美国的榜样。

另一所新成立的高等学校是邵力子先生于1924年创办的私立南京文化学院,校址龙蟠里。

1923年,江苏省第一工业学校,借施行新学制变更机会,升格为南京工业专门学校,校址仍在复成桥。该校设有机械与电气两科。

20世纪20年代,南京高等教育处于全国领先的地位,学术研究与成果转化也走在全国最前列。

4. 中等师范教育

1922年实行的"壬戌学制"规定省立中学师范科修业年限为3年,招收初中毕业生;乡村师范科修业年限也为3年,招收高小毕业生;并将师范与农、工、商等科并列作为中学的一科,即将师范学校归并入中学。据此,南京城内的江苏省立第一中学与省第四师范学校合并,成立省立南京中学。江苏省第一女子师范学校改称为江苏省南京女子中学。

民初,乡村师范教育的起步是教育的一个亮点。

南京是全国较早进行乡村师范教育的地区之一。当时的现实情况是,好多师范的毕业生不愿意去乡下服务,就是从乡下招来的师范生,经过几年的城市生活,也不愿意回乡服务了。这种现象造成乡村师资的极度缺乏。江苏义务教育期成会的袁观澜、顾述之两人提议每所师范学校各在乡村设立分校,以期造就乡村师范人才。全省师范学校皆设立了乡村师范分校,在南京的江苏第四师范于1923年在栖霞山设立了乡村分校。

1926年,陶行知主张师范教育改良,倡导师范下乡运动。1927年3

月 15 日,陶行知在南京神策门(后改和平门)外劳山脚下的晓庄村创办了试验乡村师范学校,后改名为晓庄学校。该校以"生活即教育"为指导,以"教学做合一"为校训,以"健康的体魄,农夫的身手,科学的头脑,艺术的兴趣,改造社会的精神"为目标,为乡村教育培养合格的师资。陶给晓庄学校赋予了特殊的使命,即"这个学校不但要做中国教育革命之出发点,并且要做世界教育革命之中心"。谈到办学方针,他将实际生活比作指南针,"实际生活向我们供给无穷的问题,要求不断的解决。我们朝着实际生活走,大致不至于迷路。在实际生活里问津的人必定要破除成见,避免抄袭。我们要运用虚心的态度,精密的观察,证实的实验,才能做出创造的工作。这种工作必须以实际生活为指南针。"①晓庄学校在教学体制、教学内容与教学方法上都有重大创新,在全省乃至全国产生了很大的影响。

晓庄师范学校师生在劳作。

除晓庄学校外,位于南京南区外的江宁县立师范学校,也是其中一所较典型的乡村师范学校。校长徐卓夫请南京尧化门小学校长宋鼎来该校任训育主任及学生活动指导员。他们与晓庄学校一样,推行教学做。教师与学生参加各种农业活动以及学习烹饪、缝补等各种技能。该校从校长到学生具备贫而乐的精神,全校 40 人而每月只有 200 元的经费,且几乎没有准时发放过,但是师生"并不因此灰心,他们只是勇往直前的奋斗"。② 陶行知等人曾参观该校并给予高度评价:"如果这种精神可以普及全国的县立师范学校,我们全国乡村生活的改造事业就有希望了。"

---

① 江苏省陶行知教育思想研究会、南京晓庄师范陶行知研究室合编《陶行知文集》,江苏人民出版社 1981 年版,第 170 页。
② 同上书,第 117 页。

5. 中等职业教育

1922年前,南京地区有江苏省立第一工业学校(甲种实业学校)、省立第一农业学校(甲种实业学校)、县立江宁乙种实业学校及私立鼓楼医院高级护士学校4所实业学校。

1922年新学制规定将实业学校改名为职业学校,初级、高级中等职业学校,分别招收初中毕业生和高小毕业生。1923年省立第一工业学校升格为江苏公立第一工业专门学校。

1923年中华职业教育社在南京设立女子职业传习所,专教贫苦妇女,"成绩颇佳"。①

1918年私立鼓楼医院高级护士学校大门。

6. 社会教育

1918年9月,江苏省教育厅公布《江苏省社会教育之进行》的训令,对社会教育的设置和施行办法进行了明确的规定。其中规定了6项主要设置:图书馆(包括通俗图书馆)、通俗宣讲团、露天学校、公共体育场、通俗教育馆、公园。至1923年,南京各县社会教育机构设置情况如下表:

	通俗教育馆	巡回文库	公共体育场	通俗演讲所
江宁	有	有	有	有
溧水	有			
六合	有	有		
高淳	有			
江浦	有	有		

1921年,南京有通俗夜校4所,省立南京通俗教育馆1所。1923年,南京平民教育促进会成立后,在南京东、南、西、北、中、下关6区设立

---

① 蒋维乔讲述《江苏教育行政概况》,上海商务印书馆民国13年6月版,第51页。

了24所平民教育学校,其中女校5所,学员达1 643人。采用陶行知、朱经农的《平民千字课》教材,先后办了3期,学员近5 000人。

7. 各类教育活动

(1)展览会。当时南京各级学校对于举办展览会较为热衷,几乎每年都有大型展览会,小型的则更是月月都有。如:1921年,南京高等师范学校课外组织的图书研究会举办图画展览会,设于该校图书教室内,展出会员得意作品及指导员周玲荪作品近百幅,作品内容为南京名胜及人体写生。"所有出品,标定价格,以便参观者随意购买,所得书资,捐作会费。"①1923年6月17日至18日,南京美专在贡院举办第二次成绩展览会,约5 000人参观,展品为西画及石膏模型等,约五六百件,场内还有来宾批评簿。1924年夏天由中华教育改进社和东南大学在南京协作举办的教育展览会是一次全国规模的教育类展览会,影响较大。

当时的展览会,大多具有公益募捐的性质,如1921年10月28日、29日,南京女子师范在中正街讲演厅开游艺会,表演新剧,售资助赈。②1921年11月1日,南京教育界公推教育厅长胡家祺、省署科长吴邦珍为筹备主任,在中正街公用讲演厅举办游艺劝赈会,"售券得资,悉充赈济"。③ 也有一些展览会具有商品交易及技术交流的性质,如1922年11月20日至21日南京高等师范学校在成贤街农场农具院开办的棉作展览会即是。

(2)学生自治组织与学生文体活动。"五四"后的学生自治,比清末有了本质上的不同,除反抗专制的精神与内容外,更多地增加了学生自主管理的内容,这是新的时代学生地位得到提高的表现。1920年第六届全国教育联合会大会通过了《学生自治纲要案》,确立了学生自治组织的合法地位。此后,全国学生自治组织即进入大发展时期。该阶段,南京学生自治组织数量众多,活动频繁,在历史上留下了不少闪光点。学生自治组织较为严密,以东南大学(南高师)为例:该校学生自治会成立于1920年底,设议事、行政与纠缠三部,采三权分立原则。1922年改为委员制,下设经济、膳食、卫生、审理、纠缠等10个委员会。学生自治组织采取普遍性与指导性两大原则,既照顾了全体学生的积极性,又不

---

① 《申报》,民国10年6月10日,"地方通信·南京"。
② 《申报》,民国10年10月28日,"地方通信·南京"。
③ 《申报》,民国10年10月28日,"南京快信"。

至于放任自流。

各个学校都如火如荼地开展了体育运动。金陵大学常年举办的体育竞技项目有院际排球锦标赛、公开网球赛、春季田径赛、篮球赛、足球赛等10多项,学校还在每年春季的4月17日举办校运动会,5月5日在玄武湖进行院际划船大赛。这其中涌现出一批有较强体育水准的运动集体,如金陵大学足球队,在20世纪20年代初的南京"四出征伐,所向无敌",享誉东南诸学府。各个学校都有各种学生文娱团体。金陵大学有专门的军乐、国乐、西乐、弦乐、歌咏等团队。学校间的交流活动也十分频繁。20世纪20年代开始,金陵大学与上海、杭州等地的沪江、之江和圣约翰大学在南京、上海等地进行英语、国语辩论赛。除了学校主办的各类活动外,学生团体自行组织的读书会、歌咏会、报告会、演讲会以及各类联谊活动等都很活跃。

(3)南京童子军。为了培养学生遵守纪律、服从组织的团队精神,也为了学生增强身体与心理素质,不少人提倡学习欧美,实行童子军制度。对于童子军训练的目的与内容,廖世承曾指出:"军事训练的目的,不仅在获得军事的知识与技能,要在得到军事训练的真精神。不怕艰险,不辞辛劳,整齐严肃,服从规则,都是军事训练的特色。……要把此种精神贯彻到课业方面、训育方面。"①

南京的童子军运动得到了蓬勃的发展,不少中学整年级地将学生编入童子军,如南高附中将1921年秋入学的新生全部编为童子军,1922年试行新学制时将童子军定为初中一、二年级的必修课程,初三选修。1922年扩大为高中选修课程。②

南京童子军。

1921年,东大高师举办的暑校童子军活动有14个省代表参加,江苏代表提议组建全国性的童子军组织,得到大家响应,该组织于1921年8月10日成立。而江苏省童子军实以省城南京为主。南京童子军建立后,不断举行各类活动,如1922年参加了远东运动会,在会上表演了会

---

① 王伦信《清末民国时期中学教育研究》,华东师范大学出版社2002年版,第179页。

② 同上书。

操并负担部分维持会场秩序之责。该组织还积极参与了赈灾活动等。南京童子军规定每周日进行南北二区会操,由总指挥王证澄检阅。1925年11月,南京童子军进行拉练,在无锡途中露宿。① 这些活动锻炼了队伍,也扩大了影响。

南京童子军刚组建时,由于是新鲜事物,市民对此有较大的误解,很多人将其看作参军,社会更有流言是做预备军人。对此,南京教育界进行了较仔细的澄清,解释童子军仅仅是一个半军事化的团体,参加者皆是国家的财富,在发生战争时将首先予以保护,不会充当炮灰。加上舆论的帮助,南京童子军才逐渐发展起来,并一举成为全国翘楚。

该阶段的南京教育,虽然还存在着种种矛盾与挫折,但在"五四运动"的推动下,有了长足进步。这个进步是全面的,它为南京国民政府成立后的南京教育大发展奠定了基础。

---

① 舒新城《民国十四年:中国教育指南》,商务印书馆民国15年版,第210页。

【第九章】
南京国民政府时期的南京教育

　　1927年4月18日,蒋介石集团在南京组建国民政府,南京成为首都特别市。随着国民党在形式上对全国的统一,民国教育进入稳步发展、趋于定型的时期。在"以党治国"的模式下,教育上强调集权和统一,通过教育立法和制度建设,把民国教育纳入国民党一党专制的轨道。另一方面,相对安定的社会局势为经济的发展提供了较为稳定的平台,从而为南京国民政府扩大教育投资、完善教育管理提供了财政基础。此外,由于广大教育工作者的勤勉敬业,南京更是以其行政中心的优势地位而在教育方面"近水楼台先得月"。1927年至1937年十年间,南京的学校在类别、层次与数量上都有长足的进步,教育事业获得较大的发展。陈鹤琴的幼儿教育实验、陶行知的生活教育实验等,都给南京教育史添上靓丽的色彩。

　　遗憾的是,日本帝国主义的入侵打断了这一进程。面对强敌的蹂躏,在我中华民族与日寇展开的生死搏杀中,为了保存国家的教育资源,以待民族教育事业的持续发展,国民政府和教育界人士决定西迁。于是,广大师生和教育工作者开始了艰苦卓绝的西迁办学之旅。日伪则在南京大力推行"奴化"和"伪化"教育,毒害南京教育界达8年之久。

　　抗战胜利后,国民政府顺利有序地完成了教育的善后工作,南京的教育事业面临历史上难逢的发展机遇。但是,国民党政府挑起的内战断送了这一良机。伴随着时局的急剧变化,中国共产党的军队在战场上节节胜利,国民政府的统治处于风雨飘摇之中,其发展教育的计划也成为一纸空文。南京教育面临着关键性的转折。

第一节　政府对教育的管理与控制

一、三民主义教育宗旨及其实施方针的确定

所谓"三民主义教育",按照国民党官方的解释,就是以实现三民主义为目的的教育。三民主义教育宗旨是由"党化教育"演化而来的,其精髓仍是推行党义,"以党治国"。国民革命时期,国民党推行"党化教育",即要求教育"革命化"、"民众化"、"科学化"、"社会化",不仅要造就各项专门人才,而且要使学生走出学校后都能做党的工作。1927年5月,蒋介石在南京召开的"五四运动"纪念大会上接过了"党化教育"的口号,目的是强化国民党对学校教育的统治。但由于国民党内部对"党化教育"的提法有不同的意见,解释上亦存在分歧,因而在当年5月中华民国大学院在南京召开第一次全国教育会议时,决议取消"党化教育"一词,代之以"三民主义教育"。然而,这一变动未经政府批准,不具备法律效力。1929年3月15日,国民党在南京召开第三次全国代表大会,正式通过了中华民国的教育宗旨。会议议决:"中华民国之教育,根据三民主义,以充实人民生活,扶植社会生存,发展国民生计,延续民族生命为目的;务期民族独立,民权普遍,民生发展,以促进世界大同。"[①]在中华民国教育宗旨颁行全国的同时,国民政府还配套公布了《三民主义教育实施方针》。这一实施方针经1931年11月国民党"四大"进行部分修正后公布,主要内容为:

第一,各级学校三民主义之教育,应与全体课程及课外作业相连贯。以史地教科阐明民族主义之真谛;以集团生活训练民权主义之运用;以各种生产劳动实习,培养实行民生主义之基础;务使知识道德融会贯通于三民主义之下,以收笃信力行之效。

第二,普通教育必须根据总理遗教,以陶融儿童及青年"忠孝仁爱信义和平"之国民道德,并养成国民之生活技能,增进国民之生产能力为主要目的。

---

① 《第二次中国教育年鉴》第一编,商务印书馆1948年版,第2页。

第三，社会教育必须使人民认识国际情况，了解民族意义，并具备近代都市及农村生活之常识，家庭经济改善之技能，公民自治必备之资格，保护公共事业及森林园地之习惯，养成恤贫防灾互助之美德。

第四，大学及专门教育必须注重实用科学，充实学科内容，养成专门知识技能，并切实陶融为国家社会服务之健全品格。

第五，师范教育为实现三民主义的国民教育之本源，必须以最适宜之科学教育及最严格之身心训练，养成一般国民道德上学术上最健全之师资为主要任务。在可能范围内，使其独立设置，并尽量发展乡村师范教育。

第六，男女教育机会平等。女子教育并须注重陶冶健全之德性，保持母性之特质，并建设良好之家庭及社会生活。

第七，各级学校及社会教育，应一体注重发展国民之体质。中等学校及大学专门学校，须受相当之军事训练。发展体育之目的，固在增进民族之体力，尤须以锻炼强健之精神，养成规律之习惯为主要任务。

第八，农业推广须由农业教育机关积极实施。凡农业生产办法之改进，农民技能之增高，农村组织与农民生活之改善，农业科学知识之普及，以及农民生产消费合作之促进，须全力推行，并应与产业界取得切实联络，俾有实用。①

此后，直至国民党政权在大陆崩溃，三民主义教育宗旨及其实施方针一直是国民政府教育施政的法定纲领。

二、新学制的厘定

1922年新学制（亦称"壬戌学制"）理顺了普通教育整体上的衔接关系，基本符合中国儿童和青少年身体发展的状况。但是，新学制中也存在一些不合国情、不切实际的规定。有鉴于此，南京国民政府在学校系统方面总体承袭了新学制的规定，又对其进行了部分修正和局部调整。1928年5月，国民政府主管全国教育、学术的最高行政机构——大学院，在蔡元培院长的领导下，于南京召开第一次全国教育会议，重新制定了《中华民国学校系统》。概括起来，南京国民政府时期普通教育的学制调整情况如下：

---

① 《第二次中国教育年鉴》第一编，商务印书馆1948年版，第4—5页。

1. 初等教育

根据大学院颁布的《小学暂行条例》,小学修业年限为六年,前四年为初级小学,后两年为高级小学。南京市的小学当时普遍实行这一学制。

1932年12月和1933年3月,国民政府及其教育部又相继颁布了《小学法》和《小学规程》,规定初级小学单独设立,"高级小学须与初级合并设立","在教育未普及前,修业四年即作义务教育终了"。同时,"为推行义务教育起见,除上述小学外,各地方得设简易小学及短期小学"。① 简易小学为初小层次,招收6至12岁学龄儿童,学制三年;短期小学招收10至16岁失学儿童,学制一年。

1940年,国民政府为配合"新县制"的实施,规定小学改称"国民学校"(四年制)和"中心国民学校"(六年制),实行"政教合一,儿童教育与成人教育合一"。具体来说,即将小学"区"与"保"合轨,每乡镇设中心国民学校,专门负责普通义务教育;每一保或数保联合设国民学校,并分别附设二年制、一年制的短期班专门负责失学民众的补习教育和扫盲工作。

1935年5、6月间,国民政府教育部制定了《实施义务教育暂行办法大纲》及其施行细则,决定从这一年8月起分3期在全国范围内逐步实现4年制义务教育。然而,这一计划收效甚微,后更因抗战爆发而中断。

南京沦陷期间以及抗战胜利后,南京的小学教育仍然沿用"四二"学制。

2. 中等教育

关于中等教育的学校制度,国民政府主要对"壬戌学制"中的综合中学制与选科制作了调整。1929年,国民政府教育部颁布《高级中学课程标准》,宣布废除高级中学普通科文理分组的办法。1932年,又在新颁布的《中学法》《师范学校法》《职业教育法》中规定,上述三种不同类别的中等学校分别单独设立;普通中学初、高中阶段全部实行学时制;高中阶段取消选修科,加强基础课;统一全国中等教育学制为"三三制"。于是,省立南京中学于1933年奉令停招师范科和商科新生,次年起高中部改为完全普通中学;南京市立第一中学亦于《中学法》公布后

---

① 李华兴《民国教育史》,上海教育出版社1997年版,第156页。

成为"三三"分段的普通完中。

国民政府教育部在理顺普通中学体系和浓缩教材的实践中,曾于1940年颁令试行六年一贯制和五年一贯制中学。但是,这种学制一方面因为无形中取消了初、高中衔接阶段的淘汰机制而不利于学生的学业竞争,另一方面也不能适应不同家庭对子女不同的文化要求,故未能坚持。后来的办学实践证明,中学学制统一为初、高中"三三制"分段,充分发挥了中学在普通教育中的功能。

汪伪政府统治时期,南京的中学仍然实行"三三"分段制。1945年后,南京各中学的学制终以"三三制"的形式稳定下来。

3. 高等教育

南京国民政府教育部于1929年7—8月先后颁布《大学组织法》、《专科学校组织法》、《大学规程》,两年后又颁布了《专科学校规程》。按照上述法规,高等教育机构分为大学、独立学院与专科学校三种。学校设置有国立、省立和私立的不同。大学内可分文、理、法、教育、农、工、商、医8个学院。所谓大学,须同时设立的学院不得少于3个,且3个学院中必须有一个理学院,或者农、工、医学院三者有其一。不满3个学院者,只能称为独立学院。大学本科修业年限皆为4年,医学院则为5年。大学及独立学院可分设若干系,并附设专修科。专科学校分工、农、商、医、艺术、音乐、体育诸科,学制2至3年。大学本科以上可设2年制研究院、所,由大学与独立学院相机设置。

1931年1月,教育部又在《学分制划一办法》中要求高等院校一律实行学年兼学分制。按照当时的设计,大学重在理论科学研究,而专科学校则侧重于应用科学的研究。但后来发现,许多应用学科仅通过2至3年的学习是难以达到理想效果的。根据这种情况,教育部于1939年6月通令专科学校可以实行5年制,先在音乐、艺术、蚕丝、纺织、兽医等校试行。教育部还颁令各高等院校可以附设2年制专修科,以便在大学中培养一般技艺人才。

至1940年,高等教育学制体系已经相当完备:既有2至3年制的专修科,又有4至5年的本科,还有本科后2年的研究科。抗战胜利后,国民政府颁布《大学法》及《专科学校法》,进一步从法律上把上述制度确定下来。

4. 职业教育

南京国民政府重视职业教育,在发展职业学校的数量、提高职业教育的质量方面做了较大的努力。1931年8月,国民政府通令各省大力兴办高、初级农、工、商科职业学校,并决定在所有普通中学一律开设职业教育课程或职业科。与此同时,要求各地方县立中学改组为职业学校或农村师范学校,凡县市地方政府筹办或私人呈请设立之普通中学也劝令改办职业学校。

1932年,国民政府为将职业教育从普通中学中单立出来,公布了《职业学校法》。次年3月,又在《职业学校规程》中规定:职业学校的设立以单科为原则,分为初级和高级两种。初级职业学校招收小学毕业生,或从事职业而具有相当程度者,修业年限1—3年;高级职业学校则招收初级中学毕业生或具有相当程度者,其修业年限为3年,若招收小学毕业生或具有相当程度者,其修业年限为5—6年。由此可见,民国时期中等职业教育已自成系统,职业教育的学制也已经趋向合理化了。

5. 师范教育

为了不断提高师范教育的质量,1932年12月和1933年3月,国民政府及其教育部先后颁布了《师范学校法》及《师范学校规程》,决定在办学体制上使师范教育脱离普通教育,自成独立的学校系统。师范教育分高等和中等两类:师范学校、简易师范学校属中等师范教育;师范学院与普通大学附设师资培训班为高等师范教育。

关于中等师范教育的学校制度,有一套比较完备的体系,包括师范学校、女子师范学校、乡村师范学校、师范学校附设特别师范科及幼稚师范科、简易师范学校或师范学校附设的简易师范科。其中,乡村师范教育地位的确立,则是从中国具体国情出发的。这在师范教育规划方面是一项重要的举措。具体如下:师范学校招收初中毕业生,学制3年,入学年龄为15—21周岁。师范学校另行附设学制1年的特别师范科和学制2—3年的幼稚师范科。凡乡村师范学校和女子师范学校,其学制皆与普通师范学校同。低于师范学校的简易师范学校,则招收高小毕业生,学制4年,毕业生在担任简易小学或短期小学教员期满后可升入师范学校继续深造。简易乡村师范学校学制同于简易师范学校。另有一种附设于师范学校或公立学校的简易师范科,招收初中或初级职业中学毕业生及同等学力者,经过一年训练后以简易师范学校毕业生资格使用。

国民政府对高等师范教育重视的程度有一个逐步提高的过程。经过不断的实践、认识和调整,1938年7月20日,教育部颁布了《师范学院规程》,1942年8月,又公布了《修正师范学院规程》。这两个文件明确规定:师范学院作为高等师范教育机构应单独设立,或在大学中作为一个独立学院设置;师范学院本科学制5年(其中实习1年),毕业者授予学士学位;体育、音乐、劳作、美术、家政等专科学制2年(其中实习1年);师范学院可另开设第二部,招收大学及其他学院性质相同学系的毕业生,授以1年的专业训练,然后以师范学院毕业生分发;师范学院还可设2年制师范研究所,供师范本科及相等学力的中学教员进一步深造,毕业者授予教育硕士学位;低于本科的3年制师范学院初级部,招收高中毕业或同等学力的学生,毕业后分任初级中学或简易师范学校教员。对没有院校学历但具有2年以上教学经历的高、初中和小学教师,由师范学院另开设1年制进修班,分别对他们进行培训,结业考试合格者发给进修证明书,作为其资格及能力的学历确认。总之,上述师范教育学校制度具有灵活多样、主辅相成、独立完备的特点。

教育作为既往文明的载体和新文明强有力的杠杆,对它的变革往往成为每一场社会革命的当务之急,各政治集团都对教育活动赋予了自己的意愿和理念。南京国民政府加强对教育事业的控制并逐步将其纳入自己的轨道,也是势所必然。可以这样认为,民国学制既借鉴了当代西方发达国家学制系统的合理部分,又结合了中国的具体国情,并在实践过程中不断加以调整,因而具有一定的科学性。

三、教育行政机构的设置

1927年6月1日,直接隶属国民政府的南京特别市政府成立。与此同时,南京市教育局也组建完成,主要管理全市公、私立中、小学及幼稚园。市局局址设在贡院街市府内(1928年迁至船板巷,再迁奇望街),局内设局长1人,又分置总务、学校教育、社会教育3科。不久,国民政府改革教育行政体制,试行大学院和大学区制,原江苏省教育厅改为第四中山大学教育行政院,管辖江苏省及上海地区一切教育行政事宜。同时,在南京设立了第四中山大学区,将国立东南大学、河海工科大学、上海商科大学、江苏法政大学、江苏医科大学、南京工程专门学校、江苏省立第一农业学校、苏州工业专门学校、上海商业专门学校等省内9所公立学校合并,组成国立第四中山大学,以东南大学为校本部,由该大学校长综理学区内由小学到中学到大学的一切学术与教育行政事宜。是时，南京特别市仍设教育局。然而，大学院和大学区制试行不满两年，非难四起，遂停止。以后，中央为教育部、省为教育厅、市县为教育局或教育科的教育行政系统基本固定下来。

1928年5月，南京特别市教育局在科级下面设股，总务科设文书、庶务、统计、编审等股；学校教育科设中等教育、初等教育、改良私塾等股；社会教育科设图书博物、民众教育、文化艺术、公共娱乐等股。11月，又增设教育研究科，下设编审、测验、统计等股；并设督学、视察指导员若干人。1930年，国民政府取消特别市建制，将市分为两类，一为院辖市，如南京、上海、北平等，直隶于行政院；一为省辖市，隶属于省政府。其时，南京特别市教育局改称南京市教育局，设第一、二两科，第一科设总务、初等教育、中等教育3股；第二科设民众教育、文化艺术、编审实验等3股；另设督学、指导员。1932年，因市财政拮据，市教育局裁撤并入市社会局，为社会局第三科，下设学校教育、社会教育、研究实验3股；另置督学、指导员和统计人员。次年，南京市增设教育设计委员会，有委员15至21人，市长、秘书长、社会局局长为当然委员，其他委员由市政府聘请专家及热心教育事业者充任。

抗日战争爆发后，南京陷于敌手，教育行政机关随政府撤退。1946年，国民政府还都，南京市的教育文化工作仍属社会局管理。次年，恢复市教育局机构，设4室4科，即秘书室、督学室、人事室、会计室以及国民教育科、中等教育科、社会教育科、总务科。可以看出，复员后南京市的教育局，组织较为严密，分工也更细致，一度较好地承担了该市的教育行政管理工作。

四、控制学校教育的措施

为了保证三民主义教育宗旨有效地得到贯彻，"矫正从前教育上的放任主义之失"，南京国民政府统治时期，当权者把教育作为"以党治国"和"三民主义治国"的工具，采取了诸多措施加强对学校教育的控制，维护一党专制的统治。

1. 整顿学风

国民政府于1928年10月27日发布"训政"时期施政宣言，在教育方面规定，禁止各级学校参加政治斗争和社会斗争。随后，不断发布关于整顿学风的命令和告诫书,且措辞严厉。1929年3月,教育部训令各级学校和教育机关"整饬学风",由教育行政部门督促各级学校注意严格训练,规范校纪。不仅如此,还要求地方行政长官协同教育部门对学生中妨碍社会治安者进行严厉制裁。1930年4月,蒋介石在第二次全国教育会议上发表演说,继续提倡党义教育,强调"改革教育当用革命手段整顿学风",主张以三民主义统一青年的思想。同年12月6日,蒋介石又以行政院长兼教育部长的身份颁布《整顿学风令》,告诫学生"一意力学,涵养身心","不得干涉行政,致荒学业",如有违令者,则以反动派治之。蒋还在《告诫全国学生书》中,斥责学校学风败坏,认为学潮破坏法纪,危及国家前途,已经与反革命无异,表示政府将严厉禁止,依法惩办。1932年7月,行政院长汪精卫和教育部长朱家骅又联合签署颁发《整顿教育令》,要"对学生的管理取严厉方针"。

在加紧整顿学风,实行"清党"大屠杀的白色恐怖之中,不少学校被查封,许多爱国师生被屠杀。与此同时,国民党当局更注重以中国传统的封建道德毒害和禁锢学生的思想,让他们循规蹈矩,效忠党国。1931年,国民政府教育部通令各校悬挂"忠孝仁爱信义和平"("八德")的匾额,"以资启迪"。后来又强调,要恢复"八德",必须人人衣食住行都合乎"礼义廉耻"("四维")。于是,在各学校机关大门内的影壁上,均出现了"礼义廉耻"4个大字。

为了扭转民国社会的颓风败俗以及扼制共产主义思想和人民革命运动,1934年2月19日,蒋介石在南昌发起将"礼义廉耻"渗入日常生活的所谓"新生活运动",以实现国民生活"生产化、军事化、合理化"的目标。"新生活运动"虽然在客观上顺应了社会文明发展的某些需要,但其具有的复旧性质却是逆历史潮流而动的。是时,当局连续颁布《新生活运动之要义》、《新生活运动纲要》、《新生活运动需知》等文件,后又成立由蒋介石亲任会长的"新生活运动促进总会"与此相呼应,各地则纷纷成立分会。同年3月,朱家骅在国民党中央党部作了题为《新生活运动与教育》的报告,倡言"新生活运动"应从学校做起。随后,各学校也受命强制推行该运动。南京市立第一中学曾组设新生活运动委员会,并联络私立钟英中学、中华女中两校组织新生活励进会,立"青年新生活标准百条",学校实行"新生活"及"军事管理办法"。自此,"四维八德"成为规范、制约师生思想、语言和行动的准则,以纠正"分歧错杂思想",培养"顺民"。这种教育,在国民党统治区是贯彻始终的。

2. 强化训育

1929年7月,国民政府通令各省市,按照国民党中央执委会规定的《中小学训育主任办法》,在辖区内各级学校中设置训育人员,建立起一套严密的训育制度。训育的核心仍是传统伦理道德的"忠孝仁爱信义和平"。当时,各校所设训育主任、训育员和党义科(后改为公民科)教员,不仅要时刻监督学生的言行,"考察学生所阅刊物及平时之言论行为,以便侦查其对本党之态度及其生活与思想",而且还要利用各种集会宣讲所谓"共匪罪恶",[①]进行反共反人民的宣传。抗战时期,训育制度发展得更加严密。

小学阶段,初设党义课,后改为公民训练,在实施伦理教育的同时,更注重行为习惯的培养。公民训练标准分目标、原则及规律、条目、实施方法要点4大项,规定详尽周密,全部条文竟达248条之多。1933年2月,教育部公布了《小学公民训练标准》,其目的就是"发扬固有道德,以忠孝仁爱信义和平为中心训练儿童,以养成健全公民"。

中等以上学校,则实行所谓"训教合一"的制度。1936年2月制定了《中等学校训育主任公民教员审查条例》;1938年,颁布《中等以上学校导师制纲要》。当时规定:在中等以上学校设训导处或训育处,设训导长、训导主任、训育员等,由经过挑选的国民党党员担任。上述人员在中学主要负责考查及指导学生,调查及指导学生的团体组织、课外阅读和社会服务工作等,并根据训导计划,对学生言行、学业和生活施以严密控制。中等师范学校因负有培养小学师资之责,故其训育标准更为严格。大学阶段也有名目繁多的训育内容,校务会议还要经常审查学生的训育事项。

训育制度后来甚至规定,中等以上学校导师需每月一次向学校及学生家长报告学生的思想、行为、学业及身心状况。对不堪训育的学生,由校长退训,退训两次者除名。学生毕业时,导师出具训导证明,供有关方面查阅。这样的导师制度曾遭到普遍反对和抵制。

3. 实行军训

国民政府重视童子军训练,企图使儿童和青少年尽早接受封建伦理

[①] 毛礼锐、沈灌群主编《中国教育通史》第5卷,山东教育出版社1988年版,第285页。

道德的教育,将来成为绝对服从的"忠诚之国民"。1928年5月,国民党中央常务会议通过《中国国民党童子军总章》,规

南京举行童子军大检阅。

定以"三民主义"培养青少年,凡12至18岁之男女青少年都须受童子军训练,如不满12岁则可参加男女幼童子军,并规定童子军为初级中学必修科。

与此同时,国民政府公布《高级中等以上学校军事教育方案》,规定高级中学以上学校学生,除女生外,都须参加军事训练,以培养他们的纪律、服从、负责、耐劳等观念,提倡为国牺牲的精神。对此,蒋介石曾下令军政部、教育部、训练总监部:"凡高中以上学校学生军训不合格者,不得补考、投考大学",将军训作为完成学业和升学的必要条件。自1928年至1934年,教育部会同军事委员会训练总监部,就军事教育方案进行了多次修改补充,对平时训练、集中训练、教学科目等均作出了明确的规定,并先后制定出了《军事教育奖惩规则》和《高中以上学校学生军训管理办法》。其时,军训科目分为学术科和技术科两类。学术科重在灌输反动的思想信念,养成驯服精神;技术科包括步兵操典、野外勤务、射击教范等。国民政府惟恐学生造反,并不发给学生枪支弹药,所以军训只能是纸上谈兵。军训要求整齐划一,而学生则是或长袍或短褂,或革履或草鞋,参差不齐。抗战时期,广大学生曾因当局消极抗日,纷纷抵制军训。抗战胜利后,各校军训已名存实亡。

4. 推广会考制度

1932年5月,国民政府教育部颁布《中小学学生毕业会考暂行规程》,决定实行会考制度。规程提出:各省市县教育行政机关所属各小学、初级中学、高级中学之普通科应届毕业生,必须在学校的毕业考试中成绩及格,才有资格参加毕业会考,会考合格才能取得毕业资格,才能参加升学考试。会考一科或两科不及格,可以复试一次。如果仍不能及格,可补习一学年,再参加该学科的会考一次。会考中,如果3科以上不及格者,应作留级处理,亦以一次为限。

南京市教育局于该年起在全市推行高、初中毕业生会考制度,各科及格始准予毕业。有不及格学科须经补考,补课后仍不及格者发给肄业证书。迄至1937年,举行过7次毕业会考。

会考制度颁行后,广大学生的课业负担明显加重,为应试而疲于奔命,无暇过问政治、关心时事;教师也忙于帮助学生猜题押题。于是,各地反对会考的呼声和抵制会考的行动不断发生。鉴于上述状况,国民政府教育部不得不在1933年12月公布《中学学生毕业会考规程》,废除了《中小学学生毕业会考暂行规程》。新规程的变动之处主要在于较前略宽松。如:取消小学生毕业会考;体育不再作为会考科目;新规定明确了初级中学的会考科目为公民、国文、算学、物理与化学、生物、史地、外语,高级中学的会考科目大致如前;关于会考成绩的计算方法,改为学校考核成绩占40%,会考成绩占60%;会考3科不及格者留级次数改为以两次为限。

各中学实行毕业会考制度后,国民政府又将其推广至师范教育领域。1934年4月,教育部公布《师范学校学生毕业会考暂行规程》,次年再颁行《师范学校学生毕业会考规程》,规定师范学校、乡村师范学校、简易师范学校、简易乡村师范学校、3年制和两年制幼稚师范科等各类师范毕业生都必须参加会考。

抗日战争时期,国民政府继续实行会考制度。应该承认,会考制度实行后,学生的学业任务顿时增加;但同时,该制度的推行对各级学校的教学水平和教学质量的提高也是有一定的推动作用的。

第二节 抗战前南京教育的发展

从南京国民政府成立到抗战爆发前的十年间,民国教育处于稳步发展的时期。南京教育事业在此阶段经过教育工作者的勤勉躬耕,取得较大的成绩。无论学校的数目、招生和毕业人数、教学质量、学校层次都达到了民国建立以来的最高峰。另外,著名教育家陶行知、陈鹤琴等人的教育实验,丰富了中国的教育改革,为中国教育本土化作出了贡献。

一、幼儿教育

1. 发展概况

这一时期,南京市幼儿教育并不发达,但相对于以前和其他地区,南京的幼儿教育还是有相当的发展。一般来说,幼儿教育收费较高,尤其是城区及私立幼稚园收费昂贵,因而入园幼儿多为中产阶级以上家庭。幼儿4岁入园,6岁出园。

1927年,南京特别市教育局对幼稚园的编制和设备作了如下规定:"市立幼稚园学生在二十人以上者方可设立,得聘教师一人;三十人以上者加聘助教一人;四十人以上者增教师一人,设备有作业室、游戏场、各种教具及玩具。"①此后,南京幼儿教育事业的发展速度稍稍加快。是年春,只有5所幼稚园分别附设于5个区的市立小学内,到秋季时,已增加到14所。当时,办学条件较好的市立小学普遍附设有幼稚园,加上国立园1所、省立园2所、私立园2所共计19所。

同年,陶行知等人曾在燕子矶等地创办了4所乡村幼稚园。作为中国第一所农村幼稚园的燕子矶幼稚园,开辟了乡村幼儿教育实验场所。1930年,当国民政府强行封闭晓庄师范学校时,这几所幼稚园亦随之夭折。尽管如此,南京在这一年仍然增加了3所私立幼稚园,总数达22所(公立园17所,私立园5所),入园幼儿995名,教职员32人。

抗战前,南京幼儿教育发展的高峰年份是1935年,全市总园数增至26所,在园儿童1 740名(其中男1 012名,女728名),保姆52人。当时,溧水县城也办有一所私立幼稚园,但规模较小,只有10名幼儿和1名教员。② 此外,1933年,江浦县政府第三科于县城天后宫设幼稚园1所,但次年秋由于大旱成灾而被迫停办。③ 1936年,南京共有24所幼稚园,1 667名幼稚生。1937年12月日军侵占南京后,幼稚园大多被迫停办。

---

① 南京市地方志编纂委员会、南京教育志编纂委员会编《南京教育志》上册,方志出版社1998年版,第78页。

② 溧水县地方志编纂委员会编《溧水县志》,江苏人民出版社1990年版,第515页。

③ 江浦县地方志编纂委员会编《江浦县志》,河海大学出版社1995年版,第571页。

2. 课程与教学

1928年,陈鹤琴、张宗麟、甘梦丹负责草拟和制订全国幼儿教育课程标准的工作。他们将鼓楼幼稚园和晓庄、燕子矶中心园的实验成果列为全国幼稚园的课程标准。该课程标准包括幼稚园教具、教材、教法、设备和幼稚生应有的习惯以及技能的培养方法等。陈鹤琴制订的课程标准反映了对儿童的全面教育,体现了一种动态的课程观。

这时,南京市幼稚园在教学内容方面没有统一的规定,但大部分幼稚园采用陈鹤琴的幼儿教育实验成果,按照《一年中幼稚园教学单元》去做。下表是陈鹤琴所创办的鼓楼幼稚园一年中的教学单元:①

月　份	单　元　名　称
九　月	1、我们的幼稚园;2、欢迎会;3、秋天的水果;4、我们园里的花草树木。
十　月	5、秋天的收割;6、庆祝国庆;7、雨和水;8、水里有什么生物;9、菊花开了;10、秋天到了。
十一月	11、检查体格;12、旅行去;13、总理诞辰;14、衣服的来源;15、开恳亲会。
十二月	16、冬天的御寒物;17、怎样预防白喉;18、下雪了;19、动植物怎样过冬;20、冬天的花;21、水缸结冰了;22、过新年。
一　月	23、邮局做些什么事;24、交通的方法;25、放寒假了。
二　月	26、我们开学了;27、我们的小动物园;28、常见的家畜。
三　月	29、纪念孙中山先生;30、怎样种树;31、春天快到了;32、放风筝;33、纪念黄花岗烈士。
四　月	34、庆祝儿童节;35、春天的花;36、蜜蜂的生活;37、蝌蚪变青蛙;38、种牛痘。
五　月	39、养小鸡;40、燕子来了;41、鸟类的家;42、蚕宝宝;43、园内的果子熟了;44、麦子收割;45、恳亲会。
六　月	46、蚕宝宝做茧了;47、美丽的蝴蝶;48、可恶的蚊蝇;49、夏天的卫生;50、暑假到了。
七、八月	放暑假。

这一时期,国民政府对教育界如何进行幼儿教育基本上采取放任的态度,并未作太多的限制和规定。在课程设置和教学内容上,则比较重

---

① 南京市地方编纂委员会、南京教育志编纂委员会编《南京教育志》上册,方志出版社1998年版,第118页。

视教育专家的实验成果。因此,陈鹤琴的幼儿教育实验成果成为1932年10月教育部颁行《幼稚园课程标准》的蓝本。该标准在课程设置方面分音乐、故事和儿歌、游戏、社会和自然、工作、静息、餐点等7个科目。它的颁行,对我国幼儿教育事业的发展起了重要的推动作用。

3. 幼教实验

晚清以来,西方来华的传教士在传教的过程中,往往伴随有幼教活动。尽管这些活动与中国传统的启蒙教育大相径庭,但似乎可以这样认为,中国现代意义上的幼儿教育,是在西洋教士的影响下萌生的,带有浓厚的舶来特征,也由此染上不合中国国情的通病。如何使幼儿教育脱胎换骨,完成"中国化"的历程,著名教育家陈鹤琴曾根据自己的理想在南京进行实验。他所创办的鼓楼幼稚园,到20世纪30年代已成为闻名全国的实验性幼稚园。

陈鹤琴的教育实验内容非常丰富,但其致力最多的乃是课程实验,这个过程经历了3个时期。第一期为散漫期,有4条课程标准和方法:废止幼稚园课程的分科形式,让儿童自由地活动;改进和丰富设备,使儿童随时可以遇到刺激;教师通过布置环境激发儿童主动去活动或明了某种观念;教师无固定的工作、休息和备课的时间表,随时指导儿童活动。第二期为伦理组织期。在这个时期,陈鹤琴有针对性地加强课程的计划性和组织性,同时坚持前期实验以儿童为主,以大自然、大社会为中心的基本原则。在预定的课程表上,儿童的活动依据其性质分为不同的学习科目,如游戏、图画、手工等。第三期为设计组织期,也称为中心制作期。第一、二期实验要求严格按照预定课程大纲和细目来进行,第三期则可以根据儿童临时发生的兴趣和社会上临时发生的事情改变原定计划。二期实验更多地强调分科而不是活动中心主题,学科表现为显性,活动主题隐含其中。三期实验则以活动中心主题为显性线索,学业科融合在前者中,表现为隐性。二期实验中儿童在同一时间只能做同一件事,忽视了儿童的个性。三期实验则以活动主题为中心,大中心下有小中心,儿童可依据个人的兴趣,自愿选择单独活动或小组活动,兼顾了儿童的个性。①

陈鹤琴在其幼教实验的过程中,不仅消化吸收了现代教育科学的精髓,传承了"五四"的科学精神,而且努力克服和纠正以往中国幼儿教育

---

① 熊明安、周洪宇主编《中国近现代教育实验史》,山东教育出版社2001年版,第189—192页。

盲目师法日本或欧美的积习,致力于开创中国幼教"本土化"、"民族化"的新局面。尽管实验也有其不可避免的缺陷,如花费昂贵、不易普及、师资的宗教背景影响了"去外国化"的效果等,但对于当时中国落后的幼教领域,他的实验可谓新注入的一泓清泉。在沉寂的幼儿教育界,南京鼓楼幼稚园的实验无异于空谷幽兰,影响广泛,意义深远。

二、小学教育

南京国民政府统治时期,明确规定小学为实施国民教育的场所,分为市立、县立、区立、坊立、乡镇立、联立和私立等形式。

1. 发展概况

1927年,南京特别市教育局对全市的学校进行重新布局,并将全市划为东、南、西、北、中5个学区,每区设实验学校一所,小学若干所。以实验学校为中心,对该区的其他小学教育进行辅导和示范。这一年,南京共有33所市立小学,其中4所实验小学分布在除西区外的各学区。1928年,评事街小学定为西区实验小学,北区崔八巷小学等校也划入西区。这样,南京市的市立完小为17所,初小16所,另有15所已立案和32所未立案的私立小学。

1929年,南京因建都后户口猛增,学校的规模和设施已不能满足学龄儿童的入学要求。经国民党中央政治会议通过以100万元作为市立学校建筑费。于是,当年8月,南京市增添小学26个班级,并建筑中、东、南、西4个区的实验学校和兴中门、邓府巷等校的校舍。1930年,南京市共有市立小学38所,私立小学共48所,学生15 829人。另有在私塾就读的儿童10 713人。当时,全市学龄儿童46 456人,入学儿童约占57%。1932年,南京市增设义务小学25所。义务小学完全不收学费,并补贴一些学习用品,采用半日制,4年毕业,相当于初小程度。后来,义务小学改为简易小学,并逐步成为全日制学校。

1932年以后,小学教育发展很快。1935年,教育部决定采取分期普及义务教育的办法,由1年制、2年制短期小学逐步完成4年制义务教育的普及。南京市是首先实施义务教育的城市之一,国民党中央补助义务教育费15万元,南京市即着手设置短期小学53所,乡区小学附设短期小学50所。到1936年,南京市小学增至231所(市立179所,私立52所),学级1 742级、学生79 372人、教职员2 190人,入学儿童约占学龄儿童86%。

当时，南京各县小学教育的情况也不错。江宁县在1933年有县立小学121所；乡（镇）立初级小学109所；私立小学19所（多数为变相的私塾）。全县小学教员334人，绝大部分为师范毕业，师资力量尚属合格。① 江浦县的小学教育开办较早，1928年，全县计有小学26所，学生2 336人。据江苏民政厅、教育厅的联合调查，1931年江浦县共有学校26所，学生2 568人。随后的两年内，增加完全小学6所。1934年大旱，全县小学减少到25所，学生2 142人。② 六合县的学龄儿童数1931年的统计为39 655人，在校学生数5 673人，入学率仅达14.3%。翌年，全县有学龄儿童39 594人，入学儿童有15 977人，入学率达到40%（含私塾生）。溧水县的初等教育在壬戌学制颁布后逐步发展，1930年有完全小学3所、初级小学50所，在校生4 273人，占全县学龄儿童总数的12.39%。③ 高淳县在1928年有公立、私立完全小学3所，初级小学75所。1935年县政府制订《普及小学教育之措施》，采取强迫教育和部分小学实施义务教育的办法。第二年，全县小学发展到88所，小学生人数由上一年的4 122人激增至10 553人，学龄儿童入学率也由11.42%提高到37%。④

1934年，国民政府南京特别市新建市立山西路小学（今琅琊路小学前身）。图为山西路小学老师合影。

2. 课程设置

1928年，国民政府制订《小学暂行条例》，规定高等和初等小学一律增加三民主义一科及童子军；高等小学并加职业科目。工用艺术和形象

---

① 江宁县地方志编纂委员会编《江宁县志》，档案出版社1989年版，第694页。

② 江浦县地方志编纂委员会编《江浦县志》，河海大学出版社1995年版，第574页。

③ 溧水县地方志编纂委员会编《溧水县志》，江苏人民出版社1990年版，第516页。

④ 高淳县地方志编纂委员会编纂《高淳县志》，江苏古籍出版社1988年版，第588—589页。

艺术仍改为手工、图画。次年8月,教育部颁布了《小学课程暂行标准》,最大的特点是简化课程,可合并的尽量合并。如高等小学的社会一科,包括公民、卫生、历史和地理;三民主义改称"党义";图画、手工改称美术、工作。1932年,国民政府教育部颁布《小学课程标准》,确定初级和高级小学的科目有公民训练、卫生、体育、国语、社会、自然、算术、劳作、美术、音乐等11科。其主要变动在于:不再特设党义一科,而是将党义教材融化于国语、社会、自然等科目中;另加公民训练科为实施训育的标准;划出社会、自然科目中的卫生内容,增设卫生科。1936年7月,教育部再次颁行《修正小学课程标准》,将初等小学的社会、自然合为常识科;一、二年级的劳作、美术合并为工作科;体育和音乐合并为唱游科;取消卫生科目,原有内容分别与其他科目合并;还有,小学的算术科加教传统的珠算。经过几次变更和调整,课程的设置更趋于合理和科学,民国时期的小学课程建设基本定型。

从小学课程标准中规定的教学总目标和各科教学目标来看,在政治、思想、道德、知识、技能和身心诸方面提出了培育下一代的要求,其中有些是符合科目特点和儿童实际的,如音乐、体育、唱游科要求"顺应儿童快乐活泼的天性,以发展其欣赏音乐、应用音乐的兴趣和才能","顺应儿童爱好活动的本性,发展其运动的能力"等,这些基本上都是科学的。此外,小学教育中注重公民训练课,废止书本教授,另定团体训练时间,并制订公民训练标准作为依据。1936年,教育部又将原有公民训练条目大加修改,并加入"新生活规律",所提出的训练目标是发扬中华民族固有的道德和新生活运动的精神,以养成健全的公民,使儿童从小就养成礼义廉耻的观念、奉公守法的观念、节约劳动的习惯、生产合作的能力等等。[①]

总之,国民政府和南京教育局制订了一系列的规章制度和办法,并采取诸多措施大力发展小学教育,使得南京的小学教育在稳定中发展,逐步趋于定型。

三、普通中学教育

南京国民政府《中学法》和《中学规程》明确规定:中学"是严格训练

---

① 毛礼锐、沈灌群主编《中国教育通史》第5卷,山东教育出版社1988年版,第360—361页。

青年身心,培养健全国民之场所"。中学分为省立、市立、县立、联立、私立5种。

1. 发展概况

1927年,江苏试行大学区制,南京亦实行实验学区制。第四中山大学行政院和市教育局分别接收、改组原省立中学、江宁县所辖城区内县立中、小学。由于受时局和战事的影响,当时南京仅有公立和私立中学15所。大学行政院将前省立南京中学、省立第四师范学校合并入前省立工业专门学校和省立第一农业学校的中学部,定名为第四中山大学区立南京中学,委任邰爽秋为校长。大学行政院还将前省立第一女子师范改组为省立南京女子中学,分设初中部、高中部,校址位于马府街、细柳巷一带。同年,市教育局于府西街筹办市立中区实验学校附设初中部,到1933年将幼稚园和小学划出,正式命名为南京市立第一中学。

南京市立一中开校纪念碑。

此外,1928年,国立东南大学附属中学更名为国立中央大学实验学校。同年,在南京设国立国民革命军遗族学校,先设小学部,后扩设中学部,宋庆龄为校长(未就任)。

这一时期,因教育经费匮乏,南京市立中学发展缓慢。为发展中学教育事业,从1928年起,市教育局决定采取措施"发展私立中学以补市立中学之不足"。为此,制订私立学校补助办法,促进私人办学;订立私立学校董事会章程等,加强管理,促进办学质量的提高。1929年南京私立中学为17所。从1930年到1937年,南京私立中学逐年有所增加。先后有冶城初级中学、华南初级学校、中央中学、私立首都女子法政讲习所附设首都女子初

国民革命军遗族学校。

级中学、两广中学、行健初级中学、学艺初级中学、励志中学等。1936年,南京市立、私立中学发展为26所,班级194个,学生8 522名,教职员718名。

南京所属各县中学教育情况大致如下:20年代高淳县仅有中学一所,即1923年开始创办的高淳县立初级中学。该校1935年迁到县城学宫,有4个班级,200余人。① 溧水县第一所中学名为溧水私立伯纯初级中学,是地方绅士李干一(谦益)于1933年8月创办的,校址在县城东大门外李墓村。县立江宁中学创立于1934年,校址在南京南门外小市口。开设初中和中师班级各1个,初一学生48名,师范学生44名,学制均为3年。次年,增设高中部,改为省立江宁中学,学校迁到县城东山镇。② 该时期,出现了中央大学实验中学与金陵大学实验附属中学等校名。

2. 课程设置

1928年,南京公、私立中学基本执行下述课程标准:初级中学设公民、国文、英语、算学(算术、代数、平面几何、三角)、生理卫生、植物、动物、化学、物理、本国历史、本国地理、体育及童子军、劳作、图画、音乐。每周教学总时数为32学时。高级中学设公民、国文、英语、高等代数、生物学、立体几何、化学、物理、世界史、世界地理、伦理、体育及军事训练。每周教学总时数为30学时,最后一学期每周减为29学时。初、高中除必修课外,均设有选修课。次年8月,教育部公布了《中学课程暂行标准》,该标准要求各中学试行学分制,初、高中分立。初中设置职业科目,取消选修科目;高中仍设选修科目。

1932年,教育部颁布正式的课程标准,其内容与上述暂行标准基本相同,仅作了以下几点修正:第一,取消学分制改为时数单位制;第二,改党义为公民,其内容增加道德、政治、法律、经济等;第三,取消高中选修科目,加重语文、算学、史地等科分量;第四,改工艺为劳作(分工艺、农业、家政三种),并增加每周教学时数,取消选修职业科目;第五,自然科教学采取分科制。

1936年教育部又对上述课程标准进行修订,公布《修正中学课程标

---

① 高淳县地方志编纂委员会编纂《高淳县志》,江苏古籍出版社1988年版,第595页。

② 溧水县地方志编纂委员会编《溧水县志》,江苏人民出版社1990年版,第521页。

准》,主要变更为:减少各科教学时数,取消自习时数的规定;修改劳作课程,合工艺、农业为一,女生则注重家事;增设职业科目,每周4小时。课程标准几经调整,至此基本确定。

3. 课外活动

这一时期,南京市中学的课外活动搞得丰富多彩,有声有色。尤其是1930年后,中学课外活动从组织领导到活动内容逐渐完善,但发展还不够平衡。

南京市教育局为训练青年学生的思维,培养他们的口才,先后在青年会大会堂和江苏民众教育馆大会堂举办了两届中学生演说竞进会,有10多所学校派选手参加。演说竞进会评判员均由教育局长、社会知名人士组成。在教育局的领导和推动下,演说活动在很多学校得以开展。

当时,金陵中学、汇文女中、中央大学实验中学、省立南京中学、省立女子中学、市立第一中学、钟英中学、安徽公学等,均先后成立了课余生活指导委员会(组),专门负责学生的课外活动,并延聘教师担任指导。这些学校要求学生每人参加一至二项活动。学生们的课外活动项目很多,诸如春秋季远足、童子军野营活动、节日文娱表演等。金陵中学成立有23个研究会(社、团),如西乐团、弦乐团、军乐团、评剧社、无线电研究会、社会问题研究会等。市立第一中学每星期组织学艺竞赛,课外研讨会(组)也有20余种之多。省立南京女子中学制作的工艺品曾在1930年比利时独立百年纪念会上获得金牌奖章。1934年,市教育局举办全市初中数学比赛,私立安徽公学名列榜首。此外,中大实中、安徽公学、金陵中学、市立第一中学等还邀请徐悲鸿、刘海粟、冯玉祥等知名人士来校讲演,开拓学生视野,指导学生课外活动。课外多种研究会(社、团、组)的活动,为发展学生的特长,培养他们的情操,锻炼他们的意志等奠定了良好的基础。

是时,南京部分私立和公立中学的课外体育运动亦颇有特色。如私立金陵大学附属中学,重视体育是其办学特色之一,校内运动设施齐全,场地宽阔,1935年又建一座体育馆,国民政府主席林森亲题馆名。金陵大学附中订有这样一条规则:"下午四时后,如不落雨,学生一律到操场进行体育活动。"由于校方重视,积极引导,加之该校体育教师认真培训学生,1929年,江南10所中学在金陵大学附属中学举行篮球、足球对抗赛,锦标均被该校夺得。另外,20世纪30年代上海华东足球名将江善敬、庄世鸿,国家队名将陈镇和、梁树棠、陈镇祥,都曾在金陵大学附中足球队里锻炼成长,金大附中足球队可谓名震遐迩。又如安徽公学积极开展体育活动,篮球运动尤为盛行,其校篮球队曾获南京市冠军。其他如省立南京中学、南京女子中学、中央大学实验学校等也非常重视体育运动。私立钟英中学尤其注重军事训练,以至当时社会上有"要当兵,进钟英"的说法。

四、中等职业技术教育

20世纪30年代,面对职业教育与普通教育比例严重失调以及职教事业远远落后于社会需求的问题,国民政府颁布了一系列法规法令,从资金、人员、设备诸方面加强职业教育。如:规定职业教育以不收费为原则,一般还可解决衣食或发给生活津贴;职业教育的经费分配必须达到中等教育总经费的35%;再如:颁布《各省市职业学校职业学科师资登记检定及训练办法大纲》;拨发生产教育费专款,以供添置教学实习设备等。由于政府重视并且在全国范围内大规模地推进,中等职业技术教育得到了较大的发展。这一时期,南京地区也相继建立了一些初级和高级职业学校,显现出较好的发展势头。

1. 发展概况

中等专业教育方面:1927年春,江苏省立第一工业学校和江苏省立农业学校的中学部并入第四中山大学区立南京中学,两校就此停办。1929年3月,中央女子法政学校在南京中正街西八府塘建立。不久,教育部令其改为首都女子法政讲习所。1931年,国民政府通令各省在普通中学添设职业科。于是,国立中央大学实验学校开设农科、工科和商科。次年,国立中央高级护士职业学校在南京建立,附设在中山东路黄埔路中央医院内。1933年,南京又建立了中央助产学校,最初附设于中央医院内,第二年迁到石鼓路。该校在1936年更名为国立中央高级助产职业学校。上述两所学校均直属国民政府教育部和卫生部。1937年秋,在中央门外郭家山建立国立中央工业职业学校。至抗战爆发前,南京共有中等职业技术学校4所(包括私立鼓楼医院高级护士学校)。

职业中学教育方面:1928年秋,第四中山大学区立南京中学改名为江苏省立南京中学,该校高中部设有商科3个班(校址在门帘桥)。1936年,成立了南京市立职业学校,分为高级和初级两类。初级分家事科、土木工程科、染织科,学制均为3年。高级有3年制会计科,1年制打字速记班。该校于南京沦陷后停办。

技工教育方面：民国以前，传统的技工培养方式是以师带徒，即师傅通过言传身教让徒弟掌握业务技能。民国成立以后，随着社会经济的发展，学徒制已无法满足机器生产对劳动者的数量和质量的更高要求，于是，具有社会性和政府行为的技工学校应运而生。1928年，南京特别市教育局在第二工厂设立了工友夜校。次年，市教育局和社会局依据《国民政府工商部工人教育计划纲要》，制订了《南京市设施工人补习教育办法》。该法规定："凡本市工厂商店及各机关，职工总数在30人以上者，均应设立补习学校，补习职工技术上应有之智能，补习童工与学徒之义务教育。凡工厂商店不满30人以上者，须督促职工往附近民众学校或补习学校肄业。"[①]为了救助失业青年，市教育局还专门设立了南京市职业补习学校，要求凡有小学文化程度，身体健康者均可报考。这所学校设有印刷、织帽、织袜和皮鞋4科，学生在学校里用四分之三的时间工作，四分之一的时间学习。

20世纪30年代初，在国民政府各部直接指导下，南京市筹备设立劳工教育，分为职业补习学校、工人子弟学校、民众学校等。1933年，南京有铁道部设立的南京职工学校、浦口职工学校和金陵兵工厂设立的艺徒补习班，3所学校均为夜校，共有学生582人。同年2月，市教育局和社会局派人前往各厂调查情况。经过调查，应有19家工厂或商店开设补习学校。但是，多数厂、店借口校址无着或人数太少，并未筹办。为了解决此类补习学校过少的问题，社会局随后在大行宫东街东区实验小学和评事街西区实验小学内增设两所补习学校。

2. 专业与课程设置

当时，南京的中等职业技术学校（包括普通中学附设职业科）的专业设置情况大致如下：医护类设有护士、助产士、药剂科等专业；工业类设有机械、土木、化学、机电、建筑、航电、染织等专业；农业类设有畜牧、森林、园林等专业；商业类设有会计、簿记、银行、打字、家事等专业。

职业学校的门类较多，大体上可分为农业、工业、医学、海事、家事、艺术7类，而每类下面又可细分为更多的科别，如农业、工业类就包括几十个科别。不同学科的课程设置大相径庭，因而职业学校的课程设置差

---

① 南京市地方志编纂委员会、南京教育志编纂委员会编《南京教育志》上册，方志出版社1998年版，第821页。

异很大。为了保证职业学校的教学质量,教育部于 1934 年开始规划各科课程标准,并颁布《职业学校各科课程教材大纲设备概要汇编》。职业学校的课程除各专业科目外,还有党义(后改为公民)、军训、体育等科目。后来,国民政府教育部在《职业学校规程》中明确规定:职业学校的课程包括三大部分,普通基本学科占 20%,职业学科占 30%,实习课占 50%。商业等科可酌情减少实习时间。①

南京的工人补习学校、商人补习学校、女子技艺补习学校和传习所,在专业工种的设置方面主要有:技工、簿记、统计、广告、中英文打字、速记、家务、缝纫、烹饪、编物、汽车驾驶等。

由上可见,南京各职业学校的设立,能够切合当时的社会需要和南京地区的实际,在一定程度上满足了社会对工、商、农业技术人才的数量需求,某种程度上缓和了中学毕业生的失业矛盾。在教学方面,除了让学生学习专业理论知识外,特别重视技术的实地训练,这是可取的。随着中等职业技术教育体系的不断完善,南京的中等职业技术教育无论是在数量还是在质量上都有提高。

五、中等师范教育

从 1932 年起,南京国民政府通过《师范学校法》、《师范学校规程》等建立了一套比较完备的师范教育制度,使得师范学校从综合中学中独立出来,逐渐走上了规范运作的道路。这不仅有利于小学师资队伍的稳定,而且对国民教育的发展也起到了积极的促进作用。

1. 发展概况

1927 年,前省立第四师范学校、省立第一中学等合并改组为第四中山大学区立南京中学,其高中部设师范科与普通科。同年,省立南京中学乡村师范科在栖霞镇创立。栖霞师范招收对象为农村高小毕业生,以培养乡村小学教师为目标。1929 年,南京市中区实验中学设立师范科,当年招收一个师范班;1930 年到 1934 年每年招收 4 个班。1935 年秋,根据"师范学校由省或直隶于行政院之市设立"的规定,开办了南京市立师范学校,校址在中华门外小市口集合村。该校设普通师范和简易师

---

① 毛礼锐、沈灌群主编《中国教育通史》第 5 卷,山东教育出版社 1988 年版,第 340 页。

范各两个班,普师生 178 人,简师生 96 人。① 日寇侵占南京后,该校被迫停办。

南京 5 县中,仅高淳县有县立初级师范学校(创办于 1924 年),但规模很小。1927 年扩建校舍,扩大招生,生源中有的来自安徽宣城、当涂和江苏溧阳、溧水等邻近地区。该校至 1935 年停办。②

2. 课程设置

为规范师范教育课程设置,国民政府教育部对中等师范的课程进行过几次调整。1930 年颁布《高级中学师范科课程暂行标准》。1932 年师范学校取得独立地位后,加强了对师范科的单独立法。除了公布《高级中学师范科课程暂行标准》外,规定继续在高中和师范学校开设公民课,另添设军事训练(女生为军事看护)课。1934 年颁布《师范学校课程标准》,进一步调整普通课程和专业课程的比例;次年又颁布《简易师范学校课程标准》和《简易乡村师范学校课程标准》。至 20 世纪 40 年代初,师范学校和简易师范学校的课程设置大致确定,分为三种科目:一是基本学科,如语、数、理、化以及军事训练等;二是师范专业科目,如教育通论、教育行政、教材及教学法以及教育实习等;三是所谓"适应管教养合一之要旨"而设的科目,如地方自治、农村经济及合作等。调整后的课程设置注重学生的专业训练,显现了师范教育的特性,在有效培养小学师资力量方面起到了积极作用。

自 1932 年起,南京各中等师范学校遵循教育部颁布的教学计划,开设了如下课程:公民、国文、历史、地理、数学、物理、化学、生物学、体育、卫生、军事训练、劳作、美术、音乐、伦理学、教育概论、教育心理、教育测验与统计、小学教材及教学法、小学行政及实习等。

3. 晓庄师范的生活教育实验

1927 年 3 月,陶行知集资在南京神策门外晓庄创办了一所别具一格的师范学校——南京试验乡村师范学校(后改为晓庄师范学校)。该校以"培养乡村人民儿童所敬爱的导师"为总目标。具体来说,要求学

---

① 南京市地方志编纂委员会、南京教育志编纂委员会编《南京教育志》上册,方志出版社 1998 年版,第 910 页。

② 高淳县地方志编纂委员会编纂《高淳县志》,江苏古籍出版社 1988 年版,第 601 页。

生应该具有农夫的身手、科学的头脑、改造社会的精神、健康的体魄和艺术的兴趣。

晓庄师范有乡村小学师范院、乡村幼稚师范院、中心小学和中心幼稚园等。该校以生活教育理论为指导,以"教学做合一"为校训和教学方法。各科教员一律称指导员,与学生共同生活,指导学生教学做。归纳其生活教育实验的主要内容有:

第一,招生看重农事经验。考生文化程度可以有所差异,但都强调有农事经验。

第二,考试方式别具一格。报考者除了考国文、常识测验、智能测验外,还要演讲和辩论,次日上午则垦荒施肥,下午修路。

第三,实行教学做合一,全部课程便是全部生活,以乡村生活为中心。所谓"教学做",即"在生活里,对事说是做,对己之长进说是学,对人之影响说是教,教学做又是一种生活之三个方面,不是三个各不相谋的过程",其涵义是:"教的方法要根据学的方法;学的方法要根据做的方法。事怎样做就怎样学,怎样学就怎样做"。①

第四,打破学校的壁垒。主张学生与附近的村民建立广泛的联系,熟悉他们的生活,了解他们的疾苦,与他们联合开展活动。

第五,改革学校体制关系,提高学生实习效果。为使实习顺利进行,陶行知设置了一批中心学校,师范学校根据中心学校的要求设置课程,学生必须经常到中心学校去教学做。

第六,改革文凭发放制度。学生修业一年半,成绩合格者发给修业证书,待服务教育事业半年后,经学校派员考查,如能按照生活教育原理和晓庄师范精神办学者,始发毕业证书。②

1930年4月,晓庄师范被政府当局借口该校师生参与南京工人罢工而封闭。尽管陶行知所从事的生活教育实验时间很短,但却产生了广泛而深远的影响。陶行知把教学与生产劳动、改造社会的实际融为一体,在探索劳心与劳力相结合、学校与社会相沟通的问题上做出了积极而可贵的贡献。他和同时代的黄炎培、晏阳初、梁漱溟等人率先从事乡村教育改革,引起了人们对乡村教育问题的关注,也明显地影响了教育行政当局的乡村教育政策。

---

① 李华兴主编《民国教育史》,上海教育出版社1997年版,第366页。
② 熊明安、周洪宇主编《中国近现代教育实验史》,山东教育出版社2001年版,第422—425页。

4. 栖霞师范的出色办学

与晓庄师范同期创办南京乡村师范教育的还有位于栖霞山的栖霞乡村师范学校。该校原为国立第四中山大学南京中学乡村师范科，1932年改称为江苏省栖霞乡村师范学校。由曾任江苏省立界首乡村师范学校主任的黄质夫创办。经过黄质夫数年苦心经营，栖霞师范出现了崭新的局面，教室、礼堂、自然科学馆、农业研究室、理化器械室、图书馆、师生宿舍等均初具规模。教师队伍人才济济，聘请的教师均为著名教育家和学者。学校设有学习基地，有农场、林场、各种工场，学生们参加农事、园艺、饲养、建筑、缝纫等生产劳动，手脑并用，增长才干。由于学校办得出色，许多著名人士如梁漱溟、黄炎培、马寅初、陶行知、郭秉文、陈立夫等相继到那里考察、演讲，全国各地不少学校、教育机构派人前去参观。有时人称赞"栖霞乡村师范教育独树一帜，它的开拓创新和成果，是同类学校中的佼佼者"。

黄质夫

栖霞乡村师范全景。

六、高等教育

1. 发展概况

1927年，国民政府在江苏试行大学区制后，国立东南大学等省内9所公立高校合并，组成国立第四中山大学。该大学主校址设在原东南大学，共有9个学院，校本部设文学院、哲学院、自然科学院、社会科学院、工学院、教育学院；农学院设在丁家桥原农校旧址；此外，在上海设有商学院和医学院。1928年初，国立第四中山大学改称国立江苏大学。5月，又改名国立中央大学。同年8月，国立中央大学对院系设置进行调整，改设文、理、法、教育、农、工、商、医8个学院、40个系科，共有专任教师189人，兼任教师66人，职员兼教员211人，在校生2 060人，其规模之大、学科之齐全、师资力量之雄厚,均居全国各大学之首。

1929年6月,国民政府行政院决定停止试行大学区制,恢复江苏省教育厅。与此同时,国民党中央党务学校改称中央政治学校,蒋介石继续任校长,以培养国民党的"新政治人才"。7月,国民政府颁布《大学组织法》,接着又公布《大学规程》作为配套法规。根据以上立法,南京的金陵女子大学因不符合条件,故改名为金陵女子文理学院。1934年,原中央国术馆改建为中央国术馆体育专科学校。次年6月,在丁家桥中央大学医学院内建立国立牙医专科学校,挂靠中央大学医学院,这是当时全国唯一的牙科学校。10月,成立国立戏剧专科学校,直属国民党中央宣传部,校址在大光路。1936年,我国兴办的第一所药科高等学校——国立药学专科学校在白下路盐业银行旧址建立。到1937年初,包括私立金陵大学和私立金陵女子文理学院,南京地区共有8所高等学校。① 总之,南京的高等教育已居全国前列。

国立中央大学校门。

2. 课程设置与教材

南京国民政府成立前,各大学及专科学校的课程设置没有统一的规定,完全由各校自行拟订。自1928年起,国民政府积极酝酿制订大学课程的统一标准。1929年8月颁布的《大学规程》中规定:大学和独立学院共同必修科目为党义、国文、体育、军事训练、第一和第二外国文。1931年的《专科学校规程》亦规定:以党义、军事训练、国文、外国文为必修科目。因大学及专科学校系科复杂,课程繁多,至1938年,始制订出《文理法三学院各学系课程整理办法草案》,提出了规定统一标准、注重基本训练、注重精要科目的整理原则及9个整理要点,如:大学各学院第一学年注重基本科目,不分学系,第二学年起分系,第三、四学年视各院系性质酌设实用科目,以为就业之准备;国文及外国文为基本工具科目,

---

① 南京市地方志编纂委员会、南京教育志编纂委员会编《南京教育志》,方志出版社1998年版,第987页。

在第一学年终了时,应举行严格考试。同年,教育部还分别公布了文、理、法学院和农、工、商学院以及师范学院的共同必修科目表。其中要求,各学院第一学年都必须把国文和外国文作为重要必修科;文法学院学生须选修一门自然科学,理学院学生须选修一门社会科学。这些要求的提出,可为学生的专业学习奠定较为坚实的基础。

关于高等学校学生修业制度,《大学规程》早有明确规定:"各科课程得采学分制,但学生每年所修学分须有限制,不得提早毕业。"至1931年,教育部除通令各校一律采用学年兼学分制外,进一步规定了大学生应修学分之最低标准,即:除医学院外,四年制修满132学分,始得毕业。

金陵女子文理学院。

依照上述制度,南京的高等学校在教学方面作了一些积极的探索。如国立中央大学,在教学活动中强调给学生以自主权,强调"通才"教育,重视外语和体育,致力于"核心课程"的建设,调整课程设置,删除不必要的科目以集中授课时数等。该校在执行学年学分制时,还特别提出了应避免学分制带来的争求速度而忽视学习质量的问题。

再如金陵大学,为了适应形势的变化,曾对课程设置作了一些调整,如取消宗教课,宗教活动改为自由参加;把"三民主义"、"公民"、"伦理学"和军事训练等列入全校的必修课程等。金陵大学强调学生应该具有较为全面的知识和扎实的基础,规定文科学生必须学习基础科学知识,理、工科学生必须学习哲学、社会科学的基本知识,以适应社会的广泛需要。

长期以来,各地高校大多使用外文原版教科书,也有一些大学教授自编讲义执教。南京国民政府成立后,对高校各科所用教材自始至终进行严格审查。1927年12月,曾公布《教科图书审查条例》16条。1929年11月又公布了《教科图书审查规程》,将审查标准扩充为关于教材之精神、实质、组织、文字及形式等5类24条。其中首要的3条为:一要适合党义,二要适合国情,三要适合时代性。

为了适应高等学校发展的需要,提倡大学教科书中国化。1932年,商务印书馆总经理王云五聘请蔡元培领衔,邀集国内各大学及研究所的数十名专家学者,组成《大学丛书》编辑委员会,拟定选题,推荐著译者,征求书稿。次年起,陆续出版300余种教科书,分为文理、政法、农工商、医学、教育等类。至此,高等院校各院各系各科教材大体齐备。这套《大学丛书》具有较高的学术质量,它的问世不但促进了国内学术研究与著述水平的提高,推动了中国高等教育的发展,而且也在一定程度上减轻了大学生家庭的经济负担。

3. 科学研究

20世纪20年代初,在南京高等师范学校基础上组建的国立东南大学,拥有50位留学西方的学者,皆为一时英秀。由于东南大学十分重视科学研究,办学成绩卓著,故声誉鹊起,当时即有"北大以文史著称,东大以科学名世"的赞誉。是时,担任东南大学地学系主任的竺可桢在教学之余经常带领学生进行地质考察、观察气象,足迹遍及南京及附近的各个山冈。由于竺可桢教授的敬业,地理和气象两个学科为国家培养出了如胡焕庸、张其昀、王庸、向过等一批专家学者。在南高师和东大的5年时间里,竺可桢在科学研究上也取得了大量成果,发表论文40余篇,尤其对远东台风研究取得创造性的成果。1927年,他应中央研究院院长蔡元培聘请,在南京筹建气象研究所,出任所长。在他的领导下,次年建成北极阁气象站,这是中国人自己建立的第一座气象台。1928年至1936年,竺可桢以气象研究所为研究基地,先后开展了高空探测、无线电气象广播等工作,整理出版了中国气象资料,发表了许多科学论文,在博物学、地学、气象学等方面都有重要贡献。

这一时期,金陵大学强调学以致用,在教学过程中,重视科学实验与调查研究,力求理论联系实际。该校农林科从美国康奈尔大学农学院引进教学、科研、推广三合一制度,积极从

金陵大学下属农场输出农产品。

中国实际出发,开展教学科研工作,并使之落实到推广和应用的层面。为此,金陵大学十分重视实验室和试验农场的建设,拥有较完善的化学实验室,拥有充足的生物学设备和符合当时标准的物理学设备。

1932年9月,罗家伦执掌国立中央大学。在他的带领下,中央大学

积极推动教学、科研和学科发展,不遗余力地谋求与社会事业及学术机关的合作。如:与江宁要塞司令部合作要塞造林,与中央棉产改进所研究棉做试验,在江苏省推广纯良棉种,与实业部统计处合编《中国经济史》,进行全国儿童问题咨询,接受美国洛氏基金会委托研究项目,进行淮河流域土壤分析、四川石油调查、滇边地理考察等等。这一系列科研活动,既对国计民生有所裨益,又拓宽了学校科研经费渠道,还增强了学生的实际工作能力。1934年11月,罗家伦根据教育部颁布的《大学研究院暂行组织规程》的规定,在中央大学积极筹设理科研究所算学部和农科研究所农艺部。1938年,正式成立中央大学研究院。当时的中央大学拥有一支学识渊博、学有专长的教师队伍,他们是科研的生力军,其中不少人是国内第一流学者。

4. 师资管理与待遇

1929年7月26日颁布的《大学组织法》是国民政府关于大学师资管理的权威文件。该文规定:国立大学校长由国民政府任命,省立大学校长由省市政府提名呈请国民政府任命;除国民政府特许外,大学校长和独立学院院长不得兼任其他官职。大学教师分为教授、副教授、讲师和助教4个等级。独立学院及专科学校与大学同。此外,教育行政委员会还在《大学教员资格条例》中详细地规定了大学教师的任职资格标准。

当时规定,担任大学教员必须经大学教员评议会审查,由该教员呈验履历、毕业文凭、著作、服务证书。大学教员评议会审查时,由中央教育行政机关派代表一名列席,遇资格上的疑问及资格不够但学术上有特殊贡献者,由评议会酌情决定。如资格不合教授或副教授之规定者,在学术上有特殊贡献,经教育部学术审议委员会四分之三以上委员之认可,亦可任教授或副教授。

与北京政府时代相比,南京国民政府时期教师的薪金有较明显的提高。大致是:助教月薪为100—160元,讲师月薪160—260元,副教授月薪260—400元,教授月薪400—600元。① 一般而言,初任教师从最低级起薪。专科学校同以上规定,惟教授最高薪金是400元,后改为520元。② 大学教员的收入,从当时的物价和社会发展水平看,是颇为可观

---

① 李华兴主编《民国教育史》,上海教育出版社1997年版,第517页。
② 南京市地方志编纂委员会、南京教育志编纂委员会编《南京教育志》下册,方志出版社1998年版,第1 444页。

的。但是,由于民国时期时局动荡不安,军事斗争频繁发生,加之国民政府经济实力和财政收入有限,师资待遇的落实仍然存在问题。

七、社会教育

社会教育是相对于国家正式学校系统而言,泛指学校系统外的民众教育或通俗教育。南京国民政府成立后,较为重视社会教育,从中央到地方建立了系统的社会教育行政机构,保证社会教育的经费,颁布社会教育实施方针,明确社会教育的功能,使得社会教育得到发展。当时的南京也和全国一样,社会教育取得较好的成绩,具体表现在以下4个方面:

1. 民众学校的建设

关于民众学校的办理,教育部曾公布《民众学校办法大纲》,规定民众学校招收12至50岁的男女失学者。授课内容为识字、三民主义、常识、珠算或笔算、乐歌等,兼授历史、地理、自然和卫生,并根据不同的地方加授农业、工业和商业科目。修业时间不得少于4个月,每周授课最少12个学时,学习时间安排在晚间或休息日,以保证学员不误正常的劳动和工作时间,并且规定民众教育为免费教育。

1927年后,根据国民政府的要求,南京的社会教育机构统一由平民学校改称为民众学校。次年,创办夜校制的民众学校,且大多附设在民众教育馆或各学区的小学内。民众学校第一届开办47所,共54个班级,学生2 502人,毕业1 365人。从1928年12月开始,每半年办一届,学校数和经费数都不断增加。至1931年3月,除设立兼任夜校外,并办专设民众学校,教职员均为专职,有识字班、社会活动、代笔问事及其他推广事业等。1934年,专设民众学校增至11所,夜校增为28所,学生5 691人,毕业生4 425人。到1936年上学期,第十六届民众学校14所共开60个班,民众夜校62所共开240个班,乡区民众识字班39个,总计学生15 650人,毕业生11 583人。①

2. 识字运动的开展

1929年2月,国民政府在《识字运动宣传计划大纲》中通令各省市

---

① 南京市地方志编纂委员会、南京教育志编纂委员会编《南京教育志》下册,方志出版社1998年版,第1 236页。

县，举行大规模识字运动，以唤起民众对识字读书求知的兴趣。为此，1931年4月，在南京公共体育场举行了江苏省第一次识字宣传运动。当时，地方政要、社会名流分别演讲，随后举行化装汽车游行，参加民众万余人，使"人民对于不识字之痛苦有深切之了解"。①

1935年下半年，在南京各区推进识字教育委员会的共同努力下，又试办成人识字教育，采取强迫入学制，其教育对象为组织的团体工人。成人识字教育共招收学生7 554人，毕业人数5 136人。②

南京市民积极学识字。

3. 职业补习教育的推行

这一时期，属于社会教育性质的职业补习教育同样得到发展。1928年，南京市有公立初级职业补习学校1所，学生161人。次年即发展为6所。1930年，设公立妇女职业补习学校1所，学员131人。此外，南京还有私立职业补习学校25所，学员592人。1933年10月，省市办初级职业补习学校1所，6个班，学生234人，校址在建康路。该校分设商业、女子职业、速记打字3科，簿记会计、商业补习、电业补习3个班。另有市立妇女职业补习学校1所，3个班（全日制2个班，半日制1个班），学生129人。这一年还有各种私立补习学校19所。1934年，南京市政府将市立初级职业补习学校、市立妇女职业补习学校合并，组建成市立职业补习学校，设有中文打字速记、缝纫、商业广告、会计和保婴5科，附设会计夜班。

4. 民众教育馆的设立

1928年，江苏省立南京通俗教育馆分设图书、科学、艺术、推广、编辑、教学、事务7部。该馆曾数易其名，1930年8月定名为江苏省立南京民众教育馆。1932年3月，扩充内部组织，改设科学、图书、艺教、教导、研究、总务6部。第二年2月起，又增设推广、设计、稽核和辅导4个

---

① 李华兴主编《民国教育史》，上海教育出版社1997年版，第699页。
② 南京市地方志编纂委员会、南京教育志编纂委员会编《南京教育志》下册，方志出版社1998年版，第1 236页。

委员会协同各部进行工作,并划定城东南为基本施教区域。

该馆所从事的事业繁多,较好地发挥了综合性的社会教育功能。就其1932年所办的一般事业而言,依教育目标分为:语言教育,主要是举办民众学校、实验民众学校、注音符号讲习班、民众函授系、成人读书会、妇女读书会等;生计教育,主要是举办籐工训练班,还有养兔、养蜂、园艺等;除此之外,公民教育、休闲教育、健康教育、家事教育等也是该馆的工作。

还要指出的是,江苏省立南京民众教育馆还特辟城市及乡村实验区各一处。城市实验区即大中桥实验区,开办民众夜校、地方事业改进会、青年励志会、儿童幸福会、妇女进修会、成人立达会;设民立识字处、阅书报处、壁报、代笔处、询问处;进行流动教导、义务教导、清洁比赛、抽调户主谈话等。乡村实验区即西善桥村民众教育实验区,办有民众夜校、义务小学,进行流动教学,设茶园识字处等。

南京当时另一个有影响的民众教育馆是市立首都实验民众教育馆(后更名为鼓楼民众教育馆)。该馆于1932年春成立,分设于三牌楼和鼓楼。除聘请专家组织设计委员会外,按生计、政治、语文、健康、家事、休闲、社会7项教育目标分设各部实验及实施民众教育事业。其附属活动有地方自治协进会等事业。

1933年,在八卦洲成立市立八卦洲农民教育馆(后改名为八卦洲民众教育馆),内分教育、社会、农事3组,并举办儿童班、成人班各3个班及农场、卫生室等。次年,燕子矶民众教育馆更名为燕子矶农民教育馆。[①]

这段时间,南京各县的社会教育也取得了一定的成绩。高淳县于1928年设通俗教育馆,后改称民众教育馆。内设成人文化夜校,参加学习者多为淳溪镇各行业的店员、工人和成年男女。[②] 同年春,溧水县兴办县立农民教育馆,对农民进行业余文化技术教育;1930年春,又在县城建立民众教育馆,吸收成人参加学习;到1934年,全县共有31所民众学校。[③] 江浦县举办社会教育的规模大于其他诸县。1928年在县城设立民众教育馆,内有民众夜校1所,分初级和高级两等;另外,在浦镇、桥

---

① 南京市地方志编纂委员会、南京教育志编纂委员会编《南京教育志》下册,方志出版社1998年版,第1 245—1 246页。

② 高淳县地方志编纂委员会编《高淳县志》,江苏古籍出版社1988年版,第606页。

③ 溧水县地方志编纂委员会编《溧水县志》,江苏人民出版社1990年版,第529页。

林、星甸、永宁4镇也各设1所民众学校;1935年,又在汤泉增设1所民众教育馆。此时,全县共有民众夜校6所,识字班214个。① 抗战爆发后,原有民众教育基础被摧毁。

由上可见,抗战爆发前的南京社会教育较好地发挥了它在文化知识教育、职业技能训练等方面的作用。

八、军事院校

1927年国民政府定都南京后,蒋介石在"办军队学校才能出军官,有军官才能扩编军队,有军队才能一统天下"的思想指导下,以南京为开办军队学校的主要基地,培养效忠"党国"的军事人才。

是年秋,蒋介石在太平门内原清军陆军中学堂旧址筹建中央陆军军官学校,并以此为"本校",而以广州的"黄埔军校"为预科。12月,将设在北平的陆军军需学校迁至南京陆海军经理法规委员会旧址,改为军政部军需学校,蒋介石兼校长。该校分设学生班(即新征入伍的高中毕业生)、学员班、高等学员班。

1929年6月,将国民革命军交通兵团技术教练所由武汉迁至南京丁家桥(次年改为军事交通技术教练所),所内设教务、训育、事务3部。招收高中毕业生,学习时间一年半,专门培养电信军官。学习内容分别为入伍教育、本科基本教育、各种技术的实地演习。该所在校学生100人。同年9月,军政部汉阳兵工专门学校迁至南京中华门外原金陵兵工厂对面,改名为陆军部兵工学校。该校招收高中毕业生,学制5年。学科分设造兵科(每期招收56人)和制药科(每期招收37人)。

1931年1月,在南京共建有4所军事学校。一是在南京海福庵筹建的陆军工兵学校(次年11月开学),蒋介石兼校长。该校设学生队、学员队、特别队,以养成合格的工兵军官。二是在南京大石桥筹建的陆军炮兵学校(后迁至汤山),蒋介石曾任校长。该校下辖练习队及观察军官训练班,成立了射击、观测、通信、驾驶、战术、高射炮兵、要塞炮兵等系。三是在南京大石桥组建的陆地测量学校,分设寻常科、特科两门。寻常科分地形、制图两个班;特科分三角、航空摄影、测量3个班,招收106人。四是在南京大石桥设立的陆军步兵学校筹备处(次年1月正式

---

① 江浦县地方志编纂委员会编《江浦县志》,河海大学出版社1995年版,第598页。

开学),蒋介石任校长。该校分设学生队、学员队,另设练习队,在校生 92 名。后来,随着部队扩编,相继成立了与教学任务相适应的各个系及特务连、练习学兵营等。增加了教官和学员编制定额,招考各军现役初、中级军官和高中毕业生以及社会青年,在校生约为 600—1 000 名。分编为步兵两个大队,迫击炮、三七高射炮各一个队,火焰、烟幕、喷射、掷弹筒各一个队。全校编制员额为 1 500 人,其中教官 150 人。

1931 年 7 月,以中央陆军军官学校航空班为基础,扩建军政部航空学校,次年 2 月,迁往杭州笕桥镇原清军第三十一标旧址开办。在此期间,还在南京紫竹林建立了陆军通信学校。

1932 年 12 月,又将设在北平的陆军大学校迁来南京薛家巷西妙相庵开办,蒋介石曾兼校长。该校设有战术、前战史、战史、机甲、后勤、军制等系。陆军大学聘请德、日、苏等国的军事专家任教官。

1933 年,因防空、医疗、运输部队急需专业人才,又在南京通光营房建立了陆军防空学校,招收部队现役军官,4 期共 356 名,编为学员队;另设练习队供学生实习指挥时使用。学生学习时间一年。同年 5 月,将北平的陆军军医学校(后改为军医学校)迁至南京,以复成桥江苏省工业专门学校为校址。次年,修业年限恢复为医科 4 年、药科 3 年。蒋介石曾任校长。除了上述各军事院校外,截至抗战爆发前,在南京建立的军事学校还包括陆军交辎学校(中央陆军军官学校辎重兵班曾编入该校)、陆军骑兵学校和陆军兽医学校。

第三节 抗战初期南京学校的流亡

抗战爆发后,南京国民政府在接受了"一致抗日,共同御侮"的正确主张后,从"抗战建国"的基本国策出发,既考虑到教育为抗战服务的应急需要,又注意到教育为建国奠基的深远影响,在逐步确立"战时应作平时看"的教育指导方针的同时,制订出一系列比较合理可行的教育政策和应急措施,尽力避免使发展中的中国教育遭到更严重的破坏。

面对强敌对我国文教事业的摧残,国民政府为保存教育实力,坚持长期抗战和准备战后重建,在烽火连天极端困难的条件下,决定将文化教育机构内迁。1937 年 8 月,国民政府颁布了《战区学校处理办法》,规定各学校"于战事发生或逼近时,量予迁移,其方式得以各校为单位或混合各校各年级学生统筹支配暂行附设于他校"。[①] 此后,国民政府多方布置,筹措经费,成立全国战时教育协会等,具体负责全国各地高校的迁移复建工作。随着国民政府的内迁,南京的学校和科研机构也陆续迁往西南、西北地区,其中迁往重庆者为最。

一、普通中学的迁徙流亡

1937年11月,日寇逼近南京,南京的中学多停办,少数中学奉命西迁,或自行组织师生撤离。如中央大学附属实验学校,奉命迁往后方,由常任侠老师带领部分学生到安徽屯溪,后又迁至湖南长沙,1938年建校于贵阳的南门。1941年秋,因中央大学远在陪都重庆沙坪坝,不相隶属,决定该校与重庆青木关国立第十四中学互易校名。次年春,中央大学又于沙坪坝增设附中分校,添设六年制学习心理实验班。战时,南京市立第一中学奉命解散,李清悚、章柳泉率师生数百人入四川与苏、浙、皖流亡师生组成国立四川临时中学,后改为国立二中。私立汇文女子中学、育群中学、中华女子中学于1938年迁往上海与其他教会学校组成华东基督教联合中学。1939年联合中学解散后,汇文女中在南京复课;育群中学迁往江西赣县办学。金陵大学附中于1937年底由张坊等十几位老师迁赴四川万县重办。1941年底,金陵大学在成都筹办金大附中驻蓉分班。此外,南京的私立安徽中学、钟英中学先迁安徽,后又迁长沙、贵州、广西。

四川万县金陵中学校门(1938年摄)。

二、中等专业学校的内迁

南京沦陷前,共有4所中等专业学校(3所国立学校和1所私立学校)。抗战爆发后,国立中央高级护士职业学校初迁长沙,继迁贵阳,后又迁重庆歌乐山龙洞湾兴建校舍,并与国民党中央医院合作办学。1944

[①] 齐卫平、郝先中《1937悲壮抗战》,学林出版社2004年版,第178页。

年2月,中央医院由歌乐山迁高滩岩与重庆医院合并,该校改与上海医学院合办。国立中央高级助产职业学校始迁安徽安庆市,几个月后迁重庆市黄家垭口,因敌机轰炸,又迁歌乐山办学。国立中央工业职业学校当时也迁往重庆。私立金陵高级护士职业学校未曾内迁,在日军侵占南京时一度停办,次年复校招生。

三、高等学校的流亡办学

抗战爆发后,南京各高等学校均先后内迁。国立中央大学于1937年11月迁往重庆沙坪坝,其医学院及农学院畜牧兽医系迁至成都华西坝。中央大学西迁后,丁家桥农学院实习牧场内,还有大批来自欧洲、美洲、澳洲的珍稀良种牲畜以及农学院教学实验动物难以迁移。于是,牧场职工拿出学校发放给自己的安置费用,租了民船把牲畜等运过长江。这支从南京流亡出来的特殊队伍,跨越苏、皖、豫、鄂、川五省,历时一年,于1938年11月底到达重庆。保留下来的良种牲畜于沙坪坝安家后,在抗日战争最艰苦的时期,不仅为教学实践发挥了巨大的作用,还为师生们提供了营养丰富的新鲜牛羊乳。中央大学在重庆办学期间,于松林坡上盖起了一片简陋的平房。集体宿舍是几百人一大间类似仓库式的平房。有一次校长办公室的瓦被炸飞,三面墙被炸倒,在夏日的烈焰下,校长等人继续在里面办公,并乐观地称之为"室徒一壁"。

其时,国立戏剧专科学校和国立药学专科学校先迁长沙,转迁重庆。国立牙医专科学校随中大医学院迁至成都华西坝。中央国术馆体育专科学

国立中央大学重庆沙坪坝松林坡校舍

校先迁长沙,后迁桂林,再迁龙洲,1938年10月,改名为国立国术馆体育师范专科学校。国立中央政治学校先迁江西庐山,又迁湖南芷江,1938年再迁重庆。同年3月1日,私立金陵大学也在成都华西坝华西大学校舍开学上课,其理学院则在重庆求精中学开办。私立金陵女子文理学院院长吴贻芳将学校分迁至武昌、上海、成都三地办学,因为上述地区师生比较集中,而且便于与其他教会大学联系。

这一时期,是中华民族"最危险的时候",也是中华民族同仇敌忾、浴血奋战的时候。国难当头,中华民族的知识精英历经千辛万苦,构筑起"文化抗战"的长城。如:中央大学在罗家伦校长的率领下,坚持诚朴雄伟的校风,在艰苦的条件下坚持办学,自觉"担负起复兴民族的责任"。首先,中央大学不遗余力地罗致人才,以至名师云集。中大在聘请教授时,坚持以学术水平为标准,并保证教授待遇,从不拖欠教授薪金。中大当时600位教师(约是战前的两倍)中,教授和副教授290人,这在抗战时期的中国高校中是绝无仅有的。1941年和1943年教育部实行"部聘教授"制,两批共评选出"部聘教授"45名,中央大学就占12席,林学家梁希、社会学家孙本文、心理学家艾伟、地理学家胡焕庸、生理学家蔡翘、英国文学家楼光来、国学大师胡小石、历史学家柳诒徵、化学家高济宇、教育学家常导直、艺术家徐悲鸿和法学家戴修瓒均榜上有名。其次,中央大学注重基础课程,狠抓教学质量,营造浓厚的学习氛围,俊彦辈出。即使在战时,中大的读书空气亦很浓。图书馆藏书不少,主要的参考书都有。学生学习刻苦勤奋,到图书馆要早去抢座位,在防空洞里也仍然坚持学习。警报一解除,学校就上课。教授们教学非常认真,中午不回家,常常是一碗阳春面作为午餐。据统计,这一时期先后求学于中央大学的学生在新中国成立后当选为中国科学院和中国工程院院士的共有55位。任新民院士、黄纬禄院士、朱光亚院士和钱骥教授这4位"两弹一星功勋奖章"获得者,都是中大该时期的学生。40年代后期,中央研究院共评出院士81位,中央大学的校友竟占到四成之多。①第三,中央大学注重科学研究和学术水平的提高,不断增设研究院所,使得该校的研究院所从战前的两个发展到1941年的9个。抗战时期,中央大学广大教师将科学研究与战时的需要以及国家未来的发展紧密结合起来,取得了丰硕的成果。如胡焕庸的《国防地理》、朱炳海的《军事

国立药学专科学校四川重庆歌乐山校址。

---

① 王运来《以必胜信念成就伟业》,载《光明日报》2005年9月15日。

气象学大纲》、孟心如的《毒气与防御》和《化学战》等著作。还有,李学清的"陕南矿产考察"、张可治的"川西公路考察"、戈定邦的"新疆矿产考察"、耿以礼的"青海牧场考察"、金善宝的"中国小麦区域"等研究,都对抗日战争和西部发展起到了积极的科技支撑作用。抗战胜利时,中央大学已发展成为拥有文、理、法、师范、工、农、医7个学院43个系、科、组及23个研究所的规模庞大的综合性大学。

金陵大学也是如此。1939年,国内电信交通方面所必需的电池供应发生困难。金陵大学理学院与教育部合作,在重庆开办电池厂,制造出了各种规格型号的电池。在此基础上,理学院院长魏学仁等又研发出了隔层滤杯式蓄电池。此后,该校又受交通部委托,与之合办中央蓄电池厂。抗战期间,金大仅向交通部及其附属机关供应的蓄电池总量即达14万只,约占该部当时电信方面电池总需要量的一半以上。这不仅使得后方通讯交通得以维持,而且为国家节省了大量外汇。为了发展后方的电力工业和机械加工业,金陵大学的电机工程系还设计制造了简单的电焊机,发明了焊条红粉(助焊剂)的配制方法,使产品品质与英国蓝粉焊条相当。除了上述应用性研究成果外,金陵大学还进行了不少当时具有国际先进水平的研究,为中国未来的科技发展奠定了良好的基础。如物理系教授戴运轨设计创建了我国早期的航空风洞实验室,这项研究对于飞机制造等具有重要意义。化学系的王应睐老师积极从事生化研究,从大豆根瘤中分离出血红蛋白,在世界上第一次证实了植物中含有动物性蛋白。农学院樊庆笙等人则在青霉素的研究方面做出了重要的贡献。①

四、军事院校的西迁

与上述各级各类学校一样,当时在南京的军事院校也全部迁移至后方。中央政治学校开始迁往江西庐山,继迁湖南芷江,再迁重庆;军事交通技术教练所迁往江西吉安;陆军兵工学校迁往重庆;陆军步兵学校西迁贵州;陆军大学校先迁至湖南长沙,后迁贵州遵义;军医学校迁至广西桂林;陆军交辎学校迁至湖南湘潭;陆军工兵学校、陆军通信学校、陆军炮兵学校、陆军防空学校等都迁往西部继续办学,为民族抗战培养军事人才。

抗战初期各级各类教育机构的迁移,规模庞大,历程艰险,有些甚至

---

① 王春慧、张生《一切为了抗战》,载《光明日报》2005年9月15日。

数易校址,费尽周折。但广大爱国师生和文教工作者,为了不使国家的教育资源惨遭破坏,毅然背井离乡,负笈荷重,长途跋涉于山野河川之间。其间,"读书救国"、"危城讲学"、"百年树人"等口号广为流传。学校内迁,不但保存了民族文化教育事业的实力和元气,培养了一批专门人才,抢救了一批无法估计的文化资源,而且在客观上调整了中国文化教育发展不平衡的局面,促进了大后方文教事业的发展。因此可以说,这是中国历史上的一次文化"西进运动"。

第四节 沦陷时期的南京教育

1937年12月,日军攻陷南京。南京的文化教育机构等遭到严重破坏。与此同时,民族败类、汉奸纷纷建立伪政权,先有梁鸿志的伪中华民国维新政府,后有汪精卫的伪国民政府。他们在日本帝国主义的授意下,积极推行"奴化"、"伪化"教育。广大的南京爱国师生在险恶的环境中,利用各种形式与日伪当局展开斗争,使得日伪的"奴化"、"伪化"教育收效甚微,并最终破产。

一、日伪统治下的"奴化"与"伪化"教育

1. 沦陷后教育界的萧条与抗争

南京作为国民政府的首府,教育事业在战前得到长足的发展,特别是高等教育,战前高校已达8所,师生逾万人。日本侵略军占领南京后,血洗古城,对南京的文化教育机构有计划、有系统地进行破坏。当时,南京的幼稚园大多被迫停办,留下的仅是教会办的幼稚园等。小学教育方面,所有小学全部停办,无辜儿童遭受失学之苦。沦陷后的南京中学,校舍大多被毁被占。正所谓"校馆为墟,九仞之山,功亏一篑"。直到日本投降前,南京市的中学仅剩19所,学生不足5 000人。[①] 沦陷时期南京教育界呈现的萧条景象触目惊心(详见下表)。对此,伪江苏省教育厅厅长袁殊(中共地下党员,打入敌伪内部)在为《两年来之江苏教育》一

---

① 南京市地方志编纂委员会、南京教育志编纂委员会编《南京教育志》上册,方志出版社1998年版,第373页。

书作序时曾感叹:"仪器、标本、图书三项,为教育上必不可少之要件,本省中等学校拥有合理之设备者,固十无一,有大半均简陋无物,以教读课本为学校唯一之工作,既无实验、科学之概念,只得之于想象,已无他途;颖悟之青年,尚能自发,庸庸之流,万难启迪其求知之兴趣。"

沦陷前后南京教育规模之比较

学校类别	战前(1936)		沦陷初期(1938)		沦陷后期(1945)	
	学校数目	学生人数	学校数目	学生人数	学校数目	学生数目
幼稚园	24	1 667	1	59	1	——
小 学	231	79 372	12	1 981	69	28 936
中 学	26	8 522	1	149	19	不足5 000
中等职业学校	9	——	0	0	7	
高等学校	8		0	0	4	

(上表数据来源:《南京教育志》,方志出版社1998年版)

尽管日寇企图彻底摧毁南京的教育事业,但南京人民和教育界的爱国志士却不甘屈服,同日本侵略者进行了顽强的抗争。学校解散和内迁后,许多家长不愿送子女到日伪所办的学校接受奴化教育,而是送到私塾去接受传统教育。根据伪维新政府教育局于1939年统计,当时全市各区的私塾共计160所,学生6 164人。① 在高等院校内,学生一有机会就纷纷转学,辍学现象也很严重。例如,在汪伪所办的中央大学里,学生平均每学期流失率高达10%—15%。许多在校学生暂且隐忍,勤奋学习,坚信日后会有报国之时。② 此外,绝大多数教师并不甘心在日伪的统治下工作,一旦有机会,他们就会愤而辞职,拒绝合作。

2."奴化"、"伪化"教育的推行

为了扼杀中国人民的民族意识,建立以日本文化为本位的殖民地文化,日本侵略者在南京积极推行奴化教育,并与其军事占领、经济掠夺、

---

① 南京市地方志编纂委员会、南京教育志编纂委员会编《南京教育志》上册,方志出版社1998年版,第73页。

② 邱从强《试论抗战期间日本在华东沦陷区的奴化教育》,《南京中医药大学学报》(社科版),2002年第3期。

政治欺骗相结合,构成四位一体的殖民地政策。在日寇刺刀的保护下,民族败类认贼作父,丧尽天良,积极灌输其汉奸理论,因而普遍遭到人民的鄙视和愤恨。尤其是汪伪政权在1940年建立后,僭称"还都",与重庆的国民政府争夺中国合法政权的正统地位,在教育上更要通过"伪化"教育来淡化民众的民族意识,加强对汪伪政权的认同感和向心力。日伪就是根据上述不同的罪恶目的,在南京积极推行"奴化"和"伪化"教育的。

（1）日伪政权的教育宗旨。当时,日本侵略者确立的"宣传教育"基本方针为:在"日满华共存共容,共同防共和建立东亚协同新秩序"的原则下,实行"怀柔"政策,排除抗日思想;提倡复古,利用中国固有的封建伦理道德,灌输奴化思想。伪维新政府教育部在积极追随日寇制定教育方针的同时,又将三民主义的教育宗旨修定为"以恢弘中华固有之道德文化,广收世界之科学知识,养成理智精粹、体力强健之国民"。① 汪伪政权成立后,重新颁布教育宗旨,内容是:"拒绝党化教育及容共思想,依据东

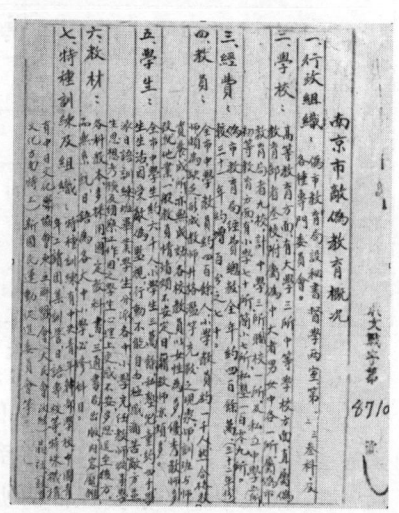

1943年,重庆国民政府调查的南京市敌伪教育概况。

亚民族集团的精神,发扬中国传统的美德,以完成新中国的使命。"② 显而易见,其实质是推行反共、媚日的汉奸教育。

1940年,在伪《国民政府政纲》第十条中则更明确地规定,伪国民政府"以和平反共建国为教育方针"。③ 同年12月,以继承国民党"法统"自居的汪精卫集团,以汪记国民党南京市党部提案的形式,提出应明令奉行三民主义教育宗旨及其实施方针和原则。该提案提出:"党外人士对于凡冠有三民主义字样之法令条例,往往予以曲解,甚至认为不合时

---

① 毛礼锐、沈灌群编《中国教育通史》第5卷,山东教育出版社1988年版,第418页。

② 二档馆国民政府教育部档五(2)650,《战区敌伪教育设施概况》。

③ 黄美真、张云编《汪精卫国民政府的成立》,上海人民出版社1984年版,第823页。

代需要……可知总理之主要遗教,胥为贯彻中华民国建设之典型,今本党六全代表大会,既系继承以前法统,则原有之教育宗旨及实施原则等,似应继续有效。"提案在四中全会通过后,由汪精卫签署,令教育部转饬所属切实奉行。① 这里,汪逆扛起孙中山三民主义的大旗,标榜其"正统"地位。总之,无论伪政府的教育宗旨、方针如何变更,也无法改变其受日寇控制,推行"奴化"、"伪化"教育的实质。

（2）建立伪教育系统及各类学校。日寇占领南京后,开始设立教育行政机关,建立由日伪控制的教育体系。1938年3月,伪维新政府登场,南京市设自治委员会,不久改称督办南京市政公署,下设教育处。次年,伪市政公署更名南京特别市政府,下置教育局。两年后汪伪国民政府出笼,成立伪南京市政府,设教育局,局长1人、秘书1人、督学1人、视学2人。全局职员共48人。② 日伪时期,为了进一步推行奴化伪化教育,曾恢复和新建了一批学校：

幼稚园：南京市当时仅有第一模范小学附设幼稚园一个班,59人。

小学：沦陷后两个多月后,才恢复琅琊路小学、五台山小学两所小学。1938年3月,伪维新政府筹办小学,逐步成立完全小学10所,初级小学2所。这些学校因老师和学生甚少故而采取复式教学。汪伪政府成立后,也筹办学校。1945年初,市立小学增为69所,学生28 936人；私立小学9所,学生3 213人。

普通中等学校：伪督办南京市政公署于1938年5月设南京市立初级中学（后改设市立第一中学）,仅有学生149人。同年10月,设市立第二中学；1939年底又增汉奸陈群创办的私立正始中学。1940年及其后,增设女子中学、国立模范中学、国立模范女子中学和中央大学附属实验学校。此外,私立汇文女中迁回南京复校,私立鼓楼中学成立（该两校后为汪伪政府接管,改为同伦中学）。汪伪时期,相继开办的还有私立育德中学、明德女中（后被日军强占,改为日本高等女子学校,专收日本官员子女）、冶城中学、培利中学、利济中学、金陵耕读学校、进德圣德女子学校、进修中学补习班、金陵女子大学服务实验科。1942年,私立道胜初中开办,相继开办的还有私立昌明初中、私立南方大学附中和私立

---

① 毛礼锐、沈灌群编《中国教育通史》第5卷,山东教育出版社1988年版,第418—419页。

② 南京市地方志编纂委员会、南京教育志编纂委员会编《南京教育志》下册,方志出版社1998年版,第1 527页。

新华中学。至日本投降前,南京市有中学19所,学生不足5 000人。

中等职业学校:日伪开办的有国立第一职业学校(设工、商科)、第二职业学校(设农科)和市立第一职业中学(设商业会计和农科)。太平洋战争爆发后,日本宪兵队与南京同仁会接管并改私立金陵高级护士职业学校为同仁会看护学校。1940年,汪伪南京市政府教育局制订《监督私立职业补习学校、传习所登记法》后,南京有私立新民中西文打字传习所、金陵女子技艺学校、私立惠利中英文打字传习所。

中等师范学校:1938年,伪维新政府在阴阳营金陵大学农场内设简易师范学校。1940年9月,汪伪国民政府在教员养成所基础上,成立国立师范学校。

高等学校:1940年4月,伪行政院通过在南京建立中央大学案,由伪教育部长赵正平筹备。8月正式开学,设有文、法商、教育、理工、农、医6个学院,学生一度达到1 100人。当时,南京还建有3所私立高等学校,即南方大学、中国公学和建村农学院。

军事院校:1938年,在下关建立了水巡学校。1941年9月,建立了陆军军官学校,汪精卫兼校长、影佐祯照为最高军事顾问。招收南京、上海、杭州、北京等地的青年学生,经过入伍生团教育,再编入学生总队的步兵、炮兵、工兵、辎重、通信中队,学科以日本陆军士官学校的教材为范本,术科以日军步兵操典为依据,政治上打着"大东亚共荣共存"的招牌,推行奴化教育,学期2年。次年2月,在海福庵建立了陆军将校训练团,汪精卫兼团长。招收各地伪军军官,分设将校队(每期招收团、师、军职军官30—40人,学期1个月左右)和初级军官总队(下辖4个中队,招收初级军官总计400余人,学期3个月)。此外,还建立陆军军士教导团、经理训练班(即军需学校)。

(3)推行"奴化"与"伪化"教育。在日本侵略者控制下,南京伪政权大肆鼓吹"日支亲善"、"共存共荣"、"东亚提携"等亲日思想,采取各种手段推行"奴化"和"伪化"教育。如汪伪政府在中央大学里,强迫学生接受"中日亲善"、"建设大东亚共荣圈"、"和平反共建国"的反动思想教育,对青少年进行毒害,企图使青少年"依赖伪政府,坚定亲日的心理",[①]成为甘受殖民统治的"忠良国民"或汉奸走狗。在"中国日本化"的原则指导下,伪政权派日本人控制学校,在南京各中学设训育组织,专门负

[①] 南京市地方志编纂委员会、南京教育志编纂委员会编《南京教育志》上册,方志出版社1998年版,第462页。

责奴化教育。学校布置亦日本化,甚至规定日本的"天长节"时,学校放假庆祝。

更为严重的是,在日寇的主使下,根据"凡各级学校的教科书上,含有民族国家的仇恨,或足以引起将来的民族国家间接仇恨的思想,亦当加以适当修正"的规定,日伪教育机关禁用原来大中小学的课本及参考书,代之以贯彻奴化教育方针的教科书。从1938年起,伪维新政府教育部等先后设立编审委员会,专门修订、编辑、审查中小学教科书及其他教育书籍,将原用课本中具有爱国主义思想的内容一律删除,增加崇日亲日的内容,其奴化教育的本质昭然若揭。例如,历史教科书第三册第七课《戚继光平定闽浙倭寇》,明目张胆篡改史实为:"查明史所称倭寇,实系中国海盗,纵有日人在内,亦居极少数……中日两国,实系兄弟,乃不应以莫须有之事,故意毁谤兄弟。"①另外,日伪政权积极在南京地区推行日本语教育,规定各级学校的外国语种均以日本语代替,且在课时分配上也多半居于首位。学生能否毕业,均以日语成绩为主。当时,甚至"将日本语与中国语文一样列为小学必修课,其他各科也以日本文化为主要内容"。②

不仅如此,日伪还通过建立受其控制的教育团体、发行出版物、强化新闻和音乐等艺术作品的宣传功效,来推行"奴化"和"伪化"教育。例如,1940年6月,成立了伪中国教育协会,总部设在南京。同时创办《教育建设》月刊,并使之成为南京地区当时最有影响的教育杂志。1942年6月,伪中国音乐协会在南京成立,该会"以鼓吹和平精神为职责"。伪教育部还成立"音乐教育委员会",对沦陷区青少年强制普及汉奸音乐教育。为使各级学校音乐课程一律以"和运歌曲"为教材,伪宣传部组织人员谱写了50多首歌曲,竭力宣传"和运国策"、"复兴东亚"、"东亚联盟"、"反共清乡"等,并且编辑出版了《和平建国歌曲集》。此外,他们还在南京和其他城市组织"和运歌咏团",发起"和平歌咏运动",在沦陷区鼓噪一时,被日伪称为"保卫东亚宣传上之一大助力"。

(4)开展"清乡教育"和"新国民运动"。1941年,日伪开始推行"清乡运动"和"新国民运动"。"清乡运动"由军事战、政治战、经济战、思想战4个部分构成。所谓"思想清乡"就是要实行"清乡特种教育"。为了

---

① 江苏省地方志编纂委员会编《江苏省志·教育志》(上),江苏古籍出版社2000年版,第193页。

② 南京市地方志编纂委员会、南京教育志编纂委员会编《南京教育志》上册,方志出版社1998年版,第274页。

推行"特种教育",汪伪在清乡委员会中特设特种教育委员会,地方上也成立相应的机构,作为"特种教育"的领导机关。1941年7月,特种教育委员会制订了《特种教育实施计划纲要》,纲要明确宣称特种教育的目标是:"训练一般成人及儿童,使能彻底了解无底抗战之谬妄,及共产党之罪恶,并深切了解国策及世界之大势,以期确立和平反共建国之信念,努力于复兴中国复兴东亚之工作。"①关于清乡,汪精卫曾作如下解释:"清乡先要清心",要使群众在"心力"上信仰"和平运动",政权的"组织坚固训练纯熟"。周佛海也叫嚣说:"清乡工作之根本,不仅为军事上扫荡,抑且为思想上斗争;不仅有治安上的确立,抑且在心理上的建设。"显然,"清乡教育"的本质,就是企图消除中国人民抗日思想的"奴化"教育和"伪化"教育。

在"清乡运动"期间,汪精卫又通过伪国民党六届四中全会决定开展"新国民运动",企图塑造个人权威,实行法西斯独裁统治。1942年元旦,汪精卫以伪国民政府主席的身份,在"新年团拜会"上宣读了《新国民运动纲要》,歪曲三民主义之民族主义,提出:"从今以后,把爱中国爱东亚的心,打成一片,东亚诸国,互相亲爱,团结起来,保卫东亚"②等等,目的是在沦陷区造就其所需要的"新国民"。

"新国民运动"的重点之一是对青少年学生的训育。1942年6月,在南京成立"新国民运动促进委员会",汪精卫兼任委员长,决定在各大、中、小学校普遍成立"青少年团",对青少年实施训练。"促进委员会"下设"青年干部学校",由汪精卫任校长,对"宣传讲习所"的毕业学员和部分大、中学生分批集中训练,实施"新国民教育",灌输"新国民运动"思想,培养骨干分子,毕业后作为"模范青年团"团员,被分派到各大中学校,推动各学校的青少年团开展活动。1944年汪精卫病死以后,"新国民运动"于无形中结束。

二、南京教育界的反侵略斗争

1. 南京学界的抗日救亡运动

日寇占领南京后,汉奸政权随之建立,南京成为伪政权的政治中心。

---

① 余子道、刘其奎、曹振威编《汪精卫国民政府清乡运动》,上海人民出版社1985年版,第369页。

② 同上书,第371页。

但是,南京广大师生不畏强暴,秘密组织社团,宣传爱国进步思想。如1939年春,金陵女子文理学院附中学生朱为娟、王秀琪联络吴静华、姜秀英等组织了一个秘密抗日团体"七人团"。1940年8月,中央大学学生肖名树、黄真等人联络金陵补习学校学生陈健等人秘密组织抗日团体"群社"。1942年春,南京中央大学学生庄佩琳、黄圭彬、芮琴和等在同学中建立"民社",结拜姊妹,通过写作诗文、郊游、晚会等形式广交朋友,联系群众,物色革命对象。当年8月,中共苏皖区党委系统的南京工委派张杰等与"团救社"、"青救社"成员陈健等先后打入汪伪南京市长周学昌主办的东亚联盟所属的学生互助会(这是当时南京第一个公开"合法"组织),并创《学生月刊》传播爱国进步思想。另外,爱国师生还利用日伪内部的矛盾,进行合法斗争,如中央大学的学生开展了轰动一时的"驱樊"和"清毒"运动。

为了进一步加强反动统治,南京中央大学校长樊仲云曾利用每周周会散布曲线救国的理论,妄图毒害青年思想;他们还对学生实行军事训练,派人监视学生行动。学生伙食费被贪污,伙食质量越来越差。广大学生普遍对之不满。1943年初夏,东北流亡学生尚有为首先提出驱逐校长樊仲云的主张,得到支持。经过密商,决定发动全体学生向汪精卫请愿,要求罢免樊仲云。于是,1 000多名学生在颐和路汪的寓所外高呼"我们不要贪污分子当校长"等口号,汪精卫深夜被吵醒,只好接见学生代表,答应派人处理。第二天,伪教育部部长李圣五等到校和学生代表进行谈判。在中共的秘密外围组织——青年救国社领导下,这场斗争取得了胜利,伪政府宣布撤销樊仲云的职务。

日军占领南京后,输入大量毒品麻痹毒害人民群众。敌伪汉奸也乘机与之串通一气,大发国难财。一时间,南京城烟馆林立,到处乌烟瘴气。很多人迷上毒品不能自拔,最终家破人亡。南京广大群众对日寇的毒化政策深恶痛绝。1943年冬,在中共地下党的策划、领导下,利用敌伪之间的矛盾,动员了南京大、中学校学生,发动"清毒"运动。

南京《民国日报》有关新街口焚毒的图片。

12月18日,近4 000名爱国学生向鸦片集中地夫子庙挺进,日伪军警惊慌失措,加强戒备。但爱国学生临危不惧,一路高呼禁毒口号,散发传单。他们冲砸了沿途所有烟馆,收缴毒品烟具,揪出吸毒者。当晚,在国民大会堂里,宣告成立"首都学生清毒总会"。寒假期间,以青年救国社社员为核心,组织清毒运动寒假工作团,宣传禁毒,并迫使伪政府处决了民愤极大的毒品贩子曹玉成。南京人民对学生的爱国运动拍手称快。

2. "奴化"、"伪化"教育的破产

日伪处心积虑地通过各种手段实施"奴化"、"伪化"教育,曾使有些人在殖民统治的高压政策和愚民政策统治下,失去了应有的反抗精神,逆来顺受,对日伪的残酷统治听之任之。有些人被毒化,麻木不仁,只关心自己的私利,对敌人的入侵、民族的危亡、人民所受的痛苦漠不关心。有的甚至丧失了民族立场和气节,追逐权势,贪图享乐,沦为汉奸走狗。所以,日伪的"奴化"、"伪化"教育的实施在一定程度上削弱了沦陷区人民的抗日意志,给全民抗战带来消极的影响。但是,绝大多数爱国师生是不甘屈服的,他们在中共和进步势力的支持下,利用各种方式同敌伪抗争,使得日伪的"奴化"、"伪化"教育收效甚微,最终随着日本帝国主义的失败而彻底破产。

敌伪的"奴化"、"伪化"教育自始至终都受到南京广大师生的抵制和反抗:他们有的宁肯失业也不去伪学校教书;有的教师宁肯少拿薪金去私立学校或英美教会学校,也不受日伪高薪的诱感去伪公立学校;很多教师在授课时,鼓励学生努力学习祖国的语言文字和史地知识。有的家长宁愿选择私塾教育或私立学校也不送子女去伪公立学校。许多学生在校除了勤奋学习,还积极投身于抗日救亡的活动,抵制敌伪政权的"奴化"、"伪化"教育。在中央大学内,学生建立了自己的抗日团体,理工学院学生组织了"群社"、"青年救国会",教育学院学生组织了"民社"、"中国救国会中央大学分会"等。有的学生还在公共场合通过文字或语言公开表达他们对日伪的憎恶之情。例如中大秘书处编订的第二届学生毕业纪念刊中,政经系的一个学生这样写道,"中日战火的弥漫,侵及了大半部国土,祖国受伤了!残留在沦陷区的莘莘学子们心境是多么地凄楚,是多么地愤慨吧!"他还说:"现在呢?欧洲的战事,总算是告一段落了。太平洋的战局,苂临到结束的前夕。中日战事,也降至最后的关头。所以我们的级

史,固然是平凡的,然而已经是有异于平常了。"①这番话说出了青年学生在日伪统治下心中的压抑感和对日本帝国主义行将灭亡的期盼之情。

当时,南京师生反"奴化"教育的爱国行动得到中共党组织的有力支持和领导。地下党组织根据中共中央在沦陷区实行隐蔽精干、长期埋伏、积蓄力量、以待时机的方针,结合南京的实际情况,领导民众灵活地同敌伪展开斗争。大批地下党员在南京隐蔽身份,暗中策划救亡活动。中共还利用《新中华报》、延安《解放日报》、《新华日报》等将敌伪"奴化"教育的阴谋与罪行一一加以揭露和批判。1943年9月28日,延安《解放日报》登载了《沦陷区青年学生是怎样读书呢?》的文章,教育全国人民认识殖民主义教育的恶毒用心,使人们了解敌伪办学的罪恶目的以及敌伪统治区青年学生的非人生活。

在长达八年的抗日战争中,中国共产党不断给全国人民,也包括南京学界的全体师生指明斗争的方向。1941年7月7日,中共中央发表《中国共产党中央委员会为抗战四周年纪念宣言》,号召"加强反对汪逆傀儡政府的斗争,肃清汪逆余党,巩固抗日阵营"。1944年12月,陕甘宁边区召开第二届参议会第二次会议,在《为纪念"一二·九"运动九周年致全国青年的通电》中,明确地给沦陷区青年学生指出了斗争方向。这就极大地鼓舞了南京爱国师生与敌伪斗争的勇气与信心。《通电》号召:"在敌占区的学生们!青年们!团结你们的力量,潜伏你们的力量。组织一切爱国人士,成为广大的地下军,学习法国光荣的斗争,准备八路军、新四军的同盟军到来里应外合!瓦解伪军、伪政权,迎接反攻!和解放区的斗争配合起来!陕甘宁边区一百五十万人民愿为你们的后盾,起来罢!中国民族解放斗争已到决定的关头了。"②正因为此,南京人民的反日伪"奴化"、"伪化"教育的斗争才能一直坚持到抗战胜利。

第五节 抗战胜利后南京教育的起落

中国人民在历经千辛万苦,浴血奋战,作出了巨大的民族牺牲后,终

---

① 邱从强《试论抗战期间日本在华东沦陷区的奴化教育》,南京中医药大学学报(社科版),2002年第3期。

② 延安《解放日报》1944年12月23日。

于在1945年迎来了抗日战争的胜利。为了恢复教育元气,清除敌伪的影响,国民政府曾采取一系列接收和复员的措施。与此同时,国民政府颁布法令和政策,对发展教育作出明确的规定。在此形势下,南京市的教育主管部门也立即着手接收和恢复各级各类学校的工作,努力肃清汪伪政权奴化教育的影响。在随后的两年中,南京的教育事业达到了一个高峰。然而,好景不长,随着国民党挑起的内战的不断扩大和时局的剧变,南京的教育又陷入低迷状态,且学潮蜂起,直至民国政权在大陆垮台。

一、复员时期的教育政策与措施

日本投降的第二天,国民政府教育部长朱家骅向收复区教育界发出广播通告,要求各教育机关"暂维现状,听候接收"。随即,教育部颁布《战区各省市教育复员紧急办理事项》14条,要求各省市教育厅局遵照办理,内容如下:①

1. 各省市教育厅局,应即日办理教育复员工作,并限期恢复各县市教育局科。
2. 应即将战时所用的临时教育工作人员改派复员工作。
3. 应即派员接收敌伪各级教育文化机关(公立剧院、电影院在内),并调查公私古物、文献损失情形。
4. 应先接收敌伪档案,连同原有档案加以整理。
5. 应迅速清理各项教育款产并筹措复员时所需经费。
6. 应令各级公立学校及社教机关一律暂维现状,不得停顿。
7. 应即组织甄审委员会,甄审教育行政人员、学校教职员及社教人员。
8. 应即登记各级学校及社教机关所需人员,酌予短期训练后任用。
9. 应尽速在半年内恢复战前所有各级学校及社教机关,其新增设而有永久性者,仍照常维持。
10. 国立中学之迁回或移交原省者,应列入中等学校计划内,并将由后方迁回之教职员尽先任用。其有在后方未入正式学校之学生,应设法迁回后尽先收容。
11. 应收复各级学校暨社教机关原有房屋加以修葺应用,或利

---

① 《第二次中国教育年鉴》第一编,商务印书馆1948年版,第14页。

用一切公共场所,对于必要之设备,应即筹划补充。

12. 各级学校教科书应与各大书店、印刷所接洽印行国定本,并可采用战前审定本。

13. 对于收复区学生予以正确思想之训练,并销毁敌伪教科书及一切宣传品,应保存作史料者除外。

14. 在收复区内办理复员工作时,应洽商当地招训及战教人员协助进行。

在此基础上,教育部又专门制定了《教育复员及接收敌伪教育文化机关等紧急处理办法要项》13条,并设立教育复员辅导委员会,派出教育接收人员,迅速奔赴各接收区,协助当局开展接收与复员工作。13条要项规定:接收国立性质和敌伪所设的教育文化机关,应与当地军管当局、原机关人员、后方所派接收人员共同接收;组织原机关中的忠实人员组成保管委员会,保管被接收机关的财产,等等。国民政府发布的上述两个文件,对稳定收复区的教育事业起了一定的积极作用,从而减少了接收敌伪教育文化机关过程中可能出现的混乱局面。

为了进一步统筹安排内迁教育机关的复员、收复区教育复员和整理的工作,教育部于1945年9月在重庆青木关召开全国教育善后复员会议,制定了一些相关的政策。归纳起来,主要有下列内容:

合理分布各级学校,平衡发展全国教育。国民政府规定,高等院校可根据各地人口、经济、交通、文化等条件作适当调整,"一部分迁回收复区,一部分留设后方,另一部分因战争停顿者予以恢复"。① 此外,对于收复区专科以上学校:凡敌伪原设未经教育部认可的私立学校,由教育部派员接收;敌伪所设专为教育敌人或带有政治侵略性质者,接收后一律停办;敌籍学生一律令其返回;有继续办理必要者,由教育部规定地点派员改组;应交当地省份办理者,由教育部拨交办理;凡私立且需继续办理者,必须报教育部核准。

肃清奴化教育流毒,实行教员学生甄审。对于收复区教职员:凡专科以上学校教职员由教育部组织调查审核委员会,经审查后分别奖惩;中等学校教员由各省市教育厅局组织甄审,审查不合格者,各校一律不得聘用;小学教员由各县市教育局组织委员会进行甄审、训练,考核后再决定是否任用。对于收复区中等以上学校的学生:已毕业者,经甄审后追认其资格;未毕业仍在校者,由学校进行编级考试;因战事影响而失学

---

① 《第二次中国教育年鉴》第一编,商务印书馆1948年版,第16页。

自修的学生也可申请考试,合格者分别编入有关班级继续学习。当时,国民政府曾在北平、上海、南京等地设临时大学补习班对学生进行训练、甄审,学生通常要交出《三民主义》和蒋介石著《中国之命运》的读书报告以供审查。因此,有些学生拒绝接受甄审,奔赴解放区投身革命。

总之,抗战胜利后,教育界人士和广大师生深明大义,积极做好教育复员工作。在全国人民渴望和平建国的背景下,收复区及后方的教育复员与整理工作比较有序地顺利进行,至1947年4月,宣告基本结束。

二、南京教育的复员与发展

南京教育的复员工作得到了政府官员的重视。江苏省教育厅长马元放曾指出:"首都教育惨遭敌伪破坏,革新建设急不容缓。关于国民教育之发展、中等教育之扩充、社会教育之推广、教育效率之增进,不得不有通盘筹划,以利推行。"①在上述思想指导下,依据国民政府教育行政当局的各项法令措施,南京在战后迅速着手教育复员工作,并取得较好的成效。"沦陷八年,敌伪盘据,摧毁殆尽。复原后于1946年7月恢复市教育局,副市长马元放,兼理教育,收拾劫余,力谋推进。以安定中求进步,互信中谋发展为政策。两年以来,南京市教育在量的方面,已超过战前,质的方面,亦颇能充实改进。"②

1. 幼儿教育

抗战胜利后,南京幼儿教育逐步恢复。鼓楼幼稚园在极端困难的情况下,于1945年12月3日复园开学。1947年,永利铔厂新办幼稚园,这所幼稚园分大、小两班,收幼儿50多人,由陈鹤琴选派学生担任教师,并由他指示办理园内一切教学设施。1947年6月10日,国民政府教育部令南京市教育局改进幼稚师范科的师资。到1948年,南京市幼稚园数量已相当于抗战前的规模,计有幼稚园30所(独立幼稚园3所,小学附设幼儿班27所),幼稚生2 160人。

2. 初等教育

国民政府还都后,停办的公立和私立小学均渐次复校。是时,南京

---

① 《中华民国史档案资料汇编》第5辑,第3编,教育(一),江苏古籍出版社2000年版,第166页。
② 《南京市教育近况》,《教育通讯》1948年第9期,32页。

市学龄儿童数骤增,而现有的学校远不能满足需求。据1946年8月首都警察厅的调查报告,全市学龄儿童数为123 237人。于是,市教育局竭尽所能地增加学校和扩大班级数量,并指定学龄儿童较多的地段的国民学校办理半日两部制。同时,实行国民教育制度,将市内原有小学划归13个区,以配合地方行政单位实施教育。其中,条件比较完备的小学建成中心国民学校,条件不足的则改称国民学校。如此,有中心国民学校57所,国民学校60所。除上述学校外,当时许多企业和事业单位也办有自己的小学,性质都为私立,如盐务总局附设私立职工子弟小学、空军总司令部附设私立子弟小学、邮政储金汇业局附设私立员工子弟小学等等。

经过3年多时间的恢复发展,到1948年12月,南京市有小学215所(市立168所,私立48所),教职员工3 352人,在校学生101 780人。另外,还有3所非市辖的小学,即国立中央大学附属小学、国立中央大学丁家桥附属小学、江苏省立江宁师范附属小学,共有学生2 482人。①

战后南京5县的小学教育也有所发展,且办学形式多样化,但发展速度不快,无论是学校的数量、规模还是质量都难与市区学校相比。如江浦县在1946年有32所小学,两年后学校增至67所,但教育经费严重不足,正常的教学秩序也不能得到保证。②溧水县在抗战胜利后推行义务教育,强制儿童入学。由于内战,学校虽逐渐恢复,发展却比较缓慢,1949年初仅有11所中心国民小学校,113所国民小学校,在校生7 760人。③高淳县在扩大公立学校的同时,一些宗祠也拨出产业兴办学校。1947年,全县有公立和私立小学校271所。随后,由于政局动荡,财政枯竭,学校数目骤减。解放前夕,仅剩138所小学校。④

3. 中等教育

抗战胜利后,随着教育机构的复员,南京的中等教育发展很快。

---

① 南京市地方志编纂委员会、南京教育志编纂委员会编《南京教育志》上册,方志出版社1998年版,第184页。

② 江浦县地方志编纂委员会编《江浦县志》,河海大学出版社1995年版,第574页。

③ 溧水县地方志编纂委员会编《溧水县志》,江苏人民出版社1990年版,第517页。

④ 高淳县地方志编纂委员会编纂《高淳县志》,江苏古籍出版社1988年版,第589页。

(1)普通中学教育。根据教育复员的法令,战前的公立和私立中学纷纷复校。贵阳国立十四中、重庆青木关中大附中和沙坪坝中大附中3校组成中央大学附属中学在南京复校。市立第一中学、第二中学及第一女子中学分别在原校址复校。敌伪时期所办的私立正始中学接收后改为市立第一中学分校(后定名为市立第三中学);私立利济中学改名为弘光中学。金陵大学附属中学复校时,由万县金大附中、成都分校及南京金大附中合组而成。其他如私立明德女中、汇文女中、育群中学、中华女中等都在原址复校。

1946年7月,南京市教育局恢复建制以后,市立中学发展较快,主要表现有二:其一,南京市奉命接办了国立第一、第二、第三临时中学,依次改为市立第四、第五中学和第二女子中学,将国立社会教育学院附中改为市立第六中学;其二,增办市立第三女子中学及市立第一、第二初级中学。次年,市立普通中学由战前的3所增至11所,私立中学由战前24所增至37所,学生24 610人。1948年,栖霞寺住持志开法师于寺内办了一所私立宗仰中学,学生多为俗家子女。其时,南京市公立和私立中学计有74所,①但教育经费短缺问题一直困扰着中学教育的健康发展。

国立临时二中(今南京市第五中学)建校初期大门。

战后,南京所属5县中只有江宁县发展了几所中学。1945年底,该县在湖熟镇创办昌明中学,两年后,私立三山中学、私立培理中学分别在板桥镇和陶吴镇建立。1948年,栖霞山先后创建私立建设中学,又恢复了该县开办最早的县立江宁中学(易名为江宁县立初级中学)。② 其余几个县的中学数量很少,多为一、二所。如江浦县立中学复校后曾奉令停办高中部,更名为江浦县立初级中学;高淳在解放前夕仅有县立初中

---

① 南京市地方志编纂委员会、南京教育志编纂委员会编《南京教育志》上册,方志出版社1998年版,第374页。

② 江宁县地方志编纂委员编纂《江宁县志》,档案出版社1989年版,第694—695页。

和国华初中两所中学。

(2)中等职业技术教育。依据教育部有关复员的法令法规,南京市停办了汪伪政府所开办的国立第一、第二职业学校。市立第一职业中学更名为市立第一职业学校,设商农两科(1947年,该两科分别建成南京市立商业职业学校和市立农业职业学校)。1946年,战前迁往重庆的国立中央高级护士职业学校、国立中央高级助产职业学校相继在原校址复校。国立中央工业职业学校因原校舍被毁而无法迁回,继续留在重庆办学。此外,国立药学专科学校附设之高级药剂职业科也随该校迁回南京。这一年,蒋介石提出:"国家欣逢胜利,应有名瓷分送盟邦。景德镇旧时御窑,可改为国营瓷窑,并培养陶瓷窑业新颖人才。"据此,国民政府教育部在南京中华门外岔路口创办国立高级窑业职业学校,翌年秋季开始招生。1947年,在宁的国立音乐院增设幼年班;国立高级戏剧专科学校增设职业科;国立中央大学增设医事检验职业科。此外,抗战中创建于陪都的国立高级印刷职业学校,设在镇江的国立高级水利科职业学校也先后迁宁。到南京解放前夕,共有各类中等职业学校8所,另有4所国立高等学校附设了职业科。①

技工教育方面,抗战胜利后,私立惠利中英文打字传习所经呈报市社会局批准继续招生,次年改名为"南京私立惠利中西文打字职业补习学校"。1946年,成立了私立大众汽车驾驶补习学校、私立大同汽车驾驶补习班和私立扶轮汽车驾驶补习学校,均招收初中程度的学生。

(3)中等师范教育。1945年12月,南京市立师范学校恢复(简易师范学校并入)。次年8月,在门帘桥创办江苏省立江宁师范学校,校长为著名儿童教育家马客谈。该校师资力量雄厚,很多教员为当时教育界知名人士,或在所授专业上有较深造诣者。当时全国有6所师范学校进行教学法实验,该校是其中之一。该校培养的毕业生大多表现优秀,不少成为优秀教师,有的成为著名画家。至1948年,上述两校共有22个班级,807名学生。

南京所属5县的师范教育发展较为缓慢。1947年2月,高淳县于县立初中附设一个简师班,招生对象主要是初中毕业生和被检测为不合格的年轻小学教师,学制1年。当年下半年,高淳县简易师范学校正式在东坝建立,并招收生源为高小毕业生的3年制初师班,培养小学师资

---

① 南京市地方志编纂委员会、南京教育志编纂委员会编《南京教育志》上册,方志出版社1998年版,第624—625页。

力量。共招收简师和初师各两个班。① 溧水县也于1947年开办简易师范学校,招收1年制简师生。第二年春季和秋季继续招收简师生和3年制的初师生。② 其时,南京其余几县尚未开展中等师范教育。

4. 高等教育

战后,国民政府下令解散汪伪所办的中央大学和另外3所私立高等学校。随之,南京高等学校顺利地完成了复员和接收工作。教职员的甄审工作根据教育部颁布的《收复区专科以上学校教职员甄审办法》办理。学生方面的工作则是按照有关文件执行,其具体做法如下:敌伪高校的毕业生应于1946年1月20日到3月15日之间,向各区教职员甄审委员会办理登记手续,有附逆情形和在敌伪所设具有政治性学校的毕业生则不得申请登记。登记后要研读国父遗教(包括三民主义、建国方略、建国大纲)及蒋介石的《中国之命运》,并提交心得报告和所学专门科目的论文各一篇。审核合格者为相当于专科以上学校毕业,发给证明书;不合格者按其成绩准予投考相当学校及年级肄业。肄业生的登记条件与毕业生相同,登记合格者送入临时大学补习班予以补习。③ 当时,借用金陵大学的校舍,开办了南京临时大学补习班,登记受训的学生有2 000多人。学生受训期满,成绩合格准予毕业的306人,准予正式大学肄业的1 584人。国民政府把学校生员视同附逆人员,有失公允,因而其间出现了学生的反甄别风潮,但很快平息。

1946年,战前西迁的高校开始大规模回迁。国立中央大学、国立戏剧专科学校、国立药学专科学校、私立金陵大学、私立金陵女子文理学院相继迁回南京并在原址复校。国立牙医专科学校随中央大学医学院迁回并与之合并。中央政治学校在南京红纸廊复校后,不久即与中央干部学校合组为国立政治大学,蒋介石亲任校长。另外,国立边疆学校(由中央政治学校的蒙藏及华侨特别班发展而来)也于1947年迁到南京。还有,抗战期间在大后方建立的部分高校亦移址南京办学,如由国立艺

---

① 高淳县地方志编纂委员会编《高淳县志》,江苏古籍出版社1988年版,第601页。
② 溧水县地方志编纂委员会编《溧水县志》,江苏人民出版社1990年版,第524页。
③ 《中华民国史档案资料汇编》第5辑,第3编,教育(一),江苏古籍出版社2000年版,第18—20页。

术专科学校音乐组和实验管弦乐团合并组成的国立音乐院、国立社会教育学院、国立东方语文专科学校和私立重辉商业专科学校。

战后,在南京新建了两所高等学校,一是在中国地政学会地政研究所基础上扩建而成的私立建国法商学院,另一所是建在膺福街的私立南京工业专科学校。

到1948年底,南京共有8所国立高校,5所私立高校。但由于国民政府忙于反共内战,耗尽了国统区的财力和物力,教育经费难以为继。内战还使国统区经济崩溃,物价飞涨,引发了大规模的反战学潮。所以,这一时期,尽管高等学校数量有很大增长,但是办学质量并未提高,甚至每况愈下。

5. 社会教育

抗战胜利后,南京市政府复员接收的社会教育机构寥寥无几,仅市立民众图书馆一所,民众教育馆和中心民众学校各两所。1946年末,民众学校在各区国民学校内开设民教班。对12—45岁的失学民众采取强迫入学制,并免费供给课本。当时招收学员3 200人,共73个班,分设为儿童班、妇女班、成人班。次年4月,市立各级国民学校民教部扩充到179个班,学员8 950人。[①]

为了推动并规范民众教育的发展,1948年底和次年春,南京市教育局又先后组织开办了市立民众学校和市立补习学校。南京解放前,共有8所补习学校和12所民众学校。"工作的开展,分为两个步骤:第一,广为招收失学的妇女儿童,实施扫除文盲的工作;第二,通过这些学生,达到推行家庭福利的援助工作。"[②]当时,中国共产党曾在产业工人中秘密领导工人文化教育活动,如中共党员陆省华、王锦钰组织的"亲友协进会",下设有多个补习班,对提高工人素质和发展革命力量起了积极的作用。

6. 军事院校

国民政府还都后,大部分西迁的军事学校随后迁回。依照美国军事顾问团的建议,陆军部兵工学校改为兵工学校,属联合勤务总司令部直辖;陆军步兵学校则改属国防部陆军总司令部直辖;陆军大学迁回南京

---

① 南京市地方志编纂委员会、南京教育志编纂委员会编《南京教育志》下册,方志出版社1998年版,第1 237页。

② 梅锡珍《妇女民众教育在南京市区》,《妇女新运》1948年第1期,第16页。

后,实行新的教育制度,从陆军大学校中扩建出参谋学校。此外,陆军工兵学校、陆军炮兵学校、陆军辎重兵学校、陆军防空学校均迁回原址。之后,在南京孝陵卫新建了军官训练团,在原清军炮标建立了国防部新闻军官学校,在总统府中山室建立了国防部情报军官学校,在汤山建立了联合勤务总司令部联合勤务学校,在励志社旧址建立了联合勤务总司令部特勤学校。

三、国民政府败逃前夕的南京教育界

南京教育事业在抗战胜利后的恢复发展仅仅是昙花一现。随着国民党政权在政治、军事、经济等方面的失败,南京的各级各类教育在混乱无序的状态中再次衰落。

国民政府在败逃前夕变本加厉地对专科以上学校施行法西斯思想统治,严厉取缔罢教、罢课,严禁学生干涉校政,镇压各校共产党人,以维持其摇摇欲坠的统治。国民党政权推行的内战、独裁政策,进一步激起国统区爱国师生的斗争浪潮。

在四面楚歌的教育危机中,南京政府于1948年初颁布《大学法》和《专科学校法》,作为高等院校管理的最高准则。然而,应者寥寥,无法实施。1949年初,国民政府不得不作出应变措施,拟订了《国立院校应变计划》,先后在南京、广州、重庆等地设立"院校办事处"和"教授接待会"等机构,试图组织高等学校以及广大师生的迁移。当时,曾指令南京各高等院校草拟知名教授的名单,动员他们随政府撤离。但是,由于对国民党政权的失望,大多数教员选择留下来,而不愿再随政府颠沛流离。各校的进步师生在中共南京市委的领导下,奋起保护学校,反对搬迁,迎接黎明的到来。南京各高校除政治大学部分迁出,私立重辉商专以及南京工专在外地设分校外,其余均坚持办学。

1948年至1949年,南京的军事学校(除政治大学外)陆续撤走。兵工学校、陆军工兵学校、陆军防空学校、辎重兵学校等先后迁往台湾。陆军步兵学校先迁海南岛海口市,后迁往台湾。陆军炮兵学校迁往云南曲靖,该校后举行起义,参加了中国人民解放军。陆军大学校一部分迁往广州黄埔岛;一部分迁至重庆,成为陆军大学校重庆分校(该校后举行起义)。

从国民政府仓皇离宁到中国共产党在大陆建立中央政府,时间不到一年,但南京教育事业所经历的变迁可以说是沧海桑田。

第六节　南京学界的爱国民主运动

南京国民政府建立后,由于坚持实行一党专政的政策,其统治基础一直处于分崩离析的状态中。除了内部各政治派系和地方实力派不断进行倒蒋活动外,还面临着中国共产党领导的红色政权的挑战。1931年,日本帝国主义开始对中国频频进逼。处于内忧外患中的蒋介石集团选择了"攘外必先安内"的政策。然而,随着民族危机的日益加深,这一政策必然遭到全国人民包括南京爱国师生的抵制和反抗。

抗战胜利后,国民党反对和平民主,坚持内战独裁。随着反共内战的全面爆发,南京师生的爱国民主运动不断高涨,最终汇入第二条战线斗争的滚滚洪流,加速了国民党政权的崩溃。

一、抗战前南京师生的爱国民主运动

1928年5月3日,济南发生日军惨杀中国官兵的济南惨案。5日,南京各大中学校学生为反对日本帝国主义的暴行举行罢课,强烈要求政府对日抗议。次日,江苏大学(第四中山大学改称)学生召开反日出兵大会,议决组织游行、联合各界组织日货清理委员会,会后1 000多名学生赴国民政府门前示威。

同年12月,中央大学学生300余人为反对日本侵略中国,抗议国民政府对外妥协,赴外交部、中央党部请愿。外交部长王正廷、国民党中央党部何应钦被迫接见学生。12月13日,南京市各界民众团体举行集会游行,反对日本侵略中国。大会作出肃清政府腐败官僚、驱逐帝国主义密探、反对偿还西原借款、王正廷免职等项决议。

"九·一八"后,南京学界和各地学生到国民政府请愿。

1931年"九·一八事变"发生后,南京工、农、商、学等各团体和市民20多万人于9月23日在公共体育场举行反日救国大会,会后举行声势浩大的游行示威。中央大学、金陵大学及各中学都纷纷罢课。25日,南京全市73所学校代表在南京女中开会,成立了首都学生抗日救国会,上街宣传抗日。28日,中央大学1 000多名学生和上海赴京请愿的2 000多名学生冒雨前往国民党中央党部、外交部和国民政府请愿。中大学生在外交部怒打了外交部长王正廷。10月20日,南京42所大、中、小学学生2万余人集会,要求国民政府出兵抗日。会后举行游行和示威。

这个月,中央大学还建立了反帝大同盟,这是中国共产党的外围组织。11月5日,全国学联在南京举行第二次代表大会,讨论学界如何开展抗日救国运动等问题。18日,南京2万余学生、教职员向国民党第四次全国代表大会请愿,提出早日实现统一政府、以武力恢复东北失地、实行民主政治、发给义勇军枪械等12项要求。26日下午2时,南京19所学校2万多名学生等在公共体育场召开"送蒋介石北上抗日"大会。接着,南京和外地学生1万多人到国民政府门前请愿。这场斗争一直坚持到次日中午,蒋介石被迫出来接见学生,并保证"三天之内不出兵收复失地,当杀我以谢国人"。

蒋介石被迫在中央大学礼堂前接见学生。

1932年淞沪抗战开始后,南京国民党军队中的中下级军官、军校学生以及大中学校学生组成了中国抗日义勇铁血军,连同救护队一行共170余人,于2月初开赴上海前线。

1935年12月9日,北平学生数千人在中国共产党领导下,举行反日示威游行。中央大学学生救国会及南京各中学学生自治会发表宣言和《告全国民众书》,声援北平学生"一二·九"爱国运动,反对华北自治。16日,南京大中学生向北平同学发出声援,并向全国学生发出呼吁:"强邻肆虐、华北濒危、民族存亡、千钧一发。幸赖我北平同学,不畏艰苦,大声疾呼,以慑逆气。尚望各地同学,群起声讨,共同奋斗,懔国难之严重,念匹夫之有责。督促政府,挽救危亡。华北幸甚,国家民族幸甚。"

1936年6月10日,南京中学学生为反对日本增兵华北和制止日人走私活动,联合安徽中学、五卅中学等校学生2 000余人以参观即将送往伦敦展出的故宫文物展览为名,乘军警不备,突然冲到鼓楼西侧日本大使馆门前召开大会,痛斥日本侵略中国领土的强盗行径。这是全国"一二·九"运动中唯一直接向日本使馆抗议的示威行动。

二、解放战争时期南京师生的爱国民主运动

1945年8月,日本宣布无条件投降。9月初,国民政府复员后,下令解散汪伪时期的南京中央大学及模范男中、模范女中、市一中、市二中等校。颁布"甄审条列",要对学生进行"甄审",激起广大学生的愤怒。9月下旬,南京的中学生开展了反甄别斗争,模范男中、模范女中、中大实中、国立师范4校学生自治会成立了反甄审筹备会。中央大学200余学生到"励志社"找蒋介石请愿(此时蒋仍在重庆),提出"立即开学"、"反对歧视"等要求。10月10日,中大学生自治会再次上书蒋介石。然而,国民政府宣布在南京、上海、天津、北平4地设临时大学补习班,在南京设了3所临时中学,仍称要对大中学生进行甄别考试。

10月中旬,国民政府在中央大学设立考场,要对南京的中学生进行甄别考试。由于学生抵制,这次甄别考试未能进行,教育当局后来表示,只要参加考试,都可以进临时中学,不再称伪学生。11月上旬,各校学生经过走过场的考试,全部分配到3所临时中学。该月中旬,南京专科以上毕业生500余人为反对"甄审条列"举行集会,中大学生又赴教育部请愿,拒绝甄审,反对进临大补习班,要求开办正式大学,然未果。1946年1月,中共临时大学党支部为反对甄别考试,发动数百名学生在校内游行,后又去教育部请愿,当局被迫同意取消甄审。

1946年12月24日,北平发生美军强奸北京大学女生沈崇事件。北大学生率先提出抗议,各校纷纷响应,抗暴运动迅速在全国展开。28日,金陵大学发起并联合南京各高校学生共同举行了抗暴游行。学生代表向国民政府和美国大使馆递交抗议书。次年1月3日,以中央大学为主,联合其余4所大专学校共有3 000余学生再次举行抗暴游行。学生们在街头高呼"美军滚出中国去!"2月17日,南京学生成立"抗议美军暴行联合会",深入开展抗暴斗争。在全国各地群众的抗议声中,美军法庭不得不判处罪犯皮尔逊监禁劳役15年。

随着国民党发动的全面内战不断升级,人民大众的苦难进一步加

深。1947年5月,南京等地爆发了"反饥饿、反内战、反迫害"的"五·二〇"学生运动,把人民的反抗斗争推向了高潮。当时,中央大学中共地下党组织通过其外围组织"新青社"发动学生开展各种形式的斗争。

1947年5月20日,京、沪、苏、杭学生大游行发起反饥饿、反内战、反迫害运动,上午9点游行学生在中央大学操场集中。

至5月20日,京、沪、苏、杭4地区16所高校5 000余学生从中大出发,举行大游行。当队伍走到珠江路口时,遭到国民党宪兵警察的水龙、棍棒的袭击,学生当场被打伤104人(重伤19人),被捕28人,造成"五·二〇"血案。次日,中央大学学生组织"五·二〇"血案处理委员会,发表了《告全国同胞书》、《告全世界人民书》。同时,中大、金大决定无限期罢课。"中大、金大、金女大等校,除决定自22日起罢课3天外,并实行'一传十'宣传运动"。① 很快,学生运动的风暴席卷全国。同年,南京大学100名教授联合发表《对时局宣言》,提出"确定政治民主与经济平等为一切政策之基本原则",呼吁进行政治改革。② 又有47名南京教授发表《为时局告国人书》,除了提出在政治、经济、军事上的各项主张外,着重提出在教育上应"迅速推广义务教育,尊重高等教育之自幅发展,促使一切党派活动活动退出学校,充实教育经费保障文化学术研究之自由,以培养国家元气。"③

1948年10月10日,天主教办的新生小学开会庆祝"国庆节",学生吹号集合时,在附近教堂做礼拜的美国教士和士兵,竟蛮横地殴打小学生,使9名学生受伤,校长徐仁哲为保护学生也被打断手指,另有两位教师被摔伤。中共党组织立即发动群众,成立了新生小学抗暴委员会。南京市小学教师协进会、私立小学校长联谊会、私立小学代表会等组织也纷纷支持。在强大的社会舆论压力下,美军顾问团不得不派人到新生小学向受伤师生道歉、慰问。随后,打人的教士受到记大过处分并被调遣

---

① 燕然《紧张惊险的南京学潮》,《新路周刊》1948年第5期,19页。
② 《南京一百教授对时局宣言》,《中国论坛》1948年第一期,19页。
③ 《南京四十七教授为时局告国人书》,《中国论坛》,1948年第一期,20页。

回国。抗暴斗争取得了胜利。

1949年1月,国民政府行政会议提出,"受战事威胁的国立院校,应分别拟具应变计划,选定校址,呈准教育部后迁校。"这一决定遭到中央大学校务会议的抵制。27日,留校学生成立"应变会",并领导寒假留校师生进行反搬迁护校斗争,中共地下党员借此发动学生成立学生自治会,并联合教职员组成"应变会",代行学校职权。以后,政治大学"应变会"也发动在校学生写信给旅杭同学,使200余名学生于3月底返校。南京其他大、中、小学也先后组织"应变会"等,反对搬迁保护学校,直至南京解放。

南京学界在进行反搬迁、保护学校斗争的同时,又于1949年春同全市人民一道,掀起了一场争取真和平、反对假和平运动。3月24日,沪、杭各大专学校争生存联合会代表团赴宁请愿,南京大专学校决议成立争生存联合会与之一致行动。中共南京市委学委大专分委决定利用国民党法定的"青年节",举行全市大专学校学生纪念青年节大团结晚会,开展"争生存、争自由、争和平"斗争,促进全市"应变"、"争生存"群众运动的发展。29日晚,大团结晚会如期举行,数千名大学生以及一些教授、教员、职工群众、中学生代表一致通过了南京市学生大团结和争取真和平宣言,并决定在南京国民党代表赴北平参加和谈之时,举行反对假和平、要求真和平的大游行。

4月1日上午,中央大学、金陵大学、金陵女子文理学院、政治大学、剧专、药专、音乐院、语专、建国法商学院、边疆学校等10所大专院校学生和部分教职员工6 000余人,从中大出发举行大游行,要求国民政府接受中共八项和平条件。游行结束后,当学生分散回校时,遭到预伏的"军官收容总队"暴徒的围殴。政治大学同学闻讯赶去救援,又遭毒打。中央大学学生整队去总统府请愿,要求下令禁止暴行,也遭暴徒殴打。各校同学被打伤100余人。政治大学司机陈祝三当场被打死,中大学生程履绎、成赔宾被打成重伤致死。政府当局制造了震惊全国的

1949年4月1日,金陵女子文理学院的游行队伍。

"四·一"惨案。

次日,南京地区大专学校一致罢课,成立"四·一"血案善后处理委员会,组织控诉团,发表《告全国人民书》和致北平和谈代表电,愤怒控诉国民党反动派破坏和谈、屠杀学生的暴行,要求严惩凶手和幕后主谋者。4月4日,毛泽东就"四·一"惨案发表了《南京政府向何处去》的檄文。上海、重庆、长沙、广东、广西、香港、台湾等地学生和人民纷纷以各种方式揭露南京政府的假和平阴谋,声援南京学生的斗争。11日,南京各大专院校分别在中大、金大、政大等校为死难烈士举行追悼会。23日,南京各界人民积极配合中国人民解放军横渡长江,解放南京,结束了国民党的统治。

综上所述,1927年至1949年的南京教育,可谓南京国民政府时期教育的一个缩影。尽管民国教育在大陆的终结已成为历史,但对其留下的遗产,要科学地对待并给予应有的重视。回顾民国教育所走过的历程,总结其成败得失,汲取其经验教训,对于推进教育现代化也是有所帮助的。

【第十章】
近、现代南京教育家的思想与实践

第一节　陶行知、陈鹤琴、吴贻芳的教育思想与实践

一、陶行知的教育思想与实践

1. 生平及其教育活动

陶行知（1891—1946），生于安徽歙县。初名文濬，因信仰王阳明的"知行之成"，改名知行；后来主张"行是知之始，知是行之成"，又改名"行知"。他是伟大的人民教育家。

陶行知幼年家境清贫，自幼养成劳动习惯和同情劳动人民的思想感情。幼年受父教育，15岁入歙县崇一学堂，4年后跳级毕业。后往杭州广济医校，数月后转入苏州浸会学堂。1910年入南京金陵大学文学系学习。1914年赴美国留学，初入伊利诺大学学政治，1915年获该校政治硕士学位。同年秋，入哥伦比亚大学研究教育，为美国实用

主义教育家杜威的学生。1917年获该校"都市学务总监"资格，同年秋回国。回国后担任南京高等师范学校教务长，该校改名东南大学后，任教授、教务主任、教育科主任。1920年，创立"中华教育改进社"，任总干事。1923年他辞去其他职务，专任"中华教育改进社"总干事，与朱其慧、晏阳初等发起成立了"中华平民教育促进会"，主张"教育救国"，并编《平民千字课本》，积极从事平民教育工作。他最早注意乡村教育问题，于1926年起草发表了《中华教育改进社改造全国乡村教育宣言》。

20世纪20年代后期，陶行知提倡乡村教育，并提出了著名的"生活即教育"理论。1927年3月，他与赵叔愚在南京和平门外晓庄创办了南京市试验乡村师范学校（1929年更名为晓庄师范学校），任校长，进行"生活即教育"、"社会即学校"、"教学做合一"的实验，试图为中国教育谋求一条出路。晓庄师生在共产党的领导下开展了反对帝国主义和反动派的斗争，引起国民党反动政权的疑惧。1930年4月，国民政府下令将晓庄师范封闭，不少师生遭到逮捕，14名同学被杀害，陶行知受通缉，被迫避居日本。

1931年春，陶行知自日本潜回上海，发起"科学下嫁运动"。他创办"自然科学园"、"儿童科学通信学校"，组织编写"儿童科学丛书"、"大众科学丛书"，积极开展科学教育运动，把自然科学"下嫁"给工农大众。

"九·一八"事变发生后，他目睹国民党反动派"攘外必先安内"的政策所招致的民族危机，极为愤慨。他非常拥护中国共产党抗日救国的主张，并开始认真从事抗日救亡宣传和教育活动。1932年在上海工人区和郊区农村创办了"山海工学团"，招收工人、农民、城市贫民子弟，一边劳动，一边学习。与此同时，他提出并推广了即知即传的"小先生制"，开展普及教育活动。1937年"八·一三"事变，工学团实验终止。

1934年，陶行知创办《生活教育》半月刊。1935年"一二·九"运动爆发后，他坚定不移地拥护共产党的路线、政策，与马用伯、沈钧儒、胡愈之等270余人联名发表《上海文化界救国运动宣言》，响应中国共产党"停止内战，一致抗日"的号召，随后参与发起组织"上海文化界抗日救国联合会"。1936年1月，组织"国难教育社"，被推选为社长，起草《国难教育方案》。同年5月与宋庆龄、何香凝、沈钧儒等发起成立"全国各界救国联合会"，被推为常务委员和执行委员，大力开展国难教育运动。1936年7月，受"全国各界救国联合会"委托，荣任国民外交使节，先后去欧、亚、非、美等28个国家，宣传抗日，并向华侨及各国人民募捐，支援抗日救亡运动，因而再次遭到通缉。期间应世界新教育会议邀请，出席在伦敦召开的第七届大会,并曾拜谒马克思墓,以"光明照万世,宏论醒天下"的诗句给马克思以极高赞誉。

1938年回国后参加国民参政会,12月在桂林主持"生活教育社"成立大会,被推为理事长,出版《战时教育》杂志。1939年7月,他在重庆凤凰山创办育才学校,招收有特殊才能之难童,"在集体生活中按照他的特殊才能,给予某种特殊教育","让他健全而有效地向前发展",作人才幼苗之培养。① 周恩来、邓颖超同志曾到育才学校参观,热情支持他的事业。1944年以后,陶行知积极投身民主运动,参与建立中国民主同盟,被选为民盟常务委员兼教育委员会主任委员。1945年协助民盟创办《民主》星期刊,将《战时教育》改为《民主教育》,提出民主教育和普及民主教育的口号,大力开展民主运动及民主教育运动,先后发表《实施民主教育的提纲》、《民主教育》、《民主教育之普及》等文章,阐明民主教育的涵义、对象、目的、内容和方法。他说:"民主教育是教人做主人,做自己的主人,做国家的主人,做世界的主人。"② 这时,他的教育思想又向前发展了一步,更体现了人民的要求。正如他所说:"努力发现老百姓的问题、困苦,和他们心中所希望达到的目的",请他们"告诉我们怎样为他们服务才算满意"。

在抗战胜利后,他倡导民主教育和社会大学运动,1946年在重庆创办社会大学,任校长,目的是使失学青年有进修高等教育的机会。同年4月到上海,积极响应中国共产党的号召,坚持投身于反内战、反独裁、争民主、要和平的伟大斗争。这时期,国民党反动派悍然发动反人民的内战,加强了反动统治,公开杀害了爱国民主人士李公朴、闻一多等人,陶行知也被特务列入暗杀的黑名单,排在第三名。面对反动派的血腥镇压,这位民主战士大义凛然,高喊"我等着第三枪!"1946年7月16日,他在《给育才学校师生最后的一封信》中说:"……我会很快结束我的生命。深信我的生命的结束不是育才和生活教育社之结束。我提议为民主死了一个就要加紧感召一万个人来顶补……我们现在第一要事是感召一万位民主战士来补偿李公朴先生之不可补偿之损失,只有这样才是真正的追悼。平时要以仁者不忧、智者不惑、勇者不惧、达者不恋的精神培养学生和我们自己。有事则以'富贵不能淫,贫贱不能移,威武不能屈,美人不能动'相勉励。……我提出五项修养:一为博爱而学习,二为

---

① 《陶行知教育文选》第270页。
② 同上书,第325页。

独立而学习,三为民主而学习,四为和平而学习,五为科学创造而学习。"

为此,陶行知拼命工作,1946 年 7 月 24 日一夜之间整理自己的诗稿约 10 万字,由于劳累过度,刺激过深,不幸于 7 月 25 日 12 时因患脑溢血猝然逝世,终年 55 岁。

陶行知是旧中国爱国知识分子从教育救国走上人民民主革命道路的典范,是中国共产党的亲密战友。"他的死,是在为独立、为和平、为民主的奋斗中劳苦过度而死的。"[①]他以"捧着一颗心来,不带半根草去"的伟大精神,为人民教育事业奋斗终生,献出了自己的一切。毛泽东称他是"伟大的人民教育家"。周恩来称赞说:"陶先生一直跟着毛泽东同志为代表的党的正确路线走,是一个无保留追随党的党外布尔什维克。"[②]

2. 教育思想和实践

陶行知提出的"生活教育"论,是他的教育思想的理论基础。它包括了教育目的、内容和方法,是一种创造性的,又是不断发展前进的教育理论。它最初是以乡村教育的形式出现的,后来陶行知把它当成一种与传统教育、旧教育、富人教育相对立的新教育和穷人的教育。陶行知认为中国自废科举、兴学校以来,虽然办了 30 年的教育,但只不过是把"老八股"换成了"洋八股",仍是换汤不换药。他认为传统教育有 4 个致命缺点:一是为少数人办的,把三亿四千万农民排斥于教育的大门之外;二是为办教育而办教育,教育与生活分离;三是教用脑的人不用手,不教用手的人用脑,使手脑分离,学用脱节;四是教与学分离,只许先生说不许学生说。这种教育只能培养既不劳心也不劳力的"书呆子"。他要求改变这种传统教育,实行"教学做合一"的生活教育。

陶行知的"生活教育"立足于人民大众,与生活联系,和社会活动结合,为人民大众服务。他"要用教育的力量,来达民之情,遂民之欲",[③]目的是改造社会,改变人民的生活,提高人民的文化,使人民真正当家做主人。

"生活教育"论包括"生活即教育"、"社会即学校"、"教学做合一"

---

① 《陶行知教育文选》,《陆定一同志代表中共中央在延安陶行知先生追悼大会上的悼词》。
② 《陶行知教育文选》,《周恩来同志给中共中央的电报》。
③ 《陶行知教育文选》,第 113 页。

三部分。

(1)"生活即教育"。这是陶行知"生活教育"论的核心。什么是"生活教育"？陶行知指出："生活教育是生活所原有、生活所自营、生活所必需的教育。教育的根本意义是生活之变化。生活无时不变,即生活无时不含有教育的意义。"既然生活教育是人类社会原来就有的,那么生活便是教育,"过什么生活便是受什么教育"。"生活教育与生同来,与生同去,出世便是破蒙,进棺材才算毕业"。①

可见,"生活即教育"有三层基本含义:第一,它随着人类生活的产生而产生,并随人类生活的变化而变化;第二,它是与生活相适应的,并且在生活中进行,"生活决定教育";第三,它是一种终身教育,与人的生命共始终。

(2)"社会即学校"。这是陶行知"生活教育"论的另一个重要主张。陶行知指出："自有人类以来,社会即是学校,生活即是教育。士大夫之所以不承认他,是因为他们有特殊的学校给他们的子弟受特殊的教育。从大众的立场上看,社会是大众唯一的学校,生活是大众唯一的教育。"②他认为在"学校即社会"的主张下,学校里的东西太少了,"一切都减少,校外有经验的农夫,就没人愿意去领教;校内有价值的活动,外人也不能受益"。从而批评"学校即社会"是鸟笼,"就好像把一只活泼泼的小鸟从天空捉来关在笼里一样。它要以一个小的学校去把社会上所有的一切东西都吸收进来,所以容易弄假"。因而陶行知将"学校即社会"翻了半个筋斗,变成了"社会即学校",以此来推动大众普及教育。

陶行知提出"社会即学校",目的在于要求扩大教育的对象、学习的内容,让更多人受教育。他认为如果"反过来主张,'社会即学校',教育的材料,教育的方法,教育的工具,教育的环境,都可以大大的增加。学生、先生也可以多起来,因为在这样办法下,不论校内校外,都可以做师生的。"③

陶行知提出"社会即学校"的主张和"生活即教育"一样,也在于克服传统教育中教育与生活、学校与社会相脱节、相隔离的弊端,拆除两者之间的高墙,"把笼中的小鸟放到天空中去,使它任意翱翔","把学校的一切伸张到大自然里去"。"要这样的学校才是学校,这样的教育才是

---

① 《陶行知文集》第423、424页。
② 《陶行知论乡村教育改造》第64、65页。
③ 《陶行知文集》第116页。

教育。"①

（3）"教学做合一"。这是"生活教育"论的教学理论。② 他认为："教学做是一件事,不是三件事。我要在做上教,在做上学。在做上教的是先生,在做上学的是学生。从先生对学生的关系说:做便是教;从学生对先生的关系说:做便是学。先生拿做来教,乃是真教;学生拿做来学,方是实学。"

陶行知"教学做合一"论的形成,是有一个过程的。在南京高师任教时,他就主张把"教授法"改为"教学法",1919年发表了《教学合一》的论文,提出"教的法子必须根据于学的法子"的主张。"教学做合一"论的形成,是在1926年,他撰写《中国师范教育建设论》时,才作了系统的阐述。

1927年春,陶行知等在南京劳山脚下晓庄创办了试验乡村师范学校,后改名为晓庄师范学校。晓师努力实践陶行知的"生活教育"理论,办学宗旨为"造就好的乡村教师去办理好的乡村学校",通过乡村学校改造农村。以"教学做合一"为校训,以"健康的体魄,农夫的身手,科学的头脑,艺术的兴趣,改造社会的精神"为培养目标,使学生具有多方面才能。招生对象:一是初级中等学校第三年学生之有农事经验者;二是

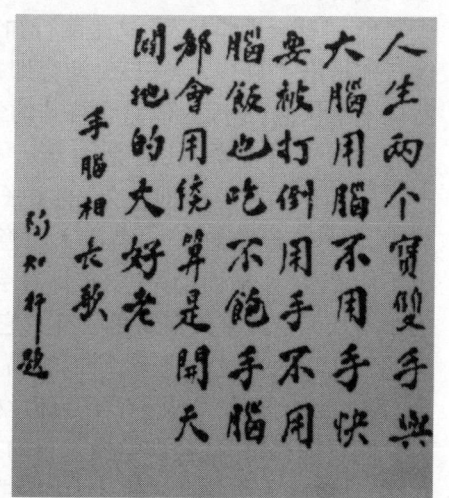

陶行知《手脑相长歌》

高级中等学校第三年学生之有农事经验者;三是大学第三年学生之有农事经验者;四是在职之教育行政人员及教职员之具有上列各项相当程度者。学校的课程都按照"教学做合一"的原则开设,共有5门,即中心小学生活教学做、中心小学行政教学做、师范学校院务教学做、征服天然环境教学做、改造社会环境教学做。建校初,他带领师生动手盖校舍,种粮种菜,养猪养鱼,并轮流烧饭、挑水。他主张认真读书,但反对读死书,因而把学校图书馆命名为"书呆子莫来馆"。他主张读活书。认为花草树

---

① 《陶行知论乡村教育改造》第57页。
② 同上书,第92、93页。

木、飞禽走兽、山水风云都是活书,活人、活的问题、活的文化都是书。陶行知认为师范学校应以小学为中心,通过教育改造社会,改造农村。他又在学校附近办了7所乡村小学,由师范生轮流去当校长、教师,还开办民众夜校,帮助农民识字、学文化,并建立了村医院、合作社、幼儿园等,为农民服务。晓师办学3年,培养学生230多人。

陶行知提出,"教学做合一"的中心是"做",因而就特别强调要亲自在"做"的活动中获得知识。如果"不在做上用功夫,教固不成教,学也不成学"。① 在"教学做合一"论的指导下,晓师取消了课堂教学,取消了教科书,也否定了教师的主导作用,而代之以"农事教学做"、"家事教学做"、"园艺教学做"、"改造社会环境教学做"等等。总之以活动为中心,有什么活动,就进行什么教育,就读什么书。应该看到,这样所导致的结果是必然降低学生的知识水平。"教学做合一"就其认识论根源说,是受杜威"从做中学"的实用主义经验论的影响,是陶行知"生活教育"论三大主张中受杜威思想影响比较深的。但是,"教学做合一"和"从做中学"还是有不同的。"教学做合一"的中心是"做",而"做"在晓师又有特定的涵义,"做"就是"在劳力上劳心"。陶行知认为,单纯的"劳力"只是蛮干,不能算作"做";单纯的"劳心"是空想,也不能算作"做"。这个"做"就是"行是知之始"的"行"。因此说,"行是知之始"是"教学做合一"论的根据。可见,陶行知的"教学做合一"就是建立在"行"的基础上的,以行求知,强调"行"是获得知识的源泉,认为"亲知是一切知识之根本",这是具有唯物主义因素的。

由此可见,"教学做合一"是针对传统教育的,是注入式"教授法"的对立物。传统的教授法是以"教"为中心,完全没有学生的"学"。陶行知的教学实践就是从"教授法"到"教学法"、由"教学合一"到"教学做合一",主张启发式教学。这一教育方法的改革,在中国现代教育史上,是一种重大的进步。

3. "生活教育"的特点

"生活教育"是和传统教育相对立的教育。陶行知站在劳苦大众的立场上,极端反对脱离实际的"老八股"式的旧教育。他指出:"中国教育所以弄到山穷水尽,没得路走,则因为大家专靠文字、书本做唯一无二的工具,并且把文字、书本这个工具用错了。""老八股"只能培养四体不

---

① 《陶行知论乡村教育改造》第79、93页。

勤、五谷不分的士大夫。而对于换汤不换药的"洋八股"式的教育,他也无情地加以抨击,他说:"洋八股依然与民众生活无关"。"洋八股"和"老八股"一样,不让学生学"生",而让学生学"死"。总之,在陶行知看来,传统教育不是为大众服务的教育,是因为它教人羡慕奢华,看不起务农,它教人离开乡下往城里跑,"它教农夫子弟变成书呆子。它教富的变穷,穷的变得格外穷,它教强的变弱,弱的变得格外弱。"陶行知认为这种教育必须悬崖勒马,另找生路!生路是甚么?就是建设适合乡村实际生活的活教育!①"生活教育"的三大主张"生活即教育"、"社会即学校"、"教学做合一"就是这种活教育的理论概括。可见,生活教育的创立,其目的就在于要彻底改造传统教育,因而它是作为传统教育的对立物而出现的。

"生活教育"是大众的教育。陶行知说:"生活教育是大众的教育,大众自己办的教育,大众为生活解放而办的教育"。② 他认为农民是大众的最多数,"要把我们整个的心献给我们三万万四千万的农民","我们心里要充满了农民的甘苦,我们要常常念着农民的痛苦,常常念他们所想得的幸福,我们必须有一个农民甘苦化的心,才配为农民服务。"③陶行知所指的大众也包括工人和其他劳动群众。他说"无论什么阶级,都要有受教育的机会,受教育的机会被剥夺最多的是农工及其子弟。""民主教育是要力求农工劳苦阶级有机会受教育"。④ 正是由于有坚定的劳动人民的立场,陶行知看到旧的传统教育不是劳动人民的教育。劳动人民不仅无钱无权受那种教育,而且也不需要那种教育。因此,陶行知认为旧的传统教育是脱离大众生活实际的,是穷国倾家的教育。他所提出的"生活教育"最大的也是最本质的特点,便是它有着极为鲜明的人民性。"教育必须是大众的"。它要求教育要面向大众,要教大众做主人,要与大众需要相结合,为实现大众的幸福而斗争。

"生活教育"是爱国的教育。陶行知生活的年代,正是中国共产党领导中国人民进行反帝反封建的新民主主义革命的年代。作为一个有强烈爱国爱民情感的伟大的人民教育家,陶行知不断改变、充实"生活教育"的内容以适应工农生活的变迁和政治形势的变化,从而使"生活

---

① 《陶行知教育文选》第57页。
② 同上书,第250页。
③ 同上书,第49页。
④ 同上书,第319页。

教育"成为民族解放、大众解放的战斗武器。在抗战时期,陶行知连续发动和组织了国难教育运动、战时教育运动、全面教育运动和民主教育运动,其目的都是发动大众争取民主,配合全面抗战,使大众通过这种教育成为民族解放的战士。他坚信"生活教育必定能发出伟大的力量帮助打倒日本帝国主义,帮助创造一个自由平等的新中国"。① 抗日战争胜利后,他积极参加反内战、反独裁、争民主的斗争。于是提出"生活教育"就是要帮助老百姓在民主的组织中学习民主,"生活教育"要为未来的新时代做准备。他号召广大教育工作者"和人民站在一条战线上,争取真正民主的实现。共同创造一个独立、自由、平等、进步、幸福的新中国"。② 可见,爱国主义是"生活教育"的基础,同时又是"生活教育"不断发展、不断进步的动力,也是"生活教育"最鲜明的特点。因此,反帝、反封建、争民主的伟大战争,使"生活教育"放出更大的光辉。

　　陶行知"生活教育"论的有关主张,若从教育理论的普遍意义、一般规律上讲,肯定存在着不足和缺陷,但这是由于其历史的局限性所决定的,主要表现为还无法完全挣脱实用主义教育思想的影响。我们应该看到,"生活教育"论有着许多极其有益的主张和极有价值的见解,特别是随着"生活"的变化,"生活教育"论也在发展变化。1936年春,陶行知发表了《生活教育之特质》一文,认为"生活教育"有六个特点:生活的、行动的、大众的、前进的、世界的和有历史联系的。从而把"生活教育"推进一个新的发展阶段。在这篇论文中,陶行知要求每一个从事生活教育的同志,要以保卫祖国领土主权的完整、争取中华民族的自由平等,作为"当前不可推却的天职"。这时的"生活教育",完全克服了杜威"教育无目的论"的影响,提出了正确的教育目的。后来,育才学校又在教育实践上把"生活教育"推向前进,改变了晓师的办学方法,开始重视课程的设置和课堂教学,这就从实践上摆脱了杜威实用主义课程论的影响,"生活教育"论也因而达到了它在半殖民地半封建社会里所能达到的高度。"生活教育"是在中国共产党领导的新民主主义革命过程中,和革命紧密相配合的反帝、反封建的革命教育。陶行知为它的创立、发展进行了艰苦卓绝的斗争,献出了毕生的精力与心血。毛泽东称他是"伟大的人民教育家",可谓当之无愧。

---

① 《陶行知教育文选》,第254页。
② 同上书,第337页。

二、陈鹤琴的教育思想与实践

1. 生平与教育活动

陈鹤琴(1892—1982),浙江上虞人,现代儿童教育家。他是我国儿童心理教育研究的开拓者和奠基人,对儿童教育事业做出过杰出的贡献。

陈鹤琴的先祖由农民成为商人,到他父亲这一代便家道中落,靠开一个杂货店维持全家生活,不久杂货店又倒闭。陈鹤琴幼年丧父,贫困的家境和艰苦的生活使他从小感到"人生非奋斗,没有出路"。读了几年私塾后,靠亲友资助,陈鹤琴进入教会办的杭州惠兰中学及上海圣约翰大学读书。1911年秋季,他以优异成绩考入清华学堂高等科,期间他积极参加社会服务活动,在接触社会的过程中逐渐萌发了爱国爱民的思想。

1914年8月,他与陶行知同船前往美国留学。先在霍普金斯大学学习文学,1917年夏毕业,获文学学士学位。入秋,进哥伦比亚大学师范学院学习,专心研究教育学和心理学,受业于克尔伯屈克、孟碌、桑戴克、罗格等著名教授。1918年夏,获教育硕士学位。后又转入心理系,师从伍特沃思教授,准备攻读博士学位,但终因5年留学期满而回国。留学期间,他不仅增长了知识,更重要的是习得研究方法和科学精神,并深受进步教育运动的影响。

1919年夏,陈鹤琴接受南京高等师范学校(后改为东南大学)校长郭秉文的邀请回国任教,并兼任教育科主任及教务部主任,全心研究儿童心理、家庭教育、幼稚园教育、智力测验等。1927年3月,陶行知创办南京晓庄试验乡村师范学校,陈鹤琴在该校兼任指导员及第二院(幼稚师范院)院长,支持晓庄师范创办乡村幼稚园。同年6月,陈鹤琴任南京特别市教育局学校教育课课长。他着力整顿中小学教育和幼稚教育,发起组织幼稚教育研究会,创办我国最早的幼稚教育研究刊物《幼稚教育》。1929年7月,中华儿童教育社在杭州成立,他被推选任主席。该社团为新中国成立前最大的教育学术团体。

1928年9月,陈鹤琴应聘赴上海主持公共租界工部局的华人教育,任华人教育处处长。任职11年间,他先后办了6所小学(附设幼稚园)、1所女子中学、4所工人夜校。他一边办学,一边研究小学教育,编写教材,主编《小学教师》刊物。抗战爆发后,他先后担任上海国际救济会常务委员会兼教育组负责人、上海国际红十字会教育委员会主任、上海慈善团体委员会教育委员会主任,负责领导开展难民教育中的儿童教育、成人教育和职业教育。为收容流浪儿及孤儿,他发起组织儿童保育会并任理事长,还创办儿童保育院和报童学校10所。他大力提倡拉丁化新文字运动,担任上海语文学会及上海市成人义务教育促进会的理事长。同时,他参加了中共地下党领导的"民社"、"星期二聚餐会"等进步团体,开展抗日救亡活动。为此,遭汪伪嫉恨而被列入暗杀名单,因及早转移,幸免于难。

1940年,陈鹤琴以"要做事,不做官"的志气,拒绝了国民政府教育部提出的要他担任国民教育司司长的邀请,赴江西省泰和县文江村筹建了我国第一所公立幼稚师范学校,即江西省立实验幼稚师范学校,亲任校长。抗战胜利后,幼稚师范迁至上海,成为国立幼稚师范专科学校,他任校长。

1945年9月,陈鹤琴被聘为上海市教育局督导处主任督学,负责接受外国人办的中小学30余所。他创办了上海儿童福利促进会,以解决贫儿教养问题,又筹建上海特殊儿童辅导院,任院长。他坚定地投入了民主运动,筹办并主持陶行知的追悼会,担任"上海市小学教师联合进修会"和"上海市教师福利促进会"两个进步团体的顾问。由于陈鹤琴追求进步,曾两次被捕入狱,经各大学校长集体作保,始得获释。

中华人民共和国成立后,陈鹤琴以极大热情参加各项活动。历任第一至第五届全国政协委员、中国人民保卫儿童全国委员会委员、全国文字改革委员会委员、南京大学师范学院院长兼幼教系主任、南京师范学院院长。1959年起,任江苏省政协副主席。1979年,任江苏省人民代表大会常务委员会副主任、九三学社中央委员会常务委员,并当选为中国教育学会名誉会长、全国幼儿教育研究会名誉理事长、江苏省心理学会名誉理事长。

2. 教育思想与实践

陈鹤琴是我国儿童心理和儿童教育园地里的一位拓荒者。他留美回国后,在高校首开儿童心理学课程,最早运用观察实验的方法,系统地研究中国儿童的心理发展。从1920年起,他以长子一鸣为对象,就儿童的动作、能力、情绪、言语、游戏、学习、美感等方面的发展,进行了多角度连续的观察实验,坚持808天,用日记法积累了丰富的第一手资料。陈鹤琴将观察所得,比照西方儿童心理学家研究的成果,写成《儿童心理之研究》一书,于1925年由商务印书馆作为大学丛书出版。这是我国学者探索中国儿童心理发展之开端。他在书中阐述了儿童心理发展的一般规律与年龄特征,揭示了儿童形成心理特性和道德品质、掌握知识与技能以及发展智力和体力的心理过程。若干年后,陈鹤琴结合教学,完成了《儿童心理学》讲稿,进一步系统地论述了儿童从新生到幼儿成长过程中所产生的一切变化,并据此提出了教育、教学原则。他认为儿童不是小人,"儿童的心理与成人的心理不同,儿童时期不仅作为成人之预备,亦具有他本身的价值,我们应当尊敬儿童的人格,爱护他的烂漫天真"。他认为儿童具有好动、好模仿、好奇、好游戏、喜欢成功、喜欢合群、喜欢野外生活、喜欢称赞等特点,若能根据上述幼儿的心理施行教育,则必有良好的效果。他研究了儿童的发展阶段与教育,认为儿童的发展程度大致是:感觉运动生活在新生后1个月左右就已发展,情绪生活则在新生1个月后至1年左右亦具有发展的初型,其后到6岁为智慧生活奠基之时,到12岁则社会生活亦均有显著的发展。陈鹤琴根据自己多年的视察和实验的研究成果,主张把新生到学前儿童时期分成四个阶段,即新生婴儿期、乳儿期、步儿期、幼儿时期。并按照儿童发展的有序性,揭示了每个阶段的发展特点,确定了与各发展阶段相适应的教育重点。如步儿期(1岁左右到3岁半左右)最大的表现为步行,儿童学习步行、开始步行、乐于步行,喜欢跑跳、进步迅速,同时语言和智力也有明显的进步。此时教育的重点就在于促使步儿行走活动的发展,"使他从一个不独立的或半独立的个体,而进于独立的个体"。他充分肯定了言语在人际交往和思想沟通方面的重要作用,强调通过游戏、榜样等方法促进儿童的言语发展,并特别提出要及早注意矫正缺陷。

陈鹤琴对儿童教育的研究既广泛又深刻。首先,他致力于家庭教育的研究。1925年出版的《家庭教育》可谓具有中国特色的儿童教育"百科全书"。陶行知为之作了《愿与天下共读之》的序言,肯定该书是中国出版教育专著中最有价值的著作。陈鹤琴认为家庭教育同社会的进步和国家的强盛密切相关;要把科学地了解儿童作为实施家庭教育的依据;要把教育功能自然地渗透于家庭生活的各个方面;全面提高父母的素质和教育能力,是保证家庭教育质量的前提条件。其次,他潜心研究幼儿园教育。20世纪20年代,我国幼儿教育被外国教会所垄断,陈鹤琴对此极为不满,遂于1923年春创办了我国第一个幼儿教育实验中心——南京鼓楼幼稚园,进行了幼稚园课程、设备、故事、读法(识字)及幼稚生应有的习惯和技能等项实验研究。在此基础上，陈鹤琴于1927年发表了《我们的主张》15条，即：幼稚园是要适应国情的；儿童教育是幼稚园与家庭共同的责任；凡儿童能够学的而又应当学的，我们都应当教他；幼稚园的课程可以用自然、社会为中心，须预先拟定，但临时可以变更；幼稚园第一要注意的是儿童的健康；幼稚园要使儿童养成良好的习惯；幼稚园应当特别注重音乐；幼稚园应当有充分而适当的设备；幼稚园应当采用游戏式的教学法去教导儿童；幼稚生的户外生活要多；幼稚园要多采取小团体的教学法；幼稚园的教师应当是儿童的朋友；幼稚园的教师应当有充分的训练；幼稚园应当有种种标准。这些主张阐明了我国幼稚园教育的若干重大问题。

陈鹤琴针对20年代初我国幼稚园课程非常混乱的状况，如有教会幼稚园的宗教课程、蒙养园的日本式课程、少数幼稚园实施的福禄倍尔和蒙台梭利课程等，进行了适合我国国情的幼稚园课程的实验与研究。其课程思想主要有：课程应为目标服务，课程应以自然和社会为中心，课程应实施"整个教学法"，课程应当采用游戏式、小团体式等教学方法，课程应当有考查儿童成绩的标准。在此基础上，我国于1932年颁布了第一个《幼稚园课程标准》，使我国幼儿教育有章可循，缩短了我国与国际幼教的差距。陈鹤琴是我国第一次幼稚园课程改革的发起人和引路人。及至40年代末，他又将幼稚园课程的内容发展为健康活动、社会活动、科学活动、艺术活动、语文活动5个方面，并形象地称作"五指"活动。

陈鹤琴深感中国化的幼儿教育必须由中国化的幼儿教师来实现。他不仅创办了我国第一个公立幼稚师范学校和幼稚师范专科学院，并且提出要培养学生具有敬业、乐业、专业、创业的精神。在创办幼稚师范的过程中，他创建了"活教育"的理论体系，包括三大纲领：目的论——做人、做中国人、做现代中国人，课程论——大自然、大社会都是活教材，方法论——做中教、做中学、做中求进步。他还提出了17条教学原则和13条训育原则等，批判传统的死教育。新中国成立后，他出任南京师范学院院长，不仅创立了附属幼儿园、附属幼儿师范学校、幼儿教育系，还建立了儿童教育研究室、儿童玩具研究室以及玩具工厂，形成了一套包括教学、科研、生产三结合的幼儿教育体系。陈鹤琴是我国中国化、科学化幼儿教育的开创者和奠基人。

陈鹤琴一生致力于中国教育的改造和儿童教育事业，从幼儿园到小学到师范教育，从家庭教育到学校教育到社会教育，从儿童心理到智力测验，从婴幼儿到青少年，从正常儿童到特殊儿童，从普及教育到文字改革,他都作了深入、系统的探索和研究,为我们留下了近400万字的学术研究成果(江苏教育出版社已出版《陈鹤琴全集》1—6卷)。他亲手创建的南京师范大学学前教育系,经过几代人的努力,于20世纪90年代初就建立了全国第一个学前教育博士点。

三、吴贻芳的教育思想与实践

1. 生平和教育活动

吴贻芳(1893—1985),别名冬生,我国著名女教育家,国内外著名的女政治活动家。祖籍江苏泰兴,生于湖北武昌。

吴贻芳出生在一个书香门第家庭,曾祖父是翰林,祖父是举人,父亲是秀才。1904年进入杭州弘道女子学校读书,后进入上海启明女子学校。1906年转入苏州景海女子学校专攻英文。1916年,经美籍教师推荐,以特别生插入美国基督教金陵女子大学。在校期间,她以优秀的学业和出色的组织才能,被推选担任学生会会长。她曾带领同学参加反帝反封建的"五四运动"。1919年毕业后到北京高等师范学校任教。1922年,获美国密执安大学巴勃尔奖学金,赴美国留学,于1928年获生物学博士学位,是我国第一位女博士。回国后,被金陵女子大学聘为第一位由中国人担任的校长,直到1951年,执掌校务达23年。

1938年,吴贻芳以文化界知名人士身份参加国民参政会任参政员。1941年至1947年,当选为参政会主席团主席之一,主张抗日,主张民主。1943年,她作为著名的"六教授"之一赴美宣传抗日,争取美国朝野对我国抗日战争的支持。抗战期间,她还积极参加了大后方的妇女运动和儿童保育活动,为团结各方面力量支援抗日战争做了许多有益的工作。

1945年4月,吴贻芳作为我国无党派代表,参加了在美国旧金山召开的联合国制宪大会。1946年12月,在国民党召开的"国民大会"上,她坚持辞去主席团之席,表示对蒋介石政权的不满。她对1947年南京爆发的反内战、反饥饿、反迫害的"五·二○"学生运动给予极大同情,并对国民党军警残酷镇压的暴行,当面向蒋介石表示了义愤和抗议。全国解放前夕,她毅然拒绝去台湾,在南京迎接解放。1949年9月,她作为特邀代表参加了中国人民政治协商会议第一届全体会议。

中华人民共和国成立以后,吴贻芳任江苏省教育厅厅长、江苏省副省长。1978年,吴贻芳当选为第五届全国政协常委,第四届全国妇联副主席,并重新担任江苏省副省长。是一至五届全国人大代表。

2. 教育思想与实践

吴贻芳担任金陵女子大学校长后,致力于中国优秀妇女人才的培养。她吸取现代西方教育理念,融合中华传统道德理念,形成了一种独特的教育观:完全人格教育、助人为快乐之本教育、至诚为社会服务教育。

吴贻芳在青年时期加入基督教,"受基督教的活动感动"。她赞赏基督的牺牲服务精神,决心以服务人群作为自己的人生观,希望能积极服务社会。金女大最初办学时,创办人一面传教发展基督徒,一面发展学生的基督人格。其人格教育内容为"教育基督徒妇女为基督缘故服务社会","基督徒的服务与牺牲必须是为教会及神的国"。[①] 吴贻芳接任校长后,提出"训练妇女为国家服务乃学校的使命"。她希望学生学成后,既有基督的品格,又能为国家服务。1928年,她在就职致辞中提出"凡是办教育的,没有不注重学问同道德的"。她提出的完全人格,包括较高的学识水平和高尚的人格。她认为,注重道德品性的人格教育应从幼稚园的教育开始,继之以小学、中学、大学,方是贯彻基督的模范。她说:"如何能使人格教育实现……,要知习惯贵在'慎之于微',而学校尤当注重慎微的陶冶,方能使整个的人生有良好的发展。""要使学生能够人格完全与否,是全在教职员方面哺养时所以耳濡目染的模范之良否。"学校教育"确非单独注重于课本上的接受,是在司教职者能在他整个生活中时时表现基督的真精神,以熏陶学子"。[②]

吴贻芳担任校长后,一切想法、做法,不论大事、小事均从培养人才出发。她注意通过学校环境来塑造学生的高尚人格。新生刚入学,一切都很陌生,还有点胆怯。为了使学生早日熟悉适应大学生活,她亲自给学生讲校史,讲金女大的精神,使学生尽早与学校"融和",进入角色。金女大原是贵族化的高等学府,收费高,食宿条件较好,只有有钱有地位

---

① 《1928年8月德本康夫人给金女大委员会的信》,引自美国耶鲁大学图书馆资料11″1V″126.2613。

② 吴贻芳《基督教育之特殊贡献》,载《教育季刊》6卷,第二期。

的信教家庭的女孩子才有机会进校。吴贻芳接任校长后,针对学生都来自信教家庭,且多半来自于地主、资本家、官吏之家的状况,改用以考试成绩为主要录取标准的方法,使生源结构大大改变。同时,鼓励经济收入较好的校友捐款,设立奖学金,资助贫困学生完成学业。

金女大的培养目标是使学生成为"既有丰富的知识,又精明能干,在社会大家庭中与男子并驾齐驱、努力工作的中坚分子;既对社会做出贡献,又不谋私利;既注重自我表现和训练,又了解别人,尊重别人"。[①]为实现这一目标,使系科设置与社会需要相适应,吴贻芳于1929年取消了宗教系,增设体育简易系、数学系、物理系、哲学系、家政系。其中家政系开设了儿童福利、营养与食品、托儿专修等专业。为了提高教学质量,吴贻芳积极倡导师生交流。1930年,吴贻芳撰文指出:"学校的人数,无论多少,师生间能够多一层接触,便多一层谅解;所施的教育,也多一份成绩。"又说:"首当注重特殊的个人教育,对于学生的训育和化导,一个一个要特别的注意;要知道今后的基督教教育,是重在质而不是在量的,每一人有一人的价值和性格,应视其人而'因材施教'。"吴贻芳和一批教师处处关爱学生,注重言传身教,努力以教师的高尚人格促进学生形成高尚人格。吴贻芳认为,当时官办大学与教会大学的教育目标有异,官校偏重学问的追求和智育的发展,没有特定的组织去指导课外活动或有意识地协助学生的人格发展,而基督教的机构目标则在发展完全人格。1930年吴贻芳在《教育评论》发表文章指出:"作为一位教师,他是全然付出给学生。倘若学校有足够数量的教师存在这种心态教学,学校的办学精神必能保存。"吴贻芳认为,教师的素质直接影响学校的学术水平及健康的风气,因此,她将一定的学术地位和基督徒人格作为聘用教职员的重要条件。金女大教职员每学期都举行进修会,主要围绕教职员的品德修养、重整人生观、反省工作态度等主题,讨论如何帮助学生发展智育、德育和灵育等。金女大设立导师制、学生个别辅导制,教师与学生经常交往,协助学生解决学业、健康、钱财、情绪、个人、家庭、就业等问题。辅导员给学生个别关怀,以帮助学生培养完全的均衡的人格。金女大的校园生活丰富多彩,师生共同参与。学生的课外活动既有音乐、话剧、体育等文体活动,也有学生自治会和妇女青年会组织的各种活动。学生通过参与活动,融入群体生活,学习处世之道,培育服务习惯。

金陵女子大学的校训"厚生"取自于《圣经》中约翰福音十章十节,

---

① 《金陵女子文理学院校刊》,1942年12月。

原意为"我来了,是要叫人得生命,并且得的更丰盛"。吴贻芳担任校长后,对校训"厚生"给予明晰解释:"人生的目的,不光是为了自己活着,而是要用自己的智慧和能力来帮助他人和造福社会,这样不但有益于别人,自己的生命也因之而更丰满。"①吴贻芳强调倾出自己所有去造福人群、造福社会。吴贻芳努力实践"厚生"精神,是一个从不要求得到什么而只希望更多地给予别人的人。每年的校庆、毕业典礼、新生入学周、圣诞节,吴贻芳都要亲自讲演或请学校创办人、社会名人讲演,宣传为人处世是施予而不是取得、是宽容而不是报复、是牺牲而不是自私的处世之道。在吴贻芳的倡导下,金女大建立了姐妹班制,学校安排一三年级、二四年级互为姐妹班,每人各有姐妹一二人,作为学业和精神上相互砥砺与帮助之伴侣,从而不感觉个人生活之孤寂,并尊重团体生活之可贵。新生入住的房间有一个三年级或四年级的学生同住便于照顾,使一年级新生很快习惯新的生活,也使高班学生学会关心照顾别人。姐妹班制培养了学生的互相友爱精神,在细微的生活小节中陶冶了学生人格。抗战期间,金女大的学生自治会改名为"厚生团"。"厚生团"下设进德部、益智部(组织学术研究和宣传活动)、健体部、利群部、总务部。进德部除了主持宗教活动外,还组织社会服务活动,促进同学关心邻舍、实践"厚生"之道。在金陵女子大学的"施比受更为有福"的教育下,师生以热心助人为快乐之本,以捐款为社会、为学校服务来丰富自己的生命。金女大的捐款活动很多,学生们自己省吃俭用,经常以义卖、义演、募捐的形式,为抗战前线的将士、为贫困失学儿童、为扩建和复建校舍捐献资金。

　　吴贻芳认为具有基督服务精神的人可以去改造社会。在办学中,她注重的不是拯救灵魂而是拯救中国。她训练学生知悉自己是与国家命脉相连的国民,强调培养学生吃苦耐劳、肯于献身的服务精神。她要求学生关心社会,关心时事,主修于国民直接受益的学科;鼓励学生热心公益事业,参与乡村服务和邻舍服务。吴贻芳担任校长期间,金女大的社会服务工作可分救济工作和教育工作两类,服务范围包括卫生医疗、扫盲教育、生计教育等。1930年她组织学生成立"社会改革者"小组,每周去探访邻近居民,教当地妇女编织。1933年开办夜校。1934年开设邻舍工艺班。1935年学校筹款兴建邻舍中心,中心内设日校、小组交谊会、医疗健康中心,为邻近妇女和儿童提供职业训练和康乐活动。抗战爆发后,金女大迁到成都办学,吴贻芳根据实际情况增设家政系、社会工

---

① 黄续汉《我所敬重的老校长吴贻芳》,载《中国妇女》1983年11期。

作系、托儿专修科，并着手创办乡村服务处及乡村实验托儿所。1939年在四川仁寿县设立规模较大的乡村服务处。社会学和社会工作系、家政系等学生实习工作以满足当地需要为前提。20世纪40年代，金女大学生针对农村"贫、愚、弱、私"的现实，积极推行识字运动，并为当地农民提供医疗服务。吴贻芳执掌金陵女子大学校务23年，培养了一批既有健全人格又有较高文化水平，能为祖国繁荣富强而奉献的高层次妇女人才。

新中国建立以后，1951年吴贻芳任金陵大学校务委员会副主任，1952年担任南京师范学院（前身为金陵女子文理学院）副院长。1953年吴贻芳作为著名高等教育专家、社会知名人士，被中央人民政府任命为江苏省教育厅厅长。1956年又被任命为江苏省副省长，分管文化教育事业。

经历了抗日战争、解放战争的吴贻芳，思想上有了很大变化。她虽然从小萌发爱国热情，青年时又立志教育救国，但对爱什么样的国、怎样爱国却不甚明了。在风雨如磐的旧中国，她想通过培养人才为社会服务，实现建设祖国的良好愿望。残酷的阶级斗争事实使她最终明白，不改变社会制度，教育是不能救国的，只有社会主义才能救中国，必须爱社会主义祖国。①

吴贻芳从事教育事业一生，紧紧扣住教育的永恒主题——培养学生的道德和学问。她经历过基督教育、民国教育、社会主义教育的不同阶段，在道德教育问题上，她始终强调突出培养学生热心服务、乐于奉献的精神。

1979年吴贻芳荣膺"和平与智慧女神奖"，这是美国密执安大学妇女校友会专门授予终身从事某项事业取得杰出成就，并对社会服务事业、世界和平做出重大贡献，为母校争得荣誉的密执安大学女毕业生的。

第二节　近、现代南京教育家传略

缪荃孙(1844—1919)，字炎之，一字筱珊(小山)，晚号艺风老人，生于江阴申港镇缪家村。著名学者、教育家、目录学家、方志学家、史学家、金石家，中国近代图书馆事业的奠基人，中国近代教育事业的先驱者。

---

① 《吴贻芳纪念集》第92页。

在清末民初，他与王壬秋、张季直、赵尔巽齐名，誉称四大才子。

缪荃孙出生于仕宦门第，是缪燧的六世孙。祖父缪庭槐，1805年进士，任甘肃平凉知州；父缪焕章，1873年举人，曾在张国梁军中任职。缪荃孙幼承家学，11岁修毕"五经"。17岁时太平军进江阴，侍继母避兵淮安，丽正书院肄业，习文字学、训诂学和音韵学。21岁举家迁居成都，习文史，考订文字。24岁应四川乡试中举，因非川籍未能授名，充总督吴棠、川东道姚彦士幕僚，遍历川东北诸郡，搜拓石刻。1874年，四川学部大臣张之洞请其助编《书目答问》，缪得以发挥其目录学知识。33岁时会试中进士，以庶吉士用，授翰林院编修。时协助张之洞总纂《顺天府志》，历7年成。1879年充顺天乡试同考官。1882年，应国史馆总裁潘文勤所请，编辑《清史稿》中儒林、文苑、循吏、孝友、隐逸五传。先为分纂，后任总纂。此后从事编撰校勘十余年。因持论见忌于继任总裁、大学士徐桐，趁继母病故，于1888年奉柩归里。同年应江苏学政王先谦聘，任南菁书院山长。后赴北京，记名以道府用。两年后，再返乡守父制。1891年掌上海泺源书院。后张之洞招之，至武汉重修《湖北通志》。1896年任南京钟山书院山长，兼掌常州龙城书院。庚子事变后新学兴起，张之洞设江楚编译书局，召缪主办其事，任江楚编译局总纂。1902年，钟山书院改为江南高等学堂，缪任学堂监督。是年5月，两江总督府拟在江宁"先办一大师范学堂，以为学务全局之纲领"，缪出任学堂总稽查，负责筹建江南最高学府三江师范学堂，并与徐乃昌、柳诒徵等七教席赴东洋考察学务。学堂遂仿日本东京大学，在南京国子监旧址筑校，以后更名两江优级师范，及复建南京高师，为南京大学近代校史之开端。1907年受聘筹建江南图书馆（今南京图书馆），出任总办。1909年受聘创办北京京师图书馆（今北京国家图书馆），任正监督。1910年以学部参议候补。辛亥革命后寓上海，大部分时间用于目录学研究。1914年应赵尔巽之邀赴京，任清史总纂。1919年12月22日在上海逝世，卒年76岁。

缪荃孙一生不仅在学术上享誉天下，在教育上也堪称一代大师，拥有傲人实绩。他曾先后在四川、湖北、山东、江苏多家著名的书院和学堂掌教和讲学，培养了许多杰出人才。缪在南京执掌书院和高等学堂教育连续有12年，这也是他一生中在教育领域成就最为丰硕的一页。1896年，缪应张之洞之邀主讲于钟山书院，教授《词章》、《伦理》。直至1899年，他都在钟山书院讲学、著作、刻书等，其间有4年还兼领常州龙城书院讲席。1902年7月，南京正式开办学堂，缪荃孙"领高等、中、小三堂事,其形忙碌"。9月,张之洞改钟山书院为江南高等学堂,聘缪为监督。从钟山书院到江南高等学堂,培养了一批知名学者。如国学大师丁列君,农业专家章元善,中研院院士赵元任,大学者朱师辄、翁之龙、张小楼等,均在这所学校研修、深造过。是年12月,缪荃孙受张的委派赴日考察学务,及次年3月回宁,即被聘为三江高等师范学堂总稽查。此后,他在三江师范学堂(1905年改称两江优级师范学堂)执掌至1907年。

从三江到两江,学堂的创建、校舍的兴建、经费的筹措、学堂章程的制定等,缪荃孙做了大量的实际工作。他将"中学为体,西学为用"的体用思想贯彻到办学上来。学堂设置了理化科、农学博物科、历史舆地科、手工图画科。学制分为:最速成科,1年毕业;速成科,2年毕业;本科,3年毕业;高等师范本科,4年毕业。开办前10年,培养学生2 000余人,教学成绩卓著,教学考试成绩为江南各高等学校之冠。著名冶金专家周仁,国学大师胡小石、陈中凡,著名书画家和美术教育家吕凤子等,都是该校毕业生中的佼佼者。两江师范学堂不断调整、发展,今天的南京大学、东南大学、南京师范大学、南京农业大学、南京林业大学、河海大学、南京工业大学等都与之有着不可分割的历史渊源。

缪荃孙一生历16省,著书200卷,编校、刻书甚多。代表著作有:《艺风堂文集》、《艺风堂藏书记》、《艺风堂读书记》、《艺风堂续记》;纂辑:《书目答问》(代张之洞编纂,后由范希曾补《书目答问补正》)、《续修四库全书提要》、《清学部图书馆善本书目》、《清学部图书馆方志目》、《续国朝碑传集》、《碑传集补遗》、《艺风堂金石目》、《常州词录》、《南北朝名臣年表》、《近代文学大纲》;方志:《顺天府志》、《湖北通志》、《江苏通志》、《江阴县续志》;编刊:《云自在龛丛书》、《藕香零拾》、《烟画东堂小品》、《对雨楼丛书》。

李瑞清(1867—1920),字仲麟,号梅庵、梅痴、阿梅,晚号清道人、玉梅花庵主,戏号李百蟹,江西抚州临川温圳镇(今属进贤县)人。著名教育家、美术家、书法家,是中国近现代教育的重要奠基人和改革者,中国现代美术教育的先驱,中国现代高等师范教育的开拓者。

李瑞清出身于世代书香之家,自幼酷爱书画、金石文字。1893年中举人,两年后中进士,选翰林院庶吉士,散馆授编修。1905年分发江苏候补道,署江宁提学使,充两江优级师范学堂监督直至1911年。并一度被委任为江苏布政使、学部侍郎,官居二品。辛亥革命后,李瑞清坚决不在民国任职,辞去多年来倾心努力之两江师范监督职务,即将学堂财产移交后隐居上海,以鬻书自给。1920年9月12日,李瑞清因患中风,溘然长逝,落葬于江宁南郊牛首山雪梅岭罗汉泉侧,享年54岁,谥文洁。

李瑞清遗著有《围城记》,经门人整理其遗稿,又出版了《清道人遗卷》,共计四卷,第一卷为文,第二卷为诗,第三卷为题跋,第四卷为书论(1939年由中华书局出版)。

李瑞清的诗、书、画均有名于时。书法各体皆备,尤好篆隶,用留法入碑的高超艺术,改变了前人只追求书法单一风格的局面,揭开了新书法的艺术帷幕,为更趋多样化打下基础,声名甚高,有"南曾北李"之称。李瑞清又擅丹青,山水师法原济、八大山人,花卉宗恽南田,尤擅画佛。他以篆作画,以画作篆,熔书画于一炉,技艺达到了炉火纯青的地步。著名国画大师张大千、国学大师胡小石都是他的门生。

戊戌变法失败后,废书院、兴学堂、立私塾、设师范的改革之风迅猛冲击着封建教育制度。刘坤一、张之洞在南京鸡笼山下创立了三江师范学堂,不久改名为两江师范学堂,江宁提学使李瑞清被委任两江师范监督。至此,李瑞清开始了中国师范教育家的历程。

李瑞清以"视教育若生命,学校若家庭,学生为子弟"自勉,主持校务,多有建树。创校伊始,李瑞清主动要求赴日考察教育。他请日本教官讲教育行政,认真地比较两国教育的利弊得失。

李瑞清办学,首先抓住了师资质量,择贤任能,以保证较高的教学水准。有鉴于中国自然科学的落后,实用技术的缺乏,他萌生了聘请洋教习的念头,择聘了以松本孝次郎为首的12位有真才实学的教习,为两江师范教学水准的提高打下基础。

其次,李瑞清办学又重实际锻炼。其超人之处在于他提出了"匡时而振俗"的主张,重视生产劳动与艺术教育。他认为旧的传统教育的最大危害是"游惰之媒,生产之蠹",开办新学就要进行改革。他将传统的博物科改为农博科,规定学生必须兼习农科。学校特地购置农田百余亩,耕牛数十头,供学生实地实验之用,以此鼓励学生自觉、自立、自强,增加劳动生产实践的经验,促使德、慧、术、智全面发展。他重视艺术教育,改革只有数理、文史的学制,首创国画手工科,实地设置了画室及手工工场,以利于操作训练,提高技能。这是我国高校首次开设美术系科。他亲自讲授国画课,设立画室及有关工场,为我国培养了第一代美术教师,其中有著名书画家吕凤子等。他亦成为我国近代美术教育的创始人。尽管当时这些想法和做法不可能彻底解决实际问题,但在近一个世纪前,李瑞清这样做就不能不令人惊叹其远见卓识!

李瑞清办学重品格培养。他认为师范教育是培养为人师者,关系

"风化所由",因此,不只是言教,更重视身教。他自奉节俭,淡泊明志,常年穿着仿裘粗葛,怡然盎然,即使是大庭广众之间,应制军召之时,也不改变。身为一校之长,亲自参加教学工作,通过实践取得第一手资料,还经常亲临课堂,坐在学生中间,认真听课,并记笔记,既检查了教学质量,也沟通了师生关系。即使是任提学使兼顾校职时,也都要每天到校,找学生谈话,帮助解决存在问题。种种同甘苦的小事,像涓涓细流,流淌在学生心头。他事业心甚强,为办教育呕心沥血,兢兢业业。1911年9月,江苏独立,不少达官贵人见大势已去,弃职遁逃。李瑞清不为所动,照常敲钟上课。在围城中,李瑞清利用职务之便,保全学校,保护学生,解救百姓。正是这种榜样的力量,使全校上下养成一种求实、淳朴、正直的学风。

在大量实践的基础上,李瑞清形成了自己的教育思想,但仍缺乏系统性,散见于《上端陶斋尚书书》、《与留美预备学堂诸生书》、《诸生课卷批》、《两江优级师范学堂同学录序》、《与张君直书》、《与伍仲文书》及《与某君书》中。归结有三:一,救国救民只能依靠教育,办教育是神圣的任务;二,尊师重教,重视发展师范教育;三,重视教科书的编写,提倡寓教于乐。

李瑞清大兴土木,广建校舍,增设科目,添置设备,完善学校建制,使学校面貌大变,在校学生总人数由原先的300人增至1 200多人,声誉日隆,一度成为东南第一学府。它为国家社会培养了大批杰出人才,其中有著名科学家秉志、国学大师胡小石、美术教育家吕凤子等。

1915年,原两江优级师范学堂更名为南京高等师范学校。为纪念这位近代师范教育的开拓者,在校园西北角六朝松旁,建茅屋三间,取名梅庵,上悬李瑞清手书校训"嚼得菜根,做得大事"8个大字。

蔡元培(1868—1940),字鹤卿,号孑民,浙江绍兴人。近代教育家。1892年进士,授翰林院编修。后弃官南归,历任绍兴中西学堂监督、嵊县剡山书院山长、上海南洋公学特班总教习、中国教育会会长等。1905年加入同盟会。1907年赴德国莱比锡大学研读哲学、心理学、美术史等。1912年1月,中华民国南京临时政府建立时,他出任第一任教育总长,开始推动教育改革。他发表《对于教育方针之意见》,批判封建教育制度,提出教育应从造成现世幸福出发,主张采用西方教育体制,实行全面改革。任职期间,他主持制订了普通教育办法,改学堂为学校,监督、堂长通称校长;废止尊孔读经,实行小学男女同校等。在教育部下设社会教育司,负责成人教育和补习教育。又主持召开全国临时教育会议,通过各种教育法令。1917年,任北京大学校长,提倡学术自由,主张对新旧思想"兼容并包",积极支持新文化运动。1924年,当选为国民党候补中央监察委员。1927年,任国民政府大学院院长。任职期间,主持召开了第一次全国教育会议,制定了一系列教育条例、法令。次年8月,改任国立中央研究院院长,兼交通大学、中法大学、国立西湖艺术院等多所高等院校校长、院长。任内,他组织起草了中央研究院各项工作法规,确立了科研管理体系,并陆续创设了一批自然、人文及社会科学类研究所,为中国现代科学研究事业奠定了基础。1931年"九·一八"事变后,他积极主张抗日,次年在上海组织中国民权保障同盟。同年又任中央大学整理委员会委员长,对中央大学的改组多有贡献。抗日战争中,他为抗日救亡事业四方奔波,努力促成国共合作。后病逝于香港。著作辑为《蔡元培全集》7卷。

仇 埰(1873—1945),字亮卿,又字述庵,江苏南京人。近代教育家、书法家、词人。光绪年间留学日本,入弘文书院,习教育。加入同盟会。1909年为拔贡生。在南京与伍仲文等创办四区模范小学。历任第一模范堂堂长、四区模范堂总办、宁属师范学堂学监。辛亥革命以后,创办江苏省立第四师范学校,任校长15年。该校设有附属小学,供学生教学实习之用。1921年后在附设小学设职业班,便利不升学的学生就业。同年,为发展农村教育,又创设栖霞乡村师范分校。后又在南郊小行设附小乡村分部,是较早发展农村教育的先驱者之一。为弥补中学艺术科教师不足,1923年在本校增设艺术专修科,学制2年,专收师范毕业生入学,培养了一批专业人才。他办学认真,执教严格,聘请教师极为慎重,必皆饱学深思之士,因此15年中从未辞退过一位教师。招收学生考核严格,从不徇私。爱才若渴,对学生亲如子侄,谆谆教导,师生感情极厚。学生遍大江南北。对乡贤友侪乃至学生,凡学术上有所成就者无不尊崇。他从不以年龄辈分计论,纯论学术之成就,至可感人。

仇埰擅长书法,有"骨秀神怡"之誉;又工诗词。1923年后着力填词。他治学严谨,严守声律,虽应酬之作亦不苟为。其与石云轩、孙阆仙、王东培并称"蓼辛社四友",著称词坛。曾与吴梅、汪东等成立"如社"。抗战爆发后避居沪上,又成立"午社"。后返宁,从事《续金陵词钞》的编纂工作。故居在南京城南金沙井。

江 谦(1876—1942),字易园,号阳复,安徽婺源(今江西婺源)人。著名教育家,中国现代教育事业的先驱之一。幼颖悟,5岁即能识字读书。17岁参加童子试,六场均为第一,补博士弟子员,名重一时。就读紫阳书院二年后,考入南洋公学师范班,未几辍学。清末受业于南京文正书院,为山长张謇所赏识。1902年废科举,张謇在南通创办我国第一所民办通州师范学堂,邀江谦共事。江谦作为主要助手,参与规划和管理,并亲自授课,深得学生爱戴。1904年起江谦历任堂长、校长。江谦以知行合一之学熏陶后生;以"能耕能学"为训,矫正空谈时弊,弘扬务实精神;辑"两汉学风",倡俭朴学风,传"明德新民"之教。他坚持不懈,持之以恒,使通州师范校誉日隆,名声越响。后安徽学界公推江谦为安徽省教育会会长。

江谦精于文字音韵之学,他由英文切音,发明阴阳声母通转规则,创设音标一案。1909年,江谦以江苏省代表的身份,被推举为清资政院议员,提出该方案,开注音字母之先河。辛亥后出任众议院议员。1914年任江苏教育司长,上任伊始,轻装简从,深入各地视察,掌握了大量的第一手资料,也为以后的事业打下了基础。

江谦的一生虽然不乏从政的机会,但他始终把教育事业作为自己最崇高的目标。1915年,他迎来了自己教育生涯中最辉煌的时刻。这一年的元月,江苏巡按使韩国钧委任他为南京高等师范学校校长。江谦的任务就是要接续三(两)江师范的办学传统,并加以发扬光大。他行事谨慎,招生时严格奉行"宁缺毋滥"的原则,规模宏大的南高师这一年仅设国文、理化二部,招生人数仅126人。江谦学问根基深厚,不仅掌握着学校的发展方向,而且身体力行,亲自为学生讲授"四书"和《说文解字》等课程,并要求学生精研曾国藩《家书》,结合实际撰写读书笔记。在江谦的领导下,加上他的后任郭秉文等人的努力,南高师发展很快,至1919年,全校已设有国文史地部、数学理化部、教育专修科、农业专修科、工艺专修科、商业专修科、体育专修科等,校舍面积370亩,教职员94人,学生共416人,成为东南最高学府,足以和北方的北京大学相媲美。

江谦认为办学应以理想为先,以精神教育为前提。其间倡导训育、智育、体育"三育并举"。他认为训育就是对学生的管理与训练,其要点有三:第一是目的,要养成国民的模范人格;第二是方法,要渐次扩张学生的责任感和服务观念,使之自觉地向所定目标前进;第三是程序,学生对自己之品性行为负修养之责任,对同学之品性行为负规劝之责任,对本校校风负巩固培养之责任,对本校之附中、附小等附属单位负协助之责任。

江谦严慈皆备,其施教反对"我教你学,我讲你听",强调启发学生的自觉自悟。江谦对教学和教学法重视基础,重视培养学生的自学能力。南高师学生来自苏、浙、皖、赣等省,水平悬殊,故规定新生均先入预科,对较差学生单独编班,特别辅导,一年后入本科,而成绩突出者可跳级,不及格者可重读。江谦很注重笔记,把笔记列入成绩,要学生笔记时务须记大意而少记词句;要求课后通过阅读自修,再记上自学心得,用想像力阐述自己的感受,用判断力抉择要义,加强记忆,随时备教师查阅,给以打分。后来,江谦认为国家的富强,有赖于科学、实业,于是积极筹措增设了农业、工业、商业三个专修科,在高师校内提倡和重视"实科"教育,南高师此举实开全国之先。

江谦还说:"以强健的身躯行教育事业,这就是南高体育的宗旨。学生用脑过多,非教育之幸。"故南高师招生,必请中西医作严格体检,体格孱弱者,概不录取,不论何科学生,体育列为必修。学生晨起后,一律要作米勒氏呼吸运动。学校设置各种体育会、队,开展各种运动、技艺、球类竞赛。1916年即开设体育专修科,把体育列为科学和必修的学科,又倡全国之先。

江谦倡导以"诚"为校训,认为"诚者自成"。在当时历史条件下,江谦就提出了"调整师生关系"。江谦要求教师改变只管授业的状况,倡导关心、接近学生,尽导师的全责;要求学生尊敬老师,组织学生主动看望老师。在师生共同努力下,一种新型的尊师爱生风气逐步在南高师形成。

由于操劳过度,江谦患了神经衰弱症,1919年不得不离任休养。为了表彰他的办学之功,端午桥曾保举他为员外郎,江苏省政府也特别颁发给他三等嘉禾奖章一枚。

江谦离任后,潜心研究佛教,特别推崇净土宗。同时他也非常关心国计民生,强调社会责任,认为出世间法宜用佛教,而世间法则宜用儒教,宣扬儒佛合一之论,在家乡创设佛光社,随宜说法,移风易俗。1937年抗战军兴,江谦居通州海滨念佛讲教,旋又隐居上海著书立说。1942年4月10日病逝沪上,享年67岁。

江谦是中国现代教育事业的先驱之一。他奉行教育救国的理念,开创了南京高等师范学校的事业。他的贡献不仅永远定格在南京教育的发展历程中,也在中国现代教育史上留下了浓重的一笔,值得后人永远纪念。

黄炎培(1878—1965),号楚南,字任之,笔名抱一。江苏川沙县(今属上海市)人。中国近现代著名的爱国主义者和民主主义教育家,是中国近代职业教育的创始人和理论家,他以毕生精力奉献于中国的职业教育事业,为改革脱离社会生活和生产的传统教育,建设中国的职业教育,做出过重要贡献。

早年父母双亡。1887年随外祖父发蒙,接受传统教育。迫于生计,年未弱冠,即在家乡任塾师。1899年时在松江府以第一名取中秀才。1901年入南洋公学,选读外文科,受知于中文总教习蔡元培。1902年后又中江南乡试举人。1903年返乡兴办小学堂。先后创办和主持广明小学和师范讲习所、浦东中学,在爱国学社、城东女学等新教育团体和学堂中任教,并参与发起江苏学务总会。辛亥革命后,任江苏都督府民政司总务科长兼教育科长,后任江苏省教育司长,全力以赴改革地方教育,全面规划建设了省立高、中等学校和县立小学。1913年发表《学校教育采用实用主义之商榷》,提倡教育与学生生活、学校与社会实际相联系。1917年赴英国考察,同年5月6日,联络教育界、实业界知名人士在上海发起中华职业教育社。次年,创建中华职业学校(1960年该校由上海迁到南京,定名为南京机电学校。1999年升格为南京工业职业技术学院)。此后数十年时间的教育和社会活动主要通过中华职业教育社来展开。1921年被委任教育总长而不肯就职。曾参与起草1922年学制,进行乡村建设实验和筹办南京高等师范学校、河海工程专门学校(现河海大学)、东南大学等高校。1931年"九·一八"事变后,黄炎培积极投入抗日救亡运动,创办《救国通讯》,宣传爱国主义;组织上海市民维持会(后改为上海地方协会),支持淞沪会战。1941年,与张澜等人发起组织中国民主政治同盟,一度任主席。1945年又与胡厥文等人发起成立中国民主建国会。同年7月应邀访问延安。写成《延安归来》一书,如实介绍延安。

1946年在上海创办比乐中学,探索兼顾升学和就业双重准备的普通中学。至1949年前,先后又创办重庆中华职校、上海和重庆中华工商专校、南京女子职业传习所、镇江女子职校、四川灌县都江实用职校等。

新中国成立后,黄炎培破"不为官吏"的立身准则,欣然从政。1949年9月出席中国人民政治协商会议。中华人民共和国成立后,历任中央人民政府委员、政务院副总理兼轻工业部部长、全国人大副委员长、全国政协副主席,中国民主建国会中央委员会主任委员等职。1965年12月21日病逝于北京。

黄炎培文章峭拔清健、傲岸不群。笔歌墨舞、酣畅淋漓。诗初学温、李,继复寝馈李、杜。思力沉厚,趣味隽永,章调铿锵。兴到落笔,虽语必工,富于著述。著作有《黄炎培考察教育日记》、《新大陆之教育》、《东南洋之新教育》、《中国教育史要》、《学校教育采用实用主义之商榷》、《中华职业教育社宣言书》、《南洋华侨教育商榷书》、《我之人生观与吾人从事职业教育之基本理论》等。

郭秉文(1879—1967),字鸿声,江苏江浦县人,生于上海青浦,著名教育家。1896年毕业于上海清心书院。1908年获庚款资助赴美留学,1911年获俄亥俄州伍斯特学院理学士学位后,即入哥伦比亚大学师范学院攻读教育学,1912年获教育学硕士学位,之后继续研究教育史,1914年以《中国教育制度沿革史》论文获该校哲学博士学位。郭秉文是获得哥伦比亚大学师范学院博士学位的第一位中国人。归国后,他参加了南京高等师范学校的筹建工作,初任教务主任,后为代理校长,1919年被正式任命为校长。1920年他致力于筹建国立东南大学,东大成立后,他兼任东大首任校长,被誉为"东南大学之父"。1924年9月,奉派为保管美国庚款董事,组织中华教育文化基金董事会。曾代表中国出席历届世界教育会议,且连任四届副会长。1926年,在美国创办华美协进社。1931年返国后,历任国民政府工商部国际贸易局局长、中国币制代表团代表、财政部常务次长、中英贸易协会主任,并曾出席善后救济预备会议及世界粮农会议。1945年抗战胜利后,任联合国救济总署副署长兼秘书长。1947年退休留居美国华盛顿。1954年,教育部成立"在美教育青年文化事业顾问委员会",应邀担任委员,嗣后任主任委员。1957年,在美国组设"中美文化协会",任会长。1967年8月29日病逝,终年88岁。

郭秉文深谙办学之道,并以民主与科学精神治校,不仅提出了"寓师范于大学"的发展模式,创立了"三会一体"的管理体制,而且还提出了"四个平衡"的办学方针。郭秉文为东大确立的"四个平衡"的办学方针,不但蕴涵着丰富的理论价值,而且具有鲜明的时代特征和前瞻意识。通才与专才平衡是大学教育的培养目标和立校之本;人文与科学平衡是达致培养目标的主要内容和必由之径;师资与设备平衡是达致培养目标的关键因素和强校之根;国内与国际平衡是大学教育的发展趋势和理想之境。

1. 通才与专才平衡。郭秉文认为大学应培养多种类型的人才,设立多种学科,本科注重通才教育,不忽视应用;专科注重专才教育,不忽视基础,两者相辅相成,不可偏废。如何做到两者的平衡?他坚决主张"寓师范于大学",师范学院应办在大学内,教师的来源不必局限于师范院校。他认为,单一性的师范学校内,难以培养出卓越师资,而大学科系比较齐备,有利于学科互补及师资深造。在他看来,一个综合大学的好处,在于通才与专才互相调剂,使通才不致流于空疏,专才不致流于狭隘。同时,郭秉文认为,一所综合大学,可以既设偏重学理的学科,同时又设偏重应用的学科,两者互补,相得益彰。通才与专才平衡的观点,充分地表明了郭秉文的大学必须具备综合性的思想。

2. 人文与科学平衡。人文与科学平衡,包含两层意思。第一是开办综合大学,需要人文社会科学与自然科学并重,需要两大类学科的相互交叉和渗透。郭秉文力主教育学要"科学化",强调把教育学建立在自然科学的基础上,用科学的方法培养人才。第二是大学既要提倡民族精神、重视民族文化,又要吸纳西方文明,重视科技新知。通过沟通和融合,使大学成为弘扬民族文化的基地,成为发展科学的重镇,成为中国文化与西方科学的有机结合点。人文与科学平衡的观点,表现出郭秉文的大学必须具备研究性的思想。

3. 师资与设备平衡。郭秉文认为,大学教育当然以师资为第一,师资是大学存在和发展的前提和动力,但是物质设备亦不容忽视。基础设施的建设需要充足的资金作保障。师资与设备平衡的观点,实际上反映了郭秉文的大学必须具备开放性的思想(即师资选聘、师资培养与教学内容、教学方式上的开放性等)。

4. 国内与国际平衡。郭秉文所说的"国内与国际平衡",指的是东大在立足国内、服务社会的前提下,置学校的发展于世界高等教育的格局之中,即在一个较高的起点上,以世界一流大学作为参照物发展自己。具体表现为,教师培养师范与大学并举,教师来源国内与国际并重,爱国之心与世界之情并存。国内和国际平衡的观点,鲜明地体现出郭秉文的大学必须具有国际性的思想。

郭秉文在执掌南京高师与东南大学期间,曾设置六科(文、理、农、工、商、教)共 28 个系,通过综合性的大学教育,造就社会所需的各种人才。另一方面,为适应工商业的发展,他将商科迁至上海,在上海分设商科大学。此外,他还充分利用高校的人力资源,创办商业夜校、补习学校和暑假补习班等,造就各种商业从业人员及专业财经、贸易人才。在中国首建生物系、气象系、航空系、体育系、艺术系、工商管理系、会计系、金融理财系、国际贸易系等等。为了达到文理并重、中西融合,他广延留学欧美人才,聘请一流的教授、学者到校任教,如竺可桢、陶行知、茅以升、梁启超、胡适、泰戈尔、杜威、罗素等,并支持他们创办了《学衡》杂志。

郭秉文还广开渠道,多方筹资,建成了东大图书馆、科学馆、生物馆、体育馆、学生宿舍等。为了使学校获得更多的社会支持,郭秉文改革学校的领导体制,成立校董会。校董会是全校最高的决策机构,地位与校长并立甚至更高。另外,郭秉文崇尚学者治校,依靠教授办学,让全校教授参与学校的决策和管理。学校成立教授会,负责全校的教务,教授会由校长、各科系主任及教授组成。虽然是学者治校,但学者不参与政党和政治。同时,郭秉文发表论著甚多,有《中国教育制度沿革史》、《历代史略》、《图书、图书馆概况》、《图书、图书馆、图书总目》、《明史稿校录》。一些散著见《史地学报》、《学衡》、《史学与地学》、《图书、图书馆》、《史学杂志》、《地理学报》、《国史馆馆刊》、《文史哲》、《说文月刊》等。

柳诒徵(1880—1956),字翼谋,亦字希非,晚号劬堂,又号知非、盋山髯,江苏镇江人,著名历史学家、教育家、古典文学家、书法家、图书馆学家和爱国主义者。他出生贫寒之家,七岁丧父,由其母教育成人。17岁就读于南京钟山书院、江阴南菁书院及三江师范学堂。1901年来南京,在江楚编译局供职。1903年随缪荃孙赴日本考察教育,归国后在南京创办思业小学堂,并任历史、国文教员,后又兼任南京高等学堂、高等商业学堂、江南高等实业学堂、两江师范学堂历史教习。1909年任镇江府中学堂堂长,1910年兼任镇江县议会议长。1913年,任北京明德大学常务主任兼历史教员。1916年至1925年,担任南京高等师范学校、东南大学国文及历史教授,曾与学生一起创办《史地学报》、《史学杂志》等,并编有《中国文化史》、《东亚各国史》。其中《中国文化史》开创了中国文化史研究的先河。1927年任江苏省立第一图书馆(后改名国学图书馆)馆长,为当时图书的保管、整理做出了巨大的贡献。抗日战争爆发后,1942年赴重庆,任中央大学文学院研究生导师、中国文学会会长。1945年10月,回南京复任国学图书馆馆长,兼任国史馆纂修,任《国史馆馆刊》编委;同年应邀任江苏省临时参议会参议员。1948年,应选中央研究院第一届院士(历史组)。后任考试院考试委员。解放后被聘为上海市文物保管委员会委员。1956年逝世,终年76岁。

柳诒徵曾考察过日本的学校建制、课程设置、教材编写等一系列情况。他认识到开发民智、兴办学校的重要,知道应如何开办新式学校。柳诒徵奉行培养社会有用人才的宗旨,认为教育的关键在于用什么样的方式去培养人才,学校应重视社会实践,培养懂得实务、了解社会的人才,而不能让学生埋首时文,荒废实务。他赞成教育归中央统辖,特别留意中国古代教育状况,不断总结教育经验,同时,他认为教育要独立于官府之外,这样既可以保证讲学自由,又可以实现经济独立。他还聘请当时在社会上有名气、学有专长的文化精英,思想上进步的青年学者作为教员。在他看来,教师讲课时必须铿锵有力,传授知识时要善于抓住条理、主题鲜明、深入浅出、层次有序、语言生动、引人入胜。对于学生,他提倡学生读原书,写心得笔记,学会了解社会,体验生活。他带领学生走出课堂,大力倡导学术研究,鼓励学生向科学进军。他要求学生做好预习、复习,及时完成布置的作业,主张学生读课外书,扩大知识面,学以致用,并且领会、掌握治学方法。在学校管理方面,他要求学生必须全部住校,还吸纳优秀人才参与学校监督。

为了振兴中国教育,从 1903 年起,柳诒徵开始创办学校,兼职从事教育,先后创办了南京思益小学、江南中等商业学堂、镇江大港中学。他还编写了《中国教育史》、《中国商业史》、《商业道德》、《伦理口义》等教材,其中《历代史略》采用了独特的编写方式,在近代中国教材编写史上有着深远的影响。他还与同事主办《学衡》杂志,创办《史地学报》、《文哲学报》,编著了把握中国文化精髓的《中国文化史》和推寻中国史学奥秘的《国史要义》,以及《东亚各国史》、《中国财政史》、《印度史》。他还发表了许多论文,有《国立中央大学图书馆小史》、《艺林通考》、《劬堂读书录》、《清宫刍议》、《汉宫议史》、《大夏考》、《南朝太学考》、《唐初兵数考》、《明代江苏倭寇事辑》、《中国版本概说》等等。

马客谈(1884—?),江苏六合人。近、现代杰出的教育家。他为我国的教育事业奋斗了近半个世纪。毕业于江苏省立第四师范学校,毕业后历任江苏省立第九师范学校教员及附属小学校长、江苏省立第四师范学校教员及附属小学校长、南京中学附属实验小学校长,并兼任南京中学师范科、南京女中师范科教员。1934 年 7 月与陈鹤琴等赴英、法等欧洲 11 国进行教育考察。后赴美学习,获哥伦比亚师范学院教育学博士学位。他曾经担任教育部和江苏省教育厅小学课程编审委员、联合国教科文组织成员、中国教育学会理事、中华儿童教育社常务理事。抗日战争期间,担任国立重庆师范学校校长。1945 年抗战胜利后,他创建了江苏省立江宁师范学校并担任校长至南京解放。曾主编过《地方教育丛书》、《儿童良友》月刊,发表了许多专著,有《初等教育》、《师范教育理论和实践》、《新型师范教育》。他与同事编辑了《儿童卫生丛书》,他还写了《儿童中心教育之趋势》、《改造师资的商榷》、《师范生精神训练纲目及考查标准》等数十篇教育论文。

俞子夷(1886—1970),名旨一,字遒秉,祖籍江苏苏州,后迁居浙江。著名教育家。早年肄业于上海南洋公学、爱国学社。爱国学社成立于1902年11月,是中国教育会为接纳南洋公学俞子夷和沈联、胡炳生等200多名学生反对当局的压迫,愤然退学而设,1903年春季开学。俞子夷曾参加反清革命运动,从1902年至1905年,曾先后两次跟随蔡元培先生,参与光复会的部分活动。

辛亥革命前,俞子夷先后在上海爱国女校、广明学堂、芜湖安徽公学等校任教。1909年,为解决推广复式教学的师资问题,江苏教育总会筹办单级教授练习所,首次选派办学成绩卓著的优秀教员俞子夷、杨保恒、周维城等人,前往日本考查单级、单级复式与二部制教学,俞子夷任团长。1909年2月东渡,5月归国,7月在沪开办单级教授法练习所,并以两所单级小学为基地,作示范教学和组织实习。

1913年冬,俞子夷又受江苏省教育司之命赴美国考察。半年中跑遍美国南北,详细研究美国各派教学理论和实验,着重研究了杜威的实验主义教学实验,并对哥伦比亚两所著名的实验小学进行了全面考察,

1914年回国后,俞子夷积极开展实验研究。1918年至1926年,他在南京高等师范学校任教,并主持附属小学(今南京师大附小),进行各种新教学法的实验研究,如根据桑代克书法量表的编制程序,开我国教育测量编制之先河,编制了4种小学国文书法量表。此量表一出,我国中小学界遂知教育成绩可用客观的标准考查。这一实验一直持续到1923年。在实验中,他选定了16个字:"四隻小鳥牠們在園中飛好像一個人字。"这16个字把普通常用的笔画和间架结构都包含在内,成为以后书法测验的经典材料。1919年,俞子夷开全国之先河,在学校进行了设计教学法的实验研究。设计教学法的实质就是废除班级授课制,摒弃教科书,不受学科限制,儿童根据自己的能力、兴趣决定教学内容,在自己设计、自己负责实行的单元活动中获得有关知识和解决实际问题的能力。实验从一个学级开始,上课时间30分钟一节,研究教材由学生领袖或导师提出,儿童作业非常自由。后在此基础上,逐步改进、逐步推广,在经历分析设计法、混合设计法等试验后,于1922年在各年级全面实行设计教学法。一方面打破学籍和时间的限制,另一方面采用道尔顿研究室的编制。以高年级为例,上午开设读书、作文、算术、社会、自然、美术、工艺等科目,每个学生受设计指导的指导,随意选习。下午开设算学练习测验、写字、音乐、英文、体操等科目,为必学科目。学生依智力的高低分为12个团,每个团20个学生,学生选习什么功课,研究什么问题,先在团队里讨论,然后书面通知作业指导,以便依照预定时间,分别到各室

去学习研究,每课学习时间不等,有30分钟、60分钟、90分钟,也有120分钟。1920年以南高师附小为首的"江苏省立师范学校附属小学联合会"作出决议,号召全国各地小学试行设计教学法;1921年第七届"全国教育会联合会"决议,号召小学推广设计教学法,于是设计教学法在我国不少地方开展起来。

之后,俞子夷任职杭州省立女中师范部,并指导附属小学工作。1927年8月任第三中山大学初等教育处处长。1933年以后,长期在浙江大学教育系任教授。1951年后,俞子夷任浙江省教育厅厅长。俞子夷是中国民主促进会浙江省筹委会和杭州市委会的第一任主委、民进中央委员。

俞子夷毕生从事小学教育的实验和研究,重视小学算术教材教法的探索,是20世纪以来中国最早研究小学数学教育的学者,可以称为中国算术教学法的奠基人。俞子夷教育论著极为宏富,约有330余种(篇)。

胡小石(1888—1962),名光炜,字小石,号倩尹,又号夏庐,晚年别号子夏、沙公。原籍浙江嘉兴,生长于南京。著名的教育家、学者、诗人、书法家、古典文学和历史研究家。1905年3月,考取宁属师范简易科,学习数理化等普通科学及教育学。1906年9月,考取两江师范学堂习生物学、矿物、地质、农学等理论。在校时,推崇乾嘉学派的治学方法,特别推崇程继田所著的《九谷考》。毕业后,专攻文史,从事高等教育工作,历任北京女子高等师范学校、武昌高等师范学校、西北大学、东南大学、白沙女子师范学院、金陵大学、中央大学并兼国立女子师范学院及云南大学等校中文系教授、系主任、文学院院长等职。1936年8月,任吴越史地研究会理事。解放后,任南京大学中文系教授兼文学院院长、图书馆馆长。兼任江苏省人民代表大会代表、江苏省人民委员会委员、江苏省政协委员、中国人民政治协商会议南京市委员会副主席、江苏省文物管理委员会主任委员、江苏省中华全国文学艺术界联合会委员、南京博物院顾问、中国作家协会、书法印章研究会委员、副主席、主席等职务。1962年在南京逝世,终年75岁。

胡小石致力于高等院校的教学与科研工作,学识渊博,教学有方,桃李遍天下。在教育培养目标上,他力图以自己独到的见解、方法来启发、点拨、诱导学生,而不是以大量无用的"知识"填塞学生的大脑。他继承了清代朴学的成果,又善于用现代的各种学问去丰富和充实,用科学的研究方法去整理和提高。胡小石的教学表达形式有三要素,即语言、板书、板画(在黑板上的画)。语言生动活泼又要言不繁,妙语频出,幽默诙谐;板书上,精心组织材料,简明扼要,安排顺当,便于学生掌握和记录;板书不足时,以板画补充,通过图形使得那些原先觉得抽象的东西变为可以捉摸的东西。他教学内容博大精深,讲授条理清晰,表达丰富完美,讲课时,旁征博引,视野开阔,涉及文字学、声韵学、训诂学、目录学、版本学、校勘学,甚至典章制度、名物考订等方面的学问,排比参证,触类旁通。

胡小石还在古文字学、声韵学、楚辞学、书学、中国文学史的研究上颇有建树。所著《甲骨文例》为第一本研究甲骨文文法的著作。他的《齐楚古金表》《古文变迁论》等文对古文字的断代工作起了很大的推动作用。他还著有《中国文学史讲稿》《说文古文考》《胡小石论文集》《胡小石书法选集》《胡小石论文集续编》《胡小石论文三编》《楚辞辨名》《楚辞义例》《远游疏证》《李杜诗之比较》《杜甫北征小笺》《杜甫羌村章句释》等等。

吴蕴瑞(1892—1976),字麟若,江苏江阴人。著名体育教育家。1918年毕业于南京高等师范体育专修科,开始从事体育教学工作。1924年毕业于东南大学体育系,获学士学位。该年赴美留学,先后在芝加哥大学医学院学习解剖学、生理学,在哥伦比亚大学师范学院学习体育,获教育学硕士学位。1927年,由美赴欧洲进行体育考察,秋天回国,任南京第四中山大学(后改中央大学)体育系教授兼主任,为全国最早的体育教授。1930年起,历任东北大学、北京师范大学教授。1933年夏,再回南京任中央大学体育系教授兼主任。此间,他还担任中华全国体育协进会常务董事、教育部国民体育委员会常委等职。1935年,他主编《中小学体育教授细目》24册,从此中国中小学体育教学有了统一教材。新中国成立后,历任南京大学体育系主任、教授,上海体育学院院长,兼任中华全国体育总会筹委会副主任、中华全国体育总会副主席、中国体操协会主席等。他治学严谨,勤奋精励,在体育教学、体育理论上均有建树,是中国现代体育教育事业的重要开拓者。他在教学过程中开辟了运动生物力学的研究领域,是中国运动生物力学研究的先驱。著有《运动学》《体育原理》(与袁敦礼合著)、《体育教学法》及《田径运动》等。

廖世承(1893—1970),字茂如,江苏嘉定(今属上海)人,现代教育心理学家、教育家。1909年考入上海南洋公学,1912年被留美预科学校——北京清华学校高等科录取,1915年入美国布朗大学,攻读教育学和心理学,获教育学学士学位,再入哥伦比亚大学师范学院,获教育学硕士学位。1919年回国。在南京高等师范学校（后改为东南大学）任教育科教授，兼任南高师附属中学校长。1921年又获美国布朗大学哲学博士学位。1924年任东南大学教育科教授兼附属中学主任。（南高师附属中学、东南大学附中均是今南京师大附中前身）。1927年任上海光华大学教育系主任、高师附中主任及副校长。1930年任上海光华中学副校长。1938年10月任国立师范学院院长。解放后先后担任华东师范大学第二副校长，上海第一师范学院院长等职。第二届、第三届全国人大代表。1970年10月20日病逝，终年78岁。

廖世承虽然长期在大学担任重要职务，但他的教育研究和教育思想主要体现在中学教育方面。他主张中学教育应有一种独立精神，而不应该视大学的步骤为转移，中学的学生升学仅占一部分，所以不应以升学预备为唯一宗旨，课程也不应受大学支配。他主张应该"结合原理与应用，探讨中学教育问题"，还主张"引用西方学术成果，尝试西方社会科学研究方法"，对研究的结果要以实践来检验。廖世承还注重青少年道德教育，他说"人格是个人的表现，就是留存于他人心目中的印象"，"与其有知识而没有人格，还不如有人格而没有知识"。他还主张依照我国国情，坚持中学办学途径，不沿用成规，不重抄袭。

廖世承是我国教育试验和心理测验较早的倡导者和实践者。1920年兼任东大附属中心主任期间与舒新城一起进行教育科学实验，根据实验先后写出《实行新学制后之东大附中》、《东大附中道尔顿制实验报告》等书。指出"道尔顿制"不合国情，主张从国情出发，以科学的实验为基础进行教育改革。他与陈鹤琴在我国首先进行心理测验的实验和研究，在实验的基础上编著了《智力测验法》一书。该书列有测验法52种，其中12种为编者自己创造。为求得测验标准，他与陈鹤琴等人在东大开始测验课程，组织学生前往苏浙两省进行试测，使教育测验和心理测验的应用在我国形成热潮。为适应我国教育测验事业的发展需要，廖世承于1925年编出了《测验概要》一书。这本书被认为是测验最简便的普通用书，对推行教育测验和心理测验起了很大作用，尤其是把测验内容由智力扩展到道德和时事政治，把测验形式由个人推展到团体。该书出版后被广泛应用。20世纪20年代，廖世承主张推行新学制——六三三制，并且于1922年写成了新学制的改革方案，与北洋政府颁布的学制改革方案基本相似。

廖世承从事教育50余年，为我国培养了大批人才。他根据在东南大学教育科讲授中学教育的教材编著的《中学教育》一书是我国较早的关于中学教育的专著。另外,他还著有《教育心理学》等。

晏阳初(1893—1990),原名兴复,曾用名遇春,四川巴中县人,是我国现代著名的爱国民主人士、在国内外享有盛誉的平民教育家和乡村改革家。早年入教会学校接受数学、物理、英语等新知识,并接受洗礼皈依基督教。1913年赴香港,入圣保罗书院政治系。1916年赴美国,考入耶鲁大学政治经济系。1918年6月毕业,赴法国为战地华工服务,开办华工识字班,编写"千字课",并创办了《华工周报》。次年返美继续学业,入普林斯顿大学,专攻历史学。后受聘为中华基督教青年会全国协会平民教育科科长,编定《千字课》。先后主持了长沙、烟台、杭州、武汉等地的平民教育试验,成效彰著。1923年8月,与陶行知、朱其慧等在南京发起成立中华平民教育促进会总会,主张"教育救国",并编《平民千字课本》,后任总干事,主持和领导了全国18省32市的平民教育运动。1924年后,逐渐将工作重心转向农村,在保定、宛平等处开展乡村平民教育试验。1925年赴檀香山出席太平洋国民会议,演讲《中国的新生力量——平民教育》,并组成华侨平民教育促进会。

1928年6月,晏阳初赴美国接受耶鲁大学授予的荣誉文学硕士学位。在美期间,呼吁成立了"中国平民教育美国合作委员会"。1929年归国后,率领众多知识分子探索改造中国乡村的途径和方法。他始终坚持"与平民共同生活,向平民诚心学习"的信条,致力于平民教育和乡村建设。针对中国社会愚、穷、弱、私"四大通病",相应提出了"四大教育":(1)以"文艺教育"作为攻愚的利器,以养成"知识力";(2)以"生计教育"作为攻穷的法宝,以养成"生产力";(3)以"卫生教育"作为攻弱的良方,以养成"健康力";(4)以"公民教育"作为攻私的火炮,以养成"团结力"。同时,又完善和试验了"三大方式":(1)学校式教育。创设递进衔接的初级男女平民学校、高级男女平民学校、生计巡回学校;(2)社会式教育。成立同学会、读书会、自助社、合作社、武术团等团体,举办演说比赛会、农产品展览会、拒毒运动,编辑出版《农民周刊》,推广"图书担"、"巡回文库";(3)家庭式教育。除保留了家长对子女施行教育的传统方式外,又组织了家主会、主妇会、少年会,借助了"家庭社会化"的开放方式教育。1936年发起成立"华北农村建设协进会",当选为执行委员会主席。先后赴湖南、四川、广西推广平民教育。1940年在重庆创设中国乡村建设育才院,任院长。1943年赴美出席哥白尼逝世400周年纪念会时,与爱因斯坦、杜威等10人一起被授予"当代世界具有革命性贡献的伟人"称号,成为唯一享此殊荣的东方人。1950年定居美国,致力于国际平民教育运动。1951年受聘为联合国教科文组织特别顾问,先后至菲律宾、印尼等数十个发展中国家访问、讲学,并将中国定县的经验推向国际。1958年在国际平民教育会议上,提出创立国际乡村建设学院的设想。1966年该院在菲律宾创立,其任院长,后改任董事长。他确定"生计、教育、健康、自治连环进行"的方针,前后为44个国家培训了近千名乡村建设专门人才;同时以学院附近的69个村作为"社会实验场",推进乡村改革。1985、1987年两度归国访问,探访定县,支持重庆创设"中国乡村建设研究中心"的设想。晚年担任中国欧美同学会名誉会长。1990年12月病逝于美国。著有《平民教育概论》、《十年来的中国乡村建设》、《农村运动的使命》等,文集有《晏阳初文集》、《晏阳初全集》。

陈裕光(1893—1989),字景唐,浙江鄞县(现宁波市)人,生于南京,现代教育家。1905年考入南京汇文书院附属中学——成美学馆。1911年考入南京金陵大学化学系,1915年毕业。1917年留学美国,入克司大学进修化学工程,后进入哥伦比亚大学深造,获化学硕士和哲学博士学位。1922年回国任北京师范大学教务长兼化学系主任,校评议会主席,还两次代理校长职务。1927年国民政府规定教会大学校长应由中国人担任,陈裕光被聘为金陵大学校长,是第一位担任教会大学校长的中国人。1932年到1936年任中国化学会会长。1934年任全国考选会专门委员。1937年抗日战争爆发后,随金陵大学迁往华西坝。1938年6月至1948年3月任第一届至第四届国民参政会参政员。1946年当选为南京市临时参议长。中华人民共和国成立后续任金陵大学校长至1951年。其间,金陵大学发展成为一所有相当规模的颇具特色的综合性大学。后任上海市政协委员、南京大学教务委员会顾问等职。1989年4月19日病逝于南京,终年96岁。

陈裕光受民国初年"教育救国"思想影响,认识到科学救国不注重人才培养便是一句空话;开发国家资源,使国家富强,必须有一个庞大的知识分子队伍。于是立志从事教育工作。任金陵大学校长期间,他做的第一件事就是向国民政府呈请立案(当时具体立案条例尚未产生),1928年获得批准,是当时国内最先立案的第一座教会大学。立案后又对学校进行改革,实行教学、研究、推广的"三一制"(即三结合);将校理会改为校董会,增加中国籍校董的比例(达到三分之二),又将各院系主任及各级领导改由中国人担任,宗教课由必修改为选修,宗教集会改为自愿参加,金陵神学院与金大脱钩。陈裕光提倡学术思想自由,并鼓励学生参加各种讨论会、读书会,旨在了解社会实际,接受进步思想,因此学校学术空气十分活跃,呈现欣欣向荣的新面貌。1949年,南京解放前夕,他不顾国民党疏散大专院校禁令,谢绝亲友劝说,以"迁校经费无着"为由,毅然决定不去台湾,并组织师生员工护校。新中国成立后,辞去了金陵大学校长之职,定居上海。

张乃燕(1894—1958),字君谋,浙江吴兴(现湖州)南浔人。早年先后就读于正蒙学社、浔溪公学、杭州府学,后苏州东吴大学肄业。1913年赴欧留学,先后在英国伯明翰大学、瑞士日内瓦大学攻读自然科学,以化学为主科,获博士学位。

1920年回国,先后担任北京大学、浙江大学、上海光华大学、广东大学教授。1927年任南京国民政府教育行政委员会委员、江苏省教育厅厅长,同年担任国立第四中山大学校长兼大学院(即教育部)大学委员会委员、江苏省政府委员。1928年国立第四中山大学先后易名为江苏大学、国立中央大学,张乃燕继续担任校长,直到1930年11月辞职获准。1933年5月任比利时公使。1935年5月辞职回国。抗日战争期间,隐居上海,学画山水。著有《世界大战全史》、《芸庐历史丛书》、《有机染料学》、《药用有机砒化物》、《欧战中之军用化学》等。1958年逝世,终年64岁。

张乃燕主张民主办学,在任国立中央大学校长时就取消了校董事会,而以校务会议为民主决策机构,负责审议预算、院系设置、大学课程和各种规章制度、学生考试和训育、校舍建筑和设备添置以及校长交议的事项。校务会议由校长、秘书长、高教部长、各院院长、图书馆长及各学院按教师多寡投票选出的教授讲师代表和全校选出的10位代表组成,以保证半数以上代表为民选产生,旨在使会议的决策具有广泛的民主性和群众基础。校务会议下设政治训育、群育、图书、出版、卫生、体育、教学、稽核9个常委会。学校大事均由各委员会拟案提出,校务会议讨论后表决执行,大力推动了民主治校之风。

徐悲鸿(1895—1953),原名寿康,生于江苏宜兴屺亭桥镇。我国现代卓越画家和美术教育家。自幼随父学画,17岁后相继任宜兴女子师范、彭城中学及思齐女子学校美术教员。1914年入复旦大学。1917年赴日本学西画,不久回国,在北京师范学院艺术系工作。1918年至1927年赴法学素描、油画,其间曾入柏林美术学校两年。归国后往南京任中央大学艺术系教授,兼任上海南国艺术学院绘画系主任,曾任北平艺术学院院长。1929年继任中央大学教授,后兼系主任。1933年至1934年赴欧举办中国画展览会，引起当时欧洲的文化界对中国现代绘画的浓烈兴趣。1935年为广西省政府美术顾问，于桂林创美术馆和广西艺术专科学校。抗战爆发后，随中央大学迁重庆，在磐溪成立中国美术学院。1939年至1940年间，在印度及南洋等地举办画展，筹款赈济在抗日战争中受难的人民。1946年任国立北平艺术专科学校校长。中华人民共和国成立后，任中央美术学院院长、全国文联常委、全国美术工作者协会主席。工于西画、国画。主要作品有《九方皋》（1931年作）、《田横五百士》（1928—1930年作）、《愚公移山》（1940年作）、《雄鸡一唱天下白》（1937年作）等；画集有《悲鸿绘集》、《悲鸿素描集》、《徐悲鸿画选集》、《徐悲鸿的彩墨画》、《徐悲鸿油画》；论著有《美与艺》、《中国画改论》。

徐悲鸿是我国现实主义美术教育的奠基人，是我国民主革命时期新美术运动的先驱。他在艺术创造上所达到的成就和培养青年美术工作者的成绩，显示着他对我国文化艺术事业的卓越贡献。他积极主张继承和发扬民族美术的优良传统，吸收外来的先进经验。他的作品表现了热爱生活、热爱祖国和同情人民的进步倾向。

徐悲鸿特别重视美术教育，一生中把美术教育事业放在首位。当接触到欧洲的近现代美术和教学设施后，他感叹中国美术教育事业的落后，不由得产生要为祖国美术界事业出力争光的志向，坚定了积极办学的志愿。他力图从西学中汲取锻炼造型的有效方法，以改进我国的教学状况。他在经济十分窘迫的条件下，节衣缩食，筹购图书和教具，以备日后办学之需。他先后和齐白石、陈师曾、高剑父、高奇峰、吕凤子等名画家建立友谊，并邀请他们共同负责教学任务。徐悲鸿的教学思想，可用他曾作为座右铭的题字"尊德性而道学问，致广大而尽精微"来概括。他治学认真，要求学生诚实勤奋，以艰苦的劳动来磨炼技术技巧。1932年，他于中央大学任教时出版了《画范》，提出"新七法"，这是对绘画基本练习（特别是素描）的要求。徐悲鸿一贯反对墨守陈法，同时反对不学无术。他要学生认真研究传统技法的成果，从而革新创造，别出新意，不能容忍闭门造车和言之无物。对于学术，他不存门户之见，对各门艺术有广泛的喜爱。

1953年，徐悲鸿因严重的脑溢血病逝，终年58岁。他一生热爱祖国，热爱美术和美术教育事业，创作了大量的优秀作品，培养了许多优秀的美术人才，为我国美术事业做出了不可磨灭的贡献。

俞剑华（1895—1979），曾用名德，学名琨，字剑华，山东济南人，长期寄居上海、南京。20世纪最杰出的中国美术史理论家之一，著名美术教育家,毕生从事美术教学和创作。1918年毕业于北京高等师范学校图画手工科,从陈师曾学画,擅长山水,亦工花卉,兼善书法。俞剑华曾在国内多所高校任教,亦曾担任南京艺术学院教授、江苏文联委员、江苏省政协委员等。

俞剑华深受新文化运动的影响,对20年代美术界排斥中国画、以西画取而代之的状况十分不满。他反对将两者截然对立起来,主张兼容并蓄。他提倡写生,反对临摹。他的《中国绘画史》出版于1937年,其区别于前人的最大特色就是重点突出中国画贵写生与创造的优良传统。对明清西画之东传及中国画之东渡日本,亦有专节论述,插图73幅,收入列家名作。

50年代之后,俞剑华致力于中国美术史论的教学,重点放在民族美术遗产的整理与研究上。在全国艺术院校中首开中国画论课,出版了最完整而系统的巨编《中国画论类编》。1961年他编就的《中国美术家人名辞典》集50年之心血,收入古今书画家、篆刻家、雕刻家、工艺美术家、民间艺术家共3万余人,250余万字,规模空前,成为国内外美术界人士瞩目的重要工具书。他对中国古代画论名著的注释多有贡献,如《历代名画记》、《图画见闻志》、《宣和画谱》等,尤其是《石涛画语录》经他悉心句读、正误、考订、诠释,使这部文字生僻难解的著作得以被人理解。

刘海粟(1895—1994),原名刘九,字季芳,号静远老人,江苏省武进县(今常州市武进区)青云坊村人。杰出的美术家、教育家、美术史家、画家。

刘海粟6岁读私塾,酷爱书画。10岁进绳正学堂。14岁到上海,入画家周湘主持的背景画传习所学西洋画。1912年11月在上海创办现代中国第一所美术学校——上海国画美术院(上海美术专科学校前身),任校长,招收了徐悲鸿、王济远等高材生,并冲破封建势力,首创男女同校,增加用人体模特写生和旅行写生。1918年10月任江苏省教育会美术研究会副会长。1919年到日本考察绘画及美术教育。回国后,为美术院充实课程和设备,使之成为当时国内美术最高学府。

从1931年到1949年,他大部分时间在国外,经常举办画展及讲学。1931年他去欧洲讲学时曾在巴黎举办旅欧美展,法国政府买下其杰作《卢森堡之雪》,珍藏在特巴姆国家美术馆中。1934年他又在柏林举行中国现代绘画展,震动欧洲艺坛,在45天的展期中,参观者多达40余万人。抗日战争时期他到各地办巡回画展,筹款1 200万元支援国内抗战。

1958年,刘海粟任南京艺术学院院长。

刘海粟先生一生历经坎坷，皆因张扬人体写生和西方现代艺术之故，但确立他在20世纪中国艺术史上重要地位的却不是他的西画而是国画，可以说，没有水墨画方面的巨大突破，便没有刘海粟的大师地位。最能代表刘海粟艺术成就的作品，是80高龄以后创作的系列黄山图，从形、笔、色三个方面体现了刘海粟超越前人、自成特色的艺术风格。

黄质夫(1896—1963)，名同义，字质夫。江苏省仪征十二圩人。早年以第一名考入扬州省立第五师范，毕业后留五师附小任教。后考入南京高等师范学校(后改为国立东南大学)。1924年毕业，被江苏省立第五师范学校聘请担任界首分校(后改为江苏省立界首乡村师范学校)主任。

这是全国率先创业的一批乡村师范学校，校址在高邮县界首镇。办校初，学校条件差，教学设施少，黄质夫艰苦创业，亲自筹划建造校舍，置办设备，聘请教师，招收新生，又自己动手制订教学计划和课程设置方案，并在实践中不断探索、改进。他提出乡师的培养目标是：有农夫的身手、科学的头脑、强健的身体、坚强的意志、勤朴的习惯、热心服务的精神，毕业后能当乡村教师，又能参加乡村建设。他重视农业知识的传授，强调"知行合一"，学会从事培养管理农作物的真本领。学校办起了实验农场，有水田、旱田、桑园、蚕室、苗圃、鱼池等，师生们一边教学、一边劳作。还兴办了民众学校、民众医院、民众茶社、壁报栏等，进行服务社会改造乡村的实践。当时，界首乡师是全省乡村师范学校中办得较为出色的一所，黄炎培、江问渔等著名教育家专程到那里考察，给予较高的评价。20世纪30年代出版的《乡村师范概要》一书中，多次提到界首乡师，介绍他们的办学成就和办学经验。

1927年夏，江苏省实行大学区制，黄质夫调任国立第四中山大学南京中学乡村师范科(1932年改为江苏省立栖霞乡村师范学校)主任。

南京中学乡村师范科的前身是1923年建立的江苏省立第四师范学校分校，位于南京近郊栖霞山。黄质夫调任该校之初，学校设施损坏多，屋破墙颓，荒草塞途。黄质夫接事不久即组织师生参加盖房、修路、植树、开辟生产园地，自己动手建设学校，苦心擘划，精打细算，力求用有限的经费办更多的事情。他带头苦干实干，去江边运木料，双肩压肿了也不休息，和师生一起修筑道路，抬土、运石、拉石磙压土等都是顶班作业。在改善办学物质条件的同时，他更注重学校"软件"的建设，选聘优秀教师，修订教学课程，改进教学方法，实行严格训练，努力探索乡村教育的新路。

经过几年的苦心经营,栖霞乡师出现了崭新的面貌。教室、礼堂、自然科学馆、农业研究室、理化器械室、图书馆、师生员工宿舍等均初具规模。教师队伍人才济济,如国文导师任中敏(后在多所高等院校任教,著名词学家)、何棣先(后为贵州大学教授、系主任)、鲍勤士(著名学者)、汪静之(著名作家),数理化导师高直侯,音乐导师敖克成,教育导师胡宏模、姚虚谷等,均为著名的学者和教育家。学校设有学习基地,有农场、林场、各种工场,学生们参加农事、园艺、饲养、建筑、缝纫等生产劳动,手脑并用,增长才干。学校还举办各种社会事业,为乡民提供多方面的服务,如举办民众学校,组织农民读书识字;举办民众茶社,"提倡正当娱乐,指导休闲生活";成立农友社,研讨、改进农事,提倡植树栽桑,介绍农业技术,推广优良品种等;办起了医院、产院,免费为乡民诊治;还办理抵押贷款。

栖霞乡师办得很出色,许多知名人士如梁漱溟、黄炎培、马寅初、陶行知、郭秉文、陈立夫等,相继到那里考察、演讲,全国各地不少学校和教育机构派人去参观。有时人称誉"栖霞乡师在乡村教育独树一帜,它的开拓创新和成果,是同类学校中的佼佼者"。

1930年,国民党反动当局镇压进步人士,晓庄师范被查封,一些进步学生被逮捕,学校负责人陶行知受到通缉,燕子矶小学校长丁超被捕后遭到残酷刑讯。黄质夫被国民党江宁县党部以学生中有反动嫌疑找去"谈话",黄慷慨陈词,据理直言,县党部找不到把柄,只得草草收场。随后,南京中学负责人托词栖师管教不严,要求校长引咎辞职,又用行政手段将黄调离,并派员去学校接收,黄质夫终于被迫离开栖霞乡师。黄离校后发表《为南京中学栖霞乡村师范事告远近乡教同志书》,书中诉述脱离"朝斯夕斯,寝斯食斯"的栖师,"非忘情于乡村教育而去也,亦非不顾事业而去也,乃因环顾现时之是非颠倒,黑白混淆,不得已而去职也",自己"身体虽去,而精神上终不能忘也"。

1932年,黄质夫回到栖霞乡村师范学校继续担任校长。1937年7月,日本帝国主义全面发动对中国的侵略战争。11月中旬,侵略战火已逼迫南京,栖霞乡师仍坚持开学授业,下旬才停课疏散师生,是苏南最后疏散的一所学校。黄校长主动留校看守校产,直至日军向南京发动进攻的前7天,即12月1日,才离开学校踏上流亡的道路。

1939年9月,黄质夫被任命为贵州省立贵阳乡村师范学校校长。这所学校原来管理不善,秩序混乱。黄质夫受命办学于艰困之时,他在恢复学校正常秩序的同时,认真调查研究,提出了迁校边远乡村,开辟新天地的设想。当年冬,他由一个苗族学生做向导,跋涉黔东南山区10多个县乡,进行实地考察,最后选定榕江县为学校新址。1940年初,贵阳乡村师范学校迁至榕江,不久,改为国立贵州师范学校,由教育部边疆教育司直接领导。黄质夫在榕江5年多,为建设学校、开拓边疆教育事业倾注了大量心力,取得了显著的成绩,在校学生占全省在校师范生的40%,成为贵州省规模最大的一所师范学校。

1945年黄质夫因病辞职离校。1946年任江苏省建设厅林正兼经济农场场长,1947年任农林部棉产改进处技正兼总务主任、金陵棉产指导区主任,1950年任苏南棉麻指导所业务组干部、丹阳轧花厂厂长、省农林厅经济处技正。1963年9月在南京栖霞山家中病逝。

2001年《黄质夫教育文选》出版,中国工程院院士、教育部副部长韦钰为该书题词:"耕读一堂,树乡村文化校风;奋斗终身,为后辈学人之师。"

邰爽秋(1896—1976),原名家骏,字叔龙。江苏东台人。曾就读于江苏省立第五师范学堂、南京高等师范学校、东南大学,1923年留美,入芝加哥大学、哥伦比亚大学学习,获教育学博士学位。1927年回国后,历任南京第四中山大学(后改为中央大学)等高校教授、中国民生教育学会理事长、中国民生建设实验院院长、国民政府教育部战时教育委员会委员等职。20世纪30—40年代,邰爽秋竭力提倡民生本位教育,并在农村开展民生本位教育实验达10余年之久,产生了很大的社会影响,与晏阳初、梁漱溟、陶行知并称为"中国教育界四大怪杰"。同时邰爽秋也是倡立教师节的第一人。

邰爽秋鉴于当时国内教育人员待遇菲薄、地位低的状况,认为要发展民众教育就必须提高教师的政治、经济和社会地位。只有形成尊师重教的社会风气,才能振兴中国的教育事业。1931年5月,他联络著名教育家倡议建立教师节,发表"教师宣言",提出保障教师地位、提高教师待遇、增进教师修养3项要求,拟定每年的6月6日为教师节,并于当年6月6日在南京大学致知堂举行了第一个教师节庆祝活动,京沪许多教育界人士参加了此项活动。但是,国民政府教育部没有接受此项建议。他采取各种方法向社会呼吁,力争设立政府认可的国家教师节,并为此撰写了《教师节运动史略》、《教师节与教师幸福问题》等书,广为宣传,为全国响应。为了推广民众教育,他还设计制造了一种可使图书流动阅览的"普及教育车",被教育部通令全国使用。

邰爽秋的民生本位教育思想独树一帜。他认为民生教育应以发展社会生产解决人民生计为中心,寓一切教育于民生建设之中,教育应当适应中国最大多数民众最迫切的需要,并以此为基础。他的民生本位教育实验坚持"教育民生同建设",教育与生产劳动紧密结合并为生产劳动服务,以劳苦大众为教育对象。其中教育实验,包括个人和社会两个方面,遵循力行、经济、巡回、因应、自动、互动6大道德原则,采用经济分团制、混合教育制、全年施教制、巡回教育制和互教互学、自教自学制5种方式。课程实验强调技术中心和以经济活动为基础,强调教材的实用化和通俗化。这些做法适应了农村劳苦大众的需要,符合中国实际,体现了现代教育发展趋势,对于农村各类教育的改革发展是有重要借鉴价值的。

茅以升(1896—1989),字唐臣,江苏镇江人。著名桥梁学家、教育家。唐山工业专门学校毕业。赴美留学,1917年获康奈尔大学土木工程硕士学位,1919年获加利基理工学院工学博士学位。归国后在南京任教,先后任东南大学工科主任、河海工科大学校长等。1933年主持建造钱塘江大桥。后任唐山工学院院长。1942年后,任教育部部聘土木系教授、交通部桥梁设计工程处处长、中国桥梁公司总经理、中央研究院院士、中国工程师学会会长。1949年后,任上海科联主席、交通大学校长、铁道部铁道科学研究所所长、中国科学院学部委员、历届中国政协委员、九三学社副主席等职。

茅以升不仅是一位优秀的土木工程专家和桥梁学家,而且还是一位杰出的工程教育家。他以其不凡的学识和才能,致力于授业育人和教育改革,并在实践中形成了丰富的教育思想。

在技术教育模式上,茅以升认为应当遵循"实践——理论——实践"模式,体现出自己有别于科学教育的特色之处,对传统的教育模式进行了彻底的改革。他对于课程的制订和安排是基于对工作任务的分析之上的。根据工作任务的要求,工作者必须具备相应的理论知识和工作技能,而这些都要在课程内传授,其传授的地点是不同的。理论知识要在课上学习,而技能就必须在现场(包括学校内的工场和企业性的工厂)来进行。要求学生在修完每一学年的课程后,应当能担当某一阶段的任务。在每一阶段结束后学生可以从事一定工作岗位上的工作,还可以继续深造。在高等工程教育培养"通才"还是"专才"的问题上,茅以升有着独特的见解,提倡"通而专,专而通"的教育思想,并称之为一个基本的"方针"。

在教学方法上,茅以升倡导并实行启发式教学,以发挥学生在学习中的主体作用,独创了"以考先生来考学生"的教学方法:"让学生提问题由教师回答,或这个同学提的问题让那个学生回答,学生提出的问题教师答不出就给他满分。若提不出问题,就请回答后面同学的提问。"

茅以升极为重视学生的公德教育并身体力行,同时重视学生的全面培养,主张文理结合,强调提高学生的人文素养。

罗炳之(1896—1993),原名廷光,著名教育家,外国教育史专家,江西省吉安县人。1916年毕业于吉安中学后任小学教师。1918年在南昌考入南京高等师范学校。1921年,于南京高等师范学校毕业后,在厦门集美师范任教一年,接着改任河南第一师范教师,并兼任附小主任。1925年回南京入东南大学进修教育,兼习文理科。1926年大学毕业后,先后在南昌鸿声中学、扬州中学、无锡中学任教,并于1926年下半年写成《普通教学法》一书。1928年公费留学美国。8月入斯坦福大学教育研究院,次年改入哥伦比亚大学师范学院学习教育行政和比较教育等学科。1931年获硕士学位后,应国立中央大学之聘返国任该校教育学院副教授,翌年升为教授,兼教育社会系主任及本校实验学校(包括附中、附小)校长。1934年又往英国留学,入伦敦大学皇家学院研究教育学。1935年8月代表中国教育学会和中国社会教育社出席在英国牛津召开的第六届世界教育会议。1936年,在英国研究工作结束,即往欧洲大陆考察了法、德、意、丹、波、苏等国的学校教育、社会教育团体和其他教育机关,下半年返国后,在河南大学任教授兼教务长和教育系主任。1937年,接受北平大学之聘,准备北上,孰料抗战爆发,北大、清华、南开在长沙和南岳衡山组成临时大学,在南岳晚大任教。1938年随校迁往昆明,改为西南联合大学。1940年离开昆明,前往江西泰和任中正大学教授兼教务长、社会教育系主任,并与同事、同学创办了正大中学,任董事长,直至抗战胜利。1946年回南京,任国立中央大学教授兼师范学院院长,并重建师范学院的附中、附小。1948年辞去院长职务,专任教授,并被聘为联合国教科文组织中国委员会委员,出席了当年秋季在南京召开的该会成立大会。

解放后,国立中央大学改为南京大学,罗炳之在该校任教授兼教育系主任。1952年全国院系调整,南京师范学院成立,即任南师教授,后兼任院务委员会委员及院学术委员会委员。1961年秋,他被特邀参加教育部在北京召开的全国师范教育工作会议,还参与制定了高等师范院校教学计划。20世纪70年代拨乱反正后,仍然战斗在师范教育第一线,为促进我国师范教育的现代化作努力,体现出一片赤诚之心。

罗炳之从教 70 余年,历经我国教育兴衰起伏的发展变化,对维护师范教育的独立竭尽全力,他认为师范教育旨在培养合格的师资,这不仅直接影响到中小学的教育质量,也关系到全民族文化素质的提高,是一个具有战略意义的问题。为此,合格的师资培养除了进行智育、体育、美育等外,应特别重视道德教育,而其中教师人格的感化,又是最重要的,教师之所以受人尊重,就在于"必其人道高学博,经明行修,为学者树一良好模范,俾感化于无形。"

罗炳之教育科学研究注意与教学结合进行,涉及范围甚广,造诣很深,举凡中外教育史、比较教育、教育行政、教育基础理论及教学法等皆有较深入的研究,先后撰写了教育论著 20 余种和论文 100 余篇,著有《教育科学研究大纲》、《教育行政》、《外国教育史》等。

高觉敷(1896—1993),原名高卓,字觉敷,生于浙江温州。心理学大师,著名教育家。1916 年考入北京高等师范学校英文部。1918 年考入香港大学文学院教育系,1923 年毕业。先后受聘于四川大学心理学科、中山大学师范学院、复旦大学等。抗战胜利后,任金陵大学教授,教育系主任。新中国成立后,被任命为南京师范学院筹备委员兼办公室主任。1952 年,南京师范学院建立,担任教务长,1957 年任副院长。

早在香港大学期间,高觉敷就对心理学产生了浓厚的兴趣。大学毕业后,除了从事心理学的教学工作外,还致力于心理学史、心理学流派的研究与译著。高觉敷先生的学生陈孝祥曾言:我们称颂高老夫子,像苏轼称赞韩愈那样,"匹夫而为百世师,一言而为天下法",一点也不夸大。从 1923 年起,高觉敷陆续在《教育杂志》上发表了《新心理学与教育》、《心理学的对象与方法》等评介西方心理学派的文章,共计 150 多篇。1926 年主编出版了第一部百科全书式的《教育大辞书》,这部辞书有极高的学术价值。时至今日,《英汉心理学词汇》中的许多条目仍是参照其修订的。在心理学领域高觉敷可谓著作等身,三四十年代的主要著作有《教育心理学》、《心理学讲义》等,译著有波林的《实验心理学史》、考夫卡的《儿童心理学新论》以及格式塔学派的一些代表著作,在传播西方现代心理学方面做出了历史性的贡献。1978 年以后,他又主编出版了《西方近代心理学史》、《中国心理学史》等。1983 年,美国利黑大学心理系名誉教授 J. 布劳柴克博士在其《世界各国的心理学史研究》一书中,认为高觉敷先生主持编写的《中国心理学史》是"编撰一卷以研究从孔子到现在的原始材料为基础,全面论述中国心理学史的著作,也是最庞大并为国际学术界特别关注的科研计划,填补了世界心理学宝库的空白"。

高觉敷不仅为我国心理学事业的发展培养了大批人才,也为师范教学作出了突出贡献。作为南京师范学院教务长,他认识到高师教育是整个普通教育的关键,办得好坏直接影响到中学教学的质量。于是他着力宣传"师范化"和"面向中学",要求教师学习教育学,学生的教育实习也增加到三年级和四年级各进行一次。高觉敷认为:要将师范性与学术性融合为一,一方面是学而不厌,另一方面是诲人不倦。如果高师教育既重视学科教学训练,又重视专业训练,共同提高,就可突破师范化的片面性。高师教育的特点不仅在于接受教育学、心理学的教育,进行教育实习,而且要用教育观点鉴别教材和讲授教材。

刘敦桢(1897—1968),字士能,号大壮室主人,湖南新宁人。著名建筑学家、教育家,1913年考取官费留学日本,1916年入东京高等工业学校机械科,次年转入建筑科,1921年获学士学位。1922年回国,与柳士英等创建了第一所中国人经营的华海建筑师事务所;1923年又与柳士英等创设了苏州工业专门学校建筑科并任讲师,为国家培养了首批建筑工程方面的人才。1927年任南京中央大学建筑系副教授;1930年任中国营造学社研究员兼文献部主任。1943年至1949年任中央大学建筑系教授、系主任、工学院院长;1949年至1968年任南京大学和南京工学院建筑系教授、系主任、中国建筑历史与理论研究室主任。1951年当选南京市人大代表;1954年被选为江苏省人大代表;1964年被选为第三届全国人大代表。1955年被任命为一级教授和中科院技术科学部委员。1956年参加中国共产党。此外,还担任全国和省、市建筑学会的理事、理事长等职。

刘敦桢在南京设计了一批民用建筑以及中山陵前的光化亭、中央大学学生宿舍、食堂和中央图书馆阅览楼等。1960年至1966年,对南京瞻园的改建,是他最成功也是最后的建筑制作,也是他对园林研究的具体实践。

刘敦桢在中央大学建筑系的建系方针为:综合欧美与日本等国建筑学专业之所长,培养以建筑设计为主,加强建筑结构和建筑营造等工程知识,既具有广泛的科学知识和较好的设计与表现能力,又能妥善解决我国实际问题的建筑师。并制定学制为四年,课程按学分计算。这些原则不但成为该系数十年办学的依据,而且还成为兄弟院校新建这一专业的重要参考。

潘　菽(1897—1988),原名有年,曾用名潘叔,字水叔(水菽),江苏宜兴人。1920年毕业于北京大学哲学系,旋即赴美就读于印第安纳大学,1923年获硕士学位;1926年获芝加哥大学哲学博士学位。1927年回国后,在南京第四中山大学任心理学教授、系主任。抗战胜利后,1946年潘菽等在重庆发起组织九三学社,并担任理事,团结有名望的知识分子,配合毛泽东在党的外围开展反蒋斗争。

1951年7月,南京大学改行校长制,潘菽先后任教务长、校务委员会主席、校长,为改造并建设南京大学作出了积极贡献。曾任政协江苏省第一届委员会副主席,第一至三届全国人大代表。1955年被选为中科院生物学部委员、中国心理学会理事长。1956年任中科院心理学研究所所长,同年加入中国共产党。1958年任九三学社中央委员会副主席。还任中国科协常委,第五、六届全国政协常委,第七届全国政协委员。1983年改任心理学研究所名誉所长,中国社会心理学顾问。

潘菽是中国现代心理学奠基者之一,毕生致力于探索建立科学心理学的途径,主张我国心理学应以辩证唯物论为指导,密切结合我国实际,有分辨地继承古代心理学思想,批判地吸收国外心理学研究成果,走自己的发展道路。他大力倡导并率先进行心理学基本理论的研究,对心理学的对象、任务、方法、学科性质、心理活动与高级神经活动关系等许多重大理论问题提出了深刻而独特的见解。他的心理学思想对中国心理学的发展具有广泛而深远的影响。他学识渊博、治学严谨,精心培养了很多心理学专业人才,为我国心理学的发展作出了重要贡献。主要著作有《心理学概论》、《社会心理学基础》、《心理学的应用》、《教育心理学》(主编)、《中国古代心理学思想研究》(与高觉敷合作主编)、《人类的智能》(主编)等,并有论文80多篇。

罗家伦(1897—1969),字志希,生于江西进贤,著名教育家、历史学家。1914年考入上海复旦公学,1917年入读北京大学文科,其间曾主编《新潮月刊》,撰写"五四运动"宣言,为"五四运动"学生领袖之一。1920年赴美留学。1922年起,又相继留学英、德、法等国。1928年9月,受命任国立清华大学校长。以学术化、平民化、廉洁化、纪律化为宗旨,提出了"学术独立"的总目标和发展清华的具体措施,为建立清华的学术传统做出了重大贡献。但他作风专断,不尊重师生意见,引起师生的"驱罗"运动,1930年5月被迫辞职。

1932年9月,罗家伦出任南京国立中央大学校长,凡十年,是中央大学21年历史上任期最长的一位校长。他就任后,即提出了中大"安定、充实、发展"的重建方略,稳定教学秩序,广聘教师,调整院系,改革课程,扩充设备,使中大稳步发展。他所提出的"诚、朴、雄、伟"的学风,逐渐成为中大人的共识而蔚然成风。1941年调离中大,曾出任滇黔党政考察团团长、西北建设考察团团长、监察院首任新疆监察使。抗战胜利后,先后担任联合国教科文组织筹备会议代表、首任驻印度大使兼世界各国驻印使节团团长。后赴台湾。

陈　章(1900—1992),字俊时,又名端臣,江苏苏州人,著名电子学家、教育家,中国电机电子高教事业的开拓者。1921年毕业于上海交通大学。1924年8月自筹经费入美国普渡大学电机系深造,翌年获硕士学位。1926年10月归国,曾在南京军事交通技术学校等校任教。1932年秋受聘为南京中央大学电机系教授,主讲电工基础、电力传输、电照学、电话学、电力厂、电力铁路等课程。1935年,任中央大学电机系主任,主讲无线电工程课程。他锐意发展电信教育,使中央大学电机系电信组的师资设备和在学学生数很快达到与电力组相同的规模。1943年,他还使"电子学"成为一门独立课程,为国内首创。

中华人民共和国建立后,陈章历任南京工学院无线电系教授、系主任、名誉系主任。1950年参加九三学社,自1950年起历任九三学社中央委员、南京市首届人大代表、江苏省第一至三届人大代表、江苏省政协第四届委员和第五届常委、中国电子学会会士和名誉理事。1985年加入中国共产党。主要著作有《无线电工程学》、《电力工程概念·电力铁道·电子学浅论》、《无线电基础》等。

杨廷宝(1901—1982),字仁辉,河南安阳人。著名建筑学家、建筑教育家。1915年,入北京清华学校(清华大学前身)。1921年,赴美国留学,在宾夕法尼亚大学学建筑,学习成绩优异,曾先后获得全美建筑系学生设计竞赛的艾默生奖一等奖。1927年回国加入基泰工程司,是建筑设计方面的主要负责人(他的作品都称基泰工程司而不计个人姓名)。基泰工程司业务遍及全国许多城市,是当时有影响的建筑事务所之一,杨廷宝在此工作直至1949年。1940年起,他兼任中央大学建筑系教授。中华人民共和国成立后,历任南京工学院建筑系教授、系主任、副院长、建筑研究所所长、中国科学院技术科学部委员、中国建筑学会第五届理事长。1957年和1965年,两次被选为国际建筑师协会副主席。是一届至五届全国人大代表。

50多年间,杨廷宝完成了100多项各种类型的建筑工程设计,作品遍布各大城市。他在设计中博采各家之长,兼容并蓄,勇于探索和创新,注重因地制宜,强调符合国情,讲究实用、经济与美观大方,为我国建筑设计事业做出了杰出贡献,在国内外建筑学界享有很高威望。在建筑教育上培养了大批建筑设计优秀人才,为我国建筑设计事业奠定了基础。

唐圭璋(1901—1990),南京人。1915年考入南京江苏省立第四师范学校,受到仇埰校长的赞赏。1919年"五四运动"爆发,参加了南京市大、中学生联合会组织的罢课游行活动。1922年夏,考进了东南大学,在词曲专家吴梅师的熏陶下,一面作词唱曲,一面开始汇辑《纳兰容若词》,后来出版了《宋词三百首笺注》。1928年在南京江苏省立第一女子中学教国文,同时又在中央军校教历史。在教学之余,继续研究词学,并于1931年开始编纂《全宋词》,后来成为词学大师、著名学者、作家。历任中央大学副教授、教授,金陵大学教授、南京大学、东北师范大学、南京师范学院、南京师范大学教授,江苏省文联理事、中国词学会名誉会长、中国韵文学会会长、《词学》杂志主编、江苏省政协第二至四届委员、南京市第四至六届人大代表。

唐圭璋一生从事词学研究和教学工作,桃李满天下。20多岁起,他陆续发表了词学著作,有《全宋词》、《全金元词》、《词话丛编》、《词学论丛》、《宋词纪事》、《唐宋词简释》、《梦桐词》、《宋词四考》等20多部,总数达1 000余万言。其中抗战前完成的《全宋词》编纂,为其集大成者,收两宋词人千余家,词两万多首,1940年由商务印书馆在香港出版线装本。在词学研究中,特别是词学资料的搜集、整理、考证、鉴别等方面,唐圭璋作出了特殊的贡献。作为博士生导师,他治学严谨,为祖国培养了一大批词学研究的专门人才。他不仅词学造诣精深,而且工于填词。赢得了海内外广大学术界的推崇,被誉为词学界一代宗师。

李方训(1902—1962),江苏仪征人。1921年入金陵大学学习,1925年以优异成绩毕业后留校任教。1928年又赴美国留学深造,获得美国西北大学化学博士学位。1930年回国后担任金陵大学理学院院长,当时年仅28岁。此后的30余年中,李方训一直在母校从事着教学和科研工作,辛勤耕耘,为祖国的教育事业付出了全部的心血。1940年以来,历任中国化学会常务理事及中国化学会志和化学学报编委。1949年参加中国民主同盟。1951年被任命为金陵大学校长。1952年南京大学与金陵大学合并,他被任命为南京大学教授、副校长。1955年当选为中国科学院首批学部委员,是南京大学历史上第一位学部委员(后改称院士)。1957年,他被任命为国务院科学规划委员会委员。1959年当选为第三届全国政协委员。他还担任过江苏省人大代表、民盟中央委员、民盟江苏省副主任委员、江苏省及南京市保卫世界和平委员会副主席,中国化学化工学会理事等职。

李方训是我国最早从事物理化学研究者之一。他提出的离子水化绝对熵和水化热理论以及一系列关于计算水溶液中离子极化、离子半径、离子表现体积和抗磁性磁化率等公式得到国际化学界公认,对物理化学和电化学的基本原理做出了重要贡献。在从事化学教育和科学研究的30余年中,为国家培养了众多人才,在工作十分繁忙的情况下,仍亲自指导研究生和青年教师。在他领导下,学校创建了电化学实验室和电化研究室。著作有《水合离子熵的绝对值》、《气态离子的水化热》、《无限稀溶液中表观离子体积》、《溶液离子与晶太离子抗磁化率间的关系》、《葛氏剂的电池电动势研究》、《电介质氯酸钾在混合电解质溶液中的溶解度》等。

范存忠(1903—1987),字雪樵,江苏崇明(今属上海)人。1917年在江苏太仓中学学习,1919年参加"五四运动",被勒令退学。后进入东南大学文理科学习,1926年毕业,获学士学位。1927年赴美国伊利诺伊大学留学。1928年获该校文学硕士学位。1931年获得哈佛大学哲学博士学位。当年回国后至1949年,一直在中央大学任教。解放后,历任南京大学教授、副教务长、副校长,民盟中央委员、民盟江苏省委第三至五届副主任委员,是第三、五、六届全国人大代表。

范存忠从美国留学回来,基本上就职于南京的高校,为南京的教育事业做出了重要贡献。他长于外国文学,尤长于启蒙运动时期的英国文学研究,对中英比较文学有专题研究,为促进中外文化交流做出了出色的贡献。范存忠著述颇丰,有《英国文学史提纲》、《英国史提纲》、《英语学习讲座》、《英语语言文学论集》、《歌德与英国文学》、《英国文学论集》等。

曾远荣(1903—1994),四川南溪人。1927年毕业于清华大学数学系,同年赴美国留学。1930年获得美国芝加哥大学硕士学位,1933年获博士学位并于当年回国。先后就职于中央大学、清华大学、西南联合大学等,从1950年7月起任南京大学数学系教授。

曾远荣在南京工作和生活的时间较长,前后共计45年。他长期从事泛函分析的研究与教学。30年代以来,致力于算子谱论、广义双直交系、非线性映射理论、四元数拓扑环中非线性问题的解析理论等方面的研究,并取得重大突破。他是最早提出建立计算数学专业的人,并起了积极的推动作用。他在希尔伯特(Hilbert)的空间算子理论,特别是三部分解与广义双直交系方面的开创性贡献受到人们的极大关注。他在泛函分析的教学与研究上辛勤耕耘了60多个春秋,培养和造就了一批数学人才。他为南京的教育事业做出了巨大贡献,对中国的数学事业的发展起了重要作用。

傅抱石(1904—1965),原名瑞麟,生于南昌。1919年小学毕业后升入江西省第一师范学校。1923年毕业,在师范附小任教,后到江西省立中学高中部美术科任职。1933年留学日本,专攻雕塑及东方美术史,研究绘画、书法、篆刻。回国后,任中央大学艺术系教授。先后在重庆、成都等地举行画展。与齐白石有"北石南石"之称。新中国成立之后,任南京师范学院美术系教授、江苏省国画院院长、中国美术家协会副主席等职。并先后当选为第三届全国人大代表、第二届全国政协委员、江苏省人民委员会委员、美协江苏省分会主席、全国文联委员、江苏省书法印章研究会副会长等。

傅抱石先后在南京工作达22年。在此期间,他创作了许多艺术珍品和理论著作,对南京的教育做出了巨大贡献。如在南京师范学院时,他亲抓教育建制、课程设置、教学内容、教育方法,做了许多卓有成效的工作。他继承和发展了民族绘画的传统,培养了一大批青年画家。为了纪念南京解放创作的《龙蟠虎踞今胜昔》,为了缅怀革命先烈而作的《雨花台颂》等,都堪称珍品。傅抱石与关山月合作的《江山如此多娇》悬挂于北京人民大会堂内。他擅长山水画,亦工人物,注重意境,善于将水墨彩色融合一体,自成风格。著有《傅抱石画集》、《中国的绘画》、《中国的绘画理论》、《中国美术年表》、《中国绘画变迁史纲》、《国画源流概述》、《中国的山水画和人物画》等。

【第十一章】
中华人民共和国建立初期的南京教育(1949—1956)

1949年10月1日,中华人民共和国成立。这标志着中国革命开始由新民主主义向社会主义过渡。教育的性质也随之发生了根本的转变。

1949年4月23日,南京解放后,就对旧教育有计划、有步骤地加以接管、接收、接办和改造,使之为人民服务、为生产建设服务。1953年,中共中央提出过渡时期的总路线,并开始执行发展国民经济的第一个五年计划,使教育工作纳入国家发展轨道。1953年至1954年,按照中央提出的"整顿巩固,重点发展,保证质量,稳步前进"的文教工作总方针,南京对教育进行整顿和提高,各级各类教育稳步发展。1956年基本完成对生产资料所有制的社会主义改造,贯彻中央"加速发展,提高质量,全面规划,加强领导"的教育工作方针,南京教育有了较大发展。南京市的教育工作在原国民党统治区的教育基础上,开始了社会主义教育的建设历程。

第一节 对旧教育的接管、接收和接办

1949年初,在中国人民解放军向南京胜利推进的过程中,陷入深重军事、政治危机的南京国民政府,曾拟定了《国立院校应变计划》,并指令在宁各国立院校草拟知名教授名单,企图将他们裹胁出走。在中共南

第十一章　中华人民共和国建立初期的南京教育（1949—1956）

京地下组织领导下，南京各高校、中等学校的师生奋起反搬迁，开展了保护学校、迎接解放的斗争，从而挫败了迁校阴谋。对于旧中国的教育事业，中国共产党采取十分谨慎的政策。1949年4月25日，中国人民解放军总部发出《布告》，宣告"保护一切公私学校、医院、文化教育机关、体育场所和其他一切公益事业。凡在这些机关供职的人员，均望照常供职，人民解放军一律保护，不受侵犯"。① 这一政策得到全市教育界广大教职工的拥护和支持。4月28日，中国人民解放军南京市军事管制委员会成立，刘伯承任主任，宋任穷任副主任，对南京实行军管。5月1日，中共南京市委成立，刘伯承为书记，宋任穷为副书记。5月10日，南京市人民政府成立，刘伯承兼任市长，柯庆施、张霖之任副市长。中华人民共和国成立后，南京市为中央人民政府直辖市。在中共中央和华东局的领导下，按照"各按系统，原封不动，自上而下，先接后分"的方针，南京市军管会和市委、市人民政府立即着手对旧学校有步骤地予以接管、接收、接办和改造。

一、全面接管公立学校

南京市的全面接管工作是从1949年5月1日开始的。市军管会下设军事、财经、交通、政务、文化教育5个接管委员会，直接担负接管工作。文化教育接管委员会负责接管全市的文化教育机构，主任徐平羽，副主任王明远、任崇高。下设市教育系统接

1949年，国立南京大学同学在校门前合影。

管部，负责接管市立学校以及各教育机关，部长朱泽甫，副部长尚云如、郑康；国立省立教育系统接管部，负责接管国民政府国立、省立教育机关、学术机关、学校及其附属实验所等，部长赵卓，副部长王昭铨。各级公立学校接管工作由文教接管会派出军事代表和联络员到各校，其接管

---

① 《当代中国教育》第一编，当代中国出版社1996年版，第32页。

任务是：宣布接管命令，收缴武器，封存档案材料；召开教职工大会或师生员工大会，宣传共产党的方针、政策，迅速建立学校的新秩序，正式开学上课，使教职工安心工作，学生安心学习；取消反动的训育制度，推行民主管理；解散校内国民党、三青团等反动组织，停止其一切活动；清查学校全部财产。5月7日，市军管会委派文教接管委员会国立省立教育系统接管部部长赵卓为国立中央大学军事代表，负责该校接管事宜。在市军管会文教接管委员会主任徐平羽的指导下，国立中央大学成立了由校维持委员会委员、教授代表、职员代表、助教代表、学生代表、工人代表组成的接管工作组。在深入动员的基础上，采取公开报名的方式，动员师生员工参加接管、清点工作。几天之后，先后有2 900余名师生员工踊跃报名，占全校成员的92%。全校分为15个分组，400多个小组，从5月18日起对各院系、各部门的物资、设备等进行清算、查验。至6月9日，清点工作基本结束。其他高校、中等学校的师生员工也都参与了接管、清点工作，时间大约一个月，共接管了8所国立普通高等学校，计学生7 807人，教职员2 343人；中等职业学校7所（其中国立5所、市立2所），学生828人，教职员300人；中等师范学校2所（省立1所、市立1所），学生548人，教职员111人；普通中学12所，学生9 657人，教职员744人；小学和幼稚园179所（市立小学170所，市立幼稚园1所，国立中央大学附小2所，机关、企业附小6所），学生59 779人，教职员2 214人。

接管之后，市军管会和市委、市人民政府即对部分学校作了初步调整和整顿。高等学校方面，国立中央大学于1949年8月8日更名为国立南京大学（次年10月更名为南京大学），并于当年秋季招收新生。国立药学专科学校（后改为华东药学专科学校）两校充实和加强领导班子，成立了校务委员会，实行民主管理；解散了由国民党中央直接控制，专门培养党务、法政官员的国立政治大学和私立建国法商学院，对师生员工进行了妥善安置；国立东方语文专科学校、国立戏剧专科学校、国立边疆学校分别并入北京大学、中央戏剧学院、中央民族学院；国立社会教育学院迁无锡，与江苏省立教育学院和私立无锡国学专修学校合并，成立苏南文化教育学院；国立音乐院迁天津，与鲁迅艺术学院音乐工作团、北京艺术专科学校音乐系合并，成立中央音乐院。中等职业学校和师范学校方面，停办了国立高级印刷职业学校；解散了国立淮河水利工程总局附设高级水利工程学校，部分师生转入高邮苏北建设学校；国立高级窑业职业学校迁山东，并入山东博山工业干部学校；国立中央高级护士

第十一章　中华人民共和国建立初期的南京教育(1949—1956)

职业学校(后改为南京军区总医院附设医学专修科)、国立中央高级助产职业学校(今江苏健康职业学院)维持原规模,继续开办;将原市立商业职业学校改为市立财经学校(今南京铁道职业技术学院),原市立农业职业学校改为市立农业学校(今南京森林警察学院);原省立江宁师范和市立师范以及上海体育专科学校的两个体育师范班合并为一校,定名为南京市师范学校。另外,对原4所国立高等院校附设的职业科作了调整:国立音乐院附设的幼年班和国立中央大学附设的医事检验职业科均停办;国立戏剧专科学校附设的职业科随校迁往北京,并入中央戏剧学院;国立药学专科学校附设的高级药剂职业科继续开办。中小学方面,根据"既不裁减,也不扩大"的原则,公立中小学一般按原规模开办。

二、稳妥接收外国津贴学校

1950年6月,美国悍然发动侵朝战争,战火很快燃烧到中朝两国界河鸭绿江边,威胁着新生的中华人民共和国。1950年11月13日,金陵大学和金陵女子文理学院的3位美籍教授公开诽谤中国人民的抗美援朝,为美国侵略行径辩护,激起爱国师生的强烈反对。12月6日,南京大学、金陵大学等15所大中学校7 000余名学生举行"反侮辱、反诽谤"控诉大会,苏州东吴大学等14所教会学校的师生也奋起响应,举行反美爱国大会,声援南京金陵大学、金陵女子文理学院等校师生的爱国行动。

当月17日,美国政府宣布冻结中国在美国的全部财产,停止拨发金陵大学、金陵女子文理学院、东吴大学3所教会大学的一切经费,中国政府对此立即做出反应,下令冻结了美国的在华财产。根据急剧变化的形势,1950年12月29日,政务院发布《关于处理接受美国津贴的文化教育救济机关及宗教团体的方针的决定》,金陵大学、金陵女子文理学院师生立即致电周恩来总理,表示坚决拥护政务院决定。1951年1月,根据政务院决定和华东军政委员会教育部指示,南京市人民政府开始登记接收外国津贴的学校和外国教会所办的学校。至7月,市人民政府分别接收了金陵大学、金陵女子文理学院2所高校,弘光中学、金陵大学附属中学、明德女子中学等10所中学,益智小学、汇文小学等16所小学以及金陵高级护士职业学校,收回了中国的教育主权。政府接收后,高校和中等学校部分改为公立学校或与公立学校合并:金陵大学、金陵女子文理学院改为公办;弘光中学改为市立第九中学,金陵大学附中与金陵女子文理学院附中合并,改为市立第十中学(今金陵中学),道胜中学与惠民中学合并改为私立下关中学，后改为市立第十二中学；金陵高级护士学校改为南京人民鼓楼医院附属护士学校。部分中学改为完全由中国人自办的私立学校：汇文女中、明德女中、中华女中、青年会中学由政府协助仍为私办。小学方面，益智小学、育群

1951年金陵大学与金陵女子文理学院合并组建新的金陵大学。图为新金大成立大会会场外景。

小学、铸英小学均由政府接办；汇文小学、中华女中附小、育才小学、卫斯理小学、明德小学、类思小学、信义小学、益世小学、浦口小学、道胜小学等改由私人办理，政府予以帮助；三育小学、汉中堂小学、培基小学尚未具备自办条件，暂缓处理。9月，经华东军政委员会教育部核准，金陵大学与金陵女子文理学院合并为公立金陵大学。1952年，上述私立中小学均改为公立。

三、积极接办私立学校

从1949年6月开始，南京市人民政府对全市私立高校和中小学进行登记工作，参加登记的私立高校3所，学生952人，教职工108人；私立中学59所，335个班（高中101个班，初中234个班），学生9 676人（高中2 991人，初中6 685人），教职员985人；私立小学90所，430个班，学生13 070人，教职员652人（以上均不含外国教会办的高校和中小学、职业学校）。根据"积极维持，逐步改造，重点补助"的方针，人民政府对原有的私立学校作了初步的整顿与改造。高校方面，建国法商学院停办，重辉商业专科学校、南京工业专科学校分别迁往杭州、上海办学。中小学方面，少数不具备办学条件的停办，部分私立中小学逐步改为公立或与公校合并。对继续私办的学校，政府采取积极扶持的政策，对办得有成绩的加以奖励，对经费困难的给予补助，对管理不善的加强政治领导，提高其教学、管理水平。从1952年下半年开始，根据中共中央指示，全市私立中小学大部分由人民政府接办。至1956年7月，在私营工商业的社会主义改造高潮中，仅存的少数私立中小学也全部改为市立学校。

第二节 对教师的团结、教育和改造

在接管、接收、接办旧学校后,南京市根据中共中央"争取、团结、教育、改造"的知识分子政策,开始了对教师的团结教育改造工作。广大教师通过政治锻炼和教学实践,思想觉悟和业务水平逐步得到提高。随着国家经济、财政状况好转,教师的地位和待遇也有所改善,工作积极性被调动起来。

一、教师的政治理论学习和思想改造

南京解放前,国民党反动派在政治上采取各种手段迫害教师,在思想上进行反苏、反共、反人民的宣传,欺骗和毒害广大教师。当时的教师多数出身于剥削阶级家庭,受的是旧教育,在政治上有不少模糊认识,思想上受帝国主义、封建主义的影响也较深,但他们中的大多数人是爱国的,少数人参加了革命,一部分人则同情革命,参加了"反饥饿、反内战、反迫害"等爱国民主运动,多数人对革命抱着中立的观望态度。南京解放初,多数教师在革命胜利形势的影响下,精神振奋,愿意在中国共产党和人民政府领导下从事教育工作,但还有不少教师对党和政府有许多误解和疑虑等。这种状况,同全心全意为人民服务和为社会主义建设服务的要求不相适应,需要进行思想改造。

1. 有效组织政治理论学习

南京解放后,中共南京市委、市人民政府针对教师队伍的思想状况,及时组织教师参加政治理论学习,举办形势与任务、党的方针与政策、共产主义与共产党等内容的报告会,帮助广大教师澄清模糊认识,跟上时代发展的步伐。1949年6月,中共南京市委书记、南京市市长刘伯承在一次教育行政会议上,号召广大师生"加强政治学习,改造自己,与人民结合,为人民服务。"①7月至8月,南京市教育局举办教师暑期讲习会和

---

① 南京市地方志编纂委员会、南京教育志编纂委员会编《南京教育志》,方志出版社1998年版,第1904页。

暑期教育研究会,对中小学教师进行较为系统的革命理论教育。从1950年2月开始,各高等学校按照南京市高等教育处颁发的《南京各大学加强政治教育、改革业务课程的初步进行办法》,组织全体师生用1个月时间,集中系统地进行思想政治教育。学校建立政治教学委员会,各院系成立政治教学小组,学习主题是历史唯物主义,批判唯心主义世界观和封建、买办、法西斯的思想,学习内容是劳动、阶级、土地改革和社会发展规律,学习方法是听大课、读文件、小组讨论、大组辩论,最后是思想总结。此外,各大学还结合抗美援朝、土地改革、镇压反革命的运动,在教师中普遍开展了爱国主义和国际主义教育,学习马列主义、毛泽东思想,清理亲美、崇美、恐美的错误思想。广大教师通过学习和实践,自觉地改造旧思想,初步树立唯物主义世界观和为人民服务的思想。

2. 系统开展思想改造学习运动

1950年6月,毛泽东在第一届全国人民政治协商会议第二次会议上提出,"在知识界开展自我改造的教育;利用暑假、寒假举办教师讲习会,学习时事政治和马列主义基本常识,联系自己的思想实际和教育工作实际,开展批评与自我批评的自我教育"。9月29日,周恩来受中共中央委托,在京、津两市高等学校学习会上作了《关于知识分子的改造问题》的报告,以自身的经历说明从民族的立场到人民的立场再到工人阶级立场的转变过程,指出知识分子在政治上要有明确的态度,分清敌我友。他号召教师们认真开展批评与自我批评,做文化战线上的革命战士。10月23日,毛泽东在题为《三大革命运动的伟大胜利》的报告中,着重阐明了知识分子思想改造的重大意义,指出"思想改造,首先是各种知识分子的思想改造,是我国在各个方面彻底实现民主改革和逐步实行工业化的重要条件之一"。11月30日,中共中央发出《关于在学校进行思想改造和组织清理工作的指示》,要求在所有大中小学教职员和高中以上的学生中普遍开展学习运动,进行初步的思想改造。

1951年8月开始,京、津等地开展知识分子思想改造学习运动。此后,南京市的进步知识分子也积极要求参加这样的学习。南京市教育工会、金陵大学工会专门召开大会,要求认真学习《毛泽东选集》,进行思想改造。为适应思想改造的形势,11月,中共南京市委组织教育界人士,开展了对杜威"超阶级"教育思想的批判,要求他们做人民的教师。12月23日,根据华东局关于在1952年春开展思想改造学习的部署,南京市人民政府与市政治协商委员会举行联席会议,成立南京市毛泽东思想学习委员会(简称"学委"),作为全市思想改造学习运动的领导机构。市委书记、市长柯庆施为主任委员,副市长金善宝、市委宣传部部长陈其五为副主任委员,市委宣传部副部长石西民等40人为委员。1952年1月5日,市学委决定把思想改造学习运动的重点放在高校和科学界,中等学校先从公立学校开始,搞好试点,再行推广,私立中学及小学放在第二步进行。同时成立了市学委高等教育界分会,以领导高教界的思想改造学习运动。接着,高等教育界分会决定以南京大学、金陵大学为重点,要求各校寒假前制订好学习计划,建立好学习组织,寒假中培训学习骨干,提交分析教师思想情况的具体材料。

1952年4月初,南京大学、金陵大学和5所试点中学开展了思想改造学习运动。7月中旬,南京药学专科学校、南京水利专科学校也先后开展了思想改造学习。7、8月间,22所中等学校和试点小学的教职员也分期分批集中学习,其余中小学教职员在1953年寒假进行学习。

思想改造运动分为三个阶段:第一阶段,听报告、学文件、思想发动、端正学习态度,学习的主要内容是《中国革命史》、《社会发展史》等,目的是了解党对知识分子的政策,认识思想改造的意义;第二阶段,全面检查思想,用批评和自我批评的方法进行自我教育和自我改造,自始至终认真掌握"团结教育,争取改造"、"自觉交代,不追不逼"、"思想批判从严,组织处理从宽"的政策,贯彻"与人为善,治病救人"的精神,着重对教职员进行正面启发教育;第三阶段,进行思想总结,在总结中发动教师交代社会关系,从政治上、组织上划清与国内外反动派的界限,并进行有重点的组织清理。对学生的要求和做法有所不同,对学生主要采取正面教育的方法,重在提高认识。

通过这次思想改造学习运动,广大师生在思想上程度不同地克服了帝国主义、封建主义和官僚资本主义思想的影响,提高了爱国主义的思想觉悟,开始树立为人民服务的信念;在行动上广大师生更积极地投身于工作和学习之中,更热情地向共产党靠拢。运动中涌现出一大批积极分子,许多师生纷纷要求加入中国共产党和新民主主义青年团。南京大学申请入党、入团的学生超过500人,该校音乐系17人中就有11人加入青年团、1人加入共产党。第一女子中学的教师全体报名参加关于共产主义和共产党知识的学习,部分教师还积极要求加入中国共产党。不仅如此,思想改造运动也为保证高校教育教学改革和院系调整创造了有利条件。诚如有的教师所说:"从整体说,人都变了,一切思想道德衡量标准与三年前完全不一样了。"

但是,这次运动也有不足之处,主要是将思想改造作为运动来搞不完全符合人们的认识规律。思想改造工作是一个通过加强理论学习和实践锻炼而逐步提高的过程,不可能在短期内通过集中学习、运用疾风暴雨式的方法完全解决。在开展批评与自我批评中有些问题是非界限不清,错误地把具有资产阶级思想的知识分子当成资产阶级知识分子看待,把学术问题与政治问题混淆;一些学校的做法简单、过火,搞"人人洗澡","个个过关",对个别人追逼政治历史问题,伤害了部分教师的感情。

二、教师的业务培训

为了培养符合社会主义建设所要求的人才,建国初南京教育不仅在数量上要扩充,而且在质量上要提高。为此,全市教育行政部门在发展师范教育、培养新师资的同时,还采取各种措施努力提高在职教师的业务水平。

1. 小学教师进修

新中国成立后,在三年经济恢复和初步发展时期,南京市小学也以较快的速度恢复和发展,小学教师队伍不断扩大。1949年,全市小学教师2 485人,至1952年增加到3 649人。为了巩固小学教育事业、提高小学教育质量,南京市政府和教育行政部门十分重视小学教师的政治、业务和文化水平的提高。为加强文化业务学习,南京市从1950年开始,举办暑期教学研究会,为语文、算术等科举办讲座。1953年5月,南京市在小学比较集中的城南区(二、三、四区,即后来的白下、秦淮、建邺区)试办了一所小学教师业余进修学校(校址在今府西街小学),招收实际文化水平相当于初中二年级的在职小学教师,通过三年的学习,使学员语文、算术两科水准提高到相当于初级师范毕业水平。之后,城北区(一、五、六区,即后来的玄武、鼓楼、下关区)也办起了小学教师业余进修学校,开设语文、算术两科,学习时间为每星期二、五晚7—9时,学制三年。1955年,城南、城北两所小学教师业余进修学校合并为南京市小学教师进修学校。1956年,该校并入南京市教师进修学院。1954年至1956年,江宁县、六合县、江浦县相继建立教师进修学校。全市小学教师进修学校快速、健康发展,基本适应了广大小学教师的需要,提高了全市小学师资队伍的业务水平。

2. 中学教师进修

1949年4月南京解放时,全市有普通中学71所(公立12所,私立59所),有教职员1 729人,其中专职教师1 107人。为提高教师业务水平,当年,市教育局举办了教师暑期讲习会和暑期教学研究会,中学教师1 034人参加学习。1950年,南京市部分中学针对高中毕业留校任教的青年教师业务急需提高的现状,注重发挥老教师的作用,创造性地运用"传、帮、带"的方法,组织开展业务学习、进修。"传",就是老教师为青年教师系统地讲解教材、指导业务学习;"帮",就是老教师帮助青年教师备课及进行教学设计;"带",就是将老教师的课排在前面,让青年教师听一课,教一课。这种培训方法,为青年教师的成长打下了坚实的基础。1952年10月,为适应中学教育快速发展、教师队伍不断扩大的形势,南京市政府组建了市教师进修学校,1953年8月更名为南京市教师进修学院,这是新中国成立后全国最早建立的教师进修学院之一。校址先设在韩家巷10号,后迁往中山路171号,首任校长由南京市教育局副局长朱之闻兼任。学院初期设有语文、数学、物理、化学、生物、俄语等7个专业,参加进修的中学教师803人,占当年中学教师总数的40.3%。根据"教什么,学什么,缺什么,补什么"的原则,开展在职教师的培训活动,教师受益甚多。除市、校两级组织教师进修外,南京的普通高等学校还开办了夜大学、函授教育,为中学培训在职教师。至此,全市中学教师进修工作得到有序的发展,通过培训,广大中学教师获得系统的进修,教学业务水平有了不同程度的提高。

3. 高校、中专校教师进修

新中国成立后,南京地区高等学校在职教师培训是通过多种形式和途径进行的:一是选拔在职教师到有关高等学校进修;二是要求教师一面工作,一面学习有关教学业务;三是组织教师学习中国革命史、哲学、政治经济学、师德修养等课程;四是举办外语、新技术、新学科、基础学科及就业前培训等多种进修班、读书班、讨论班,培训在职教师;五是充分发挥老教授的作用,根据他们的专长,为他们配备助手,带动青年教师的提高等。

为提高中等专业学校普通课教师的文化科学水平,南京地区各中专校根据教育部、财政部1953年7月联合发出的《关于中等学校教师在职业余学习办法》的规定,采取有计划地选送在职教师脱产到有关高等学校进修、鼓励教师参加夜大学或函授大学学习、组织教师到有关部门参加生产实践、组织教师参加教育理论研究和交流教学经验等方式,加强了对他们的培训。

三、确立知识分子在社会主义建设中的重要地位

随着大规模经济建设的开展和生产资料私有的社会主义改造的基本完成,集中力量发展生产力,开始全面建设社会主义,日益成为党和国家的主要任务。当时迫切需要解决的一个大问题是调动广大知识分子的积极性,充分发挥他们的作用,为社会主义建设服务。

1955年11月23日,毛泽东召开中共中央书记处会议,决定在全面建设社会主义即将开始的历史转折关头召开一次大型会议,全面解决知识分子问题,并决定成立由周恩来负责,彭真、陈毅、李维汉等参加的中共中央研究知识分子问题的十人小组,进行会议的筹备工作。11月24日,在中央召开的关于资本主义工商业改造问题的会议上,毛泽东、周恩来都讲了话,提醒各省、自治区和大中城市的党委把知识分子问题提到议事日程上来,并认真组织讨论,准备好有关知识分子问题会议的材料。1956年1月14日至20日,中共中央在北京召开关于知识分子问题的会议,周恩来代表中共中央作《关于知识分子问题的报告》,毛泽东作了重要讲话。周恩来在报告中指出:"社会主义建设,除了必须依靠工人阶级和广大农民的积极劳动以外,还必须依靠知识分子的积极劳动,也就是说,必须依靠体力劳动和脑力劳动的密切合作,依靠工人、农民、知识分子的兄弟联盟。"他还强调指出:我国知识分子中间的绝大部分"已经成为国家工作人员,已经为社会主义服务,已经是工人阶级的一部分"。① 报告中还尖锐指出:"目前在知识分子问题上的主要倾向是宗派主义","低估了知识界在政治上和业务上的巨大进步,低估了他们在我国社会主义事业中的重大作用"。② 对怎样才能最充分地动员和发挥知识分子的力量,周恩来在报告中提出了三条指导原则:(1)应该改善对于知识分子的使用和安排,使他们能够发挥有益于国家的专长;(2)应该对于所使用的知识分子有充分的了解,给他们以应得的信任和支持,使他们能够积极地进行工作;(3)应该给知识分子以必要的工作条件和

---

① 《周恩来选集》下卷,第160、162页。
② 同上书,第166页。

第十一章　中华人民共和国建立初期的南京教育(1949—1956)

适当的待遇。其中包括必须保证他们至少有六分之五的工作日用在自己的业务上。① 政治上、生活上关心知识分子，积极吸收符合党员条件的知识分子入党，改善他们的生活条件，调整工资，修改制定合理的升级制度及学位学衔、荣誉称号、发明创造和优秀奖励等制度。会议还发出了"向现代科学进军"的伟大号召。在此之前，中共江苏省委也曾召开知识分子问题会议。

1956年初，南京市委在全市党员干部中传达了中央和省委关于知识分子问题会议精神，使各级党员干部对知识分子问题的认识有了提高，态度有了转变。教育系统还召开了知识分子座谈会，听取他们的意见和要求。在这期间，许多学校的党组织做了大量的调查工作，并在此基础上边研究、边解决急需解决的实际问题。许多单位制定了知识分子工作规划，对知识分子的工作条件、住房、级别待遇、业余时间的支配问题作了初步的解决；不少单位为了消除个别知识分子对党的隔阂，党委书记或行政领导登门访问；在春节，对生活有困难的知识分子普遍进行了补助。

与此同时，为了适应社会主义事业迅速发展的需要，保证党对科学教育文化工作的领导，市委还突出地抓了知识分子的建党工作，把扭转关门主义倾向作为贯彻中央指示的一项重要工作，各级党组织通过自上而下的学习和检查，逐步明确了在知识分子中建党的重要意义，重视和加强了对这项工作的领导，全市发展了一批知识分子入党，同年2月8日和3月31日，市委两次举行了知识分子入党宣誓大会，新批准入党并参加宣誓的36名知识分子中有南京高校、中小学教师17人，其中有南京市副市长、南京农学院院长、教授金善宝，华东水利学院副院长、教授严恺，南京大学校长、教授潘菽，南京工学院副院长、教授钱钟韩，南京师范学院附属中学副校长钱震夏，南京市第二女子中学校长刘明水等。

4月2日至4日，中共南京市委召开了知识分子工作会议。市委负责人在会上作了报告。他在概述了全市知识分子工作现状以后说，知识分子问题在今天来讲，实质上就是社会主义建设能不能建设成功的问题。他指出，党有必要进一步把知识分子问题放在全党和政府的各个工作部门的议事日程上，全面规划，加强领导，克服我们在这方面工作中的缺点和错误，采取一系列有效措施，充分动员和发挥现有知识分子力量。在这次会上，还讨论通过了《南京市1956年至1957年知识分子工作纲

---

① 《周恩来传》第三卷，中央文献出版社1998年版，第1 203页。

要(草案)》。

全市教育系统和各基层党组织都在党内外对此次会议作了传达、讨论并对本系统、本单位知识分子工作进行了全面的检查,同时根据《南京市知识分子工作纲要(草案)》,结合实际情况,拟定了具体工作规划,研究各种措施,积极地贯彻党的知识分子政策,全市教育系统知识分子工作出现了新的局面。

1. 充分发挥知识分子的专长

各学校都认真检查和改正了对知识分子安排和使用上的用非所学、学非所用、人才积压、才职不称等情况。教育系统各单位贯彻中央关于大胆大量提拔干部的方针,提拔了一批知识分子担任负责工作。教育系统1956年提拔、配备了30名党外知识分子担任校长和市教育局机关科长以上的工作,占这些职位总人数的17.6%;还任命了24名党外人士为中学教导主任,8名为总务主任。许多单位对工作中做出成绩的知识分子给予表扬与奖励。市教育局还制定了《中小学教职员奖励暂行办法(草案)》。

2. 积极改善知识分子的工作和生活条件

教育系统各单位都采取措施,切实执行市委关于保证业余时间的规定。各学校从多方面为教师创造工作条件。如取消坐班制,大力精简会议,减少兼职,保证教师有六分之五的时间从事业务工作。不少学校对教师的学习、进修、研究尽可能给予方便,图书资料也都尽可能地购备供应,有的学校还采取"工作书下组"的办法,方便教师阅读。新华书店为便于高级知识分子选购图书,增设了高级知识分子服务处,和南京地区2 900多位专家、学者保持经常联系,并开展代办业务。

知识分子的生活待遇也有了改善。经过工资改革,普通中学教职员工资增长15.34%,小学教职员增长15.78%。教育系统对教职员在生活、住房、子女入托、夫妻分居两地等方面的困难,积极采取措施解决。中学和师范学校1956年1月至9月,对生活困难的教职员临时补助共31 965元,定期补助9 498元;省教育厅拨建房款13万元,解决70多户教师住房问题;对教师住所离校太远的,市教育局帮助调动,对夫妻分居两地的,教育部门和学校主动与各地有关方面联系、协商调进或调出,全市中学和师范学校为照顾夫妻关系,从外地调来本地工作的有103人,从本市调往外地工作的有44人。为解决教职员子女入托问题,全市有35所学校办起了托儿所,并办了全市性教工托儿所一所。为教师健康,各校除注意开展文体活动以及定期组织健康检查外,对体弱患病的教师,学校在工作上特予照顾。

3. 重视在知识分子中发展党员

南京市委两次举行知识分子入党宣誓大会以后,市教育系统各级党组织分别召开了党内外各种会议,进行传达、讲座,推动了全市知识分子建党工作的开展。南师附中、第二中学、南京航务工程学校等单位党组织对要求入党的知识分子确定专人与他们联系、教育考察;对高、中级知识分子中的发展对象,党委书记和党员行政领导亲自参加教育考察。中等专业学校和普通中学1956年共发展了106位教师入党,超过了1953年至1955年三年中在教师中发展党员总数的60%。解放后六年,全市在高、中级知识分子中只发展了9名党员,而1956年就有97名高、中级知识分子被吸收入党。1956年全市在知识分子中共发展了917名新党员,比1955年增加一倍多。由于知识分子中党的力量倍增,全市中小学党的组织都有了较大的发展。1956年全市53所中学除7所新建校还没有党员以外,都已建立了党的基层组织。全市354所小学中,1955年只有46所小学有党员,而1956年已有99所小学有党员了。

4. 继续帮助知识分子进行自我改造

市委知识分子工作会议后,市委宣传部会同有关部门做出关于全市高级知识分子马列主义理论学习和业务学习的规划。市委文教部会同省委有关部门举办了文教系统高级知识分子学习讲座,学习马列主义基本理论。市教育局会同市教育工会举办了教育工作者理论学习讲座,教育系统参加学习的有1 870人。许多单位还积极为知识分子创造进修条件,帮助他们提高业务技术水平。市教师进修学院在暑假帮助一些中学和师范教师进行教材学习,还根据教师不同水平,开设了师专班和教材研究班以及不定期的专题讲座。参加学习的有1 300多人。小学教师参加区、县教师进修学校学习的有1 459人。此外,还有参加华东师大函授部和省教育行政干部学校学习的108人。

中央和省、市委关于知识分子问题会议的召开和全市各级党组织积极地贯彻党的知识分子政策,受到广大知识分子的热烈拥护,使他们感受到很大鼓舞,激发起前所未有的政治积极性和建设社会主义的热情。

第三节　对学生的思想政治教育

1949年5月初,中共南京市委、南京市人民政府按照新中国建立前夕中国人民政治协商会议第一届全体会议通过的《共同纲领》规定的"人民政府的文化教育工作,应以提高人民文化水平,培养国家建设人才,肃清封建的、买办的、法西斯主义的思想,发展为人民服务的思想为主要任务"以及"提倡爱祖国、爱人民、爱劳动、爱科学、爱护公共财物为中华人民共和国全体国民的公德"等要求,采取了多种措施,加强对学生的思想政治教育工作,培养他们正确的政治观点,并且取得了很大的成效。

一、建立学生团、队组织

1. 建立学校团组织

1949年1月1日,中共中央作出《关于建立中国新民主主义青年团的决定》,同年4月,中国新民主主义青年团正式成立。南京解放前夕,中共南京地下市委已在南京部分大、中学校秘密建立了青年团地下组织,发展团员200余人。南京解放后,为进一步调动广大青年的革命积极性,加强党对青年工作的领导,5月下旬市委决定成立青年运动委员会(简称"青委"),由中共南京市委委员王明远任书记,并开始着手南京市建团工作。6月24日,中共华东局"青委"对南京"青委"建团工作发出指示,要求在青年学生积极分子中建立青年团组织。市委抽调一批长期从事青运工作的党团干部,于6月27日正式成立新民主主义青年团南京市工作委员会(简称团市委),王明远任书记。从7月初开始,全市建团工作首先在大、中学校的学生中进行。为迅速打开学校建团工作的局面,团市委成立了建团工作队,利用暑假组织各种学习团、讲习会等,集中各大、中学校的青年积极分子进行培训,吸收其中先进分子加入青年团,共发展团员400余人,并建立了各校临时团支部。团市委还根据中央大学(1949年8月8日更名为南京大学)的实际情况,特别是中共南京地下市委领导的新青社组织较强、建团基础条件较好的特点,决定在中央大学进行公开建团试点。到7月底,该校共发展团员324人,并取得了学校公开建团工作的经验。此后,全市各大、中学校的建团工作

第十一章 中华人民共和国建立初期的南京教育（1949—1956）

全面开展起来。与此同时，新成立南京市学生联合会（简称市学联），在全市大、中学校建立了学生会组织。

青年团在学校的工作，主要是团结教育青年学生，带动他们完成学习任务，遵守学校

学生团员在中山陵举行团日活动。

纪律和规章制度，协助党组织和学校行政部门进行思想政治工作，进行团的组织建设和思想建设。团组织吸收的团员学生，无论在各项政治运动中，还是在学习生活、体育锻炼中，都发挥了先锋模范作用，成为整顿学校、改造学校的得力助手。在抗美援朝、保家卫国运动中，各大、中学校团员积极响应团市委和市学联的号召，掀起了报名参军、参干的热潮，纷纷成立了各种战斗队，团结积极分子，带动一般同学，进行爱国主义和国际主义教育。

2. 建立少年儿童队

1949年10月，受中国共产党的委托，中国新民主主义青年团中央委员会通过决议，决定建立中国少年儿童队（1953年6月更名为中国少年先锋队）。少年儿童队的任务是："在学习和各种集体活动中，团结和教育少年儿童，培养他们成为爱祖国、爱人民、爱劳动、爱科学和爱护公共财物的新中国的优秀儿女。"在团市委的领导和市教育局的配合下，南京市各小学于1950年普遍成立了少年儿童队组织。各校少年儿童队组织根据儿童的身心特点，开展了学生喜闻乐见的富有教育意义的活动，如通过生动活泼的队会、庆祝会、营火晚会、展览会等形式，对小学生进行思想品德教育。1950年7月22日，教育部、团中央联合作出加强教育行政部门与少年儿童队的联系的决定，要求各地教育行政部门重视少年儿童队的工作，并给予一切必要与可能的协助；各地少年儿童工作部门应该配合当地教育行政部门开展工作。1950年至1953年抗美援

朝期间,各校少先队配合学校普遍开展了学习"最可爱的人"活动,学习黄继光、罗盛教、邱少云等中国人民志愿军英雄的事迹,培养少年儿童爱国主义、国际主义的思想情感。许多学校开展收集废钢铁、捐献飞机大炮、给志愿军写慰问信、寄

1951年10月1日,5 000名少先队员在新街口集体宣誓。

慰问袋等活动,表达向志愿军学习的决心;在反对美国细菌战、开展爱国卫生运动、进行清洁卫生大扫除和"除四害,讲卫生"等活动中,少先队发挥了重要作用。

二、开设政治课

南京解放后,中共南京市委和市人民政府宣布废除国民党在各级学校设立的"党义"、"公民"、"军事训练"、"童子军训练"等课程和教材,取消了国民党统治学生的训导制,开设政治课,使之成为对学生进行思想政治教育的主要阵地。

南京各小学五、六年级开设政治常识课,中等学校开设政治课,讲授《社会发展史》、《论人民民主专政》、《中国革命常识》,培养学生树立正确的政治观点,树立爱祖国、爱人民、爱劳动、爱科学、爱护公共财物和为人民服务的思想,树立远大理想,懂得做人的基本道理,走社会主义道路。1952年,政治课改为时政课,初一、初二讲授《社会发展史》,初三讲授《中国革命常识》,高一、高二讲授《社会科学基本知识》,高三讲授《共同纲领》。各年级另设有读报课,学习时事。实践证明,开设政治课和政治常识课,以系统的理论知识武装学生,对青少年学生树立科学的世界观和革命人生观,培养他们的共产主义道德品质,具有十分重要的意义。

南京高等学校根据教育部《关于高校课程改革的决定》精神和南京市高等教育处颁发的《南京各大学加强政治教育改革业务课程的初步进行办法》,于1950年2月至3月,组织全体师生用一个多月时间,学习《社会发展史》,集中系统地学习历史唯物主义,批判唯心主义世界观和

封建的、买办的法西斯主义的思想。之后逐步开设《新民主主义论》(或叫"中国革命基本问题")、《历史唯物论》、《政治经济学》等马列主义基本理论课程。1952年,高校院系调整后,根据教育部指示精神,南京大学和南京师范学院开设《新民主主义论》(1953年6月起改名《中国革命史》)(100学时)、《政治经济学》(136学时)、《辩证唯物论与历史唯物论》(100学时)等3门政治理论课程;理、工、农、医等专门学院开设前两门课;各专科学校开设《新民主主义论》一门政治理论课。1956年,社会主义改造基本完成以后,南京高校为提高教学质量,减轻学生负担,根据高教部的有关规定,对马列主义理论课程的设置和学时安排,按不同专业的需要和学制长短作了调整。把学时分为高、低两种:《中国革命史》改为136和90学时,《辩证唯物主义和历史唯物主义》为102和61学时,《政治经济学》为136和90学时,《马列主义基础》为102和68学时。

各级学校政治理论课的开设,对于确立马列主义、毛泽东思想在学校教育中的主导地位,对于学生的思想改造以及帮助学生树立无产阶级世界观等,发挥了重要作用,但也在一定程度上存在着政治课课时较多,学生参加政治活动过多的问题。

三、开展经常性思想政治教育

南京市各级学校经常性的思想政治教育在不同时期有不同的内容和特点。

1. 爱国主义教育

1949年至1952年,南京学生的思想政治教育以爱国主义教育为主线,紧密结合抗美援朝、土地改革、镇压反革命、"三反"(反对贪污、反对浪费、反对官僚主义)"五反"(反对行贿、反对偷税漏税、反对偷工减料、反对盗窃国家财产、反对盗窃国家经济情报)运动,对学生进行爱国主义教育、国际主义教育和阶级教育。

1950年4月1日,是南京学生要求真和平、揭露和反对国民党反动派假和平真内战的爱国运动一周年,南京市教育局、团市委、市学联联合组织公祭"四·一"惨案死难烈士陈祝三、成贻宾、程履绎的活动,同时举办烈士入葬活动,全市两万三千多名大、中学校学生参加。同年5月20日,是南京"反饥饿、反内战、反迫害"的"五·二〇"学生爱国运动两周年,在南京大学操场上,举行了有数万名大、中学生参加的纪念会,并举办了南京学生运动史料展和学生运动画刊展。1950年10月,南京各

1950年4月1日，南京市23 000多名大中学生公祭"四·一"惨案三烈士一周年。

级学校广泛开展以抗美援朝、保家卫国运动为中心内容的爱国主义教育，举办各种有关抗美援朝保家卫国的报告会、展览会、讲演会，并出黑板报、给志愿军写慰问信，广大师生还纷纷控诉美国的侵略罪行。1950年11月中旬，美国教会办的金陵女子文理学院和金陵大学的费睿思、芮陶庵、林查理3名美籍教师公开为美国侵略行径辩护，侮辱中国人民，诽谤我国抗美援朝运动，激起了广大师生的极大义愤。金陵女子文理学院、金陵大学先后召开揭露美帝分子反动言行的"反侮辱、反诽谤"控诉大会。南京大学1 500多名师生和汇文、弘光、中华等教会中学的代表前往声援、支持。南京15所大、中学校7 000余名学生也举行"反侮辱、反诽谤"控诉大会，控诉美帝罪行。金陵大学还举办了"美帝侵略史展览会"，全市学生前往参观。从这些活生生的事实中，广大学生特别是教会学校的学生，更加清楚地认识到美国敌视中国人民的本质，进一步提高了政治觉悟。苏州东吴大学等14所教会学校师生4 000余人、上海圣约翰大学等42所教会学校的代表以及无锡、扬州等地的青年学生在南京学生汹涌澎湃的反美爱国正义斗争影响下，也举行了反美爱国大会，声援和支持南京学生的斗争。南京广大学生在清除亲美、崇美、恐美思想后，纷纷以实际行动投入到了伟大的抗美援朝、保家卫国运动之中。当团市委发出"青年团员到国防建设岗位上去"的号召后，金陵女子文理学院、金陵大学、南京大学等校分别举行参加军校动员大会。全市团员和青年学生纷纷踊跃报名，掀起了参军、参干的热潮。学生们的爱国行动得到了学校老师和家长们的支持鼓励。1950年12月，全市中学生报名参军、参干的有7 808人，占中学生总数的39%；南京大学有1 130人报名参加军校、干校和抗美援朝医疗团，占全校人数的38%。1951年6月，中学生报名参军、参干的又有5 361人。金陵大学等教会学校也出现了参军、参干的热潮。1951年至1952年，南京陆续开展土地改革运动，许多高等学校和部分中等学校组织师生分期分批参加土改斗争，师生从中受到了深刻的阶级教育。在镇压反革命运动中,学生们认识了反革命分子的罪行,划清了与反革命分子的界限,提高了政治觉悟。在"三反"、"五反"运动中,在教师思想改造学习运动中,广大学生都受到了生动的社会主义思想教育。

1953年至1956年,南京学生的思想政治教育,是以进行党的路线、方针、政策为主要内容的社会主义教育。1953年,在大、中学校学生中进行了国家在过渡时期的总路线——"一化三改"(逐步实现国家的社会主义工业化,逐步实现国家对农业、手工业和资本主义工商业的社会主义改造)的教育,目的是让学生了解总路线的基本内容,看到社会主义建设的美好前景。1954年9月,第一届全国人民代表大会通过了首部《中华人民共和国宪法》,南京大、中学校及时组织学生学习,主要进行正面教育,着重理解制订《宪法》的重要意义和学习《宪法》的主要内容。1956年9月,中国共产党第八次全国代表大会召开,大会通过的《中国共产党第八次全国代表大会关于政治报告的决议》提出:国内主要矛盾已经不再是工人阶级和资产阶级的矛盾,而是人民对于经济、文化迅速发展的需要同当前经济文化不能满足人民需要的状况之间的矛盾。南京大、中学校党委广泛向全体师生讲述召开"八大"的重要意义,党的路线、方针、政策及当前目标任务。

2. 思想品德教育

南京解放后,南京市人民政府将中国人民政治协商会议《共同纲领》提出的"爱祖国、爱人民、爱劳动、爱科学、爱护公共财物"(简称"五爱")列为全市各级学校思想政治教育的重要内容,要求学生逐条领会深刻含义,要求学校开展经常性的"五爱"教育,使"五爱"成为青少年学生的自觉行为。

1950年至1953年,学校思想政治教育的侧重点是对学生进行革命人生观教育。主要是以中国人民解放军、中国人民志愿军英雄人物董存瑞、黄继光、罗盛教、邱少云的英雄事迹教育学生。许多学校举办了英雄模范人物报告会,开展了读书活动,有的学校还开展了以英雄的名字命名班级的活动。

1954年至1956年,学校思想政治教育工作的重点是贯彻中小学生守则。1954年,南京市教育局制订了《小学生守则》和《中学生守则》,实施《守则》对于规范中小学生行为、使中小学生形成良好的道德品质和行为习惯产生了积极的作用。1955年2月10日和5月13日,教育部先后公布《小学生守则》、《中学生守则》,并发出《关于实施〈小学生守则〉的指示》和《关于实施〈中学生守则〉的指示》。教育部《守则》和《指示》颁发后,南京各级教育行政部门及时组织中小学教师、学生认真学习,并积极贯彻落实,使《守则》成为学生学习和日常生活的准则。

3. 正确对待升学和就业关系的教育

新中国成立后,南京的教育事业有了很大的发展,但由于国家财力的限制,在一定时期内还不能使所有的中小学毕业生全部升入高一级学校。然而学生中普遍认为升学是唯一出路,不愿从事生产劳动,特别是不愿从事农业生产,而且很多教师和家长也片面鼓励学生升学,社会也对中小学毕业生从事生产劳动投以鄙视的眼光。因此,开展正确对待升学和就业关系的教育,成为当务之急。南京市从1954年至1956年,在中小学毕业生中开展了正确对待升学和从事生产劳动,特别是参加农业生产劳动的教育,在劳动实践中引导学生破除"万般皆下品,唯有读书高"的错误观点以及轻视体力劳动的封建世俗观念,树立"做有社会主义觉悟有文化的劳动者"的观念,使学生明确"升学光荣,劳动也光荣"的道理,号召学生做好"一颗红心,两种准备",正确对待升学与就业的关系,愉快地听从党和政府的安排。1955年和1956年,全市有2 000多名中小学毕业生投身于农业生产,有数百名高、初中毕业生奔赴新疆建设兵团参加农垦大军。

1957年第一批下乡的新农民与当地农民代表合影。

第四节 建立工农教育制度

在旧中国,占人口绝大多数的工农大众和他们的子女几乎没有受教育的机会和权利,城乡文盲众多。新中国成立后,中央明确规定了新中国的教育向工农开门、为工农服务的基本方针。南京根据中共中央、政务院的方针政策,结合南京的实际,切实加强了对工农教育的领导,采取多种形式和途径提高广大干部和工农群众的文化水平。在大规模开展扫盲教育的同时,在农村逐步开展文化技术教育,在城市开展干部和职工业余文化教育,使工农教育得到蓬勃发展。

一、冬学、民校与农民扫盲识字运动

1. 冬学和民校

南京解放后,党和人民政府极其重视提高人民的文化水平。1949年冬,根据第一次全国教育工作会议提出的"进行全国规模的识字教育"的号召,南京市组织了业余教师和群众教师179人,大力举办冬学,郊区农民参加冬学者7 448人。1950年10月,第一次全国工农业余教育会议后,同年11月,南京市及各区成立了农民业余教育委员会,各乡组建了冬学委员会。12月,南京大学、市师范学校学生和小学教师等289人下乡办冬学,农民参加冬学者达17 342人。1951年,市农教委总结了上两年办冬学的经验,制订了《南京市郊区常年农民业余教育实施计划》,在农民业余教育委员会、农会、青年团和妇联等统一领导下,组织了民校委员会,提出了冬学的方针任务,主要内容是:"冬学应普遍深入地向农民群众进行抗美援朝的爱国主义和国际主义教育,推行增产节约运动,贯彻新婚姻法、民主建政等宣传教育;文化学习应与政治教育密切配合。"1951年,郊区农民共有18 594人参加了冬学。

为了进一步使农民业余教育经常化,让农民能够常年学习,因而有必要使季节性的冬学逐渐转为常年性的民校,这也是广大农民自身的迫切要求。从1951年开始,南京市逐步将条件较好的冬学转为常年民校。1952年,冬学结束后,参加常年民校的农民有9 883人。至1953年5月中旬,冬学学员约有70%转入常年民校,这期间共组织文化班208个,文化组26个,读报组110个。常年民校的设立避免了那种"年年上冬学,年年从头学"的现象。

1956年初,全市广大农民群众掀起学习文化的高潮。参加民校及保教包学形式学习的已有5万多人。市郊金星、江东、红星等30多个农业合作社的青壮年文盲,全部进入民校学文化。

2. 扫盲识字运动

1950年11月,在市农民业余教育委员会的领导下,南京市推进了市郊的扫盲运动。1951年夏,市文教局、市总工会和华东兵工工会联合会联合举办了速成识字实验班,从1951年7月25日至8月25日,挑选出职工、农民、教师学习了一个月,取得较满意的成绩,接着便举行了两期速成识字法师资训练班,12月起,在各区、各乡进行速成识字教育。每个乡镇都选择一地做重点实验。如十区牌楼乡从9个村挑选出识500至1 000字的干部、积极分子49人,进行99个晚上、每晚3小时的学习,使他们的识字

职工在学习速成识字法。

量在原基础上提高到2 000字左右,从而能阅读《农民识字课本》(上下册)和一般通俗读物,能写三五百字的短文,能简明地叙述一件事。广大农民尤其是贫雇农学习文化的热情很高,但结果却不尽如人意。因为速成识字重成绩,重强记,而且每天要很长时间连续不断学习才见效,这对于当时经济状况、居住生活条件还很落后的广大工农群众来说是不适用的,所以1953年初便停止开办速成识字班。

1953年,为贯彻中央"整顿巩固,稳步前进"的扫盲工作方针,南京市政府发出了有关指示,市农民业余教育委员会还专门召开了扫盲工作会议。经过努力,基本上克服了以前扫盲工作中脱离实际、脱离中心、依赖政府的现象。1953年,以民校作为扫盲的重要基地,全市共组织8 916人参加扫盲学习,其中包括村干部1 843人。

1955年,随着工农业生产的进一步发展,农业合作化的高潮很快在全国范围内形成。根据中共中央、国务院《关于加强农民业余文化教育的指示》和《关于扫除文盲的决定》精神,结合农业合作化运动对农民业余文化教育提出的新要求,南京市委、市政府采取了一系列措施,使扫盲工作走上健康的发展道路。1955年,南京市郊已有82%的农户参加农业生产合作社,社会主义建设高潮推动了各项建设工作,也推动了扫盲工作。至1956年,南京市郊各区报名参加扫盲学习者达8万人,实际扫盲入学者9万余人,占全市郊区文盲125 900人的71.4%。

二、开展职工、干部业余文化教育

新中国建立初期,南京的职工教育以开办业余文化补习学校和补习

第十一章　中华人民共和国建立初期的南京教育（1949—1956）

班为主要形式。其主要任务是扫除文盲，同时根据不同对象，施以文化科学、时事政策教育。学习对象以产业工人为重点，其次为行业工人和商店店员。

1. 扫盲与速成识字

1950年6月，全市职工共94 373人，其中文盲半文盲者占职工总数的35.32%。市教育局遵照政务院1950年6月1日颁布的《关于开展职工业余教育的指示》，于10月成立了以市教育局、市总工会、市劳动局为主的南京市职工业余教育委员会，贯彻执行指示中提出的"争取三五年内做到职工现有文盲一般的能识一千字上下，并具有阅读通俗书报的能力"的要求，积极实施扫除南京市174个厂矿企业职工中的13 666个文盲的计划。1951年冬，市里决定大力开展工农群众业余文化教育工作，要求组织3万人参加学习，但由于计划订得过大，时间、财力都无法保证，到1952年夏，又转而急于求成推行速成识字法。

1952年6月起，市教育局会同市总工会等单位先后举办了三期"祁建华速成识字法"师资训练班，共训练了师资1 042人。此后，立即全面推行速成识字法，计划从10月开始在厂矿企业产业工人中开展扫盲工作。

1952年10月到1953年6月，对分散性工人用波浪式的办法逐步扫盲，另外还在机关职工以及市民中进行扫盲。这一运动进行得热火朝天，全国著名劳动模范、下关电厂李四海便是这次扫盲学习运动中涌现出来的学习模范之一。李四海说："旧社会穷人无力读书，我娶老婆时，地主、资本家侮辱我说'好一枝鲜花插在牛粪上了！'穷人不识字连老婆也不能娶了！"受压迫深重的穷苦劳动人民获得解放后，他们对待学习如饥似渴，所以学习效果很好。但这种不看对象、不分情况、速战速决的做法也产生了"夹生"、"回生"、"掉队"现象。1953年初，对工农业余教育进行整顿，停止开办速成识字班，对已办的班进行检查，掉队的学员转入常年民校学习。

2. 开办补习学校和群众夜校

1949年南京解放后，南京市军管会共接收社会教育机关30所，教职工277名及92个班学生2 996名。1949年9月，城区下关、三牌楼、新街口、大行宫、夫子庙、水西门、中华门、通济门等重要工商业区建立业余补习学校8所，以有组织的工人、店员为对象，开设64个班，学员

1 881人。年底又在郊区孝陵卫、汤山、上新河、三汊河成立了民众学校4所。这12所补习学校和民众学校共有73个班级、学员2 312人,其中工人、店员占90%。

1949年底,全市各中小学开始附设群众夜校,入学对象有工人、机关职工、工人家属、市民、失学失业青年及失学儿童等。这一年,市立各中小学附设的群众夜校有76个班3 112人。1950年12月,城区中小学附设群众夜校有104个班,学员8 434人,专职教师19人,兼任教师653人,学员中属工人成分的有3 565人,占学员总人数的42.3%。

1951年1月11日,市文教局发出通知,规定"城区公私立小学及私立中学所办群众夜校均由区文教科领导;市立中学所办群众夜校由市文教局领导,各区文教科对其保持指导关系"。同年2月20日,市文教局又规定了中小学附设群众夜校的学制和课程。为大力开展群众业余文化教育工作,加强组织领导,市里联合各有关单位成立了城区以公安派出所辖区为范围,郊区以乡为范围的市、区及基层三级群众业余教育委员会。各基层委员会负责管理辖区内各公立私立小学和私立中学附设的群众夜校。为巩固办学成果,还建立了各种可行的规章制度,如点名、考试、请假制度等。与此同时,城区群众夜校通过调整,改为按年龄、性别、行业分班,其次序为工人班、妇女班、儿童班、市民班。1952年7月,群众业余教育委员会撤销后,各小学附设的群众夜校改由区教育科领导。

1953年3月,根据"整顿巩固,重点发展,保证质量,稳步前进"的职工教育方针,南京市职工业余教育工作进行整顿巩固,经费和人员编制减少,群众夜校贯彻"政府领导,群众办学,民办公助"的方针,实行"以生养校",经费由群众自筹、自管、自己解决。至12月,全市群众夜校有116所,382个班,学员16 633人,专职教师34人,兼任教师735人,群众教师215人。

1955年下半年,南京市建立手工业业余学校,多数区手工业工人从市民的夜校中分出来由手工业单独自己办学,参加扫盲7 382人,高小3 995人,初中1 350人,共12 727人。

1956年,全市有市民业余学校84所,仅扫盲班就有90 208人入学。手工业(包括三个郊区)有8所手工业生产合作社业余学校,扫盲5 824人,高小3 121人,初中915人,有专职教师11人,兼任(社干)教师114人,群众教师(在居民中聘请)80人。手工业业余学校一般都是用职工课本作教材。下半年除鼓楼、下关区的三轮车工人在市民业余学校学习外,其余各区均成立了三轮车工人业余学校,入学1 250人,均为扫盲。

3. 开办职工(业余)学校

1949年6月,华东农业科学研究所率先办起了职工业余学校。8月至12月,南京市第一至第六职工业余学校先后成立。

1950年6月1日,政务院发布《关于开展职工业余教育的指示》,南京市即于6月成立了职工业余教育委员会,并作了相应分工:市教育局在小型工厂和商业集中地区设立地区性职工补习学校,以组织零散工人为主;市总工会则在200人以上的工厂建校;市委宣传部组织机关职工进行业余学习。1950年10月,全国工农教育会议以后,在国家提出的"教育对象以厂矿企业和机关团体中之职工为主",职工教育"着重干部及积极分子进而推广至一般群众"的方针指导下,全市的职工业余教育得以逐渐巩固与发展。

1950年11月29日,市文教局颁发《夜中学暂行实施办法》。1951年,市第七中学等17所中小学先后办起了夜中学,学历层次基本上都是初中。1952年上半年,市教育局通知夜中学改制,颁发了《南京市普通中学夜班办理要点》,将夜中学在校生按其在职与失学情况分别转入附近的职工业余中学或普通中学夜中学继续学习。1955年,根据市政府关于"职工业余小学和中学由政府教育部门负责领导,厂矿行政负责主管,工会协助"的规定,全市职工业余教育自上而下统一认识,条件成熟后逐个移交。

市职工业余中小学设置普通班(相当于初小)二年毕业,中级班(相当于高小)二年毕业,高级班(相当于初中)三年毕业。每年分两学期,每学期规定授课20周。教材以中小学通用课本为基础加以精简编印,学完规定的课程、经考试及格后毕业。普通班设政治常识、国语、算术;中级班设政治常识、国语、算术、地理、历史、自然;高级班设语文、历史、地理、算术、代数、几何、博物、生理卫生、化学、物理,除上正课外,每周增加政治常识2课时、复习2课时、班(周)会1课时。

1956年,全市共有职工业余学校69所,在学职工37 624人,其中扫盲班3 235人,高小7 856人,初中12 518人,初技5 637人,中专3 405人,大专4 973人。

4. 开办机关干部文化学校

南京市机关干部业余文化补习学校始创于1950年3月,办学方针是:培养工农新型知识分子作为新中国建设的骨干人才。机关干部文化学校由机关党委主办,教育部门负责制订教学计划和进行业务指导。先由中共南京市委、市人民政府、市公安局、新华日报社、华东人民革命大学等机关重点开办。至9月,便发展到14个机关单位,开办较正规的学校30所,有学员2 694人。机关干部文化学校采取分区联合设校的办法,市区与郊区每区1校,共计12校;公安系统专设18校。1950年下半年整风学习以来,机关干部文化学校在学人数又有较大的增加,11月,共有学员5 582人,其中干部1 565人,占干部应入学人数的26.2%。为贯彻"以干部为主"的方针,各校于1953年度第一学期开学前作了整顿,将非机关编制的学员936人动员转到邻近的职工业余学校学习,并吸收了108名迫切要求学习的机关干部参加学习。整顿后就学干部比例增至54.8%。

机关干部上夜校。

1954年上半年以前,全市各机关业余文化学校的学制、课程、教学时间等颇不一致。自1954年下半年起各校新开班级的学制、课程、教学时间等均按照教育部规定执行。即初小学制二年,只设国语一科,4学期共上课240小时;高小学制二年,开设国语、算术两科,共上课480小时;初中学制三年,开设国语、算术、代数、自然常识、地理、历史六科,共上课720小时。教材根据教育部统一规定使用,学习成绩明确规定为考核干部重要标准之一,学校与学员订立学习公约,制定了请假、点名、考试、升降级标准等一系列制度。学员学习期满、经考试成绩及格后发给毕业文凭。

1955年上半年,全市机关学校共23所,入学8 457人,学员中干部占50%以上,其中领导干部占11%。干部入学数占应入学的70%以上,领导干部占应入学的98%。1956年,市机关学校共有25所。另外还有两个单位自行办了高中班。机关业余学校有专职教师127人,兼任教师259人,共有学员17 802人。机关干部通过学习,进一步提高了文化素质和政策水平。

三、创办工农速成中学

1949年12月,第一次全国教育工作会议提出:"要普遍举办工农速成中学,把工农干部培养成知识分子。"1950年9月,中共南京市委组织部倡议筹建南京市工农干部文化补习学校。10月,市人民政府决定由市文教局筹办。11月,市文教局将原第五职工业余补习学校校舍拨给市工农干部文化补习学校。12月底,市委决定建立南京市工农速成中学,并与市工农干部文化补习学校一起筹办。1950年底,政务院发布了《关于举办工农速成中学和工农干部文化补习学校的指示》。1951年2月,教育部颁布施行《工农速成中学暂行实施办法》,该《办法》对工农速成中学的学制、课程、教学计划、组织编制、经费等作了具体规定。同年秋,市文教局开始招生,按照市委指示,市工农速成中学和市工农干部文化补习学校分别按不同条件招收工农干部和工农青年入学。工农速成中学的招生对象是:参加革命工作三年以上的工农干部或有三年以上工龄的产业工人。学校开设国文、数学、自然、物理、化学、地理、历史、政治、制图、体育、音乐等课程。学制三年,后改为四年。教材除采用速成中学的专用教材外,有的采用普通中学教材。学生毕业后一般即可直接升入高等学校继续深造,使之成为新中国的重要建设人才。工农干部文化补习学校的招生对象和条件是:具有初步阅读能力的工农青年,不分性别,年龄在18岁以下和参加工作三年以上,身体健康,经考试及格者。学校开设国语、算术、自然、地理、历史、政治、体育、音乐等课程,学制二年。学生经过学习达到相当于完全小学程度的,可以升入工农速成中学或干部学校继续学习。

工农速成中学学生原来文化基础普遍比较差,为了在3至4年内完成普通中学(初中和高中)6年课程的教学任务,因此,学校一开始就抓紧了教学工作,逐步摸索和积累了一些经验。如在教学内容上,根据速成的特点,摸索出一些精简的原则,在教学方法上也能根据工农学员实践经验比较丰富、理解能力较强、肯钻研的特点,采取了相应的改革。由于学员的学习目的比较明确,学习态度端正,学习积极性和自觉性较高,因此他们的学习进步较快。

由于工农速中学生都是优秀工人骨干和干部,较长时间的脱产学习,对实际工作和生产带来了不利影响。另外,采取速成的办法也给学员学习带来很大困难,致使不少学员上了大学以后,日益感到不适应。

一批上了大学的原工农速中毕业生给中央写信,叙述了学习中的困难:"不论我们主观上如何努力,几乎牺牲掉所有的休息时间,有不少同学带病上课,但成绩还是比不上一般学生。"举办工农速中确为国家培养了一批工农出身的建设人才,但事实又说明,知识需要积累,不能"速成"。南京从 1963 年 7 月起,停办工农速成中学。

第五节　学习苏联教育经验

中华人民共和国成立后,要从新民主主义过渡到社会主义。我们自己没有建设社会主义的经验,帝国主义对我们实行封锁和包围,而苏联是世界上第一个社会主义国家,有几十年建设的经验。因此,新中国成立初期,学习苏联就成为我国的一项基本方针。1949 年 12 月,第一次全国教育工作会议确定,以老解放区教育经验为基础,吸收旧教育的有用经验,特别要借助苏联教育经验,并把学习苏联教育经验作为建设新教育的方向。此后,南京市大、中、小学校开展了学习苏联教育经验、改进学校教学工作的活动。

一、中小学热情引进苏联教学方法

南京解放后,南京市党和政府在着力提高教师思想政治觉悟的同时,引导教师改进教学工作。市教育局于 1949 年 6 月发出《教育改革的通知》,指出"反对注入式、满堂灌的教学方法",提倡"学老区搞分组讨论",不仅政治、语文等学科多采用讨论法,理科教学有的也运用讨论法。

1952 年以后,各中小学开展批判影响中国教育几十年的杜威—胡适的实用主义学说,开始学习苏联的教学经验,以凯洛夫的《教育学》为"楷模",重视智育在全面发展教育中的地位与作用,强调"课堂教学是教学工作的中心环节"和"教师在教育和教学工作中起主导作用",广泛地采用"五段教学法"(即组织教学、检查复习、讲授新课、巩固新知、布置作业),并在教学中贯彻直观性、系统性、巩固性、量力性和循序渐进性的教学原则。学习苏联的教学理论和方法,对于加强教学计划性,促进教师加强对教材的研究,提高备课质量,明确教学目的起到了一定的积极作用,但亦出现"生搬硬套"、学生负担过重等问题。

第十一章　中华人民共和国建立初期的南京教育(1949—1956)

1953年5月,南京市教育局针对当时教学改革中的问题,提出"改革的中心环节,首先是加强备课,而备课的关键在于认真钻研教材,相应地才是教学方法的改革"。此后,南京市教师进修学校及各科教研组大力组织集体备课,开展观摩教学,交流经验。在备课中积累了熟悉大纲、熟悉全本教材、准备超前为主、集体研究为辅的经验。1955年,南京又在小学高年级推广苏联教育专家普希金的"红领巾教学法"。首先在语文课堂进行实验,由教师把课堂教学内容提炼成问题,通过课堂提问,采取问答方式完成教学任务。这种教学方法的要求很具体,教师要认真备课,把准备在课堂上提出的问题,要求学生回答的理想答案,甚至教师登上讲台后要讲的每一句话,按教学程序完整地写入教案。这种教学方法的运用,取得了较好的教学效果,对长期沿用注入式教学的小学教育是一个很大的促进和激励。在成绩考核方面,取消了原来的百分记分制,改用五级记分制。

1956年3月,我国中小学教师访苏代表团在南京作了苏联教育、教学经验的介绍,5月,苏联教育代表团来宁,参观了市教学研究室和部分中小学,肯定了成绩并提出尖锐意见。这两个代表团的活动,进一步促进了南京市中小学学习苏联教学理论与教学方法的发展。

在学习老解放区和苏联教学工作的同时,市教育局尤其重视按1949年《共同纲领》中规定的"中华人民共和国的教育方法为理论与实际一致"的精神,引导教师探索理论、联系实际。1954年,理论联系实际的教学原则更趋发展,南京市教师进修学院在生物教学方面,根据教学大纲要求和教材顺序,按单元编排,利用实物制作各种植物标本、化石及图表338件,来说明《达尔文主义基础》的主要内容。教育部顾问苏联专家安德洛索夫看后十分赞赏,认为即使在苏联,也很少见。市教育局自1954年冬到1955年夏,组织了两次教具观摩会,展示数学教具276种,生物标本、化石、图表590余件,物理教具297种。1956年,在贯彻实施基本生产技术的同时,强调教学联系生产实际,数学、物理、化学、生物、地理和制图等学科,均积极组织实验、实习。各校增设了实验室,开辟了实习工厂、实验园地、地理园。1956年为提高教学质量,积极贯彻直观教学的原则,制作教具活动进一步开展。物理学科研制了347件教具,数学学科研制了270件教具,基本上解决了高、初中物理、数学教材中的一些难点。第五中学教师研制的"波的示教板"、教研室制作的"光电效应演示器"、六中的数学"万能教具台"等,在全市及省内外备受重视。

二、高等学校全面借鉴苏联教育模式

1952年起,南京高校在进行院系调整的同时,根据中央提出的"学习苏联先进经验并结合中国实际"的指导思想,参照苏联高等教育经验,开始了教学改革,包括学习苏联高等学校的专业设置,采用苏联高校的教学计划、教学大纲,乃至教材;运用苏联高校设立的教学环节、教学研究组织,并搬用苏联学校的规章制度等等。南京各高校系下普遍设置专业,并制订全校和系(专业)的教学计划。全校的教学计划反映党的教育方针和政府对各类高等学校的任务要求,确定各系必须开设的公共课目,提出贯彻意见和全校统一性的各项措施。各学系(专业)的教学计划,除了要反映学校计划的主要要求外,还要明确专业教学必须开设的课程及各课程在整个计划中的地位与作用,各课程的课时分配及相互间的联系(先后、衔接、侧重),各种教学形式(讲授、实验、实习、课堂讨论)的运用,教材的选用及各种成绩考查办法等。开设的课程均为必修课程,包括马列主义教育课程,专业课程(基础理论、专业理论、专业课)和外语、体育等公共课程三类。工科院校根据教育部1952年10月初的指示,参照苏联相同专业的教学计划,提出"政治教育课程的课时占课程总量的10%,每周讲课、实验、课堂讨论、实习及课程设计等有教师参加的上课时数以36小时为原则;教学计划强调教学与工程实践紧密结合,同国家建设需要结合。四年内安排实习16周至28周"。南京师范学院根据教育部颁布的《暂行教学计划》(参照苏联师范院校教学计划调整修订)的要求,制订出四年总学时为3 270左右(各专业平均数)的教学计划。南京航空工业专科学校(今南京航空航天大学)的教学计划规定学习年限为两年4个月,计121周。为保证按教学计划完成教学任务,各校自1952年起先后成立教学研究组织(教研组),研究苏联高等学校有关专业的教学计划、教学大纲、教材和教法,在教学研究活动中不断清除旧大学教学中遗留下来的错误观点和陈旧内容。许多高校为学习苏联教育经验,还选派教师、学生去苏联留学、考察、访问,邀请苏联专家来校介绍苏联教育教学经验、讲学,聘请苏联专家协助教学工作等。南京大学、南京工学院、华东水利学院等校还聘请苏联专家担任校长顾问。

各高校通过学习苏联教育经验,重视了教学计划的制订,使教学计划体现的培养目标更加明确,课程设置和教学大纲、教材也更具思想性、科学性和系统性,较好地反映了政治与业务、理论与实际结合的原则,对学生的基础理论、基础知识和基本技能的传授和训练得到了加强。通过学习苏联经验基本纠正了旧有大学课程设置上存在的因人设课、有课不开或有始无终等流弊,增强了本、专科教学的系统性、科学性,使教学工作逐步走上正轨。

三、对学习苏联教育经验的评价

20世纪50年代初期学习苏联教育经验,对改造旧教育,创建社会主义教育制度,加速人才的培养,起到了积极的作用。但是,由于当时处在封闭的历史条件下,所以片面认为苏联经验是十全十美的,产生了机械照搬苏联教育模式的偏向,主要问题表现在:

首先,对苏联教育经验没有能较好地进行具体的历史的分析,在学习苏联的教育理论、教育制度、教学内容、教学方法的实践过程中,未能很好地结合我国的实际情况,生搬硬套,带来了不良后果。如中小学在课堂教学中,不加选择地一律套用苏联"五段教学法",形成课堂教学的程式化和形式主义。高等学校学习苏联的"六小时一贯制",教学计划、教学大纲、教材、教学方法、教学日历、学习年限、教师教学工作量等一律机械地搬用苏联的标准和做法,结果产生教学计划分量重、课程门数多、学时多(周学时达34至36学时,总学时4 000多)、作业多等现象,而且在教学计划就是法令的情况下,教师往往被迫赶任务、超学时,加之考试又不得法,结果造成学生极度紧张,身体健康下降,学习成绩不好。另一方面,在这一时期对待资本主义国家和旧中国的教育经验上又存在不加分析全盘否定的倾向,结果把资本主义国家和旧中国教育中某些合理部分也否定了,如否定了学分制等。

其次,在学术上没有贯彻"百家争鸣"的方针。由于当时对向苏联"一边倒"方针的绝对化、简单化的理解,因而把政治问题与学术问题混淆起来,把本来没有阶级性的自然科学贴上了社会主义和资本主义的标签,如认为苏联米丘林遗传学是社会主义的,美国的摩尔根遗传学是资本主义的。在一段时间里,不但不讲摩尔根的学术理论,而且对摩尔根学派进行武断批判,压制了学术的自由讨论,伤害了持不同学术见解的教师。又如外语学习问题,当时只开设俄语,丢掉了我国长期以来外语教学多语种并存的特点。这种"一边倒"使我国几代人的英语水平受到严重影响,教训是深刻的。

第六节　高等院校院系调整

旧中国的高等学校是文理科多而工科少,重工业科类更少,院系设置极度混乱,人力、财力、物力浪费极大。新中国成立后,国民经济的恢复和发展急需各类专门人才,而原有高等学校的院系设置限制了国民经济有计划的发展,必须加以调整。

一、院系调整的方针和步骤

1949年4月南京解放后至1951年间,华东军政委员会教育部曾对南京高等学校进行过局部调整,归并了一些院系设置重复或规模小、办学质量低的学校。1951年新建了南京市师范专修科。至1951年底,解放初接管的13所高校被调整为5所,即南京大学、金陵大学、华东药学专科学校、华东水利专科学校和南京市师范专修科。局部的调整,对建国初期的南京高等教育来说,起到了稳定、充实和提高的作用,为1952年全国高校院系调整打下了基础。但是,局部的调整并没有使高校的布局和结构得到大的改变,尤其是院系设置偏重文、法、财经,国家急需的工业、师范类数量太少,不能满足社会主义建设的需求。

1952年5月,国家教育部制定《全国高等院校调整计划(草案)》,确定从当年下半年开始,在教育部统一部署下,参照苏联经验,实行全国一盘棋,对华北、东北、华东、中南等地区,主要是京、津、沪、杭、宁、汉、长沙、广州以及安徽、山东的大城市的高等学校进行全面的院系调整。调整的方针是:以培养工业建设人才和师资为重点,发展专门学院,整顿和加强综合大学。调整的原则是:(1)基本取消系科庞杂的不能适应国家需要的旧制大学,改造成培养目标明确的新制大学;(2)国家建设所迫切需要的系科专业,应分别集中或独立,建立新的专门学院;(3)将原来设置过多、过散的学校,适当集中,以便整顿;(4)条件太差、难以加强、不宜继续办的学校,予以撤销或归并。参照苏联高等教育模式,将高等院校分成综合性大学和单科性、多科性专门学院两种,适当保留一些专科学校,遵照上述调整方针和原则,分别轻重缓急,有步骤、有重点地分期进行。

二、南京高等学校的院系调整

华东区的高校院系调整是以上海、南京两市为重点,而南京高校的院系调整是以南京大学为中心展开的。根据《华东区高等学校院系调整方案》,南京高校从1952年8月开始进行院系调整工作:

——以南京大学和金陵大学的文理学院为主体,复旦大学外文系德文组、齐鲁大学天文系、中山大学天文系及浙江大学部分系科并入南京大学,共同组成一所文理科综合大学,仍定名南京大学,金陵大学校名撤销。新组建的南京大学设有中文、历史、俄语、西方语文(英、德、法)、数学、物理、化学、生物、心理、地质、地理、气象、天文等13个系。校址在汉口路金陵大学原址,校长潘菽。全校有学生1 774人,教职工518人,其中专职教师254人。

——以南京大学工学院的电机、机械、土木工程、建筑、化工等5个系为基础,与南京大学农学院农化系、金陵大学机电和化工两系、江南大学机械、机电、食品工业3个系、武汉大学园艺系农产品加工组和农化系农产制造组、浙江大学农化系、复旦大学的农化系合并建立南京工学院。

南京工学院

之后,浙江大学、山东工学院无线电通讯和广播专业、厦门大学工学院机械、电机两系亦相继并入。新组建的南京工学院成为新中国成立以来我国南方最早的多科性的工科大学之一。设有土木、机械、电讯、电力、化工、建筑、食品工业等7个系10个专修科。院址在四牌楼南京大学原址,院长兼党委书记汪海粟。在校生1 948人,教职工679人,其中专职教师265人。

——由南京大学、交通大学水利系,同济大学、浙江大学土木系水利组,厦门大学土木系水利建筑专修科,武汉大学水道海港系,山东农学院农田水利系和华东水利专科学校水工专修科合并建立华东水利学院。设有河川结构及水电站水利技术建筑工程、水道及港口水利技术建筑工程、中小型水电站建筑、水利土壤改良等4个系及4个专修科。院址在西康路,首任院长钱正英。在校生1 022人,教职工134人,其中专职教师51人。

——由南京大学、交通大学、浙江大学航空系合并成立华东航空学院。设有飞机、发动机两个系。院址在孝陵卫,首任院长范绪箕。在校生453人,教职工110人,其中专职教师51人(该院1956年迁西安)。

——以南京五一一厂为依托,新建了南京航空工业专科学校(1956年改名为南京航空学院)。设有活塞式发动机制造、喷气式发动机制造、飞机制造、航空仪表制造、飞机电气设备安装及试验、航空机械加工等6个专修科。校址在御道街,校长邓永清。在校生973人,教职工344人,其中专职教师164人。

——由金陵大学农学院、南京大学农学院、浙江大学农学院畜牧兽医系和农业化学系合并建立南京农学院。设有农学、植物保护、土壤、农业机械、畜牧兽医、农业经济等6个系。院址在丁家桥南京大学农学院原址,首任院长金善宝。在校学生722人,教职工398人,其中专职教师145人。

——由南京大学农学院森林系、金陵大学农学院森林系合并成立华东林学院,不久改名南京林学院。设林学、森林工业两系。院址在丁家桥南京大学森林系原址(1955年迁太平门外韶山路新址),首任院长郑万钧。在校生236人,教职工54人,其中专职教师20人。

——南京大学医学院改建为中国人民解放军第五军医大学。校址在成贤街,首任校长蔡翘,隶属华东军区领导。1954年迁西安与第四军医大学合并。

——由华东药学专科学校、浙江大学药学系、山东齐鲁大学药学系、东吴大学药学专修科合并建立华东药学院(1956年改名为南京药学院)。设有药剂学、生药学、分析鉴定、药物化学4个系。院址在童家巷,首任院长江守默。在校学生896人,教职工172人,其中专职教师62人。

——以南京大学师范学院和金陵大学教育系为基础,引入私立上海震旦大学托儿专修科、私立广州岭南大学社会福利系儿童福利组、南京市师范专修科数学班和理化班,成立南京师范学院。设有教育、幼教、美术、音乐、中文、理化等6个系。院址在宁海路金陵女子文理学院原址,首任院长陈鹤琴。在校生626人,教职工222人,其中专职教师103人。

至此,南京地区10所高等院校共有在校学生8 650人,教职工2 631人,其中专职教师1 135人(第五军医大学人数未计在内)。

院系调整以后,南京高校得到了扩大和发展,原来布局不平衡的情况有所改变,规模过小、系科庞杂、师资不足、力量分散的弊端有所纠正,工业、农林院校得到加强,师范院校的单独建立为高等师范教育的发展奠定了基础。院系调整以后,国家增加了对高等教育的投入,南京高等教育事业迅速发展,逐步成为全国高等教育的重要基地。1956年,南京高校在校学生达2万余人,比1952年增加一倍半。但是此次院系调整对文科、政法、财经等系科保留较少,部分院校出现偏文或偏理的现象,这对以后高校的综合性发展带来了不利影响。

20世纪50年代,在金陵女子文理学院校址成立了南京师范学院。

三、院系调整的得与失

院系调整以后,南京高校得到了扩大和发展,原来布局不合理的情况有所改变,一些规模过小、系科设置重复、办学质量低下的弊端有所纠正,工科、农林、师范、水利、医药院校得到加强,尤其是工科院校有了相当可观的发展,为我国培养了一大批经济建设所急需的专门人才,改变了旧中国工程技术教育过于薄弱的状况。

但是院系调整指导方针后一部分,即"整顿和加强综合性大学"却没有真正得到落实。由于照搬苏联高校系科设置模式,使原有的一些实力强、基础好、素负盛名的综合性大学程度不同地有所削弱。如解放初期的南京大学有文、法、理、工、农、医、师范等7个学院共42个系科,院系调整后,仅保留了文理方面13个系。尽管通过院系调整,南京大学增添了天文学系,加强了地学类和外国语言文学类系科,但人文科学领域的哲学系,社会科学领域的经济、法律、政治等颇有特色的系科或被调出,或被撤销,不能不说是院系调整中的一个失误;院系调整将理工科分家也是个深刻教训。20世纪50年代,国家迫切需要工业建设人才,着重发展工科是必要的,但工科的发展与理科的发展是密切相关的,现代科学技术的发展是各有关学科交叉、相互渗透、综合发展的结果。由于当时对这个问题研究不够,认识不清,使我国高等教育发展走了一段弯路。

第七节　中小学、幼儿园、职业技术学校的改建与发展

新中国成立后,在党和人民政府的领导下,经过对旧教育进行整顿、调整与改造,南京教育事业走上了健康发展的道路,基础教育和职业技术教育的数量和质量稳步提高,教育逐步适应南京经济和社会发展的要求。

一、迅速扩建幼儿园

1949年4月南京解放时,全市有独立设置的幼稚园2所(教育部门办1所,私立1所);城区公立小学附设幼稚园8所,入园幼儿541人,教师15人;农村只有佘儿岗村办小学附设幼稚园;工厂仅永利铔厂办幼稚园;私立小学附设幼稚园和教会办的幼稚园各1所,在园幼儿共88人。全市幼儿入园率极低。

南京解放后至1950年,南京市教育局、南京军区政治部、军区后勤部直属机关、南京空军直属机关、工程兵工程学院、南京大学工学院、南京邮电学院、南京卷烟厂等单位共办起10所规模较大的寄宿制幼稚园,分别招收市党政机关干部、部队干部、学校教职工、工厂职工的孩子。同时,为满足劳动人民子女入园,城区兴办了一些幼稚园。在园幼儿共2 500多人。

1951年,遵照政务院《关于改革学制的决定》,幼稚园一律改称幼儿园。1951—1952年,南京市市级机关、科研院所、高校、部队、工矿企业、城区街道以及小学共举办33所幼儿园、托儿所(班)。1952年8月,根据陈鹤琴的要求,南京市人民政府接办了他创办的私立鼓楼幼儿园,并定名为南京市鼓楼幼儿园。1952年,全市有独立设置的幼儿园18所,连同小学、保育院等单位附设的幼儿园,在园幼儿增至7 646人,比1950年增加两倍多。1953年,省级机关、驻宁部队、高校、医院、企业、小学又创办了11所幼儿园。至此,全市有独立设置幼儿园19所,小学附设的幼儿园(班)77所,其他单位附设幼儿园、托儿所13所,总计109所,220个班级,在园幼儿7 922名,教职员733名。1954—1955年,全市幼儿园增至112所,其中独立设置幼儿园44所,小学附设幼儿园68所,共263个班,幼儿9 108人,教职员732人。在园幼儿比1950年增加3倍多。

1956年2月23日,教育部、卫生部、内务部联合通知:"按照全面规

第十一章　中华人民共和国建立初期的南京教育（1949—1956）

划、加强领导和'又多又快又省'"的方针,同时根据需要与可能,积极发展托儿所、幼儿园,在城市提倡工矿、企业、机关、团体、群众办,在农村提倡由农业合作社办,教育行政部门在可能条件下办一些幼儿园起示范作用。"据此精神,全市幼儿教育事业迅速发展,新增了一批机关、部队、工矿、企业、事业单位办的幼儿园。至1956年,全市幼儿园增加到250所,656班,在园幼儿22 398人,入园幼儿数比1950年增长8倍。

二、基本普及小学教育

南京解放后,全市有公立小学179所,私立小学106所(内含教会办的小学16所)。50年代初,南京为减轻城市负担疏散部分人口去农村,至1951年,城市人口由1949年的103.6万减至93万余人。在郊区,由于公办学校甚少,不能满足翻身农民送子女上学的迫切要求,农民便自办了一些小学班,并自己解决校舍、设备、经费、师资等问题。这是新中国成立后,南京民办小学的发端。1952年全市推行普及小学教育,小学生数从1951年的9万多人增至11 5163人,入学儿童占全市学龄儿童数的85.37%。由于小学发展过快,与中学发展不相适应,大部分小学毕业生无法升学。1953年,南京市各中学共招收初中生7 250人,而报考人数为15 312人(包括外埠来宁参加考试者),录取率为47.3%,大批小学毕业生辍学在家。

1953年,中共中央提出"整顿巩固,重点发展,提高质量,稳步前进"的方针,南京市教育局对小学生一方面开展劳动教育,动员小学毕业生回乡参加生产劳动,另一方面通过壮大公立小学、改造私立小学和扶持民族小学等措施,促进小学教育稳步向前发展。

1954年,南京城区中出现了民办小学,这是当时二区(白下区)人民政府文教科为解决适龄儿童入学问题与当地居民委员会协商,取得群众的支持和赞助而创立的民办群立小学,有5个班级。随即三区(秦淮区)、五区(鼓楼区)亦各办民办小学1所。至1956年,城区民办小学为3所,13个班级;郊区民办小学为44所,48个班级,学生2 746人。

到1956年,全市小学共354所,在校学生16万人,城区95%、郊区85%的学龄儿童入学,基本普及了小学教育,为南京教育历史开辟了新的一页。①

---

① 南京市档案馆藏,全宗号5064,目录号1,卷宗号2。

三、有效整顿普通中学

南京解放后,市军管会和市人民政府对 12 所公立中学、59 所私立中学和 10 所外国教会办的中学分别予以接管、接办和接收,经审查,除 12 所公立中学仍为市立中学外,对 59 所私立中学中 9 所商业性质的令其停办,有 7 所条件太差、不能维持的,允许其停办,另有 10 所自行停办。到 1950 年,全市私立中学减为 33 所。1951 年将 10 所教会中学部分改为市立中学或并入市立中学,部分由政府协助改为中国人办的私立中学。至 1952 年底,全市有公私立中学 39 所,其中市立完全中学 18 所,市立初中 10 所,私立中学 9 所,厂办中学 2 所。当年秋季,全市普通中学在校生 33 758 人,超过民国时期南京中学生入学最高年份的在校中学生数(即 1948 年的 31 751 人)。

1953 年,南京市教育局就三年恢复时期的教育工作,尤其是对 1952 年教育事业发展问题进行了总结,并根据省教育厅提出的"整顿巩固,重点发展,提高质量,稳步前进"的方针,控制中学数量发展。1954—1955

建校初期的南京市第十三中学校门。

学年度,全市有普通中学 36 所。1955 年,参照苏联中学建筑资料,南京新建完全中学 1 所,定名为市第十三中学。1956 年,南京又新建 12 所中学。此外,挖潜增开二部制初中 82 班。同年,在私营工商业的社会主义改造高潮中,仅存的钟英中学等 9 所私立中学全部改为市立。1956 年,南京城区、郊区普通中学为 51 所(在校学生 52 400 人),其中教育部门办 50 所,其他部门办 1 所。

四、积极创办中等职业技术学校

南京解放前,全市有 8 所中等职业技术学校,其中国立 5 所、市立 2 所、私立 1 所,在校学生共 651 人,教职工 321 人。南京解放后,南京市军管会接管、接办了所有中等职业技术学校,根据"维持改造、整顿巩固、积极发展"的方针,有计划、有步骤、慎重地对他们进行整顿和改造。

1950年开始,在国民经济恢复时期和第一个五年计划期间,为适应国家建设对中等专业技术人才的需要,南京地区中等技术教育发展较快,陆续建立了多种类型的中等专业学校和技工学校。

中等专业学校方面,1950年10月,建立了新中国成立后南京地区第一所中等专业学校——中国人民解放军华东军区测绘学校(后改名为南京地质学校)。同年,又建立了交通部南京海员训练班(后改建为南京海运学校)、邮电部南京邮电学校(今南京邮电大学前身)。1951年至1952年,新建了江苏省邮电人员训练班(后改建为江苏省邮电学校)、交通部干部学校南京分校(后改为南京航务工程学校)、南京市第一医院附属护士学校(1952年并入南京市第二护士学校)、南京水利学校、南京市医士学校(1958年并入镇江医院护校)、华东药学院药剂学校。期间,同济高级工业学校由上海迁来南京。1953年,在同济高级工业学校机械科和土木科基础上分别建立了南京机器工业学校(第二年改名为南京机器制造学校,后改建为南京机械高等专科学校)和南京建筑工程学校(后改建为南京建筑工程学院)。同年,还建立了南京农业机械化学校、南京无线电工业学校。1954年,南京邮电学校分立为邮电部南京邮政学校和邮电部南京电信学校;新建南京电力学校。1955—1956年,又先后建立了南京中医学校、南京动力学校、南京食品工业学校、南京体育学校、南京河运工人技术学校(后改建为南京航运学校)。至1956年底,南京地区中等专业学校发展到19所,其中工业学校8所,交通邮电学校3所,农林、水利学校3所,医药卫生学校4所,体育学校1所。在校学生16 586人,教职工3 920人,其中专职教师1 549人。

技工学校方面,1952年成立南京市初级工业技术学校(后改名为南京市工人技术学校),招收社会上失业工人,实施专业技术训练,以安置就业。1953年,国家实施发展国民经济第一个五年计划,急需大量技术工人。1953年,南京汽车制配厂(今南京跃进汽车集团公司)和永利宁厂(今南京化学工业集团公司氮肥厂)分别举办技工训练班,为大规模经济建设培训技术工人。1954年,第二机械工业部在南京创建二九二技工学校,规模1 000人。1955年,国家劳动部召开第一次全国技工学校校长会议,提出学习苏联劳动后备制度和设置技工学校的经验,技工学校要贯彻教学为主的原则,培养既有文化技术理论、又有操作技能的工人。1956年,南京汽车制配厂技工训练班改建为南京汽车制配厂工人技术学校。南京机床厂根据第一机械工业部的委托,开办南京机床厂工人技术学校。永利宁厂也将工人技术训练班升格为工人技术学校。南京市在第一个五年计划期间先后举办技工学校4所。至1956年,全市有技工学校6所,在校学生1 060人,教职工276人,其中专职教师62人。

从1949年到1956年的7年时间里,南京市在接管、接收、接办旧教育的基础上,通过改造师生思想、建立工农教育制度、学习苏联教育经验、进行高校院系调整等一系列措施,扭转了南京旧教育的办学方向,逐步消除了帝国主义、封建、买办、法西斯教育思想的影响,形成为国家建设服务和为人民服务的教育思想,把半封建、半殖民地的教育事业逐步转变成为人民的教育事业。

【第十二章】
社会主义道路探索初期的南京教育（1957—1965）

在生产资料私有制的社会主义改造基本完成、社会主义制度基本建立以后，新中国进入了全面建设社会主义的历史时期。1956年9月，中国共产党第八次全国代表大会召开，这是探索中国社会主义建设道路的一个重要里程碑。它提出了我国社会主义建设的长期目标，并初步确定了我国经济建设的方针，但紧接着开展的整风反右斗争、"大跃进"等运动，犯了反右斗争扩大化和建设发展急于求成等一系列"左"的错误，背离了"八大"确定的正确方向，也使教育发展走了一段弯路。1961年1月，中共八届九中全会制定了对国民经济实行"调整、巩固、充实、提高"的方针，从实际需要出发，纠正了"左"的错误，同时进行了一些富有中国特点的教育改革的尝试，并初步建立了一套比较适合我国国情的社会主义教育方针和政策，形成了比较完整的社会主义教育事业体系。这几年的实践有成绩，有经验，也有教训。南京教育事业在探索中曲折发展和提高。

第一节 加强党对教育的领导

1957年2月27日，中共中央主席毛泽东在最高国务院会议第十一次（扩大）会议上，作了题为《关于正确处理人民内部矛盾的问题》的讲话,其中明确提出:"我们的教育方针,应该使受教育者在德育、智育、体育几方面都得到发展,成为有社会主义觉悟的有文化的劳动者。"这一教育方针揭示了社会主义教育的基本规律,在中国当代教育史上具有里程碑的意义。

南京市委和市政府积极贯彻这一教育方针,领导全市教育战线广大干部和师生做了大量工作,有力地推动了南京教育的发展。

一、加强党对教育工作的组织领导

1956年苏联政局变化,中共中央结合当时我国教育中忽视思想政治教育的实际,重新提出加强党对教育的领导。毛泽东在《关于正确处理人民内部矛盾的问题》一文中强调:"思想政治工作,各个部门都要负责任,共产党应该管,青年团应该管,政府主管部门应该管,学校的校长、教师更应该管。"不久,他又明确指出:"省、地、县三级第一书记要管教育,不管教育的现象是不能容许的。"毛泽东还亲自带头管教育。1957年3月7日,毛泽东与七省市教育厅局长座谈中小学教育问题时提出:"要加强思想政治教育,每个省要有一个宣传部长、一个教育厅长管思想政治工作。"

根据中共中央和省委的部署,中共南京市委主要负责同志带头抓教育。1957年5月,中共南京市委召开全市中等学校思想政治工作会议,传达了《关于正确处理人民内部矛盾的问题》的讲话。1957年上半年前后,南京除高等学校建立党委(党总支),并设立专职党委书记[一般兼副校(院)长]外,中等专业学校和中学也先后建立党总支或党支部,在吸收一批优秀教师加入中国共产党的同时,还从其他战线选派了一批党员干部充实学校党组织,有的担任专职党总支(支部)书记,或担任副校长,使党总支(支部)成为贯彻党的方针政策的战斗堡垒。从此,南京形成了中共党委、总支(支部)领导下的校长分工负责制的学校领导管理体制。

南京市各中学也建立教育管理机构,在校中共党总支(支部)领导下设立政治处或政务处,通过班主任、政治教研组和共青团、少先队、学生会组织,做好学生思想政治教育工作。

二、加强党对学校思想政治教育的领导

1956年8月,教育部根据苏联当时的做法,强调通过各科教学进行

思想政治教育,如通过历史学科教学进行历史唯物主义教育,通过自然学科教学进行辩证唯物主义教育等。教育部通知全国各地停开初三和高一、高二的政治课,要求只在高三开设《宪法》课。但在各科教学中曾出现过生硬结合及为结合而结合的现象,如有些教师把语文课教成政治课;在代数教学中将同类项合并、因式分解等与党的民主集中制牵扯在一起,生搬硬套,以为那样才是政治挂帅。

1957年2月27日,毛泽东在提出德、智、体全面发展的教育方针时,特别强调"现在需要加强思想政治工作"。不久他又提出:"初中、高中增加政治课,编政治课本。"3月17日,毛泽东又写信给周恩来等提出"要恢复中学方面的政治课,取消宪法课,要编新的思想政治课本"等意见。①

1957年3月,第三次全国教育行政会议召开。会议指出,取消中学政治课是忽视政治的倾向。8月,教育部发出《关于中学、师范学校设置政治课的通知》,规定从1957年下学期起,初中一年级到高中三年级都要开设政治课。《通知》指出政治课有着各科教学和课外教育所不能替代的独特任务和地位。

南京各中学从1957年下学期起恢复了政治课。其中初中一、二年级讲授《青年修养》,初中三年级讲授《政治常识》,高中一、二年级讲授《社会科学常识》,高三讲授《社会主义建设》。与此同时,南京各高校遵照中共中央有关文件精神,停开了原定的政治理论课,在各年级普遍开设社会主义教育课程。各高校结合政治运动进行革命大批判,并以毛泽东的《关于正确处理人民内部矛盾的问题》为基本教材,选读一些马列原著以及有关党的文件。各高校规定每周学习马列著作8学时,其中授课不少于4学时。

三、加强党对学校课程教学改革的领导

新中国成立初期的课程与教学改革主要是学习苏联的"正规化"、"系统化"的课程设置。1956年至1957年间,我国初中和高中列入教学计划的课程门类多达20多门。每周授课时数,除初一、初二为30学时外,其余各学年均为32学时。学生自习课的时间,初一、初二每周只有6学时,其余各年级每周只有4学时。各科课外作业,学生都必须利用

---

① 参见《湖南教育史》第4卷,第75页。

文体活动或晚上时间完成,甚至星期天也被作业占用。学生课业负担很重,严重影响了他们的身体发育和健康。

1957年3月7日,毛泽东针对上述情况,亲自与七省市教育厅长座谈中小学教育问题,提出了一系列改革意见,如提出"全国统一的教学计划和教材是否合适?江苏和湖南情况不一样。"同时,还明确提出"课程不要那么多,那么高,要砍掉一半,只要八门就行……教材要减轻,课程要减少,古典文要减少。教材要有地方性,应当增加一些乡土教材。农业课本要本省编。讲点乡土文学。讲自然科学也一样。"毛泽东关于课程改革的意见实际上是批评学习苏联教育的教条主义做法。

南京根据中共中央的指示和中共江苏省委的布置,对课程设置和教学内容进行了较大的改革。从1957年上学期开始,中学都增设政治课,少数中学试行汉语、文学分教,后恢复为语文课;小学的《常识》增加思想政治教育内容,大学改进政治课教育内容。1957年下学期,高中一般只开设政治、语文、数学、外语、物理、化学、生物、历史、地理、体育等课程,其中历史、地理是交叉开设。每周上课时数一般在28课时左右,保证学生每天有一至二课时自习,从而有效地减轻了学生课业负担。

第二节　教育界的整风运动和反右派斗争

1957年夏,南京市贯彻中共中央《关于整风运动的指示》,在全市开展了大规模的整风运动。整风正式开始后出现了复杂情况,根据上级部署,南京市又开展了反右派斗争。但反右派斗争被严重扩大化,一批包括教育界的知识分子、爱国人士和党内干部被错划为"右派分子",从而给南京市的各项事业、特别是教育事业带来很大损失。

一、整风运动的开展

1957年4月27日,中共中央发出了《关于整风运动的指示》,对整风的要求、方法、步骤作出了具体部署。这次整风运动的宗旨是以正确处理人民内部矛盾为主题,通过批评与自我批评的方式,在全党进行反对官僚主义、宗派主义和主观主义的教育,以期造成一个既有集中又有民主、既有纪律又有自由、既有统一意志又有个人心情舒畅、生动活泼的政治局面。5月4日,中共中央又发出了由毛泽东起草的《关于请党外人士帮助整风的指示》。这篇指示明确表示:"党外人士参加我党整风座谈会和整风小组,是请他们向我们提意见,作批评,而不是要他们批评他们自己。"

5月中旬开始,南京9所高校、76所中等学校与市民主党派、工商联、市级机关确定为全市第一批开展整风运动的单位。学校党组织和行政召开帮助党整风的座谈会,听取各方面的意见,接受党外人士的帮助,同时召开全校师生员工大会,动员干部、师生帮助党整风。各校逐步掀起了"大鸣大放"的高潮。

经过反复动员,南京大、中学校的广大师生员工纷纷提出一些批评意见。绝大多数人是为了响应党的号召,本着知无不言的"鸣放"精神,热情帮助党整风。参加人态度是诚恳的,所提意见也是善意的。反映的问题主要揭露了学校和教育主管部门的官僚主义、宗派主义和主观主义等方面的问题,诸如学习苏联生搬硬套不结合实际、学校各级行政领导有职无权、师资培养工作上的宗派主义倾向、党群关系的矛盾与隔阂、学校某些领导人严重脱离群众的思想作风等。

但是,由于受国际反共、反社会主义浪潮的影响,中国也出现了一股反对社会主义制度、反对共产党领导的思潮。极少数人乘整风之机,向党和新生的社会主义制度肆意发动进攻;少数知识分子在鸣放中也散布了一些错误言论,做出了一些偏激行为,引起了社会上的思想混乱;一些地方出现了工人罢工、学生罢课、农民闹退社等不稳定现象。这些对党的领导和社会主义制度的巩固具有极大的威胁性。

二、反右派斗争的开展

1957年5月15日,毛泽东同志在《事情正在起变化》一文中提出:"最近这个时期,在民主党派和高等学校中,右派表现得最坚决、最猖狂。"其后,他又作出一系列指示,对右派分子的进攻予以反击。在右派性质判定上,他将人民内部左、中、右的"右"判为"反动派、反革命派","资产阶级右派和人民的矛盾是敌我

师生在阅览反右派大字报。

矛盾,是对抗性的、不可调和的、你死我活的矛盾"。

6月8日,中共中央发出《关于组织力量准备反击右派分子进攻的指示》,指出在整风运动中极少数人乘机向党和新生的社会主义制度进攻,他们是资产阶级右派,妄图取代共产党的领导,各级党组织要立即反击资产阶级右派的进攻。从此,一场全国规模的、群众性的反右派运动开展起来了。

由于当时中共中央对阶级斗争和右派进攻的形势作了过于严重的估计,把历史转变时期新出现的大量人民内部矛盾当作了敌我矛盾。同时对斗争的变化又没有谨慎地把握,结果反右派斗争被严重扩大化了。反右斗争打击了一大批包括教育界与党长期合作的老教授、老专家、老学者以及许多学校的骨干教师、学科带头人、有才华的青年教师和许多政治上热情而不成熟的青年学生。他们被错划为"右派分子",受到了不该有的打击。原本是"以正确处理人民内部矛盾为主题"的整风运动,主要变成了反击右派的斗争。

根据中共中央和中共江苏省委的部署,6月27日,南京市委有步骤地转入反右派斗争和批判运动之中。反右斗争也运用大鸣、大放、大字报、大辩论的方法。7月中旬,南京76所中等学校6 150名教职员工开始开展反右派斗争。到1958年底,全市共"揪出"、批斗、处理了所谓"右派分子"1 450名。其中中等学校370人,小学107人,分别占中等学校和小学教职员总数的6%和2%。南京10所高等学校有近200名教职员工和许多青年学生被错划为右派。1959年以后,南京市根据中共中央文件精神,对包括教育系统的大部分"右派分子"分五次先后摘掉了"帽子"。1978年,党中央决定对尚未摘帽的被错划为"右派分子"的同志全部摘帽,彻底平反。南京市委按要求于当年9月前全部摘掉被错划为"右派分子"的帽子,并做了恢复名誉、消除政治影响、清理档案材料、妥善安置等工作。

三、反右派斗争的深刻教训

1957年,在整风运动中,极少数资产阶级右派分子乘机鼓吹"大鸣"、"大放"、"大民主",向党和社会主义制度发动进攻。为了坚持党对社会主义事业领导,巩固新生的社会主义制度,中央决定对右派分子的猖狂进攻进行反击,清其影响,在全国进行坚持社会主义道路的教育,是必要的。但是由于对阶级斗争和右派进攻的形势作了过于严重的估计,把历史转变时期新出现的大量人民内部矛盾当作了敌我矛盾。同时,在斗争中没有主要依靠法制,而是不适当地采用群众性的阶级斗争的方式,把许多善良的批评和建议,甚至把大量认识上的错误和主张也当做反党反社会主义言论,导致这次历时一年左右的反右派斗争犯了严重扩大化的错误,致使一大批包括教育界与党长期合作共事的老教授、老专家、老学者以及许多学校的骨干教师、学科带头人、有才华的青年教师,更有许多充满政治热情而不成熟的青年学生被错划为"右派分子",受到不该有的打击和长期的委曲、压抑,也使党和国家的事业受到损失,历史教训极为深刻。

邓小平1980年1月16日在中共中央干部会议上作的《目前的形势和任务》的报告对1957年整风运动评价道:"当时不反击这种思潮是不行的,问题出在哪里呢？问题随着运动的发展,扩大化了,打击面宽了,打击的分量也太重……总之,1957年的反右本身没有错,问题是扩大化了。"正如邓小平所言:"他们多年受了委曲,不能为人民发挥他们的聪明才智,这不但是他们个人的损失,也是整个国家的损失"。1981年6月27日,中国共产党第十一届中央委员会第六次全体会议所作出的《关于建国以来党的若干历史问题的决议》,对于这场反右派斗争也作了深刻反思:"反右派斗争被严重扩大化了,把一批知识分子、爱国人士和党内干部错划为右派分子',造成了不幸的后果。"

第三节　教育方针的实施

1957年2月,毛泽东提出"我们的教育方针,应该使受教育者在德育、智育、体育几方面都得到发展,成为有社会主义觉悟的有文化的劳动者"。1958年1月,毛泽东又提出了"教育必须为无产阶级政治服务,必须同生产劳动相结合。劳动人民要知识化,知识分子要劳动化"。1958年9月19日,中共中央、国务院发布《关于教育工作的指示》,提出"党的教育工作方针是教育为无产阶级政治服务,教育与生产劳动相结合;为了实现这个方针,教育工作必须由党来领导。"这个方针提出的背景是,当时强调阶级斗争,无产阶级要和资产阶级争夺青少年一代,同时又正值批判苏联凯洛夫《教育学》,根据马克思说的"未来时代教育的萌芽,那时对于所有超过一定年龄的儿童,生产劳动将同教学与体操结合起来,这不但是一种扩大社会生产的手段,而且是生产全面发展的人的唯一手段",①否定了苏联的"综合技术教育",改为"与生产劳动相结合"。为了实现这一方针,南京掀起了学习与贯彻教育方针的热潮。全市广泛组织干部和教师从理论基础、历史渊源、丰富内涵、现实意义以及其他与马克思关于人的"全面发展"的关系等方面深刻理解方针的精神实质,批判与社会主义教育方针相抵触的种种资产阶级教育思想和主张。根据《关于教育工作的指示》所提出的教育工作方针及贯彻教育工作方针的部署,从1958年起,全国开始了为期两年的教育革命,试图借此纠正学习苏联经验中的教务主义,克服脱离政治、脱离实际、脱离生产的错误,以实践毛泽东的教育思想,走中国自己的教育发展道路。

这次教育革命是以教育与生产劳动相结合为核心的大改革,涉及学制、教学计划、教学内容、教学组织、教学方法等许多方面,并带动了科学研究的广泛开展。南京大中学校等贯彻教育与生产劳动相结合的方针行动迅速,出现了大搞勤工俭学、大办工厂和农场、改革课程、改革教学的群众运动。

一、中小学的教育革命

1. 加强劳动教育、实践教育与生产劳动相结合

1957年2月,毛泽东在《关于正确处理人民内部矛盾的问题》的讲话中提出:"我们的教育方针应当使受教育者在德育、智育、体育几方面都得到发展,成为有社会主义觉悟的、有文化的劳动者。"南京市小学加强了劳动教育,将课堂教育和实际劳动结合起来,使学生对平凡劳动的意义有一个初步的认识,为日后参加劳动打下初步的思想基础。中学除开设劳动实习课,同时根据规定,利用每学期一周半的参观和农忙假时间,组织学生参加各种劳动与活动。初步形成了校内有实习工厂、实验园地、校外有工厂、农业社挂钩点,校内外、课内外结合,实施基本生产技术教育。孝陵卫中学就如何上好"劳动实习课"积累了几条经验:课前做到有目的、有要求、有计划、有准备;课上做到指导得法、讲求效果,注重学生表现,及时教育;课后进行小结,评选优劣。第五中学的基本生产技术教育经验在《人民教育》作了连续介绍。

---

① 《资本论》第1卷第13章末。

第十二章　社会主义道路探索初期的南京教育（1957—1965）

1958年，中共中央、国务院重新提出党的教育方针是："教育为无产阶级政治服务，教育与生产劳动相结合。"要纠正教育的"三脱离"（脱离政治、脱离生产、脱离实际）现象。南京在这次教育革命中的一个重要内容是实施教育与生产劳动相结合，贯彻落实教育方针。全市中小学都把"劳动"列为正式课程，初中、高中各年级的生产劳动课为每周2课时，根据教学计划，每个学生均必须参加一定时间的劳动。由教师带领学生走出课堂，参加学农支农、勤工俭学、大炼钢铁等活动；学生对政治的确更加关心，虽小小年纪，却愿为社会主义建设添砖加瓦。中学强调了教学联系生产、联系实际、注重培养学生解决生产、实际问题的能力。语文教学一度突出应用文能力训练，数、理、化、生物等学科，一度以生产实际的问题为中心组织教学。到工厂、农村请技术人员、老工人、老农民讲课，教师、学生与之实际"三结合"备课，强调教师学生在大办工厂、大办农场、大搞科学实验中学习与运用知识，削弱了系统理论基础知识的学习。全市中小学相继掀起了大办工厂、大办农场的热潮，中学的劳动由实习型转向生产型。5月，南京市中等学校建立起各种小工厂、生产组304个，多数城区学校在郊区开辟了农场，全市61所中学、师范在校生58 312人，参加工、农业生产劳动的达53 019人，占学生总数的90.9%。据市教育局10月份统计，全市中等以上学校开辟农场1万多亩，收获粮食、蔬菜等100多万斤；工业产值达200万元以上。勤工俭学所得，除再生产外，多用于集体福利。1958年夏季，党中央发出全民炼钢铁、全民办农业的号召，学校也以此为中心任务，师生均投入"大炼钢铁""大办农业"的运动之中。据当年10月的统计，全市中等以上学校兴建大、小高炉、转炉1 832座，开办大、小工厂612个，开辟农田1万多亩。学校出现前所未有的生产局面，但一度为"出铁、出钢"、"出产品"而停课，有的吃睡在炉前，有的为"出铁"，甚至把学校铁门、铁窗投入炼铁炉，造成人力、物力、财力上的严重浪费。直至10月省委发出通知，要求各校在全民钢铁冶炼运动中应妥善安排劳动时间，使师生既能正常地参加生产劳动，又不削弱基础课的教学之后，情况才逐步有了好转。

1959年，市教育局要求学校进一步办好农场，并提倡充分利用校内边、角地段（时称十边地）划分到班级，种植蔬菜，减轻市场压力，南师附中、一中、五中、十中等不少学校并将"十边地"收获的蔬菜分发给学生，作为劳动所得。1959年3月，中共南京市委召开教育工作会议，传达2月中央召开的教育工作会议精神；5月，国务院发布《关于全日制学校的教学、劳动和生活安排规定》；1960年5月15日，中共中央、国务院发出

《关于保证学生、教师身体健康和劳逸结合问题的指示》。南京市教育局组织调查组,深入学校并帮助学校,以教学为主,全面安排教学和劳动,并停办了化工类及原料缺乏、销路无着、设备短少的工厂(组)。1961年,省教育厅、教育部根据党的"八字方针"总结教育工作的经验教训,先后制定了有关《全日制中学暂行工作条例(草案)》(省厅制订了54条,教育部制订了50条),规定保证全年有9个月的教学时间,一个月劳动,两个月寒暑假,进一步明确学生参加生产劳动,主要目的是养成劳动习惯、培养劳动观点、向工农群众学习、克服轻视体力劳动和体力劳动者的观念。在劳动过程中学习一定的生产知识和技能,扩大知识领域。此后,南京普通中学劳动教育即按《五十条》规定进行。各中学组织学生参加工农业生产劳动,多备用简易工作服、袖套、手套等福利用品;经济收益多用作添购教学设备、文体活动器材、订阅报纸,有的中学自磨豆浆,免费供应学生。

2. 开展学制和教学改革实验

这次教育革命的又一重要内容是进行学制和教学改革试验。根据《关于教育工作的指示》精神,1958年秋季开学以后,南京相继对缩短中小学学制进行典型试验,以期在取得充分的经验之后再加以推广。与学制改革相配套,采取增、删、补的办法,对中小学通用教材进行修改,还自编了部分教材;根据上级指示和实际情由,从质与量上对课程进行改革;在"破除迷信,大胆革新"的思想指导下,在教学方法上进行了多种多样的革新和尝试。

(1)学制改革试验。自1951年政务院颁布学制以后,我国在学制上基本沿用1922年确定下来的"六三三"学制,即小学六年、初中三年、高中三年,均得单独设立。1958年,江苏省教育厅指定全省3所中学进行学制改革试点,其中有南京师范学院附属中学,试行高初中五年一贯制,高二文理分科;在南京师范学院附属小学和长江路小学试行"五年一贯制"的试验。1959年10月16日,省委、省人委(省人民委员会,即省政府)发出《关于贯彻执行中共中央、国务院〈关于试验改革学制的规定〉的指示》,该指示决定由江苏师范学院附属中学、省泰州中学进行中学"四二制"(初中4年、高中2年)的试验,是年,南师附中停止了学制改革实验,恢复原六年学制;南师附小、扬州师范学院附属小学进行"五年一贯制"的试验;其他进行试验的学校一律停止试验,恢复原来的学制。1960年5月27日,省委教育卫生部发出通知,决定全省43所全日制中学、148所全日制小学为学制改革试点学校,其中南京有南师附中、一中、四女中、七中、十一中、二十九中、六合县中等7所中学试行五年一贯制,十中试行九年一贯制。7月,全省又增加21所全日制中学为学制改革试点学校,其中南京有江宁县秦淮中学试行五年制。1961年2月1日,教育部明确提出,今后只试行"十年一贯制"、不再进行"九年一贯制"的试验。这样南京学制改革试点学校便停止了试验。

(2)教学改革试验。在进行学制改革试验的同时,南京各中小学还进行了教学改革试验,包括课程、教材和教学方法的改革实验等。

在改革课程设置方面,"生产劳动"课被正式列入教学计划,初、高中各年级每周授课2学时,并规定学生全年参加体力劳动14至28天,参观6天;"汉语"、"文学"合并为"语文"一科,"三角"、"代数"、"几何"合并为"数学"一科;"政治"课改为社会主义教育课,每周2至6小时,形式包括讲授、报告、讨论和辩论等。从1960年开始,又将初中"数学"中的算术教材下放到小学。而该时期,小学课程和教学计划也有较大变动。1957年2月,教育厅发出通知,决定在小学六年级(当时实行的尚是六三三学制)增设"政治常识"课。3月,中共中央主席毛泽东与江苏等省(市)教育厅(局)长座谈中小学问题。他在谈话中指出:"要加强政治思想教育,要抓思想领导","教材要减轻,课程要减少,古典文学要减少,教材要有地方性,适当增加一些地方乡土教材。"之后,南京小学各年级每周增设"周会"一节,并在五、六年级增设"农业常识"课。1958年5月,省教育厅对全省小学教学计划提出如下指导意见:小学三至六年级"算术"一律改为每周7节,算术内的珠算从三年级开始教学,每周1节;四至六年级"周会"改为"社会主义教育"课,以传授学生一些基本的政治常识和对学生进行比较系统的时事政策教育;各年级的"手工劳动"改名为"生产劳动"并在教材内容上适当增加农业操作。

1959年5月24日,国务院鉴于大炼钢铁期间师生劳动时间普遍过长,影响了教学,发出《关于全日制学校的教学、劳动和生活安排的规定》,要求小学每年教学时间为39至40周,小学生从9岁起,每周劳动时间为4小时,最多6小时。每年假期,中小学两个月。学生参加生产劳动有三种基本形式:在校办农场或工厂劳动、下厂下乡、参加社会公益劳动。是年8月,中共南京市委召开全市中小学教育工作会议,要求继续全面贯彻党的教育方针,提高教育质量。会上,夫子庙小学介绍了以教学为主,全面安排,提高教育质量的经验。

在改革教材内容方面,1957年8月,教育部发出"关于中学历史、地理、物理、生物等教科书的精简办法的通知",即在不打乱科学系统的前提下,精简过难的、次要的、重复的、头绪过多的教材。1958年教育大改革开展以后,随着农业中学的兴起、学制改革的试验、教育事业管理权力的下放以及教育部统编教材所逐渐显露出来的不适应,南京市曾对部编教材以"增、删、补"办法进行修改。

  1959年以后,南京开始进行"加强双基教学(即基础知识的教学和基本技能的训练),提倡少而精、启发式的教学方法"的改革试验。在教学方法改革中,全市涌现了一批优秀教师,他们在自己的教学实践中,创造和积累了教学经验。其中尤以斯霞首创的"分散识字"法最为著名。根据教育部的要求,小学一年级从1958年秋季起,教学汉语拼音,推广普通话。是年秋,南京师范学院附属小学教师斯霞担任小学六年级改五年制试验班班主任和语文教师。她在教学中采用"随课文识字"的方法,使识字、阅读、写作三者相结合,先教这些一年级的学生掌握拼音,再通过示图,教学生识得一些简单易识的字。待学生识得一两百个字后,她便结合学习短文,根据他们的识字量,形成"字不离词,词不离句,句不离文"的语文教学方法。她执教的这个五年制试验班,二年级学生就识得2 000多个字,读174篇课文;五年级结束,学生一般都能识得3 500个左右常用字,教学质量达到五年制教学大纲的要求。教育厅在全省积极推广斯霞的教学经验,推动了全省小学语文教学的改革。

二、高等院校的教育革命

1. 把教育与生产劳动相结合

  1958年的教育革命是以"教育与生产劳动相结合"为中心的,而勤工俭学则是促使教育与生产劳动相结合、理论联系实际、培养学生劳动观点的最主要手段。南京大学在提出了"雨后春笋,遍地生芽"的口号后,全校很快成立了各种勤工俭学小组。当然,各高等学校的勤工俭学活动,最主要的还是通过大办工厂、农场,大闹技术革命来开展的。1958年,南京大学掀起大办工厂、农场的热潮,理科办起了大小工厂26个;文科在栖霞山开垦荒地240亩,建成一个综合性农场(后扩大到1 000余亩);地学在云南亚热带地区、西北柴达木盆地及东南沿海地区建立了劳动基地,接受国家任务。这样,勤工俭学活动,便从临时性、服务性的劳动转变为经常性的、在一定程度上与专业结合的劳动。南京工学院办了校办工厂60个，南京航空学院更是多达100个以上，广大师生热情地投入勤工俭学活动。南京林学院在勤工俭学活动中制定了劳动收益分配的办法，规定劳动收益60%归助学金，20%归公积金，20%归同学个人，以调动学生参加勤工俭学的劳动积极性。这些校办工厂，由于仓促上马，条件不足，大部分不得不陆续停办；保留下来并得到发展的一部分，则成为教学、科研与生产的基地，在教育与生产劳动的结合上发挥了作用。如南京大学在大办工厂中，也带动了科学研究的开展，在短短几个月中试制成功一些新产品，其中如物理系试制的微电流保险丝，数学天文学系试制的中国第一架马克苏托夫式天体摄影望远镜、8.5英寸反光望远镜镜头，化学系试制的橡胶促进剂等，均已达到较高技术水平；地质系在野外工作中也找到多处矿点，完成地质填图面积28 600平方公里以上。1958年上半年，全校勤工俭学的产值达到25 340元。南京工学院的电子管厂，创办不久就接受了国家生产任务。

在开展勤工俭学的同时，有的高校还试办半工（农）半读班，如南京林学院试办了招收初中毕业生入学的5年制半工半读本科班。

2. 开展以修订教学计划和教学大纲为重点的教学改革活动

1958年下半年，为强调教育与生产劳动相结合，许多高校开展了以修订教学计划和教学大纲为重点的教学改革活动。如南京大学在教学改革中，强调要"政治挂帅，理论与实际结合，厚今薄古，古为今用"。修订后的教学计划，一是将劳动正式列入教学计划，增加政治教育的比重，规定文科学生4个月劳动，1个月假期，7个月业务学习；理科学生3至5个月劳动，其中1至2个月下乡参加体力劳动，接触工农。政治课5年总时数最高600学时，最低为480学时（原计划5年为315至544学时）。另规定每学期要有一周时间进行整风式鉴定。二是削减业务课程的教学时间，减少后的业务学习时间，高的如物理系为3 000学时，占总学时的75%；低的如历史系为1 500学时，占总学时数的50%至60%。与此同时，相应压缩课程的设置，合并被认为是重复的课程。为体现"厚今薄古"原则，取消了一些被认为是不必要的课程。同时，也增设了一些反映当代最新科技成就及政治斗争和学术思想斗争的课程。如化学系的放射化学，物理系的固体物理、核子物理，中文系的毛泽东文艺思想，历史系的资产阶级历史学批判等课程。其中有的课程，后来发展成为学校的重要尖端学科。课程改革的结果，全校共取消了23门课程，有61门课程合并为25门，新设课程24门。然而受当时"左"的思潮影响，不少高校在培养目标上过分强调了"一专多能(侧重多能)",一些系科在体力劳动和脑力劳动结合上甚至提出"培养体脑结合的普通劳动者",还有一些高校(或系、科)安排学生实际参加工农业体力劳动时间超过了4个月。加上"红专辩论"、"学术批判"、以及"大办体育"、"大办民兵"、"大炼钢铁"、"大办工厂"、"大搞科研"等大操大办活动,师生经常日夜苦战,教学工作受到严重影响,许多教师的积极性也受到挫伤。在课程安排方面,有的高校搞"单科独进"、"双科并进";有的高校部分系科将相关联的教材内容拼凑到一起搞所谓"一条龙教学"。南京大学当时根据革新后的教学内容,也搞过"抛纲教学,单课独进",提出了通过尖端科研项目研制,边做边学,以编写教材带动教学,野外实习与生产劳动相结合,实验教学与生产劳动相结合等,强调理论与实际结合的重要性,但却排斥了教师在教学中的主导作用,忽视了系统的课堂教学和基础课理论学习对于提高教学质量的重要意义。

1960年,南京许多高校的教学改革活动继续深入展开。文科学习毛泽东思想,开展学术批判活动,将文科各系建设成各个领域思想革命的阵地;理科以技术革命为动力,把参加技术革命和技术革新当做理工科改革方向。华东水利学院进一步修订的教学计划就是在全国大搞技术革命运动时,在水电部和有关院校支持下修订的。新教学计划追求的目标和特点是:贯彻教育为无产阶级政治服务、教育与生产劳动相结合、理论与实际相结合,反映现代科学技术,体现水利建设方针,同国家社会主义建设对口径;培养具有社会主义、共产主义和一定马列主义水平的、掌握本专业现代科学技术的、身体健康能从事本专业水工建筑物勘探、施工和管理工作的高级水利建设人才,完成工程师的基本训练。该校劳动安排5年共42周。理论教学时间每年有8个月,课堂教学每周平均不超过26学时。政治理论教育课由过去在一、二年级每周5学时(包括自习时间)改为1—5年级每周用一天时间进行政治理论教育和形势任务教育。这一时期的教育改革实践,使理科同生产实践的联系得到了加强,学生的分析问题和解决问题的能力有一定的提高,但它削弱了基础理论学习的系统性和完整性。在文科,由于要结合学术领域的思想批判,从而使某些有学识专长的专家、教授受到不公允的对待,影响了教学工作。

3. 建立教学、科研、生产(社会实践)"三结合"的体制

在该时期的教育革命中,南京高等学校普遍实行了教学、科研、生产

(社会实践)向结合的模式,以加强科研工作和实践性教学环节。南京大学总结出通过勤工俭学,实施教学、科研和生产劳动三结合的"三条途径",即"文科办农场、工厂,以从事工农业生产为主,接触实际,体验生活,配合中心,进行社会工作;理科结合专业特点,利用实验设备与工矿企业协作,大办工厂,进行工业生产;地学密切结合专业,进行野外勘探、测量及资源调查工作。"南京工学院在教学中强调理论与实践相结合的原则,提出结合实践"真刀真枪"地进行毕业设计,大力培养学生独立工作的能力。该院先后承担了首都人民大会堂、北京火车站等国家重点建筑工程的设计和发电厂、发电网、无线电通风机的设计和施工,取得很大成绩。南京大学师生参加南京长江大桥工程地质和长江古河道的查勘,进行池鲢人工控制产卵化问题的研究,都取得良好成果,颇受生产、科研单位重视。南京艺术学院师生深入生活,下厂、下乡、下连队,进行教学和艺术实践,并组织部分教师收集、整理民间艺术遗产,创造出一批较好的美术、音乐作品;还先后参加首都人民大会堂、中国革命博物馆和南京博物院陈列、布置的创作和设计工作。南京农学院师生结合下放劳动和生产实习,在公社和部分国营农场广泛调查猪气喘病的发生、流行规律,探索病源、病理及诊治方法,最后在罗清生教授主持下,整理成《猪气喘病研究》一书出版。南京林学院师生则将收集到的丰富的林业生产经验加以总结提高,充实进教学内容,和华东协作区兄弟院校一起编写了反映我国林业生产特点的,有较高质量的33门教材。可以说,将最新科技成就增列为大学正式课程,或将主要研究成果增补为教学内容,无疑是教育革命的"亮点"之一,仅南京大学这一时期便开设了放射化学、固体物理、核子物理等24门新课,其中一些课程后来发展成为重要的尖端学科。当时,有的重点高校还提出"大学既是学校,又是工厂,又是研究所"的口号,旨在密切三者之间的关系,突出大学"三位一体"的综合功能。

4.掀起了科学研究的高潮

在由1956年3月成立的国务院科学规划委员会制定的《1956—1967年科学技术发展远景规划纲要(草案)》中,高等院校作为我国科研的"一支重要力量"而被列入计划。"从这时起,我国高等院校对国家科学的发展,做出了很大贡献。"而在这次教育大革命期间,南京的高等院校在科学研究工作中掀起了一个高潮。为与全国12年科学技术发展计划相适应,南京高校开展了对原子能、半导体、电子管、计算机技术等新兴领域的研究；在一些传统的科研领域也开辟了新的研究方向。一些比较困难、艰苦的重大科研项目，开始上马或扩大工作规模。例如，南京大学地质系师生于1957年开始对华南花岗岩进行研究，1958—1960年进行了大规模的野外调查和研究工作，取得了丰硕成果，后来获得了国家自然科学二等奖。全国高等学校第一台电子计算机"103机"和全国第一架"机器人"，都是这时分别在南京大学和南京工学院开始投入研制并获得成功的。南京邮电学院试制成功全套黑白电视发射系统和会议电话自动设备。此外，还有许多科研成果也在省内外产生较大影响。如南京（第一）医学院附属医院眼科，将保存了3年的眼球角膜移植于人体并获得成功；南京工学院试制成功国内第一台无气鼓锅炉；南京大学试制的中国第一架马克苏托夫式天体摄影望远镜和8.5英寸反光望远镜头，化学系试制的橡胶促进剂和CZ等，均已达到相当高的水平。

三、教育革命的失误

这次在全国开展的以实施教育方针为中心的教育革命，旨在改变教育脱离政治、脱离实际、脱离生产的状况，为创立适合中国国情的社会主义教育制度而进行探索。但这次教育革命是在"大跃进"和人民公社化运动的背景下进行的，指导思想上有"左"的错误，在实践中做过了头，有一定的片面性，安排生产劳动过多，政治运动和社会活动过多，冲击了正常秩序，致使教育教学质量下降。南京的教育革命取得了一定的成绩，但也有严重的失误。这主要表现在以下三个方面：

1. 政治运动、生产劳动、社会活动过多，打乱正常教学秩序

这次教育革命的特点是"政治运动为主，用政治运动带动教学、科研革命"。在1957年整风反右以后，高等学校于1958年连续进行了"双反"（反浪费、反保守）、"双比"（比干劲、比措施）、反"五气"（官气、暮气、阔气、骄气、娇气）、向党交心、"拔白旗、插红旗"、红专辩论、批判资产阶级教育思想和学术思想等一系列"兴无灭资"的政治运动，学校经常停课搞运动。勤工俭学、大炼钢铁也占用了学生很多时间。据南京航空学院统计，1958年下半年5个月中，该院2 618名在校生（其中毕业生497人）投入的勤工俭学的劳动日多达172 000个（人均65个劳动日）。而这在当时绝非个别现象。过多的政治运动和生产劳动，打乱了学校正常的教学秩序。1958年10月，省委决定南京农学院、南京林学院、苏北

农学院3校师生"下放劳动一年";次月又决定南京医学院、苏州医学院、南京药学院、南京中医学院4校师生"下放农村劳动锻炼"。在此期间,这些学校只能以劳动代替教学。而各中小学大搞勤工俭学、办工厂、农场,师生下厂下乡与工农同吃、同住、同劳动、"全国大炼钢铁"和"大种试验田"等潮流的裹挟下,难以按部就班地实施其教学计划,文化课程的学习受到很大的影响。

2. 违反教育规律,在若干理论问题上造成思想混乱

这次教育革命,不加分析地批判了凯洛夫教育学中的循序渐进、因材施教、量力性、可接受性原则,否定知识的系统性、完整性和必要的重复与循环,造成人们教育思想的混乱。如在高等学校中处理"政治与业务"的关系上,把政治强调到不适当的地步,其结果是政治冲击业务进而否定业务,歪曲了政治与业务的关系、红与专的关系。在处理"理论与实践"的关系上,夸大了教育脱离实际的错误,片面强调实践的作用,出现了否定学校教育以学习间接经验和理论知识为主的倾向,贬低教师、书本和课堂教学的作用,否定专家和教师的主导地位,颠倒教学关系,普遍地存在着发动学生编写教材的做法,有的学校或学科甚至还以编写教材来代替系统的课堂教学,严重打乱了原有教学体系,导致教学质量下降。在处理"基础与专业"的关系上,大砍大并基础课,大破专业课的理论体系,实行"大文"、"大理",对课程不适当地加以合并。如南京大学将普通物理、理论力学、热力学、统计物理、电动力学、量子力学、无线电工程的基础课和专业课合并为一门"物理课";数学、天文专业也将7门基础课分别合并为"高等数学基础"和"天文学基础",当时称之为"七合一"课程,授课总时数减少800小时左右,即压缩了1/3。在处理"批判与继承"的关系上,违背"古为今用,洋为中用"的正确方针,对待中外文化只讲批判,不谈借鉴,只喊摈弃、不言继承;错误地领会"厚今薄古"的精神,许多学校大量缩减古代课程的比重,如"文字学"、"音韵学"、"训诂学"、"中国历史文选"等课程几乎在所有中文、历史系都被取消,致使许多中文系的学生竟讲不出"唐宋八大家"的名字。在处理学生的"学与用"的关系上,过分强调学生"在干中学"、"在实践中增长才干";过多的文体、集体活动等挤占了学生大量自由支配的时间,影响了他们对科学文化知识的学习,甚至也影响了他们的身体健康。

3. 政治批判过火，挫伤了广大知识分子的积极性

中共中央发布《关于开展反浪费反保守运动的指示》后，各校普遍开展了"双反"运动，即发动师生揭露学校工作中存在的"三风"、"五气"问题，开展"反对浪费"和"反对保守"运动。在知识分子问题上，继反右派扩大化以后，又进行了"红专"辩论，随即又掀起"拔白旗、插红旗"、向党交心等以"兴无灭资"（兴无产阶级思想，灭资产阶级个人主义思想）为中心的"思想批判运动"，而且要"把运动探深搞透"。开展这些运动的出发点应该说是好的，但是在"左"的思想指导下，这一系列政治运动的矛头都是指向知识分子的，尤其是高级知识分子的，否认他们在教学中的主导作用，对他们动辄批判，特别是发动学生批判教师。在批判中，又往往把学术问题和政治问题混为一谈，任意上纲，最后归之于"阶级斗争"、"两条路线斗争"。1958年，南京师范学院开展学术批判，该院院长、我国著名幼儿教育专家陈鹤琴教授因倡导过"活教育"，便被视为"资产阶级的知识分子"、"与党争夺领导权的代表人物"而遭到批判，并被免去院长等职务。以上种种做法，不可避免地伤害了广大的知识分子，严重地挫伤他们建设社会主义的积极性。

第四节　教育大跃进

在1957年超额完成第一个五年计划的形势下，1958年，我国进入第二个五年计划发展时期。1958年5月，中共八大二次会议根据毛泽东的倡议，制定了"鼓足干劲，力争上游，多快好省地建设社会主义"的总路线。总路线反映了广大人民群众迫切要求改变我国经济、文化落后状况的普遍愿望，但忽视了经济、文化发展的客观规律，夸大了主观意志和主观努力的作用。随后，全国开始了"大跃进"和人民公社化运动。于是，以高指标、瞎指挥、浮夸风和共产风为主要标志的"左"倾错误泛滥全国。教育部门同样在"左"倾错误思想指导下，盲目冒进，使浮夸之风在教育界到处盛行，各类教育规模迅速扩大，但实质上却导致各类教育质量的下滑。

教育"大跃进"以高指标、盲目追求超高速度发展为主要特征。1958年3月29日至4月8日，教育部召开的第四次全国教育行政会议

提出了"反掉保守思想、促进教育事业大跃进"的口号,以切合当时广大工人、农民在政治、经济上翻身后所产生的提高文化教育水平的强烈要求。同年9月19日,中共中央、国务院发布的《关于教育工作的指示》要求全国在三年到五年的时间内基本上完成扫除文盲、普及小学教育、社社(农业合作社)有中学和使大多数学龄前儿童都能入托儿所和幼儿园的任务,还提出"将以十五年左右的时间普及高等教育"等口号。这些口号对教育的"大跃进"起到了推波助澜的作用。

1958年3月8日,江苏海安县双楼乡和邗江县施桥乡在全国首先创办了实行农民自办的、半耕半读式农业中学。这种新型学校一出现,就受到了中共中央和中共江苏省委的重视和肯定。3月11日至19日,中共江苏省委在南京召开民办农业中学座谈会,介绍两乡创办农业中学的做法。中共中央宣传部陆定一部长专程与会,并发表了重要讲话。陆定一对这种以"半耕半读"为特点的新型学校给予充分的肯定和支持,认为在解决广大农村高小毕业生学习和劳动方面,"这是一个好办法",并要求"把普通中学和职业技术学校两者都安排好,不能偏废"。中共南京市委及时传达贯彻会议精神。南京辖区很快办起了十月、牌楼、八卦洲等263所农业中学和各种职业中学,吸收未升学的高小毕业生16 000多人入学。南京市的教育大跃进由此开始。后经调整,南京保留了农业中学76所,共116个班,在校学生4 169人。南京市的农业中学和职业中学成为这一时期职业教育的主体。此后,南京市郊县农业中学继续发展,并推动了城区举办各种职业中学,其招生数不断增加。到1960年,南京市农业中学和各种职业中学共有78所、314个班级,在校学生达12 120人。

南京地区高等学校、中等专业学校和中小学、幼儿园也发展迅猛。

1958年,江苏省人民委员会批准省教育厅《关于1958年新建高等学校问题的报告》,提出全省新建高校59所。南京地区出现了大办高等教育的热潮。南京当年新建了19所高校,全市普通高校由10所猛增至29所。南京新建高校的具体途径如下:首先,将9所中等专业学校升格为高等学校;其次,以老高校为依托,发展出4所新高校;第三,由厂矿企业兴办2所新高校;第四,由省科委建立1所高校;第五,南京市人民政府新建3所市属地方高校。

1959年,国民经济出现严重困难,根据中共中央、国务院《关于整顿1958年新建全日制、半日制高等学校的通知》精神,中共江苏省委、省人民政府对全省新建的高等学校进行整顿。南京地区停办了南京地质学院和南京铁道学院;南京水利学院于1960年1月迁往扬州,改称江苏水利学院。但是,在调整的同时,新建高校的势头未减。从1959年至1960年,南京地区又新建7所普通高校。

中等专业学校方面,在1958年至1960年,由南京市政府、机关、高等学校、医院、企事业单位创办的中等专业学校共达26所。该类学校招收初中毕业生,学制二至四年。至1960年,南京地区中等专业学校从1957年的19所增至45所,在校生从16 586人增至21 866人。

中小学和幼儿园方面,至1960年,南京市公办普通中学由1957年的57所增至91所,另有农村普通中学43所;公办小学由576所增至625所,民办小学由47所突增至963所,民办在校生由2 746人增至79 595人;幼儿教育曾提出"三岁都入园"的口号,市区幼儿园、托儿所由250所猛增到527所,有的幼托不分。农村有幼儿园、托儿所7 130个,形式有日托、全托、半日托、两小时托、临时收托等。

这一时期的南京教育事业由于发展过快,规模过大,大大超过国民经济的承受能力,导致教育与经济比例严重失调,也违背了教育自身发展的规律,生源、师资、经费不足,教育质量下降。

第五节 各类教育全面调整提高

由于"大跃进"、人民公社化运动和"反右倾"中"左"的错误等因素的影响,加上遭遇三年自然灾害,国家面临新中国成立以来最严重的国民经济困难。为了解决相关问题,中共八届九中全会决定实行"调整、巩固、充实、提高"的方针(简称"八字方针")。与此同时,中共中央文教小组向中共中央写了《关于1961年和今后一个时期文化教育工作安排的报告》。1961年2月17日,中央批转了这个报告。《报告》提出:当前文化教育工作必须贯彻执行"调整、巩固、充实、提高"的方针,集中力量办好高等学校,逐步发展中等教育,有计划地普及小学教育,规范幼儿教育。

一、贯彻实施"八字方针",教育事业全面调整

1961年7月,教育部召开全国高等学校及中等学校调整工作会议,

第十二章 社会主义道路探索初期的南京教育(1957—1965)

着重研究贯彻"八字方针"问题,会议讨论了缩短战线、压缩规模、合理布局和提高教育质量问题。同年12月教育部召开了第二次全国高等学校及中等学校调整工作会议,研究确定进一步调整的方案。南京从1961年开始,贯彻"八字方针"和全国高等学校及中等学校调整工作会议的精神,大力调整、整顿高等院校。1962年,南京地区普通高等学校由32所调整为19所,即保留南京大学、南京工学院、南京大学气象学院、南京航空学院、华东水利学院、南京邮电学院、南京化工学院、南京师范学院、南京农学院、南京农学院农业机械化分院、南京林学院、南京药学院、南京铁道医学院、南京医学院、南京中医学院、南京体育学院、南京艺术学院、江苏新闻专科学校、南京商业专科学校。南京高校占全省保留的29所高校的65.5%。

国家对学科重复、办学条件较差的新建、扩建、升格的13所高校分别予以改办、合并或停办:南京电力专科学校、南京动力专科学校、南京机械专科学校、南京交通专科学校、江苏戏剧学院等5所专科学校恢复原中等专业学校建制;南京第一医学院和南京第二医学院合并为南京医学院;南京永利化工专科学校、南京水泥工业专科学校、南京工业专科学校、南京中医专科学校、南京市师范专科学校、南京市农业专科学校等6所专科学校停办;南京农业机械学院迁往镇江,改名镇江农业机械学院。1963年,江苏新闻专科学校停办。同年,南京大学气象学院更名为南京气象学院。

全面整顿主要是停办了一批1958年以后新建的条件较差和布局不合理、重复设立的中等专业学校。对中专升格为高校的,除南京水利学院于1960年已迁往扬州改名为江苏水利学院外,只保留南京邮电学院、南京中医学院、南京体育学院3所,其余5所专科学校仍恢复为中等专科学校;机关、高校、医院、企事业单位创办的21所中等专业学校全部停办。1962年,南京市中专学校由1960年的45所减至23所。全日制中小学的规模作适当压缩,农村普通中学由43所调整为34所,民办小学由1960年的963所减至186所,在校学生由79 595人减到37 690人。在幼儿教育方面,城区幼儿园数、入园幼儿数有所减少,但教养工作正常;农村幼儿教育很不巩固,成为"看娃娃班"或"农忙班",其中教师绝大多数是识字不多的妇女,缺乏教养工作的能力。在三年经济困难时期,许多农村幼儿班不得不解散。

二、制定和实施"三个条例",促进各类教育规范化

1961年初,在邓小平直接领导下,中共中央宣传部、教育部中共党组开始草拟《教育部直属高等学校暂行工作条例》(简称《高校六十条》)和《全日制中学暂行工作条例》(简称《中学五十条》)、《全日制小学暂行工作条例》(简称《小学四十条》)。经过中共中央及有关部门的连续会议讨论和修改,8月22日至9月16日,中共中央工作会议通过了《高校六十条》,毛泽东对此评价说"总算有自己的东西",予以肯定。继《高校六十条》之后,1963年,中共中央又批准试行教育部制定的《中学五十条》和《小学四十条》。

上述"三个条例",总结了新中国教育工作的经验,特别是学习苏联中存在的教条主义和1958年至1960年"左"倾错误等方面的教训。"三个条例"制定了一系列使教育工作规范化的方针政策,使各级各类学校教育工作有章可循并逐步走上了比较符合中国国情的正常发展轨道。在当时的历史条件下,它对稳定学校秩序、提高教育质量起了积极的作用。

1. 试行《高校六十条》的成效

1961年9月,中共中央颁发《高校六十条》,确立了高校的工作中心,正确实施了知识分子政策,变革了高校的管理体制,转变了高校领导的工作方法,提高了教学质量。其试行的具体成效如下:

(1)建立"以教学为主"的高校工作秩序,致力提高教育质量。针对当时存在的参加生产劳动、接受实践锻炼等方面的片面性的认识,《高校六十条》明确规定了高等学校学生的培养目标:"高等学校学生参加生产劳动的目的是养成劳动习惯、向工农群众学习、同工农群众密切结合、克服轻视体力劳动和体力劳动者现象"等。同时强调高校通过生产劳动,能更好地贯彻理论联系实际的原则,课程要根据各专业的特点分别确定师生参加生产劳动的内容、方式和时间等。这就使一些长期争论不休和处理不当的问题,如政治与业务、红与专、教学与生产劳动、教学与科研、理论与实践、基础与专业、教师与学生关系等问题基本上得到解决。《高校六十条》的试行,特别是在恢复和建立以培养人才为"基本任务"、"以教学为主"的高校工作秩序等方面,成效最为明显。

南京高校普遍合理安排了教学、科研、劳动、社会活动和假期的时

间,对1961年以前耽误的课程,大多进行了"填平补齐"工作。如南京大学安排文史类学生补修了"文字学"、"音韵学"、"训诂学"、"中国历史文选";数理科学生补修了多门基础课和专业基础课。其他高校也大都补足了课程门数和授课时数,从而基本上达到原来教学计划的要求。与此同时,选派有经验的教师担任主要课程的比重增加,并加强师资的培训和提高工作,尤其是重视骨干教师的培养。

南京各高校重新修订了教学计划和教学大纲。这次修订以"教学为主,质量第一"为原则,注重加强基础理论、基本知识、基本技能的教学和训练,强调教学秩序和教学质量的同步增长提高,并控制总学时和周学时,减少劳动时间,确保主干课程和基础课教学时数的比重,以保持课程完整性和系统性。一些高校还对各课程的目的、任务和教学要求都进一步作了明确的规定。南京航空学院在修订后的一些专业的教学计划中,规定学生在校学习时间共256周(当时大学为五年制)、3346学时,其中理论教学152.5周,考试17.5周,教学实习和生产实习17周,毕业设计16周,专业生产劳动8周,公益劳动4周,假期38周,毕业鉴定2周,机动1周。这与1958年制定的教学计划相比,总学时增加400学时,理论教学增加了18周,工农业劳动改为结合教学的专业生产劳动,生产实习和毕业设计减少10周左右,政治活动减少3至10周,学院明确要求各个教学环节必须严格按照教学计划进行。

根据中共中央书记处所确立的高等学校教材建设要坚持"不破不立"的原则,南京高校加强了对教材编写工作的领导。南京各高校除采用国家有关部委推荐的教材外,在教材编写上吸取了过去修改频繁、内容不够系统稳定、多数质量不高的教训,明确提出教材建设应贯彻"加强基础理论、基本知识和基本技能的训练"的精神,强调内容要"少而精",让学生真正地"学到手"。自此以后,南京高校一批质量较高、内容稳定、能反映教学和科研成果的教材相继出版,这为以后的教材建设奠定了基础,对提高教育质量和学术水平做出了贡献。

(2)正确执行知识分子政策。在《高校六十条》中,中共中央要求各级党委都要做到正确执行党的知识分子政策,团结一切可以团结的知识分子,调动一切积极因素,为社会主义的高等教育事业服务。1962年3月,在中共中央召开的"广州会议"(全国科学技术工作会议和文艺工作会议)的开幕式上,周恩来总理作了《关于知识分子问题的报告》,再次肯定"我国的知识分子是人民的知识分子,是社会主义的知识分子,是工人阶级的知识分子",而且,从他们经历的历史和现实来看,也都"证明他们是我国工人阶级可靠的同盟者"。陈毅副总理在会议上指出："知识分子是为无产阶级服务的脑力劳动者",并风趣地宣布给知识分子"脱帽加冕"——脱"资产阶级知识分子之帽",加"劳动人民知识分子"之冕。① 周恩来和陈毅的讲话在南京传达以后,立即引起教育界热烈而广泛的反响。这一时期党的知识分子政策在南京得到了很好的贯彻执行。

《高校六十条》明确提出:在人民内部,探讨各种学术问题都必须允许不同的见解,自由讨论,不许用对敌斗争的方法来解决人民内部的政治问题、世界观问题和学术问题。"脱帽加冕"后的知识分子完全属于人民内部的范畴,学术问题必须用学术方法来解决。这也是对过去"左"的错误做法的一种纠正。在这种思想指导下,南京教育界对各种学术问题的自由讨论蔚然成风。如对自然科学的发展过程究竟以分化为主还是以综合为主、或分化与综合是否同时存在的问题,南京大学理科各系教师展开了多次深入的讨论;南京林学院组织师生就摩尔根遗传学理论以及它和米丘林学派争论的焦点进行广泛的讨论;南京师范学院等高校也就人民公社"按劳分配"、"昆剧的继承和创新"等问题开展热烈的讨论。

与此同时,有更多的知识分子代表参政议政。新中国成立后,在全国、省、市、区(县)以至乡(镇)的历届中共代表大会、人民代表大会和政治协商会议中,均有一定数额的南京教育界人士当选为代表或委员,参政议政。这一比例在《高校六十条》颁布后大幅增加,显示出有更多的知识分子参与到各级党委、政府、政协的大政方针制定当中。如1956年召开中共江苏省第三次代表大会时,有南京教育界人士陈毅人等13人当选为代表,当1962年中共江苏省第四次代表大会召开时,南京教育界的代表已有37位;1959年参加第二届全国人民代表大会的江苏教育界代表只有郭影秋等5人,1964年第三届全国人民代表大会召开时,江苏教育界的人大代表增至28人,如南京大学匡亚明、戴安邦、魏荣爵、范存忠、仲崇信,南京工学院刘敦桢,华东水利学院严恺、徐芝纶,南京农学院罗清生,南京艺术学院傅抱石等著名教授都是新当选的全国人大代表。1959年江苏教育界当选为全国政协委员的有7人,到1964年,江苏教育界当选为全国政协委员的已有南京大学陈嘉、南京中医学院叶桔泉等9人。同期当选为江苏省、南京市人大代表、政协委员的教育界人数增加

---

① 刘光主编《新中国高等教育大事记》,第185页。

得更为明显。

(3)变更领导管理体制,改进领导方法和作风。1958年,根据中共中央、国务院《关于教育工作的指示》,校一级实行"党委领导下的校(院)务委员会负责制",系一级实行"党总支领导下的系务委员会负责制",在一部分教研室实行"党支部起核心作用"的制度。这种管理体制时称"一竿子到底"的领导体制,即党组织自上而下地起着领导作用。

按照《高校六十条》的精神,南京各高等学校开始试行"党委领导下的、以校长为首的校务委员会负责制",强化了校长的职权,明确校长是国家任命的学校行政负责人,他对外代表学校,对内主持校务委员会和学校日常工作,重大问题由校长提交校务委员会讨论决定,由校长负责组织执行;正副校长担任校务委员会正副主任;系主任在校长领导下,主持系务委员会和行政工作。校党委和系党总支则对全校、全系教学、科研和行政工作起监督、保证作用。

这种新的领导体制的试行,改变了过去在各高校各级党组织包揽行政事务过多,致使党的建设和思想政治工作有所削弱的局面,使高校各级行政组织的作用得以充分发挥,广泛地调动了高校各级行政组织的积极性。

《高校六十条》规定,高等学校的党委会是学校工作的领导核心,对学校工作实行统一领导;学校中党的领导权力集中在校党委;党组织必须严格遵守民主集中制,实行集体领导和分工负责相结合的原则。贯彻《高校六十条》以后,南京各高校党组织不再实行"一竿子到底"的领导体制,而是将工作重点放到抓重大问题、思想政治工作、党的建设和团结人的工作上面。这一时期各高校党委所关注和致力解决的重大问题,主要包括阶级斗争问题、知识分子政策问题、红与专问题、教学与科研问题、勤俭办学与改善办学条件问题等。在贯彻《高校六十条》的过程中,各校特别重视对青年学生进行艰苦奋斗建设社会主义的教育,特别重视深入学生学习和生活之中,做细致的工作,讲究实效,不搞形式主义。

(4)科研成果大量涌现。在贯彻《高校六十条》的过程中,南京各高等学校教师在科研上发扬"三敢"(敢想、敢说、敢做)精神和"三严"(严肃的态度、严格的要求、严密的方法)作风,科研工作出现了三个可喜的变化:一是由过去分散的、自选的研究发展成为集中的、有组织的、有计划的研究,甚至突破了专业、学科和学校的界限,联合攻关;二是结合教学、实习而进行的科研选题发展为承担国家重点项目、攻关项目,取得重大的理论突破或经济效益;三是注意处理好教学与科研的关系,既突出研究成果,又培养优秀人才,同时丰富和更新了教学内容,加快了学科建设。这一时期南京高校的科研工作进入了建国以后的第一个黄金期。

1963年5月,教育部决定出版《高等学校自然科学学报》,选载全国高等学校师生和科学研究人员公开发表的论文和文摘。学报按8方面分版出版,分别委托北京大学、清华大学、南京大学、吉林大学、武汉大学、西安交大主办,其中南京大学主办地质、地理、气象学版。1964年,教育部批准南京大学成立了声学、络合物化学、非洲经济地理、近现代英美对外关系、欧美文化等5个研究室——此为我国高校成立的第一批研究机构,并陆续配备了100多名专职科研人员,科研工作在全面发展的同时开始形成自己的特色。在1965年高等教育部举办的高等学校科研成果展览会上,南京大学展出20多项成果,其中"偶联剂"、"射电望远镜"等属全国领先,"103计算机"更是我国高校研制的第一台计算机。特别引人注目的是,南京大学地质系徐克勤、郭令智等教授领导的"华南花岗岩及其成矿规律的研究"被列为1963、1964年国家重大科技成果100例汇编,物理系冯端教授主持的"金属缺陷研究"被列为1964年国家100项重大科研成果之一,化学系物化教研室完成的"分子筛研究"以及南大地学4系10个专业与南京农学院土壤、畜牧2个专业联合进行的"内蒙古草原综合考察"等,不仅具有先进的学术水平,而且具有较大的理论意义和实用价值。朱德委员长、邓小平总书记等中央领导同志在参观南大的科研成果时,兴致勃勃地听取了南大的汇报,并予以高度评价。

南京工学院在1963年至1966年期间,有39项科研成果被列入国家科技成果公报。1963年该院研制成功的He-Ne激光器,揭开了江苏南京激光技术研究、应用的序幕。无线电系承担以雷达为中心的大批科研任务,如炮弹测速雷达、长江导航雷达、地对空跟踪雷达等,在"任务带动学科"的思想指导下,该系开发微波频段,带动了通信系统新体制、新器件、新工艺的发展。南京农学院先后进行335项研究,有110项取得重要成果,其中邹钟琳教授"关于昆虫种群及数量变动规律的研究"、樊庆笙教授"关于紫云英北移的实验"以及长江中下游两熟地区小麦品种选育、水稻白叶枯病防治等,均有重大的理论和实践意义。南京航空学院对无人驾驶飞机的研制,华东水利学院关于"刘家峡混凝土坝抗震设计研究"及"湿润地区洪水预报方案"的研究等,亦各具特色,颇有价值。

此外,《高校六十条》颁布施行后,教育部等又陆续制定和颁布了有关实验仪器设备、基本建设、财务管理、资产管理等方面一系列"条例"、"办法",使高等学校的总务工作有章可循,日趋规范,为学校的教学、科学研究和师生员工的生活提供了可靠的保证。

2.《中学五十条》和《小学四十条》的试行及其成效

1963年3月23日,中共中央颁行《全日制中学暂行工作条例(草案)》(简称《中学五十条》)、《全日制小学暂行工作条例(草案)》(简称《小学四十条》),中共中央同时发出《关于讨论试行全日制中小学工作条例(草案)和对当前中小学教育工作几个问题的指示》(简称《指示》)。《中学五十条》和《小学四十条》被誉为"中国教育学纲领"。它从办学方针、指导思想、培养目标、教学、思想政治教育、生产劳动、体育卫生和生活管理、教师、领导管理等方面,全面、系统地总结了建国以后特别是1958年以来我国中小学教育的经验和教训,比较注意克服当时存在的"左"的错误,比较全面地确立了中小学教育的规章制度,使学校工作有章可循。它们是办好中小学、提高教育质量的重要的指导性文件。

南京市贯彻两个条例的具体做法是:

(1)分期分批试行中小学条例。《中学五十条》和《小学四十条》颁布后,南京市对中共江苏省委批转教育厅党组《关于贯彻执行中央〈关于讨论试行全日制中小学工作条例(草案)和对当前中小学教育工作几个问题的指示〉的报告》多次组织学习、讨论。当月,经中共南京市委研究确定,南京市有16所普通中学和28所小学成为第一批试行《全日制中小学工作条例(草案)》的学校。

南京市各级教育行政部门和中小学进一步强调学校以教学为主,全面贯彻德智体全面发展的教育方针。加强学生德育工作,坚持以马列主义、毛泽东思想为指导,对学生进行爱国主义和国际主义教育;加强师资队伍建设,建立和健全教师进修机构和各项规章制度;加强学校学科教研工作,开展教研活动,提高教师的教学能力;要求学校领导转变作风,深入实际,依靠群众,办好学校,保证提高教育教学质量等。

同年7月,教育部颁发《关于实行全日制中小学新教学计划(草案)的通知》,指出"中小学在文化教育方面的主要任务,是使学生掌握基本的文化工具和基本的科学知识,小学阶段必须注重语文和算术的教学,中学阶段必须注重语文、数学和外国语的教学。这些课程是学习和从事工作的基本工具,使学生学习这些课程,对于提高中小学的教学质量有决定性的意义。"

南京市中小学执行新教学计划草案,对中小学教学计划作了调整。中学增加了语文、外语、数学、物理、化学等课时,生物、历史、地理等课时有所减少,初中三年停开音乐、图画课,增设生产知识课,初、高中各年级增设劳动课,每年劳动一个月;高中三年级开设大约110学时的选修课;初中一、二年级授课周数由34周增至35周,高中三年级授课周数由32周增至33周。小学保证全年有9个半月的教学时间(包括四年级以上学生全年劳动时间半个月),两个半月的寒暑假。小学设置语文、算术、自然、历史、地理、生产常识、体育、音乐、图画、手工、劳动等课程。中小学条例的贯彻,基本上纠正了1958年至1960年"教育大跃进"、"教育革命"所造成的学校混乱现象,使正常的教学秩序得以恢复和建立,教育教学质量明显提高。

(2)重点办好示范性学校。1963年3月18日,教育部转发了江苏省教育厅《关于提高全日制中小学教育质量和重点办好一批中小学的意见(草案)》,要求全国各地学习和借鉴江苏的做法,提高全日制中小学教育质量,形成教育事业中全日制中小学的"小宝塔",即保持和逐步办好一定数量的全日制中小学,作为教育事业合理布局的稳固基础。3月下旬,江苏省决定集中力量首先办好一批示范性的全日制中小学。首批要办好的示范性中学有15所,其中南京2所,即南京师范学院附属中学、南京市第一中学。为了切实办好示范性全日制中小学,南京市教育行政部门采取了许多有效措施,在师资、经费、领导班子配备等方面,都对这些学校给予照顾,使这些学校的办学条件大为改善,教育质量迅速提高。

(3)创办南京外国语学校。经周恩来总理批准,教育部于1962年8月发出《关于在若干大城市设立外国语学校的建议》。是年,南京外国语学校开始筹建。1963年7月11日,经江苏省人民委员会批准,南京外国语学校宣告成立。此亦为全国最早开办的10所外国语学校之一。南京外国语学校设置英、法、德3个语种,省教育厅委托南京市教育局直接领导,并由教育部委托南京大学负责业务指导。

1963年7月15日,教育部下发《关于开办外国语学校的通知》,对外国语学校的培养目标、学制课程、教学要求、学校设置、语种设置等进行了具体规定。根据该通知要求,南京外国语学校采用与普通中小学相同的学制,即小学6年、初中3年和高中3年。课程设置与普通中小学大体相同:小学阶段重视语文和数学两科的教学,以打下良好的语文和数学基础,外国语课从小学三年级起开设,不设生产常识课等;中学阶段政治课的授课时数与普通中学相同,外国语、语文、历史、地理的授课时数多于普通中学,数学不学解析几何,物理、化学的教学要求大体与中等师范

20世纪60年代的南京外国语学校。

相同,不设生产知识课。中小学各年级均实行小班教学。在整个中小学的学习阶段,外语的授课总时数不少于2 500课时(约为普通中学的2倍)。南京外国语学校的学生在毕业时,都已比较熟练地掌握一门外国语,即掌握了5 000个左右的单词,发音准确,熟悉语法知识,能读懂一般的外文书报杂志,能进行一般的生活会话。

三、试行半工(农)半读教育制度

1964年7月17日,国家主席刘少奇来南京视察,在江苏省地、市委书记会议上阐述了"两种教育制度、两种劳动制度"的观点。他提出:我们国家应该有两种主要的教育制度和劳动制度并存,一种是全日制学校制度,一种是半工半读学校制度。半工半读既是劳动制度又是教育制度。两种劳动制度和两种教育制度是结合的。从当前看,既能够办学校,普及教育,又能减轻国家和家庭负担;从长远看,能够培养新的人,培养既能从事脑力劳动又能从事体力劳动的人,是教育与生产劳动相结合的比较好的一种办学形式。"半工半读不限于小学、中学,中等技术学校和大学也应试办半工半读"。是年7月,中共中央批转教育部《关于半农半读教育会议的报告》。9月,教育部、高教部、劳动部在给中央的报告《关于试行半工半读制度的初步意见》中提出,在城市,将现有的技工学校、职业学校(包括工业中学)逐步改为半工半读的中等技术学校。

南京认真贯彻刘少奇和中共中央的指示,积极推行半工半读、半农半读制度。10月,中共南京市委决定成立半工半读领导小组,南京的半工(耕)半读教育由此得到良好的发展。

1. 推行半工(耕)半读小学

1964年下半年,南京市教育局除支持民办小学外,在农村又推行半耕半读小学。耕读小学主要由大队或自然村自办,学生实行半耕半读(可放牛、割草、带弟妹上学),教师实行半耕半教。耕读小学主要设置语文和算术两门课程,语文课本突出农村生产生活中的常用字和应用文,算术内容着重在掌握运算方法和解决农村生产生活中的实际问题。耕读小学采用因时、因地、因人制宜等多种教学形式(有半日制、早中晚班、识字班、放牛组、珠算组、巡回教学等),小型分散,灵活机动,颇受农民欢迎。1965年,全市耕(工)读小学发展到432个班,学生10 253人,教师532人,其中耕读小学382个班,学生6 129人,工读小学50个班,学生4 124人。耕(工)读小学的创办对农村扫盲、城市儿童培养一技之长、解决就业问题,均起到良好的作用。

2. 试办半工(耕)半读中等学校

1964年,全市教育部门共举办半工(耕)半读中学38所,招生4 868人。其中城区创办半工半读职业中学,主要招收初中毕业生;县郊则创办半耕半读农业中学,基本招收小学毕业生,皆突出体现半工(耕)半读的特点。这一年,全市企事业单位还创办了37所半工半读中等技术学校,学生近7 000人。

1965年9月,南京市又在一部分已有办学条件的职业中学和民办中学中,采取厂校挂钩办法试办半工半读中技班。

至1965年底,南京市有半工半读职业学校和半耕半读的农业中学84所,251个班级,在校学生17 192人。这一年,南京市半工(耕)半读高中招生7 386人,普通高中招生5 739人,职业高中与普通高中招生比达

南京市紫金山农业中学田间开课。

1∶0.77,基本协调,亦符合当时经济发展水平要求。这就形成了1958年以后第二个职业技术教育发展高潮。

3. 高等教育半工(农)半读的尝试

1965年开始,南京农学院举办江浦半农半读专修科班。9月,南京林学院开办木材机械加工专业半工半读班,将1965年暑期招收的40名新生全部转为半工半读。学校提出在五年学习期间"理论教学不低于全日制教学,操作技能要高于全日制教学要求"。同时,根据"教劳结合,精讲多练;一般工种与基本工种结合,以基本工种为主;校内与校外结合,以校内为主"的指导原则,具体安排教学、劳动。在时间分配方面,五年中理论教学占57%,生产劳动占43%。

1965年底,南京大学根据全国半工半读高等教育会议精神,决定整个文科实行半工(农)半读的改革。创办了溧阳分校,将中文、政治、历史三系打通合并,办大文科教学,实行半工半读教学形式,学制改为四年。在四年中,分为两个阶段:第一阶段,以通读毛泽东著作为主,辅以其他文化课程以及马列主义著作;第二阶段,实行因材施教,分设哲学、文学、历史、军事等各种专业,学习专门知识。此举旨在使培养出来的学生既能当工人,又能当农民,既能当干部,又能从事教学科研工作。分校规模定为300至400人。1966年招生,匡亚明校长兼任分校校长,溧阳县委书记兼任副校长。这期间,南京商业专科学校改为南京半工半读商业专科学校;华东水利学院、南京师范学院分别在江苏金湖、句容等县办起了分校,并附设农场,部分学生实行半工(农)半读形式。

【第十三章】
"文化大革命"时期的南京教育(1966—1976)

1966年5月至1976年10月,我国发生了持续十年之久的"文化大革命"。这是一场由领导者错误发动,被反革命集团所利用,给党、国家和各族人民带来严重灾难的内乱,使党、国家和人民遭到新中国成立以来最严重的挫折,使全国人民艰苦创建的社会主义事业遭到前所未有的损失。

在"文化大革命"中,教育领域首当其冲,备受劫难,成为"重灾区"。南京教育在十年动乱期间遭到空前破坏,领导干部被批斗、夺权、罢官,大批教职工受迫害,有的领导或教授甚至被迫害致死;学生学业荒废,热衷于"停课闹革命",搞打砸抢、大串联、"文攻武卫",道德观念严重失范;全市各级教育组织受到冲击,各类教育活动停滞,教育教学水平严重倒退。

第一节 "文化大革命"初期的大动乱

1966年5月16日,中共中央政治局扩大会议通过了《中国共产党中央委员会通知》(即五·一六通知)。这一"无产阶级文化大革命"的纲领性文件极其错误地估计了当时党和国家的政治形势,认为学术界、教育界、新闻界、文艺界、出版界等文化领域都是资产阶级专了无产阶级的政,都是"黑线统治";提出"文化大革命"的性质"是一场你死我活的阶级斗争",其任务是"彻底揭露那些反党反社会主义的学术权威的资产阶级反动立场;彻底批判学术界、教育界、新闻界、文艺界、出版界的资产阶级反动思想,夺取在这些文化领域中的领导权。而要做到这一点,必须同时批判混进党里、政府里、军队里和文化领域各界的资产阶级代表人物,清洗这些人"。该通知提出了一整套"左"的理论、路线、方针、政策。这些论点在南京广大干部、群众中引起了思想混乱,首先接受这些观点并以积极行动响应的是青年学生。"文化大革命"首先在学校发动起来,成千上万的红卫兵走上社会"革命"、"造反",南京教育界迅速出现混乱局面。

一、教育界知名人士首当其冲遭批斗

1966年6月1日,中央人民广播电台广播了北京大学聂元梓等7人攻击北京大学党委、北京市委的"全国第一张大字报",《人民日报》发表了《横扫一切"牛鬼蛇神"》的社论,南京教育界的一批知名人士首先受到冲击,被打成"牛鬼蛇神"。

6月2日和3日,南京大学溧阳分校和校本部分别出现了矛头指向校长、党委书记匡亚明的大字报。6月6日,中共江苏省委召开常委会,决定撤销匡亚明的一切职务,并立即上报中央批准。6月12日,江苏省委在南京大学操场召开了有万人之众的大会,匡亚明被妄加罪名而撤销一切职务,成为"文革"中继北京大学校长陆平之后被最早"打倒"的大学校长之一。[①] 6月16日,被陈伯达控制的《人民日报》在头版头条发表了《南京大学革命师生揪出反党反社会主义的反革命分子匡亚明》的消息,并配了专栏大标题《放手发动群众,彻底打倒反革命黑帮》。与此同时,新华日报也连续点名批判省、市一批教育界人士。6月份,南京19所高校共贴出大字报24万余张,被点名批判的多达5 700多人。在南京的省、市教育部门领导和知名人士几乎都被公开点名批判。另据47所中学统计,被点名为"小三家村"以及"牛鬼蛇神"的就有1 626人,占教职工数的24%。随着批斗程度的不断加剧,谩骂、打人的现象大量出现,不少人受到罚站、罚跪、剃阴阳头、挂牌、戴高帽子等体罚,身心人格受到了严重摧残,甚至发生殴打致伤、致残,个别被折磨致死的恶劣现象。

---

① 《南京大学百年史》,南京大学出版社2002年版,第377页。

二、红卫兵"破四旧"与师生"革命大串联"

1966年5月29日，北京清华大学附中成立了全国第一个红卫兵组织，毛泽东对清华附中红卫兵的革命造反精神表示"热烈支持"。8月，南京的大学和中学中红卫兵组织纷纷成立，小学也成立了红小兵组织，红卫兵运动迅速在南京掀起。青少年学生抱着"保卫毛主席"、"反修防修"的信念开始了"停课闹革命"，大批学生冲出校园走上社会"破四旧"（旧思想、旧文化、旧风俗、旧习惯），张贴大字报、集会演说、销毁所谓"封资修"的物品，他们甚至冲入民宅抄家、冲击寺庙教堂、捣毁文物古迹、焚烧书籍字画、给"封资修"的街道更名、更改校名（如南京市第一女子中学改为"东方红中学"、南京市第二女子中学改为"五·七中学"、南京市第三女子中学改为"井冈山中学"、南京市第十一中学改为"七·一革命战校"、南京市第十三中学改为"要武中学"等），勒令商业服务业不准销售和提供"封资修"的商品和服务，强制革除人们"封资修"的服饰和发式等。8月27日，南京工学院的红卫兵甚至提出要将矗立在新街口广场的孙中山铜像当作"四旧"砸碎，后由于国务院电令予以保护，南京市人民委员会连夜将铜像迁至中山陵，这才得以幸存。

红卫兵走出校园的另一个行动是"革命大串联"。早在1966年7月，北京已有多批学生来南京串联，南京也有部分学生去北京学习造反经验。8月18日，毛泽东在天安门广场首次接见来北京串联的全国各地红卫兵、学生和教师，由此南京出现了串联热。8月30日，全市中等专业学校6万多名师生中，外出的有10 050人，占师生总数的16.6%，南京机电学校、南京动力学校外出串联的人数占两校总人数三分之二以上。9月5日，国务院发出通知，要求各地组织大中学校教职工和学生代表免费去北京参观"文化大革命"。1966年8月18日至11月16日毛泽东先后8次接见红卫兵，被接见的红卫兵达1 100万人。南京外出师生进一步增加，同时，外地特别是北京、上海学生也大批涌来南京。据统计来南京串联的红卫兵达数十万之多。

10月份，新华社报道大连海运学院15名学生组成的"红卫兵长征队"步行串联，历时两个月、行程两千里从大连走到了北京。10月22日，《人民日报》为此发表了题为《红卫兵不怕远征难》的社论，一时间，南京众多红卫兵长征队走向北京，走向井冈山、韶山和延安等地。

"大串联"把全国"革命造反"连成一片，红卫兵"煽革命之风，点革命之火",大大加快了全国动乱的节奏。在南京,"串联热"极大地推动了"造反热"。

三、批判"资产阶级反动路线"

1966年8月8日,中共八届十一中全会根据毛泽东的意见制定的《中共中央关于无产阶级文化大革命的决定》(即"十六条")提出:"这次运动的目的,是斗垮走资本主义道路的当权派,批判资产阶级的反动学术'权威',批判资产阶级和一切剥削阶级的意识形态,改革教育,改革文艺,改革一切不适应经济基础的上层建筑。"南京的大中学生在这场政治漩涡中,将大批教育界的领导和知名人士打成了"走资派"、"反动学术权威"、"修正主义分子"等,许多教育界和学校的领导干部、学者、教师受到关押、批斗。

1966年6月中旬,为了解决在北京的一些大专院校出现的领导班子瘫痪、乱打乱斗的现象,根据当时主持中央工作的刘少奇、邓小平等同志集体讨论的决定,向大、中学校派驻工作组"领导学校文化大革命"。江苏省委与南京军区根据中央指示精神组织起500名连级以上干部,加上地方干部共4 000人组成若干工作组进驻省和南京各高等院校。之后,南京市委也相继向南京无线电工业学校、南京动力学校、南京市第一中学、南京市第十中学、南京市第十三中学、宁海中学等学校派了工作组,并成立了文化大革命教育分团。工作组进校以后,根据上面要求搞运动,"两类矛盾一起抓,上下左右一起扫",结果许多学校80%至90%的干部靠边、检查。7月25日,毛泽东发表《炮打司令部——我的一张大字报》,矛头直指从中央到地方的一些领导同志,斥责他们站在反动的资产阶级立场,实行资产阶级专政,企图将轰轰烈烈的"文化大革命"打下去。顿时,运动的方向发生了急剧变化。8月上旬,南京地区的工作组匆匆撤出,但遗留不少问题没有解决。10月,中共中央批转中央军委、总政治部《关于军队院校无产阶级文化大革命的紧急指示》。南京出现了要求平反、追查运动初期"黑材料"的浪潮,大量的档案材料被诬为整群众的"黑材料"而遭到销毁,不少学校的领导、党员因"窝藏、转移黑材料"而被罢官,被开除党籍,至12月各高校被开除党籍的达几百人,南京工学院曾一天之内开除十几名党员,南京农学院几乎所有的党总支书记都被开除了党籍。据不完全统计,这一期间被开除党籍的就达数千人,相当于十年来全市受党内各种违纪处分人数的总和。

1966年12月10日,《红旗》第14期社论号召批判资产阶级反动路线。南京地区造反派在五台山体育场召开批判资产阶级反动路线誓师大会,北京造反派头头聂元梓、蒯大富参加了大会,并在大会上鼓吹"要炮打司令部,矛头对准省市委"。会后,全市教育系统尤其是各高等院校掀起了批判资产阶级反动路线的高潮,造反派揪斗走资派,批判工作组执行了资产阶级反动路线,学校进一步陷于混乱,许多学校完全瘫痪。在此期间,南京邮电学院有些学生贴出《十问江苏省委》、南京航空学院部分师生贴出《十一问江苏省委和大胆揭发省委问题》等许多大字报,指责省委对"文化大革命"一直很不理解,态度很不认真,领导很不得力。这些大字报措辞尖锐,咄咄逼人,并开始点名批判省委各位书记。11月2日,南京大学红色造反队召开了"火烧彭冲"大会,11月19日再次召开会议,勒令书记处主要成员都要到会,对第一书记江渭清进行体罚,致使其昏厥。一些造反派公开提出"踢开党委闹革命",勒令"市委书记的活动须在造反派监督下进行,市委检查日期须和造反派商定,检查大会须由造反派主持"等等。

在批判资产阶级反动路线的过程中,各级党委逐步处于瘫痪和半瘫痪的状态。这一时期,南京的省市领导人江渭清、彭冲、刘中、王昭铨等先后被南京大学"八二七"造反兵团、南京无线电工业学校"东风兵团"、"八一二"造反军团关押。至于基层领导被关押者则更为普遍。9月至12月,南京师范学院附属中学红卫兵、南京无线电工业学校"东风兵团"等造反派组织先后五次强占市委、市政府机关,要与市领导辩论,甚至要在政府机关办公室建立与市委的联络站。10月至12月,南京大学和南京无线电工业学校的造反派先后查封了省委和省委各部的档案室、办公室,强占了市委组织部办公室的材料。据不完全统计,这个时期南京被罢官、撤职的领导干部有数千人。

四、学校造反派的夺权与武斗

1967年1月,上海的造反派在江青、张春桥的指使下,掀起了疯狂夺权的"一月风暴",夺取了上海市的党、政、财、文大权。1月22日,《人民日报》在一篇社论中号召在全国展开全面夺权。

1月26日清晨,南京地区的一部分造反派如"江苏红色造反总司令部"、"南京大学红色造反队"等经过精心策划,强行夺取了中共江苏省委、省人民委员会和中共南京市委、市人民委员会的权,并以"江苏省革命造反派联合委员会筹委会"的名义发了第1号、第2号、第3号通告。由于在夺权问题上存在分歧,南京地区的另一部分造反派"江苏东方红"、"南大八二七"、"南京八二七"等公开发表紧急声明,指责夺权派排斥异己。掌握大权的造反派认为"1.26夺权""好得很"(称好派),而没掌权的造反派则称"1.26夺权""好个屁"(称屁派)。从此两派之间不断发生摩擦,派战不断升级,到1967年2月终于形成了矛盾尖锐对立的两派。

在高校造反派全面夺权的背景下,省教育厅、市教育局以及各级各类学校都被造反派夺了权,各级领导干部被靠边、批斗,全市教育工作全面瘫痪。

1967年7月,武汉发生"七二〇"事件,中央文革大员被愤怒的群众扣押,江青提出要揪"军内一小撮"和"文攻武卫"的口号。南京原本严重对立的两派,由此派性更加恶性膨胀,武斗迅速升级,许多学校成为武斗据点,学生成为无辜牺牲品。据7、8、9三个月的统计,南京共发生武斗和动乱事件91起,占"文革"期间全部武斗、动乱事件的80%。

五、"复课闹革命"与知识青年上山下乡

自1966年6月"文化大革命"开始后,南京各级各类学校都陷入"停课闹革命"的局面,师生成群结队到社会上造反,学校不教书,学生不读书,引起了社会各界的不满,于是不得不"复课闹革命"。

1967年2月始,中共中央先后发布了《关于小学无产阶级文化大革命的通知(草案)》、《关于中学无产阶级文化大革命的意见》、《关于大专院校当前无产阶级文化大革命的规定(草案)》以及《人民日报》社论,要求外出串联的师生3月20日前返校进行军训,在校内批判"走资派"和"反动学术权威"。同年10月,江苏省军事管制委员会代行已被夺权的省委、省政府的职责,贯彻中央"复课闹革命"的指示,要求各地大、中、小学校一律立即开学,对学生采取半强制措施,进行军训。在解放军军训部队的帮助下,南京市军训工作在各大、中、小学逐步展开,军训团所到学校师生陆续返校,实行了以教学班为基础的大联合。绝大部分学校将教导处、总务处改为政工组、教育革命组和后勤组,撤销了教研组,取消了班级建制,将师生统一按班、排、连编队,设连长、指导员,实行军事化管理,进行旨在加强纪律性的军事训练,学习毛泽东著作和有关"文化大革命"的各种文件、材料,开展各种内容的大批判。1967年10月14日,中共中央、国务院、中央

军委、中央文革联合发出《关于大、中、小学复课闹革命的通知》，要求全国各地大、中、小学一律立即开学，一边进行教学，一边进行改革，逐步提出教育制度和教育内容的革命方案，并要求各大、中、小学立即筹备招生事宜。自此，南京的大、中、小学陆续开始复课，课程教材大多自编自定。在当时的条件下，就是复课也是学习毛主席语录，学唱革命歌曲，进行"早请示，晚汇报"、"天天读"、"讲用会"等活动，主要还是搞运动，部分大专院校和中专学校并未真正复课或复而又停。

"文化大革命"开始后，高校停止招生，中小学教育停顿不前，教育教学秩序受到全面破坏，到了1968年，中学已积聚了1966年至1968年三届初高中毕业生，他们既不能升学，又不能就业，成为很大的社会问题。

1968年12月，毛泽东发出"知识青年到农村去，接受贫下中农再教育很有必要"的号召。南京很快掀起了知识青年上山下乡的热潮。上山下乡者主要是1966年至1968年三届（即所谓"老三届"）初、高中毕业生。下乡的地区以苏北的淮阴、扬州，苏南的高淳、丹阳、句容为主，部分到了近郊的农村、农场，还有的去了内蒙古伊克昭盟和苏北军垦农场。南京知青上山下乡大体形成两次高潮，即1968至1970年和1975至1977年。全市上山下乡知识青年达14.7万多人。

知识青年上山下乡和农民相结合，了解中国农村情况，对培养吃苦耐劳的品质和创业精神有好处，而且对促进全国、全省经济欠发达地区的社会进步有一定的意义。但"文化大革命"造成的恶果，使上山下乡成为这一代知识青年无可选择的出路，使他们在接受教育的最佳年华失去学习的机会，造成一代青年知识贫乏和社会人才的结构断层，给国家现代化建设带来了长远的困难，同时也加重了国家、农村和知青家庭的负担，遗留了许多社会问题。

与此同时，全市有4 000多名中小学的干部和教师及其家属被动员到农村插队落户，各高等学校的教职员工由于受到在外单位工作的家属或子女下放牵连而一起被下放的也十分普遍。

1971年起，尤其是在粉碎江青反革命集团之后，大部分干部、教师及其家属陆续被调回城并按有关政策妥善安置。1977年，国家制定了知识青年回城的有关政策，花了大量的财力、物力安排他们回城就业。尽管还遗留了一些社会问题，但下放知青问题终于得到了基本解决。

第二节 破坏性极大的"教育革命"

"文化大革命"首先在学校发动起来,成千上万的红卫兵走上社会"革命"、"造反",南京教育界迅速陷入空前的大动乱中,学校几近瘫痪。1968年6月28日,《人民日报》发表姚文元的文章《工人阶级必须领导一切》,文章引述了毛泽东的指示,正式提出了"教育革命"的任务。该文指出:"实现无产阶级教育革命,必须有工人阶级领导,必须有工人群众参加,配合解放军战士同学校的学生、教员、工人中决心把无产阶级教育革命进行到底的积极分子实行革命的三结合。工人宣传队要在学校长期留下去,参加学校中全部斗批改任务,并且永远领导学校","在农村,则应由工人阶级最可靠的同盟者——贫下中农管理学校"。以后毛泽东又对"教育革命"作过多次指示。

1971年4月15日至7月13日,全国教育工作会议在北京召开,会议通过了以"两个估计"为核心的《全国教育工作会议纪要》。"两个估计"全盘否定新中国成立后十七年的教育工作,认为建国后的十七年"毛主席的无产阶级革命路线基本上没有得到贯彻执行,资产阶级专了无产阶级的政","原有教师队伍中大多数世界观基本是资产阶级的,是资产阶级知识分子"。"两个估计"指导下的"无产阶级教育革命"就是全面纠正"十七年修正主义教育路线",建立工人阶级对教育的领导,实施具体的"教育革命",如教育教学、大学招生等方面的"改革"。

一、工宣队进驻学校

根据毛泽东对"教育革命"的指示,北京最早派出工人宣传队进驻学校。1969年9月,江苏省革命委员会首先派出第一批工宣队员进驻南京大学,南京市革命委员会派工宣队进驻中小学。到1975年全市有817名工宣队员进驻120所中学,373名工宣队员进驻204所小学,有6 104名贫下中农参加了农村中小学的管理。进驻工宣队的学校数占全部学校的比例,中学为41%,小学为11%。

工宣队进驻学校以后,作为学校革委会的领导成员参与学校各项工作的管理,领导学校各派组织实现革命大联合、进行革命大批判、清理阶级队伍、整党和"斗、批、改"。他们进校以后,通过谈心活动,批判派性,改变了严重的两派对立和僵持局面,对于扭转当时学校的混乱情况、制止武斗、建立正常教学秩序、促进革命大联合做了积极的工作。但是由于"教育革命"是在极"左"路线指导下进行的,阶级斗争支配一切,政治运动统率一切,因此工宣队进驻学校的主要任务就是参与贯彻极"左"路线,在开展政治运动中执行"打倒一切"、"残酷斗争"的方针。在领导"无产阶级教育革命"中,他们多数人由于文化程度不高,对教育工作不熟悉,属于"外行领导内行",在"左"倾错误方针影响下,做了不少违背教育规律的事。

二、"开门办学"以干代学

中央对中小学教育革命的具体要求是:以社会为工厂,以阶级斗争为主课,实行开门办学,把中小学办成政治学校。

"开门办学"也就是请进来(把工农兵请进学校讲课)、走出去(到工厂、农村参加劳动,拜工人、农民为师)。南京在实行"开门办学"时,以学工、学农、学军为口号,安排大量时间组织学生到农村、工厂参加工农业劳动和军事训练,以体力劳动代替书本学习,否定了学生的主要任务是学习科学文化知识。1970年以后,南京中小学"开门办学",基本实行学校办工厂、办农场和同工矿企业、农场、社队建立挂钩关系。是年9月,南京市133所中学中办起了工厂的有79所,正在筹建的有49所。至1975年,全市有218所中学与400多个工厂、200多个公社和农场、80多个部队单位建立了固定挂钩关系,恢复了200多个校办厂、农场,不少学校还办起了农村分校。学生半天在校办工厂劳动,半天由工人教师结合生产实践上课、编写教材等,并定期组织学生到挂钩工厂、农村或自办农村分校参加工农业劳动,请部队帮助开展军训,以让学生接受工农兵的再教育。这样的"开门办学"实际上是开门不办学,只是让学生参加劳动,以干代学。

开门办学的本意是要加强学校与社会、理论与实践的联系,从一般意义上看,教学、生产、科研三结合并没有什么不对的地方。但是,这一原本正确的、符合世界各国教育改革总趋势的思想,在"文化大革命"中却被推向了极端,教学、生产、科研三者并列,表面上看是突出了教学与实践的结合,实际上却否定了学生应该"以学为主",在一定程度上否定了学校的存在价值。

"无产阶级教育革命",学文化不是主要的,但文化也得学,怎么教?怎么学? 1966年,中共中央在一份批示中指出:"目前中小学校所用教材,没有以毛泽东思想挂帅,没有突出无产阶级政治,违背了毛主席关于阶级和阶级斗争的学说,违背了党的教育方针,不能再用。目前,历史课暂停开设,语文教材应审查一次,将其中坏的东西删去后暂时采用。不论高小或初小都要学习毛主席著作。"南京的中小学根据这一指示,将原有教材斥为"封、资、修"的大杂烩,组织教师在"开门办学"第一线编写教材,要求教师到三大革命运动中去编写"革命新教材",强调"干啥学啥",用以干代学取代了学校的基础教育。在课程设置上大量缩减文化基础课程,中学除数学、外语保留外,政治、语文合并为"政文",动植物、生理卫生、历史、地理全部停开,物理、化学合并为"工业基础知识"并以"三机一泵"等为重要内容,另设"农业基础知识"以粮食作物为主要内容,以"军体课"代替体育课,主要学习队列、队形、刺杀、射击以及"三防"(防化学、防细菌、防原子弹辐射)知识,这些所谓的新教材破坏了基础理论、应用理论、文科、理科以及德智体各学科的科学体系。

三、建立"无产阶级革命教师队伍"

毛泽东说:"教改的问题主要是教员问题。"从"文化大革命"一开始,广大教师就是被"改造"的对象,"无产阶级教育革命"否定原有的教师队伍,主张建立由工农兵、革命干部和原有教师中的积极分子三结合的"无产阶级革命教师队伍"。原有的教师作为"资产阶级知识分子"普遍处于被改造的地位,采取的是"给出路"政策。大批教师被下放,被处理或转行。南京地区各高等院校中一批尊重知识、尊重人才的领导被打成"走资本主义道路当权派",一批学术上很有造诣的教授、学者被打成"资产阶级反动学术权威",一大批从旧社会走过来、接受过"资本主义"教育的中老年教师、研究人员被打成"牛鬼蛇神",关进"牛棚"。1968年底开展"清理阶级队伍"运动,许多高校领导、教职工被加上"国民党残渣余孽"、"叛徒"、"特务"、"反革命分子"等罪名受到迫害,有些人被迫害致死,另有一批老干部、老教师、老职工被揪斗审查,强迫劳动。至1969年,大部分高级知识分子被交给造反派"一批二看"、"一批二用"、"一批二养"。1970年,又开展了"一打三反"和清查"五·一六"的运动,使高校有更多的教职员工蒙受不白之冤,造成了大批冤假错案。据统计,南京从1966年下半年到1971年,全市中小学教师由8 746人减少到6 931人,减少幅度为21%。

由于教师数量不足,又以"掺沙子"的名义选用工农兵参加教学工作,即从挂钩的工厂、社队挑选有经验的工人、贫下中农及复员转业军人担任专兼职教师。另外还从69、70、71三届(俗称"新三届")初高中毕业生中录用了一批新教师,充实教师队伍。这一时期南京从以上渠道共补充了教师2 836名,这批人员文化程度较低,没有经过专业训练,教学水平普遍低下,贻误了一大批学生科学文化知识的学习。

四、学校撤并、下放

"无产阶级教育革命"开始后,按照"大破大立"、"彻底革命"的精神,南京市的中小学以及南京地区的高等院校进行了较大规模的撤并,同时还进行了将城市小学交给街道办事处来管理以及城市中学下放到农村去办的试点。

这一时期,南京城郊有22所民办中学、20所农业中学被撤销,有30所职校、30所技工学校和各级各类成人学校被停办。1968年12月15日到1969年6月24日,南京市第九中学、宁海中学、南京市第七中学分别被下放到市郊八卦洲、沿江、铁心桥等地办学。1969年至1970年一年时间内,25所中等专业学校停办、7所撤销、6所被迫改成工厂,其余的也处于停顿状态。轻工机械学校改为"厂办校",领导它的竟是过去它的校办工厂。小学大量被撤并,数量急剧下降,1975年与1965年相比,全市小学从599所减至472所,减少了21%;班级从6 230个减至5 242个,减少16%;学生从299 177人减至235 867人,减少21%。幼儿教育濒于消亡,1972年,全市只剩下幼儿园39所,教职工427人,入园幼儿只有5 702人,分别是"文化大革命"前的11.3%、12.2%和15.6%。

1970年,在砍掉中等专业学校、取消职业学校的同时,南京市盲目发展高中,一批原有的农业中学、职业中学、半工(农)半读技术学校都改为普通中学,小学办初中班,初级中学办高中班在全市迅速出现,至1977年,南京市普通高中达171所,几乎是"文化大革命"前的7倍,造成中等教育单一膨胀的现象,全市中学教育结构严重失衡。

此时,南京高等学校也被撤并、下放。1966年5月,南京地区有普通高校19所。"文化大革命"中南京体育学院被撤销,南京农学院迁扬州与苏北农学院合并为江苏农学院,南京农学院农业机械化分院并入镇江农业机械化学院,南京医学院和南京中医学院合并为江苏新医学院,南京半工半读商业专科学校停办。此外,南京艺术学院于1969年兼并南京师范学院美术、音乐两系及江苏省戏剧学校,改名为江苏省革命文艺学校。为了免遭与其他农、林院校一样被撤并、搬迁的厄运,南京林学院于1971年改名为南京林产工业学院。"文化大革命"后期,南京地区普通高等院校减少为14所,即南京大学、南京工学院、南京气象学院、南京航空学院、华东水利学院、南京邮电学院、南京化工学院、南京师范学院、南京林产工业学院、南京药学院、南京铁道医学院、华东工程学院、江苏新医学院和江苏省革命文艺学校。

1970年1月,根据中共中央关于高等院校下放管理的精神,国务院各部门将所属设在南京地区的高等院校先后划归江苏省管理,这些学校是南京大学、南京工学院、南京农学院、南京林产工业学院、南京气象学院、南京邮电学院、南京铁道医学院、南京药学院、华东水利学院等9所。

五、创办"社会主义新大学"

1968年7月,《人民日报》发表了毛泽东"七·二一"指示:"大学还是要办的,我这里主要说的是理工科大学要办。但学制要缩短,教育要革命。要无产阶级政治挂帅,走上海机床厂从工人中培养技术人员的道路。要从有实践经验的工人农民中间选拔学生,到学校学习几年以后,又回到生产实践中去。"在这一思想指导下,在改造"资本主义旧大学"的同时,又进行了创办"社会主义新大学"的革命。

1968年9月,上海机床厂首先创办了七二一工人大学。1970年,机械工业部南京十四所和南京电子管厂创办了七二一工人大学,学员由车间推荐,文化程度从小学到相当高中不等,脱产学习二年,毕业后仍回车间。后在"两个估计"精神支配下,南京加大"教育革命"力度,创办七二一工人大学速度加快。1974年,全市有七二一工人大学8所,占全省数的73%。1975年6月,全国七二一工人大学教育革命经验交流会后,南京更大范围地举办七二一工人大学,到年底发展到160所,在校生5 723人,分别是全省的42%和35%。南京以放卫星的姿态大办七二一工人大学,不仅城市办,农村集镇也办;不仅大厂办,小厂也办;既有理科,也有文科、医科;既有两年左右的普通班,也有半年左右的培训班;既有全日制,也有业余班。实际上,七二一工人大学多类似于厂办职工学校或职工业余学校。

1973年,"四人帮"在全国推行朝阳农学院经验:"大学就是大家来办"、"大学就办一个斗走资派的专业",要培养"头上有角,身上长刺"的人物,要与十七年修正主义教育路线对着干,要把各类大学都办成"政治大学"等等。

南京学"朝农"的热情比较高。1975年1月,在省里召开了一系列学"朝农"的会议后,南京市召开在宁有关干部和部分师生4.2万人参加的传达大会,会议号召"同十七年对着干",大批"老三段"(基础课、专业基础课、专业课)、"三中心"(教师、课堂、书本),并要建好五·七农业大学,彻底改造原有的农业院校。会后,根据省革委会决定,南京的江苏新医学院、南京药学院、南京师范学院等院校试行"社来社去"的招生办法,招收大队赤脚医生、公社一级医药卫生人员和民办教师,适当招收一些知识青年,毕业后原则上仍回原大队、公社担任原来工作。7月,南京学"朝农"掀起新高潮,各类学校开门办学,同工矿企业、农场、社队建立挂钩关系,举办农村分校和五·七农场,组织学生去工厂、农村参加劳动。在学"朝农"活动中举办的一些五·七大学实际上是社会各个部门举办的业余教育学校,"文化大革命"结束后,大部分自行停办。

在举办"社会主义新大学",特别是缩短大学学制的过程中,教育界也决定大大缩短中小学学制。1969年12月,江苏省革委会文教局在"1969年教育工作的情况报告"中宣布:"自今年起,全省现有小学的学制,已由六年先后改为五年;中学学制由六年改为四年,实行二、二分段"(即初中二年、高中二年)。

六、高等学校招生试点

1970年6月27日,中共中央批转《北京大学、清华大学关于招生(试点)的请示报告》,实行群众推荐、领导批准和学校复审相结合的招生办法。10月15日,国务院通知:1970年高等学校招生工作,按该报告提出的意见进行。

1970年12月,根据中共中央国务院批转的北京大学、清华大学的招生工作意见,南京航空学院、南京气象学院、江苏新医学院、江苏省革命文艺学校进行了普通高校招生工作的试点。按照毛泽东"七·二一"指示精神,在政治思想好、身体健康、具有三年以上实践经验、年龄在20岁左右、有相当初中以上文化程度的工人、农民、解放军战士、上山下乡和回乡知识青年及青年干部中,经群众推荐、领导批准和学校复查相结合的办法,共录取新生1 068人。新生中工人、贫下中农出身者占75%,

第十三章 "文化大革命"时期的南京教育（1966—1976）

其他劳动家庭出身者占25％，只有1人出身于剥削家庭。

1972年2月，南京地区各高校全部进行招生，这是从1966年"文化大革命"开始后高校停止招生以来第一年正式推行"群众推荐、领导批准"的招生办法。具体做法是：(1)招收具有两年以上实践经验，政治历史清楚，年龄20岁左右，身体健康，一般未婚，并具有相当于初中以上文化程度（师范要高中文化程度）的优秀工农兵。有丰富经验的工人、贫下中农和革命干部入学，年龄和文化程度可适当放宽。(2)严格实行"自愿报名，群众推荐，领导批准，学校复审"，并由地、市委负责审定。(3)学制根据不同专业，暂定2年或3年。学员毕业后，一般回原地区、原单位工作。4月下旬，南京14所高校从全国各地招收工农兵学员6 776人，这批学员的文化程度高中占30％—40％，初中占50％—60％，小学占10％。此后几年，招收的新生文化程度稍稍有所提高。普通高校从工农兵中招收新生的试点工作直到1976年才告结束。为了与文化大革命前、后的大学生有所区别，习惯上称这个时期招收的大学生为"工农兵学员"。

针对工农兵学员文化程度参差不齐的实际情况，南京高校纷纷给首届工农兵学员有重点地补习必要的文化基础知识，一般3到6个月不等。如南京大学为理科学员开设了初等数学、基础物理和基础化学三门课，为文科学员开设了语文、历史等课程帮助学员掌握必要的基础知识。这一措施为这些学员开始正常的学习做了准备，取得了一定的成效。可是，后来"反击右倾翻案风"时，这种对学生、学校和国家都有利的好事却被诬为"修正主义教育路线的复辟"、"右倾回潮"，遭到批判而不得不停止。

正在自学的工农兵学员。

在招生试点过程中，为了纠正工农兵学员文化程度过低的现象，南京各高校要求在招生时适当进行文化考查的呼声渐高。1973年，江苏省教育厅与泗阳县进行招生时在执行"推荐、选拔"的同时适当进行文化考查的尝试。此举于6月20日经《人民日报》刊登作了肯定的报道。可不到2个月《人民日报》刊登了在高校招生考试中物理、化学交了白卷的张铁生的一封信。信中,张铁生对高校招生中的文化考试表示了极大的反感。这封信恰恰适应了江青等人反击"右倾回潮"的急切需要,由"四人帮"掌控的《人民日报》、《红旗》、《教育革命通讯》纷纷发表文章,指责搞文化考核是"旧高考制度"的复辟,是对"教育革命"的反动,是"资产阶级对无产阶级的反扑"等。于是,省教育厅的"推荐、选拔"加适当文化考查的招生尝试被当作"复旧"、"复辟"遭到否定而作罢。

1974年1月18日,《人民日报》发表南京大学政治系二年级学生钟志民的"退学申请报告",内称"我是一个通过走后门来上大学的部队学员。去年大学招生的时候,在我自己多次要求下,爸爸多次打电话给军区干部部门指名调我,把我送上了大学。"经过一年多的学校生活,钟志民意识到"走后门并不是无关要紧的小事而是关系到执行什么路线的大事"。于是毅然提出了退学申请。钟志民的退学申请得到校方批准,2月10日,南京高校师生代表5 000人集会,欢送钟志民到江西瑞金沙河坝公社插队落户。

返回农村插队的钟志民。

对钟志民用主动要求退学公开反对"走后门"的行为,《人民日报》、《教育革命通讯》均予以刊载并加了编者按,提出"在批林批孔中,要抓现实的阶级斗争和路线斗争、严肃检查、批判和纠正'走后门'这种背叛马克思主义的不正之风"。但是值得注意的是在这些冠冕堂皇的讨伐后面,江青反革命集团别有用心地利用这个题目去攻击那些刚刚复出不久的老同志。在这样复杂的政治背景下,批判"走后门"很快就不了了之。

1966年至1969年,南京高校停止招生达4年之久。1970年至1976年高校根据"七·二一"指示精神,连续6年招收工农兵学员。由于特殊的历史阶段赋予工农兵学员特殊的历史使命,即"上大学,管大学,用毛泽东思想改造大学",学校在极"左"的思想指导下,办学思想混乱,大部分时间搞阶级斗争,搞开门办学,没有统一的教材、教学计划,所以他们所学的基础理论和专业知识是大打折扣的。尽管大多数工农兵学员在校期间完成了学习任务,但毕业生水平远远达不到"文化大革命"前水平。

第三节 广大师生对极"左"路线的抵制与斗争

"文化大革命"期间,南京各级各类学校的广大师生遭受了林彪和"四人帮"推行的极"左"路线的迫害与折磨。他们顶着"反动学术权威"、"资产阶级知识分子"、"走白专道路"的帽子,在极其困难的情况下,对破坏教育事业、违反教育规律的种种言行,采取了不同形式、不同程度的抵制和斗争。

一、广大师生日益觉醒,奋起抗争

"文化大革命"初期,南京的广大师生确实怀着革命热情投身到这场史无前例的运动当中。然而,几年来碰到的许许多多奇怪现象和问题,使他们中的许多人不得不认真思索,并清醒过来。有些干部、教师和学生从"文化大革命"伊始就不畏强暴,坚持真理,对林彪、江青一伙的行径公开表示强烈不满。如南京市十五中女生俞惠芬,由于为刘少奇鸣不平,1970年被以反革命罪判十年徒刑,后在狱中含愤自杀。有些教师则顶着"反动学术权威"的帽子,在极其困难的条件下仍然坚持开展科研工作,并取得了一些成果。南京大学坚持基础理论研究,开展了天体物理、天体力学、数学、理论物理、中国第四纪冰川和冰期问题等方面的研究,生物系研制成功6991发光菌,天文、地理两系编出全天象星象图,天文、气象、物理、数学等系与仪器厂联合研制成卫星云图接收机;南京工学院陈景尧关于"小气泡在液体中运动规律"的理论研究取得重大突破,解决了一个国际上几十年没有解决的问题,刘敦桢编写的《苏州园林》出版后,在东南亚各国和日本影响很大;南京化工学院研制成功重要化工原料均苯四甲酸二酐;南京航空学院研制的"延安二号"直升机试飞成功,这是我国第一架自行设计的直升机,该学院试制的"长空一号"无人驾驶飞机也试飞成功。

更多的师生则表现出对"文化大革命"的不理解,尤其是在林彪事件发生后,许多人开始认真思索"文化大革命"发生的原因,一些师生甚至对"文化大革命"的正确性产生怀疑并进行抵制。"文化大革命"后期,以批周恩来为目标的"批林批孔"运动以及以批邓小平为目标的"反击右倾翻案风"运动,最终使一些师生认识到"文化大革命"是一场为了错误的目的,用错误的方法发动的一场错误的运动。"文化大革命"初期广大师生的革命热情开始消逝,部分师生开始起而抗争。震撼全国的"南京事件"就充分反映了南京师生反抗极"左"路线的斗争精神。

二、震撼全国的"南京事件"

1976年1月8日,周恩来总理逝世。3月5日,上海《文汇报》在刊登中央领导人的学习雷锋题词时,竟然有意删去周恩来的题词。3月21日,南京大学政治系、中文系、历史系部分学生联名写信愤怒质问《文汇报》:"看了你报全段删去周总理的原话,我们不禁要问:你们已站在什么立场上?是谁指使你们砍去的?你们代表了谁的利益?⋯⋯任何人想反对敬爱的周总理,绝无好下场。"3月25日,《文汇报》刊登的《走资派还在走,我们就要同他斗》,竟然出现了"党内那个走资派要把被打倒的至今不肯改悔的走资派扶上台"的词语,明目张胆地攻击周恩来和邓小平。这两件事让人们再也抑制不住内心的怒火,反对江青反革命集团的活动走向公开化。南京邮电学院学生章勇山在学院大门口刷出反对"四人帮"的大标语。这些大标语反映了全市、全省乃至全国人民的共同心声。3月28日,南京大学教师李西宁、秦峰带领全校400多名师生,高举周恩来的巨幅遗像,抬着写有"光辉永照后来人"的花圈,排成数列纵队,经新街口、大行宫,到梅园新村举行悼念活动,沿途交警为他们开绿灯,车辆为他们让道,无数群众肃立街旁。次日,南京大学11个系的三四百名学生分成20多个小组走上街头,贴标语,作宣传,并在长途汽车上刷上"谁反对周总理就打倒谁!"等大标语。从这天晚上到第二天短短十几个小时,南京大学、南京邮电学院、南京林学院、南京化工学院、华东水利学院、南京汽轮电机厂"七二一"工人大学等许多单位,在南来北往的火车上刷写了198条标语,并与群众一起振臂高呼"打倒江青!""把野心家、阴谋家、两面派揪出来示众!""谁反对周总理,就砸烂谁的驴头(指张春桥)!"等口号。同时,还向群众散发了传单。南京师生的革命行动得到广大市民的积极响应。28日、31日两天南京汽车制造厂职工在山西路、鼓楼、新街口等处建筑物的墙壁上刷写了"打倒大野心家、阴谋家张春桥"等大幅标语。

4月1日,江青反革命集团盗用中央名誉,声称南京人民的正义抗争是"分裂以毛主席为首的党中央,转移批邓大方向的政治事件",责令江苏省委立即采取有效措施,全部覆盖这类大字报、大标语,彻底追查这次政治事件的幕后策划人。对于"四人帮"镇压群众的重重压力,南京掀起了更大规模的游行示威活动。4月3日,南京邮电学院学生又贴出20多条大标语:"保卫周总理无罪,批《文汇报》有理","不怕坐牢、不怕杀头,誓与赫鲁晓夫似的人物血战到底"。更多的群众则用送花圈的形式代替刷贴大字报、大标语,这一天去雨花台送花圈的就有289个单位,计14万人,比前两天增加一倍。3月底到4月初,南京市共有1600多个单位、66.7万人次到雨花台悼念周总理,献花圈6000多个。以广大师生为代表的南京人民的斗争,得到了全省、全国人民的声援和支持,引起了强烈的反响。这就是著名的"南京事件"。这一事件对全国产生了重要影响,成为"四五"革命运动的先声和导火索,首先敲响了"四人帮"的丧钟。

清明节,师生群众在雨花台再次掀起悼念周恩来总理的高潮。

在"南京事件"中,有不少师生和群众受到了严重迫害。全市大专院校、驻宁部队和一些单位先后有32人被公安部门拘捕,其中10人遭逮捕,22人被拘留。大批师生和群众被停职检查或隔离审查。但是,以"南京事件"为代表的南京师生对"四人帮"的抗争,极大地推动了全国范围的对极"左"路线的斗争和清算。

第四节 "文化大革命"对南京教育事业的破坏

"文化大革命"初期,在林彪、江青两个反革命集团的竭力煽动下,红卫兵"踢开党委闹革命",使各级教育行政机构和学校的党政领导陷于瘫痪,造成了大动乱的局面。运动中期,"四人帮"炮制"两个估计",

不仅彻底否定了"文化大革命"前十七年的成绩,而且给广大知识分子带上了精神枷锁。运动后期,"批邓"、"反击右倾翻案风"又使教育界一批已被解放的老干部再次受到冲击,有的再次被打倒。在"南京事件"中,又有不少师生受到迫害。这一切对南京的教育事业造成了空前的破坏。

一、各级党组织对教育工作的领导陷于瘫痪

1966年5月16日,中共中央发布的《中国共产党中央委员会通知》说:教育界"是资产阶级专了无产阶级的政","必须批判混进教育界的资产阶级代表人物,清洗这些人"。"夺取在这些文化领域的领导权"。林彪、"四人帮"一伙乘机以极"左"面目出现,煽动青少年学生起来造反,揪斗教育界的知名人士和学校的党政领导。南京的大中学生在这场混乱中,将大批教育界的领导和知名人士打成了"走资本主义道路当权派"、"资产阶级知识分子"、"三反分子",并进行残酷批斗,许多教育界和学校的领导干部横遭人身凌辱和摧残,甚至被迫害至死。10月,中共中央又宣布取消各级党委领导本地区、本单位"文化大革命"运动的决定。从此,"踢开党委闹革命"成为广泛流行的口号,南京各级各类学校的红卫兵的无政府主义行为更加肆虐。1967年1月,上海"一月风暴"席卷了南京,造反派夺取了省市的党、政、财、文大权,各级各类学校也都被夺了权,完全取消了党对学校工作的领导。

1968年,工宣队进驻学校并"永远领导学校",成为"文化大革命"的一个畸形产物。南京的各大中专学校和相当比例的中小学都进驻了工宣队,领导学校的"教育革命"。实践证明由不懂学校教育教学工作的工农兵领导学校是取消党对学校教育的领导,对南京教育造成了严重的影响。1970年,大专院校、中等专业学校开始招收工农兵学员,"四人帮"出于篡党夺权的需要,利用工农兵学员的革命热情,提出工农兵学员"上大学、管大学、用毛泽东思想改造大学"的口号,进而对广大教师、干部实行"无产阶级专政"。"文化大革命"后期的"批林批孔"和"反击右倾翻案风"运动又使一批党组织的领导和部分刚恢复工作的老同志被打倒。

"文化大革命"期间的历次运动,使南京各级教育行政部门、各级各类学校党组织饱受冲击,基本陷于瘫痪,丧失了对教育工作的领导权。

二、教师队伍受到严重摧残

"文化大革命"一开始,南京的广大教师就成为受迫害的对象,他们中间的许多人被打成"资产阶级的知识分子"、"反动学术权威"、"走白专道路的资产阶级孝子贤孙"、"牛鬼蛇神"等。经过运动初期的"红卫兵"造反,以及后来的"清理阶级队伍"、"反击右倾翻案风"等,大批教师受到审查和批斗,许多人被关进"牛棚"、停发工资,造成大量冤、假、错案,有的教师含冤而死。

在"文化大革命"期间,南京执行建立以工农兵为主体的"无产阶级革命教师队伍"的错误路线,原有教师作为"资产阶级知识分子"处于被改造的地位,大批教师被下放到农村插队落户,有的被迫转行,造成大批有经验的骨干教师流失。这一时期以"掺沙子"的名义,从工人、农民、复转军人、应届初高中毕业生中招收新教师。由于这批教师的文化水平偏低,又没有经过专门的训练,普遍素质低下,严重地影响了教学工作。

1971年"两个估计"出笼后,南京各级各类学校的教师,又从"改造"的对象变为"革命"的对象。姚文元在《工人阶级必须领导一切》的文章中,公然把教师和反革命、走资派、地主、富农、坏分子、右派、叛徒、特务等列在一起称为"臭老九",当成革命对象,极尽迫害凌辱。南京中小学有4 000多名教师被下放到农村和工厂,大批教师转行。大专院校中有2 871人受到冤、假、错案的迫害,南京的教师队伍受到了严重摧残。

1973年11月,"四人帮"利用《一个小学生的来信和日记摘抄》大做文章,在全国教育界掀起一股反"师道尊严"的浪潮。南京也受到影响,尤其是在中小学,无政府主义更加泛滥,一些学生把造反矛头直指班主任,认为批判教师就是"反潮流"。当时,一般中小学无组织无纪律的现象严重,有的学校教室门窗大多被砸破,课桌椅等教学设备严重遭到损坏。师生对立,教师被任意冲击,甚至被学生殴打。绝大部分教师处于"欲教不能,欲罢不忍"的境地。

三、学校的教育教学遭到全面破坏

1. 学校教育教学严重背离教育规律

停课闹革命、复课闹革命、"无产阶级教育革命"等,严重干扰和破坏了学校正常的教学秩序。南京在这样的极"左"思想影响下,教师不敢教书,学生不敢读书,学校不敢抓教学质量。对于一些持有怀疑态度的教师和喜欢读书的学生,则一律扣上"智育第一"、走"白专道路"的帽子,致使师生尤其是学生从不敢读书到不想读书,不愿读书。与此同时,大力开展"开门办学",到工厂、农村去办学,接受工农兵的再教育,而又无教材、无设备,甚至无校舍,这些极"左"的做法彻底否定了以课堂教学为主阵地、以教师传授知识为主导的学校教育基本形式。

1973年,"四人帮"又别有用心地吹捧辽宁交白卷的高考学生张铁生为"反高考复辟的英雄"、北京的与班主任教师对着干的小学生黄帅为敢于向修正主义教育路线开火的"反潮流"人物,为青少年树立了"闹而优则仕"、敢于向"师道尊严"开火的典型。一时间,否定文化学习,不要正常的教学管理与秩序的歪风邪气盛行。许多学校出现了干部管不了、老师教不了、学生学不了的混乱局面。

2. 全面否定原有的招生制度

1966年6月,中共中央、国务院发出了《关于改革高等学校招生考试办法的通知》。该通知指出:"高等学校招生考试办法,基本上没有跳出资产阶级考试制度的框框,不利于贯彻党中央和毛主席提出的教育方针,不利于更多地吸收工农兵革命青年进入高等学校。这种制度必须改革。"从此,南京取消了高考,大学被迫停止招生。直到1970年6月中共中央、国务院批转《北京大学、清华大学招生工作的意见》后,当年12月才在南京航空学院等4所高校进行招收工农兵学员的试点。到1972年2月,南京地区各高校全部进行招生。招生工作按照"七·二一"指示要求,采取群众推荐、领导批准和学校复查相结合的办法招收工农兵学员,两年间共招收了7 844人。对学员要求家庭出身好,但文化水平只要求相当于初中以上。由于大多数学员文化程度过低,学校的教学工作无法正常进行,再加上历史又赋予他们"上、管、改"大学的"使命",因此,这个时期毕业的工农兵学员很难达到正规大学毕业生应有的文化水平,相对于"文化大革命"前的毕业生水平低了许多。

3. 破坏了教育的结构和布局

由于南京的特殊历史地位,解放十七年来,南京的教育事业得到很好的发展,至1966年初,已经形成了由基础教育、中等职业技术教育、高等教育、师范教育和社会教育组成的较为完整的教育体系,并在以上各类教育中取得了在全国颇具影响的成功经验。

"文化大革命"中,由于受到"两个估计"的误导,南京的教育布局受到了严重的破坏。当时采取的"搬、停、并、撤"等政策,使南京的高校受到很大的损失。如南京体育学院被撤销,南京农学院外迁扬州,南京医学院和南京中医学院合并,南京半工半读商业专科学校停办等,尤其是南京农学院外迁扬州与苏北农学院合并为江苏农学院后,由于校舍、场地、设备等原因,正常的教学活动无法开展,科研工作基本停止,致使大批教师、干部被迫调离,造成了严重的人才流失,给南京农学院造成了重大损失。

与此同时,"两种教育制度"被批判为"修正主义教育路线",使南京职业教育受到极大冲击,教育结构严重失调。南京城郊20所农业中学、30所职业学校被撤销。同期,30所技工学校和各级各类成人学校停办;大部分中专学校被撤销或停办;小学大量被撤并,幼儿教育濒于消亡。而在大砍以上各类教育的同时,又片面发展初中和普通高中,至1975年,南京初中和普通高中分别是1965年的2.3倍和7倍。

四、严重干扰一代青少年学生的正常成长

十年文革动乱,肇始于文教领域。思想比较单纯的青少年学生以无比的热情投身于运动,停课、"批知识"、闹革命,正常的学业被打乱,正常的成长轨迹被打断,世界观、是非观被扭曲,其直接后果,就是造成全社会的人才断档。

"文化大革命"初期,学校"停课闹革命",青少年学生狂热地冲上社会"破四旧"、"批斗走资派"。大批文化、教育、科技界的知名专家、教授被错误地定为"反动学术权威"、"反革命修正主义分子"而遭到迫害,大量优秀的国内外名著和民族传统文化经典被诬为封、资、修的"大毒草",许多历史名胜古迹和文化遗产惨遭破坏,"知识越多越反动"的思想严重毒害了青少年学生。

"文化大革命"中,"四人帮"大批"智育第一",全盘否定课堂教学,大搞"开门办学",原有教材被废弃,全国没有统编教材达11年之久。在这期间,"四人帮"又别有用心地为青少年学生树立了"交白卷"、"反潮流"的典型。在这样的政治环境下,学校失去了正常教学的可能,教师不敢教,学生不敢学、不愿学的状况一直延续到"文化大革命"结束。"文化大革命"荒废了一代青少年的学业,贻误了一代青少年的健康成长,使南京的国民经济发展出现人才断档,对现代化建设产生了长远的

不利影响。

　　"文化大革命"在错误的理论指导下,是非颠倒,敌我混淆,当时许多极其错误的做法,都被冠以"革命行动",都是为了"反修防修",一系列错误理论都被说成是"创造性地发展了马克思主义"。对于马列主义基本知识本来就知之甚少的青少年,误认为"文化大革命"中的那些荒谬理论就是马列主义,这些都造成了青少年思想混乱,严重削弱了他们对马列主义的信仰。同时,在"文化大革命"中,由于各级人民政府都被夺了权,公安、检察、法院等专政工具被"砸烂",随意抓捕、私设公堂、刑讯逼供、非法关押、任意抄家等现象经常发生,使青少年学生本来就很薄弱的民主法制意识荡然无存。在"造反有理"、"群众专政"的蛊惑宣传下,学校里原有的规章制度被认为是对学生的"管、卡、压"而被废除,部分学生毁坏校舍、课桌椅、仪器设备,砸玻璃,不上课,不服管理,甚至打骂教师现象屡见不鲜,而这些却被认为是"革命行动"、是"反潮流"。这一切对青少年学生的思想危害极深,严重颠倒了青少年学生的世界观、是非观、道德观,以致在"四人帮"被粉碎后的较长时间里学生的无组织无纪律现象仍很严重。他们缺乏民主与法制意识,各级教育行政部门和学校不得不用很大的精力来扭转这种状况。

　　"文化大革命"对南京教育带来严重冲击和破坏。由于极"左"路线的登峰造极,教育队伍的"派性"严重发展,在"文化大革命"结束后相当长一段时期内,南京教育系统为纠"左"和消弭"派性"的影响,付出了巨大的努力。

【第十四章】
拨乱反正时期的南京教育
（1977—1978）

　　1976年10月6日，华国锋、叶剑英代表中共中央政治局，执行党和人民的意志，一举粉碎王洪文、张春桥、江青、姚文元"四人帮"反革命集团（也称江青反革命集团），结束了"文化大革命"的十年内乱，人心大快，万众欢腾。南京教育战线广大师生员工、教育行政干部与全市人民一起纷纷参加集会和游行，热烈欢庆这一历史性的伟大胜利，坚决拥护中共中央的英明果断措施，愤怒声讨江青反革命集团的滔天罪行。

　　南京遵循中央和省委的部署，联系南京教育的实际，以推倒"两个估计"为突破口深入揭批"四人帮"破坏教育的罪行，进行拨乱反正，全面恢复党对教育事业的正确领导；以平反冤假错案为重点，全面落实党的知识分子政策；以恢复高考制度为标志，全面恢复教育教学正常秩序，全市教育事业开始步入健康发展的轨道。

第一节　教育战线的拨乱反正

一、批判"四人帮"的极左路线

　　粉碎江青反革命集团后，在党中央的统一部署下，南京教育系统按照中共中央《王洪文、张春桥、江青、姚文元反党集团事件的通知》和发出的关于王、张、江、姚反党集团罪证的三批材料,普遍开展揭发批判"四人帮"及其在南京地区的代理人、追随者搞修正主义、搞分裂、搞阴谋诡计,妄图篡党夺权的罪行;揭批"四人帮"的反革命面目及其罪恶历史;揭批"四人帮"的政治纲领、理论基础、反革命路线的实质及其对各个领域的干扰和破坏,清算他们残酷迫害学校干部和教师、毒害青少年学生、破坏教育事业的罪行。同时联系教育系统实际,揭批林彪、江青反革命集团在教育战线散布的一系列反动谬论。各级教育部门和学校还按照中央有关文件精神,在教材中清除了"四人帮"的言论、文章,肃清其流毒和影响。

二、推倒"四人帮"的"两个估计"

"四人帮"于1971年在《全国教育工作会议纪要》中炮制了所谓"两个估计",即"文化大革命前十七年,毛主席的无产阶级教育路线基本上没有得到贯彻执行,是资产阶级专了无产阶级的政;知识分子的大多数世界观基本上是资产阶级的,是资产阶级知识分子"。这"两个估计"从根本上否定了中国共产党对教育的领导,否认了十七年来教育事业所取得的成绩。但是,由于《全国教育工作会议纪要》是经毛主席圈阅的,所以,打倒"四人帮"后在半年多时间里,人们对"文化大革命"前十七年的教育有的不敢出来说话,有的仍持批判态度。因此,"两个估计"已成了教育战线拨乱反正、调动各方面积极性的严重阻碍。

1977年7月,中共中央召开十届三中全会,恢复了邓小平的一切职务。刚刚复出的邓小平主持教育、科技工作。8月8日,邓小平在亲自主持召开的全国科学和教育工作座谈会上作了《关于科学和教育工作的几点意见》的重要讲话。讲话的第一个问题就是"关于十七年的估计问题"。他说:"对全国教育战线十七年的工作怎样估计?我看,主导方面是红线。应当肯定,十七年中绝大多数知识分子,不管是科学工作者还是教育工作者,在毛泽东思想的光辉照耀下,在党的正确领导下,辛苦劳动,努力工作,取得了很大成绩。特别是教育工作者,他们的劳动更辛苦。现在差不多各条战线的骨干力量,大都是建国以后我们自己培养的,特别是前十几年培养出来的。如果对十七年不作这样的估计,就无法解释我们所取得的一切成就了。"邓小平的讲话明确地否定了"两个估计",在教育界引起了极大的反响。同年9月19日,他在同教育部主要负责人谈话时指出,"两个估计"是不符合实际的,怎么能把几百万、上千万知识分子一棍子打死呢?对1971年的《全国教育工作会议纪要》应该进行批判。

10月5日,中央政治局召开会议,决定批判"四人帮"炮制的"两个估计"。11月18日,《人民日报》发表教育部大批判组的文章《教育战线的一场大论战——批判"四人帮"炮制的"两个估计"》,此文发表后,南京大、中、小学和各级教育行政部门深入揭批"两个估计"对教育造成的恶劣影响和严重危害。11月23日,中共江苏省委和南京市委在南京五台山体育馆召开万人大会,省委书记传达了中共中央主席华国锋关于教育工作的指示,号召批判"四人帮"炮制的"两个估计"。会后,全市教育系统掀起了批判"两个估计"的热潮,还对"四人帮"散布的所谓"修正主义教育路线的八大精神支柱"(全民教育、天才教育、智育第一、洋奴哲学、知识私有、个人奋斗、读书做官、读书无用)等谬论也进行了广泛的批判。

1979年3月19日,中共中央转发了教育部党组的报告,正式撤销了1971年《全国教育工作会议纪要》。

党中央对"两个估计"的否定和批判,推倒了压在广大教育工作者身上的两座大山,摘掉了强加在他们头上的"资产阶级知识分子"的帽子,解除了他们身上的精神枷锁。南京地区的广大教育工作者深受鼓舞,积极投入到教育教学、科学研究工作。

三、开展真理标准问题的讨论

粉碎江青反革命集团后,党和国家面临着拨乱反正的艰巨任务。1977年2月7日,《人民日报》、《解放军报》、《红旗》杂志联合发表《学习文件抓好纲》的社论,提出了"两个凡是"(即"凡是毛主席的决策,我们都坚决拥护,凡是毛主席的指示,我们都始终不渝地遵循")的错误方针。"文化大革命"中被林彪、江青两个反革命集团在政治上、思想上、理论上所造成的混乱,"文化大革命"中发生的许多重大政治问题和历史遗留下来的大量问题,都迟迟得不到解决。党和国家面临着是坚持"两个凡是"还是坚持实事求是的大是大非问题。"两个凡是"成为拨乱反正的又一个严重阻碍。

1977年4月,邓小平提出要完整地、准确地理解毛泽东思想。5月,又提出"两个凡是"不符合马克思主义。7月中旬,江苏省委宣传部召开经济理论讨论会,主题是批判"四人帮"蓄意割裂政治与经济的辩证统一关系,反对和破坏发展生产力的罪行。在宁大专院校、机关、企业等40多个单位的500多人参加了这次讨论会。会上,南京大学哲学系教师胡福明发言指出:生产力决定生产关系,决定整个社会的发

1978年5月11日,《光明日报》头版公开发表《实践是检验真理的唯一标准》。

展,这是历史唯物主义的基本原理,"四人帮"批判"唯生产力论",就是反对历史唯物论。1977年8月,胡福明完成《实践是检验真理的标准》初稿,提出需要重新明确检验思想理论的科学标准,从僵化半僵化的思想状态中解放出来。该文四易其稿后投寄《光明日报》,引起中共中央党校和《光明日报》社负责人的高度重视。后经一些同志的修改,并经胡耀邦亲自审定,1978年5月10日以《实践是检验真理的唯一标准》为题在中央党校的《理论动态》上发表。5月11日,《光明日报》在头版显要位置以"特约评论员"名义公开发表这篇文章,新华社当天将其转发全国。5月12日,《人民日报》、《解放军报》、《新华日报》等全文转载,全国绝大多数省、市、自治区报纸也陆续予以转载,很快引发了一场全国范围的关于真理标准问题的大讨论。

《实践是检验真理的唯一标准》一文,矛头直指"两个凡是"的错误方针。文章重申了实践是检验真理的唯一标准这个马克思主义的基本原理。文章尖锐地指出:江青反革命集团加在人们身上的精神枷锁必须坚决打碎,不能拿现成的公式去限制、宰割、剪裁无限丰富的、飞速发展的革命实践,应该勇于研究新的实践提出的新问题。真理标准问题的讨论,揭开了思想路线拨乱反正的序幕。

1978年6月2日,邓小平在全军政治工作会议上发表重要讲话,旗帜鲜明地支持这场讨论,并深刻阐述了实事求是、一切从实际出发的基本观点,尖锐地批评了个人崇拜、教条主义和唯心论,号召要"打破精神枷锁,使我们的思想来个大解放"。在邓小平和许多老一辈革命家的支持下,南京市教育系统,尤其是高等院校,迅速开展了真理标准的讨论。9月中旬,南京大学哲学系和经济系联合举办真理标准问题的讨论。10月上旬,中共南京市委党校教职员开展真理标准问题的讨论。在这些讨

南京大学举办关于实践是检验真理的唯一标准问题座谈会。

论会上,与会者充分肯定开展这场大讨论的重要性和必要性。许多同志对"以阶级斗争为纲"、"政治与经济的关系"等问题,提出了不同于"两个凡是"的观点和见解,指出生产力的发展是检验经济政策正确与否的唯一标准,凡是促进生产力的发展,有利于社会主义经济基础的巩固,有利于人民生活的改善,受到人民群众欢迎的政策、办法,就是正确的,就是符合马列主义、毛泽东思想的,绝不是什么修正主义、资本主义的东西。讨论使人们在真理标准问题上达成了明确的共识,认为这场讨论已不仅仅是一个理论观点问题,而是关系到党和国家前途命运的重大政治问题。

10月12日,省委主要负责人在南京召开的全省教育工作会议上,作了题为"实践是认识的唯一来源,实践是检验真理的唯一标准"的讲话,表示支持和赞成开展真理标准问题的讨论,要求各级领导干部加深认识。此后,关于真理标准问题的讨论,在全市教育系统逐步开展起来。参与讨论的广大教育工作者指出,关于实践是检验真理唯一标准问题的讨论,是一个坚持辩证唯物主义认识论,反对唯心主义、形而上学认识论的重大理论问题,是彻底肃清林彪、江青反革命集团的流毒和影响,坚持实事求是、拨乱反正、正本清源的原则问题,是坚持党的路线、加速实现四个现代化的根本问题。一定要充分认识这场讨论的重大现实意义和深远历史意义,真正从理论和实际的结合上弄清为什么实践是检验真理的唯一标准,并以此为指导,搞好教育、教学、科研等工作。

通过真理标准问题大讨论,南京教育界在彻底推翻"两个估计"的基础上,进一步冲破了教育思想和教育理论中的一些禁区,不仅恢复了建国以来的许多行之有效的做法,而且有力地推动了教育战线的拨乱反正和改革开放。

四、平反冤假错案与落实知识分子政策

揭批"四人帮",否定"两个估计",开展关于真理标准问题的讨论,冲破"两个凡是"的精神禁锢,南京地区越来越多的干部群众包括教育系统的干部、师生,要求落实党的干部政策,要求为历史上冤假错案平反,特别是要求为1976年清明节前后的"南京事件"平反的呼声日高。

1978年4月,中共中央下发了11号文件,批准中共中央统战部、公安部《关于全部摘掉右派分子的帽子的请示报告》,决定对1957年反右派斗争中被错划为"右派分子"的人,予以平反改正,摘去"右派分子"帽子。南京市委要求于9月前对"文化大革命"前尚未摘掉"右派分子"帽子的,全部摘掉右派分子的帽子,根据党的有关政策,对所有错划的"右派"做了彻底平反,恢复名誉,消除政治影响,清理档案材料,妥善安置工作。

9月底,南京大学党委召开大会,为因参加悼念周恩来总理、反对"四人帮"的斗争而受到迫害的同志平反,颂扬他们同"四人帮"坚决斗争的英雄行为,号召干部群众向他们学习。江苏省委、南京市委对群众的呼声非常重视。10月上旬,作为省、市委机关报的《新华日报》、《南京日报》先后以《心与亿兆同醉》、《为真理而呐喊的战士》为题,报道了南京大学团委副书记李西宁、南京邮电学院学生党员张夏阳等人同"四人帮"斗争的事迹,在全市引起震动。11月15日,中共江苏省委常委会决定:与1976年"南京事件"有牵连的人,迄今尚未平反的,应立即平反,恢复名誉。11月16日,中共南京市委召开常委扩大会,传达中共江苏省委常委会决议,宣布为"南京事件"平反。11月18日,南京大学、南京邮电学院分别召开大会,授予在"南京事件"中同江青反革命集团作斗争的有关人员"英雄战士"和"模范共产党员"的光荣称号。至11月24日,全市与"南京事件"有牵连的157人全部得到平反。1978年底前,南京中小学教职工、教育部门和在宁高校教职工2 871人在"文化大革命"中的冤假错案得到平反纠正。经平反的冤假错案和被错定为"右派分子"经改正而回到教育战线工作的有3 000多人。

1977年8月8日,邓小平提出,"一定要在党内造成一种空气:尊重知识,尊重人才。要反对不尊重知识分子的错误思想。"1978年3月18日,邓小平在全国科技大会开幕式上代表党中央明确宣布:"知识分子的绝大多数已经是工人阶级和劳动人民自己的知识分子","已经是工

人阶级自己的一部分。"同年10月,中央又宣布:对知识分子不再提"团结、教育、改造"的方针。这对调动广大知识分子的积极性,在全社会形成尊重知识、尊重教师的风气起了良好的作用。同年11月3日,中共中央组织部发出《关于落实党的知识分子政策的几点意见》,要求对知识分子队伍要有一个正确的估计,继续做好复查和平反冤假错案工作;提出对知识分子要充分信任、放手使用,做到有职、有权、有责,使人尽其才、才尽其用,并努力改善知识分子的工作条件和生活条件。国家教育部于同年11月11日转发了这个文件,并要求教育界按照中共中央组织部文件精神,落实知识分子政策。

南京教育系统各级党委普遍加强了对知识分子工作的领导。在落实知识分子政策、改善知识分子工作条件和生活条件、合理使用和发挥知识分子专长等方面做了许多工作,取得了一定的成绩。为了提高教师的政治地位和社会地位,调动教师的积极性,1978年,根据国务院批转教育部《关于高等学校恢复和提升职务问题的请示报告》精神,南京高等院校认定"文化大革命"前确定的教授、副教授、讲师、助教一律有效,恢复原来职称,并根据"坚持标准,保证质量,全面考核,择优提升"的原则,在高校中分期分批进行提升与确定教师职称工作。同年,南京师范学院附属小学教师斯霞、长江路小学教师王兰、南京市第十二中学教师茅于渊被确定为江苏省首批特级教师。

第二节 教育事业的全面恢复

一、恢复高校统一招生制度

邓小平在1977年8月8日科学和教育工作座谈会上提出改革招生制度的建议:"下决心恢复从高中毕业生中直接招考学生,不要再搞'群众推荐'。"根据邓小平的指示,教育部在9月25日结束的高校招生工作会议上起草通过了《关于1977年高校招生工作的意见》,基本上恢复了"文化大革命"前的高等学校新生入学考试制度。国务院在10月12日批准了教育部的上述"意见"。1977年,在宁各高校招生8 445人,比1976年增加30%。1978年6月6日,国务院又正式批转了教育部《关于

1978年高校和中等专业学校招生工作的意见》。"意见"规定自当年起，高校主要招收20岁左右的青年，不得超过25岁，不再限定录取高中毕业生的比例。同时高校实行全国统一命题，由各省、市、自治区组织考试、评卷和录取。至此，彻底摒弃了动乱时期部分高校恢复招生时采取的"自愿报名、群众推荐、领导批准、学校复审"，从工、农、兵中选拔学员的招生办法。这种所谓"群众推荐、领导批准"的招生办法，完全违背教育和人才培养的规律，无法保证高等学校对考生德智体全面考核，择优录取合格新生。

统一招生制度的恢复是高教领域拨乱反正、正本清源的一个重要标志。它对于保证高等学校的生源质量、扭转"群众推荐、领导批准"所造成的混乱局面、恢复正常的招生和高校教学秩序、调动广大教师和学生的积极性、促进社会风气的转变都产生了深远的积极影响。南京地区各高校认真贯彻国务院批转的《关于1978年高校和中等专业学校招生工作的意见》进行

高考统一招生制度恢复，多年求学无门的学子纷纷报名。

招生。1978年招生13 654人，比1976年增加一倍多，南京市考生被录取5 132人。这些新生具有高中毕业水平或同等学力并经过全国统考，全面考核后择优录取，保证了高等学校生源质量，特别是考生的基础文化水平都已达到了高中毕业水平，彻底改变了动乱时期因"推荐"录取造成的新生中高中、初中、小学文化程度混杂，无法保证高校正常教学秩序的被动局面。

二、幼儿教育开始恢复提高

"文化大革命"期间，全市幼教事业遭到极大的摧残和破坏。"文化大革命"结束前后，为了改变幼儿教育基本无人过问的状况，南京市革命委员会教育局在1975年恢复小学教育科的设置，专人管理幼儿教育。当时，南京市妇女联合会亦设置儿童福利部，管理民办（街道）幼儿园。

1977年，南京市革命委员会成立了幼托领导小组，制订了《南京市

1977—1980年幼托工作规划》。自此,全市逐步恢复和新建了一批幼儿园。

1977年起,南京市着手恢复幼儿教师业务培训工作。5月,首先分批短期培训工矿企业幼儿园在职教师。同期,市教育局教研室设专职幼教教研员,幼教业务辅导得到落实。城区各系统幼儿园被全部纳入业务网络。郊区、县也逐步由乡中心幼儿园向村办幼儿园(班)辐射。由于过去农村幼儿教育事业十分薄弱,因此采取了城乡挂钩、"送教下乡"或"上城观摩"等措施,互通信息,推动了城乡幼教水平的共同提高。

1977年8月,市教育局组织教师编写了《南京市幼儿园各科教学要求》和体育、语言、常识计算、音乐、美工等一套幼儿园教学大纲和教材,解决了全市幼儿园急需。1978年起,市教育局每年拨出专款给幼儿园添置大型运动器具和教学设备。

三、小学教育开始调整发展

1977年,南京市进驻小学的工宣队陆续撤离学校,贫下中农管理学校的体制也相继取消,学校党、团组织恢复正常工作。1978年10月后,南京市各小学逐步恢复中国少年先锋队组织,"文化大革命"中出现的红小兵组织按上级指示,即行撤销。

1978年5月31日,南京市革命委员会批转市教育局《关于办好重点中小学的意见》,确定南京市第一批重点小学7所,即大石桥小学、北京东路小学、琅琊路小学、游府西街小学、秦淮小学(现夫子庙小学)、石鼓路小学、建宁路小学(现天妃宫小学)。大石桥小学同时被确定为省重点小学。重点小学的恢复和建立,对全市小学起到了示范、实验作用。同年6月22日,大石桥小学恢复南京师范学院附属小学校名,归南京师范学院(现南京师范大学)领导。

"文化大革命"期间,原有的小学管理体制遭到破坏,撤销了校长、教导主任,而代之以"革命委员会"或"革命领导小组"的主任、副主任。十年动乱结束后,1977年,南京市小学恢复了原有的管理体制,即党支部领导下的校长分工负责制,学校的一切重大问题必须经过党支部讨论决定。1978年,教育部修订和颁布《全日制小学暂行工作条例(试行草案)》,这是批判林彪、"四人帮",恢复和提高教育质量,重新建立起必要的教育制度的一项重要举措。此后,南京市各小学均按此执行,学校管理逐步走向正常。

1976年10月后,正常的教学秩序开始得以恢复。1977年课程设置也有了较大的更动,取消了"天天读",一、二、三年级不开设政治课,四、五年级的政治课取消了"大批判"内容,军体课仍改为体育,革命文艺仍恢复为音乐、美术,自然常识从四年级开设,语文、数学课均增加了课时。1978年9月,南京市开始使用全日制全国通用语文、算术教材。重点小学使用全日制十年制中、小学英语教材。

四、中学教育开始调整改革

1970年后,在复课闹革命的同时,南京又盲目发展普通中学与普通高中,小学办初中、初中增添高中班,加之全市有30多家厂矿企业办中学或子弟学校,至1977年,南京市仅普通完全中学就达171所,几乎为"文化大革命"前的7倍,造成中等教育事业单一失调、恶性浮肿。随着南京经济建设和社会发展的加速,着力解决南京中等教育事业存在的两极分化、结构单一失调的状况迫在眉睫。

1976年后,南京市逐步恢复和加强教学工作,先就教学计划、教学内容的调整提出改进意见。继而组建全市各学科中心教研组,加强教学工作的研究。1977年,市科协恢复数学、物理、化学、地理等学会,并恢复学科竞赛活动,培养了一批"尖子"学生。但一度由于组织上的缺陷,又出现竞赛种类偏多,层层选拔过繁,部分学生学习负担过重及影响正常教学秩序等问题,后作了适当控制和调整。1977年,逐步恢复"文化大革命"前的课程设置。之后,高、初中增设劳动技术课。南京市普通中学使用市编、省编、教育部统编教材及其他地区编的实验教材。恢复高考制度后,由于当时全国无统一教材,加之教学计划、内容、进度极不统一,市教育局组织近百位教师,编写出政治、语文、英语、历史、地理、数学、物理、化学、生物等一套高中毕业和升学考试复习资料,供全市高中毕业班使用。

1978年4月,江苏省确定了一批首先办好的重点中学,全省共16所,其中南京市有5所:即南京师范学院附属中学、第一中学、第十中学(现金陵中学)、中华中学、南京化学工业公司职工子弟总校第一中学。5月31日,南京市革命委员会批准市教育局《关于办好重点中、小学的意见》,确定全市重点中学14所,除包括上述5所省重点中学外,另有五中、十二中、十三中、十四中、燕子矶中学、雨花台中学、江宁县中学、江浦县中学、六合县瓜埠中学。

1975年至1978年城区中学实行归口管理,隶属市教育局。1978年底,南京市中学撤销学校革委会,实行修改后的《全日制中学暂行工作条例(试行草案)》(以下简称《条例》):"全日制中学实行党支部领导下的校长分工负责制。学校的一切重大问题必须经过党支部讨论决定。"同时,恢复教导处、总务处、教研室、班主任的设置及团、队、工会组织。《条例》还规定"全日制中学原则上由县以上教育行政部门领导和管理。"1978年后,城区中学实行分块管理体制,除了十中、东方红中学(现中华中学)、南师附中、外国语学校和晓庄师范、市教师进修学校外,市区中学的党政关系属区管。应该看到:贯彻《条例》,是拨乱反正、恢复和提高教育质量、重新建立必要的教育制度的一项重要举措。中学划归区管也相应加强了区级教育行政部门的力量,区县政府也必然更加重视教育,是符合当时的实际的。但是中学管理体制变化的短期行为也制约了中学的发展,因此在贯彻"调整、改革、整顿、提高"八字方针时,中学的领导管理体制又进一步得到调整。

由于当时受"左"的思想的影响,对民办教育是国民教育的重要组成部分认识不足,至1978年,城区民办中学或停办,或改为公办,长达20年的南京民办中学历史被强行错误中止。

五、中等职业技术教育开始恢复发展

配合高考制度的恢复,中专、技校教育也恢复统一招生考试及假期放假制度,并且全面建立正常教学秩序,恢复"文化大革命"前行之有效的规章制度(如学制调整、教师管理、学生学籍管理及学校内部各项管理制度)。

"文化大革命"后期,南京普通中专陆续复办,"文化大革命"结束后,原属中央部委的中专校,又相继复归部委领导。如南京机器制造学校于1978年5月改由第一机械工业部和江苏省人民政府双重领导,以部为主。

1977年开始,南京地区恢复普通中专学校统一招生考试,以确保新生的基础知识文化水平。部分招收初中毕业生,大部招收高中毕业生,学制一般为2年至3年。

南京市和全国一样,技工教育事业的发展,走过了一条艰难、曲折的道路,特别是"文化大革命"期间,南京市技工教育事业受到严重的破坏:技工学校徒有空壳,校舍被占,实习场地办成地方企业,原来定型的教学实习产品被转化为工业产品；教师队伍面目全非，所剩无几，根本无法承担教学任务。而"文化大革命"前以技术力量雄厚著称的南京职工队伍，经过"文化大革命"摧残，平均级别下降，素质大不如前；青年职工中已获学历和所授技术等级多与实际不符，名高实低。为了加快改变职工队伍素质滑坡的状况，提高职工文化和技术水平，适应经济建设和社会发展的需求，南京决定一方面对在职青年职工积极开展"双补"（补文化、补技术）工作，一方面调整管理体制，强化政策激励机制，努力复办或新建技工学校。

1978年，南京市各技工学校按省招办规定，从大学、中专落榜生中择优录取。

1978年2月1日，国务院批发了《关于全国技工学校综合管理工作由教育部划归国家劳动总局的通知》，明确规定"技工学校划归国家劳动总局管理"，"教育部作为全国职业技术教育统一归口机构仍具有宏观指导职责"。当年3月，南京市劳动局恢复成立技术工人培训科，对全市行政区划内的技校工作实行综合管理。

当时，中专、技工教育还面临许多新情况和新问题。

首先是如何尽快解决人才数量不足问题。当时职工队伍中，高级和中级技术管理人才比例失调，全国是1∶0.67，中等专业人才数量严重不足，造成高级人才使用上的极大浪费，必须多办和办好中专、技校，尽快地与经济建设和科学技术的发展相适应，使中、高等专业人才保持合理的比例。

其次是如何提高培养质量。学校经过"文革"破坏，质量严重受挫，而新时期对中专、技校又提出了比以前更高的要求，因此必须重新明确中专、技校培养目标，更新教学内容，用现代化生产所需的基础理论、专业知识和技能培养学生，拓宽专业面，增强适应性。

再次是如何抓好学校建设。当时，中专、技工教育形势很好，社会重视教育，但学校师资、经费、仪器十分缺乏，基础好的老校很多尚未复办，已有学校中一半属于新办，学校规模与办学条件远远不能与"文化大革命"前相比，因此必须认真贯彻"调整、改革、整顿、提高"的八字方针，为今后进一步发展提高打下坚实基础。

随着经济建设的加速发展和社会对技术人才的需求增加，中等教育结构改革也提到议事日程上来了。

六、高等教育的恢复和重建

教育部于1978年初向国务院报送《关于恢复和办好全国重点高等学校的报告》,同年2月,经国务院批转同意全国恢复重点高校88所。其中南京有6所:南京大学、南京工学院、南京航空学院、华东水利学院、华东工程学院、南京气象学院。1979年,南京农学院复校后,也被列为全国重点高校。

粉碎"四人帮"后毕业的南京师范学院南京师资专修班学生合影留念。

1978年3月,江苏新医学院撤销,恢复南京医学院和南京中医学院建制。同年,南京体育学院复办。12月,南京航务工程学校升格为南京航务工程专科学校。1978年底,南京地区普通高等学校已有17所,在校学生27 215人,教职工19 500人,其中专职教师8 371人。

1978年后,恢复高校统一领导、分级管理的体制。1978年9月6日,教育部通知:将原下放给江苏省管理的南京大学、南京工学院、南京化工学院、南京林学院、华东水利学院、南京气象学院、南京药学院等校划归中央有关部委管理。后根据教育部重新制订的《全国重点高等学校暂行工作条例》的规定,南京高校实行"党委领导下的校长分工负责制",并撤销高等学校革命委员会,恢复校长名称,重新明确校长是国家任命的学校行政负责人,对外代表学校,对内主持学校的日常工作;明确高校党委是学校工作的领导核心,对学校工作实行统一领导,学校的教学、科学研究、后勤工作中的重大问题,一定要经过党委会讨论做出决定后,由校长负责组织执行。

【第十五章】
改革开放时期的南京教育
（1979—2000）

1978年12月，中共中央召开了具有深远历史意义的十一届三中全会。会议重新确立了马克思主义的思想路线、政治路线和组织路线，确定了"解放思想，开动脑筋，实事求是，团结一致向前看"的指导方针，果断停止使用"以阶级斗争为纲"这个不适用于社会主义的口号，制定了把工作重点转移到社会主义现代化建设上来的战略决策。南京教育事业经过两年多拨乱反正、恢复调整，逐步转入正轨，进入了一个新的历史时期。

1985年5月，党中央召开全国教育工作会议，并颁布《中共中央关于教育体制改革的决定》，做出了推进教育体制改革等重大决策。同年9月，南京市委市政府召开全市教育工作会议，学习贯彻全国教育工作会议精神，制定出台《贯彻执行〈中共中央关于教育体制改革的决定〉的意见》，决定改革教育管理体制，实行九年制义务教育，调整中等教育结构，发展职业技术教育，推进联合办学，改革教育教学，抓好师资队伍，增加教育经费。1985年12月，全市改变城区中学领导体制，基本建立起"分级办学、分级管理"的新的基础教育管理体制。学校与学校、学校与社会之间的联合办学也形成了多种模式。职业教育实行政府统筹，企业、行业自办或与教育部门联办的形式，办学规模迅速扩大。1992年11月，南京市委市政府召开全市教育工作会议，学习贯彻党的十四大精神和邓小平南方视察重要谈话，首次提出实施科教兴市、教育为本的战略，提出了加快教育改革、加快建立与社会主义市场经济体制相适应的现代

第十五章　改革开放时期的南京教育(1979—2000)

教育体系的目标,特别对社会力量办学、社会捐资助学等出台了相关鼓励政策。

1993年3月,国务院颁布《中国教育改革和发展纲要》,提出了全国加快教育改革发展的新目标。1994年6月,党中央、国务院召开改革开放以来的第二次全国教育工作会议,动员实施《中国教育改革和发展纲要》。这些举措对南京教育产生了巨大推动作用,南京的教育改革和发展大大加快。1994年,南京在全省率先基本实现九年制义务教育、基本扫除青壮年文盲(简称"两基")的目标。1998年,全市基本普及高中阶段教育,初中毕业生接受高中阶段教育的比例达到91%。1996年开始启动的"百校十乡教育现代化工程"也取得较大进展。

1999年6月,中共中央召开改革开放以来的第三次全国教育工作会议,并颁布了《关于深化教育改革全面推进素质教育的决定》。12月,南京市委市政府召开全市教育工作会议,进一步强调要把教育摆在优先发展的战略地位,全面推进素质教育,提高学生整体素质和能力,培养适应21世纪需要的社会主义事业的建设者和接班人。至此,改革开放以来的南京教育基本实现"全面普及、全面合格"的目标。

第一节　教育改革全面推进

以1978年底党的十一届三中全会召开为标志,我国政治、经济、文化等各个领域开始走上改革开放的道路。南京市教育系统以解放思想为先导,以推进教育发展为目标,各类改革在不断的探索实践中渐次展开。

一、教育管理体制改革

1985年5月27日,中共中央颁布《关于教育体制改革的决定》,提出了教育体制改革的方向和目标。针对现行教育事业落后和教育体制的弊端,决定从教育体制入手,系统地进行教育改革,在加强宏观管理的同时,坚决实行简政放权,扩大学校办学自主权,调整教育结构。为了积极稳妥实现新旧管理体制的过渡,南京采取了由农村到城市、城郊县分别试点、平稳过渡、逐步完成的做法。

1. 建立分级办学、分级管理的体制

1985年6月,市教育局在江浦县召开农村分级办学、分级管理现场会,推广该县总结的"财务县乡分管、人事县乡共管、教育业务由县统管"的做法。随后,在郊区雨花台区、在城区白下区分别召开会议,推广他们进行教育管理体制改革的试点经验。1985年10月,南京市委市政府正式出台《贯彻执行〈中共中央关于教育体制改革的决定〉的意见》,明确提出,市着重管好地方(含成人)高校、师范学校、市属中专、市技工学校、市重点中学,区主要办好管好普通中小学、公办幼儿园、职业学校和教师进修学校,县主要办好管好完全中学、职业学校、实验小学、实验幼儿园等。同时要求市、区、县都要办好一些示范性学校,乡镇办好小学、初级中学和成人教育中心。局(公司)、企事业单位办好管好所属各类学校,抓好全员培训。1985年12月,根据市政府发出的《关于改革城区中学领导体制的通知》,市教育局将原属市管的59所中学交给区管,市里保留了南京师范大学附属中学、金陵中学、中华中学、第一中学、南京外国语学校、南京师范专科学校、第五十八中学、聋人学校、盲人学校、工读学校等10所学校以及走读中专等。这样,全市范围教育管理体制改革工作,在改变学校领导关系方面基本完成。全市基本建立基础教育"分级办学、分级管理"的管理体制。农村由县、乡、村三级办学,县乡两级管理、两级统筹;郊区学校由区办区管发展为乡镇办乡镇管;城区中学由市管单一的管理体制改为市、区两级分管的体制。

分级办学、分级管理体制的建立,明确了市、区、县、乡镇的职责,调动了各级政府办学的积极性,为实施义务教育、发动社会多渠道办学奠定了基础。从1986年开始,新的基础教育管理体制产生了明显的积极效应。各级党委政府自觉把教育纳入当地经济建设和社会发展的总体规划,摆上了重要的议事日程,列入政府的工作目标责任。同时,社会各界和人民群众参与办学的积极性大大提高,多渠道筹措教育经费,使学校的办学条件明显改善,特别是农村中小学的办学条件有了较大改观,基础教育事业呈现良好的发展势头。

分级办学、分级管理的基础教育管理体制不是固定不变的,在以后的具体运作中,随着经济、社会的发展变化以及行政区划调整等,也在不断调整完善。特别是在1995年以后,随着农村乡镇集体经济发展格局的变化,一些乡镇筹措教育经费的能力有所下降,向群众集资办学也出现较大困难,需要逐步建立起新的运行机制,促进义务教育得到健康发展。

2. 改革学校内部管理制度

1984年,南京开始对学校内部管理体制进行改革,首先在南京师范大学附属中学、第一中学、中华中学、外国语学校试行校长任期(三年)负责制。1986年,城区又增加第十八中学、第三中学、第四中学、第九中学、第五十八中学、市工读学校、晓庄师范学校等实行校长负责制。其余学校仍实行党支部(总支)领导下的校长分工负责制。实行校长负责制的学校,校长由主管教育局聘任,副校长、中层干部由校长提名并征求学校党支部(总支)意见,报主管教育局审批,由校长任命组成领导班子。校长在上级教育行政部门领导下,对学校行政工作负责;学校党组织对行政工作起监督、保证作用;群众参与民主管理、监督;学校实行目标管理,建立以校长决策为中心的指挥、反馈体系和相应的管理网络。1987年,南京市委市政府转发市教育局、市体改委拟定的《南京市中、小学校长负责制暂行条例(草案)》,积极、稳妥地推进校长负责制工作。

在教师人事制度改革方面,主要是推行教职工聘任制。在实行定编、定员、定岗、定职的前提下,聘任上岗。校长在教育主管部门核定的编制内,按一定程序、条件、方法,在一定范围内选用教职工,允许教职工在一定范围内选择自己的岗位。南京市第十四中学实行校长负责制后,对教职员工试行聘任制,学校对聘任人员规定工作量,凡超过正常工作量的发放超工作量补贴,对富余人员视不同情况,或让其进修学习,或帮助调离学校;同时积极稳妥地引进需要的人才,充实到缺编的学科。1988年,全市宣传学习建湖县钟庄乡"三制"(校长选聘负责制、教师聘任制、岗位责任制)经验,总结推广第十四中学的做法。是年,南京市教育局制订下发了《南京市中小学、中等师范学校教师工作量的规定》和《南京市中等师范学校、全日制中小学幼儿园内设机构及教职工编制的暂行规定》,为推行教师聘任制工作提供依据,促进教师聘任制工作顺利进行。1991年,市教育局对中学42个岗位、小学25个岗位分别提出岗位规范、任职条件和考核办法,强化考核评估和考核奖惩,并引入竞争机制,实行按岗竞聘,择优上岗,进一步调动教师的工作积极性。1997年,市教委制订了《南京市教育系统试行全员聘用合同制实施办法》,并在鼓楼、白下、建邺等5个区县9所学校进行试点。1999年,全市全面推行全员聘用合同制。全市教职工有33 973人与学校签订了聘用合同,并有215人被缓聘,449人内部提前退岗休养,209人转岗。教师资格认定工作也在这个期间开始。1997年完成了1993年12月31日前中小学在编在岗人员教师资格认定过渡工作。在校内分配制度改革方面，随着中小学校长负责制、教职员工聘用合同制的推行，南京市各学校普遍采取按劳分配、多劳多得、优绩优酬的分配办法，并从教职工工资总额中拿出30%，加上学校自筹资金，按工作绩效进行分配，进一步调动教职员工的积极性。

学校内部管理制度的改革和深化，形成了学校用人的竞争激励机制，对优化教师资源配置、优化教师队伍结构、提高师资队伍素质、增强教师队伍活力，发挥了有益的作用。

3. 调整教育行政管理机构

在推进教育管理体制改革过程中，南京市教育行政管理机构也适时进行了调整。1985年5月，南京市政府批准将原主管全市职工、农民教育的市工农教育办公室更名为南京市第二教育局，主管全市成人教育和市属地方高校（含南京市广播电视大学等成人高校）。1996年6月，为了适应教育改革发展新形势的要求，增强教育行政部门的统筹协调能力，市委市政府将原南京市教育局、南京市第二教育局以及中共南京市委教育卫生部合并成立南京市教育委员会（与中共南京市委教育工作委员会合署办公）。2001年5月，南京市教育委员会又更名为南京市教育局（中共南京市委教育工委）。

二、办学体制改革

中共十一届三中全会以后，根据国家有关规定，南京出现了一些以文化补习和技术培训为主要内容的社会力量办学机构。长期以来主要由政府以及具有公办性质的企事业单位举办教育事业的制度有所松动。根据统计，1979年至1985年，全市全日制中学兴办夜中学43所；各民主党派和工商联举办7所业余学校和各种培训班；工会系统举办区、县职工业余学校10所和市业余工人大学1所；科协各学会和省、市社科联各协会、研究会举办数以百计的各类专业培训班。1985年以后，按照中共中央《关于教育体制改革的决定》提出的"地方要鼓励和指导国营企业、社会团体和个人办学，并在自愿的基础上，鼓励单位、集体和个人捐资助学"精神，南京市的社会力量办学有了新的发展。除补习初、高中文化的夜中学外，出现了更多以专业技术培训为主要内容的培训机构。1989年，全市经批准的社会力量办学单位约有130所，在校人数近10万人。

1992年,随着我国由计划经济体制加快向市场经济体制转变,有关教育办学体制改革的方向更加明朗。是年颁布的《中国教育改革和发展纲要》提出,"改革办学体制。改变政府包揽办学的格局,逐步建立以政府为主体、社会各界共同办学的体制。"同时提出,"国家对社会团体和公民个人依法办学,采取积极鼓励、大力支持、正确引导、加强管理的方针。"1993年1月,南京市委市政府制定《贯彻省委省政府〈关于加快教育发展和改革若干问题的决定〉的实施意见》,进一步明确,"鼓励和支持社会力量办学。……允许个人投资或集资举办各类学校。鼓励社会团体和集体采用'民办公助'、'民办自助'、'公办民助'等方式,发展各类教育事业。"1992年,南京市第一家民办学校——南京实验国际学校批准成立。同年又建立了民办中华育才学校、金陵职业学校。1993年,育英外国语学校、南侨高级中学、钟山外国语中等专业学校、师萃职业技术学校、健诚职业中学、石城职业高中、扬子经贸学校等民办学校建立。社会力量办学呈现快速发展的局面。1996年,依据国家有关政策,南京市部分省级重点中学和实验小学依托自身品牌和潜力举办了一批"民办公助"的学校。全市出现了国有民办、民办公助、公办民助、私立自办、股份合作、中外合作、境外来宁投资办学等多种模式。以政府办学为主体、社会各界共同参与办学的多元化办学格局基本形成。民办教育成为全市教育事业的重要组成部分,为经济社会发展作出了积极的贡献。

办学体制改革的过程,也是社会力量办学行为日趋规范、民办教育制度逐步完善的过程。1997年发生的南京民办影视学校举办者卷款潜逃事件,使民办学校的监管问题受到重视。同时,部分依托省级重点中学和实验小学举办的"民办公助"学校的办学行为引起其他社会力量办学机构的质疑。还有一些民办学校办学资金不足,办学条件不达标,师资队伍和教育教学质量不够稳定。如何依法规范民办教育市场的问题凸显出来。必须建立民办教育办学行为规范,促进事业的发展。

三、教育投入机制改革

为了保证教育事业稳步发展,南京市按照国家有关法规,积极进行教育投入机制改革,逐步建立起以财政拨款为主、其他多种渠道筹措教育经费为辅的体制。

1.依法保证财政教育投入稳步增长

1985年,南京市委市政府《贯彻执行〈中共中央关于教育体制改革的决定〉的意见》提出:教育拨款的增长要高于财政经常性收入的增长;并使按在校学生人数平均的教育费用逐步增长;教育拨款在财政支出中的比例在现有的基础上逐年要有所增长。1993年,市委市政府在《贯彻省委省政府〈关于加快教育发展和改革若干问题的决定〉的实施意见》中又提出:要确保教育投入的持续增长,财政拨款要继续贯彻省委省政府确定的"三增长,一优先"的原则,即在前述"三增长"的基础上又明确了地方教育经费增长部分要优先用于义务教育,其中中小学的公务费和校舍维修费在现行基础上逐年适度增长。1995年,市委市政府又根据《中华人民共和国教育法》的精神,逐步建立起以市财政拨款为主,其他多种渠道筹措教育经费为辅的体制。从1986年到2000年,市财政对教育的拨款,逐年都有较大增长,保证了南京市教育事业迅速发展的需要。据统计,2000年,南京市地方财政收入164.5亿元,是1986年的15亿的10.96倍,而2000年市财政拨付教育事业费10.5亿元,是1986年的11.67倍。全市教育投入的增幅大大高于财政收入的增幅。

2. 征收教育事业费附加

这是国家为发展基础教育制定的一项特别的扶持政策。1985年1月,南京市政府开始征集教育基金。1986年7月起,征集教育基金改为征收教育事业费附加。凡在南京市内缴纳产品税、增值税、营业税(简称"三税")的一切单位和个人,都以实际缴纳的"三税"的税额为计征依据,附加率为1%,分别与"三税"同时计算纳税。1988年,市政府根据省政府关于调整城乡教育事业费附加征收比例的规定,调整农村的征收率:凡由农民直接负担的,按人均年纯收入1%至1.5%征收;凡由乡村企业或合作组织负担的,按人均年纯收入的1.5%至2%征收;在城区征收比例不得低于"三税"的2%。1994年,市政府进一步调整教育事业费附加的征收比率,城市按"三税"3%征收,农村乡镇企业和个体企业按销售收入的4%征收,农民按上年人均纯收入的1.5%至2%征收。据统计,教育事业费附加征收数逐年增加,其占财政拨付的教育事业费的比例超过25%,是仅次于国家财政拨款的最大的教育经费来源。征收教育事业费附加主要用于改善基础教育办学条件,这在当时的历史条件下是很有必要的,但在客观上加重了农民的负担。随着国家经济发展水平的稳定提高,到2002年,南京市宣布停止面向农户征收教育事业费附加。

3. 适当收取学杂费

改革开放初期,南京市中小学向学生收取低廉的学费。1986年开始实施九年制义务教育后,按照国家统一规定,南京市实行义务教育阶段不收取学费但收取一定杂费的政策;对非义务教育阶段学生仍收取一定的学杂费。1992年以后,根据国家有关规定以及物价上涨等因素,南京市非义务教育阶段的学生学杂费有所提高,义务教育阶段的杂费标准也有所调整。1999年后,随着人民群众生活的日益改善,国家提出要"在非义务教育阶段,适当增加学费在培养成本中的比例,逐步建立符合社会主义市场经济体制以及政府公共财政体制的财政教育拨款政策和成本分担机制"。南京市非义务教育阶段的学费标准继续有所提高。其中高等教育的收费标准上涨幅度较大。教育收费虽然是支撑教育发展的重要资金来源,但是,学费上涨过快,必然使群众的经济负担有所增加,因此要建立相应机制,以保证义务教育阶段适龄儿童不因经济贫困而辍学,非义务教育阶段学生不因家庭经济贫困而失学。同时,针对少数学校的乱收费现象,南京市相关部门加强管理,使教育收费工作逐步走上规范化的轨道。

4. 校办企业和勤工俭学收入

1979年起,南京的校办企业和勤工俭学工作在国家相关优惠政策的扶持下,逐步开展起来。1985年,南京市政府专门作出《关于发展校办工业的若干暂行规定》,要求对校办工厂给予政策扶持。城市学校办工厂、农村学校发展"校园经济"成为当时的普遍现象。进入90年代,在"全面经商"的社会潮流中,南京市成立了校办企业总公司,多渠道开展工商经营活动。不少学校"破墙开店",积极创收。校办企业和勤工俭学的开展,取得了一些经济效益,对缓解学校办学经费紧缺矛盾产生了一定作用。据统计,南京市中小学校办企业和勤工俭学收益用于补助教育经费,1986年至1995年为1.91亿元,相当于同期财政拨款的9.27%。1995年至2002年为3.18亿元,相当于同期财政拨款的4.5%。与此同时,许多学校利用勤工俭学活动,对学生进行劳动技术教育,促进了学生的成长。但是,校办企业的发展也付出了"学费",由于经营管理经验的缺乏,一些校办企业成本大于收益,投入大于产出,特别是在国家逐步取消对校办企业的优惠政策后,多数校办企业由于缺少市场竞争力而逐步萎缩,并留下了一些债务纠纷和人事矛盾。

5. 捐资助学、集资办学

南京市根据国家有关文件，先后制定了鼓励群众捐资助学、集资办学的办法。1980年，南京市实施在社队企业上缴利润中提取4%至5%，在集体公益金中提取5%至10%用于农村教育。1985年开始，为了改善农村办学条件，实施校校无危房、班班有教室、学生人人有课桌凳的"一无两有"工程，建设初中实验中心，广泛开展了专项教育集资。1994年，南京市建立了市人民教育基金，从当年开始，凡有工资性收入的在职职工原则上按月收入的5‰缴纳人民教育基金，由财政部门负责征收，用于扶持贫困地区的教育。积极鼓励国内外人士捐资助学，欢迎港澳同胞、海外侨胞、外籍华人团体和友好人士对南京的教育提供资助和捐赠。全市从1984年开始接受了邵逸夫、田家炳、章士金等人的捐赠，并同意以他们个人名义命名学校或教学楼、图书馆等。在实施九年制义务教育过程中，全市特别是农村地区，形成捐资助学的社会风尚，"人民教育人民办，办好教育为人民"、"再穷不能穷孩子，再苦不能苦教育"等口号家喻户晓。社会捐资助学、集资办学对南京教育事业特别是实现"两基"目标产生了重要影响。进入90年代，随着"择校"现象的出现，国内一些地方公办学校发生了与学生升学挂钩的"捐资助学"，并迅速发展为全国教育界的普遍现象。一些民办学校在创办初期，为了迅速筹集办学资金，也采取收取"建校费"、接受"捐资助学"甚至收取高额储蓄金（承诺学生毕业时退还）等办法。到90年代末期，被"异化"了的"捐资助学"渐渐引起社会争议。在国家财政投入不足的形势下，多渠道的捐资助学、集资办学有力地推动了教育事业的发展，成为支撑教育事业发展的重要经费来源。但是，由于"择校"现象自身是一种缺少合法性的客观存在，相关的捐资助学行为也有待从法规上予以界定和规范。

四、教育督导制度改革

教育督（视）导制度是伴随义务教育实施而发展的。20世纪80年代初，根据邓小平"要健全教育部的机构，要找一些40岁左右的人，天天到学校去跑"的指示，南京市恢复了被"文化大革命"取消的教育视导。1984年12月，南京市教育局成立视导室，并明确其"反馈、指导、参谋"的职能，当时全国只有广州、南京、无锡等少数几个城市建有教育视导机构。1989年8月，南京市在全市建立普通教育督导制度。1997年12

月,南京市人民政府以市长令的形式发布了《南京市教育督导暂行规定》,对教育督导的性质、任务等以行政规章形式予以规定。2001年9月,南京市委市政府批准"教育督导室"增挂"南京市人民政府教育督导室"牌子,代表市政府对下级政府、教育行政部门、学校(幼儿园)贯彻执行教育方针、政策、法律、法规情况和教育管理工作进行监督、检查、评估、指导。各区县政府也成立相应的教育督导机构。

1. 依法督校

从1985年开始,南京市教育局视导室开始对学校工作进行经常性的检查和专项督导,并开始探索开展全面、综合视导,制订了评估方案,在部分学校试点。至1995年底,市、县(区)两级教育督导室已综合评估了300余所中小学、幼儿园。1997年起,全面推行以推进实施素质教育为目的的学校督导评估工作。到1999年,对城区约90%的学校、郊区和县约60%的学校进行了综合督导。各级督导人员还对学校布局调整、教学常规管理、执行课程计划、薄弱学校改造、减轻中小学生过重的课业负担、企业办学等问题进行专项督导和经常性督导。在加强中小学的常规管理方面,教育督导也发挥了重要作用。南京市关于学校评估的做法和经验得到了国家教委的有关领导和各地教育督导同行的肯定。

2. 依法督政

1989年开始,南京市政府教育督导机构对下级人民政府的教育工作正式进行督导。市教育督导室分别对全市15个县(区)的中小学教育工作开展"五项督导检查"(即查德育工作、教育经费增长政策与教师经济待遇的落实、校舍中危房的改造、中小学生流失的制止、乱收费现象的纠正),"督政"工作从此打开局面。其后,义务教育检查、德育专项督导、"两基"督导评估等,使"督政"工作日益深入。1990年,市教育督导室在全面督查29个乡镇义务教育实施情况后,及时向市教育主管部门反馈了督查的情况,主管部门及时调整了有关工作要求,保证乡镇义务教育的顺利实施。各县(区)的教育督导室亦对所属乡镇、学校的义务教育办学条件、教育费附加征收、制止学生辍学及乡镇教育管理委员会建设等进行督导检查,推动乡镇政府加强对教育工作的领导、增加教育投入,为全市提前实施九年制义务教育做出了贡献。1996年,市教育督导室开展基础教育"五项内容"(即增加教育投入、落实《教师法》、"两基"规划的实施、加强德育、"减负"工作)的督导检查,又一次促进区县政府、乡镇政府加强对教育工作的领导及增加教育经费的投入。从1997年起,为巩固、提高"两基"成果,在全市建立了"两基"年审制度,年审内容主要为:初中在校生辍学率、义务教育阶段薄弱学校按计划改造、义务教育经费"三增长"及教育费附加征收使用和扫盲各项任务完成等情况。此后,南京市教育督导室受政府委托,每年组织对区县"两基"工作进行年审。实施乡镇教育现代化工程后,根据省政府提出的要求,南京市各级教育督导机构同时承担起教育现代化工程的督导评估工作。

五、加强教育法制建设

改革开放以来,党和国家一贯重视教育法制建设。我国教育法制建设取得了前所未有的成就。全国人大先后制定颁布了《学位条例》、《义务教育法》、《教师法》、《教育法》、《职业教育法》、《高等教育法》、《民办教育促进法》等教育专门法律。国务院以及教育部等也制定了一批教育行政法规、部门规章。教育从无法可依到初步形成了有中国特色的社会主义教育法律法规体系。改革开放的过程,也是教育法治意识不断觉醒、法制精神不断强化的过程,是教育立法、教育执法以及教育"变法"的过程。

1. 教育立法成果显著

改革开放以来,南京市先后制定了《南京市职工教育条例》、《南京市市区中小学幼儿园用地规划和保护规定》、《南京市民办中小学条例》等三部地方性法规,《南京市教育督导暂行规定》、《南京市学前教育管理办法》等四部政府规章以及16件市政府教育规范性文件、115件市教育局规范性文件,逐步建立健全了与国家法律法规相配套、具有南京教育特色的法律法规体系,使教育的重大问题和教育工作的重要方面都有了法律的依据和保障。

2. 工作队伍逐步健全

1996年南京市教育局机构改革时增设了政策法规处,全面负责和组织协调全市教育法制工作的开展。各级教育行政主管部门和各级各类学校相应成立了依法治教工作领导小组,明确分管领导和责任部门。全市建立了一支专职的依法治教联络员工作队伍和以各校德育教师为主的法制骨干教师队伍。所有的中小学都配备了法制副校长,有的学校还聘请了法律顾问。教育法制工作呈现出领导重视、队伍健全、工作落实、成效显著的良好局面。

3. 普法教育不断深入

从1985年"一五"普法开始,到2000年"三五"普法结束,全市教育系统不断加强法制教育宣传,广大干部师生的法治意识、法制观念和法律素质不断增强。领导干部通过集中培训与自学相结合的方式,不断提高法律素质,运用法律知识分析和解决问题的能力不断提高。教师通过政治学习、继续教育、学法考试等途径普及法律知识,为人师表和依法执教的观念不断增强。青少年学生的法制教育坚持计划、课时、师资、教材"四落实",采取多种形式,不断提高法制教育的实效,学生的综合素质不断提高。多年来,全市青少年违法犯罪率始终控制在万分之三以下,低于全国同类城市的平均水平。

4. 教育行政行为不断规范

定期做好地方性法规、政府规章、规范性文件的清理工作,坚持法制统一原则;深化行政审批制度改革,减少审批事项,简化审批程序;对行政许可事项和内部管理事项进行清理,进一步规范和完善办事程序;认真梳理行政执法依据,落实职责分解;加强执法检查和执法监督,坚决查处非法办学和违规行为;坚持政务公开,服务人民群众,接受社会监督。行政执法人员职权法定、依法行政的观念得到确立,管理方式实现由运用行政手段管理为主向运用法律手段管理为主转变。

5. 依法治校不断推进

全市所有中心校以上的学校都实现了"一校一章程",并建立和完善与之相配套的各项制度,使学校的各项工作有法可依,有章可循。全市广大学校领导干部依法治校的意识进一步提高,学校实行校务公开,学校内部管理体制和运行机制不断完善,民主管理、民主监督得到进一步加强,工作效率大大提高,办学质量和水平不断提高,广大干部职工的积极性得到发挥,维护了学校的团结和稳定,带动了优良校风、教风和学风的形成,南京教育发展进入到了历史上最好时期。

第二节　各类教育蓬勃发展

乘改革开放的东风,南京市各类教育迅速恢复,并在以后的 20 多年里持续发展、优化和完善,创造了南京教育史上的辉煌。

一、学前教育的发展

改革开放以后,教育部先后颁布了《幼儿园管理条例》、《幼儿园工作规程》等发展幼儿教育的一系列政策、措施,江苏省、南京市政府也制定了相应的政策,采取了有效的措施,从此,南京的幼儿教育事业走上了健康发展的轨道。

1. 幼教领导管理工作得到加强

1979 年,中共中央、国务院转发《全国托幼工作会议纪要》后,南京市积极贯彻"恢复、发展、整顿、提高"的方针,全市的幼教事业开始得到发展。1980 年市委发出《关于合并建立市计划生育托幼工作领导小组的通知》,成立了由副市长任组长,市委教卫办、市教育局、市妇联等各有关部门 19 位领导同志参加的领导小组。1982 年市政府决定:市教育局设置幼儿教育科,卫生局设置妇幼科,加强了对南京的幼教工作的领导。在市教研室设专职教研员的基础上,到 1986 年,各区县亦已初步建立起幼教业务联系网络,及时沟通信息,传播先进经验。从 1987 年以后,保证了各级政府对幼教工作的领导,全市各类幼儿园的办园水平及保教质量稳步提高。

2. 学前教育事业快速发展

由于南京市小学入学年龄的提前,1979 年秋起,幼儿园学制由四年改为三年,收 3 到 6 周岁的幼儿,分小、中、大班。同时南京市人民政府决定将 98 所民办幼儿园改为大集体性质。

1984 年,根据教育部和江苏省教育厅《关于发展农村幼儿教育的几点意见》精神,江宁、六合、江浦三县按"依靠基层,依靠社队,自力更生,因陋就简,逐步改善,不断提高"的原则,办园以乡镇中心园为重点并逐步扩展到行政村,使全市农村幼儿园有所发展。同时一大批村小办起了学前班,学前一年的入园率大幅提高。随着农村普及小学教育的发展,幼儿教育也得到进一步的发展。到20世纪90年代后期,由于建设"教育现代化乡镇",每个乡镇必须有一个现代化的中心幼儿园和达标的村级幼儿园,又促使乡镇政府加大对农村中心幼儿园的现代化建设,因此绝大部分乡镇都逐步建有较高标准、较高质量的乡镇中心幼儿园。但是,由于南京城乡二元经济结构明显,农村与城市幼儿园存在着较大差距,因而严重制约了全市幼教事业整体水平的提高。农村学前教育存在不少问题,主要表现在:农村幼儿入园率不容乐观,一些乡镇幼儿园中小班的平均入园率不到30%;村办园(班)普遍存在着规模小、条件差、质量低的现象;许多幼儿园教育教学设施简陋,缺少教玩具,卫生设施也不配套;教师待遇低,村级幼儿园质量普遍较低。

20世纪80年代中期,由于对私人办托儿站、幼儿园采取了鼓励政策,到1987年全市家庭私托站发展到近万个,从业人员达1.2万人。1993年,由南京3521工厂和台湾大地有限公司合作创办的大地幼儿园得到省教委的批准,建立起南京市第一家与台商合办的幼儿园。同年9月,南京市第一家私立全托幼儿园——培玲幼儿园开园。2000年,南京市第一幼儿园经省教委同意创办国际部,是全市第一所对外开放的幼儿园。这样,形成了以社会力量办园为主体、教育部门办园为龙头,国家、集体、个人共同参与的办园体制,全市幼教事业得到稳步发展。

1980年2月至3月,南京城区有35所小学自发开办了47个学前班,吸收5至6岁幼儿入学,以解决幼儿入园难的矛盾。到80年代中期,农村学前班也得到了很大的发展,而且还逐年增加,仅据1986年统计,就比上年增加幼儿班600个。实践证明在幼儿教育发展相对滞后的情况下,办农村学前班是一种行之有效的形式,充分利用了当时村村有小学的优势发展了学前教育,大大提高了学前一年的幼儿入园率。教育部1986年发布了《关于进一步办好幼儿学前班的意见》。南京市教育局于1988年在市区调查了48个学前班,认为全市小学办学前班发展较快,对缓和幼儿入学难的矛盾有积极的一面,但也有一些学校指导思想不端正,将办园作为创收项目,还发现不少学前班办学条件差,教室破旧,设备简陋,师资不合格,用小学一年级的课本作教材等。为此,1990年,南京市制定了《关于清理整顿学前班的意见》,就领导管理、教学内容和师资等提出了整顿意见,并开始贯彻实施。同年,全市减少了173个学前班,市区有8 792名幼儿回到了幼儿园。1990年,全市城郊共保留小学学前班108个,比整顿前减少了70%。至2000年,城区小学的学前班全部停办,郊县仍有部分学前班(设在布局调整后保留的村小)继续发挥它的积极作用。

3. 幼儿教育教学工作的改革

(1)编写教材。1981年后,南京市幼儿园使用的教材以全国统编教材为主,同时大多数幼儿园也根据本园的实际,注意参考外地教材及江苏省教育厅编的学前班教材开展教学活动。南京市还结合本地的特点编写了乡土教材和补充教材。

为了贯彻《幼儿园教育纲要》,1984年,南京市教育局又组织编写了《南京市幼儿园各科教育进度安排》,对全市幼儿园的教材进行了规范管理。使用5年后,于1989年7月又一次组织修订了《进度安排》。新的《进度安排》吸收了全市及全国各地5年来的幼教改革经验,为一般园的教学提供了参考依据,对优质园及标准园则提倡他们不受《进度安排》的约束,创造性地开展教育教学改革与研究。

(2)改革课程结构。1983至1986年,南京市实验幼儿园与南京师范学院(现南京师范大学)教育系合作,改革幼儿园分科教学模式,连续三年系统进行《幼儿园综合教育主题活动》课程结构实验。这项实验在1986年联合国教科文组织召开的国际幼教会议上作了发言并播放了录像,引起国内外同行、专家、学者的关注,并于1993年出版了《幼儿园综合改革教育专题活动实施方案》。同时,与之配套的教材及挂图、幼儿用书等也陆续出版。南京市鼓楼幼儿园在继承、发扬陈鹤琴的单元教学理论和实践的基础上,进行了新的探索,主要解决课程结构、教学方法、教材内容、教育形式、教育观念、师生关系、教育评价等综合因素与儿童发展的关系,通过相对独立又相互联系的、周期性的单元设计,使课程应用的连续性与整体性延续到幼儿3年在园学习的全过程。经过7年的研究,单元教育课程模式被列为全国幼儿园课程模式之一。此外,南京师大教育系和南京市部分幼儿园合作研究,出版了《幼儿园领域课程丛书》、《托幼综合教育课程》等教材,向全国发行。

(3)提高保教质量。1979年和1981年,南京市两次受邀派员参加教育部普教司主持的《城市幼儿园工作条例(试行稿)》和《幼儿园教育纲要(试行草案)》的研究和制定工作。此后,南京市认真贯彻《条例》和《纲要》,进一步明确幼儿教育的培养目标,注意扭转小学化、成人化、重作业、轻游戏、放羊式等偏向。鉴于全市幼教工作发展不平衡,特别是各类幼儿园办园条件和师资水平差异较大,决定逐步分期分批试行《教育纲要》。教育部门办的幼儿园、大专院校办的幼儿园和少数条件较好的厂办、集体办的幼儿园列为首批试行的单位。1989年3月,市教育局制定《南京市幼儿日常行为规范(试行草案)》。许多幼儿园积极争取家长的配合,采用适合幼儿特点的教学方法,培养幼儿的良好习惯。

(4)提升整体办园水平。1981年,江苏省教育厅审定南京市代代红幼儿园(今市实验幼儿园)为省实验幼儿园,鼓楼和太平巷两所幼儿园为省示范幼儿园。1988年市托幼办和市教育局幼教处研究制定了《南京市幼托园所办园标准》,开始对幼儿园进行评估定类,初步将幼儿园分为优质园、标准园和一般园三个等级,并组织检查验收。1988年底,经检查验收,认定了11所幼儿园为优质园,87所幼儿园为标准园。此后,每年检查验收一次。1993年,修订了《南京市幼儿园办园标准》,首次加入了"幼儿发展水平"的评估内容,将幼儿发展水平作为测查的指标之一,还把全市幼儿园分为三类四个等级,即一类一级园、一类二级园(优质园)、二类园(标准园)和三类园(一般园)。1997年6月,省教委对申报省示范性实验幼儿园的单位进行了评估验收,确定了全省32所首批示范性实验幼儿园,其中南京市有7所。到2000年,南京市共建设和认定了省级示范园13所、市级示范园13所、市优质园123所、市标准园225所。以上各类幼儿园共374所,占当年全市幼儿园总数的62%。

幼儿园的分类评估对幼儿园上水平、上台阶,促进办园机构加大投入有很大的作用。

(5)加强幼教科研。南京市历来重视幼儿教育科研工作。1979年11月,中国教育学会幼儿教育研究会在南京成立,江苏省幼儿教育研究会同时成立。全国和省幼儿教育研究会在南京成立,有力地促进了南京市幼儿教育科研工作。之后全市幼教科研工作紧密依托南京师大学前教育的科研力量,获得了长足的发展,产生了一大批在全国有影响的科研成果,与北京、上海等市并称为中国的六大幼教基地之一。

二、基础教育的发展

1. 率先普及九年制义务教育

(1)普及初等教育的历程。1979年,中共中央决定对国民经济实行"调整、改革、整顿、提高"的方针。1980年,中共中央、国务院发布《关于普及小学教育若干问题的决定》;当年,江苏省委也及时批转了省教育厅《关于贯彻中央批转"桃江教育工作经验"的报告》，针对各地的实际情况，提出了不同的普及小学教育要求，其中对南京等地入学率要求达到98%以上。1982年，修订普及小学教育规划，要求南京市争取在1985年普及小学教育，学龄儿童入学率达到95%以上，年巩固率达到99%以上。

根据国家和江苏省的要求，南京市对普及小学教育工作进行了统一规划，提出了入学率、巩固率、毕业率等方面的基本要求。由于各级领导的重视，全市普及小学教育工作进展较快，到1982年，市区小学教育已经实现基本普及，学龄儿童入学率达98.3%，比省规定的年限提前了3年，市属各县的普及程度也在不断提高。1983年，溧水、高淳两县划归南京，市辖县达到5个，全市小学校数也增加到2 404所，在校生数达到42.74万人，普及小学教育的任务更为艰巨。江宁县在1984年经省、市检查验收，全县小学入学率达99%，巩固率达99.5%，毕业率达96%，普及率达99%，和江浦县、六合县同时成为江苏省首批普及初等教育县。溧水县和高淳县的普及初等教育工作也分别在1985和1986年经过省市验收合格。

"文化大革命"后期，由于缺少教育经费，许多学校连最基本的办学条件都难以保障。1978年，南京市农村小学80%没有围墙，70%的校舍是危旧用房，许多农村学校仍然是"泥房子，泥桌子，围着一群泥孩子"。因此，多渠道筹措经费改善办学条件是普及小学教育的重要保证。省政府提出，从1982年起，通过10年努力，解决"校校无危房、班班有教室、学生人人有课桌椅"（简称"一无两有"）的目标任务。南京市在保证城市学校改善办学条件的同时，花大力气解决农村学校"一无两有"的问题，共多渠道筹资和安排经费2 720万元，修复和扩建校舍54.19万平方米，添置双人课桌2.69万张，双人课凳5.06万条，到1986年南京市所属五县基本实现"一无两有"。

为了提高普及小学教育的质量，从1982年起，南京市的城区和郊区小学恢复了六年制，学龄儿童6周岁入学，12岁毕业。南京市所辖五县的小学，由于办学条件的限制，仍实行五年制不变，学生入学年龄为7周岁。城乡小学都根据教育部制定的《全日制五年制小学教学计划（修订草案）》，建立了正常教学秩序。

(2) 率先实施九年制义务教育。1985年《中共中央关于教育体制改革的决定》第一次明确提出了要有步骤地实行九年制义务教育的宏伟目标。1986年4月，《中华人民共和国义务教育法》正式公布，标志着我国从此确立了实施义务教育的制度。

第十五章 改革开放时期的南京教育(1979—2000)

1986年,南京市在基本实现普及初等教育的基础上,认真贯彻执行《义务教育法》,制定了《南京市"七五"教育发展计划及布局调整方案》、《南京市办好小学的标准(试行稿)》、《南京市办好初中的标准(试行稿)》。1987年,市政府颁发了《南京市施行九年制义务教育的规定》,全市各区县结合各自情况,制定了实施义务教育的规定和措施。1988年,市政府又制定了《南京市实施九年制义务教育规划》,采取了"自上而下,上下结合,抓好试点,全面推开"的方针推动实施义务教育。同年,市政府主要领导还与六合、雨花、玄武等区(县)政府领导签订义务教育责任书,并召开了实施九年制义务教育工作会议,介绍推广了试点单位江宁县"规划到乡、算账到校、宣传到户、责任到人"的做法和经验。这个经验同时也得到了国家教委和省教育行政部门的好评,并在全省推广。各区(县)、乡(镇)政府都从本地区的实际出发,普遍开展了大量细致的调查分析和论证,制定了本地区实施义务教育的规划。1989年,南京市政府完成了和其他12个县(区)政府签订义务教育责任书的工作。当年,还根据国家教委、省教委的办学条件标准,从南京实际出发,制定了《南京市义务教育办学条件标准》。1989年,全市有小学2 090所,在校学生42.85万人。城区学龄儿童入学率、巩固率达100%,郊区达99%,五县达98%,全市小学毕业生升学率为85%。基本普及了初等义务教育。

南京市人民政府关于实行九年制义务教育的文件。

如果仅仅从入学率等指标来看,因为有普及小学教育的基础,初等义务教育已经普及,但是如果从办学条件各方面对照标准全面衡量,实施九年制义务教育还有很大的距离,尤其是在农村,要改善办学条件,要提高教育质量还有大量的工作要做。因此一方面要继续大力改善小学的办学条件,更要努力保证初中的"达标"。1990年,全市有6个乡(镇)实现了九年制义务教育。1991年,在遇到百年未遇的洪水灾害情况下,有12个乡(镇)仍按计划实施初中阶段的义务教育。1992年和1993年,南京市按既定规划分别有23个和90个乡(镇)依法宣布实施初级中等义务教育。1994年,南京市的最后6个乡(镇)通过评估验收。

《义务教育法》是新中国成立以来颁布的第一个教育方面的法律。南京市各级政府依法把教育放在优先发展的战略地位,把普及九年制义务教育放在"重中之重"的地位来抓,依法举办义务教育学校,筹措经费,配备教师以及保证必备的办学条件等。有力地保证了义务教育的顺利实施。但是当时《义务教育法》的执法主体还不够明确,在一定程度上影响了义务教育的实施。后经教育督导的逐步介入,加强了对政府执行《义务教育法》的监督。

"加强领导、因地制宜、分层推进、分类指导"是南京市贯穿于实施九年制义务教育全过程的工作方针。1990年初,市教育局颁发了《南京市实施义务教育办好小学的标准》,同时贯彻《江苏省合格初中的基本标准》,借此提高学校的整体管理水平。1991年初,召开全市农村义务教育工作会议,进一步增强实施义务教育的责任感和紧迫感,以保质保量地实施义务教育。5月,开展了"《义务教育法》宣传月"活动,各区(县)都组织了义务教育实施情况检查。1992年起,南京市坚持"积极坚定,分区规划,因地制宜,保证质量"的方针,努力统筹规划初中布局,提高初中学生的入学率,提高教师学历层次,切实办好城市薄弱初中,加强农村初中建设。

增加教育投资,改善办学条件,是实施九年制义务教育的重要物质保证。市政府多年来切实保证坚持"市、县(区)财政以上年度教育事业预算数为基数,保证当年义务教育事业费的增长高于财政经常性收入的增长比例,并使在校学生人数平均的教育费用逐步增长,教育拨款在财政总支出中的比例(按同口径计算)逐年有所增长"。除政府拨款以外,实施义务教育的经费还采取了多渠道筹措的办法。为了实施九年制义务教育,在全市特别是在农村地区形成了良好的尊师重教的风气,掀起了捐资助学的高潮,"人民教育人民办,办好教育为人民"、"再穷不能穷教育,再苦不能苦孩子"、"每人十斤粮,支持办教育"等口号深入人心;许多地方的农民自愿捐钱、献工、献料,出现了许许多多的动人事迹。广大人民群众为实施义务教育做出了历史性的贡献。

在实施九年制义务教育过程中,南京市切实解决好难点、热点问题:第一,流失生问题。在这个阶段,由于"父母离异,无人管教"、"学习困难,不愿上学"、"经济困难,早找出路"等原因,城区有一定数量的流失生,农村更为严重,在20世纪80年代后期个别地方(学校)年流失率甚至高达10%。1989年,市政府公布了控制流失生的措施,并要求建立报告制度。随着社会发展,政府和学校通过制定乡规民约和上门说服动员,使流失生逐年有所减少。1994年,全市初中生流失率已经下降到3.13%,之后,更降到了省定"两基"达标的标准以下。第二,关于学制问题。从1982年起,南京市市区全部恢复了小学六年、初中三年的学制,而由于种种原因,五县的小学仍然是五年制。针对初中三年时间紧、课程多、难度大、学生课业负担过重等问题,南京市从1984年起在13所学校开始试行"五四学制"(即小学五年,初中四年),产生了减轻学生负担、提高教育质量的成效。因此,曾经准备到2000年以前,五县逐步推行"五四学制"或者小学初中九年一贯制。但是由于当时初中仍然处于入学高峰,初中增加班级时需要较多的资金用来增加初中教师和改善办学条件等原因,推广较为困难。1994年,国家教委颁发了《实行新工时制对全日制小学、初级中学课程(教学)计划进行调整的意见》,为了和全省的"六三学制"同步,南京市又决定:五县的义务教育学制全部由过去的八年(小学五年,初中三年)向九年(小学六年,初中三年)过渡。农村儿童的入学年龄也随之由7周岁或6周岁半逐步过渡为6周岁。第三,特殊教育同步发展问题。特殊教育是九年制义务教育的重要组成部分,办好特殊教育是社会文明的重要标志。南京市建立了以特殊教育学校为骨干,以普通小学附设特教班随班就读为主体的特殊教育网络体系。至1995年,南京市的适龄盲、聋哑、弱智儿童入学率分别达到99%、80%和85%。工读学校也进一步得到完善,全部达到了国家基本实施九年制义务教育的评估标准。

1994年,经江苏省人民政府组织的专家组的评估,南京全市15个区县全部基本达到九年制义务教育办学条件标准,基本普及了初等和初级中等义务教育,接受义务教育的人口覆盖率达到100%,分别提前7年和3年实现国家及江苏省所定目标,被评为当年南京市经济、社会事业十件大事之一。

(3)向优质义务教育方向努力。南京市为了巩固和提高全面实施义务教育的成绩,又抓了以下几项工作:

一是建立"两基"年审制度。1996年6月,在江苏全省基本完成普及九年制义务教育的情况下,南京市在全国率先建立"两基"(基本普及九年制义务教育和基本扫除青壮年文盲)年审制度。在实施义务教育方面,要求各区县政府继续增加投入,继续改善办学条件,不断提高九年制义务教育的普及程度,不断提高教师队伍的整体素质和义务教育的质量;要求各级政府每年一次对照标准进行自查,并定期接受省、市政府组织的抽查,每年省级抽查结束后,向社会公布抽查报告。建立年审制度逐步成为落实"科教兴国"战略、依法治教、巩固和提高义务教育成果的一个重要机制。

二是开展创优达标活动。以促进义务教育高位均衡发展为目标,以创优达标为抓手,不断扩大义务教育阶段优质教育资源。南京地区在义务教育阶段的优质学校主要有:省、市模范学校,省、市级实验小学,市级示范小学和省级示范初中等。在1993年首评省级模范学校的基础上,1996年,市教育局组织市级模范学校评选,全市有39所各级各类学校被授予模范学校称号。1997年省级评估验收,又有12所学校(其中小学7所,初中1所)被授予第二届"江苏省模范学校"称号,成为全省实施素质教育、推进教育现代化的排头兵。1996年,开始省级实验小学的评估,至2000年南京市共评出12所省级实验小学。同时开评了市级实验小学,从1997年起对申报学校组织了评估验收,至2000年,共评出14所市级实验小学。这些拥有优质教育资源的省、市实验小学在全市的所有小学中间充

时任南京市委书记罗志军(左)在南京市游府西街小学调研。

分发挥了"领头羊"作用,为全市小学实施素质教育做出了榜样。1997年,南京市教育委员会颁发《南京市中、小学办学条件标准》,推动"九五"期间在全市小学开展创建"规范化学校"、"示范学校"的活动。当年创建了市规范化学校140所,市示范学校21所。1999年,又修订了"示范村小"的标准,促使村小也要上水平。至2000年,共有市示范以上的小学71所,市规范化学校278所。2000年,南京市首批9所初中接受了省级示范初中的评估验收。

三是教育现代化乡镇(学校)的建设。1992年,江苏省就开始研究和筹划新的奋斗目标——教育现代化的问题,并进行了试点工作。1995年制定了《江苏省乡镇教育、中小学和幼儿园基本实现现代化建设标准(试行)》。这对南京产生了很大的影响。南京市从1998年正式启动"江苏省实施教育现代化工程先进乡镇"的创建工作,江宁县其林镇、雨花台区铁心桥镇在1999年1月成为南京市首家通过省级验收、被省教委表彰的乡镇。各乡镇普遍加大了投入,大大改善了办学条件,扩大了优质教育资源,提高了教育水平。

四是学校布局调整和村小提升工程。由于"文化大革命"期间计划

生育工作失控,若干年后便出现适龄儿童的入学高峰。南京市小学入学高峰一直持续到20世纪末,随之而来的是中学的入学高峰。为了科学支配教育经费,尽量使学生得到优质的教育,南京市进行了两次学校布局调整。第一次是1995年,由区县政府组织实施。由于这项工作是和创建等级学校、推进教育现代化、"两基"年审等项工作结合进行的,尤其是从1997年起,又和全省同步推进的"改造义务教育阶段薄弱学校行动计划"相结合,因此,"九五"期间布局调整工作进展顺利。1999年和1995年比较,在小学生净增6万多人的情况下,减少了近400所小学。

2. 招生制度在探索中完善

南京市在保障公民平等的受教育权利,尤其是享受义务教育的平等权利方面,做了长期的积极的探索努力。

(1)初中招生制度。1979年,南京市恢复小学升初中全市统考制度,小学毕业、升学一次考试,各中学按志愿和考试成绩分别录取。1980年,全市确定4所市重点中学,小学毕业生可以跨区报考。这些变化,对当时的"早出人才"、提高教育质量是有利的,但也有副作用。因此,1982年,又规定"按区划片"就近入学,不得跨区报考市重点中学,以保证留住各区的"好"生源和争取办好每一所中学。1984年,南京市第九中学和长江路小学联合试行"五四学制",率先试行免试直升初中。此后,为实施九年制义务教育,南京市和各区(县)教育部门积极探索初中招生和小学毕业考试的改革,玄武区教育局在1986年和1987年分别在锁金村和后宰门地区进行直升的试点,虽然成绩很大,但并不能得到全部家长的理解。因此,从1988年到1994年,南京市城区直升初中的改革实验虽然在逐步扩大,但是阻力仍然不小。当然,农村乡镇所属中小学校的直升是一直坚持的。1995年,南京市初中招生取消全区性的统一考试,"免试直升"和"划小片就近入学"的做法在城区普遍推行,就近入学率达72%。1999年起,城区又取消"按片"组织统一毕业会考,普遍采用将升入中学指标分配到小学和小学毕业生按中学施教区入学的招生办法。之后,南京市教育部门面对优质教育资源相对短缺和群众普遍要求接受优质教育的客观矛盾,坚持维护国家教育法令的严肃性,注意保持改革探索与既往办法之间的延续性,努力寻求贯彻上级要求与满足群众需求的一致性,正确把握科学决策与实际操作的可行性,继续努力积极推进免试直升的改革。社会各界普遍认为:"小升初"的办法虽然不能说是最好的办法,但是比较切合实际,能够为大多数市民接受。

目前的关键还在于进一步办好更多的初中,使更多的学生接受优质的、公平的初中教育。

(2)高中阶段的招生制度。"文化大革命"以后,在初中升学方面一直执行的是毕业和升学统一考试。1986年开始,由于要求升入职业类高中的生源较多,因此对中专(含职业中专)、技工学校实行城郊统一招生,拓宽了郊区学生升学的渠道;同时调整了报考类别,分普通高中和职业高中(含中专、技校、职业班)两类,互不兼报,按普高和职高分别录取,普高落榜生中达到职高录取分数线的可调配到职高录取。这样做基本上兼顾了各类学校的生源,保证了达到分数线的学生都能升学。1987年,仍按普高和职高分类招生,但是技工学校与职业学校(班)采取互不兼报的方法录取。同年,还出台了两个政策:一是继续实行免试直升的实验,二是制定了《南京市重点中学高中招生考试对学生身体素质进行考核试行方案》,提高了对身体素质的要求。之后,重点中学均执行此项规定。1993年,南京市全面推开初中毕业生升学加试体育,凡报考重点中学、中师和中专的考生都要加试体育并计入升学考试总分。1995年,对全市职业中专(高中)的服务、美术和幼师类专业加试采取"统一报名、统一加试、成绩通用"的办法,并规定每个学生均可报省、市重点中学各一所和中等师范一所的做法,进一步调动各类学校的办学积极性。1997年,针对普通高中生源过剩,职高和技工学校生源严重不足的矛盾,即把市重点高中放在普高类,然后普高类分为"普兼职"(可以兼报第二类职业中专、成人中专和职业班)和"普兼技"(可以兼报技工学校)两类。此举缓解了"生源大战",大大减少了生源流失。

3. 会考制度促进学生全面发展

1983年,教育部有关文件指出:"毕业考试要和升学考试分开进行,有条件的地方要按基本教材命题,试行初、高中会考"。1992年8月,江苏省教委经报省政府同意颁发"普通高中会考方案",决定从1991年入学的高中一年级学生开始实行会考。中国普通高中毕业会考是国家认可的省级水平考试,它与高校招生选拔考试具有根本不同的性质。实行会考的目的是为了全面贯彻教育方针,推进普通高中改革,促进学校建设,加强教学管理,防止偏科,以调动大多数学校和学生的积极性,发展学生的个性特长,全面提高教育教学质量。在当时的历史条件下实行会考制度,对克服片面追求升学率起到了积极作用。

南京市在1993年成功地组织了首次普通高中会考,104所中学的

12 597名学生参加了考试,会考合格率达90.7%,优生率达55.43%。1995年,九三级学生的会考合格率达到95%,江苏省教委又批准南京师范大学附中、金陵中学、南京外国语学校、南京市第一中学和中华中学免于全省统一会考。此举使一些综合改革试点学校和重点高中能够更好地进行教育教学改革,充分发挥实验性、示范性作用。

4. 办好优质中小学

1980年9月,江苏省教育厅确定在全省首先办好95所重点中学,其中南京市有8所,即南师附中(现南京师大附中)、一中、十中(现金陵中学)、东方红中学(现中华中学)、南化一中(现与大厂中学合并为大厂高中)、江宁县中学(现江宁高中)、江浦县中学(现江浦高中)、六合县中学(现六合高中)。当时属于镇江专区的溧水县中学(现溧水高中)、高淳县中学(现高淳高中)也在95所之内。加上1987年江苏省又确定南京外国语学校为省级重点中学,这样南京市共有11所省重点中学。1981年3月,江苏省教育厅又发出《关于确定实验小学、实验幼儿园、示范幼儿园名单的通知》,南京师范学院附属小学(现南京师大附小)、北京东路小学、游府西街小学、夫子庙小学、石鼓路小学、琅琊路小学、建宁路小学(现天妃宫小学)、江宁县实验小学(江宁区实验小学)、江浦县实验小学(现江浦实验小学)、六合县实验小学(现六合区实验小学)等10所小学和1983年划归南京市的溧水县实验小学、高淳县城区小学(现高淳县实验小学)同时列为省实验小学,从此也告别了重点小学的称号。

在财力很有限的情况下,经费投入、师资队伍、优势生源等向重点学校优先倾斜确实有其必要性,但它同时也产生了一定的负面作用,造成了学校的"两极分化"。很长时间以来重点学校中大部分已成为人们向往的名校,它们为提高基础教育的水平和质量,为向高一级学校输送高质量的生源以加快高级人才的培养,发挥了极其重要的作用,功不可没。但是义务教育的实施、经济和社会的发展、家庭子女的减少以及老百姓生活水平的提高,使人民群众对高质量教育的渴求和对接受更高层次教育的愿望更加强烈,于是也造成了愈演愈烈的择校热。

1990年,江苏省又在全省确认32所学校为江苏省首批合格重点高中,其中南京有南京师范大学附属中学、金陵中学、南京外国语学校、南京市第一中学、中华中学等5所。1991年,在全市初中大面积教育教学质量稳步提高的基础上,南京市采取"分类指导,分别要求,分层推进,分期办好"的方针,认真办好普通高中。对重点高中则以"江苏省重点中学基本合格标准"为杠杆,加强建设和管理。之后几年,一批中学(六合县中、溧水县中、江宁县中、南化一中、南京师范大学附属扬子中学)陆续通过省级重点高中的检查验收。1994年在全市基本普及九年制义务教育的基础上,根据国家和江苏省办好实验性、示范性学校的规划,南京市教育局制定了《南京市重点高中基本合格标准》和《南京市重点高中检查评估细则》。开始了创建南京市重点高中的工作,当年确定了第九中学、第十三中学、第三中学、南京航空航天大学附属中学、第五中学和第十二中学为市级重点高中。

1996年起,南京市又掀起了新一轮的创省重点高中、实验小学的热潮,当年第九中学和第十三中学均成为江苏省重点高中。1997年全市开始国家级示范高中创建,次年,南京师大附中、金陵中学经过省级验收,成为首批达到国家级标准的示范高中。1999年南京市为进一步做好创建省、市级重点高中的工作,出台了《关于加强重点高中建设的意见》,提出了重点高中不搞终身制,将激励机制引入重点高中的建设之中。当年,南京市新增加2所省重点高中和3所市重点高中,同时南京市第一中学、南京师范大学附属扬子中学通过了国家示范高中标准的省级验收,南京市行知实验中学作为南京市第一所综合型普通高中的试点校接受了国家级示范高中标准省级验收。

5. 工读教育扎实有效

南京的青少年工读教育始于1979年。1979年和1980年,先后创办了两所旨在教育有违法和轻微犯罪行为的中学生的工读学校,即鼓楼区工读学校和白下区工读学校,是江苏省最先成立的两所工读学校。1981年,市政府决定两校合并,改名为南京市鼓楼工读学校。1983年,更名为南京市工读学校,隶属市教育局。1989年更名为南京市渡江中学(南京市工读学校)。由于工读学校负有挽救教育孩子的特殊使命,市教育局除任命教育系统正副校长外,另任命1名由公安部门派出的干部担任学校的副校长,公安部门还派出1至2名干警到校协助工作。

著名演员濮存昕与南京市工读学校学生交谈。

工读学校招生对象是12周岁至17周岁有违法或轻微犯罪行为,不适于留在原校学习,但又不够劳动教养或刑事处罚的中学生(包括那些被学校开除或中途退学流浪在社会上的17周岁以下的青少年)。招收入学的学生,一般需经家长申请,由学校报送,经市教育局和公安局批准后方可入学。学生入学后,学籍保留在原校。

工读学校的办学方针是"立足教育,挽救孩子,科学育人,造就人才"。学校坚持把转变学生的思想、培养学生良好道德品质和行为习惯放在首位。学生全部住校,过着有严格纪律的半军事化生活,上午安排文化课,下午安排简单手工劳动,培养劳动习惯。教师与学生同吃、同住、同劳动、同参加文体活动。学生在校按普通中学的课程学习文化知识,每天用1至2小时参加组装自行车和其他辅助劳动,劳动收益全部用于改善学生的伙食和班级活动费用。在工读学校读完初中后,由学校组织参加全市毕业、升学考试,达到毕业标准的,由学生的原校发给毕业证书。1986年,在工读学校就读的18名毕业生参加了全市升学统考,其中8人考取技工学校和职业学校。后来,他们中有的就业、有的参军,有的加入了党团组织。

1990年起,南京市教育局建立了以工读学校为教育基地的"后进生"转化联络组,拓宽了工读学校办学的社会功能。6城区的18所学校,每校指定5名"后进生"作为帮教对象,定期到工读学校参加"转后"活动。工读学校成立了帮教小组定期到各校开展活动,暑假举办"希望成才"夏令营。大多数的帮教对象取得了明显进步。

1992年,学校调整办学思想,坚持德育为首、教学为中心,在认真做好转变学生思想的同时认真抓好教学,努力提高学生的科学文化素质。次年,毕业生参加全市中考的录取率达70%(97、98、99三届毕业生参加全市中考,100%升入高一级学校)。同期,学校将延续多年的简单手工劳动改为学习制冷技术,掌握冰箱、空调的维修技术,学生毕业时,除由原校颁发初中毕业证书外,还由市家电协会颁发家电维修合格证书。

1994年起,学校与中国人民解放军南京政治学院新闻系开展"双拥共建"活动,工读学校的学生一批又一批地接受军训和思想教育。学校连续几年被市政府、南京军分区授予"双拥共建"先进集体。

南京市工读学校建校以来,通过探索、实践、改革、发展,积累了行之有效的教书育人经验,形成一整套较为完善的管理育人方法。学生家长、社会各界对工读学校教育成绩的评价是:"转化一个,安定一方,幸福一家。"

2000年,南京市工读学校有教学班6个,在校学生140人,教职工41人(女教工12人),其中专任教师26人(女教师6人)。

三、特殊教育的发展

改革开放以来,南京的特殊教育步入了新的发展时期。南京市调动各方面的力量,实行多种形式办学。除特殊教育专门学校外,还在普通小学设立特教班,建立了以特殊教育学校为依托的教育网络,打破普通教育和特殊教育的隔离状态,采取随班就读,形成以特殊教育学校为骨干,以随班就读为主体的发展格局。2000年,南京的特殊教育已初步建成种类齐全(盲、聋、弱智)、形式多样(校、中心、辅读班、随班就读、联办等)、上下延伸(学前、小学、初中、高中、大专)、结构完整(学前一条龙、普通教育与职业教育并举)的体系。全市有特殊教育学校14所,其中盲人学校1所,聋人学校5所,培智学校7所,兼收聋哑儿童和弱智儿童的特殊教育学校1所。另在普通学校附设辅读班5个。在特教学校(班)学习的残疾少年儿童1352人,在普通学校随班就读的学生3492人,入学率达99%。特教学校教职工435人,其中专职教师347人,教师中大专以上学历162人,达47%,中级以上职称159人,达46%。有特级教师2人,省学科带头人4人,市学科带头人5人,市优秀青年教师13人。

1. 盲、聋人教育走在全国前列

1980年,南京市人民政府为适应特殊教育科学管理的需要,更好地实施将盲、聋哑教育纳入普及教育规划,决定把盲童教育和聋哑教育分开管理。市教育局、市民政局拨款65万元,在御道街32号建设聋哑教育的新校舍。1981年10月,南京市盲哑学校正式分为南京市聋哑学校和南京市盲童学校(1987年更名为南京市盲人学校)。盲校、聋校办学规模的扩大,促进了盲、聋哑教育的普及。1986年始,聋哑教育逐步普及到县,江宁、六合、溧水、高淳、江浦五县先后创办聋哑学校或聋哑班,并进行聋哑教育学制改革试验,恢复了10年制教学。同期,南京市的适龄盲童已全部入学,实现了盲童教育的完全普及,成为全国普及盲童教育的先进城市之一。1987年,根据盲、聋哑、弱智教育的特点,成立了"南京市特殊教育研究会",南京儿童心理卫生研究中心,南京特殊师范学校、南京神经精神病防治院等单位,在特殊教育理论方面予以辅导;

市、县聋哑学校建立了固定挂钩。全市初步形成了市、区、片、校教研科研网络,取得一批科研成果。至此,南京市的特殊教育初步形成了一个具有特教理论研究机构,并有由不同类型、不同层次的盲、聋哑、弱智学校和班级组成的特殊教育网络。

1987年起,南京盲、聋哑学校先后开办了职业班,为盲、聋哑孩子走向社会、自食其力创造条件。1991年,市盲人学校和市聋人学校共有近200名在校学生实施职业技术教育培训,开设电器、机械、缝纫、木工、美工和中医推拿等专业,使残疾学生离开学校时掌握1—2门专业技术,为他们走向社会提供了广阔前景。市盲人学校毕业生的就业率达100%。

1992年,为探索聋人普通高中办学路子,使听力残疾学生能继续接受高一级教育,受国家教委委托,市聋哑学校开办普通高中班,学制3年,每年招生计划列入南京市普通高中招生计划,由市聋哑学校单独命题,并组织入学考试及录取工作。1995年9月,经市政府

南京聋人学校、南京聋人高级中学。

批准,南京市聋人高级中学正式挂牌。这是全国首家聋人高中。该校设置的课程与普通高中基本一致,首批招收39名学生。南京市聋人高级中学成立以后,在抓学生全面发展方面取得了显著的成绩,1995年首届8名毕业生全部考入天津大学理工学院。1997年13名毕业生100%被高校录取。1999年,毕业生23人全部考入大学,高考升学率一直保持全国领先。

为了使有残存听力的聋童有可能走出无声世界,进入普通学校学习,1988年,市聋哑学校与爱德基金会、海军414医院、南京大学特教研究室联合开办了全省"爱德聋儿语言听力康复中心",进行聋哑儿童学前语言训练。康复中心成立后,第一年招收了10多名幼聋儿。此举开始了市聋哑学校的学前教育工作。据统计,聋童学前语言培训班有10%以上的儿童经过训练达到了三级康复水平,并转入普通幼儿园和健全儿童一道学习。1987年,盲校实行全盲与弱视分开教学,对弱视的学生,充分利用其残余视力加强观察,丰富了学生的感性认识,提高了形象思维、理解和阅读能力,使学生能与家庭通信。

1993年,南京市盲人学校与南京中医学院首次联合开办推拿学专

业盲人大专班,该班在江苏省内外招收15名学员,报考条件是30周岁以下,具备高中毕业证书或推拿按摩中专毕业文凭的盲人,目的是培养系统掌握中西医基础理论和推拿按摩技术,能够运用所学知识对常见病、多发病进行有效诊治的盲人推拿学专业人才,学制为3年,合格者颁发大专毕业文凭,国家承认其学历。该年,南京市盲人学校11名盲生成为该大专班的首批学生。1996年7月首届31名学生合格毕业,就业率90%以上。1997年,经省、市教委批准,市聋哑学校与金陵职大合作开办的全省第一个聋人大专班在市聋哑学校正式开学,首批在全省招生16人。至此,南京的盲、聋哑教育已形成了学前、小学、初中、高中、中专、大专较为完整的教育体系,其中高级中学以上的盲聋人教育走在全国前列。

2. 弱智儿童教育全面推开

1983年5月,南京市教育局根据联合国科教文组织的建议,分别在信府河小学、凤凰街小学、宝善街小学各办了一个弱智儿童辅读班,各班均招收13名学生,在江苏省率先开展了弱智儿童教育,目的是根据"全面发展、补偿缺陷"的原则,通过6至8年的学习,培养学生达到初小文化水平,争取达到高小水平,并养成一定的劳动习惯,成为有一定劳动能力的有文化的人。

1985年,在凤凰街小学弱智儿童辅读班基础上,将建邺区芦柴厂小学改建为全市第一所专门的弱智教育学校——南京特殊教育师范学校附属小学。同期,全市10个城、郊区和江宁县均陆续开办了弱智儿童辅读班。1989年,下关区将石梁柱小学改建为南京特殊教育师范学校第二附属

南京特殊教育师范学校附属小学。

小学,全区所办的弱智儿童辅读班均集中于该校,成为南京市又一所独立建制的弱智教育学校。同年,鼓楼区教育局针对全区平均每10户便有1名轻重程度不一智残儿童的现状,决定在工人新村小学原有两个智残儿童班的基础上,成立智残儿童培智中心。培智中心成立后与区民政局举办的智残儿童日托班、福利工厂建立联系,初步形成全区性的智残儿童教育研究和服务的网络。1994年,白下区成立南京市第三所独立

设置的弱智学校——南京市育智学校,全区弱智儿童入学率达100%。这一期间,南京的民政、卫生、工交系统也先后办起了弱智教育学校(班),全市形成了相当规模的弱智教育网络。弱智学校招收的对象为智商70以下、50以上的6岁至20岁的青少年。这些弱智学生通过6至8年的学习,毕业后能认识3 000多个汉字,写常用应用文和算帐,还会使用缝纫机等,部分学生被推荐到民政部门办的福利企业就业。1997年9月,溧水县聋哑学校更名为溧水县特殊教育学校,兼收弱智儿童,使全县中度和重度弱智儿童得到学习文化、康复训练、补偿缺陷的机会。

　　南京的弱智教育学校开办之后,十分注意加强师资队伍建设,组织弱智学校教师学习弱智儿童心理学、生理学、语文、数学等各科教学法。研究出弱智儿童的有效的教学方法:第一,根据弱智儿童怕动脑筋、容易疲劳的心理特点,突出智能训练;第二,根据弱智儿童理解力弱、记忆力差、容易遗忘、注意力不集中、语言能力差的特点,加强语言训练;第三,根据弱智儿童动作迟钝、手脚不灵活的生理特点,侧重于手工劳作,训练手脑并用的灵活性;第四,试行分层次的组织教学。这些教育教学尝试均取得显著成果。

　　3. 随班就读工作顺利开展

　　残疾儿童进入普通学校随班就读,是世界特殊教育发展的趋势,也是我国普及残疾人九年制义务教育的主要形式。从20世纪90年代初开始,南京市积极推进随班就读。1996年市教委制定、下发了《南京市残疾儿童少年随班就读工作实施意见》,为全市教育部门和学校加强残疾儿童随班就读管理提供了依据,也为残疾儿童接受义务教育提出了措施和保证。

　　1998年,南京市教委召开南京市残疾儿童、少年随班就读工作会议,进一步要求大力推进残疾儿童随班就读,提高标准、高质量实施义务教育落到实处,让有学习能力的残疾儿童有机会进入普通学校接受教育,要求各区县、学校要认真实施"零拒绝方案",坚决杜绝把有学习能力的残疾儿童拒之门外的现象,会议制定了《南京市残疾儿童随班就读工作实施意见》,对随班就读工作实施全过程管理,让每一个有学习能力的残疾儿童"进得来、留得住、学得好"。为提高随班就读的质量,市里还成立了特殊教育中心教研组,定期开展教学研究和课题研究,1993年6月,六角井小学接纳5名有听力障碍的孩子,让这些可以接受普通教育的聋童以随班就读的形式,与健全儿童同步成长。8月,市民政局、教育局和秦淮区有关部门决定,以六角井小学为基地,成立全市第一个聋儿语言康复后续教育试点校,为开发聋儿的残余听力,使他们从无声世界走到有声世界而进行有意义的试验。1999年,有5名聋童顺利通过小学毕业考试,全部进入普通中学学习。其中4名学生被白下区第67中学录取,并继续进行聋人初中随班就读的实验。到2000年,全市在普通学校随班就读的学生3492人,入学率达99%。

四、中等职业技术教育的发展

南京市中等职业技术教育在办学类型上可分为普通中专、职业高中(含职业中专)、技工学校等。随着我国改革开放和经济的发展,社会对职业技术人才,特别是第三产业从业人员的需求急剧增加,南京市的职业技术教育异军突起,迅速发展起来。

1. 中等职业技术教育事业起步兴办(1979—1985)

改革开放之初,南京和全国一样,生产第一线迫切需要大量的初、中级技术人才、管理人才和高素质的劳动者。但当时教育的现状是,中等教育结构单一,普通高中畸形发展;中专和技工学校虽从20世纪70年代开始恢复,但恢复工作进展很慢;农村职业中学破坏殆尽。南京全市每年有大批的初中、高中毕业生要走向社会。这批学生大多无一技之长,面对社会经济的挑战束手无策,必须重新学习(培训)。改革中等教育结构,大力发展职业技术教育,适应南京开放后的经济和社会发展的需要,已成为历史赋予教育的使命。

南京市商业职业学校。

1979年,南京中等职业教育开始"试水"。南京市第三十中学与市第一商业局联合创办商业职业班,这是南京职教迈出的可喜的第一步。1980年,城区一些中学纷纷改高中为职业班。同年,南京市创建了江苏省第一所集(集中管理)散(分散办学)型的全日制中专校——南京市中等专业(走读)学校,实行"自费走读,不包分配,学校择优推荐录用"的办学原则。1981年,南京郊县职业技术教育开始起步。经过这一阶段的艰辛创业,南京中等职业技术教育有了较好的发展基础。

南京改革中等教育结构首先是从发展职业高中和职业中专入手,既具有内在改革的动力,又可面向社会办学,走出一条不同于普通中学的新路子,可以不受很多积弊束缚,发展余地相对较大。但职业高中和职业中专在快速发展中也存在一些问题,如某些教育行政领导对职教认识不足,只把条件较差的学校改为职业高中,加上师资、教材难以跟上,使初期的职业高中信誉受到一定影响;更主要的是,"读书做官"等传统观念根深蒂固,社会上对职业技术教育的鄙薄无处不在;在联办过程中,不少企业单位是奉命联办,工作被动,甚至不愿择优录用毕业生。针对这些问题和困难,南京市各级党委、政府和有关部门大造舆论,统一思想,从多方面支持职业技术教育的发展。1982年4月,南京市成立了市中等教育结构改革领导小组,组织市教育局、市劳动局和商业局等单位,对职业中学的发展作了通盘规划。南京市委作了重要决定:各部门应积极支持职业教育,凡能举办职业教育的应积极举办,职业学校毕业生不需要进行招工考试,可直接录用。1982年全市职业教育的招生人数猛增。1983年,由市教育局与联邦德国汉斯·赛德尔基金联合创办南京建筑职业技术教育中心,这是南京市第一所中外合办的中等职业学校。至1985年,全市职业高中已有11所,班级317个(其中普通中学附设职业班268个),在校学生已达14 824人;职业中专在校生3 004人。南京市职业高中和职业中专在校生数17 828人,已达高中阶段在校生总数的三分之一,在全省占领先地位。但从总体上审视,职业技术教育仍是当时南京整个教育事业最薄弱的环节,其办学规模、发展速度和专业设置与南京经济和社会发展对人才的需求有较大差距。

中等职业学校尤其是职业高级中学,多数是由三类普通中学改造过来,绝大多数学校占地面积小,办学条件差,师资力量薄弱,加上社会上鄙视职业技术教育的观念根深蒂固,是各类教育中最薄弱的一类教育。为

1983年南京建筑职业技术教育中心与德国合作签订首届"双元制"办学协议。

了逐步改变历史形成的这种状况,南京从80年代前期开始,就重视抓好示范性骨干职业学校的建设。南京对这些学校加大投入力度,改善办学条件,扩大招生和服务面向,扩大办学的社会效益。至1985年6月,南京市有5所职业中学被认定为"江苏省首批办好的职业中学"(全省共38所)。

这一时期,在"文化大革命"中停办的部分普通中专学校陆续复办,并且新办了一批急需的中专校。至1985年,南京地区共有部、省、市属普通中专29所。其中,南京机器制造学校等10所中专校1980年11月被国家教育部认定为全国重点中等专业学校(全国239所,江苏全省15所)。为了尽快解决中专教育发展中面临的如何提高培养质量、如何抓好学校建设等新问题,根据全国中等专业教育工作会议精神和江苏省人民政府发出的《江苏省中等专业学校调整意见》,1980年,南京各中专校学制调整为:招收高中毕业生的财经、政治类的学校,学制为2年;其他科类学校,学制一般为3年;招收初中毕业生的学校,学制一般为4年。学校专业设置也根据"国家需要、科学技术的发展和学校的条件来决定"的原则,作了必要及时的调整,合并了一些设置重复的专业,撤销了一些专业面过窄的专业,并逐步增加了一些急需和短缺的专业。

改革开放以后,中央要求认真办好技工学校,抓紧在职工人的技术培训,因此南京市复办或新建了一批技工学校,并提出"谁办,谁管,谁受益"的激励原则。至"六五"期末,南京共有技工学校30所。由于实施"变招工为招生"的用工措施,劳动就业指标与技校毕业生分配挂钩,有利于本系统本企业子女就业,企业的办学积极性很快调动起来。1979年开始,技校招生的文化考试与中专、高中的招生统一进行,实行自愿报名、择优录取,同时可招收高考落榜生。

2. 中等职业技术教育事业快速发展(1986—1995)

《中共中央关于教育体制改革的决定》、《国务院关于大力发展职业技术教育的决定》、中共中央、国务院《中国教育改革和发展纲要》等一系列历史性文件的颁发,有力地推动了职业技术教育事业的全面崛起。

1986年7月,中央召开了建国以来第一次全国性的职业技术教育工作会议。南京市乘着这股东风,采取"边巩固、边发展"的方针,在保证质量的前提下积极创建职业学校,争取开办一所,巩固一所,办好一所,并逐步扩大学校的规模,办出特色,高质量地培养中初级技术人才和管理人才。1991年1月,《中国教育报》连续发表两篇关于南京职业教育改革和发展的报道,极大鼓舞了南京市职业教育工作者,有力推进了南京职业教育新一轮的改革和发展。1992年开始,南京出现民办职业学校,形成职业技术教育多元化的格局。

这时期,南京职业教育发展已形成3个特点:一是办学模式多样,既有中等职业教育,又有初等职业教育,还有普通中学的初三、高三分流,走出了国家、企业、社会团体、集体和个人都来兴办职业教育,职前与职后、职教与成教、普教相互渗透的新路子。二是职业教育内部改革进一步深化,全市积极推进双证书制度;职业教育积极走产教结合之路,尤其在农村,农科教三结合扩大为"农科教工贸"多元结合,对当地乡镇农户致富起了带头和推动作用。三是招生办法更加灵活,在执行招生计划时,扩大了学校的自主权和自费生比例。

到1995年,全市有职业高中、职业中专共242所(含附设职业班的普通中学),在校生43 208人;各类中等职业学校的招生人数占高中阶段招生总数的65%,提前达到《中国教育改革和发展纲要》中提出的目标。1992年,南京有3所被认定为江苏省(国标)省级重点职业中学。重点职业中学的建成,从整体上提高了南京职业技术学校的办学水平,使南京职业中学办学条件和服务功能都上了一个新台阶。

在这一发展时期内,普通中专学校数量继续增长。至1995年,南京地区部、省、市属普通中专为34所(含3所高等专科学校中专部)。在对中专学校的管理上,继续搞好教育评估工作和重点学校建设。1991年,南京市委教育卫生部和南京地区中等专业学校协会受省教委委托,对15所普通中专进行了办学条件和办学水平评估检查。通过评估检查,促进了各校办学条件的改善、教学质量的提高。1993年,经省政府批准,南京市有11所学校被确定为省级重点中专校,占全省38所省级重点中专校的30%。这一时期,各校坚持多种形式办学,逐步面向社会办学,开始重视为地方经济发展多做贡献。同时,随着高等职业技术教育的稳步发展,普通中专开始逐步压缩招收高中毕业生所占的比例。

技工学校继续发展,并进一步加强学校管理。1986年,市劳动局为加强学校管理,制定了"六好"标准(组织领导好、教工队伍好、完成任务好、学校管理好、教学及实习条件好、精神文明建设好),组织开展了检查评比,使各校领导班子得到了加强,学校管理水平和教学质量有了明显提高。1988年开始,技校毕业生由用人单位择优录用。由于技校招生计划是根据南京市经济发展需要和劳动力需求确定,加上学生已具有独立操作技能,历届毕业生当年就业率都在96%以上。1991年,全面实行"两证制"(毕业证、技术等级证书),对全市 31 所技校 43 个专业的毕业生进行了 3 级技术等级考核,对考核合格的学生,由市劳动局发给相应的技术等级证书,作为择优上岗和上岗后确定工资待遇的主要依据。1993 年起,南京市技校的招生计划由指令性改为指导性。由市劳动局向各校下达指导性招生计划。随着社会经济发展、科学技术进步、第三产业兴起、社会分工细化,这一时期南京市各技校在课程设置中加强了文化基础课、专业理论课,陆续在各专业增开了英语、计算机教育等课程。

3. 中等职业技术教育事业稳步发展(1996—2000)

1996 年,《中华人民共和国职业教育法》正式颁布实施,我国的职业教育开始进入法制轨道。南京市围绕"建设和发展、质量和效益"两大主题开展工作,使全市的职业教育事业有了新的发展。

1996 年、1997 年,南京市职业教育招生数占高中阶段各类教育招生总数的 65%,居全省第一。1998 年,在全国多数城市职业教育面临滑坡的形势下,南京市职业教育招生数仍占高中阶段各类教育招生总数的 62.6%,在全省处于领先位置。《南京日报》1998 年 2 月 9 日发表《招得进来,送得出去》一文,分析南京职业教育招生取得较好成绩的原因时指出:职业学校"招得进来"的关键是"送得出去",在发展职业教育的过程中,南京市坚持以市场为导向,培养较高素质的"适销对路"的人才,高质量的毕业生赢得了用人单位信赖。

然而,在改革和发展中,南京的职业教育也面临着严峻的挑战。进入 90 年代后期以来,南京和全国一样,在东南亚金融危机影响下,经济增长速度进行了调整,国有企业下岗人员增多,社会就业形势趋紧;高等教育规模迅速扩大,高中阶段教育出现了普通高中热;南京市初中毕业生数逐年下降。诸多因素造成职教发展的困难。1996 年以后,职业技术教育出现了阶段性变化,南京职业技术教育年招生数首次出现负增长。

面临新的严峻形势,南京市职教进行了几项重大改革:

(1)布局调整。由于各种因素的影响,南京市职业技术教育原有的布局结构不尽合理,办学布点分散,规模普遍过小,且多为初中、职校混设,发展后劲严重不足,远不适应 21 世纪教育改革与发展的新形势。1999 年,南京市及各区县结合《全市中小学布局调整意见》的要求,加大中等职业学校布局结构调整力度,条件成熟的地区实施初中与职教的分设;结合厂办校剥离的工作,进行本地区各类教育资源的优化和重组;对一些规模小、条件差的职业学校,在政府和有关部门统筹协调下,进行调整、合并、联合。

(2)实施"1122工程"和推进骨干职业学校建设。南京市积极实施省教育厅1994年提出的"1122工程"(在全省范围内建设成100所占地面积在100亩以上,建设面积在2万平方米以上,在校生2 000人以上,以就业前中等职业技术教育为主体的职前、职后沟通,多层次、多形式办学,具有多种功能的示范性骨干职教中心),提出在"九五"期间,南京将在江宁、高淳等县(区)建10所职教中心。这一决策使南京职业学校办学条件得到大幅度提高,缩小了与苏南地区职业学校办学条件的差距。经过几年的努力,南京全市有9所学校接受了各级重点职业学校的验收,其中4所职业学校基本条件达到国家级重点的标准。2000年5月,教育部公布南京市江宁、六合、高淳、溧水4县的职教中心为首批国家级重点中等职业学校,从而实现南京市国家级重点职业学校"零"的突破。

(3)职业技术教育现代化建设。全市在建设了一大批示范性骨干中等职业学校的基础上,及时把学校建设重点转向专业现代化建设,以专业现代化建设推动职业技术教育的现代化。期间陆续建设了一批在省内外有一定知名度的特色鲜明的专业,在社会上产生了很好的影响。

(4)中等职业教育的对外合作与交流进一步扩大。国家外经贸部正式批准南京建筑职业技术教育中心为赴新加坡建筑劳务考试中心。该校从1995年6月与中国建筑总公司就已开始合作进行此项培训考试工作,3年间已组织了1.58万人次的培训,总平均合格率为68.31%。广泛的合作与交流活动,促进了南京市中等职业教育的发展。

(5)改革招生制度。20世纪90年代后期,在南京市中等学校招生中,出现了"普高热,职校冷"的局面。南京市教育部门对中等职业类学校招生政策做了调整,进一步规范了职校招生,增加了招生计划,扩大了考生选择学校和专业的范围,特别是较大幅度增加了高等职业教育"对口升

20世纪90年代中期南京市幼儿师范·女子中专女生的风采见于全国多家报纸。

学"计划,使中等职校学生报考高校"梦想成真"。南京市职业学校从1998年开始试点并逐步推行注册入学,注册生占职业学校招生数比例越来越高。注册入学为职业学校生存和发展开拓了新路子。

在普通中专建设方面,1997年,南京地区中专校管理体制有了新的变化,南京市教委开始对南京地区的各类中等专业学校承担起协调、指导、服务和管理任务,各项工作得到进一步加强,南京地区中专校在各方面继续保持全省领先地位。1999年后,为加快高等职业技术教育的发展,南京市的普通中专一部分升格为高等职业院校,一部分撤销、合并。

技工学校建设在这一阶段又有新的发展。为了适应南京经济建设对高级技工、技师的需求,1996年起,一些技校开设了高级技工班,招收初中毕业生(学制5年)或技校毕业生(学制2年)。1999年,有3所技校升格为高级技术学校。2000年起,南京市技工学校进一步改革招生办法,实行劳动预备制招生和技工学校招生相结合的自主招生模式,招生对象不受年龄、学历、地域、在职与否的限制。学校根据"自主招生、登记入学、宽进严出、逐级分流"原则,制定相应管理办法。学校可以组织春秋两季招生。

五、普通高等教育的发展

"文化大革命"结束后,教育战线开始拨乱反正,南京的高等教育事业又获得了新生。特别是中共十一届三中全会后,随着改革开放的深入,南京高等教育事业进入了蓬勃发展的新阶段。

1. 高等教育的复苏与发展

在中共十一届三中全会后,南京高等教育迎来了蓬勃发展的春天。从改革开放初期坚持"在发展中调整,在改革中前进"的方针,到20世纪90年代推进教育现代化,南京高等教育获得了空前发展。综观改革开放以来南京高等教育的发展历程,大致可以分为两个阶段。

(1)高等教育的恢复与新建(1979—1985)。1979年春,国务院决定恢复南京农学院,并于同年由扬州迁回南京卫岗原址复校。1980年5月,南京动力学校升格为南京化工动力专科学校;南京建筑工程学校升格为南京建筑工程学院;同年8月,南京市委、市政府决定建立金陵职业大学,作为一所多科性地方高等学校,该校实行"自费、走读、不包分配、择优推荐"的办学形式,是全国最早创办的职业大学之一,其兴办打破了传统的高等学校办学模式,拓宽了高校发展路子,当时在全省乃至全国都有一定影响。1981年7月,南京粮食学校升格为南京粮食经济学院。1982年10月,在原江苏省公安学校基础上建立江苏公安专科学校,这是全国第一所大专层次的公安专科学校。1983年3月,南京教师进修学院改办为南京教育学院,成为一所师范性质的地方高等学校;同年6月,南京机器制造学校升格为南京机械专科学校。1984年1月,南京师范学院改建为南京师范大学,成为一所文、理、教育、文艺、体育等学科齐全的综合性师范大学;同年3月和11月,市委、市政府决定重建市农业专科学校、市师范专科学校;同年,江苏省和南京市政府联合创办了南京财贸学院。1985年7月,南京农学院被改建为南京农业大学,成为与北京农业大学、华南农业大学并列的3所教学与科研并重的全国重点农业高校;南京电力学校升格为南京电力专科学校;同年9月,华东水利学院恢复"河海大学"校名,邓小平题写校名,该校从一个以水利为重点的理工学院,逐步成为以水资源开发利用为重点的多科性学校;同年10月,南京林学院被改办为南京林业大学。据统计,1985年,南京地区共有普通高等学校29所(不含部队院校),占全省高校总数的43.7%,其中中央部委属高校17所、省属高校6所、市属高校4所、社会团体办学2所;高校总数是1978年16所的1.8倍;在校学生60 360人,是1978年的2.2倍;教职工34 300人,其中专任教师12 652人,分别是1978年的1.8倍和1.5倍;基本形成学科门类比较齐全、专业比较配套、具有一定教学水平和科研水平的高等教育体系,特别是市属高校的恢复和新建开创了市管高等学校的途径,为以后培养适应地方需要的专门人才、促进全市经济建设和社会发展起到了积极作用。

(2)高等教育的稳步发展(1986—2000)。1985年5月,《中共中央关于教育体制改革的决定》提出:"高等学校担负着培养高级专门人才和发展科学技术文化的重大任务。我国高等教育发展的战略目标是:到本世纪末,建成科类齐全,层次比例合理的体系,总规模达到与我国经济实力相当的水平;高级专门人才的培养基本上立足于国内;能为自主地进行科学技术开发和解决社会主义现代化建设中重大理论问题和实际问题作出较大贡献。"在此基础上,南京高等教育稳步发展。1986年,南京药学院与南京中药学院合并,成立国内第一所综合性药科大学——中国药科大学。1987年,南京财贸学院改为南京审计学院,1990年该校开始实行由国家审计署、江苏省和南京市共同领导,以国家审计署为主的领导体制,是我国第一所培养审计及财经人才的高等学府。1988年,南京工学院更名东南大学,该校自1978年以来,采取加强理科、发展文科、调整提高工科的办学方针,经过10多年的努力,成为一所工、理、文、管相结合的高等学校。1993年,华东工学院更名为南京理工大学;南京航空学院更名为南京航空航天大学;南京粮食经济学院更名为南京经济学院;南京医学院更名为南京医科大学;同年,全省第一所民办全日制普通本科高校——三江学院在南京成立,该校由东南大学、南京大学一批离退休教授和热心教育事业的社会各界人士创建,实行董事会领导下的校长负责制。1995年,南京中医学院更名为南京中医药大学;南京化工学院改名为南京化工大学。1999年11月,在南京机电学校基础上新组建南京工业职业技术学院。2000年10月,南京市师范专科学校、南京教育学院、南京市晓庄师范学校合并,组建南京晓庄学院,这是南京市第一所本科院校;同年,南京机械高等专科学校与南京电力高等专科学校合并,组建南京工程学院;在南京人民警察学校的基础上改建成立南京森林公安高等专科学校,成为我国唯一的一所森林公安高等学校。2000年,南京地区共有普通高等学校29所(不含部队院校),其中中央部署高校8所,省属高校18所(含民办高校1所),在校学生206 477人(其中研究生17 794人),是1978年的7.6倍;教职工40 163人,其中专任教师14 965人,分别是1978年的2.1倍和1.8倍。

2000年南京晓庄学院成立。

2. 南京高等学校领导管理体制改革

"文化大革命"前,高等学校普遍实行中央统一领导,中央和省、市、自治区两级管理的体制。"文化大革命"期间,高等学校的正常领导管理体制被打乱,高等学校的管理权被全面下放。1970年开始,国务院各部门(包括教育部)所设在南京的高等学校划归江苏省管理,这些学校分别是:南京大学、南京工学院、南京农学院、南京林学院、南京气象学院、南京邮电学院、南京化工学院、南京药学院、华东水利学院等。1978年中共十一届三中全会以后,恢复了高等学校实行统一领导、分级管理的体制。1979年9月18日,中共中央批转了教育部党组《关于建议重新颁发〈关于加强高等学校统一领导、分级管理的决定〉的报告》,肯定

第十五章 改革开放时期的南京教育(1979—2000)

了1963年《关于加强高等学校统一领导、分级管理的决定》的实行效果,重申其基本精神和各项主要规定仍然是适用的,并要求各地研究执行。在此之前,1978年9月6日,教育部发出通知,将原下放给江苏省管理的南京大学、南京工学院划归教育部管理;南京农学院、南京林学院、南京气象学院、南京邮电学院、南京化工学院、南京药学院、华东水利学院划归中央有关部委管理。1985年5月公布的《中共中央关于教育体制改革的决定》对高等学校领导管理体制进行了规定,即"为了调动各级政府办学的积极性,实行中央、省(自治区、直辖市)、中心城市三级办学的体制"。

1991年南京大学被国家教委确定为综合改革试点高校。

1987年,南京财贸学院改为南京审计学院,由国家审计署与南京市联合办学,1990年,南京审计学院开始实行由国家审计署、江苏省和南京市共同领导,以国家审计署为主的领导管理体制。1998年,南京化工大学、南京经济学院、南京机械高等专科学院、南京动力高等专科学校等四所中央有关部委管理的高校划转江苏省管理,实行"中央与地方共建,以地方管理为主"的领导管理体制。之后,这四所高校均享受省属高校的一切待遇,根据江苏省现代化建设的需要和学校的办学实际,调整学科专业结构和科研方向,为省、市经济和社会发展作出了较大贡献。2000年,河海大学、南京农业大学、中国药科大学由中央有关部门管理,划转为教育部管理;南京林业大学、南京建筑工程学院、南京审计学院、南京邮电学院、南京气象学院、南京电力高等高等专科学校、南京金融高等专科学校从由中央有关部门管理,划转为由江苏省管理。此外,由江苏省政府与中央有关部委共建的普通高校共有四所,分别是南京大学、东南大学、南京航空航天大学、南京理工大学。

1991年东南大学被国家教委确定为综合改革试点高校。

3. 南京高等教育规模扩大

20世纪90年代中期,为适应经济高速发展对人才的大量需求,满足人民群众日益增长的接受高等教育的需要,江苏省委、省政府提出了在"九五"时期加快发展高等教育的方针。在"九五"期间,从1996年开始,全省高等学校每年扩大招生1万名。另外,南京地区的高校为适应扩大招生的需要,普遍扩大了基本建设规模,积极推进后勤社会化改革,加大师资队伍建设力度,千方百计改革挖潜,保证扩大招生工作的顺利进行。1996年和1997年,南京地区普通高校的年招生人数与上年同比均增加了3 000人左右。并且,在高等教育规模扩展过程中,南京地区的广播电视大学经省教育部门批准,也参与了普通高等教育的招生。1998年后,中央决定大幅度扩大高等学校招生数量。在此期间,有的高校在南京郊区兴建了新校区,为高校的进一步扩张提供了基础条件。南京地区普通高校的招生数在1998年后连续3年大幅增长:1999年,招生59 235人,占全省招生总数的42.24%,比1998年的招生数36 455人增加了22 780人,增招人数是历史上最多的一年;到2000年,南京普通高校招生数由1995年的3万人增至8.5万人。由于高等教育招生规模扩展,南京普通高中毕业生升入高等院校的人数有较大增长,1999年南京学生参加高考被录取的13 225人,比1998年增加4 801人,高考录取率达74.66%,比1998年增长20.7个百分点,2000年南京高考录取人数比1999年又增加1 562人,录取率达76.69%,是历年最高。2000年,南京高校在校生人数由1995年的10万人增加到20多万人,5年之中全市普通高校在校生数翻了一番。"九五"期间,由于采取了积极发展高等教育的重大战略决策,南京普通高等学校共培养本、专科生和博士、硕士研究生15.51万人,比"八五"期间多培养了4.5万人。实现了南京高等教育的大跨越。

4. "211工程"的组织实施

"211工程"是党中央、国务院在1993年《中国教育改革和发展纲要》中正式提出的。其核心内容是"面向21世纪重点建设100所左右的高等学校和一批重点学科"。它是新中国成立以来国家正式立项、在高等教育领域进行的规模最大的重点建设工程,是全国高等教育发展工程,也是高等教育事业的系统改革工程。其组织和实施,是党和政府面向21世纪为实施"科教兴国"战略而设立的一项跨世纪的战略工程。

从 1995 年起实施,南京地区先后有南京大学、东南大学、南京理工大学、南京航空航天大学、河海大学、中国药科大学、南京农业大学等七所中央部属高等学校和省属南京师范大学申请进入国家"211 工程"建设行列。在全省申报"211 工程"

南航大等八所南京高校实施211工程建设全部通过国家预审。

的 13 所高校中,南京地区有 8 所,占申报总数的 61.5%,在全国城市中与上海并列第二。

1994 年,国家教委组织了对南京大学申请进入"211 工程"的部门预审。专家组认为:南京大学是中国培养高层次人才和进行基础理论科学研究的重要基地之一,其教育质量和学术水平居于国内一流水平并具有一定国际影响,符合国家"211 工程"关于争取若干所高校接近或达到世界先进水平的建设要求。专家组成员一致建议通过南京大学申请加入"211 工程"的部门预审。同年 11 月 18 日,国家教委与江苏省政府共建南京大学、东南大学签字仪式在南大举行,共建后对两校实行国家教委和省政府双重领导,以国家教委为主的体制,这是南京地区高校首次实行中央部(委)与省政府共建模式。

1995 年,东南大学通过了国家教委和省政府组织的"211 工程"预审;南京理工大学通过了中国兵工器工业总公司组织的"211 工程"部门预审。1996 年,南京航空航天大学、南京农业大学、中国药科大学、河海大学分别通过了各自主管部门组织的"211 工程"预审。同年,南京师范大学通过了省政府组织的专家预审,成为全国第一家通过"211 工程"预审的省属师范大学。至此,南京地区八所申请进入"211 工程"建设的高等学校全部通过了预审。之后,"211 工程"重点建设项目开始全面立项并加快实施建设。1999 年,江苏省政府再次与教育部签订协议,共同重点建设南京大学。协议规定,1999 至 2001 年,江苏省和教育部对南京大学各投入重点建设经费 6 亿元,共计 12 亿元。2001 年,教育部和省政府决定共同重点建设东南大学,协议规定,教育部和江苏省分别向东南大学每年各投入 1 亿元,三年共投入 6 亿元。之后,教育部和水利部签订了共建河海大学的协议;国防科工委和省政府议定重点共建南京航空航天大学、南京理工大学。上述措施有力地推动了这些高校"211工程"建设和重点学科建设。南京大学、东南大学、南京航空航天大学、南京理工大学、河海大学、南京农业大学、中国药科大学和南京师范大学还先后接受了国家"211工程"建设项目验收专家组的检查。专家们通过各种方式对各高校"211工程"建设项目的完成情况、建设成效等进行了全面考察和验收,在充分调研的基础上,对所取得的成果给予了充分肯定,同意这些高校通过验收。回顾"211工程"的实施历程,它从整体上提升了南京高等教育的水平和实力,使南京高校的学科结构进一步优化,学科整体水平有了较大提高,重点学科的科研能力和国际竞争力显著增强,为南京高校进一步发展奠定了坚实的基础。"211工程"建设学校的教学质量、学科建设、科学研究、管理水平和办学效益等都得到了显著提高,特别是一批与江苏经济结构调整关联度较大的重点学科,如生命科学、信息科学、环境科学、生化工程、机械、电子、化工等学科,都得到了重点扶持和培育。

5. 科学研究取得重大硕果

高等学校担负着培养高级专门人才和发展科学技术的重大任务,既是基础性研究与高技术研究的一支主力,也是科技攻关、引进项目消化吸收、传统产业技术改造和高科技产业开拓的重要力量。南京高校的科研工作在全省高校科研中历来占有举足轻重的地位。在1978年3月的全国科学大会上,南京高校有160项成果获奖,仅南京大学就获奖48项,获奖数在全国高校中居首位。全国科学大会之后,南京高校特别是重点高校加快步伐,朝着教学与科研"两个中心"的目标迈近,各种科研机构逐步恢复、充实、科研工作不断创新,科学研究的广度和深度有了较大发展,科研水平有了显著提高,呈现出"忽如一夜春风来,千树万树梨花开"的生动景象。

南京大学既是重要的人才培养中心,又是重要的学术研究中心,其科研成果在全国处于领先地位。该校在"经济建设要依靠科学技术,科学技术要面向经济建设"的方针指引下,把科学技术人才的培养工作和科学研究工作紧密结合,努力发挥综合大学学科齐全特别是基础学科科研力量雄厚的优势,提出了"加强应用,注重基础,发展边缘,促进联合"的科研工作方针,积极调整科研布局,组织科技力量,改革科技工作体制,加强科研基础设施建设,承担重大科研项目,使科研工作获得了蓬勃发展,取得了令人瞩目的成绩。1984—1987年,全校共承担各类研究课题1985项,其中应用研究和技术开发推广应用课题就有1496项,占总研究课题数的75.6%。同时,该校继续保持基础研究方面的特色,在固体物理、配位化学、天体物理、基础数学、非线性动力系统、花岗岩和火山岩及成矿理论等基础研究领域,坚持不懈地开展研究工作。学校拥有国家重点(专业)实验室10个(其中1个与同济大学合建),在全国高校中仅次于清华大学和北京大学。还建有计算中心、现代分析中心、教育技术中心以及90多个各类教学、科研实验室,形成了较为系统、相互支撑的教学、科研基地。1985—2000年学校共获得国家级和省部级奖励800余项,其中国家自然科学奖20项,国家科技进步奖、国家技术发明奖3项。在最能反映基础研究水平的国际权威的科研检索资料《科学引文索引》(SCI)收录的论文数上,南京大学1992年有225篇首次突破200篇,并超过北京大学,在此后的连续7年位居中国大陆高校首位,被引用论文数也连续8年位居中国大陆高校第一。

东南大学的科研成果在国内高校名列前茅。该校作为全国高校科研实力综合十强之一,既是教育中心又是科学研究中心。有建筑、热能工程、自动化、无线电、电子学等数十个研究所,设2个国家重点专业实验室、1个国家专业实验室、2个国家工程研究中心(研究院)、1个教育部重点实验室和1个"863"高科技实验室,并以此为依托形成一批重点科研基地,承担了一大批重大科研任务,取得了显著的成绩。1985—2000年,共取得较大科研成果逾千项,其中700多项获国家、部省级科技成果奖。为适应经济建设需要,促进科技成果尽快转化,组建了校办产业集团——东大集团生产开发了一批高科技产品,取得了较好的社会效益和经济效益。

南京航空航天大学的科研成果取得较高水平。该校坚持"结合教学,面向社会,为经济建设与国防建设服务"的方针,设立50多个科研机构,60多个实验室,其中1个国家级重点实验室,7个部级重点实验室,积极开展科研工作,取得了较高水平的成果。1985—1995年,该校自行研制的三机(长空系列大型无人驾驶飞机,AD系列超轻型飞机,Y-Z型小型直升机),填补了国内空白,处于国内领先地位。学校还在航空航天学科领域的研究中,取得了较高水平的成果。1991年以来,获部省级以上科研成果奖400多项,被国家教委授予全国高校先进集体称号。

南京理工大学的科研成果在多领域获突破。该校以高新技术为先导,发挥多学科配套、综合研究能力强的优势,在几十个研究领域中取得了重大成果。20世纪80年代以来,"塑料导爆管非电起爆系统"在该校研究成功,进入推广后在国内爆破技术方面起了革命性的作用,为国家节省了大量的纸张和棉纱;该校承包的国家重点工程之一的上海港1号煤码头电气控制系统的建成,对增强上海港的输煤能力,缓解华东地区煤炭紧张状况起到了重要作用,其工程质量达到国际先进水平,该校研制成功的"序列脉冲激瞬态全息摄影仪"获国际知识产权组织颁发的中国创造发明金奖。1978—2000年共完成研究与发展项目1600余项,获部、省级以上奖励500多项,其中国家级奖励62项。

河海大学的科研成果达到国内先进水平。90年代以来,该校一批科研成果在理论和实践上取得了重大突破,达到了国内或国际先进水平。该校的科研成果"流域水文模拟"被广泛应用于我国100多个流域的洪水预报,并在美国等许多国家应用推广;该校设计的广东大亚湾核电站港口和取排水口布置方案,取代了法国人的原设计方案,节约工程投资2亿元;"节水高产水稻控制灌溉技术"被列为国家重点推广项目;"中国海岸带及海涂资源综合调查研究"填补了国家空白。1978年以来至2000年,承担的2400多项科研任务,已有1800余项获得成果,其中获国家级奖励27项,部省级奖励200项。

南京农业大学的科研成果在同类高校中居领先地位。1985年和1992年,该校一批中年教师完成的"稻飞虱飞规律研究"成果和"杂交稻'三系七圃法'原种生产技术的应用与推广"成果,分别获得了国家科技进步一等奖;该校主持完成的"不结球白菜丰产、多抗、优质'矮杂1、2、3号'系新品种选育、推广和育种技术的研究"项目,获国家科技进步二等奖。1978年至2000年有4000多项科研成果获国家级和部省级奖励。

南京信息工程大学、南京工业大学、南京林业大学、南京邮电大学、中国药科大学、南京师范大学、南京医科大学、南京中医药大学、金陵科技学院等高校,所取得的科研成果在同类高校中都处于领先地位,获得过众多国家级、部省级奖项。

改革开放以来,全市高等教育事业稳步、健康、协调发展,取得了令人瞩目的成绩,初步形成了适应国民经济建设和社会发展需要的多种层次、多种形式、学科门类基本齐全的社会主义高等教育体系,为现代化建设培养了大批高级专门人才,在经济建设、科技进步和社会发展中发挥了重要作用。

六、师范教育的发展

师范院校是教育事业的"工作母机",是造就培养人才的基地,这一点已经成为各级政府、部门和教育界人士的共识。1978年10月,教育部下发了《关于加强和发展师范教育的意见》,南京市委、市政府根据《意见》要求,从南京地方经济建设迫切需要人才的战略高度,把发展师范教育放在优先的地位,使南京的师范院校在较短的时间内得到恢复与发展。

1. 中等师范教育的恢复、新建与改革发展

1980年6月,在全国师范教育工作会议上,中央领导同志谈到对一些历史悠久、有光荣革命传统、有影响的师范学校,如南京晓庄师范要特别注意优先办好。同年秋季,南京晓庄师范被定为江苏省四所重点师范学校之一。1981年7月,南京师范学院附属幼儿师范复办,定名为江苏省南京幼儿师范学校,招收省内初中毕业生,三年学制。同年8月,新建南京市幼儿师范学校,招收15个区县的初中毕业或具有同等学历、年龄在15岁至17岁的女生,培养幼儿园教师。1982年12月,教育部委托江苏省教育厅和南京市教育局在南京筹建全国第一所特殊教育师范学校——南京特殊教育师范学校,学校负责为全国培养特殊教育的小学师资,设置盲童教育、聋童教育、弱智儿童教育以及特殊音乐、美术教育专业。该校于1985年起面向全国招收初中毕业生,学制四年。1984年4月,重建南京市师范学校,该校学生为来自江宁、溧水、高淳三县及雨花台区的应届初中毕业生或具有同等学历的青少年,为农村小学培养师资。1985年,南师大附属幼儿师范学校承担我国和联合国儿童基金会合作培训幼儿师资项目,成为江苏省幼儿教师培训中心。

中共十一届三中全会以来,南京的中等师范教育在陆续恢复、新建的同时,得到了稳步、健康的发展,受到各方面较高的评价,业内人士把这个时期称为南京中等师范教育的黄金时期。

(1)调整办学方向。"文化大革命"中南京的中等师范学校办学方向被搞乱,培养起了初中教师。1979年,省教育厅发出通知,要求改变中等师范学校培养初中教师的做法,南京当年招收的高中毕业生在校学习两年,毕业分配做小学教师。1981年起,南京中等师范学校恢复招收初中生,培养小学和幼儿园教师。1987年5月,国家教委召开了中等师

范学校面向农村、培养合格小学教师座谈会,重申了中等师范学校面向农村培养合格小学教师的办学方针。此后又于1990年、1991年、1992年先后召开相关会议,进一步确定了这一办学方针。南京根据本地区的实际情况,选择南京市师范学校进行专门培养农村小学教师的试验。南京市师范学校于1991年在溧水县复办后,对溧水县、江宁县、高淳县、雨花台区等区县招收初中毕业生,确定了面向农村小学的办学方向及培养目标。

(2)改革招生办法。改革中师招生工作是保证生源素质、向中小学输送足够数量的合格新教师的重要环节。南京改革中师招生办法的具体做法:实行定向招生,把省下达的招生计划分到县(区),所有定向录取的学生都与乡镇签订毕业后回去任教的协议书,促进了小学教师的地方化;严格进行面试,保证了录取质量;城区尝试推荐保送男生。

(3)改革教学内容与教学方法。南京中等师范实现师范化、素质化方面的突破性进展,集中体现在贯彻实施1989年公布的中师新教学方案后。1989年6月,国家教委颁布《三年制中等师范学校教学方案(试行)》,进一步明确了中等师范学校的性质、任务和培养目标。南京各中等师范学校根据《新中师教学方案》,实现了教学由单纯必修课模式到必修课、选修课、课外活动、社会实践四块有机结合的新模式的转变。《新中师教学方案》的实施有力地促进了南京中等师范教学内容和教学方法的改革,通过科学安排文化课、教育专业课、艺术体育课、劳动技术课和教育实践,增加专业课教学内容和专业能力训练,避免了师范教学中学化的倾向,加强了师范性;构造了必修课、选修课、课外活动、社会实践相结合的教学模式,突破了单一的必修课模式,给中师教育活动带来了新的活力。

(4)试验、推行专科程度的小学教师的培养工作。1985年秋,南京晓庄师范在全国率先开始"三·二"分段培养大专学历的小学教师的试点。1994年,为进一步推进中师大专化进程,晓师首次在应届初中毕业生中招收两个五年制师范班,进行五年一贯制的试点。1996年,扩大招收了6个五年一贯制的大专班,使大专班招生数首次超过中师的招生数。培养具有大专程度的小学教师,是南京初等教育改革发展、提高教育教学质量的需要,是提高小学教师素质的重要步骤,也是中师教育发展的必然趋势。到1998年,南京各中等师范学校全部停止中等师范生的招收,实现了中师教育大专化。

2. 高等师范院校迅速恢复并向综合化方向发展

"文化大革命"结束后,经过拨乱反正,南京师范学院建设得以迅速恢复与发展,学科建设在原有学科设置的基础上得到扩展。1984年1月,经江苏省人民政府批准,南京师范学院改名南京师范大学,成为一所具有文、理、教育、艺术、体育等学科齐全的综合性大学。

1984年南京师范学院更名为南京师范大学。

1984年秋,经江苏省人民政府批准,南京市委、市政府决定复办南京市师范专科学校。

中共十一届三中全会之后20多年来,南京的高等师范院校始终坚持社会主义办学方向,坚持为基础教育服务,持续、稳步地进行改革与建设,为南京的各级各类中等教育学校输送了大批合格的教师,对南京的九年制义务教育的普及、巩固和提高,对逐步普及高中阶段教育提供了坚实的保障。

(1)加大投入,调整布局,提升办学层次。1991年6月,经国家教委批准,南京师范专科学校和南京教育学院两校合并,实行一套班子,两块牌子,新校校名为南京师范专科学校·教育学院。1996年,南京贯彻全省师范工作会议精神,进一步调整和优化师范院校布局结构,把师范教育"调大、调高、调优、调全"。1996年4月5日,南京师范大学通过"211工程"部门预审,成为我国第一个通过预审的省属师范大学。为确保南师大在20世纪末达到万名学生的规模,省政府拨给专项土地建设新校区。新建的南师大仙林校区是国家"211工程"标志性建设成果。该校区分四期建成,总投资10亿元,总建筑面积35万平方米。2000年3月18日,南京动力高等专科学校并入南京师范大学,成立南师大紫金校区,弥补了南师大学科建设和人才培养中的空白和不足,有利于优势学科得到加强和更快发展,为新兴学科和交叉学科的发展提供了有力支撑。2000年10月6日,南京师范专科学校、南京教育学院、南京晓庄师范学校合并,挂牌成立南京晓庄学院,建成南京市第一所地方本科院校。新成立的南京晓庄学院属本科层次的普通高校,兼办专科层次的职业高等教育,专业设置以师范教育为主,承担南京市中小学教师的培养培训任务,并适当发展非师范教育。随着南京高等师范院校布局调整的顺利进行,高等师范教育的办学层次也同步得到提升,南京已经实现了由三级师范教育体系向二级师范教育体系的过渡,并逐步向本科层次发展。

(2)改革招生工作,提高高师新生素质。1985年,全国中小学师资工作会议以后,南京加强了鼓励高中毕业生积极报考高师、立志人民的教育事业的思想教育和宣传工作,并对招生工作进行改革。1986年,南京师范专科学校实施提前单独招生考试。1989年,为适应农村九年制义务教育的需要,南京对高师招生工作进一步进行改革,实行了单独、提前、定向招生的办法。1992年,南京师专·教院进行招收自费生、委培生的尝试,这对于挖掘该校办学潜力、适应社会各方面的人才需求和确立上学缴费的观念起了积极作用。1996年,南京高等师范学校招生实行并轨,向师范生收取一定学费;从1998年起,实行全面并轨,对师范生全面收费。南京高师招生工作的改革,有效地保证了新生的质量,许多优秀的高中毕业生首选师范专业。

(3)优化专业结构,提高高师办学效益。1986年,国家教委制定了《高师本科通用专业目录》,其中规定了高等师范院校设置的直接为基础教育培养师资的22种专业。之后,南京的高等师范院校在实行该目录的同时,在专业设置上还逐步突破了单一师范教育办学格局,开办了一定数量的非师范专业,积极探索师范教育为大教育服务的路子,并在师资、课程、教材、实验室和实验基地建设等方面加大投入,实现了高起点、高标准和高效益,确保非师范专业的教育质量,提高了办学效益。

(4)多形式、多渠道联合办学,拓展高师办学功能。为了充分利用高等师范院校的教育资源,南京的高等师范院校与其他院校(包括国外高校)、大型企业等积极开展了多形式、多渠道联合办学,使南京高师院校的办学功能得到了拓展,取得了明显的社会效益和经济效益。

七、成人教育、终身教育的发展

成人教育以从业人员为主,教育对象具有广泛的社会性,包括农民、职工、干部、老年人等,他们在各种教育机构、场所接受的面授、函授、广播电视、远程网络等各种手段施行的教育都属于此。新中国成立以来的首次全国成人教育工作会议于1986年12月由国家教委等5个部门联合召开。1987年6月国务院批转了《关于改革和发展成人教育的决定》。该《决定》确立了"成人教育是当代社会经济发展和科学技术进步的必要

第十五章　改革开放时期的南京教育(1979—2000)

条件,是我国教育的重要组成部分"的地位。南京成人教育的内容从扫盲、文化技术教育、职工"补课"教育到岗位培训,从初、中等文化教育进而实施高等教育,成人教育已成为南京教育体系的一个重要组成部分。

1. 帮助农民脱盲与掌握技术

(1)加大扫盲工作力度。改革开放以后,南京地区的扫盲工作得到重视。到1979年底,全市郊区和3县(江宁、江浦、六合)的108个社镇已有70个社镇达到脱盲标准。1983年溧水、高淳两县纳入南京市管辖。到1984年底,江宁、六合、江浦、溧水、高淳五县与栖霞、雨花台、浦口、大厂4郊区参加扫盲学习的有2.7万人,脱盲1.97万人,成人非文盲率达到85%以上。同年,经市、县有关部门复核验收,江宁、六合、溧水、江浦4县完成了国务院规定的扫盲任务,领到了省教育厅颁发的"基本扫除文盲单位"证书。

农民在进行脱盲学习。

南京市扫盲工作从1979年起,在大约20年左右的时间内,成人非文盲率从低于85%到1986年达到85%,1994年达到97%以上,1999年达到98%以上,提前超额完成国家、省规定的脱盲指标,是农民教育工作中一项具有历史意义的重要成果。取得这一成果的主要做法和经验是:第一,从市到县(区)、乡(镇)各级教育管理机构的建立和不断完善,扫盲有专人负责;第二,农民教育经费的投入有保证并逐步增加;第三,层层制定规划,实行扫盲责任制,奖罚分明,扫盲有章可循;第四,包教包会,学知识与学技术相结合,能学以致用,扫盲学有"甜头"。此后几年,扫盲工作作为一项历史性任务,在全市范围内"扫盲"已经逐步淡出历史舞台,取而代之的是农民初等文化、技术教育的逐步开展。

(2)建设乡镇成人教育中心(校)。1980年4月,省委批转省教育厅等6单位《关于贯彻第二次全国农民教育会议的报告》,1983年省教育厅发出了《关于抓紧扫盲和发展农民文化技术教育的通知》,根据国家提出的农民教育任务,提出在继续扫盲的同时,要大力发展业余小学,积极发展业余初中,广泛开展技术教育,加强政治教育。在这一历史背景下,南京的农民教育工作进一步得到了发展。1983年9月在原市职工教育办公室的基础上建立了市工农教育办公室（后改为第二教育局），以对包括农民教育在内的全市成人教育实行统一领导和管理。各县、郊区在抓紧扫盲的同时，把脱盲与学文化及对农民技术培训等教育摆上了重要议事日程。1983年12月，江宁县方山乡根据省教育厅通知精神在市工农教育办公室的支持下创办了全市第一所乡镇成人教育中心学校，揭开了全市创办乡镇成人教育阵地的序幕。至1987年，全市农村有85%的乡镇建立了117所成教中心。到1993年，六合县、浦口区、栖霞区采取多渠道集资，各自投资百万元左右，兴建了初具规模的县、区级成人教育中心。至此，全市五县四郊全部建成了县（区）级成人教育中心。同年，市第二教育局制定并下发了《南京市乡镇成人教育中心建设标准》，县郊一批乡镇制定了乡镇成人教育中心改扩建规划，开始按高标准改、扩建。1996年南京市拟定了《合格乡镇成人中心校评估办法》，规定了合格成人学校的基本条件。评估按"组织领导、办学条件、办学事业、学校管理、办学效益"5个方面进行，达不到要求的限期改建、扩建或新建。同年，全市合格乡镇成人中心校累计达57所。到1999年，经省、市教委评估验收，已建成省级重点成教中心校8所，市级示范乡镇成教中心校14所。2000年，新增市级示范乡镇成人学校3所。

（3）农科教结合的推进。大力推进农科教结合是振兴农村经济、实施"科教兴市"战略方针的一项重大举措。1991年南京市成立了市农科教领导小组，市第二教育局与市科委联合发文，首批确定了江宁县湖熟镇、雨花台区西善桥镇和江浦县桥林镇3个乡镇为市农科教结合示范单位，开启了全市农科教结合的工作。农村成人教育除了青壮年的扫盲、对农民进行文化教育和实用技术培训工作，对乡镇企业职工的培训也是一个方面。1992年市政府出台了《关于积极推进我市农科教结合工作意见的通知》，1993年，市第二教育局会同有关部门分别制定了《南京市乡镇企业厂长（经理）开展岗位培训的意见》、《南京市乡镇企业职工开展等级技术培训考核工作的意见》等文件，对在全市开展农科教结合涉及的相关政策做出了规定，确立了以农科教结合为主线，在教育、科技、农业部门的共同努力下，在农村对农民突出实用技术培训、对乡镇企业职工进行针对性的岗位技术培训。乡镇成人教育中心是实施农科教结合的重要阵地，并起到了组织和管理的作用。1994年市政府召开了市农科教结合工作会议，要求全市128个乡镇全面推开农科教结合工作。1998年，市教育系统农科教结合示范点协作会在南京市农业专科学校成立，首批15个农科教结合单位成为协会理事会成员。之后，农科教结合示范单位普及推广了大量科技项目,从 1996 年到 2000 年五县四郊农村参加各类文化学习和实用技术培训的每年都超过 30 万人次。为利用现代科技信息技术帮助农民获取信息、走向市场、获得更多实惠提供了新的技术手段。农科教结合在示范点上的深入,在郊县面上的推广,并在示范项目上取得经济效益,充分说明"农科教"结合这种农民教育的新机制和形式十分适应农村经济发展的需要,深受农民的欢迎。1996 年江苏省人民政府办公厅批转省教委、省农业厅、省统计局联合印发的《关于切实加强农村劳动力文化素质教育培训工作的意见》,提出了农村劳动力人均受教育年限达 8 年为农村小康的教育目标。南京市五县四郊农村劳动力人均受教育年限 1996 年为 7.47 年,1999 年达到 8.78 年(当年全省平均数为 8.18 年)。

2. 为职工补习文化与培训技能

党中央、国务院把大力加强职工教育作为一项战略措施,给予了高度重视,1981 年 2 月 20 日正式颁布了《关于加强职工教育工作的决定》。南京市委、市政府于 1981 年 12 月批准成立了南京市职工教育管理委员会。1982 年起,各区(县)也相继建立了职工(成人)教育管理机构。

(1)职工的文化技术补课教育。南京市职工教育办公室建立之初即把"双补"作为职工教育的重点和首要任务迅速在全市开展起来。所谓"双补",就是要把 1968 年至 1980 年初、高中毕业而实际文化水平达不到初中毕业程度的职工和未经专业技术培训的三级工以下的职工通过补课达到初中毕(结)业水平和初级技术(三级)等级水平。对技术工种和关键岗位的青壮年职工要优先安排补课。南京市"双补"对象有 40 余万人,面广量大、行业分散,"双补"的任务十分繁重。而此时,除市工会、市科协等社会团体、民主党派举办职工业余学校外,多数厂矿企业职工学校尚未恢复重建。为此,市职教办组织有经验的中学教师和企业职工学校教师针对职工特点编写了职工文化补课初中语文、数学两科教材,印制了 20 余万套,并与市电视台联手开办了电视中学,聘请高水平的教师,通过广播电视播放课程,为职工补文化课。这也是今日"远程教育"的雏形。它具有课堂教学不可比拟的先进性,尤其适合在职成人利用工余时间学习的需要,解决了企业办学职工因学习而产生"工学矛盾"的难题,收到了事半功倍的效果。市劳动部门也会同有关单位编写了初级技术理论通用工种的教学计划、大纲和部分教材对职工应知应会的初级技能进行补课。文化补课进行了 8 次全市统考,技术补课由市有关部门组织"应知"统考,都取得了较好的效果。至1985年,全市青壮年职工完成初中文化补课合格的达28万人,占应补人数的80%,初级技术补课合格职工达21万人,占应补人数的75%,至此全市青壮年职工"双补"已按期达到要求。

(2)职工的岗位培训。1987年国务院颁发了《关于改革和发展成人教育的决定》,确立了"成人教育是我国教育的重要组成部分"的地位,同时明确了岗位培训是职工教育的重点。南京市的职工教育在基本完成了"双补"后,不失时机地把职工的岗位培训作为重点任务在全市推开。

1988年,职工教育加快向岗位培训为重点的轨道转移,全市各行业已编制各类岗位规范约2000个,其中被部、省主管部门认定和采纳的规范标准108个。据不完全统计1986年到1990年,全市参加业务、技术培训的职工达到132.73万人次,其中绝大多数是岗位培训。

1992年6月1日起施行的《南京市职工教育条例》,是南京市第一部有关职工教育的地方性法规,它的颁布和实施对于全市职工教育转到依法治教的轨道、保证职工教育的健康发展、提高职工队伍素质、促进全市社会经济发展,都具有重要意义。

1996年南京市全面启动"应用人才培训工程"。制发了《关于组织实施南京市通用外语和计算机应用能力培训工程的意见》。岗位培训对转岗人员重新上岗起了积极作用。初步建立起符合企业特点的岗位培训考核制度,促进了教育、经济一体化以及培训考核、任用待遇相结合的良性运行机制的形成。

在整个20世纪90年代,南京市每年参加岗位培训和各类技术业务培训的职工都达到20余万到30余万人,将国家教委1998年提出的"把岗位培训作为今后一个时期的工作重点之一"的要求落到了实处。参加培训、接受继续教育,提高自身的学历层次、文化水平和业务技能,已成为大批职工特别是青壮年职工所追求的时尚。2000年以后,南京市职工全员培训率每年都保持在46%以上。

(3)下岗职工再就业培训。20世纪90年代后期至21世纪初,随着社会环境的改变,下岗、内退职工增加,失业率上升。为了适应这些新情况,南京市把下岗、转岗职工的重新培训作为职工再就业或自我创业的重要手段在全市开展。1995年南京就提出了转岗人员培训,1997年,培训下岗、转岗人员6万人,培训紧缺人才2 500人。1998年全年培训下岗、转岗人员6万人次,培训紧缺人才2 000人。2000年,南京市制定了《关于建立现代企业职工教育制度的意见》,继续抓好市民外语、计算机培训和考核,开展职工教育管理干部和教师进修工作。由于南京市教育劳动等部门重视下岗职工再就业培训工作,职工教育办学机构积极落实此项工作,促进了职工重新上岗,对社会的稳定起到了积极作用,特别是政府出政策,对此类培训由财政补贴、政府"埋单"的做法受到下岗职工的欢迎。

(4)发展成人中专教育。为了适应生产需要、改变中级技术人员比例过低的现状,20世纪80年代初,先后有南京市城建局、南京仪表厂、江宁县卫生系统、人民银行南京分行等15个单位创办了职工中专校,其中8所经省政府批准于1982年招生,另7所经批准后于1983年招生。以后,又有一些成人(含职工)中专校陆续成立,但市属中小企业及五县的多数单位尚不具备独立设置中专校的条件。1985年5月南京市职工中等专业学校应运而生。这是一所采取集中管理分散教学模式的成人学校,隶属市第二教育局,由二教局派员组成校级管理机构,在具备教学条件的企事业单位设班,面向全市招生,主要为不具备独立办学条件的中小企业和郊县培养人才,起到了投资少、见效快的作用。到1990年,全市已有职工中专校31所,此外普通中专校、干部中专校(含党校)、区县教师进修学校等也陆续开办中专班,培训中等专业人才。据不完全统计,"七五"期间全市成人中专校共毕业近1.8万人,"八五"期间毕业近1.7万人,"九五"期间毕业3万人。这一时期是成人中专培养人员最多的阶段。

3. 努力发展成人高等教育

在南京,成人高等教育的载体主要是独立设置的职工大学、普通高等学校设置的成人教育学院或函授、夜大学、教育学院、广播电视大学、管理干部学院及高等教育自学考试等。

(1)职工大学。1978年,按照国务院批转教育部《关于办好七二一大学的几点意见》的要求,市七二一工大办公室拟定了七二一大学应该达到的六条标准和整顿的具体要求,并于1979年会同市有关办、局对办得较好的七二一大学进行了检查验收。首批24所七二一大学经省教育行政和省业务主管部门审查正式批准,约占当年全市七二一大学的六分之一。11月,经省革委会批准,七二一工大改名为职工大学。对达不到标准或不具备基本办学条件的七二一大学有的改为其他职工教育机构,有的逐步停办。1979年底,南京市业余工业大学恢复。复校后,原各城区办的七二一大学停办,原有的班级经检查验收,将其中基本合格的班级转入市业余工大。全市职工高等教育在巩固、提高的基础上稳步发展。

1986年,我国实行了各类成人高校全国统一招生考试制度,全国统一命题、统一评分标准、统一考试时间。这一年,全市有职工大学26所,在校生5 876人,是1978年的5倍多。1989年,省教委对各类成人高校毕业生实行毕业证书验印制度。1990年10月,全国成人高等教育协作会在南京召开。市第二教育局、市人事局共同制定了《关于我市成人高等教育试行〈专业证书〉制度的实施意见》,对成人高校举办专业证书班提出了规范化的要求,并在部分高校试点。1991年,市第二教育局和市委教育卫生部联合下达了《关于加强我市成人高校思想政治工作的意见》(试行),这是南京市成人高等教育思想政治工作的第一个文件,对加强师生的政治思想教育起到了一定作用。

1992年,南京市对全市14所职工大学在自愿的基础上进行布局调整,合并、更名了部分职工大学,其中南京市物资局职工大学、南京市建筑职工大学等5所职工大学实行跨行业联合办学,校名为"南京联合职工大学"(总校),原各职工大学作为学校分校。1998年市编委、市财政局批准市教委的申请,核定总校配备5名专职人员,经费在市教育经费中解决,从此南京联合职工大学(总校)有了专职管理干部和经费来源。

职工大学的这一调整,对改变办学条件薄弱、规模偏小起到了重要作用。历史已经证明,调整合并后的职工大学在此后的10多年间都得到了巩固和不同程度的发展。

(2)广播电视大学。南京市广播电视大学创办于1979年2月,原名为江苏省广播电视大学南京分校,1985年7月改为现名。1991年11月经国家教委批准,南京市广播电视大学改为独立建制,享有省级广播电视大学的权限,为市属成人高校。在各区、县设有市电大分校(或管理站)。学校开设有普通专科班、成人专科班、开放教育本、专科班,并先后依托浙江大学、东南大学、中国人民大学等普通高校开办远程网络教育。20余年来,该校培养了大专毕业生3万余人,成为一所面向全市、服务地方的多功能、多规格的成人高校。

南京市电大学生在上课。

(3)教育学院。南京教育学院的前身是创办于1952年10月的南京教师进修学校,"文化大革命"中一度停办,1971年复办。1983年3月经省人民政府批准定名为南京教育学院,是一所培训中学在职教师和教育行政干部的具有师范性质的市属成人高校。1999年6月,经国家教委批准,南京教育学院与南京市师范专科学校合并。2000年该校(院)升格为本科院校,并与晓庄师范合并,更名为南京晓庄学院,列入市属普通高校范畴。专业设置以师范教育为主,承担南京市中小学教师的培养和培训,并适当发展非师范教育专业。

坐落于南京的江苏教育学院,其前身是1956年由南京教师进修学校的一部分改建的江苏教师进修学院,1958年成立并用现名。1969年停办,1978年复办,是一所具有师范性质的省属成人高校。学院承担全省重点中学、完全中学、中等师范学校、县(区)教师进修学校、县(市、区)教育局等教育行政干部和各类专业教师的在职培训以及部分新师资的培养任务。

(4)管理干部学院。1983年5月,国务院批转教育部等四部门《关于成立管理干部学院的请示》,推动了南京地区管理干部教育的发展。自1983年至1994年,先后建立江苏省商业干部管理学院(2002年与江苏省商业学校合并更名为江苏经贸职业技术学院)、南京航天管理干部学院、南京人口管理干部学院、江苏省经济干部管理学院(2000年并入南京经济学院)、江苏省青年干部管理学院、金陵旅馆干部管理学院、江苏省机关干部管理学院。这些学院的建立对提高干部队伍素质、改善企业管理、提高经济效益发挥了应有的作用。

(5)函授、夜大学。南京普通高校举办的函授、夜大学始于1956年,"文化大革命"中全部停办。1978年,南京师范学院、南京邮电学院恢复了函授教育。1980年9月国务院批转了教育部《关于大力发展高等学校函授教育和夜大学的意见》,提出对函授、夜大学要采取积极恢复和大力发展的方针,并纳入高等教育事业计划。在这一方针的指引下,南京普通高校函授、夜大学有了较快的发展,1986年达到14所,上述数据充分说明普通高校举办的函授、夜大学(含脱产班)是高等教育的重要方面,更是成人高等教育的主渠道,适应了社会的需要,也使高校在经济方面受益匪浅。

(6)高等教育自学考试。1981年1月,国务院批准教育部《关于高等教育自学考试试行办法的报告》,决定建立高等教育自学考试制度。高等教育自学考试是对自学者进行学历考试的国家考试,是个人自学、社会助学和国家考试相结合的开放型的高等教育形式和考试制度。

南京市高等教育自学考试于1983年开考,由市高校招生公室负责

火爆的高等教育自学考试咨询现场。

承办,1987年改由市成人高校招生办公室承办,稍后,即成立南京市高等教育自学考试办公室,与市成人高校招生办公室合署,均隶属市第二教育局。各区、县也陆续设立了自考办,负责应考者的报名、教材预订、考试等相关工作。1999年,南京在全国率先开展了农村高教自考试点工作,在专业设置、考试内容方面进行重大改革,实行毕业证书、专业证书、职业资格证书制度。五县四郊有91个乡镇建立了自考服务站。全市自考人数1996年突破10万人后,1998年达到15万人,1999年以后每年均达到19万余人,开考专业从最初的5个发展到115个,涵盖了文、理、工、农、财经、医、法学等学科门类,20多年通过自考获得本、专科毕业人数近6万人,相当于一所万人在校生规模的综合性大学五年培养人才的总和,是有别于普通高等学校培养高等专门人才的一条有效途径,受到社会广泛欢迎。

4. 积极兴办老年教育

老年教育随着我国逐步进入人口老龄化社会而被纳入成人教育范畴,也是成人教育为构建终身教育体系必然延伸的领域。老年大学是面向老年人的教育阵地。

(1)金陵老年大学。金陵老年大学是国内最早创建的老年大学之一。1984年5月由中共南京市委批准创办,由市有关部门和南京军区等部门组成校务委员会,1985年11月起归口市委老干部局主管。1987年5月,成立了由南京市和南京军区有关领导组成的后援委员会,确定金陵老年大学的办学体制为"省市合办、军民共建、以市为主",学校的办学宗旨是"增长知识、丰富生活、身心健康、余热生辉"。学校设有书法、国画、文史、外语、卫生保健、家政等20多个专业。

老人们争相报名上金陵老年大学。

(2)江苏省空中老年大学。1998年,经省教委批准,江苏省空中老年大学在江苏省电大成立。空中老年大学利用广播电视大学的网络优势,实行开放教育,构建终身教育体系,为江苏老年教育服务。1999年7月该校面向全省老年人招生,正式报名注册学员3 000余人,首期开设国画、书法、卫生保健等3个专业。通过电视播课,配备相应的录音、录像和文字教材施教,使老年人不出家门,即可学到知识,受到老年朋友的欢迎。

5. 大力拓展社区教育

南京市的社区教育始于20世纪90年代后期。1998年10月11日,民办南京秦淮社区学院成立。这是一所借鉴国外社区教育先进理念、面向社会招生的学院,属非学历教育,它的出现标志着南京社区教育机构的诞生。

1999年南京市确定秦淮、鼓楼、玄武、下关、大厂、江宁等6个区(县)为社区教育实验单位,积极开展社区教育实验工作。2000年召开全市社区教育工作现场会,明确今后一个阶段社区教育工作思路、目标和任务,继续开展社区教育实验工作。

短短几年,南京社区教育得到了较快发展,这对于开展社区居民的健康卫生教育、法制教育、文化活动、下岗职工培训等起到了应有的作用。南京社区教育工作也得到了省内外同行和专家的肯定。

八、民办教育的兴起与发展

1. 民办教育持续健康发展

民办教育又称社会力量办学,是指具有法人资格的企事业单位、民主党派、社会团体、集体经济组织、学术团体,以及教育行政部门正式批准的私人参与办学的一种办学形式。它既包括学历教育,也包括学前教育和各种非学历教育。

"文革"以后,南京的民办教育恢复较早、发展较快,经历了由成人非学历教育为主逐步向基础教育、职业教育、继续教育、学历教育等方面拓展和延伸的过程,总体上来看,有3个发展阶段:

(1)1979至1985年,举办各种文化补习和技术培训班。中共十一届三中全会以后,我国经济建设步入了"快车道"。改革开放和现代化建设需要有一支庞大的有文化、懂技术的建设者队伍。然而,"文化大革命"耽误了对一代青年的正常教育,造成了职工队伍文化水平低、技术水平低、管理水平低和工程技术人员少的严峻局面,极大地影响了现代化建设。为此,这段时期,各种文化补习和技术培训班蓬勃兴起,南京市全日制中学兴办夜中学43所,各民主党派和工商联举办7所业余学校和各种培训班,工会系统举办区、县职工业余学校10所和市业余工人大学1所,科协各学会和省、市社科联各协会、研究会举办数以百计的各类专业培训班,此外还有文化事业单位办学和私人办学。1985年,中共中央《关于教育体制改革的决定》下达后,又有不少大专院校和民办公司等单位相继办学。到1985年10月,全市青壮年职工参加文化补课的有28万人次,占应补人数的80%,完成技术补课的有21万人次,占应补人数的75%。至此,全市青壮年"双补"(补文化、补技术)工作已按期完成了国家提出的高限要求。

南京育英外国语学校。

(2)1986至1991年,由基础性职业教育发展为高层次的继续教育。随着全市职工"双补"任务的基本完成,民办教育的重点开始向提高在职人员的工作能力方面转移。1989年以后,各民办教育机构先后开设了工商管理、法律硕士课程进修班、现代企业制度、现代人力资源开发与管理、计算机网络与设计、出国人员外语等高层次的继续教育课程,为全市培养了数以万计的高层次、外向型专门人才。一是市科技干部进修学院与相关单位联合开办了微机、热工、激光等培训班,以及英、俄、日、德等语种的外语辅导班。到1991年底,共计开办各类培训班、辅导班近600期,招生4万余人。同时,接受并完成了全省2.5万余人的外语职称考试报名工作,以及近7 000人的国际商务、工商行政管理、软件人员等全国性考试与考务工作,是当时全省最大且最有影响的职称外语考前培训基地。二是江苏省退离休科技工作者协会自筹资金创办了外语培训中心,到1991年底,为国家培训了英、俄、德、法、日、意等语种的外语人才1万多人,其中90%以上的学员是具有大专以上学历和中级以上职称的专业技术人员和管理人员。该中心严格教学管理,并根据社会需求不断开设新的专业和班级,逐步成为当时全市规模最大的成人外语培训基地。这一阶段,南京的民办教育机构取得了多方面的提高:首先是办学逐步向中高层次发展,初等以下的文化补习和培训的比重下降,中高层次的培训和各类职业技术培训的比重上升。其次是培养规模扩大,形成了规模效应。再次是面向社会办学,一批大、中型企业的教育机构在完成本单位职工教育任务的同时,充分发挥自身的办学优势和专长,面向社会开展各类培训,为中小企业和社会各行业培养人才从而进一步提高了民办教育的教学质量和社会效益。

(3)1992至2000年,由非学历教育向学历教育发展。1992年,邓小平南方谈话后,南京民办教育机构迅速发展,学历教育机构如雨后春笋,由国家主办学历教育的单一体制被打破,民办教育开创了新局面。1992年,全市第一家民办中小学校——南京实验国际学校成立。同年又建立了民办中华育才学校、金陵职业学校。1993年,又有7家民办学校成立。民办教育开创了新的局面。此后,一些社会团体、企事业单位纷纷挖掘社会潜力,开办了各种学历教育的民办学校。如由南京市离退休教育工作者协会主办的南京育英外国语学校就是南京民办中小学的一个成功典型。学校靠500元办公费起家,经历了由租赁公办学校部分校产办学阶段,后凭借办学质量及经济增长实力,对公办学校校产实行接管,形成独立校园。育英学校"公"改"民"是南京市首创,全省全国也不多见。2001年,全市有民办中小学54所,在校学生2万多人,并且在全市20多所民办非学历高等教育机构中,南京蓝天专修学院、金陵科技专修学院等5个单位被省教育厅确定为学历文凭试点单位。

在民办学历教育蓬勃发展的同时,非学历民办教育继续健康发展。绝大部分民办非学历机构办学指导思想端正,办学条件逐步得到改善。全市非学历民办教育日趋成熟,在质量和规范上满足社会需求。特别引人注目的是,非学历民办教育正成为市民"充电"、就业和再就业的培训基地,为全市就业和再就业提供了新的增长点,而且再就业人员受到用人单位的好评。

2. 规范民办教育的建设

1986年1月,市政府批转了市第二教育局(简称"市二教局")《关于南京社会办学暂行管理办法》,1995年5月,市二教局印发了《南京非学历类社会办学单位(培训、进修院、校)办学评估标准》,同年8月至10月,对全市部分社会办学单位按评估标准进行了评估。1997年,国务院颁布了《社会力量办学条例》,它标志着我国的民办教育进入了一个依法办学、依法管理、依法行政的新阶段。1998年,市政府颁布了《南京市民办中小学和幼儿园管理办法》,就全市民办中小学的设置与审批,行政与教学管理,财务与财产管理,变更与解散,保障与扶持等有关问题进行了规定,加强了对民办中小学和幼儿园的管理,促进了其健康发展。2000年,市政府制定了《南京市民办中小学条例》等地方性法规,该条例比1998年颁布的《南京市民办中小学和幼儿园管理办法》有所突破:一是对民办中小学实行辖区管理;二是对民办中小学的设置与审批权限进行了调整,初级中学和小学由区、县教育行政部门批准,其它由市教育行政部门批准;三是按照国务院《民办非企业单位登记管理暂行条例》的要求,对民办中小学进行民办非企业单位登记管理;四是规定民办中小学内部实行校董会领导下的校长负责制,进一步明确了校董会和校长的职责;五是在财务财产管理方面,要求对举办者投入的资产进行验证、登记,对学校所有的资产进行分类登记、建帐,对民办中小学的财务、财产进行年度审计;六是规定教育行政部门对民办中小学在督导评估、业务指导、对外交流等方面与国家举办学校同等对待,民办中小学专任教师的资格认定、教龄计算按照国家举办的同级同类学校教师的有关规定执行,专任教师实行聘任并参加社会保险,民办中小学的学生在升学、就业、参加考试和社会活动等方面依法享有与国家举办的学校学生平等的权利,民办中小学用地按公益事业用地办理;七是对违反《条例》规定列出更为具体的处罚手段。

九、教育国际交流与合作的拓展

1977年,南京部分高校开始恢复派遣留学生,同时恢复接受外国留学生,一些学校开始通过举办国际学术会议、组团出国考察访问等途径,积极开展对外交流活动。此后,伴随着我国对外开放的不断扩大,特别是在中国加入WTO之后,南京教育对外开放度不断加大,从一般性的接待、访问,到开展实质性的合作交流,到加入国际教育组织并发挥影响,到合作办学,开始走向世界。

1. 互访交流

1982年10月,南京大学举办"国际花岗岩地质和成矿关系学术讨论会",有来自美、日、法、澳、希腊和中国代表175人参加,这是南京也是国内高校首次独立主办的国际学术会议。1986年9月,南京工学院举行"钢筋混凝土及预应力混凝土基本理论国际学术讨论会",这是国内

第十五章　改革开放时期的南京教育（1979—2000）

1986年南京工学院（现东南大学）召开"钢筋混凝土工程国际会议"。

该学科的第一个国际学术会议，出席会议的有来自世界五大洲的156名代表。1987年，南京大学、中国化学学会、江苏省科技协会在南京联合主办"第25届国际配位化学会议"，来自45个国家的代表780人参加会议，与会外国学者中包括1983年诺贝尔化学奖获得者陶贝教授和被誉为"美国配位化学之父"的贝勒教授等。这是当时国内举办的规模最大的一次国际学术会议，引起了国内外学者的关注。这次会议后，国际配位化学会议秘书、美国教授基尔纳写信给中国领导人邓小平说："这些年我们注意到每届国际配位化学会议都带上主办国的某种特色，这届也不例外，它以极好的方式向许多国家的科学家介绍了中国、中国人民、中国文化和中国科学，无论是中国还是中国的大学，都有充分理由为这次会议的成功，为这次会议的组织者的出色工作而感到自豪。"1988年7月，第三次中美大学校长会议在南京大学召开，与会者有南京大学、南开大学、复旦大学、上海交通大学、清华大学、浙江大学等11所中国高校的院校长；美国约翰斯·霍普金斯大学、密苏里大学、洛杉矶加州大学、范德比尔特大学、赖斯大学、锡拉丘兹大学的校长，以及美国大学协会副主席。南京大学校长曲钦岳和霍普金斯大学校长史蒂文·穆勒分别担任中、美大学代表团团长。两国大学校长们就"大学教育的国际化"，"大学如何适应社会需要并为社会发展服务"，"大学的体制和管理"，"中美合作培养博士研究生的前景和途径"等问题进行了讨论。1988年10月，华东工学院举办了国际弹道学术交流会，来自美国、法国、联邦德国等12个国家的140多名弹道、武器专家参加会议，以往国际弹道学术会议将中国学者排斥在外的历史从此结束。1989年10月，幼儿教育国际研讨会在南京召开，来自美国、澳大利亚、英国、日本、苏联等国及中国内地和港、台地区的专家共140余人参加了会议。会议期间，代表们考察了南京市实验幼儿园、鼓楼幼儿园、江宁县陶吴乡幼儿园等。

南京大学从1982年至1995年，共计主办了44次国际学术会议。东南大学也与之伯仲之间，仅1992年一年就主办了"第二十届国际声成象会议"等5次国际学术会议；1993年又承办了"大学在知识融汇和科技转让上的使命国际研讨会"等5次国际学术研讨会。南京航空航天大学、南京理工大学、河海大学、南京气象学院、南京农业大学、南京邮电学院、南京林业大学、南京师范大学等高校都举办过多次国际学术会议。

1996年4月,南京机电学校承办职教模式与课程开发国际研讨会。这次会议于由加拿大社区学院协会(ACCC)、中国教育国际交流协会(CEAIE)、中加高中后职业技术教育合作项目办公室和职业技术教育对外交流中心(中国)主办,加拿大国际开发署(CIDA)提供支持,与会代表100余人。这是南京中等专业学校承办比较重要的国际学术会议的良好开端。

与此同时,南京教育界积极参与国际学术会议、学科竞赛、体育比赛等活动,不断扩大南京教育的影响。南京工学院院长杨廷宝1977年赴美考察,开风气之先。1979年,在巴黎召开的联合国教科文组织国际水文计划政府间理事会第三届会议上,华东水利学院院长严恺作为我国代表团团长当选为亚洲副主席,随后又参加第四、第五届会议及其第八、九、十次执行局会议。1980年,南京大学物理系主任魏荣爵教授作为特邀代表,参加美国声学第100届会议,作了题为《中华人民共和国声学概况》的专题报告,介绍了中国古代声学的新发现和现代声学研究的进展,引起了国外学者对中国声学的重视。1990年8月,南京机电学校高级讲师包广圭应邀出席在美国圣地亚哥举行的"第一届世界生物力学大会",并在会议上宣读论文。

改革开放以来,南京教育界接待国际教育代表来访或组团出国访问,活动频繁。还有一批学校与国外学校建立了友好学校、姊妹学校关系,开展经常性的交流活动。如:南京化工学院与日本名古屋工业大学结为友好学校,南京中医学院与美国普士顿大学医学院结为姐妹学校,南京师范大学附中与日本樱丘高中结为友好学校等。1994年,南京市游府西街小学与澳大利亚墨尔本市格兰德尔小学结为友好学校,为南京市小学走向世界,与其他国家进行教育文化交流进行了较早的尝试。

2. 中外合作办学

1979年11月,南京大学校长匡亚明率中国大学校长代表团访问美国约翰·霍普金斯大学,与该校史蒂文·穆勒校长联合动议,建立永久性中美合作的文化研究机构——中美文化交流中心。1981年9月,穆勒校长率团访问南京大学,双方签署了合作成立文化研究中心的协议书。1986年9月10日,南京大学—约翰·霍普金斯大学中美文化研究

第十五章 改革开放时期的南京教育(1979—2000)

1986年,南京大学与美国霍普金斯大学合作建立了中美文化研究中心。图为签字仪式现场。

中心在南京成立并举行开学典礼。该中心以中美两国的政治、社会、经济、文化、外交、历史、法律以及国际问题等作为教学和研究的主要内容,招收中美两国具有大学本科以上学历的学员,培养从事中美事务的专门人才和有关领域的教学、科研人员。中美双方各自聘请本国教授来中心任教,聘请著名学者、政治家、工商界人士来中心做客座演讲。中方教师教授美方国际学生,美方教师则教授中方学生。中美文化研究中心是经国务院批准成立的首家中外合作办学机构,是全国中外合作办学的开端。

1993年,国家教委发布《关于境外机构和个人来华合作办学问题的通知》。此后,南京中外合作办学迅速发展。合作办学机构和项目主要有:南京大学与荷兰马斯特里赫管理学院、南京师范大学与澳大利亚迈考利大学等合作培养工商管理和经济学专业研究生的合作办学机构和项目;金陵职业大学与澳大利亚开放学院、加拿大圣利卡学院等合作项目;南京审计学院与英国特许公认会计师公会、江苏省省级机关管理干部学院与新加坡英华美学院等非学历的合作办学机构和项目;南京市教育局与汉斯—赛德尔基金会联合创办南京建筑职业技术教育中心,进行学校文化教育与企业技能训练相结合的"双元制"职业教育培训实验;南京外国语学校与澳大利亚维多利亚州泰勒学院合作的高中实验班项目等。

1990年5月,南师大附中与日本樱丘高中结为友好学校。

截至 2000 年,南京共有中外合作办学机构 29 个,涉及澳大利亚、美国、德国、日本、新加坡、英国、加拿大、法国等 10 多个国家和地区。

3. 留学人员的双向交流

改革开放以来,南京出国留学的人员主要有 4 个类别:国家公派留学、省公派留学、单位公派留学、自费留学。前 3 类公派留学,主要由高等学校选派教师和学生出国读学位、进修提高。据不完全统计,从 1978 年至 2000 年,南京高校出国留学、进修的教师和学生近 1 万人。南京大学孙钟秀 1979 年去美国威斯康星大学进修 2 年计算机软件理论,回国后很快成为计算机软件领域的学术带头人,后当选为中国科学院院士。东南大学韦钰 1981 年赴联邦德国亚琛工业大学留学,1982 年攻克难关获得博士学位,并获亚琛大学博歇尔奖章,成为我国电子学专业的第一位女博士,后当选为中国科学院院士,并曾担任国家教委副主任。1993 年新加坡首次向南京大学等全国 5 所著名大学提供奖学金,从新生中遴选出优秀学生赴新留学。南京大学数学系、物理系、计算机系、生物系和化学系的 17 名学生当年赴新加坡国立大学和南洋理工大学留学。1994 年,东南大学派遣 20 名新生前往新加坡留学,由新加坡教育部提供全额奖学金。

1982 年东南大学韦钰在德国获电子学博士学位,成为我国第一位该专业女博士。

南京的中等学校在这一阶段也迈出了教师派出进修提高的步伐:南京职教中心约有一半教师赴德进修,有的长达一年半。1988 年,南京市聋哑学校教师刘显成被选派赴美进修一年。1997 年 7 月,南京市 4 名特教工作者随省教委培训团赴加拿大布劳克大学参加了为期 40 天的特殊教育专业培训,学习有关特殊教育的新理论、新观点和施教经验。

中学生留学人数增长迅速。从 20 世纪 80 年代起,南京市每年都有中学生被国外高校录取,且人数逐年增加,入学高校的层次也有大幅提升,多数学生能够获得所就读大学的奖学金。

接受外国留学生规模逐步扩大。自 1977 年至 2000 年,南京高等学校接受来自世界各国的留学生、进修生、短期培训班学员约有 4 000 余人。他们来自美、澳、加、英、法、意、德、日、俄、韩、蒙古、尼泊尔、约旦、叙利亚、老挝、巴基斯坦、越南等60多个国家和地区,分别在南京大学、东南大学、南京师范大学、河海大学、中国药科大学、南京中医药大学等院校的文、理、工、农、医药、师范、艺术等学科的百余个专业学习。他们当中,有回国后在该国药学专业的留学生统一考试中夺魁的中国药科大学贝宁留学生菲力普,有回国后担任该国首都水利发电厂总工程师的河海大学布隆迪留学生辛达依海布拉·龙让,有第一个将中国京剧移植到美国的南京大学美国留学生魏莉莎,有在南京学成回国后当选为国家总统兼总理的南京中医药大学苏里南留学生陈雅先。外国留学生教育不仅为派遣国培养了一批技术与管理骨干、汉学学者、专家及国际友好人士,也为我国的外交全局作出了贡献,促进了南京的对外开放。20多年来,南京高校接受外国留学生的数量仅次于北京、上海和天津,位居全国第四。

4.高级人才的引进和交流

1978年以后,南京教育界相继聘请外籍专家,许多外籍知名专家、学者被授予名誉学位或被聘为名誉教授、客座教授。包括李政道、杨振宁、丁肇中、李远哲等诺贝尔奖获得者在内的一些国际知名人士被南京有关高校聘为名誉教授。1998年10月,应南京大学邀请,曾任美国总统的乔治·布什接受南京大学授予的名誉博士学位。布什是第一位获得中国大学名誉学位的美国卸任总统。

南京基础教育界也聘请了一批外籍教师。1986年,法国专家雅克琳·梯也克应聘到南京外国语学校任教,她治学严谨,成绩显著,还把在宁工作的全部工资以及法国政府发给她的养老金的一部分、父母遗产等捐赠给学校。1988年她作为江苏文教专家代表,应国务院外国专家局邀请,赴京出席国庆招待会,受到了国家领导人的接见。多年来,她热情向法国人民宣传中国,积极促进中法文化教育交流,受到中国驻法大使馆的高度评价,并被法国政府授予一级教育骑士勋章。在宁工作期间,南京市教育局曾授予她"南京市先进教师"称号。南京外国语学校根据其本人意愿,向公安机关申请其在华永久居留资格获得批准。雅克琳·梯也克成为江苏省第一个获此资格的外国文教专家。至2000年,南京市教育系统共有18所具有聘专资格的学校,有87位外教在南京基础教育领域工作。

在"请进来"的同时,南京也有一批教育专家在国际上获得较高声誉。1992年,经国家气象局推荐,南京气象学院雷兆崇教授参加了联合国世界气象组织官员竞选并顺利当选。1993年,国家首席科学家、中科院院士、南京大学的冯端教授和曲钦岳校长当选为"第三世界科学院"院士。1995年,南京航空学院动力工程系教授辛季令和机电工程学院教授欧阳祖行当选为美国纽约科学院院士。1998年,南京邮电学院校友赵厚麟当选为国际电信联盟电信标准局(ITUT)主任。这是自1972年我国恢复联合国所属国际电联合法席位以来我国专家首次进入该组织领导层。1999年,南京大学物理学教授闵乃本院士荣获"第三世界科学院"年度"物理学奖",这是我国科学家首次获此殊荣。

20多年来,南京市教育局与英国、澳大利亚、美国、日本、德国、法国、加拿大等10多个国家的省州教育部门建立了友好的交流关系,南京的高等学校已与国外300多所高校和研究机构建立了合作交流关系。教育交流与合作的范围日益扩大,已形成相当规模,合作的形式灵活多样,而且交流合作的内容档次也提高了。从而有力地促进了南京教育的改革和发展,提高了南京教育国际化的程度。

第三节 素质教育初显成效

实施素质教育是党和国家的重大决策,是提高全民素质、实现中华民族伟大复兴的必由之路。1985年《中共中央关于教育体制改革的决定》提出,教育体制改革的根本目的是提高民族素质,多出人才,出好人才。1993年中共中央、国务院颁发的《中国教育改革和发展纲要》提出,"基础教育是提高民族素质的奠基工程","中小学要由'应试教育'转向全面提高国民素质的轨道",要"面向全体学生,全面提高学生的思想道德、文化科学、劳动技能和身体心理素质,促进学生生动活泼地发展,办出各自的特色"。南京市根据中央的精神,结合本市实际,积极推进素质教育,取得明显成效。

南京市从20世纪80年代开始进行素质教育的探索和实践,大体经历了两个重要阶段:一是启动阶段(80年代中期—1993年),结合普及、实施义务教育和全面开展教育改革,南京市素质教育在探索中启动;二是发展阶段(1993—2000年),从《课程计划》的修订到九年制义务教育教材的更新,引发了教育教学的全面改革,素质教育在实践中发展。

一、80年代中期至1993年:素质教育在探索中启动

1985年中共中央颁布《关于教育体制改革的决定》,南京市即在全国较早开始以"提高民族素质"、"提高劳动者素质"为目标的教育探索。指导思想是从单纯升学教育转轨到素质教育,在宏观上调节德育、智育、体育、美育、劳动教育等五育的安排,加强和改进各类教育,全面贯彻党的教育方针,采取了一系列的有效措施。1992年,南京市获国家教委授予的"全国中小学德育工作先进市"称号。

1.加强爱国主义教育和德育基地建设

南京市根据青少年学生的认知能力和身心发展规律,分层次、分阶段进行爱国主义教育:幼儿阶段主要进行"宝宝爱祖国"系列教育,小学阶段主要进行"红领巾爱祖国"系列教育,初中阶段主要进行"南京的昨天、今天和明天"系列教育。高中阶段主要进行"一切为了祖国"系列教育;同时利用爱国主义教育基地对中小学生进行教育。这一段时间,南京市白下区教育局举办了"为了祖国的明天"的教育活动,鼓楼区教育局开展了以"爱我中华、知我中华、立志为中华出力"为主题的教育活动,雨花台区、下关区、溧水县等教育局把爱国主义教育和热爱家乡教育有机地结合起来,政治课和思想品德课的改革进一步深入,各校组织学生开展的社会调查、公益劳动等社会实践活动,使学生耳闻目睹了十一届三中全会以来的巨大变化,加深了对党的基本路线和中国国情的认识,提高了思想政治觉悟,增强了社会责任感。

南京是历史文化名城,在中国近现代史上占有特殊地位,留有众多的历史纪念场馆,重要的有孙中山纪念馆、雨花台烈士陵园、中央代表团梅园新村纪念馆、侵华日军南京大屠杀遇难同胞纪念馆、太平天国历史博物馆、静海寺《南京条约》史料陈列馆等,这些场馆都成为南京市中小学生德育实践活动的重要基地。南京市教委颁发了《南京市中小学生参观爱国主义教育基地规程》,对中小学生德育实践活动进行规范管理。市教育局还编写了《南京市中小学生德育基地参观记录册》,建立了参观基地"三联单"制度,推广至全市所有中小学,受到学生、学校的欢迎,也受到国家、省、市各级领导的肯定。在市委、市政府的支持下,南京市选择了6个国家级爱国主义教育基地对学生免费开放,每年有数十万中小学生参观教育基地。仅此一项,3年时间,市政府、市教委共投入

300多万元。南京地区爱国主义教育基地对广大青少年学生的成长产生了重要的积极作用。

2. 加强养成教育和"德育大纲"的研制

养成教育是以培养青少年学生具有良好的文明素质为目标,以养成良好的行为习惯、礼仪规范为切入口,以师生间的感情沟通为手段,使学生个性品质逐步优化,从而形成良好的道德品质的修养过程。1985年,南京市政府领导从南京城市建设功能定位的高度,提出在中小学抓好文明素质教育,培养文明的现代人。市政府领导亲自深入学校调研,召开座谈会,强调礼仪是一个国家、一个民族的道德风貌和文明程度的反映,是一个人的道德修养和人格的外在表现,要认真研究,狠抓落实。1985年,南京市编印了《道德格言》、《道德故事》、《道德言论》,南京市和各区县都选择了若干所不同类型的中学试行《南京市中学生思想品德教育纲要(试行草案)》。1984年和1985年,南京师大附中、第八中学先后组织学生进行农村社会调查活动,江苏省教委为此发文予以推广。1986年,南京市教育局又修订了《南京市中学生思想品德教育纲要》,在分析中学生生理、心理、道德品质形成和思想状况特点的基础上,以共产主义思想教育为核心,从道德教育入手,规定了11项思想品德规范教育项目及其分年级要求,初步形成了对中学生进行思想品德教育序列化的新局面。

与此同时,《小学德育纲要》和《中学德育大纲》的研究已在全国范围内开展起来,这项研究,在德育的培养目标上改变了原来的结构,建立了包括政治态度、思想觉悟、道德品质、马克思主义的初步观点和个性心理特征等5部分的结构模式。青春期生理、心理和道

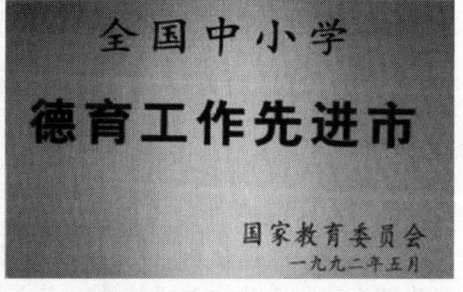

1992年南京市荣获全国中小学德育工作先进市称号。

德品质教育统称为青春期教育,被正式纳入学校教育内容,为德育工作的新格局的建构提供了重要依据。为减少学校德育活动中的盲目性、随意性,南京市教育局加快了德育教材建设,修订了《中学德育纲要》,编写了《思想品德教育大纲》、《中学生日常行为准则》及青春期教育纲要、法制教育资料等。在市委、市政府的高度重视下,市教育局于1985年开

始,在全国率先开展了中小学德育纲要实验研究,以养成教育为重要内容,在全市中小学开展了日常行为规范的调查研究。全市近万名中学生参与了调研,在此基础上,写出了《南京市中学生日常行为规范调查报告》。1986年在北京召开的全国中小学思想政治教育工作会议上,该报告受到广泛重视和高度评价,为20世纪80年代中后期国家制定颁布《中学德育大纲》、《小学德育纲要》以及《中学生日常行为规范》、《小学生日常行为规范》提供了重要的依据。1986年,南京市教育局制定了《南京市中学生日常行为规范》和《南京市小学生日常行为规范》,编写了《中小学生礼仪训练指导》,颁发了《关于在全市中小学开展礼仪规范教育的通知》和《南京市中小学生礼仪规范》。全市各中小学依据《通知》和《规范》精神,结合学校实际开展了一系列教育活动,强化训练,狠抓落实,多年如一日,常抓不懈,使一批批中小学生在校期间明确在各种场合中应遵守的礼仪,并内化成为自觉行为,培养了讲文明、讲礼仪的好习惯。但是,这段时间的德育地位并没有真正落实,加上社会上各种消极因素影响,中小学德育面临的问题更加艰巨复杂。1987年3月,南京市委召开了思想政治工作会议,对学校工作中忽视德育的倾向、教育脱离实际以及由此而产生的弊端进行了剖析,提出了加强与改进学校思想政治工作的意见。

3. 加强法制教育和"法制副校长"制的设立

南京市及各区(县)政府和教育行政部门、各级各类学校都把中小学生法制教育列为社会主义精神文明建设的重要目标之一,统一规划,认真实施。在各项创建工作和评选中,都将法制教育作为"一票否决"的硬指标。市教育行政部门先后颁发了《关于进一步在中小学生中开展法制教育的意见》、《关于认真学习宣传贯彻未成年人保护法的通知》、《关于严禁体罚和变相体罚学生的决定》、《关于建立中小学聘请法制副校长制度的通知》等。市、区(县)先后成立了中小学法制教育指导委员会,各中小学都成立了法制教育领导小组,在市教委统一部署下,全市中小学都配备了法制副校长(分别由辖区内派出所所长、司法科科长、分管司法的乡镇长等担任),并聘请优秀民警、检察院和法院优秀工作人员担任法制教育校外辅导员。通过讲座、报告会、黑板报、广播站、班队会、知识竞赛、模拟法庭、法制小品等多种途径,开展丰富多彩的教育活动,增强广大中小学生的法治意识,同时,重视和加强后进学生的转化工作,为每一个学生的健康成长提供法律保障。由于南京市中小学法制教育抓得实、抓得细,多年来,在校学生违法犯罪现象很少发生;有许多学校虽然生源较差,周边环境差,但在校学生连续多年无人犯罪。南京市因在校学生犯罪率低,曾受到国务院、教育部的充分肯定。

4. 加强心理教育和"谈心电话"的开通

加强心理教育,培养青少年学生良好人格,适应未来社会的发展,已成为学校德育工作的重要任务。20世纪80年代后期起,南京市开始了心理教育研究,南京市教育科学研究所研制并率先在全国推出了《儿童·少年·青年心理培育纲要》,引起全国各地的关注。许多学校在研究人员的指导下,进行了心理教育课题研究,并形成了办学特色,一批中小学教师成为心理教育的行家里手。1989年,南京市为开辟与中小学生联系的渠道,为广大中小学生排忧解难,成立了"南京市中小学生心理咨询与测量中心",开通了"中小学生谈心电话",聘请了高校心理教育专家、南京市心理教育研究人员、中小学有经验的教师、市教育局有关部门负责人担任电话接待员,了解中小学生的心理世界,倾听中小学生的呼声,帮助中小学生排除心中的烦恼。"谈心电话"的开通,受到众多中小学生的欢迎,在社会上赢得了很好的反响。学生在"电话"中反映出许多需要解决而苦于无法解决的心理问题,内容涉及学习负担、考试忧虑、人际交往困惑以及毕业、择业、升学苦恼等。南京市市长戴顺智也走进"谈心电话"接待室,直接与中小学生谈心交流。之后,《南京中学生报》编辑部又开通了"智慧果"专线,这是全国第一条专向中学生进行性生理解疑、性心理疏导、性伦理指南的电话咨询专线,开通后迅速引起广泛反响,国内50余家媒体以及日本《朝日新闻》、新加坡《联合早报》等都作了报道,全国各地拨打电话进行咨询的中学生络绎不绝,甚至一些大学生、成年人、学生家长等也拨打此专线求助各类性问题。经过多年探索和实践,南京市中小学心理教育已构建了较为完整的目标系统、操作系统、评价系统,形成了南京市心理教育机制,学生心理品质得到优化,为学生可持续发展奠定了良好的心理基础。

5. 进行教学与课程改革探索

南京市注重推广减轻学生过重课业负担的一些行之有效的经验,如游府西街小学的"向课堂40分钟要质量"、建邺路小学的"把学生从题海中解脱出来"等。在此基础上,1989年由市教育局总结推广了《南京市减轻小学生课业负担的十种做法》,对全市小学产生了积极的影响。

国家教委为此发了简报,《中国教育报》、《光明日报》和《人民教育》杂志都予以报道。各校还积极进行考试改革的实验,如夫子庙小学实行系统性分散考查,下关区取消小学期中、期末考试,实行"形成性分项、分期、全面考核"的办法,不再只以语文、数学两科为评价目标,不以一张试卷定优劣,而是对学生每科所应包含的多方面知识、能力进行全面测评,从德、智、体、美、劳各方面加以考核。新办法分散了学习难点,扩大了教学面,在很大程度上减轻了学生的学习负担,小学生参加考试的时间明显减少了。中央教育科学研究所的负责人称赞这一改革是"在我们感到最困惑的问题上有所突破"。北京东路小学把星期六作为课外活动日,并对课外活动课程进行了整体化、系列化的设计。南京师范大学附属中学为使普通中学由升学教育转向素质教育,改善学生的知识结构和智能结构,发展学生个性与特长,开展了以课程改革为中心的分层次教学改革实验。该校从 1981 年就开始进行课程结构改革,逐步将只有必修课的单一课程结构,改变成由学科课程、活动课程和环境课程相结合,必修课程和选修课程相交叉,必修课分层次的复式课程结构,即改革必修课程、增设选修课程、开设劳动技术课程、建立社会实践课程和建立课外活动体系 5 大部分,并在选修课程中首先实行了学分制。这是在我国具有创新意义的一项改革试验。1987 年,该校课程改革列入国家教委教学改革科研项目,该项目 1990 年 4 月获国家教委全国首届教育科研优秀成果二等奖。

二、1993 年至 2000 年:素质教育在实践中发展

从 1993 年秋季开始,南京市小学起始年级逐步采用新的《课程计划》和新编的九年制义务教育教材。以课程计划的改革和教材的更新为契机,南京市开始了新一轮的教育教学改革实验,拓展了素质教育的领域。1997 年底,南京市召开中小学素质教育工作会议,出台了《关于在中小学深入实施素质教育的意见》,提出"大力推进素质教育,全面提高全市基础教育的质量和水平",为全国推进素质教育提供了重要依据。

1. 高度重视课外活动

《课程计划》中对课时安排作了一些调整,适当减少了语文、数学、外语等学科在总课时中的比例,增加了社会科学和自然科学等学科所占的比例,与此同时,体育、美术、音乐和劳动课时都有所增加。1996 年,

国家教委有关领导考察南京市玄武区把中小学活动课程列入课程计划并积极研究的情况，对该区通过丰富多彩的活动增长学生的科技知识、发展个性、培养综合能力所取得的较好的效果给予了充分肯定，并将玄武区列入国家开展"九年义务教育活动课程"实验区。后来，又陆续有南京市雨花台区、江宁县、高淳县被江苏省教委批准成为省级素质教育实验区。

"做中学"在我市小学兴起其间，南京市共建成了3个中学生艺术活动中心和14个小学生课外音乐活动中心；发挥了航模、天文、环保、微电脑、音乐、无线电测向、文学、外语、书法美术摄影、生物、旱冰、铜管乐队和中学生影视评论等13个中学生课外活动中心的辐射作用，带动了大面积的学校课外活动的开展。据不完全统计，南京市建立的中小学素质教育校外基地共有5类180多个。这些基地对中小学生实行免费或优惠开放，为中小学生开展各类课外活动提供了丰富的资源。

2. 推广科学教育

1993年，南京师范大学附属小学、北京东路小学、拉萨路小学和富贵山小学先后成立了少年科学院，组织各种形式的科技活动，引导学生学习科学技术，培养未来科技人才。1996年，南京市第一所娃娃创造科学院和中学生科创学院分别在凤凰街小学和南湖二中成立。至1997年，全市已经建立35家各类少年科学院，涉及环保、医药、地质、气象等10多个领域，有百余项科技成果在省、市及全国获奖。南京市教育局1994年10月在紫金山天文台、南京地质博物馆、南京航空航天大学航空航天馆、南京地质古生物所史前生物展览馆、南京医科大学生命科学基地（后改称生命奥秘馆）、中山植物园、南京国防园等7个单位建立中小学校外科技教育基地。这是继成立中小学科技教育讲师团后的又一个措施。1996年，又增加南京师范大学珍稀动物博物馆、南京基准地震台、省妇女儿童活动中心和市青少年宫科技馆，11个校外科技教育基地对中小学开放。1998年，南京市召开了中小学科技教育工作会议，会上命名了39所中小学为南京市首批科技教育特色学校。

3. 必修艺术、体育、劳技等课程

1994年，经国家教委批准，南京市将"艺术教育"课作为普通高中一、二年级开设的必修课，正式列入课程表。同时，对于体育课、劳技课的开设进行检查。开展体育教学的抽样检查评比，提高了执行体育、卫

生工作两个暂行规定的达标率,促进了体育教学的正常进行,保证体育大纲的贯彻实施;全市普遍开设劳技课,编写了劳技教材。

4. 开展系列主题德育活动

这期间,南京市中小学德育工作有一个特点,就是在进行常规德育工作的同时,每年都要围绕一到两个主题开展一些特色活动。如1995年,为纪念中国人民抗日战争胜利50周年,南京市中学普遍开展了"八个一"活动,即读一本二战史读物、看一部抗战电影、唱一首抗战歌曲、访一位抗日老战士、出席一场有关抗日的报告会、写一篇心得征文、参观一所抗日纪念场馆、讲一个抗日英雄故事。再如1997年7月1日是我国政府恢复对香港行使主权的重大日子,全市中小学都以此为契机,开展了丰富多彩的"迎回归"系列教育活动。其中由南京市教委主办、《南京中学生报》承办的"南京学生迎香港回归、抒爱国热情知识竞赛"吸引了全市大、中、小学生10万余人参加,其规模之大、参赛人数之多,为南京历次学生竞赛之最。

1997年7月1日,南京小学生在静海寺迎香港回归。

1997年12月是侵华日军进行南京大屠杀、我30万同胞遇难60周年纪念日,南京市组织了万名中学生开展"留下历史的见证——调查侵华日军南京大屠杀受害者、目睹者、幸存者"教育活动,全市参加活动的有1.1万名高中学生,日本也有19名学生参与,共发现幸存者、目睹者、受害者2 630人,记录了2 460份证词,为日本军国主义在南京犯下的罪行留下了历史的见证。此次教育活动,在广大青少年学生中产生了强烈的震撼,在中国和日本产生了重大影响。

上述做法和经验除了在全国中小学德育工作会议汇报外,还被国家教委向全国教育系统推荐,新华社、人民日报、中央电视台、《中国教育报》等许多媒体都有报道。

5. 改革学生评价方式

南京市从1997年开始,在9个区县的9所小学试用"小学生素质发展报告书",取代传统的成绩报告单,逐步淡化分数,在城区小学、乡镇中心小学实行等级制记分,减轻分数对学生的心理压力,促进学生生动活泼主动地学习。一些高中学校也在推进素质教育中实施了"学生素质发展合格证书制度",这是一种可测量的学生素质发展评价制度。通过几年来的实施,学生综合素质明显提高,个性特长明显发展,涌现出大批素质全面和特长显著的优秀学生。

6. 实施各具特色的素质教育模式

在素质教育大旗引领下,南京市各中小学锐意改革,创出了许多富有特色并行之有效的素质教育模式,有些还产生了全国性影响。金陵中学的学分制改革、南京师大附中的课程结构改革、第三中学的构建素质教育体系、琅琊路小学的"愉快教育"、游府西街小学的"三园"建设等,均为全面推进素质教育起到良好作用。

1998年,"中学导师制"在南京一中应运而生,导师制的实施有效地促进了学生的发展,经过导师的引导,学生不仅自主自律自强意识普遍增强,而且涌现了大批素质全面的优秀学生。

普通小学向成人教育延伸办学功能,农村小学向城市学生延伸育人功能,这是江浦县建设乡五里村行知小学闯出的办学新路子。这所小学先后挂起了五里村农民文化业余学校、南京市中小学科技活动农村基地等牌子,成为南京市第一所多功能农村小学,闯出了实施素质教育的新路子。南京市中小学生农科实践基地是依托五里行知小学、以农村科技实践为主要内容,面向中小学生的素质教育基地,开办10多年来逐步形成了三大课程系列:一是"学习农村科技"课程系列,涉及大田作物、果木蔬菜、花卉苗木、家禽家畜、水产养殖、化肥农药、能源气象等,让学生有新观察、新运用;二是"了解农村建设"课程系列,涉及农业生产、农民收入、水电道路、结构调整、人口计生、乡风民俗、农村环保等诸多问题,通过这一课程系列,学生可看到我国农村的变化,看到发展、看到问题、看到希望、想到责任;三是"体验农村生活"课程系列,让学生体验粗茶淡饭、集体住宿、简单洗浴、军事管理、田间漫步、篝火晚会、烟花爆竹、夜间行军、营地帮厨、野餐生存……培养学生的自我管理能力、集体合作精神和吃苦耐劳品质。目前,该基地已成为全市广大中小学进行素质教育的一个重要场所。

第四节 教师队伍整体素质和社会地位显著提高

百年大计,教育为本;教育发展,教师为本。加强教师队伍建设,提高教师队伍的整体素质,是教育事业改革和发展的前提和保证。改革开放以来,南京采取一系列措施加强教师队伍建设,建立并逐步完善了教师培养培训制度、教师继续教育制度、职务评聘制度、聘任录用制度、资格认定制度、考核奖惩制度、表彰奖励制度等,逐步建立起一支数量足够、结构合理、整体素质较高的教师队伍,为新时期教育事业发展提供了保证。教师的社会地位和生活待遇也逐步提高。

一、教师的录用与管理

改革开放初期,南京市中小学教师队伍存在着数量不足、素质不高、结构严重不合理等问题。在教师的录用上,市政府及教育行政部门采取措施多渠道扩大师资来源,以缓解中小学教师短缺的矛盾。师范院校毕业生全部分配到学校任教,非师范毕业生每年也安排10%左右分配到教育部门。同时,通过定向代培、选留优秀高中毕业生、社会招聘、从外地引进等方法,充实教师队伍。市委市政府专门规定,任何单位、部门未经教育主管部门同意,不得抽调合格教师从事其他工作。同时,市里每年从其他部门调拨300至500名用人指标,用于民办教师的转正,以稳定教师队伍。

1996年开始,按照《教师法》和国家劳动人事制度改革的精神,南京市酝酿开展教师全员聘用合同制改革,以增强教师队伍的活力,调动教师的积极性。首批试点的有江苏教育学院附属中学、南湖一中等9个单位,试点工作从1997年6月启动,到当年底基本完成,反映良好。1998年上半年,市教委又在全市组织了第二批实施全员聘用合同制的试点,当年9月基本结束。在全市第二批试点工作开展同时,雨花台区和大厂区率先在全区范围内组织实施全员聘用合同制的工作,雨花台区在全区范围内实行教师竞争上岗、择优聘任,其做法在省内外产生了较大影响,得到了各级领导的肯定。从试点单位情况看,推行全员聘用合同制,引入了择优竞争机制，打破了铁饭碗，初步调动了教职工积极性。同时，实行全员聘用合同制后，人才不再仅仅归单位所有，教师的流动性大大增强，对学校的教工思想政治工作、学校党组织和行政领导凝聚力提出了新的要求。至1998年10月，南京市中小学已实行全员聘用合同制的单位共有59个，涉及教职工4 498人，接近全市中小学教职工人数的十分之一。实行聘用合同制以后单位内部换岗安排94人，待聘待岗30人，内部退岗休养38人。1998年12月，南京市教委正式出台《关于南京市教育系统实行全员聘用合同制的实施意见》，并成立相应的领导班子、工作班子、调解组织，全面推行教师全员聘用合同制。至1999年12月底，全市中小学教职工有33 973人第一次签订了聘用合同，其中与学校签订短期合同的有17 264人，签订中期合同的有8 493人，签订长期合同的有8 216人；缓聘215人，内部提前退岗休养449人，另有209名教师转岗。至2000年上半年，南京市教育系统全面实施全员聘用合同制工作基本结束，全市中小学教职工中有46 600余人与学校签订了全员聘用合同书，签约率达94%。7月，中央组织部、人事部颁发了《关于加快推进事业单位人事制度改革的意见》，为南京市教育系统进一步深化用人制度改革提供了重要的政策依据和有利的改革时机。该年，南京市在全省率先进行师范生分配制度改革，宣布当年入学的师范生毕业后全部自主择业，政府不再包分配。当年对师范教育类毕业生就业机制改革进行初步尝试，实施了计划调剂与双向选择相结合的基本政策，鼓励区县教育行政部门在本区县范围内对专科及中等师范毕业生实行双向选择。

1995年12月，国务院颁布了《教师资格条例》，1996年1月，原国家教委下发了《教师资格认定的过渡办法》。按照国家和省级教育行政部门的要求，至1997年底，南京市完成了1993年12月31日前进入各级各类学校从事教育教学工作且在编在岗人员的教师资格过渡工作。在这次教师资格过渡工作中，南京市中小学（幼儿园）、普通中专校、中等职业学校、技工学校在职教师有42 745人取得了教师资格，其中南京市教育部门办的公办中小学（幼儿园）教师有37 244人取得教师资格，包括取得高级中学教师资格者4 796人、取得初级中学教师资格者10 312人、取得中等职业学校教师资格者2 403人、取得中等职业学校实习指导教师资格者39人、取得小学教师资格者18 506人、取得幼儿园教师资格者1 188人。

二、中小学教师的培训与管理

1. 学历补偿培训

按照国家有关规定,小学教师应具备中等师范学历、初中教师应具备高师专科学历、高中教师应具备大学本科学历。由于受"文化大革命"的影响,改革开放初期,南京的中小学教师队伍的文化素质状况下降到了建国以来的最低水平。1985年,南京市普通中学教师有15 207人,其中高中教师4 239人,学历未达标者2 112人,不合格率为49.8%;初中教师10 908人,学历未达标者5 242人,不合格率为48.3%;职业高中教师829人,学历未达标者600人,不合格率为72.4%;小学教师18 573人,学历未达标者11 804人,不合格率为63.6%;幼儿园教师4 599人,学历未达标者2 284人,不合格率为53.6%。为了改变教师队伍业务文化水平较低的问题,缓解其与实施九年制义务教育和提高基础教育水平之间的矛盾,南京根据国家教委1986年印发的《关于加强在职中小学教师培训工作的意见》的精神,积极开展了学历补偿教育。

1986年,南京开始与驻宁高校协作进行学历补偿培训。一是南京教育学院与江苏教育学院首次联合在未取得大学本科毕业文凭的在职中学教师中招收了数学、物理、中文等专业的大学本科班学生68名。教育教学工作由南京教育学院担任,学生修业期满考试合格,由江苏教育学院发给大学本科毕业文凭。同年,南京教育学院还从本市的在职中学教师中招收了数学、物理、历史3个专业的大学专科函授生217名,该院还在县郊设有8个函授点,有50多位教师为函授生辅导。二是由南京市教育局选送45名大专毕业的中学在职教师,到南京师范大学代培,分别在数学、外语、中文、历史、政教、管理等6个专业学习。另外,在小学教师中,组织2 000多名1966年以前的高中毕业生,参加一年半时间的业余进修,考试合格者发给中师进修毕业文凭。到年底,南京中小学教师参加业余进修毕业取得相应合格学历的已达5 496人,其中中学教师达到大学专科毕业的3 214人,小学教师通过进修达到中师毕业的2 282人。

1986至1990年,根据教育部规定的"多种层次、多种规模、多种形式"的办学原则,南京市对在职中小学教师的学历补偿培训一般有3种形式:一是离职进修,专科学制为二年,本科学制为四年;二是业余进修,以自学为主,每年寒暑假安排辅导,专科学制为三年,本科学制为五年;三是函授学习,以自学为主,每周安排一定时间辅导,专科学制为三年,本科学制为五年。学员通过业余学习,达到国家要求的四年制本科和二年制专科毕业程度,享受国家高等院校毕业生待遇。由于工作的需要,绝大多数在职教师都参加业余进修或函授学习。

1990年,南京的学历补偿培训工作基本完成。1993年开始,南京市通过开辟中小学教师自学考试途径,引导教师参加高一层次学历学习,进一步提高自身的专业素养和业务水平。

2. "专业合格证书"考核培训

在开展学历补偿教育的同时,南京市组织在职教师开展"专业合格证书"考核工作。中小学教师"专业合格证书"是国家教委对不具备国家规定的合格学历的中小学教师经过严格统一考试后颁发的一种证明,在评聘教师职务时,视同相当学历。南京鉴于本市不具备合格学历的中小学教师难于在短时期内在学历上达标,一部分人通过成人教育入学考试也存在相当难度的实际情况,1987年始,按照国家教委1986年印发的《中小学教师考核合格证书试行办法》的要求,组织了8 000多名中小学、幼儿园教师进行"专业合格证书"、"教材教法合格证书"考试。为了完善考试制度,市教育局制订了中小学、幼儿园教师专业合格考试中的思想品德、教学业务和技能技巧考核标准,并组织南京教育学院和各区县教师进修学校积极开展对参考教师的文化辅导,举办教材教法班64个,有6 418人次参加,以提高考试的合格率。1987年,经统考获教材教法合格证的有2 390人,获专业合格考试的610人。1988年,又有2 696人获取教材教法合格证书。高中教师专业证书90人、初中教师专业证书270人、小学教师专业证书1 076人、幼儿教师专业证书2 281人通过了统考。

实行中小学在职教师"专业合格证书"制度,对南京建设一支合格的中小学教师队伍,更好地为普及九年制义务教育和进一步发展、提高基础教育质量提供了又一条可行的途径。

3. 继续教育培训

1988年以后,南京市在职中小学教师培训工作的重点,有计划有步骤地向继续教育转移。中小学教师的继续教育,是指中小学教师在达到国家规定的合格学历以后的再学习、再教育。主要包括职务培训、新教师见习期培训、骨干教师培训、提高学历层次培训等。1991年,南京市政府颁发了《加强南京市中小学教师继续教育的意见》,南京中小学教师继续教育开始全面实施。至1993年,全市已接受继续教育培训的教师占应培训人数的85%,第一轮培训任务基本完成。1996年,南京市推出全面实施中小学教师继续教育证书制度,要求初中和小学教师每人每年必须分别接受42课时、72课时的继续教育,教师继续教育证书人手一本,通过规定课时培训后由培训部门签证,每年由区县教育行政部门验证。教师参加继续教育情况与教师职评、评优挂钩,未完成继续教育任务者不能评优。这一举措使教师继续教育工作与教师的切身利益直接挂钩,从制度上保证了教师继续教育工作的推进。

1999年开始,教师继续教育增加现代教育技术培训内容。当年有2.3万人接受培训。2000年,全市中小学教师参加现代教育技术培训率达98%以上。

教学基本功训练是教师岗位继续教育的重要内容。针对部分教师尤其是青年教师教学基本功不过关的问题,南京市适时组织开展教学基本功的训练,并将其作为中小学教师继续教育的重要内容。1990年11月,市教育局组织了中小学教师基本功比赛(板书、普通话、看图作文),共102名青年教师参加,掀起了教师教学基本功训练的热潮。1993年开始,南京市连续三年举办小学、幼儿园教师教学基本功和教育技能评比活动,教师的教学基本功训练受到普遍重视。

"九五"期间,全市基本形成了以骨干教师培训为重点,面向全体教师的全员培训体系。全市初中以下教师全员培训率达到95%以上,高中教师培训已全面展开。有40%的教师参加了提高学历层次的培训。全市教师继续教育工作正在实现培训对象从局部向全体转变,培训性质从补偿学历教育向提高学历和能力转变,培训内容以课程教材为中心向以教师素质发展为中心转变,培训体系从封闭向开放转变,培训决策从行政指令向依法培训转变,培训成本从行政部门全额承担向受益者适当承担转变。通过不间断的继续教育,南京市中小学师资队伍整体素质明显提高。

"九五"期间,南京相继建成了市教育行政干部培训中心、小学教师培训中心、幼儿教师培训中心等一批师资培训基地。同时,各区县根据本地区的实际,加强教师进修学校建设,全市共投入5 000多万元用于区县教师进修学校建设,有12所教师进修学校通过省级验收,其中10所被评为省示范教师进修学校。继续教育网络和培训网络不断得到完善,教师继续教育工作呈现出勃勃生机。

4. 骨干教师的培养

改革开放以后,南京市始终把骨干教师的培训作为教师继续教育的重点,积极加强骨干教师的管理,发挥骨干教师的作用。1989年,南京制订了《1990—2000年南京市师资建设规划》,提出要加快培养一批教学骨干、教育专家。骨干教师培训按高中、初中、小学三个层次分科进行,以现代教师修养、教育管理科学、学科教学技能训练、学科教育学、心理学、现代科技讲座、教育科研、中外教育动态等为主要内容。1995年,南京对1994年评选出来的200名优秀青年教师进行跟踪培养,组织他们在完成常规工作的同时,上好一节公开课,参加一项专题教学研究,撰写一篇教学研究论文。

随着教师继续教育工作不断深入开展,南京的中小学骨干教师队伍不断发展壮大,整体素质不断提高。全市已形成了市、区县、镇学校骨干教师群体,他们在教育教学、教学科研中发挥了骨干带头作用,成为教师队伍的中坚力量。骨干教师队伍的培养和建立,为全面提高教师队伍整体素质、发展教育事业打下了坚实的基础。

5. 教师学历培训及提高学历层次培训

1990年,南京的中小学教师的学历补偿教育基本完成,中小学教师的学历达标率得到明显地提升,但相对于快速发展的南京基础教育,仍处于滞后和不能适应。针对这一状况,市教育局采取了一系列积极措施。如组织新教师培养、函授学习、脱产进修等开展了学历培训和提高学历层次培训的工作。

1992年,国家教委印发了《关于加快中学教师学历培训步伐的意见》,江苏省教委结合江苏的实际情况于1992年11月下达了《江苏省中小学教师自学考试暂行办法》,决定开设中小学教师进修高等师范专科自学考试系列,计中学教师12个专业,同时面向小学教师开设了小学教育专业,面向幼儿教师开设了幼儿教育专业,从1993年8月开始课程考试。1994开始,先后又增设了数学教育、历史教育等10个(专科起点)本科专业,并确定江苏教育学院为全省中小学、幼儿园教师自学考试系列主考单位。

中小学教师自学考试系列的开设,是教师学历培训工作的一个新形式、新渠道,是师资队伍建设的重要举措,也可以说为教师办了件好事、实事。这一举措的出台,一是解决了一大批教师、特别是农村和边远地区教师上学难的问题,使广大教师可以就近学习;二是使教师参加系统提高学历的入学考试相对容易,解决一大部分学历不合格教师考不上大学的问题,这部分教师经过三四年的努力,经考试合格后将达到学历合格标准;三是教师自考收费低于其它类进修费用,使一些生活较困难的教师能承担得起;四是参加教师自考人数不受学校规模限制,中学教师的学历达标率,小学、幼儿园教师提高学历层次的速度可较快的提高。因此,中小学教师自学考试系列的开设,受到了南京广大中小学教师和教育行政部门的欢迎。

1993年,南京市、区教育行政部门组织小学、幼儿园和初中在职教师参加专科层次的自学考试。至1993年底,全市已有6 149名中小学、幼儿园教师通过入学考试,取得课程考试资格,全市首次课程考试及格率达68.3%,高于全省平均及格率。1994年,分别于4月、10月组织了两次中小学、幼儿园教师自学课程考试,全市有2.48万人次参加,全年累计开考课程达127门。据统计,上半年自考平均及格率为63%,下半年为69%,均超全省自考平均及格率。至1994年底,全市取得自考学籍的教师达6 822人,占全市专任教师总数的17%。

由于教师自学考试具有业余、自学和就近等优点,且不受人数和时间的限制,南京教师学历达标学习和提高学历层次学习的热情得到了激发,掀起了教师学习文化业务知识的热潮。1996至2000年期间,每年教师自考在籍人数均保持在1.3万到1.4万人,5年间本、专科毕业共9 716人。通过多年持续不断的努力,至2000年,南京中小学、幼儿园教师学历达标率分别为高中79.24%、初中91.23%、小学96.48%、幼儿园94.54%。南京中小学、幼儿园尤其是小学、幼儿园教师的学历达标培训已基本完成。在这一过程中,部分教师积极进取,主动地参加高一层次学历的学习。

三、提高教师的社会地位和生活待遇

改革开放以来,南京市人民政府在提高教师社会地位、改善教师的生活条件等方面做了大量工作,造成了尊师重教的良好社会风气,不仅增强了广大教师的光荣感,也调动了他们教书育人的积极性。

1. 建立表彰奖励优秀教师制度

(1)表彰奖励制度化。建国以来,教师的辛勤劳动得到全社会的尊

重,不断涌现出的优秀教师和优秀教育工作者,受到党和政府的表彰,在全国、省、市的历次劳动模范大会、群英会、先进工作者代表大会,南京地区有许多优秀教师和优秀教育工作者受到表彰和奖励。进入20世纪80年代,特别是全国人大于1985年1月12日同意国务院提出的关于建立教师节的议案,决定每年9月10日为教师节之后,南京逐步建立起表彰奖励优秀教师制度,多次推荐与评选了一大批国家及省、市等各级劳动模范、优秀教师、优秀教育工作者等。

1985年9月9日,江苏省暨南京市庆祝首届教师节大会在南京人民大会堂隆重举行。省、市领导和近3 000名教育工作者欢聚一堂。省、市领导向南京地区的33名"江苏省优秀教育工作者"颁发了奖状和奖章。1985年以后,南京市在每年教师节前都开展各种形式的庆祝教师节活动。1986年,在全市范围内首次开展了评比"尊师重教"先进集体和个人的活动。南京军区司令部机关等45个尊师重教先进集体和28名尊师重教先进个人于教师节受到南京市委、市政府表彰。同时还评选出5名全国教育系统劳动模范,由国家教委授予人民教师奖章,评选出5名省儿童少年先进工作者和242名南京市优秀教育工作者,向从事教育工作满30年的7 328名教师颁发了荣誉证书。1987年教师节,市教育局表彰了全市中小学评选出来的228名优秀班主任。1988年始,南京每年于教师节都要表彰一批优秀教育工作者。

1993年,国家教委颁发《教师和教育工作者奖励暂行规定》,决定国务院教育行政部门会同人事部对长期从事教育、教学以及管理、服务工作并取得显著成绩的教师和教育工作者,分别授予"全国优秀教师"、"全国优秀教育工作者"称号,颁发相应的奖章和证书,对其中有突出贡献者,授予"全国教育系统劳动模范"称号,颁发"人民教师"奖章和证书。奖励"全国优秀教师"、"全国优秀教师工作者"工作每两年进行一次。南京按照国家教委、省教委的要求决定每两年组织一次全国优秀教师、优秀教育工作者和省优秀教育工作者以及市优秀教师、优秀教育工作者(行知奖)的评选。由此,南京表彰、奖励优秀教师工作已成为各级政府和教育行政部门的经常性工作,并逐步走向了规范化、制度化。

至2000年,南京教师在全国、省和市的各项表彰奖励中,受表彰获奖人数不断增加,这些表彰奖励为稳定南京的教师队伍,提高教师的社会地位,激励广大教师热爱教育,献身教育发挥了积极作用。

(2)评选特级教师。中共十一届三中全会以后,邓小平在全国教育工作会议上提出,"要采取措施,鼓励人们终身从事教育事业,特别优秀的教师,可以定为特级教师。"教育部和国家计委根据邓小平讲话精神,于1978年下发了《关于评选特级教师的暂行规定》。特级教师是国家为了表彰特别优秀的中小学教师而特设的一种既具先进性,又有专业性的称号,是一种终身荣誉,在医疗方面享受"特诊"待遇,每人每月享受特级教师津贴。特级教师主要是在普通中学、小学、幼儿园、师范学校、特殊教育学校、教师进修学院、职业中学,校外教育机构的教师中产生。1978年10月,江苏省革命委员会批准斯霞(南师附小教师)、王兰(南京市长江路小学教师)、茅于渊(南京市第十二中学教师)为江苏省首批特级教师。1988年,国家教委下发要求特级教师数量控制在中小学教师数的1‰以内,20世纪90年代末上升为1.5‰以内。至1990年,江苏省政府先后分三批批准袁浩、胡百良等40名中小学、幼儿园、教研室、进修学校教师为特级教师。从1994年起江苏省开始每两年评选一次特级教师。1994年3月,由市教育局编撰,东南大学出版社出版发行了《特级教师之路》一书,全书以报告文学、通讯报道、人物特写、事迹介绍等形式,集中介绍了全市44名特级教师的教学经验、教学成果和奉献精神。原江苏省委书记江渭清为该书题词:"师生表率,振兴教育"。南京在评选、推荐特级教师工作中,始终坚持严格标准、确保质量的原则,把其作为加强教师队伍建设的重要环节来抓,到2000年,南京已有特级教师119人。20多年来,特级教师在各自的岗位上发挥了骨干作用和学科带头人作用,为发展南京的基础教育事业作出了突出的贡献。

(3)建立南京市中小学、幼儿园教师奖励基金。为了鼓励南京市广大教师和教育工作者热爱教育工作,表彰在工作中做出显著成绩的教师和教育工作者,1993年,南京市中小学、幼儿园教师奖励基金会经市民政局批准社团法人登记,正式成立,筹集基金200万元。1995年9月1日,著名美籍华人、美国国际合作委员会主席陈香梅应邀出席南京市庆祝教师节大会,会上陈香梅女士向市中小学、幼儿园教师奖励基金会捐款2万美元,用于奖励优秀教师和优秀教育工作者。南京市中小学、幼儿园教师奖励基金会的宗旨是奖励优秀教师,开展有利于提高教师社会地位的活动,鼓励广大教师终身从事教育工作。基金会成立以后,其募集的资金用于开展庆祝教师节、表彰优秀教师、优秀教育工作者活动。

2.不断提高教师工资待遇

1977年至1981年,国家先后4次调整了教职工工资。即:1977年,根据国务院通知规定,教职工升级面为40%,增加工资时间从1977年

10月1日算起;1978年,对工作成绩优异、贡献较大和提职后工作表现好而工资特别低的教职工进行考核升级,升级面为2%,升级工资从当年12月开始执行;1979年,根据中共中央、国务院决定,教育系统按照"各尽所能,按劳分配"的原则,对贡献较大的大、中、小学教师和幼儿园保教人员给予升级,中小学、中专校的升级面为45%,高等学校升级面为48%,升级工资从当年11月算起;1981年10月,按照国务院的通知规定,南京地区中小学、中等专业学校(含相当于中师的进修学校)、盲聋哑学校、卫生校、幼儿园、托儿所中的国家固定教职工、企事业单位所属的业余中专校、中初等学校、少年宫、教研室中的国家固定教职工以及校外专职辅导员、专职扫盲干部和教师,普遍升一级工资,并补齐1977年升级人员中只增加5至7元的限制未长满一个级差的工资。1982年,按照国务院规定,南京对高等学校及其附属事业单位和中小学在1981年未列入调资范围的人员普遍增加工资。1985年,南京执行国务院、国家教委的规定,对南京教师进行了工资改革,实行由基础工资、职务工资、工龄工资和奖励工资组成的结构工资制。通过1985年的工资改革,南京广大教职工工资待遇有了较大提高。1988年,按照中央决定,南京首次实行中小学教师职务聘任制,实行职务工资。中学教师职务设中学高级、一级、二级、三级;小学教师职务设小学高级、一级、二级、三级。这一年,南京教师进行了3次工资调整:5月,中小学教师的工资标准提高10%;7月,向评聘专业技术职务的教职员兑现专业技术职务工资;10月,为相关人员升级。此外,解决了1970年参加工作的新三届高中毕业生和1968年参加工作的老三届初中毕业生的工资调整问题。1993年10月,根据国务院规定,南京市事业单位进行了全国统一的工资制度改革,教师实行了专业技术人员职务等级工资制度,在工资构成上分为专业技术职务工资和津贴两部分。教职工的工资得到了进一步提高。1994年,国务院印发《关于〈中国教育改革和发展纲要〉的实施意见》,要求各级政府和教育行政部门必须保证《教师法》和《纲要》所规定的教师工资待遇的目标,使教师的平均工资水平不低于或者高于国家公务员平均工资水平。教师的工资待遇及其目标由此得到了法律的保障。此后,南京基本上两年给教师提升一次工资和每年经过考核增发一个月工资等。这些,都是与公务员的工资提升同步进行的。

另外,从1989年起,根据省政府的决定,南京开始对男教师从事教育工作满30年、女教师从事教育工作满25年的实行退休后享受100%工资的待遇。从1982年开始的民办教师转公办教师的工作,到1995年全部结束,全市共有9 546名民办教师转为公办教师。多年来,民办教师与公办教师同工不同酬、生活待遇较差的问题已成为历史,这部分教师的工资待遇得到很大的提高。

3. 改善教职工住房条件

由于历史的原因,"文化大革命"结束后,南京教师的住房条件普遍较差,以至影响了教师的工作和学习。据统计,1977年南京城镇中小学教师住房人均仅4平方米,教师住房问题已成为南京教育发展面临的重大实际问题之一。改革开放以来,切实改善教师的住房条件,为他们解决居住方面存在的实际困难,被列入南京市各级政府和教育行政部门的重要议事日程。1981年至1987年,南京在市区共投资4 210万元,新建中小学教工住宅19.10万平方米,为2 407名教职工改善了居住条件。1988年至1995年,省、市、区投资和自筹7 584万元,建成教职工住宅20.22万平方米,进一步改善了南京市城镇中小学教师住房条件。1992年,为进一步落实知识分子政策,改善高校教师的工作和生活条件,省教委把改善高校教师特别是中青年教师的住房作为一项重要工作来抓。南京地区的高校多渠道筹集建房资金,开工5万多平方米,年内竣工3.5万平方米,缓解了一部分教师的住房困难。1993年,高校教职工住房建设进一步加快,当年开工28万平方米,竣工4万平方米,新建住房800套左右。为进一步解决南京地区高校教职工的住房困难,省、市政府决定在河西地区建设南京高校教师住宅新村。1994年,省财政拨款2 000万元,启动高校教师公寓的建设。同年,南京市通过拆迁、解困、自建等途径解决中小学教职工住房4万平方米,同时开工建设教工新村,市政府从市长基金中调拨500万元专款作为教工新村的启动资金,还千方百计解决了教师拆迁户的补助资金来源。1995年上半年,市委市政府召开会议部署加快教师住房建设,当年投入5 189万元,开工建设8.95万平方米,年底竣工5.93万平方米。这一年,南京市城镇中小学教工人均居住面积由1990年的6.9平方米,提高到8.22平方米,成套率达到64.3%。1996年3月,市政府再次召开教工住房建设动员大会,出台了《关于加快我市教职工住房建设的实施意见》,提出到"九五"末期中小学教职工家庭人均居住面积超过10平方米,成套率达85%,并分别与市教委、各区县签订了"九五"期间建设教工住房70万平方米责任书。还出台了对教职工住房建设实行免缴土地出让金、市权范围的各种税费减免二分之一等优惠政策。当年9月,由市教委筹资2 900万元,总面积达2万平方米的市教工新村一期工程竣工并交付使用,311户教师喜迁新居。二期工程1万平方米开始动工。市教工新村在建设过程中,各有关部门通力配合,狠抓进度、质量,减免税费总计1 100万元。1997年,在市委市政府的关心下,全市教工住房建设开工面积28.34万平方米,竣工15.96万平方米,有2 247户教工搬进新房,全市教工人均居住面积已达8.91平方米,住房成套率达到70%。1998年1月,全国教工住宅建设会议在南京召开,国务院副总理李岚清及会议代表视察了南京市教工住房建设情况,给予较高评价。1998年,高校教师新村一期工程交付使用,其中01幢楼被评为南京市"十佳"建筑工程,1.3万平方米附属用房开工建设。二期工程28万平方米也全面开工,工程进展顺利。另外驻宁部委属高校筒子楼改造顺利进展,共申请落实学校筒子楼改造基金9 800万元。该年,南京市教工住房建设完成16.38万平方米,超额完成省、市政府下达的任务。白下、江宁、溧水、高淳的教工新村建设都取得新的进展。1996年至1999年,南京共建成中小学教职工住宅66万平方米,教职工人均住房面积提高到10.5平方米,超过南京市人均居住面积0.65平方米。2000年以后,由于河西高校教师公寓的建成和各高校自筹资金新建以及从社会购置教师住房,加之国家住房制度改革推行,南京广大教师的居住条件得到了根本改善。

【第十六章】

进入21世纪的南京教育
（2001—2010）

2001年初，南京市教育局制定了《南京市2000—2005年深化教育改革全面推进素质教育二十项工作目标》，同时出台了《南京市教育发展"十五"计划》，确定了"十五"期间的教育发展目标：全面实施素质教育，全面消除义务教育阶段薄弱学校，全面推进教育信息化，基本普及12年基础教育，基本实现高等教育大众化，基本建立终身教育体系，进一步提高基础教育、职业教育、地方高等教育、成人教育水平，并相应推出教育布局调整工程、"振兴初中行动计划"、"农村小学提升工程"、"中小学校校通工程"、"四五园丁工程"、"名校放大工程"以及启动基础教育课程改革、加强和改进大中小学生思想道德建设、中小学生才艺拓展计划等一系列配套措施。到2005年上半年，全市提前实现"十五"教育发展任务。南京教育基本实现"全面普及、全面合格"的目标，开始走向"全面优质、全面满足"的教育现代化新目标。

2005年11月，南京市委市政府召开全市教育工作会议，进一步确立教育优先发展的地位，提出"建设教育名城，率先基本实现教育现代化"的奋斗目标。2006年市教育局按照市委市政府确定

2005年召开的全市教育工作会议确立了建设"教育名城"的奋斗目标。

的"教育名城"建设目标,研究制定"教育名城"建设实施计划,逐级分解发展目标和任务,并对区县教育工作开展督导评估考核,切实加大推进力度,"教育名城"建设有序推进。2007年1月,南京市政府与江苏省教育厅签约共建南京"教育名城",把南京作为江苏省教育改革发展的重要窗口进行建设,共同推进南京市"全国重要科教中心"、"教育名城"建设。2008年2月,江苏省委常委、南京市委书记朱善璐指出,教育是民族振兴的基石,也是南京振兴、发展、实现现代化的基石;各级党委、政府要把教育放在更加重要、优先发展的位置上,以创建教育名城、建设全国重要科教中心为载体,社会各界齐心协力,共同建设好南京的"基石工程"。9月,市教育局制定并着手实施《南京教育"基石工程"实施计划》,着力发挥教育在整个经济社会发展中的"基石"作用。"十一五"以来,全市教育规模实现跨越式发展,教育普及水平已基本达到世界中等发达国家同期指标,办学条件普遍达到现代化标准,育人模式形成了"立交桥"架构,教育发展融入了国际化潮流。先后编纂出版《南京教育史》、建成南京教育史馆、印制《南京教育图录》,"一史一馆一图"展现南京深厚教育积淀,在全国开创先河。教育质量得到持续提升,城乡教育一体化进程明显加快,教师队伍建设得到全面加强,教育国际化发展驶上高速路。南京先后被评为"中国最具教育幸福感城市"、"中国最具教育发展力城市"。到2010年,"历史积淀深厚,质量水平一流,名校名师众多,风格特色鲜明"的"教育名城"框架体系已经形成,"基石工程"实现重大突破,南京已率先基本实现教育现代化,成为享誉全国并在国际上具有重要影响的教育之城。

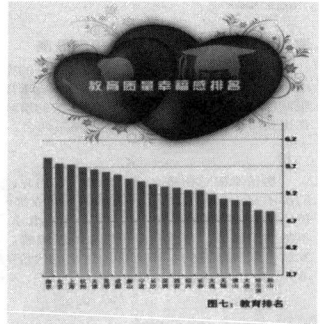

教育:南京、北京、上海、杭州位居前四

教育幸福感,也是2008年最具幸福感城市推选中新增的项目。教育幸福感最高的城市中,南京、北京、上海、杭州位居前四。其中尤以南京优势明显,领先于其他城市,独占鳌头。(图七:教育排名)

2009年元旦出版的《瞭望东方周刊》报道南京被评为"最具教育幸福感城市"。

南京被评为2009年度"中国最具教育发展力城市"。图为许仲梓副市长(中)在领奖。

第十六章　进入21世纪的南京教育（2001—2010）

第一节　基础教育率先基本实现教育现代化

21世纪初十年,是南京市实施"十五"和"十一五"教育改革和发展规划的十年,是基础教育率先基本实现现代化的十年。"十五"期间,基础教育阶段全面实施素质教育,全面消除义务教育阶段薄弱学校,全面实施教育信息化,全面提高教育普及水平,教育质量明显提升;"十一五"期间,基础教育从注重规模扩张转变为突出内涵发展,从"全面普及、全面合格"转变为"全面优质、全面满足"。这十年,围绕率先基本实现教育现代化的目标,实施"基石工程"和"教育名城"建设工程,先后推出"教育布局调整工程"、"农村小学提升工程"、"振兴初中行动计划"、"中小学校校通工程"、"四五园丁工程"、"名校放大工程",启动基础教育课程改革、加强和改进中小学生思想道德建设、实施中小学生才艺拓展计划等一系列教育改革,全市基础教育有了新的发展。

一、15年基础教育全面普及

"九五"期间,在实现"两基"(基本实现九年制义务教育、基本扫除青壮年文盲)以后,南京的基础教育如何进一步健康发展,成为一个重要的课题。21世纪初,南京市教育局依据全市发展规划,确定"十五"期间的教育发展目标之一是基本普及15年基础教育。这是在实现"两基"以后的又一个重要的战略目标。

为了加快全市基础教育事业的发展,提高教育整体发展水平,南京市采取了以下举措：

1. 努力优化义务教育结构

(1)教育布局调整。2000年12月,南京市政府召开全市教育布局调整暨改造薄弱学校工作会议,提出2001至2005年教育布局调整规划。从2001至2002年,南京市根据人口情况结合教育现代化发展需要,积极推进第二轮教育布局调整和改造薄弱学校工作。全市共投入资金2.41亿元用于城乡中小学危房改造和布局调整,改造危房25.23万平方米,消除危房11.32万平方米。至2003年,全市已经达到平均每

1.05万人1所小学,每校平均16.36个班级;平均每2.31万人口1所初中(含完中初中部),每校平均21个班级。经过三轮教育布局调整和教育体系结构调整,撤并薄弱中小学校1 068所,义务教育的规模和效益不断提高。

(2)统筹城乡教育。为补齐南京市农村教育这块"短板","十五"期间,南京市委市政府进一步加大对农村教育投入的力度,调整教育投入结构,统筹城乡教育事业发展。全市农村教育总投入71.3亿元,比"九五"期间增加了37.1亿元,增幅为108.5%;其中,市级财政转移支付5年累计6.05亿元,比"九五"期间增加了3.92亿元,增幅达185%,高于全市教育总投入增长幅度76.5%,位居全省前列。"十五"期间,全市农村教育投入的最显著特征是从"保障型"走向"发展型",在保持对农村学校基本建设持续性投入的同时,把财政转移支付重点投向农村教育的办学效益与内涵质量的发展上。

(3)启动"农村小学提升工程"。"农村小学提升工程"的宗旨是,减少"村小"数目,扩大"村小"规模,做大做强中心校,完善教育设施,提高教育质量和办学水平,改变农村基础教育薄弱的状况。以建设"一流的小学教育"为目标,以"提高小学教育的质量和效益"为核心,以"高标准高质量实施义务教育、全面推进素质教育"为重点,努力促进小学教育"布局结构、办学条件、队伍素质、学校管理、课堂教学、内外环境"的优化,坚持"办好每一所小学,教好每一个学生",为适龄儿童提供优质的小学教育。南京市"农村小学提升工程"有3种改造模式:对经济较发达、城市化水平较高、交通条件较好的乡镇实行中心小学模式,即撤并所有村小,扩大中心小学办学规模;对人口较多、地域面积较大、交通较便利的乡镇采用"中心小学+村完小"模式,即撤并所有办学点和部分村小,实行易地新建村小或扩建原有村小的办法,形成中心校加几所有一定规模的村完小的格局;对人口密度小、地理条件复杂且交通不太便利的乡镇实行"中心校+村完小+办学点"的模式。此项工程实施后,每所小学办学条件达到市规范化学校标准,乡镇中心小学达到市级示范小学标准,所有教师均通过资格认定,持

实施"村小提升工程"后,小学生喜乘校车上学。

证上岗。同时,南京市每年投入1 000万元,对完成工程的乡镇给予奖励。2004年,南京市教育局还筹集1 700多万元,为40多个乡镇小学8 000多名学生配备了111辆中型客车,解决了偏远地区学生上学的交通问题。截至2005年,全市农村中小学计算机室、语音室、网络教室、实验室等现代化办学设施基本普及。从2005年到2008年,南京市经过三年努力,累计投入3亿元,全面完成合格学校及"五室"(图书阅览室、网络学习室、技能创造室、心理咨询室、校史陈列室)建设任务,75个镇(街道)的290所学校达到合格学校及"五室"建设要求。至此,郊县的乡镇中心小学基本达到市级示范学校的标准,90%的"村小"办学条件达到市颁标准。十年来,全市接受义务教育的人口覆盖率达99%以上。

2. 大力发展高中阶段教育

(1)普通高中稳步发展。为适应高中学龄人口入学高峰到来的需要和满足人民群众对优质高中教育的需求,南京市加快发展高中教育。让现有优质高中扩大办学规模和招生数量;鼓励"名校办民校",扩大高中优质资源。南京外国语学校仙林分校、金陵中学河西分校、南京师大附中江宁分校等3所名校办的民办分校相继建成,都有一流的校舍,一流的师资和较好的生源,教学质量高,办学效益好;南京市第一中学、江宁区高级中学以股份制形式举办民办高中分校;南京市第二十九中学、南京市第十三中学组建了教育集团,实行资源重组,扩大优质高中规模。

(2)职业高中快速发展。南京中等职业技术教育(包括普通中专、职业中专、职业高中、技工学校)快速发展。全市有独立设置的中等职业学校44所。"十五"期间初中毕业生升入高中阶段学校的比例一直保持在90%以上,"十一五"期间,初中毕业生升入高中的比例达到95%以上,高出江苏省平均水平约10个百分点,实现了高中阶段教育的基本普及。高中阶段学校学生的普职招生比保持在1∶1左右。

3. 普及学前教育

进入21世纪以来,南京市抓住实施教育现代化工程的机遇,加大普及农村学前三年教育的步伐,推动了农村幼儿教育事业健康快速发展,从而改变了因受城乡二元经济结构影响而造成的农村幼儿教育规模小、条件差、质量低、安全隐患多、普及率不高的状况。在扩建公办幼儿园的同时,积极鼓励民办幼儿园发展,积极吸收民间甚至国际资本举办幼儿园,形成公办与民办相结合、布局合理的学前教育服务体系。全市实施

"农村幼儿园提升工程",大力改善办学条件,使农村幼儿园从园舍场地选择、设施设备配置到教师素质全面升级,提高了南京市幼儿教育的整体水平。"十一五"期间,农村幼儿教育总投入达5.85亿元。全市还积极推进各类幼儿园的创优达标活动,促进了幼儿教育的内涵发展及品牌建设,全面提升了幼儿园的教育质量。

十年来,南京教育事业发展水平实现新跨越。全市全面普及15年基础教育,2010年,学前教育毛入园率达97.5%,小学学龄儿童入学率达100.56%,初中毕业生升学率达99.62%,高中毛入学率达100%,普通高校录取率达85.17%,高等教育毛入学率达61%,新增劳动力人均受教育年限达15年。南京教育普及水平已基本达到世界中等发达国家的同期水平。

二、优质教育高位均衡发展

基础教育的内涵发展必须不断扩大优质教育资源,走均衡发展的道路。南京市除采取整体布局调整外,还以"培植新增"与"裂变放大"等多种方式,通过创建示范学校,名校办民校,实施"农村小学提升工程"、"振兴初中行动计划"、"南京教育跨江发展计划"等途径,使优质教育资源迅速扩大,促进教育向"高位均衡"发展。

1. "小班化教育"成为新的增长点

21世纪初,由于受人口出生因素影响,适龄生源呈现减少趋势。为应对生源变化,也为了探索优质教育之路,南京市从2001年启动小学小班化教育实验,2005年启动初中小班化教育实验,并逐年扩大。到2010年,全市小学小班化教育学校发展到100所共1 615个班级,46 049名小学生享受到小班化教育;初中小班化教育学校发展到32所共522个班级,16 704名初中学生接受小班化教育。经过本土实验和参加国内外研讨,全市小班化教育实验学校在教室环境设置、教育教学行为、学生学习方式、学校管理模式、家校合作形式等方面取得了明显的改进,并且在课程开设校本化、课堂教学高效化、学校建设特色化等方面深化实验内涵,取得了显著成绩。南京市教育局在资金投入、师资培训、招生政策等多方面向试点学校提供政策支持和制度保障,保证了小班化教育实验的健康发展,使一批名不见经传的公办小学、初中(包括一部分原先的薄弱学校)办学水平得到提升,成为"家门口的好学校",其中部分学校升

第十六章 进入21世纪的南京教育（2001—2010）

级成为实验学校、示范学校，对优化全市基础教育整体资源配置、推进基础教育高位均衡发展起到明显的促进作用。

2. 发挥"名校"优势

对于名校发展，南京市通过扩大规模、创办分校和组建教育集团等形式，充分发挥其优势，扩大优质教育资源。

从2002年开始，南京市教育局牵头，南京外国语学校、南京师大附中、金陵中学3所名校以品牌与管理入股，吸纳社会资金，兴办了3所"民办航母学校"，不仅适时扩大了高中教育规模，还成功放大了优质教育资源。进入21世纪以来，南京市第二十九中学、南京市第十三中

2003年启用的金陵中学河西分校。

学组建了教育集团，实行资源重组，扩大优质高中规模。许多中小学、幼儿园还在新建城区兴办了分校（园），如南京市鼓楼幼儿园、南京市第一中学等。随着形势的发展，教育集团也从高中向初中、小学发展，2010年，鼓楼区建立了4个小学教育集团，白下区也组建了3个小学教育集团，通过集中领导、教师流动、资源共享等方法，扩大了优质教育资源。

3. 规范民办教育

民办学校的健康发展，一方面要清理"民办公助"，停办一部分不符合要求的学校；另一方面要规范招生办法，使受群众欢迎的民办教育得到良性发展。南京市教育局要求民办初中学校原则上在本区内招生，不得进行语文、数学、英语的书面考试，如果报名人数超过计划录取人数，学校可采取综合素质测试等办法完成录取。随着"小升初"免试就近入学制度的推进，全市义务教育均衡化开始起步。2003年起，南京市又对民办学校全部实行"电脑派位"，解决"小升初"中择校的主要矛盾。

2006年，南京市教育局采取措施规范义务教育阶段的办学行为，促进义务教育的均衡发展。坚持"以政府办学为主"，让更多的市民子女享受到少缴费、直至免费接受公办义务教育的权益。各区县按照"免试就近入学"的原则合理划分公办初中学区，确保义务教育学位的落实。公办初中学区划分范围和招生计划向社会公布，接受社会监督。努力办

好每一所公办初中,义务教育阶段公办学校不得转为民办学校;公办学校不得举办"校中校"、"校内班"。从2006年起控制义务教育阶段民办学校规模,城区各区原则上保留一所民办初中,全市民办学校招生人数基本控制在初中人数的10%以内,城区不超过20%。进一步完善初中招生办法。公办初中严格执行免试就近入学的招生办法,招生计划由区县教育局确定。民办初中按办学条件确定当年的招生计划,其招生计划分为电脑派位计划和自主招生计划,取消民办初中的扩招计划。

2007年,从民办学校办学条件、董事会(理事会)工作、资产与财务管理、预留发展基金及提取使用制度等四个方面,进一步规范了南京市民办学校的办学行为。同时继续规范郊县依托重点中学举办民办初中、民办高中等办学行为。全市民办初中、高中的清理、规范工作基本完毕。经过数年的努力,调整了义务教育阶段的民办中小学的数量、规范了民办中小学的办学行为,逐步实现了公办民办一视同仁、共同发展的局面,促进了教育均衡化发展,提高了义务教育发展水平。

4. 创建示范学校

增加优质教育资源,关键在于增强所有学校的整体实力。而普遍提升义务教育阶段中小学的办学水平是重中之重,这是义务教育均衡发展的保证,也是扩大优质教育资源的重要基础。

南京市花大气力,每年积极创建各类实验学校、示范学校、星级学校、现代化学校等。随着这些学校的不断升级,南京市教育的综合实力也在不断提升。到2010年,城区公办普通高中全部达到江苏省三星级学校以上的办学标准。南京市有113所学校创建成为省级示范初中,占全市155所初中学校的75%,向初中教育均衡发展迈进一大步。2006年底,全市累计有市级示范小学114所,市级实验小学90所,省级实验小学108所,示范校以上的学校312所,占全市小学总数的80%;到2007年,全市示范小学以上学校占小学总数84%;2010年现代化小学(原"市级实验小学"标准)总数达303所,占全市小学总数的88%,其中玄武、白下、鼓楼、雨花台和江宁等区的小学100%达现代化小学的标准。2010年,南京市有省示范幼儿园55所、省优质幼儿园245所,省优质幼儿园达标率58%。

在新形势下,南京市启动了区县初中教育质量评估工作,开展推进素质教育示范初中评估。在2008年开始创建10所初中的基础上,又确认18所初中为"南京市推进素质教育示范初中",并进行为期一年的过程考察。

此外,还有许多学校分别达到国家级、省级、市级的体育先进学校、艺术教育特色学校、青少年科学教育特色学校、绿色学校、中华经典诵读基地学校、语言文字规范化示范校、实施"学校卫生安全保障工程"达标和学生军训工作先进单位、园林式学校等标准,使南京市优质教育资源得到极大的提高。

2010年,南京市在教育优质均衡发展方面开始走上新的征途,起草并下发《南京市义务教育优质均衡改革发展省级示范区创建工作方案》,力争围绕国家和省市教育中长期发展战略目标,坚持以育人为根本,以改革创新为动力,以促进公平为重点,以提高质量为核心,全面实施素质教育,巩固提高义务教育水平,努力把南京市建成义务教育优质均衡先导区、规范办学样板区、素质教育示范区、体制机制创新区、城乡一体融合区、人民满意认可区。

三、教育质量水平全面提升

在继续做好普及15年基础教育工作的基础上,提升教育质量成为首要任务。南京市教育改革的重点也从注重教育的规模扩张改为注重教育的内涵发展,把高质量、高标准实施素质教育作为教育改革和发展的重要任务,形成了"脚踏实地抓管理、凝神聚力抓质量"的共识。教育质量在原有的基础上有了明显的提升。

1. 提升教育质量的实践

南京是一座历史文化名城,有着优良的教育基础和丰富的教育资源,有一批在全国影响较大的中小学和幼儿园,有着求学治学的良好传统和城市环境。在基本普及15年基础教育的同时,必须坚持全面贯彻教育方针,理直气壮地抓好教育质量,落实教学在学校工作中的中心地位,重视培养学生的社会责任感、创新精神和实践能力,为学生全面发展和终身发展奠定基础。21世纪迎来的是教育质量的新时代,教育质量的主题得到了前所未有的强化,教育质量的内涵有了鲜明的时代特征。

2003年,南京市提出了"以素质教育为价值取向"的教育质量观,进入了"质量新时代"。

抓质量从新课程改革切入。以课程改革为抓手,推动素质教育全面落实。南京市认真贯彻《基础教育课程改革纲要(试行)》,部分小学、初中起始年级从2001年开始进入新课程改革实验，执行新标准，使用新教材。当年其他年级也要贯彻《纲要》的精神，积极推进教育教学改革。全市围绕新课程改革，认真做好师资培训工作，加强课程改革实验研究，提高"课改"实验的组织程度和实际成效。结合本地区、本学校的传统和优势，认真研究、开发富有特色的校本课程，提高课程建设与管理能力。开齐上足体育与健康、艺术等课，推进规范语言文字工作。2002年，南京市又从秋季开始全面进入基础教育课程改革实验，这项工作比全省提前了两年，比全国提前了三年。到2010年，南京市已经初步建立起国家课程、地方课程、校本课程有机结合的新课程体系，形成了以学科为本、区县为主、基地为重的课改推进运行机制。

抓质量以课堂效益为重。学生在校最多的时间在课堂，课堂的质量实际上主宰着教育的质量。放弃课堂，课外加班加点，是一种本末倒置的做法。新课程改革以后，南京市的大多数学校注意打破"要抓教育质量就必须大面积长时间补课"的思维定势，重新回归到课堂主阵地上，不断改进课堂教学，有效利用教学时间，努力提高课堂教学的效率。

抓质量在常规管理上落实。常规管理是学校最经常、最琐碎的管理，同时也是学校最重要、最见水平的管理。南京市以"一校一章程"为起点，以构建现代学校制度为目标，进一步明确办学的理念和方向，明确校风、教风、学风、班风的要求，全校师生员工建立起共同的愿景，齐心协力办好学校。进一步整合学校、家庭、社会和网络教育资源，为提高教育教学质量服务；进一步明确每个职能部门的职责，明确每一位教学教辅人员的职责，明确学校各项工作的运行规则和流程，用规范的制度规范教育教学行为，协调处理人际关系，使学校每个层面的工作都做到有章可循，有序运转，聚敛各种积极力量，为教育质量的提升夯实基础。南京市还组织力量研制了符合新课程改革的《中小学教学常规管理手册》，发放给每一位教师对照执行。市区（县）两级教研部门加强教学过程的视导工作，采取预约视导与随机视导相结合的方式，实施"群体共振"式的大范围教学视导，积极打造"活力课堂"，促进课堂教学质量的提高；有序开展调研性测试工作，对教学效果及时进行检测、诊断和反馈，以促进教育管理的科学化、制度化。

抓质量从队伍建设做起。南京市全面实施"帮一把、推一批、优一群"的教师队伍管理策略，在全员培训的基础上，以优秀青年教师、学科带头人、名特优教师、教授级教师为骨干，开展优质课、优质教案、优质教学案例、优质教学课件、优秀教学论文"五优"竞赛活动，逐步建立起促进教师专业成长的有效机制。培训校长队伍,要求校长真正进入教学者、领导者和管理者的角色,努力成为教育教学的专家,成为组织管理的高手,特别要善于组织力量,协调资源,营造出人人关注教学、教师专注教学、个个支持教学的校园氛围。校长必须加强学习和研究,不断提升自身素质,依法治校,以德立校,真正成为学校的灵魂。

抓质量在教育科研下功夫。南京市加快实施"教研科研一体化"工程,以课题研究为龙头,以校本科研为基石,以专业引领、经验分享、实践反思为基本路径,不断提高教师的科研能力。南京市开辟了重大课题招标研究和教师"个人课题"研究的领域,建构了"金字塔式教科研工作模型",强化了教育研究的管理。南京市在全国首倡教师"个人课题"研究,打破了教育科研的神秘感,鼓励和吸引广大教师以案例研究、叙事研究、调查研究等实践性研究方式参与教育科研,提高教育教学水平。2009年和2010年,第一届和第二届"全国'个人课题'研讨会"在南京市成功召开,《中国教育报》以整版篇幅报道了《风起云涌的南京"个人课题"》,在全国产生强烈反响。2007年,南京市开展了提升学生学习力的研究,组建了一支跨学科的科研团队,其中有来自教育学、心理学、社会学、医学、遗传学、脑科学、行为学、营养学等方面的专家,选择一批初中学生样本,长期跟踪观察,探究其学习动力、学习能力、学习毅力的发展规律,为提升学生学习力找寻科学的依据和方法。

抓质量从评价改革开始。南京市认为评价既要关注"终端",更要关注"过程";既要关注高中,更要关注幼儿园、小学、初中;既要关注某一阶段的教育质量,更要从某一较长的教育阶段来检验和评价教育质量。要把形成教育质量的全过程和各个环节、各种因素管起来,以全过程的高质量来保证终端的高质量。南京市积极开展"十二年一贯制学生学业质量评价体系"课题研究;在小学、幼儿园全面使用学生素质发展记录册的基础上,2004年近7万名初一新生开始启用"我的成长足迹——初中生素质发展记录册(袋)",取代使用多年的成绩册;对中学则推行《初中办学水平评价标准》,形成了《高中教学绩效评估方案(征求意见稿)》。

2. 青少年学生得到全面发展

坚持实施素质教育,教育质量有了新的提升。南京市明确树立新的育人观念:每一位学生不求一样的发展,但都要发展;每一位学生不是同步提高,但都要提高;每一位学生不必相同的规格,但都要合格。

坚持育人为本、德育为先。加强学校德育工作制度建设,完善大中小学纵向衔接,学校、家庭、社会横向沟通的德育工作体系,进一步提高德育工作的实效。加强学校德育科研,学生"主体育德"、"志愿者行动"等一批课题研究有成效,使学校德育进一步贴近生活,贴近实际,贴近学生。加强中小学生心理健康教育,"陶老师"工作站获得全国未成年人思想道德建设创新奖。

大力提高中小学生的综合素质。2002年,南京市第三中学女排、梅园中学男排代表中国参加"世界中学生排球锦标赛",分别取得冠军和第五名的好成绩。金陵中学女篮代表中国中学生参加第四届亚洲中学生篮球锦标赛荣获冠军。南京市中学生交响乐团、小学生合唱团先后走进维也纳金色大厅参加表演,在维也纳国际青少年音乐节上分别获得第二名、第一名的好成绩。南京市第六中学的中学生管乐团远赴荷兰参加国际音乐节比赛,以精湛的技艺荣获荷兰"2008 CKE 国际音乐节"金奖,并获最佳组织奖。2010年万名学生参加"第十五届全国中小学生绘画书法作品比赛",共有8 996名学生获奖。一大批学生在各级艺术、体育和其他竞赛中取得了可喜的成绩。科技方面,南京市参加"国际机器人比赛"也取得了好成绩,南京金陵中学在 VEX 机器人世界锦标赛中,获得 Math 区亚军并进入决赛,最后获得世界排名第五的优异成绩;在第四届亚洲机器人联盟华东地区青少年联赛暨泛太平洋机器人锦标赛选拔赛中,获得 VEX 工程挑战赛项目高中组第二和第四名成绩,最终获得一等奖和二等奖。全国"明天小小科学家"颁奖典礼上,金陵中学高三学生王冉(江苏省唯一代表)发明的"双区域液晶显示"系统荣获一等奖。还涌现出王珂(微软认证工程师)、华演(获国际科学与工程学大奖)、周辰(发明"眼球控制鼠标")等一批具有创新精神和实践能力的优秀学生。2007年,20名中国学生在南京市第三高级中学,通过业余无线电台实现了与国际空间站宇航员的首次"天地对话"。整个对话过程持续9分19秒,中国学生提出的20个问题得到了宇航员及时的回答。南京市第三中学成为全球第311个、也是中国第一个成功申请 ARISS 计划并成功实现与国际空间站"天地对话"的学校或团体。

南京市高中毕业生受到北大、清华等国内名校的青睐,每年提前保送到国内知名高校的人数约占全省总数的一半以上;每年被世界知名高校录取人数也在全省遥遥领先。其中2010年,南京市被国内外知名大学提前录取人数1 800余名,提前录取总人数、保送清华北大人数、获得国外大学奖学金人数等三项指标继续在全省领先。高考成绩再攀新高,高考录取率达85.2%,各类教育质量得到进一步提升。

特殊教育学校也取得很大成绩。南京聋人学校形成了从幼儿听力言语康复、小学、初中、职业高中、普通高中全覆盖的聋人教育体系。聋人高中的高考连续多年本科录取率100%。盲人学校2004年成为江苏省盲人教育资源中心,形成融教育、康复职业训练和就业为一体的盲人教育体系。2010年,在江苏省残疾人文艺汇演中,南京市盲人学校民族鼓表演《少年强》获一等奖;在第三届全国盲人歌手及器乐独奏大赛中,南京市盲人学校陈孝兵获器乐组三等奖;在首届全国盲校中学生信息技能大赛中,南京市盲校学生颜玉睿获一等奖;在全国盲校中专生保健按摩技能大赛中,南京市盲校学生朱伟获三等奖。南京市盲人学校运动员高荣获全国残疾人乒乓球锦标赛视力组女子单打亚军;南京市盲人女子、男子门球队在全国盲人门球锦标赛上分获第四名、第六名,在江苏省第八届残疾人运动会上均获冠军;在第十六届亚残会

2005年盲生孙新在世界青少年盲人田径锦标赛上获金牌。

上,运动员张魏入选盲人门球国家队,参赛获得金牌,许骥萍获得T12级200米银牌,陈燕获得T11级100米铜牌。南京市特师二附小特奥男子篮球队和女子篮球队代表江苏省参加全国第五届特奥运动会,男子篮球获D组第一名,女子篮球获D组第三名,郭文婷获个人技术第一名,宣伟获个人技术第三名,鼓楼区特殊教育学校黄鸣、杨婕两名学生分获羽毛球冠军和篮球第三名。

四、率先实施免费义务教育

20世纪90年代南京市在全省率先实现"基本达到九年制义务教育办学条件标准、基本普及初等和初级中等义务教育"以后,除了采取各项措施巩固和提高全面实施义务教育成绩外,又提出了率先实现免费义务教育全覆盖的目标。

全面推进农村义务教育体制改革,强化区县政府的管理责任,发挥乡镇政府的作用,促进农村义务教育的发展。加快完善农村义务教育"以县为主"的新体制,建立与之相适应的教育经费保障机制,确保义务

教育的投入不低于改革前并力争有所增长。特别针对教育经费缺口较大、教师工资发放面临新的矛盾以及适逢初、高中生源高峰等问题，依法落实区县政府责任，加快建立农村义务教育以政府投入为主的经费筹措机制。

加大中小学危房改造和中小学布局调整的力度。自2000年至2002年3年间，全市投入专项资金24 147万元用于农村中小学危房改造和布局调整，改造危房25.23万平方米，消除C、D级危房11.32万平方米。通过改危，农村中小学尤其是定点保留的农村小学的办学条件得到改善和提高。2002年底省验收组对南京市的农村中小学危改工作给予充分肯定，认定南京市为江苏省农村中小学无危房县（区）。

加大基础教育总投入。例如2001年在农村税费改革后教育经费减收6 000多万元的情况下，基础教育总投入反而比上年增加1.7亿元，基础教育投入未受大的影响。对特困学生采取减、免、缓和捐款等多种形式给予扶助。当年农村学生人均支出比上年减少120元。

从特殊学生做起，逐步推进免费义务教育。2004年是南京市对特殊教育学校（班）义务教育阶段学生实行全免费教育的第一年，在省补助每生每年200元的基础上，南京市教育局和各区县教育局又为每生每年补助近1 000元，免除在特殊教育学校和普通中小学附设特教班就读学生的杂费、代办费、电教费、管理费、体检费、住宿费等6项费用。对全市6所初中的"爱心班"共445名学生实施免费义务教育。继续对低保家庭子女发放"助学券"。

2004年底，南京市下发《关于南京市义务教育阶段学校推行"一费制"收费的通知》，决定从2005年春季新学期开始，南京市义务教育阶段学校实行"一费制"收费办法。2005年，南京市召开教育工作会议，决定在2010年实施城乡一体的免费义务教育。

2006年上半年新《义务教育法》颁布；全省农村义务教育免收学杂费工作会议召开；部分城区计划提前免收义务教育杂费。只有抓住这三重机遇，南京就有可能提前在全市范围实施免费义务教育。南京市教育局当即行动，向市委市政府汇报请示，与南京市有关部门积极沟通，并做好经济相对欠发达区县的经费补助工作。于2006年秋季开学实施城乡一体的免费义务教育，南京52万名义务教育阶段学生秋季开学普惠性享受政府免收杂费，2万多名困难家庭学生义务教育基本实现"全免费"。比市委市政府的规划提前了4年，成就了南京市教育发展史上的一件大事。

南京市对义务教育阶段学生全部免收杂费(含信息技术教育费)，享受对象是具有南京市常住户籍、在义务教育阶段学校就读的学生，不仅包括在公办学校就读的学生，而且包括经市、县级以上教育行政部门批准的民办学校就读的学生。接受义务教育的外来务工人员子女，只要监护人有稳定的住所、职业和收入来源，取得流动人口暂住证并居住三年以上，符合户籍所在地计划生育政策，能提供相关的证明和证件，也可以享受免收杂费的待遇。

在全面推行义务教育免收杂费的同时，继续向义务教育阶段1.8万名城乡"低保"家庭子女、低收入纯农户家庭子女发放"助学券"，免除杂费、信息技术费、书费、作业本费、体检费、社会实践活动费等共700多万元。对残疾儿童实行全免费教育。对外来务工人员义务教育适龄子女全接纳，截止2009年，在南京务工子女接受义务教育的比例达到99.8%。确保全市基础教育阶段各类经济困难家庭学生、残疾儿童、外来务工人员子女等同享教育公平。2009年，南京市完善15年基础教育的政府助学体系，全年投入2.7亿元，用于免除义务教育阶段的杂费、课本费。

五、推进教育公平发展

"有教无类"是中国最具人本情怀的传统教育思想之一，"人民享有接受良好教育的机会"，是我国全面建设小康社会的教育目标之一，中共十七大报告赋予教育公平重大的社会意义，提出"教育公平是社会公平的基础"。坚持教育公平，要求我们教育工作者具有"为了一切学生"的胸怀。鼓励各类学校根据自身实际情况办出特色，逐步实现优质教育均衡化、均衡教育特色化，让每一所学校获得特色发展，让每一位学生获得充分发展。

为切实保障每一个孩子"有学上、有书读"，南京从1994年全面普及九年制义务教育以来，义务教育覆盖率一直保持在100%。并且努力做好以下工作，为"和谐南京"做出了贡献。

1. 积极发展特殊教育

2003年，南京市弱智教育创办走过了20个年头。20年来，南京市弱智教育不断发展，基本满足了智障儿童、青少年接受特殊教育的需要。至2003年，全市已有培智学校4所，培智中心2个，兼收智障儿童和聋童的特殊教育学校2所,辅读班3个。在特教学校(班)学习的智障儿童(主要为中、重度智障儿童)676人,在普通学校随班就读的智障儿童(主要为轻度智障儿童)2 638人。有学习能力的智障儿童入学率100%。从2003年开始,全市适龄残疾儿童100%享受免费义务教育。2004年对特殊教育学校(班)义务教育阶段的残疾学生实行全免费教育,并在省补助每生每年200元的基础上再增加近1 000元。

为让残疾学生享有同等的接受高等教育的机会,南京还在全国较早创办了盲人中专和盲人大专教育,2003至2007年,其毕业生就业率均保持在100%;南京市聋人学校高中毕业生连续12年高考录取率达97%以上,2006年再创新高,18名高中毕业生参加全国聋人高考,100%被大学录取,并且首

考上大学的南京聋人高中毕业生在大学门前留影。

次实现100%的本科录取率,高考成绩继续保持全国领先。2009年,南京市聋人普通高中共有57名毕业生,全部参加全国聋人高考且全部考入本科。这是南京市聋人学校继2006、2008年之后第三次实现本科录取率100%,并使学校连续15年高考年平均录取率达到98%以上,在全国同类学校中升学率和本科录取率均名列前茅。

2. 发放"助学券",惠及贫困家庭

进入21世纪后,南京市教育局提出"教育惠民"主张。从2003年开始,对全市义务教育阶段城市低保家庭子女就学费用实行"助学券"制度,确保义务教育阶段每位适龄入学孩子不因家庭贫困而辍学,为义务教育阶段城市低保家庭子女开辟了一条"绿色通道",受到了市民的欢迎。教育实事工程让人民群众得到实惠。2003年秋季开学前,共向5 427户城市低保家庭发放"助学券"近200万元。先后举办"爱心班"15个,帮扶345位贫困学生。通过奖、减、免、助等多种方式,筹集800多万元帮助困难家庭学龄子女,保证义务教育阶段学生不因

助学券

贫困而辍学。2005年向5.67万名困难家庭学生发放"助学券"及补助金近1 664万元。

2006年,南京市"助学券"政策扩大实施范围,除了原来的城市最低生活保障家庭子女外,增加了义务教育阶段低收入纯农户家庭子女。同时提高"助学券"的减免标准,使符合条件的学生实现免费义务教育。1 000多名就读中等职业学校的贫困学生获得了每人每年2000元的职教助学金。继续对特殊教育学生实行免费教育,通过"奖、减、免、缓"等措施资助其他家庭贫困的学生。全年用于资助贫困家庭学生的资金共2 027万元,从而确保南京市连续多年没有一名学生因为家庭经济困难而辍学。

2007年秋季开学起,南京市在义务教育阶段各类经济困难家庭学生全部实现免费教育基础上,又投入450万元,将3 500多名就读普通高中的经济困难家庭学生的相关费用全部由政府"埋单"。南京市助学的"绿色通道"延伸到高中阶段,基础教育政府扶困助学"全覆盖"提前12年实现。

2008年,为进一步完善15年政府扶困助学体系,南京市教育局经周密论证,在全省率先实施幼儿教育"助学券"制度,对象为具有南京市户籍的城乡最低生活保障家庭、低收入纯农户家庭和特困职工家庭在园就读幼儿以及孤残幼儿、革命烈士或因公牺牲的军人和警察子女,实行按月资助幼儿保育教育费用方式,标准为一般园保育教育费160元/月。全年按10个月计算,每个符合条件的幼儿每年享受1 600元"助学券"补助。当年秋季,共向903名在园幼儿发放助学金额69.52万元。

该项制度的实行,使南京市"助学券"制度覆盖了幼儿园、小学、初中和普通高中阶段,为建立和谐、公平的教育环境奠定了基础,为创建教育名城提供了有力保障。

3. 妥善解决外来工子女入学

南京市高度重视外来务工人员子女义务教育工作,从深入推进教育公平,落实《义务教育法》规定出发,认真贯彻国家、省、市相关文件精神,坚持"以流入地政府管理为主,以全日制公办中小学为主"的原则,扎实做好外来务工人员子女义务教育工作,切实保障他们的受教育权利。

南京市早在2002年就在全省率先出台了《南京市流动人口子女接受义务教育的暂行办法(试行)》,将流动人口子女义务教育工作纳入地方教育发展规划,以公办学校接纳为主,统筹安排流动人口子女就学。2004年,南京市又相继下发《关于维护外来务工人员合法权益的意见》和《关于进一步做好流动人口子女义务教育工作的意见》,指出外来务工人员子女与我市居民同龄子女享有同等接受义务教育的权利,同时进一步明确全市各级政府和教育行政部门职责,规范外来工子女义务教育工作。南京市教育局加强领导,要求各区县和学校进一步提高思想认识,不断增强工作责任感,将做好外来工子女义务教育工作作为深入学习实践科学发展观、加快推进教育公平、构建"和谐南京"的必然要求,摆在全市教育工作的重要位置,统筹规划,稳步推进,扎实做好。

(1)"三级网络"构建外来工子女教育工作管理体制。南京市不断健全和完善外来工子女教育管理体制,目前,全市已建立起市、区(县)、校三级外来工子女教育工作网络,由市统一部署,区(县)分头管理,学校具体落实,各自明确职责,健全相关制度,将外来工子女教育工作纳入全市教育发展整体规划,统筹安排,有序推进。

(2)"三种接纳"让外来工子女走进公办学校。南京市的"公办接纳"主要采取集中接纳、布点接纳和全面接纳三种形式。各区县都有1至2所公办学校专门集中接受外来工子女就学,在玄武、雨花台、栖霞、建邺等区,部分学校的外来工子女就学人数占在校生人数的95%以上,个别学校甚至达到了100%。一些区县根据外来务工人员的居住分布情况,在其居住地周边指定部分公办学校兼收外来工子女入学,使他们能够"相对就近"进入公办学校学习。目前,南京市鼓楼、白下、秦淮、江宁、浦口、六合、沿江、溧水、高淳等9个区县已经实现公办学校全接纳,在这些区县暂住的外来工子女通过到各自区县教育主管部门登记注册,由区县负责安排到相应的公办学校就读,保证每位外来适龄儿童均有一个义务教育公办学位。大力推行"公办接纳"的举措使得我市公办学校的接纳比例逐年提高,已由2007年的85%、2008年的89%跃升到2009年的93%,为外来工子女在宁的学习生活提供了良好的环境。

(3)"三免政策"减轻外来工子女入学负担。2006年8月,南京市政府下发《关于全市义务教育阶段学生免收杂费的工作意见》,规定自2006年秋季学期开始,无论是在公办学校就读还是在民办学校就读的外来务工人员子女,均可与本市居民孩子一样享受免收杂费(含教育信息技术费)的政策。2008年初,南京市教育局、南京市财政局联合下发宁教财[2008]5号文,决定从2008年春季学期开始,对全市义务教育阶段学生(含外来务工人员子女)免费提供教科书,即免收课本费政策。

2009年2月,南京市教育局规定从2009年春季学期开始,全市义务教育阶段(含民办学校和外来工子弟学校)取消借读费收费项目。"三免政策"的出台和实施,进一步减轻了外来务工人员子女的就学负担,标志着在宁义务教育阶段的外地学生与本市学生一样,实现了免杂费(教育信息技术费)、免课本费、免借读费的"三免"教育,推动了我市"同城待遇"目标的实现。据不完全统计,南京市为实现义务教育阶段的"三免"教育,每年投入达到1.8亿元。

(4)"三同教育"助外来工子女更好融入城市生活。南京是在全国率先提出对外来工子女实施"三同教育"的城市之一。所谓"三同教育"即"同城待遇、同班学习、同等质量"的教育模式,不仅保证了每位外地来宁的适龄儿童"有学上",而且努力要让他们"上好学"。南京市在教育收费、招生考试等方面不断为外来工子女创设公平的政策环境,在学生入学、收费、评奖、评优、入队(团)、毕业等各个方面均做到一视同仁,享受同等待遇。为了让外来工子女更好更快地融入城市校园生活,有的学校开展了塑造外来工子女健全人格的研究;有的学校针对外来工子女行为习惯和卫生习惯差的问题,开展了"在家做个好孩子、在校做个好学生、在社会做个好公民"的新"三好"教育;有的学校为了使这些孩子在校园里能抬头挺胸做人,提出了"融合教育"理念,旨在让这些孩子"成长在南京、成人在南京、成才在南京"。宁工小学是鼓楼区首批接收外来工子女的公办学校之一,该校近80%的学生都是外地孩子,学校把这些孩子与南京孩子实行混合编班,在教育要求上也都公平对待,使得外地孩子不再成为校园中的"边缘人群",从孩子们的外表和言谈举止上,根本分辨不出他们和本地孩子有什么区别,"三同教育"的模式已让学校真正成为外地孩子学习和生活的乐园。温家宝总理在2005年10月视察宁工小学时,对该校不歧视外来务工人员子女,教育教学管理一视同仁,给予了充分肯定与高度评价,并亲笔题写"摇篮"二字。温总理在2008年给该校师生的回信中,"祝愿宁工小学越办越好,真正建成城乡孩子共同进步的绿色摇篮"。

温家宝总理为南京宁工小学题字

(5)"三类经费"为外来工子女教育工作提供保障。从2003年起,南京市每年安排一定经费,对接纳外来工子女义务教育的公办中小学实行公用经费补助,补助标准为小学生120元/人/学年、初中生180元/人/学年。此项工作实施以来,已累计向全市公办中小学发放公用经费补助3 600余万元,大大缓解了公办学校因接纳外来工子女入学而造成的经费不足矛盾。同时,南京市每年还安排一定专项经费,对外来工子女义务教育工作成绩突出的学校给予奖励,帮助民办外来工子弟学校改善办学条件,自2003年以来,已陆续发放530万元专项经费补助。另外,中央财政和省级财政还不定期向南京市下达部分奖励资金用于改善外来工子女教育状况。据统计,2009年南京市下达外来工子女三类教育经费共计1 152万元,惠及13个区县40余所学校,为做好外来工子女义务教育工作提供了经费保障。

(6)"三项扶持"帮民办外来工子弟学校提档升级。民办外来工子弟学校作为缓解公办学校教育资源不足、满足广大外来工子女义务教育需求、减少外地学生失学辍学现象发挥着积极的作用。然而,这些学校在办学条件、师资队伍、课程设置、内部管理等方面与公办学校存在着较大差距。近年来,南京市每年都要安排一定经费,通过对外来工子弟学校进行财力帮扶、物资配备、师资培养等"三项扶持"措施,帮助这些学校改善办学条件,提高教学水平。据统计,2006年至2010年,我市对民办外来工子弟学校的专项投入已逾200万元。2008年,南京市启动了"外来工子弟学校教师培训计划",邀请专家为外来工学校教师开展业务、技能和教学培训,旨在提高这些学校的教学水平和质量,所有培训费用全部由南京市教育局拨付。2009年,南京市为在宁4所外来工子弟学校配备了崭新的课桌椅、计算机、教学用品和多媒体设备,共计价值60万元。部分区县还利用本地区布局调整后闲置下来的公办校舍,以较低的价格租借给办学者作为教学场地,帮助他们改善办学环境。几年的努力,使得在宁外来工子弟学校面貌焕然一新。位于玄武区的红山外来工子弟学校,作为我市较早兴办、规模较大的一所民办外来工学校,以其优越的办学条件、良好的教学质量成为外来务工人员眼中的优质教育资源。

(7)"三个100%"推进外来工子女教育工作向"优学"转变。2009年,南京市在全面实施义务教育"三免"政策的基础上,再次提出"三个100%"计划,即所有在宁就学的外来工子女,只要愿意都可以100%地升入所在区域的公办初中就读;所有符合办学条件的民办外来工子弟学校,将100%配置校园计算机教室并实现互联网络"校校通";所有民办外来工子弟学校教师,将实行100%全员免费培训,并推行属地区县"全纳式"教研培训。如果说南京的"三同教育"和"三免政策"使外来工子女实现了"有学"上的目标,那么现在的"三项扶持"和"三个100%"将帮助在宁外来工子女迈向"优学"目标。从"有学"到"优学"的转变,体现着南京教育从保障外来工子女受教育权利到提升教育质量的转变。

六、全面推进教育信息化

进入21世纪,为适应教育信息化要求,南京市加快实施"校校通"、"校校开"工程。

2001年,南京市已有415所学校实现"校校通",70多所学校建成校园网,南京教育信息网点击超过100万人次。南京市加强统筹规划,充分利用现代信息技术,通过广播、电视、互联网等,发展现代远程教育和网络教育,实现优质教育资源的共享;加大教育软件、教学课件、教学素材等教育资源库

2001年,南京教育信息网开通。

的研究开发力度,提高信息化设施的利用率和使用效益。加强教师信息技术培训,在全国率先组织开展教师网上信息技术培训,有8 000多名教师参加网上培训和考核。在中小学生中普及信息技术知识,提高师生的信息素养,促进信息技术和其他课程的整合,推进现代信息技术在教学中的应用。

2002年,南京市大力实施"校校通"工程,进一步让信息技术走进课堂、走进学科教学、走进师生的工作和学习之中,使信息技术成为推进素质教育、促进学生全面发展的利器。继续推进教育信息化,城区小学四年级以上年段信息技术必修课开设率100%,郊县乡镇中心小学四年级以上年段信息技术必修课开设率超过90%。全市有100所学校建成校园局域网,通过宽带光纤、ADSL电话拨号等方式上网的学校超过90%,中小学计算机教室和网络教室650个,人机配比全市平均约为24∶1,其中城区达18∶1。56所学校成为国家级、省级现代教育技术示范学校和实验学校,全市80%以上的中小学实现"校校通"。

2003年,加大投入继续大力推进教育信息化。南京教育信息网性价比达到全国一流水平;中小学"校校通"工程基本完成。建成中小学

计算机教室和网络教室1 310个,全市中学100%开设信息技术必修课,城区小学100%、郊县乡镇中心小学70%开设信息技术课。中小学人机配比全市平均约为16∶1,其中城区中小学人机配比为9∶1,达到全国先进水平。并制定了《南京教育信息化管理条例》加强管理。500家中小学和教育机构实现宽带光纤接入,20万中小学生、家长能够通过"南京教育一线通"与学校教师进行交流、沟通。

2005全市中学实现"校校通"。启动农村中小学"校校通工程"。为农村中小学配置网络教室,实现农村中小学教育网络教室配置、通网、小学三年级以上年段开设信息技术课3个100%。

2006年,南京市"校校通"工程全面高质量地完成。全市中学、完小100%配置计算机网络,100%实现ADSL接入或宽带接入,100%开设教育技术信息课。

2007年,南京市与微软、英特尔公司实行战略合作,打造具有世界先进水平的教育信息网络平台,加快全市"教育信息化带动教育现代化"的进程。

2010年,南京市举行第十届中小学信息技术与课程整合优秀课件暨优秀教学设计评选活动。1 400多件作品、88个教研团队参加,水平和规模均超过历届。十年来,这一赛事有效地调动了广大教师的积极性,涌现出了许多优秀作品,充分检验了南京市教育信息化水平。

七、区县全部达到省颁教育现代化标准

江苏省在20世纪90年代就开始研究"教育现代化"问题,1995年制定了相关的试行标准。由于刚刚提前完成了"两基"的达标验收,各级财政(尤其是乡镇级财政)付出较大,给创建教育现代化乡镇带来了一定的难度。因此,南京市从1998年正式启动"江苏省实施教育现代化工程先进乡镇"的创建工作。到2000年,只有两个乡镇通过了省级验收。

进入21世纪以后,各乡镇普遍加大投入,改善办学条件,培育和扩大优质教育资源,提高教育水平,加快教育现代化的创建过程。

2001年,南京市政府召开完善农村义务教育管理体制工作会议,把农村义务教育的责任从由农民负担转到由政府负担,把政府对义务教育的责任从以乡镇为主转到以区县为主,从体制上解决农村义务教育发展问题。新的农村义务教育经费保障机制基本形成。

第十六章 进入21世纪的南京教育(2001—2010)

2003年,在积极创建教育现代化乡镇的同时也开始了教育现代化区县的创建工作。本年全市有36个乡镇成为教育现代化工程先进乡镇,4个区申请省级教育布局调整达标验收。南京市共有56个镇(街道)成为"农村小学提升工程"达标乡镇,占全市镇(街道)总数的75%。

2005年,南京市委市政府召开全市教育工作会议,会后颁发《关于率先基本实现教育现代化、建设教育名城的决定》,提出把南京建设成为全国"历史积淀深厚,质量水平一流,名校名师众多,风格特色鲜明"的教育名城的奋斗目标。南京市教育局召开全市农村基础教育工作会议,统筹城乡教育发展,缩小城乡教育差距。2005年对农村教育转移支付1.3亿元。完善农村义务教育"以县为主"体制,加大教育费附加对"一区两县"转移支付力度,在新增郊县教育经费中,70%用于"一区两县"。当年,南京市有64个乡镇(其中有13个镇已经改为街道)通过省标教育现代化的评估验收,占全市乡镇建制总数96%,超额完成创建教育现代化乡镇的目标任务。

随着创建教育现代化乡镇的目标任务的完成,以及义务教育的责任从以乡镇为主转到以区县为主,南京市开始建立对区县人民政府教育工作督导评估和考核制度。督导评估和考核的对象为各区县人民政府,主要考核区县政府的主要领导和分管领导履行教育工作职责、依法增加教育投入、加强教育经费管理、规范教育收费行为、统筹和协调各类教育的发展、全面推进素质教育、改善办学条件、加强教师队伍建设8个方面内容。督导考核办法为区县自查、市级复查以及省级督查。

2007年,按照《江苏省县(市、区)教育现代化建设主要指标》标准,江苏省教育评估院组织专家组对南京市鼓楼、玄武、白下、雨花台、建邺、秦淮、下关、栖霞、江宁、高淳等10个区县进行江苏省教育现代化建设水平评估。专家组听取了区县政府所作的有关教育现代化建设工作汇报,查阅了建设工作资料,实地察看了有关学校(单位),召开了校长及教师代表座谈会,形成了书面评估报告。经评估,以上10区县全部达到了江苏省教育现代化建设水平。

本着"硬件从实、软件从严、评建结合、以评促建"的要求,2009年,南京市最后三区县(浦口区、六合区和溧水县)接受了江苏省县(市、区)教育现代化建设水平现场评估验收,专家组给予积极评价。至此,南京市所有区县都已接受江苏省县(市、区)教育现代化建设水平评估验收,为南京市实施教育"基石工程"和创建教育名城、建设全国重要科教中心奠定了坚实的基础。

2010年6月,南京市又接受了江苏省第二轮区县政府教育工作省级督导评估和考核,所有区县均取得优良成绩,其中11个区县为优秀。南京市已率先基本实现教育现代化,"教育名城"的地位和影响得到进一步彰显。

第二节 职业技术教育快速发展

进入21世纪以来,随着南京社会经济的多元发展,职业技术教育与时俱进,也进入新一轮发展阶段。2000年,南京市教育局出台《南京市2000—2005年深化教育改革,全面推进素质教育二十项工作目标》,提出要进一步优化各类高中阶段教育,妥善安排普通高中与各类中等职业学校的招生比例,使高中阶段教育结构总体上保持合理,并与经济、社会发展和人民群众的需求相适应。2003年12月,南京市政府召开了全市职业教育、农村教育工作会议,出台了《南京市关于进一步推进职业教育工作的意见》,为进一步做强、做优全市职业教育提供了政策支持。2007年,南京市政府又下发了《关于实施高水平示范职业学校和高水平特色职业学校建设工程的意见》,正式启动创建10所高水平示范性职业学校和10所高水平特色职业学校的"双十工程"。"十五"、"十一五"期间,南京职业教育在政策的引领下继续做大做强,通过调整布局、整合资源、加大投入、提档升级等方式,使办学内涵得到进一步提升,教育教学质量得到进一步提高。

一、推进职业教育继续发展

1. 各级各类职业技术学校招生总量逐年增加

2001年,南京市独立设置的普通中等专业学校33所(不含中等师范学校),毕业生19 970人,招生21 009人,在校生72 854人;成人中专39所,毕业生16 519人,招生6 923人,在校学生25 439人;独立设置的职业中专、职业高中40所,毕业生5 861人,招生2 644人,在校学生8 680人;技工学校42所,毕业生5 180人,招生3 834人,在校生12 271人。开设了机械、电子、交通、建筑、化工、纺织等10多类90多个专业,职业教育度过了最困难阶段,开始出现恢复性增长,各级各类职业学校招生总量比上年有所提高。

2003年,在南京市各级政府部门制定的职教招生政策的调控下,全市的职业教育规模又有新的增长。各级各类职业学校(含职业中专、综合高中)利用招生政策的优势,采取提前招生、订单招生、划线招生等措施,共招生32 715人;技工学校招生达5 787人。2004年,南京市中等职业学校91所,招生4.1万人;技工学校招生8 912人。

2005年,南京市中等职业学校87所,共计招生3.9万人,比2004年增加4.59%。高中阶段职业教育招生数和在校生分别占整个高中阶段教育招生数和在校生的52.07%和52.67%。其中独立设置的普通中等专业学校29所(部省属9所、市属20所),招生28 737人,在校生87 555人;成人中专39所,招生6 154人,在校生15 738人;独立设置的职业中专、职业高中19所,招生4 826人,在校学生14 693人;技工学校42所,招生14 162人,在校生38 436人。

截至2005年,各级各类中等职业学校的招生人数与普通高中的招生人数相当。普通教育与职业教育初步实现协调发展,全市中等职业学校(含附设职业班的普通中学)在校生增加到近12万人,是"九五"末期的1.5倍。南京市中等职业教育事业保持着稳定、协调发展的良好态势。

2. 各级各类职业学校布局与专业结构调整逐步合理

南京市职业教育逐步走出低谷,健康发展,一方面是因为在招生政策的调控下,各级各类职业学校招生总量和一次性就业率有所提高,就业与招生开始形成良性循环。21世纪头三年,南京市职业学校毕业生就业率平均在90%以上,好一点的学校达到95%以上,就业率100%的学校也不在少数。凡是出路好的专业,实际报名人数都远远超过计划招生数,如生物制剂工程、高尔夫运动与场地管理、涉外烹饪、物流管理、工程地质和水文地质等;另一方面,在"九五"期间学校布局和专业结构调整中形成的一批优质职业技术教育资源发挥了重要作用。"十五"以后,南京市职业教育在布局调整方面开展了一系列工作。

(1)合理调整布局结构。长期以来,由于各种因素的影响,南京市原有的职业教育布局结构不尽合理,办学点分散,规模普遍过小,且多为初中、职校混设,发展后劲严重不足,远不适应新世纪教育改革与发展的新形势。"做大更应做强",职业教育发展的重心应该是科学合理地调整布局结构,优化教育资源配置,发挥整体规模效益,全面提高教育教学质量。

2000年10月,南京市教育局提出了中等职业学校布局调整思路:一是协调好与义务教育、普通高中教育的关系。普通高中教育与中等职业教育应按比例协调发展。二是协调各级各类中等职业学校之间的发展关系。减少外省市中专校在南京的招生计划,着力发挥南京市的职教中心和国家、省、市级重点职业中专、职业高中的主干作用。逐步减少职业高中招生规模,增加职业中专招生计划。调整技工学校的专业设置,专业设置以国家准入工种为主,扩大三产专业,不断提升技工学校的办学水平和教学质量。三是各区县根据区域经济发展的特点,通过布局调整,基本形成每个区县重点办好一所职业学校的格局;条件成熟的地区实施初中与职教的剥离;结合厂办校剥离的工作,进行本地区各级各类教育资源的优化和重组,对一些规模小、条件差的职业学校,在政府和有关部门统筹协调下,进行调整、合并、联合;各职业学校也需根据自己的优势重点,采取多种方式加快品牌专业的建设。

(2)努力创建重点职校。进入21世纪后,在上级领导部门和各级政府支持下,南京市的职业教育投入了大量的人力、财力、物力,创建了一批国家级、省级、市级重点职业学校,为迎接新的发展周期作了坚实的物质准备。

国家级重点职业学校——南京高等职业技术学校

1996年以前,由于历史的原因,南京市还没有一所国家级重点职业学校。经过努力,至2005年南京市拥有国家级重点职业学校达13所(除鼓楼区外,各区县均有一所国家级重点职业学校)、省级重点职业学校11所、市级重点职业学校6所。这批学校已成为南京职业教育的龙头学校。

(3)科学建设示范专业。如何打造出"人无我有,人有我专"的特色专业,设置符合市场经济发展需求的专业,是21世纪职业教育发展的关键。在做精做强传统特色专业的基础上,结合南京经济发展要求,南京市各级各类职业学校开设了具有一定区域优势的专业,计有电工类、机械类、电子类、计算机与网络类、化学化工类、建筑工程类、商贸服务与管

第十六章 进入21世纪的南京教育(2001—2010)

理类、交通类、医药护理类、财会类、纺织类、印刷类、烹饪类、艺术类等14大类120多个专业(工种),培养目标定位主要是企业"蓝领"员工,基本满足了南京经济发展对基础岗位人力资源的需求。

"九五"期间,以专业建设现代化拉动职业教育现代化为标志的"再树职教形象"工作开始起步。学校布局和专业结构调整中形成的一批优质职业教育资源发挥了重要作用。在此基础上,南京市根据《关于开展职业学校示范专业建设和评审认定工作的通知》,以创建省级示范专业为抓手,加快专业现代化建设,推动现代化职业学校建设,整体提升全市职业教育的质量和效益。南京市职业教育从复苏走向兴盛的"抓手",是把学校办到市场中,把课堂设在社会上,时时把握市场脉搏,以高质量就业为航标,量身定做自己的特色专业。

至2005年,南京市职业学校创建省级示范专业38个,创建数居全省第一;建成国家级示范专业2个、国家级紧缺人才培养基地4个、国家级职业教育实训基地2个、省级职业教育实训基地4个。

(4)不断加大教育改革力度。南京市职业教育通过重组课程,加强了不同学科之间的交叉和组合,规划、设计了新的教学内容和课程体系,使之与科学技术发展趋势、新时期人才培养模式相适应。在此基础上,尝试开展学分制、弹性学分制试点工作,为受教育者半工半读、工学交替、分段完成学业创设条件。

中德职业教育-经济接触论坛。

2001年10月,南京市首次举办"中德职业教育—经济接触论坛"。在此次论坛上,中德800多家企业通过职业教育这个纽带,就技术转让、市场开发等进行了接触与洽谈,近200家企业达成意向性合作协议,进一步扩大了南京职业教育的知名度和影响力,发挥了职业教育在推动国际合作与交流方面的积极作用。2005年5月,在南京职业教育中心举办了"第二届中德职业教育—经济接触论坛"。

中国加入WTO后,为适应社会对适应性人才特别是对技术工人的需求,南京职业教育中心从2002年起举办中德合作实验班,实行以技能为导向的课题式教学模式,举办电气工程、管道工程等专业实验班,德国专家定期对学生进行授课指导。2005年5月20日,经德国专家为期一周的理论和实践技能考试,首届30名实验班学员中的28人取得欧盟认可的德国手工业行会"HWK"证书和南京市劳动局颁发的技能等级考核证书,受到德国专家赞赏和企业欢迎。

为落实质量办学、质量建校措施,加快推进职业教育发展,2005年南京市教育局出台了《全市中等职业学校质量考核评估办法(试行)》,配合实施教学计划检查,对职业学校教学和管理进行全面考评,促进中等职业学校管理水平和教育教学质量提高,推动职业学校抓管理、抓质量、创特色、出品牌。

2005年,南京市10所国家级、省级重点职业学校进入课程改革和"学分制"推行阶段,形成九大专业模块;毕业生拥有"一书四证"(毕业证书、计算机考试资格证、外语考试等级证、普通话考试等级证、本专业中级工以上技能证)的比例达100%;有71位教师被评为"南京市中等职业学校专业教学带头人",83名青年教师被评为"南京市中等职业学校优秀青年教师","双师型"专业教师比例达50%。这批职业教育教学的新兴骨干,成为南京市中等职业教育发展的基础力量。

(5)搭建职业教育人才培养"立交桥"。"十五"以来,南京市职业技术类学校累计培养毕业生近12万人,职业学校毕业生就业形势喜人,就业率保持在87%左右(含升学在内),其中市区学校在94%以上,对口就业率达70%左右。开展劳动力职业技能培训120万人次,其中农村劳动力转移培训25万人次。

教育部在《面向21世纪教育振兴计划》中明确提出:"经济比较发达的地区可发展部分综合高中。"2000年,南京市在部分省级重点职业学校试办综合高中(班)。综合高中在培养目标上以升学为主,就业为辅。南京市综合高中班第一届毕业生于2003年6月毕业。

2005年,南京市中等职业学校应届毕业生参加全省普通高校对口单独招生报名1 743人,录取1 218人,其中本科录取209人、专科录取1 009人,录取率70%,创历史最好成绩。

(6)拓展办学范围。2002年,南京市职业教育承担起再就业培训工作,实施了"促就业、助致富"工程,免费培训全市下岗职工,开展面向农村劳动力转移培训工作。每年由各类职业学校培训至少1万名下岗职工,1万名农村劳动力。与此同时,南京市教育局还组织"农科教讲师团",常年巡回郊县、乡镇、村开展送教下乡培训活动,深得老百姓的欢迎。

"十五"期间,省部属中专校的数量有所减少。由于教育事业的发展和教育布局的调整,一部分普通中专校升格晋级为高等职业学校,如南京海运学校与南京航运学校合并筹建江苏海事职业技术学院,目标是成为全国一流航海类高等职业技术学院。2001年,南京有独立设置的普通中等专业学校37所(不含中等师范学校),其中部属2所,省属21所。至2005年,南京有独立设置的普通中等专业学校29所,其中部省属9所。普通中专校不断加大教育改革力度,科学建设示范专业,拓展办学范围,努力创建重点学校。经省教育厅组织的专家评估,江苏省戏剧学校戏曲表演专业、舞蹈表演专业、江苏省新闻出版学校印刷技术专业被认定为江苏省中等职业教育示范专业。省戏校艺术成果多次获全国演出奖。江苏省戏剧学校、南京市体育运动学校被重新确认为国家级重点中专校。江苏省新闻出版学校被确定为全国新闻出版系统重点职业学校。

国家级重点技工学校——南京技师学院。

技工学校建设进一步发展。2001年,南京市有技工学校42所,其中国家级重点技工学校3所,省(部)级重点技工学校3所,市级重点技工学校3所,高级技工学校3所;2005年南京市有技工学校42所,其中国家级重点技工学校5所、省(部)级重点技工学校8所、市级重点技工学校3所、高级技工学校4所、技师学院2所。2001年5月,南京市技师学院在南京市高级技术学校挂牌成立,成为南京地区首家技师和高级技师的培训基地。2005年9月,南京交通技师学院等17个中等职业学校和南京狮麟交通技术教育实业有限公司等13个企业联合组建的南京狮麟交通教育集团成立,该集团借助远程教育系统,推行技工学校招生、教学、培训、实训、技能鉴定、就业安置社会化,实现系统内资源共享、优势互补。为进一步强化高技能人才队伍建设,构建高技能人才培养平台,南京市分别在大型企业、高职、技院校建立高技能人才培训基地22个。

二、实施职业教育"双十工程"

2006年9月,南京市政府召开了全市职业教育工作会议,深入贯彻全国、全省教育工作会议精神,出台了《关于大力发展职业教育的决定》,明确了新时期全市职业教育发展的目标、方向和保障措施,全市上下重视职业教育的认识空前统一,发展职业教育的机遇历史难得,支持职业教育的力度前所未有。

2007年,南京市有中等职业学历教育的学校和机构111所,其中普通中等专业学校29所,职业高中和职业中专51所,技工院校31所。国家级重点职技类院校22所,其中教育系统14所,省市行业办学3所,技工学校5所。职技类院校中中职和初中起点五年制高职在校生共有166 867人。职业教育开办9大类近60个专业(工种)的课程。

2009年,南京市有中等职业技术学历教育的学校74所,其中,普通中专和职业中专26所、职业高中5所、成人中专14所、技工学校29所。中职和初中起点五年制高职在校生共有233 594人。职业教育共开办64个专业(工种)。

2010年,南京市有独立设置中等职业学校28所,其中市、区县教育部门所属18所,行业所属6所,部省属4所,三星级及以上职业学校23所。办学层次有三年制中专,初中起点五年一贯制高职。2010年完成招生33 474人,普职比48∶52,保持了普职比大体相当,在校生总数91 980人。

"十一五"以来,南京市职业教育更加注重内涵发展,不断创新人才培养模式,初步实现了从计划培养向市场驱动转变,从政府直接管理向宏观引导转变,从学科本位向能力本位转变,吸引力不断增强。

但是,南京市职业教育建设仍然薄弱,主要表现在实训手段相对落后,专业教师队伍建设有待加强,特别是高水平的"双师型"教师队伍建设的任务仍十分艰巨。

怎样解决职业教育发展中存在的现实难题?南京市决定加快推进职业教育提档升级,借全国、全省建设高水平示范性职业学校的东风,高水平、高起点地规划和建设一批示范性、特色性职业学校。2007年,南京市政府投入专项资金1.6亿元,正式启动10所高水平示范性职业学校和10所特色职业学校建设工程("双十工程"),并制定下发了《关于实施高水平示范职业学校和高水平特色职业学校建设工程的意见》,进一步明确了"双十工程"学校创建的指导思想、工作目标、建设要求和组织保障。这些学校要在发展环境、办学理念、特色创新、队伍建设、基础建设、合作办学、文化建设、信息化建设、职教富民等9个方面起到示范、引领作用。示范性职业学校校园占地面积原则上要达到180亩,建筑面积5万平方米,学历教育在校生不少于3 500人,非学历教育每年不少于4 000人次。特色职业学校占地面积与建筑面积均在3万平方米以上,学历教育在校生不少于1 800人,非学历教育不少于每年2 000人次。经省市认定的高水平示范职业学校奖励1 000万元,高水平特色职业学校奖励300万—500万元。

2008年10月,南京市政府在江宁职教中心召开全市职业教育"双十工程"现场推进会。南京高等职业技术学校、南京技师学院、江宁职业教育中心3所学校,各获得高水平示范职业学校奖励经费1 000万元;南京市财经学校、南京市女子中等专业学校、南京市玄武中等专业

南京市政府重奖"双十工程"先进学校。

学校、南京市鼓楼中等专业学校、南京市旅游营养职业教育中心、南京市下关职业教育中心、南京市中华职业教育中心等7所学校各获得高水平特色职业学校建设奖励经费300万元。

"双十工程"实施以来,南京市投入2.4亿元支持学校的实训基地及专业建设,全市职业学校新增校园面积2 000多亩,校舍建筑面积30万平方米,学校生均图书资料达30册,基本能满足教育教学需求。同时,南京市职业教育为了主动适应社会经济发展和南京产业升级、结构调整要求,大力扶持和创建示范专业、特色专业、品牌专业,并不断拓展、优化、提升、开发新兴专业。由南京市职教教研室牵头开展课程改革,各专业大类通过市场调研,依据工作任务能力分析,制定了课程标准,编写了大量校本课程教材,并有多本教材公开出版,全国发行。

截至2010年,"双十工程"基本完成,"双十工程"建设取得的主要成果是:

1. "三个创建"

创建了一批高水平示范和特色职业学校。至2010年底,南京市职业教育创建了一批高水平示范和特色职业学校,其中国家级中等职业教育改革发展示范学校1所,省级高水平示范职业学校(江苏省四星级职业学校)10所,市级高水平特色职业学校(江苏省三星级职业学校)12所。

创建了一批国家、省示范专业、示范实训基地。其中国家级示范专业(中职)1个,省级示范专业(中职)46个,省级示范专业(高职)15个,国家级职业教育实训基地9个,省级职业教育实训基地18个,20所重点学校都建有技能鉴定站(所)。

创建了一批省级课改实验点(专业)。完成2010—2012年实训基地建设规划,推荐16个基地申报省级高水平示范实训基地,其中13个获省厅立项,成功创建5个省级实训基地、1个国家级实训基地。现在,职业学校毕业生100%开展职业技能鉴定,学生取得毕业证书的同时获得职业技能证书,学生就业竞争力明显增强。职业学校毕业生的一次就业率保持在96%以上。

2."四个加强"

加强了师资队伍建设。开展多类型、多规格、多层次、多形式的专题培训和全员轮训,促进教师专业成长和职业发展,提升教师整体素质,建立了一支适应推进素质教育要求的高质量的教师队伍。2007年正式启动、实施"百名工程硕士"培养工程,打造专业领军人物,充分利用重点教育资源,在机电、电子、计算机、烹饪、旅游等专业与南京航空航天大学、扬州大学等高校联合培养了120多名专业硕士和工程硕士。大力推进在校教师的培养和培训工作,建立教师企业顶岗实践制度,进一步提高专业教师"双师型"比例。"十一五"期间,每年近200人参加出国、国家级、省级骨干教师培训,以及市级培训和校本培训,基本做到教师全员培训。通过近几年的培训和培养,全市职业学校"双师型"教师的平均比例已达到了60%,各级学科带头人100多人,省领军校长3人。全市职业学校教师本科学历基本达标,专职教师中拥有研究生学历的比例超过5%。

加强了教育教学改革和管理。在认真贯彻执行《江苏省职业学校管理规范》的基础上,结合实施教学计划检查和毕业证书验印工作,并以《南京市职业学校质量考核评估办法》为依据,对全市重点职校开展年度督导评估,排出名次,奖励先进,调动了各校提升办学质量、加强管理的积极性。2009年,南京市职教教研室制定出台了《南京市职业学校教学常规管理手册》,进一步推进职业学校教学常规管理的规范化和精细化。

加强了校企合作办学。学校积极开展校企项目合作,实施订单式培养、工学结合等培养模式。校企共建实训基地,实行产教结合。企业直接将部分设备给学校,用作学生实习实训和企业员工培训,学校的实训设备对企业开放,为企业生产服务,提高学生技能水平。2007年,南京市教育局与金鹰国际购物中心等10家著名企业签订联合办学协议,并授予这些企业"南京市职业教育实践基地"铜牌。南京市职业学校与

400多家企业开展了多种形式的合作办学,并在此基础上把办学延伸向国外。2007年4月,南京市教育局与Autodesk公司签订战略合作备忘录,依托南京市财经学校的国家级计算机紧缺人才培训基地,建成"南京市影视动漫实训基地"。同时合作建成"Autodesk高端影视合成精编培训基地"。金陵职教中心的宝马技术导入实训基地和通用汽车实训基地设备由企业提供汽修设备和培训课程。这些合作都取得了很好的效益。2009年8月30日,南京市教育局徐传德局长与德国汉斯·赛德尔基金会中国处处长维尔克再次签订合作办学协议,决定对南京高等职业学校现有专业进行创新改造,为该校向高层次职业教育学校发展提供咨询和帮助,为南京市职业教育走向国际化打开了一条通道。南京市职业学校的学生不仅可以在中德合资的国内企业就业,而且可以到德国本土领"洋薪水"。

加强了"三教"有效整合。加强职业教育与成人教育、社区教育资源的有效整合,充分发挥区县职教中心的师资、设备优势,不断增强职教服务社会发展的能力。各职业学校积极为地方政府开展继续教育培训,为当地企业开展职工培训,为当地居民开展再就业技能培训、社区教育活动,为失地农民、来宁务工人员开展新市民培训,为农民开展实用技术、致富骨干培训、农村劳动力转移培训和出国劳务输出培训等,增强了职教服务地方经济发展的能力,为南京经济发展提供了大量高素质劳动力。2006年至2010年,南京市职业学校多次开展农村劳动力转移培训、农村致富骨干培训、下岗再就业培训、部队退伍军人培训、返乡农民工培训、境外输出劳务培训,年均培训100万人次,培训内容有很大拓展,培训质量有很大提高。每年都有近万名农村务工的农民经过培训前往美国、日本、新加坡、欧洲和阿拉伯地区等国家"打洋工"。

3."一个提高"

提高了教育教学质量。"双十工程"的建设不仅发展了南京市职业教育规模,更重要的是提升了职业教育的内涵,提高了教育教学质量。"十一五"期间,南京市中等职业教育毕业生就业率一直保持在95%以上,2010年就业率达96.5%,对口就业率达82%。对口单招参考1 786人,专科以上录取1 058人,其中本科录取176人。在评估职业教育质量的重要机制——职业学校技能大赛中,南京市屡创佳绩。在2010年全省职业学校技能大赛中南京市代表队成绩突出,取得了75金、87银、50铜的佳绩,2007—2010年连续四年蝉联冠军。在2010年全国职业学校技能大赛中,江苏获中职、高职总分两个第一,南京籍选手获得了15个一等奖,为省队取得好成绩做出了应有贡献。

"双十工程"圆满完成后,南京市又启动实施了"双十提优工程",并于2010年以市为单位,申报创建江苏省职业教育创新发展实验区。实验区建设总体目标是:政府统筹机制健全、管理体制完善、布局整体优化、办学充满活力、专业具有特色、教学改革取得实效、产教结合紧密、校企合作成效显著、经费保障有力、师资水平较高、职业中专与普通高中合理融通、中高职衔接贯通、质量整体提升,可持续发展能力显著增强,市场针对性、经济贡献率和社会吸引力不断提升,服务经济社会发展的能力明显增强。"双十提优工程"学校重点从学校管理水平、专业内涵、特色发展、办学质量、师资素质、管理数字化、社会效益等方面提升职业教育软实力,办学质量达到全国先进水平,省内领先,形成鲜明的办学特色,成为南京重点产业、新兴战略性产业和区域特色产业高素质技能型人才的供给基地。

"十一五"期间,省部属中专学校继续深化教育改革,探索课程模式改革、课程评价改革和校企合作机制。江苏省戏剧学校坚持"扬戏校所长,走特色之路",为弘扬民族艺术,做强品牌专业,改变传统观念,采取特殊措施,2006年学校首次面向全国招收京剧表演专业免费生,成立了"江苏小京班",此事在全国引起较大反响,受到广泛关注。"江苏小京班"作为"明日之星"人才培养工程被列入2007年江苏省文化厅十项重点工程。该班学生多次参加省内重大演出活动,获得普遍好评。在全国、省艺术院校学生舞蹈、戏剧专业技能比赛中,学校多次取得了优异成绩。省新闻出版学校加强校企合作,至2009年,已与省内有关企业共建实习基地达37家,3名教师被授予"全国新闻出版系统职业技术学校优秀教师(先进教育工作者)"荣誉称号。

技工教育持续发展。至2010年,南京市持续办学的技工学校有26所,其中技师学院2所,高级技工学校4所,国家级重点技工学校2所,省级重点技工学校6所,市级重点技工学校4所。开设电工、机械、通信电子、交通、建筑工程、化工、纺织、印刷、计算机、商贸服务、烹饪、财会、物业管理、航空、海运等12大类134个专业。当年毕业生18 384人,就业安置18 219人,安置率达99.1%。当年招生18 439人,在校生56 919人。为适应市场对人才的需求,南京领航技术学校、南京物流技工学校调整专业设置,并经江苏省人力资源和社会保障厅批准,分别更名为"南京航海技术学校"和"南京海员技工学校"。"十一五"期间,民办技工教育有了新发展,南京金垦技工学校等10所民办技工学校经省劳动和社会保障厅批准成立。

纵观南京市职业教育的发展,成绩斐然,硕果累累。进入21世纪以来,南京市对职业学校进行撤并、重组、改造,原则上按照一个区(县)设立一所职业学校,城区不重复设置同类职校的布局,形成了"一校一特色,一区一特色,优先服务本区,辐射社会各业,输送国际通才"的职业教育良性发展态势。截至2010年,南京市11区2县的行政区划中,每所职校均结合区县经济发展特点,设置了符合区域经济发展的特色专业。南京市职业教育与区域经济实现了良好互动、共同发展。多年来,南京市普职比一直稳定在1∶1左右,职校毕业生就业率保持在90%以上,另有近10%的毕业生通过各类考试升入了普通高校。

三、建设职业教育协调、研究、评估、服务组织机构

1. 成立协调组织

南京市职业教育涉及的部门多,许多问题需要多部门之间进行协调,为进一步加强职业教育与区域经济社会发展中政府的主导作用,充分调动和发挥有关部门办好职业教育的主动性和积极性,2002年12月南京市建立了职业教育联席会议制度。职业教育联席会议核心组组长由南京市副市长许仲梓担任,成员为市发改委、市经委、市财政局、市劳动与社会保障局、市教育局5部门有关领导。南京市职业教育联席会议办公室设在南京市教育局职业教育与社会教育处。职业教育联席会议的主要任务是,开展对全市职业教育的调研,促进职业教育的健康发展。

2. 完善教研机构

跨入21世纪以来,南京市职业教育步入快速发展的轨道,为了适应教育体制改革,整合职教资源,落实布局调整,在南京市教育局的统一协调下,2002年,南京市中等专业(走读)学校、南京市职业教育教学研究室、南京市成人教学研究室、南京市职工中等专业学校实行合署办公,四块牌子一套班子。合并后的主要工作职能是:承担南京市职业教育和社会教育教学"研究、指导、评价、服务"的基本职能;做好教育行政主管部门委托的其他工作;继续对南京市中等专业(走读)学校的部分办学点实施学籍管理。两室两校合署办公以来,以科学发展观为指针,紧紧围

绕南京市教育局"建一流教育,创教育名城"的奋斗目标,坚持观念创新,深化教育改革,强化职业教育课程研究,加强专业教学研究,扩大职教教研工作覆盖面,逐步实现了教育研究科学化、教学管理规范化、教学评估制度化、科研与信息建设网络化、就业指导与培训服务化,有力推进了南京市职业教育的内涵提升。

(1) 紧抓师资培训,提升师资水平。进入21世纪以来,师资培训以"双师型"教师培养为重点,做好专业教师的专业技能培训考证工作,并利用社会、行业资源,充分发挥"南京市职业教育实践基地"的作用,分专业、分学科、分批次对教师进行教育理念、课程改革、专业发展和"四新"培训,组织教师带课题、带任务到企业进行顶岗实践,基本做到培训"全员参加"和"全部覆盖"。以网络为平台,加强对全市职业学校教师继续教育的管理和签证验印工作;以"名师课堂"活动为契机,打造职业教育的优秀教师团队,发挥名、特、优教师的专业引领和辐射作用;充分利用南京市的高校教育资源,创办"百名工程硕士"培养工程,为高水平示范性和高水平特色学校的创建打下坚实基础;开展国际学术交流,搭建国际交流平台,探索国际学术交流和教师培训的新途径和新模式;坚持校本教研、校本科研和校本培训"三位一体",探索"学习——研究——实践"的校本研训模式,为教师的成长搭建平台。

(2) 加强就业指导,搭建交流平台。南京市在职业学校开展创业教育过程中特别重视解决好这样几个问题:一是进一步充实、健全就业指导与创业教育的组织机构;二是进一步加强《就业与创业指导》的课程建设;三是加强校内外创业基地建设,让学生参与生产、销售、经营管理,在创业实践中提高创业能力,全面提高学生素质。2004年成立南京市中等职业技术人才就业指导办公室,隶属南京市教育局职教教研室。就业指导办公室主要依托三个平台,即市级就业中心组、全市中职人才交流会、职校毕业生电话跟踪回访,实施全市职业学校实习及就业指导工作,为全市职业学校、学生、用人单位提供服务,为行政部门提供决策参考。至2010年,已连续七年组织了全市职业学校参加的大型校企交流会,每次进场学生5 000人左右,进场用人单位100个左右,实现企业、学校、学生零距离接触,让学生在实践中检验和锻炼自己的求职本领。

(3) 建设信息网络,提供技术支撑。为了充分发挥宣传、通讯、资源共享和远程教育和信息网络功能,服务南京职业教育,2001年9月正式开通了南京市职业教育信息网。该网作为面向学校、企业、社会的职教窗口,及时全面反映南京市职业教育的发展动态,为师生展示教学成果提供平台,为职业学校相互交流学习构筑通道,为南京市与国内外职业教育的相互沟通搭建桥梁。为了加快信息化进程,率先实现教育现代化,"十一五"期间,南京市教育局又启动、推进两大信息工程:建设南京市职业教育专网和构建职业教育管理信息系统。南京市职教专网已接纳18所国家级、省级重点职业学校入网,在此基础上,又创建了职教专网控制中心——视频工作室,积极开展远程教育教学活动。南京市职教专网于2009年4月正式开通运行。职业教育管理信息系统是集全市职教电子政务、业务管理、教师培训管理、教科研管理、资源管理、实习就业管理等为一体,在信息技术支持下,依托校园网和城域网,进行数据处理、信息交流、网络服务,实现全市职业教育资源共享,科学管理。职业教育管理信息系统统一规划,分步实施,并于2010年底顺利完成第一期工程并上线运行。南京市职教专网的建成和职业教育管理信息系统的开发运行,标志着南京市职业教育现代化、信息化向前迈了一大步,在南京市职业教育领域中发挥着重要的作用。

至2010年,南京市十大类职教专业初步形成了以能力为本位、以职业实践为主线、以项目课程为主体的模块化课程体系,德育课程、文化课程、专业技能课程改革成果在全省乃至全国影响日益扩大。南京市职业教育课程改革站在一个新的起点上,推动了职业教育规模、结构、质量和效益协调发展。职业教育课程改革在管理方式、公共基础、课程开发、项目搭建、实验展开及课程评价等6个方面形成了"六五模式";在教学思想观念、人才培养模式、教学内容、教学方法、德育目标、专业化等方面也取得了丰硕成果。

3. 完善评估机制,提高管理水平

为提高职业学校教学质量和管理水平,加强职业学校内涵发展、自主发展和可持续发展,南京市教育局研究制定了《南京市职业学校教学质量督导评估指标》(试行)。2008年12月,南京市教育督导室会同南京市教育局职社处、南京市职教教研室,并聘请部分行业专家,首次开展职业学校教学质量专项督导评估,为全面展开我市职业学校教学质量专项督导,促进我市职业学校和谐发展奠定坚实基础。至2010年底,全市已有10所职业学校接受市教育督导室组织的教学质量督导评估。

第三节　普通高等教育稳步发展

进入21世纪以来,南京市普通高等教育紧跟时代步伐,有效整合资源,合理扩大办学规模,着力发展教育科研。至2010年,南京市普通高等教育发展的各项指标在全国同类城市中均名列前茅,南京市已成为文、理、工、管、农、林、医、药、艺术、体育、师范等学科较全的高等教育重要基地。

一、普通高等教育资源有效整合

21世纪伊始,南京市从优化布局结构、合理配置资源、提高规模效益入手,有效整合了普通高等教育资源。

2001年,南京化工大学与南京建筑工程学院合并,组建南京工业大学;南京交通学校升格为南京交通职业技术学院;南京化工学校升格为南京化工职业技术学院。2002年,江苏公安专科学校升格为江苏警官学院;南京无线电工业学校升格为南京信息职业技术学院;南京铁路运输学校升格为南京铁道职业技术学院;南京特殊教育师范学校升格为南京特殊教育职业技术学院;江苏省商业学校与江苏商业管理学院合并为江苏经贸职业技术学院。2003年,在南京经济学院基础上建立南京财经大学;成立江苏联合职业技术学院;南京海运学校与南京航运学校合并,并升格为江苏海事职业技术学院;江苏幼儿师范学校改制为民办应天职业技术学院。2004年5月,南京气象学院更名为南京信息工程大学。2005年3月,金陵职业大学和南京市农业专科学校合并组建的金陵科技学院正式挂牌,这是南京市第二所地方本科院校。

同年4月,南京邮电学院更名为南京邮电大学;同年,南京视觉艺术职业学院成立。2006年,南京机械工业职工大学与南京电子工业职工大学合并,组建南京机电职业学院;江苏省省级机关管理干部学院与江苏省青年管理干部学院合并,建成江苏公共管理职业学院;南京动力高等专科学校更名为江苏城市职业学院,与江苏广播电视大学一套班子,两块牌子;在南京联合职工大学的基础上组建南京城市职业学院,与南京市广播电视大学一套班子,两块牌子。2007年,在南京金陵旅馆管理干部学院和南京旅游学校基础上建立南京旅游职业学院。2009年,江苏职工医科大学与江苏省中医学校合并,组建江苏健康职业学院。

2004至2005年,经教育部批准,南京市11所普通高等院校分别成立了11家民办本科层次独立学院:南京大学金陵学院、东南大学成贤学院、南京航空航天大学金城学院、南京理工大学紫金学院、中国传媒大学南广学院、南京工业大学浦江学院、南京师范大学中北学院、南京医科大学康达学院、南京信息工业大学滨江学院、南京邮电大学通达学院、南京审计学院金审学院。至2010年,南京市共有普通高等院校53所,其中本科院校35所,专科院校18所;当年招生人数254 638人,在校生人数793 405人,教职工人数、专任教师人数分别为79 310人和50 021人。其中,南京市市属高等院校有3所,2010年本专科招生5 987人,在校生22 800人,教职工2 549人,其中专任教师1 749人。

2006年南京城市职业学院成立。

从以上数据来看,21世纪头十年,南京市逐步形成了适应地方经济社会发展和人才培养的普通高等教育布局结构,普通高等教育总体实力显著增强。

二、普通高等教育办学规模合理扩大

进入21世纪以来,南京市本着满足需求、节约成本、循序渐进的原则,合理有序地扩大高等教育办学规模。

普通高等院校校园规模不断扩大。南京市普通高等院校校址大多在城区,原校园占地面积不大。20世纪90年代以来,部分普通高等院校开始走出城区,在郊区建设新校区。1998年起,先后有30多所普通高等院校在浦口、江宁、仙林等地兴建了新校区,形成了3处"大学城",总面积达70多平方公里,是改革开放前全省所有普通高等院校占地面积的3倍多。至2010年,"浦口大学城"已有南京大学、东南大学、南京农业大学、南京信息工程大学、南京工业大学、江苏警官学院、南京审计学院、南京信息职业技术学院、江苏健康职业学院及军队系统的海军指挥学院、海军电子工程学院等10多所普通高等院校入驻,在校生14万余人;"江宁大学城"已有东南大学、南京航空航天大学、河海大学、中国药科大学、南京医科大学、南京工程学院、金陵科技学院、南京晓庄学院、江苏海事职业技术学院、正德职业技术学院、江苏经贸职业技术学院、中国传媒大学南广分院、金陵协和神学院等10多所普通高等院校入驻,在校生18万余人;"仙林大学城"已有南京师范大学、南京财经大学、南京中医药大学、南京大学、南京森林公安高等专科学校、南京工业职业技术学院、南京体育学院、应天职业技术学院、南京技师学院、南京信息职业技术学院等10余所普通高等院校入驻,在校生12万余人。南京市普通高等院校兴建新校区,为高等教育进一步发展开拓了空间。

普通高等院校招生规模继续扩大。2003年招生人数由2000年的8.5万余人上升到10万余人,2006年招生数增至16万人,2008年招生数增至23万余人,2010年南京市普通高等院校的招生人数达到20.17万人,在校大学生人数达到677 924人,均创历史新高。

南京市普通高中毕业生考取大学人数稳步增长。"十五"期间,南京市普通高中毕业生共有100 800人升入普通高等院校,比"九五"期间增加了56 300人,增幅达126.4%,其中本科录取总人数为49 470人,比"九五"期间增加了27 023人,增幅达120.4%。"十五"期间,南京市学生参加高考的录取人数以平均每年净增2 000人的速度稳步增长,高考录取率年年保持在76%以上,年均录取率高于全省7.7个百分点。其中2004年,南京市学生的高考录取率达82.9%,超过单独命题招生的北京地区,接近单独命题招生的上海地区(2004年,北京市学生的高考录取率为76%,上海市学生的高考录取率为85%)。"十一五"期间,南京市普通高中毕业生共有153 029人升入普通高等院校,比"十五"期间增加52 229人,增幅为51.8%,其中本科录取总人数为77 798人,比"十五"期间增加了28 328人,增幅达57.3%。"十一五"期间,南京市高考录取率由76%逐步上升至85%以上,2003年开始实行的中等职业学校应届毕业生参加普通高等学校对口单招以来至2010年,南京市有15 155名中等职业学校毕业生报考,共录取10 069人,录取率66.4%,其中本科录取1 840人,专科录取8 229人。学生接受高等教育的机会在全国同类城市中名列前茅。

南京市成人高等教育继续稳步发展。在南京市普通高等教育自学考试中,报考学历教育的人数从2001年的19万人上升到2010年的28万人。另外,成人普通高等院校的录取人数每年均保持在2万人以上。到2005年,全市18—22周岁适龄人口接受普通高等教育的比率(含研究生教育毛入学率)达到52%,比全省平均水平高出23个百分点。到

2010年,普通高等教育毛入学率达到61%。

南京市普通高等院校办学规模的合理扩大,促成了"精英化教育"向"大众化教育"的历史性跨越,较好地满足了人民群众对高等教育的需求。

三、普通高等教育科研蓬勃发展

进入21世纪以来,南京市普通高等院校坚持服务社会主义市场经济发展的立场,积极调整科研布局,组织科研力量,改革科研机制,加强科研基础设施建设,承担了大量重大科研项目,开创了教育科研的新局面,取得了令人瞩目的成绩。

1. 保持和发扬研究优势和特色,科研成果卓越

南京大学物理系闵乃本院士与朱永元、祝世宁、陆亚林、陆延青教授合作完成的"介电体超晶格材料的设计、制备、性能和应用"研发项目,在2007年2月27日中共中央国务院召开的国家科学技术奖励大会上获中国自然科学界研究成果的最高奖项——国家自然科学一等奖。这是自1999年国家奖励制度

南京大学闵乃本院士(左二)等研发的项目获国家自然科学一等奖。

改革以来,内地高校独立研发项目获得的第一个国家自然科学一等奖。这一研究项目从提出基本概念、建立基本理论、证实基本效应到最终研制成功全新的原型器件,历经19年,是一项具有自主知识产权的原创性成果。该成果拓展了人们对微结构材料的认识,展示了介电体超晶格在电子领域诱人的应用前景。东南大学尤肖虎教授领衔的"中国第三代移动通信系统研究开发项目(C3G)"成果,名列199个国家科学技术进步二等奖之首,受到中共中央、国务院嘉奖。这个投资数亿元的国家级重大科研项目实现了三大既定目标:第一,开发了适应中国市场需求的实用化市场实验系统,包括符合国际标准的 WCDMA、TD-SCDMA、cdma2000 3种无线接入网、核心网和终端设备,其中 TD-SCDMA 是由中国首次提出、得到国际电信联盟正式接纳的第三代移动通信国际标准;第二,形成了一套相对完整的中国第三代移动通信系统体制标准草案,

作为信息产业部通信技术标准文件发布,用以指导正在进行的中国第三代移动通信现场试验与应用;第三,通过自主开发,产生一批自主知识产权,形成近百项国内和国际发明专利,实现与国外厂商的知识产权交叉互换,保护了民族企业的利益。南京农业大学作物遗传与种质创新国家重点实验室万建民教授主持完成的"抗条纹叶枯病、高产优质粳稻新品种选育及应用"研究项目,入选2010年"中国高等学校十大科技进展",获得国家科学技术进步一等奖。该科研项目课题组多年来致力于水稻遗传育种研究,重点围绕水稻优质、高产、抗病虫、抗逆等性状,发掘新基因并进行育种利用,建立和完善分子设计高效育种体系,培育具有市场竞争力的优质水稻新品种。此外,课题组还针对水稻条纹叶枯病大流行的现状,利用常规育种与分子育种相结合的方法,组织江苏省主要水稻育种单位协同攻关,快速选育出适应不同生态区的早中晚熟系列抗条纹叶枯病高产优质新品种10个,其中宁粳1号被农业部确认为超级稻主导品种,年推广面积稳居全国粳稻品种前三名。

2001—2010年,南京市普通高等院校共获得国家自然科学奖27项,其中一等奖1项,二等奖26项;获得国家技术发明二等奖11项;获得国家科学技术进步奖58项,其中一等奖2项,二等奖56项。同期,南京市普通高等院校共获得教育部科学研究优秀成果奖152项,其中自然科学一等奖53项,二等奖23项;技术发明奖9项,其中一等奖5项,二等奖4项;科学技术进步奖67项,其中一等奖29项,二等奖38项。

2. 以科技优势为依托,创办了多家国家大学科技园

国家大学科技园的创办,为科技成果的有效转化搭建了平台,促进了地方经济结构调整。2000年以来,经国家科技部、教育部批准,南京市正式创办了4个国家大学科技园。

(1)南京大学—鼓楼高校国家大学科技园。该园始创于2000年6月,由南京大学和南京市鼓楼区政府发起,河海大学、中国药科大学、南京师范大学、南京工业大学、南京邮电大学、南京医科大学、南京中医药大学、南京工程学院等8所普通高等院校参与组建,2001年5月被国家科技部、教育部正式认定为首批国家大学科技园。该园是集科研、开发、孵化、成果产业化、技术贸易与投资融资服务于一体的开放型的国家级高新技术园区,是江苏省和南京市"十一五"期间科研成果转化与科技产业发展的重要载体。"科技园"按照"校府结合、多校一园、前街后园、五元(政产学研金)推动"的发展理念,切实加强载体建设,大力推进科

技创新,不断优化科技创新环境,积极探索合作共赢的发展路径,形成了以广州路科技商务街区、模范马路工业设计街区、江东软件城、溧水产业基地为主体的"两街一城一地"的科技孵化园区架构。模范马路工业设计与创新一条街已成为江苏省和南京市现代服务业发展的重要街区,在全省乃至全国有较高的知名度和影响力。至 2008 年 11 月,该园总孵化面积 41 万平方米,孵化、培育、引进高新技术企业 831 家。其中,引进了阿尔卡特—朗讯科技、艾默生电气等世界 500 强企业,引进了联迪恒星、联创科技艾志机械、爱可信软件、中狮化学、南自凌伊等在行业内处于领先地位的企业。该园有效连接和汇聚高校、政府、企业、市场的互补性资源,精心打造的各类专业和公共服务平台在江苏省独树一帜,其中投融资服务平台已成为南京市公共服务平台。在国家科技部火炬中心对全国 62 家国家大学科技园的 2007 年评估报告中,该园科研人员数量、园区企业总收入和中介服务等多项指标在全国大学科技园中均名列首位。

南京大学—鼓楼高校国家大学科技园。

(2)东南大学国家大学科技园。该园始创于 1991 年,是国家科技部、教育部 15 家首批试点的国家级大学科技园之一,2001 年 5 月被国家科技部、教育部正式认定为首批国家大学科技园。该园拥有孵化场地近 5 万平方米,包括南京长江后街创业园、地方政府园区等。科技园依托东南大学的综合性优势,逐步发展成为具有东南大学特色的高新技术企业孵化基地、创新创业人才的培养基地、科技成果的转化基地和技术创新的示范基地。该园以国家"863"重大专项研究项目"高清晰度、大屏幕彩色等离子平板显示器(PDP)"为代表的 48 项国家"863 计划"、"十五"科技攻关等重大科技成果,吸引各类社会资金组建了 26 家拥有核心技术、具有自主创新能力和可持续发展潜力、运营规范的高科技企业,注册资本达 7.75 亿元。2010 年,以东南大学参股科技型企业为主的园区企业总产值达到 4 亿多元。

东南大学国家大学科技园。

(3)南京理工大学国家科技园。该园由南京理工大学和南京市白下区政府共同发起创办,2001年4月挂牌成立,2002年2月被批准为江苏省大学科技园,2003年6月被国家知识产权局批准为全国首家依托大学科技园创办的国家专利产业化试点基地,同年10月被国家科技部、教育部正式认定为南京理工大学国家大学科技园。该园形成了由校园、创新园、服务园和创业园等"四园合一"的整体优势,构建了主体集成、功能集成、资源集成、体系集成和机制集成的系统集成优势,突出了重点发展军转民与军民两用高新技术的科技优势,强化了知识产权战略为园区建设与发展保驾护航的支撑优势。科技园规划总面积约200公顷,由研发孵化基地和成果中试转化基地两部分组成,重点发展光电与电子信息、机电一体化与先进制造、新材料、环保与节能、军转民与军民两用等领域中的高新技术和高科技产品。南京理工大学、南京航空航天大学、中国电子信息集团公司第28研究所等创办的120家高科技企业相继落户园区,注册资本逾4亿元。该园已先后与美国、德国、英国、新加坡等国家及香港、台湾等地区的多家客商和投资机构就园区合作开发、城市环境亮化、电动汽车、生物工程和IT产业等领域项目签订了合资、合作意向,协议利用外资1.5亿美元。现正着手启动政府为投资人服务、学校资源共享服务和社会中介增值服务"三位一体"的科技创新服务体系平台建设。

(4)南京工业大学国家大学科技园。该园始创于2007年6月。经江苏省科技、教育行政部门推荐,全国大学科技园工作指导委员会组织专家进行了初步评审和现场考查,认为南京工业大学科技园在创新资源聚集、成果转化和科技企业孵化等方面绩效显著。2009年2月国家科技部、教育部认定南京工业大学科技园为"国家大学科技园"。目前,科技园已基本形成"一园三区,跨江发展"的格局。该园规划占地522亩,其中研发创新区位于学校新模范马路校区,以一期8万平方米的科技创新大楼为核心,最终形成50万平方米的研发"种子"基地;创业孵化区位于浦口经济开发区,最终形成建设面积26万平方米的"种苗"孵化区。该园创新人才引进模式,与南京高新区共建海内外领军人才"三创"载体,把引智与引资、引企紧密结合起来。

南京市普通高等院校所具有的雄厚的科研力量、卓越的科研水平、突出的科研成果,不仅提升了自身在全国普通高等院校中的影响力,而且也为促进地方经济结构调整和持续健康发展增添了新的活力。

第四节 民办教育发展与规范

进入21世纪,民办教育(社会力量办学)已经成为南京市教育事业的重要组成部分。民办教育的发展对于增长教育资源、扩大教育服务、满足人民群众多元化的教育需求、构建多元化的教育体系发挥着重要的作用。南京的民办教育进入逐步发展和规范的时期。

一、民办教育发展总体情况与特点

1. 全市民办教育机构发展的基本情况

2006年以前,南京市民办中小学规模较大。2003年9月1日《中华人民共和国民办教育促进法》正式实施,原"社会力量办学机构"改称"民办教育机构"。2005年,南京市对全市"民办非学历教育机构"进行了重新认定,重新换发办学许可证,并依法对一部分有财政拨款的办学机构未予换证,导致民办学校数量趋减。经过几年的整顿,民办中小学占全市中小学总数的百分比逐年下降,趋于合理。

(1)民办学历教育日趋规范。2001年,全市有民办中小学54所,在校学生2万多人;在全市20多所民办非学历高等教育机构中,南京蓝天专修学院、金陵科技专修学院等5家单位被省教育厅确定为学历文凭试点单位。2005年,全市共有民办中小学79所(含职业中学、中等专业学校、农民工子弟学校),占全市中小学总数的10.7%;教职工4 818人,其中专任教师3 434人;校舍面积45万平方米,固定资产近4亿元。其中,民办中学27所,民办小学44所;在校学生共计6.33万人,占全市中小学在校学生总数的10.1%,比上年度增长10%。至2007年,全市共有民办学历教育机构76个。其中,民办普通高等学校6所,在校学生34 323人,教职工2 948人;高校民办独立学院13所,在校生47 727人,教职工3 431人;民办中小学57所,在校生5.5万人(小学生1.59万人,初中生2.6万人,高中生1.3万人),教职工5 263人,其中专任教师3 738人,规模较大的南京育英外国语学校、21世纪双语学校、华夏实验学校、南京育英第二外国语学校等在校生均在千人以上。2009年,南京市接纳义务教育阶段外来工子女入学6.19万人,全市有6所民办外来工子弟学校,在校生0.43万人,占全市义务教育阶段外来工子女就读人数的6.9%。2009年春季开始,南京市在对义务教育阶段的外来工子女实行免杂费、课本费和借读费政策的同时,进一步对民办外来工子弟学校进行扶持,安排专款为其配置课桌椅、多媒体、体育用品和教学仪器设备等,改善了这些学校的办学条件,促进其规范办学。2010年,南京市共有民办中小学34所,占全市中小学、中等职业学校总数的5.63%;在校生总数48 343人,占全市中小学、中等职业学校在校生总数的7.69%;教职工总数为4 964人,其中专任教师3 435人。全市有民办幼儿园216所,占全市幼儿园总数的43.1%。同年,南京市接纳义务教育阶段外来务工人员子女6.57万人,占全市义务教育阶段在校生总人数的14.9%;全市共有5所民办外来工子弟学校,在校生0.34万人,占全市义务教育阶段外来工子女就读人数的5.2%。南京市对民办外来工子弟学校继续给予扶持,以"零租金"的形式为2所学校配备了课桌椅和教育教学设备,共计价值20万元。

(2)民办非学历教育稳步发展。在民办学历教育日趋规范的同时,南京的民办非学历教育也得到了稳步发展。2002年,南京市共有非学历教育机构339个,其中从事高等教育机构25个,从事中、初等教育机构314个,年培训量20万人次,在校学生7.8万人,开设培训的专业比例是文化、语言、艺术类与职业技能(含计算机)类各占50%。社会力量办学在提高市民的科技文化素质、从业人员的职业技能等方面,发挥了较大作用。2007年,全市有民办非学历教育机构355所,年培训规模达30万人次。在南京民办非学历教育的发展过程中,绝大部分办学机构的办学指导思想是端正的,其办学条件也逐步得到改善。随着改革的逐步深入,全市的非学历民办教育日趋成熟,已成为市民"充电"和实现就业、再就业的培训基地,受到了社会各界的好评。2009年上半年,南京市教育行政部门对民办非学历机构的办学质量进行督导评估,全市民办非学历机构中有326家属于合格单位,31家属于基本合格单位,7家被责令限期整改,16家单位被勒令停止办学。

2. 南京民办教育发展的特点

进入21世纪以来,南京民办学历教育取得了长足发展,逐渐形成了办学模式多样化、办学类型层次化、办学主体多元化、课程设置特色化和内部管理自主化的特点:

第十六章　进入21世纪的南京教育（2001—2010）

（1）办学模式多样化。全市举办的学历教育型民办学校大致有6种模式：国有民办型、民办公助型、公办民助型、私立自办型、股份合作型、中外合作型。在上述模式中，又以前3种模式为主体。为了进一步扩大优质教育资源，满足社会需求，2000年，南京市人大常委会制定了《南京市民办中小学条例》，该条例于2001年1月1日起施行。2001年3月，南京市教育局下发了《贯彻〈南京市民办中小学条例〉若干暂行规定》，按照校舍、法人和财务管理"三独立"的原则，对全市民办中小学进行了重新审核，南京民办东南中学（南京第九中学举办）等11所符合办学条件要求的学校通过了审核。

（2）办学类型层次化。南京的民办学校主要包括幼儿园、小学、初中、普高、职高、高校等，既有独立设置，又有混合设置，形成了多层次的办学类型。一是"一条龙"办学模式。南京实验国际学校、南京民办华夏实验学校、南京21世纪双语学校、南京民办实验学校等均混合设置了小学、初中和高中，个别民办学校还开办了幼儿园，以及让学生继续深造的民办高等学校，形成了相对封闭的"一条龙"办学模式。二是以强化英语教学为特色的普通中学模式。南京育英外国语学校、南京郑和外国语学校、南京玄武外国语学校等一些民办学校，以强化英语教学为特色。三是以职业教育为重点的高中和中专模式。南京民办中山职业学校、南京中华育才学校、私立扬子经贸学校、南京英华旅游商贸职业学校和私立钟山外国语中等专业学校等，是以相关职业教育为重点的高中和中专。四是全日制普通高校模式。1993年6月，全省第一所民办全日制普通本科高校——三江学院在宁正式成立。该学院由东南大学、南京大学一批退休教授和热心教育事业的社会各界人士筹办，实行董事会领导下的校长负责制。2002年，经全国高等学校设置评议委员会评议，该学院成为江苏省第一所、全国第三所民办本科大学，学院建成校舍总面积近40万平方米，在校学生达1.3万余人。1996年，南京艺术学院大胆改革，引入了民办高校办学机制。此后，许多高校纷纷引进民办机制，成立了二级学院。至2005年，全市有独立设置的民办高校5所，高校民办独立学院12所。

民办三江学院。

股份制性质的南京外国语学校仙林分校。

（3）办学主体多元化。南京市民办学校的举办者既有公立学校，也有各类社会团体、民主党派、企事业单位、民营经济组织、公民个人和海外人士，社会各界以人员、土地、闲置场地和直接投资等方式，积极加大对民办教育的投入。办学主体的多元化，改变了过去办教育单纯依靠政府投入的经费筹措方式，多渠道、多种类的经费投入方式，增加了全市教育资源的总量。

（4）课程设置特色化。全市民办学校的课程主要根据国家教育主管部门的规定，再结合各校情况进行自主灵活设置，主要特点是"大纲课程＋兴趣课程＋特色课程"。大纲课程的设置，均严格按照教育部门关于中小学校课程设计、教材使用、课时安排以及考试考核等要求，规定学生必须首先完成教学大纲规定的课程；兴趣课程的设置，主要从中小学生的兴趣、爱好、特长及家长对孩子的希望出发，本着促进受教育者全面发展的目标，设置文学、表演、器乐、书法、体育、科技、计算机、绘画等方面的兴趣教育课程，成立各种各样的兴趣小组，进行有计划的教育和训练；特色课程的设置，主要是在必修课学习的基础上，重点强化对学生的英语、计算机等方面的教育，为此不少民办学校专门聘请了外籍教师和有关学科领域的专家学者来校任教。这种教学模式既保证了国家规定的教学目标的实现，又培养了学生的基本素质与技能，从而能够更好地体现全面发展的教育方针。与公办学校相比，民办学校在课程设置方面既体现了自身的特点和优势，又为实施素质教育提供了较为宽松的教育环境。

（5）内部管理自主化。相对于公办学校而言，民办学校拥有相当大的办学自主权，这主要体现在民办学校的校务管理、人事管理以及后勤管理等方面。首先是在校务管理方面。全市90％以上的民办学校都实行了学校董事会领导下的校长负责制。校董事会主要由学校投资、管理和有关方面人士组成，定期召开董事会议研究决定学校内的财务、人事、招生、管理等方面的重大事宜，并负责聘任、考核校长。校长根据董事会的要求，相对自主地行使管理权，具体负责对学校的教育教学和日常工作。其次是在人事管理方面。几乎所有的民办学校都采用了与公办学校不同的方式，以全员聘任的形式解决教职员工的来源问题。学校与来校工作的校长、副校长、教师、后勤人员签订1年或几年的劳动合同,实行人事托管制度和定期考核制度,根据每一位员工的工作表现和实绩决定是否续聘和留用。再次是在后勤管理方面。一部分民办学校实行寄宿制,采取相对封闭的管理方式,学校为学生提供比较好的生活条件和学习条件,并聘请生活教师和有关专业技术人员对学生的学习、活动、饮食、生活、医疗等方面进行照顾,并注重培养学生的自我生活能力和动手能力;另一部分民办学校则实行走读制,在管理上采取一些有特色的措施,形成了一套与公办学校不同的、相对独立的内部管理方式。

二、民办教育的规范发展

进入21世纪以来,南京市政府和教育行政部门始终坚持把发展民办教育作为南京市教育事业的组成部分,将其纳入议事日程和教育发展规划,通过专题研究,不断解决民办教育发展中存在的困难和问题,先后制定了一系列鼓励、支持、规范民办教育发展的地方性法规和规范性文件,在统一思想、增强责任感和紧迫感的基础上,不断优化全市民办教育的宏观环境。

1. 加强协作,统一管理

2001年,南京市教育局对社会力量办学机构管理工作作了两项重要调整,一是按照《南京市民办中小学条例》,实行对民办中小学的属地化管理,所有民办中小学均由所在区县教育行政部门进行业务管理,市教育行政部门不再直接管理民办中小学;二是对社会力量办学机构,包括民办中小学和非学历教育机构,实行民办非企业单位登记管理,由民政局和教育局联合实施。对于民办非学历教育工作,南京市采取了"统一做法,分级审批"的行政管理体制,即南京市及14个区县均有独立审批权,且依据"谁审批谁管理"的行政原则实施管理,但由市教育局制定政策、统一做法并沟通协调区县之间的矛盾。统一做法体现在:统一制定政策、统一核名、统一发放许可证、统一重大管理行动、统一公告督导评估结果。南京市教育局还通过每季度的区县分管科长例会制度协商工作、统一认识、解决困难和问题,共同促进全市非学历民办教育的发展。

2. 制定民办教育机构设置和管理办法

2003年南京市制定了《关于加强全市民办中小学设置审批管理工

作的意见》,指出今后一段时期原则上暂停审批义务教育阶段的民办初中、小学,严禁用小区配套的中小学办民办学校,鼓励国家机构以外的社会组织或个人利用非国家财政性经费,适当举办民办高中、职业高中、中等专业学校和外来工子弟学校及学前教育机构,但严格控制公办高中转制民办高中的审批。《意见》的颁布实施标志着南京民办教育的法制建设又迈上了一个新台阶。《民办教育促进法》及其实施条例出台后,2004年,南京市在全省率先出台了有很强操作性的《南京市民办非学历教育机构设置办法(试行)》和《南京市民办非学历教育机构管理办法(试行)》,并汇编成册,使全市民办非学历教育事业迅速走上正轨。2008年初又在全省率先出台了《南京市民办幼儿园设立、变更、终止的规定(试行)》,为规范民办幼儿园行政许可和法人治理,以及行政监管提供了政策依据。2010年,配合江苏省教育厅新的《江苏省民办非学历教育机构设置和管理办法》的实施,南京市又着手修订民办非学历教育的两个《办法》。

3. 开展对民办教育机构的督导评估

2004年市教育局先后出台了《南京市民办学校评估方案(草案)》、《南京市民办非学历教育机构管理办法(试行)》、《南京市民办非学历教育设置办法(试行)》,不断规范民办办学行为。南京每年对民办非学历教育机构进行年检评估和换证,加大民办办学监管力度,2006年,南京市在全省率先出台了《南京市非学历教育机构办学质量督导评估指标(试行)》,每年依据《指标》对教育机构进行督导评估,并在实践中逐步完善,以此为抓手不断促进教育机构加强管理、改善办学条件、提高教学质量。在对所有民办教育机构报送纸质材料进行审核的基础上,南京市教育局每年选择30家左右机构,委托南京民办教育协会组织专家进行现场督导评估,对教育机构办学方向与依法办学、组织与行政管理、校舍师资等办学条件、教育教学管理、财务后勤管理5大方面的情况进行全面考评。实施督导评估后,南京市教育局审批的百余家教育机构已全部经过一轮现场评估,办学中存在问题的部分机构已经过多轮现场评估并基本整改到位。2010年,结合民办非学历教育机构办学质量督导评估,南京市评选并表彰了34家先进学校和41名先进工作者。根据教育部和江苏省教育厅统一部署,南京市开展2010年换发办学许可证工作,对全市教育机构进行全面清理和整顿,并对全市民办幼儿园和非学历教育机构的名称和办学内容进行全面规范。

4. 不断加大民办教育开放力度

2005年,南京市实施民办教育"两个开放"战略。一是向民间开放。南京师大附中江宁分校、金陵中学河西分校、南京外国语学校仙林分校成功创办,吸纳社会资金7亿元,完善了江宁、仙林、河西开发区功能。二是向国际开放,推进中外合作办学。全市举办各类中外合作办学机构项目20多个,从幼儿教育到地方高等教育,均有国际资本或先进教学设备的输入。其中,南京晓庄学院的中韩学院、金陵科技学院的中澳国际学院、南京师大附中的澳大利亚考菲尔德文法学校、南京外国语学校举办的中加国际学校等,已经形成规模,累计引进国际办学资本、设备合计人民币1亿多元。常年在南京市中小学、幼儿园就读的境外学生有1 300多人。

5. 发挥社会力量共同办好民办教育

南京市教育局还委托市民办教育协会经常举办"南京市非学历民办教育机构校长培训班"。2009年,新版"南京民办教育"网正式启用,为社会提供信息服务和指导,接受群众咨询和投诉。南京民办教育协会也进一步完善了组织机构建设等工作,开通了"南京民办教育协会网",为社会提供全面的办学机构资质查询、已备案招生广告的刊登、办学求学咨询、违规办学警示等,在教育行政部门、办学机构和社会之间架起桥梁。

6. 加强对全日制自考助学机构的管理力度

针对一部分自考助学机构虚假宣传、违规招生的严重情况,南京市教育局自2009年起重申了自考助学登记注册制度,并增加了登记注册初审环节,对助学机构的资质、师资、场所、安全等进行了严格要求。2009年通过初审的民办教育机构共13家,其中从事全日制自考助学的机构共7家。南京市教育局组织专家组对6家从事全日制助学的机构进行了现场考察,考察涉及硬件条件及招生、教学、安全等全面管理情况,并召集学生座谈。2009年5月,南京市召开全日制自考助学招生有关工作会议,对此类机构的招生宣传提出了严格要求。2009年6月,南京市教育局向社会公布自考助学机构名单和上一年度督导评估结果,并向社会发出违规招生预警。

7. 规范中小学文化补习机构审批和管理

南京市从2009年开始明确全市近几年不新批文化补习机构、不新增文化补习范围；利用2010年统一换证的时机，对原从事中小学文化补习内容的机构进行了严格确认；加强中小学文化补习机构日常管理，尤其是安全管理；采取措施严禁非学历教育机构面向中小学生举办学科类竞赛及以竞赛名义举办培训班。

8. 开展对民办中小学的清理工作

20世纪90年代初，南京出现了一些依托名牌中学举办的民办初中。2005年以前，按照当时的政策，南京依托名校所办民办学校在南京有20多所。这些民办学校在一定程度上缓解了政府财力不足，满足了教育发展之需，但也存在着与原公办学校产权不清、与真正意义上的民办学校形成不公平竞争等问题。少数名校办民校凭借国家的优质教育资源，向学生家长收取高额的"民办"费用，引发了社会的不满。南京市教育局从2005年起，开始对不符合"三独立"要求的民办初中进行清理规范，一部分还原为公办初中，一部分直接停办。经过3年的调整和规范，"假民校"问题基本得到了解决，南京市有15所民办初中恢复为公办初中。2010年，根据江苏省人民政府《关于进一步做好义务教育阶段改制学校清理规范工作意见的通知》的精神，南京市对2003年以来成立的民办中小学再度进行梳理，对列入省清理规范名单的南京怡馨花园小学、南京金陵中学河西分校、南京外国语学校仙林分校、南京师大附中江宁分校、高淳县实验学校、南京下关天妃宫寄宿学校等6所学校逐一落实规范方案，严格实行"三独立"，明确了"民办"身份。

第五节　终身教育体系的发展和完善

南京市在"九五"期间基本形成了市、县（区）、镇（街道）、居民村四级继续教育培训管理平台。进入21世纪后，南京市继续由政府主导、教育主管、部门协作、社会参与，积极创建学习型城市，提高市民素质和城市综合竞争力，实现城市可持续发展和人的全面进步。大力实施教育富民工程，积极推进社区教育协调发展，健全跨部门、跨行业的社区教育协调机制,完善多类型、多层次、广覆盖、开放式的社区教育网络,为南京终身教育体系的完善奠定了基础。

一、成人教育健康发展

进入21世纪以来,作为终身教育重要基础的成人教育持续发展。在城市,成人教育以岗位培训和继续教育为重点;在农村,成人教育则以实用技术培训、公民教育和文化生活教育为重点。

1.职工教育开展各类岗位技能培训

进入21世纪,南京钢铁厂等一大批行业企业教育机构和教育培训中心及数百家社会办学机构,在企业结构调整转型期,瞄准企业用人需求,本着积极稳妥、突出重点、注重实效、逐步完善、适当超前、形成制度的方针,开展各级各类岗位培训工作,并围绕生产服务搞培训,广泛开展岗位练兵、技术观摩、一事一训、技术讲座等培训活动,以赛促训,以点带面,各行业职工教育和培训更加有效地落到实处。南京市职工技能培训等各类培训每年在25万人次以上。

2.成人中专教育、成人高等教育进一步发展

南京市将举办成人高校、成人中专校作为提高职工、农民和广大市民素质的重要举措,为广大青年成才架设了新的桥梁。

(1)成人中专教育稳固发展。2001年南京市着眼市场需要,开设机械、电子、计算机等市场紧缺专业,不断开拓办学渠道,发挥部门、行业办学优势,探索成人中专教育适应社会经济发展的办学模式,大力开展中等职业教育,采取学历教育与非学历教育结合的方法,稳定成人中专教育规模。

(2)成人高等教育进一步发展。围绕高等职业教育发展目标,南京市进一步扩大招生规模。2001年全市16所广播电视大学、职工高等学校、管理干部学院、教育学院共招生8 505人,在校生达到20 101人,其中,市属成人高校招收专科生3 004人;南京机械工业职工大学继南京联合职工大学、南京市职工大学和南京电子工业职工大学之后首次参加普通高校招生,开展职前高等职业教育。4所职工高校全年招收职前高等职业教育生783人,超额完成招生计划的30%。2005年南京市成人高校招生报名32 660人,占全省报名总数的五分之一,比上年增幅近

10%；各类成人高校在宁录取率达70.85%。2009年，全市成人高校招生报名总数为40 179人，比上年增加9 291人。其中高中起点升专科25 018人，高中起点升本科3 481人，专科升本科11 680人。经全国统考，有29 525人被各类成人高校录取，录取率73.48%。

3. 高等教育自学考试继续保持健康发展的良好势头

21世纪以来，南京市高等教育自学考试工作紧紧围绕南京教育改革发展的大局，以实现平安招考、和谐招考为目标，紧抓稳定事业规模、提升考务管理质量、强化服务观念、加强基础建设等工作重点，顺利完成各项招考工作任务，实现了报考规模稳步上升、考务管理安全无事故、服务方式不断创新、基础建设明显改善的既定目标。2002年，南京市高等教育自学考试面向社会开考104个本、专科专业（含教师类14个专业），全市共有19.95万人报名参加47门课程的考试；7 053名考生通过自学考试获得本、专科毕业证书。南京市还有16 577人报名参加国家学历文凭认定、中英合作专业等课程考试，36 560人参加全国计算机等级、全国英语等级、剑桥少儿英语等级等证书考试，合格（结业）率60%。"十一五"时期，南京自学考试报考人数从2006年的23.39万人发展到2010年的28.33万人，继续呈逐年增长态势。

为规范自学辅导机构的办学行为，南京市自学考试办公室发布了《南京市自学考试管理办法》，加强了对自考的管理，推进自考工作实现三个转变：一是在自考的工作架构上，从侧重于服务成人教育转向社会、家庭、学校"一体化"教育服务体系的构建；二是在自考的教育内容上，从学历补偿教育为主转向充实市民生活、提升市民素质；三是在自考的服务目标上，从服务于考生的阶段性学习转向服务于考生的终身学习，使自学考试覆盖终身化教育各个阶段。

4. 远程开放教育跨越发展

以信息和网络技术为基础的现代化远程教育已成为构筑知识经济时代终身教育体系的重要手段和途径。广播电视大学是运用现代信息技术实施远程教育，进行人才培养的教育机构。

进入21世纪，南京广播电视大学努力适应构建终身教育体系和建立学习型城市的需要，积极探索远程开放教育的办学模式。学校先后在全市建立了13所分校及20余个教学点，构建了覆盖全市、分级办学、分级管理的办学系统。学历教育方面，南京市电大开设了电子信息类、工商管理类、中国语言文学类、经济类、新闻传播类、公共管理类、外国语言文学类、法学类等13个门类近80个专业,其中非学历教育项目达70余个,形成了以远程开放教育为特色、学历教育与非学历教育并举、普通教育和成人教育协调发展的格局。

南京电大开展"一村一名大学生"项目。

2001年,南京市电大在校生超过2万人,其中运用现代信息技术实施远程教育,进行"人才培养模式改革和开放教育试点"的在校生1.5人,占在校生总数的75%。2003年起,南京市电大积极开展职业资格培训工作,成为江苏省劳动厅在宁职业资格考试最大的考点。2004年,南京市电大建立了南京市远程教育中心,作为全市开展远程开放教育的重要基地,并形成了以远程开放教育为主体、以高职高专教育和继续教育为两翼的鲜明办学特色,为创办现代远程开放大学奠定了良好基础。"十一五"以来,学校先后挂牌成立了南京市社区培训学院、南京市软件人才培训基地、中央电大残疾人教育南京分院、南京市干部在线学习中心等一批教育服务机构,并与中国人民大学、北京师范大学等20余所高校及相关部门、行业开展合作办学。至2009年底,学校共培养本、专科毕业生7万余人。

5. 老年教育丰富多彩

老年教育在建设小康社会、学习型社会与和谐社会中,发挥着越来越重要的作用。21世纪以来,南京市努力挖掘各种社会资源,整合成南京老年人教育集团,为老年人提供全方位、多层次的教育服务。根据2009年的资料,南京60岁以上老人共93万人,其中60至70岁的有47万人,70至80岁的有31万人,80岁以上的有12万人,100岁以上的共有208人。能够到老年大学的学员主要是55至70岁的老年人。2009年南京市共有金陵老年大学、华夏老年大学、南京科技老年大学、南京协和老年大学等35所老年大学。各级老年大学(学校)成为了广大老年学员学习新思想、新理念、新技术的学习基地,成为新知识、新文化的传播基地,营造了一种全新的生活方式和行为方式,成为广大老年人最欢迎和满意的教育园地、文化广场。尤其是创建于1984年的金陵老年大学,伴随着时代的发展,不仅受到社会的关注和舆论的称道,而且逐步走向国际，每年均有许多批次的外宾，如美国、日本、德国、法国、新加坡、澳大利亚等国朋友来校参观访问、联欢。该校还为外国友人开办短期的"国际班"，受到外国朋友衷心的欢迎和赞扬。

二、教育富民工程不断推进

2002年5月30日，时任南京市委书记李源潮在调研教育工作时对南京教育提出了明确的要求，他强调："教育要为富民强市培养人才。城市的教育还要包括三块内容。一是下岗工人培训，二是农民实用技术培训，三是普通学生的创业精神。教育每年要进行'万名下岗工人再就业技术培训'和'万名农民致富技术培训'，培养一万名下岗工人就业就为全市减少了一个百分点的失业率，培养一万名农民致富骨干和经纪人就会使我们的农民尽快地富起来。教育要为市委、市政府挑点重担。"南京市教育局于7月份召开全市教育"促就业、助致富"培训工程动员大会，对全市教育系统开展教育"促就业、助致富"培训工程进行具体部署，会议同时还下发了市教育局、市农林局、市科技局、市劳动和社会保障局、市科协等5个部门联合实施教育富民工程的意见。

在实施和推进教育富民工程的过程中，南京市教育部门始终树立大教育培训观，一方面抓好南京本地的下、转岗职工培训和农村剩余劳动转移培训，让这部分最可能流出南京到其它城市务工的人员掌握必备的知识和技能，强化这部分人的"职前"培训；另一方面抓好外市流入南京的务工人员的职业技能"职后"培训。到2005年，全市教育系统每年培训失业、下岗、转岗职工和外来务工人员5万余人，通过职业教育和各级各类成人文化教育培训农村各类人员50万人，其中，培训农村致富骨干、农民经纪人3万余人，培训农村剩余劳动力4万余人，转移农村剩余劳动力4万人。

2010年，南京市又实施了《现代农民教育工程》和"促就业、助致富"培训计划。共完成各类培训总量67.17万人次。其中，农村劳动力转移培训（包括引导性、创业性培训）13.55万人次、农村实用技术培训（包括南京市教育局组织的市农科教讲师团专场培训、区县讲师团专场培训）8.98万人次，农村企业岗位技术培训（包括在岗、下岗、转岗人员培训）8.93万人次，各类社会生活知识等综合培训（包括老年教育、学生校外教育、其他社会人员教育）35.7万人次。各类职业资格证书培训（包括初级、中级、高级等）2.1万人。各类成人学历教育（包括成人中专、成人高中、成人职业高中、电大"一村一名大学生项目"、网络远程大专学历教育、高等教育自学考试等)7 384 人。

三、社区教育迎来新的发展

南京市的社区教育起步于"九五"时期,经过 10 多年的探索和发展,取得了令人瞩目的成绩:在管理上,各区县基本形成了比较完整的教育框架;在功能上,社区教育的地位和作用更加突出,成为终身教育、社会教育的重要组成部分;在网络上,初步构建了市级社区培训学院—县(区)社区培训学院—镇(街道)社区教育中心—社区居民学习点 4 级教育培训网络;在手段上,搭建了便捷高效的现代化网络学习平台;在发展方式上,注重内涵建设,深入推进教育理论研究和课程开发。截至 2010 年,南京市共创建国家级社区教育示范区 3 个,国家级社区教育实验区、省级社区教育实验区 13 个,省级镇(街道)社区教育中心 22 个,省级社区教育示范镇(街道)13 个,增强了服务"三农"能力,发展基地创建工作,完善了农村科技服务网站建设,利用现代科技信息技术帮助农民获取信息,走向市场,获得实惠。全市还创建省级乡镇农科教结合示范基地 13 个、市级示范成人教育中心校 22 个、市级镇(街道)社区教育中心 29 个,市级社区教育街道(镇)20 个,市级乡镇农科教结合示范基地 7 个;还认定了南京市农村成人教育优秀培训项目(2010 年起设立)8 个。随着社区教育管理体制改革的不断深入,南京市社区教育稳步推进,工作取得重大突破,迎来了全面发展的新局面。

四、终身教育体系的建设与完善

1. 学习型城市的建设

建设学习型城市是"富民强市、率先基本实现现代化"的重要支撑,是提高市民素质和城市综合竞争力的活力源泉,是实现城市可持续发展和人的全面进步的关键举措。南京作为全国最早提出并开展学习型城市建设的省会城市,多年来进行了大量探索与实践。

2002 年 4 月 16 日,南京市委市政府转发了市委宣传部《关于建设学习型城市的意见》(以下简称《意见》),正式启动了学习型社会建设工作。《意见》确立了南京市建设学习型城市的总体目标,即围绕"富民强市、率先基本实现现代化"的发展战略,树立新的学习理念,构筑市民终

身教育体系,建设各类学习型组织,积极营造"人人终身学习、时时处处学习"的氛围,全面提升个人和组织的创业意识、创造精神和创新能力,提升城市的综合竞争力,力争用5年左右的时间构筑起学习型城市的基本框架,用10年左右的时间构建起与率先基本实现现代化同步的比较完备的学习型城市体系。随后的2003年至2005年,南京学习型城市的建设进入到推进深化阶段。南京市建设学习型城市工作指导委员会每年都制定了"学习型城市建设工作要点(或工作意见)",具体指导学习型城市建设,还通过每年的学习节,开展丰富多彩的学习活动。2003年南京市及各区县开展了"享受学习的快乐,欢度学习的春节"活动,举办学习型家庭、学习型社区、学习型企业、学习型机关推进会,开展了百户"学习型家庭"评选活动;2004年,南京市委宣传部与南京大学、东南大学、南京师范大学等高校联合推出"到高校听讲座"栏目,通过《南京日报》、《金陵晚报》、龙虎网、建设学习型城市工作网站等媒体,不定期地发布讲座信息,为市民多样化的学习需求提供服务,引导更多的市民走上自主学习之路。2005年,南京市举办了市民学堂、拓展"到高校听讲座"活动、举办"学习型企业与企业文化建设"研讨交流会等活动。

"十一五"期间,南京市以创建"全国教育名城"为目标,引导干部群众适应时代发展的要求,更新思想观念,树立终身学习的理念,不断增强学习力和创造力,更加积极创造条件,让每一个有学习愿望的市民都能够接受教育。全市每年报名参加各种类型成人教育的人数接近30万。3万余人获得国民教育系列本、专科文凭,更多的人获得各级各类从业资格证书。

2. 终身教育服务机构的发展

成立于1984年的南京市成人教学研究室,是开展成人教育教学的研究和管理工作的专门服务机构。从1984年到2002年,南京成人教学研究主要工作是编写教材、组织听课观摩和各类学生技能竞赛活动,以及组织开展成人学校学科或专业教学评比、评选学科带头人和各类教学奖项等。

2003年9月,南京市成人教学研究室与南京市职业教育教学研究室合并。2003年以来,南京成人教育工作主要围绕六方面展开:一是进一步明确成人教育工作的发展思路和重点,着力构建"信息传播平台、理论研究平台、决策咨询平台、课程项目研发平台"等四大平台,密切与各区县成人教育机构的联动与合作,提升成人教育服务能力和工作水平;二是夯实成人教育组织管理基础,建立中层机构——社会教育科,充实成人教育专兼职管理队伍;三是进一步整合资源,构建成人教育理论研究队伍,与市成教学会紧密协作,创立"市成教学会理论研究部",约聘高校专家教授,建立成教理论研究人才库,为深入开展成人教育群众性科研储备专家智力资源;四是完善成人教育信息传播平台,创办《南京终身教育》杂志;五是服务行政,大力开展成人教育学术服务活动,开展了南京成人教育优秀研究成果评选,研制了《南京市社区教育实验项目管理办法》,举行了第一批市级社区教育实验项目的申报和评审;六是积极搭建区域成人教育理论研究平台,成功举办了"首届南京终身教育论坛"和"首届南京—苏州社会教育论坛",这两个论坛成为全市成人教育工作者交流实践经验、探究理论问题的重要载体。

第六节　素质教育成效显著

一、素质教育在创新中深化

1999年,《中共中央国务院关于深化教育改革全面推进素质教育的决定》提出,"实施素质教育,要以提高国民素质为根本宗旨,以培养学生的创新精神和实践能力为重点,造就有理想、有道德、有文化、有纪律的德、智、体、美等全面发展的社会主义事业建设者和接班人,要坚持面向全体学生,使学生生动活泼、积极主动地得到发展"。

同年11月,南京市委市政府召开改革开放以来的第三次全市教育工作会议,深入贯彻《中共中央国务院关于深化教育改革全面推进素质教育的决定》,颁发了《贯彻〈中共中央国务院关于深化教育改革全面推进素质教育的决定〉的意见》。2000年,南京市教育局制定了《南京市

2000—2005年深化教育改革全面推进素质教育的二十项工作目标》,进一步明确实施素质教育的具体目标任务。21世纪以来,南京市素质教育继续发展,在转变教育观念、更新课程内容、改进教学方法、改革考试评价制度等方面取得新的进展,在促进学生全面发展方面取得显著成效。2002年,以实施基础教育课程改革为标志,南京市的素质教育开始向纵深推进。2003年,全市教育系统负责干部聚集华东师范大学,集中研讨的主题是"我们应当确立什么样的教育质量观"。市教育局明确提出,"教育质量应当以素质教育为价值取向"。由此,南京教育进入了追求教育品质的"质量新时代"。

1. 课程改革:素质教育新的突破口

2002年5月,南京市教育局下发文件《南京市基础教育课程改革的实施意见》,明确了南京市基础教育课程改革的指导思想和工作目标,安排了课程改革准备、启动、滚动发展和总结推广4个实施阶段,同时成立了以南京市政府许仲梓副市长为组长、以南京市教育局徐传德局长为副组长的"南京市基础教育课程改革领导小组",成立了包括时任中央教科所所长朱小蔓教授等在内的"南京市基础教育课程改革专家指导组",加强对基础教育课程改革的领导和指导。2002年9月,南京市整体进入新课程改革。鼓楼区、玄武区、白下区、秦淮区、建邺区、下关区、浦口区、大厂区、雨花台区、栖霞区、江宁区成为江苏省基础教育课程改革实验区,溧水县和高淳县成为南京市基础教育课程改革实验区。这样,南京市整体进入了课程改革实验。广大中小学以基础教育新课程改革为突破口,从课程功能、课程结构、课程内容、课程实施、课程评价、课程管理等6个方面入手,积极推进课程改革,深入实施素质教育。江苏省教育厅课改验收评估专家组一致认为,南京市新课改实验,"领导重视,思路清晰,措施得力,工作扎实,开局良好,发展顺利,前景看好"。

(1)研究推进策略。全市各区县整体进入课改实验,研究推进策略,有步骤、有重点地推进课程改革,在教师培训、教学评价、教学管理变革、教研机制创新等方面齐抓互动,保证了全市课改整体推进顺利进行。探索"示范引领、行动跟进"、"以点带面、点面结合"的推进策略,保证了全市小学课改从第一学段顺利转入第二学段,综合实践活动课程从点上实验成功走向全面实施,初中阶段课改实验经受了中考的考验。幼儿教育课程改革在《幼儿园教育指导纲要》指导下,2004年进入了"试点先行,整体跟进"的初级阶段。2005年,高中课改全面启动。

(2)制定课改制度。在城乡同步进入课改实验初期,南京市确定了"着眼整体、着力农村、以乡促城"的工作思路。同时,制定并推行了有关课改工作的10项制度:"区(县)课改实验工作双月报制"、"课改实验活动常规制"(如每县两月一次、每教学片一月一次、每校一周一次的课改研究课、公开课、观摩课等活动)、"课改实验工作典型引路制"(区县确定课改实验典型学校,学校确定课改实验典型学科)、"课改实验集体(集中)备课制"(集备课、培训、反思、研讨于一体的活动,每县每月一次、每校一周一次)、"课改实验教师校本培训制"(着重组织教师以研讨解决课改实验过程中遇到的问题为主的生成性培训)、"课改实验工作定点挂钩制"(教研员挂钩学校、学校领导挂钩课改年级)、"课改实验工作课题带动制"、"课改实验工作督导调研制"、"课改实验工作定期举办沙龙、论坛制"、"课改实验工作考核激励制"。以此有力地保证并推动课改实验工作的有效开展。南京市在建立政研合一、市区(县)校三位一体的课程改革管理和研究机制的同时,还努力构建学校、家庭、社会三方相结合的课改联动机制,以保证课程改革既有教育系统内部的动力保障,又有教育系统外部的合力。

(3)加强教师培训。课程改革的推进,关键在教师。"与新课程共成长"、"做研究型教师"、"学会反思"等理念正不断转化为教师的实际行动。新课改实施以来,南京市教育部门坚持"观念领先"、"全员培训"、"先培训后上岗,不培训不上岗"、"边培训、边实验、边研究、边开发"的原则,对全市义务教育段3.6万名专职教师进行了全面培训。为了迎接2005年秋开展的高中课改实验,从2004年暑假以来,提前一年对近3 000名高中教师进行了培训,受训人数超过高中教师的50%。南京市教育局还多次组织校长和骨干教师到广州、山东等高中课改实验区考察。南京市教研室还组织高中教研员参加高中课改实验区的新课程研讨活动,深入学校、课堂、教师、学生中了解情况,对课标、教材、课表、课堂、教辅进行考察和研究,为全市课改奠定了基础。

(4)建立课改基地。课改实验研究基地的建设坚持"基地辐射、学科推进、城乡交流、相互促进、共同提高"的工作思路,学科推进以基地活动为依托,校本教研、校本课程以基地学校研究为龙头进行推广,全市课改有步骤、有计划地稳步推进。2004年上学期评审确立了首批70个市级课改实验研究基地,经认真起草、多次修改,制定并颁布了《关于加强南京市基础教育课程改革实验研究基地工作的意见》,从基地学校课改实验的组织领导、方案规划、实验研究、成果产出、组织管理5方面提出了10条意见,为基地学校切实提高课改实施水平、提高办学质量、形成办学特色和发挥示范作用等提供了政策性的规范和原则性的指导。与此同时,70所基地学校按照基地类型组建成7个"南京市课改基地实验研究工作协进组",形成了跨区域、跨学校的课改实验研究共同体。

(5)建设校本课程。进入课程改革以来,基层学校紧紧抓住校本课程建设这一重要环节,在对学生需求和学校资源充分论证的基础上,积极进行校本课程建设。2004年,南京市通过层层选拔论证,遴选出15个"中小学优秀校本课程开发方案"上报江苏省教科院。

2. 小班化教育:素质教育新的生长点

小班化教育是一种学生班额较少(小学一般每班28人、初中一般每班36人以内),按照民主性、平等性、充分性、综合性、个别化等要求开展教学活动的组织形式。小班化教育有利于因材施教和师生之间的充分交流,有利于促进学生素质的全面和谐发展和个性的充分彰显,有利于促进教师的专业成长,使素质教育的各项要求真正得到落实。南京市在2001年开始推行小班化教育,至2005年,全市有50所小学实施了小班化教育,教学班达458个,小班化班级的学生有11 280人。为借鉴国外先进教学经验,2002年4月和2003年11月,南京市先后组织两批小班化教育试点学校校长、负责小班化教育试点工作的市、区教育行政干部共60多人,分赴澳大利亚昆士兰理工大学教育学院、美国加州富乐敦大学参加小学教育专业

小班化教学让学生成为教学活动的中心。

培训。2001年开始,南京市教育局采用行政补贴的方式,大力推进小班化教育实验。2005年,南京市教育局投资500万元进一步推进小班化教育实验,并且把实验的范围扩大到初中,有8所初中进入首批小班化教育试点。到2010年,全市共有103所小学、30所初中加入小班化学校行列。几年的实验表明,小班化教育已成为南京素质教育新的生长点。

(1)环境新、环境美。小班化教育试点学校和小班化教育实验班都有条件最好的教室,班班有电视、电脑,班班有崭新的形状多样的课桌,班班有图书角。许多班级既有课桌抽屉式的个人学习小黑板,又有活动方便的小组学习小黑板,还有供全体学生用的大黑板、小黑板。教室环

第十六章　进入21世纪的南京教育（2001—2010）

境的学习化功能得到很好的体现。

（2）小组合作学习。小班化学校把小组活动作为课堂教学的一种基本组织形式，根据不同的学科教学内容、不同的课堂教学环节和班级学生的实际情况，采取不同的分组方式：或按学号分组，不考虑学生的差异；或按能力分组；或以合作的形式分组，充分照顾学生的兴趣爱好。在小组中，让学生充分讨论交流、充分展示、充分分享。课堂教学的生命活力和情感魅力深深吸引了学生和教师。小班课堂教学呈现出了"六多"现象：学生发言的人数多、实践的时间多、合作的机会多、接受的个别辅导多、获取的反馈信息多、得到的认可和欣赏多。

（3）评价方式变革。评价一直是困扰教育的难题。小班化教育在学生的评价方面进行了积极有效的探索和实验。如共青团路小学为每个学生设计了《快乐成长册》，其中有学生发展周评价表、月评价表、学期评价表，这些评价表使让学生烦心的应试评价、惩罚评价变成了综合评价、过程评价、积极评价和家长、老师、同学的合作评价。

（4）教师角色转换。小班化实验最有价值的变化在教师：设计每堂课的教学方式时，总是先考虑让学生有更多的机会处于活动的中心；有更多时间对学生作业进行面批，与学生的互动行为增多了，对学生个别辅导的机会增多了；很多教师进行了分层次备课；更加鼓励学生提出不同的看法、展现自己的才能；加强了与家长的联系与交流；现代化的教学仪器使用得很多，并能够很快接受新的教育教学观念，运用到教学中去。

（5）注重研究学生。小班化教育实验突出特点之一是重视对学生的研究。如逸仙小学与小班化有关的科研专题有：小组合作的形式、小组合作能力的发展、小组合作中的问题行为、小组学习中的互动方式、小组学习中的角色扮演等。这些研究专题内容不同，但研究对象是共同的，都是指向学生。从研究学生入手，进而寻求引导学生、教育学生的良策。

（6）学生充分发展。共青团路小学比较了小班化和非小班化学生进校两个月的发展状况，发现诸多"不一样"：学习广播操的速度不一样，大班两周基本学会，小班只需一周；绘画构思活跃程度不一样，同是"儿童幻想画"，大班模仿成分重，少有创新，小班构思大胆、活跃、新颖；艺术表演进入情境的时间不一样，大班进入情境慢，小班学生进入情境快，表演生动；学生胆量不一样，大班普遍表现得循规蹈矩，小班学生大胆提出问题，敢于指出老师的某些错误；动手能力不一样，大班学生基本不会电脑操作，小班学生已普遍能运用电脑作画；收集信息能力不一样，大班学生不会到图书馆借书，没有积极的借阅意识，小班学生普遍学会了到学校图书馆借书,并有课外阅读兴趣;问题意识不一样,大班学生提出的问题比较少,小班学生在各种场合都能提出问题,并能就一些问题进行简单探讨;合作行为不一样,大班合作学习、小组交流的行为表现不明显,小班学生习惯合作学习、共同讨论、一起动手;自我评价不一样,大班学生自我评价时说的往往是自己的不足和缺点,小班学生更多看到自己的长处和优势,有更多自信;表现欲望不一样,大班学生较少主动表现自己,小班学生表现欲望特别强烈,一有机会,就希望展示自己的能力和进步。

3. 德育创新:素质教育永远的主旋律

南京市的中小学德育工作以实践为基础,根据学生的认知能力和身心发展规律,逐步形成以爱国主义教育为主线、以基本文明行为的养成教育为突破口、全面提高学生的思想道德素质的德育工作体系。

这一时期,南京市继续注重德育创新,深入实施素质教育。

(1)改进德育工作机制,使之进一步完善。从教育引导青少年学生做一名合格公民入手,降低德育的重心。同时,加强了思想品德教育、法制教育和健康人格教育。加强教育评价制度的实践性研究,鼓励教育教学创新,取得了显著的成绩。

(2)更新德育内容,使之贴近生活、贴近学生。学校充分利用课外教育基地和"乡土教材",进行爱祖国、爱家乡、爱学校教育。南京市教育部门陆续摄制了《雨花忠魂》、《国旗法宣传》、《300000的控诉》、《梅园风范》、《巍巍钟山英灵长眠》等教育录像片,学生们受到了生动的近现代史教育,激发了"不忘国耻,振兴中华"的热情。2003年,由南京市教育局局长徐传德主编的《向着太阳歌唱——青少年美德天地》一书出版。该书被誉为"诗意的德育:一种体验爱与美的解释",开创了德育的新思维。《向着太阳歌唱》采取学生自选、学生阅读、学生体验的编辑思路,经过南京市30多位教育工作者历时两年精心编撰而成。该书以"爱、美、公民、立人"为核心理念,选编古今中外500余篇"最具精神营养"的精美文章,从孩子的体验出发,从人的成长的一些基本需求出发,从教育的规律出发,让孩子们在读书、思考中萌发爱心美德。该书入选全国"百种爱国图书"。

《向着太阳歌唱》入选全国"百种爱国主义教育图书"。

(3) 强化心理教育，使之成为师生的心灵家园。2004年，"南京市中小学心理健康教育指导中心"成立，该中心接受南京市教育局领导，挂靠在南京市教育科学研究所，负责全面规划、组织、管理中小学心理健康教育，组织、协调、指导区（县）心理健康教育机构和直属学校开展心理健康教育，开展学校心理咨询员、学校心理健康教育教师的资格考核与认证，开展学校合格心理咨询室、示范心理咨询室的评估与认定，组织开展全市性的心理健康教育专题活动，组织开展全市性的教师心理健康工作，组织开展心理健康教育重大课题的研究，组织开展全市性的中小学心理健康教育督导工作，整合和开拓心理健康教育专业资源。至2010年，南京市几乎所有中小学的心理咨询室都通过了"合格心理咨询室"验收，有84所中小学通过了"示范心理咨询室"验收，有347名教师获"学校心理咨询员"称号，2 443名教师获"心理健康教育教师"称号。

4. 素质教育案例：引领素质教育实践的"标本"

素质教育的内容是丰富的，素质教育的形式是多样的，基层学校的素质教育也是五彩缤纷的。经过教育行政部门和教育科研部门的通力合作，2005年，南京市教育局在各校上报的100余项素质教育实践案例中挑选了30条，并以文件的形式下发，以引导全市素质教育的实践。这30条素质教育案例是：

（1）课程超市。课程超市根据学生不同的发展需要建立课程结构，通过科学的课程管理，以学校给学生"配餐"和学生自己"点菜"等方式，使每一位学生拥有一份个性化的课表。南京师范大学附属中学为学生创设的课程超市，已形成了创造性思维和实践能力培养课程、学业超常学生的发展课程等六大独特的课程板块，共开设了130多门选修课。

南京师大附中学生在人与环境选修课上。

（2）校本课程。校本课程是指学校自行设计、"量身定做"的个性化课程。它包括：学校和教师通过选择、改编、整合、拓展等方式，使国家和地方课程校本化、个性化；学校设计开发具有本校特色、可供学生选择、旨在促进学生发展的新课程。拉萨路小学开发了《智慧园》校本课程，将该校智慧教育和社区的资源结合起来，促进学生智慧的生长。

（3）东庐"讲学稿"。东庐"讲学稿"是东庐中学师生教学中共用的一种文本，它既是教师的教案，也是学生的学案，是国家课程、地方课程校本化后的产物和"教学合一"的载体。东庐中学原是一所薄弱的乡村初中，1999年该校开始尝试以"讲学稿"为载体的教学改革，后又采取配套改革措施，实行"四不"、"一清"，即不分快慢班、不在节假日补课、不设竞赛辅导班、不订教学辅导资料，每周用半天为学生做"周周清"辅导。这样，教师集中精力编制"讲学稿"，学生专心用好"讲学稿"。"深刻预习、活泼研习、精当补习"成为该校学生的学习策略。学生的学习积极性大大提高，教学效率、教学质量迅速提升。该校的教学改革在省内外引起极大反响，前往该校参观学习者络绎不绝。

金陵中学学生在研究性学习论文答辩会上。

（4）研究性学习。研究性学习是以学生的自主性、探索性学习为基础，从学生生活和社会生活中选择研究专题，以个人或小组合作的方式，在教师组织、参与和指导下进行的学习活动。金陵中学从2000年春季开始，在高一、高二两个年级开展研究性学习，并作为学校的必修课程。每周两课时，要求高中学生全员、全过程参加。

（5）小班化教学。小班化教学是一种班级名额较少，按照民主性、平等性、充分性、综合性、个别化等要求开展教学活动的组织形式。白云园小学采取小组合作学习方式，或按学号、能力、兴趣分组，或以合作伙伴的形式分组，形成了以"小组合作学习"为特征的小班化教学特色。至2010年底，南京市有132所小学和初中实施了小班化教学。

（6）"做中学"科学教育。"做中学"是在幼儿园和小学中进行的、基于动手做的方式开展的自然科学普及教育。它以科学教育为切入点，进而对幼儿和小学生的学习观念和学习方式、幼儿园和小学的教育观念和教育方式进行改革。长江路小学将每周两节科学课连排，一个班学生分成不超过24人的两个小班，两位实验教师同时

时任教育部副部长韦钰在长江路小学指导"做中学"。

教学。

(7) 项目教学。项目教学是指在职业教育中，师生通过共同生产具体的、具有实际应用价值或具有典型意义的产品而进行的教学活动。以江宁职业技术教育中心数控技术应用专业"数控车床编程与加工"项目教学的过程为例，包括项目确定、分析，制定计划并实施，最后师生共同评价项目完成的效果和质量。

(8) 中学生"导师制"。中学生"导师制"是学校为中学生配备指导教师，为中学生提供学习、生活、交往和职业选择的帮助与指导，引导全体学生主动、持续、和谐发展的教育运行机制。1998年，南京一中建立了学术导师团、研究性学习导师团、社会实践导师团。经过导师引导，学生不仅自主、自律、自强意识普遍增强，而且涌现了大批素质全面的优秀学生。

(9) 重考申请制。重考申请制是在学生自主选择、报名的基础上，学校在期中或期末考试中允许学生有两次参加考试的机会。一般在两次成绩中选择较高的一次，也可以采取两次考试成绩的平均值。2004年六合高级中学附属双语学校、南京师大附属扬子中学、南京二十九中教育集团致远分校、南京十三中初中分校等4所学校进行了重考申请的改革实验，实施二次考试。

(10) "三证五卡"制。"三证"是指"品学双优证"、"身心健康证"、"特长技能证"；"五卡"是指"网络技术达标卡"、"英语会话达标卡"、"汉字书写达标卡"、"普通话测试达标卡"、"实验操作达标卡"。这是一种可测量的学生素质发展评价制度。江苏教育学院附属高级中学（南京二十九中）于1996年开始实行"三证五卡"制。通过实施，学生综合素质明显提高，个性特长明显发展，涌现出大批素质全面和特长显著的优秀学生。

(11) 职教学分制。职教学分制是职业学校以学分为计算学习量的单位，以学分衡量学生学习完成的情况，并以学生必须取得最低学分作为毕业标准的、为学生提供更多选择余地的教学评价制度。考核分为考试和考查两种，考试采用百分制计分，考查采用等级制计分。课程成绩由平时成绩和考核成绩构成，比例为4∶6。成绩及格，方可获得相应学分。南京莫愁中等专业学校积极推行学分制，开设了近20门任选课，每位开课教师提供完整而详细的选修课教学方案作为选课指南，供学生按照自己的兴趣、爱好自由选择。

(12) 学生成长全记录。"中小学生成长全记录"——《南京市中小学生素质发展记录册(袋)》,是全面客观地反映学生的素质发展状态及其过程的"成长档案"。"中小学生成长全记录",小学阶段名为《我的成长脚印》,初中阶段名为《我的成长足迹》,高中阶段名为《青春的证明》,既具有实用性,又便于珍藏。

(13)发展性绩效评估。发展性绩效评估是南京市对普通高中素质教育实施水平所进行的激励性评估。引导学校自我反思、相互学习、积极竞争,促进教育教学质量的提高。2004年南京市推行普通高中绩效评估,大大调动普通高中的办学积极性。

(14)愉快教育。愉快教育是教育者正确运用适应儿童年龄特点的教育方法和教育手段,创设生动活泼和谐的教育氛围,激发学生的情趣,唤起学生的自主性、能动性和创造性,使他们以最佳的精神状态自觉地参与各种教育活动,从而得到全面、主动、和谐发展的教育。琅琊路小学提出把每个学生培养成"学习的小主人、

1998年,中共中央政治局常委、国务院副总理李岚清视察琅琊路小学的愉快教育。

集体的小主人、生活的小主人"的教育目标,并按照低中高三个年龄段制定了发展指标体系和由学生、家长、教师共同评定的小主人素质评价体系。该校"小主人教育"曾被教育部定为向全国推荐的实施"愉快教育"的典型。

(15)情智教育。情智教育是着眼于学生的情感熏陶和智慧潜能开发,促进学生素质全面发展的教育。情智教育致力于使学生成为拥有"高尚的情感"和"丰富的智慧"的大写的"人"。北京东路小学推行了"学生30本必读书目和30本选读书目",小学毕业每人背诵300首古诗文。低年级学生写童话、中年级创作儿童故事、高年级尝试创作儿童小说等项举措,初步形成了"入境—启动情智"、"感悟—生成情智"、"交流—发展情智"、"操作—展现情智"的情智教育模式。

(16)赏识教育。赏识教育是在继承陶行知先生"爱满天下"和斯霞老师"童心母爱"教育思想的基础上,致力于达成被爱、引导施爱、启发自爱,优化师生关系,促使学生自信舒展、快乐、健康、最优成长的教育模式。浦口区行知小学制作精美的优点卡,要求教师用赏识的眼光发现每一位学生的闪光点,有时间、有地点、有细节、有点评地将闪光点写到优

点卡上,定期公布、分享。

(17)求真教育。求真教育是以"真"为培养目标,以"求"为教育过程,凸现自我,强调互动,引导学生真诚待人,真心做事,获得真知与真能的教育。南京晓庄学院附属小学推行"三个200"工程(200万字课外阅读,200篇古诗文背诵,200篇作文写作),建立了学生读书档案卡,开发了电脑课外阅读测试题库,初步形成了"真心、真诚、真实"的学校精神。

(18)"陶老师"热线。"陶老师"热线是南京市中小学生心理援助中心对社会使用的一个名称,是南京市教育局主办的为全市中小学生提供心理健康咨询和心理危机紧急干预的专业性机构,以南京心理咨询专家陶勑恒的姓氏命名,由南京市教育系统中的学校心理健康咨询专业人员、外聘医学心理治疗专家组成一支专业队伍,24小时开通热线,并有面询服务。20世纪90年代初,南京市开通了"中小学生谈心电话",10多年来接听电话25 400多人次,与4 000多名学生进行面谈和咨询。更名为"陶老师"热线后接听心理咨询电话7 800多个、危机干预类电话26个,直接处理可能对他人造成严重暴力伤害以及有自残、自杀倾向的个案7起。

"陶老师"热线。

(19)成人仪式教育。成人仪式教育活动是在全日制中学(含中等职业学校)在校学生中倡导开展的一项公民素质教育活动,主要包括公民意识教育、成人预备期志愿服务、技能培训、成人宣誓仪式等4个环节。每年4月23日为市人大立法确定的"南京市18周岁成人宣誓日",在这一天,将组织适龄学生举行集中性的成人宣誓仪式,在仪式结束后开展义务献血、栽植成人纪念林等公益性志愿服务活动。

(20)学生生涯规划。生涯规划教育是指普通中学帮助学生个体了解与认识自我,对人生的每一发展阶段(学

"南京18周岁成人宣誓"现场。

业、职业、事业、生活等)所面临的状况与任务加以规划与安排,以期达成自我实现的教育活动。南京师大附中引导和教育学生从学业、职业、事业三个递进层面思考和规划自己的人生。学校通过多种活动,增进学生生涯认知和生涯行为能力。

(21)中小学生才艺拓展。中小学生才艺拓展是指依托南京市丰富的相关资源,面向全市组建的科技、艺术、体育等学校团队,旨在发展学生才艺和个性特长的教育活动。南京市教育局从2003年开始实施"中小学生才艺拓展计划",分别在全市命名了中小学生艺术团(中心)学校10所、体育基地学校16所、科技特色学校12所。此外,还在20所中学、33所小学建立了美术中心、排球训练基地、航模活动中心、集邮活动中心、无线电测向中心、文学活动中心等,为学生才艺培养、才艺交流、才艺展示创造了条件。

(22)素质教育校外基地。素质教育校外基地是面向中小学生,以提高学生综合素质为目标,以学生亲历实践过程为主要形式,开展各类教育活动的场所。南京市中小学社会实践行知教育基地,是一个依托行知小学、以农村科技实践为主要内容,面向中小学生的素质教育基地,开办10多年来逐步形成了"学习农村科技"、"了解农村建设"、"体验农村生活"三大课程系列。

(23)"模拟—体验"教育。"模拟—体验"教育是指为了促进学生个体社会化的进程,通过创设各种丰富多彩的社会角色模拟活动,促进学生更好地理解成人的职业和成人社会的一种学习和教育活动形式。诸如模拟法庭、模拟竞选等。南京师大附中开展了模拟联合国活动,他们独立编

南京小学生体验记者工作,采访航天英雄。

撰了模拟联合国课程的专门教材,在模拟活动中,同学们分别扮演不同国家的外交官在模拟的国际性会议上开展各种外交活动。

(24)校园学生节日。校园学生节日是指学校从素质教育的要求出发,针对中小学生的特点和需要,创设并开展丰富多彩而又各成系列的"节日"(艺术节、科技节、体育节、创造节、读书节、技能节等)活动。南京外国语学校10多年来逐步建立并完善了一套校园"节日"活动,包括旨在培养学生竞争意识、社会参与能力和社会活动能力、吃苦耐劳精神

和团队精神、全面展示和提高学生外语水平、提高学生审美情趣和表演能力等9大序列活动。

(25) 周末大世界。周末大世界是指由学校发动组织或在学校老师指导下学生自己组织的、利用周末假日在校内外开展的健全身心、发展个性、增长知识才干,为学生喜闻乐见的教育活动。南京十三中初中各班学生在周末用音像、文字资料编排个人成长历程展品,充分展示学生对教师的感激之情;高二年级在周末组织话剧"折子戏"联赛,结合课文中戏剧方面的内容,每班均排"一折"剧目。

(26) 假日生活实践指南。"假日生活实践指南"是学校从家庭实践、社会实践、学科学习实践、兴趣特长发展等方面全面指导学生科学合理地安排寒、暑假生活的指导性计划。六合高级中学附属双语学校使用《学生暑(寒)假生活指南》已三轮,假期生活已成为学生的心灵驿站:计划自己订,内容自己选;实践更丰富,兴趣得持续。

(27) 跨境"手拉手"。跨境"手拉手"是指中国的中小学生与外国学生通过互访、就学、上网、通讯等方式建立友谊。南京市外国语学校、南京师大附中、游府西街小学、琅琊路小学等与国外学校建立了友好学校关系,并通过签订国际教育合作计划,定期互派学生代表团,到对方国家庭、学校短期居住和学习、访问。

(28) 校园家长开放日。"校园家长开放日"活动,是学校教育教学面向家长、社区开放的一种活动。夫子庙小学在开展"校园家长开放日"活动时,开展了学生才艺展示、家长听课评教、专家专题咨询、家长交流座谈、家校共娱共乐等丰富多彩的活动,取得了良好的实效。

夫子庙小学在"校园家长开放日"邀请家长来校听课。

(29) 数字化校园。数字化校园是指利用多媒体网络技术,将学校的各类信息资源数字化,并实现数字化的信息管理方式、教育教学方式和沟通传播方式。目前,南京市有90%的中小学实现"校校通",其中500多所学校实现宽带光纤接入,为数字化校园创建提供了条件。

(30) 学校"五室"建设。"五室"建设是指学校建设的图书阅览室、网络学习室(校园网吧、电子阅览室)、技能创造室、心理咨询室(谈心室、心灵小屋等)和校史室。鼓楼区一中心小学技能创造室分主题装备了手工编织、金工、木工、陶艺设备与工具,组织学生开展分组合作动手制作和创造活动。

二、"南京高考之痛"及相关论争

南京素质教育的推进并非一帆风顺。素质教育的先进理念与落后的应试教育观念、片面追求升学率的倾向不可避免发生冲突。发生于2004年的"南京高考之痛"事件,就是这种冲突的突出体现。

1."高考之痛"的缘起

2004年7月8日,《扬子晚报》在头版头条显著位置刊登报道《教育资源好又多的南京,今年考分却又一次落到了兄弟城市之后——追问南京"高考之痛"》。该文称,高考成绩公布后,南京又一次落在兄弟城市后面;今年一个明显的事实摆在面前:在考生人数增加的情况下,本科达线的考生下降到4 700人,反而比去年减少600人。几乎集中了省内最好教育资源的南京,"高考之痛"再次降临。该报道借一些老师、学生、家长、校长之口,大致表达出5个观点:第一,南京高考成绩差不是"选科惹的祸";第二,不能用"素质教育"来搪塞;第三,

媒体讨论"高考之痛"的部分文章。

一流考生被保送得多,不是高考没考好的理由;第四,家教过多,管理有漏洞;第五,教育者需要转变观念。据该报报道,启东中学原校长唐玉英认为,南京的老师应该重视高考、研究高考,高考与素质教育并不是水火不容。"外地老师把高考视为荣誉,带的学生没考好,觉得对不起家长和校长,因此,带学生每天6点起床,晚上12点睡觉。南京则很少见到这样的情景。"

7月9日,该报再问"高考之痛"痛在何处,开通热线欢迎读者展开讨论。为此,报纸给出了两个"案例":其一,南京六中的马同学今年高考成绩528分,原本成绩不错的他对高考之痛感触颇深。他在电话里说:"我高中3年学习中,学校用上课时间给我们组织社会调研、第二课堂等素质教育的内容,占全部学习时间的两成多,但这些对高考没有用,

我真后悔当初浪费了太多时间。"其二,白下区的杨先生说,孩子马上读初三了,作为家长,我一直关注着孩子的成长,看着南京的高考成绩,心里担心孩子的明天会怎样。我身边不少家长都将孩子送到乡下或其他城市读书,而这个暑假,媒体上的家教和培训广告更是铺天盖地,很多外地老师来南京办补习班。南京既然有这么多的优质教育资源,为何还会出现这种现象?学校的职能是不是充分发挥了?学生在学校接受的教育是不是有效?该报就此欢迎读者各抒己见。

此后,《扬子晚报》的"追问"系列报道一发而不可收。其时,江苏的高考成绩尚未正式公布,也没有任何权威机构对各市的高考成绩进行统计排名。该报记者未经充分采访核实而发出的一系列"追问"报道,在社会各界掀起轩然大波。

2. 由"高考之痛"引发的论争

《扬子晚报》的一系列"追问",引发了一场要不要坚持推进素质教育的论争。除了部分市民通过打电话、写信、上访等方式向教育部门和学校表达自己的困惑、担忧、指责外,国内多家媒体如《中国教育报》、《中国青年报》、《南方周末》、《现代快报》、《江南时报》、《南京日报》、《金陵晚报》等也纷纷加入讨论行列,就素质教育与"高考之痛"的话题展开讨论。代表性的意见大致可分为6个方面:

(1)对素质教育提出批评。认为孩子考不上大学,搞什么教育都没有意义;社会实践、第二课堂对高考没用,是浪费时间;素质再好,"学校不重视考试,要是孩子连大学都考不上,发挥潜力都没有机会"。在"追问"报道之后,不断有家长要求学校停止"对高考作用不大"的各种素质教育活动,如研究性学习、校本课程选修、社会实践等,要求学校对学生"严格管理",组织开展"补课"等。金陵中学甚至有家长阻止孩子参加军训,理由是"我送孩子来上学是为了考清华、北大,不是为了当兵。"

(2)对《扬子晚报》的"追问"本身提出批评。认为在高考录取之初、真实情况不详时,仅凭传言、猜测"追问南京高考之痛",既不客观,也不正常,数据不准,事实不清,导向不正。认为"追问"报道炒作高考成绩,不符合党和国家一贯的教育方针,违反了国家教育部关于不准炒作高考尖子生、不准按高考分数排名、不准以高考成绩作为衡量学校质量和学生质量唯一依据的相关规定。"追问"报道有意无意"忽略"了南京考生通过体育类、艺术类、小语种类、推荐保送等途径升入大学的人数,把南京高考本科达线人数缩减了近四成,也违背了新闻报道客观真实的原则。认为"追问"系列报道导向错误,"南京的教育因为摧残学生不力而挨骂",给教育事业健康发展带来负面影响,使"高考至上"的陈腐观念再度流行,加大了推进素质教育的阻力,加大了高考落榜生的精神压力,也在一定程度上挫伤了教师的积极性,使一些教育工作者开始对基础教育的方向产生迷惘,实践、探索的激情有所减弱。

(3)反对高考崇拜。一位署名徐飞飞的老师在《南京日报》和《中国青年报》发表评论,认为"高考崇拜"要不得。高考成绩不是判定一个地区基础教育水平的唯一标准;不是衡量学生身心发展水平的唯一尺度;也不应当成为教育者和受教育者的基本追求。如果全社会尤其是教育界因为一时的"高考之痛"而"痛改前非",把应试作为重中之重,非理性地估量高考和考分的价值,必定会恶性地放大高考的弊端,而我们面临的必将是长久的"教育之痛"、"人性之痛"。高考分数就像高中教育的"GDP",是衡量高中教育水平的重要却非唯一的指标。如果我们的教育、我们的社会过于崇拜高考分数,难保不会上演现代版的"范进中举",难保不会滋生又一个"马加爵"。

(4)批评高考制度,呼吁高考改革。《中国青年报》编辑李丽萍发表评论说,高考不只是南京的痛,而是中国的痛;南京的学校、师生、家长解不开高考这个结,其他地方的学校、师生、家长也同样被高考这个结缠绕着。高考就是基础教育的指挥棒,是中国基础教育所有改革都绕不过的一座山。要真正解决中国教育之痛,解开高考死结,唯一的出路就是确立多元化的评价体系。《中国青年报》记者郁进东就高考问题进行了深度采访,明确提出"与其拷问南京不如拷问高考"。他认为,重视素质教育,高考中却受挫,这是南京之痛,也是所有重视素质教育的地方教育工作者和管理者的痛。曾多次参加全国高考阅卷的南京师范大学中文系教授何永康说,恢复高考制度27年来,我们的高考命题一天天远离素质考核,一天天走向机械、僵硬和繁琐。早在1999年,中央就作出了深化教育改革、全面推进素质教育的决定。然而,人们普遍不解,高考出题,作为中学教学的评价参数和国家选拔人才最重要的标准,为什么可以游离于全面推进素质教育的"决定"之外?何永康说,出现南京这样的高考之痛,我们为什么老是拷问南京为什么没有考好,南京为什么没有处理好素质教育和考试的关系,却忘记抬起头,盯住"指挥棒",道一声:"你的指挥对头吗?!"吴非在《南方周末》发表长文《不是爱风尘又被风尘误》,形象地指出,在新一轮课程改革将展开时,一盆浑水就这样劈头盖脸泼在素质教育的脸上。高考已成为中国教育发展的瓶颈。为了保证课改的进行,必须有这样的原则:不能让课改靠拢高考,而是命令高考顺应课改。

(5)反对将教育资源与高考升学率挂钩。李方在《现代快报》发表评论说,经济发展水平、社会发展水平与高考成绩之间的关系,并非如人们一般想象的那样,表现为一条正函数曲线。事实上中国和美国的对比已经证明,教育资源并不必然造成相应的考试成绩。否则你没法解释,为什么美国学生考不过中国学生。如果你无法因此得出美国学生比中国学生笨的结论,那么恐怕同样也无法得出北京、上海甚至南京学生比其他地方差的结论。这就是为什么说关于高考的省域之争是个假命题的原因。他认为,教育资源与考试成绩的对应关系,也许存在某种临界点,到达这个临界点之前,两者的确表现出正相关;一旦超过临界点,这种对应关系就不那么明晰了,甚至可能是负值。但从根本上说,不能把考试成绩作为唯一的衡量指标。如果采用别的评价体系,结果也许会完全相反。如果采用素质教育的评价体系,没人敢说美国学生将来一定不如中国学生成就大。社会开放到一定程度,人们价值观念、现实选择多元化到一定程度,必然会对某些大一统式的评价体系比如高考成绩产生反动。为什么素质教育首先从北京、上海这种地方得到倡导,却无法有效地推广到全国,原因就在于此。作为一种价值观念,人们有必要认识到:选择的多元化是社会进步的必然趋势;而高考制度以其唯一性,无疑并不适应未来的社会进步。因此,北京、上海甚至南京学生高考成绩不理想,并不能说明他们笨、他们不用功或者身上存在某种劣根,而恰恰说明,他们身处的社会环境,已经对那种"唯一"的制度产生抵触和反弹。这种抵触和反弹,尽管今天是以关于素质教育的争论表现出来的,但人们有必要了解,其背后支撑的价值观念,乃是社会多元化的现实需求。

(6)呼吁冷静对待高考制度和高考成绩。原南京师范大学附属中学校长胡百良在《江南时报》发表了自己的看法。一要多做理性的思考,特别是领导,更应该保持清醒的头脑,应该用国家的方针、教育规律、中央的有关决定和规定作为标准,来分析研究高考成绩好的地区和学校的真实原因,哪些做法反映了兄弟学校和地区在教育教学、思想工作、学校管理等方面的先进理念和先进经验,我们和他们的差距在哪里;哪些是由于高考制度的不完善而产生的违背方针、违反规律和规定的做法。二在讨论高考成绩问题时,应该看到现行的高考制度还不合理。当衡量事物的标准出了问题时,衡量的结果就不会是准确的。三要弄明白的问题是:"高考之痛"中的痛,是指谁的痛?痛在何处?如果是指学生之痛、老师之痛、学校之痛和家长之痛,他们的痛完全是被动的痛,无奈的痛。在现在的中国,学生、校长、教师、家长都过得很痛苦。如果是指领导之痛,那就更有各种各样的痛苦了。一切为了考分,仍然只凭一次学科考试的分数来录取学生,能够培养出高质量的人才吗?能为振兴中华的伟业服务吗?能够促进广大青少年的健康成长吗?这才是我们应该从"痛"中吸取的最大教训。

3. 南京高考真相及市教育主管部门的回应

在这场关于"高考之痛"的论争中,南京市教育主管部门起初采取了保持沉默的态度。在《扬子晚报》指责南京高考成绩全省倒数时,因为招生录取工作刚刚开始、有关数据资料未见分晓,市教育主管部门无法公开辩护或澄清。一些学校负责人的言论也显得小心翼翼。有的校长说,素质教育的方向没有错,许多人都痛恨过重的课业负担、过大的考试压力摧残学生,但一碰到涉及自身利益的高考马上就会转向。因此,改革很艰难,它需要社会的关注,更需要社会的关怀。有的教育工作者说,对教育、对学校不能同时用几把尺子来衡量,当你补课多、作业多,就批评你不符合素质教育的要求;当你考分、升学不如人,又批评你素质教育搞多了,这都是不正常的现象。家长的行为可以理解,但教育工作者应当站得高一些,看得远一些,坚守教育的理想。

到2004年8月底,高校录取工作接近尾声。南京市教育主管部门掌握了高考考生的实际录取结果后,及时召开新闻发布会,向社会公布了全市的高考录取结果。2004年南京市参加高考的考生25 931人,其中报考普通类高校21 992人,本一、本二上线人数4 701人,达线率为21.4%。另有体育类、艺术类特长生、保送生等"上线"。综合普通类、艺术类、体育类及保送生、小语种等类的达线人数,总计本科达线人数为7 485人,而非《扬子晚报》所报道的"南京本科达线人数只有4 700人"。从实际录取情况看,南京的情况反而高于全省平均水平。南京高考考生约占全省总数的6.4%,录取人数却占全省录取总数的7%以上。2004年南京本科实录10 483人,录取率为40.39%;而全省考生404 445人,本科实录148 325人,录取率36.67%。如果加上保送生和小语种达线考生,南京高考排名应该还会好一些。在高考成绩有所进步的情况下遭到并无多少依据的指责,南京市教育部门显得颇为委屈和无奈。

这一年的12月5日,《新华日报》发表时任南京市教育局局长徐传德同志的署名文章《我们应当确立什么样的教育质量观》。在这篇文章中,徐传德阐述了他在2003年全市教育系统领导干部暑期研修班上的报告的主要观点,强调要以科学发展观为指导,树立正确的教育质量观。他指出,我们的教育质量应当以素质教育为价值取向,追求促进学生身心的全面发展,促进全体学生的发展,促进教育全过程的质量提高;我们的教育质量应当以提升受教育者的学习力为主要追求,要通过提升学生的学习力,探寻一种"轻负担、高质量"的教育策略及其操作技术,引导学生进入主动、生动、能动学习的积极状态;我们的教育质量应当以课堂为主要阵地,不断改进课堂教学,最大限度利用好有效的教学时间,最大限度提高课堂教学的效率;我们的教育质量应当以教师"教"的质量为主要支撑;我们的教育质量应当以校长为主要责任人;我们的教育质量应当在承认功利的同时,追求功利的超越,教育质量不能停留、局限于升学考试成绩、升学率上,而必须着眼于人的全面发展和社会的和谐发展,把促进人的全面发展与满足人民群众的教育需求有机统一起来;重蹈"应试教育"的覆辙,片面追求高考升学率,很可能把正当合理的质量追求异化为对学生智力的片面开发,扭曲为对学生身心的极大伤害。2005年12月7日,南京地区的都市报《金陵晚报》以《一个教育实践者的理性思考》为题,刊载了对徐传德同志的长篇专访。徐传德在接受采访中,系统地阐述了他的教育观念。第一,人人关注教育,热心关注更需科学关怀;弄清"教育是什么"是讨论教育问题的起点。教育是一种培养人的社会活动,是传承社会文明的基本途径,它的目的是促进人和社会的和谐发展。第二,中国教育正在经历百年未有之变革。近10年是南京教育发展最快最好的时期。第三,追求教育卓越发展,必须顾及"教育生存";高扬教育理想旗帜,必须坚持从实际出发。第四,做一名理性的教育实践者,让学生在基础教育阶段奠定坚实的人生之基。基础教育的首要任务不是培养科学家、学者,而是培养公民。基础教育所要聚焦的目标,就是为学生立德、立业打好基础。立德,就是教育学生形成诚实、守信、热爱生活、崇尚自然、善于接纳他人和与他人合作等基本的道德素养;立业,就是培养学生形成善于学习、善于发现、善于创新的能力和勤奋学习的品质。高考制度应当鼓励发展学生的多元智能,鼓励学生实现多元化发展,不能把所有学生都引向"独木桥"。一个高中学生如果没有良好的综合素质,即使考入大学,也未必有一个理想的前程。第五,对教育热点难点问题要辩证看待。该"热"的教育问题热切期待应有的关注。许多人偏重关心的择校、高考、收费等教育问题,其实仍只是一些浅表的问题,真正应当引起全社会高度重视的教育热点还"热"得很不够。比如，未成年人的思想道德建设问题、中小学生心理健康问题、家庭教育问题等，这些问题对学生成长成才起着至关重要的作用。第六，校长之"魂"要附"体"，教师之职要做到"无可替代"，家长要学会研究孩子，学生要点燃"发动机"。第七，教育行政领导首先是思想上的领导，职业性质决定我们须有基础性、长效性的工作追求，为事业发展要勇于承担责任和风险。第八，鼓励"干"，允许"试"，不争论。给教育多一份尊重和关怀，给用心做事者多一点宽容与鼓励。

这两篇文章的主要观点，大致可以看成南京市教育主管部门对所谓"高考之痛"论争的集中回应。

4."高考之痛"论争的结局

关于"南京高考之痛"的论争，同样引起地方党委政府领导的关注。当时的江苏省分管教育的副省长王湛同志说，南京市在推进素质教育上起步早，成效丰富，硕果累累，让学生得到了全面的发展，在全省起到了很好的引导作用，创造的新鲜经验在全国都很有影响。针对个别媒体对南京高考的"炒作"，王湛要求新闻媒体营造一个全社会都能正确了解基础教育的氛围，引导全社会树立基础教育发展的正确理念，重视孩子的全面发展，更好地提高教育质量，促进教育持续健康全面协调发展。时任南京市委书记罗志军同志针对媒体的"追问"指出，教育应该"抓人"，而不是"抓分"，社会各界应当理性看待高考，本着积极和建设的态度关注教育，促进教育发展。时任江苏省委书记李源潮同志2005年5月底在南京市开展教育调研，鲜明地指出，个别媒体的报道（指"追问南京高考之痛"系列报道）是逆先进教育理念的；"对高考问题，你们要稳住劲。媒体说你们'高考之痛'，你们为什么不能说这是'南京学生之福'？！"全国人大常委、国家教育总督学柳斌同志在2005年6月接受教育部主管刊物《基础教育参考》记者采访时指出，现在"应试"在反弹，应试教育进一步走向极端，那后果是非常严重的；政府要有倡导素质教育的声音；有人说"南京高考之痛"，对南京市的压力很大，但我认为南京有他（指徐传德）这样的教育局长是很难能可贵的，要让徐传德同志在南京搞应试教育、不搞素质教育是不可能的，因为他已经有了比较完整的素质教育理念的体系，有了正确的教育理念才会有正确的教育行为。

"南京高考之痛"以及相关的论争，影响波及全国，既使南京的素质教育实践遭遇挑战，随后的相关论争也使素质教育的理念更加深入人心。此后，南京更加坚定了素质教育的方向，素质教育实践全面、纵深向前推进。

2005年以来,南京市素质教育实践继续在创新中深化。第一,加强青少年学生思想道德建设。以纪念抗日战争胜利60周年、郑和下西洋首航600周年、第十届全国运动会在南京举办、新中国成立60周年为契机,加强爱国主义教育。将胡锦涛总书记关于社会主义荣辱观的重要论述有效渗透到中小学德育之中,教育并引导青少年学生牢固树立正确的荣辱观,努力成长为有理想、有道德、有文化、有纪律的社会主义公民。第二,建立健全南京市中小学生心理危机援助机制,成立南京市中小学心理健康教育指导中心,各区县成立相应的心理健康教育机构,基本形成市、区县、学校三级工作网络。南京市中小学生心理援助中心(简称"陶老师"热线)每年接谈电话1万多人次,为需要帮助的师生、家长提供及时有效的服务,效果显著。中央文明办在全国未成年人心理健康教育经验交流会上向全国推介"陶老师"工作站经验,并获"全国未成年人思想道德建设创新奖"。第三,深化基础教育课程改革,构建富有个性的学校教育教学运行机制和管理模式。完善学业评价制度,推行《素质教育记录册》取代过去的成绩册,与实施素质教育要求相配套的,综合性、过程性、发展性的基础教育评价体系逐步形成。第四,做好高考、中考相关工作。中考改革平稳过渡,综合素质评价全面推行。高考对高三年级教师进行培训,提高高考复习指导水平。高考入学人数稳步增长,连续四年升学率达到85%,高于全省7个百分点。第五,继续实施中小学生才艺拓展计划,培养学生多方面的素质和能力。"阳光伙伴"、"音乐伙伴"、"学生阳光体育运动"、龙舟大赛等活动生机勃勃。南京市小学生合唱团、中学生交响乐团在维也纳国际青少年音乐节上分别获得第一名、第二名的好成绩。南京市金陵中学女篮获第四届亚洲中学生篮球锦标赛女篮冠军。第六,坚持科技创新教育。启动南京市中小学科技创新计划,成立南京市中小学科技创新学院,首批65所学校成为科技创新星光基地学校,加快创新拔尖后备人才的培养工作。在全国200多名少年科学院院士中,南京市中小学生有16人,占全国总数8%。有20多人在国内外中小学生科技创新发明竞赛中获得金、银奖,其中金陵中学在国际机器人挑战赛上获得团体金奖。涌现出王珂(微软认证工程)、华演(获国际科学与工程大奖)、周辰(发明"眼球控制鼠标")、王冉(获全国"每天小小科学家"评选一等奖)等创新人才。

三、南京市素质教育实践的启示

20多年来,南京市各级教育部门、学校围绕素质教育目标,以务实的态度实践,以创新的精神探索,构建了丰富多样的素质教育载体、路径和样式,创造了许多有益的经验。注重实践构成了南京市素质教育的显著特征,追求原创构成了南京市素质教育的鲜明特色。根据南京市素质教育发展的情况,全市教育工作者逐步在指导思想上形成共识,在实际工作中逐步形成合力。南京市教育行政部门认为,以下9条基本经验必须上升到原则的高度始终加以坚持。

1. 实施素质教育必须致力于观念的深刻转变

素质教育的宗旨在于"全面提高国民素质",素质教育的基本要义就是面向全体学生,促进学生主动、生动、全面发展。素质教育是从教育思想到教育体制、教育结构、教育内容、教育方法乃至人才培养模式等方面的整体性的改革。由于受陈旧传统观念的影响和经济社会发展水平的制约,在高考升学依然决定着学生发展的现实形势下,部分学校和家长不可避免对教育存在一些认识误区和行为偏差。没有正确的教育观念,就不会有正确的教育行为。各级教育部门、各级各类学校必须带头转变教育思想,大力倡导素质教育理念,使素质教育的观念更加深入人心,使实施素质教育成为学校、家庭、社会共同的自觉实践。

2. 实施素质教育必须突破"应试升学"的束缚

实施素质教育要正确处理好学习与考试的关系,正确处理好全面育人与应试升学的关系。既要重视科学、合理的考试对学生学习状况检测、诊断、反馈和激励的作用,又要防止过多过繁的考试加重学生课业负担和心理负担,影响学生身心健康发展。既要理解家庭、社会对应试升学的复杂心态,又要坚决克服片面追求升学率的倾向。教育部门、学校不能迁就落后的社会心理,而必须站在超越应试功利的高度,站在促进学生全面和谐发展、促进国家民族长远发展的高度,始终坚持正确的教育方向,坚持育人为本的教育信念,坚持落实好素质教育的各项要求。

3. 实施素质教育必须重实践、求实效

实施素质教育需要理念和理论的指导,但最为关键的还是基层学校

广大教育工作者的探索实践和扎实推进。素质教育理念只有转变为具体生动的教育实践才能体现出巨大的价值。在实施素质教育的过程中，必须崇尚实践，尊重首创精神，讲求实际成效，充分调动广大教育工作者的积极性和创造性。对各种旨在培养学生实践能力和创新精神的教育探索，要多鼓励；对各种有利于促进学生全面发展、有利于提高学生全面素质的教育实践，要多宣传，多总结推广。要允许和鼓励多渠道、多样式、多元化达成素质教育目标。

4. 实施素质教育必须持之以恒

南京经过多年的探索实践，素质教育的思想观念日益深入人心，素质教育的行为也正在当代教育中逐步强化。但是，实施素质教育必然是一个长期的、复杂的、艰难的过程，需要广大教育工作者持之以恒、坚持不懈地实践、探求，不能指望其一蹴而就、指日可待。要遵循教育发展规律，克服急功近利的思想和浮躁的心态，潜心探究，扎实推进，不断寻求突破。

5. 实施素质教育必须加强基本条件的创设

这些条件包括必要的校园场地、校舍设施，必要的实验操作设备、图书资料，必要的信息化设备、训练基地等等。每一位教育工作者、每一所学校固然不应企盼所有条件具备后才开始素质教育实践，但教育部门、学校必须按照素质教育的要求，积极主动创设有利于实施素质教育的条件。要进一步加大教育投入，优化教育资源配置，改善办学条件；要积极推广"小班化"教育，克服超大班额不利于因材施教的弊端；要加速现代教育技术的推广和应用，不断完善教学实验条件，培养学生的动手操作能力、信息收集处理能力、创造探究能力；要广泛利用各种社会教育资源，创建校外素质教育基地，大力培养学生的生活能力、生存能力和合作交往能力。

6. 实施素质教育必须强化教师队伍的素质建设

在学校教育中，教师处于主导性地位，是决定教育质量的关键因素。高素质的教师队伍是实施素质教育的根本保障。南京市素质教育的阶段性成果正是得益于教师队伍整体素质的提升。教师队伍建设不可能一劳永逸，而必须与时俱进，始终与教育改革发展和社会进步发展相适应。因此，必须进一步提高对教师队伍建设重要性、紧迫性的认识。要在切实把好教师"入口关"的前提下,不断加强师资培养与培训,合理配置教师资源。建立优化教师队伍的有效机制,全面提高教师实施素质教育的能力和水平。

7. 实施素质教育必须深入实施课程改革

课程是教育思想、教育观念的集中体现,是组织教育教学活动最主要的依据。实施素质教育,课程改革是核心环节,课堂教学是主要阵地。教育部门、学校要认真贯彻落实《基础教育课程改革纲要》,在严格执行国家课程、地方课程的前提下,大胆进行校本课程体系和内容的改革创新,加强课程的综合性、可选择性;要在坚持落实课程标准的前提下,不断优化教学过程,增强课堂活力,提高教学效率,提升学生的学习动力、学习能力和学习毅力;要在继续重视基础知识、基本技能教学并关注情感、态度培养的前提下,充分利用各种课程资源,开展研究性学习,提高学生发现问题、研究问题、解决问题的能力,培养学生的创新精神和实践能力;要加强教学管理,合理安排学生的课业负担,丰富学生课余生活,促进学生身心健康发展。

8. 实施素质教育必须积极探索评价和考试制度改革

建立科学的评价和考试制度是实施素质教育的关键。要通过多种形式宣传中小学评价和考试制度改革,宣传现代教育评价思想,转变传统的考试评价观念,引导全社会树立科学的质量观和正确的成才观。"小升初"要坚持免试就近入学;中等学校招生考试要改变单纯对学生学科知识的考查,加强对学生能力和全面素质的考查,注重综合性、过程性、发展性评价。要在进一步完善《南京市高中发展性绩效评估》、《中小学生成长全记录》等评价方案的基础上,探索建立科学、多元、公正的教育评价体系,防止和杜绝以分数或升学率作为唯一的评价标准,形成有利于全面贯彻党的教育方针、有利于全面实施素质教育、有利于促进学生全面发展的正确导向和工作机制、监控机制。

9. 实施素质教育必须坚持分类指导、分层推进、分步实施

不同的教育阶段、不同的学校,其教育功能、任务、培养目标存在一定的差异;针对不同年龄的教育对象,教育的内容、方法也各不相同。因此,实施素质教育既要全面要求,也要具体落实。不能不分对象、不看基础、不重实际;不必"齐步走",也不必苛求同步到达;不能以单一的模式

呈现，也不能拘泥于以单一化的途径实现。教育部门应当因地、因校制宜，实行科学的分类指导。要根据不同教育阶段、不同类型学校、不同年龄段学生的特点，对各级各类学校实施素质教育的任务、要求分别进行科学合理的定位；要尊重不同地区、学校在发展层次上的差异，允许并鼓励其找到适合自身的推进起点、推进节奏和实现方式；要按照素质教育要求进行总体规划，从点到面，从外围到核心，逐步抵达全面实施素质教育的目标。

素质教育的着力点是全面贯彻教育方针，素质教育的核心是"以人为本"，素质教育的关键是使学生全面发展。而素质教育也应该有不同的内容和类别、不同的风格和特点、不同的形式和程度，因而，不同的地区、不同的条件、不同的学校应该实施不同的素质教育。20多年来，南京市坚持素质教育不动摇，坚持走实践指导之路，用实践为素质教育求解，努力构建学生成长的立交桥，培养了一大批全面发展和特长发展的优秀学生。

第七节 教育教学研究繁荣发展

21世纪以来，南京市教育教学研究进入了繁荣发展的兴盛期。各级教育教学研究机构牢固树立"科研兴校"、"科研强校"的理念，教育科研在教育决策、课程改革、教学实践和教师专业发展等方面发挥了重要的支持作用。南京教育教学研究工作跃上了新的台阶。

一、教育科研改革创新

进入21世纪以来，南京市教育科研工作改革了规划课题研究制度、整合了科研资源、建构了科研模型、开展了教师"个人课题"研究等，形成了南京市教育科研的品牌。

1. 改革规划课题研究制度

以往从全国到地方的规划课题研究都遵循严格的教育科学规划制度，即由教育科学研究管理部门先"规划"，各级各类学校认真研读"规划指南"，从"规划指南"中寻找相应的课题申报，才有被立项的可能。

规划制度对教育科研的有序发展起到了重要的推动作用,却制约着一线教师和基层学校教育科学研究的发展。

"十一五"期间,南京市大胆改革规划制度,调整规划方向,在课题申报上形成三个层次。首先,简化规划课题申报要求,满足基层学校科研兴校的需要。"十一五"期间,南京市的课题研究规划指南只"规划"大的研究方向,不硬性要求基层学校从"指南"中选题申报课题。只要学校的选题切合教育教学实际需要,具备问题性、科学性、创新性、操作性的基本要求,且研究方案通过了学术委员会的评审,即使是中级职称的教师主持,即使是有许多学校申报同一个项目,也可立项为南京市规划课题。"十一五"期间,南京市总共立项市级规划课题758项。其次,实行招标课题研究的制度,解决规划部门迫切需要研究的问题。2005年,南京市提出"建一流教育,创教育名城"的目标,并启动10项重大(重点)课题的招标工作,面向全省公开招标,组织最优秀的科研力量集中攻关,内容包括南京市教育名城建设、素质教育"南京特色"的总结提升、教师教育、基础教育、职业教育的课程改革、"南京教育史"研究等。2007年,南京市又开展了教育科学"十一五"规划重大(重点)招标课题工作,面向社会公开招标21项重大(重点)课题,内容包括幼儿教育发展、学校心理健康教育、中小学教育质量监控与保障、百年老校文化推新、教育现代化发展、现代学校制度建设、终身教育推进、中小学生学习力提升、外来工子女教育、名师教育教学艺术、主体育德范式等方面。第三,组织省级、国家级更高层次课题申报,推动基层学校教育科研提档升级。省级、国家级课题的立项是评价地区性教育科研发展水平的一项重要评价指标。"十一五"期间,南京市共立项省级规划课题287项,国家级课题20项,立项数均为全省第一。

2. 实施教育科研资源"合纵连横"

2002年,南京市开始实施教育科研资源"合纵连横"战略。"合纵",就是贯通中央教育科学研究所、江苏省教育科学研究院、南京市教育科学研究所、区县教科室(所)和学校教科室的纵向联系;"连横",就是逐步加强与南京市教育局直属部门、南京高等院校、"长三角"地区17城市教科院所、华东地区教科院所的横向联系。"合纵连横"使得教育科研各级各类部门互通信息,相互支持,资源共享。

经过多年的努力,在"合纵"方面,南京市教科所与中央教科所、江苏省教科院的联系更加紧密;同时,积极开展区县教科室(所)和学校教科室的建设工作,夯实了教育科研的基础。在"连横"方面,也做了大量的工作。联合南京市教育局直属部门,规范了全市的课题管理,统一了全市教育论文评比,建立了南京市教育科学学术委员会,南京市教育局领导任委员会主任,市教育局直属单位领导都是学术委员,把直属单位的科研力量联系起来。积极参加"长三角"教科研论坛和华东地区教科院所协作会。积极参加全国课题规划工作会议和全国教科院所长联席会议。"合纵连横"取得了可喜的成果,打开了崭新的局面。

在实施教科研"合纵连横"策略的过程中,最为脆弱的一环是区县教科室建设。南京市加强区县教科室(所)建设,对区县教科室(所)进行省厅标准的"合格教科室"检查验收。2004年11月,六合区教科室顺利通过省厅标准的检查验收,标志着南京市区县"合格教科室"检查验收全部结束,圆满完成了南京市教育局"用三年时间使全市所有区县教科室达到省厅标准"的要求,为全市教育科研的发展奠定了坚实的基础。2008年,南京市又进行了区县"示范教科室"的评比验收,玄武、鼓楼、秦淮、江宁4个区的教科室(所)率先成为南京市区县"示范教科室"。之后,南京市教科所又启动了区县"优秀教科室"的检查验收,让愿意"示范"者做出"示范",让向往"优秀"者能够"优秀",充分发挥区县教科室在区县教科研工作中的重要作用。

3.构建"金字塔式教科研工作模型"

2007年,南京市初步建立了"金字塔式教科研工作模型"。"金字塔式教科研模型"分5个层次。"群众性教育科研",以论文评比和"个人课题"研究为抓手,启动以个人为主体的教育科研工作;"规划课题研究学校",以南京市教育科学研究规划课题和南京市教育学会规划课题的立项研究和管理为标志,加强学校课题研究的指导和管理;"南京市教育科研基地学校",在课题研究学校中遴选一部分教育科研水平较高的学校发展成为市级教育科研基地,以基地的实验性和示范性作用为标志推动基地发展;"项目研究中心",选择具有前沿性、发展性、典型性的科研项目进行精心打造,让一所学校带动一批学校;"项目研究所",是"项目研究"的高级阶段。5个层次中,每一层次都有教育科研4项要求,达到4项要求年满2年的学校,就可升为上一层次,这样,学校就可以从低级到高级,从基础教育科研到品牌教育科研有序发展。不同层次学校的教育科研应该有不同的需求,也就应该有不同的指导;经过这样的划分,可以对不同级别、不同类型学校的教育科研进行分别管理,还可以对不同的学校进行分类指导,使教科研更加具有针对性,也可以对不同的学校进行分层推进,让所有学校从低一级向高一级发展,从而实现区域性教育科研的整体推进。

2009年,经过数年的努力,随着4家"项目研究所"的建立,南京市"金字塔式教科研工作模型"建成,并正常运转。

4. 开创"个人课题"研究

2004年南京市教科所提出"个人课题"的概念,2005年开始进行"个人课题"实验,从2006年起,南京市在全国首开"个人课题"研究的先河,把规划课题研究和教师个人专业化成长紧密结合起来。"个人课题"是以教师个人为研究主体的课题,相对于过去的包括国家级课题、省级课题、市级课题、区县级课题和学校课题在内的"集体课题","个人课题"由教师个人承担,研究主体同时也是责任主体和利益主体;"个人课题"研究具有灵活性,方便调整和选择,有利于行动研究;"个人课题"源于教师个人的教育教学实际问题,具有很强的针对性,对于教师专业化成长极为有利。"个人课题"研究者只有一个人,与"集体课题"的界限清楚,区别明显;并且,这一区别可以突出"个人课题"的本质特征和优越性:课题选择的针对性、研究过程的自主性、方法选择的灵活性、专业成长的学术性等。

对教师的专业发展而言,"个人课题"具有规划课题不可比拟的优势:一是小巧。"个人课题"切口小,研究却很深入。二是短线。由于研究内容单一,一般在一年之内即可完成,解决问题快。三是关照青年教师。"个人课题"是偏向青年教师的课题,因为这样的课题没有了主持人职称的限制,即使是刚刚走上工作岗位的教师也可以立项研究。

2006年,南京市立项市级规划"个人课题"1 650项。此举不但受到了基层学校和一线教师的热烈欢迎,而且在全国引起了极大反响。在2006年第六届全国教育科学研究所(院)长工作联席会议以及随后的"长三角"信息平台工作会议、宁波全国"教育科研时代使命"高端论坛等会议上,南京都应邀对"个人课题"的研究进行了重点介绍。南通市教科所、沈阳市教科所、海南省教科院先后组织人员到南京市进行"个人课题"研究专题调研。2007年,南京市出台"南京市'个人课题'研究优秀学校评比条例"、"南京市优秀'个人课题'评比细则"等文件。南京市对"个人课题"研究方案和研究成果进行匿名评审,提升"个人课题"研究的质量。同时,着手打造市、区县、学校"个人课题"三级课题网络和立体管理模式。

2009年11月,首届"全国'个人课题'研讨会"在宁召开。来自全国40个城市的90位余名代表以及南京市中小学代表参加研讨会。本次研讨会的主题是"推进'个人课题'研究,创新教师教科研机制"。"个人课题"是南京市教科所为实施"草根化"创新实验、为基层教师度身定做的首创之举。"十一五"期间,南京校、区、市三级"个人课题"已经超过1万项,全市近五分之一的教师参与了"个人课题"研究,成为推动教师专业化成长的重要途径,让基层教师从教育科研的边缘走到了教育科研的中心。

首届"全国'个人课题'研讨会"2009年11月在南京召开。

二、教学研究高位运行

进入21世纪以来,南京市的教学研究在新一轮课程改革中努力推进课堂教学质量、构建以"发展性评价"为核心的办学绩效评价机制,促进了全市中小学校全面教育质量的不断提高。

1. 扎实有序推进课程改革

2002年秋季开始,南京全市加入课程改革实验区,全市新一轮课程改革启动比全省提前两年,比全国提前3年。

(1)义务教育课程改革。南京市义务教育课程改革分为4个阶段:2001年9月至2002年8月为准备阶段,2002年9月至2003年8月为启动阶段,2003年9月至2005年6月滚动发展阶段,2005年3月至2005年8月为总结推广阶段。

2002年5月10日,南京市教育局颁发了《南京市基础教育课程改革的实施意见》,全市义务教育段的900多所学校的起始年级整体进入新一轮基础教育课程改革实验,玄武区等11个区成为首批省级基础教育课程改革实验区。5月16日,全市课程改革工作会议召开。2002年9月至2003年8月,全市小学、初中起始年级所有学科、小学三年级的"科学"学科全部执行新标准,使用新教材;部分小学三年级和初一试行"综合实践课"。2003年9月至2005年6月,小学一、二、三年级和初中一、

二、三年级所有学科进入新课程。2005年8月前,高中全面开设综合实践课程。

2002年起,幼儿园用3年完成幼儿课程改革。11月26日,南京市教育局在南京师范大学附属小学、游府西街小学和中华路幼儿园举办基础教育课程改革(幼儿阶段)教学观摩研讨活动,各区县分管小学、幼儿园的教育局长、小教科长、幼教干部、教研室主任、小学校长、幼儿园园长及骨干教师约700人参加。有8门学科的17位教师上了研究课。

2003年,南京市确立溧水县东庐中学等27所中学作为首批"南京市基础教育课程改革实验研究基地",发挥对全市课改工作的示范和辐射作用。实验年级已顺利延伸到二年级和八年级,参与实验的中小学生数已有35万多人、教师2万多人。除了综合实践活动课程在2004年秋之前尚处于部分学校试验探索阶段外,其余课程已全面推开。实验教材呈现出小学以苏教版、初中以人教版教材为主导,多种版本教材并存的格局。

2004年,义务教育课程改革进入第三年,40万师生进入新课改实验。南京市教育局完成了5万多人次实验教师的新课程培训,建立了70个综合、学科和特色型课改实验研究基地,形成以学科为本、区县为主、基地为示范的课改推进运行机制。

到2005年,义务教育课程改革给南京教育带来新局面。幼教、小学、中学70万师生已经全面进入新课改,全市共组织4场课程改革现场会,让参与课改的教师们交流教学经验。为了培养适应新课改的教师队伍,南京市教育局对全市义务教育段3.6万名专任教师进行了全面培训。拉萨路小学等通过开展"微格课堂"、"系列沙龙"、"专题论坛"、"案例回放"等系列研训活动,促进了教师专业水平的整体提升。鼓楼幼儿园、游府西街小学、溧水东庐中学等70所中小学及幼儿园成为首批"南京市基础教育课程改革实验研究基地",多所学校探索出了适合自己的办学模式,推进符合新课程理念的初中评估制度改革,初一年级全面使用《初中生素质发展记录册》。毕业年级实行毕业考试与升学考试合一的学业考试;重新整合建立20所市中学生课外活动基地学校,对全市综合实践活动的开展起示范辐射作用。

课程改革给南京市基础教育带来了新气息。学生们感到"实验多了"、"每个人上课都有发言机会"、"老师就像我们的朋友"、"更重视我们是否掌握学习方法"、"老师鼓励我们提出不同看法"等。新课程改革给老师们带来了许多现代教育理念。

(2)高中课程改革。从2005年秋季开始,南京市全面进入高中新课程改革实验。南京市教育局根据教育部2003年颁布的《普通高中课程方案(实验)》、《普通高中课程标准(实验)》和江苏省教育厅2005年下发的《江苏省普通高中课程改革实施方案》等有关文件精神,积极、稳妥、求实、创新地开展南京市高中新课程改革实验工作。

2005年暑期,南京市教育局对全市秋季任教高中起始年级13个学科的教师进行为期5天的高中课程改革研修活动。南京一中、金陵中学、中华中学、南京师范大学附属中学等分别承担13个学科18个研修班的任务。全市3 000名高中教师参加培训。同时,南京市教育局还加强对各级教育行政人员培训,建立高中课改基地学校和6个省级样本校,成立高中新教材选用审查委员会,根据国家课程方案下发"南京市普通高中高一年级课程计划指导意见",高一年级全面使用《高中生素质发展记录册》,实行学业成绩学分制管理。南京市教研室组建了"高中课改学科研究与指导专家组",拟定了"高中课程改革学科推进规划",建立了"高中课程改革实验基地",指导学校研制"高中校本课程开发的指导意见"等。在此基础上,学校、家庭、社会三方结合的课改联动机制逐步建立和完善。

2006年,高中课程改革稳步实施。课程改革样本校建立了例会制度,定期交流,强化样本校在实施新课改中的校本特色,对全市高中课改起示范引领作用。

南京市还积极探索推进高中课程改革的高中评估制度,修改完善高中生素质发展记录册,全面实施高中课改年级学业成绩的学分制管理、综合素质评定工作。

2007年,南京市积极开展中学生阳光体育活动,落实学生在校体育锻炼一小时的要求;召开了综合素质评价工作现场会,并对全市普通高中学生综合素质评价工作及艺、体、美三科教学工作进行普查,继续推进学生综合素质评价工作。全市普通高中新课程教务管理软件投入使用,进一步规范普通高中课程管理与教务管理。高中课改样本校建设初见成效,南京市第十三中学综合实践课程开设及学分制管理经验,得到教育部领导的充分肯定;南京师大附中、金陵中学、南京外国语学校的"系统动力学"、"模拟联合

2007年8月26日,南京三中学生成功与国际空间站进行"天地对话"。

国",南京市第三中学业余电台等已成为精品校本课程;金陵中学组团参加"亚洲 FVC 机器人联赛及国际 FVC 机器人选拔赛",获得"亚洲铜质奖章"、"最佳交流奖"和"最佳教练奖"。南京市第三中学无线电兴趣小组参加国际空间站 APISS 计划,实现中国青少年首次与国际空间站天地对话。

2008 年,南京市开展了以落实课程计划为专题的初高中专项调研与督察。全市中学以教学为中心、质量为生命的意识,素质教育以课程为载体的意识得到进一步强化。

2010 年,课程改革进一步深化,高中教育质量稳步提升。在"规范办学"的背景下,南京市积极寻求高中质量提升的增长点,主要措施有:加强高中课程管理,根据课程内容的主次和难易,合理分配教学时间,适当调整教学进度;立足于学生学习能力的提高,指导学校尊重和把握学生的差异,进行有针对性的教学;强化学校的学生管理工作,进一步统整学校教学力量,把德育管理与教学管理更好地融合起来,加强学校德育与教学管理的有机整合,为质量的进一步提升提供了保障。

2009 年 10 月 30 日,全国基础教育课程改革经验交流会在南京召开,教育部副部长陈小娅出席会议并讲话。会议全面总结了 8 年来基础教育课程改革取得的成效和基本经验。南京市教育局承担现场考察、中小学生研究性学习成果展览以及反映素

课程改革以来首次全国性课改经验交流会在南京召开

质教育成果的文艺演出等任务。现场考察中,南京师大附中丰富的课程超市、金陵中学的创新教育、十三中的高中新课改面临的问题与策略研究、雨花台中学的教师队伍建设、宁海中学分校的校本课程和虹苑中学课改促进学校发展的经验,内容丰富的中小学生研究性学习成果展以及反映素质教育成果的高水准文艺演出,充分展示了南京推进课程改革、实施素质教育的成果,受到全国近 300 名与会专家、代表的高度评价。南京新课程改革成果经验在全国得到推广。教育部副部长陈小娅观摩了南京市虹苑中学这所普通初中的课改现场后兴奋地表示"感谢南京的实践,感谢南京的成功!"

2. 切实提高课堂教学有效性

2002 年,南京市全面启动基础教育课程改革工作。义务教育课程改革以课堂教学改革为核心,最大限度地提高学生的学习效率。

为提高课堂教学质量和水平,"向 45 分钟要效益",2004 年 6 月,南京市教研室制定了《南京市中小学课堂教学评价标准》,对课堂教学提出了量化评价标准。评价标准分为教学设计、教学组织、教学内容和课堂文化 4 个方面,满分为 100 分,重点考核教师教学的组织情况,所占比例分别为 30%、40%、20%、10%。各学校教师、教务主任、校长相互听课、评课,市、区教研部门直接或者组织全市部分老师进行考评。教师课堂教学质量作为衡量师德师能的重要方面,并作为评优、职称评定、学校二次分配的依据。

2005 年,南京市进入高中课改,教学中凸现的问题是课时与教学内容的矛盾。南京市教研室坚持从优化教学设计着手,进一步细化和落实课堂教学设计的基本要求,引导更多的教师解决好一节课或一个单元教学的目标达成问题。

南京市中小学结合各自学校特色积极进行课堂教学改革,呈现出"百花齐放"的局面。玄武区在中小学开展课堂教学"三全""五优化"研究活动,"三全"即面向全体学生、提升全面素质、实施全程管理。"五优化"即优化学习目标、优化问题设计、优化互动生成、优化自主体验、优化评价矫正;南京一中开展课堂教学"百花奖"评选活动,其中第 19 届评课活动引起兄弟学校的关注,南京江宁高级中学、南京市第二十九中学、南京市第三中学、南京市宁海中学、南京雨花台中学等 22 所学校的老师到校听课,听课人数达 1 570 人次,影响扩大到了全市范围;南京外国语学校外语教学采取"结构—情景—交际"模式,其他学科采用"学案引领—板块推进"模式,突出了学生的自主学习和合作学习,形成具有本校特色的课堂教学模式;东庐中学施行"课前导学、课堂研讨、课中检测、课后拓展"的教学模式;南化二中进行"三一五"课堂教学模式的实践,在 45 分钟的一堂课中,学生自主合作学习不少于 15 分钟,教师点拨精讲不超过 15 分钟,当堂反馈不少于 15

南京市课堂教学改革南外仙林分校现场会。

分钟。

2009年4月,全国首届新课程小学优秀课例研究与评选颁奖大会在北京召开,南京凤游寺小学科学教师杨健作为一等奖获奖选手代表在大会上献课。杨健老师所教学的《地球的形状》一课,在录像和现场课中分别采取了以认知方法为线索和以科学史发展为主线的设计思路,充分激活学生的探究愿望,带领学生积极动脑思索、动手实践,课堂气氛热烈,教学效果显著,特别是通过引导学生模拟月食时的景象,进行深度的思维活动,在分析、比较和交流的基础上研究地球形状的问题这一设计,充分体现了科学探究活动的理念,受到与会专家同行的一致好评。

3. 开展普通高中教育绩效评估

为推进高质量的素质教育,深化教育教学改革,发挥教育教学评价在普通高中办学中的导向作用,2004年9月,南京市教育局在全市开展普通高中教育绩效评估工作,制定下发了《南京市普通高中教育绩效评估方案(试行)》。

《方案》从"学生发展"、"教师发展"、"学校发展"3个层面来评估学校的办学水平和发展态势,通过正确的导向,引导学校自我反思,相互学习,积极竞争,主动发展。学生发展总分500分、教师发展200分、学校发展300分,总共1 000分。在这份方案中,传统的100分计分方式被打破,被打分的也不再仅仅是学生,学校、老师都是被打分的对象。

新评估方案中,"学生发展"分4大项来考查。第一条是遵纪守法,分值40分。当年在校学生犯罪率为0,得20分,有学生犯罪不得分。学生在市级以上统一考试中无作弊行为,得20分。第二条是身体素质,总分30分。根据国家《学生体质健康测试标准》,达标率在95%以上的学校得30分;每低一个百分点扣2分,扣完30分为止。第三条是特长发展,总分30分。学生在各类竞赛中获国际奖、国家级奖、市级奖的都可加分,一个学校最高得分不超过30分。第四条是学业成绩,总分400分,其中综合学科合格率为50分;涉及高考评价的分值包含在对学生的学业成绩评价总分内,占到350分。

"教师发展"方面,师德建设60分,教育科研140分。教师无违反"三要八不准"规定,无任何违法行为,就能得40分。教师有个人专业发展计划,不断提高业务能力,得20分。

"学校发展"方面,课程开设60分,办学绩效140分,本科达线40分,服务质量100分。学校要按国家课程计划开足各个科目课程,开地方课程的可以加分。学校办学获社会认可、无安全责任事故，发展业绩当年得到上级行政部门和社会认可的，都可以得分或加分。学校的本科达线人数排序与得分高低也有紧密联系。学生如果对学校服务不满意，就失去了50分的得分机会。而学校如果被媒体曝光批评查实，或被上级教育部门批评，都要扣分。

南京市普通高中教育绩效评估工作从2005年起实施，与实施高中课改同步进行。

几年来，南京市教育局不断完善《普通高中教育绩效评估方案》。高中绩效评估充分考虑到个人积极性和群体积极性的调动，使得校长、教师明确自己教育、教学及管理的状况，及时调整与完善。"绩效评估"既为学校"明责"，也为学校"减负"。"绩效评估"强调发展起点评价，以动态的、发展的、积极的眼光，重点衡量"发展率"、"推进率"，看学生、教师和学校是否在原来基础上有新的发展和提高。"绩效评估"发挥了评价的工作导向和动力传递作用，强化了学校推进课改和提升质量的责任，调动了学校的办学积极性和创造性。

南京市为了全面推进普通高中教育绩效评估工作，每年组织召开表彰会，重奖业绩突出的学校及教师。分别设置了高中教育绩效综合奖、优秀奖、合格奖以及高中教学先进个人、班级管理先进个人等奖项。

南京市开展普通高中教育绩效评估，实现了素质教育高质量，教育教学改革进一步深化发展，普通高中办学质量得到大幅提升。从2006年到2010年，南京普通高考录取率从75%升至85%；提前录取国内外知名大学学生数从450人增至1 800多人，实现翻两番。其中2010年南京市高考报名总人数为37 124人，实际参加江苏省统一考试考生37 003人，共录取31 516人，高考录取率达85.2%，高出全省平均录取率5个百分点。

第八节　教师队伍建设成效显著

进入21世纪以来，南京市把师资队伍建设作为教育发展第一要务，加强领导，统筹规划，健全制度，深化改革，落实责任，规范管理，使教师队伍整体质量水平得到大幅提高，全市师资队伍建设取得显著成效。

一、创新新教师录用机制

随着高等学校毕业生就业制度的改革,中小学教育发展对师范生需求情况的变化,教师队伍管理体制、用人制度的改革,以及面向社会实行教师资格认定工作的开展,计划经济时代统分统配的师范生就业制度改革势在必然。2000年开始,南京市在全省率先进行师范生分配制度改革,宣布当年入学师范生毕业后全部自主择业,政府不再包分配。当年初步尝试对师范教育类毕业生就业机制进行改革,实施了计划调剂与双向选择相结合的基本政策,鼓励区县教育行政部门在本区县范围内对专科及中等师范毕业生实行双向选择。2001年至2003年,南京市的师范教育类毕业生除本科部分控制专业和定向协议生外,均实行"双向选择、择优录用"的就业办法。每年举办南京籍师范教育类本科毕业生供需洽谈会,各中学现场选招新教师;专科及中师层次的师范教育类毕业生,由各区县教育行政部门在考试考核的基础上"择优录用"。

2004年是南京市师范类毕业生就业全面放开的第一年。2003年11月,南京市拟订了新教师"凡进必考"工作方案:坚持总量控制、优化结构;面向全体南京籍毕业生,有条件吸收外地毕业生;做到自愿报名,凡进必考,双向选择,择优录用。大学毕业生如需进入南京市城区中小学就业,在取得毕业证书和教师资格证书的前提下,必须通过市、区教育局统一组织的考试、考核,经用人单位考核、面试、体检合格后,与用人单位签订毕业生就业协议,协议经所在区教育局审核后,报市教育局批准生效。录用人员以南京籍生源为主,吸引部分优秀外地本科生。报名考试的非南京籍师范教育类本科毕业生应是南京师范大学、苏州大学、扬州大学、徐州师范大学、江苏教育学院、南京晓庄学院或国家"211工程"院校中取得教师资格的非师范教育类普通高等院校本科毕业生。六城区中学新教师的笔试由南京市教育局组织,笔试内容包括公共知识和学科专业知识。取得研究生学历的毕业生可以不参加笔试,在报名后直接到用人单位参加双向选择、竞争上岗。新补充的中学教师必须具备本科及其以上学历,小学、幼儿园教师必须具备专科及其以上学历。当年有1 800余名毕业生(其中2004年毕业研究生有120人)报名应聘南京市六城区中学的397个职位。通过审查,1 606人具备应聘考试资格,于2004年2月参加笔试。笔试后,按照学科需求教师数1∶3的比例划定分数线(报考人数不到1∶3的学科划基准线)的原则,达线的930名本科生自主到各学校接受面试。

起初,"凡进必考"政策只限于南京市六城区招聘新教师,很快,全市13个区县都加入到"凡进必考"行列,招录岗位也扩大到小学、幼儿园。2005年,近3 000名师范毕业生报名竞聘六城区中小学、幼儿园的418个教师岗位,其中研究生学历的124人(硕士学位的122人,博士学位的2人)。2006年,"凡进必考"又从新教师招聘扩大到教师调动和人才引进。"凡进必考"工作实现全覆盖。

根据高校扩招后毕业生学历层次提高的实际,南京市提高了招聘新教师的学历标准。2007年提出中小学"本科化"要求,提高了新录用教师整体素质。之后,越来越多的研究生报考南京教师岗位。2009年,南京市中小学招聘教师400多名,吸引了1 800多名研究生前来报名。2010年,全市共录用新教师897人,其中本科学历713名,研究生学历167名(硕士学位165人,博士学位2名)。具有研究生学历的新教师已经遍布全市城乡。对于一些特殊人才的调动,南京市经过集体讨论不拘一格给予特殊对待。据统计,2006至2010年,全市共招聘教师5 209人,本科及本科以上学历4 821人,占92.55%,其中研究生856人,占16.43%。

"凡进必考"是南京市在多年教育人事制度改革探索的基础上实施的,它的意义在于建立了一个科学的选人、用人机制。"凡进必考"拓宽了人才选拔的视野,规范了选人、用人的制度,吸引了大批热爱教育事业的优秀人才,也进一步改善了教师队伍结构,这种科学的选人、用人机制也有效地减少了用人上的不正之风。

二、促进教师专业化发展

1. 教育硕士培养

1997年,全国教育硕士培养开始试点。当时,南京市有数百名教师自发参加研究生课程班的学习。到2000年为止,南京市中小学在岗教师中,具有硕士学历或学位的教师不到30名。这显然远远不能满足南京市教育事业发展的需要。为有计划、有组织地提升南京市中小学教师的学历层次,造就高素质的教师队伍,南京市教育局在基础性培训目标之外,确立较高层面的发展性目标,重点提高研究生学历(硕士学位)教师比例,开展了教育硕士培养工作。2000年,南京市教育局分别与南京师范大学、华东师范大学等高校签订协议,在全国率先开展与高校联合培养教育硕士的工作,计划委托南师大自2001年至2005年为南京市中小学培养300名教育硕士,规定凡在南京市基础教育学校和单位一线工作3年以上,具有本科学历且具备相当于中学一级教师资格、年龄35岁以下(特殊情况下不超过40岁)的教师均可报考。这项政策出台后,报考人数、被录取攻读教育硕士的教师逐年增多。为了激励学员学习,南京市教育局决定:学员获得学位后,市教育局将奖励该学员总学费的三分之一,学员所在单位、学校奖励学员总学费的三分之一。这为教师学习进修提供了积极支持。仅2004年南京市教育局就安排了50多万元用于奖励教育硕士学位获得者,到2010年,仅市级奖励金额就达500多万元,连同学校的奖励经费将超过1 000万元。这一举措极大地激发了广大教师的学习热情,在全市中小学教师中持续兴起"读研热"。

2001年2月18日,南京市教育局委托南京师范大学培养的首届教育硕士班正式开学,132名学员成为南京中等教育师资队伍的首批教育硕士生。2002年全市考取了164名;2003年全市考取了230名;2004年全市考取了296名;2005年全市考取了393名。学

南京师大学位评定委员会为教育硕士授学位。

员分布于教育管理、语文教学论、数学教学论、英语教学论、物理教学论、化学教学论、政治教学论、生物教学论、历史教学论、地理教学论、音乐教学论、美术教学论、体育教学论等13个专业。至2005年,全市小学有100多名教师在读教育硕士生;初中有300多名教师在读教育硕士生;高中有600多名在读教育硕士生,占全市7 000名高中教师的8%以上。至2007年,正在攻读教育硕士和已经获得教育硕士学位的在职教师总数已突破2 000人,总人数达全省的一半以上,在全国同类城市名列前茅。至2010年,南京市共有4 000多名中小学教师参加教育硕士报名、考试。这一项目成为南京市教育可持续发展的原动力。

为了满足广大教师攻读教育硕士的需要,南京市教育局将联合办学的学校陆续扩展到安徽师范大学、上海师范大学、徐州师范大学、北京师范大学、河南师范大学、四川师范大学、河北师范大学等,为南京市中小学教师的专业发展搭建了更广阔的平台。

教育硕士教育契合了广大教师自身发展的需要,其四年制的在职学

习机制较好地解决了学员的工学矛盾,同时也对借助在宁高校优势成规模地培养优质中小学师资作了有益尝试。经过10年努力,南京市中小学、幼儿园、中等职业学校中具有教育硕士毕业学历的教师大幅度地增加。据统计,2000年全市高中教师中仅有极少数硕士毕业生,其他各类学校均没有。至2009年,南京市中小学已有教育硕士1 500多人,其中高中774人,初中382人,中等职业学校214人,小学110人,幼儿园34人。此外,在读教育硕士还有1 500多人。

教育硕士培养大大地提高了教师的专业素质和研究能力,也有效地推动了南京市教师专业化的进程。目前,一大批教育硕士学员已经先后成为市区青年优秀教师、骨干教师和学科带头人、特级教师,南京市中小学教师的专业化水平在迅速提升。

2. 教师海外培训

为了推进教育国际化,积极参与全球性教育交流,南京市教育局在积极"盘活"、整合与利用内部优质师训资源的同时,努力进行教师培训国际化的探索,建立教师海外培训基地,选送教师赴海外培训,以拓宽教师教育的国际视野,迅速提升教师的专业水平。

2001年,南京市教育局分两批共选送37名中学英语教师赴澳大利亚昆士兰理工大学进行为期9至12周的TESOL(对非英语人士教授英语)教师课程的培训。学成归来后,这两批学员在教学实践中进行了积极、大胆的尝试和试验,收到了良好的效果。

南京赴澳培训教师结业留影(2001)。

2002年上半年,又选派了18名中学数学教师、18名中学物理教师再赴昆士兰理工大学进行为期12周的教育理论、教学方法和英语能力的学习深造,为南京市开展"双语"教学试点工作奠定了基础。此外,南京市教育局还组织了"小班化"实验学校校长及有关教育管理和研究人员54人赴澳大利亚进行了为期3周的专题培训,带回了该国小学教育和教学的许多先进理念。2003年下半年,南京市教育局与澳洲昆士兰理工大学、美国加州富乐敦大学、加拿大渥太华卡利通学区继续教育学院等海外教育机构齐心协力,圆满完成了有90名教育行政干部和学科教师参加的"小班化教育"、"英语教育"、"双语教学(化学)"培训任务。"小班化教育"团的学员带着课题参加学习，围绕教育理论政策、课程与教材、教育与教学三个方面，积极主动地参加授课、考察等各项培训活动，从中获得有益的启示。"双语教学"团的学员向当地学生做了问卷调查，获得了宝贵的第一手资料。"英语教育"团的学员一方面充分利用培训基地昆士兰理工大学图书馆庞大、丰富、便捷的图书资源进行语言学习，另一方面还通过与居住家庭、学校教师、城市公共服务人员甚至是居民的接触，通过参观博物馆、展览馆、历史纪念馆等活动，多角度了解、感受、思考澳大利亚文化。学员们除了按培训计划完成学习任务外，还抓住在中学实习的机会，对当地的教育教学理念，教师队伍的评价与管理，学生的评价与管理，学校的设施、课程设置、考试制度、课堂教学模式等作了全面广泛的学习和研究。2004年，南京市教育局组织教育管理者赴英培训，组织英语教师赴澳培训，两批共69人。同年起，南京市教育局进一步加大教师海外培训力度，每年选派100名左右的骨干教师赴境外培训。"十一五"期间，全市共选派880名中小学、中等职业学校骨干教师赴海外培训。至2010年，南京市已在美国、澳大利亚等国建立教师海外培训基地，与英国、加拿大等国建立合作关系，充分利用国外优质资源开展教师培训工作。先后选拔1 000多名优秀教师和校长到国外进行短期和长期培训，其中200多名教师获得"国际英语教师(TESOL)资格"。

海外培训的时间虽然短暂，但是它对受训教师的影响却很深刻，对教师思想观念的更新、综合素质的培养以及专业水平的提高均发挥了难以估量的促进作用。

3. 创办"全国校长发展学校"

新教师有上岗培训，骨干教师有提高培训，中层干部有任职培训，校长则有发展学校的专门培训。2003年，南京市教育局与中央教育科学研究所联合创办了以培养专家型中小学校长为目标的"全国校长发展学校"，时任中央教科所所长朱小蔓任名誉校长，时任南京市教育局局长徐传德任校长。该校借鉴MBA的教学模式，采取集中学习与个体职场研究、专家授课与学员参与式讨论、国内理论学习与境外实地考察、学习过程反馈性评价与实践创新能力综合评估相结合的培养模式，对校长进行全面、系列化教育，重在培养校长(局长)的综合实践能力和整体素质，使他们逐步发展成为专家型、领导型的职业化校长。"全国校长发展学校"每届培训时间为两年,至今已举办了五届,其中第一、二、五届以南京学员为主体,培养了近300名中小学校长和区县教育局长、科长。第三、四届以兰州学员为主,也培养了200余人。

2003年11月12日,首届"全国校长发展学校"在南京开班。本届培训内容分为4个模块,分别是现代学校制度建设、学校经营和教育产业、课程管理和校本课程开发、教育研究与教师职业生涯管理。在整个学习培训期间,所有学员必须开展一项高质量的课题研究,撰写并发表两篇较高水平的教育教学论文,并通过论文答辩。其课程目标、研究内容和培训形式的创新和显著的教育效果,引起教育界人士的广泛关注。在首批100名学员中,76名学员获得由中央教科所颁发的"国内访问学者"证书,12名学员成为特级教师,13名学员因学习和工作成绩突出而在学习期间获得提拔。所有学员所在学校的教育管理品质和学校教育教学质量均有大幅提升,学校规模快速发展。

2007年4月,中央教科所朱小蔓所长(左)、南京市教育局徐传德局长(右)为第二届"全国校长发展学校"揭牌。

2007年4月21日,第二届"全国校长发展学校"在南京开学,来自全国20多个城市的110名教育管理者将在两年的时间里进行现代学校制度与文化建设、课程管理与校本课程开发、学校领导能力建设、校本科研与教师职业生涯管理4大主题的学习。学习期间,有19人取得了显性的发展,如有的从校长岗位提升到教育行政领导岗位,有的校长从副职上升到正职,有的从低一级学校调任到高一级学校,还有的校长即将成为新一届教育局长的候选人。更重要的是学员的内在素质、专业化水平得到极大的提升。

2010年11月8日,第五届"全国校长发展学校"在南京开班。它以南京市98名初中校长、部分区县教育局中层干部为学习主体,首次实现了培养对象专业化、目标明确化、课程特色化的转型。这届培训也为南京市重点加强初中校长队伍建设,提升初中办学质量创造了条件。这届的课程设计以解决初中教育的难点、重点问题为出发点,通过有计划的集中学习与分散的个性化实践研究相结合,着力提高初中校长的专业素养与创新能力。第一期课程邀请了经济学、文化学、现代信息学、国防军事学、教育学、政策学等18位专家讲座,他们以新颖独到的学术思想和具有前瞻性的科学预测,为未来教育性质、发展前景、功能任务与人才培养目标等提出了许多具有挑战性的思考。学员们一致反映,这次学习不仅开拓了视野,坚定了信心,而且增强了教育创新的使命感。

4. 大力提升农村教师专业化水平

为进一步缩小城乡教育差距,加快教育现代化的进程,南京市教育局于2004年全市农村教育工作会议和师资工作会议之后,采取了多项举措,大力提升农村教师专业化水平。

(1)请上来——"千名农村教师进城免费培训"。从2004年起,南京市教育局每年都利用暑期安排千名农村教师到城区,集中城区乃至省内优秀师资对其进行8天集中培训和2天考察实践。培训方案采用市、区教师培训机构申报、农村一线教师、校长、教研员组成的专家组评审的方式,从全市9个单位申报的15门学科82份方案中选出21份方案作为暑期培训方案,受到广大农村教师热烈欢迎。在2004年举办的首次培训中,全市乡镇以下初中、小学中有1 050名教师参加。师训机构坚持以教师专业发展为本,既注重教师对新知识、新信息的掌握和课堂教学技能的提高,更注重教师自主学习热情的激发、自主发展意识的增强和专业综合素养的提升;坚持针对性与适用性,围绕培训目标,紧贴教师实际。培训突出5个重点:一是学科发展前沿的新信息、新知识;二是课改实验的新动态及课改实验反思后对新课标、新教材的新认识;三是学科教学中课题研究的基本理论与操作方法;四是现代信息技术手段在学科教学中的运用;五是坚持采用自主、探索、合作学习的新方式。培训做到两个结合,即理论性强、信息量大的集中授课与新鲜、生动的实践考察、教学观摩结合;名师教学风采的展示与学员听课、说课、上课、评课结合。培训实现三维互动,即学员与专家互动,学员与学员互动,学员与实践学校互动。培训力求让学员在行动中体验,在交流中分享,在互动中激活智慧;培训坚持以"服务"为宗旨,建立一套有利于质量保证的新机制。从2004年至2010年,共有8 050名农村教师进城免费接收了市级培训。全市农村教师队伍的专业水平大面积提高。

(2)送教下乡——"高中教师继续教育课堂搬到农村"。从2000年开始,南京晓庄学院承担了全市高中教师继续教育的工作。为了方便农村高中教师参训,晓庄学院首次把高中教师继续教育活动的课堂从市内搬到农村县城。2004年8月,该校组织了语文、数学、外语3门学科的

34位名师,奔赴高淳、溧水、浦口、六合、江宁5个区县,为800名一线教师进行了5天的培训。这次培训力求从学校发展、教师专业成长需要出发,内容紧扣2005年将要实施的高中课改及课程改革后的考试评价方式,既考虑教师综合素质的培养,又注重教师课堂教学能力的提升,受到区县教育行政部门和广大农村教师的欢迎。

(3)农村中小学英语教师"就地留学"。被教师们誉为"就地留学"的由外籍教师授课的英语教师培训班深受英语教师欢迎。为了让更多的农村英语教师有机会接受这项市级培训,2004年,南京市教育局首次把"就地留学"班办到了农村。江宁区教师进修学校负责承

农村中小学英语教师"就地留学"培训班开学。

办,江宁、溧水两区县的150多名中小学英语教师参加了培训。培训做到内容实用化、形式多样化,合理制定培训方案,重点强化参训教师的英语听力和口头表达能力。这种不出国的"留学"丰富了教师的知识,提高了农村中小学英语教师的听说能力。"十一五"期间,农村中小学英语教师"就地留学"培训共办了5期。参训教师合计3 560人。

(4)职前职后一体化——"顶岗实习,置换培训"。近年来,晓庄学院进行的"顶岗实习,置换培训"也是新形势下教师教育职前职后一体化的有效行动模式。具体做法是:把本校小学教育专业的大三本科生派到农村小学进行为期3周的短期实习,同时接受那些被顶替岗位的小学教师到晓庄学院进行为期3周的免费脱产培训。这种模式的实施,在解决高等师范院校小学教育专业的学生实习和高师院校开展对中小学教师培训之间找到了一个契合点,有利于促进高校与中小学建立起"合作、互利、双赢"的新型关系,促进教师教育一体化的发展。该校开展的这项支教新模式,得到了教育部、省教育厅的肯定。

为加快农村教师队伍专业化建设,南京市教育局除了每年投入500多万元开展"千名农村教师进城免费培训"等多层次的农村教师全员培训外,2007年开始,在城乡100所学校之间开展"信息手拉手"活动和"百校千师携手共进行动",积极推动城乡教师交流,引导优质教育资源向农村辐射。同时启动实施"教育跨江发展双十工程",加大对江北地区农村教育特别是师资队伍的支持力度,促进农村教师专业成长。

三、创新师德建设

全面推进素质教育不仅需要教师转变教育思想和观念,更新知识,提高教育教学水平,更需要教师具备良好的职业道德。教师队伍职业道德素质的高低,直接关系到素质教育的顺利实施,直接关系到广大青少年的健康成长,直接关系到国家和民族的未来。因此,南京市教育局不断创新,深化师德建设:将2002年定为"师德建设年",在推进师德建设方面进行了积极探索;始终坚持用崇高的教育理想来激励教师,坚持用先进典型引导教师,大力宣传表彰良好的师德行为,激励教师渴望成功,追求卓越,努力当好"人类灵魂的工程师";教师队伍建设注意从实际出发,针对时代特点和教师思想实际,合理设定师德建设的目标;制定师德规范"三要八不准";在全国率先推行新教师入职宣誓;评选"感动南京的人民教师"等等。这些活动为新时期南京教育树立了良好形象,在全国产生深刻影响。

1. 制定实施师德规范"三要八不准"

2002年,南京市教育局根据人民群众反映比较突出的问题,对教师的职业道德规定了一条"底线",提出了"三要"、"五不准"的师德规范:教师对所教的每一个学生要有基本了解,能进行平等的交谈;教师要让每一个学生接纳自己,取得学生的信任;班主任要和家长建立有效的沟通,实现学校教育和家庭教育的有效结合;不准向学生或学生家长索要及收受礼品或钱物;不准体罚或变相体罚学生;不准有侮辱、歧视学生的言行;不准参加赌博及迷信活动;不准擅自向学生推销各种报刊、资料、教辅用品或其他商品,擅自设立或提高收费标准。对触犯"五不准"的教师实行待岗、转岗处理。规定出台后,全市师德师貌、教风行风有了明显好转。除了把"三要"、"五不准"作为教师职业道德的底线外,南京市教育局还在全体教师中倡导"敬业爱生、明礼诚信、平等合作、勤学乐教、廉洁奉献"的基本道德规范。坚持师德建设先进性和基础性的统一,做到下有底线,上有目标。

2004年,南京市教育局对原来的"五不准"进行升级,增加三条新要求,变为"八不准",即:不准发表违背国家法律法规和对学生有不良影响的言论;不准旷教、随意停课、调课和对工作敷衍塞责;不准违规加重学生课业负担;不准歧视、侮辱、体罚或变相体罚学生以及用粗鲁言行对待家长;不准擅自向学生推销教辅资料及其他商品;不准索要或接受学生、家长的财物;不准对所任教学校的学生进行有偿家教活动;不准在教学活动中有使用通讯工具等影响正常教学的行为。"八不准"是规范教师行为的"底线"要求,对违反"八不准"中任何一条的,一经查实,将视情节轻重按有关法律法规给予处理、处罚、处分。对严重违反师德规范以至违法犯罪的教师,将坚决清理出教师队伍,并视情节追究法律责任。

2004年秋季开学前,南京市61名特级教师联名向全市教师发出"倾情奉献教育,拒绝有偿家教"倡议;4 800多名在职的中小学高级教师及市学科带头人积极响应,郑重承诺:远离"有偿家教"。有关方面对"三要八不准"落实情况进行了调查,共向全市中小学生发放2 550份问卷,收回了2 538份。统计表明,学生对师德建设的满意率为70.6%,基本满意率为28.8%,不满意率占0.6%;95%认为对本校学生的有偿家教得到有效控制。

2007年,南京市教育局对教师职业行为"三要八不准"中的"三要"进行了修订;各区县教育局和所属学校针对学校在"三要八不准"落实过程中出现的新情况新问题开展专题研究,制定出解决疑难问题的办法,使规定真正落到实处。广大教职工自觉履行"敬业爱生、明礼诚信、平等合作、勤学乐教、廉洁奉献"二十字教师基本道德规范,全市师德整体水平进一步提升。

2. 大力推行新教师入职宣誓

建立教师入职宣誓制度,是南京市师德建设工作的一项重要内容,也是全市加强教师队伍建设的一项重要举措。2004年9月,南京市教育局和《金陵晚报》联手,面向社会在全市开展了"南京市中小学教师誓词"征集活动。活动得到了各界人士的积极响应,中小学教师及社会各界人士包括专业作家、大学教授、现役军人、企业职工共投稿145件。南京市教育局组织专家对来稿进行了认真评选,共评出特等奖1名,优秀奖9名,组织奖6名。在此基础上,以特等奖作品为蓝本,经广泛征求意见并多次修改,形成了"南京市中小学教师誓词"。"誓词"的内容是:

我宣誓——教师是我光荣的选择!我懂得:我的肩头从此负有多少生命的重托!走上这个神圣的岗位,我的每时每刻都在传承文明的薪火,我的一言一行都应成为下一代的楷模。我知道:学生对我很需要,我对学生很重要。因此,对放弃责任的诱惑,我必须拒绝；对违背良知的利益,我必须割舍。为孩子们付出所有,是我最高的准则。即使面对误解和委屈,我仍将恪守崇高的职业道德。用智慧开启智慧,用爱心托起爱心,平等地对待每一位学生,为他们构筑迈向成功的基座。我要始终具备与职业相称的能力,以终身学习完善和超越自我！光大行知思想！学习斯霞品格！忠诚人民的教育事业,是我庄严的承诺！

2007年,南京市教育局下发《关于使用"南京市中小学教师誓词"的通知》,正式使用"誓词",要求全市各级教育行政部门和中小学校做好"誓词"的学习宣传教育工作,在全系统形成宣传"誓词"、学习"誓词"、践行"誓词"的良好氛围,使"誓词"

2006年新教师在陶行知纪念馆前举行入职宣誓。

成为南京市广大教育工作者不竭的精神动力和共同的心灵之声,进一步推动师德建设,激发广大教师的光荣感、责任感和使命感,在全社会树立起教师的良好形象。

3. 评选"感动南京的人民教师"

2005年,南京市教育系统在全市8万余名教师中开展"六个一"(坚持每周一次的师德培训制度、开展一次师德建设大讨论活动、宣传一批师德典型人物、举行一次新教师上岗宣誓活动、开展一次"三要八不准"自查抽查活动、召开一次"师德主题教育活动"经验交流会)活动,构建教师为人师表、党员为师之表的师爱氛围。教师节前后宣传报道了10名师德高尚的教师先进事迹,引起社会关注。开展南京市第四届"师德先进群体"评选表彰活动,并将其先进事迹在教育信息网等进行宣传。开展《我身边的好老师》网上征文评选活动,通过教育信息网收到2 070篇参评稿件,评选出10位"感动你的老师"和10件"老师感动你的事"。2006年,经基层评选,南京市教育局遴选其中12位杰出代表,将他们的事迹编写成《感动南京的人民教师(一)》。这12位杰出代表是：浦口区行知小学杨瑞清、六合区竹镇枣林小学徐其军、北京东路小学沈峰、溧水县特殊教育学校葛华钦、建宁中学岳建民、市盲人学校章文亮、六合区高级中学陶莉、第二十七中学胡玉娟、梅园中学黄舒、六合区横梁镇方山小学傅深斌、第一中学沈皖秀和雨花台中学马辉。2007年的"感动南京的人民教师"先进事迹网上征集活动收到来自广大师生、家长及社会各界人士近500篇稿件,选用12篇编入《感动南京的人民教师(二)》一书,在南京教育信息网开辟专栏进行广泛宣传,并举办了"感动南京的人民教师"事迹报告会,刻录了1 200张光盘发至各中小学幼儿园,与南京电视台联合,连续宣传报道了这些教师的先进事迹,进一步彰显师德风范,用身边的典型影响和带动更多的教师尤其是青年教师健康成长。当年,南京市教育局还编印下发《师德学习手册》作为教师必读的口袋书。2009年,组织编写了《南京市中小学教师礼仪规范》。2010年,编写下发《给南京市中小学教师15条礼仪建议》,引导广大教师学为人师、行为世范,在教书育人、完成崇高使命的愉悦中升华道德,做积极师德的践行者。

"十一五"期间,全市共评选出师德标兵32名,师德先进个人30名,师德选进集体30个。

南京市的师德建设措施取得了显著的效果。在教育部举办的庆祝第20个教师节"师德论坛"开幕式上,时任南京市市长蒋宏坤应邀介绍了南京市师德建设的经验;南京市首届"斯霞奖"获得者、南京大学附中虞晔如老师也应邀在大会发言。南京市师德建设工作引起了教育部高度关注,并向全国推广了南京经验。在"万人评师德"活动中,南京市教育局对区县教育局、市属高校和直属学校师德建设情况进行评估,向58所学校发放学生问卷2 600份、教师问卷2 000份,师生对师德建设工作反映良好;全市社会各界对师德状况的满意和基本满意率达到97.74%。

四、构建教师人才高地

南京在21世纪发展战略中把人才发展战略定为最基本的战略之一。南京市教育局创新人才发展的激励机制,营造适合教师发展的工作环境和氛围,逐步实现了人才效益的最大化。培养了一批教有专长、德艺双馨、在全国具有较高声望的名校长、名教师、名学者,加快培养和集聚优秀教师人才,构建成南京教师人才高地。

1. 实施"四五园丁工程"

2000年,南京市教育局制定了《关于实施南京市"四五园丁工程"的意见》,提出从2000年起至2005年,在全市中等及其以下各级各类学校中培养选拔50名"南京市名校长",50名"南京市名教师",500名"南京市学科带头人",5 000名南京市、区县教育教学骨干(包括优秀青年教师、教研系统先进个人等)。"四五园丁工程"对骨干教师的培养与评选、责任和待遇、发展与管理都做了明确而详细的规定,使南京的骨干教师队伍建设步入制度化、规范化和长效管理的轨道。通过实施"四五园丁工程",南京市建设了一支素质优良、结构优化、精干高效,适应素质教育要求,适应南京经济发展需要,符合推进教育现代化要求的骨干教师和校长队伍。"十五"期间,"四五园丁工程"圆满完成。

2. 实施"4526教师人才队伍建设工程"

2006年5月,为贯彻落实《教师法》和南京市委市政府《关于建设教育名城率先基本实现教育现代化的决定》精神,加快南京市高素质教师队伍建设,市教育局决定在"十一五"期间实施"4526教师人才队伍建设工程"。该工程是指,"十一五"期间,全市中小学培养、选拔、评选、表彰"四"个"五",即50名"斯霞奖"获得者,50名"行知奖"获得者,500名南京市学科带头人,500名南京市优秀青年教师;"二"个"六",即60名江苏省特级教师,600名南京市优秀教育工作者(含班主任)。该项工程为广大教师专业成长提供了坚实的阶梯。通过"4526教师人才队伍建设工程"规范评选表彰工作,激励广大教职员工投身教育、热爱教育、建设教育名城的积极性,努力建设一支业务精湛、师德高尚、充满活力的教师队伍。

3. 评选"基础教育专家"

2007年第23个教师节,南京市首次授予16位教育工作者"南京市基础教育专家"称号。他们都对南京教育事业发展贡献突出,在全国教育界知名度和影响力较大,教育思想和教育著述颇丰,堪称近几十年来南京基础教育发展的"领军人物"。他们分别是:解放后南京市第一中学首任校长、原南京市教育局局长、南京延安精神研究会会长朱刚;原金陵中学美术教师、江苏省第一位美术特级教师恽宗瀛;原南京市教育

2007年南京市首评16位基础教育专家。

局局长、南京老年教育学会会长罗炳权;原南京师范大学附属中学校长、联合国教科文组织亚太地区普通教育专家李夜光;原长江路小学语文教师、江苏省首批特级教师王兰;原中共南京市委教育卫生部部长、南京市关工委常务副主任曹琬;原南京师范大学附属中学校长、江苏省物理特级教师胡百良;南京市北京东路小学原校长、江苏省语文特级教师袁浩;金陵中学原校长、江苏省物理特级教师岳燕宁;南京实验幼儿园原园长、江苏省特级教师陈国强;原南京市第九中学教师、江苏省音乐特级教师钱逸瑞;南京市拉萨路小学原副校长、江苏省数学特级教师孙丽谷;南京师范大学附属中学教师、江苏省语文特级教师王栋生;南京外国语学校校长、江苏省英语特级教师董正璟;南京市北京东路小学校长、江苏省语文特级教师孙双金;南京市浦口区行知小学校长、全国十大杰出中小学中青年教师杨瑞清。南京首评"基础教育专家"在全国开了先河,产生了重大影响。

2010年,南京市有12名教师获得第二届"南京市基础教育专家"荣誉称号,他们是:南京市教学研究室杨昭;南京师范大学附属中学陈履伟;南京市金陵中学邹正;溧水县东庐初级中学陈康金;南京市中华路幼儿园贾宗萍;南京市五老村小学魏洁;南京外国语学校仙林分校钱铁锋;南京市金陵中学河西分校丁强;南京市金陵中学朱建廉;南京高等职业技术学校潘东标;南京师范大学附属小学闫勤;南京市鼓楼幼儿园崔利玲。

至2010年,南京市已评选了两届、共产生28名基础教育专家。

4.率先评聘教授级中学高级教师

2002年,经南京市职称工作领导小组同意,报省职称办批复,南京市成为全省"教授级"中学高级教师评聘试点市,首次"教授级"中学高级教师评聘工作开始实施。

2003年,依据江苏省人事厅苏职称办(2002)13号、南京市职称工作领导小组宁职称字(2002)7号和南京市人事局、教育局宁人字(2002)174号文件,南京市率先在中学教师中开展教授级中学高级教师的评聘工作。经省、市职称办和省教育厅全程指导,在个人申报和学校、区县推荐基础上,南京市

时任南京市市长蒋宏坤为首批"教授级"中学高级教师颁发证书。

教育局、人事局按照规定程序,先后完成资格审查、评委库建立、论文鉴定、专家评审等工作。经高校教授和省内特级教师组成的评委会严格评审,南京市首批8名中学教授诞生。他们是:南京师范大学附属中学王栋生、陶维林,南京市第十三中学曹勇军,南京市第一中学蔡肇基,南京市教学研究室卫戆勤、肖林元,金陵中学丁强,南京外国语学校董正璟。评聘中学教授,完善了中学教师职称系列,提高了中学教师的专业化水平和社会地位,促进了中学高级教师队伍建设,在江苏开创了完善中学教师职称系列之先河,引起社会特别是新闻媒体广泛关注,在全省乃至全国产生重要影响。江苏省教育厅决定从2004年起在全省开评江苏省教授级中学高级教师。2007年7月,南京外国语学校邹正等18人被评聘为江苏省首批教授级中学高级教师。2010年1月,南京市第九中学袁源等16人被评聘为江苏省第二批教授级中学高级教师。至2010年,南京市共有江苏省教授级中学高级教师42人,居全省第一。

21世纪头十年,南京市教育局在构建教育人才高地的工程中培养造就了全国模范教师12人、全国优秀教师27人、全国教书育人楷模1人(2010年首评)、南京市基础教育专家28人、省优秀教育工作者103人、江苏省教授级中学高级教师42人、江苏省特级教师120人、南京市优秀教育工作者899人、南京市名教师及斯霞奖95人、南

2010年11月3日,南京市委教育工委书记徐传德(右)前往北京东路小学附属幼儿园,看望全国教书育人楷模吴邵萍。

京市名校长及行知奖99人、南京市学科带头人638人、南京市青年优秀教师1 255人、南京市新世纪教书育人楷模10人(2010年首评)。一支学者型、专家型的教师队伍正在形成,其辐射、引领及示范作用,大大促进了南京市教师队伍整体素质的提高。

第九节 教育国际交流与合作高速发展

2001年以来,随着教育改革开放的深入,南京教育的国际交流与合作发生深刻的变化:从向国外学习的单向需求逐步变为双向需求,从教师互访到学生交换,从修学旅行到海外留学,从缔结友好学校到中外合作办学,从引进国外课程到输出汉语文化……南京教育国际交流的渠道更加多元,内容更加丰富,形式更加多样,成效也更为显著。

一、基础教育国际化水平日益提高

进入21世纪,南京的基础教育在国际范围内吸引各类优质资源来宁办学,努力培养国际化人才;积极引进国外先进课程,进行课程创新;多次举办国际教育论坛,搭建更为广泛和频繁的中外合作平台;积极开展汉语国际推广,弘扬中国文化。至2010年,与世界30多个国家、地区建立了经常化的教育合作交流关系。常年有400多名来自30多个国家的外籍教师在中小学任教,在宁留学的外籍中小学生有3 000多人。国际交流与合作实现了常态化、高水平,南京基础教育国际化水平日益提高。

1. 中外合作办学

(1)中德合作办学。2001年,南京高等职业技术学校在与德国汉斯·赛德尔基金会多年合作的基础上,举办中德合作电气工程和供热通风工程两个实验班,学制为3年。实验班"以实践技能为导向"进行课堂教学,培养学生的动手能力。培训完全按照德国的标准,培养出来的学生操作能力强,走出校门就能干起来,非常受外资企业的欢迎。2003年10月,该校与德国瓦克公司合作举办国内第一期外墙外保温培训班,并成立该公司在中国的第一家技术培训基地。12月,全球最大的电动工具及配件生产供应商——德国博世公司在该校开设建筑装饰专业培训中心。学员经考试合格后,可获得公司的技术证书。这种校企合作的方式为职业教育的发展开拓了新思路。2008年11月,南京市教育局与德国汉斯·赛德尔基金会签定第八期合作协议,主要内容有:南京高职校继续借鉴德国"双元制",在校内各专业推行"行为导向"的教学模式;在建筑设备工程(暖通)专业引入3+2模式;通过对西部学校的帮扶,开展辐射工作;继续与企业(BSH)合作办学并逐步向多专业扩展;基金会还将安排南京高职校教师赴德培训;派遣短期专家来高职校讲学等。此举为南京高职校带来更广阔的发展空间,推动学校走在新一轮发展的最前列。此外,南京外国语学校仙林分校2009年与德国沃尔斯品学校合作办学,开设了省内高中阶段首个中德合作办学班。该班学生第一年学业在南外仙林分校完成,沃尔斯品学校派德方教师到南京执教,课程都使用德方教材。一年后,学生德语水平达到规定等级,就可以到德国高中继续学习。

(2)中加合作办学。2002年7月,南京外国语学校与加拿大格林伍德教育集团联合兴办中加国际高中,这是江苏省第一所国际高中,面向全省招生。引进加拿大BC省高中课程、教学方法及外籍教师,实施双学制、双学籍、双毕业证。至2007年,历届毕业生中的大部分人选择加拿大、美国留学。2008年所有毕业生全部留学于加拿大和美国,有1/3以上的毕业生获得了奖学金。2009年100名毕业生共收到280份录取通知书,100%被国外大学录取。2004年,南京市第五十中学与加拿大安大略省教育部门合作开办"中加"双学历实验班。2007年,该班首届毕业生中90%以上取得了美国、加拿大、澳大利亚等国的大学录取通知书。同年,南京市第十三中学与加拿大多伦多国际学院合作兴办"中加邦德国际高中班",首创"全面打基础、全过程指导、全方位服务"的"三全"办学模式,提供浸泡式英语学习环境,三年中平均每周高达60%以上的课时由加拿大教师执教。学生毕业时就可获得两国的高中毕业证书,直接申请海外大学。

(3)中新合作办学。2003年,由中国教育国际交流协会、新西兰国立西方理工学院主办,南京市第一中学承办的中新友好实验班(FEC)开办。项目旨在引进新西兰优秀的英语教育资源,为南京学生提供高水平的英语学习平台。该班实行小班化教学,并从全球招聘了6名外籍教师为学生授课。学生在南京一中学完中国高中课程及新方提供教材的英语课程。毕业目标为雅思5.0分以上,毕业生既可考国内大学,也可以通过新方提供的渠道升入英联邦国家的大学。2003级首届"中新班"学生在当年的高考中取得了骄人的成绩。一本上线率为67%,二本上线率为94%。2009年,"中新班"75名参加雅思考试学生全部5分以上,达到出国留学语言要求;叶方舟同学成绩达到8分,这也是南京高中学生雅思成绩有史以来的最高分。

(4)中澳合作办学。2004年,南京外国语学校仙林分校与澳大利亚维多利亚国际文教集团及半岛学校联合开办中澳VCE班。VCE指的是维多利亚高中证书,是一个世界通行的高中课程证书。2009年VCE高考中,南京外国语学校参加该项高考的学生全部被世界排名前100名的澳大利亚大学录取。且ESL(英语作为外语)课程均分超过澳洲本土重点高中。2007年9月,南京外国语学校与世界50强新南威尔士大学联合开设"南京外国语学校·新南威尔士大学预科班UFY"。该项目作为新南威尔士大学课程教学基地,是南京地区独家中学和世界50强大学完全教学联盟合作的项目,为江苏优秀学子提供一个直接进入澳洲顶级学府的绿色通道。该项目教学全部由新南威尔士大学遴选的专业教师完成,全程英文小班化授课,专业课程的实施与新大悉尼本部标准一致,吸收了来自德国、意大利、日本、韩国等国家的数十位留学生就读。

十年来,南京市中外合作办学的成果,让南京基础教育有效引进和吸收世界先进的办学理念、办学经验和管理经验,优化了学科专业、课程资源和教学内容,全面提高了学校的办学能力,培养了众多具有国际竞争力的各类人才,为学生构建起国际化成长的立交桥。

2.引进外籍教师

南京市在引进外籍教师工作中始终坚持"按需聘请、保证质量、讲求效益"的原则,使其在各级各类学校教育教学、学科建设、国际化人才培养等方面发挥了重要的作用。2001年以来,南京市引进外籍教师逐年增加,十年共引进来自美国、加拿大、英国、法国、德国、韩国、日本等35个国家的外籍教师2 603人次。

2001年,南京市教育系统共有18所具有聘请外籍专家资格的学校,共聘请87名外籍教师。2002年,新聘请外籍教师65位。12月11日,南京市教育局邀请在南京市中小学任教的外籍教师代表举行座谈会,为南京教育献计献策。外籍教师提出了不少有益的建议。2004年,南京市教育局进一步加强办学领域国际合作与交流,扩大外籍教师聘请规模,市教育系统有"聘专"资格的学校增加到30所,聘请外籍教师138名,其中硕士学位25人,博士学位3人。2005年,来自美国、加拿大、澳大利亚、英国、法国、韩国等国家的170多名外籍教师在南京市中小学任教。其中,南京外国语学校开设了英语、日语、德语、法语等4个语种,分别聘请了美国、英国、日本、德国等国家的近30名教师担任外教。2007

年,377名来自23个国家的外籍教师在市教育系统有"聘专"资格的各级各类学校任教,其中具有博士、硕士学位的41人。10月26日,20名外籍教师参加由市教育局主办的第一期在宁外籍教师适应性培训班。培训班采用"中外教"结合的方式,围绕"外国人在中国和南京工作必须遵循的法律法规"、"南京中小学英语教学情况及中国英语教师的教学方法和优势"、"如何进行备课和编写教案"等三大主题展开,既有经验丰富的南京优秀英语教师对中国的英语教学的全面状况进行介绍,也有长期在南京任教的外籍教师从自己对中国中小学英语教学的认识,对新来宁的外籍教师进行教学方面的指导,同时还请市公安局出入境管理处从法律法规的角度进行了宣传教育。培训赢得外籍教师的赞誉和肯定。2008年,南京市教育系统有"聘专"资格的学校达到52所,聘用了460名外籍教师在各级各类学校任教。2010年有472名外籍教师在南京市各级各类具有"聘专"资格的学校教学。

多年来,南京市教育局在外教日常工作的管理中,要求聘请外教的学校要积极主动地团结外籍教师,充分发挥他们的作用,虚心学习他们的专长。同时,为了消除外教在异乡的寂寞感,经常邀请他们参加一些活动,让他们逐渐熟悉中国文化、结交南京朋友。另外,考虑到中外教学方法的差异,一方面要求尊重外教的风俗习惯,选配政治素质好、语言能力强的老师充当合作教师;另一方面,根据外教的学历、工作经验等,明确教学任务,安排外教和本校同专业的老师一起备课,相互听课,让外教尽快融入新环境。2004年,市教育局获得"全国外国文教专家管理部门先进单位"的荣誉称号。

3. 举办国际(境外)论坛

2001年10月29日,"中德职业教育—经济接触论坛"在南京职业教育中心举行。论坛由南京市教育局、德国汉斯·赛德尔基金会、德国巴伐利亚州经济部、德国巴登符腾堡州国际合作公司等单位主办。双方通过论坛活动为中德企业的接触与经济合作提供平台,展示中德双方近20年来"双元制"职业教育的合作办学成果,为加强企业与职业教育合作创造条件。论坛有中德双方高级专家的专题报告、技术咨询、商业洽谈活动等。36家德国一流生产企业的产品在活动期间展出,中方100多家企业参加了此次论坛,近200家企业达成意向性合作协议。5月15日,南京市教育局主办"南京教育论坛",来自乌克兰和加拿大的两位教育专家为全市200多名教育工作者演讲。乌克兰教科院院士萨英琴科女士阐述了"在教学中培养学生的创新精神"这一课题;国际道德研究协会会长、加拿大学者鲍依德教授则就"道德教育"介绍了三种基本观点。两位专家的研究成果激起听众的浓厚兴趣。

2006年6月11日,由南京市教育局和安生文教交流基金会共同主办的"中外知名高中校长"南京论坛举办,来自美国、加拿大、英国、法国、意大利、瑞士、芬兰、澳大利亚、新加坡等9个国家的29名教育官员和知名高中校长,以及国内一些著名教育专家及知名高中校长等百余位中外嘉宾出席了论坛。论坛围绕当今中外教育改革热点和难点展开交流研讨,共同为南京教育名城和名校建设出谋划策。会上,近30名中外教育专家和知名高中校长围绕高中教育发展、学生素质评估、学校文化建设等话题作了精彩的演讲,促进了南京教育与外部世界的直接对话。

"中外知名高中校长"南京论坛现场。

2008年4月21日,首届"南京—新加坡中小学校长教育论坛"在南京拉开帷幕。来自新加坡的教育官员和中小学校长与南京的教育官员、中小学校长及教育专家一起,就"中小学生学习力提升"课题进行了深入研讨和现场考察。论坛促进了南京教育界与新加坡教育部的直接"对话",为寻求破解当前遭遇的教育难题的有效对策开拓了思路。7月,市教育局与安生文教交流基金会共同牵头,举办"全球化背景下创新人才培养"国际论坛。美国斯坦福大学、英国剑桥大学、牛津大学等国际著名高校的专家学者,与南京市多所知名中学校长就共同关心的诸如"面对变化的世界,我们希望具有的最重要的品质是什么"、"如何才能培养出创新人才"、"关于批判性思维"等话题进行了深入研讨,为南京市进一步加强创新人才培养拓展了思路。

2009年3月26日,南京市教育局和安生文教基金会共同举办"中美高中教育改革发展南京论坛"。哈佛大学教育学院院长Robert B. Schwartz教授、美国盖茨夫妇基金会美国教育中心常务主任Steven G. Seleznow博士、美国教育改革联盟副主席Allan Alson博士、美国中学排名第一的托马斯·杰弗逊科技中学校长Evan Glazer博士等4位专家到会演讲,南京市部分高中校长、区县教育局局长与美国嘉宾就高中特色办学的理论与实践进行研讨,进一步拓宽了南京市高中校长的国际视野。9月23日,由中国民主促进会中央委员会、南京市政府主办,叶圣陶研究会、中国教育学会高中教育专业委员会、南京师范大学附属中学承办,南京市教育局协办的"海峡两岸基础教育论坛"在南京开幕。来自台湾、香港的40多位中小学校长,与大陆近70位知名中学校长参加本次论坛,两岸三地的教育工作者围绕"教师专业发展"主题进行了广泛深入交流。

2010年4月19日,第三届中国南京—新加坡中小学校长教育论坛在南京举行(第二届于2009年在新加坡举行)。围绕"教学质量的管理与评价",南京和新加坡中小学校长们进行了为期3天的现场考察和深入研讨。5月11日,由南京市教育局与澳大利亚格兰坪教育局共同主办的"中国南京—澳大利亚巴拉雷特汉语教学合作校长论坛"在宁举行。来自澳大利亚格兰坪区的10多所中小学与南京8所中小学签署了引进汉语教学合作意向书。澳方格兰坪管辖区内的132所中小学将逐步推广汉语课程,计划年内派遣150名学生来宁学习汉语。此外,由南京一中在澳洲创办的蒙特克里尔孔子课堂将开建网上学校,实施汉语教学和师资培训的远程教育。

应邀出席这些论坛的外国专家由于和具体的科研项目紧密结合,大多数专家都在本领域具有一定成就和知名度,有些甚至是世界级的学者。因此把外国专家请进来,出席论坛与南京的教育专家进行深层次的对话、交流,对推动学术发展、师资队伍建设和科研水平的提高等方面均产生了明显的促进作用。

4. 引进国际先进课程

大力引进、开发国际课程,为一流的学生选择世界一流学校提供条件,是未来中国一流学校的责任和使命。为了实现培养世界公民、国际英才的目标,南京市部分学校引进并开发国际化课程,为学生提供世界一流的教育资源;为优秀学生进入世界著名大学创造机会。"十一五"期间,南京市高中生有1976人进入国外知名大学学习。

2005年,南京师范大学附属中学作为全国最早引进及参与"模拟联合国"项目的18所著名高中之一,组建了模拟联合国社团,建设了专用教室——国际交流中心,编写并出版了全国第一套模拟联合国教材——《模拟联合国教程》。该课程让学生在文化多元性日益凸显的今天,具有了宽阔的国际视野,培养起强烈的国际意识,并且学会欣赏其他民族的优秀文化,让自己变得广博而宽容,进一步提高了在国际舞台上的合作力与竞争力。在历届北京大学及复旦大学举办的全国中学生模拟联合国大会中,南京师大附中学子频频获得多种最佳奖项。在 2008 年举行的第 24 届美国常青藤联盟模拟联合国大会上,该校 3 位学生表现突出,全部荣获"杰出代表"奖。在同年 8 月举行的第一届全国 WEMUN(模拟联合国发展平台)上,该校代表团又夺得 6 项大奖。

2006 年,南京师大附中成为最早开设 IB 国际文凭课程的中国公办学校之一,凭借全英文授课、全英文教材、全英文作业的教学模式及环境,依托先进的教育教学理念和科学的课程设置,为该校学子提供了一个高品质的国际教育平台。数年的办学实践以及 IB 学生综合素质的全面发展,得到众多国外著名高校的认可。至 2008 年,首届 IB 国际文凭课程班已有 12 位同学被国外大学录取。为了给优秀学生参与国际合作与竞争创造更多的机会,该校还建构了国际交流课程。学校先后与 10 多所境外友好学校建立了校际交流关系;作为中国参赛的第一所学校,组织学生参加了由法国数学会主办的国际中学生"无境数学"竞赛活动,并获得第一名;组织学生参加了加拿大滑铁卢大学"欧几里德数学竞赛"、加拿大费马数学竞赛,均获得优异成绩。国际交流课程为南京师大附中学子创造了更多更广的发展平台:2008 年 11 月,新加坡高二年级学生全额奖学金项目中,该校有 6 位学生获得了赴新加坡深造的"通行证"。当年,在参加国外交流的 15 位同学顺利归国之后,又有 17 名学生赴美国参加 AFS、AYA 和 YEU 三个项目的交流。2009 届毕业生则有 52 人被国外著名高校提前录取。

2006 年,南京外国语学校与江苏省教育国际交流协会、剑桥大学国际考试委员会合作,打造被誉为"英国金牌课程体系"及"世界高等教育通行证"的剑桥高中课程。这种专门为英美名校输送高中生源的教学模式在国内还是首次出现。在"国际高中课程项目"的框架内,率先推出的"剑桥国际高中课程实验班"课程的核心是剑桥大学国际考试委员会开发的剑桥高中课程,同时增加了美国大学入学考试课程。南京外国语学校正式成为剑桥大学国际考试委员会认证的教育考试中心和美国大学入学考试委员会认证的考试中心。全国各地的初中毕业生和高一、高二在读生均可报考该实验班。学生通过在南外 2 至 3 年的学习,可以凭剑桥大学国际考试委员会颁发的剑桥高中证书和美国大学入学考试委员会颁发的美国大学入学考试成绩证书直接申请全球所有英语授课的大学。2009 年,该校"剑桥国际高中课程实验班"两届毕业生全部被海外知名大学录取,130 名毕业生共获得英国排名前 10 位的大学录取通知书 132 份、全美排名前 50 位大学录取通知书 84 份以及多伦多大学、墨尔本大学、香港大学等其它地区知名院校录取通知书 19 份,平均每人至少收到 3 所名校的录取通知书。其中第一届毕业生还有高达 51% 的同学获得了奖学金。

2007 年,金陵中学积极开展国际课程的引进,与美国亚利桑那大学合作,搭建进入美国大学的平台。美国亚利桑那大学 JAES 项目(简称"中美班"),每年选拔 50 名优秀的高二学生,在高二结束时加入该项目,获得亚利桑那大学的预录取通知书。进入该项目的学生在高三完成高中课程的同时,学习部分 JAES 项目的课程,以全面提高英语水平和学习专业课的能力。该项目部分课程为亚利桑那大学的学分课程,进入亚桑那大学后可免修,该学分还得到 AAU(北美大学联盟)62 所大学认可,哈佛、耶稣、麻省理工、普林斯顿、斯坦福等都是协会成员,学生所修学分可转入协会中的任一所大学。中美班迄今已有两届毕业生,学生除就读于亚利桑那大学外,更多的学生选择了 AAU 中其他美国名牌大学。2009 届前往美国亚利桑那大学学习的学生在美学习成绩突出,目前平均绩点达到 3.61,远远超出该校平均成绩,比其他中国留学生更为出色。亚利桑那大学为 2009 届三名毕业生提供了每年 5000 美元的奖学金。

5. 积极开展汉语国际推广

随着中国经济的持续快速发展、对外交往的日益扩大以及综合国力的不断提升,汉语作为世界上使用人口最多的语言,联合国六种工作语言之一,日益发挥着重要的媒介作用。"汉语热"在世界范围内不断升温。据国家汉语推广办公室估算,到 2010 年,全球学习汉语的外国人达 1 亿人。在这样的背景下,南京市开始了把汉语和中国文化推向世界的不懈努力。

(1)汉语国际推广基地建设。2007 年,根据国务院办公厅《关于转发教育部等部门关于加强汉语国际推广工作若干意见的通知》和全国汉语国际推广会议精神,经省市教育部门推荐,南京市第一中学、南京市游府西街小学和浦口区行知小学正式挂牌成为汉语国际推广中小学基地学校。为更好地落实国家的战略要求,南京市教育局在国家汉办投入 30 万元和省教育厅投入 60 万元的基础上,连续两年给 3 所基地学校投入 300 万元用于软硬件建设,包括国际汉语教室建设、对外汉语教师培训、网络视频汉语教学系统建设、国际学生公寓建设、对外汉语课程资源开发、教材设计编写等。2008 年 3 月,南京市教育局在游府西街小学召开汉语国际推广中小学基地学校工作研讨会,3所学校分别就各自汉语国际推广工作及教育国际合作与交流工作进行了总结和探讨。其中,南京一中紧紧抓住与国际间的校际互访渠道,加大对美国、英国、德国、澳大利亚、日本、韩国、新加坡等友好交流学校学生的中国文化宣传,通过学汉字、中华武术、剪纸、书法等途径,有效激发了外国学生对中华文化的兴趣,增进了对中国以及对汉语和汉文化的了解;游府西街小学成立国际部,开办汉语国际推广实验班,邀请澳大利亚资深校长担任学校国际部的外方校长,积极引入国外的教育管理模式和教育方法,汉语和英语小班教学探索得到深化;行知小学依托陶行知教育思想的底蕴,依靠乡村学校的办学特色,着重与新加坡、马来西亚等国家和地区的小学进行交流,每年接待1 000多名来自境外友好学校的师生和教育界人士来校学习汉语和研究陶行知思想,借助汉推工作逐步走向国际舞台,并成为东南亚教育界争相学习、参观和交流的对象。

游府西街小学教师向外国友好学校教师介绍学生的书法作品。

2008年6月,来自美国8个州的25名中小学校长和教育官员分成两组在南京一中、游府西街小学进行了为期3天的参观、交流和学习。在考察交流活动中,学校通过学作中国画、学说中国话、学习剪纸、观摩汉语教学课堂与师生座谈、参观南京教育史馆、南京博物院、云锦研究所等活动,非常直观和生动地向美国校长们展示了中华文化的魅力。美国代表团成员深受感染,当即就有两个州的教育官员及4所学校的校长与接待学校签定了汉语教学和校际合作的协议书。11月,"小学汉语国际推广友好学校合作组织南京论坛"在游府西街小学召开,首批成员来自英国、澳大利亚、新加坡、爱尔兰、中国香港等6个国家和地区的10所小学,主要依托游小自身的友好学校资源集合而成。合作组织成立后,将致力于汉语国际推广,为各国推广汉语教学提供交流平台,目前这种合作形式和汉语推广的模式在全国尚属首创。

(2)孔子课堂建设。2009年10月3日,由南京市第一中学创办的南京·巴拉雷特文化交流中心暨蒙特克里尔孔子课堂正式在澳大利亚巴拉雷特市挂牌。蒙特克里尔孔子课堂是经国家汉语国际推广办公室批准,中国中学目前在澳大利亚设立的唯一一所孔子课堂。时任澳大利亚总理陆克文派专人到会祝贺。南京·巴拉雷特文化交流中心由南京市教育局与巴拉雷特市教育局共同举办。作为市级教育主管部门在国外创办文化交流中心,在全国尚属首次。该中心主要依托蒙特克里尔孔子课堂,积极推动南京和巴拉雷特两座城市之间的教育与文化交流。南京一中为该孔子课堂提供中国文化和汉语教学方面的教材,并派遣一位中文教师任教半年。蒙特克里尔学校也在当地举办一系列推广介绍中国文化、南京文化的活动,并组织该校师生以冬令营和夏令营的方式来南京进行文化交流。2010年,南京市游府西街小学在澳大利亚和英国各建了一个孔子课堂,自此,南京在海外建的孔子课堂达到3个。孔子课堂数量的迅速增多是南京市几年来"汉推"工作开展得卓有成效的有力证明,也是南京有序、踏实、创造性地开展"汉推"工作的成果。现在,随着汉推工作的全面推开,一大批非基地学校纷纷要求加入汉语国际推广的队伍中,其中,南京外国语学校、南京雨花外国语小学等就利用已有的友好学校关系,在海外积极联系准备孔子课堂的建立。孔子课堂的建立是南京教育又一张鲜亮的国际名片,通过孔子课堂这个平台,南京的名城教育资源更好地辐射到域外各地。

南京一中在澳大利亚巴拉雷特市设立孔子学堂签字仪式。

2010年,"汉推"工作进入新阶段,南京3所"汉推"基地学校除承接国家"汉办"、江苏省教育厅安排的外国学生汉语冬令营、培训国外汉语教师等任务,还纷纷从各自的办学特色及友好学校交流出发,创造性地开展"汉推"工作。5月10日,由南京市教育局和澳大利亚维多利亚州格兰坪区教育局主办、南京市第一中学和蒙特克里尔中学承办的"中国南京—澳大利亚巴拉雷特汉语教学合作校长论坛"在南京举行。论坛围绕汉语教学合作、汉语在澳洲学校的教学、汉语教师的派出和培训等内容进行详细的交流和探讨,双方在很多问题上取得共识。论坛期间,来自格兰坪区教育局的官员以及该区的10所学校的校长们还参观了我市的10所中小学,走进课堂与南京学生进行零距离的对话交流,并就双方的友好交流达成了具体的合作意向。南京3所汉推基地学校共接待1 407名来自美国、英国、澳大利亚、新加坡、马来西亚、印度尼西亚、俄罗斯的师生来学校进行长短期的汉语学习,体验中国文化;南京派出5名教师在美国、澳大利亚、英国、菲律宾和新加坡进行汉语教学。

6. 推动中小学生国际交流

2001年以来，南京市教育局大力推动中小学生的国际交流工作，中小学生在国际舞台上尽情展示风采，成为教育国际交流工作的一个亮点。

2003年7月，南京市金陵中学教师江敏等带领中学生参加了第21届国际系统动力学研究会，并作为唯一来自基础教育领域的代表在大会上宣读了论文。2005年7月，南京师范大学附属中学高三学生陈禹、倪晓雯在研究和学习中完成的论文《试以系统动力学的观点论中国古建筑屋顶曲面的形成》和《系统思考在旅游资源管理和旅游业发展中的应用》，得到了国际系统动力学协会的高度评价，并首次应邀代表中国中学生参加了在美国麻省理工学院召开的第23届国际系统动力学大会并进行论文交流。与他们同行参加大会的还有南京市电化教育馆、金陵中学、南京外国语学校师生一行6人。

南京三中女排2010年第五次夺得世界中学生女排比赛冠军。

至2010年，南京市有超过4 000名的中小学生通过各种渠道到国(境)外进行各种体育、文化、艺术、科技交流。他们或在体育比赛中夺冠，或在科技竞赛中拿牌，或到国际艺术节上一展身手，或作为文化使者穿梭在世界各国。在世界和亚洲中学生男女排球、羽毛球、田径、篮球等比赛中，南京中学生共计取得了8个团体冠军和2个亚军。南京市聋人学校和盲人学校的学生在世界残疾人运动会和残奥会中取得了27块金牌和4块银牌。这些骄人的成绩，既为国家争得了荣誉，也扩大了南京教育在国际上的影响。南京6名中学生和美国的中学生联合组队参加在美国举行的2007年系统动力学建模挑战赛，参赛主题是"火箭推进剂(化学)"、"水质净化生态系统(生物)"、"城市规划和生态保护"、"地方特产对本地经济的推动"，南京学生的研究水平获得大赛评委的高度赞扬，认为这些学生对参赛主题的研究已经达到美国大学本科生的水平。2008年，金陵中学机器人工作室在新加坡举行的第二届亚太地区VEX机器人工程挑战赛中获得一个单项(程控)金奖(冠军)和团体铜奖；同年12月，在美国夏威夷州VEX青少年机器人工程技术挑战赛公开赛中获得团体金奖。南京市第一中学生交响乐团参加在奥地利维也纳举行的第36届国际青年音乐节，在该赛事

南京一中交响乐团在国际大赛中获得亚军。

不分业余组和专业组的情况下,获得亚军;游府西街小学"小松树合唱团"唱响金色大厅,获特别荣誉奖;南京市第六中学学生管乐团远赴荷兰参加国际音乐节比赛,以精湛的技艺荣获荷兰"2008 CKE 国际音乐节"金奖,并获最佳组织奖。江宁区实验小学参加了在奥地利格拉茨举办的"世界第五届合唱比赛",在 93 个国家的 441 支合唱团中脱颖而出,荣获铜奖。2010 年 3 月和 7 月,由南京市教育局和台北县教育局共同主办的南京市 VS 台北县儿童版画联展分别在台北县政府大礼堂和江苏省美术馆隆重开幕,两地 12 所小学共 240 件作品参加了此次联展。此次活动是两地儿童首次以版画创作的方式展示两岸民俗风情及孩子们的童年生活,标志着两地教育交流进入一个新阶段,为扩大两地学校的交流提供了新的平台、增添了新的内涵。

南京学生在各类国际学科竞赛和国际数学、物理、信息、科学与工程等奥林匹克竞赛中屡获金银牌。2001 年,金陵中学学生华演发明的"记忆合金自动保护安全煤气灶",获得了英特尔国际科学工程大赛的专项奖一等奖(最高荣誉),为此国际天文联合会小行星中心特别把新发现的编号为 11730 的小行星命名为"华演星"。2008 年 11 月,金陵中学高三学生叶天扬、王明苑、魏博参加了由全球华人中学生参加的首届丘成桐中学数学奖总决赛,决赛要求学生对所写论文进行英文答辩,评委由世界知名大学的专家组成。经过激烈角逐,金陵中学代表队取得了赛区一等奖的好成绩。国际中学生学科奥林匹克竞赛是全世界中学生最高级别的学科竞赛,获取金牌是极高的荣誉。2005 年至 2010 年期间,南京市中学生在国际中学生数学、物理、化学、信息学等奥林匹克竞赛中,先后获得 4 块金牌:2005 年,南京外国语学校朱泽园荣获第 17 届国际中学生信息学奥林匹克竞赛金牌;2008 年,南京外国语学校姜夕骞荣获第 40 届国际中学生化学奥林匹克竞赛金牌;2009 年,南京外国语学校毛杰

华演获奖后展开五星红旗。

第十六章　进入21世纪的南京教育(2001—2010)

明获得第21届国际中学生信息学奥林匹克竞赛金牌;2010年,南京师大附中王汝一摘得第42届国际中学生化学奥林匹克竞赛金牌。

南京学子在国际教育舞台上所展示的辉煌,既为国家争得了荣誉,也扩大了南京教育在国际上的影响,是南京教育对外开放为教育改革与发展服务的真实写照,也是教育外事工作作为民间外交的窗口,为提升中国的综合竞争力和国际形象作出的贡献的集中反映。

2010年8月28日,国际奥委会主席罗格一行来到南京外国语学校参观考察。

二、融入世界的南京高等教育

南京高等学校一直是中国开展教育国际交流与合作最活跃的领域之一。进入21世纪以来,南京高校大力推进宽领域、多渠道、高层次的国际交流与合作,与世界上众多一流大学和高水平科研机构建立了紧密的合作关系,建有国际教学与科研合作机构;开设长期学生交流项目,每年派出大批学生,足迹遍布欧洲、亚洲、大洋洲、北美洲、南美洲和台港澳地区的著名高校;聘请大量外籍教师任教及海外教授来校讲学,其中不乏诺贝尔奖得主等世界著名学者。南京高等教育的国际影响不断扩大,在国际舞台的地位快速提升。南京高等教育已经融入世界。

1. 国际化办学提升国际影响

1986年9月,中美文化研究中心在南京大学正式成立,成为中国改革开放以后最早的高等教育国际合作长期项目。2000年,中美中心在原有基础上,建成了集教学与研究为一体的"南大—霍普金斯大学国际问题研究所",这是我国首家由中外两校共同投资、共同管理的国际问题研究机构;2006年,中心开始合作培养两年制的联合硕士学位学生,中美双方共20位学子成为首批培养对象。迄今,中美中心已发展为中国起步最早、合作最为持久、教学最为成功、国际上颇具影响的中外合作办学机构,中心培养的近2 000名复合型人才活跃在中美两国以及世界各地的政府、企业、高校、科研机构、媒体、非政府组织等各个部门,成为中美两国在经济、政治、法律、外交、文化和社会等领域的精英。

2001年11月,"国际HLA表达与肿瘤中国研究中心"在东南大学挂牌成立。该中心是国际组织相容性联合会在中国指定的唯一成员实验室,也是该组织在世界范围选择的6个实验室之一。其成立标志中国在HLA基因表达与肿瘤方面的研究达到国际研究领域的最前沿。

2004年,南京信息工程大学与美国威斯康辛大学和科罗拉多州立大学正式成立"中美合作遥感中心"。该中心是国内唯一能够接收EOS所有卫星下传信息的实验室,系统采用的硬件稳定性、软件功能属国际领先水平,用国际先进的科学技术获取和提供各种有用信息,满足中美双方和国际社会对遥感信息的需求。

2003年11月,南京晓庄学院东方文化国际交流学院揭牌。晓庄学院自1999年接受留学生以来,有近700名外国留学生在该院接受汉语语言培训。2003年在校留学生近200人,分别来自韩国、日本、加拿大、越南等国家,来华自费留学生人数在江苏省高校中名列前茅。

2006年11月,南京大学仙林国际化校区奠基典礼举行,开启了南京大学国际化办学新的一页。该校区的运作模式以实施项目为主,首批确定建设的中外合作机构有:与美国纽约州立大学合办的南京—纽约学院,与加拿大滑铁卢大学合办的中加学院,与英国南安普敦大学共建的南京大学—南安普敦大学联合中心,与美国、法国、德国有关高校或科研机构合建的南京大学公共卫生与健康医学合作研究中心,与法国巴黎第十二大学合建的中法城市与区域科学研究中心,与德国哥廷根大学合办的中德法学研究所,与法国航天局、巴黎天文台、法国天体空间研究所以及国家天文台、紫金山天文台合作的"中法合作太阳爆发探测小卫星"等项目。这些项目的合作方都是世界一流大学或国际知名科研机构。同期进驻校区的,还有不同层次的海外留学生教育项目。

2007年,南京航空航天大学与美国福特汽车公司等一批国际著名研究机构签署了战略合作协议;河海大学与联合国教科文组织国际水教育学院(荷兰)联合开展国际合作培养水利学硕士;9月,耶鲁大学—南京信息工程大学城市资源环境创新研究中心成立。与国际知名高校、研究机构合作办学,开展科研,使得这些高校的国际学术影响力进一步提升。

2008年2月29日,南京师范大学与江苏省教育厅、美国亚利桑那大学、南京美国大学基金会合作举办南京国际大学协议签字仪式在南京举行。7月,国家科学技术部和美国农业部在北京签署了建立"中美食品安全与质量联合研究中心"协议。中心分别设在中国南京农业大学和美国农业部Clay研究中心。2009年6月,首期"非洲国家农业官员高级研修班"在南农大开班。首期研修班学员23人,分别来自13个非洲国家,其中副部级1人,司局级15人,通过课堂教学、学术研讨和专业考察等多种形式的活动,学习我国农业、农村改革与发展经验。

随着国家综合实力增强和文化软实力的提升,全球对中国文化和汉语的兴趣与日俱增。在此背景下,国家汉语国际推广办公室指导中国高校与海外院校共建的"孔子学院"纷纷挂牌。

南京大学从2007年起,在两年多时间内先后建立了英国谢菲尔德大学孔子学院、澳大利亚墨尔本大学孔子学院、加拿大滑铁卢大学孔子学院、美国爱默里大学孔子学院、德国弗莱堡大学孔子学院、法国阿尔图瓦大学孔子学院、智利天主教大学孔子学院等,合作大学大都是全球200强名校。孔子学院的成立使南大国际化办学有了实体性的、实质性的"根据地",围绕孔子学院展开的国际合作走向全方位、深层次。孔子学院是平台,南京大学的办学实力和声誉通过孔子学院更为海外了解。"走出去"的同时也带动了"引进来",2008年,已有2 200余名留学生来南大求学,比2005年的1 200多人增加了近一倍,其中欧美学生人数有了大幅度的提高。

2006年,南京师范大学与贝尔格莱德大学合作举办贝尔格莱德孔子学院。学院是以开展汉语教学为主要活动内容的中国语言文化推广机构,并为塞黑周边国家提供服务。之后分别与美国北卡罗来那州立大学、美国佩斯大学、法国阿尔萨斯大区

南京财经大学与纽约州立大学合办的全美首家商务孔子学院揭牌。

合作成立了孔子学院。同年,南京中医药大学和澳大利亚皇家墨尔本理工大学联合开办中医孔子学院。此外,南京信息工程大学与巴哈马学院共建的孔子课堂于2009年11月在巴哈马学院举行揭牌仪式,成为加勒比海地区首个孔子课堂。2010年12月,南京财经大学与纽约州立大学合作共建的全美首家商务孔子学院揭牌。建设孔子学院是时代赋予南京高校的使命,也将有助于南京高校早日进入世界一流大学之列。

此外,南京高校组织优势学科走出国门,赴境外办学,扩大学校的国际影响力。南京大学实施的项目有:中国语言文学系海外硕士班、商学

院新加坡 MBA 班、外国语学院新加坡"南京大学中英翻译专业文凭班"、"南京大学新加坡英语专业硕士学位班"等。中国药科大学与香港职业训练局合作在香港开办中医学专升本教育,南京中医药大学与澳大利亚墨尔本皇家理工学院在澳联办中医专业。2008 年 11 月,南农大在肯尼亚埃格顿大学为部分非洲国家举办"园艺产品质量与安全高级培训班",这是 2000 年 10 月中非论坛第一届部长级会议召开以来,中国高校首次赴非洲举办援非专业技术培训班。开创了我国教育援非"走出去"之先河。

国际化办学大力提升了南京高校的国际影响,外国留学生人数逐年增加。如:2008 年东南大学留学生培养和对外交流工作取得新的突破,留学生在校人数达 519 人,为历史之最;2009 年,南京大学招收各类国外留学生达 2 300 多名;南京航空航天大学留学生数达 450 名;南京农业大学全年招留学生 374 人;南京中医药大学留学生数有 546 人;晓庄学院有留学生 51 人。2010 年,南京大学接纳国际学生 2 600 余人,国际交流生人数比增长 50%,50 多位联合国雇员来校学习。据统计,2010 年,在南京高校的留学生(不含短期进修、培训及国际交流生)共有 5 000 多人。

2. 举办国际会议推动"科学对话"

2001 年以来,南京高校举办论坛、讲座、报告等各种形式的教育国际会议日趋频繁,许多宽领域、高层次、上规模的国际会议在南京召开,推动了南京高校与世界的"科学对话"。

2002 年百年校庆期间,南京大学举办以"科学与社会进步"为主题的世界著名科学家论坛,涉及多个学术领域,来自美国斯坦福大学、麻省理工学院、哈佛大学等世界一流学府的学术大师相继登台作专题报告,介绍学术领域前沿的科研成果,探讨当前学术界的热门话题,涉及学科面之广、科学家层次之高、参与人数之多、持续时间之长、学术水平之高为南大历年之最。至 2007 年,南京大学共举办各种类型的国际会议 130 余次。这些国际会议的召开,不仅充分展示了南大的学术成果,让人们在国际

2002 年南京航空航天大学举办国际名家论坛。

学术舞台上听到来自南大的声音,同时也促使南京大学更快地立足前沿,更好地与世界对话。

2003年11月,南京师范大学举行"世界文明国际论坛"第一次国际学术研讨会,来自十几个国家和地区共60多名专家学者出席研讨会,其中不少是国内外顶尖级专家。

2004年2月,第八届亚洲信息显示会议在东南大学召开,来自18个国家和地区的专家学者500多人参会。这是东南大学历史上承办规模最大的国际学术会议。6月,第14届国际空间对地遥感技术会议在南京信息工程大学召开,来自海内外的40余名知名专家和学者参会。

2005年8月,第九届国际林联木材干燥学术研讨会在南京林业大学召开。来自21个国家的100余名代表参加会议。南京林业大学顾炼百教授应邀作主题报告,这是中国代表首次在世界木材干燥领域的最高学术论坛上作主题报告。11月,土木工程结构创新和可持续发展国际会议在东南大学开幕,来自27个国家和地区的260名专家学者参会,其中境外代表80多位,10位国际著名学者作大会主题报告,14位国际知名学者作邀请报告,100多位代表作专题报告。

2007年8月,由南京理工大学理学院与南京大学现代数学研究所共同承办的几何分析国际会议召开。本次会议是2007年度数学领域最重要的国际会议之一,来自美国、法国、德国、瑞典、日本、新加坡及国内著名大学的60多位代表参加。

2008年8月,国际体育工程联合学术会议在南京理工大学举行,来自35个国家和地区的300多名体育学者就计算机与数学在体育和奥林匹克运动中的应用等前沿问题作了学术研讨,以特有的方式迎接和支持2008北京奥运会的举办。该会议是国际上最重要的体育工程与技术学术会议之一,首次在我国举行。10月26日,南京中医药大学和江苏省中医药局主办了"2008南京国际中医药论坛",来自中国、日本、美国、德国等10个国家与港澳台地区的56位知名专家学者,以及国内100余位代表参会。大会收到学术论文150余篇,代表了当今世界范围内对未来中医方剂发展的新思路与新方法研究的最新成果。

2009年8月,由南京林业大学主办的以构建和谐未来为主题的首届"全球森林生态经济论坛"在南京召开,这是国际林联首次举办森林生态经济高层国际学术论坛。来自10个国家的70多位国际森林生态领域专家出席。会议就如何实现人类与森林的和谐发展、协调森林的经济价值和生态价值等热点进行了交流研讨。8月,2009年亚洲量子信息科学会议在南京邮电大学召开,与会代表约180人。来自量子信息学界的世界顶级科学家参会并做学术报告。

2010年5月,第四届中外大学校长论坛在南京开幕,中共中央政治局委员、国务委员刘延东出席开幕式并讲话。来自9个国家以及中国内地和港澳地区的150余所知名大学校长出席论坛。牛津大学校长安德鲁·汉密尔顿教授称:南京是当之无愧的教育名城。

3."引智""派出"有效提升国际水平

随着"985工程"(中国政府为建设若干所世界一流大学和一批国际知名的高水平研究型大学而实施的建设工程)"聘请世界著名学者"项目的启动,南京高校聘请的外国专家人数逐年增长,范围不断扩大,层次也不断提高,每年数千人次专家来南京讲学或合作科研,先后邀请了杨振宁、李政道、丁肇中、阿尔费罗夫、艾伦·斯宾塞等诺贝尔奖获得者和大批世界著名科学家来校讲学,大大增加了南京高校学者与国际科技前沿学者面对面交流的机会,让许多学科领域的教师受益非浅。

2001—2010年,众多诺贝尔奖获得者和国际知名学者、著名政治家受聘为南京高校的名誉教授、名誉博士。2001年,诺贝尔物理学奖评委会主席赛丽娅受聘南京大学名誉教授。2002起,先后有诺贝尔物理学奖获得者阿尔费罗夫、诺贝尔物理学奖获得者杰克·斯坦伯格、诺贝尔物理学奖获得者霍夫特、诺贝尔化学奖获得者金·莱恩、诺贝尔经济学奖获得者迈克尔·斯宾塞、诺贝尔化学奖获得者巴瑞·夏普里斯等13人受聘为南京大学名誉教授;诺贝尔物理学奖获得者丁肇中教授分别受聘为东南大学吴健雄学院名誉院长和南京航空航天大学名誉教授;诺贝尔物理学奖获得者克劳德·科恩-坦诺奇、诺贝尔物理奖获得者艾尔伯·费尔受聘为东南大学名誉教授;诺贝尔化学奖获得者野依良治受聘南京理工大学名誉博士;诺贝尔化学奖获得者阿龙西查诺瓦受聘南京工业大学名誉教授。此外,2002年9月,德国总统约翰内斯·劳接受南京大学授予的名誉博士学位;2009年4月5日,中国国民党名誉主席吴伯雄受聘为南京大学法学名誉博士。2010年10月31日,联合国秘书长潘基文受聘南京大学名誉博士学位。

南京高校还加大力度吸引国际高水平学者和外国专家来校工作,以逐步实现学者的国际化。2003年5月28日,南京大学在《人民日报》海外版、《光明日报》等媒体发布公告,面向全球公开招揽各种杰出人才加盟,共有421名海内外学者提出申请,最终17位海外学者加盟南大,他

第十六章 进入21世纪的南京教育(2001—2010) 683

联合国秘书长潘基文获授
南京大学法学名誉博士。

们分别来自美国、日本、加拿大、法国等国的著名高校、科研院所。如此大规模地全面实行高级职称岗位向全社会招聘,在全国高校中首开先河,取得了较好效果。2005年,南大决定今后新增岗位全部面向全球招聘。据统计,2003年至2008年上半年,南京大学直接从海外引进人才118名,占南京大学任课教师总数的5.67%。2010年,南京信息工程大学第四次面向海内外高标准招才引智,公开招聘学院院长、管理干部及若干学科和学术带头人,大气科学学院、电子与通信工程学院、计算机与软件学院3个学院招聘院长正式上岗。

据统计,2009年在南京高校工作的受聘1年以上的外国专家、教授人数有320多人。

南京高校在"引智"的同时,逐渐加大"派出"的力度。近年来,每年选派一批优秀青年教师到国外一流大学交流、学习,培养具有世界一流水平的学术带头人和学术团队。至2007年,南京高校系统共选派各类留学人员1万多名,已有70%的留学人员学成回国,成为科技、教育、文化、经济管理等领域的骨干力量。南京高校重点实验室和重点学科的主持人,有80%以上是留学回国人员;校、系两级领导60%以上由留学回国人员担任。特别是回国后活跃在教学第一线的留学人员,他们致力于开设新课程、编写新教材,有的还创建了新学科、新专业,有力地促进了南京高校的教学和科研水平的提高。

第十节 深化教育改革

一、教育管理体制改革不断深化

义务教育管理体制改革是从《中共中央关于教育体制改革》(1985年)颁布起,当时明确确立了基础教育由"地方负责、分级管理"的原则。基于当时国家经济发展对教育的迫切需求,但又是"穷国办大教育"的现实背景,1986年颁布的《中华人民共和国义务教育法》确定了"分级办学、分级管理"的体制,推动并保障了我国义务教育的启动和实施。应当说,这种管理体制是切合我国当时的国情和实际的,它在我国实施义务教育的初期起到了一定的积极作用。但是到了20世纪90年代,随着农村的发展,这种体制的弊端逐步暴露出来。农村在实行家庭联产承包责任制后,集体积累已经不多,举办农村义务教育的责任实际上主要落在了农民身上,农民不堪重负。许多地方农村义务教育的经费得不到保证,拖欠教师工资比较严重,办学条件较差。南京市也存在部分乡镇农民负担过重、拖欠教师工资的现象。

为解决农村义务教育存在的问题,《国务院办公厅关于完善农村义务教育管理体制的通知》明确提出,在2002年全面实行新的农村义务教育管理体制。其主要内容是:农村义务教育实行"在国务院领导下,由地方政府负责、分级管理、以县为主"的体制。县级人民政府对农村义务教育负有主要责任,省、地(市)、乡等地方各级人民政府承担相应责任,中央政府给予必要的支持。通过体制的调整与完善,实现两个转变,即把主要向农民收费集资办学改变为主要由政府出资办学,将农村义务教育由以乡镇为主管理改变为以县为主管理。农村义务教育管理体制改革可以说是我国教育体制的一项意义重大的变革。

南京市全面推进农村义务教育体制改革,强化区县级政府的管理责任,逐步完善"政府负责、分级管理、区县为主"的义务教育管理体制。在落实区县政府主要责任的同时,还充分调动乡镇政府办好义务教育的积极性,加大市政府对经济薄弱地区发展义务教育的重点扶持,促进农村义务教育的发展。在城区已经达到比较高水平发展的基础上,结合教育现代化工程的推进,努力提高全市义务教育的办学水平。2001年,基础教育总投入比上年增加1.7亿元,在农村税费改革后教育经费减收6 000多万元的情况下,基础教育投入未受大的影响。2002年完善农村义务教育管理体制,新的农村义务教育经费保障体制基本形成,教师陈欠工资全部解决,农村义务教育未有新负债。2003年在"以县为主"的新体制下,继续推进布局调整。南京市农村教育长期存在的学校分散、规模小、办学效益低等弊端得到解决。2004年,企业办学分离工作基本完成,企业承办的93所中小学移交地方教育部门管理。

2004年省督查组全面了解南京情况后认为:南京市近年来通过实施教育布局调整、农村小学提升工程、振兴初中行动计划和教育现代化乡镇创建等措施,农村义务教育发生了巨大变化。"以县为主"的农村义务教育管理体制基本调整到位,乡镇在农村义务教育发展中的作用发挥较好。农村中小学公用经费和学杂费基本能按省定要求进行使用、管理。督查组还对南京市农村义务教育发展中存在的化解农村义务教育债务和城乡义务教育发展不平衡等问题提出了建议。

2005年,《中共江苏省委、江苏省人民政府关于率先基本实现教育现代化决定》就进一步完善教育管理体制提出了新要求:深化教育改革,营造良好的体制机制环境,进一步激发教育发展活力。要巩固和完善"政府负责、分级管理、以县为主"的农村义务教育管理体制。在落实县级政府主要责任的同时,充分调动乡镇政府举办义务教育的积极性,省和市级政府对经济薄弱地区发展义务教育给予重点扶持。

南京市以县乡财政体制调整为核心,将"以县为主"的义务教育管理体制落实到位。完善农村义务教育"以县为主"体制,加大教育费附加对"一区两县"转移支付力度,2005年对农村教育转移支付1.3亿元。在新增郊县教育经费中,70%用于"一区两县"。

在"十一五"期间,"政府负责、分级管理、以县为主"的农村义务教育管理体制得到进一步巩固和完善。经过市、区县两级的共同努力,从2006年秋季开学实施城乡一体的义务教育免收学杂费,全市义务教育阶段的52.17万名学生全部免缴杂费,减免资金6 384万元,提前4年完成预定的工作计划。还进一步完善义务教育公用经费保障机制,足额安排免除相关费用后的补助资金,逐步提高公用经费保障水平,保证学校正常运转。2009年,继续加大农村教育投入,全年教育费附加向农村转移支付2.35亿元,2010年则达到2.5亿元。

2010年,南京市下发《南京市义务教育优质均衡改革发展省级示范区创建工作方案》。建设省级义务教育优质均衡改革发展示范区总体目标为:紧紧围绕国家教育中长期发展战略目标,坚持以育人为根本,以改革创新为动力,以促进公平为重点,以提高质量为核心,全面实施素质教育,巩固提高义务教育水平,努力把南京建成义务教育优质均衡先导区、规范办学样板区、素质教育示范区、体制机制创新区、城乡一体融合区、人民满意认可区。

教育管理体制改革的另外一个重要内容是教育行政管理体制改革。2001年5月,经南京市委市政府批准,南京市教育委员会更名为南京市教育局。确定南京市教育局为市政府主管全市教育事业的工作部门。其主要职责是全面贯彻党和国家的教育方针、政策和有关教育的法律、法规;研究全市教育发展战略,统筹规划、协调指导全市教育体制和办学体制等方面的改革;综合管理全市基础教育(含学前教育)、高等教育、职业教育、成人教育及特殊教育、社会力量办学、社区教育、扫盲、教育教学工作；主管全市教师队伍建设、教育的招生以及教育系统对外交流等工作。中共南京市委教育工作委员会与其合署办公。

在全面推进农村义务教育体制改革的同时，南京市还健全"市县为主、政府统筹、社会参与"的职业教育管理体制，强化南京市和各县级政府在发展职业教育方面的责任。在江苏省努力改革高等教育管理体制，所有省属本科高校实行以省为主的管理体制，专科高校实行省市共建、以市为主的管理体制的时候，南京市也对高校管理相应进行了调整，进一步优化资源配置。

2009年12月，由中国教育报、中国教育新闻网联合主办的首届全国教育改革创新奖颁奖典礼暨中国教育创新论坛在北京举行。南京市教育局局长、市委教育工委书记徐传德同志荣获首届全国教育改革创新管理类最高奖——管理贡献奖。创新奖颁奖典礼暨中国教育创新论坛上，徐

徐传德书记在中国教育创新论坛做演讲。

传德同志应邀发表题为《工作的谋划和推进》的主题演讲。中国教育报副总编李功毅代表评委会对徐传德主政南京教育十年的改革创新给以高度评价。

2010年，南京市坚持"政府统筹、分级负责、权责一致、规范有序、社会参与"的原则，以推进公共服务型政府建设为重点，深化教育管理体制改革，明确区县在教育发展中的义务和责任，促进管、办、评相分离。在基础教育方面：完善"以县为主"管理体制，发挥镇（街道）、社区在参与和支持基础教育管理中的重要作用，鼓励镇（街道）举办学前教育和改善义务教育办学条件。在职业教育方面，实行"市县为主、政府统筹、行业参与、社会支持"的管理体制，加强规划、政策、资源的统筹，教育部门归口管理，其它部门协调配合，行业企业积极参与。并且南京还以大市为单位，申报创建江苏省职业教育创新发展实验区。实验区建设总体目标是：政府统筹机制健全、管理体制完善、布局整体优化、办学充满活力、专业具有特色、教学改革取得实效、产教结合紧密、校企合作成效显著、经费保障有力、师资水平较高、职业中专与普通高中合理融通、中高职衔接贯通、质量整体提升，可持续发展能力显著增强，市场针对性、

经济贡献率和社会吸引力不断提升,服务经济社会发展的能力明显增强。

二、教育经费投入机制不断完善

进入21世纪,南京教育紧紧围绕"实施基石工程,建设教育名城,率先基本实现教育现代化"的目标,加快中小学布局调整,完善农村义务教育管理体制,通过创建"示范初中"、"小班化"教育、职业教育实训基地、高中教育绩效评估、义务教育免收杂费、特殊教育均衡发展、教育信息化建设、校舍安全工程、义务教育绩效工资、教育"助学券"等项目的建设和制度的创新,深化南京教育改革,深化教育投入机制,提升了南京教育的品质。2009年南京市地方教育经费总收入首次突破100亿元,到2010年,南京市地方教育经费总收入达到121.36亿元,是2000年的4.5倍,校舍总面积960万平方米,固定资产159亿元。

1. 建立和完善义务教育经费保障机制

2002年,南京市政府贯彻落实国务院办公厅和省政府关于完善农村义务教育管理体制的精神,进一步落实政府责任,减轻农民负担,建立"以县为主"的农村义务教育经费保障机制,将农村义务教育全面纳入公共财政保障范围,确保农村义务教育持续健康发展。建立农村义务教育经费保障新机制,是党中央、国务院总揽全局、高瞻远瞩做出的重大决策,是我国教育发展史上具有里程碑意义的重大变革。在《南京市人民政府关于完善农村义务教育管理体制的通知》中明确指出:调整区(县)、乡(镇)财政体制,农村中小学教职工工资实行区(县)集中管理,区(县)财政收入应首先用于确保农村中小学教职工工资发放,保证中小学教职工工资不低于所在区(县)国家公务员工资的平均水平;区(县)政府要按照建立公共财政的要求,调整财政支出结构,增加农村义务教育的投入;安排好农村中小学公用经费,确保学校的正常运转;保障农村中小学危房改造和学校建设的必要投入。为确保农村义务教育经费保障机制得到有效实施,南京市建立了农村中小学校预算编制的制度,将教师工资和公用经费纳入年初预算,通过设立的教育(或财政)结算中心统一管理中小学校教育经费。2004年,制定了农村义务教育公用支出定额标准,规定农村小学每生每年200—260元,农村初中每生每年300—400元。2010年,市委、市政府《关于进一步加强民生工作的意见》再次提高中小学生均公用经费拨款标准,规定小学每生每年500元,初中每生每年700元。义务教育公用经费定额标准的制定和不断提高从根本上解决了南京市义务教育学校日常教学工作经费需求,对义务教育均衡发展提供了充足的经费保障。2006年,为合理、有效配置教育资源,统筹调配教育资产,南京市教育局在省内率先研发了教育资产监管平台,通过网络手段监管全市公办学校的教育资产。建立了较为完善的教育资产管理制度,统一规范资产配置、验收、使用到报废的各个环节,实现了对教育资产的实时监控和管理,充分提高了教育资产的利用率,为各级教育、财政部门科学制定年度预算,配置教育技术装备提供了很有价值的信息。

2. 全面化解农村义务教育学校债务

随着我国农村税费改革的深入,过去较长时期内产生和积累的农村义务教育债务,已成为农村中小学和基层政府的沉重包袱。2006年,为贯彻落实国务院关于优先化解农村义务教育债务的要求,南京市制定了《南京市关于化解农村义务教育债务的意见》,按照"制止新债、摸清旧债、明确责任、分类处理、逐步化解"的总体要求,确定了化解农村义务教育债务的责任主体是地方各级政府。到2008年末,南京市用了不到三年的时间,通过以区(县)政府为主,省、市财政补助的资金筹措方式,由县级财政从特设的义务教育偿债专户直接将款项支付到债权人的银行账户中,彻底清偿了全市3.3亿元的农村义务教育债务,为推进农村义务教育经费保障机制改革扫清了障碍。

3. 全市义务教育实行城乡一体的免杂费政策

为深入贯彻实施科教兴市战略,大力发展教育事业,高标准高质量普及全市九年制义务教育,南京市政府率先从2006年秋季开学起,对全市城乡义务教育阶段学生全部免收杂费。享受免收杂费政策的对象包括具有南京市常住户籍、在义务教育阶段学校就读的学生,以及符合规定条件在南京接受义务教育的外来务工人员子女。实行义务教育阶段学生免收杂费后,市委、市政府明确义务教育阶段学校日常公用经费全额纳入公共财政保障范围,确保中小学预算内生均公用经费不减少,确保中小学校舍当年新生危房当年消除,确保中小学办学经费逐年有所增加,达到国家规定的"三增长,一优先"(教育拨款的增长要高于财经经常性收入的增长;并使按在校学生人数平均的教育费用逐步增长;教育拨款在财政支出中的比例在现有的基础上逐年要有所增长;地方教育经费增长部分要优先用于义务教育)的要求。2008年春季学期起,江苏省政府在免收杂费政策的基础上为全省城乡义务教育阶段学生免费提供教科书,包括国家课程教科书、地方课程教科书以及有关学科补充习题、图册和填充图册、英语磁带。同时,南京市政府为小学一、二年级学生免费提供英语教学实验用书和磁带。

4. 完善学前教育到高等教育的扶困助学制度

2003年秋季,按照市委、市政府《关于进一步加强城市居民最低生活保障工作的意见》要求,南京市对全市义务教育阶段城市低保家庭子女就学费用实行"助学券"制度,城市居民低保对象子女接受义务教育阶段的杂费全免,代办费减免50%;属于孤儿和"三残"的学生,其在校就读的杂费、代办费、住宿费全免。2004年,南京市扩大了义务教育"助学券"制度的适用范围,对全市义务教育阶段农村居民低保家庭在校学生也实施"助学券"制度。2005年根据省教育厅、省物价局和省财政厅《关于在全省义务教育阶段学校推行"一费制"收费的通知》要求,义务教育学校"一费制"收费内容规定为杂费(原杂费和信息技术教育费)、课本费和作业本费。为与"一费制"政策相配套,南京市对"助学券"制度的实施标准进行了调整,将信息技术教育费列入杂费的减免范围。2006年在原有"助学券"减免基础上,将社会实践活动费和体检费也纳入到"助学券"减免范围。2006年秋季学期,全市城乡义务教育实行免收杂费的政策。

2007年南京市开始对全市普通高中家庭经济困难的在校学生实行"助学券"制度,并将"助学券"减免范围从城乡最低生活保障家庭扩大到低收入纯农户家庭和特困职工家庭在校就读的子女以及孤残学生、革命烈士或因公牺牲军人子女和少数民族家庭经济困难学生。减免标准实行三星级以上高中每学期减免850元,二星级高中每学期减免650元,二星级以下及没有星级的高中每学期减免500元。

同年,省政府出台普通高校国家奖学金、助学金以及励志奖学金实施方案,并同时实施生源地信用助学贷款。普通高校国家奖学金用于奖励高校在校二年级以上全日制本专科(含高职、第二学士学位)学生中特别优秀的学生,奖励标准为每生每年8000元;普通高校国家助学金用于资助高校全日制本专科学生中家庭经济困难学生,资助标准由学校根据实际情况分1000元、2000元和3000元三档发放;普通高校国家励志奖学金用于奖励高校在校二年级以上全日制本专科学习中品学兼优的家庭经济困难学生,奖励标准为每生每年5 000元;生源地信用助学贷款根据学生家庭经济困难程度确定贷款额度,每生每学年不超过6 000元,贷款用于学生在校期间的学费和住宿费,学生在校期间的贷款利息由财政全额补贴。

2008年,为促进职业教育发展,完善政府助学体系,南京市在中等和高等职业学校实行以国家助学金为主,以校内奖学金、学生工学结合、顶岗实习、学校减免学费为辅的职业教育资助政策。职业教育国家助学金的资助对象为中等职业学校和高等职业学校具有全日制正式学籍的在校一、二年级学生,资助标准为每生每年1 500元。2009年秋季学期起,对在中等职业学校一、二、三年级农村家庭经济困难学生和涉农专业学生免收学费。2010年秋季学期起,将中等职业学校城市家庭经济困难学生纳入免学费政策范围。对因免除学费导致学校收入减少的部分,通过财政给予学费补助资金和学校开展校企合作及顶岗实习获取的收入来解决,以保证学校正常运转。

2008年9月,南京市对家庭经济困难的在园幼儿实行"助学券"制度,每个符合条件的在园幼儿每年可以享受1 600元的"助学券"补助。至此,南京市实现了从学前教育到高等教育扶困助学制度的全覆盖,建立了完善的教育助学体系。2010年9月南京市将幼儿"助学券"补助标准提高到每年2 200元。

5. 实施义务教育绩效工资

长期以来,南京市委、市政府积极出台政策逐年提高教师的工资、福利待遇,特别是2001年以来制定多项教育教学考核奖、优岗津贴和生活补贴,切实提高全市教师待遇,有效发挥了人才激励机制,鼓励优秀人才从事教育工作,确保义务教育法规定的"教师平均工资水平不低于当地公务员的平均工资水平"。2006年,市政府《关于加快教育发展有关问题的会议纪要》决定,从2006年1月起对在职江苏省特级教师、南京市市级学科带头人和在农村工作的在职市优秀青年教师、中小学高级教师发放工作补贴,并提高在职中小学班主任津贴和特殊教育岗位津贴。2009年9月,南京市制定了义务教育学校绩效工资实施办法,并决定从2009年1月1日起实施义务教育绩效工资。义务教育绩效工资分为基础性绩效工资和奖励性绩效工资两部分。基础性绩效工资主要体现地区经济发展水平、物价水平、工作人员岗位职责等因素;奖励性绩效工资主要体现工作人员工作量和实际贡献等因素,由学校按规定程序和要求建立分配办法,并在考核的基础上自主发放。同时,对义务教育学校退休人员按清理规范后的新补贴标准发放退休生活补贴。义务教育学校实施绩效工资所需经费,按照"管理以区县为主,市级适当补助支持"的管理原则,由财政分级全额负担。实施义务教育绩效工资制度对凝聚教师队伍,吸引和鼓励优秀人才长期从教、终身从教,推进义务教育均衡发展具有重要的意义。

三、学校管理体制不断创新

南京市在20世纪进行的学校管理体制改革的基础上,除了在教师管理创新外,特别是在已经全部实施校长负责制后,率先开展中小学校务委员会制度建设。

2002年,南京在全国率先开始中小学校务委员会建设试点。初期,出于积极而稳妥的思路,把中小学校务委员会的职能定位在"咨询建议"上。各试点学校根据市教育局《关于开展校务咨询委员会试点工作的建议》,构建相应组织机构,有重点地开展了一系列活动,促进了学校开放办学、校务公开和民主管理。但同时也发现一些不足,主要是"咨询建议"的功能定位难以充分发挥校务委员会的积极作用,"咨询建议"的内容比较空泛,不利于解决实际问题等。为克服这些不足,2005年9月,市教育局进一步解放思想、大胆突破,尝试赋予校务委员会一定的决策权,校务委员会对于学校提交的议题进行决策,形成一致意见后作出决定,校长应当执行。但是在实践过程中,校务委员会和校长负责制的关系往往成为无法回避又难以回答的问题,一定程度上制约了试点的深入。为使校务委员会制度真正发挥积极作用,并能在更大区域和范围推广,2006年10月,市教育局调整工作思路,把校务委员会定位在"校长负责制的补充和完善"上面,重点通过保障学生合法权益、维护家长切身利益来弥补中小学管理体制中的"缺位",推进学校民主管理和科学决策。这一定位使试点工作呈现新的面貌,焕发新的生机,得到学校、家长、教育行政部门的一致认同,试点工作得到继续推进。试点中,南京市教育局对校务委员会制度进行了基本设计:

校务委员会的定位。"校务委员会"是"校长负责制的补充和完善"。是校长负责制下学校管理和学生发展有关事项的参与者、建议者、协调者和审议者,是新形势下学生、教师、家长、社会行使民主权利、有效参与学校管理的一种途径。

校务委员会的职能。一是宣传协调,宣传学校的发展规划和重大决策,协调社会各方面的关系,调动各方面的积极性,为学校发展和培养学生创造良好的外部环境;二是咨询建议,提供社会对教育的需求信息,提出完善学校管理和学生教育的建设性意见,反映学校服务对象的意见和建议;三是审议决定,对学校或者校务委员会委员代表提交的有关学生管理、学生发展和涉及家长切身利益的重大事项进行审议并作出相应决定。校务委员会的决定校长应当尊重,在双方意见不一致的情况下,应当本着充分协商的原则妥善处理,必要时可以提交上级教育主管部门作出决定。

校务委员会的构成。校务委员会委员可以由学校领导、教师、家长和社区代表、政府部门人员、法律工作者、专家学者、社会知名人士等人员担任,高中、中等专业学校可以有学生代表。委员的选择要求做到:委员分布要有广泛性;委员产生要体现民主性;委员与学校发展要有利益相关性;委员对参与民主管理要有积极性。主任委员可以由学校领导或者其他委员代表担任,校务委员会委员实行聘任制。学校对聘任的校务委员会委员给予一定的经济补贴,每年度对委员的工作情况进行评议,对长期不履行职责的委员可以予以解聘,对为学校发展做出积极贡献的委员给予表彰和奖励。校务委员会内部可以设秘书处以及其他职能部门,统筹协调开展工作。

校务委员会的工作原则。一是法治原则,凡是国家法律法规有明确规定的,坚决依法决策、依法管理;二是民主原则,校务委员会在工作中要充分发扬民主,审议决定其自主范围内的有关事项时,要广泛听取委员的意见和建议;三是多元利益原则,在把握促进教育改革和发展大方向的同时,要尊重并充分考虑学校、家长、学生等多方的利益;四是协调原则,校务委员会要充分发挥委员的优势和特点,加强与各方面的沟通和协调,积极争取社会对教育的支持,共同研究解决教育热点难点问题。

校务委员会的运行机制。首先,学校修改《学校章程》,在学校管理体制中确立校务委员会制度,并报上级教育行政部门核准,以保证校务委员会活动的合法性和权威性。其次,制定校务委员会章程,明确校务委员会的定位、职能、工作原则、活动方式等内容,并完善各项工作制度和议事规则。第三,遴选聘任校务委员会委员,组成工作机构,制定校务委员会工作计划。校长代表学校向校务委员会委员颁发聘书,明确聘期及委员的基本权利和义务。工作计划应当明确学年度和各学期主要活动内容,一般每学期集中开会两到三次。第四,采取多种形式开展活动。会议期间针对特定的议题,通过委员会决议形式,对学生管理、学生发展和涉及家长切身利益的重大事项进行审议、决定。校务委员会讨论的议题,可以由学校领导提交,也可以由委员代表提交。非会议期间校务委员负责集中反映家长、社会的有关意见和建议,协调家庭、社会和学校的各方面关系。第五,及时总结经验,定期汇报工作,不断提升水平。校务委员会在试点期间本着"一事一议"的原则对平时工作、特别是开会进行决议的过程和决议执行情况及时予以总结。建立工作汇报机制,在每学年结束时校务委员会主任向学校、家长和社会汇报校务委员会工作情况。

2006年2月,南京市教育局组织开展校务委员会制度试点工作,下发《关于开展校务委员会制度试点工作的意见》,确定南京市第二幼儿园、夫子庙小学、南京市第一中学等7所学校作为试点单位。各试点学校坚持试点工作的原则和宗旨,制定校务委员会章程和各项制度,完善校务委员会组织架构,多层面凝聚家庭、社会智慧和力量,多种形式解决学校管理中的热点难点问题。通过校务委员会密切学校和家长、社会关系,增加社会对学校的了解和支持,优化教育发展环境,增加学校管理决策的参与度和透明度,保证决策的科学性和民主性,推进校务公开和民主管理,促进教育协调发展。

2007年,全市中小学校务委员会试点工作进入区域推进阶段,取得积极进展和突出成效。4月,"中小学校务委员会建设的实验研究"被教育部基础教育司、中央教科所批准为全国教育科学规划"十一五"课题"基础教育阶段现代学校制

"中小学校务委员会建设的实验研究"开题现场。

度的理论与实验研究"的子课题。6月,《人民日报内参》报道了南京市校务委员会建设情况,国务委员陈至立和教育部副部长陈小娅等领导作出重要批示,给予充分肯定。10月,南京市教育局召开校务委员会试点工作现场会,并出台《关于深入推进校务委员会试点工作的意见》和《校务委员会工作规程(样本)》。同时,由教育部基础教育司、中央教科所主办的全国"第四届现代学校制度实验研究经验交流会"在南京召开,

南京市教育局局长徐传德在会上作《南京"校务委员会"建设的实践与思考》报告，报告提出的以校务委员会建设为重点，构建"一主两翼"现代学校行政管理体制的新构想引起与会代表的高度关注。11月13日，《中国教育报》以《校务委员会与学校民主管理》为题，用一个整版深度报道了南京市学校管理体制改革的成果，中央、省市其他20多家媒体也进行了相关报道。

2008年4月，市教育局作为特邀代表，参加了由教育部基础教育司、中央教科所在四川成都举办的"中国公办中小学民主管理委员会建设实验研究总结暨成果推广会"。时任南京市教育局副局长施正东作了题为《深化试点，开拓创新，积极推进校务委员会建设》的报告，总结了自2007年在南京进行全国现代学校制度现场会以来，南京市校务委员会试点工作的新进展和取得的新成果，受到了来自全国13个试验区、260余名代表的高度评价。

2010年10月，"中小学校务委员会建设的实验研究"课题结题会在南京召开。该研究开始于2002年5月，2007年4月课题正式被列为全国教育科学"十一五"规划国家一般课题"基础教育阶段现代学校制度的理论与实验研究"的子课题，南京市委教育工委书记徐传德担任课题负责人，80多所学校参与实验。南京市校务委员会的职能定位为"校长负责制"的补充和完善，通过研究形成以"校长负责制"为主，以"教职工代表大会"、"校务委员会"为辅的"一主两翼"的现代学校管理制度。历时8年的积极探索和实践取得显著成效，不仅全面探讨了校务委员会的定位、职能、工作原则、运行机制等，还形成了大量生动鲜活的案例，提供了成功的经验和先进做法。国家总督学顾问、教育部原副部长王湛，教育部基教一司副司长王定华等领导出席结题会，中国教育学会副会长朱小蔓等5位专家组成评审组。南京市教育局张生副局长作结题报告，鼓楼区教育局副局长陈云龙代表实验区发言，南京市第十三中学校长王军、长江路小学校长宋红斌代表实验学校发言。教育部领导和评审组专家在听取汇报和实地考察汉江路小学、南京市第二十九中学校务委员会建设情况后，对课题研究成果给予高度评价，认为具有前瞻性和开拓性，对探索现代学校制度，全面推进我国教育制度创新具有重要的理论参考价值、示范推广价值和积极的现实意义。该课题许多做法和经验在江苏省乃至全国都有一定的示范和推广价值，是"近年来我国教育科研的优秀成果之一，也是我国基础教育制度创新的重大成果之一。"10月，研究成果《中小学校务委员会建设的实践与探索》由北京出版社正式出版。2010年10月29日《中国教育报》头版发表了《南京建设校务委员会 学校的事家长也有发言权》一文。

经过努力探索,南京市校务委员会试点工作取得积极成效,主要表现在:

第一,密切了学校和社会的联系,学校发展环境进一步优化。校务委员会委员中有三分之二来自社会的各个方面,委员本身社会背景广泛、知识阅历丰富、信息来源充足,在分析问题、解决问题上有独到的视角和见解,充分发挥他们的积极作用,有利于及时消除分歧、化解矛盾,为学校营造和谐的外部发展环境。例如,莫愁中等专业学校紧扣职业学校办学特点,坚持面向社会、依靠社会、适应社会培养人才,他们通过校务委员会及其多个层次的专门委员会,加强学校与社会、企业的沟通,使学校了解到的社会需求信息更加准确,为学生提供的社会实践岗位和机会进一步扩大,学生适应社会的能力不断提高,极大地促进了学校的内涵发展和品牌塑造。

第二,增进了学校与家长的沟通,家校关系更加融洽。校务委员会中的家长委员直接参与学校管理,使得学校的决策得到及时传递,家长、社会对学校决策的反馈也及时得到回应,双方情感、信息的沟通和交流得到增强,关系更加协调。例如,南京市第十三中学一位校务委员会副主任同时是家长代表,每次校务委员会工作例会后,他都把学校的管理理念、重大决策和教育教学安排等在家长会上及时传达,经过他的"解读",家长们对学校感到更加可信、更能理解、也更为接受。

第三,校务公开进一步扩大,学校决策更加科学可行。各试点学校及时将学校的发展现状和发展规划向委员们进行通报,充分尊重委员对学校管理的知情权、参与权、建议权,最大程度吸收他们的建设性意见和建议,使得决策更富有科学性和可行性。例如,行知实验中学把学校"十一五"规划提交校务委员会讨论,委员们针对学校的办学实际和特色提出了很多建设性意见,在全省开展的区县教育现代化建设水平考核验收中,该校的"十一五"规划得到了考核验收专家组的高度评价。

第四,学生权益得到维护,部分热点难点问题得以解决。在试点过程中,学校坚持凡是涉及学生切身利益的重大事项,都及时提交校务委员会讨论决定,一些原本比较棘手、敏感、交叉性、边缘性的问题得到很好的解决,有力维护了学生的合法权益。例如,江宁区桃红中学是一所农村初中,食堂对外承包后,一度因为价格、卫生、就餐管理等问题,引起家长不满,校务委员会研究后提出了"加强卫生管理、开设低价窗口、为贫困学生提供专门服务"等解决措施,家长满意率和基本满意率由原来的不足30%提高到80%以上。

第五,教育功能进一步拓展,学校在构建和谐社会方面发挥了积极作用。通过校务委员会制度这一平台,学校与社区之间建立起了互相融和、协作共建的新型关系。例如,长江路小学位于民国建筑一条街,在校务委员会专题会议上,来自家长、学校共建单位的委员们从不同角度对提升学校文化品味、建设和谐校园、打造长江路文化一条街新亮点等方面提出许多有价值的建议,其中"与小红花艺术团深度合作,与有关部门联合建立体育俱乐部"等建议得到相关单位高度认同,学校与社会的协作不断深入,促进了社区精神文明建设的开展。

第六,勇于实践与探索,试点工作获得积极支持和广泛认同。试点工作的开展得到了市、区教育主管部门、试点学校校长、教职工、学生家长和学校所处社区(社会)的大力支持。徐传德局长亲自指导、听取汇报、提供思路、提出要求;每一所试点学校校长都以积极的态度,亲自发动、亲自组织;各学校将校务委员会写进《学校章程》,并由教代会审议通过,使得校务委员会具有合法性和权威性;一些试点学校通过全体家长"海选"方式选举了家长委员,家长委员"参政议政"热情得到有效激发;各学校还聘请了多位来自政府财政、物价、教育、司法等部门的领导以及部分新闻人物、法律工作者担任社会委员,委员们的责任感和荣誉感十分强烈。试点工作还得到中央教科所、江苏省教科院、南京师大教科院、江苏教育学院的多位教育管理专家、学者及时有效的指导帮助。《中国教育报》、《新华日报》、江苏教育电视台等20家多家全国、省市媒体纷纷评论说,"南京开门办学令人期待"、"家长参与学校管理是一个好尝试"、"家长参与治理学校是共赢"、"校务委员会帮助学校解决难题"、"南京探索有助于教育管理回归本质"等,试点工作在社会上产生积极反响。

8年多的探索和实践,先后有84所学校参与试点建设校务委员会。校务委员会在中小学管理中不只是充当了润滑剂、保护膜、资源库、联络站,更重要的是成为办好学校的智囊团、设计师、裁判员。国家总督学顾问、教育部原副部长王湛认为,南京推进的校务委员会建设是基础教育制度创新的重大成果之一,体现了教育规划纲要提出的要加强现代学校制度建设,推进"依法办学、自主管理、民主监督、社会参与"的要求。南京推进的校务委员会建设更是现代学校管理制度的创新。

【第十七章】
当代南京教育家的思想与实践

第一节 匡亚明、斯霞的教育思想与实践

一、匡亚明的教育思想与实践

1. 生平和教育活动

匡亚明(1906—1996),原名匡世,出生于江苏省丹阳导士镇匡村,著名教育家。他聪颖好学,自幼便受到中国传统文化熏陶。七岁丧父,由母亲含辛茹苦抚养长大。1923年考入苏州第一师范学校(即今江苏省苏州中学的前身),与来该校讲学的恽代英、萧楚女等人时有接触,受新思潮的影响,他便如饥似渴地追求真理。1925年,因积极参加学生运动和工人运动而被学校开除。翌年,经恽代英的推荐,考入当时以红色堡垒著称的上海大学,就读于中文系。该校不仅荟萃了陈望道、郑振铎、刘大白、沈雁冰、蒋光慈等著名学者,而且有蔡和森、恽代英、张太雷等革命志士在这里任职或执教。这使匡亚明不仅学到了中国文学知识,更经受了革命思想的洗礼。1926年9月,他加入了中国共产主义青年团,同年底转为共产党员。与此同时,他受党组

织的派遣,走向社会,踏上"职业革命家"的征途。

他离校后长期从事艰苦的地下工作,先后任上海沪东、沪西、闸北等区共青团区委书记及中共区委常委。1927年9月,曾以共青团江苏省委特派员的身份参与组织领导宜兴秋收起义。1931年,与邓中夏一起在中共沪东区《前锋报》任编辑。1932年,任中共中央和江苏省委合办的公开报纸《日日新报》的主笔。这一时期,他发表了大量抨击黑暗、呼唤光明的论文和小说,也撰写了一些研究中国传统思想文化的学术论文。1933年春,任上海总工会秘书长兼宣传部长。在第一、二次国内革命战争时期在白区坚持革命活动12年间,他曾4次被捕,先后在北洋军阀、外国巡捕房和国民党监狱度过4年的铁窗生涯,受尽酷刑,坚贞不屈。

在抗日战争和解放战争时期,匡亚明历任中共山东分局机关报《大众日报》第一任总编辑,中共中央社会部(延安)政治研究室副主任、中共华东局宣传部副部长兼《大众日报》社党委书记、社长兼总编辑。这一时期,他撰写了一系列政论文章,翻译出版了列宁的《农村工作论文集》,为宣传马列主义理论和党的方针政策、争取抗日战争和解放战争的胜利做出了贡献。

新中国成立后,他出任中共华东局宣传部常务副部长,兼任华东人民革命大学副校长、华东政治研究院党委书记兼院长等职。1954年,中共中央决定撤销大区建制,匡亚明主动请求到教育战线工作。翌年,便调任东北人民大学(后改名吉林大学)党委书记兼校长。他在吉林大学工作8年(1955—1963),成绩斐然,将一所院系调整时以非正规学校(培训干部)为基础而改建成的综合性大学,办成在国内享有一定影响的教育部直属重点大学。1963年,匡亚明调任南京大学党委书记兼校长。从此,他便扎根南京大学。1964年,他当选第三届全国人大代表。"文化大革命"爆发,他成为全国继北京大学校长陆平之后第二位被公开点名批判的大学校长,被扣上种种莫须有的罪名,遭到非人折磨,被剥夺工作权利和人身自由达10年之久。但他始终坚信笼罩大地的乌云终将散去。1978年5月复职。这时,他虽已年逾古稀,但精神焕发,励精图治,振兴校业,使南大重新显现勃勃生机,各项事业蒸蒸日上,校誉日隆。

在匡亚明的恳切请求下,国务院于1982年1月批准他改任南京大学名誉校长,同时,他当选江苏省人大常委会副主任,时年76岁。此后,他一方面继续关心和指导南大的工作,关心中国教育事业的改革与发展,一方面潜心从事孔子及中国传统思想文化的研究,主编《中国思想家评传》丛书的恢弘论著(共200部)。1984年,他被推选为中国孔子基金会会长。1985年,他撰著的《孔子评传》出版,在学术界产生广泛影响。

1991年6月,国务院任命匡亚明为国家古籍整理出版规划小组组长。他团结组织全国有关专家学者制定古籍整理出版"八五"计划和十年规划。此后,他不顾自己年老体弱,常往返于京宁之间,工作之辛

1992年1月24日,时任中共中央总书记江泽民在南京大学接见中国科学院学部委员时与南京大学名誉校长匡亚明亲切交谈。

劳不言而喻。他以孔子的一句话"真为人也,发愤忘食,乐而忘忧,不知老之将至云尔"以自励。

1996年5月,他以90高龄亲赴北京,在人民大会堂主持了《中国思想家评传丛书》新闻发布会。他生命不息,奋斗不止,表现出一个共产党员坚强的革命意志。

同年12月16日,匡亚明因病医治无效,带着对未竟事业(《评传丛书》)的无限眷恋和遗憾与世长辞。

匡亚明的一生是革命的一生,追求真理的一生。他既是一位有功于中国革命事业的老革命家、老共产党员,也是一位对教育事业做出重要贡献的马克思主义教育家和学者。在他70余年的革命历程中,有整整40年在高等学校的园地里辛勤耕耘。他以渊博的知识、丰富的领导经验、革命的胆略为学校的建设和发展、为振兴中国教育事业建立了卓著的业绩。

2. 教育思想和实践

匡亚明的教育思想与实践可归纳为以下几个方面:

(1)教育要适应经济发展和社会进步的需要。匡亚明以战略眼光,始终认为教育(尤其是高等教育)对促进经济发展和社会进步具有重要地位和作用。他在建国初期就有志于从事教育工作。1955年,他走出党政部门,主动请缨到高等学校任职,便是怀着振兴教育、办一流大学的远大抱负。无论在吉林大学还是在南京大学,他总是强调要以满足社会

对人才的需求作为办学宗旨,强调要把学校办成"像样的大学"、"一流的大学"。他指出一流大学需要有学术水平较高的教授、副教授,需要有现代化的设备,需要有科学的行政管理和后勤管理,更需要有一个坚强的、懂教育的、能够正确执行党的政策、受群众拥护的领导班子。他在高校领导岗位几十年,就是本着这样的目标来建设学校的,取得了为大家称颂的成就。

虽经"文革"动乱,匡亚明办一流教育初衷依然。复职后,他做的第一件大事,就是于1978年和1979年,先后率领中国校长代表团赴美国和日本考察高等教育。经过考察,他明确了一个真理,就是促进发达国家现代化进程的关键是科学技术,基础则是教育,而中国正是在这方面与发达国家存在较大差距。他在更广阔的视野内产生了加快发展教育事业的责任感和紧迫感。他认为现在高等教育仍保持了院系调整后的文理综合和单科性的模式,既不符合科技发展的规律,也不符合高等教育要造就基础厚实、知识面广、学术水平高、有独立解决问题能力人才的发展趋势。而要使教育尤其是高等教育适应现代化建设的需要,国家必须增加对高等教育的投资,可选择几十所基础较好、师资力量较强、学术水平较高、规模较大的重点大学作为发展高等教育的战略重点,集中投资,使这些学校率先在教学科研上赶超国际先进水平,并尽快建成具有世界水平的一流大学。1983年5月,适逢教育部在武汉召开全国高等学校座谈会,匡亚明便会同另三位大学名誉校长联名上书党中央和国务院,正式提出投资建设一批重点大学的建议。会后,匡亚明意犹未尽,又于5月19日给邓小平同志写了一封信,把他们的建议作了更为明晰、准确的表达。该建议得到邓小平等中央领导同志的重视,被作为重要战略问题提交中央书记处讨论。后来,在"七五"、"八五"期间便有部分重点大学(包括南大在内)相继被国家列为重点投资项目(后来被称为"重中之重")。这些得到重点投资的院校,很快便显示出办学效益。

从决心办一流大学到倡导建设"重中之重",充分显示了匡亚明对发展教育事业的远见卓识和雄才大略。他们的这一建议,对中国教育和科技事业的发展产生了重大而深远的影响。

(2)教师是办学的主体力量。匡亚明认为教师队伍是一个大学办学实力和学术水平的标志,是办好大学的主体力量。他开宗明义地说:"如果一所大学没有教授,就不成其为大学,一所有名的大学,必定有有名的教授。"他一贯坚定不移地依靠教师办学,即使在知识分子贬值的年代也不动摇,他说:"依靠的问题很重要,刘备依靠诸葛亮,不惜三顾茅庐,我们办学也要真心实意地依靠教师。"

为了建设一支高质量的教师队伍,他把广揽人才、延聘著名学者视为校长的第一要职。吉林大学和南京大学的一些知名教授,就是他"三顾茅庐"请来的,其中包括许多处于逆境中的学者。著名戏剧家陈白尘、著名古典文学家程千帆和英国文学专家张月超等曾在"文革"中备受迫害,"文革"后有的迟迟没有复职,有的还被勒令退休,处境凄凉。匡亚明亲自登门求聘或派人专程拜访,终于把他们一一请进南大,使他们安居乐业,潜心治学,在教学科研上做出显著成绩,在教育界传为佳话。一时间,慕匡亚明爱才之名来南大求职者络绎不绝。

在阶级斗争"天天讲"的年代,匡亚明能够实事求是地对待教师中的政治思想问题和历史问题,严格区分政治问题和学术问题的界限,尽可能地保护了一些有真才实学的教师。1964年,史学界开展太平天国和李秀成问题的讨论,戚本禹等人别有用心地把它引入政治漩涡,南大历史系教师茅家琦写了一篇关于李秀成的文章,因不合他们的口味而受到错误批判。匡亚明主动找茅家琦谈话,解除其思想顾虑,终于使他放下包袱,正常地从事教学科研工作,并做出了成绩。匡亚明爱才惜才事例很多,感人至深。

匡亚明不仅重视发挥老教授的作用,也狠抓青年教师的培养。他说:"人才的选拔不能像修剪冬青那样一刀切,要允许冒尖。"他对少数有才华、学术上崭露头角的青年教师采取非常规的措施,如同意免除他们担任的党政工作,免除定期劳动,一般报告会或会议可以自由参加,甚至同意把他们的住房由闹市区搬到清静的地方,借书不限期、不限量,还破格晋升工资、职称等。在当时采取这样的措施是要冒风险的,但匡亚明对看准了的事,甘愿冒风险。

匡亚明不仅重视教师队伍,对其他各支队伍也给予应有的重视。他把全校各类人员看成是一个整体,他说:"教师队伍很重要,是培养人才出科研成果的,没有教师办不成学校,但没有其他几支队伍也不行。"因此他也倾注心血抓机关后勤的建设,关心干部和职工。为教学科研工作服务。因此,匡亚明得到全校师生员工的拥护和爱戴。

(3)大学应该教学科研两朵花一齐开。作为大学,既搞教育,又搞研究,这是国际惯例。但新中国在成立之初学习苏联,大学的任务就是教育,将科研作为科研单位的事。匡亚明对此不以为然。他说:"高等学校既要培养人才,也应当重视科学和学术研究;教学质量的提高,也有赖于学术水平的提高。教学和科研不能偏废。"并且明确指出:"综合大学应当发挥自己的优势,在出人才、出科研成果两个方面做出贡献。学校办好了,应当是教学科研两朵花一齐开。"

教学是大学的基本任务,作为大学校长,匡亚明很重视教学质量。他认为,大学应该培养基础坚实、知识面广、水平高、有独立解决问题能力的人才。坚实的基础和广博的知识对造就高质量的人才至关重要。他曾对学校一度因受"左"的思想的冲击而过分偏重实践,忽视基础理论学习的倾向,明确表示"反对这种干扰正常教学秩序的乱折腾",强调必须加强"三基"训练,认为只有打下了扎实的基础,才能学好专业课。为了提高基础课的质量,他还要求各系至少安排1至2名教授或副教授上一年级基础课。他要求文科学生要"博览群书"、"博学多闻",拓宽知识面。有一次他对政治系的学生说:"作为文科学生红黄蓝白黑的书都要读,只看红的,不看黄白黑的,就不能提高识别能力,也就不能深刻理解马克思主义。""学哲学的,不能只读唯物论的书,也要读唯心论的书。"他要求文科师生每学期要认真读50本书。他发现大学生的语文水平偏低,十分痛心,说:"试问连祖国语文这一基本武器都不能掌握,如何能正确地理解科学知识和完善地表达科研成果呢?"为此他大声疾呼各大学开设语文课。在他的倡导下,全国文、理、农、工、商、医、师范等院校大都陆续开设了大学语文。在教与学的关系上,他主张教学相长,师生建立民主、平等关系,既要发挥教师的主导作用,又要允许不同观点、不同意见的自由讨论,以利于培养学生学习的主观能动性,提高学生独立解决问题的能力。

为了推进科学研究,多出科研成果,他重视增设科研机构,充实科研队伍,改善设备条件,开展学术争鸣,培植良好学风。他号召师生"要解放思想,开动机器,在学术上发前人所未发,敢于开展不同意见的争鸣"。在他的亲自过问下,学校每年的科学报告会都开得生动活泼。他视"学报为高等学校的生命线","是科学和学术水平的标志"。在1963年召开的南京大学党代会上,经他提议,通过了一项《关于切实办好学报》的决议,以促进学术繁荣。这在高校中可能是独一无二的。

邓小平关于"教育要面向现代化,面向世界,面向未来"的指示发表后,匡亚明即提出,"作为重点大学,应当努力办成有国际影响并富有特色的教育中心和科研中心,办成中外文化交流的重要阵地。"他在1979年出访美国时,与霍普金斯大学校长探讨了在南京成立双方合办的教学科研中心的可能性,后得到双方政府的支持,终于在1986年在南大建立了中美文化研究中心。这是新中国中外教育交流史上具有开拓性的一页。该中心已成为中外文化交流、联合办学的一个成功的范例。

（4）良好的校风是育人的沃壤。匡亚明一贯重视并致力于校风的建设，认为这是提高教学质量的一个重要方面，也是高等学校现代化的一个标志，良好的校风是育人的沃壤。社会主义大学应有什么样的校风呢？他不止一次地指出，社会主义大学应当具有强烈的政治空气、浓厚的学术空气、严肃的文明空气、活泼的文娱体育空气。他还生动地说，"这四种空气流动就成了风。"他反复强调，建设良好的校风要做长期不懈的努力。

匡亚明深知，培植良好校风是一个从被动到自觉的过程，除了加强思想教育，更需要有严格而科学的管理。匡亚明说："一个学校就是一个社会，麻雀虽小，五脏俱全，不能没有严格的管理。""校长既要懂抓教育学，又要懂管理学。"他不仅敢于管理，而且善于管理。他加强管理的一个重要方面，就是建立健全各方面的规章制度，做到凡事有章可循，有章必依，违章必究，培养大家遵纪守法的观念和文明习惯。"文革"后，他看到校园杂乱无章，纪律松弛，便大张旗鼓地整顿校纪校风，一连发了好几个通告，该立的立，该破的破，该罚的罚。雷厉风行，锲而不舍。这是匡亚明一贯的思想作风。经过整顿，风气便大有好转，宿舍"灯长明、水长流、臭气冲满楼"的现象很快有了改变，校园整齐清洁，秩序井然。大家不得不佩服他治校有方。

匡亚明还要求领导机关和各级干部都要依法办事，认真履行职责，吃苦在先，享受在后，处处为群众着想，在全校树立良好形象，带动校风建设。1965年，教学用房紧张，好几个系都向学校申请增加用房，学校又无经费盖房，匡亚明果断做出决定将校部机关全部迁、搬进三排简易平房，让出楼房作教学用房。校部一带头，原来闹着要房的单位也都谦让，表示可以克服困难。校部机关在这平房里度过了20个春秋，匡亚明也在这不足10平方米的房间里工作，到他离开领导岗位为止。有人写了一篇题为《陋室生辉》的文章，赞美他这一举措及他领导学校所创业绩。

匡亚明的业绩不仅功昭校史，在我国高等教育发展的道路上也留下了深深的足迹。

二、斯霞的教育思想与实践

1. 生平和教育活动

斯　霞(1910—2004),出生于浙江诸暨。著名教育家。1922 至 1927 年就读于杭州女子师范学校,毕业后先后在浙江省立第五中学附属小学、嘉兴集贤小学、萧山湘湖师范、南京东区实验小学工作。1932 年底,进中央大学实验学校小学部任教。1937 年 8 月,实验学校被日军飞机炸毁,小学部停办,斯霞因此而失业。抗战胜利后,原址复建校舍,改名为东南大学附属小学(今南京师范大学附属小学前身),斯霞在颠沛流离了 8 年之后,重返学校任教。新中国成立后,斯霞兢兢业业地工作,教育思想日趋成熟,教育艺术日臻完美,1956 年 1 月被评为南京市先进工作者,同年 5 月加入中国共产党。

斯霞

毕生从事小学教育的斯霞老师为教书育人倾尽心血,贡献卓著。20 世纪 50 年代,她创造出"字不离词、词不离句、句不离文"的小学语文随课文分散识字教学法,大面积、高效率地提高了识字教学的质量;60 年代,又进一步形成了"以语言教学为中心,把识字、阅读、写话三者结合起来"的教学法,在全国产生广泛影响。1963 年新华社播发长篇通讯《斯霞和孩子》,向国内外传扬了她的感人事迹。

1966 年"文化大革命"前夕,在"左"倾错误思想指导下,教育界开展对"母爱"、"童心"教育思想的批判,斯霞被作为"资产阶级教育思想的典型"横遭批判。"文化大革命"中,她又被打成"修正主义黑样板",被迫离开了教学岗位。

"文革"结束后,斯霞回到教学岗位,全身心地投入教育教学研究工作,精心培育青年教师。1978 年,斯霞被任命为南京市教育局副局长、局党委委员。对这突如其来的任职,她曾明确表示:我做惯了教师,不会当领导,也当不好领导。由于组织的坚持,她挂了两年副局长的名,仍然在附小上班、上课。1980 年 8 月全国五届人大三次会议提出"实现各级政府领导人员的年轻化和知识化、专业化"要求,斯霞得以辞去副局长职务,继续在小学教育第一线任教。同年,她被评为江苏省特级教师。

1980年夏,年已70的斯霞因病退出了教学第一线。退休后,她仍一如既往地每天到学校做力所能及的工作。同年,她被聘担任国家教委中小学教材审定委员会委员。

斯霞是全国第三、五、六、七届全国人大代表,全国劳动模范,两次被评为"全国三八红旗手"。

在繁忙的工作之余,斯霞撰写了几十万字的总结自己教学经验的论文和论著,结集出版的有《迅速培养小学一年级学生读写能力的经验》、《斯霞教育经验选编》、《我的教学生涯》、《斯霞教育文集》、《爱心育人》等。

2. 教育思想和实践

(1)"一切为了祖国未来"的教育信念。斯霞的教育信念,是从最初的生活"自立"逐渐演变来的。斯霞出身于书香门第,她的父亲毕业于杭州讲武学堂,但一辈子只读书不做事,文不文武不武,靠着不多的家产过日子,虽然生活很是俭朴,还是坐吃山空;斯霞的母亲是个既能干又很有志气的人,到斯家以后,看到斯家女孩子都读书识字,也跟着学习,后来竟能看浅近的戏曲本和来往的书信了。她成年累月操劳着,但总觉得自己过的是依赖丈夫的生活。斯霞是她的长女,她一心思量着培养子女成为自立于社会

斯霞和孩子们在一起。

的人。当斯霞师范毕业要去浙江绍兴教书时,母亲带她向族中长辈告辞,有长辈说:当小学教师是最没有出息的工作,人家都称之为"孩儿王"、"萝卜头",干这工作太没意思。母亲却对斯霞说:"读师范,做先生,有什么不好?自己能挣钱了,就不会依靠别人过日子。"斯霞对母亲的自爱、自重、自信、自强的思想极为赞同,决心做一个自强自立的人。抗日战争时期,她饱受战争之苦,学校被炸,宿舍被炸,求业无门,生活无着。在八年的颠沛流离中,她目睹日寇到处烧杀抢掠,大片国土沦丧,深感国家和民族生存的极端重要性,确立了"把学生教好,使国家富强起来,再不受外国侵略者欺侮、凌辱"的信念。新中国成立以后,她把教师工作与国家的人才培养、国家的科技发展紧密联系起来,越教越热爱自

己所从事的事业,实现了从"从教"到"乐教"的认识飞跃。当她看到学生一批批走向社会、为国家做出贡献时,深深感到教师职业不仅是光荣而重要的岗位,而且是崇高而愉快的事业。在回忆自己的成长历程时,斯霞说:"我最初选择教师这个职业,是从饭碗考虑的。同时,当时作为一个女孩子,我感到社会复杂,和大人相处不易,而孩子单纯,和他们在一起心情舒畅。后来,我亲眼看到了国家的屡弱,民族的灾难,因而也感到了肩上担子的分量。不过,我真正认识到小学教师工作的意义,深深地爱上自己的工作,还是在新中国建立以后。祖国的光明美好的前景展现在面前,给了我极大的鼓舞。亲眼看到孩子们在党和政府的关怀下迅速成长,我感受到了无穷的乐趣。……当我在党的教育下,逐步树立了一切为着孩子的成长、一切为着祖国的未来这样的信念时,我感到我是幸福的。""有了这个信念,我千方百计地去钻研我的工作,如饥似渴地去补充我的知识,再苦再累也心甘情愿;有了这个信念,个人的安逸,家庭的幸福,如有必要,我都能牺牲;有了这个信念,什么样的屈辱我都能忍受,什么样的磨难我都不怕;有了这个信念,所有那些瞧不起'孩子王'、瞧不起小学工作的世俗观念,都不能使我动摇,我都可以像抹去一缕蛛丝般地把它们丢在一边。"

(2)一心想着孩子成长的教师情感。斯霞认为:敬业爱生是教师职业道德的核心,也是成长为好教师的关键;爱生和敬业是密切相连的,不爱学生,就谈不上敬业,不爱所有的学生,更谈不上敬业;学生千差万别,作为教师,就要善于针对不同情况进行教育、引导,后进学生更需要老师的关爱,你多关心他,接近他,也就多了解他,教育的针对性就强,收效就大。她一辈子信奉并努力实践"敬业爱生"这四个字,堪称典范。

斯霞称自己学生时代所读过的书,影响最深的是《爱的教育》。意大利著名诗人亚米契斯所著的这部文学作品在相当程度上影响了斯霞的教育思想和实践。1963年5月30日《人民日报》刊登长篇通讯《斯霞和孩子》,同年《江苏教育·小学版》第5期刊登《育苗人》,介绍斯霞关心、爱护、培育孩子的动人事迹,在全国引起强烈反响。1964年,教育界掀起了一场对"资产阶级人性论"、"童心"、"母爱"的大批判,斯霞被作为宣扬"资产阶级人性论"的典型,大加鞭笞。斯霞从未对自己的爱心作过什么分析,也不会上纲上线,那只是她一种由衷的情感、真心的爱。面对各种批判指责,斯霞陷入了迷惘,她不理解、想不通:关心、爱护学生怎么会是错的?工人爱机器、农民爱土地、解放军爱手中的武器都是正确的,都是大力倡导的,为什么相类似的教师爱学生却成了什么"人性论"，要受批判？教师为什么不能爱学生？中共江苏省委宣传部、省教育厅受命组织调查小组调查斯霞的"童心""母爱"，要斯霞写检讨。调查组调查了好一阵子，最终结论是：斯霞是个好教师。"文化大革命"开始后，斯霞被戴上了"修正主义黑样板"、"反动学术权威"、"童心、母爱、人性论、阶级斗争熄灭论的代表人物"等大帽子，被拉去和"走资派"一起批斗，进课堂上讲台教学的权利被剥夺了。在那乌云压顶的日子里，斯霞一边冒着被批判的危险，一边仍以她母亲般的宽大胸怀关心、爱抚着她所接触的每一个孩子。发现家庭贫困的孩子近视了，她给他配上眼镜；孩子摔倒受伤了，她送他上医院治疗。她始终把孩子看作是祖国的花朵，祖国的未来；爱他们，是为了教育他们成才，让他们快快成长，为祖国服务。教师爱学生真的错了吗？在1979年4月召开的全国教育科学规划会议上，教育部正式宣布：在全国范围内批判以著名模范教师斯霞同志为代表的所谓"母爱教育"是错误的，教师爱护学生是完全应当的、正确的，把"母爱"当作资产阶级人性论加以批判，混淆了是非，在教育界造成极其恶劣的后果，必须彻底平反。原教育部长何东昌在《斯霞教育文集》上写道："把对事业、对祖国的爱，倾注于自己的学生，这是人民教师最重要也是最基本的品德。斯霞同志几十年的经历说明了这一点。是值得我们学习和尊敬的。斯霞老师把对祖国、对社会主义、对教育工作的爱，通过热爱学生表现出来，在任何情况下毫不动摇。"晚年，她用从生活费、稿费、奖金中省下来的钱设立奖学金，奖励那些品学兼优的孩子，钱虽不多，但表现了她对孩子的无限热爱。1995年斯霞以85岁高龄退休后，还每天到学校看看，一直坚持了好几年。学校、学生成为她生命中不可缺少的部分。

（3）绝不简单重复过去的探求精神。斯霞几十年的教师生涯，是普通而平凡的，也是备尝艰辛、充满创造的。她在教育生涯中，多数岁月教的是一二年级语文和算术，教了一轮又一轮，有时教材内容完全相同，但她从不简单重复过去的教法。她有一个习惯：每次教后都要回忆和检查教学情况，想想哪儿教得好，哪儿有问题没讲清楚；学生掌握得好不好，什么原因，以后怎么设计才能教得更好，学得更轻松。这些问题，经常在她的脑海中盘旋，她总想一次比一次教得成功。斯霞认为，改革的意识，任何时候都要有；一堂课的安排，几个字词的教学，都不可简单重复过去，要有创新，哪怕是细枝末节、点点滴滴。

1958年，领导交给斯霞学制改革的试点任务，要求用五年时间完成小学六年的教育教学任务。在学制改革试点任务的推动下，斯霞从教学思想到教学实践都来了个大转弯。斯霞是教改试点班的班主任,既教语文,又教算术。她坚持改革创新,顺利地完成了小学六年制改为五年制的试点任务,实现了"学制缩短一年,不加班加点,不加重儿童负担,不影响儿童身体健康"的目标要求。在进行学制改革试点的过程中,斯霞突破了识字教学上的"三五观点",用"多读课文多识字"的办法,儿童在两年内就识了2 000多字,一般的能写400至500字的作文,最好的能写到1 360字。多数儿童的作文能做到正确表达思想,语句比较通顺,层次比较清楚,会用已学过的7种标点符号。在她任教的试点班,儿童的阅读能力显著提高,最多的已看了120本书,一般的看了40至50本。

斯霞教识字主要是通过课文进行的,被称作"随课文识字"。和集中识字相对,"随课文识字"又被称为"分散识字"。斯霞认为,完整的称法应是"随课文分散识字"。"随课文分散识字"继承了新文化运动以来小学语文以语体文为主,采用边识字边阅读、寓识字于阅读之中的方法,其最大特点是"字不离词,词不离句,句不离文",把生字词放在特定的语言环境中,放在具体的一篇篇课文中来感知、理解和掌握。斯霞认为:认识规律离不开具体环境,离不开反复接触反复实践,教儿童识字同样如此;有了具体的语言环境,儿童对生字词的识记就容易得多,省力得多。在教学方法上,斯霞悉心研究,不断改进。她重视课文内容与生字词的各种不同关系,采用多种教学方法:有的把一篇课文中的生字集中起来先教,有的部分先教,有的边学课文边教,有的学过了课文再重点教生字词。她尽可能采用实物、标本、模型、图片、幻灯片、简笔画,或通过动作、表情、语言描绘,使孩子们把对生字词的第一印象深深印在脑海。她还引导儿童用眼、耳、鼻、舌、手等感官参与获得新知识的活动,让学生瞧一瞧、听一听、闻一闻、摸一摸、尝一尝、做一做,收到了事半功倍的效果。斯霞将生字词的教学和具体语言环境相结合,形成了"以语言教学为中心,把识字、阅读、写话三者结合起来"(时任江苏省教育厅长吴天石语)的语文教学特色。斯霞深知,人的认识不可能一次完成,儿童识字若没有给以相应的反复见面,就会遗忘。反复见面不是死读、死抄、死记,最好的办法是联系实际运用所学知识。"用"多了,"用"熟了,就能生"巧"。为了提高识字教学的效果,斯霞把每天的课表、值日生名字写在黑板上,把要告诉儿童的话写在黑板上(识字不多时拼音夹汉字,识字多了汉字夹拼音),让学生拼读并按要求去做。在初识部分汉字以后,斯霞鼓励儿童自己写姓名,辨认同学姓名、识路标,认商店名称,记班级日志,记种植情况、作物生长情况,给家里的物品贴上自己写的名称,提倡有事给老师写条子。斯霞通过这些措施充分利用儿童的无意注意，让儿童和字词反复见面。正因为是无意注意又充满乐趣，所以儿童不觉得有什么负担。

（4）教学就是要教会学生学的教学理念。斯霞认为，作为教师，当然要教给学生文化知识，但最重要的还是要教会学生学。学生不可能一辈子跟着老师学，他总是要走出校门的。学校教给的知识总是有限的，无限的知识要靠自己去获取。一个人在学生时代是否具有较强的学习能力、掌握比较好的学习方法，对一生的精神生活以致学术水平、工作成就，都有很大影响。

在指导学生学习方面，斯霞形成了比较系统的做法，她强调以下三点：

第一，备课时要考虑学生如何容易学。作为老师，备课时不仅要考虑应该教给学生什么，更要从学生学的角度多想想怎样学才易于接受。课文中的科学知识点是学生的兴趣点，容易激起思考、提问，是形成学生良好学习方法——"好问"的契机。老师在备课时自己首先要对这些知识点弄清楚，才能因势利导，让学生得到知识与学习方法上的满足。

第二，上课要引导学生掌握学习方法。教学活动主要是在课堂上进行的，教师要注意在教学过程中自然而然地教给学生学习方法。要把"教给方法"和方法的训练作为课堂学习的重点要求。长期以来，老师们想得比较多的是如何教，从儿童如何学的角度考虑得比较少。传统的提法说老师是"教书的"，老师成了"教书匠"，学生的主体地位始终不落实。从认识根源来说，还是对学生主观能动作用缺乏正确的认识，习惯包办代替。教师要让学生真正成为学习的主人，就要克服旧的学习观念，研究学生的学习方法，教给学生学习方法。学生自己会学了，才能叫"主人"，否则只能是"奴隶"，什么"乐学"、"高效"，统统谈不上。

第三，辅导中让学生进一步掌握学习方法。辅导是教学中的重要环节。老师辅导学生，是要让他们进一步掌握学习方法。学习方法指导应融于具体教学实践中，应融于教师的榜样作用之中，应寓于趣味性之中，还需要有反复训练作保证，必须面向全体学生。

斯霞一生从事小学语文教学，是一名普通的小学教师，连教导主任、校长也未曾想当过，但是她在小学教育岗位上创造了不平凡的业绩。她以爱的甘泉滋润了一代又一代孩子，被誉为像文学大师冰心一样的"母爱"象征人物，前中国教育学会副会长张健同志称："斯霞同志是小学教育中的梅兰芳。"

第二节　当代南京教育家传略

孙叔平(1905—1983),安徽省萧县人。南京大学哲学教授,原副校长。1928年武昌大学毕业,后加入中国共产党。抗日战争爆发后,任抗日军政大学第四分校训练部部长、教育长,华东建设大学教育长、中国人民大学解放军第三野战军特科学校副校长、校长等职。1949年南京解放后,先后任南京军事管制委员会高教处副处长、南京市教育局局长兼文教委员会主任、南京大学军代表、党委书记兼副校长。1958年奉调创办《江海学刊》,筹建江苏省哲学社会科学研究所。1978年回南京大学任哲学系教授兼系主任,从事中国哲学史的教学与研究。

建国之初如何办好社会主义大学?孙叔平根据自己的理解,认为要为国家培养各种专门的建设人才,必须审慎地改造旧的高等教育,其中"最根本的教育是马克思主义理论教育"。孙叔平在担任副校长后,仍然兼任哲学、政治经济学教师。他以上大课的形式为本科高年级学生讲政治经济学、马克思主义哲学和科学社会主义理论。有一段时间,南京师范学院和南京药学院的学生也来南大同堂上课,听众甚至超过1 200人。他认为我们的高等教育在性质上和苏联的高等教育一样,是社会主义的,但在许多方面,它应当是中国的,应当具有中国的特点。在1956年,孙叔平已经涉及了探索"具有中国特点"的社会主义高等教育建设道路这样一个重大而严肃的课题。他的思考与探求,在同时代高教工作者中达到了一定的高度。

他曾担任过国务院学位委员会第一届学科评议组成员、江苏省哲学社会科学研究所所长、江苏省哲学社会科学联合会副主席、江苏省哲学学会会长、《中国大百科全书·哲学卷》顾问,并且著述颇丰,主要有《历史唯物主义纲要》、《中国哲学史稿》、《资本主义的经济规律》、《辩证唯物主义和历史唯物主义》等。孙叔平专长于哲学史研究,尤其专长于中国哲学史研究,他的《中国哲学史稿》撰著历经18年,共90余万字,从先秦哲学一直评析到近代哲学,内容翔实。他主张学以致用,反对把古人古事拿来与今人今事类比,主张有选择地继承中国哲学中积极的精华部分。

杨景才(1905—1989),上海人。1928年毕业于天津南开大学物理系。1952年起历任南京化工学院(今南京工业大学前身)物理教研室副主任、副教授、教授、教研室主任、基础课部主任、名誉主任等职务。

杨景才从建国初期就在南京地区的教育领域任教、任职,他把自己的全部精力和心血献给了祖国的教育事业,为南京化工学院的创建做出了重大贡献。他不唯名,像一头老黄牛一样埋头工作,为人民的教育事业鞠躬尽瘁,退休后他没有在家享受天伦,而是继续发挥余热,主动要求担任南京化工学院的基础课部名誉主任。杨景才教授是江苏省第三、五、六届人大代表,九三学社社员。他注重培养年轻教师。他"出力在前,享乐在后",以身作则,一身正气。他热爱教育事业,热爱学生,教授课程严肃认真,对工作一丝不苟,注意培养学生的动手能力、试验技能,注重把动手与动脑结合,成为学生和教师们的良师益友。

纵翰民(1905—1992),原名纵汉民,安徽萧县人。南京艺术学院原院长。1926年考取中山大学,受大革命影响,随即考入黄埔军校。大革命失败后,转赴武汉军校,随即参加广州起义,1928年加入中国共产党,后一直从事党的工作。

建国后,历任南京市委乡村科长、政策研究室主任、市委党校教育长、党委委员,市委干校教育长、党委委员。1952年任南京师范学院副院长,1958年调任华东艺术专科学校(即后来的南京艺术专科学校、南京艺术学院)副校长,并先后任校长、院长、党委书记、顾问。曾经担任南京市教育工会主席。他是第三届江苏省人大代表、江苏省政协第四、五届委员。

陈　嘉(1907—1986),浙江杭州人。原南京大学外国语言文学系主任、博士生导师。1928年清华学校毕业后,赴美留学,1930年获美国威斯康星大学英语系学士学位,1931年获哈佛大学英语系硕士学位,1934年获耶鲁大学英语系博士学位。同年回国,先后在武汉大学、浙江大学、西南联合大学、中央大学任教授。1949年至1986年在南京大学外国语言文学系执教和从事科学研究工作。历任南京大学外国语言文学系副主任、主任、名誉主任、博士生导师、南京大学外国文学研究所所长,《当代外国文学》主编。曾任全国外国文学学会副会长、全国美国文学学会副会长、全国外语教学研究会副会长、教育部全国外语教材编委会副主任委员、国务院及教育部学位委员会外国语文评审组成员等。九三学社社员,1956年加入共产党,任一至四届江苏省政协委员,四至六届全国政协委员。著有《英国文学史》英语本四卷,主编《二十世纪欧美文学史》、《英国文学作品选》、《英语常用短语词典》。

陈嘉教学认真负责,讲课生动活泼,重视基本知识的传授和社会能力的训练。他的教学理念是"利用一切机会去接触英语"。陈嘉诲人不倦,用他高尚的人格、广博的知识、热情的帮助,令几代外语工作者和外国文学研究者受益匪浅。他长期从事教学和科研,培养的学生众多,工作在外语教学和科研的前线,可谓桃李满天下。

陈邦杰(1907—1970),字逸尘,江苏镇江人。中国苔藓植物学专家,南京师范学院教授。1921年就读于江苏省立第五师范学校,毕业后进中央大学植物系深造。1939年获德国柏林大学博士学位。回国后历任中央大学(南京大学)、南京师范学院教授。建国后,兼任中国科学院植物研究所研究员,江苏省植物学会副理事长、九三学社南京分社组织部副部长及南京师范学院生物系主任等职。曾当选为第三届全国人大代表、第二届江苏省人大代表。

建国后,陈邦杰的研究工作有了很大进展。他带领助手和学生跋涉于大小兴安岭、海南岛、秦岭等地进行实地考察和标本采集,建立了我国第一个苔藓植物标本室,收藏了苔藓标本46 000多个,为我国的苔藓植物研究奠定了坚实的基础。他还在大量研究工作的基础上制订了苔类和藓类名词科学命名的原则,并纠正了以往许多错误的名词,为苔藓植物分类学的建立做出了贡献。

陈邦杰毕生从事于植物学的教学和科研工作,在学术上有较深的造诣。主要专著有《中国苔藓植物志》、《中国高等植物图鉴》、《黄山植物研究》、《珠穆朗玛峰科学考察报告》、《植物学》;其中《中国苔藓植物志》为我国苔藓植物学的研究起了奠基作用。陈邦杰学识渊博,治学严谨,深受国内外同行的钦佩和赞赏。在长期的教学和科研工作中,他培养出多名苔藓植物研究的专业人员,其中有的已成为这一领域的国内外知名专家。在国外同行中,陈教授也享有很高的声望,他的名字被收入《世界植物名家》,被称为中国苔藓植物研究的拓荒者和奠基人。

黄显之(1907—1991),湖南湘潭人。原南京师范学院美术系主任,教授。1928年考入杭州西湖艺术学院,学习西画。1931年赴法国留学,先后在巴黎美术学院、巴黎北欧画院学习素描和油画。1941年入南京中央大学艺术系任副教授,后升为教授。南京解放后任南京大学艺术系主任,并当选为南京市文联副主席、南京市美术家协会主席。1952年任南京师范学院美术系主任。曾当选为南京市第一至八届人大代表。

黄显之毕生从事艺术教育,为我国培养了许多艺术人才。他在教学的过程中非常强调培养学生最基本的美术素质即方位感。其教育特点为:重视基础训练;面向生活,多画速写,锻炼创作能力;主张绘画应重视艺术"情调"的追求。黄先生待人诚恳、学识渊博,深受同行的钦佩和学生的爱戴。

蒋孟引(1907—1988),原名蒋玉恒,字百幻,湖南新宁人。南京大学历史系教授、博士生导师。1933年毕业于中央大学历史系。1936年赴英国伦敦大学留学,三年后获哲学博士学位。回国后任中央大学教授、历史系主任。抗日战争爆发后,蒋孟引积极投身于抗日救亡运动。新中国成立后,任南京大学历史系教授、博士生导师、系副主任。1980年任中国英国史研究会会长。

蒋孟引毕生从事世界近代史的研究和教学,是我国英国史研究的拓荒者和奠基人。他一生留下了很多专著和论文。他主编的《英国史》是中国第一部英国通史专著,改写了中国高等院校英国史教学中外国教材垄断的历史,代表了迄今为止国内英国通史研究的最高学术水平。此外,还有专著《第一次世界大战》、《第二次鸦片战争》等。

蒋孟引在长期的教学研究中,培养了许多史学人才,其中有的已成为国内外知名的史学专家。蒋孟引待人宽厚、治学严谨,深受同行和学生的钦佩。师从蒋孟引的南京大学博士生导师钱乘旦教授曾回忆道:"蒋先生对我影响很大,他的身上集中体现了老一辈学者的品质。他为人谦虚,一点儿架子也没有,在学术上主张平等讨论和观点的自由交流,从来不以势压人,他的学问和人品令我得益很深。"

黄友葵(1908—1990),女,湖南湘潭人。中国声乐艺术教育家、歌唱家,南京艺术学院声乐系教授、原副院长。幼时在家庭的熏陶下,学会了弹奏月琴、扬琴和吹奏箫、笛等乐器。小学时开始学钢琴。1927年先后就读于南京金陵女子大学等,主要学习生物、数学、化学等课程。1930年赴美,在阿拉巴马州立大学(现亨廷顿大学)工艺美术科学习,翌年考入该院音乐系声乐科,1933年以A级分数毕业。9月回国,先后任教于数所高校。她的歌声柔和优美,技巧娴熟,委婉动听,极富表现力和感染力,曾被誉为"中国第一女高音"。1945年国立音乐院迁址南京,黄教授担任声乐系主任。建国后,她历任南京师范学院教授、南京艺术学院声乐系教授兼系主任、副院长。1956年加入中国共产党。曾为中国音协常务理事、江苏分会主席、江苏国际文化交流中心副主任、江苏省人大常委、江苏省政协委员。

黄友葵一生献身于音乐事业,是开拓我国现代声乐园地的先驱之一。她全身心投入声乐教学,培养的学生遍及海内外。她潜心于把西洋美声唱法与民族唱法相结合,是最早将美声唱法引进中国的歌唱家之一。

陈白尘(1908—1994),原名陈征鸿,又名陈斐,江苏淮阴人。南京大学中文系教授,我国著名剧作家。1926年考入上海文科专科学校,同年加入国民党。1927年转入上海艺术大学文学系,后转入南国艺术学院。"四·一二"反革命政变后退出国民党。1932年加入中国共产主义青年团,积极从事抗日救国宣传活动。1937年抗日战争爆发后,在重庆、成都等地从事抗日救亡戏剧运动和革命文化工作,并先后在中央大学等校任教,为抗战文艺做出了贡献。解放后一直在各种岗位上从事文化工作。1978年任南京大学教授兼中文系主任。1979年当选为全国文联委员及中国作家协会理事、中国戏剧家协会副主席,1980年当选为江苏省文联名誉主席,1983年当选为第六届全国政协委员。

陈白尘的文学成就突出表现在剧作上。他一生创作的剧本有50多部,多数为历史剧和讽刺剧。他创作的历史剧总是立足于真实,在真实的基础上鲜明地表现真、善、美与假、丑、恶的对立。三四十年代,他先后创作了话剧《石达开的末路》、《金田村》等一系列太平天国历史剧和电影剧本《宋景诗》、《大风歌》。抗战时期,其作品《魔窟》、《乱世男女》、《禁止小便》、《结婚进行曲》等,显示了他杰出的讽刺艺术才能和高超的艺术手法。1945年发表的讽刺剧《升官图》,确立了政治讽刺喜剧在我国现代戏剧史上的重要地位。电影剧本《乌鸦与麻雀》曾获1949—1955年我国优秀影片金质奖章。晚年完成《大风歌》舞台剧本,1979年获文化部创作一等奖。1980年,他根据鲁迅小说改编的电影《阿Q正传》被选送第35届戛纳国际电影节,成为参赛的第一部中国影片。在戏剧理论研究方面著有《戏剧创作讲话》、《喜剧随笔》等专著。

陈白尘晚年主要从事戏剧创作教学工作。在综合性大学培养戏剧创作的研究生,在全国属于首例。陈白尘拿出了自己的招生标准——"宁稚嫩而不俗,勿老成而平庸"。他说:"我们培养出来的必须是有思想的,与时代和人民血肉相连的剧作家;绝对不是躲避生活的暴风雨,单纯追求雕虫小技的编剧匠!"他不拘一格选人才,大批"编外"学生来到他的门下,经学习磨砺后皆出类拔萃。

顾兆勋(1908—2000),北京人。著名水利专家,河海大学教授、博士生导师。1932年毕业于唐山交通大学。1940年在英国曼彻斯特大学获博士学位。1942年起历任中央大学水利系教授、水利系主任、南京大学工学院水利系教授。1952年参与创建新中国第一所水利高校——华东水利学院(现河海大学),并长期担任该校河川系主任。毕生致力于水工水力学学科的教学和研究,先后编写了《水力学》、《水工建筑物》等教材,组织翻译了俄文《水工手册》,主译了英文《土石坝工程》,还主编了《水工设计手册》、《水利工程辞典》等书。在长达数十年的教育生涯中,他发扬理论联系实际的作风,参与了许多重要水利工程建设的研究,为我国水利事业的发展做出了贡献,使学校水工学科居于国内前列。

吴天石(1910—1966),原名毓麟,字天石,江苏南通市人。1932年毕业于无锡国学专修学校,先后在南通、聊城、济南等处任教;1937年回南通中学教书并参加抗日活动,1943年加入中国共产党。历任专署文教科长、江海公学校长、华中公学副校长、苏南公学校长,为革命干部教育做出了显著贡献。1952年任江苏师范学院院长、党委书记。1954年起,历任江苏省教育厅副厅长、厅长,中共江苏省委教卫部、宣传部副部长等职。是省文联常委。1966年"文革"中,与夫人李敬仪(南京师范学院党委副书记)同遭残酷迫害去世。中共十一届三中全会后得到了平反昭雪。

吴天石在省教育厅任职期间,认真贯彻党的教育方针和知识分子政策,重视教育理论研究,对改进中小学语文教学有系统论述。对全省教育的发展和教学质量的提高产生了积极的影响。作风民主,平易近人,与教师交知心朋友,具有学者从政的风范,赢得广大知识分子的钦敬。与夏征农、沈西蒙合编剧本《甲申记》,有专著《教育书简》、《谈谈我国古代学者的学习精神和学习方法》等。

陈大羽(1912—2001),广东潮阳人。著名写意花鸟画大师、书法家、篆刻家,南京艺术学院教授暨名誉院长。1936年毕业于上海美术专科学校。毕生致力于美术教育、创作与研究。担任中国书协常务理事,江苏省美协、书协副主席。擅长花鸟、山水、人物画及书法、篆刻,尤其是大写意花鸟,在继承传统基础上,锐意创新求变,艺术造型夸张,以神写形,笔墨雄强,色彩绚丽,意境清新,开拓出中国大写意花鸟画新天地。出版了《大羽画辑》、《陈大羽画集》、《陈大羽画选》等画册。著有《陈大羽篆刻学》。一生创作硕果累累,多次在国内外举办个人画展,享誉海内外。他倾心教学,诲人不倦,关爱青年画家,桃李满天下,为祖国培养美术人才贡献了毕生的精力。

甘 涛(1912—1995),号汉波,南京人。南京艺术学院教授,我国负有盛名的民族音乐家。其父甘贡三是我国著名昆曲大师,甘涛4岁就开始学唱昆曲小段,6岁习笛,9岁学胡琴,逐渐对各种民族乐器皆感兴趣,尤其擅长胡琴类乐器。中学时代经常登台演奏,渐有名气,被时人誉为"南胡圣手"。1933 年肄业于上海国立音乐专科学校小提琴专业。1934 年开始先后担任过广播乐团团长、指挥,二胡独奏家兼教授等,为建立我国第一个专业民族管乐队做出了历史性贡献。全国解放后,他先在华东革命大学南京分校、南京大学、金陵大学等校执教,后历任南京师范学院、南京艺术学院教授。

甘涛不仅是杰出的二胡、京胡演奏家,而且对笛、箫、古琴、古筝、琵琶和戏曲音乐均有很深的研究,特别在江南丝竹方面达到了至高的造诣,被称为现代江南丝竹大师和"活词典"。甘涛多次举行独奏会,录制过唱片数十张。另外,他还是民族音乐理论家,其代表作《江南丝竹音乐》资料齐全,见解深刻,在学术界具有较高的权威。另有《怎样吹笛箫》、《二胡运弓艺术》、《江南丝竹演奏艺术》、《中国近代乐器》等多部作品传世。甘涛还创作和改编了一批较有影响的民族器乐曲,如民族管弦乐合奏《霓裳羽衣曲》、二胡独奏《欢乐歌》等。

甘涛把大量的时间和精力倾注在培育后来者身上,是一位出色的音乐教育家。在长期的教学生涯中,他总结出弓法"十要",换把、移指、换弓、换弦的原则,解决演奏中音准节奏的原则,演奏谱的确定原则和练习中的重点等。这一切,为现代专业教学打下了坚实的基础。在长达 55 年的教学生涯中,他培养了众多的音乐专门人才。

施祥林(1911—1988),上海崇明县人。著名数学家,南京大学教授。他早年以优异成绩考入东南大学。1928 年,清华大学数学系成立,他由东南大学转入该系。1936 年赴美留学,就读于哈佛大学研究院,从事微分几何和拓扑学的研究。1941 年获哈佛大学博士学位。1945 年回国,就任中央大学教授。解放后,他长期担任南京大学数学系教授、系主任并兼任数学研究所所长,这期间,他对拓扑学的教学与研究做出了重大贡献。由施祥林和徐永福合译的《复变函数论方法》,已成为国内多所高校相关专业的必修教材。施祥林的学生中,名家辈出。

孙　望(1912—1990),原名孙自强,后改为孙望,字止畺,一作子强。晚号蜗叟,江苏常熟人。南京师范大学中文系教授、名誉主任。1932 年考入金陵大学中国文学系。1942 年至金陵大学任讲师,从此开始了大学教学生涯。1949 年南京解放后,任金陵大学副教授。1950 年,升为教授兼中文系主任。1952 年被调至新成立的南京师范学院,仍担任中文系主任,后任名誉主任。曾任江苏省政协常委、民盟江苏省常委,第三至六届江苏省人大代表、常委,江苏省政协副主席等职。

孙望有着高尚的情操和百折不挠的精神,"文革"中曾被罢职,并被长期关在牛棚里,受够了审、批、斗的折磨,直到1976年才恢复职位和工作。曾截去6根肋骨,切除过胃,又患有心脏病,仍对生活充满热情,诲人不倦,甘为人梯,同时笔耕不辍。主要著作《小春集》、《煤矿夫》、《元次山年谱》、《全唐诗补逸》、《蜗叟杂稿》等。

程千帆(1913—2000),湖南长沙人。南京大学教授、博士生导师,著名中国古代文史学家。1936年毕业于金陵大学中文系。解放前曾任金陵大学中文系副教授。1978年由时任校长匡亚明引入南京大学,任中文系教授。此外,曾担任第五、六两届江苏省政协委员、九三学社江苏省委员会委员、国家古籍整理出版规划小组顾问、江苏省文史馆馆长、南京市文联主席、中国唐代文学学会会长、中国旅游文学研究会会长、《中华大典》编纂委员会副主任委员等职。在古代文学、历史学、校雠学、古代文学批评等方面都取得了卓著的成就。曾出版过《目录学丛书》、《文化要诠》、《文学批评的任务》、《古典诗歌论丛》(与沈祖棻先生合作)等著作。在1978年后短短的10多年中,出版了10多部重要的学术著作。其中《程千帆诗论选集》获首届国家教委人文社会科学优秀成果一等奖,《校雠广义》获中国国家图书奖。他是一位诲人不倦的教育家,终生以教师为业,在他的精心指导下,南京大学中文系古代文学专业的研究生教育取得了丰硕的成果,一批获得博士、硕士学位的年轻人成长为学术界的后起之秀。

冯秀藻(1916—1993),字洪华、江流。湖南长沙人。中国著名气象学家、农业气象学家、新中国农业气象事业的奠基人、南京气象学院教授。1934年入中央大学地理系气象组学习,1941年7月毕业,获学士学位。从此,长期从事农业气象学的教学和研究工作。

1960年,参加筹建南京气象学院,任农业气象学系(后更名为应用气象学系)主任、教授、名誉主任,兼任中国气象学会常务理事、农业气象学委员会主任、中国农业学会农业气象研究会副理事长、江苏省气象学会副理事长、世界气象组织农业气象救民于水火委员会委员等职。他是江苏省第五、六届人大代表,江苏省第二届政协委员。南京市第四至六届人大代表。九三学社南京气象学院主委。1985年参加中国共产党。他参与拟定全国气象发展年度计划,"台站网点建设规划方案"、"地面观测规范"等多项技术工作。1986年获中国气象学会"半个世纪来对中国的气象事业贡献卓著"荣誉证书。

主编有《地面气象观察暂行规范》、《云图》、《农业气象观察方法》、

《农业气象服务手册》、《气象学辞典》(农业气象部分)等。

朱启銮(1914—1990),安徽歙县人。1935年在上海加入中国共产党,此后一直从事党的工作,出生入死,英勇作战。1940年起,朱启銮扎根于日军盘踞下的南京城,曾任中共南京工作委员会副书记、中共南京市委委员等职。建国后,历任南京市军事管制委员会副秘书长、南京市房地局局长、南京市人民政府副秘书长兼秘书厅主任、南京农学院党委书记、南京无线电工业学校校长、党委书记,中共南京市委常委、宣传部长、南京市教育局局长、中共苏州市委常委、副市长、南京航空学院院长、党委书记,南京市人大常委会副主任。他还是江苏省明清史学会副会长、太平天国史学会顾问。

由　崑(1916—1996),山东掖县人。南京中医学院原副院长。1937年2月经考试获中医证书。1938年5月参加革命,1941年2月加入中国共产党。1954年起历任江苏省中医进修学校和江苏省中医学校副校长,南京中医学院办公室主任、副校长、顾问等职。主持编写了第一套高等中医教材——《中医学概论》和《中药学概论》等书;主持制订的中医教学计划被确定为全国中医教育第一部教学计划。在中医教育师资培养、中医教材建设、改革教学内容与方法、中医成人教育、提高基层中医队伍素质等方面贡献突出,为中医教育事业的发展奠定了基础。

叶子铭(1935—2005),福建泉州人。著名中国现代文学研究专家,南京大学中文系教授、博士生导师。1957年南京大学中文系本科毕业,1958年考取南京大学中文系中国古代文学研究生,1959年3月因工作需要提前肄业留系任教。1984年晋升为教授及博士生导师,1988年获国家级中青年有突出贡献专家称号,享受国务院政府特殊津贴。历任南京大学中文系主任、南京大学研究生院副院长、中国现代文学研究中心主任、南京大学学位评定委员会副主席、国务院学位委员会第三、四届学科评议组召集人、全国博士后管理委员会第四届专家组文史组成员、教育部人文社会科学研究专家咨询委员会委员、中国现代文学学会副会长、中国茅盾研究会会长等职。

叶子铭先后从事中国古代文学、文艺理论、中国现当代文学的教学与研究。从1982年起主持40卷《茅盾全集》的分类编辑、组织分工及校注审定工作,出版学术专著《论茅盾四十年的文学道路》、《茅盾漫评》、《梦回星移》、《叶子铭文学论文集》、《中国现代小说史》(主编)等,编选、校注《茅盾论创作》、《茅盾文艺杂论集》、《以群文艺论文集》、《茅盾自传》、《沈雁冰译文集》(上、下)等著作。

第三节　在宁高校中的院士简介

一、中国科学院院士

戴安邦(1901—1999),江苏丹徒人。著名化学家、化学教育家、南京大学教授、博导、化学化工学院名誉院长、配位化学研究所名誉所长,1980年当选中国科学院学部委员(院士)。1924年金陵大学化学系毕业后留校任教,1928年赴美国哥伦比亚大学深造,获博士学位。历任金陵大学化学系副教授、教授、系主任和理学院院长,南京大学化学系系主任、配位化学研究所所长、南京大学学术委员会副主任委员,江苏省科协副主席,中国化学学会常务理事兼无机化学专业委员会主任委员,国务院学位委员会学科评议组成员,《无机化学学报》主编等职。先后当选为全国人大代表、全国政协委员、民盟中央委员。长期从事无机化学和配位化学的教学和研究,是我国最早开展配位化学研究的学者。在胶体化学、配位化学、硅酸及其盐类、合成氨的铁催化剂等研究方面取得一系列重大成果,获得国家自然科学二等奖等多项国家和部省级奖励。著有《无机化学教程》、《配位化学》等书。

高济宇(1902—2000),河南舞阳人。南京大学副校长,著名化学家,1980年当选中国科学院学部委员(院士)。1923年作为河南省官费生留美学习,1927年毕业于美国华盛顿大学获学士学位,因成绩优异,被吸收为华盛顿大学化学会荣誉委员,同年秋到美国伊利诺大学进修,获得伊利诺大学硕士学位和博士学位。1931年8月回国在中央大学任教。1933年起历任中央大学教授、化学系主任、教务长等职。新中国成立后,历任南京大学理学院院长、教务长、副校长、校学术委员会主任委员、校顾问等职。先后当选为第五届全国人大代表,第二、三届江苏省人大代表,中国共产党江苏省第六次代表大会代表及省委委员,第一届江苏省政协委员,民盟江苏省委员会第一届常委。还兼任中国科协理事,第二届江苏省科协副主席,中国化学会副总干事、总干事、副理事长,国家科委化学学科组成员,《化学通讯》总编辑,教育部化学教材编审委员会副主任等职。他是我国老一辈爱国科学家,致力于教育和科学事业

60多年,并长期担任学校的领导职务,为国家培养了一大批优秀人才,为中国化学教育和化学学科的发展作出了重要贡献。

徐克勤(1907—2002),安徽巢县人。地质学、岩石学、矿床学家。1980年当选中国科学院学部委员(院士)。1934年毕业于中央大学。先在中央地质调查所工作。1939年赴美国留学,1944年获美国明尼苏达大学博士学位,其间被选为Sigma Xi科学荣誉学会会员。1945年回国就职于中央地质调查所。1946年到中央大学地质系任教授。1947年起兼任系主任。1949年后就职南京大学地质系(后更名为地球科学系)教授、系主任。1984年聘为地质系名誉系主任。曾任第32届中国地质学会副理事长。长期从事地质教学与科研,讲授矿床学、矿相学、应用岩石学等,尤以花岗岩及白钨矿等金属矿床研究见长。早年从事钨矿地质研究,1943年所著《江西南部钨矿地质志》,对赣南区域地质及造山运动、花岗岩类与钨矿关系、钨矿床特征等作了科学论述。很早就重视花岗岩类及其成矿作用的关系,长期致力于华南钨、铁、铜、金、硫铁矿床和南岭区域地质的研究,华南不同时代和不同成因系列的花岗岩类研究及喷流沉积与后期热液叠加改造类块状硫化物矿床研究。发表《华南不同时代花岗岩类及其成矿关系》等专著和论文70余种。曾先后获得国家自然科学二等奖和国家教委科技进步一等奖、二等奖,并于1995年获何梁何利科技进步奖。

钱钟韩(1911—2002),江苏无锡人。杰出的教育家、科学家,东南大学前身南京工学院院长,东南大学名誉校长,中国现代动力工程学科体系的主要奠基者之一,国内外著名的自动控制专家,1980年当选中国科学院学部委员(院士),第五、六届江苏省政协主席。1933年毕业于上海交通大学电机系,获工学士学位。同年考取第一届公费留学生,赴英国伦敦帝国理工学院电机系深造。1937年受当时的浙江大学校长竺可桢聘请,任机械系教授,1939起任机械系代理系主任。随后任西南联合大学教授。1946年到东南大学前身——国立中央大学任教,先后任工学院机械系教授、工学院院长,1952年后任南京工学院副院长、院长,东南大学名誉校长。先后担任国务院学位委员会首届学科评议组成员兼自动控制学科评议组组长、国家能源部热能动力类专业教学指导委员会主任委员、国家科学技术委员会学科组成员、全国高校热能动力类专业教材编审委员会委员、国家电力工业部科学技术委员会委员、江苏省自动化工程事业的建设、发展和技术委员会委员、江苏省自动化学会理事长等职务,为中国的动力工程事业的建设、发展和技术创新倾注了毕生精力。1980年获中国加州中华科学家工程师学会特别奖。1951年2月参加九三学社,1952年起历任九三学社第三、四、六、七届中央委员会委员。1955年起相继担任江苏省政协第一至六届政协主席,并任第六、七届全国政协委员。

徐芝纶(1911—1999),江苏江都人。我国著名力学家、教育家,华东水利学院原副院长,河海大学教授、博士生导师,1980年当选中国科学院学部委员(院士)。1934年毕业于清华大学,1936年获美国麻省理工学院土木工程硕士学位,1937年获哈佛大学工程科学硕士学位。回国后,先后在浙江大学、中央大学和交通大学任教。1952年,作为华东水利学院(现河海大学)的主要开创者之一,先后任工程力学教研室主任、教务长、副院长。1980年当选为中国科学院院士。曾任全国人大代表、全国政协委员、中国力学学会理事会理事等职。他笔耕不辍,著作等身,其中《弹性力学》一书曾获全国优秀科技图书奖,第二版又获全国优秀教材特等奖。80高龄撰写的英文版专著《应用弹性力学》,在国外出版发行,是我国向国外推荐的第一本英文版工科教材。他捐出20万元积蓄,设立了"徐芝纶教育基金"。是我国力学界的一代宗师,为促进我国水利水电科学研究和力学科技进步作出了贡献。

时　钧(1912—2005),江苏常熟人。化学工程学家。1980年当选中国科学院学部委员(院士)。1934年毕业于清华大学。1936年获美国缅因大学造纸工程硕士学位,后转麻省理工学院专攻化学工程。抗日战争爆发后,毅然辗转回国,历任中央大学、重庆大学及中央工专等院校化工系教授、系主任。新中国成立后,历任南京大学、南京工学院、南京化工大学及南京工业大学教授、博士生导师、系主任和名誉系主任,全国政协委员,中国化工学会常务理事,中国石化总公司顾问,江苏省化学化工学会理事长,《化工学报》副主编。长期从事化学工程教学和科学研究工作,60多年执教中培养了大批高水平科技人才,其中两院院士14名。近20年又培育了包括70多名硕士博士的跨世纪青年化工工作者。1985年以来在流体相平衡、微量量热、色谱法特性测定、输运性质测定、分子模拟及传质分离等领域合作发表300多篇科学论文。20世纪90年代以来开辟了无机陶瓷膜科学与技术的新研究领域,承担国家重点项目和"九五"攻关课题,取得了多项创新成果。获得省部级科技进步奖5项。荣获全国化工有重大贡献的优秀专家称号。1998年获何梁何利科技进步奖。还主持完成《化学工程手册》新版以及《大百科全书》化工卷的编撰工作。

严　恺（1912—2006），福建闽侯人。水利和海岸工程专家。1955年当选中国科学院学部委员（院士）。1933年毕业于交通大学唐山工学院，1938年获荷兰土木工程师学位。历任中央大学、上海交通大学教授、黄河水利委员会简任技正兼设计组主任，宁夏工程总队总队长，钱塘江工程局技术顾问等职。1952年负责筹建中国第一所水利高等学校——华东水利学院（现河海大学前身），任副院长、院长。先后当选为第三届全国人大代表，中共十大、十一大代表。曾任联合国国际水文计划政府间理事会副主席，国际大坝会议中国委员会主席，发展中国家海岸和港口国际会议顾问等职。1995年被国际水利学研究协会授予荣誉会员称号。后任河海大学名誉校长，南京水利科研究院名誉院长，中国水利学会名誉理事长，中国海洋学会名誉理事长。主持和参与多项国家重点科技项目，作出了重要贡献。为解决天津新港回淤问题，开创了中国淤泥质海岸的研究；长期负责长江口整治研究，取得重要成果；多年致力于珠江三角洲综合治理，提出了有重要指导意义的整治规划；负责全国海岸带和海涂资源综合调查的技术指导，其成果获得国家科技进步一等奖。还担任葛洲坝、三峡等重大工程的技术顾问。先后荣获首届中国工程科技奖和何梁何利科技进步奖。专著《中国海岸工程》获全国高校优秀学术著作特等奖。

任美锷（1913—2008），浙江宁波人。地理学和海岸科学家。1980年当选中国科学院学部委员（院士）。1934年毕业于中央大学，1939年在英国格拉斯哥大学获博士学位。历任浙江大学、复旦大学、中央大学、南京大学教授、地理系主任，中国科学院南京地理研究所所长，国际海洋地质委员会委员，国际海事组织与国际原子能委员会深海抛弃放射性废料专家委员会委员，中美合作"长江三角洲及东海大陆架沉积动力学"研究项目首席科学家，美国Fulbright基金访美教授，南京大学海岸与海岛开发教育部重点实验室研究员，城市与资源学系教授、博士生导师、名誉系主任，国际第四纪研究委员会荣誉委员，中国地理学会名誉理事长，中国海洋学会名誉理事长等职。长期从事地理学的教学与研究，卓有建树。开展并主持了中国科学院大型咨询项目"长江三角洲可持续发展"。1984年力排众议，主张建设东营港，对黄河三角洲及胜利油田的发展起了巨大作用。曾发表论文200余篇，专著10部。研究成果获国家自然科学三等奖、国家教委特等奖、江苏省政府特等奖各1项。培养了一批地球科学家。先后荣获国家教委科委授予的全国高校先进科技工作者称号、何梁何利科技进步奖、岩溶地区可持续发展国际会议的贡献奖。是迄今惟一获得英国皇家地理学会维多利亚奖章殊荣的中国地理学家。

郭令智(1915—),湖北安陆人。构造地质学家。1993年当选中国科学院院士。1938年毕业于中央大学。1949至1951年在英国伦敦大学皇家学院深造。早年曾在中央大学、云南大学、台湾大学任教,中国地理研究所和台湾海洋研究所作研究员。1951年在南京大学任教,历任教授、博士生导师、副校长、代校长、顾问、校务委员会主任委员,教育部地学科评议组长、地学规划组长,国务院学位委员会第二届学科评议组成员,中国地质学会副理事长、名誉理事,中国海洋地质学会常务理事、名誉理事等职。在国际学术界,曾任联合国教科文组织国际地质对比计划224项构造组召集人和267项领导人之一。是我国较早研究大陆内部元古代、古生代至中、新生代岩石圈板块运动学和动力学机制的学者和地体构造的倡导者之一。首次提出华南活动大陆边缘沟—弧—盆构造体系的观点。最早引进地体构造理论并开展了推覆构造、伸展构造和碰撞造山带的研究。《从固定论到活动论——大地构造理论思维轨迹》一文是40年研究成果的总结,迄今仍为中外学者广泛引用。培养了数十名硕士、博士和博士后,发表论著150余篇(部),先后3次获国家自然科学奖和3次省部级科技进步奖。1990年国家教委和科委授予他全国高等学校先进科技工作者称号,1999年获李四光地质科学奖和何梁何利科技进步奖。

魏荣爵(1916—2010),湖南邵阳人。声学家。1980年当选中国科学院学部委员(院士)。1937年毕业于金陵大学。1945年赴美国芝加哥大学和伊利诺大学研究生院攻读原子核物理,1947年获硕士学位。1950年获洛杉矶加州大学物理(声)学博士学位,任该校研究员。1951年回国,历任南京大学物理系教授、系主任、声学研究所所长、博士生导师、信息物理系名誉主任,中国声学会副理事长、名誉理事长,美国声学学会高级会员,国际非线性声学会议、声子物理学术会议顾问委员,第三世界物理中心顾问等职。先后当选第三届全国人大代表,第五、六届全国政协委员。在声学研究方面造诣很深,遍及声学学科的许多分支,且成果累累。撰写论文200多篇。曾研制成功号筒式远射程扬声器;首先提出用语噪声方法测量汉语平均频谱;在南京大学创建我国第一个声学专业并建成大型消声室,其声学性能达到当时国际先进水平;研究雾气中存在低频声波吸收,修正了前人的公式,并将规律延伸到更低的频率范围,被称之为"魏氏理论"。其研究项目曾获国家自然科学二等奖1

项，国家教委科技进步一等奖1项、二等奖3项。1999年获何梁何利科技进步奖。在60余年教育工作中，为我国培养了大批科技人才。近30年来参预国际学术活动遍及欧美，增强了我国声学和物理学研究的国际影响。

徐国钧（1922—2005），江苏常熟人。生药学家和药学教育家。1995年当选中国科学院院士。1945年毕业于国立药学专科学校，留校任教。历任教研室主任、系主任、中药研究所所长，江苏省生药学·中药学联建重点学科首席带头人。兼任国务院学位委员会学科评议组成员，国家科委发明评审委员会特邀审查员，国家科委进步奖医药评审委员，国际中草药学会（日本）常务理事等职。现任中国药科大学教授、博士生导师、学位委员会副主任、学报副主编，国家药典委员会名誉委员等。主持中药材同名异物品种的系统研究课题，获国家科技进步三等奖。主持国家重点科技攻关项目常用中药材品种整理和质量研究课题，完成了110个大类药材的研究。该课题研究有多方面创新和发现，是中药发展史上的一个创举，为中药科学化、标准化、国际化作出了积极的贡献。其成果先后获国家科技进步一、三等奖。出版专著、教材、教学参考书49部，发表学术论文330余篇。培养硕士40名、博士28名。获南京市先进工作者，全国医药卫生科学大会先进工作者，全国医药系统劳动模范，全国高等学校先进工作者，江苏省高校优秀学科带头人，南京市精神文明先进个人荣誉称号。并获日本歧阜药科大学特别荣誉奖，美国章美科研教学奖。2001年荣获中国药学发展奖特别贡献奖、何梁何利科技进步奖、求是科技基金会杰出科技成就集体奖。

冯　端（1923—　），江苏苏州人。固体物理学家。1980年当选中国科学院学部委员（院士）。第三世界科学院院士。1946年毕业于内迁重庆的国立中央大学。历任南京大学教授，博士生导师，金属物理教研室主任，固体物理研究所所长，研究生院院长，微结构科学技术高等研究中心理事长兼学术委员会主任。先后当选为第六、第七届全国人大代表，中国物理学会理事长，江苏省科协主席，中国科学院数理学部副主任、学部主席团成员等。也是《物理学进展》期刊和《固体物理学大词典》、《物理学前沿丛书》主编，《凝聚态物理学丛书》副主编。研究领域为凝聚态物理学与材料物理学。是我国晶体缺陷研究的先驱者之一，提出晶体生长中避免和控制缺陷方案，获国家自然科学二等奖。从研究微结构出发，研制出具有周期为数微米的聚片多畴铁电晶体，开拓了非线性光学晶体微结构化新领域，获国家教委科技进步二等奖。倡导金属超晶格研究,其准周期超晶格研究成果,获国家自然科学三等奖。近年来成为我国纳米材料科学的首席科学家之一。1996年,获何梁何利科技进步奖、中国材料研究学会颁发的贡献奖,1999年获陈嘉庚物理奖。主持撰写了6部专著,其中《凝聚态物理学新论》一书获1995年国家教委优秀教材一等奖和1997年国家科技进步二等奖。两部科普著作《晶态面面观》、《放眼晶态之外》获1998年国家科技进步三等奖。

胡宏纹(1925—),生于四川广安。有机化学家。1995年当选中国科学院院士。1946年毕业于中央大学,留校任教。1959年在苏联莫斯科大学化学系毕业,获副博士学位。历任中央大学和南京大学助教、讲师、副教授。现为南京大学化学系教授、博士生导师。长期从事有机化学的教学与科研工作。在有机合成新反应、新方法和新试剂的研究中,发现了一种新的自由基加成反应:亚胺氧自由基与烯烃、共轭二烯和三烯等的加成反应;发展了一种新的Gabriel试剂二甲酰氨基纳和一种新的双金属氧化剂。在冠醚化学的工作中,低成本合成了多种类型的冠醚和一系列的双冠醚,研究了它们的配位性能和应用,其成果先后于1988年获国家教委科技进步二等奖、1992年获江苏省科技进步二等奖。在长期的教学工作中,先后四次主编有机化学教材,总印数超过48万册。培养研究生和访问学者30多人。1990年被江苏省教委评为优秀研究生导师。在国内外发表学术论文170多篇。

王业宁(1926—),女,安徽六安人。固体物理学家。1991年当选中国科学院院士。1949年毕业于中央大学。1950年至今在南京大学任教。1981年被批准为博士生导师。曾任中国科学院固体物理研究所内耗与固体缺陷开放实验室学术委员会副主任,中国物理学会理事及内耗与超声衰减委员会主任,电介质物理专业委员会委员,中国材料研究学会理事,中国金属学会材料科学分会理事。当选过第八、九届全国政协委员。早年研究金属中相变与缺陷的内耗(声衰减),提出了内耗与振动一周内的转变量成正比的机制。10年后,国外也有相同结论。20世纪70年代改攻晶体物理,建立了多套测试设备,其中声光调QYAG激光器获得1978年全国科技大会奖。20世纪80年代创建能测量内耗又能观测畴界变化的装置,由此确认了畴的粗化过程的内耗峰及二级相变引起的低频内耗峰,在国内外得到好评和效法。1987年在三种(Y,Bi,Tl系)高温超导体的正常态测到三个类相变内耗峰,无对称性改变,只有晶格参数跳变。该论文曾被大量引用。通过电镜分析研究找到了钙钛矿铁电体SBT中"无疲劳"的根源,在2000年国际会议上作报告,反应强烈。发表论文 300 余篇。参加了《金属物理》等书的编写工作。数十次在国际会议上作邀请报告或任顾问委员。1997 年被选为亚太材料科学院成员。获得何梁何利科技进步奖,国家自然科学二等奖、四等奖,国家教委科技进步一等奖,国家三委的工业新产品奖,省科技进步一等奖各 1 项,及国家重点实验室先进个人"金牛奖"。

王德滋(1927—),江苏泰兴人。岩石学家。1997 年当选中国科学院院士。1950 年毕业于南京大学,留校任教。曾任南京大学副校长、地学院院长,中国地质学会副理事长,中国地球化学学会岩浆岩专业委员会主任等职。现为南京大学地球科学系教授、博士生导师,《高校地质学报》主编。长期从事花岗岩与火山岩研究,造诣精深。将火山岩与花岗岩研究结合起来,提出了次火山花岗岩的新概念。在江西相山、东乡一带发现 S 型火山岩,这是在我国首次发现。对中国东部中生代火山岩的分布格局作了深入研究。在苏鲁皖地区划分出橄榄安粗岩省,并研究了橄榄安粗岩与 Au、Cu 成矿关系。20 世纪 80 年代以来,又对中国东部中生代 A 型花岗岩做了系统研究,确认其为典型的后造山花岗岩。A 型花岗岩与双峰式火山岩的出现,构成了陆缘伸展构造岩浆组合,是燕山运动趋于尾声的标志。1982 年获国家自然科学二等奖,1990 年和 1995 年分别获国家教委科技进步一等奖和国家教委科技进步二等奖。出版专著、教材、译著 12 部。发表论文 100 余篇。代表性论著有:《光性矿物学》、《晶体光学》、《火山岩岩石学》等。

程镕时(1927—),江苏宜兴人。高分子物理及物理化学家。1991 年当选中国科学院学部委员(院士)。1949 年毕业于金陵大学,1951 年北京大学研究生毕业。曾在中国科学院上海物理化学所、长春应用光学所及华南理工大学工作。先后担任中国化学学会高分子学科委员会委员,江苏省化学化工学会高分子专业委员会主任委员,国家自然科学基金委员会高分子化学学科评审组成员。现为南京大学教授、博士生导师。早年参加高聚物分子表征的研究,其结果为顺丁橡胶的工业化选型和优化提供了科学依据。在高分子溶液粘度的研究中,提出一系列新概念和应用广泛的公式。在凝胶色谱的研究中,阐明了多孔填料的成孔机理并给出控制孔度的理论关系,建立了简易凝胶色谱方法、凝胶色谱扩展和分离效应的统一理论、凝胶色谱的绝对定量化原则和一种研究分子水平上的吸附作用以及分子间配合作用的有效而直接的定量方法,拓展了凝胶色谱的应用范围。已在国内外发表论文 130 余篇。其成果曾获得国家科技进步特等奖,国家自然科学二等奖,国家教委科技进步二等奖、三等奖,中国科学院自然科学二等奖等多项奖励。近年来,在对高分子溶液凝聚过程研究中,又取得新的进展。

冯纯伯(1928—2010),江苏金坛人。自动控制学家。1995年当选中国科学院院士。俄罗斯联邦自然科学院外籍院士。1950年毕业于浙江大学,1953年哈尔滨工业大学研究生毕业,1955年留学苏联,1958年获技术科学副博士学位。历任哈尔滨工业大学自动控制教研室主任,南京第724研究所室主任和副总工程师,南京工学院(现东南大学)教授、博士生导师,自动化研究所副所长、所长,研究生院副院长。曾是国家教委科技委自动控制学科组组长,中国自动化学会常务理事,江苏省自动化学会理事长。长期从事自动控制理论及应用的研究和教学工作。曾建立了国内第一个电力系统动态模拟实验室。为创建国内大学首批军用自动控制专业做出过贡献。因在舰用雷达研制中的成果,获江苏省1978年科学大会奖。20世纪80年代主要进行系统辨识及自适应控制的研究,其成果得到国际同行的好评,荣获1986年国家科委科技进步一等奖和1991年国家自然科学四等奖。90年代在线性系统鲁棒控制和非线性系统分析与控制方面的研究成果,主要收入在《鲁棒控制系统设计》一书中。近年来提出一种分析非线性和/或时变系统稳定性的新方法,有重要理论和实用价值。先后发表论文100多篇,与他人合著的《自适应控制》、《非线性控制系统分析与设计》两书,为全国统编研究生教材,被广泛应用。前书曾获电子工业部优秀教材一等奖。

江元生(1931—),江西宜春人。物理化学家。1991年当选中国科学院学部委员(院士)。1953年毕业于武汉大学。1956年吉林大学研究生毕业后,留校任教,后被评为教授和博士生导师。现任南京大学理论与计算化学研究所学术委员会主任。曾任第六届全国政协委员,中国化学会理事、常务理事,《化学学报》等多家化学物理杂志编委,国际刊物"J. Theor and Comput. Chem"编委。从事理论化学研究和教学。20世纪60年代发表交联高分子凝胶量公式,用于表征聚合物交联程度。提出点群对称场中旋轨偶合能的计算方案,使配位场理论标准化,合著《配位场理论方法》。70年代,将图论应用于化学,以图形的表述和推理方式,概括简单分子轨道理论的基本内容;建立图形收缩方法,推导计算出大分子的能谱、性质与结构关系的系列原始结果;提出一个5参数公式解释芳香性,与实验符合,合著《分子轨道图形理论》。此系列工作被称为"中国学派"和"江—唐—霍方案"。90年代以来,致力于大尺寸共轭分子的经典价键理论精确计算,应邀为国际著作"Valence Bond Theory"

写专章。另一著作《结构化学》在海峡两岸发行。先后获科学大会奖1项,国家自然科学一等奖2项,教育部科技进步一等奖1项。曾被评为国家级有突出贡献的中青年专家,全国高等学校科技先进工作者。

薛禹群(1931—),生于江苏无锡。水文地质学家。1999年当选中国科学院院士。1952年毕业于北方交通大学唐山工学院后,即入南京大学工作迄今。现任南京大学教授、博士生导师,国家自然科学基金会专家咨询委员会委员,国际水文地质学家协会刊物"Hydrogeology Journal"的编委。长期从事水文地质学的教学和研究,为发展我国地下水动力学和地下水模拟做出了贡献。建立了我国第一个地下水三维热量运移模型,较国外同类模型完善,为预测冷、热水运移和储能提供了科学依据,应用于上海储能、回灌取得了良好效果。系统地揭示了我国海水入侵的特点、规律和机制、以及水文地球化学环境演变规律,在此基础上在国际上首次创立了三维潜水条件下海水入侵模型应用于山东龙口地区取得良好效果。以后又论证了高矿化度、高温差条件下达两定律的修正形式,建立了三维卤水、咸水入侵模型。从我国实际出发,建立了一系列水量、水质模型。其中对数插值模型较国外同类模型早提出三年。还提出很多求解方法,其中一些算法达国际先进水平。著述《水文地质学的数值法》、《海水入侵成淡水界面运移规律研究》等教材和专著7本。其中《地下水动力学》为全国通用教材,共出3版,重印7次。发表论文百余篇,其中25篇被SCI、EI等收录。曾获江苏省和国家教委(教育部)科技成果一、二等奖。

齐 康(1931—),生于江苏南京。建筑学家。1993年当选中国科学院院士。法国建筑科学院外籍院士。1952年毕业于南京工学院。历任南京工学院(现东南大学)教授、博士生导师、系主任、副院长、建筑研究所所长,建筑设计研究院总顾问。先后当选为中国建筑学会理事、常务理事,全国政协第八、第九届委员,国务院学位委员会建筑学评议组第三、四、五届召集人,全国高校建筑学科专业指导委员会主任、顾问。兼任大连理工大学系主任,浙江大学、西安交大等8所大学兼职教授。从20世纪50年代起,主持和参与的主要设计作品有:南京雨花台烈士陵园纪念馆、碑,南京梅园新村纪念馆,侵华日军南京大屠杀遇难同胞纪念馆,淮安周恩来纪念馆,福建武夷山庄,河南省博物院,福建省历史博物院等大小近百处。发表学术论文百余篇、建筑及城市规划著作近20部,培养研究生70余名。在建筑学和城市规划领域,提出了开拓性的、系统的学术理论,并在实践中取得了突出的成绩。曾获梁思成建筑大师奖,并多次获国家及委、部级科技进步一、二、三等奖。设计作品先后获国家金、银、铜质奖各2项。福建武夷山庄和侵华日军南京大屠杀遇难同胞纪念馆两项建筑,被评为我国20世纪80年代10项优秀建筑艺术作品。先后被评为全国有突出贡献的中青年专家和建设新南京功臣。1990年被选为中国勘察设计大师(建筑),被国家教委、国家科委评为先进科技工作者。

陆 埮(1932—),江苏常熟人。南京大学天文学教授、博士生导师,2003年当选中国科学院院士。1957年毕业于北京大学物理系,1978年调入南京大学,1981年起任南京大学天文系教授,1983年起任博士生导师。1978至1993年当选为第五、六、七届全国人大代表。主要研究领域是中子星、奇异星、脉冲星以及γ射线暴。最早研究奇异物质和奇异星的动力学行为;用中子物质到奇异物质的相变解释γ暴和硬χ射线暴的能源。提出了一个新概念《代参数》,表征脉冲星的一个新特征量,并证明与脉冲星γ射线谱指数密切相关。提出了γ暴火球动力学演化的统一模型;给出了γ暴余辉演化的环境效应;计算了各种因素对成束余辉演化的影响。在国内外学术刊物上发表论文230余篇,其中60余篇SCI论文在国际上被他人引用约350篇次。曾获1987年国家自然科学三等奖、1996年国家教委科技进步一等奖、1998年国家教育部科技进步三等奖。

龚昌德(1932—),江苏南京人。南京大学理学院院长,教授,2005年当选中国科学院院士。1953年毕业于复旦大学物理系。长期从事固体物理的理论研究,早期与合作者利用反演技术求解Eliashberg方程,获得较精确的强耦合超导临界温度的公式;较早提出二维层状结构引起的范霍夫奇异性对高温超导电性会有重要影响,与合作者分析氧化物超导体的同位素效应,说明仅靠电声子机械和范霍夫奇异性不能解释高温超导电性,否定了当时国际上这一观点;合作研究由于准二维结构和反铁磁背景,范霍夫奇异性对高温超导体载流子色散规律、压力效应和输运性质的影响;改进关于高温超导电性的t-j模型的Green函数方法,考虑有限关联长度的反铁磁背景,证明t-j模型可以导出某些非费米液体特性,还证明t-j型不能满意地解释光电子能谱和中子散射的实验;与合作者较系统地研究锰氧化合物的电—气子耦合和空穴—轨道子耦合,以及静态和动态Jahn-Tellel效应。

陈 懿(1933—),福建福州人。南京大学化学系教授,曾任南京大学代校长。2005年当选中国科学院院士。1955年毕业于南京大学化学系。长期从事催化剂、介观化学和材料方面的研究,提出金属氧化物催化剂的嵌入模型,对氧化物在其载体上的分散行为做出定量的描述,解决了多晶表面上空位以及阴离子所产生屏蔽效应的计算;阐明溶液反应合成非晶态 Ni-B 粒子的机理,发现制备 Ni-P 合金粒子液相反应的自催化本质,改进溶液沸点附近回流加热的制备方法,提出有效避开水解作用,获得类金属元素含量高的 Fe-B 非晶合金的固相化学反应方法。近年在纳米复合氧化物的制备及其晶格氧的活动性与粒子尺寸和催化选择性的关联,低维纳米金属氮化物的制备及其场发射性能等方面取得良好进展。专著有《穆斯堡尔谱学基础和应用》等。

都有为(1934—),浙江杭州人。南京大学物理系教授,2005 年当选中国科学院院士。1957 年毕业于南京大学物理系。现任中国物理学会磁学专业委员会副主任、中国颗粒学会超微颗粒专业委员会副主任、中国仪表材料学会副理事长等职。长期从事磁学和磁性材料的教学和研究工作,开展了磁性、磁输运性质与材料组成、微结构关系的研究。研究锰钙钛矿化合物的大磁熵变效应以及锰钙钛矿化合物小颗粒体系中的隧道型磁电阻效应,磁性纳米微粒的小尺寸效应与表面效应,颗粒膜的巨磁电阻效应、磁光效应、反常霍尔效应与微结构的依赖性等。20 世纪 80 年代以 ^{57}Fe 作探针用 Mossbauer 效应研究高温超导体中的磁有序,发现超导性与磁有序共存的现象,并对 YBCO 高温超导材料进行 3d 元素的代换,为超导机制的探索提供实验依据。目前重点研究纳米材料的磁性以及与自旋相关的输运性质。

伍荣生(1934—),生于浙江瑞安。气象学家。1999 年当选中国科学院院士。1956 年毕业于南京大学,留校任教。先后担任过国家教委大气科学教学指导委员会副主任、主任,国务院学位委员会第二、三、四届学科评审组成员,中国气象学会副理事长等职务。现为南京大学大气科学系教授,中国气象学会理事长。主要从事大气波动、边界层动力学、锋面动力学等方面的研究。在大气波动方面,指出波动共振是导致大气中期过程的一种可能机制,并首次提出了地形北坡有利于波动的发展及波动在北坡移动较快的论点。在边界层动力学方面,首次建立了惯性力、科氏力、气压梯度力和摩擦力四力平衡的大气边界层动力学模型,并通过引进地转动量近似,解决了惯性力的非线性平流项所引起的求解困难,得到了许多新结果。近 10 年来,主要致力于锋生动力学研究,指出在合适的初始条件下,大气动力场或者热力场可以通过地转适应形成气象要素场的间断即锋生,从而提出了一种新的锋生机制。这一理论已被实际观测和数值模拟工作所证实。先后获国家教委科技进步二等奖3次,江苏省科技进步二等奖1次。发表学术论文100余篇,编著了《大气动力学》等4部著作。

游效曾(1934—),生于江西吉安。无机化学家。1991年当选中国科学院学部委员(院士)。1955年毕业于武汉大学,1957年南京大学化学系研究生毕业。1980年至1982年在美国威斯康星、伊利诺依和佛罗里达大学作访问学者。现任南京大学教授、博士生导师、国家配位化学实验室学术委员会主任。历任南京大学配位化学研究所所长,中国化学会常务理事,无机化学委员会主任,国务院学位委员会化学科评议组、国家自然科学奖和国家自然科学基金委员会化学部评议组成员。中国化学会《无机化学》主编等。长期从事配位化合物的合成、结构和性质方面的应用基础研究。在倡导和组装具有交电热磁特性功能配合物分子材料研究方面作出了新的贡献。主持了国家多项重点基础研究项目,在国内外发表学术论文500多篇,撰写了《结构分析导论》等专著5部和《群论在化学中的应用》等译著3部。其科研成果分别获得国家教委科技进步一等奖、二等奖及国家自然科学三等奖,原苏联科学院普通和无机化学研究所颁发的荣誉证书和奖章。1995年获亚洲化学联合会基础研究报告奖,是我国第一位获此殊荣的化学家。由于他参与创建南京大学国家配位化学重点实验室,于1994年获国家教委全国国家重点实验室金牛奖;为表彰他在研究生培养中的贡献,1989年中国化学会授予他"配位化学育才奖"。他致力推动国际学术交流,和海外学者共同发起了世界华人无机化学研讨会。

王 颖(1935—),女,辽宁康平人。海岸海洋地貌与沉积学家。2001年当选中国科学院院士。1956年毕业于南京大学,1961年北京大学地质地理系副博士研究生毕业。1979至1982年加拿大Dalhousie大学地质海洋地质学研究员,Bedford海洋研究所访问学者。2001年获加拿大Waterloo大学环境学荣誉博士学位。现任南京大学地学院院长、海岸与海岛开发教育部重点实验室学术委员会主任,国际海洋研究委员会相对海平面与世界淤泥海岸研究组主席,太平洋海洋科技协会常务理事,中国海洋学会副理事长,中国海洋湖沼学会常务理事。以地理学、地质学与海洋学相结合的观点与方法,研究探索海岸海洋的形成演变,把我国潮滩研究推向国际先进水平,推动发展了具学科交叉特点的海洋地理学。近年,将海陆相互作用研究与全球变化相结合,发展海岸海洋科学;并活跃于国际海岸海洋学界,创建实验室,主持召开国际学术会议,开发国际合作项目。完成近30项中国港口的选址与海岸规划工作。其成果获1978年全国科学大会重大科技成果奖,1998年国家教育部科技进步二等奖,1999年国家教育部科技进步一等奖。1984年被评为国家级有突出贡献的中青年专家,1985年与2002年获全国"三八"红旗手称号。

曲钦岳(1935—),山东烟台人。天体物理学家。1980年当选中国科学院学部委员(院士)。第三世界科学院院士。1957年毕业于南京大学。历任南京大学教授、校长,全国人大第六、七、八届代表,全国青联副主席,国家教委教材编委会天文学组组长,国家教委直属高校咨询委员会副主席,中国天文学会理事长,中国科学院数理学部副主任,《辞海》天文学科主编,《中国科学》等数种期刊编委。连续三次担任中美大学校长会议中方校长代表团团长,连续四次任国际天文学联合会高能天体物理专业部组委会委员等职。现为南京大学教授、博士生导师。任全国政协常委,国务院学位委员会物理天文学组召集人,中国高教学会副会长,中国天文学会名誉理事长,江苏省人大副主任,省科协主席等职。长期在天体物理领域从事教学与研究工作。著有《普通天文学教程》等,曾获国家教委高校优秀教材一等奖。在我国最早从事高能天体物理研究,并在前沿领域取得一系列成果,是攀登计划项目"天体剧烈活动多波段观测与研究"首席科学家。在国内外发表学术论文50篇,曾获国家自然科学三等奖2项,国家教委科技进步一、二等奖各1项。1984年以来,在高教领域从事研究,著有《大学的使命与目标》,并在报刊发表论文约20篇,1995年被评为全国教育系统劳动模范。先后荣获美国印第安那大学的奖章与奖状、巴尔的摩市荣誉市民称号、西顿·希尔学院名誉博士学位、列文斯顿大学名誉博士学位。经国际小行星命名委员会批准,国际编号为3513的小行星被命名为"曲钦岳星"。

闵乃本(1935—),江苏如皋人。晶体物理学家。1991年当选中国科学院学部委员(院士)。第三世界科学院院士。1959年毕业于南京大学,留校任教,先后评为博士生导师和教授。1987年日本东北大学理学博士。现任教育部材料科学与工程教学指导委员会主任,科技部"973"计划顾问专家,中国晶体学会理事长,南京大学固体微结构国家重点实验室学术委员会主任、固体物理研究所所长、材料科学研究所所长,国际晶体学联合会晶体生长与材料表征委员会委员,国际材料研究联合会中国委员会委员,江苏省自然科学基金会主任。并任全国政协常委,江苏省政协副主席,九三学社中央副主席、江苏省委主委。历任教科技委副主任,科技部国家攀登计划光电功能材料首席科学家,国家"973"计划光电功能材料首席科学家,国家人工晶体联合研究与发展中心主任,中国科学院数理学部副主任等职。长期从事晶体的缺陷、生长、性能,特别是光电功能晶体方面的研究。其成果先后获国家三委联发的工业新产品二等奖、国家自然科学二等奖、美国犹他大学等单位联发的"大力神"奖、全国优秀科技图书一等奖、国家级教学成果一等奖、何梁何利科技进步奖、第三世界科学院基础科学奖、美国科学信息研究所经典引文奖。先后被国家教委与人事部评为全国优秀教师、全国模范教师、全国优秀博士学位论文指导教师。他的一维人工准晶研究,被"863"高技术新材料专家委员会评为1997年十大科技成果,科技部评为1998年中国基础研究十大进展;离子型声子晶体研究,被教育部评为1999年中国高校十大科技成果,科技部评为1999年中国基础研究十大新闻,并被中国科学院选为1999年中国科学家具有代表性的研究工作;光学超晶格紫外-绿、蓝-红双波长小型全固态激光器,被教育部评为2001年中国高校十大科技进展。2006年闵乃本院士、朱永元、祝世宁、陆亚林、陆延青教授完成的"介电体超晶格材料的设计、制备、性能和应用"项目获国家自然科学一等奖。这是自1999年国家奖励制度改革以来内地高校独立完成的第一个国家自然科学一等奖。

张淑仪(1935—),女,浙江温州人。声学家。1991年当选中国科学院学部委员(院士)。1956年毕业于南京大学,1960年研究生毕业留校工作。1985年曾应邀为美国韦恩大学物理系访问副教授,1988年应邀为法国巴黎理化学院访问教授。历任南京大学声学研究所所长、教授,中国声学学会副理事长,江苏省声学学会理事长,国际光声协会常委,国际无损评价中心联合会常委,国际理论物理中心顾问,日本东京大学客座教授。长期从事超声物理和光声学研究工作。20世纪50年代末以来,利用液体和固体的声光效应检测声场分布,并用于研究液体的分子结构或固体中声激发、声传播特性以及固体微结构等。20世纪80年代初期开展光声学领域的研究,创建光声小组(1986年扩建为光声研究室),首先研制成我国第一台光声显微镜,并首次利用调相技术实现对集成电路分层成象,达到国际领先水平。此后,相继研制一系列显微成象系统及光声热研究设备,均属填补国内空白。在此基础上,对半导体器件和多种材料及生物组织等的宏观或微观特性和参量进行研究,提出一些新观点、新理论和新方法,发现一些新现象。在国内外重要期刊发表学术论文300余篇,获国家或省部级科技进步奖10余项,参与撰写专著3部,主办国际会议3届、并主编国际会议论文集3部。

郑有炓(1935—),福建大田人。南京大学物理系教授、博士生导师,2003年当选中国科学院院士。1957年毕业于南京大学物理系,现任南京大学国家重点基础研究发展计划信息科学领域专家咨询组成员、国家自然科学基金委员会信息科学部专家咨询委员会委员。长期致力于新型半导体异质结构材料与器件物理研究,取得了系列重要创新成果。领导创建半导体异质结构研究实验室,主持多项国家重大科研任务,迄今发表论文356篇,SCI收录155篇,SCI引用论文437篇。发明专利3项、实用专利2项;获国家技术发明奖1项,省部级科技进步奖7项及国防科工委光华科技基金一等奖、国家"863"计划先进工作者一等奖等。

陶宝祺(1935—2001),江苏常州人。南京航空航天大学智能材料与结构重点实验室主任、宇航学院教授,1999年当选中国科学院院士,中国著名结构测试专家。1957年毕业于北京航空航天大学飞机系。长期从事智能材料结构、测试技术和力学的科研与教学工作。提出的结构强度自诊断自适应理论和方法,对复合材料结构损伤监测与控制意义重大;提出的机翼和旋翼自适应可变翼型的原理与方法,解决了旋转工况下多种测试信号和高压功率信号的非接触式同步传输技术关键,对智能旋翼的研究有重要价值;主持创建的智能材料与结构部级重点实验室是该领域的重要研究基地。他拓宽了测试与记忆元件研究领域,发明、研制了多种新型传感元件,研制成功疲劳寿命计,使中国成为世界上第三个掌握该技术的国家;主持完成了"直六"整机结构等10多项大型工程应力测试项目。先后获国家优秀教学成果特等奖1项,省部级科技进步奖13项,共培养40名博士和10名博士后,出版著作4部,发表论文160余篇。

孙义燧(1936—),浙江瑞安人。天体力学家。1997年当选中国科学院院士。1958年毕业于南京大学。现任南京大学天文系教授、博士生导师,国家"973"计划"非线性科学中的若干前沿问题"首席科学家,国务院学位委员会学科评议组成员,全国博士后管委会专家组召集人之一,国家自然科学基金委员会监督委员会委员,国际天文联合会天体力学组织委员会委员。曾任南京大学研究生院院长。主要从事天体力学基础理论的研究工作。与合作者一起证明了三体问题椭圆共线特解对应的惯量矩的最大下界便为所有有界运动惯量矩的最大下界,得到了三体相对于不变平面的轨道倾角和纬度、任两天体的轨道面夹角、瞬时椭圆的半长径和偏心率及轨道升交点经度的变化范围,因而解决了对给定的三体相对位置,三体轨道的变化范围问题。首先发现并与程崇庆一起证明了保守系中近可积三维保体积映射存在充分多的二维不变环面。由此结果可以否定拟遍历猜测,也可以否定 Pesin 的正 Lyapunov 指数猜测。这些工作在国内是领先的,在国际上也有一定影响。1978年获江苏省重大科技成果一等奖,1986、1988、1995 年获国家教育部科技进步二等奖 3 次,2000 年获中国高校科学技术一等奖,2001 年获国家自然科学二等奖和何梁何利科技进步奖。在国内外发表论文 70 余篇,出版专著两部。

孙钟秀(1936—),浙江余杭人。计算机专家。1991 年当选中国科学院学部委员(院士)。1957 年毕业于南京大学。1965 至 1967 年在英国国际计算机公司进修,1979 至 1981 年在美国威斯康星大学作访问学者。曾任南京大学教授、博士生导师、副校长,中国科学院技术科学部计算机学科副组长,国家教委计算机教学指导委员会主任,国家"863"高技术智能专家组成员。先后当选为全国政协委员、江苏省科协主席。长期致力于计算机科学的教学与研究工作。尤其对分布计算系统软件及其应用开发进行了系统研究,部分成果达到国际水平。主持研制了一系列在国内领先的国产机操作系统,先后获国防工办科技一等奖和电子工业部科技成果二等奖。首次在国内研制成功具有国际水平的 ZCZ 分布式微型计算机系统,开发了多个实用的分布式计算系统,系统软件和应用方面的成果多项获奖,其中包括国家科技进步二等奖和三等奖各 1项,国家教委科技进步一等奖和二等奖各 1 项,农牧渔业部重大科技成果二等奖和科技进步二等奖各 1 项,以及江苏省重大科技成果三等奖等。还主持研制了"863"高技术规划中的智能操作系统.,成果达国际水平,主持并完成了包括多项"七五"国家科技攻关项目在内的 10 项科研项目。发表论文 90 余篇,著书 5 部。2000 年被日本北海道信息大学授予名誉博士学位。

陈洪渊(1937—),浙江三门人。分析化学家。2001 年当选中国科学院院士。1961 年毕业于南京大学。1981 至 1984 年留学德国美茵兹大学。现任南京大学教授、博士生导师、分析科学研究所和化学生物学研究所所长、校教学委员会副主任,中国科学院化学部常委。兼任教育部科技委员会委员,国家自然科学基金委员会学科评审组长,国家奖励委员会科技奖评委,全国化学传感器专业委员会副主任,《高等学校化学学报》和《分析科学学报》副主编,《中国科学》、《中国化学(英)》、《分析化学》、《色谱》、《化学研究与应用》等期刊的编委。曾任国际纯粹与应用化学联合会电化学委员会国家代表,国家自然科学奖励委员会评委,国家教委/教育部教学指导委员会成员。主持完成了国家、省部委和国际合作科研项目20余项。在电分析化学基础与应用的多个前沿领域做出了创造性的贡献,在学术上卓有建树。在国内外发表学术论文360余篇,合编著译书6部。曾获国家自然科学三等奖1项,高校自然科学一等奖1项,国家教委、教育部科技进步三等奖各1项。被评为江苏省优秀研究生导师,已指导博士后6名,培养博士30名,硕士26名。

方　成(1938—),江苏江阴人。天文学家。1995年当选中国科学院院士。1959年毕业于南京大学。留校工作期间曾去法国巴黎天文台进修2年。1986年被评为博士生导师和教授。历任中国高等科学技术中心天文和天体物理分中心主任,南京大学天文系主任,国家自然科学基金委员会天文学科评审组组长,攀登计划"天体剧烈活动的多波段观测和研究"首席科学家,《天文学报》副主编,法国巴黎天文台和日本国立天文台客座教授和一级研究员。现任中国天文学会理事长,中国科学院数理学部常委,国际英文期刊《太阳物理》编委,我国英文期刊《中国天文学和天体物理学》主编,南京市科协副主席,南京大学学术委员会副主任等职。主持完成了我国目前惟一的一座塔式太阳望远镜的研制,开辟了国内CCD二维光谱研究的新领域。1985年获国家科技进步二等奖。在国际上首次把太阳耀斑色球结构计算同自洽能量平衡计算结合起来,建立了太阳耀斑大气演化、白光耀斑、日珥和太阳黑子的半经验模型,被国际上广泛应用。1987年获国家教委科技进步二等奖。他主持的"太阳活动22周观测和研究"1995年获国家教委科技进步一等奖、1997年获国家自然科学三等奖。已发表190余篇论文。培养了9名研究生。1998年被评为全国教育系统劳动模范,被授予全国模范教师称号。

赵淳生(1938—),湖南衡山人,南京航空航天大学江苏省超声电机工程研究中心主任,博士生导师,2005年当选中国科学院院士。1961年毕业于南京航空学院飞机系空气动力学专业,留校任教。1981至1982年在法国巴黎居里大学任访问学者,1984年获法国巴黎高等机械学院工程力学博士学位,1992至1994年在美国麻省理工学院任访问教授。长期从事机械设计及理论研究,是中国超声电机技术领域尤其是机械振动力学研究最早和最全面的研究者之一。先后主持15项超声电机技术研究项目,在新型超声电机运动机理、机电耦合动力学模型、结构参数优化设计、驱动与控制技术等方面提出系统的理论和设计方法。获得省部级以上科学技术奖励16项,其中国家技术发明奖二等奖1项、国家科技进步奖三等奖1项、国家技术发明奖四等奖1项、国防科学技术一等奖1项、省部级科技进步二等奖5项,发表著作、译作3部、学术论文200多篇,授权和申请的国家发明发利23项,在振动工程及振动利用领域取得一系列具有重要影响的学术成果。2005年当选为第六届南京市十大科技之星。

吴培亨(1939—),江苏张家港人。南京大学超导电子学研究所所长,教授,2005年当选中国科学院院士。1961年毕业于南京大学物理系。现兼任中国电子学会超导电子学分会主任。长期从事超导电子学的研究,尤长于超导电子器件的高频(微波到太赫兹波段)应用。在探索有关物理过程的基本规律、发展新型的超导电子器件、推动超导电子器件的实际应用等领域开展研究工作。取得的主要成就涉及高温超导体内的隧道过程,多种低温和高温超导结的制备、表征、高频特性与应用,超导混频器和高灵敏接收机、频率精密计量、高精度高频信号源,高温超导薄膜的制备、加工、性能优化等方面。

邢定钰(1945—),江苏高淳人。南京大学教授、博士生导师,凝聚态物理学家,2007年当选中国科学院院士。1981年南京大学研究生毕业。现任南京大学物理系教授,南京微结构国家实验室(筹)主任,国家重大科学研究计划项目"固体微结构的量子效应、调控以及应用"的首席科学家。现担任《物理学进展》的副主编。长期从事凝聚态理论的研究,在电子输运理论、低维受限的量子系统和超导理论等方面的国际前沿课题做出一系列有创新意义的工作。近年来在物理学核心学术期刊发表论文300多篇,其中100多篇发表在美国的"物理评论B"和"物理评论快报"。他发展了非平衡统计算子理论,正确处理半导体热电子的输运问题,修正了国际上长期沿用理论方案的缺陷;发展了具有多谷能带结构半导体的热电子输运理论,得到与实验符合的结果;1997年获江苏省科技进步奖一等奖。他在巨磁电阻理论、磁性隧道结、和锰钙钛矿氧化物的庞磁电阻机理研究中做出一组在国际上有影响的工作,2002年获国家自然科学奖二等奖,并应邀在美国物理学会的年会上作"磁纳米结构中的巨磁电阻和量子效应"的邀请报告。

祝世宁(1949—),江苏省镇江市人。南京大学教授、博士生导师,功能材料领域专家,物理学家,2007年当选中国科学院院士。1981年毕业于淮阴师范学院,1988年在南京大学获硕士学位,1996年在南京大学获博士学位,曾先后在美国、日本和香港等地大学做访问研究。现任物理系主任、江苏省物理学会理事长。长期从事结构功能材料研究。与合作者在铁电畴工程研究方面,发明了室温图案极化方法,发展了铁电基微结构晶体制备技术,研制出不同结构和功能的介电体超晶格材料。在微结构晶体功能研究方面,发展了非共线准相位匹配技术,并应用于光的非线性弹性散射、增强拉曼散射、非线性切仑科夫辐射和纠缠光研究等。在全固态激光器研究方面,将超晶格材料与全固态激光技术结合,研制成光学超晶格多波长激光器和可调谐激光器等。曾获国家"863 计划"15 周年先进个人、1998 年度香港"求是"杰出青年学者、第五届南京市十大科技之星等称号。他和合作者的研究成果二次被科技部评为年度基础研究十大新闻,二次被教育部评为全国高校年度十大科技成果。与合作者一起完成的"介电体超晶格的设计、制备、性能与应用"项目获 2006 年国家自然科学一等奖。

胡海岩(1956—),生于上海。南京航空航天大学原校长、党委副书记,研究生院院长,力学教授,博士生导师,2007 年当选中国科学院院士。1988 年毕业于南京航空航天大学固体力学专业,获工学博士,留校任教。1990 年任副教授,1994 年任教授,1995 年任博士生导师,1997 年任校长助理(其间 1992 至 1994 年任德国 Stuttgart 大学洪堡基金研究员,1996 至 1997 年任美国 Duke 大学客座教授),1998 年任南京航空航天大学副校长、党委常委,2001 年任校长、研究生院院长,2006 年任党委副书记。2007 年 8 月 28 日被任命为北京理工大学校长。主要从事与国防科技相关的非线性动力学、振动控制研究,在振动控制系统的非线性动力学、结构碰撞振动理论及其应用方面作出重要贡献。出版著作 5 部,发表论文 162 篇,其中 62 篇被 SCI 收录,83 篇被 EI 收录。作为第一完成人获国家自然科学奖二等奖 1 项,获国家科技进步奖二等奖 1 项,部级科学技术奖一等奖 2 项、二等奖 2 项。1991 年被授予有突出贡献的中国博士学位获得者称号,1992 年获政府特殊津贴,1994 年入选国家教委"跨世纪优秀人才计划",1996 年获国家杰出青年科学基金,1998 年被授予国家有突出贡献的中青年专家称号,2001 年被授予全国国防科技工业先进工作者称号。

二、中国工程院院士

严　恺(1912—2006),1994 年当选中国工程院院士。其余见本书第 722 页。

彭司勋(1919—),湖南保靖人。药物化学家。1996年当选中国工程院院士。1942年国立药专毕业,1950年在美国哥伦比亚大学获硕士学位。回国后曾任南京药学院教授、博士生导师、教务长、副院长,江苏省药物研究所所长,国务院学位委员会第一、二届学科评议组成员兼药学组召集人,国家发明奖评选委员会特邀审查员,国家卫生部药典委员会、新药评审委员会委员,国家新药基金评审委员会主任委员,全国高等医药院校药材评审委员会主任委员,北京医科大学天然与仿生药物国家重点实验室学术委员会委员,第八届全国政协常委,江苏省第七届政协副主席。现任中国药科大学顾问,药物化学国家重点学科学术带头人,学位评定委员会主席,国家新药研究与开发领导协调小组顾问,中国医药教育协会副会长,中南大学名誉教授,江苏省药学会理事长。是我国化学制药、药物化学专业创建者之一。主编我国第一部《药物化学》教材,曾被评为国家优秀教材。创办《药学教育》等杂志。主编《中国药学年鉴》等丛书及《中国药科大学学报》,是多种学术杂志编委或顾问。发表论文140余篇,主编专著5部。长期从事心脑血管活性物研究,重点为作用于钙、钾离子通道的化合物和一氧化氮调控剂。发现多种具有开发前景的心血管活性物质,其中氯苄律定已获国内外专利,正申请临床试验。主持"七五"、"八五"数个攻关项目。研究成果曾分别获山东省和江苏省科技进步二等奖、国家教委科技进步三等奖,何梁何利科技进步奖。培养博士、硕士50余名。被授予江苏省教学育人优秀研究生导师,江苏省优秀学科带头人荣誉。曾先后赴欧美等10余国进行访问和学术交流。

陈太一(1921—2004),生于江苏苏州。通信与信息工程专家。1997年当选中国工程院院士。1944年毕业于广西大学,1946年于上海交通大学获硕士学位。历任中山大学、张家口军事通信工程学院副教授,西安军事通信工程学院系副主任、教授,解放军通信兵科技部总工程师,南京通信工程学院副院长,中国电子学会、通信学会常务理事,跨国电子工程师学会终身会员,华中科技大学教授,西安电子科技大学名誉教授,上海交通大学等7所院校的兼职教授,山西大学物理电子工程学院名誉院长,国家新名词审定委员会信息科学名词组组长,中国电子学会教育工作委员会和普及工作委员会主任委员。长期以来负责我军通信、指挥自动化的科学技术及人才培养工作,为我军该领域建设作了大量开创性、奠基性工作。坑道通信、埋地天线、丛林通信传播机理等科研工作属当时国际先进水平。主持并参与了战术电台系列半导体化、我国第一代长距离同轴海缆载波通信系统、数字保密电话系统的研制和开发。参与了"东方红"卫星总体方案的论证,提出了军事通信"三网一系统"发展建设方针。创建了指挥自动化等 5 个新专业,培养了大批知名专家和高级人才。主要著译作有《纠错码入门》、《综合业务数字网概论》等多部。

黎介寿(1924—),湖南浏阳人。普通外科专家。1996 年当选中国工程院院士。1949 年毕业于前国立中正医学院。现为南京军区南京总医院副院长,解放军普通外科研究所所长,国家重点学科、全军医学重点学科、江苏省医学重点学科负责人,军内外 9 所大学教授或名誉教授、博士生导师、博士后联系导师,解放军医学科学委员会副主任委员,江苏省医学会副会长,国际外科学会国家级会员,欧洲肠外与肠内营养学会会员,欧洲消化道外科学会会员,同时还是中华外科学会委员,中华外科学会营养支持学组组长等。擅长腹部外科,精于临床营养支持,尤其对治疗肠外瘘、短肠综合症等复杂疑难疾病与危重病人有丰富的经验与卓越效果。1994 年完成了亚洲第一例人同种异体小肠移植术。发表学术论文 500 余篇,担任 13 卷巨著《手术学全集》总主编,主编《肠外瘘》等专著 8 部,参与黄家驷外科学等 21 部著作的撰写工作。先后获国家科技进步二等奖和三等奖、军队科技进步一等奖和二等奖、军队医疗成果一等奖、国家教委科技进步二等奖、江苏省科技进步二等奖等重大科技成果 26 项。先后荣获何梁何利医学与药学奖、国家科学大会奖、解放军专业技术重大贡献奖、总后勤部与南京军区有突出贡献的医学专家、培养人才先进个人、有突出贡献的名老医学专家等称号 10 余项,2 次荣立二等功。

黎磊石(1926—2010),生于湖南长沙。肾脏病学专家。1994 年当选中国工程院院士。1949 年毕业于原国立中正医学院。曾任国际肾脏病学会理事,中华内科学会副主任委员,中国工程院医疗卫生学部常委、主席团成员,第八届全国政协委员,《中华医学》杂志(英文版)、《中华内科》、《中华肾脏病》等杂志副主编,解放军肾脏病研究所所长,南京大学临床医学院副院长、教授、博士生导师。是我国现代肾脏病学的开拓者,中华肾脏病学会及亚太地区肾脏病学会创始人之一。在我国现代肾脏病学发展早期,努力革新引进国外先进技术,促进我国肾脏病诊疗水平迅速提高与国际接轨。潜心研究持续性血液净化救治重危病例获得成功。创用免疫吸附疗法治疗脂蛋白肾病,开展糖尿病肾病及 IGA 肾病、狼疮性肾炎的研究,在治疗方法上有重大创新。首次在国内应用霉酚酸酯及 FK506 治疗狼疮性肾炎及自身免疫病,在国内迅速推广。首创雷公藤治疗肾小球疾病、大黄提取物治疗慢性肾衰及糖尿病,发现虫草促进肾小管修复的作用,不但为传统医学现代化做出了典范,也为我国肾脏病学走向世界做出了贡献。发表论文400余篇,获中国专利3项、美国专利1项。曾获国家科技进步二等奖、三等奖6项,军队科技进步一等奖、二等奖12项。先后荣立二等奖、三等功14次。荣获解放军专业技术重大贡献奖、何梁何利奖,被授予全国百佳医生称号、香港内科学院荣誉院士。

刘大钧(1926—),江苏常州人。作物遗传育种学家。1999年当选中国工程院院士。1949年毕业于金陵大学,1959年获莫斯科季米里亚捷夫农学院生物科学副博士学位。曾任南京农业大学副校长等职。现为南京农业大学教授、细胞遗传研究所所长、博士生导师。长期从事作物遗传育种教学与研究工作。培育的小麦品种"宁麦3号"曾在长江中下游大面积推广。在国际上首次发现簇毛麦、鹅观草等分别高抗小麦白粉病和赤霉病,并将其抗性基因成功转移进栽培小麦,育成一大批优异抗性种质,其中小麦—簇毛麦6VS/6AL易位系所携抗白粉病基因经国际基因命名委员会正式定名为Pm21。育成具Pm21基因的小麦新品种南农9918。所建立的染色体分带、荧光原位杂交、非整倍体分析与分子标记相结合精确鉴定栽培小麦中外源染色质的技术体系,达国际先进水平。在国内率先开展小麦抗病基因的MAS育种工作,与兄弟单位合作育成小麦新品种。多次获国家与省、部级奖励。2000年荣获何梁何利科技进步奖。先后培养50余名研究生,发表论文170余篇,编著4部,为植物分子、细胞遗传学在我国的发展做出了重要贡献。多次组织参加国际学术活动,在国际合作与交流中发挥了重要作用。

唐明述(1929—),四川安岳人。无机非金属材料专家。1995年当选中国工程院院士。1953年毕业于天津大学,1956年南京工学院研究生毕业。长期在南京化工学院(现南京工业大学)从事教学和研究,现为该校教授、博士生导师,国际性杂志《水泥与混凝土研究》编委。主要研究领域为水泥和混凝土材料科学。具体课题有:碱集料反应、钢渣微观结构、延迟性膨胀混凝土及用水泥固化核废渣等。特别是对影响混凝土工程寿命的碱集料反应进行了长期系统的研究,包括检测方法、反应过程机理、分类、工程判定、抑制措施以及制定相应标准和预防措施的专家系统等。创建的压蒸快速法已定为我国和法国标准。碱碳酸盐反应快速法已被国际材料与建筑构造研究试验所联合会列为筛选试验。近年来,发现机场、立交桥、铁路桥、轨枕、工业及民用建筑,因碱集料反应而遭受严重破坏的现象,已引起政府有关部门和工程界的高度重视。其课题先后获全国科学大会奖、国家自然科学二等奖、省科技进步二等奖、国家教委科技进步一等奖及其他省部级奖。发表中外论文260余篇,著(译)近10部。培养博士生、硕士生30余人。先后赴法、加、美、日、英、丹、澳等国参加会议和考察。曾被评为国家级有突出贡献的中青年专家及江苏省劳动模范。

钟训正(1929—),湖南武冈人。建筑学家。1997年当选中国工程院院士。1952年毕业于南京大学。1984至1985年作为访问学者赴美工作。曾任教于湖南大学、武汉大学、南京工学院。现任东南大学教授、博士生导师,中国建筑学会理事,中国建筑师学会名誉理事,江苏省土木建筑学会副理事长。从事建筑教育和科学研究50年,硕果累累。以他为主合著的《建筑制图》获1996年国家建设部优秀教材一等奖。潜心数十年,从外国书刊中精选800余幅建筑构造图,编绘成《国外建筑装修构造图集》,广为同行借鉴。在建筑设计与创作方面,努力探索国外先进经验和手法在我国社会文化背景下实践的新途径。与北京工业建筑设计院合作设计的北京火车站及他设计的南京长江大桥桥头堡,均是周恩来总理选定后实施建成的。1983年设计的无锡太湖饭店新楼,获国家建设部优秀设计二等奖、国际建协第20届世界建筑大会"当代中国建筑艺术创作成就奖"。1986年和1987年设计的兰州甘肃画院和海南三亚金陵度假村,均获国家教委优秀设计二等奖。

王明庥(1932—),湖北枝江人。林木遗传育种专家。1994年当选中国工程院院士。1954年毕业于华中农学院,1962年莫斯科森林工程学院研究生毕业,获副博士学位。历任南京林业大学校长,中国林学会第五、六届常务理事,第七届副理事长。现任南京林业大学教授、博士生导师,国家技术发明奖评审委员会委员,国务院学位委员会林学学科评审组召集人,国家科技奖励委员会林业专业评委会副主任,国家林业局科技委员会常委。长期从事森林遗传学和林木遗传改良的教学和科学研究。自20世纪70年代开始从事工业用材速生树种——杨树遗传改良的研究,主持"平原农区速生阔叶树种良种选育"、"美洲黑杨胶合板材纸浆材新品种选育"等国家科技攻关课题,在遗传资源、引种理论、无性系性状测定及新品种选育等方面均取得了创新性的成果,形成大规模短周期工业原料林基地及杨木加工产业,在苏北地区这一新产业,年创产值已达数十亿元。曾获国家科技进步一等奖,国家发明奖,"七五"、"八五"国家重点科技攻关重大成果奖和国务院的表彰奖励,1999

第十七章 当代南京教育家的思想与实践 743

年获何梁何利科技进步奖。先后被江苏省授予劳动模范和农业科技功臣称号。出版科学专著和主编教材5部,在国内外发表论文80多篇,共培养硕士、博士30余人,被评为江苏省高校重点学科优秀学术带头人。

孙　伟(1935—　),女,山东胶州人,东南大学材料科学与工程系教授,博士生导师,2005年当选中国工程院院士。1958年毕业于南京工学院土木工程系,留校任教。1984至1985年赴美国塞克拉克斯大学访学。长期从事土木工程材料领域的教学、科研与人才培养工作。主要研究各类土木工程新材料,重点是生态环保型高性能混凝土和高性能与超高性能纤维增强水泥基复合材料的基本理论和应用技术。先后承担和负责国家"八五"、"九五"攻关项目、"十五"、"863"、"973"项目专题、国家自然科学基金重点和面上项目、省部级科研项目、润扬长江公路大桥、南京地下铁道、长江三峡、江苏高等级公路、南京长江二桥、苏通大桥、国防军工项目等重大工程及国际合作项目近40项。以新理论、新技术、新方法制备出多系列高性能混凝土和高性能与超高性能纤维增强水泥基复合材料,在土木工程材料的生态化、高性能化、工业废渣资源化等方面取得一批具有国际先进水平的创新成果,在建立结构混凝土耐久性评估和寿命预测新方法方面有重要创新,解决许多理论难题和关键技术。先后获国家发明三等奖1项、江苏省科技进步一等奖1项、教育部提名国家自然科学二等奖等省部级奖8项、国家发明专利1项。发表论文280多篇,被SCI收录39篇,EI收录88篇,被SCI引用100多篇次。主编国际会议论文集1部,参编专著4部,主编、参编国家和省部级规程6部。

王泽山(1935—　),吉林省吉林市人。含能材料专家。1999年当选中国工程院院士。1960年毕业于哈尔滨军事工程学院。曾担任华东工学院化学工程系主任、南京理工大学装药技术研究所总工程师等职务。现任南京理工大学教授、含能材料国家重点学科的学科带头人、博士生导师。在含能材料领域取得了一些重要的理论研究成果,包括含能材料的设计、性能、燃烧过程、实验方法和装药原理等。曾经主持研究改变废弃含能材料的处理方法,发展了再利用理论和资源化技术,为消除国际性公害提供了技术,获1993年国家科技进步一等奖;发展了含能材料燃烧的补偿理论,并解决了长贮的稳定性问题,明显地提高含能材料的能量利用率,获1996年国家技术发明一等奖;发展了含能材料的高能量密度装填技术,提高了含能材料的效率,获1998年国家技术发明三等奖。出版专著11部,发表论文100多篇。培养研究生80多名。还先后获国家优秀教材二等奖、国家优秀教学成果二等奖、光华科技基金特等奖、何梁何利科技进步奖、7项省部级科技成果奖,20项国家技术发明专利,并获"866工程"突出贡献专家、国家优秀科技工作者,以及省优秀研究生导师等称号。

孙忠良(1936—),生于上海市。毫米波技术与系统专家。2001年当选中国工程院院士。1960年毕业于南京工学院。毕业后留校从事教学和科研工作。1987年任教授,1993年起任博士生导师。现任毫米波国家重点试验室主任,电磁场理论与微波技术学科负责人,全国第八、第九届政协委员。长期从事毫米波技术领域的科学研究和人才培养。自20世纪70年代起研究毫米波信号的发生和放大、频率变换、功率合成、相位锁定、准光学元部件、毫米波组件、集成前端等课题。完成毫米波体效应振荡器系列、8毫米集成前端等重大研究项目。提出体效应谐波模式振荡器工作原理;介质谐振器基波稳频谐波输出集成振荡器方法;3毫米谐波功率合成电路;毫米波分谐波注入锁定特性;突破8毫米混合集成前端的电磁理论、电路设计和结构工艺等关键技术,实现包括单片集成电路的前端整体混合集成,研制出一系列集成前端。近年来着重进行毫米波新技术,如准光技术、成像技术的研究。在国内外发表学术论文60余篇。已获得国家科技进步一等奖,省部委科技进步一、二等奖共5项,并获得过"人民教师"等多种称号和荣誉。

盖钧镒(1936—),江苏无锡人。大豆遗传育种和数量遗传专家。2001年当选中国工程院院士。1957年毕业于南京农学院,1968年完成作物遗传育种研究生学业。现任南京农业大学教授、博士生导师师,国家大豆改良中心主任、中国作物学会、中国大豆研究会副理事长。曾任南京农业大学校长,第八届全国人大代表,世界大豆研究会第五届常委。长期从事大豆遗传育种和数量遗传研究。搜集与研究以中国南方大豆为主的资源1.2万份,建立8个性状的种质发掘、遗传机制和选育创新的研究系列,创造出一批优异种质,获国家科技进步二等奖。将种质研究推进到基因组学领域,合作建立大豆遗传图谱并标记定位5个连锁的抗SWV基因。完成中国大豆育成品种系谱图及遗传基础分析。提出中国大豆品种熟期组划分方法和品种生态区划。提出支持栽培大豆起原于南方野生群体的分子遗传学论据。上述研究曾获省部级一等奖1项、二等奖3项、三等奖6项。主持了国家大豆育种攻关,育成南农73-935等20多个新品种,在长江中下游推广。将数量遗传多基因假设拓展为主基因加多基因混合遗传模型,实现了从只能研究多基因整体效应到能同时鉴别1-3个主基因效应和多基因整体效应的突破。发表论著400

余篇(册)。参编的一部教材获国家级教学成果一等奖。培养、合作培养博士、硕士百名以上。先后获国家级有突出贡献的中青年专家称号和中华农业科教奖农业科研奖、何梁何利科技进步奖。

吕志涛(1937—),生于浙江省新昌县。结构工程专家。1997年当选中国工程院院士。1961年毕业于南京工学院,1965年6月结构工程研究生毕业后留校。1986年为教授、博士生导师。现任东南大学学术委员会主任。被西南交通大学、浙江大学、河海大学、江苏大学等10多所高校聘为名誉教授或兼职教授。为我国混凝土及预应力混凝土结构科学技术的发展作出了贡献。完善了混凝土结构计算理论和设计方法,提出了两类斜裂缝理论、抗剪设计方法和双向偏心受拉计算公式等。发展了预应力混凝土结构体系、计算理论和设计方法。开拓了预应力技术应用的新领域。为珠海海关、北京西站及南京电视塔等工程的设计和建造,承担了设计、研究和计算。在国内外已发表学术论文140多篇,出版著作7部。培养博士生48名,硕士生57名,国内访问学者12名。曾荣获国家级和部、省级科技进步奖共20项。被评为全国模范教师、国家级有突出贡献的中青年专家、全国高校先进科技工作者、南京首届十大科技之星。1999年获何梁何利科技进步奖。

李鸿志(1937—),北京市人。弹道学及瞬态力学专家。1994年当选中国工程院院士。1961年毕业于炮兵工程学院。后在炮兵工程学院、华东工学院、南京理工大学从事教学、科研工作。历任教授、博士生导师,教研室主任,八系主任兼弹道研究所所长,华东工学院(南京理工大学)校长及瞬态物理国家重点实验室主任,国务院学位委员会兵器科学与技术学科评议组召集人,解放军总装备部科技委兼职委员,中国兵工学会副理事长,弹道学会主任委员,《弹道学报》主编。20世纪60年代起,从事火炮基础理论及弹道学的科研与教学工作。先后承担30多项有关弹道学、工业爆炸灾害力学及超高速发射技术等领域的国防与自然科学基础研究项目。获得国家发明奖及科技进步奖4项,省部级成果奖10项,发明专利2项,国际发明展览会金奖1项;南京市劳动模范,全国有突出贡献中青年专家,全国优秀教育工作者,兵器工业功勋奖,光华基金特等奖等荣誉。撰写了80多篇(部)论文、教材、专著及研究报告。培养了40多名博士、硕士研究生。在原学科基础上,拓展了几个新的学科方向与科学领域,主持建设和领导了瞬态物理国家重点实验室。在教育和科技改革方面,做了有益探索,取得了比较明显的成效。

张全兴(1938—),江苏常州市人。南京大学教授、博士生导师,环境工程专家,2007年当选中国工程院院士。1957年考入天津南开大学化学系学习,因工作需要,在1960年提前毕业留校任教,曾任高分子教研室党支部副书记、书记;1985年调到江苏石油化工学院(现江苏工业大学)任教,曾任院设计研究所所长;1993年调到南京大学任教,曾任环科系环工教研究室主任、南京大学环科所副所长;2004年至今任江苏省有机毒物污染控制与资源化工程技术研究中心主任。2006年被南京大学任命为资深学科带头人。曾获国家有突出贡献的中青年专家、国务院颁发的政府特殊津贴、全国化工环保先进工作者、江苏省第二届十大杰出专利发明人等称号。他在国内开创了树脂吸附法治理有毒有机工业废水及其资源化的新领域,在应用基础研究、技术开发和工程应用方面取得了突破。获国家自然科学二等奖1项、国家科技进步二等奖1项、国家技术发明二等奖1项、部省级科技进步一等奖2项、二等奖7项,至今已发表论文300多篇,获准国家发明专利36项,在全国各地建立有机化工废水治理与资源化装置40多套。2006年荣获何梁何利基金科学与技术创新奖,2007年获中国发明协会发明创业奖特等奖和"当代发明家"称号。

吴中如(1939—),江苏宜兴人。土木结构工程专家。1997年当选中国工程院院士。1963年毕业于华东水利学院。先后在中国水利水电研究院、华东水利学院等单位工作。现任河海大学教授、博士生导师、学术委员会主任,中国工程院土木、水利和建筑学部常委。长期从事大坝安全监测和水工结构领域的教学和科研工作,在大坝安全监测、安全分析、反馈分析和综合评价等领域,建立了系统的理论、方法,并推广应用于生产。先后主持国家重点攻关项目课题6项,国家自然科学基金、三峡重大项目的课题等基金5项,三峡临时船闸、升船机和左岸厂房等安全监测工程、龙羊峡、二滩、丹江口、佛子岭等大型工程科研项目50多项。撰写专著7部,其中《水工建筑物安全监控理论及其应用》、《大坝安全综合评价专家系统》和《大坝的反分析及其应用》等专著中提出的理论和方法,填补了大坝安全监测领域的空白。先后获得了国家和省部级科技奖10多项。在培养人才方面,也取得了显著成绩。曾获国家级有突出贡献的中青年专家、水利部特等劳动模范、全国高等学校先进科技工作者、全国模范教师和江苏省优秀党员等光荣称号。

张齐生(1939—),浙江淳安人。木材加工与人造板工艺学专家。1997年当选中国工程院院士。1961年毕业于南京林学院。现为南京林业大学教授、博士生导师,兼任浙江林学院院长。是林业部第三、四、五届科技委员会委员、中国竹产业协会副会长、中国林学会木材工业分会副会长、竹子分会副理事长。长期从事木材和竹材加工利用的教学和研究工作。完成的铅笔板新工艺研究,简化了工艺,降低了材耗和能耗,经济效益显著,是我国铅笔工业的重大改革,先后获天津市优秀成果一等奖,国家发明三等奖。其南方型黑杨制造胶合板的研究,为该树种成为我国主要胶合板材做出了贡献。率先在国内外开展竹材加工利用的研究,攻克了"竹材高温软化—展平"等技术难关,先后开发出竹材、竹木复合材系列产品,具有国际领先水平。研究中提出的竹、木复合结构和等强度破坏理论,为竹材科学、高效利用提供了理论依据。出版专(译)著8部,发表论文60余篇。主持完成国家攻关、自然科学基金、产业化示范、"863"及部、省重点项目数十项,先后获国家科技进步二等奖、中国专利造金奖、林业部科技进步一等奖、第二届亿利达科技奖。被授予国家级有突出贡献的中青年专家、国家星火科技先进工作者、国家科技推广先进工作者等称号。目前正从事竹材化学利用的研究开发。

顾冠群(1940—2007),江苏常州人。计算机网络专家。1997年当选中国工程院院士。1962年毕业于南京工学院(今东南大学),留校任教。历任室主任、系主任、副校长、校长、教授、博士生导师、国家重点基础研究发展规划专家顾问组成员,国家信息化专家咨询委员会成员,国际SME高级会员,纽约科学院成员,江苏省科协副主席。当选为第九届全国人大代表。40年来一直从事计算系统与应用系统的研究和开发。研制成我国第一台晶体管数字积分机,完成"自动切割系统和绘图系统"及"潜艇电子航迹仪"的设计。参加DJS-220系统计算机联合设计工作。合作研制成具有基本型通信规程功能的DJS24/25计算机。是我国计算机网络工程领域最早的研究人员之一。率先研制成"高级数据链路通信控制器及规程软件"。主持研制了我国第一个市域OSI网络,和我国第一个自行开发的开放式EDI系统。是中国—欧共体合作项目"江苏省计算机应用网络"中方首席专家。主持建立了国家863/CIMS计算机网络与数据库工程实验室,完成10多个项目,承担5项应用工程。获国家级科技进步奖4项,部省级科技进步一、二等奖12项。发表论文120余篇,出版专著5部,其中,我国第一本《计算机网络》,获电子部优秀教材一等奖。先后被授予国家级有突出贡献的中青年专家、全国高校先进工作者、全国教育系统劳动模范等荣誉称号。

刘怡昕(1941—   ),江苏南京人。中国人民解放军炮兵学院南京分院教授,博士生导师,武器系统与运用工程专家,2003年当选中国工程院院士。全军初级指挥院校首位将军教授,先后获得多项国家和军队科技进步奖。18岁考入哈尔滨军事工程学院炮兵工程系,主修火箭设计专业。毕业后从事炮兵武器装备研究设计,成为学科带头人。20世纪80年代中期,放弃原有优良的科研条件,来到南京炮兵学院,从此与三尺讲台结下不解之缘。

王景全(1943—),生于江西南昌。中国人民解放军理工大学工程兵工程学院道路桥梁渡河教研室教授,博士生导师,2003年当选中国工程院院士。从事渡河工程教学与研究40年,与同事一起攻克26项重大科研课题,获得多项国家、军队科技进步奖。在黄河、长江、淮河、闽江、乌苏里江、松花江、塔里木河、雅鲁藏布江、澜沧江等主干河流,创造了军队渡河工程史上的一个个奇迹。第一个解决了在黄河大流速条件下架设舟桥的安全锚定问题;指导部队在高水位长江最复杂水域主航道上首次架设浮桥;解决了军队海上工程保险重大技术难题。

欧阳平凯(1945—),湖南湘潭人。生物化工专家。2001年当选中国工程院院士。1968年毕业于清华大学,工学硕士。1985至1987年赴加拿大、美国进修生物化工。曾任南京化工大学校长等职。现任南京工业大学校长、教授、博士生导师,世界化学工程联合会中方理事,中国化工学会副理事长,江苏省化学化工学会理事长,江苏省生物技术协会理事长,国家生化工程技术研究中心主任,国务院学科评议组成员,国家工程技术研究中心评审委员,国家自然科学基金委员会第八届学科评审组成员,国家科技奖励委员会评审组委员,江苏省第八届政协委员,中共十六大代表。是我国生物化工工程研究和工程教育领域的先行者。主要从事化学生物学及应用研究、生化工程技术及过程综合优化研究,其中化学酶法转化生产手性化合物及其过程优化技术取得突破性进展,某些领域已达到国际先进水平。创建了工业生物技术重点实验室和国家生化工程技术研究中心。发表论文180余篇,出版《生物分离工程与技术》等专著3部。先后获江苏省科技进步二等奖、国家化工部科技进步一等奖、国家科技进步一等奖、美国杜邦科技创新奖。1992年获国家有突出贡献的中青年专家称号,1999年获南京市十大科技之星称号,2001年获江苏省劳动模范和全国模范教师称号,2002年获全国杰出专业技术人才称号。

刘志红(1958—),女,生于甘肃临洮。肾脏内科学专家。2003年当选中国工程院院士。1989年毕业于第二军医大学研究生院。1993至1996年美国国立卫生研究院学习。现任南京军区总医院肾脏病研究所主任医师,全军肾脏病重点实验室主任,南京大学医学院临床学院教授、博士生导师、博士后联系导师,第二军医大学、第四军医大学客座教授。中南大学湘雅医院首席科学家,南京中医药大学名誉教授。在医疗和科研中贡献突出,发表论著250篇,SCI收录60篇。获国家科技进步二等奖三项,教育部自然科学一等奖一项,军队科技进步一等奖二项、二等奖四项。在糖尿病肾病发病机制的研究中成绩突出。发现大黄酸是一种独特的治疗糖尿病肾病的良药。获中国及美国专利,立项为863国家重大科技专项开发。研究了多种肾脏病的相关基因多态性及功能变化与临床表型,预后的关联以及肾脏病患者肾小球基因表达谱及其变化规律。在IgA肾病的研究中发现肠粘膜免疫异常在其发病中的作用,提出临床分型治疗,显著提高了疗效。对免疫抑制剂的临床应用有独创的研究,经验在国际上推广。获中国青年科技奖,求是杰出青年工程奖,全国优秀科技工作者,工程院光华工程科技青年奖,中国人民解放军专业技术重大贡献奖,中央军委记一等功。

徐南平(1961—),安徽桐城人。南京工业大学副校长,教授,博士生导师,国家有突出贡献的中青年专家,2005年当选中国工程院院士。1989年毕业于南京化工学院,获博士学位,留校从事教学、科研工作。主要从事化学工程领域的研究工作,是国家"973"计划"面向应用过程的膜材料设计与制备基础研究"项目首席科学家,国家"十五""863"计划第二届领域专家委员会专家,国家自然科学基金化工学科评审组专家。先后主持承担国家重点科技攻关项目、国家"973"、"863"项目、国家自然科学基金、国家杰出青年基金项目、国家国防重点研究项目、国家计委产业化专项项目、江苏省科技攻关项目等40余项。发表论文近200篇,其中被SCI、EI检索论文127篇,出版著作2部,获授权专利17项,有15项成果通过省部级鉴定。获国家技术发明二等奖1项、国家科技进步二等奖、三等奖各1项、江苏省科技进步一等奖2项、全国膜行业科技进步一等奖1项、全国化工行业技术发明一等奖1项、科技部刘永龄科技奖1项、省部级科技进步二等奖3项。曾获教育部"霍英东优秀青年教师"教学奖、全国优秀教师、江苏省劳动模范、江苏省首届"创新创业人才"等称号,是江苏省"青蓝工程"跨世纪学术带头人,省优秀学科带头人,省"333"工程第一层次培养对象,享受政府特殊津贴。

黄　卫(1961—),江苏通州人。东南大学交通学院教授,博士生导师,2007年当选中国工程院院士。1977年10月参加工作,研究生毕业,工学博士。历任东南大学交通运输工程系教研室主任、讲师、副教授、教授、系副主任、教授、博士生导师,1996年后任东南大学交通学院院长、副校长、常务副校长、党委常委,2000年任东南大学交通学院教授、博士生导师,2001年任江苏省建设厅厅长、党组书记,2003年3月至2003年8月任江苏省副省长,2003年8月任建设部副部长、党组成员。获国家发明专利多项;大跨径桥梁关键技术研究获得国家科技进步二等奖;高等路面设计理论与方法和智能运输系统理论与关键技术分别获教育部提名国家自然科学一等奖,近20项研究成果获部省级奖励;主持和参加了江苏省智能运输系统发展战略、江苏省智能能运输系统体系框架、南京第二长江大桥、舟山大陆连岛计划桃夭门大桥、润扬长江大桥、杭州湾大桥、苏通长江大桥、南京第三长江大桥的桥面铺装等国家重点工程的研究工作,解决了工程中的许多关键技术;主持国家"九五"攻关项目"中国ITS体系框架"交通管理与规划领域的研究,是国内最早从事智能运输系统学科研究的教授之一,是在此研究方向首批博士生导师;在科学通报等重要学术刊物上发表140余篇科技论文,被SCI收录3篇,被EI收录30余篇,出版教材和学术专著8部。

第四节 当代南京基础教育专家简介

一、首届南京基础教育专家

朱　刚(1917—2008),出生于南京市郊。教育行政与管理专家。童年在陶行知学生办的中山门小学读书,遂萌生了以陶行知为榜样,献身中国教育事业的念头。1935年,在上海私立泉漳中学读书,参加了"一二·九"学生爱国运动。抗日战争爆发后,因不满国民党消极抗日、腐败黑暗,又因为通过阅读《西行漫记》知道真正为国为民的是中国共产党,于是1938年10月,放弃了在湖南衡阳国民党飞机修理厂担任机械师的优裕生活,同妻子带着刚满月的婴儿,冒着杀头危险,经历艰险跋涉,到达革命圣地延安,进入抗日军政大学学习,同年加入中国共产党。在亲聆毛泽东关于"教育工作也是革命重要工作"的教诲后,便终生踏上了教育征程。1939年在晋察冀边区涞沅县任教育科长。抗日战争胜利后,在察哈尔宣化师范任教导主任。解放战争期间,先后在冀热察中学、围场中学、热西联合中学、董存瑞中学任校长。1949年随军南下回到南京后，参加大中学校接管工作，并在南京第一中学担任校长，因改造建设一中，倡导"为祖国而教，为祖国而学"而在华东地区颇有影响。1953年后出任南京市教育部门领导工作，历任市委学校党委书记、市文教党委第二书记、市中等学校党委书记、市高等学校党委书记、南京市教育局副局长、局长、局党组书记、中共南京市委文教部副部长、宣传部副部长、市教育卫生办公室副主任、市委教育卫生部副部长等。1980年，筹建全国第一家职业大学——金陵职业大学，首开校企联盟、自费走读、不包分配、学优择用，把市场经济体制引进教育领域之先河，并首次响亮提出"把大学建成社会主义精神文明堡垒"的口号，在全国引起广泛反响。1983年离休之后，同7位离退休同志一道，又创建全国第一家正规民办大学——南京育才职业大学。1992年，创办民办中华育才中等专业学校。1983年后当选为中共南京市顾问委员会委员、中国陶行知研究会常务理事、中国延安精神研究会理事、南京延安精神研究会长。荣获中国民办高等教育委员会创业奖。业绩已载入《中国人名大辞典》（当代人物卷）和《世界名人录》。著有《把一切献给教育》及《朱刚教育集》。

恽宗瀛（1921— ），江苏常州人。江苏省第一位中学美术特级教师，著名画家，中国美术家协会会员。毕业于中央大学艺术系，是艺术大师徐悲鸿的学生。长期担任江苏省美术书法教学研究会理事长。他忠实继承了徐悲鸿"师法造化"的现实主义绘画理论，重实践、重基本功训练。从1952年调入金陵中学至退休，他把整个身心都扑在中学美术教育和艺术创作上。他认为中学的美育是提高青少年审美情趣、陶冶高尚心灵的重要途径，关系到民族未来的整体素质。在美术教学中，他注意引导学生正确认识客观世界和周围的事物，教育学生正确辨别美与丑、高尚与平庸，而这一切都通过审美活动与绘画基本功训练（写生、速写、默写、临摹）逐步实现。他的经验证明，这种基本功训练应以写生画为主，因为这是培养学生观察力、记忆力、想象力和创造力的重要手段之一。所以，他一贯十分重视写生画的教学。为了上好每堂课，恽宗瀛总是认真准备，找资料，写笔记，作范画，仔细琢磨，一丝不苟，并形成了"讲清要求，引导观察，当场示范，巡视辅导"的一套美术教学法。他以准确娴熟的绘画技巧，调动学生兴趣，取得了极好的教学效果，深得学生敬重。在历届毕业生中，经他辅导而先后考入艺术院校和美术部门学习、工作的共有百余人，其中不少人已成为美术骨干。恽宗瀛的美术基本功扎实,无论是油画、水彩画、色粉画都画得很好,尤其擅长水彩画和粉画。1978年起,先后应邀在南京艺术学院、广州美院和鲁迅纪念馆以及北京中国美术馆举行画展。中国军事博物馆、江苏美术馆、雨花台烈士史料陈列馆均收藏有其作品。

罗炳权(1922—),广东兴宁市人。教育行政管理专家。1942年广东梅县东山中学高中毕业,1940年加入中国共产党。1943年进入国立中央大学师范学院教育系学习,曾担任中央大学新民主主义青年社领导小组成员、校党支部书记,是中央大学学生爱国运动主要领导人之一。1947年12月至1949年3月受党组织指派,赴香港参加中共上海局主办的中共香港干部学习班学习和工作。1949年4月南京解放后,历任共青团南京市委副书记、宣传部长,市委青年运动委员会委员兼大学党委委员,南京市师范学校校长、党支部书记。20世纪50年代和70年代末、80年代初,两度出任南京市教育局领导工作,历任南京市教育局副局长、局长、局党组书记。1980年兼任南京市中等专业学校校长。1983年至1986年,任南京市人大常委会教科文卫委员会主任。还担任中国民主促进会江苏省委员会副主任、江苏省政协常委、中国叶圣陶研究会副会长、江苏省叶圣陶研究会会长、江苏省陶行知研究会副会长、江苏省陈鹤琴研究会副会长、金陵老年大学常务副校长、南京老年教育学会会长、中国老年大学协会副会长、江苏省老年大学协会副会长等。他几十年献身教育事业,悉心研究教育理论,提出搞好基础教育要重视课堂教学,重视发展智能,重视办好初中,重视教育科研;教育要面向全体学生,全面贯彻教育方针,遵循教育规律,提高教学质量等。其中许多见解经受了时间的考验,至今仍然精当、有用。其撰著的《罗炳权文集》、《第二人生价值》,记录了中共十一届三中全会以来南京市教育战线拨乱反正、深化改革的实践,记录了他对教育领域内大是大非问题的真知灼见,以及对教育工作一些敏感问题的切中时弊的针砭。

李夜光(1923—),浙江绍兴人。中共党员。南京师范大学附属中学原校长、联合国教科文组织亚太地区普通教育专家。毕业于金陵大学教育专业。历任南京市师范学院附中政治教师、团总支书记、总务主任、教导主任,1956年起长期担任副校长并分管教导工作。积极倡导富有理想、学有创见、文明礼貌、艰苦朴素的校风,逐步建立了一套学校管理制度。1973年曾白手起家创建南京市第五十中学,1976年建成任首任校长,3年即使该校跨入市先进学校行列。1981年调回南师附中任校长兼副书记,率先进行教育教学改革实验,优化学科课程,强化活动课程、开发环境课程,改革教学方法与考试方法,减轻学生过重的学习负担,加强对学生的爱国主义与革命理想教育。1983年经我国推荐名列联合国教科文组织亚太地区普通教育专家名录。曾应邀到全国20多个省(市)、自治区进行学术交流与讲学。曾在国家级和省级教育刊物上发表数十篇论文,出版论文集《教育谋略与学校管理》。曾担任大学教材《中国社会主义教育学》编委及《普通中学教育概论》副主编。1992、1998年两次赴北京参加中学校长国际研讨会。1996年作为全国中学校长教育交流团成员到台北参加海峡两岸及港澳地区中华传统文化与中学教育研讨会。社会兼职有中国教育管理研究会首届常务理事,全国高级中学校长委员会第一届副理事长、第二届名誉理事长,江苏省教育学会第一届常务理事、教育管理研究会副理事兼秘书长,江苏省教育学院、省教育行政干部培训中心兼职教授,省教科所特约研究员,南京市教育学会第一届副会长,教育管理研究会理事长等职。是南京市第八届人大代表。

王　兰(1925—　),河北曲周人。江苏省首批特级教师,全国"三八"红旗手。1951年投身教育事业,1955年调入南京市长江路小学担任低年级语文教师兼班主任。五十多年来,怀着对孩子和教育事业的挚爱,全身心地投入教育改革实验,开拓、创新、与时俱进,成就卓著,在全国享有较高声誉。她对拼音识字有很深的研究,注重发展学生的思维和语言表达能力,潜心研究教法和学法,并探讨各学科的相互联系,进而优化教学手段,促进学生全面和谐发展。她写的《关于教学艺术性的思考》、《在低年级语文教学中发展学生思维》等10多篇高质量的论文对南京的小学语文教育产生了深刻影响。制有教学录像片并在国内发行。在长期的小学教育教学实践中,她凭着爱职业、爱儿童的敬业之心,总结出在现代教育教学过程中师生关系的和谐是和谐教育的核心。她特别强调师生情感的交融和心灵的沟通,认为和谐的师生关系是牵动和谐教育的纲,纲举才能目张。她关心青年教师的进步和成长,带出一批优秀青年教师。1956年被评为市优秀教师,1958年起先后当选为南京市第八至十届人大常委会委员,1978年被评为江苏省首批特级教师,1981年荣获江苏省劳动模范称号,1978年、1983年两次获得全国"三八"红旗手称号。

曹　琬(1930—　),女,安徽歙县人,教育行政管理专家。出生书香门第,祖父是举人,父亲是教授。1945年南京模范女子中学初中毕业,后进入南京私立明德女子中学读高中,1946年6月参加"抗日民主青年救国会",同年10月加入中国共产党。1948年高中毕业后入金陵女子文理学院(简称"金女大")社会学系读书,后转入中文系。1948年底任中共金女大支部宣传委员,是金女大学生爱国运动主要领导人之一。1949年4月南京解放后,任中共金女大支部书记。1951年任中共南京市委组织部办公室副主任、部机关党支部书记。20世纪60年代和70年代初,历任南京大学附中党支部书记兼副校长、南京鼓楼区教育科长。1975年后,出任南京教育部门领导工作,任南京市教育局副局长、中共南京市教育局党组副书记,1982年任中共南京市委教育卫生部副部长,1983年任中共南京市委常委、教育卫生部部长。期间,对南京教育的拨乱反正、教育的改革和发展以及贯彻落实党的知识分子政策做出了许多贡献。1986年任南京市人大常委会副主任,是第六、七届全国人大代表。1996年离休之后,担任南京市关心下一代工作委员会常务副主任、南京市中小学科技活动基金会理事长。

胡百良(1934—),江苏无锡人。南京师范大学附属中学原校长,江苏省物理特级教师,全国教育系统劳动模范。1953年11月在南京师范学院附属中学参加工作,先后担任物理教师、校团委书记、教导处副主任、副校长、校长。他一生致力于中学物理教学和中学行政管理的实践与研究。长期以来,他教书育人,全面贯彻党的教育方针,勇于探索,不断创新,潜心研究教学艺术,形成了自己独特的教学风格。他不仅教学效果优异,而且重视教改实践。1994年5月南京市电教馆专门为他拍摄了《胡百良物理教学研究集锦》专题片,共11集。他在任南师大附中校长期间,于1981年始,率先进行了高中课程结构的改革,逐步将只有必修的学科课程的单一课程结构,改变成由学科课程、活动课程和环境课程相结合,必修课程和选修课程相交叉,必修课分层次的复式课程结构,并在选修课程中首先实行了学分制。这是在我国具有创新意义的一项改革实验。1987年,南师大附中的课程结构改革列入国家教委《我国普通中小学课程改革研究与试验》国家级课题,并得到了香港华夏基金会的资助,从此南师大附中的课程改革得到了国家教委的直接指导和帮助。原国家教委委托江苏省电教馆将该校的课程结构改革成果拍成专题电视片,该电视片多次在中央电视台向全国和东南亚国家播放,引起强烈的反响。南师大附中的高中课程结构改革,获1990年2月江苏省教委教育科研成果一等奖;1990年4月国家教委全国首届教育科研优秀成果二等奖。他撰写教育论著共计200多万字,公开发表了100多篇教育论文,应邀在全国20多个省市做过200多次专题报告。1998年由江苏教育出版社出版专著《中学物理教学实践与研究》，获南京市第五次哲学社会科学优秀成果一等奖。2002年，《胡百良教育文集》由南京师范大学出版社出版。他在南师大附中工作的40多年里，曾多次受到市级以上的表彰：1955年受到中国新民主主义青年团江苏省委通报表扬；1974年被评为南京市先进工作者；1980年被评为南京市文教界优秀党员；1984年被省人民政府授予"物理特级教师"称号；1986年被市委教卫部评为优秀党员；1989年被江苏省人民政府授予"有突出贡献的中青年专家"称号；1991年被评为全国教育系统劳动模范。曾任中国教育学会物理教学研究会理事、江苏省物理学会常务理事、江苏省教育学会副会长、江苏省物理教学研究会理事长等职。曾当选中共第十三次全国代表大会代表、江苏省政协第七届常委、南京市第十一届人大代表。曾被聘为南京师范大学和江苏教育学院兼职教授。1996年至2002年担任南京实验学校校长，2002年10月被聘请担任南京师范大学附属中学江宁分校校长顾问。

袁　浩(1941—　)，江苏淮阴人。南京市北京东路小学原校长，江苏省语文特级教师，江苏省首批"名校长"。1961年毕业于晓庄师范，1987年毕业于南京教育学院教育管理专业，大专学历。1961年7月在南京市和平路小学(即北京东路小学)参加工作，先后任美术、自然、数学、语文教师、教导副主任、副校长，1987年9月起任校长。1988年起被评聘为中学高级教师。袁浩始终致力于"小学作文教学心理"与"小学语文教学现代化"的实践与研究，在全国独树一帜。自1978年起，袁浩针对当时的作文教学现状，在全国小学中率先开展了"从培养观察能力入手，指导学生写观察日记，改革作文教学"的实验，研究小学生的作文心理，探索作文教学质量和学生作文能力的有效途径。他的作文教例被选入全国高等师范和中等师范课本《小学语文教材教法》。袁浩十分重视对小学课程、教育管理和现代教育技术等的实践与研究，不断开拓创新。从1983年起，就提出了在学校管理中重点抓"教学管理"，他在南京市率先设计了《一堂课目标评分表》，探索对课堂教学实行目标管理；加强制度，强化了过程管理；他倡导"人人有专题"活动、"随堂听课、评课"活动，狠抓教研质量管理，1998年，他在南京市第一个制订了《小学学校章程》，不断探索如何发挥教师与学生在学校教育中的主体作用。1996年，他作为江苏省中小学的唯一代表出席了国家教委召开的"全国首届中小学活动课程研讨会"并介绍经验。1997年他作为中国唯一的小学校长代表出席由国家教委主持召开的"21世纪中小学校长素质及培训国际学术研讨会",在大会上宣讲论文《21世纪中小学校长应是科研型的教育、教学与管理专家》。20多年来,袁浩先后于1982年被南京市人民政府授予"优秀教师"称号,1984年被江苏省人民政府授予"特级教师"称号,1997年被中央教科所、全国实验学校专业委员会评为全国首批"科研型校长",1999年被江苏省教育厅评为江苏省首批"名校长",2004年被授予"首届斯霞教育奖",荣获斯霞金质奖章。先后当选为江苏省第八届人大代表,中共江苏省第八次党代会代表。

岳燕宁(1941—),南京人。金陵中学原校长,江苏省物理特级教师,江苏省有突出贡献的中青年专家,享受国务院政府特殊津贴的专家。1962年毕业于江苏师范学院物理系,同年分配到现南京市金陵中学工作,先后担任过班主任、教研组长、副校长、校长等职。20世纪80年代初,他倡导用"闪光照片"进行教学,解决了力学教学过程中的一些难点问题,这一经验得到了全国中学物理界的肯定。在长期的教学过程中,他利用自己的绘画特长,创造了在黑板上用板画的形式讲解力学问题的方法。为了全面提高学生素质,发挥学生个性特长,他与学校其他领导一起建立了包括必修课、选修课、劳动技术课、社会实践课和课外活动在内的课内外相结合的五大课系。他与老师们共同研究,引导学生自己设计小实验,动手进行小实验,撰写小论文,进行论文答辩,大大提高了学生的综合能力。他重视传授科学思维方法,亲自为学生举办讲座,系统地介绍了10多种学习物理的思维方法。1985年起,他率先把计算机技术和英语口语列为金陵中学学生的必修课,取得了显著的成果。1990年至1995年,他参与制订和实施《以人才素质教育为核心,建立课内外相结合的教学体系》的整体改革方案,使金陵中学的素质教育取得了明显成效。他重视创新教育,关注现代教育技术在教学中的应用,倡导和创建了创新实验室。他以高度的事业心、超常的敏锐性和极大的魄力,力主推行全面素质教育,在全国率先实行高中学分制改革和开设了研究性学习课程,被《中国教育报》和《人民教育》等报刊誉为"这方面改革的旗帜",在全国产生了良好的影响。2003年9月,他刚从金陵中学校长岗位上退下来就受命出任金陵中学河西分校校长。在新的岗位上,他全面施展自己的教育抱负,率领全体师生员工,在不到两年的时间里,将分校办成一个设施一流、文化氛围浓郁、师资优秀、管理科学的现代化新型学校。在长期的教学生涯中,他先后发表了60多篇论文,出版专业著作3本,在中央教育电视台主讲8集系列讲座《中学物理思维方法》。曾当选为南京市人大代表,是南京市教育学会物理教学研究会理事长,1995

年被评为南京市"十佳"校长,2004 年被评为南京市优秀教育工作者。是南京市首届"斯霞奖"获得者。

陈国强(1942—),女,江苏江都人。南京实验幼儿园原园长,全国教育系统劳动模范。1960 年毕业于南京师范学院附属幼儿师范,历任南京市实验幼儿园教师、园长、党支部书记。她热爱幼教工作,几十年来将全部精力投入幼教事业,无论是担任教师还是园长,工作总是勤勤恳恳。长期的学习,使她思路广、点子多,她共撰写了 10 多篇质量较高的论文,多次获省、市级论文奖,1986 年,她参与研制的"幼儿园综合教育结构改革的探索",被确定为我国幼教整体改革的大模式之一,在国际上也产生了一定的影响。多年来,她在幼儿园采用科学管理的方法,提高了教师的素质,提高了办园水平,在她的带领下,该园多次被评为"文明园"。她于 1987 年获市三八红旗手称号,1988 年获省三八红旗手称号,1989 年获全国教育系统劳动模范,授予人民教师勋章,1995 年被评为省政府有突出贡献的专家。系江苏省幼教研究会副理事长,中国学前教育研究会理事。

钱逸瑞(1944—),女,江苏通州人。江苏省音乐特级教师,全国教育系统劳动模范,享受国务院政府特殊津贴的专家。1964 年毕业于南京师范学院音乐系并参加工作,曾任南京外国语学校音乐教师、南京市玄武区小红花艺术团乐队指导教师、南京市第九中学教师、南京市中学生文艺中心负责人、南京市中小学音乐教学研究会理事长。她从事音乐教育工作四十余年,热爱教育事业,热爱学生,勤奋踏实,勇于创新,积极奉献,深受师生的爱戴。她不断进行音乐教学的改革和探索,大力倡导音乐素质教育,推广器乐教学进课堂,推进高中音乐欣赏教学,潜心研究和实验"参与感受"教学法及现代教学手段在音乐教学中的运用,并进行"义务教育音乐新课程标准"的实践和试验。这些教改实验均取得了较显著的成果。她长期指导学生课外文艺活动,既抓学校普及的文艺活动,又抓市文艺中心的提高训练,并采取积极措施,有效地提高了学生参与课外文艺活动的兴趣和素养,积累了丰富的经验,取得了丰硕的成果。由她指导的文艺节目多次在省、市获一等奖;1994 和 1998 年两次指挥南京九中合唱团获全国一等奖。作为知名的音乐教育行家,她为艺术院校和文艺团体输送了大批优秀学员和文艺人才。她于 1982 年被评为南京市先进教师,1986 年和 1988 年两次被评为南京市优秀教育工作者,1987 年被评为南京市劳动模范,1995 年被评为全国教育系统劳动模范并授予人民教师勋章;1997 年荣获国务院颁发的政府特殊津贴;1999

年被评为江苏省名教师和教育系统标兵。

孙丽谷(1947—),女,江苏无锡人。南京市拉萨路小学原副校长,江苏省数学特级教师,全国优秀教师,江苏省有突出贡献中青年专家。1963年起先后任卫岗小学、察哈尔路小学和新华小学教师、拉萨路小学副校长。从教多年来,她对教学工作精益求精,精心设计每一节课的教案,堂堂课经得起检查。她爱学生,学生也爱上她的课。为了提高课堂教学效益,减轻学生负担,她曾先后对"减轻学生负担、大面积提高教学质量"、"应用题基本训练"、"让学生掌握知识及过程"等10多个专题进行研究,不仅充分应用理论指导实践,还善于在实践中不断总结和发展自己的教学经验,逐步形成自己的教学特色。1984年"孙丽谷教学片段"电视录像片获全国二等奖。她的经验对全国小学数学教研、教改起到了推动作用。她带的徒弟已分别成为市、区、校各级骨干。1984年获江苏省特级教师称号,1989年当选市劳动模范、全国优秀教师,1997年当选省有突出成就中青年专家,1999年获选江苏省名教师。她发表文章30多篇,论文分别在省、市多次获奖。

王栋生(1950—),生于南京。笔名吴非。江苏省语文特级教师,首批教授级高级教师,享受国务院政府特殊津贴的专家。1968年去农村插队劳动,1977年恢复高考后入南京师院中文系就读,1982年春毕业,任教于南京师大附中至今。他在长期的实践中逐步形成了自己的教学特色,无论是阅读教学还是写作教学,都能有一套行之有效的教学法。他在教学中重视学生的人文素质培养,注重从精神上"立人",同时注重教学艺术,真正让学生感悟到祖国语文之美。多年来经他推荐出版或发表学生作文千余篇。"让学生喜欢我的语文课,进而让学生喜欢我们的语文学科,最终让学生有终生学习语文的意识",是他的教学信条。经过多年教学探索,他把育人目标归结为"独立的精神,自由的思想,高贵的气质,平等的意识"。他思想敏锐,处事冷静,敢于创新,对我国基础教育存在的问题思虑比较深,对教育改革的发展有预见性。作为国标本苏教版高初中语文教科书的主要编写者,他的学术观点和编写水平受到很高评价。他于1994年提出加强义务教育阶段古诗文诵读训练,后受有关部门委托编写《古诗文诵读》初中版和小学拼音版,在全省范围内推广使用,3年内使用者累计达到260万人,有力地推动了全省古诗文诵读教学。1997年他发起并指导"高三社会科学论文写作",使之成为南师大附中高三写作实践课程,被许多专家认为是有创造意义的贡献。他总是不辞劳苦地学习与工作,除常年承担两个班的语文教学任务之外,还担任教研组长,开设"小说鉴赏"选修课。他虽然功底扎实,上课比较轻松,但从不敢懈怠,备课上课都一丝不苟。他重视教学科研工作,每年都有一批论文或教学随笔面世;他的很多论文和教学随笔引起国内同行的关注,其中一些教学观点不断被同行引用。体现他的教育观和记录教育实践的随笔集《不跪着教书》出版后,连续15个月高踞教育类书籍排行榜前列。1988年起他在教学之余从事杂文写作,是著名杂文作家,发表杂文、评论、随笔1 500多篇,出版专著《中国人的人生观》、《中国人的用人术》、随笔集《前方是什么》、杂文集《污浊也爱唱纯洁》等。

董正璟(1953—),江苏省泗阳县人。南京外国语学校校长,江苏省英语特级教师,教授级中学高级教师,享受国务院政府特殊津贴的专家。1970年至1985年3月任南京外国语学校教师、团委副书记、教导处副主任,1985年至今历任南京外国语学校副校长、校长。期间,1985年至1986年7月,在英国伦敦百科大学进修,1993年8月至1995年11月在美国雅图凯特高级中学任教。他忠诚人民的教育事业,模范履行教师职责,工作认真踏实,任劳任怨,无私奉献,堪称师德楷模;他具有较高的领导艺术与组织才能,并能处处严格要求自己,以身作则,为人谦和,在群众中享有很高的威信。长期致力于英语教学的实践和科学研究,对业务精益求精,积累了丰富的教学经验和灵活自如的教学方法,培养出一批批出类拔萃的人才。他坚持外国语学校方向,严格把好外语教学质量关,充分发挥外语学校在中学外语教学中最高层次的示范作用。具有较强的科研能力和学术水平,参加了全国外语学校英语教学大纲的论证和起草工作,多次为省教育电视台主持讲座,发表论文、论著多篇(部),所写论文分获全国、省、市级奖。他曾3次被评为市中青年拔尖人才,多次被评为南京市优秀教师、南京市优秀共产党员,1997年被确定为省"333工程"培养对象,1998年被评为江苏省英语特级教师,1999年被授予南京市名教师称号,2001年被授予国务院政府特殊津贴、被表彰为江苏省优秀共产党员、被授予全国教育系统先进工作者称号,2003年被评为教授级中学高级教师。他是三届江苏省人大代表、省人大常委、全国外国语学校理事会副理事长。

孙双金(1962—),江苏省丹阳市人。北京东路小学校长,江苏省语文特级教师,全国首届十大明星校长。曾在丹阳市任教,后调入南京。在多年的语文教学实践中,他逐渐形成了"潇洒不失严谨,灵活而又扎实"的教学风格。他在讲台前风度翩翩、光彩照人、激情飞扬,他以出众的才技,缜密的思维,与学生之间特有的默契,把教学活动引入艺术的殿堂。1988年,他参加丹阳市、镇江市、江苏省青年语文教师评优课活动,均获第一名;1989年代表江苏省参加全国首届中青年教师阅读教学大赛,又获得了第一名。《白杨》等20多堂录像课在中国教育电视台播出。近年来,他应邀赴全国各地讲学近500场并获广泛好评。他在省级以上刊物发表文章近100篇,出版《孙双金与情智教育》(教育部组编的"教育家成长丛书")、《孙双金语文教学艺术》、《孙双金教学思想与经典课堂》等多部教育教学专著。《中国教育报》曾分7期连载"孙双金语文教学艺术",在全国产生广泛的影响。他倡导和开展的"情智教育"被《人民教育》作长篇报道。他曾荣获全国师德先进个人、全国首届十大明星校长、江苏省十大杰出青年、江苏省优秀教育工作者等称号,是江苏省"333工程"培养对象。他的事迹先后被收入《江苏教育名人录》、《中国当代教育名人录》和《全国小学语文名师精品录》等书中。是《中国小学语文教学论坛》封面人物、江苏省教育学会理事、江苏省小语会学术委员会主任。

杨瑞清(1963—),南京市浦口区人。浦口区五里行知小学校长,全国教育系统劳动模范,全国"五一劳动奖章"获得者。1981年从南京晓庄师范学校毕业后,为实践陶行知教育思想,志愿到江浦县五里村小学工作至今。1986年,他在学校开展不留级实验班实验。这项实验后来被确定为南京市"八五"重点课题,实验成果于1990年荣获全国陶行知研究会实践成果一等奖;20世纪90年代,他又主持开展了省级"九五"重点课题"陶行知教育思想与村级大教育"的研究,并顺利通过专家组的验收,受到教育部领导同志的充分肯定。该课题又被中国陶行知研究会列为全国推广项目。经过他的不懈努力,行知小学从原先只有7名教师、150多名学生、几间透风漏雨的教室和一些破旧课桌板凳的、教育质量低下的村小,现已办成了一所拥有24个班、固定资产上千万元的"省级实验小学",先后两次被评为"江苏省模范学校",澳大利亚、香港、马来西亚、新加坡、上海等地的学校也慕名前来参观学习。行知小学已成为国内外知名的中国乡村教育的典范。他先后荣获南京市十大杰出青年、江苏省十大杰出青年、江苏省劳动模范、全国教育系统劳动模范、全国十大杰出中小学中青年教师、全国十佳师德标兵等称号,并于2002年5月荣获全国"五一劳动奖章",2004年荣获第一届南京市"斯霞奖"。他的个人专著《走在行知路上》作为《中国当代教育家丛书》之一出版,他本人被誉为陶行知式的乡村教育家。

二、第二届南京基础教育专家

钱铁锋(1947—),南京人,中学高级教师。1980年到南京外国语学校工作,先后担任班主任、年级组长、教导主任、副校长;1997年辞职到苏州国际外语学校任校长,后任绍兴鲁迅外国语学校校长。2002年应邀回宁筹建南京外国语学校仙林分校,并担任校长。在南京外国语学校主持德育工作时,组织全校学生竞选学生会干部,撰写南外素质教育纲要,组织学生进行五大节(外语节、科技节、读书节、体育节、艺术节)活动,重视学生的行为规范养成教育。学校荣膺"江苏省德育先进学校"称号。在主持教学工作时,十分重视抓教师的教学常规和学生的学习常规,强调外语教学的办学特色,探索外语教学的"结构—情景—交际"的教学模式,构建外语学校的选修课体系,狠抓教育质量,1997年创下了南外100%的高考升学率的记录。在南外仙林分校办学期间,锐意推进教育改革、科学总结办学经验,率先提出"教育力和教育关系"理论。教育专家认为,这一新的观念"让我们更清楚地看待教育的本真,明白我们对教育的追求"。在课堂教学改革方面,他带领骨干教师走访各地课改名校,结合校情摸索出"学案引领、板块推进"课堂教学模式,提高学生"自主—合作—探究"能力和学习效益。学校于2009年、2010年先后对全市开课,均有1 000多人听课,反响热烈。针对班主任负责制下教学工作和德育工作"两张皮"、不同学科的教育难以整合等弊端,他策划和领导了班级管理体制和学校中层机构的改革,在全校100多个班都建立了班级教育小组,实现全员育人、全科整合、(对学生)全面诊断与指导;将教学处、学生处、教科室合并组建成大教导处。他大力推进办学国际化,继南外之后在南京率先办起国际高中"中澳班、中德班、中美班",为初中毕业生提供多样化的选择;创立了长期留学、中期留学、短期留学的形式。他在民办学校中率先建立教代会,对学校的工作报告进行无记名的投票,发挥教代会在民主决策中的作用;积极支持学代会、少代会的活动。他组织制定并修订完成《南外仙林分校办学法典》,教育部法制办和教育部政策法规处领导研究后认为,《办学法典》是他们目前看到的唯一比较全面、质量较高的办学法规文本。近几年,他应邀在省内外做学术报告60余场,主要内容有《教育力和教育关系》、《基础教育透析与对策》、《股份制学校是教育体制的一种创新》、《谈理想教育》、《班级管理体制改革的实践探索》、《加紧推进课堂教学改革》,受到专家与同行重视,多家刊物登载。

丁　强(1949—　),南京人。金陵中学原校长,现任金陵中学河西分校校长,江苏省教授级中学高级教师。1982年起先后在南京师范大学附属中学、金陵中学和金陵中学河西分校工作,担任过地理教师、教研组长、教务主任、副校长、校长等职。从教以来,一直担任地理教学工作,同时承担会考审题、职称评审、课题评审、教育督导及硕士生论文答辩等工作。2001年任金陵中学校长,提出"既要对学生的现在负责,又要对学生的将来负责"的办学宗旨,以研究性学习为突破口,积极探索新课程改革。在研究性学习氛围中,师生得到了个性化的发展与成长。主编的《激活创造的潜能》、《探求创造的真谛》、《体验创造的快乐》和《拓展创造的天地》等4本专著出版发行,并获得2010年江苏省基础教育教学成果评审特等奖。2005年金陵中学被南京市政府评为南京市"十五"教育发展先进单位、南京市"十五"素质教育创新奖,他个人被评为南京"十五"教育发展先进个人,是全市唯一获得此三项殊荣的学校。2007年,任金陵中学河西分校校长,提出"生活为源,生命为本"的核心价值观,推行有效教学和生本课堂。2009年学校"国旗墙颂祖国"活动被中央电视台新闻联播播出,2010年学校的少先队大队委员竞选活动被央视新闻频道报道。近3年,学校连续获得南京市"高中教学质量评优综合奖"。在30余年的教育教学工作中,他先后在国家级刊物上发表教育教学论文30余篇,参加编写地理教学用书7本、地理科普读物2本;主持江苏省教育科学重点课题《拓展和完善研究性学习课程,进一步激活学生潜能的研究》,荣获江苏省教育科学成果实践探索类二等奖;主持全国教育科学"十一五"规划课题《整体建构普通高中"生活为源,生命为本"特色学校的实践研究》和多个国家级、省级课题的研究工作。他还是中国地理学会理事,江苏省政府教育督导专家组成员,江苏省高校教学指导委员会委员,南京师范大学硕士生导师,南京师范大学地理科学专业指导委员会委员,享受国务院政府特殊津贴的专家,第八、九届江苏省政协委员。2001年7月被评为南京市地理学科带头人,2003年8月被评为第二届全国优秀中学地理教育工作者,2005年11月被南京市政府评为南京"十五"教育发展先进个人。2006年8月作为基础教育专家代表,赴京参加温家宝总理主持召开的基础教育座谈会。

陈履伟(1951—　),南京人。江苏省特级教师,江苏省教授级中学高级教师。1970年毕业于中华中学并留校任教,先后任班主任、德育处主任、党总支副书记等职。1982至1984年赴西藏扎囊县中学支教;

2000年起任南京师范大学附属中学党委书记,2010年4月任校长。从教41年,一直奋斗在教育第一线。即使担任学校主要领导后依然在一线积极从事教育、教学、科研工作。实施新课程以来,积极探索必修课的教学,注意选修课的开发,在学校开设了《国家和国际组织常识》、《科学思维常识》、《经济学常识》和《法律常识》等国家选修课程,同时还开发《社科经典选读》、《人生哲学》、《模拟政策听证会》、《模拟法庭活动》等校本选修课程。参与了全国教育科学规划课题《中小学爱国主义教育研究》、《大中小学心理教育理论与实践研究》,主持了中学心理教育的子课题研究,发表了《建构主体性心理教育模式的实践与思考》等多篇论文;作为课题组的核心成员,参与了省级教育科学规划课题《以培养创造性人格为核心的普通高中课程改革》研究,发表了《培养高中生创造性人格的德育实践》。目前正在进行《基于拔尖创新人才培养目标的高中校本选修课程实验》(教育部重点课题)等的研究。担任南京师大附中校长后,积极探索为拔尖创新人才打基础的课程体系建设,提出了以人格教育统领教育教学和管理,开展健全人格、独立人格和创造人格的递进培养,强调在学生丰满人性和独特个性基础上培育创造性,并以此为中心实现德育课程化;提出三类课堂教学模式的建构,即研究性教与学、体验性教与学及创造性教与学;提出通过学分制管理,实行1+4证书制度,即要求每个学生在高中学习阶段必须完成4项活动:开展一项研究性学习活动,操作一项探究性的理科实验或理科综合实验活动,实施一项高中阅读计划,参与一项志愿者活动。为学校制定了科学清晰的发展规划。先后被评为南京市学科带头人、市优秀教育工作者、江苏省中小学校优秀党务工作者;担任南京晓庄学院客座教授、南京市教育系统师德建设专家指导组成员、南京市中学教师高级职务任职资格评审委员会成员、南京市高中政治学科教学研究中心组长等职。

杨　昭(1952—　),南京人。南京市教学研究室主任,江苏省特级教师,中学高级教师。1970年起在南京市第五中学任教高中政治课,担任过班主任、年级组长、教研组长、团委书记、教务处主任、副校长兼党委副书记、校长。2003年9月调任南京市教学研究室主任。在长期的教学中,他坚持"学习过程是主导"的教学思想,引导学生主动参与、乐于探究。他坚持"用辨析强化价值引导"的教学路径,引导学生怎样想或想怎样,把学生能力的发展与基本价值观的确立立足于自主辨析的过程之中。他坚持"张力适度,和谐发展"的教学改革思路,防止知识目标的"虚化";重视课程资源与课本的和谐,防止教学内容的"泛化";重视学生主体与教师主导的和谐，防止教师使命的"淡化"；重视多种教学方式的和谐，防止教学模式的"形式化"。在推进南京市中学思想政治课程改革进程中做出了积极的贡献。在市教研室工作期间，他积极推进教研机制的调整，努力实现市、区县与学校教研组织的力量整合，完善教研工作运行的"自上而下"与"自下而上"两条通道；通过动力机制的建设，参与区域教育教学有关评价制度的研制，发挥评价的工作导向和动力传递作用，促进学校、教师自主发展；通过保障机制的建设，参与和主持《南京市中小学教学常规管理手册》《持续提升高中教学质量的18条建议》的制定，强化了教学质量的管理与监控。通过抓课程、课堂、课题等"三课"，进一步明确教研工作的主要内容；通过抓分步推进、分层要求、分类指导，提出"实效性为主，校本化实施，创造性实现"的工作策略，进一步改进教研工作的主要方式；通过抓教学中基本问题的解决、基本能力的提升和基本条件的创建，进一步夯实教研工作与持续提升教学质量的主要基石。他重视教研专业建设，努力把指向和解决教学问题、改变教师的学习、为学校专业团队的建设和教师职业生活的改变提供好的环境和服务等作为教研工作不断递进的目标，在推进南京市课程改革与教学质量持续提升中做出了积极的贡献。在长期教学与教研工作中，他先后发表了十几篇专业论文，主持了《高中新课程教学问题与问题解决》丛书编写。先后被评为"南京市优秀教育工作者"，南京市有突出贡献中青年专家，南京市劳动模范，"全国百名优秀政治课教师"，"南京市教育发展先进个人"，"全国教育系统先进工作者"。

朱建廉(1955—)，南京人。金陵中学学术委员会主任，江苏省特级教师、江苏省教授级中学高级教师、江苏省"333"工程培养对象、南京市物理学科带头人、南京市有突出贡献的中青年专家。1980年至1987年于江苏省淮阴中学任高中物理教师，1988年至今于金陵中学任教高中物理。先后担任班主任、教研组长、校学术委员会委员、校学术委员会主任等职。始终坚持在教学一线，开创了"问题驱动与思维引领"的教学模式，提出"别奢望把学生教会，应努力把学生问懂"的教学理念，启发和引领学生去充当拥有更多话语权的角色，逐渐形成了特色鲜明的教学风格。在主持物理教研组工作期间，倡议并着手在"物理实验室"的基础上建立起了"物理实验研究室"，以此为平台着力影响教师重视物理实验的意识和提高学生的动手能力。后又扩建为"创新实验室"，在这一平台上师生们做出了不菲的业绩，美籍华裔科学家杨振宁先生参观后称留下了极好的印象。他对自己的职业行为设定了三种境界：科学境界——求真;人文境界——向善;艺术境界——臻美。从业30年来,他撰写、发表、获奖的教育教学论文数百篇;编著、主编、参编的专著和教辅用书数十册;指导、主持、参与的各级教育教学课题十多个;为教师培训、课程培训、教材培训在全国范围内开设各类讲座百十场。他还担任南京市物理学会副理事长、南京市科技协会理事、江苏省物理学会理事、中国教育学会物理教学专业委员会理事;被聘为南京市教学研究室兼职研究员、南京师范大学课程专业指导委员会委员、南京师范大学硕士生指导教师、南京师范大学课程与教学研究所兼职研究员、中国社会科学院管理科学研究院兼职研究员;他还是中国民主同盟鼓楼总支委员会主任委员、中国民主同盟南京市委常务委员、中国民主同盟南京市教育专委会主任委员、中国民主同盟江苏省教育专委会副主任委员、鼓楼区人大常委、南京市政协委员。

闫 勤(1961—),女,南京人。南京师范大学附属小学校长,江苏省特级教师,中学高级教师。1981年毕业于晓庄师范学校,一直从事小学数学教学、研究和学校管理工作。历任教导处副主任、副校长、校长等职。工作中始终秉承不断学习、大胆实践、刻苦钻研、勇于创新的精神,逐步形成了自己"严、实、活、轻"的教学风格。她新颖的教学方法和突出的教学实绩,赢得了学生的欢迎和家长的信赖,被誉为南师附小的"小斯霞"。2004年担任南师附小校长。在她的领导下,学校怀揣"爱"的使命,谨记"怀大爱心,做小事情"的校训,鸣响了"基于童心、行于爱心"的办学主张,使学校办学的方方面面不断彰显出勃勃生机,赢得了社会和家长的高度赞誉。近年来学校又获得了全国巾帼文明岗、全国青少年体育俱乐部、江苏省体育传统校、江苏省绿色学校、南京市优秀师德先进群体等称号。"十一五"期间学校省级重点资助课题《斯霞儿童教育思想发展中的课程校本化开发研究》获省、市基础教育成果特等奖,全国二等奖。她曾获得"南京市优秀教育工作者"、"南京市十大杰出青年"、"南京市中青年拔尖人才"、"南京市新长征突击手"、"南京市优秀教育工作者(斯霞奖)"、"江苏省三八红旗手"、"全国五一劳动奖章"、"全国优秀教育工作者"等称号,并先后当选为江苏省人大代表、中共江苏省党代会代表。

邹 正(1962—),南京人。江苏省特级教师,江苏省教授级中学高级教师,教育部NCCT"外国人子女学校"认证专家,江苏省"333工程"首批培养对象,南京市中学化学学科带头人,南京市有突出贡献中青年专家,南京市与院士结对的中青年拔尖人才。2009年被选为"江苏人民教育家培养工程"首批培养对象,2010年被教育部聘为"国家基础教育课程教材专家工作委员会"委员。1983年在金陵中学参加工作,先后担任团委书记、德育处主任、校长助理、副校长,1999年5月担任南京外国语学校副校长,2007年11月起担任金陵中学校长。27年来,一贯注重课堂教学的实效性,善于启发引导,在传授知识的同时,立足于把德育寓于课堂教学之中。为了更好地探索课堂教学的有效性,2007年起,他主持南京市中青年拔尖人才科研项目资助经费课题《新课程背景下应用思维导图优化教学效果的实践研究》,通过研究改变现有的以知识立意为导向的教与学模式,引导教与学向情景立意、能力立意和问题立意转变,从而提高课堂教学效率,为高中新一轮课程改革提供有效的教学方法、模式。在学校管理工作中,他引导全校师生挖掘并赋予校训"诚真勤仁"新的时代内容。提出了"为学生一生奠基,对民族未来负责"的教育理念和"让课堂充满生命的活力,让校园焕发绿色的生机,让环境放射人文的光芒"的教育主张。他以"关爱生命与国际化人道主义救助接轨"为目标,引入现场初级急救培训;将"阳光体育,快乐健身"落到实处,营造一个师生共同参与的快乐健身氛围;以"金陵中学科技长廊"、"造纸作坊"、"数字星空"等项目为平台,将大师引进校园,积极推进创新型教师和学生的培养;提升学校课程领导力,让"和谐学习,快乐人生"伴随金中人的成长;创办金中国际部,加强对外合作办学、引进国际课程,拓展师生的国际视野,为学生建立生涯规划的立交桥;努力营造敬业、爱生、民主、宽松、和谐的校园氛围,让师生学有榜样、赶有目标;有效发挥金中优质教育资源的先进性、示范性和辐射性,办好金中河西分校、金陵汇文学校、金中实验小学。在国际、国内重要学术刊物上发表论文30余篇,出版专著10余部。

陈康金(1963—),南京溧水县人。中学高级教师。1980年参加工作,历任溧水县东庐初级中学教导主任、副校长、校长兼党支部书记。主持学校工作以来,把硬件差、师资差、生源差、质量差的农村薄弱学校,办成了方向正、质量高、特色明、影响广的一流农村初中。为人朴实宽厚,作风民主,不慕虚名,务实稳健,精于策划,追求卓越,是开拓型、专家型校长。1999年在学校实施教学改革,探索出了一条教育观念新、教学方法活、学生负担轻、教学质量高的教改新路。大胆尝试以"讲学稿"为载体的"以人为本,教学合一"教学改革,解决了长期困扰农村初中教学管理上滥用辅导资料,大面积补课,教学、教研、教师培训相互游离的三大难题,在减轻学生课业负担的同时,教学质量直线攀升,中考综合评估获全县一等奖,生均总分达到南京市区省重点中学录取分数线,队伍建设整体推进,一批骨干教师迅速成长。学校先后获得"南京市教育教学突出贡献奖"、"南京市师德先进集体"、"南京市德育先进学校"、江苏省示范初中、"江苏省文明学校"、"全国教育系统先进集体"等称号。他的《东庐讲学稿的实践和体会》、《追求高质量的农村教育》、《构建务实高效的校本教研模式》、《营造回归常态的学校生活》等十几篇文章在省级以上刊物上发表或获奖。兼任中国教育学会初中教育专业委员会常务理事、是中央教科所国内访问学者、华东师范大学兼职教授、南京师范大学兼职研究员。曾获"全国课堂教学改革优秀校长"、"第三届全国十佳中学校长"、"全国德育工作杰出贡献者"等荣誉称号。2003 年被评为"南京市名校长",2004 年被评为"全国优秀教育工作者",2007 年获南京市陶行知奖。

崔利玲(1963—),女,江苏扬州人。江苏省特级教师,中学高级教师。南京市鼓楼幼儿园园长兼党支部书记。她以鼓楼幼儿园创始人陈鹤琴先生的"一切为儿童、一切为教育、一切为事业"为座右铭,深入教学一线带领全园教师开展教育科研,在幼儿园课程改革、儿童社会性发展等领域取得了累累硕果,被国家教委授予有突出贡献的科研人员。30 年来,负责承担了联合国儿童基金会《幼儿园和小学的衔接》、江苏省"九五"重点课题《幼儿园单元教育课程》等十余项国家级和省、市课题的研究,先后撰写了 80 多篇论文、实验报告,出版了 300 余本幼儿读物和教学用书,多次获全国少儿优秀作品奖、冰心作品奖、中国教育学会科研成果奖、省五个一工程奖优秀作品奖等。先后获江苏省中青年科学技术带头人、南京市有突出贡献的中青年专家、南京市名校长、南京市名教师、南京市学科带头人、市三八红旗手等荣誉称号,被南京市人民政府聘为督学,是江苏省人民教育家工程培养对象。

贾宗萍(1964—),女,南京人。江苏省特级教师,中学高级教师。南京市中华路幼儿园园长。热爱幼教事业,有强烈的事业心、责任感,有高尚的师德,有较高的教育教学水平和教科研能力。善于学习、投身课改、不懈探索,并带领教师潜心研究,日渐建构了个性化的"幼儿数学发展课程",取得了丰硕的研究成果,形成了中幼生活化数学教育的科研特色。她勤于思考、精于笔耕、乐于分享,数十篇论文、活动设计分获全国和省市一等奖,并在《早期教育》等核心期刊上发表,主编和参与编写数十本教材。她注重以自身的人格魅力感召教工,带领教工抢抓"省和谐校园"、"师德先进群体"等创建契机,奋力拼搏,精心打造"高品位的省级示范性实验幼儿园",赢得了家长的好评、社会的赞誉、媒体的大力宣传。2007年获"全国宋庆龄幼儿教育奖"称号,2010年获"全国十一五教科研先进个人"、"南京市五一劳动奖章"等称号。

潘东标(1967—),江苏江阴人。1988年毕业于南京师范大学中文系,副研究员。曾任南京市电化教育馆副馆长、副书记,南京高等职业技术学校校长、党委委员,江苏联合职业技术学院南京分院院长,现任南京市教育局副局长、市委教育工委委员。在南京市电教馆工作期间,担任两届全国中学信息学术和学科课程整合赛课委员会总评委,主持南京市十大招标课题《南京市现代教育技术普及与应用》研究,获南京市第二届科研成果特别奖。主编和参编的《网络环境下的教与学》由东南大学出版社出版。2005年7月调入南京高等职业技术学校以来,带领学校领导班子锐意进取、开拓创新,科学制定学校"十一五"发展规划,开展以"顶岗实习"、"订单培养"为代表的"双元制"特色的校企合作的探索,在全国首次提出了"二室二场一中心"模式,作为江苏实验实训基地建设标准并在全国推广。构建"双师结构+双师素质"、"单一教师培养"到"教学团队建设"的培养目标,对江苏五年制高职科学制定"双师型"教师认定标准,创新"双师型"教师培养模式有较强的指导和借鉴意义。提出了职业教育数字化校园建设和信息技术带动职业教育现代化的崭新命题。与20多个国家和地区知名院校合作,构建人才成长的国际化立交桥;坚持职教富民,开展劳务培训,为南京市实现"两个率先"做出了新的贡献。学校被评为江苏省首批国家级技能型紧缺人才培养培训基地,全国首批国家级实训基地项目学校、全国首批"工学交替、半工半读"实验学校。2005年被国务院七部委评为全国职业教育先进单位,2007年荣获国家教育部、人事部颁发的全国教育系统先进单位称号。

魏　洁(1971—),女,南京人。江苏省特级教师,中学高级教师。南京市五老村小学副校长。20多年来,她勤奋、敬业、爱生、淡泊名利,无论身份、工作有什么变化,从没有离开课堂,把全部时间和精力用于本职工作。积极投身教育教学改革。在全国范围内上数百节研究课,举办了数百次讲座,对各级教师进行培训,理论与实践紧密联系的培训风格受到一线教师和专家好评。她撰写、发表了许多论文,中央、省市电视台为她录制多节示范课和讲座,在小学数学界产生了很大的影响。2000年起她参加了国标本苏教版数学实验教材编写和实验工作,任《小学生数学报》的编辑,是集编、研、教于一身的的小学数学专家。她总结了

"数学教学要贴近学生实际,体现时代精神"的教改经验,领导和专家一致认为这项研究体现了"以人为本"的教育理念,反映了魏洁的教育思想已经形成。她是南京市小学数学学科优秀青年教师、学科带头人、南京市名教师、国家和江苏省基础教育专家库成员、江苏省教育家培养对象,获得南京市十佳青年,江苏省和南京市劳动模范,江苏省和全国师德先进个人称号。

附录一

南京教育大事年表

汉

公元前 26—24 年（西汉成帝年间） 何武为扬州刺史,每巡察一地,"必先即学官（学校）见诸生,试其诵论,问其得失,然后入传舍。"当时南京地区属扬州辖区,已有学官。

公元 30 年（东汉光武帝建武六年） 李忠为丹阳郡太守,"以丹阳越俗,不好学,嫁娶礼仪,衰于中国,乃为起学校,习礼容,春秋乡饮,选用明经,郡中向慕之。"当时南京地区属丹阳郡管辖范围。这是史书首次记载南京的教育活动。

181 年（东汉灵帝光和四年） 溧阳校官潘乾兴修学校,用贤人做教师,宣传教化与礼乐,精心培育青少年,得到民众的爱戴。

三国·吴

230 年（吴黄龙二年） 吴大帝孙权黄龙元年定都建业（南京）,翌年即下诏立国学,置都讲祭酒（国学主持人）,以教学诸子。

258 年（吴永安元年） 吴景帝孙休再诏立国学。诏书云:"古者建国,教学为先。所以道世冶性,为时养器也。"并"按旧制置学官,立五经博士",授以儒家经学。

东 晋

317 年（建武元年） 十二月,元帝下令在建康（南京）立太学。太学设国子祭酒（太学主持人）,以经师、博士为主要教学人员,教授儒家经学。

323—325 年（东晋太宁年间） 明帝即位后,亦重视太学,曾广招天下名儒,旁求隐逸,征聘为太学博士。

384 年（太元九年） 孝武帝采纳尚书令谢石"请兴复国学,以训胄子"的建议,下诏立国子学于太庙南（今夫子庙东）,增收太学生百人,增造房舍 155 间,选公卿二千石子弟为学生。

南朝·宋、齐、梁、陈

422 年（刘宋永初三年） 宋武帝下诏兴国学,选儒官。但下诏不久,武帝逝世。

424 年(刘宋元嘉元年) 宋文帝继位后,又一次下诏兴学。

438 年(刘宋元嘉十五年) 在鸡笼山开儒学馆。翌年,又增设玄学馆、文学馆、史学馆,四学馆各就本专业聚徒教授,共有生徒数百人。在我国学制史上开专科授学之先河。

442 年(刘宋元嘉十九年) 文帝又下诏立国子学,次年,国学复立。著名学者何承天任国子博士。

446 年(刘宋元嘉二十三年) 九月,文帝曾巡察国子学,"策试诸生,答问凡五十九人"。办学以来,颇有成效。之后,由于战争,国子学停办。

470 年(刘宋泰始六年) 设立总明观(是教学、研究兼藏书的中央官学机构),分为儒、玄、文、史四学部。

482 年(齐建元四年) 正月,齐开国皇帝萧道成诏立国学,以张诸为祭酒,王浚之为国子博士,置学生百五十人。但国学创办不到一年,因高帝去世而停办。

485 年(齐永明三年) 元月,继位齐武帝萧颐下诏复立国学,"召公卿以下弟子,置生二百二十人",任命王俭为国学祭酒,陆澄为国子博士。正式建立起国子学。并废除刘宋时期的总明观,改立学士馆,把总明观的儒、玄、文、史四科搬到学士馆。这样,齐的中央官学既有国子学又有学士馆的设置。

505 年(梁天监四年) 正月,梁武帝下诏立五馆,置五经博士,以明山宾、陈瑱、沈峻、严植、贺玚等五人为博士,各主持一学馆,进行教学。五馆学生共达千余人。翌年,又下诏"置集雅馆以招远学"(集雅馆既是学校,又兼研究院性质)。

508 年(梁天监七年) 在中央五馆和集雅馆之外,梁武帝下诏专为士族(士大夫阶层)子弟设立了国子学。

510 年(梁天监九年) 武帝诏"皇太子及王侯之子,年在从师者,皆入学",并在这一年内两次亲临国子学"策试胄子(后代),赐祭以下各有差"。

541 年(梁大同七年) 在鸡笼山立士林馆,延集学者。当时著名的学者领军朱异、太府卿贺琛、舍人孔子祛等相继在此讲学。五经博士严植之讲学时,听者达千余人。

560 年(陈天嘉元年) 在中央设太学和国子学,授沈威径为太学博士、沈不害为国子博士。

唐

624 年（武德七年） 溧水县在县治东建孔庙设儒学。是南京地区最早建立的县学。儒学延请学官主宰孔庙祭祀和管束生员就读，生员入学宫后接受月课季考。

860—873 年（唐咸通年间） 六合学宫建于东门街北。

南唐

938 年（昇元二年） 建国子监于秦淮河镇淮桥北。是当时南京重要的教贤育才之所。

宋

1012 年左右（北宋大中祥符年间） 侯遗在江宁府（南京）茅山后创办茅山书院。1024 年（天圣二年），仁宗皇帝赐田三顷于茅山书院。之后，书院发展和影响逐步扩大，是我国首批出现的六所著名书院之一。

1029 年（北宋天圣七年） 宰辅张士逊移知江宁府（南京），在府西北冶城故基文宣王庙（今朝天宫）建江宁府学。

1034 年（北宋景祐元年） 迁府学于城东南（今夫子庙）。

1102 年（北宋崇宁元年） 江宁府设立武学，为江宁府驻军造就军事人才。这是南京古代最早的军事学校。

1176 年（南宋淳熙三年） 建康知府刘珙在府学立明道先生祠（理学大师程颢、人称明道先生），朱熹为文记之。

1241 年（南宋淳祐元年） 明道书院在建康府东侧建立，是为纪念理学创始人程颢而设。

1249 年（南宋淳祐九年） 因雷电失火，明道书院书阁被焚。翌年，郡守吴渊重建明道书院。书院模仿庐山白鹿书院规章制度办学，聘名儒以为长，招专士以共学。前来求学者众多，盛极东南。理宗皇帝赵昀闻而嘉之，亲笔题写"明道书院"四个大字赐为书院匾额。自此明道书院声名大振，堪与当时岳麓、白鹿洞、丽泽、象白等全国著名四大书院相媲美。

1261 年（南宋景定二年） 上元知县钟蜚英在县治西建立县学。

1263 年（南宋景定四年） 江宁知县王镗在县治北创建县学。

1268 年（南宋咸淳四年） 在江宁府城天禧寺方丈后建立南轩书院。

1265—1274 年（南宋咸淳年间） 在江宁县湖熟镇建立昭文书院。

元

1275 年（至元十二年） 元军攻占建康府（南京）后，改建康路学为集庆路学(今夫子庙内)。路学共设大学四斋(常德、守中、育才、进德),小学两斋(兴贤、说礼),招收公卿大夫子弟入学,学生二百人。

1324年(泰定元年) 元郡人王进德在永安坊盐仓街创立江东书院,大学者吴澄在书院讲学,受业者甚众。

1365年(至正二十五年) 农民起义军领袖朱元璋攻取集庆,改集庆路为应天府,改元朝的集庆路学为国子学。

明

1368年(洪武元年) 明太祖朱元璋定都南京后,即将尊经崇儒作为国策,提出:"治国之要,教化为先,教化之道,学校为本。"当年,建大本堂于宫中,选儒臣教太子诸王,并令天下郡县建学校,延师儒,招生徒,讲道论德,以复先王之旧。

1377年(洪武十年) 江浦县知县刘进建县学于浦子城内。

1381年(洪武十四年) 朱元璋下诏建国学于鸡笼山下(现东南大学及周围地区)。翌年落成,定名为国子监。其气势恢宏,规模庞大,是当时我国最大的高等学府。

1382年(洪武十五年) 将夫子庙的国子学改为应天府学,上元、江宁两县学并入。

1498年(弘治十一年) 高淳知县刘杰于县之东通贤门外的魁山(即学山),奠基建孔庙,设儒学(即县学,亦称学宫)。翌年建成。

1522年(嘉靖元年) 礼部侍郎湛若水先后在应天府长安街和江浦县东门外白马寺左建新泉书院和新江书院。

1525年(嘉靖四年) 高淳县知县刘启东在县治西北察院之左建崇文书院。同年,溧水知县王从善在县城望京街创建中山书院。

1564年(嘉靖四十三年) 督学御史耿定向在城西清凉山上立崇正书院。

1598年(万历二十六年) 溧水知县徐必达在县学宫之右建图南书院。

1615年(万历四十三年) 助教许令典在成贤街国子监文昌阁旧址建立文昌书院。

清

1645年(顺治二年) 清兵入南京,改南京为江南省,改应天府为江宁府。于1650年(顺治七年),将明国子监改为江宁府学,改应天府学复为上元、江宁两县县学。

1682 年(康熙二十一年) 总督于化龙在卢妃巷建虹桥书院,征召上下江名士前来肄业,称盛一时。

1692 年(康熙三十一年) 六合知县吴仲光建六合书院于龙池。

1713 年(康熙五十二年) 溧水知县阎坊在县小东门外城隍庙东建赵公书院。

1723 年(雍正元年) 两江总督查弼纳在府城内旧币厂址建钟山书院,征召"通省士子,肄业其中,延师教训,月给廪气"。

1744 年(乾隆九年) 六合知县严森捐俸在县东米巷陈耳庵旧宅建六峰书院。严亲自与诸生讲学论文。

1746 年(乾隆十一年) 严森捐俸又在县城建养正书院。

1767 年(乾隆三十二年) 在江宁、上元县学名宦祠后建凤池书院。

1775 年(乾隆四十年) 溧水知县凌世衔将赵公书院改建为高平书院。

1805 年(嘉庆十年) 布政使康基田捐资在江宁、上元县学后尊经阁之旧址建尊经书院。同年,建鸡鸣书院于府学明伦堂左东斋后。

1820 年(嘉庆二十五年) 鸡鸣书院改名为奎光书院。

1828 年(道光八年) 高淳知县许心源在县学宫明伦堂处创设学山书院。

1938 年(道光十八年) 总督陶澍为纪念他的先祖陶侃,捐银 1 万两,在南京盋山园(即四松庵)建惜阴书院。

1853 年(咸丰三年,太平天国三年) 太平天国农民起义军进入南京,定南京为国都,改称天京。太平天国教育实施反儒方针加变异改造的政策,教育的基本特征是把教育与政治、宗教一体化。主张教育的普遍性、平等性,不分男女尊卑,都享有教育的平等权利。

1853—1864 年(咸丰,太平天国年间) 太平天国建立儿童教育制度。《天朝田亩制度》规定:"凡二十五家童子,俱日至礼拜堂,两司马教读《旧遗诏圣书》、《新遗诏圣书》及《真命诏书》。"天京设育才书院,除招收各官子弟、各王府人员外,也有太平军子女及参军的青少年。还设立学馆,进行学习西方科学技术的教育。由于处在严酷的战争形势下,未能建立起完整的教育体系和正规的学校制度。

1875 年(光绪元年) 法籍传教士倪怀纶在石鼓路天主教堂创办小学(现石鼓路小学)。这是外国教会最早在南京设立的学校。

1884 年(光绪十年) 美国基督教北美长老会女传教士李满夫人,于四根杆子(现莫愁路)开办私立明德女子小学,后由小学、初中发展为完全中学(现市女子中等专业学校)。

1887 年(清光绪十三年) 美国基督教理公会女传教士沙德纳,在估衣廊开办私立小学堂(现估衣廊小学),仅有 6 名学生。后改名女布道学堂。

1888 年(光绪十四年) 美国基督教美以美会在干河沿创办私立汇文书院(现金陵中学),学生 15 人,聘请传教士傅雷·福开森为首任院长。

1889 年(光绪十五年) 美国基督教美以美会会友比必创办斯密斯纪念医院,成立医学校,为南京西医教育之始。

1890 年(光绪十六年) 两江总督兼南洋通商大臣曾国荃奏请在仪凤门创办江南水师学堂,这是南京近代最早的军事学校。

1895 年(光绪二十一年) 两江总督张之洞为造就自强军的新式军官,奏请在江宁府和会街创办了江南陆师学堂。这是中国最早的陆军学校之一。同时为培养辖区铁路建设人才,在陆师学堂附设铁路专门学堂(又称矿务铁路学堂)。

1896 年(光绪二十二年) 张之洞在南京同文馆基础上扩充而成立培养外交人才的储才学堂于三牌楼。

本年,新任两江总督兼南洋大臣刘坤一在南京建立侍卫学堂。

1898 年(光绪二十四年) 两江总督刘坤一奏请将储才学堂按大学堂定章改办为江南高等学堂,是南京近代高等学校之始(后改为格致书院)。同年,刘坤一在江宁府建立江宁农务学堂。

1899 年(光绪二十五年) 美国传教士马林于花市大街(现中华路)开办私立基督中学堂(现中华中学)。

1901 年(光绪二十七年) 在江宁府毗卢寺设立师范学堂,是南京师范教育之开端。

1902 年(光绪二十八年) 翰林院编修缪荃孙改钟山书院为江南高等学堂。同年四月,两江总督刘坤一上奏《筹办师范学堂折》。未几刘坤一病逝。张之洞移督两江,再上书《创办三江师范学堂折》,不久即获准开办三江师范学堂于江宁府署,后移至北极山下明国子监遗址。这是我国最早建立的高等师范学校之一。

本年,三江师范学堂设附属小学(现南京师范大学附属小学前身)设立,学额定为 200 名。

本年,江宁文正书院改为江宁府学堂,后更名为江宁府中学堂。

本年,创办了江宁第四模范小学堂(现大行宫小学)、上元高等小学堂、北区第十二小学堂(现天妃宫小学)。

1904 年(光绪三十年) 两江总督魏光焘将格致书院改办为江南农工格致学堂,后易名为江南农工商矿实业学堂、江南高等实业学堂。

本年,先后建立旅宁第一女学、私立钟英中学堂(后改为市第二十三中学)、安徽旅宁公学(现市第六中学)。

1905 年(光绪三十一年) 周馥继任两江总督,因总督之称两江,遂易三江师范为两江师范优级学堂。

本年,美国教会在创办的畲清小学附设幼稚园,是南京最早的幼儿园。

1906 年(光绪三十二年) 建立由蚕桑树艺公司改建的江南蚕桑学堂和官立江南中等商业学堂。

本年,两江总督端方奏准设暨南学堂。是南京首所官办侨生中学堂。

1907 年(光绪三十三年) 端方为培养涉外和翻译人才创建南洋方言学堂。

1910 年(宣统二年) 汇文书院与宏育书院合并,并按大学编制进行改组,定名为金陵大学。

1911 年(宣统三年) 辛亥革命爆发,由于战争,南京高等学堂除教会办的金陵大学外,余均停办。实业学堂、中学堂、小学堂部分停办。

中 华 民 国

1912 年(民国元年) 1 月,民国临时政府在南京成立,设立教育部,蔡元培任教育总长,发表了《对于教育方针的意见》。临时政府颁发了《普通教育暂行办法》和《普通教育暂行规程》之标准。

2 月,江苏省立第四师范学校在钟山书院旧址成立。

9 月,在府西街原江宁府署建立江苏公立法政专门学校。

本年,在复成桥建立江苏省立第一工业学校,在三牌建立江苏省立第一农业学校。

本年,安徽省都督兼第一、四军军长柏文蔚在南京后成桥创办崇实学校。

1913 年(民国二年) 11 月,美国基督教会创办金陵女子大学,是我国最早的女子大学。

1914 年(民国三年) 江苏省巡按公署在清两江师范学堂原址筹建南京高等师范学校。翌年开学。这是我国民初建立的 4 所高等师范之一。

1915 年（民国四年） 北洋政府农商总长兼全国水利局总裁、近代实业家、教育家张謇呈准在南京创建河海工程专门学校（后改为河海工科大学）。是我国历史上首所培养水利专门人才的高校。

1917 年（民国六年） 2月，南京高等师范学校创办附属小学（现南京师范大学附属小学），坐落在四牌楼。

1918 年（民国七年） 10月，金陵大学附属鼓楼医院在鼓楼南创办私立金陵高级护士学校。

1921 年（民国十年） 在南京高等师范学校的基础上建立国立东南大学，是南京最早建立的规模较大、学科较齐全的综合性大学，也是当时国内仅有的两所国立综合性大学之一（另一所为北京大学）。

1922 年（民国十一年） 5月，江苏省立第一女子师范学校在南京开学。

1923 年（民国十二年） 春，东南大学儿童心理学教授陈鹤琴腾出自己家的客厅，创办私立南京鼓楼幼稚园，自任园长。

6月，陶行知、朱其慧等人在南京成立平民教育促进会，并召开平民教育宣传动员大会，试办平民教育，在南京东、西、南、北、中、下关6区，共设平民教育男校19所，女校5所，学员1 643人，聘请小学教员及教育界人士为义务教员。

1924 年（民国十三年） 6月，全国教育展览会在南京召开。

本年，金陵女子大学附属实验中学（高中）成立，校址在东洼市。

1926 年（民国十五年） 陶行知在中央门外晓庄、燕子矶、尧化门等处开展乡村教育运动。

1927 年（民国十六年） 3月15日，陶行知在中央门外劳山脚下的晓庄创办一所新型的晓庄学校，初名为南京试验乡村师范学校，翌年改名为晓庄师范学校，是我国早期的乡村师范学校之一。

6月1日，南京特别市教育局成立。

6月，国民政府颁布《大学区制》决定。7月，撤销了江苏省教育厅，在南京设立第四中山大学区，将国立东南大学、河海工科大学、上海商科大学、江苏法政大学、江苏医科大学、南京工业专门学校、江苏省立第一农业学校、苏州工业专门学校、上海商业专门学校等江苏境内9所专科以上学校合并，改组为国立第四中山大学，以东南大学为校本部，统管江苏省教育及学术事务。

夏，国立第四中山大学乡村师范科成立（后改为江苏省立栖霞乡村师范学校)。

秋,蒋介石在太平门内原清陆军中学堂旧址,筹建中央陆军军官学校。

10月,创办南京市盲童学校(后改为南京市盲哑学校),是我国第一所公立盲哑学校。

11月11日,陶行知等人创办燕子矶幼稚园,是我国早期建立的一所农村幼稚园。

1928年(民国十七年) 2月,国立第四中山大学改称国立江苏大学。同年5月,改名为国立中央大学。

1929年(民国十八年) 国民政府行政院决定大学区制停止试行,恢复江苏省教育厅。国立中央大学不再担负大学区的教育行政工作。

1930年(民国十九年) 4月8日,晓庄师范学校被国民党政府借口学生参加南京工人罢工斗争而强行封闭,革命师生被逮捕枪杀,陶行知遭通缉。

1931年(民国二十年) 9月20日,"九·一八"事件爆发后,南京广大爱国师生踊跃投身于抗日爱国民主运动。中央大学、金陵大学学生发表通电和宣言,要求抗日救国。

9月25日,南京73所大、中学校代表集会,成立首都学生抗日救国会。

12月17日,南京和来自平、津、沪、苏、杭等地的大中学生2万余人,在南京体育场召开大会,坚决要求国民政府抗日,签署出兵日期,遭到国民党军警镇压。学生死1人,重伤30余人,被捕60余人,造成"珍珠桥惨案"。

1932年(民国二十一年) 设在北平的陆军大学迁来南京办学。

1935年(民国二十四年) 6月,在南京建立国立牙医专科学校。是全国惟一的牙医专科学校。

10月,在南京成立国立戏剧专科学校。

秋,南京市立师范学校开办。

12月,"一二·九"爱国运动中,南京大、中学校师生纷纷响应,声援北平学生斗争,举行游行,反对华北自治,要求政府释放被捕学生,保障学生爱国运动等。

1936年(民国二十五年) 国立药学专科学校在南京成立。它是我国最早建立的高等药科学校(现中国药科大学前身)。

1937年(民国二十六年) 11月,侵华日军逼近南京。南京各高等学校迁往内地办学。如国立中央大学、国立戏剧专科学校、国立药学专科学校、私立金陵大学、国立中央高级护士职业学校等校迁重庆,中央国术馆体育专科学校迁广西龙州,国立牙医专科学校、私立金陵女子文理学院迁成都,国立中央高级助产职业学校迁安徽安庆。南京各军事学校全部西迁办学。中学多数停办,少数转移到乡村办学或西迁办学。小学、幼儿园全部停办。

12月13日,南京沦陷。日军大肆烧杀淫掠一个多月,屠杀我官兵和城市居民30余万人,制造了惨绝人寰的南京大屠杀事件。大部分学校校舍被占或被毁,教学设施损失殆尽。

1938年（民国二十七年） 3月28日,伪中华民国维新政府在南京成立。下置教育局。

4月24日,伪督办南京市政公署成立。下设教育处。10月,改教育处为教育局。

1939年（民国二十八年） 3月3日,伪督办南京市政公署更名为伪维新政府南京特别市,市政府设教育局。

1940年（民国二十九年） 3月30日,汪伪国民政府在南京成立。于内政部下置教育司。

4月,伪行政院通过在南京建立国立中央大学案。由伪教育部部长赵正平负责筹备工作。

本年,汪伪政府在南京开办国立第一职业学校、国立第二职业学校、国立模范中学、国立模范女子中学以及私立南方大学、私立中国公学、私立建村农学院等一些高、中、初等学校。

1941年（民国三十年） 12月8日,太平洋战争爆发后,美国教会办的私立汇文女中与鼓楼中学为汪伪政府接管。汉奸褚民谊自任董事长,改两校为同伦中学(分男女生部);私立明德女中被日军强占,改为日本高等女子学校(专收日本官员子女);私立金陵高级护士职业学校被日本宪兵队与南京同仁会接管,改名为同仁会看护学校。

1943年（民国三十二年） 12月,在中共地下党组织的策划、领导下,利用当时敌人内部的矛盾,在南京中央大学学生中发动了南京爱国学生清毒运动。12月18日,近4 000名全市大、中学校爱国学生自中央路出发向鸦片集中地夫子庙挺进,将朱雀路、夫子庙一带烟馆统统砸烂,还抄出了大量鸦片、毒品和烟具。当晚,学生们在国民大会堂前,当众焚烧了鸦片、毒品和烟具,轰动了整个南京城。

1945年（民国三十四年） 8月,抗日战争胜利。8月15日,日本无条件投降。

9月下旬,国民政府教育部下令解散了汪伪政府办的中央大学和3所私立高校以及两所职业学校;对汪伪时期办的国立中学改为南京市立中学。

10月,借金陵大学部分校舍,设立南京临时大学补习班,将汪伪时期各高等学校的学生进行登记,入临大补习班。登记受训的学生有2 000多人。

1946年(民国三十五年) 5月,国民政府自陪都重庆还都南京。市教育文化工作属南京市政府社会局管理。

是年,战时迁往内地的学校陆续迁回南京原地复校;战时停办的学校大部分复办;抗战期间在后方建立的国立音乐院、国立社会教育学院、国立东方语言专科学校亦移址南京办学。

1947年(民国三十六年) 5月6日,国立中央大学教授会发表《要求提高教育经费、改善教员待遇宣言》,引起强烈反响。

5月15日,国立中央大学、国立音乐院、国立戏剧专科学校3校学生约4 000人联合举行反饥饿大游行。

5月20日,宁、沪、苏、杭等地16所专科以上学校学生代表5 000余人在南京举行"反饥饿、反内战、挽救教育危机"的大游行,遭到国民党军警镇压,受伤123人,被捕28人,造成震惊中外的"五·二〇"血案。

12月,私立南京工业专科学校在南京成立。

本年,恢复南京市教育局机构。

1949年(民国三十八年) 年初,陷入深重军事、政治危机的国民政府,曾拟定《国立院校应变计划》,并指令南京各校草拟名教授名单,企图将他们裹胁出走。在中共南京市委的领导下,各校进步师生奋起反搬迁,开展保护学校、迎接解放的斗争,从而挫败了国民党反动派的迁校阴谋。

4月1日,南京大专院校学生为了揭露国民政府在国共谈判中玩弄假和平、真备战的阴谋,要求和平,争生存,反迫害,又一次举行声势浩大的示威游行,遭到手持凶器的特务袭击,当时有中央大学2名学生、政治大学1名司机被打死,受伤者无数,造成"四·一"惨案。引起社会公愤。

中华人民共和国

1949年

4月23日,南京解放。4月28日,成立南京市军事管制委员会,下置文教接管委员会,主任徐平羽。委员会设组织部、大专部、中学小学社会教育部。对学校接管工作的方针是:维持原状,逐步改善。

5月初,文教接管委员会接管了南京所有13所普通高等学校、16所公立中学、179所公立小学;登记私立中学59所,私立小学90所;解散了国立政治大学和私立建国法商学院。国立东方语文专科学校并入北京大学。

5月15日,中共南京市委、南京市人民政府、中国人民解放军南京市军事管制委员会联合召开学生代表座谈会。刘伯承市长到会讲话,勉励同学加强学习,改造自己,与人民结合,为人民服务。16日,又联合召开南京文化教育科学界人士座谈会,市委书记刘伯承在会上强调指出:无论自然科学还是社会科学都需要大批人才,希望大家为发展南京的科学文化教育事业贡献力量。

5月20日,市学生联合会集会纪念"五·二〇"学生运动两周年,并举办南京学生运动史料展览和学生运动画刊展览。

5月,建立南京炮兵学校和第三军械学校。

6月1日,南京直辖市教育局成立,首任局长徐平羽。

6月,建立中共南京市学区党委,邱一涵任书记。

6月,建立华东军事政治大学。

8月8日,中央大学更名为南京大学。

9月,市军管会文化教育委员会撤销,成立高等教育处,处长徐平羽。

10月,国立戏剧专科学校并入北京的中央戏剧学院;国立边疆学校并入中央民族学院。

12月18日,全市第一批少年儿童队队员2 212人宣誓入队。

1950年

1月14—18日,南京市第一届学生代表大会召开。大会通过了南京市学生联合会章程和南京学生运动的当前任务的决议。选举了市学联执行委员会,郭加强当选为市学联主席。

1月28日,市军管会高教处在南京大学礼堂召集全市高等教育工作者千余人开会,传达全国教育工作会议的精神和决议。传达报告指出:新中国的教育政策是实施民族的、科学的、大众的新民主主义教育,提高人民文化水平,培养建设人才,肃清封建的、买办的、法西斯主义的思想,建立革命的人生观。

4月1日,全市大、中学生2.3万余人举行"四·一"周年纪念晚会,公祭"四·一"惨案死难烈士陈祝三、成贻宾、程覆绎。

5月,高等教育处与市教育局合并,仍名教育局。孙叔平任南京市教育局局长。

7月7—9日,南京市教育工作者工会召开第一届会员代表大会。产生中国教育工会南京市委员会,孙叔平当选为主席,朱刚、桂庆和为副主席。

8月12日,政务院总理周恩来批示同意教育部关于恢复南京晓庄学校的请示报告。

8月,撤销中共南京市学区党委,成立中共南京市学校党委,孙叔平任书记。

9月,市教育、文化两局合并,更名为市文教局,孙叔平任局长。

10月29日,南京市成立了文化教育委员会,金善宝为主任,孙叔平、石西民、张江澍为副主任。

10月,建立华东军区测绘学校(后改为南京地质学校)。建立南京军事学院。

12月,建立南京海员学校、南京邮电学校(现南京邮电大学前身)。

1951年

1月,南京市汇文、中华、明德、育群等教会中学的师生学习政务院"关于处理接受美国津贴的文教、救济机关及宗教团体的方针的决定"后,积极开展护校运动。育群中学合并于市立第一女子中学;私立道胜中学与惠民中学合并改名为私立下关中学。私立汇文、中华、明德、青年等中学校继续由私人办理,政府予以必要补贴,以彻底割断与教会的联系。

5月28日,南京市天主教主办的私立弘光中学师生集会,控诉天主教美国耶稣会圣心堂的狄育才等利用宗教进行反革命活动的罪行,市军管会命令文教局、公安局立即接办弘光中学,改为南京市第九中学。东方中学高中部并入。

6月12日,市军管会发布命令,接管鼓楼医院及其附属金陵高级护士学校,并将护校改名为"南京第二护士学校"。

7月14日,南京市接受外资津贴的25所中小学由中国人民收回自办。

7月20日,金陵中学和金陵女子文理学院附中合并改为市第十中学。

8月,齐健秋任南京市文教局局长。

8月,经华东教育部批准,私立金陵大学和私立金陵女子文理学院合并改为公立金陵大学。

1952年

4月,"三反"(反贪污、反浪费、反官僚主义)运动在南京各校开展,各校领导集中力量打"老虎",教学工作一度出现了倒退。

6月23日,南京市初级工业学校开学。

6月,全市推广祁建华速成识字法,培养扫盲师资1 019名,在职工、农民、市民中扫除文盲。

6月,南京市贯彻"学校向工农子弟开门"的方针,郊区共有18 000名学龄儿童入学。其中70%以上的学龄儿童上小学,其余上了民校和冬学。

7月,南京市人民政府接办私立下关中学,改为公办,定名为市第十二中学。

8月1日,南京市中等学校教职员思想改造学习运动开始,9月19日结束。

8月,私立中华女中和鼓楼中学改为公办,与市第二初级中学合并改为市第十一中学。

9月,撤销中共南京市学校党委,建立中共南京市高等学校党委,书记石西民,副书记汪大年、陈力。

10月11日,高等学校院系调整完成。设在南京的高等学校有10所:南京大学、南京工学院、南京林学院、南京师范学院、华东航空学院、华东水利学院、华东药学院、南京农学院、南京航空工业专科学校、华东艺术专科学校。

10月29日,南京市文教局改称教育局,齐健秋为局长。原属文教局经管之文化事业业务,另成立市文化事业管理处管理。

10月,建立南京市教师进修学校。10月30日开学。参加进修的中学教师803人,占全市中学教师总数40%。

10月,私立汇文女中、明德女中改为公办,分别更名为南京市第四女子中学和南京市第五女子中学。

1953年

1月5日,陈敏之任南京市教育局局长。

3月,朱之闻任中共南京市教育局党组小组书记。

4月,撤销中共南京市高等学校党委,建立中共南京市学校党委,书记陈野萍,副书记朱刚。

4月,建立南京建筑工程学校。

9月8日,高淳县初等师范并入溧水县初等师范,江浦县初中附设的初等师范并入仪征县初等师范。

9月19日,省教育厅通知,南京师范学院附中、一中、五中、一女中、南京师范学院附设幼儿师范等5校为首批办好的完全中学和幼儿师范学校。

10月,建立南京农业机械化学校和南京无线电工业学校。

本年,全市普教系统学苏联掀起学习凯洛夫《教育学》高潮,这对解放初中、小学教学工作的原则、方法起到重要作用。

1954年

4月15日,省体委决定:在南京大学、南京工学院、市一中、南京师范学院附中、市十一中等校重点试行"劳卫制"(准备劳动与保卫祖国)。

4月,中共南京市学校党委改为文教党委,周邮任第一书记,朱刚任第二书记,张克威任第三书记。

8月,撤销中共南京市文教党委,建立中共南京市高等学校党委和中等学校党委,周邮任高校党委书记,朱刚任中等学校党委书记。

8月,建立南京电力学校。

11月,成立南京市教学研究室。

12月22日,确定南京师院附中、长江路小学为江苏省教育厅直接加强领导的学校。

1955年

2月28日,全市小学自即日起实施"小学生守则"。

2月,撤销中共南京市高等学校党委。

3月4日,江重言任南京市教育局长。

3月,建立南京中医学校。

4月,撤销市文化教育委员会,建立市文教办公室,周邮任主任。

6月1日,南京市少年之家在玄武湖公园成立。全市8 000多名少年儿童参加开幕典礼。

6月21日,全市中学、中等师范自即日起实施"中学生守则"。

6月,中国科学院学部委员会成立。在南京高等学校的学部委员有:南京大学潘菽、李方训,南京工学院杨廷宝、刘郭桢,华东水利学院严恺、黄文熙,南京农学院金善宝、冯泽芳,南京林学院郑万钧。

8月,建立南京动力学校。

12月,中共南京市委和7个城区区委先后建立了文教部。市委文教部部长周邨。同时撤销市中等学校党委。

1956 年

2月8日,中共南京市委举行首次知识分子入党宣誓大会。市委宣布批准金善宝、陈祖荫、徐慧娟、刘明水、花义君、李以贞、范绪箕、胡颜立、程开甲、郑万钧、严恺等专家、教授、教师入党。

3月,罗炳权任中共南京市教育局党组书记。

4月2日,中共南京市委召开知识分子工作会议,制定今后知识分子工作规划,要求各级党组织全面贯彻党的知识分子政策。

5月22日,全国第一所食品工业中等专业学校(后改名为南京机电学校)在南京创办。

7月5日,全市私立中学全部改为公办。

9月22日,市人民委员会发出通知,全市34所私立小学(包括附设幼儿园),全部由政府接办。

12月,建立南京河运工人技术学院(后改为南京航运学校)、南京粮食学校(后改为南京经济学院)。

本年,建立南京体育学校和戏剧训练班(现江苏省戏剧学校前身)。

1957 年

1月1日,市少年之家"小红花艺术团"成立。

1月,江苏医学院由镇江迁南京,改名南京医学院。

6月28—7月14日,南京高等院校普遍开展反右派斗争。

7月上旬,南京70多所中等学校开展反右派斗争。

8月1日,全市召开5 000人大会,欢送首批到农村去参加生产劳动的中、小学毕业生。

12月30日,朱之闻任南京市教育局局长。

1958 年

1月,撤销中共市、区委文教部,其工作分别并入中共市、区委宣传部。

1月,华东艺术专科学校迁宁,改名为南京艺术专科学校(后定名为南京艺术学院)。

2月,江苏教师进修学院更名为江苏教育学院。

4月,建立南京市农业专科学校。

6月6日,南京新建4所高校,即江苏中医学院、南京粮食及食品工业学院、南京农学院农业机械制造分院、南京体育专科学校。

8月1日,南京电信学校与南京邮政学校合并成立南京邮电学院。

9月5日,江苏师范学院体育专科、江苏省体育干部训练班、南京体育专科学校三者合并成立南京体育学院。

9月20—21日,毛泽东主席来南京视察,会见了省市机关、人民解放军驻宁部队、大专院校和主要厂矿的负责同志。

9月27—28日,中共中央副主席、全国人大常委会委员长刘少奇到南京视察,先后视察了南京工学院等高等学校。

9月,全市掀起全民炼钢铁的群众性运动,各学校在"炼铁又炼人"的号召下,共建大、小高炉、转炉1 832个。

9月,创办南京市业余工业大学。

9月,江苏省中医学校改建为南京中医学院。

11月,重建中共南京市委高等学校党委,书记郑荣。

本年,省教育厅在南师附中试行初、高中五年一贯制,高中二年文理分科;在南师附小试行五年一贯制。

本年,建立南京医学院附属医院护士学校、江苏省文化学校、永利宁厂永利化工专科学校(现南京化工职业技术学院前身)。

1959年

3月,中共南京市委召开全市教育工作会议。

5月,中共南京市委召开全市职工教育工作会议。

8月,南京市成立工农业余教育办公室,朱刚任主任,赵松泉任副主任。

9月30日,根据中共中央、国务院《关于确实表现改好了右派分子的处理问题的决定》,全市各学校摘掉一批"右派分子"的帽子。

1960年

3月3日,朱刚任南京市教育局局长。

4月,朱刚任中共南京市教育局党组书记。

4月,撤销中共南京高等学校党委,高校党的工作由中共南京市委宣传部管理。

5月17日,本市七中、一中、南师附中、十中、二十九中、六合县中、四女中、长江路小学、鼓楼一中心小学、夫子庙小学、下关铁小等14所中小学经中共江苏省委教卫部决定为省中、小学学制改革试点学校。

6月1—11日,全国文教群英大会在北京召开。出席会议的南京市先进单位代表有:南京师专、一中、九中、南师附中、晓庄师范、玄武区无线电职中、六合龙袍农中、白下区群立小学、南师附小、李府巷幼儿园、丹凤街业余学校、无线电厂职工学校、鼓楼机关干部业余学校等。先进工作者代表有:范存忠、杨廷宝、徐芝纶、许荣庆、顾永烈、袁友忠、王元林、周芳纯、金锦仁、吴懋仪、陈之佛、张玉兰、茅于渊、斯霞、蒋建武等30人。

是年,建立南京市体育学校(现南京市体育运动学校)。

1961年

3月,经过调整和改制后,农村普通中学由原来的43所调整为34所;各县小学已由原来的1 381所调整为1 177所;农业中学由原有65所调整为61所。

6月,市教育局作出决定,将各区小学教师进修学校并入市教师进修学校,设立小教部。

8月23日,中共南京市委召开全市教育工作会议,市委候补书记、副市长郑康在会上作了题为《关于本市三年来教育工作的基本总结及今后工作意见》的报告。

1962年

2月,周恩来总理、陈毅副总理视察南京无线电工业学校。

2月,市教育局从新学期开始,宣布在全日制中等以上学校,取消教师坐班制。妥善安排教师的工作和学习,注意对广大教师做到从政治上关心,从业务上帮助,从生活上照顾。

5月2日,根据中共江苏省委关于调整文教卫生事业的精神,南京市调整了部分大专、中技校,停办了师专等大专7所,一医护校等中技校17所、南京市师范1所;在校生数由1961年的36.7万人减为35.8万人;全市中学、师范共精简职工417名,占教职工总数的9%。

7月11日,经省人民委员会批准,决定在南京设立外国语学校1所。学校由省教育厅委托南京市教育局直接领导,并请中央教育部委托南京大学负责业务指导。

7月26日,省人民委员会决定将苏北农学院附属工农高中、南京大学附属工农速成中学、南京工学院附属工农速成中学三校合并为江苏省工农高级中学,校址在南京北京东路。

7月,南师附小、琅琊路小学、夫子庙小学、建宁路小学被确定为南京市试点学校,承担首批小学五年一贯制改革试验任务。

9月,市机关干部业余大学创办,校长郑康(兼)。

12月12日,周恩来总理陪同柬埔寨国王西哈努克考察南京无线电工业学校。

1963年

1月20日,省教育厅提出"关于改革试点学校的调整意见":(一)教学改革试点学校应当是师资、设备条件好的学校;(二)试点学校主要是在城市,县城以下不再试验;(三)试点中、小学应适当配套,便于衔接。调整后继续试验的学校有南京市的十中、七中、南师附小、鼓楼区一中心小学、玄武区一中心小学、白下区一中心小学。

1月31日,省教育厅确定集中力量,有重点地办好一批全日制中、小学。其中有南师附中、市一中、市十中、长江路小学、夫子庙小学等。

3月,全市各级各类学校普遍响应毛主席关于"向雷锋同志学习"的号召,广泛开展学习雷锋的活动。

3月,经中共南京市委研究确定,南京市有16所中学、28所小学为第一批试行全日制中小学工作条例(草案)的学校。

4月28日,朱启銮任市教育局局长。

5月14日,南京大学气象学院改建为南京气象学院。

5月30日,《人民日报》发表《斯霞和孩子》,介绍南师附小教师斯霞精心培育学生的事迹。强调教师要以"童心"爱"童心"。

7月20日,根据教育部指示,江苏省工农高级中学改办为南京外国语学校。

1964年

7月17日,中华人民共和国主席刘少奇视察南京,并在中共江苏省地、市委书记会上做报告,阐述了有关两种劳动制度和两种教育制度的问题。

7月,中共南京市委、市人委积极推行两种劳动制度和两种教育制度。一方面调配干部筹建半工(农)半读机构,一方面推行半工半读、半农半读试点工作。目前已有半工半读学校26所,学生4 405人,半农半读学校22所,学生1 712人。

8月,市教育局接办4所部队办的子弟小学:即军事学院办的解放路小学、海军学院办的海英小学、华东军区空军办的小营小学、南京军区办的卫岗小学。接管后除卫岗小学停办外,其余3所小学均改为面向社会招生的公立小学。

10月27日,中共南京市委决定成立半工(农)半读领导小组,由郑康任组长,陈慎言、钟世勤任副组长。

1965年

1月,钟世勤任中共南京市教育局党组书记。

5月20日,钟世勤任南京市教育局局长。

5月,国务院确定南京大学、南京工学院、华东水利学院、南京农学院为全国重点高等学校。

1966年

5月13日,中共南京市委发出关于立即开展"文化大革命"学习活动的通知,各级各类学校教职员工及学生一律参加学习活动。

6月中旬,中共江苏省委向南京大学等校派出了工作组。之后,中共南京市委也相继向南京无线电工业学校、南京动力学校、市十中、宁海中学、一中等校派了工作组,领导开展"文化大革命"。市委成立"文化大革命"教育分团,王昭铨为分团团长,钟世勤等为副团长。

7月7日,中共南京市委发出"文化大革命"运动的情况和部署意见的报告,确定中等学校是开展"文化大革命"的重点。

7月上旬,全市各级各类学校"停课闹革命"。

8月5日,中共江苏省委、南京市委宣布撤销派往各校的工作组。之后,市委撤销"文化大革命"教育分团,改设市委"文化大革命"教育小组。

8月中下旬,南京市大中学生纷纷成立了"红卫兵"组织,掀起了"红卫兵"运动。

8月23日,全市"红卫兵"纷纷走上街头,以所谓"造反有理"、"革命无罪"的名义,大破"四旧"(即所谓旧思想、旧文化、旧风俗、旧习惯),使许多珍贵的历史文物、图书、文献资料和名胜古迹横遭破坏。同时,大揪"走资派",大斗"反动学术权威"以及大打一切"牛鬼蛇神",搞乱了党政机关的工作秩序和学校的教学秩序,破坏了社会的安定。

8月30日,全市中等专业学校和普通中学掀起"串连热"。全市中等学校6万多名师生,外出串连的达1万多人。

1967年

1月26日,南京地区"造反派"组织向中共江苏省委、省人委、中共南京市委、市人委"夺权"。在教育系统,从市教育局到各级各类学校,都被"造反派"夺了权。党组织停止活动,学校教学秩序遭到严重破坏。

2月19日,中共中央、国务院、中央军委、中央文革小组发出《关于大、中、小学复课闹革命的通知》,要求各地大中小学一律立即开学,边教学边改革,逐步提出教学制度和教学内容的革命方案。南京市各级各类学校陆续开学复课,但有的学校只闹革命,并未复课。

1968年

2月24日,"南京市大专院校红卫兵革命大联合委员会"成立。

3月23日,南京市革命委员会成立,全市教育工作由市革委会政工组所属的教卫组负责。

7月,全市教育工作属市革委会政工组内的宣传组管理。

8月23—30日,根据中共中央、国务院、中央军委、中央文革小组发出《关于派工人宣传队进驻学校的通知》,南京市革委会陆续派遣工人毛泽东思想宣传队进驻各中、小学,领导学校的"斗、批、改"。

8月,南京市各郊县贫下中农陆续向农村中、小学派出贫下中农代表或毛泽东思想宣传队,在社、队革委会领导下,成立以贫下中农为主,有师生代表参加的贫下中农管理学校委员会(组)。管理本社、队范围内的中、小学。

9月9日,市革委会召开欢送中学毕业生上山下乡大会。

11月10日,《新华日报》以《普及中学教育的一条新路》为题,介绍了江宁县汤山青林大队办起一所十年一贯制学校。

12月,本市七中、九中、宁海中学被下放到郊区农村"办学",并分别按下放所在地更名为铁心桥中学、八卦洲中学和盘城中学。

1969年

3月8日,《新华日报》发表调查报告,介绍南京十月公社十月大队把学校教育、社会教育、家庭教育结合起来的情况。他们把大队范围内原有的民办小学、公办小学、耕读小学和农业中学合并成为一所由大队自己管理的七年一贯制的"红十月学校"。为了方便贫下中农子女入学,该校分5个教学点,就近教学。

11月2日,市革委会发出《关于动员干部下放,知识青年和城镇居民上山下乡的通知》,随后,市级机关(包括教育局)的部分干部及其家属被动员到农村插队落户。全市有4 000名中、小学教师被下放农村安家落户。

12月1日,市革委会对市级机关的机构进行调整,恢复了市文教、卫生、人事等15个局。市文教局召集人张凡。

1970年

本市公办幼儿园自5月起下放街道办事处管理。

8月29日,市革委会决定将本市东方红中学(现中华中学)、第十中学分别交市轻工业局所属南京棉毛纺织厂、南京曙光机械厂办学。

1971年

2月29日,市革委会召开实施《南京市教育革命暂行条例》动员大会。

8月7日,市革委会从工人、复员军人、机关干部、高中毕业生中抽调了5 000人,充实全市中、小学教师队伍。

1972年

2月28日,市革委会决定恢复晓庄师范。

11月14日,市第五中学学生张玉玲在全市中学生田径运动会上,以17秒的成绩打破少年女子100米低栏短跑的全国记录。

1973年

2月10日,中共南京市委市级机关机构进行调整,包括撤销市文教局,设立市文化局、市教育局。陈乐邨任市教育局局长。

3月,小学由街道上交各区文教科管理。

4月13日,原各区文教科改为教育科,有关文化方面的工作,归各区文化馆负责。

4月,陈乐邨任市教育局党的核心小组组长。

4月20日,全市20万群众热烈欢送2 638名知识青年到市郊农村插队落户。

12月24日,中共江苏省委任命南京市青岛路中学教师王美英(女)为省革委会教育局副局长、党的核心小组成员。

1974年

1月11日,《人民日报》载:南京大学政治系二年级学生钟志民批判自己通过"走后门"进大学的错误行为,钟申请退学得到批准。2月10日,南京高等学校师生代表5 000人集会欢送钟志民到江西瑞金县沙洲坝公社安家落户。

4月10日,全市近10万群众热烈欢送3 600多名知识青年到本市郊县农村插队。

6月25日,本市首批赴西藏的中学教师启程。他们中有语文、数学、物理、生物、体育、音乐等学科的教师,分别到西藏的札木中学和西藏民族学院八一附属中学担任教学工作。

1975年

3月6日,省革委会批复同意复办南京幼儿师范学校,为全省培训幼儿教育的师资。

7月,南京教育战线掀起学"朝农"热潮,走"五·七"道路,实行开门办学。全市218所中学和400多个工矿企业、200多个公社农场、80多个部队单位建立了固定挂钩关系。200多个校办工厂、农场得到了恢复、巩固和发展,在开门办学过程中,很多学校组织师生进行广泛的社会调查,对学生进行学农、爱农、务农教育。

11月6日,中共南京市委通知,城区公办和民办中学行政关系归市教育局管理。

1976年

1月8日,周恩来总理逝世,全市各级各类学校师生,不顾江青反革命集团的压制,纷纷举行各种形式的追悼活动,并自发地大规模地到梅园新村、雨花台悼念周总理。

3月下旬,全市各级各类学校师生和许多工厂的工人纷纷加入游行行列,或汇集在雨花台烈士陵园纪念碑前,或前往梅园新村悼念周总理,批判江青反革命集团反周总理的罪行,在市内公共汽车上和主要街道上出现了点名批判张春桥的标语,并用油漆在从上海开往北京的列车车厢外面,刷写了"打倒张春桥"的巨幅标语。

8月3日,中共南京市委决定选调1 000名工人到本市各中学担任教师。

9月9日,毛泽东主席逝世,全市教育部门干部和学校师生举行了多种形式的悼念活动。9月18日,南京市各级各类学校的师生员工参加省、市举行的40万人规模的追悼大会。

10月,江青反革命集团被粉碎后,全市各级各类学校师生员工与市民一起,举行集会、游行,庆祝粉碎江青反革命集团篡党夺权阴谋的伟大胜利,愤怒声讨江青反革命集团的罪行。

10月23日,中共南京市委召开大会,热烈欢送奔赴西藏、内蒙古、延安地区插队落户的中学应届毕业生。

1977年

3月5日,全市中、小学掀起了学习雷锋的高潮,中断了10年的学雷锋活动开始恢复。

4月29日,朱明任南京市教育局局长。

7月4日,中共南京市委发出《关于成立南京市革命委员会幼儿园、托儿所领导小组的通知》。孙一山任组长,沙轶因、赵碧珍任副组长。

7月,建立市文教卫生办公室,沙轶因任主任。

10月,根据省教育局通知,中学实行五年制和三二分段,决定从1978年秋季入学的初中新生开始实行。

10月,朱明任中共南京市教育局党组书记。

11月中下旬,全市进驻大、中、小学的工宣队全部撤出学校。

11月23日,中共江苏省委和南京市委在五台山体育馆召开万人大会,批判江青反革命集团炮制"两个估计"的罪行。会后,全市教育系统掀起了批判"两个估计"的热潮。

1978年

1月,除十中、东方红中学(现中华中学)、南师附中、外国语学校、晓庄师范外,市区中学的党、政关系属区管。

2月17日,国务院批转教育部报告,恢复和办好全国重点高等学校。在全国88所重点高校中,南京有6所,即南京大学、南京工学院、南京航空学院、华东工程学院、华东水利学院、南京气象学院。

3月7日,夏梦林任南京市教育局局长、中共南京市教育局党委书记。

5月31日,市革委会批准市教育局《关于办好重点中、小学的意见》,确定了全市第一批重点中、小学21所。鲁迅中学(现南师大附中)、南化一中、大石桥小学被列为省重点学校。

6月22日,根据省革委会通知:大石桥小学仍恢复为南京师范学院附属小学,归南京师范学院领导。

7月14日,市教育局发出通知:小学入学年龄城区为6周岁,郊区为6岁半,县为7周岁。

8月20日,中共南京市委组织部通知,各级各类学校不再设立革命委员会,恢复校长、主任职务。

8月,中学初中两年制改为三年制。

10月,在全省教育工作会议上,宣布确定18名中、小学教师为江苏省首批特级教师,并颁发了特级教师证书。其中南京市有南师附小教师斯霞、长江路小学教师王兰和市十二中教师茅于渊。

12月,南京航务工程学校改建为南京航务工程专科学校。

1979年

2月,成立江苏省广播电视大学和南京市广播电视大学。

3月,在市教师进修学院电化教育组的基础上,成立南京市电化教育馆。

8月29日,玄武区革委会决定,自9月1日起,南京市第九中学在原校址(当时为二十五中)恢复。第二十五中学校名予以撤销,师生全部并入九中。

9月,南京市中等教育结构改革工作开始试点,南京市第三十中学与南京市第一商业局合作试办职业班,招收高一新生246人。

11月3—11日,全国幼儿教育研究会在南京成立,并召开首届年会。

12月10日，根据教育部《关于普通中小学班主任津贴试行办法(草案)》，在全市开始发放班主任津贴。

1980年

1月9日，南京鼓楼区工读学校开学，是江苏省第一所工读学校。这所学校是对有一般违法行为和轻微犯罪的在校中学生进行教育改造的学校。

2月27日，南京红卫机械厂"七二一"大学被三机部批准为红卫机械厂工学院，这是本市第一所厂办工学院。

3月，南京艺术小学成立，与成立于1978年的"南京小红花艺术团"实行"两块牌子，一套班子"的管理体制，创出了"半学半艺"的办学模式。

3月15日，陶行知纪念馆在南京晓庄师范学校恢复开放，共展出照片120多幅，遗物、遗著200多件。

5月5日，在南京建筑工程学校的基础上，建立南京建筑工程学院；南京动力学校改建为南京化工动力专科学校。

8月27日，经省人民政府批准，金陵职业大学成立。这是本市第一所"自费、走读、不包分配、毕业后择优录用"的高校，也是全国最早建立的职业大学。

8月，创办全省第一所全日制走读中专——南京市中等专业(走读)学校。

9月4日，省教育厅《关于办好重点中学的意见》确定全省先办好95所重点中学，其中南京市有8所，即：南师附中、一中、十中、东方红中学(现中华中学)、南化公司第一中学、江宁县中学、江浦县中学、六合县中学。

10月，建立江苏省人民警察学校。

11月5日，教育部确定江苏省15所中等专业学校为重点中专校，其中南京市有10所，他们是：南京机器制造学校、南京机电学校、南京电力学校、南京地质学校、南京铁路运输学校、南京农业机械化学校、南京卫生学校、江苏省商业学校、江苏省戏剧学校、江苏省邮电学校。

11月，南京市教育学会正式成立。首届会长为朱刚，副会长罗炳权。

本年，南京师范学院、南京医学院、南京中医学院被确定为江苏省重点高等学院。

1981 年

2月21日,中共南京市委决定,城区中学党政关系自即日起上交给市教育局和中共南京市教育局党委管理。

3月,全市中小学师生积极投入全国第一个"文明礼貌月"活动,掀起了"五讲"(讲文明、讲礼貌、讲卫生、讲秩序、讲道德)、"四美"(心灵美、语言美、行为美、环境美)、"三热爱"(热爱祖国、热爱中国共产党、热爱社会主义)活动的高潮。

3月21日,省教育厅发出《关于确定实验小学、实验幼儿园、示范幼儿园名单的通知》。其中南京市琅琊路小学等12所小学为省实验小学;南京市代代红幼儿园为省实验幼儿园;南京市鼓楼幼儿园和太平巷幼儿园为省示范幼儿园。

4月,建立中共南京市委教育卫生部,丁永安任部长。

5月9日,罗炳权任南京市教育局长、中共南京市教育局党组书记。

6月27日,江苏省南京幼儿师范学校复办(后改为南京师范大学附属幼儿师范学校)。

7月11日,南京粮食学校改建为南京粮食经济学院。

8月29日,南京市幼儿师范学校成立,这是市属的第一所幼儿师范学校。

8月,梅园中学男子排球队获全国"三好杯"比赛冠军。

10月,南京市盲哑学校分设为市盲童学校和市聋哑学校。

1982 年

3月3日,团市委组织中小学开展文明礼貌团、队日活动,全市50多万中小学生到车站、码头、公园、街头开展宣传活动,打扫卫生,初步建立了380多条"红领巾卫生街"。

3月5日,全市10万共青团员冒雨上街开展"学雷锋、做好事"活动。

9月16日,教育部、城乡建设环境保护部联合发出通知,决定将德国援建的建筑职业技术教育中心建在南京市。

10月,在原江苏省公安学校基础上,建立江苏公安专科学校。

12月30日,中国教育学会名誉会长、全国幼儿教育研究会名誉理事长、我国著名儿童教育家陈鹤琴因病在南京逝世。

12月,成立南京市职工教育管理委员会,下设办公室(局级),主任蒋阿根。

1983年

1月,在江苏省商业干部学校基础上,建立省商业管理干部学院。

4月,方永兴任南京市教育局局长。宫润江任中共南京市教育局党委书记。曹琬任中共南京市委教育卫生部部长。

5月18日,建立江苏省司法学校。

6月,南京机器制造学校改建为南京机械专科学校。

7月30日,南京教师进修学院更名为南京教育学院。

9月26日,市实验幼儿园等5单位荣获全国"三八"红旗集体称号,长江路小学特级教师王兰等58人获全国"三八"红旗手称号。

9月,撤销市职工教育办公室,成立市工农教育办公室,主任杨志祥。

是年,建立南京市高等教育自学考试办公室。

1984年

1月28日,南京师范学院改为南京师范大学。

1月,建立南京市纺织工业学校。

1月,杨志祥任中共南京市工农教育办公室党组书记。

3月,方永兴任中共南京市教育局党委书记。

3月,南京市农业专科学校复建。

5月8日,南京热能工程学院成立。

6月25日,省、市人民政府联合创办南京财贸学院。

6月,建立南京市教育科学研究所、南京市成人教育研究室(初名市工农教学研究室)。

8月,在江苏银行学校基础上筹建南京金融专科学校;省陶行知教育思想研究会筹建南京育才职业大学。

8月,经省教育厅批准,南京市长江路小学和市九中进行"五四"学制(小学五年、初中四年)改革试点。

9月1日,市教育局决定当月为第一个尊师爱生月。

9月1日,市教育局给全市30年以上教龄的老教师颁发了荣誉证书及纪念品。

9月初,南京市师范学校恢复,校址在原铁心桥中学。

9月17日,南京特殊教育师范学校举行首届教师进修班开学典礼。

9月27—28日,应中共中央总书记胡耀邦的邀请,近800名日本青年在南京参加中日青年友好联欢活动,南师大附中、十中、六中、外语学校4校参加接待,九中、十中、十三中、市幼师、外语学校5校200名学生代表参加联欢。

10月8日,由港胞张兴富捐资18万人民币兴建的江宁县禄口乡"兴富中学"举行落成典礼。

10月,华东工程学院改名为华东工学院。

10月31日,三十六中庆祝建校100周年。该校是我市历史最久的一所完全中学。它的前身为创建于1884年的明德女子小学。

11月9—14日,联合国教科文组织亚太地区普及初等教育和扫盲规划管理讨论会在泰国曼谷结束了第一阶段会议后,在南京举行第二阶段会议。

11月26日,中央书记处书记胡启立来宁视察了南师大附中、长江路小学、十五中、金陵职业大学等4所学校。

11月,恢复建立南京市师范专科学校。

12月28日,省人民政府批准第二批58名中小学及幼教特级教师,其中南京市闵传华、沈长华、袁浩、余玉茹、耿方珠、陈树民、孙丽谷、胡百良、马明、周大同、李绍基、恽宗瀛、凌铮、叶树明等14人被定为特级教师。

本年,重建南京市技工学校;建立南京旅游学校、江苏省出版学校;在南京计划生育干部培训中心基础上,建立南京计划生育管理干部学院(现南京人口管理干部学院)。

本年,成立南京市中小学卫生保健所。

1985年

1月中旬,江浦县教育局将原五里村小学正式命名为"五里行知小学",并作为江苏省陶研会的实验小学。

2月1日,为纪念郑和下西洋580周年,市人民政府决定将下关区建宁路小学改名为天妃宫小学。该校址是明成祖朱棣为纪念郑和出使西洋归来在南京兴建的古静海寺一部分,并立有天妃宫碑。

2月,成立南京市退离休教育工作者协会。协会理事长蒋阿根。

3月2日,南京第四机床厂文化技术学校成立。这是南京地区第一所犯人文化教育学校。

3月9日,市成人教育学会成立。首届会长杨志祥。

3月27日,南师大附中、中华中学、一中、三中、四中、九中、十八中、五十八中、外国语学校、工读学校等10所中等学校,确定为实行校长负责制的试点单位。

3月29日,周德藩任南京市教育局局长。

4月25日,南京业余文科大学成立。该校由省民盟主办。

5月,市工农教育办公室改名为市第二教育局,局长杨志祥。

5月,建立江苏经济管理干部学院。

7月,南京农学院更名为南京农业大学。

7月9日,南京市十五中、建筑职业教育中心、五十一中、安德门中学、湖熟中学被列为省重点办好的职业中学。

7月13日,南京电力学校升格为南京电力专科学校。

8月,南京林学院改名为南京林业大学。

9月6日,中共南京市委、市政府召开全市教育工作会议。

9月9日,江苏省暨南京市庆祝首届教师节大会在南京人民大会堂隆重举行。

9月10日,坐落在晓庄师范校园内的陶行知纪念馆新馆开放。改建后的新馆比原馆面积增三倍。

9月,杨志祥任中共南京市第二教育局党组书记。

9月,华东水利学院改办为河海大学。

10月,南京市考试学研究会成立。会长韩启文。

10月19日,中共南京市委、市政府出台《贯彻〈中共中央关于教育体制改革的决定〉的意见》。

11月10日,我国著名教育家吴贻芳在南京病逝,终年93岁。

12月9日,中共南京市委、市人民政府决定将城区大部分中学的党政领导关系下放给各区管理,以适应经济体制改革的新形势。

12月16日,市第七中学与南京航空学院挂钩,更名为南航附中。这是"文化大革命"后我市第一所与高校挂钩的中学。

1986年

1月,完成城区59所中学下放给区管的交接工作。

3月,耿开济任中共南京市委教育卫生部部长。

4月9日,在原第三十六中学基础上,成立南京市女子中等专业学校。

5月12日,由芦柴厂小学改办的南京特殊教育师范学校附属小学正式开学。

7月,在江苏省团校基础上,建立江苏省青年干部管理学院。

9月10日,由南京大学与美国霍普金斯大学建立的中美文化研究中心在南京大学举行隆重的开学典礼。

9月,经市政府和省高教局批准,金陵职业大学改革招生制度,首次采用推荐和考核相结合、择优录取的办法,招收了25名职业中学对口专业的毕业生。

10月17日,原南京药学院和正在筹建中的南京中药学院合并,成立国内第一所综合性药科大学——中国药科大学。

本年,南京市基本上普及了盲童教育,成为全国普及盲童教育的先进城市之一。

1987年

4月29日,全省第一所中等营养专业学校——南京市营养学校成立。

5月20日,南京大学成立了医学院。它是1952年高校院系调整后,全国综合性大学中成立的第一所医学院。

9月18日,南京财贸学院改建为南京审计学院,由国家审计署和南京市人民政府联合办学。是国内第一所高等审计学校。

9月,金陵职业大学正式在溧水开办教学点,这是本市地方高校第一个郊县教学点。它的创办为改革高校传统办学方式,发展城郊型经济做了有益的尝试。

12月,南京市中等专业学校建筑分校和财经分校分别改为南京市建筑工程学校和南京市财经学校。

本年,江苏幼儿师范学校划归南京师范大学领导和管理,并更名为南京师范大学附属幼儿师范学校。

1988年

4月9日,南师大与扬子石油化工公司合办的南师大附属扬子中学挂牌。

4月9日,市五十一中职业高中部命名为南京市港口职业学校。

4月,市第十中学更名为金陵中学。

5月7日,南京工学院改名为东南大学。

5月23日,参加在比利时举办的第八届残疾人运动会的南京市8名选手获17块金牌,其中韶山路小学六年级学生孙勇军一人夺得田径100米、200米、4×100米3块金牌。

5月,雨花台区实验小学被国家教委授予"德育先进集体"称号。南京市教科所赵炳红被授予"全国德育工作先进个人"称号。

8月25—31日,由国家教委和国家体委、团中央主办,江苏省人民政府承办的第三届全国大学生运动会在南京举行。

8月26日,国家教委主任李铁映视察东南大学和南京大学。

10月,国家教委奖励部分办学思想明确,教育质量较高的师范专科学校和中等师范学校,南京市受表彰的有南京晓庄师范学校、南京特殊教育师范学校。

11月22日,市第三中学、市财经学校、江宁县秣陵中学被评为全国勤工俭学表彰单位。栖霞区校办工业公司经理袁千、第五中学校办工厂厂长刘仲英被评为全国勤工俭学先进个人。

12月,张连发任南京市教育局局长、中共南京市教育局委员会书记。

1989年

1月10日,为推动教育改革的深入发展,市教育局决定:金陵中学、市财经学校、市建筑工程学校、市聋哑学校、市教学研究室、市中小学卫生保健所等6个单位实行校长(行政领导)负责制。到目前为止,市教育局直属单位中实行负责制的已达15个单位,其中南师大附中、南京外国语学校、中华中学、一中、工读学校等单位已进入第二任期。

2月20日,南京市第一批优质幼儿园验收工作结束,市实验幼儿园等11所幼儿园被评为优质园。

5月12日,南京市十一中更名为南京大学附属中学。

6月7日,南京市雨花台区实验小学少先队被评为全国红旗大队。

10月21日,联邦德国慕尼黑汉斯·赛德尔基金会驻南京建筑职业技术教育中心专家史麦茨勒先生被南京市人民政府授予"南京市优秀教师"称号。

12月20日,在全国高中教学联合竞赛中,南京市23名学生获奖。其中金陵中学范岷获特等奖;省教育学院附中邵海,金陵中学陈健、杨思箴,南师附中邱亮、房晔,中华中学袁达文获一等奖。

本年,建立南京金陵旅游管理干部学院。

1990年

4月9—10日,市委、市政府召开中小学德育工作会议。市委副书记胡序建作了工作报告。市委书记戴顺智讲了正确处理德育为首与诸育并举,学校"小气候"与"社会大气候"等7个方面的关系。

5月,方永兴任南京市第二教育局局长、中共南京市第二教育局党组书记。

6月4日,全国城市中小学德育工作经验交流会在宁开幕。南京市教育局作了"全局统筹、全员育人、全程有序、全面实施,努力建立城市中小学德育工作新格局"的专题发言。

10月,秦淮区方家巷小学6年级学生周婷婷被团中央授予"全国优秀少先队员"称号。周婷婷本是聋哑儿童,她以顽强的毅力治聋和学习,4年当中,跳级两次,能背出圆周率小数点后1 000位,书画、作文、跳舞样样冒尖。

11月22日,1990年全国计划单列市教委主任、教育局长会议在宁召开。会议就教育的优先发展战略问题、教育系统党组织建设问题、强化学校的德育问题、深化教学改革问题、办好农村初中问题等进行了广泛的交流和研究。南京市教育局长张连发介绍了南京普通教育概况和一些富有特色的做法。

12月12日,1990年全国高中数学联赛在京揭晓。南师大附中沈凯、杜邦、凌澍,金陵中学严旭东、张正等5人获一等奖;还有10人获二等奖,14人获三等奖。

1991年

1月21日,在全国职业教育工作会议上,江宁县其林职业中学1986届毕业生伍星,被国家教委、国家计委、劳动部、人事部、财政部联合授予"全国回乡务农优秀毕业生"称号。

1月,北京东路小学在全国少先队评比中获"全国红旗大队"称号。同时,该校学生曹巍和南师大附小学生王波获"优秀少先队员"称号。

2月1日,在"华罗庚金杯少年数学邀请赛"中,汤山小学的许亮夺得南京赛区第一名后又夺得全国决赛一等奖。

3月9日,第三届国际信息学(计算机)奥林匹克"中国代表队组队竞赛"在北京举行。南师大附中高二学生夏西远名列榜首,为本省在计算机奥赛项中取得了零的突破。

3月16日,南京市陶行知研究会成立,市教育局长张连发任会长。

5月11—14日,第三届"华罗庚金杯"少年数学邀请赛在长春市举行。南京市获团体冠军。市外国语学校初一学生徐开闻以个人总分118分夺得中学组全国第一名。

5月21日,市政府召开义务教育工作会议。市教育局局长张连发作了题为《南京市实施义务教育的情况》专题报告。

5月,南师大附中高三学生夏西远作为中国中学生代表队3名成员之一,参加了在希腊举行的"国际奥林匹克信息学竞赛",获银奖。

6月1日,经国家教委批准,南京市师范专科学校与南京教育学院合并。实行一套班子,两块校牌,承担初中教师培养和培训双重任务。两校在凤凰西街征地建立新校区。

9月2日,南京市师范学校在溧水县进修学校恢复办学,举行开学典礼。

10月4日,由台胞章仕金先生捐款50万元人民币兴建的"六合县八百乡仕金学校"教学楼落成。

10月9日,与聋哑厄运抗争、两次跳级的原秦淮区方家巷小学学生周婷婷,被团中央少工委授予第二届全国"十佳优秀少先队员"称号。

10月15日,光华门中学正式命名为南京行知实验中学。

11月30日,在《我向党来唱支歌》全国第二届音乐知识大赛中,南京渊声巷小学汪扬同学获一等奖,辅导教师汪庆玲获一等"园丁奖"。

本年,南师大附中高三学生沈凯在中国数学奥林匹克竞赛中获得一等奖。

1992年

1月20日,中共中央政治局委员、国务委员兼国家教委主任李铁映视察夫子庙小学。并题词:"事在当今,功在后人"。

1月24日上午,中共中央总书记江泽民视察南京大学。并为该校题词:"把南京大学办成具有国际影响和富有特色的教学科研中心。"

3月1日起,全市20万大、中、小学生走上街头开展"学雷锋义务奉献日"活动。

4月28日,雨花台革命烈士纪念馆、梅园新村纪念馆、太平天国历史博物馆、孙中山纪念馆、侵华日军南京大屠杀遇难同胞纪念馆、渡江胜利纪念馆和《南京条约》史料陈列馆作为"南京市青少年思想教育基地"命名挂牌。

4月,国家教委第26期简报介绍了南京锁金村中学"在普通中学渗透职业教育"的改革经验,并加了编者按。

5月4日,全国人大常委会副委员长彭冲到南京体育学院视察。

6月,南京金融专科学校成立。

11月11日,市委、市政府召开教育工作会议。市委书记顾浩、市长王荣炳作了重要讲话。要求进一步加大改革力度、加快发展职业技术教育和校办企业。会议调整和修改了"八五"期间教育事业发展目标,提出了一系列改革措施和配套政策。市委、市政府还作出了增加教育投入、改善教师待遇等决定。

11月18日,民办中华育才学校举行开学典礼。这所学校是老教育工作者朱刚创办的一所全日制中专学校。该校实行"自费走读、有偿用人、不包分配、指导就业"的办学原则。

本年,南京电力专科学校、南京航务工程专科学校、南京化工动力专科学校分别更名为南京电力高等专科学校、南京交通高等专科学校、南京动力高等专科学校。

1993 年

2月,南师大附中实行高中阶段分层次教学,改革国内实行的固定教学班模式。

2月22日,在"第二届全国初中学生语文听、写、读、说邀请赛"中,金陵中学初三学生蒯乐吴、初二学生吕静莲获一等奖。

2月26日,华东工学院更名为南京理工大学,隶属中国兵器工业总公司。

3月,南京航空学院更名为南京航空航天大学。

3月,南京特殊教育师范附小获得了全国少工委、中国残联、全国妇联共同授予的全国"红领巾助残活动先进集体"称号。

3月21号,晓庄国际学校在宁成立。

3月,东南大学校长韦钰被国务院任命为国家教育委员会副主任,同时兼任东南大学校长。10月,陈笃信任东南大学校长。

4月16日,南京艺术学院中专部91届毕业生郭晴在德国美因茨荣获尼曼国际小提琴比赛第一名。

5月6日,南京粮食经济学院更名为南京经济学院。

5月7日,全国初中应用物理竞赛揭晓,南京市第一中学陈康、第四十二中学陈慧剑、金陵中学周骞获一等奖。还有22人分获二、三等奖。其中陈慧剑还获得全国初中奥林匹克化学竞赛一等奖、全国初中奥林匹克竞赛数学二等奖。

5月17日,南京外国语学校杨天、徐开闻,南化一中唐翔,六合一中张欣研,南师大附中仲鸣,金陵中学张振鑫,获1993年全国初中数学竞赛一等奖。

5月22日,经南京市教育局批准,鼓楼区草场门小学更名为江苏教育学院附属小学。

5月27日,南京市13名初中学生在全国第三届"初中奥林匹克化学竞赛"中获一等奖。

5月,金陵中学高二年级学生姜涛被评为南京市第二届"十大杰出青年"之一,随后,他又作为南京市唯一的中学生代表,出席共青团第十三次全国代表大会。

5月,府西街小学附属幼儿园送往西安参加"小星星杯"全国少年儿童美术、书法、摄影大赛的6幅作品全部获奖。其中柴贾然的《顽皮的小花猫》获金奖。

6月5日,丹凤街小学学生周菲,在南京市第二次少代会上被团市委、市少工委、市教育局联合授予"南京市优秀少先队员标兵"称号。她被誉为"小小银行家",10月初被评为全国"十佳少先队员"。电视剧《零花钱》即根据她的事迹改编。

6月11日,南京外国语学校初二和高三法语专业的学生,在参加1993年中国中学生法语比赛中,分获初级组和高级组第一名。

6月,方永兴任南京市教育局局长、中共南京市教育局委员会书记。

6月21日,江宁县其林乡中心小学五年级学生冯昌盛,获全国第四届"华罗庚金杯"少年数学邀请赛一等奖。

7月4日,江苏省首所民办高等学校——三江大学(后定为三江学院)在南京成立。

7月16日,南师大附中学生韦韬在国际物理奥林匹克赛中获银牌。

8月10日,南京市九中学生杨扬获第十届全国青少年信息学(计算机)奥林匹克竞赛一等奖。

8月,经市教育局批准,南京市退离休教育工作者协会主办的第一所民办外国语学校——南京育英外国语学校正式招收初一新生。

同月,经市教育局批准,由省、市侨联和市退教协支持创办的第一所民办高级中学——南侨高级中学正式面向社会招收高一新生。

9月8日,南京市老年教师公寓建成,首批30名孤寡老教师搬进新居。

9月10日,国家外国专家局授予在南京外国语学校工作的比利时专家波西恺女士"友谊奖"。

9月,南京市第一家私立全托幼儿园——培玲幼儿园,经南京市有关部门验收合格,9月初正式开园。

11月1日,中共中央政治局委员、国务院副总理李岚清视察部分在宁高校。

11月2日,北京东路小学、南京市第三中学被国家体委授予"全国群众体育先进单位"称号。

11月21日,陶行知纪念馆新馆开馆。

12月4日,南京航空学院附中更名为南京航空航天大学附属中学;南京市第四十七中学更名为南京市玄武职业学校;南京市第四十三中更名为南京市秦淮职业学校。

12月8日，市政府正式命名安德门职业中学为"南京中华职业教育中心"。

12月28日，南京医学院更名为南京医科大学。

1994年

3月17日，1994年全国初中应用物理知识竞赛揭晓，南京市有71名学生获奖。其中市一中马业盛、市六十中魏强、中华中学夏煜辉、南京外国语学校朱上青等9名同学获一等奖。

3月28日，国家体委主任伍绍祖到长江路小学视察。

3月31日，南京市白下区第一所面向弱智儿童举办的特殊学校——南京育智学校正式挂牌成立。

5月24日，南京建邺职业学校王铮创作的晚宴妆获全国第五届美容美发协会金奖。

6月11日，由国家教委、中国物理学会主办的"全国迎奥赛物理知识竞赛"江苏赛区成绩揭晓，六合一中张欣研获一等奖。此前，他还分别获得全国数学、化学竞赛一等奖。

7月18日，南京市中小学农村科教实践基地在江浦县五里行知小学建成。

7月，玄武区海英小学"海军少年军校"被团中央、国家教委授予"全国先进少年军校"称号。

8月，经南京市教育局、市二教局批准，中国民主促进会南京市委主办的一所全日制中学——开明中学面向城区普高类考生招生。

8月，南京29所部、省、市属普通高校组织7万多名大学生（研究生）组成近500支志愿服务队，携带近2 000项科技成果深入革命老区、乡镇建设工地和抗洪抗旱第一线，开展了以志愿者行动和科技文化服务为主要内容的社会实践活动。

8月，经国家教委批准，南京市有8所中专校被评为国家级重点中专。他们是：南京铁路运输学校、南京机电学校、南京地质学校、南京化工学校、南京无线电工业学校、江苏省邮电学校、南京交通学校、南京市体育运动学校。

9月12日，由江泽民总书记题写的南京晓庄师范"行知园"在陶行知墓地隆重揭幕。

9月，南京林业学校更名为林业部南京人民警察学校。

10月，南京市商业职业学校、南京市港口职业学校、溧水县职业中学、高淳县职业中学通过国家标准省级重点职业中学验收。

11月18日,国家教委和江苏省人民政府共建南京大学和东南大学的协议签字仪式在南大举行。共建后,两校实行国家教委和省政府双重领导,以国家教委为主的体制。

12月5日,1994年全国化学竞赛揭晓,南师大附中学生张凡获一等奖。

本年,南京市基本普及九年制义务教育,基本扫除青壮年文盲,提前7年和3年实现国家和江苏省的目标。

本年,南京中医学院附院卫生学校更名为江苏省中医学校。

1995年

1月14日,市教育局宣布,从1995年夏季起,本市初中招生全部实行免试就近入学,取消小学全区统一毕业考试,坚持高中阶段招生考试与初中毕业考试合二为一做法,并逐步取消中小学的期中考试。

2月15日,南京中医学院更名为南京中医药大学。

2月21日,市教育局命名首批7所市级重点中学,8所市级重点中等职业学校,24所市级模范学校。

3月3日,南京市三十八中学改名为莫愁职业学校。

3月,玄武区、白下区、鼓楼区被国家教委、民政部、中国残联通报表彰为全国特殊教育先进区。

3月,南京小学生宋航、孙方成获全国第二届小学自然知识奥林匹克竞赛金牌。

4月,南京化工学院更名为南京化工大学。

5月15日,全国初中数学联赛揭晓,南京市25名学生获奖,其中南师大附中的陈源,南京外国语学校的陈林、叶强、李捷、仲之浩,金陵中学的尹俊、赖力,市一中的肖源明获一等奖。

5月27日,市九中与东南大学合作办学,命名为东南大学附属中学。

5月28日,高淳县聋哑学校正式建成。

7月9日,市教育局进一步明确中、小学收费标准,决定推行收费卡制度。

8月27日,南大辩论队代表中国参加'95国际大专辩论赛,获得冠军。4名女辩手是:杨蔚、邹建敏、韩璐、钟婳婳。

9月3日,南京市第一所聋哑人高级中学正式挂牌。它也是全国首家聋哑人高级中学。

9月24日,北京东路小学女生丁飞获全国第二届青少年书画大赛金奖,和其指导教师万凡启程到北京参加颁奖大会。

10月,在全国第九届发明展览会上,南京建邺区泰仓巷小学史律获得金牌发明奖。

11月28日,中宣部、国家教委等有关部门组织的首届全国百名优秀思想政治课教师评选揭晓,市五中副校长杨昭入选。

1996年

年初,市教育局召开全市初中工作会议,提出南京市"九五"初中工作总体思路及奋斗目标;制订了《南京市高标准实施九年义务教育初中办学评估标准》和《南京市初中教学工作评价指标体系》,要求各学校在普及初级中等义务教育后按新标准建设好学校。

6月,南京晓庄师范学校党委获"全国先进基层党组织"称号。

7月18日,方永兴任南京市教育委员会主任、中共南京市委教育工作委员会书记。

8月13日,由市委教育卫生部、市教育局、市第二教育局合并组建而成的南京市教育委员会、中共南京市委教育工作委员会正式成立。

9月8日,由市教委自筹资金2900万元建设、总面积达2万平方米的南京市教工新村举行竣工典礼。

10月25—26日,国家教委"两基"(基本普及九年义务教育、基本扫除青壮年文盲)情况检查组来南京市检查"两基"情况。检查组对南京市"两基"工作给予较高评价,认为走在全国的前列。

12月,鼓楼区获国家教委授予"幼儿教育先进区"称号。

本年,南京大学、东南大学、南京航空航天大学、南京理工大学、河海大学、南京农业大学、中国药科大学、南京师范大学等8所高校进入国家"211工程"重点大学建设行列,其数量在全国位居前列。

本年,南京理工大学教授、博士生导师王泽研究成果"特种合能材料低温感技术"获国家科技发明一等奖。是今年我国颁发的唯一一项发明一等奖。

1997年

1月,南京市江宁县被国家教委评为"两基"工作先进县。

1月15日,市教委召开全市教育系统负责干部会议,决定实施"十项教育工程"。

3月26日,苗瑞涛任中共南京市委教育工作委员会书记。

秋季起,南京在全日制中小学实施新课程计划。

12月,南京市人民政府发布《南京市教育督导暂行规定》。

12月30日,市教委召开全市中小学实施素质教育工作会议,对全市中小学实施素质教育的指导思想、目标任务和落实措施进行全面部署。

本年,在侵华日军南京大屠杀我同胞遇难60周年之际,南京市组织万名中学生开展"留下历史见证——调查侵华日军南京大屠杀受害者、目睹者、幸存者"系列教育活动,发现幸存者、目睹者、受害者2 630人,记录了2 460份证词,为日本军国主义在南京的罪行留下历史见证。

本年,李鹏总理为南京市考棚小学"周恩来班"题写班名。

1998年

1月16日,中共中央政治局常委、国务院副总理李岚清视察南京大学部分教师宿舍,对该校的筒子楼改造工作给予高度评价。

4月13日,中共中央政治局常委、全国人大常委会委员长李鹏视察南京大学,并在该校主持召开由江苏省、南京市主要领导及驻宁19所高校的22位全国人大代表、中共十五大代表、全国政协委员、著名教授参加的关于《高等教育法(草案)》修改意见的座谈会。

4月15日,南京市委、市政府召开"两基"表彰大会。南京市分别比全国、全省提前7年和3年完成基本普及九年义务教育、基本扫除文盲的历史任务。会上,对市教委予以嘉奖。

5月8日,南京市举行改革开放二十年教育技术装备成果展。经过20年的发展,南京市教育技术装备从"短缺"发展到趋于现代化。

5月30日,王宏民市长以市政府154号令签发并实施《南京市民办中小学和幼儿园管理办法》。

6—7月,南京市小学升初中实行免试就近入学。鼓楼区实行"电脑派位"。

9月,中共中央总书记江泽民为南京理工大学题写校名。

10月,南京市教育系统全面推行教师全员聘用合同制。雨花台等区率先进行教师人事制度改革,一批不合格教师"下课",在全国产生影响。

本年统计结果表明,南京市初中毕业生升学率达到90.36%,在全市范围内基本普及高中阶段教育,在全国、全省处于先进行列。

1999年

1月9日,南京市教育督导室被评为全国教育督导先进集体。

2月26日,民办正德学院成立。

3月,南京市政府转发了市教委关于《中小学素质教育实施办法》,

就学生在校时间、作业、补课、命题考试等方面作出规定。

5月27日,徐传德任南京市教育委员会主任。

9月7日,在南京市庆祝第15个教师节暨表彰大会上宣布,南京评出首批名教师、名校长,南京外国语学校董正璟等13人为"南京市名教师";南京经营管理职教中心王秀文等10人为"南京市名校长"。

9月18日,我国著名核武器技术专家、中国科学院院士、南京大学教授程开甲和南京大学校友朱光亚院士、任新民院士、钱骥、黄纬禄院士、赵九章获中共中央、国务院、中央军委授予"两弹一星功勋奖章"。

10月9日,中共中央政治局常委、国务院副总理李岚清视察南京大学、东南大学、南京理工大学。

10月,民办钟山学院首届招生600人。

11月8日,李岚清副总理批示表彰南京市琅琊路小学教师秦利秀。

11月8日,市委、市政府召开改革开放以来第三次全市教育工作会议,动员全市上下进一步深化教育改革,全面推进素质教育。同时,市委、市政府出台了《贯彻中共中央、国务院关于深化教育改革全面推进素质教育的决定的意见》,提出了增加教育投入、加强教师队伍建设、全面提高教育质量等一系列任务和措施。

11月10日,市委教育工委、市教委首次面向社会公开招聘南师大附中、南京晓庄师范学校等12所学校的校级领导干部。

11月20日,在原南京机电学校基础上组建的南京工业职业技术学院成立。

12月14日,南京市技工学校和南京工程技术学校被国家劳动和社会保障部评定为国家级重点技工学校。

本年,市教委决定在全市范围内全面启动南京教育信息网,总投资2 000万元。当年投入153万元,完成教育信息网一期工程,接入包括市、区、县教育部门、骨干学校等200个网点单位,并进入试运行阶段。

本年,江苏教育学院附属中学更名为江苏教育学院附属高级中学。

本年,南京市教育布局调整工作取得新进展。全市撤并小学99所,撤并职业学校6所,撤并初级中学6所。南京建筑职业技术教育中心易地新建和部分区县职教布局调整工作进展顺利。

本年,市教委启动"四五园丁工程"(用3—5年时间,在全市培养50名名校长、50名名教师、500名学科带头人、5 000名教育教学骨干)。

2000年

5月31日,教育部公布首批国家级重点中等职业学校,南京市江宁、六合、高淳和溧水县的职教中心校榜上有名。

6月28日,新南京经济学院暨南京财经大学(筹)成立。新南京经济学院由南京经济学院、江苏省财经高等专科学校、江苏省经济管理干部学院三校合并重组,直属省教育厅。

7月,南京市梅园中学被评为"全国德育先进学校"。

8月28日,德国汉斯·赛德尔基金会中国处处长维尔克先生和南京市教委主任徐传德就该基金会与南京职业教育中心进行"双元制"办学模式试点事宜签约。

9月29日,中共中央政治常委、国务院副总理李岚清视察南京中医药大学。

9月,由教育部、全国教育工会等9单位组织"全国优秀教师师德报告团",成员7人,南京市江浦县行知小学校长杨瑞清入选国家师德报告团,于9月9日至30日在北京、福建、浙江、湖北、陕西、黑龙江作巡回演讲。

10月6日,经教育部批准,由原南京市师范专科学校、南京教育学院、南京市晓庄师范学校合并组建的南京晓庄学院举行成立大会。这是南京市第一所地方本科院校。

10月17日,经省人大常委会第十九次会议批准,《南京市民办中小学条例》出台,自2001年1月1日起施行。

10月30日,诺贝尔奖金获得者杨振宁博士应邀到南京金陵中学演讲。

10月30日,在原国家林业局南京人民警察学校基础上改建而成的南京森林公安高等学校成立。这是我国第一所森林公安高等学校。

12月18日,由原南京建筑职业技术教育中心和南京市建筑工程学校合并易地重建而成的南京职业教育中心成立。

12月,市教委被评为"全国学校艺术教育工作先进单位"。

12月底,市政府召开全市教育布局调整暨改造薄弱学校工作会议,制定并实施《南京市教育布局调整规划(2000—2005)》,启动了建国以来最大规模的教育布局结构调整。

本年,全市教育系统全面实施素质教育。召开全市中小学素质教育现场会,采取措施切实减轻中小学生的过重负担,促进学生德、智、体、美等方面全面发展。

本年,由南京师范大学、南京亚东国际实业有限公司和南京仙林农场联合创办的公有民办性质学校——南京师范大学附属实验学校成立,面向全国招生。

本年,由南京机械高等专科学校和南京电力高等专科学校合并组建南京工程学院。

本年,深化高等教育办学体制改革。河海大学、南京农业大学、中国药科大学划转教育部管理;南京铁道医学院和南京交通高等专科学校并入东南大学;南京林业大学、南京建筑工程学院、南京审计学院、南京邮电学院、南京气象学院从原中央有关部门管理划转江苏省管理。

本年,南京市教育系统全面推行"校务公开"制度。

本年,南京市教育系统开展教育行风评议。市教委行风办在全市教育系统内发出4万份问卷,调查了解党风廉政、师德、收费、招生等方面的情况。市行评办调查问卷统计结果显示,公众对教育系统总体满意及基本满意达到92%。

本年,全市校舍建设投入资金4.94亿元,新建校舍35万平方米,维修校舍120万平方米,校舍总面积达到502万平方米,创历史最高水平。

2001年

1月3日,南京市教委认定仙鹤门小学等105所小学为2000年度南京市规范化学校;认定洪武北路小学等30所小学为南京市示范学校;认定下关区小市中心小学达到南京示范学校标准。

1月3日,市教委召开全市农村成人教育工作会议。

1月6日,市教委召开全市社区教育工作现场会。会上交流了社区教育经验和做法。市政府副市长张桃林、市教委主任徐传德到会作了重要讲话。

1月8日,南京市考棚小学举行第二届周恩来班命名大会,这是南京市命名的第一个周恩来接力班。

1月9日,南京市召开全市预防在校生犯罪工作会议。据统计,2000年全市教育系统学生犯罪率为万分之零点三三。

1月14日,市教委、教育工委组织开展"送教下乡"活动,向高淳县有关乡镇捐献价值6万元的办公设备;组织名教师辅导农村青年教师;组织农业专家向农民普及农技知识。

2月12日,教育部和江苏省人民政府在南京举行签署仪式,共同重点建设东南大学。

2月18日,市教委委托南京师范大学培养的首届教育硕士班正式开学,132名学员将成为南京中等教育师资队伍的首批教育硕士。

2月19—20日,市教委召开全市职业教育工作会议。

2月27日,市教委召开全市职工教育工作会议。

2月,金陵旅馆管理干部学院、南京旅游学校合并,实行"两块牌子,一套班子"合署办学,成为全省唯一的旅游高职院。

2月,中共南京市委教育工委、市教育局决定,选拔一批具有大学本科以上学历,年龄在35岁(小学在30岁)以下,德才兼备的学校年轻干部到省级重点中学、职业学校、实验小学任校长助理。任期1—2年,按校级副职分工,分管某方面工作,让其在实践中经受考验,增长胆识和才干。

3月,市政府召开全市贯彻《南京市民办中小学条例》工作会议,张桃林副市长到会并作重要讲话。会议总结了南京市近十年来的民办中小学工作,分析了取得的成绩与存在的问题及面临的形势,并结合贯彻《南京市民办中小学条例》对当前及今后一个时期全市工作提出了明确的要求。

4月9日,江苏省人民政府和国家林业局共同建设南林大协议签字仪式在南林大举行。

4月26—27日,东南大学"211工程"建设成果获教育部专家组好评。

4月28日,由原市十九中学、二十中学合并组建文枢中学成立。

4月28日,南京市文枢中学成立,该校由原十九中学、二十中学合并而成。

4月28日,南京市教委宣布2001年南京市11所民办公助学校准予招收初中生,其余民办公助学校一律停止招生。获准招收的学校是:南京市民办东南中学(九中办)、城南中学(二十七中办)、紫金中学(十三中办)、致远中学(五中办)、白下中学(三中办)、翔宇中学(南航附中办)、崇文中学(一中办)、民办金陵中学(金陵中学办)、民办中华中学(中华中学办)、旭东中学(南化一中办)、瑞江中学(十二中办)、国际树人学校(南师大附中办)。

4月下旬,南京大学顺利通过了国家"211工程'九五'"期间建设项目的总体验收。

4月,市教委、市物价局、市监察局联合发文,进一步规范全年中小学收费行为。

4月,市教委组织"科教下乡"活动,20位专家、教授现场为数百农户解疑释难,提供科技住处咨询。

4月,省教育厅专家组对南京市江浦县永宁镇、浦口区沿江镇、栖霞区栖霞镇、江宁区东山镇等11个镇进行了省教育现代化乡镇评估验收。

4月,南京市民办东南、城南、紫金、致远、白下、翔宇、崇文、金陵、中华、旭东中学等11所学校通过市教委重新审定,被认定为"公助民办"学校。

4月,南京工业学校并入南京工程学院。

5月1—25日,全市中小学生庆祝建党80周年书画作品展在南京梅园新村纪念周恩来图书馆展出,共有104幅优秀书法绘画作品获奖并展出。

5月12日,南京市中山业余职工中专校更名为南京市中山中等专业学校。

5月15日,市教委主办的"南京教育论坛"开幕,来自乌克兰和加拿大的两位教育专家为全市200多名教育工作者演讲。

5月17日,市教委印发《南京市"十五"期间振兴初中行动计划》,实施高标准、高质量的初中教育将是南京市"十五"期间教育改革和发展的重要任务。

5月18日,江苏特殊教育现代化示范学校在南京特殊教育师范学校第二附属小学揭牌。

5月21日,南京市教育委员会更名为南京市教育局。同日,徐传德任南京市教育局局长、中共南京市委教育工委书记。

5月23日,市教育局召开全市初中工作会议。

5月23日,南京市城建职工中等专业学校更名为南京市城建中等专业学校;南京市总工会职工中等专业学校更名为东南中等专业学校;南京市医药职工中等专业学校更名为南京市医药中等专业学校。

5月25日,南京市技师学院在南京市高级技术学校成立。

5月30日,东南大学科技园成为"国家大学科技园"。

5月30日,南京市外贸职工中等专业学校更名为南京市外贸中等专业学校。

5月,南京化工大学、南京建筑工程学院合并组建南京工业大学。

5月,江苏省人民政府决定,将江苏省邮电学校并入南京邮电学院,同时撤销该校建制。

5月,南京师范大学"211工程"一期建设通过国家整体验收。

5月,南大一鼓楼高校科技园被国家科技部和教育部确认为首批22个国家级高校科技园,并被认定为A类第一。该园区由南京市鼓楼区与南京大学发起,河海大学等9所驻区高校及科研院所、金融机构、大中型企业共同参与建设。该园区采用"前街后园,多校一园"模式,依托高校、科研院所人才、科技方面的优势和鼓楼区的区位优势、经济实力,向具有高科技辐射力的孵化基地和产业基地发展。

6月1日,省委副书记任彦申、省教育厅厅长王荣、副厅长周稽裘在市委副书记陈家宝、市教育局局长徐传德陪同下到市鼓楼幼儿园、市实验幼儿园和拉萨路小学慰问师生。

同日,市教育局首次选送我市20名英语骨干教师赴澳大利亚昆士兰理工大学进行为期3个月的英语培训。

6月4日,市委宣传部、市委教育工委、市教育局联合发文《关于向新时期教育工作者的杰出代表杨瑞清同志学习的决定》,在全市开展向杨瑞清学习活动。

6月5日,南京市商业职工中等专业学校更名为南京市仪器仪表专业学校;南京市机械局职工中等专业学校更名为南京市机械中等专业学校。

6月11日,江宁区获全国"两基"工作先进地区称号。

6月18—19日,南航大"211工程""九五"期间建设通过国家整体验收。

6月19日,在原南京市交通学校基础上,建立南京交通职业技术学院。

6月20日,市委教育工委决定在纪念中国共产党成立80周年之际,授予北京东路小学党支部等25个单位"先进基层党组织"称号,授予丁芳等36人"优秀共产党员"称号、授予卫金银等25人"优秀党务工作者"称号。

6月26日,市教育局发出《关于学习贯彻国务院〈关于基础教育改革与发展的决定〉的通知》。

6月27日,农业大学"211工程"一期工程通过国家总体验收。

6月,市教育局举行全市中小学生庆祝建党80周年系列教育活动,包括诗朗颂比赛、知识竞赛、征文比赛、摄影比赛、书画比赛等。

6月,教育部全国高校青年教师奖评选揭晓,江苏省获奖的13人中,南京高校有9人:南京大学教授毕树平、李满春、周晓虹、范从来(获奖人数排北京大学之后,与清华大学并列全国第二),南京农业大学教授周光宏、吴益东,东南大学基础医学院教授谢维,南京师范大学地理科学学院博士生导师王建,中国药科大学中药学院博士生导师孔令义。

6月,河海大学"211工程"建设项目顺利通过国家级验收。

6月,市委教育工委、市教育局发出《关于全市教育系统学习贯彻江泽民同志在庆祝中国共产党成立80周年大会上重要讲话的通知》。

6月和10月,南京市教育局分两批选派37名中学英语教师去澳大利亚昆士兰理工大学接受为期3个月的英语强化培训,初步建立起教师海外培训基地。"十五"期间,全市每年还将选派50名骨干教师及教育行政干部到国内外深造提高。

7月1日,市委教育工委组织市教育系统近200名新党员在雨花台烈士陵园举行入党宣誓仪式。

7月16日,经江苏省教育厅批准,中国信息大学和南京市信息中心共同组建的南京信息管理学院成立。

7月起,南京航运学校自由交通部长江航务管理局划归江苏省教育厅管理。

8月10日,市政府召开全市基础教育工作会议。这是市政府召开的改革开放以来的第一次关于基础教育的专题会议。会议由市委副书记陈家宝主持,市长王宏民、副市长张桃林分别作了重要讲话。会上出台了《关于贯彻〈国务院关于基础教育改革与发展的决定〉的意见》。

8月,教育部与水利部签订共建河海大学协议。

9月6日,在国家人事部、教育部表彰全国模范教师和全国教育系统先进工作者;教育部表彰全国优秀教师和全国优秀教育工作者大会上,南京高校和中小学的24位教师被授予"全国模范教师"、"全国教育系统先进工作者"、"全国优秀教师"、"全国优秀教育工作者"称号。

9月,南京市师范学校举行了"南京晓庄学院初等教育溧水分院"的挂牌仪式。

9月,国家级重点职业中学——南京市莫愁职业高级中学揭牌。

9月,南京市首批小班化教育试点工作正式启动,9个区的14所学校参加了试点。

9月,经南京市委、市政府批准,南京市教育委员会更名为南京市教育局,为市政府主管全市教育事业的工作部门。中共南京市委教育工作委员会与其合署办公。

9月,市政府教育督导室挂牌,市教育督导室同时挂"南京市人民政府教育督导室"牌子,承担代表市政府对下级政府、教育行政部门、学校(幼儿园)贯彻执行教育方针、政策、法律、法规情况和教育管理工作进行监督、检查、评估和指导的职责。

10月18日,纪念陶行知诞辰110周年大会暨陶行知纪念馆新展开馆仪式在南京晓庄学院举行。

10月25日,南京市仪器仪表工业公司技工学校和江宁县技工学校分别更名为南京市机电技术学校和南京江宁技工学校。

10月27日,东南大学隆重集会,纪念中国著名建筑学家、建筑教育家杨廷宝诞生100周年。

10月29—31日,南京市教育局主办"中德职业教育——经济接触论坛"。国家教育部职业教育与成人教育司长司黄尧、江苏省副省长王珉、省教育厅厅长王斌泰、市政府副市长戴永宁和德国汉斯·赛德尔基金会、巴伐利亚州经济部、巴登符腾堡州经济部的有关人员出席了开幕式。德方36家企业,中方100多家企业参加了此次论坛。

10月,市教科研"十五"规划课题评审第一阶段共评出立项课题343,重点招标课题10项,教科研成果应用招标课题11项。

10月,民办钟山学院正式挂牌。

11月,南京市"十五"省级课题立项60项,居全省第二,其中11项为重点课题,列全省第一。

12月19日,南京师范大学附属小学成立斯霞教育教学思想研究室。南京市小学成立个人教育思想研究室还是首次。

12月,南京召开农村义务教育阶段布局调整工作会议,戴永宁副市长要求与时俱进推进农村义务教育布局调整,以经营理念推动农村义务教育发展,不断提高农村义务教育的质量、办学效益和整体教学水平,进一步强化政府行为,加大资金投入。市委副书记汪正生强调:要以农村义务教育布局调整为契机,进一步促进农村义务教育工作整体水平的提高;要切实加强领导,努力开创我市农村义务教育工作新局面。

12月,市教育局与德国合作举办"中德职业教育实验班"。

12月,民办三江学院升格为全省第一所本科大学。

12月,南京大学地学院王颖教授和南京大学化学化工学院陈洪渊教授当选中国科学院院士;南京工业大学校长、博士生导师欧阳平凯,南京农业大学国家大豆中心首席教授、博士生导师盖钧镒,东南大学毫米波国家重点实验室主任孙忠良教授当选中国工程院院士。

本年,诺贝尔物理学奖评委会主席赛丽娅受聘南京大学名誉教授。

本年,江苏省邮电学校并入南京邮电学院。

本年,在南京化工学校基础上,南京化工职业技术学院成立。

本年,南京市决定在"十五"期间实施"农村小学提升工程":减少村小数目,扩大村小规模,做大做强中心校,完善教育设施,提高教育质量和办学水平,改变农村基础教育弱的状况。将减少村小(办学点)600所,农村每3000人设一所小学的局面调整至每8000人设一所小学。

2002年

1月,全国人大常委副委员长、民进中央主席许嘉璐视察南京市幼儿教育和残疾人教育情况,建议该市集体幼儿园,更多地考虑幼教事业如何在体制和机制上创新,更多地考虑幼儿园如何适应社会发展需要。

1月,国际小行星中心和国际小行星命名委员会正式将中国科学院紫金山天文台1958年4月7日发现的、国际编号为3901号小行星命名为"南京大学星",以表彰该校建校100年来为中国科技、教育、经济、文化、社会的发展和人类进步事业作出的卓越贡献。至此,太空有三颗小行星以南京大学或其教师的名字命名:戴文赛星,国际编号3405号小行星;曲钦岳星,国际编号3513号小行星;"南京大学星",国际编号为3901号小行星。

2月27日,省教育发展投资中心,江苏教育电视台和南京特希投资有限公司以股份制形式正式筹民办应天学院。

3月26日,南京在全省率先实施"教授级"中学高级教师评聘工作

4月3日,原南京金融高等专科学校并入南京审计学院。

4月4日,南航研制的云燕无人驾驶飞机首飞成功。

4月,由诺贝尔奖获得者沙巴克先生率领的法国科学教育专家代表团在教育部副部长韦钰陪同下,在南京市长江路小学、北京东路小学、市第一幼儿园等进行考察,指导"做中学"实验。"做中学"就是让孩子们自己动手做实验。

5月9日,江苏省教育厅与中国远洋运输(集团)总公司在南京海运学校举行"南京海校划转江苏省管理签字仪式"。

5月20日,中共江苏省委、省政府在南京五台山体育馆隆重举行南京大学、东南大学、南京师范大学、河海大学、南京工业大学、南京农业大学、南京林业大学、江苏大学、江南大学九所高校建校、办学100周年联合庆典。

5月31日,吴健雄纪念馆在东南大学隆重开馆。国家教育部部长陈至立发来贺电。

5月,市教育局召开全市基础教育课程改革工作会议,对今年秋季在全市小学和初中起启全年级全面启动的新一轮基础教育课程改革工作作出部署。

5月,市委书记李源潮、市委副书记汪正生、副市长许仲梓等市领导

对市教育工作进行调研。

6月28日,在原南京无线电工业学校基础上建立南京信息职业技术学院,南京铁路运输学校升格为南京铁道职业技术学院。

6月,市教育局开展"万人评议师德"活动,向学生和家长发放问卷,对全市各级各类学校的师德状况进行问卷调查。

7月1日,南京教育局实施《南京市流动人口子女接受义务教育的暂行办法》。9月新学期开始,全市各类中小学共接受34400名流动人口子女接受义务教育,其中公办学校接受27272名,占全市接纳总数的79.28%。

7月,市教育局召开全市教育"促就业助致富"培训工程大会,汪正生副书记要求教育为促进就业、创业和富民服务。

7月,南京市36名数学、物理教师赴澳大利亚昆士兰理工大学进行为期12周的海外培训学习,归国后,将承担全市的"双语"教学试点工作。

8月14日,南京市交通技工学校被国家劳动和社会保障部批准为国家级重点技工学校。12月26日,该校通过国家高级技工学校验收。

8月26日,国防科工委和江苏省人民政府在南京签署重点共建南京航空航天大学、南京理工大学。

8月,江苏省中学生体育团在全国第八届中运会中夺得总分团体第一,共获得44块奖牌(金牌20块、银牌16块、铜牌8块),其中南京市获得奖牌30块(金牌19块、银牌12块、铜牌7块)。

8月,教育部部长陈至立视察南京市北京东路小学、金陵中学和市教育局机关。

8月,为支援西部教育事业的发展,南京市选派15名校长、教师(含3名外籍教师)组成讲师团赴内蒙古莫旗讲学,对当地的中小学校长、教务主任、英语和计算机教师进行业务培训。

9月7日,"全国百所名中学校长论坛"在南师大随园校区举行。来自北大附中、天津南开中学、上海格致中学、成都七中、深圳大学师范学院附中、南京外国语学校等百名中学校长汇聚。

9月12日,著名爱国主义女教育家吴贻芳纪念室在南京师范大学随园校区举行落成。

9月,南京市江宁职业技术中心和南京职业教育中心校长程福伦被评为全国职业教育先进单位和先进个人。

10月,国家教育部、国防科工委组织专家组分别对南京大学、东南大学、南京航空航天大学、南京理工大学、河海大学、南京师范大学、中国药科大学等七所高校的"十五"期间"211工程"建设项目可行性研究报告进行论证和审核,通过审核、研究和评议,七所高校的可行性研究报告均通过论证。

10月,南京市盲人学校中专三年级肖毅同学诗集《我听见花开的声音》由南京市教育局出资,江苏文艺出版社正式出版发行。其中《朋友》在2000年世界汉诗大赛上获一等奖,《是》被当代作家、诗人代表作品陈列馆永久性收藏,《赫尔库伦之歌》等近20首作品入选《中华诗词家词典》,个人小传被编入《中国专家》一书。

12月2日,南京大学备受关注的首届EMBA(高级工商管理硕士)班开学,旨在打造具有全球化视野、深谙商业理念和国际规则的商界精英。

12月8日,金陵职业大学、南京市农业专科学校合并筹建金陵科技学院。

12月10日始,南京市首次启动面向社会认定教师资格工作。

12月13日,江苏省人民政府教育督导团对全省"两基巩固提高工作先进县(市、区)"进行表彰奖励,南京市江宁区获省"两基巩固提高工作先进区"称号。

12月16日,南京海校与南京航校合并筹建"江苏海事职业技术学院",选址江宁大学城(原南京海校新校区)。

12月28日,南京特殊教育师范学校升格为南京特殊教育职业技术学院。

12月,南京市召开第三次教育布局调整工作会议,许仲梓副市长要求教育布局调整要与新一轮城市建设相配套。

12月,南京市教育系统面向社会公开选拔93名处级、校级领导干部,形成了一种凭德才、凭实绩用干部的良好氛围。

本年,江苏公安专科学校升格为江苏警官学院。

本年,江苏省商业学校与江苏商业管理干部合并为江苏经贸职业技术学院。

本年,建邺区政府结合城市建设和教育布局调整,将原回民小学、泰仓巷小学、丁家巷小学、莫愁路小学、安品街小学合并成南京市朝天宫民族小学。校园占地8 410平方米,由市教育局和建邺区政府共同投资2 000万元建设,规模24个班。

本年,为贯彻落实《公民道德建设实施纲要》,市教育局、市委教育工委把该年确定为"师德建设年"。

2003 年

1月,南京市召开中小学课程改革教学现场会,对全市中小学课改工作提出了具体要求。

2月,市首次面向社会进行教师资格认定,全市共有2 917人参加了考试。

3月26日,诺贝尔化学奖得主金·马力·莱恩教授受聘南京大学名誉教授。

3月,南京晓庄学院江宁校区奠基暨开工。

4月28日,南京经济学院更名南京财经大学。

4月,市教育局举办了为期二天的公选干部培训班,徐传德局长做了《南京教育的现状与发展》的报告,市委组织部刘以安副部长做了《如何做一名合格的领导干部》讲话。

4月,市教育局对南京地区学校"非典"预防与控制工作进行全面部署,制定12条措施全力以赴预防和控制学校"非典"。

4月,长江路小学青年教师薛莉在全国首届"和谐杯"新课程理念优质课评选活动中获一等奖。

5月19日,市交通技校被国家劳动和社会保障部批准为南京市交通高级技工学校,6月2日被省劳动和社会保障厅批准为技师学院,同意增挂南京交通技师学院校牌。

5月,南京市召开基础教育课程改革工作会议,部署今年秋季小学和初中起始年级的课程改革工作。

5月,市教育局向全市坚守在抗非岗位上7万多名中小学、幼儿园教师发去一封致敬信。

5月,南师大附中等139所中小学被首评"教育收费规范学校"。

5月,市教育系统组织的"市农科教讲师团"奔赴各区县乡镇开展培训活动。

6月,南京市召开治理教育乱收费电视电话会议,许仲梓副市对治理教育乱收费工作提出意见。

6月,南京大学建立全国高校第一家为应届本科毕业生服务的南京大学学士后流动站。

6月,旨在引导青少年懂得爱、懂得美、懂得做合格公民、懂得做人的精美读物——《向着太阳歌唱》出版发行。

6月,市教育局颁发了《关于加强全市民办小学设置审批管理工作的意见》。

6月，南京大学附中被授予"全国中学生毒品预防教育活动示范学校"称号，全国仅3所中学获此殊荣。

7月2日，南京海运学校与南京航运学校合并组建江苏海事职业技术学校。

7月29日，南京理工大学科技园通过科技部、教育部专家组的验收，被正式授牌为国家大学科技园。

7月，市教育局组织全体机关干部学习胡锦涛同志在"三个代表"重要思想理论研讨会上的重要讲话，要求全系统迅速兴起贯彻落实"三个代表"重要思想新高潮。

8月，南京市首次面向城市居民低保家庭、"三残"家庭等发放"助学券"，确保义务教育阶段每位适龄入学孩子不因家庭贫困而辍学。

8月，南京市召开教育系统负责干部会议，徐传德局长作了《加快发展，提高质量，努力办好让人民满意的教育报告》，并对下半年的工作提出具体要求。

8月，"农村校车"交接仪式在南汽依维柯公司厂内隆重举行，省委常委、市委书记罗志军，市领导蒋宏坤、胡序建、汪正生、缪和林、许仲梓以及有关部门的领导出席了交付仪式，全市百辆"校巴"正式交付使用。

金陵中学江敏老师的一篇论文《系统思考在创新教学中的应用》在第21届国际系统动力学大会上获现场宣读的殊荣。

8月，白下区被确定为全国残疾儿童、少年随班就读工作支持保障体系实验区。

9月8日，南京市教育系统隆重召开庆祝第19个教师节表彰大会，大会表彰了第五届名教师、第五届名校长及获得教授级中学高级教师专业技术资格的教师。省委常委、市委书记罗志军同志，市委副书记、代市长蒋宏坤出席大会。

9月13日，德国总统约翰内斯·劳应中华人民共和国主席胡锦涛的邀请对中国进行国事访问期间到南京大学访问，在南京大学大礼堂接受南京大学授予的名誉博士学位。

9月，李源潮书记，任彦申副书记等省市领导看望了全国著名的教育家、93岁高龄的斯霞老师，并向南京广大教育工作者包括老教育工作者致以节日的问候。

9月，南京市确定2004年录用的新老师实行"凡进必要"制度。

10月13日，浦镇车辆厂技校通过国家级重点技工学校评估验收。

10月16日，中国的"神舟五号"载人航天工程取得成功，为其作出贡献的南航校友主要有："神舟五号"飞船系统副总指挥秦文波、"神舟五号"副总设计师赵光恒、神舟飞船空调救生系统设计师童旭东。在4艘"远望号"测控船上工作的校友有40多人，还有若干校友参与了神舟一号至五号的设计、研制、发射和测控工作。南京航空航天大学为中国的载人航天工程作出重要贡献。

10月25日，以南京经济学院为基础建立南京财经大学，在仙林校区举行成立庆典。

10月，召开南京市教育系统师德行风建设会，推行师德建设评估办法。

10月，市人民中学教师程智获全国中小学教研课特等奖。

10月，南京职业教育中心与德国瓦克公司合作举办国内第一期外墙外保温培训班，并成立该公司在中国的第一家技术培训基地。12月，全球最大的电动工具及配件生产供应商——德国博世公司在该校开设建筑装饰专业培训中心。

11月23日，教育部部长周济视察中国药科大学。

11月28日至12月18日，为进一步深化小班化教育试点工作，借鉴国外先进教育经验，小班化试点学校31名校长赴美国培训。

11月，南京市第十三中学被团中央确定为全国中学生素质拓展计划试点学校，是南京市唯一的一所学校。

11月，南京市近300名"心理健康教师、学校心理咨询员"挂牌上岗，标志着南京市中小学生心理健康教育将从"业余型"走上了"正规型"教育发展之路，南京也成为全国率先对学校心理健康教育工作者进行资格认证的城市。

11月，市教育局举办教育系统反腐倡廉书法作品展览，共有近200幅作品参加了展览，市委副书记王浩良参观了展览，并给予了很高的评价。

12月27日，南京市中小学生艺术团组建。对符合条件的十所中小学给予命名和授牌，承担组建艺术团任务的学校表演了文艺节目。

12月，市九中被命名为"国家级体育传统项目学校"。

12月，南京市第十一届中学生合唱节在市人民大会堂隆重举行，全市14个区县的20个代表队近2000名中学生参加了此次合唱节。

12月，市教育局投入3600万元对工读学校进行了异地重建，占地28亩，校舍面积达到1.6万平方米，招生范围将逐步由初中向普通高中和职业技术教育培训方向延伸。

12月,南京市江宁区竹山中学潘淼云老师的《羚羊木雕》在全国第四届初中信息技术与课程整合评选观摩会上获一等奖。

12月,南京市召开纪念高等教育自学考试制度实施20周年大会,表彰了20年来为我市高等教育自学考作出突出贡献的先进单位和先进个人。

12月,南京确定义务教育阶段"特教生"下学期将全部由政府负担。

本年,江苏联合职业技术学院成立。

本年,江苏省幼儿师范学校改制成立应天职业技术学院。

本年,根据教育部颁发的国家级职业学校新的设置标准,南京职业教育中心、南京莫愁职业学校、南京中华职教中心校、江宁职业教育中心校、江浦职业教育中心校、六合职业教育中心校、溧水职业教育中心校、高淳职业教育中心校在国家级重点职业学校重新调整认定工作中被重新确认为国家级重点职业学校。

本年,南京市教育局(教育工委)采取市、区(县)联动方式面向社会公开选拔校处级领导干部。全市教育系统拿出83个单位、93个机关处级和学校(单位)校级领导职位,全省1300多人报名参加,通过笔试、面试、考察、公示及录用等程序,有279人进入考察,最后71人被录用。"公选"执行《党政领导干部选拔任用工作条例》,规范操作,历时3个多月,产生积极的社会影响。《中国教育报》、《新华日报》、《南京日报》等10多家媒体对此跟踪报道。《南京市教育系统领导干部公选实录》一书由中央党校出版社出版发行。

本年,南京市在全省率先评聘8名教授级中学高级教师。

2004年

1月,市教育局领导带领市学科带头人及海外培训归来人员等前往高淳县进行为期8天的送教下乡活动。

2月,市教育局组织六城区中学新教师聘用考试,这是南京市第一次在录用新教师时采用统一招考方式,广纳了优秀人才,防止了录用教师工作中的不正之风。

2月,市教育局出台四项措施——继续贯彻"零距离"原则,加强特殊学校建设,积极推进特殊教育课程改革,加强特殊教育合理布局和宏观政策的研究——确保特殊教育事业健康发展。

2月,市教育局下发《2004南京职业教育与社会教育工作要点》,提出今年成人培训和职业培训的各项任务,免费培训下岗职工和农民致富骨干、农民经纪人各一万人。

2月,市教育局出台提升农村幼儿教育的八项措施,包括实行农村幼儿园教师资格准入制度,解决农村幼儿教师养老保险和医疗保险等。

3月,市教育局发文强调小学学籍管理的八项规定。

3月,市教育局在教育系统开展以诚实守信为重点的思想道德教育。

3月,市教育局开始实施农村教师优岗计划,对长期坚持在县、乡学校工作的特级教师、市学科带头人进行奖励。

3月教育部、国家语委授予南京市"'普通话初步普及,汉字社会应用基本规范'达标城市"称号。

3月,梅园中学男排获世界中学生排球锦标赛冠军。

4月28日,南京铁道职业技术学院整体划转江苏省管理。

4月,市政府召开师资工作会议,市委副书记缪合林、市人大常委副主任刘国华、市政府副市长许仲梓出席了会议。

4—10月,市人民政府教育督导室专家组依据江苏省创建实施教育现代化工程先进乡镇建设标准,对南京市浦口区汤泉镇、桥林镇、顶山镇、江宁区湖熟镇、周岗镇、汤山镇、江宁镇、六合区雄州镇、程桥镇、新集镇、瓜埠镇、竹镇镇,溧水县洪兰镇、柘塘镇,高淳县固城镇,栖霞区八卦洲镇等16个镇评估验收,确认其为2004年度"实施教育现代化工程"先进镇。

5月,南京气象学院更名为南京信息工程大学。

6月2日,英国剑桥大学教授、1996年诺贝尔经济学奖获得者詹姆斯·莫里斯受聘为南京大学名誉教授。

6月11日,中共中央政治局常委李长春视察南京大学、北京东路小学。

6月18日,国务务委员陈至立及教育部部长周济、科技部部长徐冠华等视察南京职业教育中心。

6月,为规范民办非学历教育机构的办学和审批机关的管理行为,市教育局制定了《南京市民办非学历教育机构管理办法》(试行)。

7月1日,南京大学和南京市人民政府签署合作协议,标志南京市和南京大学将从发展战略、科技和产业、人才和教育、学校发展和后勤等方面加强合作,以共赢的方式将"南南合作"推上新台阶,南京大学成为第一家与市政府建立合作关系的在宁高校,双方将本着全面合作、优势互补、讲求实效、共同发展的原则,建立长期合作机制。

7月,全市开展"规范社会用字,创建文明城市"行动。

7月,南京市首届内地新疆高中班的78名学生经过四年学习圆满完成学业。

7月,南京市贫困生"入学绿色通道"进一步拓宽,发放助学券,特困生减免,特教生免费教育,爱心班全免教育,招外来工子女的学校得到奖励。

7月,南京市小学骨干教师高级研修班在华东师范大学开班,50位学员接受华师大教育系22位教授、博导为期2周的培训。

7月,副市长许仲梓、市教育局局长徐传德向10所外来工子弟学校赠送了500套课桌椅。

7月,南京市实施农村中小学校"六有"(有整洁的校园、有满足师生就餐需要的卫生食堂、有冷热饮用水、有水冲式厕所、有安全宿舍、寄宿生1人1张床)工程。

8月,南京市师德建设的经验和做法得到教育部领导的充分肯定,南京市作为全国唯一城市代表应邀参加全国师德建设高层论坛,市长蒋宏坤作了发言。

8月,召开全市教育工作会议,探讨南京教育工作的发展思路。市委副书记缪合林、省教育厅厅长王斌泰出席会议,副市长许仲梓全程参加了研讨会。

8月,副省长王湛就基础教育工作在南京市调研,充分肯定了近年来南京市教育改革发展取得的成绩,要求南京市坚定不移地推进素质教育。

8月,南京市高中教师开展送教下乡活动,34位专家、名师参加了授课。

8月,南京市特级教师向全市教师发出倡议,"倾情奉献教育,拒绝有偿家教"。

8月,市教育局进一步拓展了"助学券"制度的适用范围,覆盖面向农村低保家庭,确保让全市所有的贫困生上学无忧。全市有1万多名义务教育阶段学生领取"助学券",总计减免金额将达400多万元。

8月,南京市高中课程改培训全面启动,市区师训、教研部门及高中骨干教师两百多人参加了学科课程改培训班的开班培训仪式。

9月6日,南京市隆重举行第20个教师节表彰大会暨文艺演出,7000多人参加了此次庆祝活动,蒋宏坤市长出席大会。

9月7日,金陵老年大学庆祝建校20周年。

9月10日,在北京人民大会堂召开的庆祝第20个教师节大会上,南京高校、中小学21位教师被国家人事部、教育部授予全国模范教师、全国优秀教师、全国优秀教育工作者称号。

9月18日,为促进仙林大学城教育资源的开放、整合和共享,发挥大学城的集聚效应,南京师范大学、南京财经大学、南京邮电学院、南京中医药大学、南京森林公安高等专科学校、南京工业职业技术学院、南京信息职业技术学院、南京理工大学紫金学院、应天职业技术学院9所高校成立"仙林大学城教学联合体"。

9月21日,南京大学学生孙海涛在希腊雅典第12届残奥会以16米62的成绩获男子F13级铅球项目金牌,再度打破此前由其在悉尼残奥会上创造的16米46的世界纪录和残奥会纪录,成为残奥会该项目的"三冠王"。

9月22日,南京市首家民营南京化工技工学校挂牌成立。

9月28日,经省劳动和社会保障厅批准,南京交通技师学院等17个中等职业学校和南京狮麟交通技术教育实业有限公司等13个企业联合组建的南京狮麟交通教育集团在南京交通技师学院成立,该集团系首家技工教育集团。

9月,南林大举行纪念郑万钧诞辰100周年暨发现水杉60周年座谈会,国家林业局、江苏省政府、省教育厅等有关领导参加。

9月,南京市从今年秋委入学开始,近7万名初一新生全面启用"我的成长足迹——初中生素质发展记录册(袋)",取代使用多年的成绩册。

9月,由市教育局局长徐传德主编、南京市部分教育工作者集体编撰的《向着太阳歌唱——青少年美德天地》一书入选"百种爱国主义教育图书"。

9月,市教育局发出《关于重申国庆期间严禁学校违规补课的紧急通知》,强调国庆期间,各中学毕业年级可利用其中双休日调休的两天开放校内教育设施,开展教学辅导活动,但每天不得超过5学时。

9月,南京市在夫子庙小学召开了贯彻《中小学生守则》、《小学生日常行为规范》现场会。

9月,南京市教育发展"十一五"规划招标课题正式开标、开题,至此,十大招标课题的中标单位终于"水落石出"。

10月23日举行2003—2004年南京市农村校车安全工作大会,浦口区教育局、六合区教育局被授予"2003—2004年南京市农村校车安全管理先进单位",聂广连等 24 人被授予"2003—2004 年南京市农村校车优秀驾驶员"。

10 月 28 日,南京晓庄学院"纪念陶行知先生诞辰 113 周年暨方山新校区落成揭牌仪式"在江宁大学城举行。江苏省副省长王湛、南京市市长蒋宏坤为校牌揭牌。

10 月 29 日,中国南京集团南京浦镇车辆厂技工学校,被国家劳动和社会保障部确认为国家级重点技工学校。

9 月,市教育局下发《关于在中小学开展对家长"开放日"活动的指导意见》,其目的促进学校教育与家庭教育的沟通与融合,共同为学生的发展创设良好的氛围。

10 月 20 日,国内第一座系统展示中华农业文明和历史渊源的大型专题博物馆——南京农业大学中华农业文明博物馆在南京农业大学庆祝 90 周年校庆之际开馆,江苏省省长梁保华、教育部副部长吴启迪、中国农科院院长翟虎渠等为博物馆开馆剪彩。博物馆作为南京"农业硅谷"重要组成部分,将成为农业科学研究、人才培养和爱国主义教育的重要基地,已接待数万人参观。

10 月 29 日,中国南车集团南京浦镇车辆厂技工学校通过国家级重点技工学校评估组验收,达到《国家级重点技工学校标准》,被国家劳动和社会保障部确认为国家级重点技工学校。

10 月,全国"小学生作文个性发展研究"研讨会在鼓楼区召开,300 多名专家、学者和一线教师代表共同研讨了小学作文教学的改革。

10 月,今年,南京市自学考试累计报考 267 195 人次,增长率为 6.2%。

10 月,有"京城四老"之称的著名经济学家茅于轼教授应邀参加"南京教育论坛",茅教授肯定了南京设立"助学券"帮助贫困家庭子女读书的举措。

11 月 26 日,在《Architectural Review》杂志 2004 年城市景观设计大奖中,东南大学建筑学院与美国 3S 设计组联合完成的中国 2010 年上海世界博览会规划设计方案获总体规划设计与世博文化塔设计两项大奖,是本次评奖中唯一同时获两项奖的设计方案。

11 月 28 日,南京市教育局召开纪念南京市中小学生谈心电话开通 12 周年暨南京市中小学生心理援助中心成立大会,将在南京市中小学生谈心电话基础上成立的南京市中小学生心理援助中心命名为"陶老师工作站",开通 84724111 陶老师热线。

11月,国家教育部体卫艺司司长杨贵仁率领全国体育教学指导委员会专家,视察鼓楼区一中心小学。

11月,市委教育工委、市教育局在南京晓庄学院方山校区召开市属高校学习《中共中央国务院关于进一步加强和改进大学生思想政治教育的意见》精神座谈会。

12月,南京市下发《关于南京市义务教育阶段学校推行"一费制"收费的通知》,从2005年春季新学期开始,南京市义务教育阶段学校实行"一费制"。

12月,首届"金陵教育名家论坛""斯霞与爱心教育"研讨会在南师大附小隆重召开,其目的展示南京市教育界名家的风格与特色,引领南京市教育的改革与发展,打造南京市名师队伍,推动南京市的课程改革与素质教育。

12月,市考棚小学被国家体育总局定为全国射箭重点学校。

本年,十二中女子羽毛球队分获世界中学生男排、女羽世界冠军。

本年,经省政府研究并报教育部批准,南京气象学院更名为南京信息工程大学。金陵科技学院建校工作通过教育部专家考察。南京大学金陵学院、南京理工大学泰州科技学院、南京航空航天大学金陵学院、南京理工大学紫金学院、中国传媒大学南广学院、南京师范大学泰州学院等6所独立学院经教育部批准成立。

本年,南京市教育局决定每年11月作为全市中小学"开放日"活动月。

本年,南京市实施义务教育阶段残疾学生实行全免费教育。

本年,南京市盲人学校被确定为江苏省盲人教育资源中心。

本年,市财校成为教育部人才培养基地。

本年起,利用暑期安排1 000名农村教师到城区,集中城区乃至省内优秀师资对其进行8天集中集训和2天考察实践,此项工作将延续数年。

2005年

1月12日,玄武中等专业学校被教育部认定为国家级重点中等职业学校。

1月13日,南京市"优秀青年教师"程智老师在全国中小学体育教学观摩展示活动中获全国特等奖。

1月21日,经南京市民政局批准,南京制冷技术技工学校由国企技校转变为民办非企业法人单位,全面实施主辅分离,成为南京市首家改制最彻底的以民营机制运行的技工学校。

1月29日,3 000多人走进考场,竞聘南京市六城区中小学、幼儿园新招聘的400多个教师岗位。

2月3日,市教育局要求教育系统共产党员做到"三高五好",要求教师为人师表,党员为师之表,深化教育系统党员先进性教育活动效果。

2月21日,徐传德局长上党课,提出三看三想,把先进性要求变成自觉行为习惯。即:看一看入党誓词,想一想我们的承诺;看一看党员标准,想一想我们的作为;看一看当代共产党员先进性要求,想一想我们的追求。

2月26日,南京市教师资格认定开考,今年南京市共有10 976人报名参加教师资格认定,其中,申请认定高中教师资格的6 646人,初中1 850人,小学1 825人,幼儿园655人。

3月2日,十三中获全国电子制作锦标赛初中组团体一等奖。

3月3日,召开教育系统党风廉政建设会,市教育局鼓励区县教育局、学校探索有效途径,多渠道整治有偿家教,净化南京教育环境。

3月8日,南京市教育"十一五"规划招标课题结题预备会在南京市教科所举行。

3月9日,教育部根据《高等教育法》、《普通高等学校设置暂行条例》有关规定和全国高等学校设置评议委员会的评议结果,同意金陵职业大学和南京市农业专科学校两校合并建立金陵科技学院,同时撤销原两所学校建制。明确金陵科技学院系本科层次的普通高等学校,学院全日制在校生规模暂定12 000人。

3月11日,南京提出六大举措推进教育均衡:一是结合正在编制的"十一五"教育规划,按照"一区一表"(一个区县一张规划表)、"一校一图"(一所学校一张规划图)制定学校发展规划,二是教育投入继续向农村地区倾斜,三是创办特色学校,四是完善招生办法,五是落实教师"优岗计划",六是完善捐资助学政策。

3月27日,省教育厅和上海铁路局在上海举行共建南京铁道职业技术学院协议签字仪式,王斌泰厅长和刘涟清局长分别代表双方在协议上签字。

3月29日,教育部副部长陈小娅先后来到南师大附中、浦口行知小学,考察基础教育发展情况。

3月29日,南京市崔利玲的《幼儿园教师必备手册》、虞晔如《新课程下的语文教学设计与研究》等12项研究成果获中国教育学会奖。

4月3日,南京大学长江三角洲经济社会发展研究中心主办江苏发展高层论坛第19次会议,主题是构建社会主义和谐社会,李源潮、梁保华、孙志军、陈焕友、曹卫星、胡福明、洪银兴、蒋树声等出席论坛,与专家学者共同探讨在江苏落实科学发展观、推进"两个率先"、构建和谐社会的理论和实践问题。

4月3日,北京东路小学被确定为"全国科学教育实验基地",是唯一一所被确定为该基地的学校。

4月8日,经市政府批准,第二中学、第五十中学、田家炳中学等三所中学进行重组整合,成立"南京田家炳高级中学"。

4月19日,南京市召开依法治教工作会议,今后南京将加大依法治教、依法治校力度,在法律框架下构建和谐发展的南京教育。

4月21日,召开市语委扩大会议暨2005年度语言文字工作会议,总结2004年语言文字工作的成绩和不足,部署2005年的工作。

4月29日,首届"南京市十大杰出志愿者"评比揭晓,南京晓庄学院2003届毕业生,现在云南省临沧市耿马傣族佤族自治县服务的志愿者胡小五被评为首届"南京市十大杰出志愿者"。

4月,南京邮电学院更名为南京邮电大学。

5月17日,南京市高考报考总人数达到30 290人,为历年来最多。

5月17日,继去年3所民办初中被"叫停"后,今年又有6所民办初中被取消了招生资格,他们是十二中的民办瑞江中学、十三中的民办紫金红山分部、南京一中的民办崇文中学、二十七中的民办城南中学、三中的民办白下中学和南化一中的民办旭东中学。

5月17日,南京市教育局主办第六届"南京教育论坛"圆满落幕。

5月19—20日,"一流大学建设系列研讨会——2005"在南京大学召开,副省长王湛、教育部有关司局、北京大学、清华大学、复旦大学、浙江大学、上海交通大学、中国科技大学、西安交通大学、哈尔滨工业大学和南大主要负责人参加研讨会。与会人员围绕高校教育机制创新、"985"二期建设以及具体操作平台的建设、各校之间人才回流、资源开放、课程共享、"985工程"建设的难题、社会对中国高校创建世界一流大学的能力存在质疑等方面展开研讨,达成一些共识。

5月19日,南京市召开市农村基础教育工作会议。

5月20日,南京市的1 700余名职校生参加全省普通高校单独招生统一考试。

5月20日,南京市教育局与加拿大多伦多大学正式签订合作协议,今年每年南京外国语学校将负责选拔30—50名优秀高中毕业生,直接输送到多伦多大学就读本科。

5月23日,市教育局决定,授予金陵职教中心刘潇、朱石冰和下关区职教中心的王文俊这三位同学"弘扬公德好少年"的光荣称号。

5月29日,南京少先队庆"六一"表彰大会表彰了南京市十佳少先队员、南京市十大励志少年、南京市十佳少先队辅导员。

5月30日,南京市举行"城乡学校手拉手捐书仪式"。

5月30日,市教育局召开了2005年全市教育科研工作会议,并举行了"南京市中小学心理健康教育指导中心"、"南京市教育信息调查中心"、"南京市教育科学项目研究管理中心"三个"中心"的授牌仪式。

5月30日,南京市长蒋宏坤、副市长许仲梓等领导出席南京师范大学附属小学六一庆祝活动;南京市委书记罗志军视察了奥体新城第二小学工地。

5月31日,"第二届中德职业教育——经济接触论坛"在南京职业教育中心举办。

5月,国家新闻出版总署公布全国新闻出版系统重点职业学校评估结果,江苏省新闻出版学校被确定为全国新闻出版系统重点职业学校。

6月2日,南师大教师教育学院诞生,标志传统师范教育模式正在走向终结,适应21世纪需要的教师教育模式正在形成。

6月20日,南京举办2005年中考文化考试,8.2万余名考生在137个考点、2800多个考场进行为期3天的角逐。

6月27日,市教育局、教育工委召开纪念"七一"党建工作会议,表彰了在先进性教育活动中成绩突出的25个先进基层党组织、50位优秀共产党员、25位优秀党务工作者。市委副书记缪合林到会并做重要讲话。

6月,南京审计学院金审学院经国家教育部批准转置为独立学院。金审学院是2002年经江苏省教育厅批准建立的本科层次公有民办二级学院,是全国唯一以培养审计人才为主的民办高校。学院位于南京市江北大学城浦口区珠江镇雨山西路。

7月1日,南京市语委、南京市教育局、南京市市容管理局主办的"规范社会用字,迎接十运盛会"啄木鸟行动出发仪式在鼓楼广场举行。

7月8日,市教育局下文要求全市中小学教师自觉遵守"三要八不准"规定,不准对所任教学校的学生进行"有偿家教"活动,凡违规从事有偿家教的教师将一律取消其职称评定资格。

7月10日,南京市中学生艺术团一行90人到新加坡进行为期8天的友好访问。

7月17—22日,南师大附中高三学生陈禹、倪晓雯在研究性学习中完成的论文《试以系统动力学的观点论中国古建筑屋顶曲面的形成》、《系统思考在旅游资源管理和旅游业发展中的应用》,得到国际系统动力学协会高度评价,应邀于参加在美国麻省理工大学召开的第23届国际系统动力学大会。

7月17日,南京市电化教育馆、金陵中学、南师大附中、南京外国语学校师生一行8人参加美国波士顿第23届国际系统动力学大会。南师大附中陈禹和倪晓雯两位同学将首次代表我国中学生出席大会并进行论文交流。

7月22日,南京晓庄学院的参赛节目《追求》在首届全国大学生艺术展演活动戏剧小品比赛中荣获普通组一等奖。

8月18—25日,在波兰举行的第十七届中学生国际信息学奥林匹克竞赛中,南京市外国语学校高三理科实验班朱泽圆同学作为中国信息学奥林匹克竞赛队4名队员之一参加竞赛,获得金奖。

8月22—31日,南京市9所中学(全省共10所)参加第九届全国中学生运动会7个项目比赛,南京第三中学女子排球队、人民中学乒乓球队获冠军,其他各队全部进入前八名,实现运动成绩"保五争三"目标,为江苏省中学生体育代表团取得金牌总数第二、团体总分第三的好成绩做出了贡献。

8月29日,全市近百名新教师入职前宣读"中小学教师誓词"庄严宣誓。

8月30日,市教育局为全市低保家庭适龄子女发放200多万元"助学券",为2200多个"低保生"铺设了"绿色"通道。

8月31日,三中女排在全国第九届中学生运动会中再夺冠军。

9月1日起,市教育局正式使用《南京市中小学教师誓词》(试用稿),对新入职的中小学教师组织宣誓活动。

9月2日,市政府常务会议审议通过,《南京市学前教育管理办法》以市长令下发,从11月1日起实施,为规范幼教管理,促进幼教改革发展提供政策与法律保障。

9月4日,江苏省第一届大学生艺术展演活动在南理工落下帷幕。全省30余家高校师生出席闭幕式并观看演出。

9月5日,被南师大、上海师大、安徽师大等学校新录取的393名教育硕士参加了开学典礼。

9月6日,市教育局授予第十三中学王军等20人南京市名校长称号。

9月8日,在全国第21个教师节来临之际,市委书记罗志军、副书记缪合林和副市长许仲梓等来到雨花台初级中学,向广大教师致以节日的问候;市长蒋宏坤到南京市幼儿师范女子中专学校,向学校老师们的辛勤工作表示亲切的节日慰问。

9月9日,南京市在全国率先开通"中小学生廉洁教育专题网站",9所中小学"廉洁教育进校园"试点工作也于新学期正式展开。

9月17日,"航天英雄"杨利伟在南航明故宫校区体育馆为师生作题为"祖国送我上太空"演讲,并到将军路校区植树。10月12日,按同比例缩小的南航校旗随"神六"遨游太空。12月13日,神舟六号载人航天飞行先进事迹报告团成员到南航,参观将军路校区的科技成果展、学生科技创新成果展,检阅航空航天后备军。"航天热"在南航园掀起。

9月17日,南京市教育局召开全市规范教育收费工作会议,首次推出创建"规范教育收费示范区县"这一新举措。

9月20日,在中、高等学校招生工作中,南京市各类招生录取情况均取得新突破。初升高录取率突破95%,高考录取净增2583人,录取率高于全省7.19个百分点。自学考试与成人高考报名人数突破50万,比去年增加近20万。适龄民工子女接受义务教育达99.85%。在宁就读"小老外"三年增长4.5倍,总数达1290人。

9月23日,教育系统3900多名师生积极备战十运,开展"我为十运添光彩 十运因我更精彩"活动。

9月25日,市教育局下发《关于印发〈南京市学校素质教育实践指导30条〉的通知》,总结推广全市实施素质教育30条实践案例,进一步明确"十一五"期间全国深入推进素质教育的思路和要求。

9月27日,"两弹一星"元勋任新民院士塑像在南理工落成。

9月28日,在国家科技部、全国创造发明协会等主办的第十五届全国发明展览会上,南京市中小学生共获得金奖3项、银奖2项、铜奖6项,分别占江苏省中小学获奖的60%、16%、46%,占全省中小学获奖总数的37%。

10月8日,江苏省工会职业技术学校建立。

10月16日,省委书记李源潮在省委常委、南京市委书记罗志军、市委副书记陈家宝、市教育局局长徐传德的陪同下,来到宁工小学视察。

10月22日，市委书记罗志军到金陵科技学院调研，要求教育系统继续深入推进先进性教育活动，用高校创新发展的成果体现先进性，为南京发展提供人地保障。

10月23日，中共中央政治局常委、国务院总理温家宝与国务委员兼国务院秘书长华建敏、国务委员陈至立，在省委书记李源潮、省长梁保华、市委书记罗志军、市长蒋宏坤、省教育厅厅长王斌泰、市教育局局长徐传德等领导同志的陪同下视察了南京职业教育中心，并看望鼓楼区宁工小学师生。

10月23日，中共中央政治局常委、国务院总理温家宝在国务委员华建敏的陪同下视察河海大学。

10月27日，河海大学庆祝建校90周年。

11月1日，南京工业职业技术学院原院长范国强，南京市江宁区湖熟成人学校校长王世金，受国家教育部、发展和改革委员会、财政部、人事部、劳动和社会保障部、农业部、国务院扶贫开发领导小组办公室联合表彰，被授予全国职业教育先进个人称号。

11月2日，来自全国7个重点城市的近百名校长会聚南师附中，共同为高中新课改"会诊"。

11月4日，由国务院学位委员会办公室、教育部学位管理与研究生教育司主办，南农大承办的2005全国博士生学术论坛——中国"三农"问题在南京农业大学召开。清华大学、中国人民大学、南京大学、浙江大学、复旦大学、台湾大学等46所高校的170多名博士生、66位专家学者及带队教师参加开幕式。

11月4日，江苏省副省长王湛在南京市政府副市长许仲梓、市教育局局长徐传德的陪同下，视察了金陵职业教育中心。

11月7日、8日，由全国人大教科文卫委员会副主任邢世忠为组长的全国人大、教育部联合调研组，来到第一幼儿园、太平巷幼儿园、淮海幼儿园视察调研，并召开座谈会征求对学前教育立法的意见和建议。

11月8日，全市小学至高中全部启用素质发展记录册取代成绩报告单的单一评价为综合素质评价。

11月8日，江苏省工会职业技术学校经省劳动和社会保障厅批准成立。按照属地管理原则，新建的江苏省工会职业技术学校由南京市劳动和社会保障局负责综合管理。

11月23日，市委书记罗志军及部分市级领导在市教育局局长徐传德的陪同下来到南京幼儿师范女子中专学校，主持召开了全市教育工作座谈会,对全市教育工作进行调研。

11月24日,近年来南京市中小学获得国际金牌33枚,全国金牌863枚,有44个科技创造发明产品获得国家专利。

11月29日,市委、市政府召开全市教育工作会议,会议对"十五"以来全市教育改革和发展的各项工作,进行全面总结和回顾,作出建设全国教育名城、率先基本实现教育现代化的重要决定,并对"十一五"期间的全市教育发展进行规划和部署。

11月30日,南京大学天文系教授,中国科学院院士方成,在埃及亚历山大举行的第三世界科学院(TWAS)第16届全体院士大会上,当选为第三世界科学院院士。

11月,市教育局制订《关于加强中小学"五室"建设的指导意见》和《南京市中小学"五室"建设规范》下发实施。市教育局将结合新颁发的《南京市中小学办学条件标准》,把"五室"建设列为标准化学校建设和实验、示范、星级学校创建的必要条件,要求加强中小学图书阅览室、网络学习室、技能创造室、心理咨询室、校史室(馆)建设,促进学生生动、主动、全面、和谐发展。

12月2日,市教育局举行纪念《教育法》颁布十周年座谈会。

12月5日,举行"南京市小班学校校长论坛"。

12月7日,南京市幼儿师范学校更名为南京幼儿高等师范学校,同时增挂江苏教育学院南京学前分院校牌,举办五年制高等师范教育,颁发江苏教育学院毕业文凭。

12月11日,"首届全国校长发展学校"结业仪式在重庆隆重举行,南京市教育局局长、全国校长发展学校校长徐传德和中央教科所所长、全国校长发展学校名誉校长朱小蔓为学员颁发了"中央教科所国内访问学者"证书。

12月14日,在南师大仙林校区举行了"神舟六号载人航天飞行先进事迹报告团与江苏省暨南京市大中小学生代表见面会"。

12月18日,中央教科所教授、全国规划办常务副主任曾天山和规划办吴建博士来宁参加由白下区梅花山幼儿园承担的国家级重点课题《幼儿素质教育中民间艺术教育体系的研究》和由玄武区教育局承担的《构建新时期中小学生活化主体育德模式的研究与实践》结题鉴定会议。

12月23—24日"首届南京职教论坛——课程改革篇"在南京举办。

12月,白下区育智学校、溧水县特殊教育学校申报省特殊教育现代化示范学校。评估验收组从办学条件、学校管理、队伍建设、教育质量4个方面进行检查评估,2所学校通过评估验收。

12月,河海大学完成《大辞海(水利卷)》编纂工作。两院院士严恺教授、河海大学原校长左东启教授、时任河海大学校长姜弘道教授担任主编,44名专家学者参加编纂工作。

本年,南京视觉艺术职业技术学院成立(其前身是1999年创办的南京林业大学民办二级学院——南方摄影学院)。

本年,教育部批准南京工业大学浦江学院、南京师范大学中北学院、南京医科大学康达学院、南京中医药大学翰林学院、南京信息工程大学滨江学院、南京邮电大学通达学院、南京财经大学红山学院、南京审计学院金审学院8所民办二级学院转为独立学院。

本年,市教育局总结20年来中小学实施素质教育的经验,制订《南京市学校素质教育实践指导30条(案例)》,为基层学校实施素质教育拓宽思路。《人民时报》、《光明日报》作了报道,新华通讯社在内刊《高管信息》分3期作全面介绍。

本年,为解决外出打工家长后顾之忧和部分学生因上学路程远、安全隐患等问题,溧水县白马中心小学和江宁区铜井中心小学开办"寄宿制",有200多学生在校寄宿,这是南京市开办的首家农村寄宿制小学。

本年,溧水县水阳镇成人学校、高淳县漆桥镇成人教育中心校、汀宁区湖熟镇成人学校、浦口职教中心、六合区葛塘成人学校、鼓楼社区培训学校、高淳职业教育中心校、浦口区星甸镇劳动技能培训中心等8所学校成为首批市级农村劳动力培训基地。

2006年

1月8日,南京技师学院通被江苏省人民政府认定为重点技师学院,同时被命名为"江苏省南京技师学院"。

1月16日,《南京市教育发展"十一五"规划纲要》正式出台,市教育局提出今年将重点实施"七大新政",积极推进全国教育名城创建:素质教育"深水领航"、职业教育"提档升级"、农村教育"雪中送炭"、教师队伍"非本科不进"、各类招生"惠民为本"、寒门学子"就学无忧"、学校建设"厉行节约"。

2月22日,南京铁道车辆技术学校、南京江宁技工学校被原国家劳动和社会保障部认定为"国家高级技工学校",并分别被命名为"南京铁道车辆高级技工学校"、"南京市江宁高级技工学校"。

3月5日,南京幼儿高等师范学校增挂江苏教育学院南京学前教育分院校牌。学校的隶属关系、经费渠道等均不变,业务归江苏教育学院。学校举办幼儿高等师范教育,学生毕业后,颁发江苏教育学院毕业文凭。

3月25日,中国新农村建设研究院在南京农业大学成立。

3月28日,南京大学举行纪念匡亚明校长诞辰100周年座谈会暨匡亚明学院揭牌仪式,校长蒋树声和匡亚明夫人丁莹如共同为"匡亚明学院"揭牌。

4月6日,东南大学与江苏省常州市在常州科教城隆重举行仪式,聘任享誉世界的诺贝尔物理学奖获得者丁肇中教授担任东南大学常州研究院名誉院长。

4月19日,南京江宁技校通过国家级技工学校被国家劳动与社会保障部认定为国家级重点技工学校。11月16日,被确认为国家高级技术学校。

4月24日,中共中央政治局常委、全国政协主席贾庆林就自主创新等问题视察南京林业大学。

4月28日,南京市教育局正式启动全市中小学"合格学校建设工程",促进全市中小学办学条件实现新一轮提升。

5月11日,江苏省教育厅、上海铁路局和南京市浦口区人民政府举行三方共建南京铁道职业技术学院协议签字仪式,省教育厅厅长王斌泰,上海铁路局局长刘涟清、浦口区区长华静出席签字仪式并在协议上签字。

5月14日,南京市农垦技工学校被国家人力资源和社会保障部认定为"国家级重点技工学校"。

5月,南京机械工业职工大学、南京电子工业职工大学合并组建南京机电职业技术学院;江苏省省级机关管理干部学院、江苏省青年管理干部学院合并筹建江苏公共管理职业学院。

6月8日,中共中央、国务院批准陈骏担任南京大学校长,易红担任东南大学校长。

6月11日,首届"中外知名高中校长南京论坛"闭幕。

6月15日,继陶老师热线——中小学生谈心电话"96111"之后,南京市中小学教师网络心理咨询站"宁教授工作室"正式开通,在全省乃至全国范围内,首次尝试在网络平台上用信函咨询的方式关注教师心理健康,提供优质的心理服务。

6月,南京航空航天大学由原国防科学技术工业委员会划归至工业和信息化部管理。

6月,南京动力高等专科学校更名为江苏城市职业学院,增挂在江苏广播电视大学校牌,与江苏广播电视大学一套班子、两块牌子;在南京联合职工大学的基础上组建南京城市职业学院,与南京市广播电视大学一套班子、两块牌子。

8月23日,南京外国语学校的朱泽园在墨西哥东部城市梅里达举行的第18届国际信息学奥林匹克竞赛中,获得金牌。

8月26日,市教育局下发通知正式使用"教师入职誓词",要求全市各级教育行政部门和中小学校做好"誓词"的学习宣传教育工作。

9月9日,南京市隆重召开第22个教师节庆祝表彰大会,400多名优秀教育工作者受到表彰。

9月,南京农业大学在云南省永胜县涛源乡实施的"水稻新品种'协优107'精确定量栽培",按照国家标准折算,这一新品种实际亩产达到1287公斤,刷新世界水稻亩产纪录。

10月16日,第二十三届全国中学生物理竞赛(江苏赛区)复赛,经过理论笔试和实验操作南京市选手囊括全部比赛的6项第一,在全省夺冠。

10月26—27日,江苏省第26届珠算技术比赛于在宿迁举行。比赛项目有加减算、乘算、除算、账表算、传票算5个项目。南京市财经学校代表队获得团体冠军,实现了学校自2002年以来参加省珠算竞赛的五连冠。

10月16日,南京化工技工学校被确认为国家高级技工学校。

10月17日,南京市机电工业技工学校被确认国家级重点技工学校。

10月28日,教育部、江苏省继续重点共同建设南京大学、东南大学签字仪式在南京举行。

10月31日,"南京大学拉贝与国际安全区纪念馆"及"拉贝国际和平与冲突化解研究交流中心"落成典礼暨新闻发布会在南京大学逸夫馆举行。南京市广州路小粉桥1号,是1932—1938年间德国西门子公司驻南京代表处代表约翰·拉贝的住宅。南京沦陷后,这里成为南京安全区25个难民收容所之一,保护了600多位难民免遭日军杀害。

11月3日,市教育局、档案局和老干部局的领导,金陵科技学院和一中的领导以及部分学生代表,在南京一中,为朱刚庆祝90华诞,并举行《朱刚教育文集》发行座谈会。

11月20—22日,全国聋校课程改革研讨会在南京南京市聋人学校召开。来自全国30多个省、市、自治区的230余名代表出席会议。

11月26日,南京市53名中小学校长向全市中小学发出倡议,号召学校师生一起努力,共同建设和谐美好的南京。每一所学校、每一位教师的一切工作都要坚持以人为本,以培养学生为出发点和归宿点。要把爱洒向每一位学生,做到尊重学生、善待学生,让学生在爱的熏陶下增进爱心,让师爱成为推动学生成长进步的不竭动力。学生要学会关爱。家长要懂得珍爱。师生携手,家校互动,社会共建,努力把学校建设成安全和谐、健康向上的育人场所。

11月27日,受教育部督导办委托,由中国教育督导专业会主办,南京市教育局承办的全国部分省市教育督导科研工作汇报暨交流会在南京钟山宾馆隆重召开。来自上海、江苏、安徽、湖北、福建、广东、深圳、贵阳、厦门、南京等部分省市教育督导科研课题负责人共30多人参加了会议。

12月8日,南京化工技工学校通过国家级重点技工学校评估验收,达到《国家级重点技工学校标准》,被劳动和社会保障部确认具备国家级重点技工学校办学条件。

12月16日,由南京市教育局主办、南京市职业教育教学研究室承办的"第二届南京职业教育论坛"在南京审计学院国际交流中心举行。来自全国的专家学者、省内外职教教研部门和职业院校领导、骨干教师等300人出席了论坛。

12月26日,"全国中小学教师教育技术能力建设计划"国家级培训基地遴选结果揭晓,南京师范大学现代教育技术中心被确认为10个国家级培训基地之一,该基地将承担其他省份的国家级骨干教师或省级骨干教师的现代教育技术培训任务,为江苏省开展中小学教师教育技术能力建设作出应有的贡献。

本年,全市义务教育阶段的52.17万名学生全部免缴杂费,减免资金6 384万元,提前4年完成预定的工作计划。这是南京市教育历史上的又一个里程碑,被评选为2006年度全市国民经济和社会发展的一件大事。

本年,南京大学、东南大学、南京航空航天大学、南京理工大学、河海大学、南京农业大学、中国药科大学和南京师范大学先后接受并通过国家"十五""211工程"建设项目验收专家组的检查。

2007年

1月初,市教育局决定,在"十一五"期间,组织开展"百校千师携手共进"工程。即从2007年至2010年底,从全市承担义务教育阶段教育的学校中遴选百所优质学校、千名骨干教师与南京市浦口区、江宁区、六合区、溧水县、高淳县实行区与区(县)、校与校的结对帮扶、携手共进,全面提升南京市义务教育的整体质量和水平。

1月19日,南京市政府与江苏省教育厅举行教育合作签约仪式,把南京作为江苏省教育改革发展的重要窗口进行重点建设,共同推进南京市进行"全国重要科教中心"、"教育名城"建设。江苏省教育厅对南京市重点进行8个方面的工作支持。

1月31日,南京市"三下乡"启动仪式在江宁区谷里街道举行。今年,市教育局将扶持全市农村学校、幼儿园经费约3 600万。在"三下乡"启动仪式上,市教育局为江宁区谷里40位中小学困难学生发放了助学金,并为每个学生添置了新棉衣和学习用品;为4位困难教师发放了慰问金。市高等幼儿师范·女子中专学校捐赠了50台电脑,价值30万元;南师附中江宁分校捐赠了近1 000册图书。

2月2日,全市"爱心班"的师生代表们欢聚在梅园中学,共同参加向"爱心班"学生"献爱心,送温暖"活动。市教育局局长、市教工委书记徐传德和副局长周文海代表市教育局向全市"爱心班"送上每人1 000元的助学款,并向每位学生赠送一件冬衣,让442名"爱心班"学生在寒冷的冬日感受到一份关爱和温暖。

2月27日中共中央、国务院在北京人民大会堂召开的2006年度国家科学技术奖励大会上,南京大学物理系闵乃本院士,朱永元、祝世宁、陆亚林、陆延青教授完成的"介电体超晶格材料的设计、制备、性能和应用"项目获国家自然科学一等奖——中国自然科学界科研成果的最高奖项。这是自1999年国家奖励制度改革以来,内地高校独立完成的第一个国家自然科学一等奖。

3月15日,南京晓庄学院在江宁体育中心隆重庆祝建校80周年。来自海外的6 000余名校友欢聚一堂,共庆母校80华诞。

3月22日,南京化工技工学校被国家劳动保障部认定为国家级重点技工学校。

3月27日,由南京市教育局组织有关专家学者编修、商务印书馆出版的《南京教育史》,在南京图书馆学术报告厅举行首发仪式。全国第一部正式编修出版的地市级城市教育史正式亮相。

4月3日,中央人民广播电台"新闻与报纸摘要"播发消息:"江苏南京市推进基础教育高位均衡发展、优质教育资源5年实现翻番"。南京从 2001 年开始,先后在 51 所小学、16 所初中实施小班化教育,并通过吸纳社会资金兴办优质民办高中,目前每 10 个城区孩子中 4 个能享受小班化教育,10 个高中学生有 7 个能在星级高中就读,优质教育资源比 2000 年翻了一番。

4 月 9 日,南京铁道技术学校被确认为国家级高级技工学校。

4 月 10 日,南京市农垦技工学校被确认为国家级重点技工学校。

4 月 19 日,市教育局与浦口区人民政府签订教育合作协议书,双方将共同推动教育跨江发展,振兴我市江北教育。

4 月 20 日,南京市首届中小学生"读书节"在金陵中学开幕,在接下来的 4—10 月期间,市教育局将开展以"读书——打好人生底色"为主题的 2007 年南京市中小学生"读书节"活动。

4 月 21 日,市教育局和中央教育科学研究所举办第二届"全国校长发展学校"在南京开学,来自全国 20 多个城市的 100 多名教育管理者,在南京进行现代学校制度、校园文化建设、学校领导能力建设、科学艺术等课程的学习。"全国校长发展学校"是以培养专家型中小学校长为目标的高端研修组织。

4 月,南京市玄武区、白下区、鼓楼区被授予"省义务教育均衡发展先进县(市、区)称号"。

4 月,省教育厅同意江苏职工医科大学、江苏省中医学校合并,筹建江苏卫生职业技术学院。

4 月,教育部在杭州举办首届全国弱智教育青年教师基本功比赛。江苏省 6 名选手中,南京市秦淮特殊教育学校的孙婷婷、特师附小的郝宗群、特师二附小的黄艳萍参加了比赛。孙婷婷获全国弱智教育青年教师基本功比赛一等奖第一名,另二名教师获得三等奖。

5 月 8 日,在有关区县教育局和教师进修学校的关心、支持和帮助下,南京晓庄学院第二期"顶岗实习,置换培训"项目启动。

5 月 26—6 月 1 日,三江学院作为全国第一所民办普通高校通过国家教育部本科教学工作水平评估。

6 月 18 日,南京全国教育科学"十一五"规划课题"基础教育阶段现代学校制度的理论与实验研究"的子课题——"中小学校务委员会建设的实验研究"课题开题会在南京中央饭店会议室召开。来自教育部、中央教科所、江苏省教育厅、省教科院、南京师大和大连、成都、宁波现代学校制度课题研究实验区的 20 多位领导、专家应邀到会。

6 月 23 日,来自海内外近 800 名校友与嘉宾齐聚南京大学,共贺南京大学—约翰斯·霍普金斯大学中美文化研究中心20周岁华诞。美国前国务卿基辛格博士到会祝贺。

6月26日,南京市财经学校计算机代表队代表江苏省参加由国家教育部主办的2007年全国中等职业学校计算机技能大赛,荣获网络及应用项目团体一等奖。

7月3日,南京市青少年现代工业实践教育基地揭牌仪式暨2007年中小学生"快乐暑期直通车"启动仪式,在新落成的沿江工业区青少年活动中心举行,为全市70多万中小学生正式拉开"快乐暑假"的序幕。

7月6日至7月10日,南京市第一中学交响乐团参加了第36届维也纳国际青年音乐节,与来自11个国家的17支队伍进行角逐。经过必奏曲目《皇帝圆舞曲》、保留曲目《节日序曲》、中国作品《云南音诗——火把节》的演奏,南京市第一中学交响乐团荣获第二名。

8月23—9月1日,南京市金陵中学女篮代表中国中学生参加在越南庄牙市举办的第四届亚洲中学生篮球锦标赛,共8个国家和地区的中学生参加了角逐,金陵中学女篮荣获冠军。

8月26日18时50分11秒至18时59分30秒,20名中国学生在南京第三高级中学,通过业余无线电台实现了与国际空间站宇航员的首次"天地对话"。整个对话过程持续9分19秒,中国学生提出的20个问题得到了宇航员即时的回答。南京三中成为全球第311个、也是全中国第一个成功申请ARISS计划并成功实现与国际空间站"天地对话"的学校或团体。

9月7日下午,全市58位荣获国家、省、市荣誉称号的优秀教师和教育工作者受到市委、市政府隆重表彰,市委书记罗志军、副市长许仲梓与受表彰的教师们一一握手,感谢他们做出的不凡贡献。南京市教育局首次授予16位对南京教育贡献突出、卓有影响的教育工作者"南京基础教育专家"称号。此举在全省乃至全国尚属首创,在省内外引起了较大反响。

9月10日,全国第一家教育史馆——南京教育史馆正式开馆并对社会开放。时任市委书记罗志军出席南京教育史馆开舘仪式

9月27日,在第十七届全国发明展览会颁奖大会上,我市中小学生捧回了四项金奖。南京第二十七高级中学的刘梦楠、南京致远外国语小学的成旭昱、南京铜山小学的夏营和南京拉萨路小学的邹文颖4名中小学生喜获金奖。据悉,全国发明展览会是经科技部批准,由中国发明协

会与有关地方政府部门联合主办的全国性大型发明创造展览活动,是唯一以展示群众性发明成果、促进发明成果、专利技术的转化实施为宗旨的全国性综合发明展览会。

9月,南京市中山小学被国家教育部授予"全国教育系统先进集体"称号。

9月,南京高等职业技术学校被国家人事部、教育部授予"全国教育系统先进单位"称号。

9月,全国首家教育硕士工作站在南京成立。

10月18日上午,世界最大的陶行知塑像在陶行知先生诞辰116周年之际,在南京晓庄学院方山校区落成。该塑像为花岗岩全身立像,像高8米,底坐2.4米,层台0.96米,总标高11.36米。雕塑采用优质石料石岛红制作,底坐采用优质石料印度红装裱,正面由毛泽东同志题写的"伟大的人民教育家陶行知先生——毛泽东"十六个字采用石刻嵌金方式制作,背面将刻上"晓庄赋",两侧为反映晓庄发展历史的浮雕。雕塑《陶行知》由苏州协和雕塑工艺厂承制,著名雕塑家吴志超先生多次给予指导。

10月26日,来自南京市教育系统具有聘请外国文教专家资格单位的20名外籍教师参加由南京市教育局主办的第一期在宁外籍教师适应性培训班。

10月28日,由教育部基础教育司、中央教科所主办的全国"第四届现代学校制度实验研究经验交流会"在南京召开,南京市教育局局长徐传德在会上作《南京"校务委员会"建设的实践与思考》报告,报告提出的以校务委员会建设为重点,构建"一主两翼"现代学校行政管理体制的新构想引起全国与会代表高度关注。

11月10日,新加坡教育部与南京市教育局达成教育合作协议,双方将从明年始共同举办中小学校长教育论坛,并启动实施互派中小学校长进行"影子式"学习计划。南京与新加坡教育"深度结亲",教育"圆桌论坛"与"影子式校长培训"明年正式启动。

11月13日,《中国教育报》以《校务委员会与学校民主管理》为题,用一个整版深度报道了南京市学校管理体制改革的成果,中央、省市其他20多家媒体也进行了相关报道。

11月13日,全国"明天小小科学家"颁奖典礼在人民大会堂举行,金陵中学高三学生王冉因发明"双区域液晶显示"系统,荣获一等奖。"明天小小科学家"评选活动由国家教育部等单位共同举办,主要针对高中学生,一等奖只有10名,王冉是江苏省的唯一代表。

11月16日,南京首家小学教育集团——琅琊路小学教育集团正式成立。此举将促进优质教育资源共享,缩小校际差距,进一步满足老百姓对优质教育的需求。

11月,省政府同意在南京金陵旅馆管理干部学院(南京旅游学校)基础上建立南京旅游职业学院。

12月14—17日,由WRO世界机器人奥林匹克竞赛中国区组委会主办的"WRO奥林匹克机器人中国赛"在广州南沙举行,南京市科学园小学2个代表队参加比赛,分别获得全国一等奖和二等奖,取得2008年11月代表国家参加在日本举行的国际赛参赛资格。

12月20日,教育部主管的最具权威性的专业报刊《中国教育报》,以《用实践为素质教育求解——江苏省南京市深入实施素质教育纪实》为题,在头版头条刊发了由该报副总编翟博亲自率队采写的长篇通讯,并配发本报评论员文章。文章指出"南京,20多年坚定不移地坚持实施素质教育,成为了全国素质教育实践领域最具活力的地带之一",具有"有益全国的'标本意义'"。

本年,从秋季开学起,全市普通高中家庭经济困难的在校学生均可领取"助学券"。全市在义务教育阶段各类经济困难家庭学生全部实现免费教育基础上,今年又投入450万元,对全市高中阶段经济困难家庭学生实行政府助学,这样,南京政府助学的"绿色通道"延伸到高中阶段,提前实现12年基础教育政府扶困助学"全覆盖"。

本年,南京市第一中学、游府西街小学、行知小学等三所中小学被确定为国家首批汉语国际推广基地学校。另外,南京市金陵中学、南京外国语学校仙林分校、游府西街小学等三所学校被江苏省侨务办公室确定为江苏省华文教育基地学校。

本年,市教育局下发《关于使用"南京市中小学教师誓词"的通知》,把建立教师入职宣誓制度,作为南京市师德建设工作的一项重要内容和加强教师队伍文化建设的一项重要举措。

本年,经省政府批准建立的南京城市职业学院开办。该院是在整合南京地方优质高等教育资源的基础上组建的一所市属普通高等专科学校。和市电大实施两块牌子,一套班子。

2008年

1月2—10日,由市教育局初教处、市教研室、市教科所、市小教培训中心、市电教馆等单位相关人员组成的评估组,依据《南京市小班化教育示范小学基本标准》对7所申报"小班化教育示范小学"的学校进行了常态情况下办学条件、管理水平、教改实验、教育质量、示范作用等方面的评估。最后认定同仁小学、白云园小学、太阳城小学、秣陵路小学和凤游寺小学5所学校为南京市首批"小班化教育示范小学"。

1月7日,在全市教育系统负责干部会议上,南京市副市长许仲梓宣布该市高等教育毛入学率为55.3%。南京高等教育毛入学率跻身全国前列。

2月25日,新任江苏省委常委、南京市委书记朱善璐同志,和市委副书记、市纪委书记陈绍泽、副市长许仲梓等市领导一行,冒雨来到市教育局调研全市教育发展情况。朱善璐指出,教育发展是件大事,涉及千家万户,关乎社会之本。南京深入贯彻落实党的十七大精神,全面建设小康社会,实现"两个率先",必须把教育发展放在重要位置,让教育成为城市发展的重要基石。

3月4日,"2007中国大学生年度人物"评选在北京揭晓并颁奖,南邮大学生邓宗元获此殊荣,全国共有10名高校学子入选。

3月7日,"南京市小学小班化教育工作会议"在白云园小学召开。市教学研究室和南师大教育科学学院签定小班化教育研究合作协议,并宣布"南京市小班化教育研究所"正式成立。

3月11日,世界卫生组织西太区主任Shigeru Omi博士致信南京中医药大学吴勉华校长,再度确认学校为世界卫生组织(WHO)传统医学合作中心,任期四年。这是学校自1983年8月以来连续第7次被确认为世界卫生组织(WHO)传统医学合作中心。

3月12日,市教育局局长、市委教育工委书记徐传德,应邀来到南京大学讲学,与南大社会学系的师生共话当前教育发展两难问题如何破解,并就我市加快推进"全国重要科教中心"和"教育名城"建设,向南大专家学者主动求解。

3月23日始,市教育局委托市小学教师培训中心举办了"南京市民办外来工子弟学校教师专题培训"活动,参加培训的230名教师来自6城区11所民办外来工子弟学校。培训班课程为期8天,分四个模块。

3月31日,为保护幼儿生命安全、挺身而出智斗凶徒的天妃宫幼儿园传达室师傅张景彩受到市教育局的慰问表彰。市教育局助理巡视员任晓明一行,受徐传德局长委托来到幼儿园,亲切看望了张景彩师傅,并将"校园安全卫士"荣誉证书和5 000元奖金颁发给他。同时,市教育局要求全市小学和幼儿园,要进一步强化门卫管理,严格把好确保师生生命安全和校园公共财产安全的"第一关口"。

4月3日,由南京市文明办、市教育局主办,玄武区文明办、玄武区教育局、南师附小承办的著名小学教育专家斯霞老师清明追思活动在南师附小斯霞广场隆重举行。市有关部门和玄武区领导以及斯霞老师的亲属、学生和教师、学生代表近300人参加了这次活动。

4月10日,南京中学生管乐团(六中)远赴荷兰参加国际音乐节比赛,演出了世纪序曲、回娘家、俄勒冈、五声神韵、长号之家、西班牙序曲、芭蕾音乐集锦7首不同风格的世界名曲,最终以精湛的技艺荣获了荷兰"2008 CKE 国际音乐节"金奖,并获最佳组织奖。

4月20日至25日,教育部本科教学工作水平评估专家组一行15人,对南京大学的本科教学工作进行了为期一周的实地评估。该校以19个二级指标全优的成绩胜利通过了教育部组织的本科教学评估,在全部44个评估观测点中,有43个取得了A级评价,南大传统和特色、"四个融通"的人才培养理念、以匡亚明学院为代表的人才培养模式和教学改革中的诸多成果都得到了专家组的一致肯定和高度赞扬。

4月21日,南京市教育局与新加坡教育部学校司正式签署教育合作协议。今后,双方将以教育发展为目标,开展更为广泛地合作交流,共同举办中小学校长教育论坛,启动实施互派中小学校长进行"影子式"学习计划,实现两地教育的进一步"深度结亲"。

4月23日,2008年南京市中小学生"读书节"活动在栖霞伯乐中学正式开幕。从即日起到10月底历时7个月的时间里,市教育局紧抓奥运盛会契机,开展以"迎接奥运盛会,传承文明礼仪,创建和谐校园"为主题的2008年南京市中小学生"读书节"活动。今天的开幕式,还在各区县电教馆也设立了分会场,3000多名师生在主、分会场参加了启动仪式。

4月,金陵中学叶天扬、魏博和王明苑三位学生组成的团队参加首届丘成桐中学数学奖比赛。获得东部赛区一等奖,在北京举行的总决赛比赛中,参赛队员们充分发挥水平,用流利的英语完成论文阐述及答辩的全部环节,荣获一等奖。丘成桐中学数学奖是以世界著名华裔数学大师丘成桐名字命名,面向全球华裔青少年的科技奖项,该奖项注重团队协作和创意实践。

5月6日,在珠峰大本营绒布新闻中心,中国登山队新闻发言人张志坚授权向境内外媒体公布了"2008北京奥运火炬接力珠峰传递登山队组成名单"。南京航天航空大学电光院学生徐颖正式成为2008北京奥运火炬接力珠峰传递登山队队员。

5月19日,南京师生心系灾区,爱心如潮。截止晚5点,全市80万师生通过民政部门、红十字会、慈善机构等向灾区捐款总额已超过1800万元。同时,全市教育部门和学校对受灾学生来宁就学做到"零拒绝",并安排有经验的心理教师为每一个人及时提供专业的心理援助。

5月24日,中国气象局局长郑国光来南京信息工程大学视察工作,肯定学校紧贴了中国气象事业发展的步伐,寄语学校要"抓机遇、重特色、提质量、促发展",并表示中国气象局将积极推动"行业、教育部、地方"三方共建南信大。

5月31日,省长罗志军来到南京市中山小学和省儿童康复研究中心,亲切看望四川地震灾区来宁就读的少年儿童和我省残障儿童,向他们并向全省少年儿童和少儿工作者祝贺"六一"。

5月,南京邮电大学通信展览馆落成。该馆位于仙林校区圆楼一楼,面积近1000平方米,展览分"通信·历史"、"通信·世界"、"通信·未来"3个专题,是带有视觉艺术效果的综合性、现代化的展览馆,在全国高校中尚属首例。

6月1日,在第四届全国大学生跆拳道锦标赛中,南京信息职业技术学院运动员不畏强手,顽强拼搏,荣获男子84公斤、女子59公斤冠军,男子67公斤亚军。

6月22日,由省教育厅和南京市教育局联合举办的"百场讲座进乡村"活动,在六合区竹镇镇举行了启动仪式。"百场讲座进乡村"活动是"2008江苏农民读书节"系列活动之一。在全省范围内,以部门联动、上下联动、媒体联动等方式,省市联动,形成合力,扎实推动农民读书活动的开展,营造浓郁的阅读学习氛围。

6月30日,由江苏省教育厅主办、南京市教育局承办的"2008汉语桥——美国中小学校长访华江苏之旅"交流会在南京市第一中学隆重召开。25名美国中小学校长和教育官员来宁寻求汉语教学合作。

6月,市聋人学校共31名普通高中毕业生参加全国聋人高考,100%考入本科,继2006年之后第二次实现100%本科录取率。至此,该校连续14年高考年平均录取率超过97%。

6月,全国职业院校技能大赛中职组美容美发技能比赛在天津市举行。来自金陵职业教育中心的罗玉林、李阳、诸梦丽三位学生,在众多选手中脱颖而出,分别获得"标准卷杠"两块金牌、"女子翻翘"一块金牌和"男子时尚有缝吹剪"三块银牌。

6月,教育部正式批准市盲人学校康复治疗技术高职专业,标志着该校盲人大专班步入更为规范发展的轨道。1993年,在江苏省教育厅的关心和支持下,南京中医药大学和南京市盲人学校联合创办盲人康复治疗技术大专班,为盲人提供推拿按摩专业的高等教育,迄今已有110名毕业生。

7月2日,全市中小学生快乐暑期直通车活动启动暨网络文明夏令营开营仪式在雨花台中学及14个区县分会场同步举行。自即日起到8月20日,全市的中小学生可以在535个"校园文明网络活动室"安全、放心上网。各营地的老师们,也将通过网页制作、动漫作品制作、专题论坛等主题,组织、引领中小学生文明上网、上文明网、做网络文明人。

7月7日,在第二届"至高荣耀"维也纳国际青少年音乐节上,南京游府西街小学小松树合唱团以其出色的表演获得了合唱组第四名、小组第一名的好成绩。针对孩子们的特别表现和精彩演出,组委会为小松树合唱团增设了唯一的特别荣誉奖。

7月8日,国家科学技术部和美国农业部于在北京签署了建立"中美食品安全与质量联合研究中心"的协议。中心分别设在中国南京农业大学和美国农业部Clay研究中心,合作研究领域为食品质量控制技术、食源性致病菌鉴定和控制、食品微生物预测模型在食品生产过程中的应用、食品品质形成机理、研究技术服务和成果转化,以及为研究、教育和公共服务目的信息资源共享。

7月16—23日,13个城市、17支代表角逐2008年全国少年垒球锦标赛和全国少年软式垒球锦标赛,江宁高级中学代表队获得双项冠军。

7月24日,在刚刚闭幕的第40届国际化学奥林匹克竞赛中,南京外国语学校的姜夕骞勇夺金牌。

7月,市教育局与安生文教交流基金会共同牵头,举办"全球化背景下创新人才培养"国际论坛活动。美国斯坦福大学、英国剑桥大学、牛津大学等国际著名高校的专家、学者,与南京市多所知名中学校长就共同关心的课题,如"面对变化的世界,我们希望具有的最重要的品质是什么?"、"如何才能培养出创新人才"、"关于批判性思维"等进行了深入研讨。本次论坛活动,为我市进一步加强创新人才培养拓展了思路,坚定了信念。

暑期,南京市教育学会幼教专业委员会选派蔡小荣、李微玉、史莉、李玮、周联、崔威威、王颖、王玮等优秀幼儿教师,作为教育部、民政部组织的国家地震政策应对专家组成员,分两批赴四川开展赈灾活动。她们一方面就地震之后灾区恢复幼儿教育进行前期政策调研,另一方面发挥自己的专业特长,帮助当地幼儿园解决实际困难,为帐篷幼儿园培训教师,为灾区孩子们带去以体验愉快情绪为宗旨的游戏活动,让孩子们尽量忘记地震带来的痛苦,深受灾区广大幼儿、家长和当地教育部门、幼儿教师的热烈欢迎,得到专家的一致好评,树立了南京幼教工作者的良好形象。

9月1日,省委常委、市委书记朱善璐,副市长许仲梓来到马集中学和北京东路小学,与师生一起参加了开学典礼和升旗仪式。朱善璐热情勉励孩子们刻苦学习、努力锻炼、全面成长;希望广大教师恪尽职守、兢兢业业、牢记使命,当人民的好园丁;要求全市上下更加重视教育,坚持把教育当作发展的基石,把教育放在优先发展的战略地位。

9月6日,我市庆祝第24个教师节表彰座谈会在南京外国语学校举行,朱善璐、蒋宏坤等市领导与教师代表亲切座谈。省委常委、市委书记朱善璐在座谈会上讲话,指出"善之本在教,教之本在师"。要求全面提升全市各级各类教育教师队伍素质和能力,加快培养一批学术大师、教育名师和学科带头人。进一步改善全市教师的工作条件和生活待遇。让在南京的教育工作者更受尊重、地位更高,成为被追捧的"明星"。

9月8日是北京2008年残奥会田径项目的首个比赛日。在女子标枪F42－46级决赛中,中国残疾人运动员——南京师范大学体育科学学院2005级4班学生姚娟同学三度刷新世界记录,以40.51米的最好成绩获得该级别冠军,这也是中国残疾人田径队在本届残奥会上获得的第一枚金牌。

9月18日,南京市教育局召开新闻发布会,通报我市实施教育"十一五"规划、政府扶困助学等情况。截止目前,南京教育发展"十一五"规划中的19项刚性指标已有13项提前完成。南京市从秋季开学起实行"幼儿助学券"制度,对各类经济困难家庭子女就读幼儿园进行政府资助。这标志着该市在全国率先实现免费义务教育的同时,又率先实现15年基础教育政府扶困助学"全覆盖"。

9月28日,"南京·中国无线谷暨南京通信技术实验室项目"启动仪式在江宁开发区管委会举行。全国政协副主席、科技部部长万钢,南京市委书记朱善璐,市长蒋宏坤,科技部办公厅主任李朝晨,科技部重大专项办公室主任许倞,江苏省省长助理徐南平以及相关部处负责人和参加项目的教师代表出席了仪式。万钢部长、朱善璐书记、蒋宏坤市长、徐南平省长助理和我校胡凌云书记、易红校长一起开启"无线谷之门",宣布无线谷正式启动。无线谷初定于2010年初试运行，预计首期投资不少于6亿元，它汇集了东南大学一大批优质资源和优秀人才，是东南大学、南京市以及江苏省的科技创新一号工程。

9月，南京市新入学小学生首次拿到免费办理的学生证。

10月8日，市人大常委会主任陈家宝、副主任金石，率常委会部分组成人员和部分人大代表，在副市长许仲梓、市教育局长徐传德陪同下，专题视察了我市义务教育均衡发展工作。先后视察了南京外国语学校、南湖第三小学、新城初级中学和金陵中学实验小学，听取了学校实施义务教育情况的介绍。

10月16日，南京市政府召开全市职业教育"双十工程"现场推进会，表彰奖励首批创建达标的高水平示范学校和特色学校。市长蒋宏坤出席会议并为有关学校颁奖。近几年来，南京职业教育持续蓬勃发展，初中毕业生就读职技类学校人数与就读普通高中的人数基本相当，毕业生就业率一直保持在95%以上，今年达到98%。职业教育成为强劲引擎，为南京经济社会发展提供更加有力的智力支持和人才支撑。

11月2日，全国未成年人思想道德建设工作经验交流会在杭州圆满结束。南京"陶老师"工作站站长陶勑恒被评为全国未成年人思想道德建设先进个人，南京市江宁区青少年科学工作室被评为全国未成年人思想道德建设先进单位。

11月3日，南京市教育局与德国汉斯·赛德尔基金会关于南京高等职业技术学校的合作协议签字仪式在南京高职校举行。根据协议，双方合作办学的领域将进一步扩大，特别是在师资培训与交流将进一步加强。

11月6日，江宁区教育局与市财经学校协商，并征得江宁区人民政府和南京市教育局同意，将江宁区湖熟高级中学整体转让给财校，双方就有偿转让事宜签订了正式协议。

11月16日，为期三天的第14届全国青少年信息学奥林匹克联赛（NOIP2008）江苏赛区复赛在镇江落下帷幕。南京市获得团体冠军，有30位南京高中生有望获得高考保送资格南京市参赛的206名选手经过奋力拼搏，共有138人获得一等奖，其中72位初中生获得了初中组一等奖，66位高中生获得了高中组一等奖。南京外国语学校的吉妍同学还获得了初中组最佳女选手奖。南京市获得了城市团体第1名。

11月18日，小学汉语国际推广友好学校合作组织在南京成立，首批成员包括英国、澳大利亚、新加坡、爱尔兰、中国香港、中国等6个国家和地区的 10 所小学。同日,首届小学汉语国际推广友好学校合作组织南京论坛在南京市游府西街小学开幕,各国小学代表围绕"友好合作,共同发展"主题,通过主题演讲,交流汉语教学经验,探讨汉语推广工作。

11 月 19 日,南京幼儿高等师范学校隆重举行"著名教育家陈鹤琴雕像落成暨陈鹤琴研究室成立揭幕、揭牌仪式"。

11 月 20 日,由全国高等学校教学研究中心、全国高等学校教学研究会、《中国大学教学》杂志和江苏教育厅主办,南京工业大学承办的首届"中国大学教学论坛"在南京钟山宾馆扬子厅隆重开幕。200 多所高校,近 600 名代表参加了大会。

11 月,国务院召开全国优秀农民工表彰大会,鼓楼区宁工小学荣获"全国农民工工作先进集体"称号。11 月 27 日,温家宝总理亲笔致信宁工小学全体师生,祝愿学校越办越好,勉励南京真正建成"城乡孩子共同进步的绿色摇篮。"

12 月 18 日下午,在市政府西会议室举行的市教育局述职评议大会上,全市 90 多位家长、市民、教师等服务对象代表和教育行风监督员,与市教育局全体局领导、21 个处室负责人"面对面",踊跃提问、直陈意见和建议。

12 月 25 日,"2008 中国最具幸福感城市"在昆明揭晓:近 4 个月来全国 300 多家新闻媒体参与、700 万张调查问卷、7000 万次网络投票,经公众广泛推选和专家严格评选,南京当选为全国教育满意度最高的城市,其次分别是北京、上海和杭州三座城市。

本年,为进一步完善 15 年政府扶困助学体系,市教育局经周密论证在全省率先实施幼儿"助学券"制度。使南京市"助学券"制度全面覆盖了幼儿园、小学、初中和普通高中阶段。

本年,东南大学人文学院 05 级旅游管理专业谭淼同学与杨雨、朱倩蔚、庞佳颖三位队友一起顽强拼搏,在奥运会女子 4×100 米自由泳比赛中打破世界纪录,为中国体育代表团赢得了一枚银牌。人文学院 2006 级行政管理专业雷丽娜同学于 2008 年 9 月代表中国在北京参加了夏季第 13 届残奥会。取得了乒乓球 F9 级女子单打冠军及 F6 - F10 级女子团体乒乓球冠军。在 9 月 29 日国家对奥运会暨残奥会的优秀运动员的表彰大会上,雷丽娜同学获得了中共中央和国务院授予的"先进个人"荣誉称号。

2009 年

2 月 16 日,国家科学技术部、教育部联合发文认定南京工业大学科技园为"国家大学科技园"。

3月9—10日两岸四地（宁港澳台）小班化教育论坛在南京市宇花小学举办。

3月26日，由南京市教育局和安生文教基金会共同主办的"中美高中教育改革发展南京论坛"在南京国际会议大酒店举行，副市长许仲梓到会并致辞。哈佛大学教育学院院长Robert B. Schwartz教授、美国盖茨夫妇基金会美国教育中心常务主任Steven G. Seleznow博士、美国教育改革联盟副主席Allan Alson博士、美国中学排名第一的托马斯·杰弗逊科技中学校长Evan Glazer博士等4位专家到会演讲，南京市部分高中校长、区县教育局局长与美国嘉宾就高中特色办学的理论与实践进行研讨。

4月15—16日，诺贝尔物理学奖得主、法国科学家克劳德·科恩—坦诺奇教授受聘为东南大学名誉教授。

4月21日，南京化工技工学校被国家人力资源和社会保障部认定为"国家高级技工学校"，并被命名为"南京化工高级技工学校"。

4月21日，南京市机电工业技工学校被国家人力资源和社会保障部认定为"国家级重点技工学校"。

5月17日，中央文明办在南京召开全国未成年人心理健康教育现场交流会，向全国推介南京"陶老师"工作站经验和成果。中央文明办专职副主任王世明盛赞"陶老师"工作站"济世救人，积德行善"。

5月20日，南京理工大学经济管理学院05074301班和国防生学院许航溶同学分别荣获"全国先进班集体"和"全国三好学生"称号。这是江苏省唯一一所同时获得先进集体和先进个人的高校。

5月27日，教育部、农业部共建南京农业大学等8所高校的协议签字仪式在北京举行。

5月，由《人民日报》、新华社、《光明日报》、中央人民广播电台、《中国青年报》、中国教育电视台、新华网、中国教育新闻网等9家媒体组成的中央新闻采访团对南京市特殊教育的整体发展情况、市盲人学校办学情况以及溧水特殊教育学校"教育、培训、就业基地"进行专题采访。采访团对南京市特殊教育所做的工作和取得的成绩给予了高度评价，并在多家媒体上作了详尽的报道。

6月27日，在结束的全国职业院校技能大赛中，南京高职校7名选手代表江苏参赛，共夺得5金、1银、1铜的好成绩，蝉联建筑项目"金牌总数、奖牌总数、团体总分、获奖率"全国第一。中共中央政治局委员、国务委员刘延东等领导亲自为获奖选手颁奖。

6月30日,新华社发布消息:"中国大陆最具软实力城市"调查评选揭晓。南京被专家和公众推选为"中国最具教育发展力城市"。

7月,市教育局全面启动"南京市中小学科技创新星光计划",主要内容为实施"五个一百工程",即:邀请100名院士(专家)进课堂;100名创业之星进校园;建立100个"星光基地";设立100个创新创业研究项目;组建100个专家指导团队。为创新人才培养搭建平台。成立"南京市中小学科技创新学院",评选65所中小学、职业学校为首批"中小学科技创新星光基地"学校。

9月14日,为贯彻落实新修订的《中小学教师职业道德规范》,全面提升南京市中小学教师文明素养,市教育局下发了《南京市中小学教师礼仪规范(试行)》,并大力宣传下发教师礼仪规范的意义,广泛动员教师积极参与《南京市中小学教师礼仪规范(试行)》的学习和践行,积极鼓励教师做文明礼仪的倡导者、参与者和示范者。

9月23日,由中国民主促进会中央委员会、南京市政府主办,叶圣陶研究会、中国教育学会高中教育专业委员会、南京师范大学附属中学承办,南京市教育局协办的"海峡两岸基础教育论坛"在南京国际会议大酒店博爱厅开幕。来自台湾、香港的40多位中小学校长,与大陆近70位知名中学校长参加本次论坛。

9月28日,市政府召开新闻发布会,通报新中国成立60年南京教育发展概况。新中国成立60年来,南京教育的突出成就主要表现在五个方面。一是教育规模实现跨越式发展。二是教育普及化水平达到史无前例的高度。三是办学条件普遍达到现代化标准。四是育人模式形成了"立交桥"架构。五是教育创新融入了国际化潮流。

9月28日,第二届"中国南京——新加坡中小学校长教育论坛"在新加坡隆重召开,来自南京、新加坡两地近30名校长、教育管理者围绕"提倡教学与学习的有效性"主题进行大会主题发言和圆桌研讨对话。

9月30日,应温家宝总理的邀请,南京航空航天大学博士生胡铃心作为中国大学生的唯一代表,在人民大会堂宴会厅参加了中华人名共和国成立60周年国庆招待会。10月1日,他作为嘉宾在天安门观礼了国庆60周年盛大的庆典活动。

9月,南京市太平巷幼儿园被教育部认定为国家级语言文字规范化示范校;南京幼儿高等师范学校、虹苑中学、珠江路小学、太平巷幼儿园被省语委、省教育厅认定为首批省级语言文字规范化示范校。

10月3日,南京·巴拉雷特文化交流中心暨蒙特克里尔孔子课堂正式在澳大利亚巴拉雷特市挂牌。蒙特克里尔孔子课堂,是经国家汉语国际推广办公室批准,由南京市第一中学创办,我国中学目前在澳大利亚设立的唯一一所孔子课堂。"南京·巴拉雷特文化交流中心"由南京市教育局与巴拉雷特市教育局共同举办。作为市级教育主管部门,在国外创办文化交流中心,在全国尚属首次。该中心将主要依托蒙特克里尔孔子课堂,积极推动南京和巴拉雷特两座城市之间的教育与文化交流。

10月9日,南京大学隆重举行仙林校区启用典礼。全国人大常委会副委员长、民盟中央主席、南京大学原校长蒋树声,中共江苏省委书记、省人大常委会主任梁保华,省委副书记、省长罗志军,原中共江苏省委书记、南京大学校董会名誉董事长陈焕友和校党委书记洪银兴、校长陈骏共同为仙林校区启用剪彩,揭开了南大新百年发展的崭新序幕。

10月30—31日,全国基础教育课程改革经验交流会在南京市召开,教育部副部长陈小娅出席会议并讲话。为期一天半的会议全面总结了8年来基础教育课程改革取得的成效和基本经验,部署了下一阶段深化课程改革的重点任务。市教育局承担现场考察、中小学生研究性学习成果展览以及反映素质教育成果的文艺演出等任务。教育部领导及与会代表对南京"建设新课程"的经验给予高度评价。

10月,市教育局授予南京市金陵中学等32所中学、北京东路小学等55所小学、南京市实验幼儿园等17所幼儿园"南京市和谐校园"称号。12月,省教育厅授予南京外国语学校等13所中学、市宁工小学等20所小学、市玄武门幼儿园等16所幼儿园首批"江苏省和谐校园"称号。

11月1—3日,南京市承办了以"促进幼儿教师的专业成长"为主题的江苏省学前教育学会第一届年会在南京幼儿高等师范学校召开。

11月5日,首届"全国'个人课题'研讨会"在宁召开。来自全国40个城市的90位代表以及南京市中小学位代表参加研讨会。

11月11日,在广州进行的第18届亚洲田径锦标赛100米栏决赛中,代表中国国家队出赛的南京农业大学田径队孙雅薇同学,努力拼搏、击败多国选手,以13.19秒的成绩获得金牌。

11月18—20日,全国部分城市中小学党建工作座谈会在宁召开。来自北京、上海、重庆、广州、杭州等全国13个大中城市的教育党建工作负责同志及部分中小学党组织负责人出席会议。市委常委、组织部长王奇出席座谈会并讲话。市教育局局长、市委教育工委书记徐传德向与会代表介绍了南京教育发展情况和加强教育人才队伍建设方面的经验。

11月20日，南京市夫子庙小学、金陵中学、江宁高级中学等20所中小学被授予首批"南京市园林式校园"称号。

11月23—28日，浦口区、六合区和溧水县于接受了江苏省县（市、区）教育现代化建设水平现场评估验收，专家组给予积极评价。至此，南京市所有区县都已通过江苏省县（市、区）教育现代化建设水平评估验收。

11月24日，教育部与江苏省人民政府共建河海大学协议签字仪式在河海大学举行，教育部部长袁贵仁、江苏省省长罗志军出席仪式并在协议上签字。

11月26—27日，由南京市教育局主办、玄武区教育局承办、南京市小班化教育研究所协办的"第五届长三角地区中小学小班化教育研讨会"在南京召开。台湾、香港、杭州、上海、大连、山东、重庆、广东等地以及南京与会代表共计500多人。与会者一致认为此次会议是历届研讨会中最有深度、最为成功的大会。

11月29日，国务院总理温家宝在江苏省委书记梁保华、省长罗志军的陪同下来到南京工业大学视察。

12月10日，在东亚运动会网球比赛的决赛中，中国男子双打选手、南师大体科院06级4班学生曾少眩和队友张择以2∶0战胜了中华台北的选手，为中国选手摘得了网球比赛的首块金牌，这也取得了我国男子网球在东亚会上的历史性突破。在全国田径大奖赛总决赛的比赛中，该校体科院07级1班学生陈程同学奋勇拼搏、力挫群雄，以2.24米的成绩夺得男子跳高冠军。

12月19—20日，第四届"极品飞手"录入大赛全国总决赛于在北京举行，南京市财经学校李嵩南、陆婷等11名参赛学生包揽了大陆地区决赛英文看打大学组、中学组的冠、亚、季军，获中文看打大学组季军、中学组亚军、季军，所有参赛选手全部获得一等奖，学校计算机组陈阳、胡勇两位老师获冠军指导教师奖，学校获得英文看打大学组、中学组团体冠军、中文看打大学组、中学组团体亚军，共捧回18个奖杯。

12月20-21日，由中国教育报、中国教育新闻网联合主办的首届全国教育改革创新奖颁奖典礼暨中国教育创新论坛在京举行。南京市教育局局长、市委教育工委书记徐传德荣获首届全国教育改革创新管理类最高奖——管理贡献奖。创新奖颁奖典礼暨中国教育创新论坛上，徐传德应邀发表题为《工作的谋划和推进》的主题演讲。另在此次评选活动中,南京第十三中学校长王军、江宁区竹山中学教师潘淼云分别获得优秀校长奖和优秀教师奖。

12月26日,"全国首家中学生业余卫星监测站"在南京市第三高级中学揭牌。"中学生业余卫星监测站"是以中国第一颗专门为青少年服务的科学实验卫星"希望一号"为平台的卫星通信活动项目。

12月26日,2009中国最具幸福感城市评选活动颁奖典礼在西安举行,南京再次荣获第一,蝉联"中国最具教育幸福感城市"。

本年,六合职业教育中心校和高淳职业教育中心校顺利接受江苏省四星级职业学校评估专家组的评估;江宁职业技术教育中心、金陵职教中心、江浦职业教育中心校等3所学校被认定为江苏省四星级中等职业学校;市财经学校、市女子中等专业学校、鼓楼中等专业学校、玄武中等专业学校、下关区职业教育中心、南京旅游营养职业教育中心、南京中华职业教育中心、市医药中等专业学校等8所学校被认定为江苏省三星级中等职业学校。

本年,南京市实验幼儿园、溧水县东庐初级中学获得全国教育系统先进集体荣誉称号。

本年,南京市6名教师成为"江苏人民教育家培养工程"培养对象:南京市金陵中学邹正,南京市鼓楼幼儿园崔利玲,南京市北京东路小学孙双金,南京市中华中学王高,南京市五老村小学魏洁,南京市夫子庙小学刘红。

2010年

1月10日,《2009中国最具幸福感城市调查报告》出炉,南京蝉联"2009年中国最具教育幸福感城市"。

2月21—3月1日,由教育部主办的全国第三届中小学生艺术展演活动3月1日在上海东方艺术中心举行。教育部部长袁贵仁,上海市市长韩正,教育部副部长陈小娅等同志出席。江苏省共有12所中小学校的文艺节目获得全国一等奖,其中南京夺得8块金牌。南京一中交响乐团演出的《贝多芬A大调交响曲·第四乐章》、中华中学舞蹈《江南·春蕴》和南京九中民乐团演奏的《庆典序曲》获得全国一等奖。

3月31日,吴晓茅任南京市教育局局长,原南京市教育局局长徐传德专任中共南京市委教育工委书记。

4月19日,第三届中国南京—新加坡中小学校长教育论坛在南京举行。围绕"教学质量的管理与评价"这一主题,南京和新加坡中小学校长们将进行为期3天的现场考察和深入研讨。

4月27日，全国劳动模范和先进工作者表彰大会在北京人民大会堂隆重举行，南师大汪永进教授、南工大周长省教授获"全国先进工作者"荣誉称号。

5月2日，第四届中外大学校长论坛在南京开幕，中共中央政治局委员、国务委员刘延东出席开幕式并讲话。教育部部长袁贵仁主持开幕式。来自9个国家以及中国内地和港澳地区的150余所知名大学校长出席论坛。牛津校长安德鲁·汉密尔顿教授称：南京是当之无愧的教育名城。

5月18日，由中国兵工学会与南京理工大学共同主办的第25届国际弹道大会拉开帷幕。国际弹道大会是以常规武器研究为背景的世界公认的最高水平、最具影响力的学术交流盛会。

6月1日，叠罗汉、滚铁环、皮筋操……在由市教育局、市青奥办共同主办的"我们与青奥共成长——南京市小学幼儿园庆祝'六一'暨民间体育风采展演"活动上，全市15所小学幼儿园的1095名孩子表演的体育传统活动。省教育厅厅长沈健，市委常委、宣传部长叶皓，市人大副主任金实，市政府副市长许仲梓，市政协副主席俞明，市青奥办主任戚鲁等领导出席此活动。

6月3日下午，包括中国青年王跃在内的6名志愿者进入模拟试验飞行舱，开始为期520天的"火星之旅"。王跃为参加"火星-500"计划唯一的中国志愿者。南京人，1982年7月出生，中学就读于南京九中，南京医科大学预防医学专业毕业，2008年获中国航天员科研训练中心航空航天与航海医学硕士学位，现在中国航天员科研训练中心任航天员助理教员。2009年11月参加"火星-500"试验志愿者选拔。

6月20日，正在澳大利亚访问的国家副主席习近平出席了南京中医药大学与澳大利亚墨尔本理工大学合作共建的中医孔子学院揭牌仪式。

6月，全国未成年人心理健康辅导工作调研会在南京举行，未成年人心理健康（全国）辅导中心在晓庄学院"陶老师"工作站挂牌。

7月22—25日，第八届全国中小学信息技术创新与实践活动（简称NOC）教师赛项决赛在我省无锡市举行。南京市共派出18名教师、24个团队分别参加了"教学实践评优"、"网络教研团队"两个项目的决赛，并取得了优异的成绩。在"教学实践评优"项目决赛中，获得10个一等奖、8个二等奖；在"网络教研团队"项目决赛中，获得10个一等奖、14个二等奖。因成绩特别突出，一等奖中有5个同时获得本次比赛的最高奖项"恩欧希教育信息化发明创新奖"。

7月25日至8月1日,"第十一届全国中小学电脑制作活动"在武汉湖北经济学院举行。南京市致远外国语小学王恒之的《地震救援机》、南京市第十三中学红山校区庄友轩、乔利民的《雨花石缘》获一等奖;南京市金陵汇文中学高智超的《洋垃圾漂流记》、南京师范大学附属中学刘博宇的《三个渔人》获二等奖;南京市金陵中学王镇、何荣辉的机器人篮球队获三等奖。

7月,南京大学赴德国和英国举办"欧洲南京大学周"系列活动,这是中国高校第一次独家走进欧洲大学校园开展系列形象推广活动,产生了强烈的反响。

8月3—5日,由中国盲人协会、中国盲文出版社和亚洲防盲基金会共同主办的首届全国盲校中学生电脑技能大赛在南京盲校举行。中国残联副主席、中国盲人协会主席李志军,亚洲防盲基金会行政总裁陈梁悦明太平绅士,中国盲文出版社社长张伟,江苏省残联副理事长张建平,南京市教育局副局长张生等领导出席开幕式。首届全国盲校中学生电脑技能大赛内容包括,基础知识考核、上机操作、现场答辩三方面内容。来自全国15所盲校的24名选手通过一天半的比赛,南京市盲人学校颜玉睿同学获得本次大赛一等奖,诸文杰、管星获得三等奖;而作为本次参赛选手中唯一的一名女选手、该校的狄雪慧同学获得"特别激励奖"。南京盲校作荣获"最佳组织奖"。

8月28日下午,国际奥委会主席雅克·罗格一行在省委常委、市委书记朱善璐,市长季建业等陪同下,来到南京外国语学校和夫子庙等地参观考察。

9月6日,国家教育部正式揭晓"全国教书育人楷模"评选结果。南京市北京东路小学附属幼儿园吴邵萍等10位教师获"全国教书育人楷模"荣誉称号。

9月14日,为全面提高南京市中小学教师师德素养,彰显教师文明儒雅气质,市教育局下发了一份《给南京市中小学教师15条礼仪建议》。《礼仪建议》涉及形象与举止礼仪、办公与教学礼仪两部分,涵盖着装、举止、教学、社交、网络等日常工作与生活的方方面面。

9月16日至18日,以"共享优质教育,建设美好江苏"为主题,以"展示教育成果,加强教育服务,促进教育交流,扩大教育影响"为宗旨的首届江苏教育博览会在南京市国际展览中心举行。由市教育局主办的南京展区充分体现了南京教育"历史积淀深厚,质量水平一流,名师名校众多,风格特色鲜明"的追求目标。

9月18日,南京市语委、市教育局在金陵中学实验小学举办南京市首届教师"三字一话"比赛现场决赛。来自全市的92名教师,经过层层选拔从近万名教师中脱颖而出。

9月27日上午,首届全国幼儿园园长高峰论坛在鼓楼区政府礼堂隆重开幕。本次论坛由中国教育报、南京市鼓楼区人民政府主办,中国教育报学前教育专刊、南京市鼓楼区教育局承办,南京师范大学学前教育研究所协办。

9月30日,由南京外国语学校、金陵中学、中华中学、南京财经学校、夫子庙小学等12所学校的20 000名学生自发发出《小手拉大手,争做文明人》倡议书,倡议全市中小学生与自己的父母相约,一起提升自身文明素养,让文明的风尚在社会中传递,共同为南京市文明城市建设事业做出应有的贡献。

10月15日,第二届宁台职业教育研讨会在南京举行,这次研讨会由南京市职业技术教育学会和台湾私立学校文教协会联合主办、南京市职教教研室和南京市卫生学校承办。台湾私立学校文教协会、南京市职业技术教育学会、各区县教育局、全市各国家级重点职业学校等两地职业教育领域领导、专家、学者150人齐聚一堂,共同探讨新时期两岸职业教育改革和合作发展之路。

10月26日,南京召开学校德育创新成果推广会,教育部基础教育一司副司长王定华等教育部领导出席并对南京德育工作给予高度评价。会上,全市10个德育创新成果项目一等奖单位受到表彰。

10月26日,第三届中国职业教育振兴论坛在南京召开。中共中央政治局委员、全国政协副主席王刚出席开幕式并讲话。江苏省委书记梁保华在开幕式上致辞。省委副书记、省长罗志军,省政协主席张连珍出席论坛。本届论坛的主题是"职业教育与区域经济社会发展"。

10月,南京大学成功举办授予联合国秘书长潘基文名誉博士学位典礼,在国际国内产生巨大反响。

11月9日,南京市首届基础教育教学成果表彰会在雨花台中学召开,近年来南京涌现出的110项教育教学成果的49个先进集体和120名先进个人受到隆重表彰。

11月25日至26日,首届南京·苏州社会教育论坛在南京翰苑宾馆隆重召开。

11月28日,市教育局、晓庄学院举办"陶老师"热线开通18周年庆典活动。

12月6日,南京市召开了"十一五"师训干训检查评估交流会,全市各区县教育局分管局长、人事科长、进修学校校长、分管校长、市幼教培训中心、小教培训中心、干训中心负责人共70余人参加了会议。

12月10日是著名教育家斯霞老师诞辰100周年纪念日。南京市组织了隆重的纪念活动,纪念这位力行爱的教育的伟大人民教师。省委常委、市委书记朱善璐等领导会见了出席纪念活动的教育界代表和斯霞老师家属。

12月17日,"中国高校十大科技进展"颁奖大会在北京举行。南京农业大学万建民教授"抗条纹叶枯病优质高产水稻分子育种及应用"项目,入选2010年"中国高等学校十大科技进展",这是该校科研成果首次入选中国高等学校年度十大科技进展。

12月18日,《南京市中长期教育改革和发展规划纲要(2010—2020年)(公开征求意见稿)》在中国南京网和南京教育网正式面向社会公开征求意见。

12月29日,南京市委市政府召开全市教育工作会议,对未来十年南京市教育发展作出战略部署,提出了实施基石工程、建设现代化教育名城的目标。省委常委、市委书记朱善璐,市委副书记、市长季建业分别作重要讲话,省教育厅厅长、党组书记、省委教育工委书记沈健也到会作讲话。市发改委、市财政局、市教育局、玄武区政府、雨花台区政府、江宁区政府6家单位分别做交流发言,副市长许仲梓作总结讲话。

附录二

民国以来至 2010 年南京各级各类学校教育事业统计表

(一) 民国以来至 2010 年南京市幼儿园教育事业统计

年 份	园数（所）	在园幼儿数（人）	教职工数（人）	
			合计	其中专任教师
民国 16 年(1927)	19	/	/	/
民国 19 年(1930)	22	995	32	/
民国 24 年(1935)	26	1 740	52	/
民国 25 年(1936)	24	1 667	48	/
民国 27 年(1938)	一个班	59	/	/
民国 37 年(1948)	30	2 160	62	/
1949	10	/	/	/
1953	109	7 922	733	/
1957	252	23 680	2 197	1 310
1960	1 295	74 245	6 987	3 719
1965	346	36 608	3 492	1 583
1975	343	32 273	3 355	1 238
1979	477	37 900	5 303	/
1984	492	58 229	6 349	/
1985	587	70 653	7 952	/
1986	1 596	150 542	11 205	5 068
1987	1 362	152 316	11 204	5 846

续表

年　份	园数（所）	在园幼儿数（人）	教职工数（人）	
			合计	其中专任教师
1988	1 854	137 515	11 084	6 398
1989	1 657	119 876	11 443	6 476
1990	1 393	119 742	11 419	6 475
1991	894	133 023	10 311	6 452
1992	911	146 191	11 375	7 067
1993	865	157 768	11 040	6 967
1994	817	152 373	11 211	7 220
1995	803	148 916	11 185	7 284
1996	746	139 693	11 085	7 146
1997	720	127 520	10 894	7 046
1998	699	118 879	10 716	6 947
1999	662	106 188	10 349	6 677
2000	601	103 068	9 741	6 353
2001	545	100 961	8 967	6 218
2002	505	98 970	9 278	5 794
2003	486	102 610	9 526	6 636
2004	479	104 557	9 996	6 904
2005	481	106 640	10 541	7 275
2006	494	113 552	11 359	7 763
2007	424	116 603	11 841	7 927
2008	443	131 793	13 205	8 651
2009	444	139 603	14 258	9 217
2010	501	152 835	16 202	10 302

（二）民国以来至 2010 年南京市小学教育事业统计

年 份	学校数（所）	在校学生数（人）	教职工数（人）	
			合计	其中专任教师
民国 6 年(1917)	17	/	/	/
民国 16 年(1927)	50	6 817	297	/
民国 17 年(1928)	80	7 456	332	/
民国 25 年(1936)	231	79 372	2 190	/
民国 27 年(1938)	12	1 981	43	/
民国 34 年(1945)	69	28 936	94	/
民国 37 年(1948)	215	101 700	3 352	/
1949	259	67 907	3 335	/
1952	258	115 163	4 494	/
1958	576	197 620	5 848	/
1960	625	235 591	7 378	/
1965	1 960	413 289	13 783	/
1975	1 913	490 506	18 978	/
1983	2 404	427 729	20 062	/
1986	2 204	416 860	22 318	19 106
1987	2 157	414 527	22 571	19 593
1988	2 135	422 150	22 652	19 656
1989	2 090	428 591	22 461	19 576
1990	1 866	420 800	22 744	20 060
1991	1 820	401 745	22 994	20 140
1992	1 795	385 622	23 187	20 266
1993	1 773	378 917	23 118	20 174
1994	1 759	393 307	23 246	20 490

续表

年　份	学校数（所）	在校学生数（人）	教职工数（人）	
			合计	其中专任教师
1995	1 704	417 178	23 100	20 456
1996	1 541	443 307	23 854	21 263
1997	1 489	467 465	24 589	21 795
1998	1 396	481 108	24 679	21 985
1999	1 297	478 770	24 704	21 964
2000	1 100	454 075	24 364	21 957
2001	933	423 041	24 347	21 583
2002	743	388 722	23 598	20 959
2003	538	351 645	23 122	20 454
2004	450	323 752	22 763	20 369
2005	419	305 134	22 395	20 153
2006	385	302 471	22 536	20 367
2007	374	290 737	21 756	19 507
2008	355	285 646	21 529	19 027
2009	347	283 221	21 667	19 327
2010	345	288 280	21 686	19 607

(三) 民国以来至2010年南京市普通中学教育事业统计

年 份	学校数（所）	在校学生数（人）	教职工数（人）		备 注
			合计	其中专任教师	
民国元年(1912)	8	/	/	/	
民国16年(1927)	15	2 853	/	/	
民国19年(1930)	23	5 117	/	/	
民国24年(1935)	26	7 693	728	/	
民国26年(1937)	28	8 896	759	/	
民国28年(1939)	5	1 106	146	/	南京沦陷后
民国29年(1940)	18	4 310	471	/	
民国35年(1946)	36	20 975	1 368	/	抗战胜利后
民国37年(1948)	64	31 751	2 273	/	
1949	61	16 914	1 367	/	
1952	41	25 140	1 724	/	
1957	60	59 725	/	/	
1959	86	62 451	3 808	2 776	
1965	117	108 772	7 245	/	
1975	267	225 507	13 558	9 700	含江宁、江浦、六合三县
1976	572	295 374	14 807	/	同上
1978	557	286 346	17 415	/	同上
1980	334	236 300	19 744	14 386	同上
1983	397	230 100	21 972	15 326	同上
1985	403	238 647	22 104	15 207	含江宁、江浦、六合、溧水、高淳五县
1986	405	243 646	22 876	15 765	同上
1987	391	244 422	23 442	16 432	同上

续表

年 份	学校数（所）	在校学生数（人）	教职工数（人）		备 注
			合计	其中专任教师	
1988	381	227 677	23 007	16 202	含江宁、江浦、六合、溧水、高淳五县
1989	374	224 818	22 960	16 264	同上
1990	369	230 165	23 202	16 277	同上
1991	367	236 272	23 709	16 884	同上
1992	356	242 046	23 829	16 953	同上
1993	347	240 769	23 735	16 850	同上
1994	339	241 509	23 622	16 996	同上
1995	328	235 734	23 810	17 201	同上
1996	325	229 029	23 697	17 362	同上
1997	323	220 368	23 609	17 254	同上
1998	314	217 992	23 087	17 072	同上
1999	306	222 870	22 911	17 212	同上
2000	294	253 840	23 752	18 136	同上
2001	284	290 691	24 314	18 828	同上
2002	274	323 770	25 143	19 921	同上
2003	260	339 166	26 387	21 003	同上
2004	240	339 328	27 181	22 104	同上
2005	234	322 613	27 321	22 344	同上
2006	223	305 619	27 564	22 671	
2007	211	285 304	27 357	22 654	
2008	216	272 683	26 961	22 167	
2009	217	261 053	26 899	22 292	
2010	215	248 617	26 728	22 316	

(四) 民国以来至 2010 年南京地区中等专业学校教育事业统计

年 份	学校数（所）	在校学生数（人）	教职工数（人）	
			合计	其中专任教师
民国 5 年(1916)	2	/	/	/
民国 7 年(1918)	3	/	/	/
民国 18 年(1929)	2	/	/	/
民国 26 年(1937)	4	/	/	/
民国 30 年(1941)	3	/	/	/
民国 34 年(1945)	1	/	/	/
民国 36 年(1947)	7	/	/	/
民国 38 年(1949.3)	8	651	321	/
1949	6	1 647	247	136
1952	15	7 225	1 294	537
1957	19	16 586	4 279	1 897
1962	18	12 209	3 973	1 764
1965	25	15 763	3 586	1 455
1975	21	5 536	2 447	1 066
1980	23	12 940	4 035	1 713
1983	30	15 598	5 333	2 307
1984	32	19 341	5 536	2 456
1985	34	23 483	6 166	2 648
1986	40	25 538	6 262	2 972
1987	41	26 290	6 297	2 973
1988	45	30 535	6 654	3 324
1989	44	31 782	6 825	3 366
1990	44	32 225	6 646	3 314

续表

年　份	学校数（所）	在校学生数（人）	教职工数(人)	
			合计	其中专任教师
1991	41	31 804	6 381	2 962
1992	42	32 210	6 516	3 027
1993	44	33 665	6 668	3 015
1994	44	48 989	7 021	3 186
1995	43	57 012	7 144	3 289
1996	43	55 892	6 138	3 016
1997	43	64 014	6 217	3 070
1998	44	60 170	7 159	3 565
1999	44	74 060	5 905	2 986
2000	42	75 974	5 335	2 741
2001	37	76 916	4 486	2 334
2002	33	80 190	3 666	1 876
2003	28	32 875	3 222	2 048
2004	32	84 604	3 695	2 507
2005	29	87 555	3 909	2 587
2006	29	87 550	3 928	2 663
2007	29	78 481	3 983	2 735
2008	27	74 820	3 706	2 683
2009	26	64 930	3 860	2 752
2010	25	57 563	3 691	2 752

（五）民国以来至 2010 年在南京职业中学教育事业统计

年 份	学校数（所）	在校学生数（人）	教职工数（人）		备 注
			合计	其中专任教师	
民国 6 年(1917)	1	/	/	/	
民国 17 年(1928)	1	180	/	/	
民国 26 年(1937)	1	/	/	/	
民国 30 年(1941)	1	/	/	/	
民国 34 年(1945)	1	/	/	/	
民国 36 年(1947)	2	/	/	/	
民国 38 年(1949.3)	4	1074	113	/	
1953	0	0	0	0	
1958	76	4 169	/	/	
1960	78	12 120	/	404	
1964	38	6 402	/	/	
1965	84	17 192	/	920	
1966	0	0	0	0	
1979	2	325	/	/	
1982	34	2 920	/	283	
1983	81	6 812	/	510	
1984	104	11 580	/	814	
1985	11	14 824	1 029	802	独立设置职校
1986	21	16 084	1 307	929	同上
1987	25	14 376	1 459	1 017	同上
1988	28	15 088	1 715	1 129	同上
1989	28	15 194	1 720	1 174	同上
1990	27	16 180	1 802	1 203	同上

续表

年 份	学校数（所）	在校学生数（人）	教职工数（人）		备 注
			合计	其中专任教师	
1991	22	16 300	1 657	1 198	独立设置职校
1992	23	19 280	1 934	1 314	同上
1993	28	23 600	2 209	1 561	同上
1994	38	27 302	2 578	1 730	同上
1995	39	30 392	2 950	2 084	同上
1996	43	30 877	3 283	2 348	同上
1997	45	31 241	3 566	2 485	同上
1998	44	36 799	3 351	2 435	同上
1999	42	20 154	3 373	2 483	同上
2000	37	12 339	2 787	2 142	同上
2001	40	8 680	2 548	1 933	同上
2002	32	7 380	2 595	2 000	同上
2003	27	8 166	1 569	1 233	同上
2004	22	12 201	1 390	1 117	同上
2005	19	14 693	1 321	1 021	同上
2006	17	17 799	1 378	1 071	
2007	16	9 448	1 291	1 013	
2008	7	11 292	961	812	
2009	5	9 533	868	755	
2010	5	7 388	828	715	

（六）民国以来至 2010 年南京地区技工学校教育事业统计

年 份	学校数（所）	在校学生数（人）	教职工数(人)	
			合计	其中专任教师
民国 17 年(1928)	1	/	/	/
民国 18 年(1929)	2	/	/	/
民国 22 年(1933)	5	/	/	/
民国 29 年(1940)	4	/	/	/
民国 34 年(1945)	1	/	/	/
民国 36 年(1947)	4	/	/	/
1952	2	416	5	/
1953	3	782	104	34
1958	8	2 306	341	111
1961	7	509	407	76
1964	9	1 932	160	39
1966	10	2 358	/	/
1973	3	/	15	9
1974	2	160	27	12
1976	2	250	33	18
1978	10	791	295	146
1981	17	1 703	934	356
1985	30	3 954	1 397	675
1986	35	5 090	1 663	812
1987	35	6 624	1 817	846
1988	36	7 056	2 123	991
1989	38	8 322	2 245	996
1990	39	8 927	2 420	1 151

续表

年 份	学校数（所）	在校学生数（人）	教职工数(人)	
			合计	其中专任教师
1991	40	9 605	2 696	1 283
1992	40	10 087	2 609	1 305
1993	41	10 567	2 769	1 284
1994	40	11 554	2 857	1 388
1995	41	12 391	2 771	1 409
1996	41	14 595	2 856	1 502
1997	41	17 609	2 465	1 421
1998	42	20 900	2 490	1 368
1999	42	18 130	2 565	1 540
2000	42	16 272	2 087	1 260
2001	42	12 271	2 037	1 252
2002	42	13 538	2 083	1 263
2003	41	17 742	1 767	1 180
2004	41	29 186	1 582	1 192
2005	42	38 436	1 885	1 355
2006	26	52 317	2 770	1 652
2007	31	61 810	3 059	2 035
2008	31	61 979	3 316	2 512
2009	29	63 603	3 589	2 905
2010	26	56 919	4 069	2 908

(七)民国以来至 2010 年南京地区普通高等教育事业统计

年 份	学校数（所）	在校学生数（人）	教职工数（人）	
			合计	其中专任教师
民国元年(1912)	6	/	/	/
民国 4 年(1915)	5	/	/	/
民国 11 年(1922)	7	/	/	/
民国 17 年(1928)	4	/	/	/
民国 23 年(1934)	6	/	/	/
民国 26 年(1937)	8	/	/	/
民国 29 年(1940)	4	1 654	265	/
民国 35 年(1946)	11	/	/	/
民国 37 年(1948)	13	9 563	2 636	/
1949 底	6	3 606	2 031	719
1952	10	8 650	2 631	1 111
1958 初	10	23 531	7 871	3 630
1962	19	35 185	13 581	6 399
1965	19	29 829	14 375	6 255
1975	14	18 667	16 701	7 268
1977	15	23 735	18 327	8 085
1978	16	27 215	19 502	8 371
1979	19	35 065	21 361	9 388
1980	22	40 188	23 961	9 830
1981	23	46 636	25 396	9 755
1982	23	39 827	28 683	11 212
1984	28	49 607	31 432	11 428
1985	29	60 360	34 300	12 652

续表

年　份	学校数（所）	在校学生数（人）	教职工数(人)	
			合计	其中专任教师
1987	31	73 852	36 309	14 563
1988	30	76 775	38 084	14 796
1990	28	75 095	39 058	14 841
1991	28	72 320	39 171	14 694
1992	29	75 750	39 157	14 222
1993	29	88 389	39 078	14 243
1994	29	99 411	39 073	14 459
1995	30	103 634	39 392	14 238
1997	30	120 526	38 116	14 077
1998	30	132 439	38 249	14 173
1999	31（不包括筹建）	168 651	38 042	14 061
2000	28	216 875	40 163	14 965
2001	31	277 954	42 362	16 853
2002	35	347 823	45 224	19 235
2003	39	429 359	38 484	21 339
2004	38	491 463	43 803	26 051
2005	38	561 102	47 818	28 961
2006	41	620 779	61 575	34 104
2007	41	677 924	63 759	40 769
2008	41	725 019	69 633	46 040
2009	53	773 394	78 253	48 263
2010	53	793 405	79 310	50 021

附录三

1927—2010 年南京市主要教育行政负责人

(一)民国时期南京市教育行政主要官员表

机关名称	职务	姓名	性别	任职时间	备注
南京特别市教育局	局长	陈剑修	男	1927年6月—1928年6月	1927年9月2—6日委陈鹤琴代理局长职务,7日局长销假任事
南京特别市教育局	局长	陈泮藻	男	1928年6月—1928年9月	
南京特别市教育局	局长	陈剑修	男	1928年10月—1929年5月	
南京特别市教育局	教育局秘书代行局长职务	欧阳骏	男	1929年6月—1929年6月	
南京特别市教育局	局长	顾树森	男	1929年7月—1930年1月	
南京市教育局	局长	张忠道	男	1930年8月—1932年1月	
南京市教育局	局长	谢微孚	男	1932年1月—1932年4月	
南京市社会局	社会局兼教育局长	马崇繁	男	1932年4月—1934年12月	1932年6月马崇繁先任社会局长兼教育局长,不数日教育局归并社会局,马氏仍任社会局长
南京市社会局	局长	王崇植	男	1932年9月—1934年12月	
南京市社会局	局长	李德新	男	1934年12月—1935年4月	
南京市社会局	局长	陈剑如	男	1935年4月—1937年12月	

续表

机关名称	职务	姓名	性别	任职时间	备注
南京市教育局	局长	杨九鸣	男	1940年	南京沦陷时期
南京市教育局	局长	徐公美	男		南京沦陷时期
南京市教育局	局长	杨正宗	男	1941年	南京沦陷时期
南京市教育局	局长	苏荣轩	男	1945年仅任职几个月	南京沦陷时期
南京市社会局	局长	陈剑修	男	1945年—1946年7月	
南京市社会局	副市长兼教育局长	马元放	男	1946年7月—1948年底	1946年7月恢复教育局
南京市社会局	局长	沈祖懋	男	1948年底—1949年3月	

(二)解放以来南京市教育行政主管部门历任主要负责人一览

机关名称	职务	姓名	性别	任职时间	备注
南京市军管会文化教育委员会	主任	徐平羽	男	1949年4月—1949年5月	
南京市军管会高等教育处	处长	徐平羽	男	1949年9月—1950年5月	
南京市教育局	局长	徐平羽	男	1949年6月—1950年5月	
南京市教育局	局长	孙叔平	男	1950年5月—1950年9月	
南京市文化教育委员会	主任	金善宝	男	1950年11月—1954年1月	兼
南京市文化教育委员会	主任	陈野萍	男	1954年1月—1955年4月	兼
南京市文教办公室	主任	周邨	男	1955年5月—1956年10月	
南京市文教局	局长	孙叔平	男	1950年9月—1951年8月	
南京市文教局	局长	齐健秋	男	1951年8月—1952年10月	

续表

机关名称	职务	姓名	性别	任职时间	备注
南京市教育局	局长	齐健秋	男	1952年10月—1952年12月	
	局长	陈敏之	男	1953年1月—1955年3月	
	局长	江重言	男	1955年3月—1957年12月	
	局长	朱之闻	男	1957年12月—1960年3月	
	局长	朱 刚	男	1960年3月—1960年10月	
	局长	汪大年	男	1960年10月—1961年4月	
	局长	朱 刚	男	1961年7月—1963年4月	
	局长	朱启銮	男	1963年4月—1965年5月	
	局长	钟世勤	男	1965年5月—"文化大革命"	
南京市文教局	召集人及领导成员	张 凡	男	1969年11月—1973年2月	1969年11月建立,1973年2月撤销
	召集人及领导成员	阮维常	男	1969年11月—1972年	
	召集人及领导成员	夏梦林	女	1969年11月—1972年	
	召集人及领导成员	田双林	男	1969年11月—1973年2月	
	召集人及领导成员	钟世勤	男	1972年2月—1973年2月	
	召集人及领导成员	蔡永久	男	1972年2月—1973年2月	
	召集人及领导成员	王 敏	女	1972年—1973年2月	

续表

机关名称	职务	姓名	性别	任职时间	备注
南京市教育局	局长	陈乐邨	男	1973年2月—1975年11月	
	副局长	徐和悦	男	1973年2月—1981年5月	1975年12月—1977年3月主持工作
	局长	朱 明	男	1977年4月—1978年3月	
	局长	夏梦林	女	1978年3月—1981年5月	
	局长	罗炳权	男	1981年5月—1983年4月	
	局长	方永兴	男	1983年5月—1984年3月	
	副局长	丁寿安	男	1981年5月—1992年8月	1984年3月—1985年3月主持工作
	局长	周德藩	男	1985年3月—1988年12月	
	局长	张连发	男	1988年12月—1993年6月	
	局长	方永兴	男	1993年6月—1996年7月	
南京市文教卫生办公室	主任	沙铁因	女	1978年5月—1979年6月	
南京市教育卫生办公室	主任	沙铁因	女	1979年6月—1981年4月	
中共南京市委教育卫生部	部长	丁永安	男	1981年5月—1983年4月	
	部长	曹 琬	女	1983年4月—1986年3月	
	部长	耿开济	男	1986年3月—1994年6月	
	副部长	徐士清	男	1990年5月—1994年6月	1994年6月起主持工作

续表

机关名称	职务	姓名	性别	任职时间	备注
南京市职工教育管理委员会办公室	主任	蒋阿根	男	1981年12月—1983年4月	
	主任	杨志祥	男	1983年5月—1983年9月	
南京市工农教育办公室	主任	杨志祥	男	1983年9月—1985年5月	
南京市第二教育局	局长	杨志祥	男	1985年5月—1990年5月	
	局长	方永兴	男	1990年5月—1993年6月	
	副局长	韩荣生	男	1991年5月—1996年4月	1993年6月起主持工作
南京市教育委员会	主任	方永兴	男	1996年7月—1999年5月	1996年8月13日南京市委教育卫生部、南京市教育局、南京市第二教育局合并成南京市教育委员会
	主任	徐传德	男	1999年5月—2001年5月	
南京市教育局	局长	徐传德	男	2001年5月—2010年4月	2001年5月21日南京市教育委员会更名为南京市教育局
南京市教育局	局长	吴晓茅	男	2010年4月—	徐传德专任中共南京市教育工委书记

附录四

当代南京教育人物名录

(一) 国务院、全国总工会表彰的全国劳动模范、先进工作者、五一劳动奖章获得者

(1) 全国劳动模范(国务院 1960 年、1979 年、1980 年、1982 年、1989 年)
  周芳纯   南京林业大学(1960 年)
  斯　霞(女) 南京师范学院附属小学(1979 年)
  陈景尧   南京工学院(1980 年)
  顾永烈   南京邮电学院(1982 年)
  耿方珠   南京市山西路小学(1989 年)
  王月才   南京晨光机器厂 12 分厂(1989 年)

(2) 全国先进工作者(国务院 1960 年、1989 年、1995 年、2000 年、2005 年、2010 年)
  斯　霞(女) 南京师范学院附属小学
  茅于渊   南京市第十二中学
  康明德   南京市中华中学
  蒋建武   南京市高淳职业教育中心校
  沈在钰(女) 南京市浦口区永宁镇大桥小学
  金以凤(女) 原江苏省沛县郝寨农业中学、现在南京市教育局
  钱乔梅(女) 江宁横溪中心小学
  范存忠   南京大学
  杨廷宝   南京工学院(特邀代表)
  林圣华   南京工学院(特邀代表)
  陈昌贤   南京工学院
  陆钟祚   南京工学院
  徐芝纶   华东水利学院
  许荣庆   南京化工学院
  顾永烈   南京邮电学院
  袁友忠   南京机械专科学校
  殷绥达   南京电力专科学校

王元林	南京农学院
金英鸿	南京农学院
张维城	南京农学院
周芳纯	南京林学院
侯金镐	南京医学院
金锦仁	南京医学院
姜同喻	南京医学院
黄忠芳	南京药学院
吴懋仪	南京师范学院
温建平	南京师范学院
陈之佛	南京艺术学院
高兆麟	南京体育学院
张玉兰(女)	南京市农业专科学校
诸祖耿	江苏教育学院
陈国经	南京市广播电视大学
陈绣群(女)	南京地质学校
潘维生	南京铁路运输学校
胥树良	南京无线电工业学校(以上为1960年)
丁康源	东南大学(1989年)
方中达	南京农业大学(1989年)
沈乃珠(女)	南京市中华中学(1995年)
陆作楣	南京农业大学(1995年)
沈晋良	南京农业大学(2000年)
濮本华(女)	南京外国语学校(2000年)
高 正	南京航空航天大学(2005年)
杨瑞清	南京市浦口区行知小学(2005年)
苏丽英(女)	南京军区联勤部机关幼儿园(2005年)
汪永进	南京师范大学(2010年)
邢定钰	南京大学(2010年)
周长省	南京理工大学(2010年)
宋红斌(女)	南京市长江路小学(2010年)

(3) 全国"五一"劳动奖章获得者(全国总工会1987年、1991年、1992年、1996年、2001年、2002年、2002年、2007年、2009年、2010年)

耿方珠	南京市汉口路小学(1987年)

陶宝祺	南京航空学院(1987年)
丁佩玲(女)	南京市琅琊路小学(1991年)
王伦元	南京晓庄师范(1992年)
詹明道	江宁区教育局教研室(1996年)
姜贤来	六合区第一中学(2001年)
杨瑞清	浦口区行知小学(2002年)
尤肖虎	东南大学(2007年)
闫　勤(女)	南京师范大学附属小学(2007年)
彭世彰	河海大学(2009年)
侯晶晶(女)	南京师范大学(2010年)

(二)国家教委、人事部、全国教育工会表彰的全国教育系统劳动模范、模范教师、优秀教师和优秀教育工作者

(1)全国教育系统劳动模范(国家教委、人事部、全国教育工会1986年、1989年、1991年)

刘扬发(女)	南京市鼓楼区教育督导室(1986年)
彭启秀(女)	南京市职教中心(1986年)
王留一	南京市聋人学校(1986年)
恽　芬(女)	南京市玄武区教师进修学校(1986年)
王宝方	江宁区铜山中学(1986年)
李昌英(女)	雨花台区实验小学(1989年)
张玉生	南京理工大学附属总校(1989年)
邱在善	高淳县实验小学(1989年)
史有志	溧水县白马中心小学(1989年)
詹明道	江宁县文教局教研室(1989年)
陈国强(女)	南京市实验幼儿园(1989年)
潘旦君	南京市业余工业大学(1989年)
梁昆淼	南京大学(1989年)
沈嗣昌	南京航空学院(1989年)
刘景麟	河海大学(1989年)
贺安之	华东工学院(1989年)
孟中岳	南京师范大学(1989年)
胡百良	南京师范大学附属中学(1991年)
朱礼良	南京市江嵊小学(1991年)
唐荷根	南京市总工会白下职工中专校(1991年)

张杏英(女)　　　南京市建邺路幼儿园(1991年)
　　孙中良　　　　　东南大学(1991年)
　　徐益谦　　　　　东南大学(1991年)
(2)全国教育系统劳动模范(国家教委、人事部1993年、1995年)
　　王筱琴(女)　　　江宁区东善乡中心小学(1993年)
　　徐惠湘(女)　　　南京市鼓楼幼儿园(1993年)
　　徐善芳(女)　　　南京市花园中学(1993年)
　　庞道炎　　　　　南京市湖熟职业学校(1995年)
　　钱逸瑞(女)　　　南京市第九中学(1995年)
　　杨瑞清　　　　　江浦县五里村行知小学(1995年)
　　曲钦岳　　　　　南京大学(1995年)
　　顾冠群　　　　　东南大学(1995年)
　　方大钢　　　　　南京理工大学(1995年)
　　陈佩玲(女)　　　南京化工学校(1995年)
(3)全国模范教师(国家教育部、人事部1998年、2001年、2004年、2007
　　年、2009年)
　　李　柯(女)　　　南京市第一中学(1998年)
　　周小炎(女)　　　南京市中华中学(1998年)
　　陈亭华　　　　　南航大附属高级中学(1998年)
　　万德钧　　　　　东南大学(1998年)
　　陈怀惠　　　　　南京师范大学(1998年)
　　周儒荣　　　　　南京航空航天大学(1998年)
　　方　成　　　　　南京大学(1998年)
　　吴中如　　　　　河海大学(1998年)
　　陆小华　　　　　南京化工大学(1998年)
　　顾维平(女)　　　南京市游府西街小学(2001年)
　　周忠伟　　　　　溧水县第二中学(2001年)
　　欧阳平凯　　　　南京工业大学(2001年)
　　吴梧桐　　　　　中国药科大学(2001年)
　　吕志涛　　　　　东南大学(2001年)
　　吴康宁　　　　　南京师范大学(2001年)
　　闵乃本　　　　　南京大学(2001年)
　　赵志昇　　　　　南京市第五中学(2004年)
　　沈　峰　　　　　南京市北京东路小学(2004年)

陈洪渊	南京大学(2004年)
王建国	东南大学(2004年)
朱晓进	南京师范大学(2004年)
汪受传	南京中医药大学(2004年)
陈祖宏	东南大学(2007年)
昂海松	南京航空航天大学(2007年)
顾冲时	河海大学(2007年)
侯喜林	南京农业大学(2007年)
徐其军	南京市六合区竹镇中心小学(2007年)
夏季云	江苏省高淳高级中学(2007年)
史长兰(女)	南京市营防中学(2007年)
王鼎宏	南京市金陵中学(2009年)
陶勑恒	南京晓庄学院(2009年)
樊孝诚	南京市江宁区铜山初级中学(2009年)
刘 燕(女)	南京市莫愁中等专业学校(2009年)
王 岩	南京航空航天大学(2009年)
张全兴	南京大学(2009年)
韩召军	南京农业大学(2009年)
胡建华	南京师范大学(2009年)
戴先中	东南大学(2009年)

(4) 全国优秀教师和全国优秀教育工作者(国家教委、人事部、全国教育工会1989年、1991年)

朱明霞	南京市中华中学(以下为1989年)
王永建	南京市教研室
李国材	南京市长江路小学
许士熙(女)	南京市第九中学
吴爱珍(女)	南京市梅园中学
李惠芸(女)	南京市锁金中学
杨文泰(女)	南京航空航天大学附属高级中学
黄 涵(女)	南京市第六中学
丁鲁曾	南京市慧园街小学
沈长华(女)	南京市第一幼儿园
张晓红(女)	南京市第四十二中学
汪锡椿	南京市信府河小学

孙美英(女)	南京市建邺路小学
胡爱华(女)	南京特殊师范学校附小
金　城	南京市第五中学
赵啸萍(女)	南京市琅琊路小学
余玉茹(女)	南京市琅琊路小学
胡厚龄(女)	南京市田家炳中学
张爱琴(女)	南京市鼓楼职业学校
孙丽谷(女)	南京市拉萨路小学
闵传华(女)	南京市鼓楼幼儿园
裘淑蓉(女)	南京市下关区教师进修学校
金　玲(女)	南京市商埠街小学
李向东	南京市第十二中学
施文美(女)	南京市下关区职教中心
叶其亮	南京市第十四中学
陈定荧	南京市浦口区泰山小学
鲁延年	南京浦镇车辆厂子弟中学
赵淑贞(女)	南京市钓鱼台小学
李国华(女)	南京市栖霞中学
刘士萍(女)	南京市第六十六中学
张志宏	南京七三四厂中学
季国梁	南京市栖霞区教师进修学校
忻将英(女)	南京理工大学幼儿园
徐兴旭	南京市孝陵卫中心小学
江啸霞(女)	南京市雨花台区教师进修学校
陈正桐	南京市雨花台中学
聂明霞(女)	南京市雨花台区教师进修学校
周　怡(女)	南京市九龙中学
赵秀英(女)	南京市南化第三小学
王永生	江宁上坊小学
陈必亮	江宁秣陵小学
赵典昌	江宁高级中学
朱新苏	江宁秦淮中学
周芷祥(女)	江宁秣陵中学
刘启银	江宁清水亭中学

王翠珠(女)	江宁东山中心小学
周水英(女)	江宁中学
黄翠英(女)	浦口区城东学校
卢雪仪(女)	浦口区永宁镇车站小学
杜和林	浦口区第四中学
张寿恭	浦口区第二中学
卜位义	六合区教师进修学校
孙存录	南师大附属扬子中学
任刚青	六合职业高级中学
徐仁元	六合区城西中心小学
曹光坤	六合区马集苗圃中学
朱是农	六合区六城镇中心小学
贾培善	六合区教研室
饶鸿来	溧水县职教中心
张治山	溧水县洪兰中心小学
王定桃	溧水县东庐王笪小学
王香云(女)	溧水高级中学
孔令俊	高淳县古柏中心小学
吴银卓(女)	高淳县阳江中心小学
张康梓	高淳高级中学
吴水英(女)	高淳县东坝中心小学
杨新富	晓师第一实验小学
王伦元	南京晓庄师范学校
周崇滨	南京教育学院
徐 骧(女)	南京市第三中学
周 健(女)	南京市秦淮区教师进修学校
闫广德	南京市考棚小学
李敬光	南京市琅琊路小学
沈从众	南京市晓庄师范学校附属小学
王长禄	南京市育英第二外国语学校
周 菲(女)	南京市大厂高级中学
林双泉	南京市江宁区教育局
姚如葆	南京市江宁区实验小学
张成文	浦口区教育局

端礼东	南京市溧水县东屏小学
钱荷香(女)	溧水县实验幼儿园
王祥新	南京市行知实验中学
王毅力	江苏省人民警察学校
王文中	南京地质学校
刘经涵	南京晨光机器厂技工学校
卢银汉	金陵职业大学
陈效祖	南京化工学校
温演岁	南京交通学校
沈幼芳(女)	南京铁路运输学校
鲍子坤	南京化学工业公司技工学校
游少铮	南京冷冻机总厂教育科
高子明	南京无线电厂职工大学
黄大星	南京城建职工中专校
丁正义	南京公安干警中专校
李明才	南京汽车制造厂分厂劳动工资教育科
童宝祥	南京铁路分局职工学校
唐玉仙(女)	南京晨光机器厂教育中心
柳玉清	南京客运分公司职工学校
凌洵	溧水县职工技术学校中心校
吴培亨	南京大学
周新名	南京大学
张保民	华东工学院
金惠娟(女)	华东工学院
沈德银	华东工学院附属小学
张幼桢	南京航空学院
郭荣伟	南京航空学院
刘迪吉	南京航空学院
丁文仁	南京化工学院
胡道和(女)	南京化工学校
金正芳	南京建筑工程学院
朱乾根	南京气象学院
朱启锭	南京医学院
李式军	南京农业大学

邓昭春(女)	南京农业大学
张海宝	南京林业大学
殷祥源	南京林业大学
王明时	中国药科大学
屠锡德	中国药科大学
赵寄石(女)	南京师范大学
徐明华	南京师范大学
汤学珍(女)	南京机械专科学校
沈茂堂	南京市委党校
张本悟	河海大学
陆洁人	东南大学
高 霣	东南大学
蒋永生	东南大学
骆志斌	东南大学
丁承憼	南京大学
朱兴根	南京大学
张素成	河海大学
王崇艺	华东工学院
岳春海	南京林业大学
李鸿志	华东工学院
陈 光	东南大学
徐惠铮(女)	南京市长江路小学(以下为1991年)
沈乃珠(女)	南京市中华中学
殷秀萍(女)	南京市瑞金路小学
黄夏芳	南京市第二十七中学
王志兰(女)	南京市力学小学
卢 光(女)	南京市天妃宫小学
石天慧(女)	南京市浦口区南门第一小学
周 洁(女)	南京市燕子矶中学
冯惠愚	南京市雨花台中学
张春海	南京市南化第二中学
张景彪	江宁区作厂中学
陆仰懿(女)	江宁区清水亭小学
张鸿毅	六合区第二中学

陈国政	六合区职业高级中学
朱普庆	溧水县云鹤中心小学
王秀英(女)	溧水县乌山中心小学
朱允明	高淳县顾陇一中
张再禄	南京市宁海中学
陆从林	浦口区教学仪器供应站
蒋国瑞	金陵石化公司炼油厂技工学校
应勤杰	河海大学
郭　坤	河海大学
黄本芳(女)	金陵职业大学
李　健	南京汽轮电机厂职校
徐益谦	东南大学
孙照渤	南京气象学院
丁道宏	南京航空学院
孙伯鍨	南京大学
林文同	南京林业大学
赵守训	中国药科大学
胡秀仁(女)	南京化工学院
单　塼	南京师范大学
刘荣云(女)	南京人口管理干部学院
朱得天	南京铁路运输学校
朱　青(女)	南京军区南京实验幼儿园

(5) 全国优秀教师和全国优秀教育工作者(国家教委、人事部1993年、1995年、1998年、2001年、2004年、2007年、2009年)

沈方晓	南京市中华中学(以下为1993年)
刘德芳(女)	南京职业教育中心
聂春元	南京市锁金中学
闫　勤(女)	南京师范大学附属小学
聂永春(女)	南京市游府西街小学
陈淑曾(女)	南京市宁海中学
张心珉(女)	南京市第十二中学
贾春华(女)	南京浦镇车辆厂子弟小学
蒋永生	南京市栖霞区八卦洲中学
王丽萍(女)	南京市中山小学

笪时献（女）	南京市雨花台区实验小学
肖立荣	南京市第一中学
陈瑞民	南师大附属扬子中学
李忠红（女）	南师大附属扬子中学
窦义山	江宁其林小学
张德馨	江宁龙都中学
马学松	江浦高级中学
董怀鑫	六合高级中学
陈传舜	六合区教研室
张家鼎	六合区教研室
司徒华	溧水高级中学
张飞翔	溧水县第二中学
宋辉	高淳县第二中学
万宇净（女）	高淳县阳江中学
张素华（女）	金陵科技学院
严永发	南京市第四十三中学
吴传银	南京市板桥中学
张丛琪	南京市第五中学
冯端	南京大学
卢德馨	南京大学
王文琪	东南大学
梁瑞驹	河海大学
朱梧槚	南京航空航天大学
余世袁	南京林业大学
尹群	南京理工大学
刘文英	中国药科大学
郑明球	南京农业大学
徐南平	南京化工学院
王恩宁	南京师范大学
管晓红（女）	南京医学院
金明德	南京气象学院
张宗橙	南京邮电学院
陈启光	南京铁道医学院
杨进	南京中医学院

吴禄保	南京铁路运输学校
史国生	南京化学工业公司职工大学
郑志强	南京机械工业职工大学
许明政	江苏经济管理干部学院
高　洁(女)	南京晨光机器厂职工大学
范本安	扬子石化公司技工学校
邱永智	南京市北京东路小学(以下为1995年)
王翠琴(女)	南京市锁金二小
章松华(女)	南京市第一中学
胡若珍(女)	南京市第三中学
王能玉(女)	南京市四十二中学
叶韵辉(女)	江苏教育学院附属高级中学
吴再陵(女)	江苏教育学院附属高级中学
夏玉茹(女)	南京市第四中学
向　军(女)	南京市鼓楼幼儿园
陈　波	南京外国语学校
朱泽芳(女)	浦口区实验小学
叶志英(女)	南京师范大学附属扬子中学
陈昌彪	南京市栖霞中学
宋　军	江宁秣陵中学
董桂兰(女)	江宁岔路学校
刘海莉(女)	南京市双闸中心小学
陈淑媛(女)	六合区教师进修学校
王桂成	南京市六合区竹镇泉水小学
江文宏	溧水高级中学
周家蔚(女)	高淳县砖墙中学
邵良俊	江宁上峰乡中心小学
马荷英(女)	南京市尧化中学
邵申骅	南京市白下区教师进修学校
李伯珏	南京市中华中学
吕志涛	东南大学
平其能	中国药科大学
华一利(女)	南京中医药大学
沈文瑛(女)	南京林业大学

冷永成	南京铁道医学院
唐瑞庭	江苏省邮电学院
章子豪	南京医科大学
王金生	南京农业大学
蒋建成	江苏商业管理干部学院
朱效成	南京粮食职业中专校
王韧农(女)	金陵职业大学
朱秀昌	南京邮电大学
朱元生	河海大学
朱 荻	南京航空航天大学
许仲梓	南京化工大学
闵乃本	南京大学
宣立新	南京动力高等专科学校
杨蔚南	南京联合职工大学
尹志高	南京港务管理局
吴治明(女)	江浦高级中学(以下为1998年)
严必友	溧水高级中学
秦国俭(女)	南京市大厂高级中学
赵顺意(女)	南京市师萃职业技术学校
孟继中	南京市聋人学校
鲜 正	南京市下关区第二实验小学
杨祖恒	南京市金陵中学
张孝羲	南京农业大学
李忠正	南京农业大学
朱文元	南京医科大学
陈建伟	南京中医药大学
张学贤	中国药科大学
郑文灏	南京机电学校
吕春绪	南京理工大学
葛 军	金陵科技学院(以下为2001年)
张双玲(女)	南京市第二十七中学
吴邵萍(女)	北京东路小学附属幼儿园
滕 云	江浦实验小学
袁新兵	南京市南化第二中学

齐月忠	六合区程桥中学
张兆松	南京医科大学
戴　华	南京航空航天大学
曹卫星	南京农业大学
王宗平	南京理工大学
华毓坤	南京林业大学
赵振兴	河海大学
潘立群	南京中医药大学
江　敏(女)	金陵中学(以下为2004年)
潘文彬	南京市南湖一小
鞠全勇	金陵科技学院
王秋兰(女)	江浦实验小学
张至真	高淳高级中学
陈康金	溧水县东庐中学
程　钢	南京市夫子庙小学
张天真	南京农业大学
高　正	南京航空航天大学
王惠民	河海大学
沙家毫	南京医科大学
周定国	南京林业大学
周　源	南京工业职业技术学院
姚润皋	南京大学(以下为2007年)
杨静宇	南京理工大学
孔令义	中国药科大学
陈永高	南京师范大学
朱冬梅(女)	南京师范大学
应汉杰	南京工业大学
陶勑恒	南京晓庄学院
王　凌	南京市南湖第二小学
胡玉娟(女)	南京市第二十七高级中学
陈　静(女)	南京市北京东路小学
汤世东	南京市溧水县永阳镇东庐成人中心校
周　茜(女)	南京市雨花台中学
李淮生	南京市第三十九中学

王景平(女)　　南京医科大学
　　杨　昭　　　　南京市教学研究室
　　刘　弘(女)　　六合区瓜埠镇中心小学(以下为2009年)
　　李　琳(女)　　南京市力学小学
　　杨　玲(女)　　南京市下关区天妃宫小学
　　杨金莲(女)　　南京市栖霞区八卦洲中心小学
　　魏和根　　　　溧水县晶桥中心小学
　　孔小红　　　　高淳县固城中学
　　杭秉全　　　　南京市雨花台中学
　　王红兵　　　　南京市沿江中学
　　杨孝平　　　　南京理工大学
　　周捍东　　　　南京林业大学
　　周作民　　　　南京医科大学
　　杜文东　　　　南京中医药大学
　　蒋其琴(女)　　南京师范大学
(6)全国教育系统先进工作者(教育部、人力资源和社会保障部2001年、2009年)
　　董正璟　　　　南京外国语学校(2001年)
　　纪国顺　　　　南京市鼓楼区教育局(2001年)
　　孙双金　　　　南京市北京东路小学(2009年)
(三)全国教书育人楷模(国家教育部2010年首届)
　　吴邵萍(女)　　南京市北京东路小学附属幼儿园
(四)江苏省特级教师
　　经江苏省革命委员会、省人民政府先后批准(1978年、1984年、1985年、1990年、1994年、1996年、1998年、2000年、2002年、2005年、2008年、2010年)
第1批公布(1978年)
　　斯　霞(女)　　南京师范学院附属小学
　　王　兰(女)　　南京市长江路小学
　　茅于渊　　　　南京市第十二中学
第2批首次公布(1984年12月)
　　袁　浩　　　　南京市北京东路小学
　　余玉茹(女)　　南京市琅琊路小学
　　耿方珠　　　　南京市山西路小学

陈树民	南京师范大学附属小学
马　明	南京师范大学附属中学
孙丽谷(女)	南京市拉萨路小学
胡百良	南京师范大学附属中学
周大同	南京市第三十四中学
李绍基	南京市宁海中学
恽宗瀛	南京市第十中学
闵传华(女)	南京市鼓楼幼儿园
沈长华(女)	南京市太平巷幼儿园
叶树明	南京晓庄师范学校
凌　铮	南京晓庄师范学校

第2批第2次公布(1985年10月)

王永健	南京市教育局教研室
孙　俊(女)	南京市夫子庙小学
王兆华	南京市第一中学
钱任初	南京市教育局教研室

第3批公布(1990年)

许　允	南京市教育局教研室
谢方泽	南京市晓庄师范学校
仇炳生	南京师范大学附属中学
贾广善	南京师范大学附属中学
岳燕宁	南京市金陵中学
贡泽培	南京市第一中学
李伯珏	南京市中华中学
钱逸瑞(女)	南京市第九中学
黄英清	南京市铁路中学
金立建	南京市栖霞区教师进修学校
范　超	南京市秦淮区教师进修学校
戴修诚	南京市玄武区教师进修学校
恽　芬(女)	南京市北京东路小学
丁佩玲(女)	南京市琅琊路小学
王永生	江宁区上坊中心小学
罗　凯	南京市天妃宫小学
柳如松	六合区实验小学

陈义鑫	南京市五老村小学
房静影(女)	南京化工公司第四职工子弟小学
冯培英(女)	南京市山西路小学
陈国强(女)	南京市实验幼儿园
朱俐瑶(女)	南京市逸仙桥小学附属幼儿园

第4批公布(1994年)

喻旭初	南京市金陵中学
杨文泰(女)	南京航空航天大学附属中学
姚振松	南京师范大学附属中学
齐　昆	南京市教学研究室
曾乃庆	南京市第二十七中学
张克君	南京市第十三中学
王仁元	南京外国语学校
朱绍坤	南京市中华中学
薛大庆	南京师范大学附属扬子中学
曹恩尧	南京晓庄师范学校
杨祖恒	南京市金陵中学
史美汀	南京市第三中学
赵啸萍(女)	南京市琅琊路小学
朱菊玲(女)	南京市聋哑学校
詹明道	江宁区教育局研究室
袁　晓	六合区教育局研究室
贾春华(女)	浦镇车辆厂子弟小学
闫　勤(女)	南京师范大学附属小学

第5批公布(1996年)

杨树崤	南京师范大学附属中学
周久璘	南京师范大学附属中学
陆一鹏	南京师范大学附属中学
周明伟	南化一中
孙芳铭	南京市第一中学
蹇兴华	南京外国语学校
薛淑华(女)	南京市中华中学
潘娉娇(女)	南京市教研室
段玉生	建邺区教师进修学校

周家才	南京市山西路小学
金本铖	南京市第六中学
俞晶晶	江宁高级中学
王先炯	南京师范大学附属小学
张立荣	南京市下关区教师进修学校
沈美萍(女)	南京市长江路小学附属幼儿园
邢大华	江宁区教师进修学校
笪希文	南京市金陵中学
张乃聪	南京市力学小学
孟继中	南京市聋哑学校
陆长根	南京市宁海中学
刘　军(女)	南京市长江路小学

第6批公布(1998年)

许祖云	南京师范大学附属中学
陈　理	南京师范大学附属中学
屈宝珊	南京市第九中学
吕世华	高淳县教研室
冯惠愚	南京市雨花台中学
牛桂生	南京市石鼓路小学
董正璟	南京外国语学校
蔡肇基	南京市第一中学
赵若麟	南京市第一中学
徐荣亮	南京市第一中学
詹天来	南京市第五中学
徐惠湘(女)	南京市鼓楼幼儿园
陈光中	南京市幼儿师范学校
葛文君(女)	南京市力学小学
袁联珠(女)	南京市铁路第二小学
顾维平(女)	南京市游府西街小学
蒋孝天	南京市宁海中学
范建国	南京市夫子庙小学

第7批公布(2000年)

邹家褆	南京市第五中学
王栋生	南京师范大学附属中学

刘志春	江宁区实验小学
陈良琨	南京市第一中学
滕　云	浦口区实验小学
贾宗萍(女)	南京市中华路幼儿园
陈履伟	南京师范大学附属中学
朱善萍(女)	南京外国语学校
聂永春(女)	南京市游府西街小学
陈长明	南京市凤凰街小学
栾学智	南京市第二十七中学
吴再陵	江苏省教育学院附属高级中学
毛积源	玄武区教师进修学校
杨维中	南京市教研究室
马学松	江浦高级中学
潘慰高	南京市金陵中学
虞晔如(女)	南京大学附属中学
肖林元	南京市教研室(原姜堰市二中)
陈静波	南京市教研室(原泗阳县教研室)

第 8 批公布(2002 年)

沈　峰(女)	南京市北京东路小学
吴邵萍(女)	南京市北京东路小学幼儿园
周世东	江宁高级中学
朱建廉	南京市金陵中学
陈萍飞(女)	南京市琅琊路小学
严必友	溧水高级中学
姜贤来	六合高级中学
陈亭华	南航大附属中学
潘文彬	南京市南湖第一小学
东　群	南京外国语学校
邹　正	南京外国语学校
陶维森	南京师范大学附属中学
龚修林	南京师范大学附属中学
曹国盛	南京市第三中学
王伏才	南京市第十三中学
曹勇军	南京市第十三中学

姜鸿翔	南京市教研室
卫懋勤	南京市教研室
陈　虹(女)	南京市幼儿师范学校
嵇明海	南京市第四中学
魏　洁(女)	南京市五老村小学

第9批公布(2005年)

崔利玲(女)	南京市鼓楼幼儿园
刘　红(女)	南京市夫子庙小学
王　凌(女)	南京市南湖二小
黄黎敏(女)	南京市琅琊路小学
卫　红(女)	南京市夫子庙小学
戚韵东	南京市琅琊路小学
王淑琴(女)	南京市育智学校
王学其	南京师范大学附属小学
傅幼康	南京市南湖一中
单锦浦	南京市第一中学
钱小龙	江苏教育学院附属高级中学
何炳均	南京市第一中学
赵志昇	南京市第五中学
胡小林	南京市第十三中学
曹安陵	南京市第五中学
程　鸣	南京师范大学附属中学
葛　敏(女)	江宁高级中学
赵新华	高淳高级中学
程莉君(女)	南京市第十三中学
杨潘顺	南京市第十三中学
董林伟	南京师范大学附属中学
严小玲(女)	江宁高级中学
吴晓茅	南京市第一中学
李平龙	南京外国语学校
周伟忠	溧水县第二高中
靳贺良	南京市第十二中学
张培成	高淳高级中学
张发新	江宁高级中学

唐志华	南京市幼儿师范学校
陆　静(女)	南京市教学研究室
陈绍兰(女)	江苏教院附属高级中学

第10批公布(2008年)

林春曹	南京信息工程大学附属小学
杨新富	南京晓庄学院第一实验小学
蔡才福	南京外国语学校
贺东亮	南京外国语学校
周　茜(女)	南京市雨花台中学
倪晨瑾(女)	南京市游府西街小学
郭学萍(女)	南京市下关区第二实验小学
曲新陵(女)	南京市实验幼儿园
张勇成	南京市南湖第三小学
曹书成	南京市梅园中学
李惠娟(女)	南京市金陵中学
尤小平	南京市金陵中学
陈连余	南京市金陵中学
王鼎宏	南京市金陵中学
刘永和	南京市教育科学研究所
朱建明	南京市教研室
杨　昭	南京市教研室
叶　平	南京市江宁区教研室
周　联(女)	南京市第一幼儿园
张志超	南京市第五中学
黄祖明	南京市第五中学
沈中尧	南京市第五中学
袁　源(女)	南京市第九中学
胡玉娟(女)	南京市第二十七中学
朱　琦(女)	南京市第二十九中学
林尤宏	南京市大厂高级中学
李　漫(女)	南京市长江路小学幼儿园
陈　静(女)	南京市北京东路小学
曹云军	南京师范大学附属中学
李　华(女)	南京师范大学附属中学

胡云信	南京建邺高级中学
刘　明	江苏省六合高级中学
陈龙文	江苏省溧水高级中学
葛春生	江苏省溧水高级中学
陈久贵	江苏省江浦高级中学
陈　辉	江苏省高淳高级中学
夏季云	江苏省高淳高级中学
王东敏	江宁实验小学

第11批公布(2010年)

黄智华	南京航空航天大学附属高级中学
张恩怀	南京航空航天大学附属高级中学
徐　锐	南京市金陵中学
岑　芳(女)	南京市教学研究室
孙小红(女)	南京师范大学附属中学
江和平(女)	南京市拉萨路小学
李　琳(女)	南京市力学小学
贲友林	南京师范大学附属小学
谢嗣极	南京外国语学校
黄本荣	溧水县教育局教研室
诸定国	江苏省溧水高级中学
宋　辉	南京市金陵中学
芮玉贵	南京市中华中学
张祥淳	高淳县教育科学研究与培训中心
黄　侃(女)	南京市第一中学
张鸿亮	南京市中华中学
陈　红(女)	南京市宁海中学
韩佩玲(女)	南京市赤壁路小学
刘爱琴(女)	南京市聋人学校
陈　懿(女)	南京外国语学校
苏　华(女)	南京市金陵中学
唐文国	南京市北京东路小学
章　丽(女)	南京市实验幼儿园
唐隽菁(女)	南京市北京东路小学
官思渡	南京市教学研究室

徐险峰	南京师范大学附属中学江宁分校
刘 荃	南京晓庄学院第一实验小学
夏 莹(女)	南京外国语学校
陆娴敏(女)	南京市第一幼儿园
刘建明	南京田家炳高级中学

(五)国家、省、市名师名校长

(1)全国教学名师(国家教育部2003年、2006年、2007年、2008年、2009年)

首届国家级教学名师(2003年)

卢德馨	南京大学
王守仁	南京大学
范从来	南京大学
胡寿松	南京航空航天大学
赵振兴	河海大学
朱晓进	南京师范大学
杨 进	南京中医药大学

第二届国家级教学名师(2006年)

左玉辉	南京大学
蒋永生	东南大学
王惠民	河海大学
尤启冬	中国药科大学
马景仑	南京师范大学
王心如	南京医科大学
汪受传	南京中医药大学

第三届国家级教学名师(2007年)

徐世进	南京大学
沈坤荣	南京大学
王 炜	东南大学
戴先中	东南大学
杨孝平	南京理工大学
姚文兵	中国药科大学
赵明生	南京森林公安高等专科学校

第四届国家级教学名师(2008年)

吴镇扬	东南大学

武清玺　　　　河海大学
　　钟　秦　　　　南京理工大学
　　沈其荣　　　　南京农业大学
　　夏锦文　　　　南京师范大学
第五届国家级教学名师(2009年)
　　周晓虹　　　　南京大学
　　刘厚俊　　　　南京大学
　　李爱群　　　　东南大学
　　昂海松　　　　南京航空航天大学
　　汤国安　　　　南京师范大学
　　韩满林　　　　南京信息职业技术学院
(2)江苏省名教师、名校长(江苏省教委1999年)
名校长
　　杨祖恒　　　　南京市金陵中学
　　袁　浩　　　　南京市北京东路小学
名教师
　　陈　理　　　　南京师范大学附属中学
　　金立建　　　　南京市金陵中学
　　钱逸瑞(女)　　南京市第九中学
　　孙芳铭　　　　南京市第一中学
　　李伯珏　　　　南京市中华中学
　　孙丽谷(女)　　南京市拉萨路小学
(3)南京市名教师、名校长(市教育局1999年、2000年、2001年、2002年、2003年、2005年)
名校长(1999年)
　　王秀文　　　　南京经营管理职教中心
　　张丛琪　　　　南京市第五中学
　　丁善良　　　　南京市宁海中学
　　毛积源　　　　南京市玄武区教师进修学校
　　侯家祥　　　　南京建教中心
　　杨震西　　　　南京市营养学校
　　胡正纲　　　　南京市聋哑学校
　　史有志　　　　溧水县白马中心小学
　　程　钢　　　　南京市夫子庙小学

张婉华(女)	南京育英外语学校

名教师(1999年)

董正璟	南京外国语学校
虞晔如(女)	南京大学附属中学
周九璘	南京师范大学附属中学
詹天来	南京市第五中学
嵇明海	南京市第四中学
吴晓茅	南京市第一中学
周丰治	南京市财经学校
陈义鑫	南京市五老村小学
顾维平(女)	南京市游府西街小学
阎 勤(女)	南京师范大学附属小学
牛桂生	南京市石鼓路小学
徐惠湘(女)	南京市鼓楼幼儿园
吴邵萍(女)	南京市北京东路小学附属幼儿园

名校长(2000年)

华明友	江苏教院附属高中
王占宝	南京市第十三中学
冯建强	南京市雨花台中学
王正铺	南京市第三中学
葛长森	南京市商业职工中专校
李文弢	南京市建筑工程学校
张 铎(女)	南京市莫愁职业学校
周荣华	南京市汉中路小学
林慧敏(女)	南京市游府西街小学
笪时献	南京市雨花台实验小学
曲新陵(女)	南京市实验幼儿园
臧 勤(女)	南京市太平巷幼儿园

名教师(2000年)

王栋生	南京师范大学附属中学
王仁元	南京外国语学校
严必友	溧水高级中学
曹勇军	南京市第十三中学
陆长根	南京市宁海中学

贾春华　　　　　浦镇车辆厂子弟小学
魏　洁(女)　　　南京市五老村小学
陈小平　　　　　南京市北京东路小学
崔利珍(女)　　　南京市鼓楼幼儿园

名校长(2001年)
沈美萍(女)　　　南京市长江路小学
朱秀云(女)　　　浦口区实验小学
芮东兵　　　　　江宁区实验小学
杨瑞清　　　　　浦口区行知小学
葛华钦　　　　　溧水县特殊教育学校
龚万明　　　　　南京市第十三中学分校
金　泉　　　　　江宁区竹山中学
朱其麟　　　　　南京市中华中学
肖维伦　　　　　江宁高级中学
程福伦　　　　　南京市财经学校

名教师(2001年)
马剑宁(女)　　　南京市第一幼儿园
陈萍飞(女)　　　南京市琅琊路小学
沈　峰(女)　　　南京市北京东路小学
刘志春　　　　　江宁区实验小学
周　靖(女)　　　南京市外国语学校
张培成　　　　　高淳高级中学
程　鸣　　　　　南京师范大学附属中学
陈久贵　　　　　江浦高级中学
靳贺良　　　　　南京市第十二中学
刘大宇　　　　　南京职教中心
张辉娟(女)　　　鼓楼区教师进修学校
聂永春(女)　　　南京市游府西街小学

名校长(2002年)
王为平　　　　　南京市上元中学
王翠珠(女)　　　江宁区东山中心小学
田　骝　　　　　六合区冶山铁矿中学
孙宜珍(女)　　　南京市琅琊路小学
齐道兰(女)　　　南京市第三十九中学

朱云芳(女)	南京市察哈尔路小学
朱玉华(女)	南京市第二幼儿园
陈世锦	大厂区实验小学
陈良琨	南京市第一中学

名教师(2002年)

马永飞	金陵职业教育中心
孙宁军	南京市尧化中学
李玉华	南京市第二十四中学
巫　蓉(女)	南京市长江路小学附属幼儿园
何　鸣	南京市幼儿师范学校
张志超	南京市第五中学
杨杰军	南京市力学小学
胡小宁	南京市第十三中学
袁　源(女)	南京市第九中学
黄黎敏(女)	南京市琅琊路小学
曹建国	江苏教育学院附属高级中学

名校长(2003年)

王　沅	南京市第六中学
王丽萍(女)	南京市中山小学
邓中材	高淳高级中学
孙小青	高淳县实验小学
张卫宝	南京市行知实验中学
李世金	南京市人民中学
宋红斌(女)	南京市长江路小学
陈康金	溧水县东庐高级中学
陆丽芬(女)	南京师范大学附属扬子中学
聂方胜	南京市上元小学
贾宗萍(女)	南京市中华幼儿园

名教师(2003年)

丁志兴	南京师范大学附属中学
卫　红(女)	南京市夫子庙小学
王　凌	南京市南湖第二小学
孙　洁(女)	南京外国语学校
江新顺	高淳职教中心校

张勇成　　　　　南京市南湖三小
周　洁(女)　　　南京市燕子矶中学
范颖琼(女)　　　南京市天妃宫小学
杨潘顺　　　　　南京市第十三中学
赵新华　　　　　高淳高级中学
秦　红(女)　　　南京市太平巷幼儿园
钱小龙(女)　　　江苏教院附属高中
戚韵东(女)　　　南京市琅琊路小学

名校长(2005年)
　　王　强　　　　南京市宁海中学
　　王　军　　　　南京市第十三中学
　　王晓根　　　　江宁周岗中学
　　王福生　　　　江宁职业教育中心
　　王淑琴(女)　　南京育智学校
　　石芳玉(女)　　南京市第二十四中学
　　李　正　　　　南京市樱花小学
　　李洪祥　　　　南京市百家湖小学
　　张遗民　　　　南京市五老村小学
　　严文琪(女)　　南京市珠江路小学附属幼儿园
　　狄昌龙　　　　江浦实验小学
　　陆娴敏(女)　　南京市第一幼儿园
　　范云良　　　　南京市力学学校
　　林　静(女)　　南京市凤游寺小学
　　俞泰鸿　　　　南京市第二十七中学
　　赵建生　　　　高淳县双塔中学
　　钱修俊　　　　江浦高级中学
　　唐德海　　　　南京市建邺区教师进修学校
　　崔利玲(女)　　南京市鼓楼幼儿园
　　谢　翔　　　　溧水县第三小学

(六)**南京市斯霞奖、陶行知奖获得者**(市教育局2004年、2006年、2007年、2009年、2010年)

斯霞奖(2004年首届)
　　杨瑞清　　　　浦口行知实验小学
　　闫　勤(女)　　南京师范大学附属小学

聂永春(女)	游府西街小学
袁　源(女)	第九中学
虞晔如(女)	南京大学附属中学
姜贤来	六合高级中学
邱海霞(女)	南京职业教育中心
袁　浩	北京东路小学
岳燕宁	金陵中学

斯霞奖(2006年)

丁志兴	南京师范大学附属中学
马　辉	南京市雨花台中学
卫　红(女)	南京市夫子庙小学
王　凌	南京市南湖第二小学
王安东	江宁高级中学
尹不凡(女)	南京师范大学附属小学
刘永红(女)	南京市琅琊路小学
刘　军(女)	南京市长江路小学
李淮生	南京市第三十九中学
江和平(女)	南京市拉萨路小学
池善琴(女)	六合高级中学
张恩怀	南京航空航天大学附属中学
张如芳(女)	南京市第九中学
周　联(女)	南京市第一幼儿园
岳建民	南京市建宁中学
胡玉娟(女)	南京市第二十七中学
顾维平(女)	南京市游府西街小学
曹荣心	南京市旅游营养职教中心
谢玉娟(女)	溧水县实验小学
谭红屏(女)	南京市女子中专校

陶行知奖(2007年)

曲新陵(女)	南京市实验幼儿园
狄昌龙	江浦实验小学
陈康金	溧水东庐中学
王　军	南京市第十三中学
穆耕森	南京市雨花台中学

叶　平	江宁区教研室
陈金友	南京市聋人学校
李　正	南京市樱花小学
冯爱东(女)	南京市夫子庙小学
王占宝	南京师范大学附属中学
唐志华	南京市女子中专校
齐道兰(女)	南京市第十二中学
吴晓茅	南京市第一中学
王克菲(女)	南京市南湖第三小学
邓雪霞(女)	南京市小西湖小学
田　骝	六合区双语学校
杜迎新	南京市建邺高级中学
汪　丽(女)	南京市太平巷幼儿园
钱修俊	江浦高级中学
吕天纵	南京市第三中学
吴温泉(女)	江苏教育学院附属中学
徐荣华	江浦职教中心
张　驰	六合区教师进修学校
夏　莹(女)	南京外国语学校

斯霞奖(2009年)

徐　锐	南京市金陵中学
周琦峰	南京师范大学附属中学
叶长群	南京市建宁中学
魏　芳(女)	南京市琅琊路小学
薛　源(女)	南京市清凉山小学
沈　岩(女)	南京市第十三中红山分校
倪　鸣(女)	南京市瑞金路小学
滕之先	南京市第三初级中学
经卫宏(女)	南京市建邺高级中学
邵春华(女)	南京市第二十七中学
唐晓艳(女)	南京市中华路幼儿园
罗贤辉	南京市第十二中学
邱　荣(女)	南京市雨花台中学
王海燕(女)	南京市栖霞区栖霞中心小学

马明祥	南京市临江高级中学
田　青(女)	溧水县实验小学
丁　翀	江苏省高淳高级中学
滕宏江	南京市浦口区第三中学
张文玉	南京市六合区竹镇民族中学
王　蓓(女)	南京市扬子第一中学

陶行知奖(2010年)

刘志春	江宁区百家湖小学
秦　红(女)	白下区梅花山庄幼儿园
肖大明	南京市芳草园小学
陈久棣	浦口新世纪小学
孙双金	南京市北京东路小学
许启明	下关区天妃宫小学
张培成	高淳高级中学
周飞虎	江宁天印高级中学
汪笑梅(女)	南京市教学研究室
祁寿东	南京市盲人学校
龚宗仁	六合区职业教育中心
滕　云	江浦实验小学
闫　勤(女)	南京师范大学附属实验小学
杨树亚	南化四小
汤　慧	六合程桥高级中学
孙小青	高淳县实验小学
华　勇	南京市田家炳高级中学
陈汇祥	南京师范大学附属中学
张圣琪	浦口中等专业学校
余多慈(女)	白下区石鼓路小学
屠桂芳	南京市梅园中学
王占发	秦淮区教师进修学校
高虎英	溧水第二高级中学
杨　健	南京市凤游寺小学
蔡　明(女)	下关区小市小学

（七）江苏省教授级中学高级教师

第一批公布（2003年）

王栋生	南京师范大学附属中学
陶维林	南京师范大学附属中学
曹勇军	第南京市十三中学
蔡肇基	南京市第一中学
肖林元	南京市教学研究室
卫懋勤	南京市教学研究室
丁　强	南京市金陵中学
董正璟	南京外国语学校

第二批公布（2007年）

朱　琦（女）	江苏教育学院附属高级中学
孙汉洲	江苏教育学院附属高级中学
周久璘	南京师范大学附属中学
卢新建	南京师范大学附属中学
靳贺良	南京市第十二中学
沈中尧	南京市第五中学
张　宏	南京市第一中学
严小玲（女）	南京市江宁高级中学
葛　敏（女）	南京市江宁高级中学
李慧娟（女）	南京市金陵中学
王苏豫（女）	南京市金陵中学
朱建廉	南京市金陵中学
王鼎宏	南京市金陵中学
郭其俊	南京市宁海中学
王　高	南京市中华中学
邹　正	南京外国语学校
朱善萍（女）	南京外国语学校
东　群（女）	南京外国语学校

第三批公布（2010年）

孙和平	南京市鼓楼区教研室
胡小林	南京市第十三中学
张建杰	南京市雨花台中学
袁　源（女）	南京市第九中学

冯为民　　　　江苏教院附属高级中学
陈久贵　　　　江苏省江浦高级中学
刘　明　　　　江苏省六合高级中学
李平龙　　　　南京外国语学校
贺东亮　　　　南京外国语学校
蔡才福　　　　南京外国语学校
孙夕礼　　　　南京外国语学校
陈履伟　　　　南京师范大学附属中学
杨剑春(女)　　南京市教研室
陆　静(女)　　南京市教研室
杨潘顺　　　　南京市第十三中学
曹书成　　　　南京市梅园中学

(八)**南京市新世纪教书育人楷模**(市教育局 2010 年首届)
王　龙　　　　南京市第三高级中学
冯爱东(女)　　南京市夫子庙小学
江　敏(女)　　南京市金陵中学
杨瑞清　　　　南京市浦口区行知小学
吴邵萍(女)　　南京市北京东路小学附属幼儿园
邱海霞(女)　　南京高等职业技术学校
陶勑恒　　　　南京晓庄学院
葛华钦　　　　溧水县特殊教育学校
董正璟　　　　南京外国语学校
潘森云(女)　　南京市竹山中学

后 记

经过近3年的努力，《南京教育史》呈现在读者面前了。作为编修人员，我们感慨万千。

《南京教育史》修于盛世。"盛世修史"，这确实是《南京教育史》编修的原因之一。进入21世纪，南京市社会经济长足发展，各项事业空前繁荣，市委、市政府要求把南京市建成"全国重要的科教中心"、"长三角先进制造业中心"、"长江国际航运物流中心"、"全省现代服务业中心"和"东部城市绿化中心"。"十五"以来，南京市教育改革和发展取得重大成就，各项目标提前完成。全市基本普及15年基础教育，高等教育实现了大众化。初步形成现代国民教育体系和终身教育体系。教育总体水平位居全国同类城市前列。2005年11月，南京市委、市政府召开全市教育工作会议，明确提出"建设教育名城，率先基本实现教育现代化"的奋斗目标。因此，回顾历史，总结经验，用以指导今天的教育，具有重要的现实意义和深远的历史意义。

《南京教育史》基于研究。编修的重点在于总结，总结的关键在于研究。因此，编修《南京教育史》的过程也就成了研究"南京教育史"的过程。2004年8月，在南京市教育局领导的直接指导下，南京市教育科学研究所组织了包括扬州大学专家学者、南京教育行政人员等20余位教育史的研究者和见证者在内的课题组，承担了南京市教育"十一五"规划工作研究招标课题——"南京教育史研究"。2005年4月，"南京教育史研究"列入"全国教育史志研究"总课题，成为总课题组中唯一的市级课题。2006年4月，来自全国各地的22位专家学者云集南京，对"南京教育史研究"课题进行成果鉴定，给予了很高的评价。课题引领，使得《南京教育史》编写水平和著作质量大大提高。

《南京教育史》成于大家。这里的"大家"有两层涵义。"大家"一是指"著名的专家"。应邀参加《南京教育史》古代部分和近现代部分编修的是以著名史学研究专家、扬州大学副校长周新国教授为首的扬州大学10余位学者(包括张连生、孙显军、许卫平、丁慧超、华国梁、朱季康、罗瑛、陈景春等),他们是教育史研究方面的专家,而且在此之前,他们曾撰写《江苏教育史》的古代和近现代部分,因而对江苏省会南京的教育历史做过深入的研究。周新国教授还高屋建瓴地为《南京教育史》写了"绪论"。"大家"二是指"一定范围内所有的人"。为了高质量地完成《南京教育史》当代部分,我们聘请了经历过当代教育的曾经在南京市教育局和教育单位任职的老同志徐承德、谢颂和、汪大年、虞朝东、金鱼为、王能龙等分别撰写,集体讨论。他们四处奔波收集资料,一丝不苟加以整理,召开例会认真研讨。整个编修工作由南京市教育科学研究所刘永和、张荣德和《南京教育》编辑部的朱晓琥、汪朵等组织协调。《南京教育史》经过全国专家评议会论证之后,根据专家的意见,由谷力、章宏、张学文、姚慧、沈曙虹、张生、刘永和等对当代史部分进行了修订,并以沈曙虹为主对全书进行了统稿,另请徐承德负责史实的甄定,虞朝东负责随文图片选编。南京市编修《南京教育史》也得到了江苏省教育厅《江苏教育史》主编陈乃林和研究员魏所康、马征里的关心和支持。一部《南京教育史》凝聚了"大家"的智慧和心血。在此,我们向为《南京教育史》做出贡献的所有同志表示衷心的感谢。

《南京教育史》出于名门。《南京教育史》高要求编写修订,高标准编辑出版。2006年5月,南京市教育局领导向商务印书馆的领导介绍了《南京教育史》的编写情况,寻求合作,当即引起商务印书馆的高度重视。很快,《南京教育史》由商务印书馆申报立项获得批准。接着,商务印书馆选派专业人员进驻南京,协调《南京教育史》的编辑出版工作。

还有许多同志为《南京教育史》的问世付出了心血,在此一并致谢。另外,本书稿在编修过程中参阅了大量各类文本,谨向这些书稿的作者、编者致以谢意!

"千秋功罪,谁人曾与评说?"但愿《南京教育史》能对两千多年来的南京教育做出比较全面的描述和相对准确的评价,但愿此书能成为一部"信史"。

编 者

2006年10月6日

第 2 版后记

《南京教育史》自 2007 年初出版后,受到广泛关注与好评。但由于成书较为仓促,一些史料和史评有所遗漏。本着编撰一部"信史"的原则和追求,从 2010 年下半年起对原书进行了修订,形成现在的第 2 版。

第 2 版主要是对第 1 版的内容做了若干增补,同时将入选内容的时间节点从原先的 2005 年延至 2010 年。增补的内容有:

"绪言"增加了对"十一五"南京教育的概述;

第五章增加了第五节"科举考试的昌盛";

第六章第一节增加了"程颢的教育思想和实践"一段,在第二节"古代南京教育家传略"中增加了"真德秀";

在第十章第二节"近、现代南京教育家传略"中增加了"黄炎培、俞子夷、罗炳之";

第十一章第六节增加了"院系调整的得与失"一段;

第十二章第二节增加了"反右派斗争的深刻教训"一段,增加了第三节"教育方针的实施";

将原第十五章"改革开放时期的南京教育(1979—2005)"重新编写为第十五章"改革开放时期的南京教育(1979—2000)"和第十六章"进入新世纪的南京教育(2001—2010)",新增了"十一五"期间南京教育的成就;

将原第十六章改为第十七章,并增补了第三节"在宁高校中的中国科学院院士和中国工程院院士简介",将原第三节"当代南京基础教育专家简介"改为第四节,并增补了"第二届南京基础教育专家"一段;

附录一、二、三、四的截止时间都由 2005 年延至 2010 年。

此外,还对第 1 版的一些文字做了调整,此处不再详述。

南京市教育局领导及汤世雄、宋恩荣、赵宝琪、罗炳权、金鱼为、李夜光、胡百良等同志对第2版的修订提出了宝贵意见；徐承德、虞朝东、谢颂和、王能龙承担了新增第十六章以及其他增补、调整内容的撰稿和修改；虞朝东做了随文图片的增补与调整工作；刘永和、徐步伟、陈静波、钱进、沈曙虹、汪朵、李亚平、徐良、王福才参与了第2版第十六章的文字梳理；沈曙虹对全书进行了统稿。张生同志统筹了第2版的修订与出版工作；本书主编徐传德同志审订了新增内容，并提供了部分重要图片资料。

特此说明，敬希指正。

编　者

2012年1月4日